Z 27671

Paris
1821

Barthélemy, abbé Jean-Jacques

Œuvres complètes

Tome 2

Z 2284.
Az e.2.

27671

# OEUVRES COMPLÈTES

DE

J. J. BARTHELEMY.

TOME DEUXIÈME.

Ire. PARTIE.

CONTENANT

VOYAGE DU JEUNE ANACHARSIS EN GRÈCE, CHAP. XXXIII A LVII.

OEUVRES

DE

J. J. BARTHELEMY.

TOME DEUXIÈME.

Ire. PARTIE.

A PARIS,

CHEZ A. BELIN, IMPRIMEUR-LIBRAIRE,
RUE DES MATHURINS ST.-J., HÔTEL CLUNY;

ET BOSSANGE FRÈRES, LIBRAIRES,
RUE DE SEINE, N°. 12, HÔTEL DE LA ROCHEFOUCAULD.

1821.

VOYAGE
DU JEUNE ANACHARSIS
EN GRÈCE,

VERS LE MILIEU DU QUATRIÈME SIÈCLE AVANT JÉSUS-CHRIST.

CHAPITRE XXXIII.

Démélés entre Denys le jeune, roi de Syracuse, et Dion son beau-frère. Voyages de Platon en Sicile a.

Depuis que j'étais en Grèce, j'en avais parcouru les principales villes ; j'avais été témoin des grandes solennités qui rassemblent ses différentes nations. Peu contens de ces courses particulières, nous résolûmes, Philotas et moi, de visiter avec plus d'attention toutes ses provinces, en commençant par celles du nord.

La veille de notre départ, nous soupâmes chez Platon : je m'y rendis avec Apollodore et Philotas. Nous y trouvâmes Speusippe son neveu, plusieurs de ses anciens disciples, et Timothée, si célèbre par ses victoires. On nous dit que Platon était enfermé avec Dion de Syracuse, qui arrivait du Péloponèse, et qui, forcé d'abandonner sa patrie, avait, six à sept ans auparavant, fait un assez long séjour à Athènes : ils vinrent nous joindre un moment après. Platon me parut d'abord inquiet et soucieux ; mais il reprit bientôt son air serein, et fit servir.

La décence et la propreté régnaient à sa table. Timothée, qui, dans les camps, n'entendait parler que d'évolutions, de siéges, de batailles ; dans les sociétés d'Athènes, que de marine et d'impositions, sentait vivement le prix d'une conversation soutenue sans effort, et instructive sans ennui. Il s'écriait quelquefois en soupirant : « Ah ! Platon, que vous êtes heureux [1] ! » Ce dernier s'étant excusé de la frugalité du repas, Timothée lui répondit : « Je sais que les soupers de l'Académie procurent un
» doux sommeil, et un réveil plus doux encore [2]. »

Quelques uns des convives se retirèrent de bonne heure : Dion les suivit de près. Nous avions été frappés de son maintien et de

---
a Voyez la note I à la fin du volume.—[1] AElian. var. hist. lib. 2, cap. 10. —[2] Id. ibid. cap. 18. Athen. lib. 10, p. 419.

ses discours. Il est à présent la victime de la tyrannie, nous dit Platon ; il le sera peut-être un jour de la liberté.

Timothée le pressa de s'expliquer. Rempli d'estime pour Dion, disait-il, j'ai toujours ignoré les vraies causes de son exil, et je n'ai qu'une idée confuse des troubles qui agitent la cour de Syracuse. Je ne les ai vues que de trop près ces agitations, répondit Platon. Auparavant j'étais indigné des fureurs et des injustices que le peuple exerce quelquefois dans nos assemblées : combien plus effrayantes et plus dangereuses sont les intrigues qui, sous un calme apparent, fermentent sans cesse autour du trône ; dans ces régions élevées, où dire la vérité est un crime, la faire goûter au prince un crime plus grand encore ; où la faveur justifie le scélérat, et la disgrâce rend coupable l'homme vertueux ! Nous aurions pu ramener le roi de Syracuse ; on l'a indignement perverti : ce n'est pas le sort de Dion que je déplore, c'est celui de la Sicile entière. Ces paroles redoublèrent notre curiosité ; et Platon, cédant à nos prières, commença de cette manière :

Premier voyage de Platon.

Il y a trente-deux ans environ [a] que des raisons trop longues à déduire me conduisirent en Sicile [1]. Denys l'ancien régnait à Syracuse. Vous savez que ce prince, redoutable par ses talens extraordinaires, s'occupa tant qu'il vécut à donner des fers aux nations voisines et à la sienne. Sa cruauté semblait suivre les progrès de sa puissance, qui parvint enfin au plus haut degré d'élévation. Il voulut me connaître ; et, comme il me fit des avances, il s'attendait à des flatteries ; mais il n'obtint que des vérités. Je ne vous parlerai ni de sa fureur que je bravai, ni de sa vengeance dont j'eus de la peine à me garantir [2]. Je m'étais promis de taire ses injustices pendant sa vie ; et sa mémoire n'a pas besoin de nouveaux outrages pour être en exécration à tous les peuples.

Je fis alors pour la philosophie une conquête dont elle doit s'honorer : c'est Dion, qui vient de sortir. Aristomaque, sa sœur, fut une des deux femmes que Denys épousa le même jour : Hipparinus, son père, avait été long-temps à la tête de la république de Syracuse [3]. C'est aux entretiens que j'eus avec le jeune Dion que cette ville devra sa liberté, si elle est jamais assez heureuse pour la recouvrer [4]. Son âme, supérieure aux autres, s'ouvrit aux premiers rayons de la lumière ; et s'enflammant tout à coup d'un violent amour pour la vertu, elle renonça sans hésiter à toutes les passions qui l'avaient auparavant dégradée. Dion se

---

[a] Vers l'an 389 avant J. C. — [1] Plat. epist. 7, t. 3, p. 324 et 326. Diog. Laert. lib. 3, § 18. — [2] Plut. in Dion. t. 1, p. 960. — [3] Id. ibid. p. 959. — [4] Plat. ibid. p. 326 et 327.

soumit à de si grands sacrifices avec une chaleur que je n'ai jamais remarquée dans aucun autre jeune homme, avec une constance qui ne s'est jamais démentie.

Dès ce moment il frémit de l'esclavage auquel sa patrie était réduite [1]; mais comme il se flattait toujours que ses exemples et ses principes feraient impression sur le tyran, qui ne pouvait s'empêcher de l'aimer et de l'employer [2], il continua de vivre auprès de lui, ne cessant de lui parler avec franchise et de mépriser la haine d'une cour dissolue [3].

Denys mourut enfin [a], rempli d'effroi, tourmenté de ses défiances, aussi malheureux que les peuples l'avaient été sous un règne de trente-huit ans [4]. Entre autres enfans, il laissa de Doris, l'une de ses deux épouses, un fils qui portait le même nom que lui, et qui monta sur le trône [5]. Dion saisit l'occasion de travailler au bonheur de la Sicile. Il disait au jeune prince : Votre père fondait sa puissance sur les flottes redoutables dont vous disposez, sur les dix mille barbares qui composent votre garde ; c'étaient, suivant lui, des chaînes de diamant avec lesquelles il avait garrotté toutes les parties de l'empire. Il se trompait : je ne connais d'autres liens, pour les unir d'une manière indissoluble, que la justice du prince et l'amour des peuples. Quelle honte pour vous, disait-il encore, si, réduit à ne vous distinguer que par la magnificence qui éclate sur votre personne et dans votre palais, le moindre de vos sujets pouvait se mettre au-dessus de vous par la supériorité de ses lumières et de ses sentimens [6] ?

Peu content d'instruire le roi, Dion veillait sur l'administration de l'État ; il opérait le bien, et augmentait le nombre de ses ennemis [7]. Ils se consumèrent pendant quelque temps en efforts superflus ; mais ils ne tardèrent pas à plonger Denys dans la débauche la plus honteuse [8]. Dion, hors d'état de leur résister, attendit un moment plus favorable. Le roi, qu'il trouva le moyen de prévenir en ma faveur, et dont les désirs sont toujours impétueux, m'écrivit plusieurs lettres extrêmement pressantes. Il me conjurait de tout abandonner, et de me rendre au plus tôt à Syracuse. Dion ajoutait dans les siennes que je n'avais pas un instant à perdre, qu'il était encore temps de placer la philosophie sur le trône, que Denys montrait de meilleures dispositions, et que ses parens se joindraient volontiers à nous pour l'y confirmer [9].

[1] Plat. epist. 7, t. 3, p. 324 et 327. — [2] Nep. in Dion. cap. 1 et 2. — [3] Plut. in Dion. t. 1, p. 960. — [a] L'an 367 avant J. C. — [4] Id. ibid. p. 961. — [5] Diod. lib. 15, p. 384. — [6] Plut. in Dion. ibid. p. 962. — [7] Epist. Dion. ap. Plat. t. 3, p. 309. — [8] Plut. in Dion. ibid. p. 960. — [9] Plat. epist. 7, t. 3, p. 327. Plut. ibid. p. 962. AElian. var. hist. lib. 4, cap. 18.

Je réfléchis mûrement sur ces lettres. Je ne pouvais pas me fier aux promesses d'un jeune homme, qui dans un instant passait d'une extrémité à l'autre; mais ne devais-je pas me rassurer sur la sagesse consommée de Dion? Fallait-il abandonner mon ami dans une circonstance si critique? N'avais-je consacré mes jours à la philosophie que pour la trahir lorsqu'elle m'appelait à sa défense [1]? Je dirai plus : j'eus quelque espoir de réaliser mes idées sur le meilleur des gouvernemens, et d'établir le règne de la justice dans les domaines du roi de Sicile [2]. Tels furent les vrais motifs qui m'engagèrent à partir [a], motifs bien différens de ceux que m'ont prêtés des censeurs injustes [3].

Second voyage de Platon.

Je trouvai la cour de Denys pleine de dissensions et de troubles. Dion était en butte à des calomnies atroces [4]. A ces mots, Speusippe interrompit Platon : Mon oncle, dit-il, n'ose pas vous raconter les honneurs qu'on lui rendit, et les succès qu'il eut à son arrivée [5]. Le roi le reçut à la descente du vaisseau ; et, l'ayant fait monter sur un char magnifique, attelé de quatre chevaux blancs, il le conduisit en triomphe au milieu d'un peuple immense qui couvrait le rivage : il ordonna que les portes du palais lui fussent ouvertes à toute heure, et offrit un sacrifice pompeux, en reconnaissance du bienfait que les dieux accordaient à la Sicile. On vit bientôt les courtisans courir au-devant de la réforme, proscrire le luxe de leurs tables, étudier avec empressement les figures de géométrie, que divers instituteurs traçaient sur le sable répandu dans les salles mêmes du palais.

Les peuples, étonnés de cette subite révolution, concevaient des espérances : le roi se montrait plus sensible à leurs plaintes. On se rappelait qu'il avait obtenu le titre de citoyen d'Athènes [6], la ville la plus libre de la Grèce. On disait encore que, dans une cérémonie religieuse, le héraut ayant, d'après la formule usitée, adressé des vœux au ciel pour la conservation du tyran, Denys, offensé d'un titre qui jusqu'alors ne l'avait point blessé, s'écria soudain : Ne cesseras-tu pas de me maudire? [7]

Ces mots firent trembler les partisans de la tyrannie. A leur tête se trouvait Philistus, qui a publié l'histoire des guerres de Sicile, et d'autres ouvrages du même genre. Denys l'ancien l'avait banni de ses États : comme il a de l'éloquence et de l'au-

---

[1] Plat. epist. 7, t. 3, p. 328. — [2] Id. ibid. Diog. Laert. lib. 3, § 21. — [a] Vers l'an 364 avant J. C. — [3] Plat. ibid. Themist. orat. 23, p. 285. Diog. Laert. lib. 10, § 8. — [4] Plat. ibid. p. 329. — [5] Plut. in Dion. t. 1, p. 963. Plin. lib. 7, cap. 30, t. 1, p. 392. AElian. var. hist. lib. 4, cap. 18. — [6] Demosth. epist. Philip. p. 115. — [7] Plut. in Dion. ibid.

dace, on le fit venir de son exil pour l'opposer à Platon[1]. A peine fut-il arrivé, que Dion fut exposé à de noires calomnies : on rendit sa fidélité suspecte, on empoisonnait toutes ses paroles, toutes ses actions. Conseillait-il de réformer à la paix une partie des troupes et des galères, il voulait, en affaiblissant l'autorité royale, faire passer la couronne aux enfans que sa sœur avait eus de Denys l'ancien. Forçait-il son élève à méditer sur les principes d'un sage gouvernement, le roi, disait-on, n'est plus qu'un disciple de l'Académie, qu'un philosophe, condamné pour le reste de ses jours à la recherche d'un bien chimérique[2].

En effet, ajouta Platon, on ne parlait à Syracuse que de deux conspirations, l'une de la philosophie contre le trône, l'autre de toutes les passions contre la philosophie. Je fus accusé de favoriser la première, et de profiter de mon ascendant sur Denys pour lui tendre des pièges. Il est vrai que, de concert avec Dion, je lui disais que, s'il voulait se couvrir de gloire, et même augmenter sa puissance, il devait se composer un trésor d'amis vertueux, pour leur confier les magistratures et les emplois[3] ; rétablir les villes grecques détruites par les Carthaginois, et leur donner des lois sages, en attendant qu'il pût leur rendre la liberté ; prescrire enfin des bornes à son autorité, et devenir le roi de ses sujets au lieu d'en être le tyran[4]. Denys paraissait quelquefois touché de nos conseils ; mais ses anciennes préventions contre mon ami, sans cesse entretenues par des insinuations perfides, subsistaient au fond de son âme. Pendant les premiers mois de mon séjour à Syracuse, j'employai tous mes soins pour les détruire[5] ; mais, loin de réussir, je voyais le crédit de Dion s'affaiblir par degrés[6].

La guerre avec les Carthaginois durait encore ; et, quoiqu'elle ne produisît que des hostilités passagères, il était nécessaire de la terminer. Dion, pour en inspirer le désir aux généraux ennemis, leur écrivit de l'instruire des premières négociations, afin qu'il pût leur ménager une paix solide. La lettre tomba, je ne sais comment, entre les mains du roi. Il consulte à l'instant Philistus ; et, préparant sa vengeance par une dissimulation profonde, il affecte de rendre ses bonnes grâces à Dion, l'accable de marques de bonté, le conduit sur le bord de la mer, lui montre la lettre fatale, lui reproche sa trahison, et, sans lui permettre un mot d'explication, le fait embarquer sur un vaisseau qui met aussitôt à la voile[7].

---

[1] Plut. in Dion. t. 1, p. 962. Nep. in Dion. cap. 3. — [2] Plat. epist. 7, t. 3, p. 333. Plut. in Dion. ibid. p. 962, etc. — [3] Plat. ibid. p. 332 et 336. — [4] Id. epist. 3, ibid. p. 315, 316, 319. Plut. in Dion. p. 962. — [5] Plat. epist. 7, ibid. p. 329. — [6] Plut. ibid. p. 963. — [7] Id. ibid. p. 962. Plat. ibid.

Ce coup de foudre étonna la Sicile, et consterna les amis de Dion; on craignait qu'il ne retombât sur nos têtes; le bruit de ma mort se répandit à Syracuse. Mais à cet orage violent succéda tout à coup un calme profond: soit politique, soit pudeur, le roi fit tenir à Dion une somme d'argent, que ce dernier refusa d'accepter [1]. Loin de sévir contre les amis du proscrit, il n'oublia rien pour calmer leurs alarmes [2]: il cherchait en particulier à me consoler; il me conjurait de rester auprès de lui. Quoique ses prières fussent mêlées de menaces, et ses caresses de fureur, je m'en tenais toujours à cette alternative: ou le retour de Dion, ou mon congé. Ne pouvant surmonter ma résistance, il me fit transférer à la citadelle, dans son palais même. On expédia des ordres de tous côtés pour me ramener à Syracuse, si je prenais la fuite: on défendit à tout capitaine de vaisseau de me recevoir sur son bord, à moins d'un exprès commandement de la main du prince.

Captif, gardé à vue, je le vis redoubler d'empressemens et de tendresse pour moi [3]; il se montrait jaloux de mon estime et de mon amitié; il ne pouvait plus souffrir la préférence que mon cœur donnait à Dion; il l'exigeait avec hauteur; il la demandait en suppliant. J'étais sans cesse exposé à des scènes extravagantes: c'étaient des emportemens et des excuses, des outrages et des larmes [4]. Comme nos entretiens devenaient de jour en jour plus fréquens, on publia que j'étais l'unique dépositaire de sa faveur. Ce bruit, malignement accrédité par Philistus et son parti [5], me rendit odieux au peuple et à l'armée; on me fit un crime des déréglemens du prince et des fautes de l'administration. J'étais bien éloigné d'en être l'auteur: à l'exception du préambule de quelques lois, auquel je travaillai dès mon arrivée en Sicile [6], j'avais refusé de me mêler des affaires publiques, dans le temps même que j'en pouvais partager le poids avec mon fidèle compagnon: je venais de le perdre; Denys s'était rejeté entre les bras d'un grand nombre de flatteurs perdus de débauche; et j'aurais choisi ce moment pour donner des avis à un jeune insensé qui croyait gouverner, et qui se laissait gouverner par des conseillers plus méchans et non moins insensés que lui!

Denys eût acheté mon amitié au poids de l'or; je la mettais à un plus haut prix: je voulais qu'il se pénétrât de ma doctrine, et qu'il apprît à se rendre maître de lui-même pour mériter de commander aux autres; mais il n'aime que la philosophie qui

---

[1] Epist. Dion. ap. Plat. t. 3, p. 309. — [2] Plat. epist. 7, t. 3, p. 329. — [3] Id. ibid. p. 330. — [4] Plut. in Dion, t. 1, p. 964. — [5] Plat. epist. 3, ibid. p. 315. — [6] Id. ibid. p. 316.

exerce l'esprit, parce qu'elle lui donne occasion de briller. Quand je le ramenais à cette sagesse qui règle les mouvemens de l'âme, je voyais son ardeur s'éteindre. Il m'écoutait avec peine, avec embarras. Je m'aperçus qu'il était prémuni contre mes attaques : on l'avait en effet averti qu'en admettant mes principes, il assurerait le retour et le triomphe de Dion[1].

La nature lui accorda une pénétration vive, une éloquence admirable, un cœur sensible, des mouvemens de générosité, du penchant pour les choses honnêtes : mais elle lui refusa un caractère ; et son éducation, absolument négligée[2], ayant altéré le germe de ses vertus, a laissé pousser des défauts qui heureusement affaiblissent ses vices. Il a de la dureté sans tenue, de la hauteur sans dignité. C'est par faiblesse qu'il emploie le mensonge et la perfidie, qu'il passe des jours entiers dans l'ivresse du vin et des voluptés. S'il avait plus de fermeté, il serait le plus cruel des hommes. Je ne lui connais d'autre force dans l'âme que l'inflexible roideur avec laquelle il exige que tout plie sous ses volontés passagères : raisons, opinions, sentimens, tout doit être, en certains momens, subordonné à ses lumières ; et je l'ai vu s'avilir par des soumissions et des bassesses plutôt que de supporter l'injure du refus ou de la contradiction. S'il s'acharne maintenant à pénétrer les secrets de la nature[3], c'est qu'elle ne doit avoir rien de caché pour lui. Dion lui est surtout odieux en ce qu'il le contrarie par ses exemples et par ses avis.

Je demandais vainement la fin de son exil et du mien, lorsque la guerre s'étant rallumée, le remplit de nouveaux soins[4]. N'ayant plus de prétexte pour me retenir, il consentit à mon départ. Nous fîmes une espèce de traité. Je lui promis de venir le rejoindre à la paix ; il me promit de rappeler Dion en même temps. Dès qu'elle fut conclue, il eut soin de nous en informer : il écrivit à Dion de différer son retour d'un an, à moi de hâter le mien[5]. Je lui répondis sur-le-champ que mon âge ne me permettait point de courir les risques d'un si long voyage, et que, puisqu'il manquait à sa parole, j'étais dégagé de la mienne. Cette réponse ne déplut pas moins à Dion qu'à Denys[6]. J'avais alors résolu de ne plus me mêler de leurs affaires ; mais le roi n'en était que plus obstiné dans son projet : il mendiait des sollicitations de toutes parts ; il m'écrivait sans cesse ; il me faisait écrire par mes amis de Sicile, par les philosophes de l'école d'Italie. Archytas, qui est à la tête de ces derniers, se rendit au-

---

[1] Plat. epist. 7, t. 3, p. 330. — [2] Plut in Dion. t. 1, p. 961. — [3] Plat. epist. 2, ibid. p. 313; epist. 7, p. 341. — [4] Plut. in Dion. ibid. p. 964. — [5] Plat. epist. 3, ibid. p. 317; epist. 7, p. 338. — [6] Id. epist. 7, ibid.

près de lui[1] : il me marqua, et son témoignage se trouvait confirmé par d'autres lettres, que le roi était enflammé d'une nouvelle ardeur pour la philosophie, et que j'exposerais ceux qui la cultivent dans ses Etats, si je n'y retournais au plus tôt. Dion, de son côté, me persécutait par ses instances.

Le roi ne le rappellera jamais, il le craint : il ne sera jamais philosophe, il cherche à le paraître[2]. Il pensait qu'auprès de ceux qui le sont véritablement, mon voyage pouvait ajouter à sa considération, et mon refus y nuire : voilà tout le secret de l'acharnement qu'il mettait à me poursuivre.

Cependant je ne crus pas devoir résister à tant d'avis réunis contre le mien. On m'eût reproché peut-être un jour d'avoir abandonné un jeune prince qui me tendait une seconde fois la main pour sortir de ses égaremens ; livré à sa fureur les amis que j'ai dans ces contrées lointaines ; négligé les intérêts de Dion, à qui l'amitié, l'hospitalité, la reconnaissance m'attachaient depuis si long-temps[3]. Ses ennemis avaient fait séquestrer ses revenus[4] ; ils le persécutaient pour l'exciter à la révolte ; ils multipliaient les torts du roi pour le rendre inexorable. Voilà ce que Denys m'écrivit[5] : « Nous traiterons d'abord l'affaire de Dion : » j'en passerai par tout ce que vous voudrez, et j'espère que » vous ne voudrez que des choses justes. Si vous ne venez pas, » vous n'obtiendrez jamais rien pour lui. »

Je connaissais Dion ; son âme a toute la hauteur de la vertu. Il avait supporté paisiblement la violence : mais si, à force d'injustices, on parvenait à l'humilier, il faudrait des torrens de sang pour laver cet outrage. Il réunit à une figure imposante les plus belles qualités de l'esprit et du cœur[6] : il possède en Sicile des richesses immenses[7] ; dans tout le royaume, des partisans sans nombre ; dans la Grèce, un crédit qui rangerait sous ses ordres nos plus braves guerriers[8]. J'entrevoyais de grands maux près de fondre sur la Sicile ; il dépendait peut-être de moi de les prévenir ou de les suspendre.

Il m'en coûta pour quitter de nouveau ma retraite et aller, à l'âge de près de soixante-dix ans, affronter un despote altier, dont les caprices sont aussi orageux que les mers qu'il me fallait parcourir : mais il n'est point de vertu sans sacrifice, point de philosophie sans pratique. Speusippe voulut m'accompagner ; 'acceptai ses offres[9] : je me flattais que les agrémens de son

---

[1] Plat. epist. 7, t. 3, p. 338.— [2] Id. epist. 2, ibid. p. 312 ; epist. 7, p. 338. — [3] Id. ibid. t. 5, p. 328. — [4] Id. epist. 3, t. 3, p. 318. Plut. in Dion. t. 1, p. 965. — [5] Plat. ibid. p. 339. Plut. ibid. — [6] Plat. ibid. p. 336. Diod. lib 15, p. 410. Nep. in Dion. cap. 4. — [7] Plat. ibid. p. 347. Plut. ibid. p. 960. — [8] Plat. ibid. p. 328. Plut. ibid. p. 964.— [9] Plat. ibid. p. 314. Plut. in Dion. t. 1, p. 967.

esprit séduiraient le roi, si la force de mes raisons ne pouvait le convaincre. Je partis enfin, et j'arrivai heureusement en Sicile *a*.

Troisième voyage de Platon.

Denys parut transporté de joie, ainsi que la reine et toute la famille royale [1]. Il m'avait fait préparer un logement dans le jardin du palais [2]. Je lui représentai, dans notre premier entretien, que, suivant nos conventions, l'exil de Dion devait finir au moment où je retournerais à Syracuse. A ces mots il s'écria : Dion n'est pas exilé; je l'ai seulement éloigné de la cour [3]. Il est temps de l'en rapprocher, répondis-je, et de lui restituer ses biens, que vous abandonnez à des administrateurs infidèles [4]. Ces deux articles furent long-temps débattus entre nous, et remplirent plusieurs séances : dans l'intervalle, il cherchait, par des distinctions et des présens, à me refroidir sur les intérêts de mon ami, et à me faire approuver sa disgrâce [5]; mais je rejetai des bienfaits qu'il fallait acheter au prix de l'honneur et de l'amitié.

Quand je voulus sonder l'état de son âme, et ses dispositions à l'égard de la philosophie [6], il ne me parla que des mystères de la nature, et surtout de l'origine du mal. Il avait ouï dire aux Pythagoriciens d'Italie que je m'étais pendant long-temps occupé de ce problème; et ce fut un des motifs qui l'engagèrent à presser mon retour [7]. Il me contraignit de lui exposer quelques unes de mes idées : je n'eus garde de les étendre, et je dois convenir que le roi ne le désirait point [8]; il était plus jaloux d'étaler quelques faibles solutions qu'il avait arrachées à d'autres philosophes.

Cependant je revenais toujours, et toujours inutilement, à mon objet principal, celui d'opérer entre Denys et Dion une réconciliation nécessaire à la prospérité de son règne. A la fin, aussi fatigué que lui de mes importunités, je commençai à me reprocher un voyage non moins infructueux que pénible. Nous étions en été; je voulus profiter de la saison pour m'en retourner : je lui déclarai que je ne pouvais plus rester à la cour d'un prince si ardent à persécuter mon ami [9]. Il employa toutes les séductions pour me retenir, et finit par me promettre une de ses galères; mais, comme il était le maître d'en retarder les préparatifs, je résolus de m'embarquer sur le premier vaisseau qui mettrait à la voile.

---

a Au commencement de l'an 361 avant J. C.— [1] Plut. in Dion. t. 1, p. 965. — [2] Plat. epist. 7, t. 3, p. 349. — [3] Id. ibid. p. 338. — [4] Id. epist. 3, p. 317. — [5] Id. epist. 7, p. 333 et 334. — [6] Id. ibid. p. 340. — [7] Id. ibid. p. 338. Plut. in Dion. ibid. — [8] Plat. ibid. p. 341. — [9] Plat. epist. 7, t. 3, p. 345.

Deux jours après il vint chez moi, et me dit[1] : « L'affaire de
» Dion est la seule cause de nos divisions, il faut la terminer.
» Voici tout ce que, par amitié pour vous, je puis faire en sa
» faveur. Qu'il reste dans le Péloponèse jusqu'à ce que le temps
» précis de son retour soit convenu entre lui, moi, vous et vos
» amis. Il vous donnera sa parole de ne rien entreprendre contre
» mon autorité : il la donnera de même à vos amis, aux siens;
» et tous ensemble vous m'en serez garans. Ses richesses seront
» transportées en Grèce, et confiées à des dépositaires que vous
» choisirez ; il en retirera les intérêts, et ne pourra toucher au
» fonds sans votre agrément : car je ne compte pas assez sur sa
» fidélité pour laisser à sa disposition de si grands moyens de me
» nuire. J'exige en même temps que vous restiez encore un an
» avec moi ; et, quand vous partirez, nous vous remettrons
» l'argent que nous aurons à lui. J'espère qu'il sera satisfait de
» cet arrangement. Dites-moi s'il vous convient. »

Ce projet m'affligea. Je demandai vingt-quatre heures pour l'examiner. Après en avoir balancé les avantages et les inconvéniens, je lui répondis que j'acceptais les conditions proposées, pourvu que Dion les approuvât. Il fut réglé en conséquence que nous lui écririons au plus tôt l'un et l'autre, et qu'en attendant on ne changerait rien à la nature de ses biens. C'était le second traité que nous faisions ensemble, et il ne fut pas mieux observé que le premier [2].

J'avais laissé passer la saison de la navigation : tous les vaisseaux étaient partis. Je ne pouvais pas m'échapper du jardin à l'insu du garde à qui la porte en était confiée. Le roi, maître de ma personne, commençait à ne plus se contraindre. Il me dit une fois : « Nous avons oublié un article essentiel. Je n'en-
» verrai à Dion que la moitié de son bien ; je réserve l'autre
» pour son fils, dont je suis le tuteur naturel, comme frère
» d'Arété sa mère [3]. » Je me contentai de lui dire qu'il fallait attendre la réponse de Dion à sa première lettre, et lui en écrire une seconde pour l'instruire de ce nouvel arrangement.

Cependant il procédait sans pudeur à la dissipation des biens de Dion ; il en fit vendre une partie comme il voulut, à qui il voulut, sans daigner m'en parler, sans écouter mes plaintes. Ma situation devenait de jour en jour plus accablante : un événement imprévu en augmenta la rigueur.

Ses gardes, indignés de ce qu'il voulait diminuer la solde des vétérans, se présentèrent en tumulte au pied de la citadelle, dont il avait fait fermer les portes. Leurs menaces, leurs cris belliqueux et les apprêts de l'assaut l'effrayèrent tellement, qu'il

[1] Plat. epist. 7, t. 3, p. 346. — [2] Id. ibid. p. 347. — [3] Id. ibid.

leur accorda plus qu'ils ne demandaient [1]. Héraclide, un des premiers citoyens de Syracuse, fortement soupçonné d'être l'auteur de l'émeute, prit la fuite, et employa le crédit de ses parens pour effacer les impressions qu'on avait données au roi contre lui.

Quelques jours après, je me promenais dans le jardin [2]; j'y vis entrer Denys, et Théodote qu'il avait mandé : ils s'entretinrent quelque temps ensemble; et, s'étant approché de moi, Théodote me dit : « J'avais obtenu pour mon neveu Héraclide
» la permission de venir se justifier, et, si le roi ne le veut plus
» souffrir dans ses États, celle de se retirer au Péloponèse, avec
» sa femme, son fils, et la jouissance de ses biens. J'ai cru de-
» voir en conséquence inviter Héraclide à se rendre ici. Je vais
» lui en écrire encore. Je demande à présent qu'il puisse se
» montrer sans risque, soit à Syracuse, soit aux environs. Y
» consentez-vous, Denys? J'y consens, répondit le roi. Il peut
» même demeurer chez vous en toute sûreté. »

Le lendemain matin, Théodote et Eurybius entrèrent chez moi, la douleur et la consternation peintes sur le visage. « Pla-
» ton, me dit le premier, vous fûtes hier témoin de la promesse
» du roi. On vient de nous apprendre que des soldats, répandus
» de tous côtés, cherchent Héraclide; ils ont ordre de le saisir.
» Il est peut-être de retour. Nous n'avons pas un moment à
» perdre : venez avec nous au palais. » Je les suivis. Quand nous fûmes en présence du roi, ils restèrent immobiles, et fondirent en pleurs. Je lui dis : « Ils craignent que, malgré l'en-
» gagement que vous prîtes hier, Héraclide ne coure des risques
» à Syracuse; car on présume qu'il est revenu. » Denys, bouillonnant de colère, changea de couleur. Eurybius et Théodote se jetèrent à ses pieds; et, pendant qu'ils arrosaient ses mains de leurs larmes, je dis à Théodote : « Rassurez-vous, le roi
» n'osera jamais manquer à la parole qu'il nous a donnée. — Je
» ne vous en ai point donné, me répondit-il avec des yeux étin-
» celans de fureur. — Et moi j'atteste les dieux, repris-je, que
» vous avez donné celle dont ils réclament l'exécution. » Je lui tournai ensuite le dos, et me retirai [3]. Théodote n'eut d'autre ressource que d'avertir secrètement Héraclide, qui n'échappa qu'avec peine aux poursuites des soldats.

Dès ce moment Denys ne garda plus de mesures; il suivit avec ardeur le projet de s'emparer des biens de Dion [4]. Il me fit sortir du palais. Tout commerce avec mes amis, tout accès auprès de lui, m'étaient sévèrement interdits. Je n'entendais parler que

[1] Plat. epist. 7, t. 3, p. 348. — [2] Id. ibid. — [3] Id. ibid. p. 349. — [4] Plut. in Dion. t. 1, p. 966.

de ses plaintes, de ses reproches, de ses menaces [1]. Si je le voyais par hasard, c'était pour en essuyer des sarcasmes amers et des plaisanteries indécentes [2] : car les rois, et les courtisans à leur exemple, persuadés sans doute que leur faveur seule fait notre mérite, cessent de considérer ceux qu'ils cessent d'aimer. On m'avertit en même temps que mes jours étaient en danger ; et en effet, des satellites du tyran avaient dit qu'ils m'arracheraient la vie, s'ils me rencontraient.

Je trouvai le moyen d'instruire de ma situation Archytas et mes autres amis de Tarente [3]. Avant mon arrivée, Denys leur avait donné sa foi que je pourrais quitter la Sicile quand je le jugerais à propos ; ils m'avaient donné la leur pour garant de la sienne [4]. Je l'invoquai dans cette occasion. Bientôt arrivèrent des députés de Tarente : après s'être acquittés d'une commission qui avait servi de prétexte à l'ambassade, ils obtinrent enfin ma délivrance.

En revenant de Sicile, je débarquai en Élide, et j'allai aux jeux olympiques, où Dion m'avait promis de se trouver [5]. Je lui rendis compte de ma mission, et je finis par lui dire : Jugez vous-même du pouvoir que la philosophie a sur l'esprit du roi de Syracuse.

Dion, indigné des nouveaux outrages qu'il venait de recevoir en ma personne, s'écria tout à coup : « Ce n'est plus à l'école de
» la philosophie qu'il faut conduire Denys, c'est à celle de l'ad-
» versité, et je vais lui en ouvrir le chemin. Mon ministère est
» donc fini, lui répondis-je. Quand mes mains seraient encore
» en état de porter les armes, je ne les prendrais pas contre un
» prince avec qui j'eus en commun la même maison, la même
» table, les mêmes sacrifices ; qui, sourd aux calomnies de mes
» ennemis, épargna des jours dont il pouvait disposer ; à qui
» j'ai promis cent fois de ne jamais favoriser aucune entreprise
» contre son autorité. Si, ramenés un jour l'un et l'autre à des
» vues pacifiques, vous avez besoin de ma médiation, je vous
» l'offrirai avec empressement ; mais tant que vous méditerez
» des projets de destruction, n'attendez ni conseils ni secours de
» ma part [6]. »

J'ai pendant trois ans employé divers prétextes pour le tenir dans l'inaction ; mais il vient de me déclarer qu'il est temps de voler au secours de sa patrie. Les principaux habitants de Syracuse, las de la servitude, n'attendent que son arrivée pour en briser le joug. J'ai vu leurs lettres ; ils ne demandent ni troupes

---

[1] Plat. epist. 7, t. 3, p. 349. — [2] Id. epist. 3, p. 319. — [3] Id. epist. 7, p. 350. — [4] Plut. in Dion. t. 1, p. 965. Diog. Laert. in Plat. lib. 3, § 22.— [5] Plat. ibid. — [6] Plat. ibid.

ni vaisseaux, mais son nom pour les autoriser, et sa présence pour les réunir [1]. Ils lui marquent aussi que son épouse, ne pouvant plus résister aux menaces et aux fureurs du roi, a été forcée de contracter un nouvel hymen [2]. La mesure est comble. Dion va retourner au Péloponèse; il y lèvera des soldats; et dès que ses préparatifs seront achevés, il passera en Sicile.

Tel fut le récit de Platon. Nous prîmes congé de lui, et le lendemain nous partîmes pour la Béotie.

CHAPITRE XXXIV.

Voyage de Béotie (Atlas, pl. 25); *l'Antre de Trophonius; Hésiode; Pindare.*

On voyage avec beaucoup de sûreté dans toute la Grèce : on trouve des auberges dans les principales villes et sur les grandes routes [3]; mais on y est rançonné sans pudeur. Comme le pays est presque partout couvert de montagnes et de collines, on ne se sert de voitures que pour les petits trajets; encore est-on souvent obligé d'employer l'enrayure [4]. Il faut préférer les mulets pour les voyages de long cours [5], et mener avec soi quelques esclaves pour porter le bagage [6].

Outre que les Grecs s'empressent d'accueillir les étrangers, on trouve dans les principales villes des proxènes chargés de ce soin : tantôt ce sont des particuliers en liaisons de commerce ou d'hospitalité avec des particuliers d'une autre ville; tantôt ils ont un caractère public, et sont reconnus pour les agens d'une ville ou d'une nation, qui, par un décret solennel, les a choisis avec l'agrément du peuple, auquel ils appartiennent [7]; enfin, il en est qui gèrent à la fois les affaires d'une ville étrangère et de quelques uns de ses citoyens [8].

Le proxène d'une ville en loge les députés : il les accompagne partout, et se sert de son crédit pour assurer le succès de leurs négociations [9]; il procure à ceux de ses habitans qui voyagent les agrémens qui dépendent de lui. Nous éprouvâmes ces secours dans plusieurs villes de la Grèce. En quelques endroits de simples

---

[1] Plut. in Dion. t. 1, p. 967. — [2] Id. ibid. p. 966. — [3] Plat. de leg. lib. 11, p. 919. AEschin. de fals. leg. p. 410. — [4] Athen. lib. 3, p. 99. — [5] AEschin. in Ctesiph. p. 440. — [6] Id. de fals. leg. p. 410. Casaub. in Theophr. cap. 11, p. 103. Duport, ibid. p. 385. — [7] Thucyd. lib. 2, cap. 29; lib. 5, cap. 59. Xenoph. hist. græc. lib. 1, p. 432. Eustath. in iliad. lib. 4, p. 485. — [8] Ion. ap. Athen. lib. 13, p. 603. Demosth. in Callip. p. 1099 et 1101. — [9] Xenoph. ibid. lib. 5, p. 570. Eustath. ibid. lib. 3, p. 405.

citoyens prévenaient d'eux-mêmes nos désirs [1], dans l'espérance d'obtenir la bienveillance des Athéniens, dont ils désiraient d'être les agens, et de jouir, s'ils venaient à Athènes, des prérogatives attachées à ce titre, telles que la permission d'assister à l'assemblée générale, et la préséance dans les cérémonies religieuses, ainsi que dans les jeux publics [2].

Nous partîmes d'Athènes dans les premiers jours du mois munychion, la troisième année de la cent cinquième olympiade [a]. Nous arrivâmes le soir même à Orope par un chemin assez rude, mais ombragé en quelques endroits de bois de lauriers [3]. Cette ville, située sur les confins de la Béotie et de l'Attique, est éloignée de la mer d'environ vingt stades [4] [b]. Les droits d'entrée s'y perçoivent avec une rigueur extrême, et s'étendent jusqu'aux provisions que consomment les habitans [5], dont la plupart sont d'un difficile abord et d'une avarice sordide.

Près de la ville, dans un endroit embelli par les sources d'une eau pure [6], est le temple d'Amphiaraüs. Il fut un des chefs de la guerre de Thèbes ; et, comme il y faisait les fonctions de devin, on supposa qu'il rendait des oracles après sa mort. Ceux qui viennent implorer ses lumières doivent s'abstenir de vin pendant trois jours, et de toute nourriture pendant vingt-quatre heures [7]. Ils immolent ensuite un belier auprès de sa statue, en étendent la peau sur le parvis, et s'endorment dessus. Le dieu, à ce qu'on prétend, leur apparaît en songe, et répond à leurs questions [8]. On cite quantité de prodiges opérés dans ce temple ; mais les Béotiens ajoutent tant de foi aux oracles [9], qu'on ne peut pas s'en rapporter à ce qu'ils en disent.

A la distance de trente stades [c], on trouve sur une hauteur [10] la ville de Tanagra, dont les maisons ont assez d'apparence. La plupart sont ornées de peintures encaustiques et de vestibules. Le territoire de cette ville, arrosé par une petite rivière nommée Thermodon [11], est couvert d'oliviers et d'arbres de différentes sortes. Il produit peu de blé et le meilleur vin de la Béotie.

Quoique les habitans soient riches, ils ne connaissent ni le luxe, ni les excès qui en sont la suite. On les accuse d'être envieux [12] : mais nous n'avons vu chez eux que de la bonne foi, de l'amour pour la justice et l'hospitalité, de l'empressement à

---

[1] Thucyd. lib. 3, cap. 70. — [2] De l'état des colonies, par M. de Sainte-Croix, p. 89. — [a] Au printemps de l'année 357 avant J. C. — [3] Dicæarch. stat. græc. ap. geogr. min. t. 2, p. 11. — [4] Strab. lib. 9, p. 403. — [b] Environ trois quarts de lieue. — [5] Dicæarch. ibid. p. 12. — [6] Liv. lib. 45, cap. 27. — [7] Philostrat. vit. Apollon. lib. 2, cap. 37, p. 90. — [8] Pausan. lib. 1, cap. 34, p. 84. — [9] Plut. de orac. defect. t. 2, p. 411. — [c] Un peu plus d'une lieue. — [10] Dicæarch. stat. græc. ap. geogr. min. t. 2, p. 12. — [11] Herodot. lib. 9, cap. 42. — [12] Dicæarch. ibid. p. 18.

secourir les malheureux que le besoin oblige d'errer de ville en ville. Ils fuient l'oisiveté, et, détestant les gains illicites, ils vivent contens de leur sort. Il n'y a point d'endroit en Béotie où les voyageurs aient moins à craindre les avanies [1]. Je crois avoir découvert le secret de leurs vertus; ils préfèrent l'agriculture aux autres arts.

Ils ont tant de respect pour les dieux, qu'ils ne construisent les temples que dans des lieux séparés des habitations des mortels [2]. Ils prétendent que Mercure les délivra une fois de la peste en portant autour de la ville un belier sur ses épaules : ils l'ont représenté sous cette forme dans son temple, et le jour de sa fête on fait renouveler cette cérémonie par un jeune homme de la figure la plus distinguée [3]; car les Grecs sont persuadés que les hommages que l'on rend aux dieux leur sont plus agréables quand ils sont présentés par la jeunesse et la beauté.

Corinne était de Tanagra : elle cultiva la poésie avec succès. Nous vîmes son tombeau dans le lieu le plus apparent de la ville, et son portrait dans le gymnase. Quand on lit ses ouvrages, on demande pourquoi, dans les combats de poésie, ils furent si souvent préférés à ceux de Pindare; mais quand on voit son portrait, on demande pourquoi ils ne l'ont pas toujours été [4].

Les Tanagréens, comme les autres peuples de la Grèce, ont une sorte de passion pour les combats de coqs. Ces animaux sont chez eux d'une grosseur et d'une beauté singulières [5]; mais ils semblent moins destinés à perpétuer leur espèce qu'à la détruire, car ils ne respirent que la guerre [6]. On en transporte dans plusieurs villes; on les fait lutter les uns contre les autres, et, pour rendre leur fureur plus meurtrière, on arme leurs ergots de pointes d'airain [7].

Nous partîmes de Tanagra, et, après avoir fait deux cents stades [8] [a] par un chemin raboteux et difficile, nous arrivâmes à Platée, ville autrefois puissante (*Atlas*, *pl. 6*), aujourd'hui ensevelie sous ses ruines. Elle était située au pied du mont Cithéron [9], dans cette belle plaine qu'arrose l'Asopus, et dans laquelle Mardonius fut défait à la tête de trois cent mille Perses. Ceux de Platée se distinguèrent tellement dans cette bataille, que les autres Grecs, autant pour reconnaître leur valeur que pour éviter toute jalousie, leur en déférèrent la principale gloire. On institua chez eux des fêtes pour en perpétuer le souvenir, et

---

[1] Dicæarch. stat. græc. ap. geogr. min. t. 2, p. 13. — [2] Pausan. lib. 9, cap. 22, p. 753. — [3] Id. ibid. p. 752. — [4] Id. ibid. p. 753. — [5] Columell. de re rust. lib. 8, cap. 2. Varr. de re rust. lib. 3, cap. 9. — [6] Plin. lib. 10, cap. 21, t. 1, p. 554. — [7] Aristoph. in av. v. 760. Schol. ibid. et v. 1365. — [8] Dicæarch. ibid. p. 14. — [a] Sept lieues et demie. — [9] Strab. lib. 9, p. 411.

il fut décidé que tous les ans on y renouvellerait les cérémonies funèbres en l'honneur des Grecs qui avaient péri dans la bataille[1].

De pareilles institutions se sont multipliées parmi les Grecs : ils savent que les monumens ne suffisent pas pour éterniser les faits éclatans, ou du moins pour en produire de semblables. Ces monumens périssent, ou sont ignorés, et n'attestent souvent que le talent de l'artiste et la vanité de ceux qui les ont fait construire. Mais des assemblées générales et solennelles, où chaque année les noms de ceux qui se sont dévoués à la mort sont récités à haute voix, où l'éloge de leur vertu est prononcé par des bouches éloquentes, où la patrie, enorgueillie de les avoir produits, va répandre des larmes sur leurs tombeaux ; voilà le plus digne hommage qu'on puisse décerner à la valeur, et voici l'ordre qu'observaient les Platéens en le renouvelant.

A la pointe du jour [2], un trompette sonnant la charge ouvrait la marche : on voyait paraître successivement plusieurs chars remplis de couronnes et de branches de myrte ; un taureau noir, suivi de jeunes gens qui portaient dans des vases, du lait, du vin, et différentes sortes de parfums ; enfin, le premier magistrat des Platéens, vêtu d'une robe teinte en pourpre, tenant un vase d'une main, et une épée de l'autre. La pompe traversait la ville ; et, parvenue au champ de bataille, le magistrat puisait de l'eau dans une fontaine voisine, lavait les cippes ou colonnes élevées sur les tombeaux, les arrosait d'essences, sacrifiait le taureau ; et, après avoir adressé des prières à Jupiter et à Mercure, il invitait aux libations les ombres des guerriers qui étaient morts dans le combat : ensuite il remplissait de vin une coupe ; il en répandait une partie, et disait à haute voix : « Je bois » à ces vaillans hommes qui sont morts pour la liberté de la » Grèce. »

Depuis la bataille de Platée, les habitans de cette ville s'unirent aux Athéniens, et secouèrent le joug des Thébains, qui se regardaient comme leurs fondateurs [3], et qui, dès ce moment, devinrent pour eux des ennemis implacables. Leur haine fut portée si loin, que, s'étant joints aux Lacédémoniens pendant la guerre du Péloponèse, ils attaquèrent la ville de Platée, et la détruisirent entièrement[4]. Elle se repeupla bientôt après ; et comme elle était toujours attachée aux Athéniens, les Thébains la reprirent et la détruisirent de nouveau il y a dix-sept ans [5]. Il n'y reste plus aujourd'hui que les temples respectés par les vainqueurs, quelques maisons, et une grande hôtellerie pour ceux qui viennent en ces lieux offrir des sacrifices. C'est un bâtiment

---

[1] Plut. in Aristid. t. 1, p. 332. — [2] Id. ibid. — [3] Thucyd. lib. 3, cap. 61. — [4] Id. ibid. cap. 68. — [5] Diod. lib. 15, p. 362.

qui a deux cents pieds de long sur autant de large, avec quantité d'appartemens au rez-de-chaussée et au premier étage [1].

Nous vîmes le temple de Minerve construit des dépouilles des Perses enlevées à Marathon. Polygnote y représenta le retour d'Ulysse dans ses États, et le massacre qu'il fit des amans de Pénélope. Onatas y peignit la première expédition des Argiens contre Thèbes [2]. Ces peintures conservent encore toute leur fraîcheur [3]. La statue de la déesse est de la main de Phidias, et d'une grandeur extraordinaire : elle est de bois doré; mais le visage, les mains et les pieds sont de marbre [4].

Nous vîmes dans le temple de Diane le tombeau d'un citoyen de Platée, nommé Euchidas. On nous dit à cette occasion, qu'après la défaite des Perses, l'oracle avait ordonné aux Grecs d'éteindre le feu dont ils se servaient, parce qu'il avait été souillé par les barbares, et de venir prendre à Delphes celui dont ils useraient désormais pour leurs sacrifices. En conséquence, tous les feux de la contrée furent éteints. Euchidas partit aussitôt pour Delphes; il prit du feu sur l'autel, et étant revenu le même jour à Platée, avant le coucher du soleil, il expira quelques momens après [5]. Il avait fait mille stades à pied [a]. Cette extrême diligence étonnera sans doute ceux qui ne savent pas que les Grecs s'exercent singulièrement à la course, et que la plupart des villes entretiennent des coureurs [6], accoutumés à parcourir dans un jour des espaces immenses [7].

Nous passâmes ensuite par la bourgade de Leuctres et la ville de Thespies, qui devront leur célébrité à de grands désastres. Auprès de la première, s'était donnée, quelques années auparavant, cette bataille sanglante qui renversa la puissance de Lacédémone : la seconde fut détruite, ainsi que Platée, dans les dernières guerres [8]. Les Thébains n'y respectèrent que les monumens sacrés. Deux, entre autres, fixèrent notre attention : le temple d'Hercule, desservi par une prêtresse qui est obligée de garder le célibat pendant toute sa vie [9]; et la statue de ce Cupidon que l'on confond quelquefois avec l'Amour : ce n'est qu'une pierre informe, et telle qu'on la tire de la carrière [10]; car c'est ainsi qu'anciennement on représentait les objets du culte public.

Nous allâmes coucher dans un lieu nommé Ascra, distant de Thespies d'environ quarante stades [11] [b] : hameau dont le séjour

---

[1] Thucyd. lib. 3, cap. 68. — [2] Pausan. lib. 9, cap. 4, p. 718. — [3] Plut. in Aristid. t. 1, p. 331. — [4] Pausan. ibid. — [5] Plut. ibid. — [a] Trente-sept lieues et deux mille toises. — [6] Herodot. lib. 6, cap. 106. — [7] Liv. lib. 31, cap. 24. Plin. lib. 7, cap. 20, t. 1, p. 386. Solin. cap. 1, p. 9. Mém. de l'acad. des bell. lettr. t. 3, p. 316. — [8] Diod. lib. 15, p. 362 et 367. — [9] Pausan. lib. 9, cap. 27, p. 763. — [10] Id. ibid. p. 761. — [11] Strab. lib. 9, p. 409. — [b] Environ une lieue et demie.

est insupportable en été et en hiver[1] ; mais c'est la patrie d'Hésiode.

Le lendemain un sentier étroit nous conduisit au bois sacré des Muses[2] : nous nous arrêtâmes, en y montant, sur les bords de la fontaine d'Aganippe, ensuite auprès de la statue de Linus, l'un des plus anciens poëtes de la Grèce : elle est placée dans une grotte[3], comme dans un petit temple. A droite, à gauche, nos regards parcouraient avec plaisir les nombreuses demeures que les habitans de la campagne se sont construites sur ces hauteurs[4].

Bientôt, pénétrant dans de belles allées, nous nous crûmes transportés à la cour brillante des Muses : c'est là en effet que leur pouvoir et leur influence s'annoncent d'une manière éclatante par les monumens qui parent ces lieux solitaires, et semblent les animer. Leurs statues, exécutées par différens artistes, s'offrent souvent aux yeux du spectateur. Ici, Apollon et Mercure se disputent une lyre[5] ; là, respirent encore des poëtes et des musiciens célèbres, Thamyris, Arion, Hésiode, et Orphée, autour duquel sont plusieurs figures d'animaux sauvages, attirés par la douceur de sa voix[6].

De toutes parts s'élèvent quantité de trépieds de bronze, noble récompense des talens couronnés dans les combats de poésie et de musique[7]. Ce sont les vainqueurs eux-mêmes qui les ont consacrés en ces lieux. On y distingue celui qu'Hésiode avait remporté à Chalcis en Eubée[8]. Autrefois les Thespiens venaient tous les ans dans ce bois sacré distribuer de ces sortes de prix, et célébrer des fêtes en l'honneur des Muses et de l'Amour[9].

Au-dessus du bois coulent, entre des bords fleuris, une petite rivière nommée Permesse, la fontaine d'Hippocrène, et celle de Narcisse, où l'on prétend que ce jeune homme expira d'amour, en s'obstinant à contempler son image dans les eaux tranquilles de cette source[10].

Nous étions alors sur l'Hélicon, sur cette montagne si renommée pour la pureté de l'air, l'abondance des eaux, la fertilité des vallées, la fraîcheur des ombrages, et la beauté des arbres antiques dont elle est couverte. Les paysans des environs nous assuraient que les plantes y sont tellement salutaires, qu'après s'en être nourris, les serpens n'ont plus de venin. Ils trouvaient une douceur exquise dans le fruit de leurs arbres, et surtout dans celui de l'andrachné[11].

---

[1] Hesiod. oper. v. 638. — [2] Strab. lib. 9, p. 410. — [3] Pausan. lib. 9, cap. 29, p. 766. — [4] Id. ibid. cap. 31, p. 771. — [5] Id. ibid. cap. 30, p. 767. — [6] Id. ibid. p. 768. — [7] Id. ibid. p. 771. — [8] Hesiod. ibid. v. 658. — [9] Pausan. ibid. p. 771. — [10] Id. ibid. cap. 29, p. 766; cap. 31, p. 773. — [11] Id. ibid. cap. 28, p. 763.

Les Muses règnent sur l'Hélicon. Leur histoire ne présente que des traditions absurdes ; mais leurs noms indiquent leur origine. Il paraît en effet que les premiers poëtes, frappés des beautés de la nature, se laissèrent aller au besoin d'invoquer les nymphes des bois, des montagnes, des fontaines ; et que, cédant au goût de l'allégorie, alors généralement répandu, ils les désignèrent par des noms relatifs à l'influence qu'elles pouvaient avoir sur les productions de l'esprit. Ils ne reconnurent d'abord que trois Muses, Mélété, Mnémé, Aœdé [1] : c'est-à-dire, la *méditation* ou la réflexion qu'on doit apporter au travail, la *mémoire*, qui éternise les faits éclatans, et le *chant*, qui en accompagne le récit. A mesure que l'art des vers fit des progrès, on en personnifia les caractères et les effets. Le nombre des Muses s'accrut, et les noms qu'elles reçurent alors se rapportèrent aux charmes de la poésie, à son origine céleste, à la beauté de son langage, aux plaisirs et à la gaieté qu'elle procure, aux chants et à la danse qui relèvent son éclat, à la gloire dont elle est couronnée [a]. Dans la suite on leur associa les Grâces, qui doivent embellir la poésie, et l'Amour qui en est si souvent l'objet [2].

Ces idées naquirent dans un pays barbare, dans la Thrace, où, au milieu de l'ignorance, parurent tout à coup Orphée, Linus, et leurs disciples. Les Muses y furent honorées sur les monts de la Piérie [3] ; et de là, étendant leurs conquêtes, elles s'établirent successivement sur le Pinde, le Parnasse, l'Hélicon, dans tous les lieux solitaires où les peintres de la nature, entourés des plus riantes images, éprouvent la chaleur de l'inspiration divine.

L'antre de Trophonius.

Nous quittâmes ces retraites délicieuses, et nous nous rendîmes à Lébadée, située au pied d'une montagne d'où sort la petite rivière d'Hercine, qui forme dans sa chute des cascades sans nombre [4]. La ville présente de tous côtés des monumens de la magnificence et du goût des habitans [5]. Nous nous en occupâmes avec plaisir ; mais nous étions encore plus empressés de voir l'antre de Trophonius, un des plus célèbres oracles de la Grèce : une indiscrétion de Philotas nous empêcha d'y descendre.

Un soir que nous soupions chez un des principaux de la ville, la conversation roula sur les merveilles opérées dans cette caverne

---

[1] Pausan. lib. 9, cap. 28, p. 765. — [a] Voyez la note II à la fin du volume. — [2] Hesiod. theogon. v. 64. — [3] Prid. in marm. oxon. p. 340. — [4] Pausan. ibid. cap. 39, p. 789. Whel. book. 4, p. 327. Spon, t. 2, p. 50. Pocock, t. 3, p. 158. — [5] Pausan. ibid.

mystérieuse. Philotas témoigna quelques doutes, et observa que ces faits surprenans n'étaient pour l'ordinaire que des effets naturels. J'étais une fois dans un temple, ajouta-t-il : la statue du dieu paraissait couverte de sueur : le peuple criait au prodige ; mais j'appris ensuite qu'elle était faite d'un bois qui avait la propriété de suer par intervalles [1]. A peine eut-il proféré ces mots, que nous vîmes un des convives pâlir et sortir quelques momens après : c'était un des prêtres de Trophonius. On nous conseilla de ne point nous exposer à sa vengeance, en nous enfonçant dans un souterrain dont les détours n'étaient connus que de ces ministres [a].

Quelques jours après, on nous avertit qu'un Thébain allait descendre dans la caverne : nous prîmes le chemin de la montagne, accompagnés de quelques amis, et à la suite d'un grand nombre d'habitans de Lébadée. Nous parvînmes bientôt au temple de Trophonius, placé au milieu d'un bois qui lui est également consacré [2]. Sa statue, qui le représente sous les traits d'Esculape, est de la main de Praxitèle.

Trophonius était un architecte qui, conjointement avec son frère Agamède, construisit le temple de Delphes. Les uns disent qu'ils y pratiquèrent une issue secrète pour voler pendant la nuit les trésors qu'on y déposait ; et qu'Agamède ayant été pris dans un piége tendu à dessein, Trophonius, pour écarter tout soupçon, lui coupa la tête, et fut quelque temps après englouti dans la terre entr'ouverte sous ses pas [3]. D'autres soutiennent que les deux frères, ayant achevé le temple, supplièrent Apollon de leur accorder une récompense ; que le dieu leur répondit qu'ils la recevraient sept jours après ; et que, le septième jour étant passé, ils trouvèrent la mort dans un sommeil paisible [4]. On ne varie pas moins sur les raisons qui ont mérité les honneurs divins à Trophonius. Presque tous les objets du culte des Grecs ont des origines qu'il est impossible d'approfondir, et inutile de discuter.

Le chemin qui conduit de Lébadée à l'antre de Trophonius est entouré de temples et de statues. Cet antre, creusé un peu au-dessus du bois sacré, offre d'abord aux yeux une espèce de vestibule entouré d'une balustrade de marbre blanc, sur laquelle s'élèvent des obélisques de bronze [5]. De là on entre dans une grotte taillée à la pointe du marteau, haute de huit coudées, large de quatre [b] : c'est là que se trouve la bouche de l'antre :

---

[1] Theophr. hist. plant. lib. 5, cap. 10, p. 541. — [a] Voyez la note III à la fin du volume. — [2] Pausan. lib. 9, cap. 39, p. 789. — [3] Id. ibid. cap. 37, p. 785. — [4] Pindar. ap. Plut. de consol. t. 2, p. 109. — [5] Pausan. ibid. p. 791. Philostr. vit. Apoll. lib. 8, cap. 19. — [b] Hauteur, onze de nos pieds et quatre pouces ; largeur, cinq pieds huit pouces.

on y descend par le moyen d'une échelle; et, parvenu à une certaine profondeur, on ne trouve plus qu'une ouverture extrêmement étroite : il faut y passer les pieds, et quand, avec bien de la peine, on a introduit le reste du corps, on se sent entraîner avec la rapidité d'un torrent jusqu'au fond du souterrain. Est-il question d'en sortir, on est relancé, la tête en bas, avec la même force et la même vitesse. Des compositions de miel, qu'on est obligé de tenir, ne permettent pas de porter la main sur les ressorts employés pour accélérer la descente ou le retour; mais, pour écarter tout soupçon de supercherie, les prêtres supposent que l'antre est rempli de serpens, et qu'on se garantit de leurs morsures en leur jetant ces gâteaux de miel [1].

On ne doit s'engager dans la caverne que pendant la nuit, qu'après de longues préparations, qu'à la suite d'un examen rigoureux. Tersidas, c'est le nom du Thébain qui venait consulter l'oracle, avait passé quelques jours dans une chapelle consacrée à la Fortune et au bon Génie, faisant usage du bain froid, s'abstenant de vin et de toutes les choses condamnées par le rituel, se nourrissant des victimes qu'il avait offertes lui-même [2].

A l'entrée de la nuit, on sacrifia un belier; et les devins, en ayant examiné les entrailles, comme ils avaient fait dans les sacrifices précédens, déclarèrent que Trophonius agréait l'hommage de Tersidas et répondrait à ses questions. On le mena sur les bords de la rivière d'Hercyne, où deux jeunes enfans, âgés de treize ans, le frottèrent d'huile et firent sur lui diverses ablutions; de là il fut conduit à deux sources voisines, dont l'une s'appelle la fontaine de Léthé, et l'autre la fontaine de Mnémosyne : la première efface le souvenir du passé, la seconde grave dans l'esprit ce qu'on voit ou ce qu'on entend dans la caverne. On l'introduisit ensuite, tout seul, dans une chapelle où se trouve une ancienne statue de Trophonius. Tersidas lui adressa ses prières, et s'avança vers la caverne, vêtu d'une robe de lin. Nous le suivîmes à la faible lueur des flambeaux qui le précédaient : il entra dans la grotte, et disparut à nos yeux [3].

En attendant son retour, nous étions attentifs aux propos des autres spectateurs. Il s'en trouvait plusieurs qui avaient été dans le souterrain : les uns disaient qu'ils n'avaient rien vu, mais que l'oracle leur avait donné sa réponse de vive voix; d'autres au contraire n'avaient rien entendu, mais avaient eu des apparitions propres à éclaircir leurs doutes. Un citoyen de Lébadée, petit-fils de Timarque, disciple de Socrate, nous raconta ce qui était arrivé à son aïeul : il le tenait du philosophe Cébès de

[1] Schol. Aristoph. in nub. v. 508. — [2] Pausan. lib. 9, p. 790. — [3] Id. ibid.

Thèbes, qui le lui avait rapporté presque dans les mêmes termes dont Timarque s'était servi [1].

J'étais venu, disait Timarque, demander à l'oracle ce qu'il fallait penser du génie de Socrate. Je ne trouvai d'abord dans la caverne qu'une obscurité profonde. Je restai long-temps couché par terre, adressant mes prières à Trophonius, sans savoir si je dormais ou si je veillais : tout à coup j'entendis des sons agréables, mais qui n'étaient point articulés, et je vis une infinité de grandes îles éclairées par une lumière douce ; elles changeaient à tout moment de place et de couleur, tournant sur elles-mêmes, et flottant sur une mer, aux extrémités de laquelle se précipitaient deux torrens de feu. Près de moi s'ouvrait un abîme immense, où des vapeurs épaisses semblaient bouillonner ; et du fond de ce gouffre s'élevaient des mugissemens d'animaux, confusément mêlés avec des cris d'enfans et des gémissemens d'hommes et de femmes.

Pendant que tous ces sujets de terreur remplissaient mon âme d'épouvante, une voix inconnue me dit d'un ton lugubre : Timarque, que veux-tu savoir ? Je répondis presque au hasard : Tout, car tout ici me paraît admirable. La voix reprit : Les îles que tu vois au loin sont les régions supérieures : elles obéissent à d'autres dieux ; mais tu peux parcourir l'empire de Proserpine, que nous gouvernons, et qui est séparé de ces régions par le Styx. Je demandai ce que c'était que le Styx. La voix répondit : C'est le chemin qui conduit aux enfers, et la ligne qui sépare les ténèbres de la lumière.

Alors elle expliqua la génération et les révolutions des âmes : celles qui sont souillées de crimes, ajouta-t-elle, tombent, comme tu vois, dans le gouffre, et vont se préparer à une nouvelle naissance. Je ne vois, lui dis-je, que des étoiles qui s'agitent sur les bords de l'abîme ; les unes y descendent, les autres en sortent. Ces étoiles, reprit la voix, sont les âmes, dont on peut distinguer trois espèces ; celles qui, s'étant plongées dans les voluptés, ont laissé éteindre leurs lumières naturelles ; celles qui, ayant alternativement lutté contre les passions et contre la raison, ne sont ni tout-à-fait pures, ni tout-à-fait corrompues ; celles qui, n'ayant pris que la raison pour guide, ont conservé tous les traits de leur origine. Tu vois les premières dans ces étoiles qui te paraissent éteintes, les secondes dans celles dont l'éclat est terni par des vapeurs qu'elles semblent secouer, les troisièmes dans celles qui, brillant d'une vive lumière, s'élèvent au-dessus des autres : ces dernières sont les génies ; ils animent ces heureux mortels qui ont un commerce intime avec les dieux.

[1] Plut. de gen. Socr. t. 2, p. 590.

Après avoir un peu plus étendu ces idées, la voix me dit : Jeune homme, tu connaîtras mieux cette doctrine dans trois mois ; tu peux maintenant partir. Alors elle se tut : je voulus me tourner pour voir d'où elle venait, mais je me sentis à l'instant une très-grande douleur à la tête, comme si on me la comprimait avec violence : je m'évanouis ; et, quand je commençai à me reconnaître, je me trouvai hors de la caverne. Tel était le récit de Timarque. Son petit-fils ajouta que son aïeul, de retour à Athènes, mourut trois mois après, comme l'oracle le lui avait prédit.

Nous passâmes la nuit et une partie du jour suivant à entendre de pareils récits : en les combinant, il nous fut aisé de voir que les ministres du temple s'introduisaient dans la caverne par des routes secrètes, et qu'ils joignaient la violence aux prestiges pour troubler l'imagination de ceux qui venaient consulter l'oracle.

Ils restent dans la caverne plus ou moins de temps[1] : il en est qui n'en reviennent qu'après y avoir passé deux nuits et un jour[2]. Il était midi : Tersidas ne paraissait pas, et nous errions autour de la grotte. Une heure après, nous vîmes la foule courir en tumulte vers la balustrade : nous la suivîmes, et nous aperçûmes ce Thébain que des prêtres soutenaient et faisaient asseoir sur un siége qu'on nommait le siége de Mnémosyne ; c'était là qu'il devait dire ce qu'il avait vu, ce qu'il avait entendu dans le souterrain. Il était saisi d'effroi ; ses yeux éteints ne reconnaissaient personne. Après avoir recueilli de sa bouche quelques paroles entrecoupées, qu'on regarda comme la réponse de l'oracle, ses gens le conduisirent dans la chapelle du bon Génie et de la Fortune. Il y reprit insensiblement ses esprits[3] ; mais il ne lui resta que des traces confuses de son séjour dans la caverne, et peut-être qu'une impression terrible du saisissement qu'il avait éprouvé : car on ne consulte pas cet oracle impunément. La plupart de ceux qui reviennent de la caverne conservent toute leur vie un fonds de tristesse que rien ne peut surmonter, et qui a donné lieu à un proverbe ; on dit d'un homme excessivement triste : Il vient de l'antre de Trophonius[4]. Parmi ce grand nombre d'oracles qu'on trouve en Béotie, il n'en est point où la fourberie soit plus grossière et plus à découvert ; aussi n'en est-il point qui soit plus fréquenté.

Nous descendîmes de la montagne, et, quelques jours après, nous prîmes le chemin de Thèbes. Nous passâmes par Chéronée (*Atlas*, pl. 25), dont les habitans ont pour objet principal de

---

[1] Schol. Aristoph. in nub. v. 508. — [2] Plut. de gen. Socr. t. 2, p. 590. — [3] Pausan. lib. 9, cap. 39, p. 792. — [4] Schol. Aristoph. in nub. v. 108.

leur culte le sceptre que Vulcain fabriqua par ordre de Jupiter, et qui de Pélops passa successivement entre les mains d'Atrée, de Thyeste et d'Agamemnon. Il n'est point adoré dans un temple, mais dans la maison d'un prêtre : tous les jours on lui fait des sacrifices, et on lui entretient une table bien servie [1].

De Chéronée nous nous rendîmes à Thèbes, après avoir traversé des bois, des collines, des campagnes fertiles, et plusieurs petites rivières. Cette ville, une des plus considérables de la Grèce, est entourée de murs, et défendue par des tours. On y entre par sept portes [2] : son enceinte [a] est de quarante-trois stades [3][b]. La citadelle est placée sur une éminence où s'établirent les premiers habitans de Thèbes, et d'où sort une source que, dès les plus anciens temps, on a conduite dans la ville par des canaux souterrains [4].

Ses dehors sont embellis par deux rivières, des prairies et des jardins : ses rues, comme celles de toutes les villes anciennes, manquent d'alignement [5]. Parmi les magnificences qui décorent les édifices publics, on trouve des statues de la plus grande beauté : j'admirai dans le temple d'Hercule la figure colossale de ce dieu, faite par Alcamène, et ses travaux exécutés par Praxitèle [6] ; dans celui d'Apollon Isménien, le Mercure de Phidias, et la Minerve de Scopas [7]. Comme quelques uns de ces monumens furent érigés pour d'illustres Thébains, je cherchai la statue de Pindare. On me répondit : Nous ne l'avons pas ; mais voilà celle de Cléon, qui fut le plus habile chanteur de son siècle. Je m'en approchai, et je lus dans l'inscription que Cléon avait illustré sa patrie [8].

Dans le temple d'Apollon Isménien, parmi quantité de trépieds en bronze, la plupart d'un travail excellent, on en voit un en or qui fut donné par Crœsus, roi de Lydie [9]. Ces trépieds sont des offrandes de la part des peuples et des particuliers : on y brûle des parfums ; et comme ils sont d'une forme agréable, ils servent d'ornemens dans les temples.

On trouve ici, de même que dans la plupart des villes de la Grèce, un théâtre [10], un gymnase ou lieu d'exercice pour la jeunesse [11], et une grande place publique : elle est entourée de temples, et de plusieurs autres édifices dont les murs sont couverts des armes que les Thébains enlevèrent aux Athéniens

---

[1] Pausan. lib. 9, cap. 40, p. 795. — [2] Id. ibid. cap. 8, p. 727. — [a] V. la note IV à la fin du volume. — [3] Dicæarch. stat. græc. v. 95, p. 7. — [b] Une lieue mille cinq cent soixante-trois toises. — [4] Dicæarch. ibid. p. 15. — [5] Id. ibid. — [6] Pausan. ibid. cap. 11, p. 732. — [7] Id. ibid. cap. 10, p. 730. — [8] Athen. lib. 1, cap. 15, p. 19. — [9] Herodot. lib. 1, cap. 92. — [10] Liv. lib. 33, cap. 28. — [11] Diod. lib. 15, p. 366.

à la bataille de Délium : du reste de ces glorieuses dépouilles, ils construisirent dans le même endroit un superbe portique, décoré par quantité de statues de bronze¹.

La ville est très-peuplée *a* : ses habitans sont, comme ceux d'Athènes, divisés en trois classes ; la première comprend les citoyens, la seconde les étrangers régnicoles, la troisième les esclaves². Deux partis, animés l'un contre l'autre, ont souvent occasioné des révolutions dans le gouvernement³. Les uns, d'intelligence avec les Lacédémoniens, étaient pour l'oligarchie ; les autres, favorisés par les Athéniens, tenaient pour la démocratie⁴. Ces derniers ont prévalu depuis quelques années⁵, et l'autorité réside absolument entre les mains du peuple⁶.

Thèbes est non-seulement le boulevard de la Béotie⁷, mais on peut dire encore qu'elle en est la capitale. Elle se trouve à la tête d'une grande confédération, composée des principales villes de la Béotie. Toutes ont le droit d'envoyer des députés à la diète, où sont réglées les affaires de la nation, après avoir été discutées dans quatre conseils différens⁸. Onze chefs, connus sous le nom de béotarques, y président⁹. Elle leur accorde elle-même le pouvoir dont ils jouissent : ils ont une très-grande influence sur les délibérations, et commandent pour l'ordinaire les armées¹⁰. Un tel pouvoir serait dangereux, s'il était perpétuel : les béotarques doivent, sous peine de mort, s'en dépouiller à la fin de l'année, fussent-ils à la tête d'une armée victorieuse, et sur le point de remporter de plus grands avantages¹¹.

Toutes les villes de la Béotie ont des prétentions et des titres légitimes à l'indépendance ; mais, malgré leurs efforts et ceux des autres peuples de la Grèce, les Thébains n'ont jamais voulu les laisser jouir d'une entière liberté¹². Auprès des villes qu'ils ont fondées, ils font valoir les droits que les métropoles exercent sur les colonies¹³ ; aux autres, ils opposent la force¹⁴, qui n'est que trop souvent le premier des titres, ou la possession, qui est le plus apparent de tous. Ils ont détruit Thespies et Platée pour s'être séparées de la ligue béotienne, dont ils règlent à présent toutes les opérations¹⁵, et qui peut mettre plus de vingt mille

---

¹ Diod. lib. 12, p. 119. — *a* Voyez la note V à la fin de ce volume. — ² Diod. lib. 17, p. 495. — ³ Thucyd. lib. 3, cap. 62. Aristot. de rep. lib. 5, cap. 3, t. 2, p. 388. — ⁴ Plut. in Pelop. t. 1, p. 280. — ⁵ Diod. lib. 15, p. 388. — ⁶ Demosth. in Leptin. p. 556. Polyb. lib. 6, p. 488. — ⁷ Diod. ibid. p. 342. — ⁸ Thucyd. lib. 5, cap. 38. Diod. ibid. p. 389. Liv. lib. 36, cap. 6. — ⁹ Thucyd. lib. 4, cap. 91. — ¹⁰ Diod. ibid. p. 368. Plut. ibid. p. 288 — ¹¹ Plut. ibid. p. 290. — ¹² Xenoph. hist. græc. liv. 6, p. 594. Diod. ibid. p. 355, 367, 381, etc. — ¹³ Thucyd. lib. 3, cap. 61 et 62. — ¹⁴ Xenoph. ibid. p. 579. Diod. lib. 11, p. 62. — ¹⁵ Xenoph. ibid. lib. 5, p. 558. Diod. lib. 15, p. 389.

hommes sur pied [1]. Cette puissance est d'autant plus redoutable, que les Béotiens, en général, sont braves, aguerris, et fiers des victoires qu'ils ont remportées sous Epaminondas : ils ont une force de corps surprenante, et l'augmentent sans cesse par les exercices du gymnase [2].

Le pays qu'ils habitent est plus fertile que l'Attique [3], et produit beaucoup de blé d'une excellente qualité [4] : par l'heureuse situation de leurs ports, ils sont en état de commercer, d'un côté, avec l'Italie, la Sicile et l'Afrique ; et de l'autre, avec l'Égypte, l'île de Chypre, la Macédoine et l'Hellespont [5].

Outre les fêtes qui leur sont communes, et qui les rassemblent dans les champs de Coronée, auprès du temple de Minerve [6], ils en célèbrent fréquemment dans chaque ville, et les Thébains, entre autres, en ont institué plusieurs dont j'ai été témoin : mais je ne ferai mention que d'une cérémonie pratiquée dans la fête des rameaux de laurier. C'était une pompe ou procession que je vis arriver au temple d'Apollon Isménien. Le ministre de ce dieu change tous les ans ; il doit joindre aux avantages de la figure ceux de la jeunesse et de la naissance [7]. Il paraissait dans cette procession avec une couronne d'or sur la tête, une branche de laurier à la main, les cheveux flottans sur ses épaules, et une robe magnifique [8] : il était suivi d'un chœur de jeunes filles qui tenaient également des rameaux, et qui chantaient des hymnes. Un jeune homme de ses parens le précédait, portant dans ses mains une longue branche d'olivier couverte de fleurs et de feuilles de laurier : elle était terminée par un globe de bronze qui représentait le soleil. A ce globe on avait suspendu plusieurs petites boules de même métal, pour désigner d'autres astres, et trois cent soixante-cinq bandelettes teintes en pourpre, qui marquaient les jours de l'année : enfin, la lune était figurée par un globe moindre que le premier, et placé au-dessous. Comme la fête était en l'honneur d'Apollon ou du soleil, on avait voulu représenter, par un pareil trophée, la prééminence de cet astre sur tous les autres. Un avantage remporté autrefois sur les habitans de la ville d'Arné avait fait établir cette solennité.

Parmi les lois des Thébains, il en est qui méritent d'être citées. L'une défend d'élever aux magistratures tout citoyen qui, dix ans auparavant, n'aurait pas renoncé au commerce de dé-

---

[1] Xenoph. memor. lib. 3, p. 767. Diod. lib. 12, p. 119. — [2] Id. lib. 15, p. 341 et 366. — [3] Strab. lib. 9, p. 400. — [4] Plin. lib. 18, t. 2, p. 107. — [5] Strab. ibid. — [6] Id. ibid. p. 411. Plut. amat. narrat. t. 2, p. 774. Pausan. lib. 9, cap. 34, p. 778. — [7] Pausan. ibid. cap. 10, p. 730. — [8] Procl. chrestom. ap. Phot. p. 988.

tail [1] : une autre soumet à l'amende les peintres et les sculpteurs qui ne traitent pas leurs sujets d'une manière décente [2] : par une troisième, il est défendu d'exposer les enfans qui viennent de naître [3], comme on fait dans quelques autres villes de la Grèce [4]. Il faut que le père les présente au magistrat, en prouvant qu'il est lui-même hors d'état de les élever : le magistrat les donne, pour une légère somme, au citoyen qui en veut faire l'acquisition, et qui dans la suite les met au nombre de ses esclaves [5]. Les Thébains accordent la faculté du rachat aux captifs que le sort des armes fait tomber entre leurs mains, à moins que ces captifs ne soient nés en Béotie ; car alors ils les font mourir [6].

L'air est très-pur dans l'Attique et très-épais dans la Béotie [7], quoique ce dernier pays ne soit séparé du premier que par le mont Cythéron. Cette différence paraît en produire une semblable dans les esprits, et confirmer les observations des philosophes sur l'influence du climat [8] : car les Béotiens n'ont en général ni cette pénétration ni cette vivacité qui caractérisent les Athéniens ; mais peut-être faut-il en accuser encore plus l'éducation que la nature. S'ils paraissent pesans et stupides [9], c'est qu'ils sont ignorans et grossiers : comme ils s'occupent plus des exercices du corps que de ceux de l'esprit [10], ils n'ont ni le talent de la parole [11], ni les grâces de l'élocution [12], ni les lumières qu'on puise dans le commerce des lettres [13], ni ces dehors séduisans qui viennent plus de l'art que de la nature.

Cependant il ne faut pas croire que la Béotie ait été stérile en hommes de génie : plusieurs Thébains ont fait honneur à l'école de Socrate [14] : Épaminondas n'était pas moins distingué par ses connaissances que par ses talens militaires [15]. J'ai vu dans mon voyage quantité de personnes très-instruites, entre autres, Anaxis et Dionysiodore, qui composaient une nouvelle histoire de la Grèce [16]. Enfin, c'est en Béotie que reçurent le jour Hésiode, Corinne et Pindare.

Hésiode.

Hésiode a laissé un nom célèbre et des ouvrages estimés.

---

[1] Aristot. de rep. lib. 3, cap. 5, t. 2, p. 344. — [2] AElian. var. hist. lib. 4, cap. 4. — [3] Id. ibid. lib. 2, cap. 7. — [4] Pet. leg. attic. p. 144. — [5] AElian. ibid. — [6] Pausan. lib. 9, p. 740. — [7] Cicer. de fat. cap. 4, t. 3, p. 101. — [8] Hippocr. de aer. loc. et aq. cap. 55, etc. Plat. de leg. lib. 5, t. 2, p. 747. Aristot. probl. 14, t. 2, p. 750. — [9] Pind. olymp. 6, v. 152. Demosth. de cor. p. 479. Plut. de esu carn. t. 2, p. 995. Dionys. Halic. de rhet. t. 5, p. 402. Cic. ibid. — [10] Nep. in Alcib. cap. 11. — [11] Plat. in conv. t. 3, p. 182. — [12] Lucian in Jov. trag. t. 2, p. 679. Schol. ibid. — [13] Strab. lib. 9, p. 401. — [14] Diog. Laert. lib. 2, § 124. — [15] Nep. in Epam. cap. 2. — [16] Diod. lib. 15, p. 403.

Comme on l'a supposé contemporain d'Homère [1], quelques uns ont pensé qu'il était son rival : mais Homère ne pouvait avoir de rivaux.

La Théogonie d'Hésiode, comme celle de plusieurs anciens écrivains de la Grèce, n'est qu'un tissu d'idées absurdes ou d'allégories impénétrables.

La tradition des peuples situés auprès de l'Hélicon rejette les ouvrages qu'on lui attribue, à l'exception néanmoins d'une épître adressée à son frère Persès [2], pour l'exhorter au travail. Il lui cite l'exemple de leur père, qui pourvut aux besoins de sa famille en exposant plusieurs fois sa vie sur un vaisseau marchand, et qui, sur la fin de ses jours, quitta la ville de Cume en Éolide, et vint s'établir auprès de l'Hélicon [3]. Outre des réflexions très-saines sur les devoirs des hommes [4], et très-affligeantes sur leur injustice, Hésiode a semé dans cet écrit beaucoup de préceptes relatifs à l'agriculture [5], et d'autant plus intéressans, qu'aucun auteur avant lui n'avait traité de cet art [6].

Il ne voyagea point [7], et cultiva la poésie jusqu'à une extrême vieillesse [8]. Son style, élégant et harmonieux, flatte agréablement l'oreille [9], et se ressent de cette simplicité antique qui n'est autre chose qu'un rapport exact entre le sujet, les pensées et les expressions.

Pindare.

Hésiode excella dans un genre de poésie qui demande peu d'élévation [10]; Pindare, dans celui qui en exige le plus [11]. Ce dernier florissait au temps de l'expédition de Xerxès [12], et vécut environ soixante-cinq ans [13]. Il prit des leçons de poésie et de musique sous différens maîtres, et en particulier sous Myrtis, femme distinguée par ses talens, plus célèbre encore pour avoir compté parmi ses disciples Pindare et la belle Corinne [14]. Ces deux élèves furent liés, du moins par l'amour des arts. Pindare, plus jeune que Corinne, se faisait un devoir de la consulter. Ayant appris d'elle que la poésie doit s'enrichir des fictions de la fable, il commença ainsi une de ses pièces : « Dois-je chanter » le fleuve Isménus, la nymphe Mélie, Cadmus, Hercule, » Bacchus, etc. ? » Tous ces noms étaient accompagnés d'épi-

---

[1] Herodot. lib. 2, cap. 53. Marm. oxon. epoch. 29 et 30.— [2] Pausan. lib. 9, cap. 31, p. 771. — [3] Hesiod. oper. et dies, v. 633. — [4] Plat. de rep. lib. 5, p. 466. Cicer. ad famil. lib. 6, epist. 18, t. 7, p. 213. — [5] Hesiod. ibid. v. 383. — [6] Plin. lib. 14, cap. 1, t. 1, p. 705. — [7] Pausan. lib. 1, cap. 2, p. 6.— [8] Cicer. de senect. § 7, t. 3, p. 301.— [9] Dionys. Halic. de vet. script. cens. t. 5, p. 419. — [10] Quintil. instit. lib. 10, cap. 1, p. 629. — [11] Id. ibid. p. 631. — [12] Pind. isthm. 8, v. 20. Schol. ibid. Diod. lib. 11, p. 22. — [13] Thom. mag. gen. Pind. Corsin. fast. attic. t. 2, p. 56; t. 3, p. 122 et 206. — [14] Suid. in Κορίν. et in Πίνδ.

thètes. Corinne lui dit en souriant : « Vous avez pris un sac
» de grains pour ensemencer une pièce de terre, et, au lieu de
» semer avec la main, vous avez, dès les premiers pas, ren-
» versé le sac [1]. »

Il s'exerça dans tous les genres de poésie [2], et dut principalement sa réputation aux hymnes qu'on lui demandait, soit pour
honorer les fêtes des dieux, soit pour relever le triomphe des
vainqueurs aux jeux de la Grèce.

Rien peut-être de si pénible qu'une pareille tâche. Le tribut
d'éloges qu'on exige du poëte doit être prêt au jour indiqué ; il
a toujours les mêmes tableaux à peindre, et sans cesse il risque
d'être trop au-dessus ou trop au-dessous de son sujet : mais
Pindare s'était pénétré d'un sentiment qui ne connaissait aucun
de ces petits obstacles, et qui portait sa vue au-delà des limites
où la nôtre se renferme.

Son génie vigoureux et indépendant ne s'annonce que par
des mouvemens irréguliers, fiers et impétueux. Les dieux sont-
ils l'objet de ses chants, il s'élève, comme un aigle, jusqu'au
pied de leurs trônes : si ce sont les hommes, il se précipite dans
la lice comme un coursier fougueux : dans les cieux, sur la
terre, il roule, pour ainsi dire, un torrent d'images sublimes,
de métaphores hardies, de pensées fortes, et de maximes étincelantes de lumière [3].

Pourquoi voit-on quelquefois ce torrent franchir ses bornes,
rentrer dans son lit, en sortir avec plus de fureur, y revenir
pour achever paisiblement sa carrière ? C'est qu'alors, semblable
à un lion qui s'élance à plusieurs reprises en des sentiers dé-
tournés, et ne se repose qu'après avoir saisi sa proie, Pindare
poursuit avec acharnement un objet qui paraît et disparaît à ses
regards. Il court, il vole sur les traces de la gloire ; il est tourmenté du besoin de la montrer à sa nation. Quand elle n'éclate
pas assez dans les vainqueurs qu'il célèbre, il va la chercher
dans leurs aïeux, dans leur patrie, dans les instituteurs des jeux,
partout où il en reluit des rayons qu'il a le secret de joindre à
ceux dont il couronne ses héros : à leur aspect, il tombe dans
un délire que rien ne peut arrêter ; il assimile leur éclat à celui
de l'astre du jour [4] ; il place l'homme qui les a recueillis au faîte
du bonheur [5] : si cet homme joint les richesses à la beauté, il
le place sur le trône même de Jupiter [6] ; et, pour le prémunir

---

[1] Plut. de glor. Athen. t. 2, p. 347. — [2] Suid. in Πίνδ. Fabric. bibl. græc.
t. 1, p. 550. Mém. de l'acad. des bell. lettr. t. 13, p. 223 ; t. 15, p. 357. —
[3] Horat. lib. 4, od. 2. Quintil. instit. lib. 10, cap. 1, p. 631. Disc. prélim.
de la trad. des Pythiques, par Chabanon. Mém. de l'acad. des bell. lettr.
t. 2, p. 34 ; t. 5, hist. p. 95 ; t. 32, p. 451. — [4] Pind. olymp. 1, v. 7. —
[5] Id. ibid. v. 157. — [6] Pind. isthm. 5, v. 18.

contre l'orgueil, il se hâte de lui rappeler que, revêtu d'un corps mortel, la terre sera bientôt son dernier vêtement [1].

Un langage si extraordinaire était conforme à l'esprit du siècle. Les victoires que les Grecs venaient de remporter sur les Perses les avaient convaincus de nouveau que rien n'exalte plus les âmes que les témoignages éclatans de l'estime publique. Pindare, profitant de la circonstance, accumulant les expressions les plus énergiques, les figures les plus brillantes, semblait emprunter la voix du tonnerre pour dire aux Etats de la Grèce : Ne laissez point éteindre le feu divin qui embrase nos cœurs ; excitez toutes les espèces d'émulation ; honorez tous les genres de mérite ; n'attendez que des actes de courage et de grandeur de celui qui ne vit que pour la gloire. Aux Grecs assemblés dans les champs d'Olympie, il disait : Les voilà ces athlètes qui, pour obtenir en votre présence quelques feuilles d'olivier, se sont soumis à de si rudes travaux. Que ne ferez-vous donc pas quand il s'agira de venger votre patrie ?

Aujourd'hui encore, ceux qui assistent aux brillantes solennités de la Grèce, qui voient un athlète au moment de son triomphe, qui le suivent lorsqu'il rentre dans la ville où il reçut le jour ; qui entendent retentir autour de lui ces clameurs, ces transports d'admiration et de joie, au milieu desquels sont mêlés les noms de leurs ancêtres qui méritèrent les mêmes distinctions, les noms des dieux tutélaires qui ont ménagé une telle victoire à leur patrie; tous ceux-là, dis-je, au lieu d'être surpris des écarts et de l'enthousiasme de Pindare, trouveront sans doute que sa poésie, toute sublime qu'elle est, ne saurait rendre l'impression qu'ils ont reçue eux-mêmes.

Pindare, souvent frappé d'un spectacle aussi touchant que magnifique, partagea l'ivresse générale ; et, l'ayant fait passer dans ses tableaux, il se constitua le panégyriste et le dispensateur de la gloire : par-là tous ses sujets furent ennoblis et reçurent un caractère de majesté. Il eut à célébrer des rois illustres et des citoyens obscurs : dans les uns et dans les autres, ce n'est pas l'homme qu'il envisage, c'est le vainqueur. Sous prétexte que l'on se dégoûte aisément des éloges dont on n'est pas l'objet [2], il ne s'appesantit pas sur les qualités personnelles ; mais comme les vertus des rois sont des titres de gloire, il les loue du bien qu'ils ont fait [3], et leur montre celui qu'ils peuvent faire. « Soyez justes, ajoute-t-il, dans toutes vos actions, vrais » dans toutes vos paroles [a] ; songez que, des milliers de témoins

---

[1] Pind. nem. 11, v. 20. — [2] Id. pyth. 1, v. 160; 8, v. 43; isthm. 5, v. 65; nem. 10, v. 37. — [3] Id. olymp. 1, v. 18; 2, v. 10 et 180. — [a] La manière dont Pindare présente ces maximes peut donner une idée de la hardiesse de

« ayant les yeux fixés sur vous, la moindre faute de votre part
« serait un mal funeste [1]. » C'est ainsi que louait Pindare : il ne
prodiguait point l'encens, et n'accordait pas à tout le monde le
droit d'en offrir. « Les louanges, disait-il, sont le prix des
» belles actions [2] : à leur douce rosée, les vertus croissent, comme
» les plantes à la rosée du ciel [3] ; mais il n'appartient qu'à
» l'homme de bien de louer les gens de bien [4]. »

Malgré la profondeur de ses pensées et le désordre apparent
de son style, ses vers, dans toutes les occasions, enlèvent les
suffrages. La multitude les admire sans les entendre [5], parce
qu'il lui suffit que des images vives passent rapidement devant
ses yeux comme des éclairs, et que des mots pompeux et
bruyans frappent à coups redoublés ses oreilles étonnées : mais
les juges éclairés placeront toujours l'auteur au premier rang
des poëtes lyriques [6], et déjà les philosophes citent ses maximes
et respectent son autorité [7].

Au lieu de détailler les beautés qu'il a semées dans ses ouvrages, je me suis borné à remonter au noble sentiment qui les
anime. Il me sera donc permis de dire comme lui : « J'avais
» beaucoup de traits à lancer ; j'ai choisi celui qui pouvait laisser
» dans le but une empreinte honorable [8]. »

Il me reste à donner quelques notions sur sa vie et sur son caractère. J'en ai puisé les principales dans ses écrits, où les Thébains assurent qu'il s'est peint lui-même. « Il fut un temps où
» un vil intérêt ne souillait point le langage de la poésie [9]. Que
» d'autres aujourd'hui soient éblouis de l'éclat de l'or ; qu'ils
» étendent au loin leurs possessions [10] : je n'attache de prix aux
» richesses que lorsque, tempérées et embellies par les vertus,
» elles nous mettent en état de nous couvrir d'une gloire im-
» mortelle [11]. Mes paroles ne sont jamais éloignées de ma pensée [12].
» J'aime mes amis ; je hais mon ennemi, mais je ne l'attaque
» point avec les armes de la calomnie et de la satire [13]. L'envie
» n'obtient de moi qu'un mépris qui l'humilie : pour toute ven-
» geance, je l'abandonne à l'ulcère qui lui ronge le cœur. [14] Ja-
» mais les cris impuissans de l'oiseau timide et jaloux n'arrê-
» teront l'aigle audacieux qui plane dans les airs [15].

ses expressions : « Gouvernez, dit-il, avec le timon de la justice ; forgez
» votre langue sur l'enclume de la vérité. »

[1] Pind. pyth. 1, v. 165. — [2] Id. isthm. 3, v. 11. — [3] Id. nem. 8, v. 68. —
[4] Id. nem. 11, v. 22. — [5] Id. olymp. 2, v. 153. — [6] Horat. Quintil. Longin. Dionys.
Halic. Mém. de l'acad. des bell. lettr. t. 15, p. 369. — [7] Plat. in Men., t. 2,
p. 81 ; de rep. lib. 1, p. 331. — [8] Pind. ibid. v. 149 ; pyth. 1, v. 84. — [9] Id.
isthm. 2, v. 15. — [10] Id. nem. 8, v. 63. — [11] Id. olymp. 2, v. 96 ; pyth. 3,
v. 195 ; ibid. 5, v. 1. — [12] Id. isthm. 6, v. 105. — [13] Id. nem. 7, v. 100 ;
pyth. 2, v. 154 et 155. — [14] Id. ibid. v. 168 ; nem. 4, v. 65. — [15] Id. nem. 3,
v. 138.

» Au milieu du flux et reflux de joies et de douleurs qui rou-
» lent sur la tête des mortels, qui peut se flatter de jouir d'une
» félicité constante [1] ? J'ai jeté les yeux autour de moi, et, voyant
» qu'on est plus heureux dans la médiocrité que dans les autres
» états, j'ai plaint la destinée des hommes puissans, et j'ai prié
» les dieux de ne pas m'accabler sous le poids d'une telle pros-
» périté [2] : je marche par des voies simples, content de mon
» état, et chéri de mes concitoyens [3] : toute mon ambition est
» de leur plaire, sans renoncer au privilége de m'expliquer li-
» brement sur les choses honnêtes et sur celles qui ne le sont
» pas [4]. C'est dans ces dispositions que j'approche tranquillement
» de la vieillesse [5] : heureux si, parvenu aux noirs confins de la
» vie, je laisse à mes enfans le plus précieux des héritages, ce-
» lui d'une bonne renommée [6] ! »

Les vœux de Pindare furent remplis ; il vécut dans le sein du repos et de la gloire. Il est vrai que les Thébains le condamnèrent à une amende pour avoir loué les Athéniens leurs ennemis [7], et que, dans les combats de poésie, les pièces de Corinne eurent cinq fois la préférence sur les siennes [8] ; mais à ces orages passagers succédaient bientôt des jours sereins. Les Athéniens et toutes les nations de la Grèce le comblèrent d'honneurs [9] ; Corinne elle-même rendit justice à la supériorité de son génie [10]. A Delphes, pendant les jeux pythiques, forcé de céder à l'empressement d'un nombre infini de spectateurs, il se plaçait, couronné de lauriers, sur un siége élevé [11], et prenant sa lyre, il faisait entendre ces sons ravissans qui excitaient de toutes parts des cris d'admiration, et faisaient le plus bel ornement des fêtes. Dès que les sacrifices étaient achevés, le prêtre d'Apollon l'invitait solennellement au banquet sacré. En effet, par une distinction éclatante et nouvelle, l'oracle avait ordonné de lui réserver une portion des prémices que l'on offrait au temple [12].

Les Béotiens ont beaucoup de goût pour la musique ; presque tous apprennent à jouer de la flûte [13]. Depuis qu'ils ont gagné la bataille de Leuctres, ils se livrent avec plus d'ardeur aux plaisirs de la table [14] : ils ont du pain excellent, beaucoup de légumes et de fruits, du gibier et du poisson, en assez grande quantité pour en transporter à Athènes [15].

---

[1] Pind. olymp. 2, v. 62 ; nem. 7, v. 81. — [2] Id. pyth. 11, v. 76. — [3] Plut. de anim. procreat. t. 2, p. 1030. — [4] Pind. nem. 8, v. 64. — [5] Id. isthm. 7, v. 58. — [6] Id. pyth. 11, v. 76. — [7] AEschin. epist. 4, p. 207. Pausan. lib. 1, cap. 8, p. 20. — [8] AElian. var. hist. lib. 13, cap. 25. — [9] Pausan. ibid. Thom. Mag. gen. Pind. — [10] Fabric. bibl. græc. t. 1, p. 578. — [11] Pausan. lib. 10, cap. 24, p. 858. — [12] Id. lib. 9, cap. 23, p. 775. Thom. ibid. — [13] Aristoph. in Acharn. v. 863. Schol. ibid. v. 86, etc. Poll. lib. 4, § 65. Athen. lib. 5, cap. 25, p. 184. — [14] Polyb. ap. Athen. lib. 10, cap. 4, p. 418. — [15] Aristoph.

L'hiver est très-froid dans toute la Béotie, et presque insupportable à Thèbes[1] : la neige, le vent et la disette du bois en rendent alors le séjour aussi affreux qu'il est agréable en été, soit par la douceur de l'air qu'on y respire, soit par l'extrême fraîcheur des eaux dont elle abonde, et l'aspect riant des campagnes, qui conservent long-temps leur verdure[2].

Les Thébains sont courageux, insolens, audacieux et vains; ils passent rapidement de la colère à l'insulte, et du mépris des lois à l'oubli de l'humanité. Le moindre intérêt donne lieu à des injustices criantes, et le moindre prétexte à des assassinats[3]. Les femmes sont grandes, bien faites, blondes pour la plupart; leur démarche est noble, et leur parure assez élégante. En public, elles couvrent leur visage de manière à ne laisser voir que les yeux; leurs cheveux sont noués au-dessus de la tête, et leurs pieds comprimés dans des mules teintes en pourpre, et si petites, qu'ils restent presque entièrement à découvert; leur voix est infiniment douce et sensible : celle des hommes est rude, désagréable, et en quelque façon assortie à leur caractère[4].

On chercherait en vain les traits de ce caractère dans un corps de jeunes guerriers qu'on appelle le bataillon sacré[5] : ils sont au nombre de trois cents, élevés en commun, et nourris dans la citadelle aux dépens du public. Les sons mélodieux d'une flûte dirigent leurs exercices et jusqu'à leurs amusemens. Pour empêcher que leur valeur ne dégénère en une fureur aveugle, on imprime dans leurs âmes le sentiment le plus noble et le plus vif.

Il faut que chaque guerrier se choisisse dans le corps un ami auquel il reste inséparablement uni. Toute son ambition est de lui plaire, de mériter son estime, de partager ses plaisirs et ses peines dans le courant de la vie, ses travaux et ses dangers dans les combats. S'il était capable de ne pas se respecter assez, il se respecterait dans un ami dont la censure est pour lui le plus cruel des tourmens, dont les éloges sont ses plus chères délices. Cette union, presque surnaturelle, fait préférer la mort à l'infamie, et l'amour de la gloire à tous les autres intérêts. Un de ces guerriers, dans le fort de la mêlée, fut renversé le visage contre terre. Comme il vit un soldat ennemi prêt à lui enfoncer l'épée dans les reins : « Attendez, lui dit-il en se soulevant, » plongez ce fer dans ma poitrine; mon ami aurait trop à rou- » gir, si l'on pouvait soupçonner que j'aie reçu la mort en pre- » nant la fuite. »

in Acharn. v. 873. Eubul. ap. Athen. lib. 2, cap. 8, p. 47. Dicæarch. stat. græc. p. 17. Plin. lib. 19, cap. 5, t. 2, p. 166 et 167.

[1] Columel. de re rust. lib. 1, cap. 4. — [2] Dicæarch. stat. græc. p. 17. — [3] Id. ibid. p. 15. — [4] Id. ibid. p. 16 et 17. — [5] Plut. in Pelop. t. 1, p. 287.

Autrefois on distribuait par pelotons les trois cents guerriers à la tête des différentes divisions de l'armée. Pélopidas, qui eut souvent l'honneur de les commander, les ayant fait combattre en corps, les Thébains leur durent presque tous les avantages qu'ils remportèrent sur les Lacédémoniens. Philippe détruisit à Chéronée cette cohorte jusqu'alors invincible ; et ce prince, en voyant ces jeunes Thébains étendus sur le champ de bataille, couverts de blessures honorables et pressés les uns contre les autres, dans le même poste qu'ils avaient occupé, ne put retenir ses larmes, et rendit un témoignage éclatant à leur vertu ainsi qu'à leur courage [1].

On a remarqué que les nations et les villes, ainsi que les familles, ont un vice ou un défaut dominant, qui, semblable à certaines maladies, se transmet de race en race, avec plus ou moins d'énergie ; de là ces reproches qu'elles se font mutuellement, et qui deviennent des espèces de proverbes. Ainsi, les Béotiens disent communément que l'envie a fixé son séjour à Tanagra, l'amour des gains illicites à Orope, l'esprit de contradiction à Thespies, la violence à Thèbes, l'avidité à Anthédon, le faux empressement à Coronée, l'ostentation à Platée, et la stupidité à Haliarte [2].

En sortant de Thèbes, nous passâmes auprès d'un assez grand lac, nommé Hylica, où se jettent les rivières qui arrosent le territoire de cette ville : de là nous nous rendîmes sur les bords du lac Copaïs, qui fixa toute notre attention.

La Béotie peut être considérée comme un grand bassin, entouré de montagnes dont les différentes chaînes sont liées par un terrain assez élevé. D'autres montagnes se prolongent dans l'intérieur du pays ; les rivières qui en proviennent se réunissent la plupart dans le lac Copaïs, dont l'enceinte est de trois cent quatre-vingts stades [3] [a], et qui n'a et ne peut avoir aucune issue apparente. Il couvrirait donc bientôt la Béotie, si la nature, ou plutôt l'industrie des hommes, n'avait pratiqué des routes secrètes pour l'écoulement des eaux [4].

Dans l'endroit le plus voisin de la mer, le lac se termine en trois baies qui s'avancent jusqu'au pied du mont Ptoüs, placé entre la mer et le lac. Du fond de chacune de ces baies partent quantité de canaux qui traversent la montagne dans toute sa largeur : les uns ont trente stades de longueur [b], les autres beaucoup plus [5]. Pour les creuser ou pour les nettoyer, on avait ou-

---

[1] Plut. in Pelop. t. 1, p. 287. — [2] Dicæarch. stat. græc. p. 18. — [3] Strab. lib. 9, p. 407. — [a] Quatorze lieues de deux mille cinq cents toises, plus neuf cent dix toises. — [4] Strab. ibid. p. 406. — [b] Plus d'une lieue. — [5] Strab. ibid. Wheler, a journ. p. 466.

vert, de distance en distance, sur la montagne, des puits qui nous parurent d'une profondeur immense. Quand on est sur les lieux, on est effrayé de la difficulté de l'entreprise, ainsi que des dépenses qu'elle dut occasioner et du temps qu'il fallut pour la terminer. Ce qui surprend encore, c'est que ces travaux, dont il ne reste aucun souvenir dans l'histoire ni dans la tradition, doivent remonter à la plus haute antiquité, et que, dans ces siècles reculés, on ne voit aucune puissance en Béotie capable de former et d'exécuter un si grand projet.

Quoi qu'il en soit, ces canaux exigent beaucoup d'entretien. Ils sont fort négligés aujourd'hui[a] : la plupart sont comblés, et le lac paraît gagner sur la plaine. Il est très-vraisemblable que le déluge, ou plutôt le débordement des eaux qui, du temps d'Ogygès, inonda la Béotie, ne provint que d'un engorgement dans ces conduits souterrains.

Après avoir traversé Oponte et quelques autres villes qui appartiennent aux Locriens, nous arrivâmes au pas des Thermopyles. Un secret frémissement me saisit à l'entrée de ce fameux défilé, où quatre mille Grecs arrêtèrent durant plusieurs jours l'armée innombrable des Perses, et dans lequel périt Léonidas avec les trois cents Spartiates qu'il commandait. Ce passage est resserré, d'un côté, par de hautes montagnes ; de l'autre, par la mer : je l'ai décrit, dans l'introduction de cet ouvrage[b].

Nous le parcourûmes plusieurs fois ; nous visitâmes les thermes ou bains chauds qui lui font donner le nom de Thermopyles[c] ; nous vîmes la petite colline sur laquelle les compagnons de Léonidas se retirèrent après la mort de ce héros[2]. Nous les suivîmes à l'autre extrémité du détroit[3] jusqu'à la tente de Xerxès, qu'ils avaient résolu d'immoler au milieu de son armée.

Une foule de circonstances faisaient naître dans nos âmes les plus fortes émotions. Cette mer autrefois teinte du sang des nations, ces montagnes dont les sommets s'élèvent jusqu'aux nues, cette solitude profonde qui nous environnait, le souvenir de tant d'exploits que l'aspect des lieux semblait rendre présens à nos regards ; enfin, cet intérêt si vif que l'on prend à la vertu malheureuse ; tout excitait notre admiration ou notre attendrissement, lorsque nous vîmes auprès de nous les monumens que l'assemblée des Amphictyons fit élever sur la colline dont je viens de parler[4]. Ce sont de petits cippes en l'honneur des trois cents Spartiates et des différentes troupes grecques qui combattirent.

---

[a] Du temps d'Alexandre, un homme de Chalcis fut chargé de les nettoyer. (Strab. lib. 9, p. 407. Steph. in Ἀθῦν.) — [b] Voyez le premier volume de cet ouvrage, part. 2, sect. 2. — [c] Herodot. lib. 7, cap. 176. — [2] Id. ibid. cap. 225. — [3] Plut. de malign. Herodot. t. 2, p. 866. — [4] Herod. lib. 7, cap. 228.

Nous approchâmes du premier qui s'offrit à nos yeux, et nous y lûmes : « C'est ici que quatre mille Grecs du Péloponèse ont » combattu contre trois millions de Perses. » Nous approchâmes d'un second, et nous y lûmes ces mots de Simonide : « Passant, » va dire à Lacédémone que nous reposons ici pour avoir obéi » à ses saintes lois[1]. » Avec quel sentiment de grandeur, avec quelle sublime indifférence a-t-on annoncé de pareilles choses à la postérité ! Le nom de Léonidas et ceux de ses trois cents compagnons ne sont point dans cette seconde inscription ; c'est qu'on n'a pas même soupçonné qu'ils pussent jamais être oubliés. J'ai vu plusieurs Grecs les réciter de mémoire et se les transmettre les uns aux autres[2]. Dans une troisième inscription, pour le devin Mégistias, il est dit que ce Spartiate, instruit du sort qui l'attendait, avait mieux aimé mourir que d'abandonner l'armée des Grecs[3]. Auprès de ces monumens funèbres est un trophée que Xerxès fit élever, et qui honore plus les vaincus que les vainqueurs[4].

CHAPITRE XXXV.

Voyage de Thessalie a (Atlas, pl. 26). *Amphictyons. Magiciennes; Rois de Phères. Vallée de Tempé.*

En sortant des Thermopyles, on entre dans la Thessalie. Cette contrée, dans laquelle on comprend la Magnésie et divers autres petits cantons qui ont des dénominations particulières, est bornée à l'est par la mer, au nord par le mont Olympe, à l'ouest par le mont Pindus, au sud par le mont OEta. De ces bornes éternelles partent d'autres chaînes de montagnes et de collines qui serpentent dans l'intérieur du pays. Elles embrassent par intervalles des plaines fertiles, qui, par leur forme et leur enceinte, ressemblent à de vastes amphithéâtres[5]. Des villes opulentes s'élèvent sur les hauteurs qui entourent ces plaines : tout le pays est arrosé de rivières, dont la plupart tombent dans le Pénée, qui, avant de se jeter dans la mer, traverse la fameuse vallée connue sous le nom de Tempé.

Amphictyons.

A quelques stades des Thermopyles, nous trouvâmes le petit

---

[1] Herodot. lib. 7, cap. 228. Strab. lib. 9, p. 429. Cicer. tuscul. lib. 1, cap. 42, t. 2, p. 268. — [2] Herodot. ibid. cap. 224. — [3] Id. ibid. cap. 228.— [4] Isocr. epist. ad Philip. t. 1, p. 304. — *a* Dans l'été de l'année 357 avant J. C. — [5] Plin. lib. 4, cap. 8, t. 1, p. 199.

bourg d'Anthéla, célèbre par un temple de Cérès, et par l'assemblée des Amphictyons qui s'y tient tous les ans [1]. Cette diète serait la plus utile, et par conséquent la plus belle des institutions, si les motifs d'humanité qui la firent établir n'étaient forcés de céder aux passions de ceux qui gouvernent les peuples. Suivant les uns, Amphictyon, qui régnait aux environs, en fut l'auteur [2] : suivant d'autres, ce fut Acrisius, roi d'Argos [3]. Ce qui paraît certain, c'est que, dans les temps les plus reculés, douze nations du nord de la Grèce [4] [a], tels que les Doriens, les Ioniens, les Phocéens, les Béotiens, les Thessaliens, etc., formèrent une confédération pour prévenir les maux que la guerre entraîne à sa suite. Il fut réglé qu'elles enverraient tous les ans des députés à Delphes ; que les attentats commis contre le temple d'Apollon qui avait reçu leurs sermens, et tous ceux qui sont contraires au droit des gens dont ils devaient être les défenseurs, seraient déférés à cette assemblée ; que chacune des douze nations aurait deux suffrages à donner par ses députés, et s'engagerait à faire exécuter les décrets de ce tribunal auguste.

La ligue fut cimentée par un serment qui s'est toujours renouvelé depuis. « Nous jurons, dirent les peuples associés, de
» ne jamais renverser les villes amphictyoniques ; de ne jamais
» détourner, soit pendant la paix, soit pendant la guerre, les
» sources nécessaires à leurs besoins : si quelque puissance ose
» l'entreprendre, nous marcherons contre elle, et nous détrui-
» rons ses villes. Si des impies enlèvent les offrandes du temple
» d'Apollon, nous jurons d'employer nos pieds, nos bras, notre
» voix, toutes nos forces contre eux et contre leurs complices [5]. »

Ce tribunal subsiste encore aujourd'hui, à peu près dans la même forme qu'il fut établi. Sa juridiction s'est étendue avec les nations qui sont sorties du nord de la Grèce, et qui, toujours attachées à la ligue amphictyonique, ont porté dans leurs nouvelles demeures le droit d'assister et d'opiner à ses assemblées [6]. Tels sont les Lacédémoniens : ils habitaient autrefois la Thessalie ; et quand ils vinrent s'établir dans le Péloponèse, ils conservèrent un des deux suffrages qui appartenaient aux corps des Doriens, dont ils faisaient partie. De même, le double suffrage, originairement accordé aux Ioniens, fut dans la suite partagé entre les Athéniens et les colonies ioniennes qui sont dans l'Asie mineure [7]. Mais, quoiqu'on ne puisse porter à la diète générale

---

[1] Herodot. lib. 7, cap. 200. Mém. de l'acad. des bell. lettr. t. 3, p. 191, etc. — [2] Marm. oxon. epoch. 5. Prid. comment. p. 359. Theopomp. ap. Harpocr. in Ἀμφικτ. Pausan. lib. 10, cap. 8, p. 815. — [3] Strab. lib. 9, p. 420. — [4] AEschin. de fals. leg. p. 413. Strab. ibid. Pausan. ibid. — [a] Voyez la note VI à la fin du volume. — [5] AEschin. ibid. — [6] Mém. de l'acad. des bell. lettr. t. 21, hist. p. 237. — [7] AEschin. ibid.

que vingt-quatre suffrages, le nombre des députés n'est pas fixé; les Athéniens en envoient quelquefois trois ou quatre [1].

L'assemblée des Amphictyons se tient, au printemps, à Delphes; en automne, au bourg d'Anthéla [2]. Elle attire un grand nombre de spectateurs, et commence par des sacrifices offerts pour le repos et le bonheur de la Grèce. Outre les causes énoncées dans le serment que j'ai cité, on y juge les contestations élevées entre des villes qui prétendent présider aux sacrifices faits en commun [3], ou qui, après une bataille gagnée, voudraient en particulier s'arroger des honneurs qu'elles devraient partager [4]. On y porte d'autres causes, tant civiles que criminelles [5], mais surtout les actes qui violent ouvertement le droit des gens [6]. Les députés des parties discutent l'affaire; le tribunal prononce à la pluralité des voix; il décerne une amende contre les nations coupables : après les délais accordés, intervient un second jugement qui augmente l'amende du double [7]. Si elles n'obéissent pas, l'assemblée est en droit d'appeler au secours de son décret, et d'armer contre elles tout le corps amphictyonique, c'est-à-dire, une grande partie de la Grèce. Elle a le droit aussi de les séparer de la ligue amphictyonique, ou de la commune union du temple [8].

Mais les nations puissantes ne se soumettent pas toujours à de pareils décrets. On peut en juger par la conduite récente des Lacédémoniens. Ils s'étaient emparés, en pleine paix, de la citadelle de Thèbes : les magistrats de cette ville les citèrent à la diète générale : les Lacédémoniens y furent condamnés à cinq cents talens d'amende, ensuite à mille, qu'ils se sont dispensés de payer, sous prétexte que la décision était injuste [9].

Les jugemens prononcés contre les peuples qui profanent le temple de Delphes, inspirent plus de terreur. Leurs soldats marchent avec d'autant plus de répugnance, qu'ils sont punis de mort et privés de la sépulture, lorsqu'ils sont pris les armes à la main [10]. Ceux que la diète invite à venger les autels sont d'autant plus dociles, qu'on est censé partager l'impiété lorsqu'on la favorise ou qu'on la tolère. Dans ces occasions, les nations coupables ont encore à craindre qu'aux anathèmes lancés contre elles ne se joigne la politique des princes voisins, qui trouvent le moyen de servir leur propre ambition en épousant les intérêts du ciel.

---

[1] AEschin. in Ctesiph. p. 446. — [2] Strab. lib. 9, p. 420. AEschin. ibid. — [3] Demosth. de cor. p. 495. Plut. x rhet. vit. t. 2, p. 850. — [4] Demosth. in Neær. p. 877. Cicer. de invent. lib. 2, cap. 23, t. 1, p. 96. — [5] Mém. de l'acad. des bell. lettr. t. 5, p. 405. — [6] Plut. in Cim. t. 1, p. 483. — [7] Diod. lib. 16, p. 430. — [8] Plut. in Themist. t. 1, p. 122. Pausan. lib. 10, cap. 8, p. 816. AEschin de fals. leg. p. 413. — [9] Diod. ibid. — [10] Diod. ibid. p. 427 et 431.

Magiciennes.

D'Anthéla, nous entrâmes dans le pays des Trachiniens, et nous vîmes aux environs les gens de la campagne occupés à recueillir l'ellébore précieux qui croît sur le mont OEta [1]. L'envie de satisfaire notre curiosité nous obligea de prendre la route d'Hypate. On nous avait dit que nous trouverions beaucoup de magiciennes en Thessalie, et surtout dans cette ville [2]. Nous y vîmes en effet plusieurs femmes du peuple qui pouvaient, à ce qu'on disait, arrêter le soleil, attirer la lune sur la terre, exciter ou calmer les tempêtes, rappeler les morts à la vie, ou précipiter les vivans dans le tombeau [3].

Comment de pareilles idées ont-elles pu se glisser dans les esprits ? Ceux qui les regardent comme récentes prétendent que, dans le siècle dernier, une Thessalienne nommée Aglaonice, ayant appris à prédire les éclipses de lune, avait attribué ce phénomène à la force de ses enchantemens [4], et qu'on avait conclu de là que le même moyen suffirait pour suspendre toutes les lois de la nature. Mais on cite une autre femme de Thessalie qui, dès les siècles héroïques, exerçait sur cet astre un pouvoir souverain [5]; et quantité de faits prouvent clairement que la magie s'est introduite depuis long-temps dans la Grèce.

Peu jaloux d'en rechercher l'origine, nous voulûmes, pendant notre séjour à Hypate, en connaître les opérations. On nous mena secrètement chez quelques vieilles femmes dont la misère était aussi excessive que l'ignorance : elles se vantaient d'avoir des charmes contre les morsures des scorpions et des vipères [6], d'en avoir pour rendre languissans et sans activité les feux d'un jeune époux, ou pour faire périr les troupeaux et les abeilles [7]. Nous en vîmes qui travaillaient à des figures de cire ; elles les chargeaient d'imprécations, leur enfonçaient des aiguilles dans le cœur, et les exposaient ensuite dans les différens quartiers de la ville [8]. Ceux dont on avait copié les portraits, frappés de ces objets de terreur, se croyaient dévoués à la mort, et cette crainte abrégeait quelquefois leurs jours.

Nous surprîmes une de ces femmes tournant rapidement un rouet [9], et prononçant des paroles mystérieuses. Son objet était

[1] Theophr. hist. plant. lib. 9, cap. 11, p. 1063. — [2] Aristoph. in nub. v. 747. Plin. lib. 30, cap. 1, t. 2, p. 523. Senec. in Hippol. act. 2, v. 420. Apul. metam. lib. 1, p. 15; lib. 2, p. 20. — [3] Emped. ap. Diog. Laert. lib. 8, § 59. Apul. ibid. p. 6. Virgil. eclog. 8, v. 69. — [4] Plut. conjug. præcept. t. 2, p. 145; id. de orac. def. p. 417. Bayle, rép. aux quest. t. 1, chap. 44, p. 424. — [5] Senec. in Hercul. œtæo, v. 525. — [6] Plat. in Euthydem. t. 1, p. 290. — [7] Herodot. lib. 2, cap. 181. Plat. de leg. lib. 11, t. 2, p. 933. — [8] Id. ibid. Ovid. héroid. epist. 6, v. 91. — [9] Pind. pyth. 4, v. 330. Schol. ibid. Apoll. Argon. lib. 1, v. 1139. Schol. ibid. Hesych. in Ρόμβ. Bayle, ibid. p. 414.

de rappeler [1] le jeune Polyclète, qui avait abandonné Salamis, une des femmes les plus distinguées de la ville. Pour connaître les suites de cette aventure, nous fîmes quelques présens à Mycale; c'était le nom de la magicienne. Quelques jours après, elle nous dit : Salamis ne veut pas attendre l'effet de mes premiers enchantemens; elle viendra ce soir en essayer de nouveaux; je vous cacherai dans un réduit, d'où vous pourrez tout voir et tout entendre. Nous fûmes exacts au rendez-vous. Mycale faisait les préparatifs des mystères : on voyait autour d'elle [2] des branches de laurier, des plantes aromatiques, des lames d'airain gravées en caractères inconnus; des flocons de laine de brebis teints en pourpre; des clous détachés d'un gibet, et encore chargés de dépouilles sanglantes; des crânes humains à moitié dévorés par des bêtes féroces; des fragmens de doigts, de nez et d'oreilles, arrachés à des cadavres; des entrailles de victimes; une fiole où l'on conservait le sang d'un homme qui avait péri de mort violente; une figure d'Hécate en cire, peinte en blanc, en noir, en rouge, tenant un fouet, une lampe, et une épée entourée d'un serpent [3]; plusieurs vases remplis d'eau de fontaine [4], de lait de vache, de miel de montagne; le rouet magique, des instrumens d'airain, des cheveux de Polyclète, un morceau de la frange de sa robe [5], enfin quantité d'autres objets qui fixaient notre attention, lorsqu'un bruit léger nous annonça l'arrivée de Salamis.

Nous nous glissâmes dans une chambre voisine. La belle Thessalienne entra pleine de fureur et d'amour : après des plaintes amères contre son amant et contre la magicienne, les cérémonies commencèrent. Pour les rendre plus efficaces, il faut en général que les rites aient quelque rapport avec l'objet qu'on se propose.

Mycale fit d'abord sur les entrailles des victimes plusieurs libations avec de l'eau, avec du lait, avec du miel : elle prit ensuite des cheveux de Polyclète, les entrelaça, les noua de diverses manières; et les ayant mêlés avec certaines herbes, elle les jeta dans un brasier ardent [6]. C'était là le moment où Polyclète, entraîné par une force invincible, devait se présenter, et tomber aux pieds de sa maîtresse.

Après l'avoir attendu vainement, Salamis, initiée depuis quelque temps dans les secrets de l'art, s'écrie tout à coup : Je veux moi-même présider aux enchantemens. Sers mes transports, Mycale; prends ce vase destiné aux libations; entoure-le

---

[1] Lucian. in meretr. 4, t. 3, p. 288. — [2] Theocrit. idyll. 2. Apul. metam. lib. 3, p. 54. — [3] Euseb. præp. evang. lib. 5, cap. 14, p. 202. — [4] Apul. ibid. p. 55. — [5] Theocr. ibid. — [6] Apul. ibid.

de cette laine [1]. Astre de la nuit, prêtez-nous une lumière favorable ! et vous, divinité des enfers, qui rôdez autour des tombeaux et dans les lieux arrosés du sang des mortels, paraissez, terrible Hécate, et que nos charmes soient aussi puissans que ceux de Médée et de Circé ! Mycale, répands ce sel dans le feu [2], en disant : Je répands les os de Polyclète. Que le cœur de ce perfide devienne la proie de l'amour, comme ce laurier est consumé par la flamme, comme cette cire fond à l'aspect du brasier [3] ; que Polyclète tourne autour de ma demeure, comme ce rouet tourne autour de son axe. Jette à pleines mains du son dans le feu ; frappe sur ces vases d'airain. J'entends les hurlemens des chiens. Hécate est dans le carrefour voisin ; frappe, te dis-je, et que ce bruit l'avertisse que nous ressentons l'effet de sa présence. Mais déjà les vents retiennent leur haleine ; tout est calme dans la nature : hélas ! mon cœur seul est agité [4]. O Hécate ! ô redoutable déesse ! je fais ces trois libations en votre honneur ; je vais faire trois fois une imprécation contre les nouvelles amours de Polyclète. Puisse-t-il abandonner ma rivale comme Thésée abandonna la malheureuse Ariane ! Essayons le plus puissant de nos philtres : pilons ce lézard dans un mortier, mêlons-y de la farine, faisons-en une boisson pour Polyclète. Et toi, Mycale, prends le jus de ces herbes ; et va de ce pas le répandre sur le seuil de sa porte. S'il résiste à tant d'efforts réunis, j'en emploierai de plus funestes, et sa mort satisfera ma vengeance [5]. Après ces mots, Salamis se retira.

Les opérations que je viens de décrire étaient accompagnées de formules mystérieuses que Mycale prononçait par intervalles [6]. Ces formules ne méritent pas d'être rapportées : elles ne sont composées que de mots barbares ou défigurés, et qui ne forment aucun sens.

Il nous restait à voir les cérémonies qui servent à évoquer les mânes. Mycale nous dit de nous rendre la nuit à quelque distance de la ville, dans un lieu solitaire et couvert de tombeaux. Nous l'y trouvâmes occupée à creuser une fosse [7], autour de laquelle nous la vîmes bientôt entasser des herbes, des ossemens, des débris de corps humains, des poupées de laine, de cire et de farine, des cheveux d'un Thessalien que nous avions connu, et qu'elle voulait montrer à nos yeux. Après avoir allumé du feu, elle fit couler dans la fosse le sang d'une brebis noire qu'elle avait apporté, et réitéra plus d'une fois les libations, les invoca-

---

[1] Theocrit. idyll. 2, v. 2.—[2] Heins. in Theocrit. idyll. 2, v. 18.—[3] Theocrit. ibid. v. 28. Virgil. eclog. 8, v. 80.—[4] Theocrit. ibid.—[5] Id. ibid.—[6] Heliod. Æthiop. lib. 6, p. 293.—[7] Homer. odyss. lib. 11, v. 36. Horat. lib. 1, sat. 8, v. 22. Heliod. ibid. p. 292. Feith. antiq. Homer. lib. 1, cap. 17.

tions, les formules secrètes. Elle marchait de temps en temps à pas précipités, les pieds nus, les cheveux épars, faisant des imprécations horribles, et poussant des hurlemens qui finirent par la trahir; car ils attirèrent des gardes envoyés par les magistrats qui l'épiaient depuis long-temps. On la saisit, et on la traîna en prison. Le lendemain nous nous donnâmes quelques mouvemens pour la sauver; mais on nous conseilla de l'abandonner aux rigueurs de la justice [1] et de sortir de la ville.

La profession qu'elle exerçait est réputée infâme parmi les Grecs. Le peuple déteste les magiciennes, parce qu'il les regarde comme la cause de tous les malheurs. Il les accuse d'ouvrir les tombeaux pour mutiler les morts [2]: il est vrai que la plupart de ces femmes sont capables des plus noirs forfaits, et que le poison les sert mieux que leurs enchantemens. Aussi les magistrats sévissent-ils presque partout contre elles. Pendant mon séjour à Athènes, j'en vis condamner une à la mort, et ses parens devenus ses complices subirent la même peine [3]. Mais les lois ne proscrivent que les abus de cet art frivole; elles permettent les enchantemens qui ne sont point accompagnés de maléfices, et dont l'objet peut tourner à l'avantage de la société. On les emploie quelquefois contre l'épilepsie [4], contre les maux de tête [5], et dans le traitement de plusieurs autres maladies [6]. D'un autre côté, des devins autorisés par les magistrats sont chargés d'évoquer et d'apaiser les mânes des morts [7]. Je parlerai plus au long de ces évocations dans le voyage de la Laconie.

D'Hypate, nous nous rendîmes à Lamia; et, continuant à marcher dans un pays sauvage par un chemin inégal et raboteux, nous parvînmes à Thaumaci, où s'offrit à nous un des plus beaux points de vue que l'on trouve en Grèce [8]; car cette ville domine sur un bassin immense, dont l'aspect cause soudain une vive émotion. C'est dans cette riche et superbe plaine [9] que sont situées plusieurs villes, et entre autres, Pharsale, l'une des plus grandes et des plus opulentes de la Thessalie. Nous les parcourûmes toutes, en nous instruisant, autant qu'il était possible, de leurs traditions, de leur gouvernement, du caractère et des mœurs des habitans.

Il suffit de jeter les yeux sur la nature du pays pour se convaincre qu'il a dû renfermer autrefois presque autant de peuples ou de tribus qu'il présente de montagnes et de vallées. Séparés

---

[1] Lucian. in asin. t. 2, p. 622. — [2] Lucan. Pharsal. lib. 6, v. 538. Apul. metam. lib. 2, p. 33 et 35. — [3] Demosth. in Aristog. p. 840. Philochor. ap. Harpocr. in Θεωρ. — [4] Demosth. ibid. — [5] Plat. in Charm. t. 2, p. 155; id. in conviv. t. 3, p. 202. — [6] Pind. pyth. 3, v. 91. Plin. lib. 28, cap. 2, t. 2, p. 444. — [7] Plut. de consol. t. 2, p. 109. — [8] Liv. lib. 32, cap. 4. — [9] Pocock. t. 3, p. 153.

alors par de fortes barrières qu'il fallait à tout moment attaquer ou défendre, ils devinrent aussi courageux qu'entreprenans ; et quand leurs mœurs s'adoucirent, la Thessalie fut le séjour des héros, et le théâtre des plus grands exploits. C'est là que parurent les Centaures et les Lapithes, que s'embarquèrent les Argonautes, que mourut Hercule, que naquit Achille, que vécut Pirithoüs, que les guerriers venaient des pays les plus lointains se signaler par des faits d'armes.

Les Achéens, les Éoliens, les Doriens, de qui descendent les Lacédémoniens, d'autres puissantes nations de la Grèce, tirent leur origine de la Thessalie. Les peuples qu'on y distingue aujourd'hui, sont les Thessaliens, proprement dits, les OEtéens, les Phthiotes, les Maliens, les Magnètes, les Perrhèbes, etc. Autrefois ils obéissaient à des rois ; ils éprouvèrent ensuite les révolutions ordinaires aux grands et aux petits États ; la plupart sont soumis aujourd'hui au gouvernement oligarchique [1].

Dans certaines occasions, les villes de chaque canton, c'est-à-dire de chaque peuple, envoient leurs députés à la diète où se discutent leurs intérêts [2] ; mais les décrets de ces assemblées n'obligent que ceux qui les ont souscrits. Ainsi, non-seulement les cantons sont indépendans les uns des autres, mais cette indépendance s'étend encore sur les villes de chaque canton. Par exemple, le canton des OEtéens étant divisé en quatorze districts [3], les habitans de l'un peuvent refuser de suivre à la guerre ceux des autres [4]. Cette excessive liberté affaiblit chaque canton en l'empêchant de réunir ses forces, et produit tant de langueur dans les délibérations publiques, qu'on se dispense bien souvent de convoquer les diètes [5].

La confédération des Thessaliens, proprement dits, est la plus puissante de toutes, soit par la quantité des villes qu'elle possède, soit par l'accession des Magnètes et des Perrhèbes, qu'elle a presque entièrement assujétis [6].

On voit aussi des villes libres qui semblent ne tenir à aucune des grandes peuplades, et qui, trop faibles pour se maintenir dans un certain degré de considération, ont pris le parti de s'associer avec deux ou trois villes voisines, également isolées, également faibles [7].

Les Thessaliens peuvent mettre sur pied six mille chevaux et dix mille hommes d'infanterie [8], sans compter les archers, qui sont excellens, et dont on peut augmenter le nombre à son

---

[1] Thucyd. lib. 4, cap. 78. — [2] Id. ibid. Liv. lib. 35, cap. 31 ; lib. 36, cap. 8 ; lib. 39, cap. 25 ; lib. 42, cap. 38. — [3] Strab. lib. 9, p. 434. — [4] Diod. lib. 18, p. 595. — [5] Liv. lib. 34, cap. 51. — [6] Theop. ap. Athen. lib. 6, p. 265. — [7] Strab. ibid. p. 437. Liv. lib. 42, cap. 53. — [8] Xenoph. hist. græc. lib. 6, p. 581. Isocr. de pac. t. 1, p. 420.

gré : car ce peuple est accoutumé dès l'enfance à tirer de l'arc [1]. Rien de si renommé que la cavalerie thessalienne [2] : elle n'est pas seulement redoutable par l'opinion ; tout le monde convient qu'il est presque impossible d'en soutenir l'effort [3].

On dit qu'ils ont su les premiers imposer un frein au cheval et le mener au combat : on ajoute que de là s'établit l'opinion qu'il existait autrefois en Thessalie des hommes moitié hommes, moitié chevaux, qui furent nommés Centaures [4]. Cette fable prouve du moins l'ancienneté de l'équitation parmi eux ; et leur amour pour cet exercice est consacré par une cérémonie qu'ils observent dans leurs mariages. Après les sacrifices et les autres rites en usage, l'époux présente à son épouse un coursier orné de tout l'appareil militaire [5].

La Thessalie produit du vin, de l'huile, des fruits de différentes espèces. La terre est fertile au point que le blé monterait trop vite, si l'on ne prenait la précaution de le tondre ou de le faire brouter par des moutons [6].

Les moissons, pour l'ordinaire très-abondantes, sont souvent détruites par les vers [7]. On voiture une grande quantité de blé en différens ports, et surtout dans celui de Thèbes en Phthiotie, d'où il passe à l'étranger [8]. Ce commerce, qui produit des sommes considérables, est d'autant plus avantageux pour la nation, qu'elle peut facilement l'entretenir, et même l'augmenter par la quantité surprenante d'esclaves qu'elle possède, et qui sont connus sous le nom de Pénestes. Ils descendent la plupart de ces Perrhèbes et de ces Magnètes que les Thessaliens mirent aux fers après les avoir vaincus : événement qui ne prouve que trop les contradictions de l'esprit humain. Les Thessaliens sont peut-être, de tous les Grecs, ceux qui se glorifient le plus de leur liberté [9], et ils ont été des premiers à réduire les Grecs en esclavage : les Lacédémoniens, aussi jaloux de leur liberté, ont donné le même exemple à la Grèce [10].

Les Pénestes se sont révoltés plus d'une fois [11] : ils sont en si grand nombre, qu'ils inspirent toujours des craintes, et que leurs maîtres peuvent en faire un objet de commerce et en vendre aux autres peuples de la Grèce. Mais ce qui est plus honteux encore, on voit ici des hommes avides voler les esclaves des autres, enlever même des citoyens libres, et les transporter, chargés de

---

[1] Xenoph. hist. græc. lib. 6, p. 581. Solin. cap. 8. — [2] Pausan. lib. 10, cap. 1, p. 799. Diod. lib. 16, p. 435. Liv. lib. 9, cap. 19. — [3] Polyb. lib. 4, p. 278. — [4] Plin. lib. 7, cap. 56, t. 1, p. 416. — [5] Ælian. de anim. lib. 11, cap. 34. — [6] Theophr. hist. plant. lib. 8, cap. 7, p. 942. — [7] Id. ibid. cap. 10. — [8] Xenoph. ibid. Liv. lib. 39, cap. 25. — [9] Eurip. in Alcest. v. 677. — [10] Theop. ap. Athen. lib. 6, cap. 18, p. 265. — [11] Aristot. de rep. lib. 2, cap. 9, t. 2, p. 328.

fers, dans les vaisseaux que l'appât du gain attire en Thessalie¹.

J'ai vu, dans la ville d'Arné, des esclaves dont la condition est plus douce. Ils descendent de ces Béotiens qui vinrent autrefois s'établir en ce pays, et qui furent ensuite chassés par les Thessaliens. La plupart retournèrent dans les lieux de leur origine : les autres, ne pouvant quitter le séjour qu'ils habitaient, transigèrent avec leurs vainqueurs. Ils consentirent à devenir serfs, à condition que leurs maîtres ne pourraient ni leur ôter la vie, ni les transporter dans d'autres climats ; ils se chargèrent de la culture des terres sous une redevance annuelle. Plusieurs d'entre eux sont aujourd'hui plus riches que leurs maîtres².

Les Thessaliens reçoivent les étrangers avec beaucoup d'empressement, et les traitent avec magnificence³. Le luxe brille dans leurs habits et dans leurs maisons⁴ : ils aiment à l'excès le faste et la bonne chère : leur table est servie avec autant de recherche que de profusion, et les danseuses qu'ils y admettent ne sauraient leur plaire qu'en se dépouillant de presque tous les voiles de la pudeur⁵.

Ils sont vifs, inquiets⁶, et si difficiles à gouverner, que j'ai vu plusieurs de leurs villes déchirées par des factions⁷. On leur reproche, comme à toutes les nations policées, de n'être point esclaves de leur parole, et de manquer facilement à leurs alliés⁸ : leur éducation n'ajoutant à la nature que des préjugés et des erreurs, la corruption commence de bonne heure ; bientôt l'exemple rend le crime facile, et l'impunité le rend insolent⁹.

Dès les temps les plus anciens, ils cultivèrent la poésie ; ils prétendent avoir donné le jour à Thamyris, à Orphée, à Linus, à tant d'autres qui vivaient dans le siècle des héros dont ils partageaient la gloire¹⁰ ; mais, depuis cette époque, ils n'ont produit aucun écrivain, aucun artiste célèbre. Il y a environ un siècle et demi que Simonide les trouva insensibles aux charmes de ses vers¹¹. Ils ont été, dans ces derniers temps, plus dociles aux leçons du rhéteur Gorgias ; ils préfèrent encore l'éloquence pompeuse qui le distinguait, et qui n'a pas rectifié les fausses idées qu'ils ont de la justice et de la vertu¹².

Ils ont tant de goût et d'estime pour l'exercice de la danse, qu'ils appliquent les termes de cet art aux usages les plus nobles.

---

¹ Aristoph. in Plut. v. 520. Schol. ibid. — ² Archem. ap. Athen. lib. 6, p. 264. Thucyd. lib. 12.— ³ Xenoph. hist. græc. lib. 6, p. 579. Athen. lib. 14, cap. 5, p. 624.— ⁴ Plat. in Crit. t. 1, p. 53. Athen. lib. 14, cap. 23, p. 663. Theop. ap. Athen. lib. 6, cap. 17, p. 260.— ⁵ Athen. lib. 13, cap. 9, p. 607. — ⁶ Liv. lib. 34, cap. 51. — ⁷ Isocr. epist. 2, ad Phil. t. 1, p. 451. — ⁸ Demosth. olynth. 1, p. 4 ; id. in Aristocr. p. 743.— ⁹ Plat. ibid. — ¹⁰ Voss. observ. ad Melam. lib. 2, cap. 3, p. 456.— ¹¹ Plut. de aud. poet. t. 2, p. 15. — ¹² Plat. ibid. ; id. in Men. t. 2, p. 70.

En certains endroits, les généraux ou les magistrats se nomment les chefs de la danse [1][a]. Leur musique tient le milieu entre celle des Doriens et celle des Ioniens ; et comme elle peint tour à tour la confiance de la présomption et la mollesse de la volupté, elle s'assortit au caractère et aux mœurs de la nation [2].

A la chasse, ils sont obligés de respecter les cigognes. Je ne relèverais pas cette circonstance, si l'on ne décernait contre ceux qui tuent ces oiseaux la même peine que contre les homicides [3]. Étonnés d'une loi si étrange, nous en demandâmes la raison ; on nous dit que les cigognes avaient purgé la Thessalie des serpens énormes qui l'infestaient auparavant, et que, sans la loi, on serait bientôt forcé d'abandonner ce pays [4], comme la multiplicité des taupes avait fait abandonner une ville de Thessalie dont j'ai oublié le nom [5].

Rois de Phères.

De nos jours il s'était formé dans la ville de Phères une puissance dont l'éclat fut aussi brillant que passager. Lycophron en jeta les premiers fondemens [6], et son successeur Jason l'éleva au point de la rendre redoutable à la Grèce et aux nations éloignées. J'ai tant ouï parler de cet homme extraordinaire, que je crois devoir donner une idée de ce qu'il a fait et de ce qu'il pouvait faire.

Jason avait les qualités les plus propres à fonder un grand empire. Il commença de bonne heure à soudoyer un corps de six mille auxiliaires, qu'il exerçait continuellement, et qu'il s'attachait par des récompenses quand ils se distinguaient, par des soins assidus quand ils étaient malades, par des funérailles honorables quand ils mouraient [7]. Il fallait, pour entrer et se maintenir dans ce corps, une valeur éprouvée, et l'intrépidité qu'il montrait lui-même dans les travaux et dans les dangers. Des gens qui le connaissaient m'ont dit qu'il était d'une santé à supporter les plus grandes fatigues, et d'une activité à surmonter les plus grands obstacles ; ne connaissant ni le sommeil, ni les autres besoins de la vie, quand il fallait agir ; insensible, ou plutôt inaccessible à l'attrait du plaisir ; assez prudent pour ne rien entreprendre sans être assuré du succès ; aussi habile que Thémistocle à pénétrer les desseins de l'ennemi, à lui dérober les siens, à remplacer la force par la ruse ou par l'in-

---

[1] Lucian. de salt. cap. 14, t. 2, p. 276. — [a] Lucien rapporte une inscription faite pour un Thessalien, et conçue en ces termes : « Le peuple a fait élever » cette statue à Ilation, parce qu'il avait bien dansé au combat. » — [2] Athen. lib. 14, p. 624. — [3] Plin. lib. 10, cap. 23. Solin. cap. 40. Plut. de Isid. et Osir. t. 2, p. 380. — [4] Aristot. de mirab. auscult. t. 1, p. 1152. — [5] Plin. lib. 8, cap. 29, p. 455. — [6] Xenoph. hist. græc. lib. 2, p. 461. Diod. lib. 14, p. 300. Reinec. hist. Jul. t. 2, p. 366. — [7] Xenoph. ibid. lib. 6, p. 580.

trigue [1] ; enfin, rapportant tout à son ambition, et ne donnant jamais rien au hasard.

Il faut ajouter à ces traits, qu'il gouvernait ses peuples avec douceur [2] ; qu'il connut l'amitié au point que Timothée, général des Athéniens, avec qui il était uni par les liens de l'hospitalité, ayant été accusé devant l'assemblée du peuple, Jason se dépouilla de l'appareil du trône, vint à Athènes, se mêla comme simple particulier avec les amis de l'accusé, et contribua par ses sollicitations à lui sauver la vie [3].

Après avoir soumis quelques peuples, et fait des traités d'alliance avec d'autres, il communiqua ses projets aux principaux chefs des Thessaliens [4]. Il leur peignit la puissance des Lacédémoniens anéantie par la bataille de Leuctres, celle des Thébains hors d'état de subsister long-temps, celle des Athéniens bornée à leur marine, et bientôt éclipsée par des flottes qu'on pourrait construire en Thessalie. Il ajouta que, par des conquêtes et des alliances, il leur serait facile d'obtenir l'empire de la Grèce, et de détruire celui des Perses, dont les expéditions d'Agésilas et du jeune Cyrus avaient récemment dévoilé la faiblesse. Ces discours ayant embrasé les esprits, il fut élu chef et généralissime de la ligue thessalienne, et se vit bientôt après à la tête de vingt mille hommes d'infanterie, de plus de trois mille chevaux, et d'un nombre très-considérable de troupes légères [5].

Dans ces circonstances, les Thébains implorèrent son secours contre les Lacédémoniens [6]. Quoiqu'il fût en guerre avec les Phocéens, il prend l'élite de ses troupes, part avec la célérité d'un éclair, et, prévenant presque partout le bruit de sa marche, il se joint aux Thébains, dont l'armée était en présence de celle des Lacédémoniens. Pour ne pas fortifier l'une ou l'autre de ces nations par une victoire qui nuirait à ses vues, il les engage à signer une trêve : il tombe aussitôt sur la Phocide qu'il ravage ; et, après d'autres exploits également rapides, il retourne à Phères couvert de gloire, et recherché de plusieurs peuples qui sollicitent son alliance.

Les jeux pythiques étaient sur le point de se célébrer; Jason forma le dessein d'y mener son armée [7]. Les uns crurent qu'il voulait imposer à cette assemblée, et se faire donner l'intendance des jeux ; mais, comme il employait quelquefois des moyens extraordinaires pour faire subsister ses troupes [8], ceux de Delphes le soupçonnèrent d'avoir des vues sur le trésor sacré [9] :

---

[1] Cicer. de offic. lib. 1, cap. 30, t. 3, p. 209. — [2] Diod. lib. 15, p. 373. — [3] Demosth. in Timoth. p. 1075. Nep. in Timoth. cap. 4. — [4] Xenoph. hist. græc. lib. 6, p. 580. — [5] Id. ibid. p. 583. — [6] Id. ibid. p. 598. — [7] Id. ibid. p. 600. — [8] Polyæn. strateg. lib. 6, cap. 1, etc. — [9] Xenoph. ibid.

ils demandèrent au dieu comment ils pourraient détourner un pareil sacrilége : le dieu répondit que ce soin le regardait. A quelques jours de là, Jason fut tué à la tête de son armée par sept jeunes conjurés, qui, dit-on, avaient à se plaindre de sa sévérité [1].

Parmi les Grecs, les uns se réjouirent de sa mort, parce qu'ils avaient craint pour leur liberté ; les autres s'en affligèrent, parce qu'ils avaient fondé des espérances sur ses projets [2]. Je ne sais s'il avait conçu de lui-même celui de réunir les Grecs, et de porter la guerre en Perse, ou s'il l'avait reçu de l'un de ces sophistes qui, depuis quelque temps, se faisaient un mérite de le discuter, soit dans leurs écrits, soit dans les assemblées générales de la Grèce [3]. Mais enfin ce projet était susceptible d'exécution, et l'événement l'a justifié. J'ai vu dans la suite Philippe de Macédoine donner des lois à la Grèce, et, depuis mon retour en Scythie, j'ai su que son fils avait détruit l'empire des Perses. L'un et l'autre ont suivi le même système que Jason, qui peut-être n'avait pas moins d'habileté que le premier, ni moins d'activité que le second.

Ce fut quelques années après sa mort que nous arrivâmes à Phères, ville assez grande et entourée de jardins [4]. Nous comptions y trouver quelque trace de cette splendeur dont elle brillait du temps de Jason ; mais Alexandre y régnait, et offrait à la Grèce un spectacle dont je n'avais pas d'idée, car je n'avais jamais vu de tyran. Le trône sur lequel il était assis fumait encore du sang de ses prédécesseurs. J'ai dit que Jason avait été tué par des conjurés : ses deux frères Polydore et Polyphron lui ayant succédé, Polyphron assassina Polydore [5], et fut, bientôt après, assassiné par Alexandre, qui régnait depuis près de onze ans [6] quand nous arrivâmes à Phères.

Ce prince cruel n'avait que des passions avilies par des vices grossiers. Sans foi dans les traités, timide et lâche dans les combats, il n'eut l'ambition des conquêtes que pour assouvir son avarice, et le goût des plaisirs que pour s'abandonner aux plus sales voluptés [7].

Un tas de fugitifs et de vagabonds noircis de crimes, mais moins scélérats que lui, devenus ses soldats et ses satellites, portaient la désolation dans ses États et chez les peuples voisins. On l'avait vu entrer, à leur tête, dans une ville alliée, y rassembler sous divers prétextes les citoyens dans la place publique,

---

[1] Val. Max. lib. 9, cap. 10. — [2] Id. ibid. — [3] Philostr. de vit. sophist. lib. 1, p. 493. Isocr. paneg. t. 1, p. 209 ; id. ad Philip. t. 1, p. 291.— [4] Polyb. lib. 17, p. 756. Liv. lib. 33, cap. 6. — [5] Xenoph. hist. græc. lib. 6, p. 600. — [6] Diod. lib. 15, p. 374. — [7] Plut. in Pelop. t. 1, p. 293.

les égorger, et livrer leurs maisons au pillage[1]. Ses armes eurent d'abord quelques succès ; vaincu ensuite par les Thébains, joints à divers peuples de Thessalie[2], il n'exerçait plus ses fureurs que contre ses propres sujets : les uns étaient enterrés tout en vie[3]; d'autres, revêtus de peaux d'ours ou de sangliers, étaient poursuivis et déchirés par des dogues dressés à cette espèce de chasse. Il se faisait un jeu de leurs tourmens, et leurs cris ne servaient qu'à endurcir son âme. Cependant il se surprit un jour prêt à s'émouvoir : c'était à la représentation des Troyennes d'Euripide ; mais il sortit à l'instant du théâtre, en disant qu'il aurait trop à rougir, si, voyant d'un œil tranquille couler le sang de ses sujets, il paraissait s'attendrir sur les malheurs d'Hécube et d'Andromaque[4].

Les habitans de Phères vivaient dans l'épouvante, et dans cet abattement que cause l'excès des maux, et qui est un malheur de plus. Leurs soupirs n'osaient éclater, et les vœux qu'ils formaient en secret pour la liberté se terminaient par un désespoir impuissant. Alexandre, agité des craintes dont il agitait les autres, avait le partage des tyrans, celui de haïr et d'être haï. On démêlait dans ses yeux, à travers l'empreinte de sa cruauté, le trouble, la défiance et la terreur qui tourmentaient son âme : tout lui était suspect. Ses gardes le faisaient trembler. Il prenait des précautions contre Thébé son épouse, qu'il aimait avec la même fureur qu'il en était jaloux, si l'on peut appeler amour la passion féroce qui l'entraînait auprès d'elle. Il passait la nuit au haut de son palais, dans un appartement où l'on montait par une échelle, et dont les avenues étaient défendues par un dogue qui n'épargnait que le roi, la reine, et l'esclave chargé du soin de le nourrir. Il s'y retirait tous les soirs, précédé par ce même esclave qui tenait une épée nue, et qui faisait une visite exacte de l'appartement[5].

Je vais rapporter un fait singulier, et je ne l'accompagnerai d'aucune réflexion. Eudémus de Chypre, en allant d'Athènes en Macédoine, était tombé malade à Phères[6]. Comme je l'avais vu souvent chez Aristote, dont il était l'ami, je lui rendis pendant sa maladie tous les soins qui dépendaient de moi. Un soir que j'avais appris des médecins qu'ils désespéraient de sa guérison, je m'assis auprès de son lit : il fut touché de mon affliction, me tendit la main, et me dit d'une voix mourante : Je dois confier à votre amitié un secret qu'il serait dangereux de

---

[1] Diod. lib. 15, p. 385. Plut. in Pelop. t. 1, p. 293. Pausan. lib. 6, p. 463. — [2] Diod. ibid. p. 390. — [3] Plut. ibid. — [4] AElian. var. hist. lib. 14, cap. 40. Plut. ibid. — [5] Cicer. de offic. lib. 2, cap. 7, t. 3, p. 233. Val. Max. lib. 9, cap. 13. — [6] Aristot. ap. Cicer. de divin. lib. 1, cap. 25, t. 3, p. 22.

révéler à tout autre qu'à vous. Une de ces dernières nuits, un jeune homme d'une beauté ravissante m'apparut en songe; il m'avertit que je guérirais, et que dans cinq ans je serais de retour dans ma patrie : pour garant de sa prédiction, il ajouta que le tyran n'avait plus que quelques jours à vivre. Je regardai cette confidence d'Eudémus comme un symptôme de délire, et je rentrai chez moi pénétré de douleur.

Le lendemain, à la pointe du jour, nous fûmes éveillés par ces cris mille fois réitérés : Il est mort! le tyran n'est plus! il a péri par les mains de la reine! Nous courûmes aussitôt au palais; nous y vîmes le corps d'Alexandre livré aux insultes d'une populace qui le foulait aux pieds¹ et célébrait avec transport le courage de la reine. Ce fut elle en effet qui se mit à la tête de la conjuration, soit par haine pour la tyrannie, soit pour venger ses injures personnelles. Les uns disaient qu'Alexandre était sur le point de la répudier; d'autres, qu'il avait fait mourir un jeune Thessalien qu'elle aimait²; d'autres enfin, que Pélopidas, tombé quelques années auparavant entre les mains d'Alexandre, avait eu, pendant sa prison, une entrevue avec la reine, et l'avait exhortée à délivrer sa patrie et à se rendre digne de sa naissance³ : car elle était fille de Jason. Quoi qu'il en soit, Thébé, ayant formé son plan, avertit ses trois frères, Tisiphonus, Pytholaüs et Lycophron, que son époux avait résolu leur perte; et dès cet instant ils résolurent la sienne.

La veille, elle les tint cachés dans le palais⁴ : le soir, Alexandre boit avec excès, monte dans son appartement, se jette sur son lit et s'endort. Thébé descend tout de suite, écarte l'esclave et le dogue, revient avec les conjurés, et se saisit de l'épée suspendue au chevet du lit. Dans ce moment, leur courage parut se ralentir; mais Thébé les ayant menacés d'éveiller le roi s'ils hésitaient encore, ils se jetèrent sur lui, et le percèrent de plusieurs coups.

J'allai aussitôt apprendre cette nouvelle à Eudémus, qui n'en parut point étonné. Ses forces se rétablirent : il périt cinq ans après en Sicile; et Aristote, qui depuis adressa un dialogue sur l'âme à la mémoire de son ami⁵, prétendait que le songe s'était vérifié dans toutes ses circonstances, puisque c'est retourner dans sa patrie que de quitter la terre⁶.

Les conjurés, après avoir laissé respirer pendant quelque temps les habitans de Phères, partagèrent entre eux le pouvoir souverain, et commirent tant d'injustices, que leurs sujets se vi-

---

¹ Plut. in Pelop. t. 1, p. 298. Quintil. lib. 7, cap. 1, p. 410. — ² Xenoph. hist. græc. lib. 6, p. 601. — ³ Plut. in Pelop. t. 1, p. 297. — ⁴ Id. ibid. — ⁵ Plut. in Dion. t. 1, p. 967. — ⁶ Cicer. de divin. lib. 1, cap. 25, t. 3, p. 22.

rent forcés, quelques années après mon voyage en Thessalie, d'appeler Philippe de Macédoine à leur secours¹. Il vint, et chassa non-seulement les tyrans de Phères, mais encore ceux qui s'étaient établis dans d'autres villes. Ce bienfait a tellement attaché les Thessaliens à ses intérêts ², qu'ils l'ont suivi dans la plupart de ses entreprises, et lui en ont facilité l'exécution *a*.

Après avoir parcouru les environs de Phères, et surtout son port, qu'on nomme Pagase, et qui en est éloigné de quatre-vingt-dix stades ³*b*, nous visitâmes les parties méridionales de la Magnésie; nous prîmes ensuite notre route vers le nord, ayant à notre droite la chaîne du mont Pélion. Cette contrée est délicieuse par la douceur du climat, la variété des aspects, et la multiplicité des vallées que forment, surtout dans la partie la plus septentrionale, les branches du mont Pélion et du mont Ossa.

Sur un des sommets du mont Pélion s'élève un temple en l'honneur de Jupiter; tout auprès est l'antre célèbre où l'on prétend que Chiron avait anciennement établi sa demeure⁴, et qui porte encore le nom de ce centaure. Nous y montâmes à la suite d'une procession de jeunes gens, qui tous les ans vont, au nom d'une ville voisine, offrir un sacrifice au souverain des dieux. Quoique nous fussions au milieu de l'été, et que la chaleur fût excessive au pied de la montagne, nous fûmes obligés de nous couvrir, à leur exemple, d'une toison épaisse. On éprouve en effet sur cette hauteur un froid très-rigoureux, mais dont l'impression est en quelque façon affaiblie par la vue superbe que présentent d'un côté les plaines de la mer, de l'autre celles de la Thessalie.

La montagne est couverte de sapins, de cyprès, de cèdres, de différentes espèces d'arbres⁵ et de simples dont la médecine fait un grand usage⁶. On nous montra une racine dont l'odeur, approchant de celle du thym, est, dit-on, meurtrière pour les serpens, et qui, prise dans du vin, guérit de leurs morsures⁷. On y trouve un arbuste dont la racine est un remède pour la goutte, l'écorce pour la colique, les feuilles pour les fluxions aux yeux⁸; mais le secret de la préparation est entre les mains d'une seule famille, qui prétend se l'être transmis de père en fils depuis le centaure Chiron, à qui elle rapporte son origine. Elle n'en tire aucun avantage, et se croit obligée de traiter gratuitement les malades qui viennent implorer son secours.

---

¹ Diod. lib. 16, p. 418. — ² Isocr. orat. ad Philip. t. 1, p. 238. — *a* Voyez, dans le chapitre LXI de cet ouvrage, la lettre écrite la quatrième année de la cent sixième olympiade. — ³ Strab. lib. 9, p. 436. — *b* Trois lieues et mille cinq toises. — ⁴ Pind. pyth. 4, v. 181. Dicæarch. ap. geogr. min. t. 2, p. 29. — ⁵ Dicæarch. ibid. p. 27. — ⁶ Id. ibid. p. 30. Theophr. hist. plant. lib. 4, cap. 6, p. 367; lib. 9, cap. 15, p. 1117. — ⁷ Dicæarch. ibid. p. 28. — ⁸ Id. ibid. p. 30.

Descendus de la montagne, à la suite de la procession, nous fûmes priés au repas qui termine la cérémonie. Nous vîmes ensuite une espèce de danse particulière à quelques peuples de la Thessalie, et très-propre à exciter le courage et la vigilance des habitans de la campagne [1]. Un Magnésien se présente avec ses armes; il les met à terre, et imite les gestes et la démarche d'un homme qui, en temps de guerre, sème et laboure son champ. La crainte est empreinte sur son front : il tourne la tête de chaque côté : il aperçoit un soldat ennemi qui cherche à le surprendre ; aussitôt il saisit ses armes, attaque le soldat, en triomphe, l'attache à ses bœufs, et le chasse devant lui. Tous ces mouvemens s'exécutent en cadence au son de la flûte.

En continuant notre route, nous arrivâmes à Sycurium (*Atlas, pl.* 26). Cette ville, située sur une colline au pied du mont Ossa, domine de riches campagnes. La pureté de l'air et l'abondance des eaux la rendent un des plus agréables séjours de la Grèce [2]. De là, jusqu'à Larisse, le pays est fertile et très-peuplé. Il devient plus riant à mesure qu'on approche de cette ville, qui passe avec raison pour la première et la plus riche de la Thessalie : ses dehors sont embellis par le Pénée qui roule auprès de ses murs des eaux extrêmement claires [3].

Nous logeâmes chez Amyntor, et nous trouvâmes chez lui tous les agrémens que nous devions attendre de l'ancienne amitié qui le liait avec le père de Philotas.

Vallée de Tempé.

Nous étions impatiens d'aller à Tempé. Ce nom, commun à plusieurs vallées qu'on trouve en ce canton, désigne plus particulièrement celle que forment, en se rapprochant, le mont Olympe et le mont Ossa. C'est le seul grand chemin pour aller de Thessalie en Macédoine. Amyntor voulut nous accompagner. Nous prîmes un bateau, et au lever de l'aurore nous nous embarquâmes sur le Pénée, le 15 du mois métageitnion [a]. Bientôt s'offrirent à nous plusieurs villes, telles que Phalanna, Gyrton, Élaties, Mopsium, Homolis ; les unes placées sur les bords du fleuve, les autres sur les hauteurs voisines [4]. Après avoir passé l'embouchure du Titarésius, dont les eaux sont moins pures que celles du Pénée [5], nous arrivâmes à Gonnus, distante de Larisse d'environ cent soixante stades [6][b] : nous y laissâmes notre bateau. C'est là que commence la vallée, et que le fleuve se

---

[1] Xenoph. exped. Cyr. lib. 6, p. 371. — [2] Liv. lib. 42, cap. 54. — [3] Plin. lib. 4, cap. 8, t. 1, p. 200. — [a] Le 10 août de l'an 357 avant J. C. — [4] Liv. lib. 42, cap. 61. — [5] Homer. iliad. 2, v. 754. Strab. lib. 9, p. 441. — [6] Liv. lib. 36, cap. 10. — [b] Six lieues et cent vingt toises.

trouve resserré entre le mont Ossa qui est à sa droite, et le mont Olympe qui est à sa gauche, et dont la hauteur est d'un peu plus de dix stades [a].

Suivant une ancienne tradition, un tremblement de terre sépara ces montagnes, et ouvrit un passage aux eaux qui submergeaient les campagnes [1]. Il est du moins certain que, si l'on fermait ce passage, le Pénée ne pourrait plus avoir d'issue; car ce fleuve, qui reçoit dans sa course plusieurs rivières, coule dans un terrain qui s'élève par degrés, depuis ses bords jusqu'aux collines, et aux montagnes qui entourent cette contrée. Aussi disait-on que, si les Thessaliens ne s'étaient soumis à Xerxès, ce prince aurait pris le parti de s'emparer de Gonnus, et d'y construire une barrière impénétrable au fleuve [2]. Cette ville est très-importante par sa situation : elle est la clef de la Thessalie du côté de la Macédoine [3], comme les Thermopyles le sont du côté de la Phocide.

La vallée s'étend du sud-ouest au nord-est [4]; sa longueur est de quarante stades [5][b], sa plus grande largeur d'environ deux stades et demie [6][c]; mais cette largeur diminue quelquefois au point qu'elle ne paraît être que de cent pieds [7][d].

Les montagnes sont couvertes de peupliers, de platanes, de frênes d'une beauté surprenante [8]. De leurs pieds jaillissent des sources d'une eau pure comme le cristal [9]; et des intervalles qui séparent leurs sommets s'échappent un air frais que l'on respire avec une volupté secrète. Le fleuve présente presque partout un canal tranquille, et dans certains endroits il embrasse de petites îles dont il éternise la verdure [10]. Des grottes percées dans le flanc des montagnes [11], des pièces de gazon placées aux deux côtés du fleuve, semblent être l'asile du repos et du plaisir. Ce qui nous étonnait le plus, était une certaine intelligence dans la distribution des ornemens qui parent ces retraites. Ailleurs, c'est l'art qui s'efforce d'imiter la nature; ici on dirait que la nature veut imiter l'art. Les lauriers et différentes sortes d'arbrisseaux forment d'eux-mêmes des berceaux et des bosquets, et font un beau contraste avec des bouquets de bois placés au

---

[a] Neuf cent soixante toises. Voy. la note VII à la fin du volume. — [1] Hérodot. lib. 7, cap. 129. Strab. lib. 9, p. 430. — [2] Herodot. ibid. cap. 130. — [3] Liv. lib. 42, cap. 67. — [4] Pocock, t. 3, p. 152. Note mss. de M. Stuart. — [5] Plin. lib. 4, cap. 8, t. 1, p. 200. Liv. lib. 44, cap. 6. — [b] Environ une lieue et demie. Je donne toujours à la lieue deux mille cinq cents toises. — [6] Note mss. de M. Stuart. — [c] Environ deux cent trente-six toises. — [7] Plin. ibid. AElian. var. hist. lib. 3, cap. 1. Perizon. ibid. Salmas in Solin. p. 583. — [d] Environ quatre-vingt-quatorze de nos pieds. — [8] Theophr. hist. plant. lib 4, cap. 6. Catul. epithal. Pel. et Thetid. Plut. in Flamin. p. 370. Hesych. in Τέμπ. — [9] AElian. ibid. — [10] Pocock, ibid. — [11] Note mss. de M. Stuart.

pied de Olympe [1]. Les rochers sont tapissés d'une espèce de lierre; et les arbres, ornés de plantes qui serpentent autour de leur tronc [2], s'entrelacent dans leurs branches, et tombent en festons et en guirlandes. Enfin, tout présente en ces beaux lieux la décoration la plus riante. De tous côtés l'œil semble respirer la fraîcheur, et l'âme recevoir un nouvel esprit de vie.

Les Grecs ont des sensations si vives, ils habitent un climat si chaud, qu'on ne doit pas être surpris des émotions qu'ils éprouvent à l'aspect et même au souvenir de cette charmante vallée: au tableau que je viens d'en ébaucher, il faut ajouter que, dans le printemps, elle est toute émaillée de fleurs, et qu'un nombre infini d'oiseaux y font entendre des chants [3] à qui la solitude et la saison semblent prêter une mélodie plus tendre et plus touchante.

Cependant nous suivions lentement le cours du Pénée; et mes regards, quoique distraits par une foule d'objets délicieux, revenaient toujours sur ce fleuve. Tantôt je voyais ses flots étinceler à travers le feuillage dont ses bords sont ombragés [4]; tantôt m'approchant du rivage, je contemplais le cours paisible de ses ondes [5] qui semblaient se soutenir mutuellement, et remplissaient leur carrière sans tumulte et sans effort. Je disais à Amyntor: Telle est l'image d'une âme pure et tranquille; ses vertus naissent les unes des autres; elles agissent toutes de concert et sans bruit. L'ombre étrangère du vice les fait seule éclater par son opposition. Amyntor me répondit: Je vais vous montrer l'image de l'ambition et les funestes effets qu'elle produit.

Alors il me conduisit dans une des gorges du mont Ossa, où l'on prétend que se donna le combat des Titans contre les Dieux. C'est là qu'un torrent impétueux se précipite sur un lit de rochers, qu'il ébranle par la violence de ses chutes. Nous parvînmes en un endroit où ses vagues, fortement comprimées, cherchaient à forcer un passage. Elles se heurtaient, se soulevaient, et tombaient, en mugissant, dans un gouffre, d'où elles s'élançaient avec une nouvelle fureur pour se briser les unes contre les autres dans les airs.

Mon âme était occupée de ce spectacle; lorsque je levai les yeux autour de moi, je me trouvai resserré entre deux montagnes noires, arides, et sillonnées, dans toute leur hauteur, par des abîmes profonds. Près de leurs sommets, des nuages erraient pesamment parmi des arbres funèbres, ou restaient suspendus sur leurs branches stériles. Au-dessous, je vis la nature en ruine; les montagnes écroulées étaient couvertes de leurs

---

[1] Note mss. de M. Stuart. — [2] AElian. var. hist. lib. 3, cap. 1. Plin. lib. 16, cap. 44, t. 2, p. 41. — [3] Id. lib. 4, cap. 8, t. 1, p. 200. — [4] Id. ibid. — [5] AElian. ibid. Procop. ædif. lib. 4, cap. 3, p. 72.

débris, et n'offraient que des roches menaçantes et confusément entassées. Quelle puissance a donc brisé les liens de ces masses énormes? Est-ce la fureur des aquilons? Est-ce un bouleversement du globe? Est-ce en effet la vengeance terrible des Dieux contre les Titans? Je l'ignore; mais enfin, c'est dans cette affreuse vallée que les conquérans devraient venir contempler le tableau des ravages dont ils affligent la terre.

Nous nous hâtâmes de sortir de ces lieux, et bientôt nous fûmes attirés par les sons mélodieux d'une lyre [1], et par des voix plus touchantes encore : c'était la *théorie* ou députation que ceux de Delphes envoient de neuf en neuf ans à Tempé [2]. Ils disent qu'Apollon était venu dans leur ville avec une couronne et une branche de laurier cueillies dans cette vallée; et c'est pour en rappeler le souvenir qu'ils font la députation que nous vîmes arriver. Elle était composée de l'élite des jeunes Delphiens. Ils firent un sacrifice pompeux sur un autel élevé près des bords du Pénée; et, après avoir coupé des branches du même laurier dont le dieu s'était couronné, ils partirent en chantant des hymnes.

En sortant de la vallée, le plus beau des spectacles s'offrit à nous. C'est une plaine couverte de maisons et d'arbres, où le fleuve, dont le lit est plus large et le cours plus paisible, semble se multiplier par des sinuosités sans nombre. A quelque stades de distance paraît le golfe Thermaïque : au-delà se présente la presqu'île de Pallène; et, dans le lointain, le mont Athos termine cette superbe vue [3].

Nous comptions retourner le soir à Gonnus; mais un orage violent nous obligea de passer la nuit dans une maison située sur le rivage de la mer : elle appartenait à un Thessalien qui s'empressa de nous accueillir. Il avait passé quelques temps à la cour du roi Cotys, et pendant le souper il nous raconta des anecdotes relatives à ce prince.

Cotys, nous dit-il, est le plus riche, le plus voluptueux et le plus intempérant des rois de Thrace. Outre d'autres branches de revenus, il tire tous les ans plus de deux cents talens [a] des ports qu'il possède dans la Chersonèse [4]; cependant ses trésors suffisent à peine à ses goûts.

En été, il erre avec sa cour dans des bois où sont pratiquées de belles routes : dès qu'il trouve, sur les bords d'un ruisseau, un aspect riant et des ombrages frais, il s'y établit, et s'y livre à tous les excès de la table. Il est maintenant entraîné par un délire qui n'exciterait que la pitié, si la folie jointe au pouvoir

---

[1] Plut. de music. t. 2, p. 1136. Mém. de l'acad. des bell. lettr. t. 13, p. 220. — [2] AElian. var. hist. lib. 3, cap. 1. — [3] Note mss. de M. Stuart. — [a] Plus d'un million quatre-vingt mille livres. — [4] Demosth. in Aristocr. p. 743.

ne rendait les passions cruelles. Savez-vous quel est l'objet de son amour? Minerve. Il ordonna d'abord à une de ses maîtresses de se parer des attributs de cette divinité ; mais, comme une pareille illusion ne servit qu'à l'enflammer davantage, il prit le parti d'épouser la déesse. Les noces furent célébrées avec la plus grande magnificence ; j'y fus invité. Il attendait avec impatience son épouse : en l'attendant il s'enivra. Sur la fin du repas, un de ses gardes alla, par son ordre, à la tente où le lit nuptial était dressé : à son retour, il annonça que Minerve n'était pas encore arrivée. Cotys le perça d'une flèche qui le priva de la vie. Un autre garde éprouva le même sort. Un troisième, instruit par ces exemples, dit qu'il venait de voir la déesse, qu'elle était couchée, et qu'elle attendait le roi depuis long-temps. A ces mots, le soupçonnant d'avoir obtenu les faveurs de son épouse, il se jette en fureur sur lui, et le déchire de ses propres mains [1].

Tel fut le récit du Thessalien. Quelque temps après, deux frères, Héraclide et Python, conspirèrent contre Cotys, et lui ôtèrent la vie. Les Athéniens, ayant eu successivement lieu de s'en louer et de s'en plaindre, lui avaient décerné, au commencement de son règne, une couronne d'or avec le titre de citoyen : après sa mort, ils déférèrent les mêmes honneurs à ses assassins [2].

L'orage se dissipa pendant la nuit. A notre réveil, la mer était calme et le ciel serein ; nous revînmes à la vallée, et nous vîmes les apprêts d'une fête que les Thessaliens célèbrent tous les ans en mémoire du tremblement de terre qui, en donnant un passage aux eaux du Pénée, découvrit les belles plaines de Larisse.

Les habitans de Gonnus, d'Homolis et des autres villes voisines arrivaient successivement dans la vallée. L'encens des sacrifices brûlait de toutes parts [3] ; le fleuve était couvert de bateaux qui descendaient et montaient sans interruption. On dressait des tables dans les bosquets, sur le gazon, sur les bords du fleuve, dans les petites îles, auprès des sources qui sortent des montagnes. Une singularité qui distingue cette fête, c'est que les esclaves y sont confondus avec leurs maîtres, ou plutôt, que les premiers y sont servis par les seconds. Ils exercent leur nouvel empire avec une liberté qui va quelquefois jusqu'à la licence, et qui ne sert qu'à rendre la joie plus vive. Aux plaisirs de la table se mêlaient ceux de la danse, de la musique, et de plusieurs autres exercices, qui se prolongèrent bien avant dans la nuit.

Nous retournâmes le lendemain à Larisse, et quelques jours après nous eûmes occasion de voir le combat des taureaux. J'en

---

[1] Athen. lib. 12 cap. 8, p. 531. — [2] Demosth. in Aristocr. p. 744. — [3] Athen. lib. 14, p. 639. AElian. var. hist. lib. 3, cap. 1. Meurs. in Πελωρ.

avais vu de semblables en différentes villes de la Grèce[1]; mais les habitans de Larisse y montrent plus d'adresse que les autres peuples. La scène était aux environs de cette ville : on fit partir plusieurs taureaux, et autant de cavaliers qui les poursuivaient et les aiguillonnaient avec une espèce de dard. Il faut que chaque cavalier s'attache à un taureau, qu'il coure à ses côtés, qu'il le presse et l'évite tour à tour, et qu'après avoir épuisé les forces de l'animal, il le saisisse par les cornes et le jette à terre sans descendre lui-même de cheval. Quelquefois il s'élance sur l'animal écumant de fureur; et, malgré les secousses violentes qu'il éprouve, il l'atterre aux yeux d'un nombre infini de spectateurs qui célèbrent son triomphe.

L'administration de cette ville est entre les mains d'un petit nombre de magistrats qui sont élus par le peuple, et qui se croient obligés de le flatter et de sacrifier son bien à ses caprices[2].

Les naturalistes prétendent que, depuis qu'on a ménagé une issue aux eaux stagnantes qui couvraient en plusieurs endroits les environs de cette ville, l'air est devenu plus pur et beaucoup plus froid. Ils citent deux faits en faveur de leur opinion. Les oliviers se plaisaient infiniment dans ce canton; ils ne peuvent aujourd'hui y résister aux rigueurs des hivers; et les vignes y gèlent très-souvent, ce qui n'arrivait jamais autrefois[3].

Nous étions déjà en automne; comme cette saison est ordinairement très-belle en Thessalie, et qu'elle y dure long-temps[4], nous fîmes quelques courses dans les villes voisines : mais le moment de notre départ étant arrivé, nous résolûmes de passer par l'Épire, et nous prîmes le chemin de Gomphi, ville située au pied du mont Pindus.

CHAPITRE XXXVI.

Voyage d'Épire, d'Acarnanie et d'Étolie. Oracle de Dodone. Saut de Leucade (Atlas, pl. 27).

Le mont Pindus sépare la Thessalie de l'Épire. Nous le traversâmes au-dessus de Gomphi[5], et nous entrâmes dans le pays des Athamanes. De là nous aurions pu nous rendre à l'oracle de

---

[1] Plin. lib. 8, cap. 45, t. 1, p. 472. Sueton. in Claud. cap. 21. Heliod. Æthiop. lib. 10, p. 498. Salmas. in Pollion. p. 286. — [2] Aristot. de rep. lib. 5, cap. 6, t. 2, p. 394. — [3] Theophr. de caus. plant. lib. 5, cap. 20. — [4] Id. hist. plant. lib. 3, cap. 7. — [5] Liv. lib. 32, cap. 14.

Dodoné, qui n'en est pas éloigné; mais outre qu'il aurait fallu franchir des montagnes déjà couvertes de neige, et que l'hiver est très-rigoureux dans cette ville [1], nous avions vu tant d'oracles en Béotie, qu'ils nous inspiraient plus de dégoût que de curiosité : nous prîmes donc le parti d'aller droit à Ambracie par un chemin très-court, mais assez rude [2].

Cette ville, colonie des Corinthiens [3], est située auprès d'un golfe qui porte aussi le nom d'Ambracie [4][a]. Le fleuve Aréthon coule à son couchant; au levant est une colline où l'on a construit une citadelle. Ses murs ont environ vingt-quatre stades de circuit [5][b] : au dedans les regards sont attirés par des temples et d'autres beaux monumens [6]; au dehors, par des plaines fertiles qui s'étendent au loin [7]. Nous y passâmes quelques jours, et nous y prîmes des notions générales sur l'Épire.

Le mont Pindus au levant, et le golfe d'Ambracie au midi, séparent en quelque façon l'Épire du reste de la Grèce. Plusieurs chaînes de montagnes couvrent l'intérieur du pays : vers les côtes de la mer on trouve des aspects agréables et de riches campagnes [8]. Parmi les fleuves qui l'arrosent on distingue l'Achéron, qui se jette dans un marais du même nom, et le Cocyte, dont les eaux sont d'un goût désagréable [9]. Dans cette même contrée est un endroit nommé Aorne ou Averne, d'où s'exhalent des vapeurs dont les airs sont infectés [10]. A ces traits on reconnaît aisément le pays où, dans les temps les plus anciens, on a placé les enfers. Comme l'Épire était alors la dernière des contrées connues du côté de l'occident, elle passa pour la région des ténèbres; mais, à mesure que les bornes du monde se reculèrent du même côté, l'enfer changea de position, et fut placé successivement en Italie et en Ibérie, toujours dans les endroits où la lumière du jour semblait s'éteindre.

L'Épire a plusieurs ports assez bons. On tire de cette province, entre autres choses, des chevaux légers à la course [11] et des mâtins auxquels on confie la garde des troupeaux, et qui ont un trait de ressemblance avec les Épirotes; c'est qu'un rien suffit pour les mettre en fureur [12]. Certains quadrupèdes y sont d'une grandeur prodigieuse : il faut être debout ou légèrement

---

[1] Homer. iliad. 2, v. 750. — [2] Liv. lib. 32, cap. 15. — [3] Thucyd. lib. 2, cap. 80. — [4] Strab. lib. 7, p. 325. — [a] Ce golfe est le même que celui où se donna depuis la célèbre bataille d'Actium. Voyez-en le plan et la description dans les Mém. de l'acad. des bell. lettr. t. 32, p. 513. — [5] Liv. lib. 38, cap. 4. — [b] Deux mille deux cent soixante-huit toises. — [6] Dicæarch. v. 28, ap. geogr. min. t. 2, p. 3. — [7] Polyb. excerpt. leg. cap. 27, p. 827 et 828. Liv. lib. 38, cap. 3. — [8] Strab. ibid. p. 324. — [9] Pausan. lib. 1, cap. 17, p. 40. — [10] Id. lib. 9, cap. 30, p. 768. Plin. lib. 4, cap. 1, p. 188. — [11] Achill. Tat. lib. 1, v. 420. — [12] Ælian. de animal. lib. 3, cap. 2. Suid. in Μολοσ.

incliné pour traire les vaches, et elles rendent une quantité surprenante de lait [1].

J'ai ouï parler d'une fontaine qui est dans la contrée des Chaoniens. Pour en tirer le sel dont ses eaux sont imprégnées, on les fait bouillir et évaporer. Le sel qui reste est blanc comme la neige [2].

Outre quelques colonies grecques établies en divers cantons de l'Épire [3], on distingue dans ce pays quatorze nations anciennes, barbares pour la plupart, distribuées dans de simples bourgs [4]; quelques unes, qu'on a vues en diverses époques soumises à différentes formes de gouvernement [5]; d'autres, comme les Molosses, qui, depuis environ neuf siècles, obéissent à des princes de la même maison. C'est une des plus anciennes et des plus illustres de la Grèce : elle tire son origine de Pyrrhus, fils d'Achille; et ses descendans ont possédé, de père en fils, un trône qui n'a jamais éprouvé la moindre secousse. Des philosophes attribuent la durée de ce royaume au peu d'étendue des États qu'il renfermait autrefois. Ils prétendent que moins les souverains ont de puissance, moins ils ont d'ambition et de penchant au despotisme [6]. La stabilité de cet empire est maintenue par un usage constant : quand un prince parvient à la couronne, la nation s'assemble dans une des principales villes; après les cérémonies que prescrit la religion, le souverain et les sujets s'engagent, par un serment prononcé en face des autels, l'un, de régner suivant les lois, les autres, de défendre la royauté conformément aux mêmes lois [7].

Cet usage commença au dernier siècle. Il se fit alors une révolution éclatante dans le gouvernement et dans les mœurs des Molosses [8]. Un de leurs rois en mourant ne laissa qu'un fils. La nation, persuadée que rien ne pouvait l'intéresser autant que l'éducation de ce jeune prince, en confia le soin à des hommes sages, qui conçurent le projet de l'élever loin des plaisirs et de la flatterie. Ils le conduisirent à Athènes, et ce fut dans une république qu'il s'instruisit des devoirs mutuels des souverains et des sujets. De retour dans ses États, il donna un grand exemple; il dit au peuple : J'ai trop de pouvoir, je veux le borner. Il établit un sénat, des lois et des magistrats. Bientôt les lettres et les arts fleurirent par ses soins et par ses exemples. Les Molosses, dont il était adoré, adoucirent leurs mœurs, et pri-

---

[1] Aristot. hist. animal. lib. 3, cap. 21, t. 1, p. 812. — [2] Id. meteor. lib. 2, cap. 3. — [3] Demosth. de Halon. p. 73. — [4] Theop. ap. Strab. lib. 7, p. 323. Scylax, peripl. ap. geogr. min. t. 1, p. 2. — [5] Homer. odyss. 14, v. 315. Thucyd. lib. 2, cap. 80. — [6] Aristot. de rep. lib. 5, cap. 11, t. 2, p. 406. — [7] Plut. in Pyrrh. t. 1, p. 385. — [8] Id. ibid. p. 383. Justin. lib. 17, cap. 3.

rent sur les nations barbares de l'Épire la supériorité que donnent les lumières.

Oracle de Dodone.

Dans une des parties septentrionales de l'Épire est la ville de Dodone. C'est là que se trouvent le temple de Jupiter et l'oracle le plus ancien de la Grèce[1]. Cet oracle subsistait dès le temps où les habitants de ces cantons n'avaient qu'une idée confuse de la divinité; et cependant ils portaient déjà leurs regards inquiets sur l'avenir : tant il est vrai que le désir de le connaître est une des plus anciennes maladies de l'esprit humain, comme elle en est une des plus funestes ! J'ajoute qu'il en est une autre qui n'est pas moins ancienne parmi les Grecs, c'est de rapporter à des causes surnaturelles non-seulement les effets de la nature, mais encore les usages et les établissemens dont on ignore l'origine. Quand on daigne suivre les chaînes de leurs traditions, on s'aperçoit qu'elles aboutissent toutes à des prodiges. Il en fallut un, sans doute, pour instituer l'oracle de Dodone, et voici comme les prêtresses du temple le racontent[2].

Un jour deux colombes noires s'envolèrent de la ville de Thèbes en Egypte, et s'arrêtèrent, l'une en Libye, l'autre à Dodone. Cette dernière, s'étant posée sur un chêne, prononça ces mots d'une voix très-distincte : « Etablissez en ces lieux » un oracle en l'honneur de Jupiter. » L'autre colombe prescrivit la même chose aux habitans de la Libye, et toutes deux furent regardées comme les interprètes des dieux. Quelque absurde que soit ce récit, il paraît avoir un fondement réel. Les prêtres égyptiens soutiennent que deux prêtresses portèrent autrefois leurs rites sacrés à Dodone, de même qu'en Libye; et, dans la langue des anciens peuples de l'Épire, le même mot désigne une colombe et une vieille femme[3].

Dodone est située au pied du mont Tomarus, d'où s'échappent quantité de sources intarissables[4]. Elle doit sa gloire et ses richesses aux étrangers qui viennent consulter l'oracle. Le temple de Jupiter et les portiques qui l'entourent sont décorés par des statues sans nombre, et par les offrandes de presque tous les peuples de la terre[5]. La forêt sacrée s'élève tout auprès[6]. Parmi les chênes dont elle est formée, il en est un qui porte le nom de divin ou de prophétique. La piété des peuples l'a consacré depuis une longue suite de siècles[7].

---

[1] Herodot. lib. 2, cap. 52. — [2] Id. cap. 55. — [3] Strab. in suppl. lib. 7, ap. geogr. min. t. 2, p. 103. Serv. in Virgil. eclog. 9, v. 13. Schol. Sophocl. in Trachin. v. 175. Mém. de l'acad. des bell. lettr. t. 5, hist. p. 35. — [4] Strab. lib. 7, p. 328. Theop. ap. Plin. lib. 4, cap. 1, t. 1, p. 188. — [5] Polyb. lib. 4, p. 331; lib. 5, p. 358. — [6] Serv. in Virgil. georg. lib. 1, v. 149. — [7] Pausan. lib. 8, p. 643.

Non loin du temple est une source qui tous les jours est à sec à midi, et dans sa plus grande hauteur à minuit; qui tous les jours croît et décroît insensiblement d'un de ces points à l'autre. On dit qu'elle présente un phénomène plus singulier encore. Quoique ses eaux soient froides, et éteignent les flambeaux allumés qu'on y plonge, elles allument les flambeaux éteints qu'on en approche jusqu'à une certaine distance [1] [a]. La forêt de Dodone est entourée de marais; mais le territoire en général est très-fertile, et l'on y voit de nombreux troupeaux errer dans de belles prairies [2].

Trois prêtresses sont chargées du soin d'annoncer les décisions de l'oracle [3]; mais les Béotiens doivent les recevoir de quelques uns des ministres attachés au temple [4]. Ce peuple ayant une fois consulté l'oracle sur une entreprise qu'il méditait, la prêtresse répondit: « Commettez une impiété, et vous réussirez. » Les Béotiens, qui la soupçonnaient de favoriser leurs ennemis, la jetèrent aussitôt dans le feu, en disant: « Si la prêtresse nous » trompe, elle mérite la mort; si elle dit la vérité, nous obéis- » sons à l'oracle, en faisant une action impie. » Les deux autres prêtresses crurent devoir justifier leur malheureuse compagne. L'oracle, suivant elles, avait simplement ordonné aux Béotiens d'enlever les trépieds sacrés qu'ils avaient dans leur temple, et de les apporter dans celui de Jupiter à Dodone. En même temps il fut décidé que désormais elles ne répondraient plus aux questions des Béotiens.

Les dieux dévoilent de plusieurs manières leurs secrets aux prêtresses de ce temple. Quelquefois elles vont dans la forêt sacrée, et, se plaçant auprès de l'arbre prophétique [5], elles sont attentives, soit au murmure de ses feuilles agitées par le zéphir, soit au gémissement de ses branches battues par la tempête. D'autres fois, s'arrêtant au bord d'une source qui jaillit du pied de cet arbre [6], elles écoutent le bruit que forme le bouillonnement de ses ondes fugitives. Elles saisissent habilement les gradations et les nuances des sons qui frappent leurs oreilles, et, les regardant comme les présages des événemens futurs, elles les interprètent suivant les règles qu'elles se sont faites, et plus souvent encore suivant l'intérêt de ceux qui les consultent.

Elles observent la même méthode pour expliquer le bruit qui

---

[1] Plin. lib. 2, cap. 103, t. 1, p. 120. Mela, lib. 2, cap. 3. — [a] Voyez la note VIII à la fin du volume. — [2] Apoll. ap. Strab. lib. 7, p. 328. Hesiod. ap. schol. Sophocl. in Trachin. v. 1183. — [3] Herod. lib. 2, cap. 55. Strab. lib. 7, p. 329. — [4] Id. lib. 9, p. 402. — [5] Homer. odyss. lib. 14, v. 328. Æschyl. in Prom. v. 831. Sophocl. in Trachin. v. 174. Eustath. in Hom. iliad. 2, t. 1, p. 335. Philostr. icon. lib. 2, cap. 34, etc. — [6] Serv. in Virg. æneid. lib. 3, v. 466.

résulte du choc de plusieurs bassins de cuivre suspendus autour du temple [1]. Ils sont tellement rapprochés, qu'il suffit d'en frapper un pour les mettre tous en mouvement. La prêtresse, attentive au son qui se communique, se modifie et et s'affaiblit, sait tirer une foule de prédictions de cette harmonie confuse.

Ce n'est pas tout encore. Près du temple sont deux colonnes [2]; sur l'une est un vase d'airain, sur l'autre la figure d'un enfant qui tient un fouet à trois petites chaînes de bronze, flexibles, et terminées chacune par un bouton. Comme la ville de Dodone est fort exposée au vent, les chaînes frappent le vase presque sans interruption, et produisent un son qui subsiste long-temps [3]; les prêtresses peuvent en calculer la durée, et le faire servir à leurs desseins.

On consulte aussi l'oracle par le moyen des sorts. Ce sont des bulletins ou des dés qu'on tire au hasard de l'urne qui les contient. Un jour que les Lacédémoniens avaient choisi cette voie pour connaître le succès d'une de leurs expéditions, le singe du roi des Molosses sauta sur la table, renversa l'urne, éparpilla les sorts; et la prêtresse effrayée s'écria: « Que les » Lacédémoniens, loin d'aspirer à la victoire, ne devaient plus » songer qu'à leur sûreté. » Les députés, de retour à Sparte, y publièrent cette nouvelle, et jamais événement ne produisit tant de terreur parmi ce peuple de guerriers [4].

Les Athéniens conservent plusieurs réponses de l'oracle de Dodone. Je vais en rapporter une, pour en faire connaître l'esprit.

Voici ce que le prêtre de Jupiter prescrit aux Athéniens. « Vous avez laissé passer le temps des sacrifices et de la dépu- » tation; envoyez au plus tôt des députés: qu'outre les présens » déjà décernés par le peuple, ils viennent offrir à Jupiter neuf » bœufs propres au labourage, chaque bœuf accompagné de » deux brebis; qu'ils présentent à Dioné une table de bronze, » un bœuf, et d'autres victimes [5]. »

Cette Dioné était fille d'Uranus; elle partage avec Jupiter l'encens que l'on brûle au temple de Dodone [6], et cette association de divinité sert à multiplier les sacrifices et les offrandes.

Tels étaient les récits qu'on nous faisait à Ambracie. Cepen-

[1] Mened. ap. Steph. fragm. in Dodon. Eustath. in odyss. lib. 14, t. 3, p. 1760. — [2] Arist. ap. Suid. in Δωδών. et ap. Eustath. in odyss. lib. 14, t. 3, p. 1760. Polem. ap. Steph. ibid. Strab. suppl. lib. 7, p. 329, ap. geogr. min. t. 2, p. 103. — [3] Philostr. icon. lib. 2, cap. 34, p. 859. Strab. suppl. ibid. — [4] Cicer. de divin. t. 3, lib. 1. cap. 34, p. 30; lib. 2, cap. 32, p. 72. — [5] Demosth. in Mid. p. 611. Tayl. in eamd. orat. p. 179. — [6] Strab. lib. 7, p. 329.

dant l'hiver approchait, et nous pensions à quitter cette ville. Nous trouvâmes un vaisseau marchand qui partait pour Naupacte, située dans le golfe de Crissa. Nous y fûmes admis comme passagers : et dès que le beau temps fut décidé, nous sortîmes du port et du golfe d'Ambracie. Nous trouvâmes bientôt la presqu'île de Leucade (*Atlas*, *pl.* 27) séparée du continent par un isthme très-étroit. Nous vîmes des matelots qui, pour ne pas faire le tour de la presqu'île, transportaient à force de bras leurs vaisseaux par-dessus cette langue de terre [1]. Comme le nôtre était plus gros, nous prîmes le parti de raser les côtes occidentales de Leucade, et nous parvînmes à son extrémité formée par une montagne très-élevée, taillée à pic, sur le sommet de laquelle est un temple d'Apollon que les matelots distinguent et saluent de loin. Ce fut là que s'offrit à nous une scène capable d'inspirer le plus grand effroi [2].

Saut de Leucade.

Pendant qu'un grand nombre de bateaux se rangeaient circulairement au pied du promontoire, quantité de gens s'efforçaient d'en gagner le sommet. Les uns s'arrêtaient auprès du temple; les autres grimpaient sur des pointes de rocher, comme pour être témoins d'un événement extraordinaire. Leurs mouvemens n'annonçaient rien de sinistre, et nous étions dans une parfaite sécurité, quand tout à coup nous vîmes sur une roche écartée plusieurs de ces hommes en saisir un d'entre eux, et le précipiter dans la mer, au milieu des cris de joie qui s'élevaient, tant sur la montagne que dans les bateaux. Cet homme était couvert de plumes ; on lui avait de plus attaché des oiseaux qui, en déployant leurs ailes, retardaient sa chute. A peine fut-il dans la mer, que les bateliers, empressés de le secourir, l'en retirèrent, et lui prodiguèrent tous les soins qu'on pourrait exiger de l'amitié la plus tendre [3]. J'avais été si frappé dans le premier moment, que je m'écriai : Ah ! barbares ! est-ce ainsi que vous vous jouez de la vie des hommes ? Mais ceux du vaisseau s'étaient fait un amusement de ma surprise et de mon indignation. A la fin un citoyen d'Ambracie me dit : Ce peuple, qui célèbre tous les ans, à pareil jour, la fête d'Apollon, est dans l'usage d'offrir à ce dieu un sacrifice expiatoire, et de détourner sur la tête de la victime tous les fléaux dont il est menacé. On choisit pour cet effet un homme condamné à subir le dernier supplice. Il périt rarement dans les flots; et, après l'en avoir sauvé, on le bannit à perpétuité des terres de Leucade [4].

---

[1] Thucyd. lib. 3, cap. 81. — [2] Strab. lib. 10, p. 452. — [3] Id. ibid. Ampel. lib. memor. cap. 8. — [4] Strab. ibid.

Vous serez bien plus étonné, ajouta l'Ambraciote, quand vous connaîtrez l'étrange opinion qui s'est établie parmi les Grecs. C'est que le saut de Leucade est un puissant remède contre les fureurs de l'amour [1]. On a vu plus d'une fois des amans malheureux venir à Leucade, monter sur ce promontoire, offrir des sacrifices dans le temple d'Apollon, s'engager par un vœu formel de s'élancer dans la mer, et s'y précipiter d'eux-mêmes.

On prétend que quelques uns furent guéris des maux qu'ils souffraient; et l'on cite, entre autres, un citoyen de Buthroton en Épire, qui, toujours prêt à s'enflammer pour des objets nouveaux, se soumit quatre fois à cette épreuve, et toujours avec le même succès [2]. Cependant comme la plupart de ceux qui l'ont tentée ne prenaient aucune précaution pour rendre leur chute moins rapide, presque tous y ont perdu la vie, et des femmes en ont été souvent les déplorables victimes.

On montre à Leucade le tombeau d'Artémise, de cette fameuse reine de Carie qui donna tant de preuves de son courage à la bataille de Salamine [3]. Éprise d'une passion violente pour un jeune homme qui ne répondait pas à son amour, elle le surprit dans le sommeil, et lui creva les yeux. Bientôt les regrets et le désespoir l'amenèrent à Leucade, où elle périt dans les flots, malgré les efforts que l'on fit pour la sauver [4].

Telle fut aussi la fin de la malheureuse Sapho. Abandonnée de Phaon son amant, elle vint ici chercher un soulagement à ses peines, et n'y trouva que la mort [5]. Ces exemples ont tellement décrédité le saut de Leucade, qu'on ne voit plus guère d'amans s'engager, par des vœux indiscrets, à les suivre.

En continuant notre route, nous vîmes à droite les îles d'Ithaque (*Atlas*, pl. 27) et de Céphallénie; à gauche, les rivages de l'Acarnanie. On trouve dans cette dernière province quelques villes considérables [6], quantité de petits bourgs fortifiés [7], plusieurs peuples d'origine différente [8], mais associés dans une confédération générale, et presque toujours en guerre contre les Étoliens leurs voisins, dont les États sont séparés des leurs par le fleuve Achéloüs. Les Acarnaniens sont fidèles à leur parole, et extrêmement jaloux de leur liberté [9].

Après avoir passé l'embouchure de l'Achéloüs, nous rasâmes pendant tout une journée les côtes de l'Étolie [10] (*Atlas*, pl. 27).

---

[1] Ptolem. Hephæst. ap. Phot. p. 491. — [2] Id. ibid. — [3] Herodot. lib. 8, cap. 87. — [4] Ptolem. ibid. — [5] Menand. ap. Strab. lib 10, p. 452. — [6] Thucyd. lib. 2, cap. 102. — [7] Diod. lib. 19, p. 708. — [8] Strab. lib. 7, p. 321. — [9] Polyb. lib. 4, p. 299. — [10] Dicæarch. stat. græc. v. 63, p. 5. Scyl. peripl. p. 14.

Ce pays, où l'on trouve des campagnes fertiles, est habité par une nation guerrière [1], et divisé en diverses peuplades dont la plupart ne sont pas grecques d'origine, et dont quelques unes conservent encore des restes de leur ancienne barbarie, parlant une langue très-difficile à entendre, vivant de chair crue, ayant pour domicile des bourgs sans défense [2]. Ces différentes peuplades, en réunissant leurs intérêts, ont formé une grande association, semblable à celle des Béotiens, des Thessaliens et des Acarnaniens. Elles s'assemblent tous les ans, par députés, dans la ville de Thermus, pour élire les chefs qui doivent les gouverner [3]. Le faste qu'on étale dans cette assemblée, les jeux, les fêtes, le concours des marchands et des spectateurs, la rendent aussi brillante qu'auguste [4].

Les Étoliens ne respectent ni les alliances, ni les traités. Dès que la guerre s'allume entre deux nations voisines de leur pays, ils les laissent s'affaiblir, tombent ensuite sur elles, et leur enlèvent les prises qu'elles ont faites. Ils appellent cela *butiner dans le butin* [5].

Ils sont fort adonnés à la piraterie, ainsi que les Acarnaniens et les Locres Ozoles. Tous les habitans de cette côte n'attachent à cette profession aucune idée d'injustice ou d'infamie. C'est un reste des mœurs de l'ancienne Grèce, et c'est par une suite de ces mœurs qu'ils ne quittent point leurs armes, même en temps de paix [6]. Leurs cavaliers sont très-redoutables quand ils combattent corps à corps; beaucoup moins, quand ils sont en bataille rangée. On observe précisément le contraire parmi les Thessaliens [7].

A l'est de l'Achéloüs, on trouve des lions : on en retrouve en remontant vers le nord jusqu'au fleuve Nestus en Thrace. Il semble que dans ce long espace ils n'occupent qu'une lisière, à laquelle ces deux fleuves servent de bornes ; le premier, du côté du couchant ; le second, du côté du levant. On dit que ces animaux sont inconnus aux autres régions de l'Europe [8].

Après quatre jours de navigation [9], nous arrivâmes à Naupacte, ville située au pied d'une montagne [10], dans le pays des Locres Ozoles. Nous vîmes sur le rivage un temple de Neptune, et tout auprès un autre couvert d'offrandes et consacré à Vénus. Nous y trouvâmes quelques veuves qui venaient demander à la déesse un nouvel époux [11].

[1] Strab. lib. 10, p. 450. Palmer. Græc. antiq. p. 423. — [2] Thucyd. lib. 3, cap. 94. — [3] Strab. ibid. p. 463. Polyb. excerpt. legat. cap. 74, p. 895. — [4] Id. ibid. lib. 5, p. 357. — [5] Id. ibid. lib. 17, p. 746. — [6] Thucyd. lib. 5, cap. 1. — [7] Polyb. lib. 4, p. 278. — [8] Herodot. lib. 7, cap. 126. Arist. hist. animal. lib. 6, cap. 31, t. 1, p. 884. — [9] Scylax, peripl. ap. geogr. min. t. 1, p. 12, etc. Dicæarch. stat. græc. t. 2, p. 4. — [10] Voyage de Spon, t. 2, p. 18. — [11] Pausan. lib. 10, p. 898.

Le lendemain nous prîmes un petit navire qui nous conduisit à Pagæ, port de la Mégaride, et de là nous nous rendîmes à Athènes.

CHAPITRE XXXVII.

Voyage de Mégare, de Corinthe, de Sicyone et de l'Achaïe
(Atlas, pl. 28).

Nous passâmes l'hiver à Athènes, attendant avec impatience le moment de reprendre la suite de nos voyages. Nous avions vu les provinces septentrionales de la Grèce. Il nous restait à parcourir celles du Péloponèse : nous en prîmes le chemin au retour du printemps [a].

Mégare.

Après avoir traversé la ville d'Éleusis, dont je parlerai dans la suite, nous entrâmes dans la Mégaride, qui sépare les États d'Athènes de ceux de Corinthe. On y trouve un petit nombre de villes et de bourgs. Mégare, qui en est la capitale, tenait autrefois au port de Nisée par deux longues murailles, que les habitans se crurent obligés de détruire il y a environ un siècle [1]. Elle fut long-temps soumise à des rois [2]. La démocratie y subsista, jusqu'à ce que les orateurs publics, pour plaire à la multitude, l'engagèrent à se partager les dépouilles des riches citoyens. Le gouvernement oligarchique y fut alors établi [3]; de nos jours, le peuple a repris son autorité [4].

Les Athéniens se souviennent que cette province faisait autrefois partie de leur domaine [5], et ils voudraient bien l'y réunir ; car elle pourrait, en certaines occurrences, leur servir de barrière [6] : mais elle a plus d'une fois attiré leurs armes, pour avoir préféré à leur alliance celle de Lacédémone. Pendant la guerre du Péloponèse, ils la réduisirent à la dernière extrémité, soit en ravageant ses campagnes [7], soit en lui interdisant tout commerce avec leurs États [8].

Pendant la paix, les Mégariens portent à Athènes leurs denrées, et surtout une assez grande quantité de sel; qu'ils ramas-

---

[a] Vers le mois de mars de l'an 356 avant J. C.— [1] Thucyd. lib. 4, cap. 409. Strab. lib. 7, p. 392. — [2] Pausan. lib. 1, cap. 39, p. 95; cap. 41, p. 99. — [3] Thucyd. ibid. p. 74. Aristot. de rep. lib. 5, cap. 3, t. 2, p. 388; cap. 5, p. 392. — [4] Diod. lib. 15, p. 357. — [5] Strab. ibid. Pausan. ibid. cap. 42, p. 101. — [6] Demosth. in Philip. 3, p. 95.— [7] Thucyd. lib. 2, cap. 31. Pausan. ibid. cap. 40, p. 97.— [8] Thucyd. lib. 1, cap. 67. Aristoph. in Acharn. v. 520. Id. in pac. v. 608. Schol. ibid.

sent sur les rochers qui sont aux environs du port¹. Quoiqu'ils ne possèdent qu'un petit territoire aussi ingrat que celui de l'Attique², plusieurs se sont enrichis par une sage économie³ ; d'autres, par un goût de parcimonie⁴, qui leur a donné la réputation de n'employer dans les traités, ainsi que dans le commerce, que les ruses de la mauvaise foi et de l'esprit mercantile⁵.

Ils eurent, dans le siècle dernier, quelques succès brillans ; leur puissance est aujourd'hui anéantie ; mais leur vanité s'est accrue en raison de leur faiblesse, et ils se souviennent plus de ce qu'ils ont été que de ce qu'ils sont. Le soir même de notre arrivée, soupant avec les principaux citoyens, nous les interrogeâmes sur l'état de leur marine ; ils nous répondirent : Au temps de la guerre des Perses, nous avions vingt galères à la bataille de Salamine⁶. — Pourriez-vous mettre sur pied une bonne armée ? — Nous avions trois mille soldats à la bataille de Platée⁷. — Votre population est-elle nombreuse ? — Elle l'était si fort autrefois, que nous fûmes obligés d'envoyer des colonies en Sicile⁸, dans la Propontide⁹, au Bosphore de Thrace¹⁰ et au Pont-Euxin¹¹. Ils tâchèrent ensuite de se justifier de quelques perfidies qu'on leur reproche¹², et nous racontèrent une anecdote qui mérite d'être conservée. Les habitans de la Mégaride avaient pris les armes les uns contre les autres. Il fut convenu que la guerre ne suspendrait point les travaux de la campagne. Le soldat qui enlevait un laboureur, l'amenait dans sa maison, l'admettait à sa table, et le renvoyait avant que d'avoir reçu la rançon dont ils étaient convenus. Le prisonnier s'empressait de l'apporter, dès qu'il avait pu la rassembler. On n'employait pas le ministère des lois contre celui qui manquait à sa parole, mais il était partout détesté pour son ingratitude et son infamie¹³. Ce fait ne s'est donc pas passé de nos jours? leur dis-je. Non, répondirent-ils, il est du commencement de cet empire. Je me doutais bien, repris-je, qu'il appartenait aux siècles d'ignorance.

Les jours suivans, on nous montra plusieurs statues; les unes en bois¹⁴, et c'étaient les plus anciennes; d'autres en or et en ivoire¹⁵, et ce n'étaient pas les plus belles; d'autres enfin en

---

¹ Aristoph. in Acharn. v. 520 et 760. Schol. ibid.— ² Strab. lib. 7, p. 393. — ³ Isocr. in pac. t. 1, p. 480. — ⁴ Demosth. in Neær. p. 866. — ⁵ Aristoph. ibid. v. 738. Schol. ibid. Suid. in Μεγαρ. — ⁶ Herodot. lib. 8, cap. 45. — ⁷ Id. lib. 9, cap. 28. — ⁸ Strab. lib. 6, p. 267. — ⁹ Scymn. in descr. orb. v. 715. — ¹⁰ Strab. lib. 7, p. 320. Scymn. ibid. v. 716 et 740. — ¹¹ Strab. ibid. p. 319.— ¹² Epist. Philipp. ap. Demosth. p. 114.— ¹³ Plut. quæst. græc. t. 2, p. 295.— ¹⁴ Pausan. lib. 1, cap. 42, p. 102. — ¹⁵ Id. ibid. cap. 40, p. 97; cap. 42, p. 101; cap. 43, p. 105.

marbre ou en bronze, exécutées par Praxitèle et par Scopas[1]. Nous vîmes aussi la maison du sénat[2], et d'autres édifices construits d'une pierre très-blanche, très-facile à tailler, et pleine de coquilles pétrifiées[3].

École de Mégare.

Il existe dans cette ville une célèbre école de philosophie[4][a]. Euclide, son fondateur, fut un des plus zélés disciples de Socrate : malgré la distance des lieux, malgré la peine de mort décernée par les Athéniens contre tout Mégarien qui oserait franchir leurs limites, on le vit plus d'une fois partir le soir déguisé en femme, passer quelques momens avec son maître, et s'en retourner à la pointe du jour[5]. Ils examinaient ensemble en quoi consiste le vrai bien. Socrate, qui dirigeait ses recherches vers cet unique point, n'employa pour l'atteindre que des moyens simples ; mais Euclide, trop familiarisé avec les écrits de Parménide et de l'école d'Élée[6], eut recours dans la suite à la voie des abstractions, voie souvent dangereuse, et plus souvent impénétrable. Ses principes sont assez conformes à ceux de Platon : il disait que le vrai bien doit être un, toujours le même, toujours semblable à lui-même[7]. Il fallait ensuite définir ces différentes propriétés ; et la chose du monde qu'il nous importe le plus de savoir fut la plus difficile à entendre.

Ce qui servit à l'obscurcir, ce fut la méthode déjà reçue d'opposer à une proposition la proposition contraire, et de se borner à les agiter long-temps ensemble. Un instrument qu'on découvrit alors, contribua souvent à augmenter la confusion ; je parle des règles du syllogisme, dont les coups, aussi terribles qu'imprévus, terrassent l'adversaire qui n'est pas assez adroit pour les détourner. Bientôt les subtilités de la métaphysique s'étayant des ruses de la logique, les mots prirent la place des choses, et les jeunes élèves ne puisèrent dans les écoles que l'esprit d'aigreur et de contradiction.

Euclide l'introduisit dans la sienne, peut-être sans le vouloir, car il était naturellement doux et patient. Son frère, qui croyait avoir à s'en plaindre, lui dit un jour dans sa colère : « Je veux » mourir si je ne me venge. Et moi, répondit Euclide, si je ne » te force à m'aimer encore[8]. » Mais il céda trop souvent au plaisir de multiplier et de vaincre les difficultés, et ne prévit pas

---

[1] Pausan. lib. 1, cap. 43, p. 105; cap. 44, p. 106. — [2] Id. ibid. cap. 42, p. 101. — [3] Id. ibid. cap. 44, p. 107. — [4] Bruck. hist. philos. t. 1, p. 610.— [a] Voyez, pour les autres écoles, le chap. XXIX de cet ouvrage. — [5] Aul. Gell. lib. 6, cap. 6, p. 10.— [6] Diog. Laert. lib. 2, §. 106.— [7] Cicer. acad. 2, cap. 42, t. 2, p. 54. — [8] Plut. de fratern. amor. t. 2, p. 489.

que des principes souvent ébranlés perdent une partie de leurs forces.

Eubulide de Milet, son successeur, conduisit ses disciples par des sentiers encore plus glissans et plus tortueux. Euclide exerçait les esprits, Eubulide les secouait avec violence. Ils avaient l'un et l'autre beaucoup de connaissances et de lumières : je devais en avertir avant de parler du second.

Nous le trouvâmes entouré de jeunes gens attentifs à toutes ses paroles, et jusqu'à ses moindres signes. Il nous entretint de la manière dont il les dressait, et nous comprîmes qu'il préférait la guerre offensive à la défensive. Nous le priâmes de nous donner le spectacle d'une bataille ; et pendant qu'on en faisait les apprêts, il nous dit qu'il avait découvert plusieurs espèces de syllogismes, tous d'un secours merveilleux pour éclaircir les idées. L'un s'appelait le voilé ; un autre, le chauve ; un troisième, le menteur ; et ainsi des autres [1].

Je vais en essayer quelques uns en votre présence, ajouta-t-il ; ils seront suivis du combat dont vous désirez être les témoins : ne les jugez pas légèrement ; il en est qui arrêtent les meilleurs esprits, et les engagent dans des défilés d'où ils ont bien de la peine à sortir [2].

Dans ce moment parut une figure voilée depuis la tête jusqu'aux pieds. Il me demanda si je la connaissais. Je répondis que non. Eh bien, reprit-il, voici comme j'argumente : Vous ne connaissez pas cet homme ; or, cet homme est votre ami ; donc vous ne connaissez pas votre ami [3]. Il abattit le voile, et je vis en effet un jeune Athénien avec qui j'étais fort lié. Eubulide s'adressant tout de suite à Philotas : Qu'est-ce qu'un homme chauve ? lui dit-il. — C'est celui qui n'a point de cheveux. — Et s'il lui en restait un, le serait-il encore ? — Sans doute. — S'il lui en restait deux, trois, quatre ? Il poussa cette série de nombres assez loin, augmentant toujours d'une unité, jusqu'à ce que Philotas finit par avouer que l'homme en question ne serait plus chauve. Donc, reprit Eubulide, un seul cheveu suffit pour qu'un homme ne soit point chauve ; et cependant vous aviez d'abord assuré le contraire [4]. Vous sentez bien, ajouta-t-il, qu'on prouvera de même qu'un seul mouton suffit pour former un troupeau, un seul grain pour donner la mesure exacte d'un boisseau. Nous parûmes si étonnés de ces misérables équivoques, et si embarrassés de notre maintien, que tous les écoliers éclatèrent de rire.

Cependant l'infatigable Eubulide nous disait : Voici enfin le

---

[1] Diog. Laert. lib. 2, § 108. Menag. ibid. — [2] Aristot. de mor. lib. 7, cap. 2, t. 2, p. 87. Cicer. acad. 2, cap. 30, t. 2, p. 40. — [3] Lucian. de vitar. auct. t. 1, p. 563. — [4] Menag. ibid. p. 122.

nœud le plus difficile à délier. Épiménide a dit que tous les Crétois sont menteurs ; or, il était Crétois lui-même ; donc il a menti ; donc les Crétois ne sont pas menteurs ; donc Épiménide n'a pas menti ; donc les Crétois sont menteurs [1]. Il achève à peine, et s'écrie tout à coup : Aux armes ! aux armes ! attaquez, défendez le mensonge d'Épiménide.

A ces mots, l'œil en feu, le geste menaçant, les deux partis s'avancent, se pressent, se repoussent, font pleuvoir l'un sur l'autre une grêle de syllogismes, de sophismes, de paralogismes. Bientôt les ténèbres s'épaississent, les rangs se confondent, les vainqueurs et les vaincus se percent de leurs propres armes, ou tombent dans les mêmes piéges. Des paroles outrageantes se croisent dans les airs, et sont enfin étouffées par les cris perçans dont la salle retentit.

L'action allait recommencer, lorsque Philotas dit à Eubulide que chaque parti était moins attentif à établir une opinion qu'à détruire celle de l'ennemi ; ce qui est une mauvaise manière de raisonner. De mon côté, je lui fis observer que ses disciples paraissaient plus ardens à faire triompher l'erreur que la vérité ; ce qui est une dangereuse manière d'agir [2]. Il se disposait à me répondre, lorsqu'on nous avertit que nos voitures étaient prêtes. Nous prîmes congé de lui, et nous déplorâmes, en nous retirant, l'indigne abus que les sophistes faisaient de leur esprit et des dispositions de leurs élèves.

Pour nous rendre à l'isthme de Corinthe, notre guide nous conduisit, par des hauteurs, sur une corniche taillée dans le roc, très-étroite, très-rude, élevée au-dessus de la mer, sur la croupe d'une montagne qui porte sa tête dans les cieux [3] ; c'est le fameux défilé où l'on dit que se tenait ce Siron qui précipitait les voyageurs dans la mer après les avoir dépouillés, et à qui Thésée fit subir le même genre de mort [4].

Rien de si effrayant que ce trajet au premier coup d'œil ; nous n'osions arrêter nos regards sur l'abîme : les mugissemens des flots semblaient nous avertir à tous momens que nous étions suspendus entre la mort et la vie. Bientôt familiarisés avec le danger, nous jouîmes avec plaisir d'un spectacle intéressant. Des vents impétueux franchissaient le sommet des rochers que nous avions à droite, grondaient au-dessus de nos têtes, et, divisés en tourbillons, tombaient à plomb sur différens points de la surface de la mer, la bouleversaient et la blanchissaient d'écume en cer-

---

[1] Gassend. de logic. t. 1, cap. 3, p. 40. Bayl. dict. à l'art. Euclide, note D. — [2] Plut. de stoic. repugn. t. 2, p. 1036. — [3] Spon, voyag. t. 2, p. 171. Chandl. trav. in Greece, chap. 44, p. 198. — [4] Plut. in Thes. t. 1, p. 4.

tains endroits, tandis que dans les espaces intermédiaires elle restait unie et tranquille [1].

Le sentier que nous suivions se prolonge pendant environ quarante-huit stades [2][a], s'inclinant et se relevant tour à tour jusque auprès de Cromyon, port et château des Corinthiens, éloigné de cent vingt stades de leur capitale [3][b]. En continuant de longer la mer par un chemin plus commode et plus beau, nous arrivâmes au lieu où la largeur de l'isthme n'est plus que de quarante stades [4][c]. C'est là que les peuples du Péloponèse ont quelquefois pris le parti de se retrancher, quand ils craignaient une invasion [5]; c'est là aussi qu'ils célèbrent les jeux isthmiques, auprès d'un temple de Neptune et d'un bois de pin consacré à ce dieu [6].

Le pays des Corinthiens (*Atlas, pl.* 28) est resserré entre des bornes fort étroites : quoiqu'il s'étende davantage le long de la mer, un vaisseau pourrait dans une journée en parcourir la côte [7]. Son territoire offre quelques riches campagnes, et plus souvent un sol inégal et peu fertile [8]. On y recueille un vin d'assez mauvaise qualité [9].

Corinthe.

La ville est située au pied d'une haute montagne, sur laquelle on a construit une citadelle [10]. Au midi elle a pour défense la montagne elle-même, qui en cet endroit est extrêmement escarpée. Des remparts très-forts et très-élevés [11] la protègent des trois autres côtés. Son circuit est de quarante stades [d]; mais, comme les murs s'étendent sur les flancs de la montagne, et embrassent la citadelle, on peut dire que l'enceinte totale est de quatre-vingt-cinq stades [12][e].

La mer de Crissa et la mer Saronique viennent expirer à ses pieds, comme pour reconnaître sa puissance. Sur la première est le port de Léchée, qui tient à la ville par une double muraille, longue d'environ douze stades [13][f]. Sur la seconde, est le port de Cenchrée, éloignée de Corinthe de soixante-dix stades [14][g].

Un grand nombre d'édifices sacrés et profanes, anciens et mo-

---

[1] Whel. a journ. book 6, p. 436. — [2] Plin. lib. 4, cap. 7, p. 196. Whel. ibid. — [a] Environ une lieue trois quarts. — [3] Thucyd. lib. 4, cap. 45. — [b] Quatre lieues et demie. — [4] Scylax, peripl. ap. geogr. min. t. 1, p. 15. Strab. lib. 8, p. 334 et 335. Diod. lib. 11, p. 14. — [c] Environ une lieue et demie. — [5] Herodot. lib. 8, cap. 40. Isocr. in paneg. t. 1, p. 166. Diod. lib. 15, p. 380. — [6] Pind. olymp. od. 13, v. 5. Id. isthm. od. 1. Strab. ibid. Pausan. lib. 2, cap. 1, p. 112. — [7] Scylax, ibid. p. 15 et 21. — [8] Strab. ibid. p. 382. — [9] Alex. ap. Athen. lib. 1, cap. 23, p. 30. — [10] Strab. ibid. p. 379. Pausan. ibid. cap. 4, p. 121. — [11] Plut. apophth. lacon. t. 2, p. 215. — [d] Environ une lieue et demie. — [12] Strab. ibid. p. 379. — [e] Trois lieues cinq cent trente-deux toises. — [13] Xenoph. hist. græc. lib. 4, p. 522 et 525. Id. in Ages. p. 661. Strab. ibid. p. 380. — [f] Près d'une demi-lieue. — [14] Strab. ibid. — [g] Près de trois lieues.

dernes, embellissent cette ville. Après avoir visité la place, décorée, suivant l'usage, de temples et de statues[1], nous vîmes le théâtre, où l'assemblée du peuple délibère sur les affaires de l'État, et où l'on donne des combats de musique et d'autres jeux dont les fêtes sont accompagnées[2].

On nous montra le tombeau des deux fils de Médée. Les Corinthiens les arrachèrent des autels où cette mère infortunée les avait déposés, et les assommèrent à coups de pierres. En punition de ce crime, une maladie épidémique enleva leurs enfans au berceau, jusqu'à ce que, dociles à la voix de l'oracle, ils s'engagèrent à honorer tous les ans la mémoire des victimes de leur fureur[3]. Je croyais, dis-je alors, sur l'autorité d'Euripide, que cette princesse les avait égorgés elle-même[4]. J'ai ouï dire, répondit un des assistans, que le poëte se laissa gagner par une somme de cinq talens[a] qu'il reçut de nos magistrats[5] : quoi qu'il en soit, à quoi bon le dissimuler ? un ancien usage prouve clairement que nos pères furent coupables ; car c'est pour rappeler et expier leur crime que nos enfans doivent, jusqu'à un certain âge, avoir la tête rasée et porter une robe noire[6].

Le chemin qui conduit à la citadelle se replie en tant de manières, qu'on fait trente stades avant que d'en atteindre le sommet[7]. Nous arrivâmes auprès d'une source nommée Pirène, où l'on prétend que Bellérophon trouva le cheval Pégase. Les eaux en sont extrêmement froides et limpides[8] : comme elles n'ont pas d'issue apparente, on croit que, par des canaux naturellement creusés dans le roc, elles descendent dans la ville, où elles forment une fontaine dont l'eau est renommée pour sa légèreté[9], et qui suffirait aux besoins des habitans, quand même ils n'auraient pas cette grande quantité de puits qu'ils se sont ménagés[10].

La position de la citadelle et ses remparts la rendent si forte, qu'on ne pourrait s'en emparer que par trahison[11] ou par famine. Nous vîmes à l'entrée le temple de Vénus, dont la statue est couverte d'armes brillantes : elle est accompagnée de celle de l'Amour, et de celle du Soleil, qu'on adorait en ce lieu avant que le culte de Vénus y fût introduit[12].

---

[1] Xenoph. hist. græc. lib. 4, p. 521. Pausan. lib. 2, cap. 2, p. 115. — [2] Plut. in Arat. t. 1, p. 1034. Polyæn. strateg. lib. 4, cap. 6. — [3] Pausan. ibid. cap. 3, p. 118. AElian. var. hist. lib. 5, cap. 21. Parmen. et Didym. ap. schol. Euripid. in Med. v. 273. — [4] Eurip. ibid. v. 1271 et alibi. — [a] Vingt-sept mille livres. — [5] Parmen. ap. schol. Euripid. in Med. — [6] Pausan. ibid. cap. 118. — [7] Strab. lib. 8, p. 379. Spon, voyag. t. 2, p. 175. Whel. book 6, p. 440. — [8] Strab. ibid. Athen. lib. 2, cap. 6, p. 43. — [9] Athen. ibid. cap. 5, p. 43. — [10] Strab. ibid. — [11] Plut. in Arat. t. 1, p. 1034 et 1035. — [12] Pausan. lib. 2, cap. 4, p. 121.

De cette région élevée, la déesse semble régner sur la terre et sur les mers. Telle était l'illusion que faisait sur nous le superbe spectacle qui s'offrait à nos yeux. Du côté du nord, la vue s'étendait jusqu'au Parnasse et à l'Hélicon ; à l'est, jusqu'à l'île d'Égine, à la citadelle d'Athènes et au promontoire de Sunium ; à l'ouest, sur les riches campagnes de Sicyone [1]. Nous promenions avec plaisir nos regards sur les deux golfes, dont les eaux viennent se briser contre cet isthme que Pindare a raison de comparer à un pont construit par la nature au milieu des mers, pour lier ensemble les deux principales parties de la Grèce [2].

A cet aspect, il semble qu'on ne saurait établir aucune communication de l'un de ces continens à l'autre sans l'aveu de Corinthe [3] ; et l'on est fondé à regarder cette ville comme le boulevart du Péloponèse, et l'une des entraves de la Grèce [4] : mais, la jalousie des autres peuples n'ayant jamais permis aux Corinthiens de leur interdire le passage de l'isthme, ces derniers ont profité des avantages de leur position pour amasser des richesses considérables.

Dès qu'il parut des navigateurs, il parut des pirates, par la même raison qu'il y eut des vautours dès qu'il y eut des colombes. Le commerce des Grecs ne se faisant d'abord que par terre, suivit le chemin de l'isthme pour entrer dans le Péloponèse, ou pour en sortir. Les Corinthiens en retiraient un droit, et parvinrent à un certain degré d'opulence [5]. Quand on eut détruit les pirates, les vaisseaux, dirigés par une faible expérience, n'osaient affronter la mer orageuse qui s'étend depuis l'île de Crète jusqu'au cap Malée en Laconie [6]. On disait alors en manière de proverbe : Avant de doubler ce cap, oubliez ce que vous avez de plus cher au monde [7]. On préféra donc de se rendre aux mers qui se terminent à l'isthme.

Les marchandises d'Italie, de Sicile et des peuples de l'ouest abordèrent au port de Léchée ; celles des îles de la mer Egée, des côtes de l'Asie mineure et des Phéniciens [8], au port de Cenchrée. Dans la suite, on les fit passer par terre d'un port à l'autre, et l'on imagina des moyens pour y transporter les vaisseaux [9].

---

[1] Strab. lib. 8, p. 379. Spon, t. 2, p. 175. Whel. book. 6, p. 442. — [2] Pind. isthm. od. 4, v. 34. Schol. ibid. — [3] Plut. in Arat. t. 1, p. 1044. — [4] Id. in amat. narrat. t. 2, p. 772. Polyb. lib. 17, p. 751. — [5] Homer. iliad. lib. 2, v. 570. Thucyd. lib. 1, cap. 13. — [6] Homer. odyss. lib. 9, v. 80. Sophocl. in Trachin. v. 120. — [7] Strab. ibid. p. 378. — [8] Thucyd. lib. 2, cap. 69. — [9] Id. lib. 3, cap. 15 ; lib. 8, cap. 8. Strab. ibid. p. 335. Polyb. ap. Suid. in Διοθμ.

Corinthe, devenue l'entrepôt de l'Asie et de l'Europe [1], continua de percevoir des droits sur les marchandises étrangères [2], couvrit la mer de ses vaisseaux, et forma une marine pour protéger son commerce. Ses succès excitèrent son industrie; elle donna une nouvelle forme aux navires, et les premières trirèmes qui parurent furent l'ouvrage de ses constructeurs [3]. Ses forces navales la faisant respecter, on se hâta de verser dans son sein les productions des autres pays. Nous vîmes étaler sur le rivage [4] des rames de papier et des voiles de vaisseaux apportés de l'Égypte, l'ivoire de la Libye, les cuirs de Cyrène, l'encens de la Syrie, les dattes de la Phénicie, les tapis de Carthage, du blé et des fromages de Syracuse [5], des poires et des pommes de l'Eubée, des esclaves de Phrygie et de Thessalie, sans parler d'une foule d'autres objets qui arrivent journellement dans les ports de la Grèce [6], et en particulier dans ceux de Corinthe. L'appât du gain attire les marchands étrangers, et surtout ceux de Phénicie [7]; et les jeux solennels de l'isthme y rassemblent un nombre infini de spectateurs [8].

Tous ces moyens ayant augmenté les richesses de la nation, les ouvriers destinés à les mettre en œuvre furent protégés [9], et s'animèrent d'une nouvelle émulation [10]. Ils s'étaient déjà, du moins à ce qu'on prétend, distingués par des inventions utiles [11]. Je ne les détaille point, parce que je ne puis en déterminer précisément l'objet. Les arts commencent par des tentatives obscures et essayées en différens endroits; quand ils sont perfectionnés, on donne le nom d'inventeurs à ceux qui, par d'heureux procédés, en ont facilité la pratique. J'en citerai un exemple : cette roue avec laquelle un potier voit un vase s'arrondir sous sa main : l'historien Éphore, si versé dans la connaissance des usages anciens, me disait un jour que le sage Anacharsis l'avait introduite parmi les Grecs [12]. Pendant mon séjour à Corinthe, je voulus en tirer vanité. On me répondit que la gloire en était due à l'un de leurs concitoyens, nommé Hyperbius [13] : un interprète d'Homère nous prouva, par un passage de ce poëte, que cette machine était connue avant Hyperbius [14] : Philotas soutint de son côté que l'honneur de l'invention appartenait à Thalos,

---

[1] Aristid. isthm. in Nept. t. 1, p. 41. Oros. lib. 5, cap. 3. — [2] Strab. lib. 8, p. 378. — [3] Thucyd. lib. 1, cap. 13. Diod. lib. 14, p. 269. — [4] Antiph. et Hermip. ap. Athen. lib. 1, cap. 21, p. 27. — [5] Aristoph. in vesp. v. 834. — [6] Athen. ibid. p. 27. — [7] Pind. pyth. od. 2, v. 125. — [8] Strab. ibid. — [9] Herodot. lib. 2, cap. 167. — [10] Oros. ibid. — [11] Schol. Pind. olymp. od. 13, v. 17. Plin. lib. 35, cap. 3, t. 2, p. 684; cap. 12, p. 710. — [12] Ephor. ap. Strab. lib. 7, p. 303. Posidon. ap. Senec. epist. 90, t. 2, p. 412. Diog. Laert. etc. — [13] Theophr. ap. schol. Pind. olymp. od. 13, v. 25. Plin. lib. 7, cap. 56, t. 1, p. 414. — [14] Homer. iliad. lib. 18, v. 600.

antérieur à Homère, et neveu de Dédale d'Athènes[1]. Il en est de même de la plupart des découvertes que les peuples de la Grèce s'attribuent à l'envi. Ce qu'on doit conclure de leurs prétentions, c'est qu'ils cultivèrent de bonne heure les arts dont on les croit les auteurs.

Corinthe est pleine de magasins et de manufactures[2]; on y fabrique, entre autres choses, des couvertures de lit, recherchées des autres nations[3]. Elle rassemble à grands frais les tableaux et les statues des bons maîtres[4]; mais elle n'a produit jusqu'ici aucun de ces artistes qui font tant d'honneur à la Grèce, soit qu'elle n'ait pour les chefs-d'œuvre de l'art qu'un goût de luxe; soit que la nature, se réservant le droit de placer les génies, ne laisse aux souverains que le soin de les chercher et de les produire au grand jour. Cependant on estime certains ouvrages en bronze et en terre cuite qu'on fabrique en cette ville. Elle ne possède point de mines de cuivre[5]. Ses ouvriers, en mêlant celui qu'ils tirent de l'étranger avec une petite quantité d'or et d'argent[6], en composent un métal brillant, et presque inaccessible à la rouille[7]. Ils en font des cuirasses, des casques, de petites figures, des coupes, des vases moins estimés encore pour la matière que pour le travail, la plupart enrichis de feuillages, et d'autres ornemens exécutés au ciselet[8]. C'est avec une égale intelligence qu'ils retracent les mêmes ornemens sur les ouvrages de terre[9]. La matière la plus commune reçoit de la forme élégante qu'on lui donne, et des embellissemens dont on a soin de la parer, un mérite qui la fait préférer aux marbres et aux métaux les plus précieux.

Les femmes de Corinthe se font distinguer par leur beauté[10]; les hommes, par l'amour du gain et des plaisirs. Ils ruinent leur santé dans les excès de la table[11], et l'amour n'est plus chez eux qu'une licence effrénée[12]. Loin d'en rougir, ils cherchent à le justifier par une institution qui semble leur en faire un devoir. Vénus est leur principale divinité; ils lui ont consacré des courtisanes chargées de leur ménager sa protection: dans les grandes calamités, dans les dangers éminens, elles assistent aux sacrifices, et marchent en procession avec les autres citoyens, en chantant des hymnes sacrés. A l'arrivée de Xerxès, on implora

---

[1] Diod. lib. 4, p. 277. — [2] Strab. lib. 8, p. 382. Oros. lib. 5, cap. 3. — [3] Hermip. ap. Athen. lib. 1, cap. 21, p. 27. — [4] Polyb. ap. Strab. lib. 8, p. 381. Flor. lib. 2, cap. 16. — [5] Pausan. lib. 2, cap. 3. — [6] Plin. lib. 34, cap. 2, p. 640; id. lib. 37, cap. 3, p. 772. Flor. ibid. Oros. ibid. — [7] Cicer. tuscul. lib. 4, cap. 14, t. 2, p. 340. — [8] Id. in Verr. de sign. cap. 44, t. 4, p. 391. — [9] Strab. ibid. Salmas. in exercit. Plin. p. 1048. — [10] Anacr. od. 32. — [11] Plat. de rep. lib. 3, t. 2, p. 404. — [12] Aristoph. in Thesmoph. v. 655. Schol. ibid. Steph. in Κόρινθ.

leur crédit, et j'ai vu le tableau où elles sont représentées adressant des vœux à la déesse. Des vers de Simonide, tracés au bas du tableau, leur attribuent la gloire d'avoir sauvé les Grecs [1].

Un si beau triomphe multiplia cette espèce de prêtresses. Aujourd'hui, les particuliers qui veulent assurer le succès de leurs entreprises, promettent d'offrir à Vénus un certain nombre de courtisanes qu'ils font venir de divers endroits [2]. On en compte plus de mille dans cette ville. Elles attirent les marchands étrangers; elles ruinent en peu de jours un équipage entier; et de là le proverbe : Qu'il n'est pas permis à tout le monde d'aller à Corinthe [3].

Je dois observer ici que, dans toute la Grèce, les femmes qui exercent un pareil commerce de corruption n'ont jamais eu la moindre prétention à l'estime publique; qu'à Corinthe même, où l'on me montrait avec tant de complaisance le tombeau de l'ancienne Laïs [4], les femmes honnêtes célèbrent en l'honneur de Vénus une fête particulière à laquelle les courtisanes ne peuvent être admises [5]; et que ses habitans, qui donnèrent de si grandes preuves de valeur dans la guerre des Perses [6], s'étant laissés amollir par les plaisirs, tombèrent sous le joug des Argiens, furent obligés de mendier tour à tour la protection des Lacédémoniens, des Athéniens et des Thébains [7], et se sont enfin réduits à n'être plus que la plus riche, la plus efféminée et la plus faible nation de la Grèce.

Il ne me reste plus qu'à donner une légère idée des variations que son gouvernement a éprouvées. Je suis obligé de remonter à des siècles éloignés, mais je ne m'y arrêterai pas long-temps.

Environ cent dix ans après la guerre de Troie, trente ans après le retour des Héraclides, Alétas, qui descendait d'Hercule, obtint le royaume de Corinthe, et sa maison le posséda pendant l'espace de quatre cent dix-sept ans. L'aîné des enfans succédait toujours à son père [8]. La royauté fut ensuite abolie, et le pouvoir souverain remis entre les mains de deux cents citoyens qui ne s'alliaient qu'entre eux [9], et qui devaient être tous du sang des Héraclides [10]. On en choisissait un tous les ans pour administrer les affaires sous le nom de prytane [11]. Ils établirent sur les marchandises qui passaient par l'isthme un droit qui les enrichit, et

[1] Chamel. Theopomp. Tim. ap. Athen. lib. 13, cap. 4, p. 573. Pind. ap. eumd. p. 574. — [2] Athen. ibid. — [3] Strab. lib 8, p. 378. — [4] Pausan. lib. 2, cap. 12, p. 115. — [5] Alex. ap. Athen. lib. 13, p. 574. — [6] Herodot. lib. 9, cap. 104. Plut. de malign. Herodot. t. 2, p. 870 et 872. — [7] Xenoph. hist. græc. lib. 4, p. 521 et 523; lib. 6, p. 610; lib. 7, p. 634. — [8] Diod. ap. Syncell. p. 179. — [9] Herodot. lib. 5, cap. 92. — [10] Diod. ibid. — [11] Id. ibid. Pausan. lib. 2, cap. 4, p. 120.

se perdirent par l'excès du luxe [1]. Quatre-vingt-dix ans après leur institution [2], Cypsélus, ayant mis le peuple dans ses intérêts, se revêtit de leur autorité [a], et rétablit la royauté, qui subsista dans sa maison pendant soixante-treize ans six mois [3].

Il marqua les commencemens de son règne par des proscriptions et des cruautés. Il poursuivit ceux des habitans dont le crédit lui faisait ombrage, exila les uns, dépouilla les autres de leurs possessions, en fit mourir plusieurs [4]. Pour affaiblir encore le parti des gens riches, il préleva pendant dix ans le dixième de tous les biens, sous prétexte, disait-il, d'un vœu qu'il avait fait avant de parvenir au trône [5], et dont il crut s'acquitter en plaçant auprès du temple d'Olympie une très-grande statue dorée [6]. Quand il cessa de craindre, il voulut se faire aimer, et se montra sans gardes et sans appareil [7]. Le peuple, touché de cette confiance, lui pardonna facilement des injustices dont il n'avait pas été la victime, et le laissa mourir en paix après un règne de trente ans [8].

Périandre, son fils, commença comme son père avait fini; il annonça des jours heureux et un calme durable. On admirait sa douceur [9], ses lumières, sa prudence; les réglemens qu'il fit contre ceux qui possédaient trop d'esclaves, ou dont la dépense excédait le revenu; contre ceux qui se souillaient par des crimes atroces ou par des mœurs dépravées : il forma un sénat, n'établit aucun nouvel impôt, se contenta des droits prélevés sur les marchandises [10], construisit beaucoup de vaisseaux [11], et, pour donner plus d'activité au commerce, résolut de percer l'isthme et de confondre les deux mers [12]. Il eut des guerres à soutenir et ses victoires donnèrent une haute idée de sa valeur [13]. Que ne devait-on pas, d'ailleurs, attendre d'un prince dont la bouche semblait être l'organe de la sagesse [14] ! qui disait quelquefois : « L'amour désordonné des richesses est une calomnie contre la » nature : les plaisirs ne font que passer, les vertus sont éter- » nelles [15] : la vraie liberté ne consiste que dans une conscience » pure [16]. »

Dans une occasion critique, il demanda des conseils à Thra-

[1] Strab. lib. 8, p. 378. Ælian. var. hist. lib. 1, cap. 19. — [2] Diod. ap. Sync. p. 179. Aristot. de rep. lib. 5, cap. 10, t. 2, p. 403. — [a] L'an 658 avant J. C. — [3] Aristot. ibid. cap. 12, p. 411. — [4] Herodot. lib. 5, cap. 92. Polyæn. strateg. lib. 5, cap. 31. — [5] Aristot. de cur. rei famil. lib. 2, t. 2, p. 501. Suid. in Κύψελ. — [6] Plat. in Phæd. t. 3, p. 236. Strab. lib. 5, p. 378. Suid. ibid. — [7] Aristot. de rep. lib. 5, cap. 12, p. 411. — [8] Herodot. ibid. Aristot. ibid. — [9] Herodot. ibid. — [10] Heraclid. Pontic. de polit. in antiq. græc. t. 6, p. 2825. — [11] Nicol. Damasc. in excerpt. Vales. p. 450. — [12] Diog. Laert. lib. 1, § 99. — [13] Aristot. ibid. Nicol. Damasc. ibid. — [14] Diog. Laert. ibid. § 91. — [15] Stob. serm. 3, p. 46. — [16] Id. serm. 25, p. 192.

sybule, qui régnait à Milet, et avec qui il avait des liaisons d'amitié [1]. Thrasybule mena le député dans un champ, et, se promenant avec lui au milieu d'une moisson abondante, il l'interrogeait sur l'objet de sa mission ; chemin faisant il abattait les épis qui s'élevaient au-dessus des autres. Le député ne comprit pas que Thrasybule venait de mettre sous ses yeux un principe adopté dans plusieurs gouvernemens, même républicains, où l'on ne permet pas à de simples particuliers d'avoir trop de mérite ou trop de crédit [2]. Périandre entendit ce langage, et continua d'user de modération [3].

L'éclat de ses succès et les louanges de ses flatteurs développèrent enfin son caractère, dont il avait toujours réprimé la violence. Dans un accès de colère, excité peut-être par sa jalousie, il donna la mort à Mélisse son épouse, qu'il aimait éperdument [4]. Ce fut là le terme de son bonheur et de ses vertus. Aigri par une longue douleur, il ne le fut pas moins quand il apprit que, loin de le plaindre, on l'accusait d'avoir autrefois souillé le lit de son père [5]. Comme il crut que l'estime publique se refroidissait, il osa la braver ; et, sans considérer qu'il est des injures dont un roi ne doit se venger que par la clémence, il appesantit son bras sur tous ses sujets, s'entoura de satellites [6], sévit contre tous ceux que son père avait épargnés ; dépouilla, sous un léger prétexte, les femmes de Corinthe de leurs bijoux et de ce qu'elles avaient de plus précieux [7] ; accabla le peuple de travaux, pour le tenir dans la servitude : agité lui-même, sans interruption, de soupçons et de terreurs ; punissant le citoyen qui se tenait tranquillement assis dans la place publique [8], et condamnant comme coupable tout homme qui pouvait le devenir.

Des chagrins domestiques augmentèrent l'horreur de sa situation. Le plus jeune de ses fils, nommé Lycophron, instruit par son aïeul maternel de la malheureuse destinée de sa mère, en conçut une si forte haine contre le meurtrier, qu'il ne pouvait plus soutenir sa vue, et ne daignait pas même répondre à ses questions. Les caresses et les prières furent vainement prodiguées. Périandre fut obligé de le chasser de sa maison, de défendre à tous les citoyens non-seulement de le recevoir, mais de lui parler sous peine d'une amende applicable au temple d'Apollon. Le jeune homme se réfugia sous un des portiques publics, sans

---

[1] Herodot. lib. 1, cap. 20, et lib. 5, cap. 92. — [2] Aristot. de rep. lib. 3, cap. 13, p. 355 ; lib. 5, cap. 10, p. 403. — [3] Plut. in conviv. t. 2, p. 147. — [4] Herodot. lib. 3, cap. 50. Diog. Laert. lib. 1, § 94. — [5] Id. ibid. § 96. Parthen. erot. cap. 17. — [6] Heracl. de polit. in antiq. græc. t. 6, p. 2835. Diog. Laert. ibid. § 98. — [7] Herodot. lib. 5, cap. 92. Diog. Laert. ibid. § 97. Plut. t. 2, p. 1104. — [8] Nicol. Damasc. in excerpt. Vales. p. 450.

ressources, sans se plaindre, et résolu de tout souffrir plutôt que d'exposer ses amis à la fureur du tyran. Quelques jours après, son père l'ayant aperçu par hasard, sentit toute sa tendresse se réveiller : il courut à lui, et n'oublia rien pour le fléchir ; mais, n'ayant obtenu que ces paroles : Vous avez transgressé votre loi et encouru l'amende, il prit le parti de l'exiler dans l'île de Corcyre, qu'il avait réunie à ses domaines [1].

Les dieux irrités accordèrent à ce prince une longue vie, qui se consumait lentement dans les chagrins et dans les remords. Ce n'était plus le temps de dire, comme il disait auparavant, qu'il vaut mieux faire envie que pitié [2] ; le sentiment de ses maux le forçait de convenir que la démocratie était préférable à la tyrannie [3]. Quelqu'un osa lui représenter qu'il pouvait quitter le trône : Hélas ! répondit-il, il est aussi dangereux pour un tyran d'en descendre que d'en tomber [4].

Comme le poids des affaires l'accablait de plus en plus, et qu'il ne trouvait aucune ressource dans l'aîné de ses fils qui était imbécile [5], il résolut d'appeler Lycophron, et fit diverses tentatives qui furent toutes rejetées avec indignation. Enfin il proposa d'abdiquer, et de se reléguer lui-même à Corcyre, tandis que son fils quitterait cette île et viendrait régner à Corinthe. Ce projet allait s'exécuter, lorsque les Corcyréens, redoutant la présence de Périandre, abrégèrent les jours de Lycophron [6]. Son père n'eut pas même la consolation d'achever la vengeance que méritait un si lâche attentat. Il avait fait embarquer sur un de ses vaisseaux trois cents enfans enlevés aux premières maisons de Corcyre, pour les envoyer au roi de Lydie. Le vaisseau ayant abordé à Samos, les habitans furent touchés du sort de ces victimes infortunées, et trouvèrent moyen de les sauver et de les renvoyer à leurs parens [7]. Périandre, dévoré d'une rage impuissante, mourut âgé d'environ quatre-vingts ans [8], après en avoir régné quarante-quatre [9][a].

Dès qu'il eut les yeux fermés, on fit disparaître les monumens et jusqu'aux moindres traces de la tyrannie [10]. Il eut pour successeur un prince peu connu, qui ne régna que trois ans [11]. Après ce court intervalle de temps, les Corinthiens, ayant joint leurs troupes à celles de Sparte [12], établirent un gouvernement qui a toujours subsisté, parce qu'il tient plus de l'oligarchie que de la démocratie, et que les affaires importantes n'y sont point

---

[1] Herodot. lib. 3, cap. 52. — [2] Id. ibid. — [3] Stob. serm. 3, p. 46. — [4] Id. serm. 41, p. 247. — [5] Herodot. lib. 3, cap. 53. — [6] Id. ibid. — [7] Id. ibid. cap. 48. — [8] Diog. Laert. lib. 1, § 95. — [9] Aristot. de rep. lib. 5, cap. 12. p. 411. — [a] L'an 585 avant J. C. — [10] Plut. de malign. Herodot. t. 2, p. 860. — [11] Aristot. ibid. — [12] Plut. ibid. p. 859.

soumises à la décision arbitraire de la multitude[1]. Corinthe, plus qu'aucune ville de la Grèce, a produit des citoyens habiles dans l'art de gouverner[2]. Ce sont eux qui, par leur sagesse et leurs lumières, ont tellement soutenu la constitution, que la jalousie des pauvres contre les riches n'est jamais parvenue à l'ébranler[3].

La distinction entre ces deux classes de citoyens, Lycurgue la détruisit à Lacédémone : Phidon, qui semble avoir vécu dans le même temps, crut devoir la conserver à Corinthe, dont il fut un des législateurs. Une ville située sur la grande route du commerce, et forcée d'admettre sans cesse des étrangers dans ses murs, ne pouvait être astreinte au même régime qu'une ville reléguée dans un coin du Péloponèse : mais Phidon, en conservant l'inégalité des fortunes, n'en fut pas moins attentif à déterminer le nombre des familles et des citoyens[4]. Cette loi était conforme à l'esprit de ces siècles éloignés, où les hommes, distribués en petites peuplades, ne connaissaient d'autre besoin que celui de subsister, d'autre ambition que celle de se défendre : il suffisait à chaque nation d'avoir assez de bras pour cultiver les terres, assez de force pour résister à une invasion subite. Ces idées n'ont jamais varié parmi les Grecs. Leurs philosophes et leurs législateurs, persuadés qu'une grande population n'est qu'un grand moyen d'augmenter les richesses et de perpétuer les guerres, loin de la favoriser, ne se sont occupés que du soin d'en prévenir l'excès[5]. Les premiers ne mettent pas assez de prix à la vie pour croire qu'il soit nécessaire de multiplier l'espèce humaine; les seconds, ne portant leur attention que sur un petit État, ont toujours craint de le surcharger d'habitans qui l'épuiseraient bientôt.

Telle fut la principale cause qui fit autrefois sortir des ports de la Grèce ces nombreux essaims de colons qui allèrent au loin s'établir sur des côtes désertes[6]. C'est à Corinthe que durent leur origine Syracuse, qui fait l'ornement de la Sicile, Corcyre, qui fut pendant quelque temps la souveraine des mers[7], Ambracie en Épire, dont j'ai déjà parlé [a], et plusieurs autres villes plus ou moins florissantes.

Sicyone.

Sicyone (*Atlas, pl.* 28) n'est qu'à une petite distance de Corinthe. Nous traversâmes plusieurs rivières pour nous y rendre.

---

[1] Plut. in Dion. t. 1, p. 981. — [2] Strab. lib. 8, p. 382. Plut. ibid. et in Timol. p. 248. — [3] Polyæn. strateg. lib. 1, cap. 41, § 2. — [4] Aristot. de rep. lib. 2, cap. 6, p. 321. — [5] Plat. de leg. lib. 5, t. 2, p. 740. — [6] Id. ibid. — [7] Thucyd. lib. 1, cap. 25, lib. 6, cap. 3. — [a] Voyez le chap. XXXVI de cet ouvrage.

Ce canton, qui produit en abondance du blé, du vin et de l'huile[1], est un des plus beaux et des plus riches de la Grèce[2].

Comme les lois de Sicyone défendent avec sévérité d'enterrer qui que ce soit dans la ville[3], nous vîmes à droite et à gauche du chemin des tombeaux dont la forme ne dépare pas la beauté de ces lieux. Un petit mur d'enceinte, surmonté de colonnes qui soutiennent un toit, circonscrit un terrain dans lequel on creuse la fosse ; on y dépose le mort, on le couvre de terre, et, après les cérémonies accoutumées, ceux qui l'ont accompagné l'appellent de son nom, et lui disent le dernier adieu.[4]

Nous trouvâmes les habitans occupés des préparatifs d'une fête qui revient tous les ans, et qu'ils célébrèrent la nuit suivante. On tira d'une espèce de cellule où on les tient en réserve plusieurs statues anciennes qu'on promena dans les rues, et qu'on déposa dans le temple de Bacchus. Celle de ce Dieu ouvrait la marche ; les autres la suivirent de près : un grand nombre de flambeaux éclairaient cette cérémonie, et l'on chantait des hymnes sur des airs qui ne sont pas connus ailleurs.[5]

Les Sicyoniens placent la fondation de leur ville à une époque qui ne peut guère se concilier avec les traditions des autres peuples. Aristrate, chez qui nous étions logés, nous montrait une longue liste de princes qui occupèrent le trône pendant mille ans, et dont le dernier vivait à peu près au temps de la guerre de Troie[6]. Nous le priâmes de ne pas nous élever à cette hauteur de temps, et de ne s'éloigner que de trois ou quatre siècles. Ce fut alors, répondit-il, que parut une suite de souverains connus sous le nom de tyrans, parce qu'ils jouissaient d'une autorité absolue : ils n'eurent d'autre secret, pour la conserver pendant un siècle entier, que de la contenir dans de justes bornes en respectant les lois[7]. Orthagoras fut le premier, et Clisthène le dernier. Les dieux, qui appliquent quelquefois des remèdes violens à des maux extrêmes, firent naître ces deux princes pour nous ôter une liberté plus funeste que l'esclavage. Orthagoras, par sa modération et sa prudence, réprima la fureur des factions[8] : Clisthène se fit adorer par ses vertus et redouter par son courage[9].

Lorsque la diète des Amphictyons résolut d'armer les nations de la Grèce contre les habitans de Cirrha[a], coupables d'impiété

---

[1] Whel. a journ. book 6, p. 443. — [2] Athen. lib. 5, cap. 19, p. 219. Liv. lib. 27, cap. 31. Schol. Aristoph. in av. v. 969. — [3] Plut. in Arat. t. 1, p. 1051. — [4] Pausan. lib. 2, cap. 7, p. 126. — [5] Id. ibid. p. 127. — [6] Castor, ap. Euseb. chronic. lib. 1, p. 11 ; ap. Syncell. p. 97. Pausan. ibid. cap. 5, p. 123. Petav. de doctr. temp. lib. 9, cap. 16. Marsh. chron. can. p. 16 et 335. — [7] Aristot. de rep. lib. 5, cap. 12, p. 411. — [8] Plut. de serâ num. t. 2, p. 553. — [9] Aristot. ibid. — [a] Vers l'an 596 avant J. C.

envers le temple de Delphes, elle choisit pour un des chefs de l'armée Clisthène, qui fut assez grand pour déférer souvent aux avis de Solon, présent à cette expédition [1]. La guerre fut bientôt terminée, et Clisthène employa la portion qui lui revenait du butin à construire un superbe portique dans la capitale de ses États [2].

La réputation de sa sagesse s'accrut dans une circonstance particulière. Il venait de remporter à Olympie le prix de la course des chars à quatre chevaux. Dès que son nom eut été proclamé, un héraut, s'avançant vers la multitude immense des spectateurs, annonça que tous ceux qui pouvaient aspirer à l'hymen d'Agariste, fille de Clisthène, n'avaient qu'à se rendre à Sicyone dans l'espace de soixante jours, et qu'un an après l'expiration de ce terme, l'époux de la princesse serait déclaré [3].

On vit bientôt accourir des diverses parties de la Grèce et de l'Italie des prétendans, qui tous croyaient avoir des titres suffisans pour soutenir l'éclat de cette alliance. De ce nombre était Smindyride, le plus riche et le plus voluptueux des Sybarites. Il arriva sur une galère qui lui appartenait, traînant à sa suite mille de ses esclaves, pêcheurs, oiseleurs et cuisiniers [4]. C'est lui qui, voyant un paysan qui soulevait sa bêche avec effort, sentait ses entrailles se déchirer, et qui ne pouvait dormir si, parmi les feuilles de rose dont son lit était jonché, une seule venait à se plier par hasard [5]. Sa mollesse ne pouvait être égalée que par son faste, et son faste que par son insolence. Le soir de son arrivée, quand il fut question de se mettre à table, il prétendit que personne n'avait le droit de se placer auprès de lui, excepté la princesse, quand elle serait devenue son épouse [6].

Parmi ses rivaux, on comptait Laocède, de l'ancienne maison d'Argos; Laphanès d'Arcadie, descendant d'Euphorion, qui, à ce qu'on prétend, avait donné l'hospitalité aux dioscures Castor et Pollux; Mégaclès, de la maison des Alcméonides, la plus puissante d'Athènes; Hippoclide, né dans la même ville, distingué par son esprit, ses richesses et sa beauté [7]. Les huit autres méritaient, par différentes qualités, de lutter contre de pareils adversaires.

La cour de Sicyone n'était plus occupée que de fêtes et de plaisirs; la lice était sans cesse ouverte aux concurrens; on s'y disputait le prix de la course et des autres exercices. Clisthène,

---

[1] Pausan. lib. 10, cap. 37, p. 894. Polyæn. strateg. lib. 3, cap. 5. — [2] Pausan. lib. 2, cap. 9, p. 133. — [3] Herodot. lib. 6, cap. 126, p. 496. — [4] Diod. in excerpt. Vales. p. 230. Athen. lib. 6, cap. 21, p. 273; lib. 12, cap. 11, p. 541. — [5] Senec. de irâ, lib. 2, cap. 25. Ælian. var. hist. lib. 9, cap. 24. — [6] Diod. ibid. — [7] Herodot. ibid. cap. 127.

qui avait déjà pris des informations sur leurs familles, assistait à leurs combats; il étudiait avec soin leur caractère, tantôt dans des conversations générales, tantôt dans des entretiens particuliers. Un secret penchant l'avait d'abord entraîné vers l'un ou l'autre des deux Athéniens; mais les agrémens d'Hippoclide avaient fini par le séduire [1].

Le jour qui devait manifester son choix commença par un sacrifice de cent bœufs, suivi d'un repas où tous les Sicyoniens furent invités avec les concurrens. On sortit de table; on continua de boire; on disputa sur la musique et sur d'autres objets. Hippoclide, qui conservait partout sa supériorité, prolongeait la conversation : tout à coup il ordonne au joueur de flûte de jouer un certain air, et se met à danser une danse lascive avec une satisfaction dont Clisthène paraissait indigné : un moment après il fait apporter une table, saute dessus, exécute d'abord des danses de Lacédémone, ensuite celles d'Athènes. Clisthène, blessé de tant d'indécence et de légèreté, faisait des efforts pour se contenir; mais quand il le vit, la tête en bas, et s'appuyant sur ses mains, figurer divers gestes avec ses pieds : « Fils de Ti- » sandre, lui cria-t-il, vous venez de danser la rupture de votre » mariage. — Ma foi, seigneur, répondit l'Athénien, Hippo- » clide ne s'en soucie guère. » A ce mot, qui a passé en proverbe [2], Clisthène, ayant imposé silence, remercia tous les concurrens, les pria de vouloir bien accepter chacun un talent d'argent, et déclara qu'il donnait sa fille à Mégaclès, fils d'Alcméon. C'est de ce mariage que descendait, par sa mère, le célèbre Périclès [3].

Aristrate ajouta que depuis Clisthène la haine réciproque des riches et des pauvres, cette maladie éternelle des républiques de la Grèce, n'avait cessé de déchirer sa patrie, et qu'en dernier lieu, un citoyen nommé Euphron, ayant eu l'adresse de réunir toute l'autorité entre ses mains [4], la conserva pendant quelque temps, la perdit ensuite, et fut assassiné en présence des magistrats de Thèbes, dont il était allé implorer la protection. Les Thébains n'osèrent punir les meurtriers d'un homme accusé de tyrannie; mais le peuple de Sicyone, qu'il avait toujours favorisé, lui éleva un tombeau au milieu de la place publique, et l'honore encore comme un excellent citoyen et l'un de ses protecteurs [5]. Je le condamne, dit Aristrate, parce qu'il eut souvent recours à la perfidie, et qu'il ne ménagea pas assez le parti

---

[1] Herodot. lib. 6, cap. 128. — [2] Plut. de malign. Herodot. t. 2, p. 867. Lucian. apol. pro merced. cond. t. 1, p. 724. Id. in Herc. t. 3, p. 86. — [3] Herodot. lib. 6, cap. 131. — [4] Xenoph. hist. græc. lib. 7, p. 623. Diod. lib. 15, p. 582. — [5] Xenoph. ibid. p. 632.

des riches ; mais enfin la république a besoin d'un chef. Ces dernières paroles dévoilèrent ses intentions ; et nous apprîmes, quelques années après, qu'il s'était emparé du pouvoir suprême [1].

Nous visitâmes la ville, le port et la citadelle [2]. Sicyone figurera dans l'histoire des nations, par les soins qu'elle a pris de cultiver les arts. Je voudrais pouvoir fixer d'une manière précise jusqu'à quel point elle a contribué à la naissance de la peinture, au développement de la sculpture ; mais, je l'ai déjà insinué, les arts marchent pendant des siècles entiers dans des routes obscures; une grande découverte n'est que la combinaison d'une foule de petites découvertes qui l'ont précédée, et comme il est impossible d'en suivre les traces, il suffit d'observer celles qui sont plus sensibles, et de se borner à quelques résultats.

Le dessin dut son origine au hasard, la sculpture à la religion, la peinture aux progrès des autres arts.

Dès les plus anciens temps, quelqu'un s'avisa de suivre et de circonscrire sur le terrain, ou sur un mur, le contour de l'ombre que projetait un corps éclairé par le soleil ou par toute autre lumière ; on apprit en conséquence à indiquer la forme des objets par de simples linéamens.

Dès les plus anciens temps encore, on voulut ranimer la ferveur du peuple en mettant sous ses yeux le symbole ou l'image de son culte. On exposa d'abord à sa vénération une pierre [3], ou un tronc d'arbre ; bientôt on prit le parti d'en arrondir l'extrémité supérieure en forme de tête ; enfin on y creusa des lignes pour figurer les pieds et les mains. Tel était l'état de la sculpture parmi les Égyptiens, lorsqu'ils la transmirent aux Grecs [4], qui se contentèrent pendant long-temps d'imiter leurs modèles. De là ces espèces de statues qu'on trouve si fréquemment dans le Péloponèse, et qui n'offrent qu'une gaîne, une colonne, une pyramide [5] surmontée d'une tête, et quelquefois représentant des mains qui ne sont qu'indiquées, et des pieds qui ne sont pas séparés l'un de l'autre. Les statues de Mercure, qu'on appelle Hermès, sont un reste de cet ancien usage.

Les Égyptiens se glorifient d'avoir découvert la sculpture, il y a plus de dix mille ans [6]; la peinture en même temps, ou au moins six mille ans avant qu'elle fût connue des Grecs [7]. Ceux-ci, très-éloignés de s'attribuer l'origine du premier de ces arts, croient avoir des titres légitimes sur celle du second [8]. Pour con-

---

[1] Plut. in Arat. t. 1, p. 1032. Plin. lib. 35, cap. 10, t. 2, p. 700. — [2] Xenoph. hist. græc. lib. 7, p. 629.— [3] Pausan. lib. 7, cap. 22, p. 579; id. lib. 9, cap. 27, p. 761. — [4] Herodot. lib. 2, cap. 4. — [5] Pausan. lib. 2, cap. 9, p. 132; lib. 3, cap. 19, p. 257; lib. 7, cap. 22, p. 579. — [6] Plat. de leg. lib. 2, t. 2, p. 656. — [7] Plin. ibid. cap. 3, t. 2, p. 681. — [8] Id. ibid. Strab. lib. 8, p. 382.

cilier ces diverses prétentions, il faut distinguer deux sortes de peinture ; celle qui se contentait de rehausser un dessin par des couleurs employées entières et sans ruption ; et celle qui, après de longs efforts, est parvenue à rendre fidèlement la nature.

Les Égyptiens ont découvert la première. On voit en effet, dans la Thébaïde, des couleurs très-vives et très-anciennement appliquées sur le pourtour des grottes, qui servaient peut-être de tombeaux ; sur les plafonds des temples, sur des hiéroglyphes, et sur des figures d'hommes et d'animaux [1]. Ces couleurs, quelquefois enrichies de feuilles d'or attachées par un mordant, prouvent clairement qu'en Égypte l'art de peindre ne fut, pour ainsi dire, que l'art d'enluminer.

Il paraît qu'à l'époque de la guerre de Troie, les Grecs n'étaient guère plus avancés [2] ; mais, vers la première olympiade [3][a], les artistes de Sicyone et de Corinthe, qui avaient déjà montré dans leurs dessins plus d'intelligence [4], se signalèrent par des essais dont on a conservé le souvenir, et qui étonnèrent par leur nouveauté. Pendant que Dédale de Sicyone [b] détachait les pieds et les mains des statues [5], Cléophante de Corinthe coloriait les traits du visage. Il se servit de brique cuite et broyée [6] ; preuve que les Grecs ne connaissaient alors aucune des couleurs dont on se sert aujourd'hui pour exprimer la carnation.

Vers le temps de la bataille de Marathon, la peinture et la sculpture sortirent de leur longue enfance, et des progrès rapides les ont amenées au point de grandeur et de beauté où nous les voyons aujourd'hui. Presque de nos jours, Sicyone a produit Eupompe, chef d'une troisième école de peinture ; avant lui, on ne connaissait que celles d'Athènes et d'Ionie. De la sienne sont déjà sortis des artistes célèbres, Pausias, entre autres, et Pamphile, qui la dirigeait pendant notre séjour en cette ville. Ses talens et sa réputation lui attiraient un grand nombre d'élèves, qui lui payaient un talent avant que d'être reçus [c] ; il s'engageait de son côté à leur donner pendant dix ans des leçons fondées sur une excellente théorie, et justifiées par le succès de ses ouvrages. Il les exhortait à cultiver les lettres et les sciences, dans lesquelles il était lui-même très-versé [7].

[1] Voyage de Grang. p. 35, 47, 73. Sicart, miss. du lev. t. 2, p. 221 ; t. 7, p. 37 et 163. Lucas, voyage de la haute Égypte, t. 3, p. 39 et 69. Norden, voyage d'Égypte, p. 137, 170, etc. Goguet, orig. des lois, t. 2, p. 164. Caylus, rec. d'antiq. t. 5, p. 25. — [2] Homer. iliad. lib. 2, v. 637. — [3] Mém. de l'acad. des bell. lettr. t. 25, p. 267.— [a] Vers l'an 776 avant J. C.— [4] Plin. lib. 35, cap. 3, t. 2, p. 681. — [b] Voyez la note IX à la fin du volume. — [5] Diod. lib. 4, p. 276. Themist. orat. 26, p. 316. Suid in Δαιδάλ. — [6] Plin. ibid. p. 682. — [c] Cinq mille quatre cents livres. — [7] Plin. ibid. cap. 18, t. 2, p. 694.

Ce fut d'après son conseil que les magistrats de Sicyone ordonnèrent que l'étude du dessin entrerait désormais dans l'éducation des citoyens, et que les beaux-arts ne seraient plus livrés à des mains serviles : les autres villes de la Grèce, frappées de cet exemple, commencèrent à s'y conformer [1].

Nous connûmes deux de ses élèves qui se sont fait depuis un grand nom, Mélanthe et Apelle [2]. Il concevait de grandes espérances du premier, de plus grandes encore du second, qui se félicitait d'avoir un tel maître : Pamphile se félicita bientôt d'avoir formé un tel disciple.

Nous fîmes quelques courses aux environs de Sicyone. Au bourg de Titane, situé sur une montagne, nous vîmes, dans un bois de cyprès, un temple d'Esculape, dont la statue, couverte d'une tunique de laine blanche et d'un manteau, ne laisse apercevoir que le visage, les mains et le bout des pieds. Tout auprès est celle d'Hygie, déesse de la santé, également enveloppée d'une robe, et de tresses de cheveux dont les femmes se dépouillent pour les consacrer à cette divinité [3]. L'usage de revêtir les statues d'habits quelquefois très-riches est assez commun dans la Grèce, et fait regretter souvent que ces ornemens dérobent aux yeux les beautés de l'art.

Phlionte.

Nous nous arrêtâmes à la ville de Phlionte [4], dont les habitans ont acquis de nos jours une illustration que les richesses et les conquêtes ne sauraient donner. Ils s'étaient unis avec Sparte pendant qu'elle était au plus haut point de sa splendeur : lorsque, après la bataille de Leuctres, ses esclaves et la plupart de ses alliés se soulevèrent contre elle, les Phliontiens volèrent à son secours; et, de retour chez eux, ni la puissance des Thébains et des Argiens, ni les horreurs de la guerre et de la famine, ne purent jamais les contraindre à renoncer à son alliance [5]. Cet exemple de courage a été donné dans un siècle où l'on se joue des sermens, et par une petite ville, l'une des plus pauvres de la Grèce.

L'Achaïe.

Après avoir passé quelques jours à Sicyone, nous entrâmes dans l'Achaïe (*Atlas*, pl. 28), qui s'étend jusqu'au promontoire Araxe, situé en face de l'île de Céphallénie. C'est une lisière de terre resserrée au midi par l'Arcadie et l'Élide ; au nord, par la mer de Crissa. Ses rivages sont presque partout hérissés de rochers qui les rendent inabordables : dans l'intérieur du pays, le

---

[1] Plin. lib. 35, cap. 18, t. 2, p. 694. — [2] Plut. in Arat. t. 1, p. 1032. — [3] Pausan. lib. 2, cap. 11, p. 136. — [4] Id. ibid. cap. 12, p. 138. — [5] Xenoph. hist. græc. lib. 7, p. 624.

sol est maigre, et ne produit qu'avec peine [1]; cependant on y trouve de bons vignobles en quelques endroits [2].

L'Achaïe fut occupée autrefois par ces Ioniens qui sont aujourd'hui sur la côte de l'Asie. Ils en furent chassés par les Achéens, lorsque ces derniers se trouvèrent obligés de céder aux descendans d'Hercule les royaumes d'Argos et de Lacédémone [3].

Établis dans leurs nouvelles demeures, les Achéens ne se mêlèrent point des affaires de la Grèce, pas même lorsque Xerxès la menaçait d'un long esclavage [4]. La guerre du Péloponèse les tira d'un repos qui faisait leur bonheur; ils s'unirent tantôt avec les Lacédémoniens [5], tantôt avec les Athéniens, pour lesquels ils eurent toujours plus de penchant [6]. Ce fut alors qu'Alcibiade, voulant persuader à ceux de Patræ de prolonger les murs de la ville jusqu'au port, afin que les flottes d'Athènes pussent les secourir, un des assistans s'écria au milieu de l'assemblée : « Si » vous suivez ce conseil, les Athéniens finiront par vous avaler. » Cela peut être, répondit Alcibiade, mais avec cette différence, » que les Athéniens commenceront par les pieds et les Lacédé- » moniens par la tête [7]. » Les Achéens ont depuis contracté d'autres alliances : quelques années après notre voyage, ils envoyèrent deux mille hommes aux Phocéens [8]; et leurs troupes se distinguèrent à la bataille de Chéronée [9].

Pellène.

Pellène, ville aussi petite que toutes celles de l'Achaïe [10], est bâtie sur les flancs d'une colline dont la forme est si irrégulière, que les deux quartiers de la ville, placés sur les côtés opposés de la colline, n'ont presque point de communication entre eux [11]. Son port est à la distance de soixante stades [a]. La crainte des pirates obligeait autrefois les habitans d'un canton de se réunir sur des hauteurs plus ou moins éloignées de la mer : toutes les anciennes villes de la Grèce sont ainsi disposées.

En sortant de Pellène, nous vîmes un temple de Bacchus, où l'on célèbre tous les ans, pendant la nuit, la fête des Lampes; on en allume une très-grande quantité, et l'on distribue en abondance du vin à la multitude [12]. En face est le bois sacré de Diane conservatrice, où il n'est permis d'entrer qu'aux ministres sacrés. Nous vîmes ensuite, dans un temple de Minerve, sa statue en or

---

[1] Plut. in Arat. t. 1, p. 1031. — [2] Pausan. lib. 7, cap. 26, p. 593. — [3] Herodot. lib. 1, cap. 145. Pausan. ibid. cap. 1, p. 522. — [4] Pausan. ibid. cap. 6, p. 536. — [5] Thucyd. lib. 2, cap. 9. — [6] Id. lib. 1, cap. 111. Pausan. ibid. cap. 6, p. 537. — [7] Plut. in Alcib. t. 1, p. 198. — [8] Diod. lib. 16, p. 436. — [9] Pausan. ibid. — [10] Plut. in Arat. ibid. — [11] Pausan. ibid. cap. 26, p. 594. — [a] Environ deux lieues et un quart. — [12] Pausan. ibid. cap. 27, p. 595.

et en ivoire, d'un si beau travail, qu'on la disait être de Phidias [1].

Égire.

Nous nous rendîmes à Égire (*Atlas*, *pl.* 28), distante de la mer d'environ douze stades [a]. Pendant que nous en parcourions les monumens, on nous dit qu'autrefois les habitans, ne pouvant opposer des forces suffisantes à ceux de Sicyone, qui étaient venus les attaquer, s'avisèrent de rassembler un grand nombre de chèvres, de lier des torches allumées à leurs cornes, et de les faire avancer pendant la nuit : l'ennemi crut que c'étaient des troupes alliées d'Égire, et prit le parti de se retirer [2].

Plus loin nous entrâmes dans une grotte, séjour d'un oracle qui emploie la voie du sort pour manifester l'avenir. Auprès d'une statue d'Hercule s'élève un tas de dés, dont chaque face a une marque particulière ; on en prend quatre au hasard, et on les fait rouler sur une table, où les mêmes marques sont figurées avec leur interprétation [3]. Cet oracle est aussi sûr et aussi fréquenté que les autres.

Hélice.

Plus loin encore nous visitâmes les ruines d'Hélice (*Atlas*, *pl.* 28), autrefois éloignée de la mer de douze stades [4] [b], détruite de nos jours par un tremblement de terre. Ces terribles catastrophes se font sentir surtout dans les lieux voisins de la mer [5], et sont assez souvent précédées de signes effrayans : on voit pendant plusieurs mois les eaux du ciel inonder la terre, ou se refuser à son attente ; le soleil ternir l'éclat de ses rayons, ou rougir comme un brasier ardent ; des vents impétueux ravager les campagnes ; des sillons de flamme étinceler dans les airs, et d'autres phénomènes avant-coureurs d'un désastre épouvantable [6].

Après le malheur d'Hélice, on se rappela divers prodiges qui l'avaient annoncé. L'île de Délos fut ébranlée ; une immense colonne de feu s'éleva jusqu'aux cieux [7]. Quoi qu'il en soit, ce fut très-peu de temps avant la bataille de Leuctres [8] [c], en hiver, pendant la nuit [9], que le vent du nord, soufflant d'un côté, et celui du midi de l'autre [10], la ville, après des secousses violentes et rapides qui se multiplièrent jusqu'à la naissance du jour, fut ren-

---

[1] Pausan. lib. 7, cap. 27, p. 594. — [a] Mille cent trente-quatre toises. — [2] Id. ibid. cap. 26, p. 591. — [3] Id. ibid. cap. 25, p. 590. — [4] Heraclid. ap. Strab. lib. 8, p. 384.— [b] Mille cent trente-quatre toises.— [5] Aristot. meteor. lib. 2, cap. 8, t. 1, p. 567. — [6] Pausan. ibid. cap. 24, p. 585. — [7] Callisth. ap. Senec. quæst. nat. lib. 6, cap. 26.— [8] Polyb. lib. 2, p. 128. Strab. lib. 8, p. 384. — [c] Vers la fin de l'an 373 avant J. C. ou au commencement de 372. — [9] Heracl. ap. Strab. ibid. Diod. lib. 15, p. 363. — [10] Aristot. ibid. p. 570.

versée de fond en comble, et aussitôt ensevelie sous les flots de la mer, qui venait de franchir ses limites ¹. L'inondation fut si forte, qu'elle s'éleva jusqu'à la sommité d'un bois consacré à Neptune. Insensiblement les eaux se retirèrent en partie; mais elles couvrent encore les ruines d'Hélice, et n'en laissent entrevoir que quelques faibles vestiges ². Tous les habitans périrent, et ce fut en vain que les jours suivans on entreprit de retirer leurs corps pour leur donner la sépulture ³.

Égium.

Les secousses, dit-on, ne se firent pas sentir dans la ville d'Égium ⁴, qui n'était qu'à quarante stades d'Hélice ⁵ ᵃ; mais elles se propagèrent de l'autre côté; et dans la ville de Bura, qui n'était guère plus éloignée d'Hélice qu'Égium, murailles, maisons, temples, statues, hommes, animaux, tout fut détruit ou écrasé. Les citoyens absens bâtirent à leur retour la ville qui subsiste aujourd'hui ⁶. Celle d'Hélice fut remplacée par un petit bourg, où nous prîmes un bateau pour voir de près quelques débris épars sur le rivage. Nos guides firent un détour, dans la crainte de se briser contre un Neptune de bronze qui est à fleur d'eau, et qui se maintient encore sur sa base⁷.

Après la destruction d'Hélice, Égium hérita de son territoire, et devint la principale cité de l'Achaïe. C'est dans cette ville que sont convoqués les états de la province ⁸; ils s'assemblent au voisinage, dans un bois consacré à Jupiter, auprès du temple de ce dieu et sur le rivage de la mer ⁹.

L'Achaïe fut, dès les plus anciens temps, divisée en douze villes, qui renferment chacune sept à huit bourgs dans leur district ¹⁰. Toutes ont le droit d'envoyer des députés à l'assemblée ordinaire, qui se tient au commencement de leur année, vers le milieu du printemps ¹¹. On y fait les règlemens qu'exigent les circonstances; on y nomme les magistrats qui doivent les faire exécuter, et qui peuvent indiquer une assemblée extraordinaire lorsqu'il survient une guerre, ou qu'il faut délibérer sur une alliance ¹².

Le gouvernement va, pour ainsi dire, de soi-même. C'est

---

¹ De mundo ap. Aristot. cap. 4, t. 1, p. 608. Diod. lib. 15, p. 364. Pausan. lib. 7, cap. 24, p. 587. — ² Pausan. ibid. Plin. lib. 2, cap. 92, t. 1, p. 115. — ³ Heracl. ap. Strab. lib. 8, p. 385. — ⁴ Senec. quæst. nat. lib. 6, cap. 25. — ⁵ Pausan. ibid. p. 585. — ᵃ Une lieue et mille deux cent quatre-vingts toises, ou trois mille sept cent quatre-vingts toises.— ⁶ Pausan. ibid. cap. 25, p. 590. — ⁷ Eratosth. ap. Strab. ibid. p. 384.— ⁸ Polyb. lib. 5, p. 350. Liv. lib. 28, cap. 7; lib. 38, cap. 30. Pausan. ibid. cap. 24, p. 585. — ⁹ Strab. ibid. p. 385 et 387. Pausan. ibid. p. 584. — ¹⁰ Herodot. lib. 1, cap. 145. Polyb. lib. 2, p. 128. Strab. ibid. p. 337 et 386. — ¹¹ Polyb. lib. 4, p. 305; lib. 5, p. 350. Strab. ibid. p. 385. — ¹² Polyb. excerpt. legat. p. 855.

une démocratie qui doit son origine et son maintien à des circonstances particulières : comme le pays est pauvre, sans commerce et presque sans industrie, les citoyens y jouissent en paix de l'égalité et de la liberté que leur procure une sage législation; comme il ne s'est point élevé parmi eux de génies inquiets [1], ils ne connaissent pas l'ambition des conquêtes : comme ils ont peu de liaisons avec les nations corrompues, ils n'emploient jamais le mensonge ni la fraude, même contre leurs ennemis [2] : enfin, comme toutes les villes ont les mêmes lois et les mêmes magistratures, elles forment un seul corps, un seul état, et il règne entre elles une harmonie qui se distribue dans les différentes classes des citoyens [3]. L'excellence de leur constitution et la probité de leurs magistrats sont tellement reconnues, qu'on vit autrefois les villes grecques de l'Italie, lasses de leurs dissensions, s'adresser à ce peuple pour les terminer, et quelques unes d'entre elles former une confédération semblable à la sienne. Dernièrement encore, les Lacédémoniens et les Thébains, s'appropriant de part et d'autre le succès de la bataille de Leuctres, le choisirent pour arbitre d'un différend qui intéressait leur honneur [4], et dont la décision exigeait la plus grande impartialité.

Nous vîmes plus d'une fois, sur le rivage, des enfans lancer au loin des cailloux avec leurs frondes. Les Achéens s'adonnent volontiers à cet exercice, et s'y sont tellement perfectionnés, que le plomb, assujéti d'une manière particulière dans la courroie, part, vole, et frappe à l'instant le point contre lequel on le dirige [5].

Pharæ.

En allant à Patræ, nous traversâmes quantité de villes et de bourgs; car l'Achaïe est fort peuplée [6]. A Pharæ, nous vîmes dans la place publique trente pierres carrées, qu'on honore comme autant de divinités dont j'ai oublié les noms [7]. Près de ces pierres est un Mercure terminé en gaîne et affublé d'une longue barbe, en face d'une statue de Vesta, entourée d'un cordon de lampes de bronze. On nous avertit que le Mercure rendait des oracles, et qu'il suffisait de lui dire quelques mots à l'oreille pour avoir sa réponse. Dans ce moment, un paysan vint le consulter : il lui fallut offrir de l'encens à la déesse, verser de l'huile dans les lampes et les allumer, déposer sur l'autel une petite pièce de monnaie, s'approcher du Mercure, l'interroger tout bas, sortir de la place en se bouchant les oreilles, et recueillir ensuite les premières paroles qu'il entendrait, et qui devaient

---

[1] Polyb. excerpt. legat. lib. 2, p. 125. — [2] Id. lib. 13, p. 672. — [3] Justin. lib. 34, cap. 1. — [4] Polyb. lib. 2, p. 126. Strab. lib. 8, p. 384. — [5] Liv. lib. 38, cap. 29. — [6] Strab. ibid. p. 386. — [7] Pausan. lib. 7, cap. 22, p. 579.

éclaircir ses doutes [1]. Le peuple le suivit, et nous rentrâmes chez nous.

Patræ.

Avant que d'arriver à Patræ, nous mîmes pied à terre dans un bois charmant, où plusieurs jeunes gens s'exerçaient à la course [2]. Dans une des allées, nous rencontrâmes un enfant de douze à treize ans, vêtu d'une jolie robe, et couronné d'épis de blé. Nous l'interrogeâmes; il nous dit : C'est aujourd'hui la fête de Bacchus Ésymnète, c'est son nom [a]; tous les enfans de la ville se rendent sur les bords du Milichus. Là, nous nous mettrons en procession pour aller à ce temple de Diane que vous voyez là-bas; nous déposerons cette couronne aux pieds de la déesse; et après nous être lavés dans le ruisseau, nous en prendrons une de lierre, et nous irons au temple de Bacchus, qui est par-delà. Je lui dis : Pourquoi cette couronne d'épis? — C'est ainsi qu'on parait nos têtes quand on nous immolait sur l'autel de Diane. — Comment! on vous immolait? — Vous ne savez donc pas l'histoire du beau Mélanippe et de la belle Cométho, prêtresse de la déesse? Je vais vous la raconter.

Ils s'aimaient tant, qu'ils se cherchaient toujours; et quand ils n'étaient plus ensemble, ils se voyaient encore. Ils demandèrent enfin à leurs parens la permission de se marier, et ces méchans la leur refusèrent. Peu de temps après il arriva de grandes disettes, de grandes maladies dans le pays. On consulta l'oracle; il répondit que Diane était fâchée de ce que Mélanippe et Cométho s'étaient mariés dans son temple même la nuit de sa fête, et que, pour l'apaiser, il fallait lui sacrifier tous les ans un jeune garçon et une jeune fille de la plus grande beauté. Dans la suite, l'oracle nous promit que cette barbare coutume cesserait lorsqu'un inconnu apporterait ici une certaine statue de Bacchus : il vint; on plaça la statue dans le temple, et le sacrifice fut remplacé par la procession et les cérémonies dont je vous ai parlé. Adieu, étrangers [3].

Ce récit, qui nous fut confirmé par des personnes éclairées, nous étonna d'autant moins que, pendant long-temps on ne connut pas de meilleure voie, pour détourner la colère céleste, que de répandre sur les autels le sang des hommes, et surtout celui d'une jeune fille. Les conséquences qui réglaient ce choix étaient justes, mais elles découlaient de ce principe abominable, que les dieux sont plus touchés du prix des offrandes que de l'intention de ceux qui les présentent. Cette fatale erreur une

---

[1] Pausan. lib. 7, cap. 22, p. 579. — [2] Id. ibid. cap. 21, p. 577. — [a] Le nom d'Ésymnète, dans les plus anciens temps, signifiait roi. (Aristot. de rep. lib. 3, cap. 14, t. 2, p. 356.) — [3] Pausan. lib. 7, cap. 19, p. 571.

fois admise, on dut successivement leur offrir les plus belles productions de la terre et les plus superbes victimes ; et comme le sang des hommes est plus précieux que celui des animaux, on fit couler celui d'une fille qui réunissait la jeunesse, la beauté, la naissance, enfin tous les avantages que les hommes estiment le plus.

Après avoir examiné les monumens de Patræ et d'une autre ville nommée Dymé, nous passâmes le Larissus, et nous entrâmes dans l'Élide.

CHAPITRE XXXVIII.

Voyage de l'Élide (Atlas, pl. 29). *Les Jeux Olympiques.*

L'ÉLIDE est un petit pays dont les côtes sont baignées par la mer Ionienne, et qui se divise en trois vallées. Dans la plus septentrionale, est la ville d'Élis, située sur le Pénée, fleuve de même nom, mais moins considérable que celui de Thessalie : la vallée du milieu est célèbre par le temple de Jupiter, placé auprès du fleuve Alphée : la dernière s'appelle Triphylie.

Les habitans de cette contrée jouirent pendant long-temps d'une tranquillité profonde. Toutes les nations de la Grèce étaient convenues de les regarder comme consacrés à Jupiter, et les respectaient au point, que les troupes étrangères déposaient leurs armes en entrant dans ce pays, et ne les reprenaient qu'à leur sortie [1]. Ils jouissent rarement aujourd'hui de cette prérogative ; cependant, malgré les guerres passagères auxquelles ils se sont trouvés exposés dans ces derniers temps, malgré les divisions qui fermentent encore dans certaines villes, l'Élide est, de tous les cantons du Péloponèse, le plus abondant et le mieux peuplé [2]. Ses campagnes, presque toutes fertiles [3], sont couvertes d'esclaves laborieux ; l'agriculture y fleurit, parce que le gouvernement a pour les laboureurs les égards que méritent ces citoyens utiles : ils ont chez eux des tribunaux qui jugent leurs causes en dernier ressort, et ne sont pas obligés d'interrompre leurs travaux pour venir dans les villes mendier un jugement inique, ou trop long-temps différé. Plusieurs familles riches coulent paisiblement leurs jours à la campagne ; et j'en ai vu aux environs d'Élis, où personne, depuis deux ou trois générations, n'avait mis le pied dans la capitale [4].

---

[1] Strab. lib. 8, p. 358. — [2] Polyb. lib. 4, p. 336. — [3] Strab. ibid. p. 344. Pausan. lib. 5, cap. 4, p. 381. — [4] Polyb. ibid.

Élis.

Après que le gouvernement monarchique eut été détruit, les villes s'associèrent par une ligue fédérative ; mais celle d'Élis, plus puissante que les autres, les a insensiblement assujéties [1], et ne leur laisse plus aujourd'hui que les apparences de la liberté. Elles forment ensemble huit tribus [2], dirigées par un corps de quatre-vingt-dix sénateurs dont les places sont à vie, et qui, dans le cas de vacance, se donnent par leur crédit les associés qu'ils désirent : il arrive de là que l'autorité ne réside que dans un très-petit nombre de personnes, et que l'oligarchie s'est introduite dans l'oligarchie ; ce qui est un des vices destructeurs de ce gouvernement [3]. Aussi a-t-on fait dans ces derniers temps des efforts pour établir la démocratie [4].

La ville d'Élis est assez récente : elle s'est formée, à l'exemple de plusieurs villes de la Grèce, et surtout du Péloponèse, par la réunion de plusieurs hameaux [5] ; car, dans les siècles d'ignorance, on habitait des bourgs ouverts et accessibles : dans des temps plus éclairés, on s'enferme dans des villes fortifiées.

En arrivant, nous rencontrâmes une procession qui se rendait au temple de Minerve. Elle faisait partie d'une cérémonie où les jeunes gens de l'Élide s'étaient disputé le prix de la beauté. Les vainqueurs étaient menés en triomphe ; le premier, la tête ceinte de bandelettes, portait les armes que l'on consacrait à la déesse ; le second conduisait la victime ; un troisième était chargé des autres offrandes [6].

J'ai vu souvent dans la Grèce de pareils combats, tant pour les garçons que pour les femmes et les filles. J'ai vu de même, chez des peuples éloignés, les femmes admises à des concours publics, avec cette différence pourtant, que les Grecs décernent le prix à la plus belle, et les barbares à la plus vertueuse [7].

La ville est décorée [8] par des temples, par des édifices somptueux, par quantité de statues, dont quelques unes sont de la main de Phidias. Parmi ces derniers monumens, nous en vîmes où l'artiste n'avait pas montré moins d'esprit que d'habileté ; tel est le groupe des Grâces dans le temple qui leur est consacré. Elles sont couvertes d'une draperie légère et brillante : la première tient un rameau de myrte en l'honneur de Vénus, la seconde une rose, pour désigner le printemps, la troisième un osselet, symbole des jeux de l'enfance ; et pour qu'il ne man-

---

[1] Herodot. lib. 4, cap. 148. Thucyd. lib. 5, cap. 31. — [2] Pausan. lib. 5, cap. 4, p. 397. — [3] Aristot. de rep. lib. 5, cap. 6, t. 2, p. 394. — [4] Xenoph. hist. græc. lib. 7, p. 635. — [5] Strab. lib. 8, p. 336. Diod. lib. 11, p. 40. — [6] Athen. lib. 13, cap. 2, p. 565. Theophr. ap. eumd. ibid. p. 609. — [7] Id. ap. eumd. ibid. p. 609 et 610. — [8] Pausan. lib. 6, cap. 23, p. 511.

que rien aux charmes de cette composition, la figure de l'Amour est sur le même piédestal que les Grâces[1].

Jeux Olympiques.

Rien ne donne plus d'éclat à cette province que les jeux olympiques, célébrés de quatre en quatre ans en l'honneur de Jupiter. Chaque ville de la Grèce a des fêtes qui en réunissent les habitans ; quatre grandes solennités réunissent tous les peuples de la Grèce ; ce sont les jeux pythiques ou de Delphes, les jeux isthmiques ou de Corinthe, ceux de Némée, et ceux d'Olympe. J'ai parlé des premiers dans mon voyage de la Phocide ; je vais m'occuper des derniers : je passerai les autres sous silence, parce qu'ils offrent tous à peu près les mêmes spectacles.

Les jeux olympiques, institués par Hercule, furent, après une longue interruption, rétablis par les conseils du célèbre Lycurgue, et par les soins d'Iphitus, souverain d'un canton de l'Élide[2]. Cent huit ans après, on inscrivit pour la première fois, sur le registre public des Éléens, le nom de celui qui avait remporté le prix à la course du stade[3]; il s'appelait Corébus. Cet usage continua; et de là cette suite de vainqueurs dont les noms, indiquant les différentes olympiades, forment autant de points fixes pour la chronologie. On allait célébrer les jeux pour la cent sixième fois lorsque nous arrivâmes à Élis.[a]

Tous les habitans de l'Élide se préparaient à cette solennité auguste. On avait déjà promulgué le décret qui suspend toutes les hostilités[4]. Des troupes qui entreraient alors dans cette terre sacrée[5] seraient condamnées à une amende de deux mines[b] par soldat[6].

Les Éléens ont l'administration des jeux olympiques depuis quatre siècles ; ils ont donné à ce spectacle toute la perfection dont il était susceptible, tantôt en introduisant de nouvelles espèces de combats, tantôt en supprimant ceux qui ne remplissaient point l'attente de l'assemblée[7]. C'est à eux qu'il appartient d'écarter les manœuvres et les intrigues, d'établir l'équité dans les jugemens, et d'interdire le concours aux nations étrangères à la Grèce[8], et même aux villes grecques accusées[9] d'avoir violé les règlemens faits pour maintenir l'ordre pendant les fêtes. Ils ont une si haute idée de ces règlemens, qu'ils envoyèrent autrefois des députés chez les Égyptiens pour savoir, des

---

[1] Pausan. lib. 6, cap. 24, p. 514. — [2] Aristot. ap. Plut. in Lycurg. t. 1, p. 39. — [3] Fréret, défense de la chronol. p. 162. — [a] Dans l'été de l'an 356 avant J. C. — [4] Æschin. de fals. leg. p. 397. Pausan. lib. 5, cap. 20, p. 427. — [5] Diod. lib. 14, p. 248. — [b] Cent quatre-vingts livres. — [6] Thucyd. lib. 5, cap. 49. — [7] Pausan. lib. 5, cap. 8, p. 394. — [8] Herodot. lib. 5, cap. 22. — [9] Thucyd. ibid. Pausan. ibid. cap. 21, p. 431.

sages de cette nation, si en les rédigeant on n'avait rien oublié. Un article essentiel, répondirent ces derniers : Dès que les juges sont des Éléens, les Éléens devraient être exclus du concours[1]. Malgré cette réponse, ils y sont encore admis aujourd'hui, et plusieurs d'entre eux ont remporté des prix, sans que l'intégrité des juges ait été soupçonnée[2]. Il est vrai que, pour la mettre plus à couvert, on a permis aux athlètes d'appeler au sénat d'Olympie du décret qui les prive de la couronne[3].

A chaque olympiade, on tire au sort les juges ou présidens des jeux[4] : ils sont au nombre de huit, parce qu'on en prend un de chaque tribu[5]. Ils s'assemblent à Élis avant la célébration des jeux, et pendant l'espace de dix mois ils s'instruisent en détail des fonctions qu'ils doivent remplir; ils s'en instruisent sous des magistrats qui sont les dépositaires et les interprètes des règlemens dont je viens de parler[6] : afin de joindre l'expérience aux préceptes, ils exercent, pendant le même intervalle de temps, les athlètes qui sont venus se faire inscrire[7] pour disputer le prix de la course et de la plupart des combats à pied[8]. Plusieurs de ces athlètes étaient accompagnés de leurs parens, de leurs amis, et surtout des maîtres qui les avaient élevés : le désir de la gloire brillait dans leurs yeux, et les habitans d'Élis paraissaient livrés à la joie la plus vive. J'aurais été surpris de l'importance qu'ils mettaient à la célébration de leurs jeux, si je n'avais connu l'ardeur que les Grecs ont pour les spectacles, et l'utilité réelle que les Éléens retirent de cette solennité.

Olympie.

Après avoir vu tout ce qui pouvait nous intéresser, soit dans la ville d'Élis, soit dans celle de Cyllène qui lui sert de port, et qui n'en est éloignée que de cent vingt stades[9][a], nous partîmes pour Olympie. Deux chemins y conduisent : l'un par la plaine, long de trois cents stades[10][b]; l'autre par les montagnes, et par le bourg d'Alésium, où se tient tous les mois une foire considérable[11]. Nous choisîmes le premier : nous traversâmes des pays fertiles, bien cultivés, arrosés par diverses rivières ; et, après avoir vu en passant les villes de Dyspontium et de Létrines[12], nous arrivâmes à Olympie (*Atlas, pl. 29 et 30*).

[1] Herodot. lib. 2, cap. 160. Diod. lib. 1, p. 85. — [2] Dion. Chrysost. in Rhod. p. 344. — [3] Pausan. lib. 6, cap. 3, p. 458. — [4] Philostr. vit. Apoll. lib. 3, cap. 30, p. 121. — [5] Pausan. lib. 5, cap. 9, p. 397. — [6] Id. lib. 6, cap. 24, p. 514. — [7] AEschin. epist. 11, p. 212. — [8] Pausan. ibid. p. 513. — [9] Id. lib. 6, cap. 26, p. 518. — [a] Environ quatre lieues et demie. — [10] Strab. lib. 8, p. 367. Pausan. ibid. cap. 22, p. 510. — [b] Onze lieues et huit cent cinquante toises. — [11] Strab. ibid. p. 341. — [12] Xenoph. hist. græc. lib. 3, p. 491. Strab. ibid. p. 357. Pausan. ibid. p. 510.

Cette ville, également connue sous le nom de Pise[1], est située sur la rive droite de l'Alphée, au pied d'une colline qu'on appelle mont de Saturne [a]. L'Alphée prend sa source en Arcadie[2] : il disparaît et reparaît par intervalles[3] : après avoir reçu les eaux de plusieurs rivières[4], il va se jeter dans la mer voisine[5].

L'Altis (*Atlas*, *pl.* 30) renferme dans son enceinte les objets les plus intéressans : c'est un bois sacré[6] fort étendu, entouré de murs[7], et dans lequel se trouvent le temple de Jupiter et celui de Junon, le sénat, le théâtre[8], et quantité de beaux édifices, au milieu d'une foule innombrable de statues.

Le temple de Jupiter fut construit, dans le siècle dernier, des dépouilles enlevées par les Éléens, à quelques peuples qui s'étaient révoltés contre eux[9]; il est d'ordre dorique, entouré de colonnes, et construit d'une pierre tirée des carrières voisines, mais aussi éclatante et aussi dure, quoique plus légère, que le marbre de Paros[10]. Il a de hauteur, soixante-huit pieds; de longueur, deux cent trente; de largeur, quatre-vingt-quinze [b].

Un architecte habile, nommé Libon, fut chargé de la construction de cet édifice. Deux sculpteurs non moins habiles enrichirent, par de savantes compositions, les frontons des deux façades. Dans l'un de ces frontons on voit, au milieu d'un grand nombre de figures, OEnomaüs et Pélops prêts à se disputer, en présence de Jupiter, le prix de la course ; dans l'autre, le combat des Centaures et des Lapithes[11]. La porte d'entrée est de bronze, ainsi que la porte du côté opposé. On a gravé sur l'une et sur l'autre une partie des travaux d'Hercule[12]. Des pièces de marbre, taillées en forme de tuiles, couvrent le toit : au sommet de chaque fronton s'élève une Victoire en bronze doré ; à chaque angle, un grand vase de même métal, et également doré.

Le temple est divisé par des colonnes en trois nefs[13]. On y trouve, de même que dans le vestibule, quantité d'offrandes que la piété et la reconnaissance ont consacrées au dieu[14]; mais, loin de se fixer sur ces objets, les regards se portent rapidement

---

[1] Herodot. lib. 2, cap. 7. Pind. olymp. 2, 3, 8, etc. Steph. in Ὀλυμπ. Ptolem. p. 101. — [a] Voyez l'Essai sur la topographie d'Olympie. — [2] Pausan. lib. 5, cap. 7, p. 390. — [3] Id. lib. 8, cap. 54, p. 709. — [4] Id. ibid. Strab. lib. 8, p. 344. — [5] Id. ibid. p. 343. — [6] Pind. olymp. 8, v. 12. Schol. ibid. Pausan. lib. 5, cap. 10, p. 397. — [7] Pausan. ibid. p. 441 et 443. — [8] Xenoph. hist. græc. lib. 7, p. 639. — [9] Pausan. ibid. p. 397. — [10] Id. ibid. p. 398. Plin. lib. 36, cap. 17, t. 2, p. 747. — [b] Hauteur, environ soixante-quatre de nos pieds; longueur, deux cent dix-sept; largeur, quatre-vingt-dix. — [11] Pausan. ibid. p. 399. — [12] Id. ibid. p. 400. — [13] Id. ibid. — [14] Id. ibid. p. 405. Strab. ibid. p. 353.

sur la statue et sur le trône de Jupiter. Ce chef-d'œuvre de Phidias et de la sculpture fait au premier aspect une impression que l'examen ne sert qu'à rendre plus profonde.

La figure de Jupiter est en or et en ivoire; et, quoique assise, elle s'élève presque jusqu'au plafond du temple [1]. De la main droite, elle tient une Victoire également d'or et d'ivoire; de la gauche, un sceptre travaillé avec goût, enrichi de diverses espèces de métaux, et surmonté d'un aigle [2]. La chaussure est en or, ainsi que le manteau, sur lequel on a gravé des animaux, des fleurs, et surtout des lis [3].

Le trône porte sur quatre pieds, ainsi que sur des colonnes intermédiaires de même hauteur que les pieds. Les matières les plus riches, les arts les plus nobles, concoururent à l'embellir. Il est tout brillant d'or, d'ivoire, d'ébène et de pierres précieuses, partout décoré de peintures et de bas-reliefs.

Quatre de ces bas-reliefs sont appliqués sur la face antérieure de chacun des pieds de devant. Le plus haut représente quatre Victoires dans l'attitude de danseuses; le second, des Sphinx qui enlèvent les enfans des Thébains; le troisième, Apollon et Diane perçant de leurs traits les enfans de Niobé; le dernier enfin, deux autres Victoires.

Phidias profita des moindres espaces pour multiplier les ornemens. Sur les quatre traverses qui lient les pieds du trône je comptai trente-sept figures, les unes représentant des lutteurs, les autres le combat d'Hercule contre les Amazones [a]. Au-dessus de la tête de Jupiter, dans la partie supérieure du trône, on voit d'un côté les trois Grâces qu'il eut d'Eurynome, et les trois Saisons qu'il eut de Thémis [4]. On distingue quantité d'autres bas-reliefs, tant sur le marchepied que sur la base ou l'estrade qui soutient cette masse énorme, la plupart exécutés en or, et représentant les divinités de l'Olympe. Aux pieds de Jupiter on lit cette inscription [5] : JE SUIS L'OUVRAGE DE PHIDIAS, ATHÉNIEN, FILS DE CHARMIDÈS. Outre son nom, l'artiste, pour éterniser la mémoire et la beauté d'un jeune homme de ses amis appelé Pantarcès [6], grava son nom sur un des doigts de Jupiter [b].

On ne peut approcher du trône autant qu'on le désirerait : à une certaine distance on est arrêté par une balustrade qui règne

---

[1] Strab. lib. 8, p. 353. — [2] Pausan. lib. 5, cap. 11, p. 400. Plin. lib. 34, cap. 8, t. 2, p. 648. — [3] Pausan. ibid. p. 401. — [a] Voyez la note X à la fin du volume. — [4] Pausan. ibid. p. 402. Hesiod. dcor. gener. v. 900. — [5] Pausan. ibid. cap. 10, p. 397. — [6] Clem. Alex. cohort. p. 47. — [b] Telle était cette inscription : PANTARCÈS EST BEAU. Si l'on en eût fait un crime à Phidias, il eût pu se justifier en disant que l'éloge s'adressait à Jupiter, le mot Pantarcès pouvant signifier celui qui suffit à tout.

2.

tout autour[1], et qui est ornée de peintures excellentes de la main de Panénus, élève et frère de Phidias. C'est le même qui, conjointement avec Colotès, autre disciple de ce grand homme, fut chargé des principaux détails de cet ouvrage surprenant[2]. On dit qu'après l'avoir achevé, Phidias ôta le voile dont il l'avait couvert, consulta le goût du public, et se réforma lui-même d'après les avis de la multitude[3].

On est frappé de la grandeur de l'entreprise, de la richesse de la matière, de l'excellence du travail, de l'heureux accord de toutes les parties ; mais on l'est bien plus encore de l'expression sublime que l'artiste a su donner à la tête de Jupiter. La divinité même y paraît empreinte avec tout l'éclat de la puissance, toute la profondeur de la sagesse, toute la douceur de la bonté. Auparavant, les artistes ne représentaient le maître des dieux qu'avec des traits communs, sans noblesse et sans caractère distinctif ; Phidias fut le premier qui atteignit, pour ainsi dire, la majesté divine, et sut ajouter un nouveau motif au respect des peuples, en leur rendant sensible ce qu'ils avaient adoré[4]. Dans quelle source avait-il donc puisé ces hautes idées ? Des poëtes diraient qu'il était monté dans le ciel, ou que le dieu était descendu sur la terre[5] : mais il répondit d'une manière plus simple et plus noble à ceux qui lui faisaient la même question[6] : il cita les vers d'Homère où ce poëte dit qu'un regard de Jupiter suffit pour ébranler l'Olympe[7]. Ces vers, en réveillant dans l'âme de Phidias l'image du vrai beau, de ce beau qui n'est aperçu que par l'homme de génie[8], produisirent le Jupiter d'Olympie ; et, quel que soit le sort de la religion qui domine dans la Grèce, le Jupiter d'Olympie servira toujours de modèle aux artistes qui voudront représenter dignement l'Être suprême.

Les Éléens connaissent le prix du monument qu'ils possèdent ; ils montrent encore aux étrangers l'atelier de Phidias[9]. Ils ont répandu leurs bienfaits sur les descendans de ce grand artiste, et les ont chargés d'entretenir la statue dans tout son éclat[10]. Comme le temple et l'enceinte sacrée sont dans un endroit marécageux, un des moyens qu'on emploie pour défendre l'ivoire contre l'humidité, c'est de verser fréquemment de l'huile au pied du trône, sur une partie du pavé destinée à la recevoir[11].

---

[1] Pausan. lib. 5, cap. 11, p. 401.— [2] Id. ibid. p. 402. Strab. lib. 8, p. 354. Plin. lib. 34, cap. 8, t. 2, p. 657 ; lib. 35, cap. 8, p. 689. — [3] Lucian. pro imag. cap. 14, t. 2, p. 492.— [4] Quintil. instit. orat. lib. 12, cap. 10, p. 744. Liv. lib. 45, cap. 28. — [5] Anthol. lib. 4, cap. 6, p. 301. — [6] Strab. ibid. Plut. in AEmil. t. 1, p. 270. Valer. Max. lib. 3, cap. 7. — [7] Homer. iliad. lib. 1, v. 530.— [8] Cicer. orat. cap. 2, t. 1, p. 421.— [9] Pausan. ibid. cap. 15, p. 413. — [10] Id. ibid. p. 412. — [11] Id. ibid. cap. 11, p. 403.

Du temple de Jupiter nous passâmes à celui de Junon [1] : il est également d'ordre dorique, entouré de colonnes, mais beaucoup plus ancien que le premier. La plupart des statues qu'on y voit, soit en or, soit en ivoire, décèlent un art encore grossier, quoiqu'elles n'aient pas trois cents ans d'antiquité. On nous montra le coffre de Cypsélus [2], où ce prince, qui depuis se rendit maître de Corinthe, fut dans sa plus tendre enfance renfermé par sa mère, empressée de le dérober aux poursuites des ennemis de sa maison. Il est de bois de cèdre ; le dessus et les quatre faces sont ornés de bas-reliefs, les uns exécutés dans le cèdre même, les autres en ivoire et en or ; ils représentent des batailles, des jeux et d'autres sujets relatifs aux siècles héroïques, et sont accompagnés d'inscriptions en caractères anciens. Nous parcourûmes avec plaisir les détails de cet ouvrage, parce qu'ils montrent l'état informe où se trouvaient les arts en Grèce il y a trois siècles.

On célèbre auprès de ce temple des jeux [3] auxquels président seize femmes choisies parmi les huit tribus des Éléens, et respectables par leur vertu ainsi que par leur naissance. Ce sont elles qui entretiennent deux chœurs de musique pour chanter des hymnes en l'honneur de Junon, qui brodent le voile superbe qu'on déploie le jour de la fête, et qui décernent le prix de la course aux filles de l'Élide. Dès que le signal est donné, ces jeunes émules s'élancent dans la carrière, presque à demi-nues et les cheveux flottans sur leurs épaules : celle qui remporte la victoire reçoit une couronne d'olivier, et la permission, plus flatteuse encore, de placer son portrait dans le temple de Junon.

En sortant de là, nous parcourûmes les routes de l'enceinte sacrée. A travers les platanes et les oliviers qui ombragent ces lieux [4], s'offraient à nous de tous côtés des colonnes, des trophées, des chars de triomphe, des statues sans nombre, en bronze, en marbre, les unes pour les dieux, les autres pour les vainqueurs [5] : car ce temple de la gloire n'est ouvert que pour ceux qui ont des droits à l'immortalité.

Plusieurs de ces statues sont adossées à des colonnes ou placées sur des piédestaux ; toutes sont accompagnées d'inscriptions contenant les motifs de leur consécration. Nous y distinguâmes plus de quarante figures de Jupiter de différentes mains, offertes par des peuples ou par des particuliers, quelques unes ayant jusqu'à vingt-sept pieds de hauteur [6] [a]. Celles des athlètes forment une

---

[1] Pausan. lib. 5, cap. 17, p. 418. — [2] Id. ibid. p. 419.— [3] Id. ibid. cap. 16, p. 417. — [4] Id. ibid. cap. 27, p. 450. Phleg. de olymp. in Thes. antiq. græc. 9, p. 1295.— [5] Pausan. ibid. cap. 21, p. 429.— [6] Id. ibid. cap. 24, p. 440.
— [a] Vingt-cinq de nos pieds et six pouces.

collection immense ; elles ont été placées dans ces lieux ou par eux-mêmes [1], ou par les villes qui leur ont donné le jour [2], ou par les peuples de qui ils avaient bien mérité [3].

Ces monumens, multipliés depuis quatre siècles, rendent présens à la postérité ceux qui les ont obtenus. Ils sont exposés tous les quatre ans aux regards d'une foule innombrable de spectateurs de tous pays, qui viennent dans ce séjour s'occuper de la gloire des vainqueurs, entendre le récit de leurs combats, et se montrer avec transport les uns aux autres ceux dont leur patrie s'enorgueillit. Quel bonheur pour l'humanité, si un pareil sanctuaire n'était ouvert qu'aux hommes vertueux ! Non, je me trompe, il serait bientôt violé par l'intrigue et l'hypocrisie, auxquelles les hommages du peuple sont bien plus nécessaires qu'à la vertu.

Pendant que nous admirions ces ouvrages de sculpture, et que nous y suivions le développement et les derniers efforts de cet art, nos interprètes nous faisaient de longs récits, et nous racontaient des anecdotes relatives à ceux dont ils nous montraient les portraits. Après avoir arrêté nos regards sur deux chars de bronze, dans l'un desquels était Gélon, roi de Syracuse, et dans l'autre Hiéron, son frère et son successeur [4] : Près de Gélon, ajoutaient-ils, vous voyez la statue de Cléomède. Cet athlète ayant eu le malheur de tuer son adversaire au combat de la lutte, les juges, pour le punir, le privèrent de la couronne : il en fut affligé au point de perdre la raison. Quelque temps après, il entra dans une maison destinée à l'éducation de la jeunesse, saisit une colonne qui soutenait le toit, et la renversa. Près de soixante enfans périrent sous les ruines de l'édifice [5].

Voici la statue d'un autre athlète nommé Timanthe. Dans sa vieillesse il s'exerçait tous les jours à tirer de l'arc : un voyage qu'il fit l'obligea de suspendre cet exercice : il voulut le reprendre à son retour ; mais, voyant que sa force était diminuée, il dressa lui-même son bûcher, et se jeta dans les flammes [6].

Cette jument que vous voyez fut surnommée le Vent, à cause de son extrême légèreté. Un jour qu'elle courait dans la carrière, Philotas, qui la montait, se laissa tomber : elle continua sa course, doubla la borne, et vint s'arrêter devant les juges, qui décernèrent la couronne à son maître, et lui permirent de se faire représenter ici avec l'instrument de sa victoire [7].

Ce lutteur s'appelait Glaucus [8] ; il était jeune et labourait la terre. Son père s'aperçut avec surprise que, pour enfoncer le soc

---

[1] Pausan. lib. 6, cap. 24, p. 497. — [2] Id. ibid. p. 493. — [3] Id. ibid. p. 480 et 492. — [4] Id. ibid. cap. 9, p. 473 ; cap. 12, p. 479. — [5] Id. ibid. cap. 9, p. 474. — [6] Id. ibid. cap. 8, p. 471. — [7] Id. ibid. cap. 13, p. 484. — [8] Id. ibid. cap. 10, p. 475.

qui s'était détaché de la charrue, il se servait de sa main comme d'un marteau. Il le conduisit dans ces lieux, et le proposa pour le combat du ceste. Glaucus, pressé par un adversaire qui employait tour à tour l'adresse et la force, était sur le point de succomber, lorsque son père lui cria : Frappe, mon fils, comme sur la charrue. Aussitôt le jeune homme redoubla ses coups, et fut proclamé vainqueur.

Voici Théagène, qui, dans les différens jeux de la Grèce, remporta, dit-on, douze cents fois le prix, soit à la course, soit à la lutte, soit à d'autres exercices [1]. Après sa mort, la statue qu'on lui avait élevée dans la ville de Thasos sa patrie, excitait encore la jalousie d'un rival de Théagène : il venait toutes les nuits assouvir ses fureurs contre ce bronze, et l'ébranla tellement à force de coups, qu'il le fit tomber, et en fut écrasé : la statue fut traduite en jugement et jetée dans la mer. La famine ayant ensuite affligé la ville de Thasos, l'oracle, consulté par les habitans, répondit qu'ils avaient négligé la mémoire de Théagène [2]. On lui décerna des honneurs divins, après avoir retiré des eaux et replacé le monument qui le représentait [a].

Cet autre athlète porta sa statue sur ses épaules, et la posa lui-même dans ces lieux. C'est le célèbre Milon ; c'est lui qui, dans la guerre des habitans de Crotone sa patrie contre ceux de Sybaris, fut mis à la tête des troupes, et remporta une victoire signalée : il parut dans la bataille avec une massue et les autres attributs d'Hercule, dont il rappelait le souvenir [3]. Il triompha souvent dans nos jeux et dans ceux de Delphes ; il y faisait souvent des essais de sa force prodigieuse. Quelquefois il se plaçait sur un palet qu'on avait huilé pour le rendre plus glissant, et les plus fortes secousses ne pouvaient l'ébranler [4] : d'autres fois il empoignait une grenade, et, sans l'écraser, la tenait si serrée, que les plus vigoureux athlètes ne pouvaient écarter ses doigts pour la lui arracher; mais sa maîtresse l'obligeait à lâcher prise [5]. On raconte encore de lui qu'il parcourut le Stade portant un bœuf sur ses épaules [6] ; que, se trouvant un jour dans une maison avec les disciples de Pythagore, il leur sauva la vie, en soutenant la colonne sur laquelle portait le plafond qui était près de tomber [7] ; enfin, que dans sa vieillesse il devint la proie des bêtes féroces, parce que ses mains se trouvèrent prises dans un tronc d'arbre que des coins avaient fendu en partie, et qu'il voulait achever de diviser [8].

[1] Plut. præc. reip. ger. t. 2, p. 811. Pausan. lib. 6, cap. 11, p. 477. — [2] Id. ibid. p. 479. — [a] Le culte de Théagène s'étendit dans la suite ; on l'implorait surtout dans les maladies. (Pausan. ibid. p. 479.) — [3] Diod. lib. 12, p. 77. — [4] Pausan. ibid. cap. 14, p. 486. — [5] Ælian. var. hist. lib. 2, cap. 24. — [6] Athen. lib. 10, p. 412. — [7] Strab. lib. 6, p. 263. — [8] Pausan. ibid. p. 487.

Nous vîmes ensuite des colonnes où l'on avait gravé des traités d'alliance entre divers peuples de la Grèce [1] : on les avait déposés dans ces lieux pour les rendre plus sacrés. Mais tous ces traités ont été violés avec les sermens qui en garantissaient la durée ; et les colonnes, qui subsistent encore, attestent une vérité effrayante : c'est que les peuples policés ne sont jamais plus de mauvaise foi que lorsqu'ils s'engagent à vivre en paix les uns avec les autres.

Au nord du temple de Junon, au pied du mont Saturne [2], est une chaussée qui s'étend jusqu'à la carrière, et sur laquelle plusieurs nations grecques et étrangères ont construit des édifices connus sous le nom de Trésors. On en voit de semblables à Delphes ; mais ces derniers sont remplis d'offrandes précieuses, tandis que ceux d'Olympie ne contiennent presque que des statues et des monumens de mauvais goût ou de peu de valeur. Nous demandâmes la raison de cette différence. L'un des interprètes nous dit : Nous avons un oracle, mais il n'est pas assez accrédité, et peut-être cessera-t-il bientôt [3]. Deux ou trois prédictions justifiées par l'événement ont attiré à celui de Delphes la confiance de quelques souverains, et leurs libéralités celles de toutes les nations.

Cependant les peuples abordaient en foule à Olympie [4] (*Atlas*, *pl*. 29). Par mer, par terre, de toutes les parties de la Grèce, des pays les plus éloignés, on s'empressait de se rendre à ces fêtes dont la célébrité surpasse infiniment celle des autres solennités, et qui néanmoins sont privées d'un agrément qui les rendrait plus brillantes. Les femmes n'y sont pas admises, sans doute à cause de la nudité des athlètes. La loi qui les en exclut est si sévère, qu'on précipite du haut d'un rocher celles qui osent la violer [5]. Cependant les prêtresses d'un temple ont une place marquée [6], et peuvent assister à certains exercices.

Le premier jour des fêtes tombe au onzième jour du mois hécatombéon, qui commence à la nouvelle lune après le solstice d'été : elles durent cinq jours : à la fin du dernier, qui est celui de la pleine lune, se fait la proclamation solennelle des vainqueurs [7]. Elles s'ouvrirent le soir [a] par plusieurs sacrifices que l'on offrit sur des autels élevés en l'honneur de différentes divinités, soit dans le temple de Jupiter, soit dans les environs [8].

---

[1] Pausan. lib. 5, cap. 12, p. 407; cap. 23, p. 437. — [2] Id. lib. 6, cap. 19, p. 497. — [3] Xenoph. hist. græc. lib. 4, p. 533. Strab. lib. 8, p. 353. — [4] Philostr. vit. Apoll. lib. 3, cap. 18, p. 361. — [5] Pausan. lib. 5, cap. 6, p. 389. — [6] Id. lib. 6, cap. 20. Suet. in Ner. cap. 12. — [7] Pind. olymp. 3, v. 33; et 5, v. 14. Schol. ibid. Dodwel. de cycl. diss. 4, § 2 et 3. Corsin. dissert. agon. p. 13; id. fast. attic. dissert. 13, p. 295. — [a] Dans la première année de l'olympiade 106, le premier jour d'hécatombéon tombait au soir du 17 juillet de l'année julienne proleptique 356 avant J. C., et le 11 d'hécatombéon commençait au soir du 27 juillet. — [8] Pausan. lib. 5, cap. 14, p. 411.

Tous étaient ornés de festons et de guirlandes[1]; tous furent successivement arrosés du sang des victimes[2]. On avait commencé par le grand autel de Jupiter, placé entre le temple de Junon et l'enceinte de Pélops[3]. C'est le principal objet de la dévotion des peuples ; c'est là que les Éléens offrent tous les jours des sacrifices, et les étrangers dans tous les temps de l'année. Il porte sur un grand soubassement carré, au-dessus duquel on monte par des marches de pierre. Là se trouve une espèce de terrasse où l'on sacrifie les victimes ; au milieu s'élève l'autel, dont la hauteur est de vingt-deux pieds [a] : on parvient à sa partie supérieure par des marches qui sont construites de la cendre des victimes, qu'on a pétrie avec l'eau de l'Alphée.

Les cérémonies se prolongèrent fort avant dans la nuit, et se firent au son des instrumens, à la clarté de la lune, qui approchait de son plein, avec un ordre et une magnificence qui inspiraient à la fois de la surprise et du respect. A minuit, dès qu'elles furent achevées, la plupart des assistans, par un empressement qui dure pendant toutes les fêtes [4], allèrent se placer dans la carrière, pour mieux jouir du spectacle des jeux qui devaient commencer avec l'aurore.

La carrière olympique se divise en deux parties, qui sont le Stade et l'Hippodrome [5]. Le Stade est une chaussée de six cents pieds [b] de long [6], et d'une largeur proportionnée : c'est là que se font les courses à pied et que se donnent la plupart des combats. L'Hippodrome est destiné aux courses des chars et des chevaux. Un de ses côtés s'étend sur une colline ; l'autre côté, un peu plus long, est formé par une chaussée [7] : sa largeur est de six cents pieds, sa longueur du double [8] [c] : il est séparé du Stade par un édifice qu'on appelle Barrière. C'est un portique devant lequel est une cour spacieuse, faite en forme de proue de navire, dont les murs vont en se rapprochant l'un de l'autre, et laissent à leur extrémité une ouverture assez grande pour que plusieurs chars y passent à la fois. Dans l'intérieur de cette cour, on a construit, sur différentes lignes parallèles, des remises pour les chars et pour les chevaux [9]; on les tire au sort, parce que les unes sont plus avantageusement situées que les autres. Le Stade et l'Hippodrome sont ornés de statues, d'autels, et

[1] Schol. Pind. olymp. 5, v. 13. — [2] Pausan. lib. 5, cap. 14, p. 411. — [3] Id. ibid. p. 409. — [a] Vingt de nos pieds neuf pouces quatre lignes. — [4] Mém. de l'acad. des bell. lettr. t. 13, p. 481. — [5] Pausan. lib. 6, cap. 20, p. 502. — [b] Quatre-vingt-quatorze toises trois pieds. — [6] Herodot. lib. 2, p. 149. Censor. de die nat. cap. 13. Aul. Gell. lib. 1, cap. 1. — [7] Pausan. ibid. p. 504 et 505. — [8] Id. ibid. cap. 16, p. 491; lib. 5, cap. 2, p. 406. Plut. in Solon, t. 1, p. 91. — [c] Cent quatre-vingt-neuf toises. — [9] Pausan. lib. 6, cap. 20, p. 503.

d'autres monumens¹ sur lesquels on avait affiché la liste et l'ordre des combats qui devaient se donner pendant les fêtes².

L'ordre des combats a varié plus d'une fois ³ ᵃ; la règle générale qu'on suit à présent est de consacrer les matinées aux exercices qu'on appelle légers, tels que les différentes courses; et les après-midi, à ceux qu'on nomme graves ou violens⁴, tels que la lutte, le pugilat, etc. ⁵.

A la petite pointe du jour, nous nous rendîmes au Stade. Il était déjà rempli d'athlètes qui préludaient aux combats⁶, et entouré de quantité de spectateurs : d'autres, en plus grand nombre, se plaçaient confusément sur la colline qui se présente en amphithéâtre au-dessus de la carrière. Des chars volaient dans la plaine; le bruit des trompettes, le hennissement des chevaux se mêlaient aux cris de la multitude; et lorsque nos yeux pouvaient se distraire de ce spectacle, et qu'aux mouvemens tumultueux de la joie publique nous comparions le repos et le silence de la nature, alors quelle impression ne faisaient pas sur nos âmes la sérénité du ciel, la fraîcheur délicieuse de l'air, l'Alphée qui forme en cet endroit un superbe canal⁷, et ces campagnes fertiles qui s'embellissaient des premiers rayons du soleil !

Un moment après nous vîmes les athlètes interrompre leurs exercices et prendre le chemin de l'enceinte sacrée. Nous les y suivîmes, et nous trouvâmes dans la chambre du sénat les huit présidens des jeux, avec des habits magnifiques et toutes les marques de leur dignité⁸. Ce fut là qu'au pied d'une statue de Jupiter et sur les membres sanglans des victimes⁹, les athlètes prirent les dieux à témoins qu'ils s'étaient exercés pendant dix mois aux combats qu'ils allaient livrer. Ils promirent aussi de ne point user de supercherie et de se conduire avec honneur : leurs parens et leurs instituteurs firent le même serment¹⁰.

Après cette cérémonie, nous revînmes au Stade. Les athlètes entrèrent dans la barrière qui le précède, s'y dépouillèrent entièrement de leurs habits, mirent à leurs pieds des brodequins, et se firent frotter d'huile par tout le corps¹¹. Des ministres subalternes se montraient de tous côtés, soit dans la carrière, soit à travers les rangs multipliés des spectateurs, pour y maintenir l'ordre¹².

Quand les présidens eurent pris leurs places, un héraut s'é-

---

¹ Pausan. lib. 6, cap. 20, p. 503. — ² Dion. lib. 79, p. 1359. — ³ Pausan. lib. 5, cap. 9, p. 396. — ᵃ Voyez la note XI à la fin du volume. — ⁴ Diod. lib. 4, p. 222. — ⁵ Pausan. lib. 6, cap. 24, p. 513. — ⁶ Fabr. agon. lib. 2, cap. 34. — ⁷ Pausan. lib. 5, cap. 7, p. 389. — ⁸ Fabr. agon. lib. 1, cap. 19. — ⁹ Pausan. ibid. cap. 24, p. 441. — ¹⁰ Id. ibid. — ¹¹ Thucyd. lib. 1, cap. 6. Poll. lib. 3, § 155. — ¹² Etymol. magn. in Ἀλυταρχ.

eria : « Que les coureurs du Stade se présentent ¹. » Il en parut aussitôt un grand nombre qui se placèrent sur une ligne, suivant le rang que le sort leur avait assigné ². Le héraut récita leurs noms et ceux de leur patrie ³. Si ces noms avaient été illustrés par des victoires précédentes, ils étaient accueillis avec des applaudissemens redoublés. Après que le héraut eut ajouté : « Quelqu'un peut-il reprocher à ces athlètes d'avoir été dans les » fers, ou d'avoir mené une vie irrégulière ⁴ ? » il se fit un silence profond, et je me sentis entraîné par cet intérêt qui remuait tous les cœurs, et qu'on n'éprouve pas dans les spectacles des autres nations. Au lieu de voir au commencement de la lice des hommes du peuple prêts à se disputer quelques feuilles d'olivier, je n'y vis plus que des hommes libres, qui, par le consentement unanime de toute la Grèce, chargés de la gloire ⁵ ou de la honte de leur patrie, s'exposaient à l'alternative du mépris ou de l'honneur, en présence de plusieurs milliers de témoins ⁶ qui rapporteraient chez eux les noms des vainqueurs et des vaincus. L'espérance et la crainte se peignaient dans les regards inquiets des spectateurs ; elles devenaient plus vives à mesure qu'on approchait de l'instant qui devait les dissiper. Cet instant arriva. La trompette donna le signal ⁷ ; les coureurs partirent, et dans un clin-d'œil parvinrent à la borne où se tenaient les présidens des jeux. Le héraut proclama le nom de Porus de Cyrène ⁸, et mille bouches le répétèrent.

L'honneur qu'il obtenait est le premier et le plus brillant de ceux qu'on décerne aux jeux olympiques, parce que la course du stade simple est la plus ancienne de celles qui ont été admises dans ces fêtes ⁹. Elle s'est dans la suite des temps diversifiée de plusieurs manières. Nous la vîmes successivement exécuter par des enfans qui avaient à peine atteint leur douzième année ¹⁰, et par des hommes qui couraient avec un casque, un bouclier et des espèces de bottines ¹¹.

Les jours suivans, d'autres champions furent appelés pour parcourir le double stade, c'est-à-dire, qu'après avoir atteint le but et doublé la borne, ils devaient retourner au point du départ ¹². Ces derniers furent remplacés par des athlètes qui fournirent douze fois la longueur du stade ¹³. Quelques uns concou-

¹ Plat. de leg. lib. 8, t. 2, p. 833. Heliod. AEthiop. lib. 4, p. 159. — ² Pausan. lib. 6, cap. 13, p. 482. — ³ Heliod. ibid. p. 162. — ⁴ Mém. de l'acad. des bell. lettr. t. 13, p. 481. — ⁵ Pind. olymp. 5, v. 8. Schol. ibid. — ⁶ Lucian. de gymn. cap. 10, t. 2, p. 890. — ⁷ Sophocl. in Electr. v. 713. — ⁸ Diod. lib. 16, cap. 2, p. 406. Afric. ap. Euseb. in chron. græc. p. 41. — ⁹ Pausan. lib. 5, cap. 8, p. 394. — ¹⁰ Id. lib. 6, cap. 2, p. 456; lib. 7, cap. 17, p. 567. — ¹¹ Id. lib. 6, cap. 10, p. 475; et cap. 17, p. 493. — ¹² Id. lib. 5, cap. 17, p. 420. — ¹³ Bernard. de pond. et mens. lib. 3, n° 32. Mém. de l'acad. des bell. lettr. t. 3, p. 309 et 311 ; t. 9, p. 396.

rurent dans plusieurs de ces exercices, et remportèrent plus d'un prix[1]. Parmi les incidens qui réveillèrent à diverses reprises l'attention de l'assemblée, nous vîmes des coureurs s'éclipser et se dérober aux insultes des spectateurs ; d'autres, sur le point de parvenir au terme de leurs désirs, tomber tout à coup sur un terrain glissant. On nous en fit remarquer dont les pas s'imprimaient à peine sur la poussière[2]. Deux Crotoniates tinrent long-temps les esprits en suspens : ils devançaient leurs adversaires de bien loin ; mais l'un d'eux ayant fait tomber l'autre en le poussant, un cri général s'éleva contre lui, et il fut privé de l'honneur de la victoire : car il est expressément défendu d'user de pareilles voies pour se la procurer[3] ; on permet seulement aux assistans d'animer par leurs cris les coureurs auxquels ils s'intéressent[4].

Les vainqueurs ne devaient être couronnés que dans le dernier jour des fêtes[5] ; mais, à la fin de leur course, ils reçurent, ou plutôt enlevèrent une palme qui leur était destinée[6]. Ce moment fut pour eux le commencement d'une suite de triomphes. Tout le monde s'empressait de les voir, de les féliciter : leurs parens, leurs amis, leurs compatriotes, versant des larmes de tendresse et de joie, les soulevaient sur leurs épaules pour les montrer aux assistans, et les livraient aux applaudissemens de toute l'assemblée, qui répandait sur eux des fleurs à pleines mains[7].

Le lendemain nous allâmes de bonne heure à l'Hippodrome, où devaient se faire la course des chevaux et celle des chars. Les gens riches peuvent seuls livrer ces combats, qui exigent en effet la plus grande dépense[8]. On voit dans toute la Grèce des particuliers se faire une occupation et un mérite de multiplier l'espèce des chevaux propres à la course, de les dresser, et de les présenter aux concours dans les jeux publics[9]. Comme ceux qui aspirent au prix ne sont pas obligés de les disputer eux-mêmes, souvent les souverains et les républiques se mettent au nombre des concurrens, et confient leur gloire à des écuyers habiles. On trouve sur la liste des vainqueurs, Théron, roi d'Agrigente ; Gélon et Hiéron, rois de Syracuse[10] ; Archélaüs, roi de Macé-

---

[1] Pausan. lib. 6, cap. 13, p. 482, etc. — [2] Solin. cap. 1, p. 9. — [3] Lucian. de calumn. cap. 12, t. 3, p. 141. Pausan. lib. 5, p. 441. — [4] Plat. in Phædon. t. 1, p. 61. Isocr. in Evag. t. 2, p. 111. — [5] Schol. Pind. olymp. 3, v. 33 ; olymp. 5., v. 14. — [6] Plut. sympos. lib. 8, quæst. 4. Pollux, lib. 3, § 145. Etymol. magn. in Βραϐ. — [7] Pausan. ibid. cap. 7, p. 469. Clem. Alex. pædotr. lib. 2, cap. 8, p. 213. — [8] Isocr. de bigis, t. 2, p. 437. — [9] Pind. isthm. 2, v. 55. Pausan. ibid. cap. 1, p. 453 ; cap. 2, 12, etc. — [10] Pind. olymp. 1, 2. Pausan. p. 473 et 479. Plut. apophth. lacon. t. 2, p. 230. Solin. cap. 9, p. 26.

doine; Pausanias, roi de Lacédémone; Clisthène, roi de Sicyone; et quantité d'autres, ainsi que plusieurs villes de la Grèce. Il est aisé de juger que de pareils rivaux doivent exciter la plus vive émulation. Ils étalent une magnificence que les particuliers cherchent à égaler, et qu'ils surpassent quelquefois. On se rappelle encore que dans les jeux où Alcibiade fut couronné, sept chars se présentèrent dans la carrière au nom de ce célèbre Athénien, et que trois de ces chars obtinrent le premier, le second et le quatrième prix [1].

Pendant que nous attendions le signal, on nous dit de regarder attentivement un dauphin de bronze placé au commencement de la lice, et un aigle de même métal posé sur un autel au milieu de la barrière. Bientôt nous vîmes le dauphin s'abaisser et se cacher dans la terre, l'aigle s'élever les ailes éployées, et se montrer aux spectateurs [2]; un grand nombre de cavaliers s'élancer dans l'Hippodrome, passer devant nous avec la rapidité d'un éclair, tourner autour de la borne qui est à l'extrémité, les uns ralentir leur course, les autres la précipiter, jusqu'à ce que l'un d'entre eux, redoublant ses efforts, eut laissé derrière lui ses concurrens affligés.

Le vainqueur avait disputé le prix au nom de Philippe, roi de Macédoine, qui aspirait à toutes les espèces de gloire, et qui en fut tout à coup si rassasié, qu'il demandait à la fortune de tempérer ses bienfaits par une disgrâce [3]. En effet, dans l'espace de quelques jours, il remporta cette victoire aux jeux olympiques; Parménion, un de ses généraux, battit les Illyriens; Olympias, son épouse, accoucha d'un fils : c'est le célèbre Alexandre [4].

Après que des athlètes à peine sortis de l'enfance eurent fourni la même carrière [5], elle fut remplie par quantité de chars qui se succédèrent les uns aux autres. Ils étaient attelés de deux chevaux dans une course [6], de deux poulains dans une autre, enfin de quatre chevaux dans la dernière, qui est la plus brillante et la plus glorieuse de toutes.

Pour en voir les préparatifs, nous entrâmes dans la barrière; nous y trouvâmes plusieurs chars magnifiques, retenus par des câbles qui s'étendaient le long de chaque file, et qui devaient tomber l'un après l'autre [7]. Ceux qui les conduisaient n'étaient vêtus que d'une étoffe légère. Leurs coursiers, dont ils pouvaient

---

[1] Thucyd. lib. 6, cap. 16. Isocr. de bigis, p. 437. Plut. in Alcib. t. 1, p. 196. — [2] Pausan. lib. 6, cap. 20, p. 503. — [3] Plut. apophth. t. 2, p. 177. — [4] Id. in Alex. t. 1, p. 666. Justin. lib. 12, cap. 16. — [5] Pausan. lib. 6, cap. 2, p. 455. — [6] Id. lib. 5, cap. 8, p. 395. — [7] Id. lib. 6. cap. 20, p. 503.

à peine modérer l'ardeur, attiraient tous les regards par leur beauté, quelques uns par les victoires qu'ils avaient déjà remportées [1]. Dès que le signal fut donné, ils s'avancèrent jusqu'à la seconde ligne [2], et, s'étant ainsi réunis avec les autres lignes, ils se présentèrent tous de front au commencement de la carrière. Dans l'instant on les vit, couverts de poussière [3], se croiser, se heurter, entraîner les chars avec une rapidité que l'œil avait peine à suivre. Leur impétuosité redoublait lorsqu'ils se trouvaient en présence de la statue d'un génie qui, dit-on, les pénètre d'une terreur secrète [4]; elle redoublait lorsqu'ils entendaient le son bruyant des trompettes [5] placées auprès d'une borne fameuse par les naufrages qu'elle occasione. Posée dans la largeur de la carrière, elle ne laisse pour le passage des chars qu'un défilé assez étroit, où l'habileté des guides vient très-souvent échouer. Le péril est d'autant plus redoutable, qu'il faut doubler la borne jusqu'à douze fois ; car on est obligé de parcourir douze fois la longueur de l'Hippodrome, soit en allant, soit en revenant [6].

A chaque évolution, il survenait quelque accident qui excitait des sentimens de pitié ou des rires insultans de la part de l'assemblée. Des chars avaient été emportés hors de la lice ; d'autres s'étaient brisés en se choquant avec violence : la carrière était parsemée de débris qui rendaient la course plus périlleuse encore. Il ne restait plus que cinq concurrens, un Thessalien, un Libyen, un Syracusain, un Corinthien et un Thébain. Les trois premiers étaient sur le point de doubler la borne pour la dernière fois. Le Thessalien se brise contre cet écueil [7] : il tombe embarrassé dans les rênes ; et tandis que ses chevaux se renversent sur ceux du Libyen qui le serrait de près, que ceux du Syracusain se précipitent dans une ravine qui borde en cet endroit la carrière [8], que tout retentit de cris perçans et multipliés, le Corinthien et le Thébain arrivent, saisissent le moment favorable, dépassent la borne, pressent de l'aiguillon leurs coursiers fougueux, et se présentent aux juges, qui décernent le premier prix au Corinthien, et le second au Thébain.

Pendant que durèrent les fêtes, et dans certains intervalles de la journée, nous quittions le spectacle, et nous parcourions les environs d'Olympie. Tantôt nous nous amusions à voir arriver des théories ou députations chargées d'offrir à Jupiter les

---

[1] Herodot. lib. 6, cap. 103. — [2] Pausan. lib. 6, cap. 20, p. 503. — [3] Sophocl. in Electr. v. 716. Horat. od. 1. — [4] Pausan. ibid. p. 504. — [5] Id. ibid. cap. 13, p. 484. — [6] Pind. olymp. 3, v. 59. Schol. ibid. olymp. 6, v. 126. Schol. ibid. Mém. de l'acad. des bell. lettr. t. 3, p. 314 ; t. 9, p. 391. — [7] Sophocl. in Electr. v. 747. — [8] Mém. de l'acad. des bell. lettr. t. 9, p. 384.

hommages de presque tous les peuples de la Grèce [1] ; tantôt nous étions frappés de l'intelligence et de l'activité des commerçans étrangers qui venaient dans ces lieux étaler leurs marchandises [2]. D'autres fois nous étions témoins des marques de distinction que certaines villes s'accordaient les unes aux autres [3]. C'étaient des décrets par lesquels elles se décernaient mutuellement des statues et des couronnes, et qu'elles faisaient lire dans les jeux olympiques afin de rendre la reconnaissance aussi publique que le bienfait.

Nous promenant un jour le long de l'Alphée, dont les bords ombragés d'arbres de toute espèce étaient couverts de tentes de différentes couleurs [4], nous vîmes un jeune homme, d'une jolie figure, jeter dans le fleuve des fragmens d'une palme qu'il tenait dans sa main, et accompagner cette offrande de vœux secrets : il venait de remporter le prix à la course, et il avait à peine atteint son troisième lustre. Nous l'interrogeâmes. Cet Alphée, nous dit-il, dont les eaux abondantes et pures fertilisent cette contrée, était un chasseur d'Arcadie [5] ; il soupirait pour Aréthuse qui le fuyait, et qui, pour se dérober à ses poursuites, se sauva en Sicile : elle fut métamorphosée en fontaine ; il fut changé en fleuve ; mais comme son amour n'était point éteint, les Dieux, pour couronner sa constance, lui ménagèrent une route dans le sein des mers, et lui permirent enfin de se réunir avec Aréthuse. Le jeune homme soupira en finissant ces mots.

Nous revenions souvent dans l'enceinte sacrée. Ici, des athlètes qui n'étaient pas encore entrés en lice, cherchaient dans les entrailles des victimes la destinée qui les attendait [6]. Là des trompettes, posées sur un grand autel, se disputaient le prix, unique objet de leur ambition. Plus loin, une foule d'étrangers rangés autour d'un portique, écoutaient un écho qui répétait jusqu'à sept fois les paroles qu'on lui adressait [7]. Partout s'offraient à nous des exemples frappans de faste et de vanité ; car ces jeux attirent tous ceux qui ont acquis de la célébrité, ou qui veulent en acquérir par leurs talens, leur savoir ou leurs richesses [8]. Ils viennent s'exposer aux regards de la multitude, toujours empressée auprès de ceux qui ont ou qui affectent de la supériorité.

Après la bataille de Salamine, Thémistocle parut au milieu du Stade, qui retentit aussitôt d'applaudissemens en son hon-

---

[1] Dinarc. in Demosth. p. 100. Pausan. lib. 5, cap. 15, p. 414. — [2] Cicer. tuscul. lib. 5, cap. 3, t. 2, p. 362. — [3] Demosth. de cor. p. 487. — [4] Andocid. in Alcib. p. 33. — [5] Pausan. ibid. cap. 7, p. 390. — [6] Pind. olymp. 8, v. 3. Schol. ibid. — [7] Plut. de garrul. t. 2, p. 502. Pausan. lib. 5, cap. 21, p. 434. — [8] Isocr. de bigis, t. 2, p. 436.

neur. Loin de s'occuper des jeux, les regards furent arrêtés sur lui pendant toute la journée ; on montrait aux étrangers, avec des cris de joie et d'admiration, cet homme qui avait sauvé la Grèce; et Thémistocle fut forcé d'avouer que ce jour avait été le plus beau de sa vie [1].

Nous apprîmes qu'à la dernière olympiade, Platon obtint un triomphe à peu près semblable. S'étant montré à ces jeux, toute l'assemblée fixa les yeux sur lui, et témoigna par les expressions les plus flatteuses la joie qu'inspirait sa présence [2].

Nous fûmes témoins d'une scène plus touchante encore. Un vieillard cherchait à se placer : après avoir parcouru plusieurs gradins, toujours repoussé par des plaisanteries offensantes, il parvint à celui des Lacédémoniens. Tous les jeunes gens, et la plupart des hommes, se levèrent avec respect, et lui offrirent leurs places. Des battemens de mains sans nombre éclatèrent à l'instant ; et le vieillard attendri ne put s'empêcher de dire : « Les » Grecs connaissent les règles de la bienséance; les Lacédémo- » niens les pratiquent [3]. »

Je vis dans l'enceinte un peintre, élève de Zeuxis, qui, à l'exemple de son maître [4], se promenait revêtu d'une superbe robe de pourpre, sur laquelle son nom était tracé en lettres d'or. On lui disait de tous côtés : Tu imites la vanité de Zeuxis, mais tu n'es pas Zeuxis.

J'y vis un Cyrénéen et un Corinthien, dont l'un faisait l'énumération de ses richesses, et l'autre de ses aïeux. Le Cyrénéen s'indignait du faste de son voisin; celui-ci riait de l'orgueil du Cyrénéen.

J'y vis un Ionien qui, avec des talens médiocres, avait réussi dans une petite négociation dont sa patrie l'avait chargé. Il avait pour lui la considération que les sots ont pour les parvenus. Un de ses amis le quitta pour me dire à l'oreille : Il n'aurait jamais cru qu'il fût si aisé d'être un grand homme.

Non loin de là, un sophiste tenait un vase à parfums et une étrille, comme s'il allait aux bains. Après s'être moqué des prétentions des autres, il monta sur un des côtés du temple de Jupiter, se plaça au milieu de la colonnade [5], et de cet endroit élevé il criait au peuple : Vous voyez cet anneau, c'est moi qui l'ai gravé ; ce vase et cette étrille, c'est moi qui les ai faits : ma chaussure, mon manteau, ma tunique et la ceinture qui l'assujétit, tout cela est mon ouvrage ; je suis prêt à vous lire des poëmes héroïques, des tragédies, des dithyrambes, toutes sortes

---

[1] Plut. in Themist. t. 1, p. 120. — [2] Neanth. ap. Diog. Laert. lib. 3, § 25. — [3] Plut. apophth. lacon. t. 2, p. 235. — [4] Plin. lib. 35, cap. 9, t. 2, p. 691. — [5] Philostr. vit. Apoll. lib. 4, cap. 31, p. 170.

d'ouvrages en prose, en vers, que j'ai composés sur toutes sortes de sujets : je suis prêt à discourir sur la musique, sur la grammaire ; prêt à répondre à toutes sortes de questions [1].

Pendant que ce sophiste étalait avec complaisance sa vanité, des peintres exposaient à tous les yeux les tableaux qu'ils venaient d'achever [2]; des rhapsodes chantaient des fragmens d'Homère et d'Hésiode : l'un d'entre eux nous fit entendre un poëme entier d'Empédocle [3]. Des poëtes, des orateurs, des philosophes, des historiens, placés aux péristyles des temples et dans les endroits éminens, récitaient leurs ouvrages [4] : les uns traitaient des sujets de morale ; d'autres faisaient l'éloge des jeux olympiques, ou de leur patrie, ou des princes dont ils mendiaient la protection [5].

Environ trente ans auparavant, Denys, tyran de Syracuse, avait voulu s'attirer l'admiration de l'assemblée. On y vit arriver de sa part, et sous la direction de son frère Théaridès, une députation solennelle, chargée de présenter des offrandes à Jupiter ; plusieurs chars attelés de quatre chevaux, pour disputer le prix de la course ; quantité de tentes somptueuses qu'on dressa dans la campagne, et une foule d'excellens déclamateurs qui devaient réciter publiquement les poésies de ce prince. Leur talent et la beauté de leur voix fixèrent d'abord l'attention des Grecs, déjà prévenus par la magnificence de tant d'apprêts ; mais bientôt, fatigués de cette lecture insipide, ils lancèrent contre Denys les traits les plus sanglans ; et leur mépris alla si loin, que plusieurs d'entre eux renversèrent ses tentes et les pillèrent. Pour comble de disgrâce, les chars sortirent de la lice, ou se brisèrent les uns contre les autres ; et le vaisseau qui ramenait ce cortége fut jeté par la tempête sur les côtes d'Italie. Tandis qu'à Syracuse le public disait que les vers de Denys avaient porté malheur aux déclamateurs, aux chevaux et au navire, on soutenait à la cour que l'envie s'attache toujours au talent [6]. Quatre ans après, Denys envoya de nouveaux ouvrages et des acteurs plus habiles, mais qui tombèrent encore plus honteusement que les premiers. A cette nouvelle, il se livra aux excès de la frénésie ; et n'ayant, pour soulager sa douleur, que la ressource des tyrans, il exila, et fit couper des têtes [7].

Nous suivions avec assiduité les lectures qui se faisaient à Olympie. Les présidens des jeux y assistaient quelquefois, et le peuple s'y portait avec empressement. Un jour qu'il paraissait

---

[1] Plat. in Hipp. t. 1, p. 363 et 368. — [2] Lucian. in Herodot. cap. 4, t. 1, p. 834. — [3] Athen. lib. 14, cap. 3, p. 620. — [4] Lucian. ibid. cap. 3. Plut. x rhet. vit. t. 2, p. 836. Pausan. lib. 6, cap. 17, p. 495, etc. Philostr. vit. soph. lib. 1, cap. 9, p. 493, etc. — [5] Plut. ibid. p. 845. — [6] Diod. lib. 14, p. 318. — [7] Id. ibid. p. 331.

écouter avec une attention plus marquée, on entendit retentir de tous côtés le nom de Polydamas. Aussitôt la plupart des assistans coururent après Polydamas. C'était un athlète de Thessalie, d'une grandeur et d'une force prodigieuse. On racontait de lui, qu'étant sans armes sur le mont Olympe, il avait abattu un lion énorme sous ses coups ; qu'ayant saisi un taureau furieux, l'animal ne put s'échapper qu'en laissant la corne de son pied entre les mains de l'athlète ; que les chevaux les plus vigoureux ne pouvaient faire avancer un char qu'il retenait par derrière d'une seule main. Il avait remporté plusieurs victoires dans les jeux publics ; mais, comme il était venu trop tard à Olympie, il ne put être admis au concours. Nous apprîmes dans la suite la fin tragique de cet homme extraordinaire : il était entré, avec quelques uns de ses amis, dans une caverne pour se garantir de la chaleur ; la voûte de la caverne s'entr'ouvrit ; ses amis s'enfuirent ; Podydamas voulut soutenir la montagne et en fut écrasé [1][a].

Plus il est difficile de se distinguer parmi les nations policées, plus la vanité y devient inquiète et capable des plus grands excès. Dans un autre voyage que je fis à Olympie, j'y vis un médecin de Syracuse, appelé Ménécrate, traînant à sa suite plusieurs de ceux qu'il avait guéris, et qui s'étaient obligés, avant le traitement, de le suivre partout [2]. L'un paraissait avec les attributs d'Hercule, un autre avec ceux d'Apollon, d'autres avec ceux de Mercure ou d'Esculape. Pour lui, revêtu d'une robe de pourpre, ayant une couronne d'or sur la tête et un sceptre à la main, il se donnait en spectacle sous le nom de Jupiter, et courait le monde, escorté de ces nouvelles divinités. Il écrivit un jour au roi de Macédoine la lettre suivante :

« Ménécrate-Jupiter à Philippe, salut. Tu règnes dans la Ma-
» cédoine, et moi dans la médecine ; tu donnes la mort à ceux
» qui se portent bien, je rends la vie aux malades ; ta garde est
» formée de Macédoniens, les dieux composent la mienne. »
Philippe lui répondit en deux mots, qu'il lui souhaitait un retour de raison [b]. Quelque temps après, ayant appris qu'il était en Macédoine, il le fit venir, et le pria à souper. Ménécrate et ses compagnons furent placés sur des lits superbes et exhaussés : devant eux était un autel chargé des prémices des moissons ; et pendant qu'on présentait un excellent repas aux autres convives, on n'offrit que des parfums et des libations à ces nou-

---

[1] Pausan. lib. 6, cap. 5, p. 463. — [a] Voyez la note XII à la fin du volume. — [2] Athen. lib. 7, cap. 10, t. 2, p. 289. — [b] Plutarque (apophth. lacon. t. 2, p. 213) attribue cette réponse à Agésilas, à qui, suivant lui, la lettre était adressée.

veaux dieux, qui, ne pouvant supporter cet affront, sortirent brusquement de la salle, et ne reparurent plus depuis.

Un autre trait ne sert pas moins à peindre les mœurs des Grecs, et la légèreté de leur caractère. Il se donna un combat dans l'enceinte sacrée, pendant qu'on célébrait les jeux, il y a huit ans. Ceux de Pise en avaient usurpé l'intendance [1] sur les Éléens, qui voulaient reprendre leurs droits. Les uns et les autres, soutenus de leurs alliés, pénétrèrent dans l'enceinte : l'action fut vive et meurtrière. On vit les spectateurs sans nombre que les fêtes avaient attirés, et qui étaient presque tous couronnés de fleurs, se ranger tranquillement autour du champ de bataille, témoigner dans cette occasion la même espèce d'intérêt que pour les combats des athlètes, et applaudir tour à tour, avec les mêmes transports, aux succès de l'une et de l'autre armée [2,a].

Il me reste à parler des exercices qui demandent plus de force que les précédens, tels que la lutte, le pugilat, le pancrace et le pentathle. Je ne suivrai point l'ordre dans lequel ces combats furent donnés, et je commencerai par la lutte.

On se propose dans cet exercice de jeter son adversaire par terre, et de le forcer à se déclarer vaincu. Les athlètes qui devaient concourir se tenaient dans un portique voisin ; ils furent appelés à midi [3]. Ils étaient au nombre de sept : on jeta autant de bulletins dans une boîte placée devant les présidens des jeux [4]. Deux de ces bulletins étaient marqués de la lettre A, deux autres de la lettre B, deux autres d'un C, et le septième d'un D. On les agita dans la boîte ; chaque athlète prit le sien, et l'un des présidens appareilla ceux qui avaient tiré la même lettre. Ainsi il y eut trois couples de lutteurs, et le septième fut réservé pour combattre contre les vainqueurs des autres [5]. Ils se dépouillèrent de tout vêtement, et, après s'être frottés d'huile [6], ils se roulèrent

---

[1] Pausan. lib. 6, cap. 4, p. 460. — [2] Xenoph. hist. græc. lib. 7, p. 639. Diod. lib. 15, p. 387. — [a] Une pareille scène, mais beaucoup plus horrible, fut renouvelée à Rome, au commencement de l'empire. Les soldats de Vespasien et ceux de Vitellius se livrèrent un sanglant combat dans le champ de Mars. Le peuple, rangé autour des deux armées, applaudissait alternativement aux succès de l'une et de l'autre (Tacit. hist. lib. 3, cap. 83). Cependant on voit dans ces deux exemples parallèles une différence frappante. A Olympie, les spectateurs ne montrèrent qu'un intérêt de curiosité ; au champ de Mars, ils se livrèrent aux excès de la joie et de la barbarie. Sans recourir à la différence des caractères et des mœurs, on peut dire que, dans ces deux occasions, la bataille était étrangère aux premiers, et qu'elle était pour les seconds une suite de leurs guerres civiles. — [3] Philostr. vit. Apoll. lib. 6, cap. 6, p. 235. — [4] Lucian. in Hermot. cap. 40, t. 1, p. 783. Fabr. agon. lib. 1, cap. 24. — [5] Julian. Cæsar. p. 317. — [6] Fabr. agon. lib. 2, cap. 5.

dans le sable, afin que leurs adversaires eussent moins de prise en voulant les saisir[1].

Aussitôt un Thébain et un Argien s'avancent dans le Stade : ils s'approchent, se mesurent des yeux, et s'empoignent par les bras. Tantôt appuyant leur front l'un contre l'autre[2], ils se poussent avec une action égale, paraissent immobiles, et s'épuisent en efforts superflus ; tantôt ils s'ébranlent par des secousses violentes, s'entrelacent comme des serpens, s'allongent, se raccourcissent, se plient en avant, en arrière, sur les côtés[3] : une sueur abondante coule de leurs membres affaiblis : ils respirent un moment, se prennent par le milieu du corps, et, après avoir employé de nouveau la ruse et la force, le Thébain enlève son adversaire ; mais il plie sous le poids : ils tombent, se roulent dans la poussière, et reprennent tour à tour le dessus. A la fin le Thébain, par l'entrelacement de ses jambes et de ses bras, suspend tous les mouvemens de son adversaire qu'il tient sous lui, le serre à la gorge, et le force à lever la main pour marque de sa défaite[4]. Ce n'est pas assez néanmoins pour obtenir la couronne ; il faut que le vainqueur terrasse au moins deux fois son rival[5], et communément ils en viennent trois fois aux mains[6]. L'Argien eut l'avantage dans la seconde action, et le Thébain reprit le sien dans la troisième.

Après que les deux autres couples de lutteurs eurent achevé leurs combats, les vaincus se retirèrent accablés de honte et de douleur[7]. Il restait trois vainqueurs, un Agrigentin, un Ephésien, et le Thébain dont j'ai parlé. Il restait aussi un Rhodien que le sort avait réservé. Il avait l'avantage d'entrer tout frais dans la lice ; mais il ne pouvait remporter le prix sans livrer plus d'un combat[8]. Il triompha de l'Agrigentin, fut terrassé par l'Ephésien, qui succomba sous le Thébain : ce dernier obtint la palme. Ainsi une première victoire doit en amener d'autres ; et, dans un concours de sept athlètes, il peut arriver que le vainqueur soit obligé de lutter contre quatre antagonistes[9] et d'engager avec chacun d'eux jusqu'à trois actions différentes.

Il n'est pas permis dans la lutte de porter des coups à son adversaire ; dans le pugilat, il n'est permis que de le frapper. Huit athlètes se présentèrent pour ce dernier exercice, et furent, ainsi que les lutteurs, appareillés par le sort. Ils avaient la tête couverte d'une calotte d'airain[10], et leurs poings étaient as-

---

[1] Lucian. in Anach. t. 2, p. 910. — [2] Id. ibid. p. 884. — [3] Mém. de l'acad. des bell. lettr. t. 3, p. 237. — [4] Fabr. agon. lib. 1, cap. 8. — [5] Mém. ibid. p. 250. — [6] AEschyl. in Eumen. v. 592. Schol. ibid. Plat. in Euthyd. t. 1, p. 277, etc. — [7] Pind. olymp. 8, v. 90. — [8] AEschyl. in choeph. v. 866. — [9] Pind. ibid. — [10] Eustath. in iliad. 23, p. 1324, lin. 38.

sujétis par des espèces de gantelets formés de lanières de cuir qui se croisaient en tous sens [1].

Les attaques furent aussi variées que les accidens qui les suivirent. Quelquefois on voyait deux athlètes faire divers mouvemens pour n'avoir pas le soleil devant les yeux, passer des heures entières à s'observer, à épier chacun l'instant où son adversaire laisserait une partie de son corps sans défense [2], à tenir leurs bras élevés et tendus de manière à mettre leur tête à couvert, à les agiter rapidement pour empêcher l'ennemi d'approcher [3]. Quelquefois ils s'attaquaient avec fureur, et faisaient pleuvoir l'un sur l'autre une grêle de coups. Nous en vîmes qui, se précipitant les bras levés sur leur ennemi prompt à les éviter, tombaient pesamment sur la terre, et se brisaient tout le corps; d'autres qui, épuisés et couverts de blessures mortelles, se soulevaient tout à coup et prenaient de nouvelles forces dans leur désespoir; d'autres enfin qu'on retirait du champ de bataille [4] n'ayant sur le visage aucun trait qu'on pût reconnaître, et ne donnant d'autre signe de vie que le sang qu'ils vomissaient à gros bouillons.

Je frémissais à la vue de ce spectacle; et mon âme s'ouvrait toute entière à la pitié quand je voyais de jeunes enfans faire l'apprentissage de tant de cruautés [5] : car on les appelait aux combats de la lutte et du ceste avant que d'appeler les hommes faits [6]. Cependant les Grecs se repaissaient avec plaisir de ces horreurs; ils animaient par leurs cris ces malheureux acharnés les uns contre les autres [7]; et les Grecs sont doux et humains! Certes les dieux nous ont accordé un pouvoir bien funeste et bien humiliant, celui de nous accoutumer à tout, et d'en venir au point de nous faire un jeu de la barbarie ainsi que du vice.

Les exercices cruels auxquels on élève ces enfans les épuisent de si bonne heure, que, dans la liste des vainqueurs aux jeux olympiques, on en trouve à peine deux ou trois qui aient remporté le prix dans leur enfance et dans un âge plus avancé [8].

Dans les autres exercices, il est aisé de juger du succès : dans le pugilat, il faut que l'un des combattans avoue sa défaite. Tant qu'il lui reste un degré de force, il ne désespère pas de la victoire, parce qu'elle peut dépendre de ses efforts et de sa fermeté. On nous raconta qu'un athlète ayant eu les dents brisées par un coup terrible, prit le parti de les avaler; et que son rival,

---

[1] Mém. de l'acad. des bell. lettr. t. 3, p. 267. — [2] Lucian. de calumn. t. 3, p. 139. — [3] Mém. ibid. p. 273. — [4] Anthol. lib. 2, cap. 1, epigr. 14. — [5] Pausan. lib. 5, cap. 8, p. 395; lib. 6, cap. 1, p. 452. — [6] Plut. sympos. lib. 2, cap. 5, t. 2, p. 639. — [7] Fabr. agon. lib. 2, cap. 30. — [8] Aristot. de rep. lib. 8, cap. 4, t. 2, p. 453.

voyant son attaque sans effet, se crut perdu sans ressource, et se déclara vaincu [1].

Cet espoir fait qu'un athlète cache ses douleurs sous un air menaçant et une contenance fière; qu'il risque souvent de périr, qu'il périt en effet quelquefois [2], malgré l'attention du vainqueur, et la sévérité des lois qui défendent à ce dernier de tuer son adversaire, sous peine d'être privé de la couronne [3]. La plupart, en échappant à ce danger, restent estropiés toute leur vie, ou conservent des cicatrices qui les défigurent [4]. De là vient peut-être que cet exercice est le moins estimé de tous, et qu'il est presque entièrement abandonné aux gens du peuple [5].

Au reste, ces hommes durs et féroces supportent plus facilement les coups et les blessures que la chaleur qui les accable [6] : car ces combats se donnent dans le canton de la Grèce, dans la saison de l'année, dans l'heure du jour où les feux du soleil sont si ardens, que les spectateurs ont de la peine à les soutenir [7].

Ce fut dans le moment qu'ils semblaient redoubler de violence que se donna le combat du pancrace, exercice composé de la lutte et du pugilat [8]; à cette différence près, que les athlètes, ne devant pas se saisir au corps, n'ont point les mains armées de gantelets, et portent des coups moins dangereux. L'action fut bientôt terminée : il était venu la veille un Sicyonien nommé Sostrate, célèbre par quantité de couronnes qu'il avait recueillies, et par les qualités qui les lui avaient procurées [9]. La plupart de ses rivaux furent écartés par sa présence [10]; les autres par ses premiers essais : car, dans ces préliminaires où les athlètes préludent en se prenant par les mains, il serrait et tordait avec tant de violence les doigts de ses adversaires, qu'il décidait sur-le-champ la victoire en sa faveur.

Les athlètes dont j'ai fait mention ne s'étaient exercés que dans ce genre; ceux dont je vais parler s'exercent dans toutes les espèces de combats. En effet, le pentathle comprend non-seulement la course à pied, la lutte, le pugilat et le pancrace, mais encore le saut, le jet du disque et celui du javelot [11].

Dans ce dernier exercice, il suffit de lancer le javelot, et de frapper au but proposé. Les disques ou palets sont des masses de métal ou de pierre de forme lenticulaire, c'est-à-dire rondes, et plus épaisses dans le milieu que vers les bords, très-lourdes,

---

[1] AElian. var. hist. lib. 10, cap. 19. — [2] Schol. Pind. olymp. 5, v. 34. — [3] Pausan. lib. 6, cap. 9, p. 474. — [4] Anthol. lib. 2, cap. 1, epigr. 1 et 2. — [5] Isocr. de bigis, t. 2, p. 437. — [6] Cicer. de clar. orat. cap. 69, t. 1, p. 394. — [7] Aristot. probl. 38, t. 2, p. 837. AElian. ibid. lib. 14, cap. 18. — [8] Aristot. de rhet. t. 2, p. 524. Plut. sympos. lib. 2, cap. 4, t. 2, p. 628. — [9] Pausan. ibid. cap. 4, p. 460. — [10] Philon. de eo quod deter. p. 160. — [11] Mém. de l'acad. des bell. lettr. t. 3, p. 320.

d'une surface très-polie, et par là même très-difficiles à saisir [1].
On en conserve trois à Olympie, qu'on présente à chaque renouvellement des jeux [2], et dont l'un est percé d'un trou pour y passer une courroie [3]. L'athlète, placé sur une petite élévation [4] pratiquée dans le Stade, tient le palais avec sa main, ou par le moyen d'une courroie, l'agite circulairement [5], et le lance de toutes ses forces : le palet vole dans les airs, tombe et roule dans la lice. On marque l'endroit où il s'arrête, et c'est à le dépasser que tendent les efforts successifs des autres athlètes.

Il faut obtenir le même avantage dans le saut, exercice dont tous les mouvemens s'exécutent au son de la flûte [6]. Les athlètes tiennent dans leurs mains des contre-poids qui, dit-on, leur facilitent les moyens de franchir un plus grand espace [7]. Quelques uns s'élancent au-delà de cinquante pieds [8] [a].

Les athlètes qui disputent le prix du pantathle doivent, pour l'obtenir, triompher au moins dans les trois premiers combats auxquels ils s'engagent [9]. Quoiqu'ils ne puissent pas se mesurer en particulier avec les athlètes de chaque profession, ils sont néanmoins très-estimés [10], parce qu'en s'appliquant à donner au corps la force, la souplesse et la légèreté dont il est susceptible, ils remplissent tous les objets qu'on s'est proposé dans l'institution des jeux et de la gymnastique.

Le dernier jour des fêtes fut destiné à couronner les vainqueurs [11]. Cette cérémonie glorieuse pour eux se fit dans le bois sacré [12], et fut précédée par des sacrifices pompeux. Quand ils furent achevés, les vainqueurs, à la suite des présidens des jeux, se rendirent au théâtre, parés de riches habits [13], et tenant une palme à la main [14]. Ils marchaient dans l'ivresse de la joie [15], au son des flûtes [16], entourés d'un peuple immense dont les applaudissemens faisaient retentir les airs. On voyait ensuite paraître d'autres athlètes montés sur des chevaux et sur des chars. Leurs coursiers superbes se montraient avec toute la fierté de la victoire ; ils étaient ornés de fleurs [17], et semblaient participer au triomphe.

[1] Mém. de l'acad. des bell. lettr. t. 3, p. 334. — [2] Pausan. lib. 6, cap. 19, p. 498. — [3] Eustath. in iliad. 8, p. 1591. — [4] Philostr. icon. lib. 1, cap. 24, p. 798. — [5] Homer. iliad. lib. 23, v. 840 ; odyss. lib. 8, v. 189. — [6] Pausan. lib. 5, cap. 7, p. 392 ; cap. 17, p. 421. — [7] Aristot. probl. 5, t. 2, p. 709 ; id. de animal. incess. cap. 3, t. 1, p. 734. Pausan. ibid. cap. 26, p. 446. Lucian. de gymnas. t. 2, p. 909. — [8] Eustath. in odyss. lib. 8, t. 3, p. 1591. Schol. Aristoph. in acharn. v. 213. — [a] Quarante-sept de nos pieds, plus deux pouces huit lignes. — [9] Plut. sympos. lib. 9, t. 2, p. 738. Pausan. lib. 3, cap. 11, p. 232. — [10] Mém. ibid. p. 322. — [11] Schol. Pind. in olymp. 3, v. 33 ; ibid. 5, v. 14, p. 56. — [12] Philostr. vit. Apoll. lib. 8, cap. 18. — [13] Lucian. in Demon. t. 2, p. 382. — [14] Plut. ibid. lib. 8, cap. 4, t. 2, p. 723. Vitruv. præf. lib. 9, p. 173. — [15] Pind. olymp. 9, v. 6. — [16] Pausan. lib. 5, p. 392. — [17] Pind. ibid. 3, v. 10.

Parvenus au théâtre, les présidens des jeux firent commencer l'hymne composé autrefois par le poëte Archiloque, et destiné à relever la gloire des vainqueurs et l'éclat de cette cérémonie [1]. Après que les spectateurs eurent joint à chaque reprise leurs voix à celle des musiciens, le hérant se leva, et annonça que Porus de Cyrène avait remporté le prix du Stade. Cet athlète se présenta devant le chef des présidens [2], qui lui mit sur la tête une couronne d'olivier sauvage, cueillie, comme toutes celles qu'on distribue à Olympie, sur un arbre qui est derrière le temple de Jupiter [3], et qui est devenu par sa destination l'objet de la vénération publique. Aussitôt toutes ces expressions de joie et d'admiration dont on l'avait honoré dans le moment de sa victoire se renouvelèrent avec tant de force et de profusion, que Porus me parut au comble de la gloire [4]. C'est en effet à cette hauteur que tous les assistans le voyaient placé; et je n'étais plus surpris des épreuves laborieuses auxquelles se soumettent les athlètes, ni des effets extraordinaires que ce concert de louanges a produits plus d'une fois. On nous disait à cette occasion que le sage Chilon expira de joie en embrassant son fils qui venait de remporter la victoire [5], et que l'assemblée des jeux olympiques se fit un devoir d'assister à ses funérailles. Dans le siècle dernier, ajoutait-on, nos pères furent témoins d'une scène encore plus intéressante.

Diagoras de Rhodes, qui avait rehaussé l'éclat de sa naissance par une victoire remportée dans nos jeux [6], amena dans ces lieux deux de ses enfans qui concourrurent, et méritèrent la couronne [7]. A peine l'eurent-ils reçue, qu'ils la posèrent sur la tête de leur père, et, le prenant sur leurs épaules, le menèrent en triomphe au milieu des spectateurs, qui le félicitaient en jetant des fleurs sur lui, et dont quelques uns lui disaient : Mourez, Diagoras, car vous n'avez plus rien à désirer [8]. Le vieillard, ne pouvant suffire à son bonheur, expira aux yeux de l'assemblée attendrie de ce spectacle, baigné des pleurs de ses enfans, qui le pressaient entre leurs bras [9].

Ces éloges donnés aux vainqueurs sont quelquefois troublés, ou plutôt honorés par les fureurs de l'envie. Aux acclamations publiques j'entendis quelquefois se mêler des sifflemens de la part de plusieurs particuliers nés dans les villes ennemies de celles qui avaient donné le jour aux vainqueurs [10].

[1] Pind. olymp. 9, v. 1. Schol. ibid. — [2] Pind. ibid. 3, v. 21. — [3] Pausan. lib. 5, cap. 15, p. 414. — [4] Pind. ibid. 3, v. 77. Schol. ibid. — [5] Diog. Laert. lib. 1, cap. 72. Plin. lib. 7, cap. 32, t. 1, p. 394. — [6] Pind. ibid. 7. — [7] Pausan. lib. 6, cap. 7, p. 469. — [8] Cicer. tuscul. lib. 1, cap. 46, t. 2, p. 272. Plut. in Pelop. t. 1, p. 297. — [9] Aul. Gell. lib. 3, cap. 15. — [10] Plut. apophth. lacon. t. 2, p. 230.

A ces traits de jalousie, je vis succéder des traits non moins frappans d'adulation ou de générosité. Quelques uns de ceux qui avaient remporté le prix à la course des chevaux et des chars, faisaient proclamer à leur place des personnes dont ils voulaient se ménager la faveur ou conserver l'amitié [1]. Les athlètes qui triomphent dans les autres combats, ne pouvant se substituer personne, ont aussi des ressources pour satisfaire leur avarice; ils se disent, au moment de la proclamation, originaires d'une ville de laquelle ils ont reçu des présens [2], et risquent ainsi d'être exilés de leur patrie, dont ils ont sacrifié la gloire [3]. Le roi Denys, qui trouvait plus facile d'illustrer sa capitale que de la rendre heureuse, envoya plus d'une fois des agens à Olympie pour engager les vainqueurs des jeux à se déclarer Syracusains [4]; mais, comme l'honneur ne s'acquiert pas à prix d'argent, ce fut une égale honte pour lui d'avoir corrompu les uns et de n'avoir pu corrompre les autres.

La voie de séduction est souvent employée pour écarter un concurrent redoutable, pour l'engager à céder la victoire en ménageant ses forces [5], pour tenter l'intégrité des juges; mais les athlètes convaincus de ces manœuvres sont fouettés avec des verges [6], ou condamnés à de fortes amendes. On voit ici plusieurs statues de Jupiter en bronze construites des sommes provenues de ces amendes. Les inscriptions dont elles sont accompagnées éternisent la nature du délit et le nom des coupables [7].

Le jour même du couronnement, les vainqueurs offrirent des sacrifices en actions de grâces [8]. Ils furent inscrits dans les registres publics des Éléens [9], et magnifiquement traités dans une des salles du Prytanée [10]. Les jours suivans, ils donnèrent eux-mêmes des repas dont la musique et la danse augmentèrent les agrémens [11]. La poésie fut ensuite chargée d'immortaliser leurs noms; et la sculpture, de les représenter sur le marbre ou sur l'airain, quelques uns dans la même attitude où ils avaient remporté la victoire [12].

Suivant l'ancien usage, ces hommes, déjà comblés d'honneurs sur le champ de bataille, rentrent dans leur patrie avec tout l'appareil du triomphe [13], précédés et suivis d'un cortége

---

[1] Herodot. lib. 6, cap. 103. — [2] Pausan. lib. 6, p. 459 et 481. — [3] Id. ibid. p. 497. — [4] Id. ibid. p. 455. — [5] Id. lib. 5, cap. 21, p. 430 et 434. — [6] Thucyd. lib. 5, cap. 50. Pausan. lib. 6, cap. 2, p. 454. Philostr. vit. Apoll. lib. 5, cap. 7, p. 192. — [7] Pausan. lib. 5, cap. 21, p. 430. — [8] Schol. Pind. in olymp. 5, p. 56. — [9] Pausan. ibid. p. 432 et 466. — [10] Id. ibid. cap. 15, p. 416. — [11] Pind. olymp. 9. v. 6; olymp. 10, v. 92. Schol. p. 116. Athen. lib. 1, cap. 3, p. 3. Plut. in Alcib. t. 1, p. 196. — [12] Pausan. ibid. cap. 27, p. 450; lib. 6, cap. 13, p. 483. Nep. in Chabr. cap. 12. Fabr. agon. lib. 2, cap. 20. — [13] Mém. de l'acad. des bell. lettr. t. 1, p. 274.

nombreux, vêtus d'une robe teinte en pourpre [1], quelquefois sur un char à deux ou à quatre chevaux [2], et par une brèche pratiquée dans le mur de la ville [3]. On cite encore l'exemple d'un citoyen d'Agrigente en Sicile, nommé Exénète [4], qui parut dans cette ville sur un char magnifique, et accompagné de quantité d'autres chars, parmi lesquels on en distinguait trois cents attelés de chevaux blancs.

En certains endroits, le trésor public leur fournit une subsistance honnête [5]; en d'autres, ils sont exempts de toute charge : à Lacédémone, ils ont l'honneur, dans un jour de bataille, de combattre auprès du roi [6] : presque partout ils ont la préséance à la représentation des jeux [7]; et le titre de vainqueur olympique, ajouté à leur nom, leur concilie une estime et des égards qui font le bonheur de leur vie [8].

Quelques uns font rejaillir les distinctions qu'ils reçoivent sur les chevaux qui les leur ont procurées; ils leur ménagent une vieillesse heureuse ; ils leur accordent une sépulture honorable [9]; et quelquefois même ils élèvent des pyramides sur leurs tombeaux [10].

CHAPITRE XXXIX.

SUITE DU VOYAGE DE L'ÉLIDE.

Xénophon à Scillonte.

Xénophon avait une habitation à Scillonte, petite ville située à vingt stades d'Olympie [11] [a]. Quelques années auparavant, les troubles du Péloponèse l'avaient obligé de s'en éloigner [12], et d'aller s'établir à Corinthe, où je le trouvai lorsque j'arrivai en Grèce [b]. Dès qu'ils furent apaisés, il revint à Scillonte [c], et le lendemain des fêtes nous nous rendîmes chez lui avec Diodore son fils, qui ne nous avait pas quittés pendant tout le temps qu'elles durèrent.

[1] Aristoph. in nub. v. 70. Schol. Theocr. in idyll. 2, v. 74. — [2] Vitruv. præfat. lib. 9, p. 173. Diod. lib. 13, p. 204. — [3] Plut. sympos. lib. 2, cap. 5, t. 2, p. 639. — [4] Diod. ibid. — [5] Timocl. ap. Athen. lib. 6, cap. 8, p. 237. Diog. Laert. in Solon. lib. 1, § 55. Plut. in Aristid. t. 1, p. 335. — [6] Plut. in Lycurg. t. 1, p. 53. Id. sympos. lib. 2, cap. 5, t. 2, p. 639. — [7] Xenophan. ap. Athen. lib. 10, cap. 2, p. 414. — [8] Plat. de rep. lib. 5, t. 2, p. 465 et 466. — [9] Herodot. lib. 6, cap. 103. Plut. in Caton. t. 1, p. 339. AElian. de animal. lib. 12, cap. 10. — [10] Plin. lib. 8, cap. 42. — [11] Xenoph. exped. Cyr. lib. 5, p. 350. — [a] Environ trois quarts de lieue. — [12] Diog. Laert. lib. 2, § 53. — [b] Voyez le chap. IX de cet ouvrage. — [c] Voyez la note XIII à la fin du volume.

Le domaine de Xénophon était considérable. Il en devait une partie à la générosité des Lacédémoniens [1]; il avait acheté l'autre pour la consacrer à Diane, et s'acquitter ainsi d'un vœu qu'il fit en revenant de Perse. Il réservait le dixième du produit pour l'entretien d'un temple qu'il avait construit en l'honneur de la déesse, et pour un pompeux sacrifice qu'il renouvelait tous les ans [2].

Auprès du temple s'élève un verger qui donne diverses espèces de fruits. Le Sélinus, petite rivière abondante en poisson, promène avec lenteur ses eaux limpides au pied d'une riche colline, à travers des prairies où paissent tranquillement les animaux destinés aux sacrifices. Au dedans, au dehors de la terre sacrée, des bois, distribués dans la plaine ou sur les montagnes, servent de retraite aux chevreuils, aux cerfs et aux sangliers [3].

C'est dans cet heureux séjour que Xénophon avait composé la plupart de ses ouvrages [4], et que depuis une longue suite d'années il coulait des jours consacrés à la philosophie, à la bienfaisance, à l'agriculture, à la chasse, à tous les exercices qui entretiennent la liberté de l'esprit et la santé du corps. Ses premiers soins furent de nous procurer les amusemens assortis à notre âge, et ceux que la campagne offre à un âge plus avancé. Il nous montrait ses chevaux, ses plantations, les détails de son ménage; et nous vîmes presque partout réduits en pratique les préceptes qu'il avait semés dans ses différens ouvrages [5]. D'autres fois il nous exhortait d'aller à la chasse, qu'il ne cessait de recommander aux jeunes gens, comme l'exercice le plus propre à les accoutumer aux travaux de la guerre [6].

Diodore nous menait souvent à celle des cailles, des perdrix, et de plusieurs sortes d'oiseaux [7]. Nous en tirions de leurs cages pour les attacher au milieu de nos filets. Les oiseaux de même espèce, attirés par leurs cris, tombaient dans le piége, et perdaient la vie ou la liberté [8].

Ces jeux en amenaient d'autres plus vifs et plus variés. Diodore avait plusieurs meutes de chiens, l'une pour le lièvre, une autre pour le cerf, une troisième, tirée de la Laconie ou de la Locride, pour le sanglier [9]. Il les connaissait tous par leurs noms [a], leurs défauts et leurs bonnes qualités [10]. Il savait mieux que per-

---

[1] Pausan. lib. 5, cap. 6, p. 388. Dinarch. ap. Diog. Laert. lib. 2, § 52. — [2] Xenoph. exped. Cyr. lib. 5, p. 350. — [3] Id. ibid. Pausan. ibid. — [4] Plut. de exil. t. 2, p. 605. Diog. Laert. ibid. — [5] Xenoph. memor. lib. 5, p. 818; id. de re equestr. p. 932. — [6] Id. de venat. p. 974 et 975. — [7] Id. memor. lib. 2, p. 734. — [8] Aristoph. in av. v. 1083. Schol. ibid. — [9] Xenoph. de venat. p. 991. — [a] On avait soin de donner aux chiens des noms très-courts, et composés de deux syllabes, tels que Thimos, Lochos, Phylax, Phonex, Brémon, Psyché, Hébé, etc. (Xenoph. ibid. p. 987.) — [10] Id. ibid. p. 987 et 996.

sonne la tactique de cette espèce de guerre, et il en parlait aussi bien que son père en avait écrit [1]. Voici comment se faisait la chasse du lièvre.

On avait tendu des filets de différentes grandeurs dans les sentiers et dans les issues secrètes par où l'animal pouvait s'échapper [2]. Nous sortîmes habillés à la légère, un bâton à la main [3]. Le piqueur détacha un des chiens ; et dès qu'il le vit sur la voie, il découpla les autres, et bientôt le lièvre fut lancé. Dans ce moment tout sert à redoubler l'intérêt, les cris de la meute, ceux des chasseurs qui l'animent [4], les courses et les ruses du lièvre, qu'on voit dans un clin-d'œil parcourir la plaine et les collines, franchir les fossés, s'enfoncer dans les taillis, paraître et disparaître plusieurs fois, et finir par s'engager dans l'un des piéges qui l'attendent au passage. Un garde placé tout auprès s'empare de la proie, et là présente aux chasseurs, qu'il appelle de la voix et du geste [5]. Dans la joie du triomphe, on commence une nouvelle battue. Nous en faisions plusieurs dans la journée [6]. Quelquefois le lièvre nous échappait en passant le Sélinus à la nage [7].

A l'occasion du sacrifice que Xénophon offrait tous les ans à Diane [8], ses voisins, hommes et femmes, se rendaient à Scillonte. Il traitait lui-même ses amis [9]. Le trésor du temple était chargé de l'entretien des autres spectateurs [10]. On leur fournissait du vin, du pain, de la farine, des fruits, et une partie des victimes immolées ; on leur distribuait aussi les sangliers, les cerfs et les chevreuils qu'avait fait tomber sous ses coups la jeunesse des environs, qui, pour se trouver aux différentes chasses, s'était rendue à Scillonte quelques jours avant la fête [11].

Pour la chasse du sanglier, nous avions des épieux, des javelots et de gros filets. Les pieds de l'animal récemment gravés sur le terrain, l'impression de ses dents restée sur l'écorce des arbres, et d'autres indices nous menèrent auprès d'un taillis fort épais [12]. On détacha un chien de Laconie ; il suivit la trace, et, parvenu au fort où se tenait l'animal, il nous avertit par un cri de sa découverte. On le retira aussitôt ; on dressa les filets dans les refuites ; nous prîmes nos postes. Le sanglier arriva de mon côté. Loin de s'engager dans le filet, il s'arrêta, et soutint pendant quelques momens l'attaque de la meute entière, dont les aboiemens faisaient retentir la forêt, et celle des chasseurs, qui s'approchaient pour lui lancer des traits et des pierres. Bientôt après, il fondit sur Moschion, qui l'attendit de pied ferme dans

---

[1] Xenoph. de venat. p. 972. — [2] Id. ibid. p. 983. — [3] Id. ibid. p. 984. — [4] Id. ibid. p. 985. — [5] Id. ibid. p. 984. — [6] Id. ibid. p. 986. — [7] Id. ibid. p. 980. — [8] Id. exped. Cyr. lib. 5, p. 350. — [9] Diog. Laert. lib. 2, § 52. — [10] Xenoph. ibid. — [11] Id. ibid. — [12] Id. de venat. p. 992.

le dessein de l'enferrer; mais l'épieu glissa sur l'épaule, et tomba des mains du chasseur, qui sur-le-champ prit le parti de se coucher la face contre terre [1].

Je crus sa perte assurée. Déjà le sanglier, ne trouvant point de prise pour le soulever, le foulait aux pieds, lorsqu'il vit Diodore qui accourait au secours de son compagnon : il s'élança aussitôt sur ce nouvel ennemi, qui, plus adroit ou plus heureux, lui plongea son épieu à la jointure de l'épaule. Nous eûmes alors un exemple effrayant de la férocité de cet animal. Quoique atteint d'un coup mortel, il continua de s'avancer avec fureur contre Diodore, et s'enfonça lui-même le fer jusqu'à la garde [2]. Plusieurs de nos chiens furent tués ou blessés dans cette action, moins pourtant que dans une seconde où le sanglier se fit battre pendant toute une journée. D'autres sangliers, poursuivis par les chiens, tombèrent dans des piéges qu'on avait couverts de branches [3].

Les jours suivans, des cerfs périrent de la même manière [4]. Nous en lançâmes plusieurs autres, et notre meute les fatigua tellement, qu'ils s'arrêtaient à la portée de nos traits, ou se jetaient tantôt dans des étangs, et tantôt dans la mer [5].

Pendant tout le temps que durèrent les chasses, la conversation n'avait pas d'autre objet. On racontait les moyens imaginés par différens peuples pour prendre les lions, les panthères, les ours, et les diverses espèces d'animaux féroces. En certains endroits, on mêle du poison aux eaux stagnantes et aux alimens dont ils apaisent leur faim ou leur soif : en d'autres, des cavaliers forment une enceinte pendant la nuit autour de l'animal, et l'attaquent au point du jour, souvent au risque de leur vie. Ailleurs, on creuse une fosse large et profonde ; on y laisse en réserve une colonne de terre, sur laquelle on attache une chèvre ; tout autour est construite une palissade impénétrable et sans issue : l'animal sauvage, attiré par les cris de la chèvre, saute par-dessus la barrière, tombe dans la fosse, et ne peut plus en sortir [6].

On disait encore qu'il s'est établi entre les éperviers et les habitans d'un canton de la Thrace une espèce de société ; que les premiers poursuivent les petits oiseaux, et les forcent de se rabattre sur la terre ; que les seconds les tuent à coups de bâton, les prennent aux filets, et partagent la proie avec leurs associés [7]. Je doute du fait ; mais, après tout, ce ne serait pas la première

---

[1] Xénoph. de venat. p. 993. — [2] Id. ibid. — [3] Id. ibid. p. 994. — [4] Id. ibid. p. 990. — [5] Id. ibid. p. 991. — [6] Id. ibid. p. 995. — [7] Aristot. hist. animal. lib. 9, cap. 36, t. 1, p. 940. Ælian. de nat. anim. lib. 2, cap. 42.

fois que des ennemis irréconciliables se seraient réunis pour ne laisser aucune ressource à la faiblesse.

Comme rien n'est si intéressant que d'étudier un grand homme dans sa retraite, nous passions une partie de la journée à nous entretenir avec Xénophon, à l'écouter, à l'interroger, à le suivre dans les détails de sa vie privée. Nous retrouvions dans ses conversations la douceur et l'élégance qui règnent dans ses écrits. Il avait tout à la fois le courage des grandes choses et celui des petites, beaucoup plus rare et plus nécessaire que le premier : il devait à l'un une fermeté inébranlable, à l'autre une patience invincible.

Quelques années auparavant, sa fermeté fut mise à la plus rude épreuve pour un cœur sensible. Gryllus, l'aîné de ses fils, qui servait dans la cavalerie athénienne, ayant été tué à la bataille de Mantinée, cette nouvelle fut annoncée à Xénophon au moment qu'entouré de ses amis et de ses domestiques il offrait un sacrifice. Au milieu des cérémonies, un murmure confus et plaintif se fait entendre; le courrier s'approche : les Thébains ont vaincu, lui dit-il, et Gryllus... Des larmes abondantes l'empêchent d'achever. Comment est-il mort? répond ce malheureux père en ôtant la couronne qui lui ceignait le front. Après les plus beaux exploits, avec les regrets de toute l'armée, reprit le courrier. A ces mots, Xénophon remit la couronne sur sa tête, et acheva le sacrifice [1]. Je voulus un jour lui parler de cette perte; il se contenta de me répondre : Hélas! je savais qu'il était mortel [2]; et il détourna la conversation.

Une autre fois, nous lui demandâmes comment il avait connu Socrate. J'étais bien jeune, dit-il; je le rencontrai dans une rue d'Athènes fort étroite : il me barra le chemin avec son bâton, et me demanda où l'on trouvait les choses nécessaires à la vie. Au marché, lui répondis-je. Mais, répliqua-t-il, où trouve-t-on à devenir honnête homme? Comme j'hésitais, il me dit : Suivez-moi, et vous l'apprendrez [3]. Je le suivis, et ne le quittai que pour me rendre à l'armée de Cyrus. A mon retour, j'appris que les Athéniens avaient fait mourir le plus juste des hommes. Je n'eus d'autre consolation que de transmettre par mes écrits les preuves de son innocence aux nations de la Grèce, et peut-être même à la postérité. Je n'en ai pas de plus grande maintenant que de rappeler sa mémoire et de m'entretenir de ses vertus.

Comme nous partagions un intérêt si vif et si tendre, il nous instruisit en détail du système de vie que Socrate avait embrassé,

---

[1] Diog. Laert. lib. 2, § 54. AElian. var. hist. lib. 3, cap. 3. Stob. serm. 7, p. 90. — [2] Val. Max. lib. 5, cap. 10, extern. n°. 2. — [3] Diog. Laert. ibid. § 48.

et nous exposa sa doctrine, telle qu'elle était en effet, bornée uniquement à la morale [1], sans mélange de dogmes étrangers, sans toutes ces discussions de physique et de métaphysique que Platon a prêtées à son maître [2]. Comment pourrais-je blâmer Platon, pour qui je conserve une vénération profonde? Cependant, il faut l'avouer, c'est moins dans ses dialogues que dans ceux de Xénophon qu'on doit étudier les opinions de Socrate. Je tâcherai de les développer dans la suite de cet ouvrage, enrichi presque partout des lumières que je dois aux conversations de Scillonte.

L'esprit orné de connaissances utiles, et depuis long-temps exercé à la réflexion, Xénophon écrivit pour rendre les hommes meilleurs en les éclairant; et tel était son amour pour la vérité, qu'il ne travailla sur la politique qu'après avoir approfondi la nature des gouvernemens; sur l'histoire, que pour raconter des faits qui, pour la plupart, s'étaient passés sous ses yeux; sur l'art militaire, qu'après avoir servi et commandé avec la plus grande distinction; sur la morale, qu'après avoir pratiqué les leçons qu'il en donnait aux autres.

J'ai connu peu de philosophes aussi vertueux, peu d'hommes aussi aimables. Avec quelle complaisance et quelle grâce il répondait à nos questions! Nous promenant un jour sur les bords du Sélinus, Diodore, Philotas et moi, nous eûmes une dispute assez vive sur la tyrannie des passions. Ils prétendaient que l'amour même ne pouvait nous asservir malgré nous. Je soutenais le contraire. Xénophon survint; nous le prîmes pour juge; il nous raconta l'histoire suivante :

Panthée et Abradate.

Après la bataille que le grand Cyrus gagna contre les Assyriens, on partagea le butin, et l'on réserva pour ce prince une tente superbe, et une captive qui surpassait toutes les autres en beauté : c'était Panthée, reine de la Susiane [3]. Abradate, son époux, était allé dans la Bactriane chercher des secours pour l'armée des Assyriens.

Cyrus refusa de la voir, et en confia la garde à un jeune seigneur mède, nommé Araspe, qui avait été élevé avec lui. Araspe décrivit la situation humiliante où elle se trouvait quand elle s'offrit à ses yeux. Elle était, dit-il, dans sa tente, assise par terre, entourée de ses femmes, vêtue comme une esclave, la tête baissée et couverte d'un voile. Nous lui ordonnâmes de se lever : toutes ses femmes se levèrent à la fois. Un de nous cher-

---
[1] Aristot. metaphys. lib. 1, cap. 6, t. 2, p. 848. — [2] Id. ibid. p. 847. Theopomp. ap. Athen. lib. 11, p. 508. Diog. Laert. lib. 3, § 35. Bruck. histor. philos. t. 1, p. 11 et 697. Moshem. in Cudw. t. 1, p. 241 et 600. — [3] Xenoph. instit. Cyr. lib. 5, p. 114.

chant à la consoler : Nous savons, lui dit-il, que votre époux a mérité votre amour par ses qualités brillantes ; mais Cyrus, à qui vous êtes destinée, est le prince le plus accompli de l'Orient [1]. A ces mots elle déchira son voile ; et ses sanglots, mêlés avec les cris de ses suivantes, nous peignirent toute l'horreur de son état. Nous eûmes alors plus de temps pour la considérer, et nous pouvons vous assurer que jamais l'Asie n'a produit une pareille beauté ; mais vous en jugerez bientôt vous-même.

Non, dit Cyrus, votre récit est un nouveau motif pour moi d'éviter sa présence : si je la voyais une fois, je voudrais la voir encore, et je risquerais d'oublier auprès d'elle le soin de ma gloire et de mes conquêtes. Et pensez-vous, reprit le jeune Mède, que la beauté exerce son empire avec tant de force, qu'elle puisse nous écarter de notre devoir malgré nous-même ? Pourquoi donc ne soumet-elle pas également tous les cœurs ? D'où vient que nous n'oserions porter des regards incestueux sur celles de qui nous tenons le jour, ou qui l'ont reçu de nous ? C'est que la loi nous le défend ; elle est donc plus forte que l'amour. Mais si elle nous ordonnait d'être insensibles à la faim et à la soif, au froid et à la chaleur, ses ordres seraient suivis de la révolte de tous nos sens. C'est que la nature est plus forte que la loi. Ainsi rien ne pourrait résister à l'amour, s'il était invincible par lui-même ; ainsi on n'aime que quand on veut aimer [2].

Si l'on était le maître de s'imposer ce joug, dit Cyrus, on ne le serait pas moins de le secouer. Cependant j'ai vu des amans verser des larmes de douleur sur la perte de leur liberté, et s'agiter dans des chaînes qu'ils ne pouvaient ni rompre ni porter.

C'étaient, répondit le jeune homme, de ces cœurs lâches, qui font un crime à l'amour de leur propre faiblesse. Les âmes généreuses soumettent leurs passions à leur devoir.

Araspe ! Araspe ! dit Cyrus en le quittant, ne voyez pas si souvent la princesse [3].

Panthée joignait aux avantages de la figure des qualités que le malheur rendait encore plus touchantes. Araspe crut devoir lui accorder des soins, qu'il multipliait sans s'en apercevoir ; et, comme elle y répondait par des attentions qu'elle ne pouvait lui refuser, il confondit ces expressions de reconnaissance avec le désir de plaire [4], et conçut insensiblement pour elle un amour si effréné, qu'il ne put plus le contenir dans le silence. Panthée en rejeta l'aveu sans hésiter ; mais elle n'en avertit Cyrus que lorsque Araspe l'eût menacée d'en venir aux dernières extrémités [5].

Cyrus fit dire aussitôt à son favori qu'il devait employer auprès

---

[1] Xenoph. instit. Cyr. lib. 5, p. 115. — [2] Id. ibid. p. 116. — [3] Id. ibid. p. 117. — [4] Id. ibid. — [5] Id. ibid. lib. 6, p. 153.

de la princesse les voies de la persuasion, et non celles de la violence. Cet avis fut un coup de foudre pour Araspe. Il rougit de sa conduite ; et la crainte d'avoir déplu à son maître le remplit tellement de honte et de douleur, que Cyrus, touché de son état, le fit venir en sa présence. « Pourquoi, lui dit-il, crai-
» gnez-vous de m'aborder ? Je sais trop bien que l'amour se
» joue de la sagesse des hommes et de la puissance des dieux.
» Moi-même, ce n'est qu'en l'évitant que je me soustrais à ses
» coups. Je ne vous impute point une faute dont je suis le pre-
» mier auteur ; c'est moi qui, en vous confiant la princesse
» vous ai exposé à des dangers au-dessus de vos forces. Eh quoi !
» s'écria le jeune Mède, tandis que mes ennemis triomphent,
» que mes amis consternés me conseillent de me dérober à votre
» colère, que tout le monde se réunit pour m'accabler, c'est
» mon roi qui daigne me consoler ! O Cyrus ! vous êtes toujours
» semblable à vous-même, toujours indulgent pour des fai-
» blesses que vous ne partagez pas, et que vous excusez parce
» que vous connaissez les hommes.

» Profitons, reprit Cyrus, de la disposition des esprits. Je
» veux être instruit des forces et des projets de mes ennemis :
» passez dans leur camp; votre fuite simulée aura l'air d'une
» disgrâce, et vous attirera leur confiance. J'y vole, répondit
» Araspe, trop heureux d'expier ma faute par un si faible ser-
» vice. Mais pourrez-vous, dit Cyrus, vous séparer de la belle
» Panthée [1] ? Je l'avouerai, répliqua le jeune Mède, mon cœur
» est déchiré, et je ne sens que trop aujourd'hui que nous avons
» en nous-mêmes deux âmes, dont l'une nous porte sans cesse
» vers le mal, et l'autre vers le bien. Je m'étais livré jusqu'à pré-
» sent à la première ; mais, fortifiée de votre secours, la seconde
» va triompher de sa rivale [2]. » Araspe reçut ensuite des ordres secrets, et partit pour l'armée des Assyriens.

Ayant achevé ces mots, Xénophon garda le silence. Nous en parûmes surpris. La question n'est-elle pas résolue ? nous dit-il. Oui, répondit Philotas ; mais l'histoire n'est pas finie, et elle nous intéresse plus que la question. Xénophon sourit, et continua de cette manière :

Panthée, instruite de la retraite d'Araspe, fit dire à Cyrus qu'elle pouvait lui ménager un ami plus fidèle, et peut-être plus utile que ce jeune favori. C'était Abradate qu'elle voulait détacher du service du roi d'Assyrie, dont il avait lieu d'être mécontent. Cyrus ayant donné son agrément à cette négociation, Abradate, à la tête de deux mille cavaliers, s'approcha de l'armée des Perses, et Cyrus le fit aussitôt conduire à l'appartement

[1] Xenoph. instit. Cyr. lib. 6, p. 154. — [2] Id. ibid.

de Panthée [1]. Dans ce désordre d'idées et de sentimens que produit un bonheur attendu depuis long-temps et presque sans espoir, elle lui fit le récit de sa captivité, de ses souffrances, des projets d'Araspe, de la générosité de Cyrus; et son époux, impatient d'exprimer sa reconnaissance, courut auprès de ce prince, et, lui serrant la main : « Ah! Cyrus, lui dit-il, pour tout ce que je » vous dois, je ne puis vous offrir que mon amitié, mes services » et mes soldats. Mais soyez bien assuré que, quels que soient » vos projets, Abradate en sera toujours le plus ferme soutien. » Cyrus reçut ses offres avec transport, et ils concertèrent ensemble les dispositions de la bataille [2].

Les troupes des Assyriens, des Lydiens, et d'une assez grande partie de l'Asie, étaient en présence de l'armée de Cyrus. Abradate devait attaquer la redoutable phalange des Égyptiens : c'était le sort qui l'avait placé dans ce poste dangereux, qu'il avait demandé lui-même, et que les autres généraux avaient d'abord refusé de lui céder [3].

Il allait monter sur son char, lorsque Panthée vint lui présenter des armes qu'elle avait fait préparer en secret, et sur lesquelles on remarquait les dépouilles des ornemens dont elle se parait quelquefois. « Vous m'avez donc sacrifié jusqu'à votre » parure ! lui dit le prince attendri. Hélas ! répondit-elle, je » n'en veux pas d'autre, si ce n'est que vous paraissiez aujour-» d'hui à tout le monde tel que vous me paraissez sans cesse à » moi-même. » En disant ces mots, elle le couvrait de ces armes brillantes, et ses yeux versaient des pleurs qu'elle s'empressait de cacher [4].

Quand elle le vit saisir les rênes, elle fit écarter les assistans, et lui tint ce discours : « Si jamais femme a mille fois plus aimé » son époux qu'elle-même, c'est la vôtre sans doute, et sa » conduite doit vous le prouver mieux que ses paroles. Eh » bien, malgré la violence de ce sentiment, j'aimerais mieux, » et j'en jure par les liens qui nous unissent; j'aimerais mieux » expirer avec vous dans le sein de l'honneur que de vivre avec » un époux dont j'aurais à partager la honte. Souvenez-vous des » obligations que nous avons à Cyrus : souvenez-vous que j'étais » dans les fers, et qu'il m'en a tirée; que j'étais exposée à l'in-» sulte, et qu'il a pris ma défense : souvenez-vous enfin que je » l'ai privé de son ami, et qu'il a cru, sur mes promesses, en » trouver un plus vaillant, et sans doute plus fidèle, dans mon » cher Abradate [5]. »

Le prince, ravi d'entendre ces paroles, étendit les mains sur

---

[1] Xenoph. instit. Cyr. lib. 6, p. 155. — [2] Id. ibid. — [3] Id ibid. p. 168. — [4] Id. ibid. p. 169. — [5] Id. ibid.

la tête de son épouse; et, levant les yeux au ciel : « Grands
» dieux! s'écria-t-il, faites que je me montre aujourd'hui digne
» ami de Cyrus, et surtout digne époux de Panthée. » Aussitôt il s'élança dans le char, sur lequel cette princesse éperdue
n'eut que le temps d'appliquer sa bouche tremblante. Dans l'égarement de ses esprits, elle le suivit à pas précipités dans la plaine ;
mais Abradate, s'en étant aperçu, la conjura de se retirer et de
s'armer de courage. Ses eunuques et ses femmes s'approchèrent
alors, et la dérobèrent aux regards de la multitude, qui, toujours fixés sur elle, n'avaient pu contempler ni la beauté d'Abradate, ni la magnificence de ses vêtemens[1].

La bataille se donna près du Pactole. L'armée de Crœsus fut
entièrement défaite; le vaste empire des Lydiens s'écroula dans
un instant, et celui des Perses s'éleva sur ses ruines.

Le jour qui suivit la victoire, Cyrus, étonné de n'avoir pas
revu Abradate, en demanda des nouvelles avec inquiétude[2]; et
l'un de ses officiers lui apprit que ce prince, abandonné presque
au commencement de l'action par une partie de ses troupes, n'en
avait pas moins attaqué avec la plus grande valeur la phalange
égyptienne ; qu'il avait été tué, après avoir vu périr tous ses
amis autour de lui; que Panthée avait fait transporter son corps
sur les bords du Pactole, et qu'elle était occupée à lui élever un
tombeau.

Cyrus, pénétré de douleur, ordonne aussitôt de porter en ce
lieu les préparatifs des funérailles qu'il destine au héros : il les
devance lui-même : il arrive, il voit la malheureuse Panthée
assise par terre auprès du corps sanglant de son mari. Ses yeux
se remplissent de larmes : il veut serrer cette main qui vient de
combattre pour lui; mais elle reste entre les siennes, le fer tranchant l'avait abattue au plus fort de la mêlée. L'émotion de Cyrus redouble, et Panthée fait entendre des cris déchirans. Elle
reprend la main, et, après l'avoir couverte de larmes abondantes
et de baisers enflammés, elle tâche de la rejoindre au reste du
bras, et prononce enfin ces mots qui expirent sur ses lèvres :
« Eh bien, Cyrus, vous voyez le malheur qui me poursuit ; et
» pourquoi voulez-vous en être le témoin? C'est pour moi, c'est
» pour vous qu'il a perdu le jour. Insensée que j'étais, je voulais qu'il méritât votre estime ; et, trop fidèle à mes conseils, il
» a moins songé à ses intérêts qu'aux vôtres. Il est mort dans le
» sein de la gloire, je le sais; mais enfin il est mort, et je vis
» encore ! »

Cyrus, après avoir pleuré quelque temps en silence, lui répondit : « La victoire a couronné sa vie, et sa fin ne pouvait être

---

[1] Xenoph. instit. Cyr. lib. 6, p. 170. — Id. ibid. lib. 7, p. 184.

» plus glorieuse. Acceptez ces ornemens qui doivent l'accompa-
» gner au tombeau, et ces victimes qu'on doit immoler en son
» honneur. J'aurai soin de consacrer à sa mémoire un monu-
» ment qui l'éternisera. Quant à vous, je ne vous abandonne-
» rai point; je respecte trop vos vertus et vos malheurs. Indi-
» quez-moi seulement les lieux où vous voulez être conduite. »

Panthée l'ayant assuré qu'il en serait bientôt instruit, et ce prince s'étant retiré, elle fit éloigner ses eunuques, et approcher une femme qui avait élevé son enfance : « Ayez soin, lui
» dit-elle, dès que mes yeux seront fermés, de couvrir d'un
» même voile le corps de mon époux et le mien. » L'esclave voulut la fléchir par des prières; mais, comme elles ne faisaient qu'irriter une douleur trop légitime, elle s'assit, fondant en larmes, auprès de sa maîtresse. Alors Panthée saisit un poignard, s'en perça le sein, et eut encore la force, en expirant, de poser sa tête sur le cœur de son époux[1].

Ses femmes et toute sa suite poussèrent aussitôt des cris de douleur et de désespoir. Trois de ses eunuques s'immolèrent eux-mêmes aux mânes de leur souveraine; et Cyrus, qui était accouru à la première annonce de ce malheur, pleura de nouveau le sort de ces deux époux, et leur fit élever un tombeau où leurs cendres furent confondues[2].

CHAPITRE XL.

Voyage de Messénie (Atlas, pl. 31 et 32).

Nous partîmes de Scillonte; et, après avoir traversé la Triphylie, nous arrivâmes sur les bords de la Néda, qui sépare l'Élide de la Messénie[3].

Dans le dessein où nous étions de parcourir les côtes de cette dernière province, nous allâmes nous embarquer au port de Cyparissia; et le lendemain nous abordâmes à Pylos, situé sous le mont Ægalée[4]. Les vaisseaux trouvent une retraite paisible dans sa rade, presque entièrement fermée par l'île Sphactérie[5]. Les environs n'offrent de tous côtés que des bois, des roches escarpées, un terrain stérile, une solitude profonde[6]. Les Lacédémoniens, maîtres de la Messénie pendant la guerre du Péloponèse, les avaient absolument négligés; mais les Athéniens, s'en

---

[1] Xenoph. instit. Cyr. lib. 7, p. 185. — [2] Id. ibid. p. 186. — [3] Pausan. lib. 4, cap. 20, p. 327. Strab. lib. 8, p. 348.— [4] Id. ibid. p. 359.— [5] Thucyd. lib. 4, cap. 8. Diod. lib. 12, p. 113.— [6] Thucyd. ibid. Pausan. ibid. cap. 36, p. 372.

étant rendus maîtres, se hâtèrent de les fortifier, et repoussèrent par mer et par terre les troupes de Lacédémone et celles de leurs alliés. Depuis cette époque, Pylos, ainsi que tous les lieux où les hommes se sont égorgés, excite la curiosité des voyageurs [1].

On nous fit voir une statue de la Victoire qu'y laissèrent les Athéniens [2]; et de là remontant aux siècles lointains, on nous disait que le sage Nestor avait gouverné cette contrée. Nous eûmes beau représenter que, suivant Homère, il régnait dans la Triphylie [3] : pour toute réponse, on nous montra la maison de ce prince, son portrait, et la grotte où il renfermait ses bœufs [4]. Nous voulûmes insister; mais nous nous convainquîmes bientôt que les peuples et les particuliers, fiers de leur origine, n'aiment pas toujours qu'on discute leurs titres.

En continuant de raser la côte jusqu'au fond du golfe de Messénie, nous vîmes à Mothone [a] un puits dont l'eau, naturellement imprégnée de particules de poix, a l'odeur et la couleur du baume de Cysique [5]; à Colonides, des habitans qui, sans avoir ni les mœurs ni la langue des Athéniens, prétendent descendre de ce peuple, parce qu'auprès d'Athènes est un bourg nommé Colone [6]; plus loin, un temple d'Apollon, aussi célèbre qu'ancien, où les malades viennent chercher et croient trouver leur guérison [7]; plus loin encore, la ville de Coronée [b], récemment construite par ordre d'Épaminondas [8]; enfin, l'embouchure du Pamisus, où nous entrâmes à pleines voiles, car les vaisseaux peuvent le remonter jusqu'à dix stades [9][c].

Ce fleuve est le plus grand de ceux du Péloponèse, quoique depuis sa source jusqu'à la mer on ne compte que cent stades environ [10][d]. Sa carrière est bornée, mais il la fournit avec distinction : il donne l'idée d'une vie courte et remplie de beaux jours. Ses eaux pures ne semblent couler que pour le bonheur de tout ce qui l'environne. Les meilleurs poissons de la mer s'y plaisent dans toutes les saisons; et, au retour du printemps, ils se hâtent de remonter ce fleuve pour y déposer leur frai [11].

Pendant que nous abordions, nous vîmes des vaisseaux qui nous parurent de construction étrangère, et qui venaient à rames et à voiles. Ils approchent; des passagers de tout âge et de tout sexe se précipitent sur le rivage, se prosternent et s'écrient : Heureux, mille et mille fois heureux le jour qui vous rend à nos désirs! Nous vous arrosons de nos pleurs, terre chérie que nos pères ont

[1] Pausan. lib. 4, cap. 36, p. 372. — [2] Id. ibid. — [3] Strab. lib. 8, p. 350. — [4] Pausan. ibid. p. 371. — [a] Aujourd'hui Modon. — [5] Pausan. ibid. cap. 35, p. 369. — [6] Id. ibid. cap. 34, p. 365. — [7] Pausan. ibid. — [b] Aujourd'hui Coron. — [8] Id. ibid. — [9] Id. ibid. p. 363. — [c] Plus d'un quart de lieue. — [10] Strab. ibid. p. 361. — [d] Environ trois lieues trois quarts. — [11] Pausan. ibid. p. 363.

possédée, terre sacrée qui renfermez les cendres de nos pères!
Je m'approchai d'un vieillard qui se nommait Xénoclès, et qui
paraissait être le chef de cette multitude; je lui demandai qui ils
étaient, d'où ils venaient. Vous voyez, répondit-il, les descendans de ces Messéniens que la barbarie de Lacédémone força
autrefois de quitter leur patrie, et qui, sous la conduite de Comon, un de mes aïeux, se réfugièrent aux extrémités de la
Libye, dans un pays qui n'a point de commerce avec les nations
de la Grèce. Nous avons long-temps ignoré qu'Épaminondas
avait, il y a environ quinze ans, rendu la liberté à la Messénie,
et rappelé ses anciens habitans[1]. Quand nous en fûmes instruits,
des obstacles invincibles nous arrêtèrent. La mort d'Épaminondas suspendit encore notre retour. Nous venons enfin jouir
de ses bienfaits.

Nous nous joignîmes à ces étrangers; et, après avoir traversé
des plaines fertiles, nous arrivâmes à Messène (*Atlas*, pl. 31
et 32), située comme Corinthe au pied d'une montagne, et devenue comme cette ville un des boulevarts du Péloponèse[2].

Les murs de Messène, construits de pierres de taille, couronnés de créneaux, et flanqués de tours[a], sont plus forts et plus
élevés que ceux de Bysance, de Rhodes, et des autres villes de
la Grèce[3]. Ils embrassent dans leur circuit le mont Ithome. Au
dedans, nous vîmes une grande place ornée de temples, de
statues, et d'une fontaine abondante. De toutes parts s'élevaient
de beaux édifices; et l'on pouvait juger, d'après ces premiers essais, de la magnificence que Messène étalerait dans la suite[4].

Les nouveaux habitans furent reçus avec autant de distinction
que d'empressement; et le lendemain ils allèrent offrir leurs
hommages au temple de Jupiter, placé sur le sommet de la
montagne[5], au milieu d'une citadelle qui réunit les ressources
de l'art aux avantages de la position.

Le mont est un des plus élevés[6], et le temple un des plus anciens du Péloponèse[7]; c'est là, dit-on, que des nymphes prirent
soin de l'enfance de Jupiter. La statue de ce dieu, ouvrage
d'Agéladas, est déposée dans la maison d'un prêtre qui n'exerce
le sacerdoce que pendant une année, et qui ne l'obtient que
par la voie de l'élection[8]. Celui qui l'occupait alors s'appelait
Célénus; il avait passé la plus grande partie de sa vie en Sicile.

Ce jour-là même on célébrait en l'honneur de Jupiter une

[1] Pausan. lib. 4, cap. 26, p. 342. — [2] Polyb. lib. 7, p. 505. Strab. lib. 8,
p. 361. — [a] Trente-huit de ces tours subsistaient encore il y a cinquante ans;
M. l'abbé Fourmont les avait vues. (Mém. de l'acad. des bell. lettr. t. 7,
hist. p. 355.) — [3] Pausan. ibid. cap. 31, p. 356. — [4] Mém. ibid. — [5] Pausan.
ibid. cap. 33, p. 361. — [6] Id. ibid. cap. 9, p. 301. — [7] Id. ibid. cap. 3,
p. 287. — [8] Id. ibid. cap. 33, p. 361.

fête annuelle qui attire les peuples des provinces voisines. Les flancs de la montagne étaient couverts d'hommes et de femmes qui s'empressaient d'atteindre son sommet. Nous fûmes témoins des cérémonies saintes ; nous assistâmes à des combats de musique, institués depuis une longue suite de siècles [1]. La joie des Messéniens de Libye offrait un spectacle touchant, et dont l'intérêt fut augmenté par une circonstance imprévue : Célénus, le prêtre de Jupiter, reconnut un frère dans le chef de ces familles infortunées, et il ne pouvait s'arracher de ses bras. Ils se rappelèrent les funestes circonstances qui les séparèrent autrefois l'un de l'autre. Nous passâmes quelques jours avec ces deux respectables vieillards, avec plusieurs de leurs parens et de leurs amis.

De la maison de Célénus, l'œil pouvait embrasser la Messénie entière, et en suivre les limites dans un espace d'environ huit cents stades [2][a]. La vue s'étendait, au nord, sur l'Arcadie et sur l'Élide ; à l'ouest et au sud, sur la mer et sur les îles voisines ; à l'est, sur une chaîne de montagnes qui, sous le nom de Taygète, séparent cette province de celle de Laconie. Elle se reposait ensuite sur le tableau renfermé dans cette enceinte. On nous montrait, à diverses distances, de riches campagnes entrecoupées de collines et de rivières, couvertes de troupeaux et de poulains qui font la richesse des habitans [3]. Je dis alors : Au petit nombre de cultivateurs que nous avons aperçus en venant ici, il me paraît que la population de cette province n'est pas en proportion avec sa fertilité. Ne vous en prenez, répondit Xénoclès, qu'aux barbares dont ces montagnes nous dérobent l'aspect odieux. Pendant quatre siècles entiers, les Lacédémoniens ont ravagé la Messénie, et laissé pour tout partage à ses habitans la guerre ou l'exil, la mort ou l'esclavage.

Nous n'avions qu'une légère idée de ces funestes révolutions ; Xénoclès s'en aperçut, il en gémit, et, adressant la parole à son fils : Prenez votre lyre, dit-il, et chantez ces trois élégies conservées dans ma famille, les deux premières composées par Comon, et la troisième par Euclète, mon père, pour soulager leur douleur, et perpétuer le souvenir des maux que votre patrie avait essuyés [b]. Le jeune homme obéit et commença de cette manière.

---

[1] Pausan. lib. 4, cap. 33, p. 361. — [2] Strab. lib. 8, p. 362. — [a] Trente lieues et un quart. — [3] Eurip. et Tyrt. ap. Strab. lib. 8, p. 366. Plat. in Alcib. 1, t. 2, p. 122. Pausan. ibid. p. 288 et 316. Plut. in Ages. t. 1, p. 615. — [b] Voyez la note XIV à la fin du volume.

PREMIÈRE ÉLÉGIE.

Sur la première guerre de Messénie [a].

Bannis de la Grèce, étrangers aux autres peuples, nous ne tenions aux hommes que par la stérile pitié qu'ils daignaient quelquefois accorder à nos malheurs. Qui l'eût dit, qu'après avoir si long-temps erré sur les flots, nous parviendrions au port des Évespérides [1], dans une contrée que la nature et la paix enrichissent de leurs dons précieux? Ici la terre, comblant les vœux du laboureur, rend le centuple de grains qu'on lui confie [2]; des rivières paisibles serpentent dans la plaine, près d'un vallon ombragé de lauriers, de myrtes, de grenadiers et d'arbres de toute espèce [3]. Au-delà sont des sables brûlans, des peuples barbares, des animaux féroces : mais nous n'avons rien à redouter ; il n'y a point de Lacédémoniens parmi eux.

Les habitans de ces belles retraites, attendris sur nos maux, nous ont généreusement offert un asile. Cependant la douleur consume nos jours, et nos faibles plaisirs rendent nos regrets plus amers. Hélas! combien de fois, errant dans ces vergers délicieux, j'ai senti mes larmes couler au souvenir de la Messénie! O bords fortunés du Pamisus, temples augustes, bois sacrés, campagnes si souvent abreuvées du sang de nos aïeux! non, je ne saurais vous oublier. Et vous, féroces Spartiates, je vous jure, au nom de cinquante mille Messéniens que vous avez dispersés sur la terre, une haine aussi implacable que votre cruauté ; je vous la jure au nom de leurs descendans, au nom des cœurs sensibles de tous les temps et de tous les lieux.

Restes malheureux de tant de héros plus malheureux encore, puissent mes chants, modelés sur ceux de Tyrtée et d'Archiloque, gronder sans cesse à vos oreilles, comme la trompette qui donne le signal au guerrier, comme le tonnerre qui trouble le sommeil du lâche! Puissent-ils, offrant nuit et jour à vos yeux les ombres menaçantes de vos pères, laisser dans vos âmes une blessure qui saigne nuit et jour!

Les Messéniens jouissaient depuis plusieurs siècles d'une tranquillité profonde sur une terre qui suffisait à leurs besoins, sous les douces influences d'un ciel toujours serein. Ils étaient libres; ils avaient des lois sages, des mœurs simples, des rois qui les aimaient [4], et des fêtes riantes qui les délassaient de leurs travaux.

[a] Cette guerre commença l'an 743 avant J. C., et finit l'an 723 avant la même ère.— [1] Pausan. lib. 4, cap. 26, p. 342.— [2] Herodot. lib. 4, cap. 198. — [3] Scylac. peripl. ap. geogr. min. t. 1, p. 46. Plin. lib. 5, cap. 5, p. 249. — [4] Pausan. ibid. cap. 3, p. 286.

Tout à coup l'alliance qui les avait unis avec les Lacédémoniens reçoit des atteintes mortelles ; on s'accuse, on s'aigrit de part et d'autre ; aux plaintes succèdent les menaces. L'ambition, jusqu'alors enchaînée par les lois de Lycurgue, saisit ce moment pour briser ses fers, appelle à grands cris l'injustice et la violence, se glisse avec ce cortége infernal dans le cœur des Spartiates, et leur fait jurer sur les autels de ne pas déposer les armes jusqu'à ce qu'ils aient asservi la Messénie [1]. Fière de ce premier triomphe, elle les mène à l'un des sommets du mont Taygète, et de là, leur montrant les riches campagnes exposées à leurs yeux, elle les introduit dans une place forte qui appartenait à leurs anciens alliés, et qui servait de barrière aux deux empires [2].

A cette nouvelle, vos aieux, incapables de supporter un outrage, accourent en foule au palais de nos rois. Euphaès occupait alors le trône : il écoute les avis des principaux de la nation ; sa bouche est l'organe de la sagesse. Il excite l'ardeur des Messéniens, il la suspend jusqu'à ce qu'elle puisse éclater avec succès [3]. Des années entières suffisent à peine pour accoutumer à la discipline un peuple trop familiarisé sans doute avec les douceurs d'une longue paix. Il apprit dans l'intervalle à voir sans murmurer ses moissons enlevées par les Lacédémoniens, à faire lui-même des incursions dans la Laconie.

Deux fois le moment de la vengeance parut s'approcher ; deux fois les forces des deux États luttèrent entre elles. Mais la victoire n'osa terminer cette grande querelle, et son indécision accéléra la ruine des Messéniens. Leur armée s'affaiblissait de jour en jour par la perte d'un grand nombre de guerriers, par les garnisons qu'il fallait entretenir dans les différentes places, par la désertion des esclaves, par une épidémie qui commençait à ravager une contrée autrefois si florissante.

Dans cette extrémité, on résolut de se retrancher sur le mont Ithome [4], et de consulter l'oracle de Delphes. Les prêtres, et non les dieux, dictèrent cette réponse barbare : Le salut de la Messénie dépend du sacrifice d'une jeune fille tirée au sort, et choisie dans la maison régnante [5].

D'anciens préjugés ferment les yeux sur l'atrocité de l'obéissance. On apporte l'urne fatale ; le sort condamne la fille de Lyciscus, qui la dérobe soudain à tous les regards, et s'enfuit avec elle à Lacédémone. Le guerrier Aristodême s'avance à l'instant, et, malgré le tendre intérêt qui gémit au fond de son cœur, il

---

[1] Justin. lib. 3, cap. 4. — [2] Pausan. lib. 4, cap. 5, p. 292. — [3] Id. ibid. cap. 7, p. 295. — [4] Id. ibid. cap. 9, p. 301. — [5] Id. ibid. Euseb. præp. evang. lib. 5, cap. 27, p. 223.

présente la sienne aux autels. Elle était fiancée à l'un des favoris du roi, qui accourt à sa défense. Il soutient qu'on ne peut sans son aveu disposer de son épouse. Il va plus loin, il flétrit l'innocence pour la sauver, et déclare que l'hymen est consommé. L'horreur de l'imposture, la crainte du déshonneur, l'amour paternel, le salut de la patrie, la sainteté de sa parole, une foule de mouvemens contraires agitent avec tant de violence l'âme d'Aristodême, qu'elle a besoin de se soulager par un coup de désespoir. Il saisit un poignard ; sa fille tombe morte à ses pieds ; tous les spectateurs frémissent. Le prêtre, insatiable de cruautés, s'écrie : « Ce n'est pas la piété, c'est la fu- » reur qui a guidé le bras du meurtrier ; les dieux demandent » une autre victime. » Il en faut une, répond le peuple en fureur ; et il se jette sur le malheureux amant, qui aurait péri, si le roi n'eût calmé les esprits en leur persuadant que les conditions de l'oracle étaient remplies.

Sparte s'endurcissait de plus en plus dans ses projets de conquête ; elle les annonçait par des hostilités fréquentes, par des combats sanglans. Dans l'une de ces batailles, le roi Euphaës fut tué, et remplacé par Aristodême [1] : dans une autre, où plusieurs peuples du Péloponèse s'étaient joints aux Messéniens [2], nos ennemis furent battus, et trois cents d'entre eux, pris les armes à la main, arrosèrent nos autels de leur sang [3].

Le siége d'Ithome continuait avec la même vigueur. Aristodême en prolongeait la durée par sa vigilance, son courage, la confiance de ses troupes, et le cruel souvenir de sa fille. Dans la suite, des oracles imposteurs, des prodiges effrayans ébranlèrent sa constance. Il désespéra du salut de la Messénie, et, s'étant percé de son épée, il rendit les derniers soupirs sur le tombeau de sa fille [4].

Les assiégés se défendirent encore pendant plusieurs mois ; mais, après avoir perdu leurs généraux et leurs plus braves soldats, se voyant sans provisions et sans ressources, ils abandonnèrent la place. Les uns se retirèrent chez les nations voisines, les autres dans leurs anciennes demeures, où les vainqueurs les forcèrent de jurer l'exécution des articles suivans : « Vous » n'entreprendrez rien contre notre autorité ; vous cultiverez » vos terres ; mais vous nous apporterez tous les ans la moitié » de leur produit. A la mort des rois et des principaux magis- » trats de Sparte, vous paraîtrez, hommes et femmes, en

---

[1] Pausan. lib. 4, cap. 10, p. 304. — [2] Id. ibid. cap. 11, p. 305. — [3] Myron. ap. Pausan. lib. 4, cap. 6, p. 294. Clem. Alex. cohort. ad gent. t. 1, p. 36. Euseb. præp. evang. lib. 4, cap. 16, p. 157. Plut. in Rom. t. 1, p. 33. Mém. de l'acad. des bell. lettr. t. 2, p. 105. — [4] Pausan. ibid. cap. 13, p. 311.

» habit de deuil[1]. » Telles furent les conditions humiliantes qu'après une guerre de vingt ans Lacédémone prescrivit à vos ancêtres.

SECONDE ÉLÉGIE.

Sur la seconde guerre de Messénie [a].

JE rentre dans la carrière ; je vais chanter la gloire d'un héros qui combattit long-temps sur les ruines de sa patrie. Ah ! s'il était permis aux mortels de changer l'ordre des destinées, ses mains triomphantes auraient sans doute réparé les outrages d'une guerre et d'une paix également odieuses.

Quelle paix, juste ciel ! Elle ne cessa, pendant l'espace de trente-neuf ans, d'appesantir un joug de fer sur la tête des vaincus[2], et de fatiguer leur constance par toutes les formes de la servitude. Assujétis à des travaux pénibles, courbés sous le poids des tributs qu'ils transportaient à Lacédémone, forcés de pleurer aux funérailles de leurs tyrans[3], et ne pouvant même exhaler une haine impuissante, ils ne laissaient à leurs enfans que des malheurs à souffrir et des insultes à venger. Les maux parvinrent au point, que les vieillards n'avaient plus rien à craindre de la mort, et les jeunes gens plus rien à espérer de la vie.

Leurs regards, toujours attachés à la terre, se levèrent enfin vers Aristomène, qui descendait de nos anciens rois, et qui, dès son aurore, avait montré sur son front, dans ses paroles et dans ses actions, les traits et le caractère d'une grande âme. Ce prince, entouré d'une jeunesse impatiente, dont tour à tour il enflammait ou tempérait le courage, interrogea les peuples voisins ; et, ayant appris que ceux d'Argos et d'Arcadie étaient disposés à lui fournir des secours, il souleva sa nation[4], et dès ce moment elle fit entendre les cris de l'oppression et de la liberté.

Le premier combat se donna dans un bourg de la Messénie. Le succès en fut douteux. Aristomène y fit tellement briller sa valeur, que d'une commune voix on le proclama roi sur le champ de bataille ; mais il refusa un honneur auquel il avait des droits par sa naissance, et encore plus par ses vertus.

Placé à la tête des troupes, il voulut effrayer les Spartiates par un coup d'éclat, et déposer dans le sein de leur capitale le gage de la haine qu'il leur avait vouée depuis son enfance. Il se rend à Lacédémone ; il pénètre furtivement dans le temple

---

[1] Tyrt. ap. Pausan. lib. 4, cap. 14, p. 313. AElian. var. hist. lib. 6, cap. 1. — [a] Cette guerre commença l'an 684 avant J. C., et finit l'an 668 avant la même ère. — [2] Pausan. ibid. cap. 15, p. 315. — [3] Tyrt. ibid. Polyb. lib. 6, p. 300. — [4] Pausan. ibid. cap. 14, p. 314.

de Minerve, et suspend au mur un bouclier sur lequel étaient écrits ces mots : « C'est des dépouilles des Lacédémoniens qu'A-» ristomène a consacré ce monument à la déesse [1]. »

Sparte, conformément à la réponse de l'oracle de Delphes, demandait alors aux Athéniens un chef pour la diriger dans cette guerre. Athènes, qui craignait de concourir à l'agrandissement de sa rivale, lui proposa Tyrtée [2], poëte obscur, qui rachetait les désagrémens de sa figure et les disgrâces de la fortune par un talent sublime que les Athéniens regardaient comme une espèce de frénésie [3].

Tyrtée, appelé au secours d'une nation guerrière, qui le mit bientôt au nombre de ses citoyens [4], sentit ses esprits s'élever, et s'abandonna tout entier à sa haute destinée. Ses chants enflammés inspiraient le mépris des dangers et de la mort; il les fit entendre, et les Lacédémoniens volèrent au combat [5].

Ce n'est pas avec des couleurs communes qu'on doit exprimer la rage sanguinaire qui anima les deux nations; il faut en créer de nouvelles. Tel que les feux du tonnerre, lorsqu'ils tombent dans les gouffres de l'Etna et les embrasent, le volcan s'ébranle et mugit; il soulève ses flots bouillonnans; il les vomit de ses flancs qu'il entr'ouvre; il les lance contre les cieux qu'il ose braver : indignée de son audace, la foudre, chargée de nouveaux feux qu'elle a puisés dans la nue, redescend plus vite que l'éclair, frappe à coups redoublés le sommet de la montagne; et, après avoir fait voler en éclats ses roches fumantes, elle impose silence à l'abîme, et le laisse couvert de cendres et de ruines éternelles : tel Aristomène, à la tête des jeunes Messéniens, fond avec impétuosité sur l'élite des Spartiates, commandés par le roi Anaxandre. Ses guerriers, à son exemple, s'élancent comme des lions ardens; mais leurs efforts se brisent contre cette masse immobile et hérissée de fers, où les passions les plus violentes se sont enflammées, et d'où les traits de la mort s'échappent sans interruption. Couverts de sang et de blessures, ils désespéraient de vaincre, lorsqu'Aristomène, se multipliant dans lui-même et dans ses soldats, fait plier le brave Anaxandre et sa redoutable cohorte [6]; parcourt rapidement les bataillons ennemis; écarte les uns par sa valeur, les autres par sa présence; les disperse, les poursuit, et les laisse dans leur camp ensevelis dans une consternation profonde.

[1] Pausan. lib. 4, cap. 15, p. 316. — [2] Lycurg. in Leocr. p. 162. Justin. lib. 3, cap. 5. Plut. in Cleom. t. 1, p. 805. Pausan. ibid. Mém. de l'acad. des bell. lettr. t. 8, p. 144; t. 13, p. 284. — [3] Diog. Laert. lib. 2, § 43. — [4] Plat. de leg. lib. 1, t. 2, p. 629. — [5] Plut. in Agid. t. 1, p. 805. Horat. art. poet. v. 402. — [6] Pausan. ibid. cap. 16, p. 318.

Les femmes de Messénie célébrèrent cette victoire par des chants que nous répétons encore [1]. Leurs époux levèrent une tête altière, et sur leur front menaçant le dieu de la guerre imprima la vengeance et l'audace.

Ce serait à toi maintenant, déesse de mémoire, de nous dire comment de si beaux jours se couvrirent tout à coup d'un voile épais et sombre; mais ces tableaux n'offrent presque toujours que des traits informes et des couleurs éteintes : les années ne ramènent dans le présent que les débris des faits mémorables; semblables aux flots qui ne vomissent sur le rivage que les restes d'un vaisseau autrefois souverain des mers. Écoutez, jeunes Messéniens, un témoin plus fidèle et plus respectable : je le vis, j'entendis sa voix au milieu de cette nuit orageuse qui dispersa la flotte que je conduisais en Libye.

Jeté sur les côtes inconnues de l'île de Rhodes, je m'écriai : O terre! tu nous serviras du moins de tombeau, et nos os ne seront point foulés par les Lacédémoniens. A ce nom fatal, je vis des tourbillons de flamme et de fumée s'échapper d'un monument funèbre placé à mes côtés; et du fond de la tombe s'élever une ombre qui proféra ces paroles : Quel est donc ce mortel qui vient troubler le repos d'Aristomène, et rallumer dans ses cendres la haine qu'il conserve encore contre une nation barbare? C'est un Messénien, répondis-je avec transport; c'est Comon, c'est l'héritier d'une famille autrefois unie avec la vôtre. O Aristomène! ô le plus grand des mortels! il m'est donc permis de vous voir et de vous entendre! O dieux! je vous bénis pour la première fois de ma vie, d'avoir conduit à Rhodes Comon et son infortune. Mon fils, répondit le héros, tu les béniras toute ta vie. Ils m'avaient annoncé ton arrivée, et ils me permettent de te révéler les secrets de leur haute sagesse. Le temps approche, où, telle que l'astre du jour, lorsque du sein d'une nuée épaisse il sort étincelant de lumière, la Messénie reparaîtra sur la scène du monde avec un nouvel éclat : le ciel, par des avis secrets, guidera le héros qui doit opérer ce prodige; mais le destin nous dérobe le moment de l'exécution. Adieu, tu peux partir. Tes compagnons t'attendent en Libye; porte-leur ces grandes nouvelles.

Arrêtez, ombre généreuse, repris-je aussitôt, daignez ajouter à de si douces espérances des consolations plus douces encore. Nos pères furent malheureux ; il est si facile de les croire coupables! Le temps a dévoré les titres de leur innocence, et de tous côtés les nations laissent éclater des soupçons qui nous humilient. Aristomène trahi, errant seul de ville en ville, mou-

---

[1] Pausan. lib. 4, cap. 16, p. 319.

rant seul dans l'île de Rhodes, est un spectacle offensant pour l'honneur des Messéniens.

Va, pars, vole, mon fils, répondit le héros en élevant la voix; dis à toute la terre que la valeur de vos pères fut plus ardente que les feux de la canicule, leurs vertus plus pures que la clarté des cieux; et si les hommes sont encore sensibles à la pitié, arrache-leur des larmes par le récit de nos infortunes. Ecoute-moi.

Sparte ne pouvait supporter la honte de sa défaite; elle dit à ses guerriers, Vengez-moi; à ses esclaves, Protégez-moi [1]; à un esclave plus vil que les siens, et dont la tête était ornée du diadème, Trahis tes alliés [2]. C'était Aristocrate qui régnait sur la puissante nation des Arcadiens; il avait joint ses troupes aux nôtres.

Les deux armées s'approchèrent comme deux orages qui vont se disputer l'empire des airs. A l'aspect de leurs vainqueurs, les ennemis cherchent vainement au fond de leur cœur un reste de courage; et dans leurs regards inquiets se peint l'intérêt sordide de la vie. Tyrtée se présente alors aux soldats avec la confiance et l'autorité d'un homme qui tient dans ses mains le salut de la patrie. Des peintures vives et animées brillent successivement à leurs yeux [3]. L'image d'un héros qui vient de repousser l'ennemi; ce mélange confus de cris de joie et d'attendrissement qui honorent son triomphe; ce respect qu'inspire à jamais sa présence; ce repos honorable dont il jouit dans sa vieillesse: l'image plus touchante d'un jeune guerrier expirant dans le champ de la gloire, les cérémonies augustes qui accompagnent ses funérailles, les regrets et les gémissemens d'un peuple entier à l'aspect de son cercueil; les vieillards, les femmes, les enfans qui pleurent et se roulent autour de son tombeau; les honneurs immortels attachés à sa mémoire; tant d'objets et de sentimens divers, retracés avec une éloquence impétueuse et dans un mouvement rapide, embrasent les soldats d'une ardeur jusqu'alors inconnue. Ils attachent à leurs bras leurs noms et ceux de leurs familles; trop heureux s'ils obtiennent une sépulture distinguée, si la postérité peut dire un jour en les nommant: Les voilà ceux qui sont morts pour la patrie [4].

Tandis qu'un poëte excitait cette révolution dans l'armée lacédémonienne, un roi consommait sa perfidie dans la nôtre [5]. Des rumeurs sinistres, semées par son ordre, avaient préparé à l'avilissement ses troupes effrayées: le signal de la bataille devient le signal de leur fuite. Aristocrate les conduit lui-même

---

[1] Pausan. lib. 4, cap. 16, p. 319. — [2] Id. ibid. cap. 17, p. 321. — [3] Tyrt. ap. Stob. serm. 49, p. 354. — [4] Justin. lib. 3, cap. 5. — [5] Pausan. ibid. cap. 17, p. 322.

dans la route de l'infamie; et cette route, il la trace à travers nos bataillons, au moment fatal où ils avaient à soutenir tout l'effort de la phalange ennemie. Dans un clin-d'œil l'élite de nos guerriers fut égorgée, et la Messénie asservie. Non, elle ne le fut pas; la liberté s'était réservé un asile sur le mont Ira[1]. Là s'étaient rendus et les soldats échappés au carnage, et les citoyens jaloux d'échapper à la servitude. Les vainqueurs formèrent une enceinte au pied de la montagne. Ils nous voyaient avec effroi au-dessus de leurs têtes, comme les pâles matelots lorsqu'ils aperçoivent à l'horizon ces sombres nuées qui portent les tempêtes dans leur sein.

Alors commença ce siége moins célèbre, aussi digne d'être célébré que celui d'Ilion; alors se reproduisirent ou se réalisèrent tous les exploits des anciens héros: les rigueurs des saisons, onze fois renouvelées, ne purent jamais lasser la féroce obstination des assiégeans, ni la fermeté inébranlable des assiégés[2].

Trois cents Messéniens d'une valeur distinguée m'accompagnaient dans mes courses[3]: nous franchissions aisément la barrière placée au pied de la montagne, et nous portions la terreur jusqu'aux environs de Sparte. Un jour, chargés de butin, nous fûmes entourés de l'armée ennemie. Nous fondîmes sur elle sans espoir de la vaincre. Bientôt, atteint d'un coup mortel, je perdis l'usage de mes sens; et plût aux dieux qu'il ne m'eût jamais été rendu! Quel réveil, juste ciel! s'il eût tout à coup offert à mes yeux le noir Tartare, il m'eût inspiré moins d'horreur.

Je me trouvai sur un tas de morts et de mourans, dans un séjour ténébreux, où l'on n'entendait que des cris déchirans, des sanglots étouffés: c'étaient mes compagnons, mes amis. Ils avaient été jetés avant moi dans une fosse profonde. Je les appelais; nous pleurions ensemble; ma présence semblait adoucir leurs peines. Celui que j'aimais le mieux, ô souvenir cruel! ô trop funeste image! ô mon fils! tu ne saurais m'écouter sans frémir: c'était un de tes proches parens. Je reconnus, à quelques mots échappés de sa bouche, que ma chute avait hâté le moment de sa mort. Je le pressais entre mes bras; je le couvrais de larmes brûlantes, et, n'ayant pu arrêter le dernier souffle de vie errant sur ses lèvres, mon âme, durcie par l'excès de la douleur, cessa de se soulager par des plaintes et des pleurs. Mes amis expiraient successivement autour de moi. Aux divers accens de leurs voix affaiblies, je présageais le nombre des instans qui leur restaient à vivre; je voyais froidement arriver celui qui terminait leurs maux. J'entendis enfin

[1] Pausan. lib. 4, cap. 17, p. 323. — [2] Rhian. ap. Pausan. ibid.— [3] Id. ibid. cap. 18, p. 323.

le dernier soupir du dernier d'entre eux, et le silence du tombeau régna dans l'abîme.

Le soleil avait trois fois recommencé sa carrière depuis que je n'étais plus compté parmi les vivans [1]. Immobile, étendu sur le lit de douleur, enveloppé de mon manteau, j'attendais avec impatience cette mort qui mettait ses faveurs à si haut prix, lorsqu'un bruit léger vint frapper mon oreille : c'était un animal sauvage [a], qui s'était introduit dans le souterrain par une issue secrète. Je le saisis : il voulut s'échapper ; je me traînai après lui. J'ignore quel dessein m'animait alors ; car la vie me paraissait le plus cruel des supplices. Un dieu sans doute dirigeait mes mouvemens et me donnait des forces. Je rampai long-temps dans des détours obliques ; j'entrevis la lumière ; je rendis la liberté à mon guide, et, continuant à m'ouvrir un passage, je sortis de la région des ténèbres. Je trouvai les Messéniens occupés à pleurer ma perte. A mon aspect, la montagne tressaillit de cris de joie ; au récit de mes souffrances, de cris d'indignation.

La vengeance les suivit de près : elle fut cruelle comme celle des dieux. La Messénie, la Laconie étaient, le jour, la nuit, infestées par des ennemis affamés les uns des autres. Les Spartiates se répandaient dans la plaine, comme la flamme qui dévore les moissons ; nous, comme un torrent qui détruit et les moissons et la flamme. Un avis secret nous apprit que les Corinthiens venaient au secours de Lacédémone ; nous nous glissâmes dans leur camp à la faveur des ténèbres, et ils passèrent des bras du sommeil dans ceux de la mort [2]. Vains exploits ! trompeuses espérances ! Du trésor immense des années et des siècles le temps fait sortir, au moment précis, ces grandes révolutions conçues dans le sein de l'éternité, et quelquefois annoncées par des oracles. Celui de Delphes avait attaché notre perte à des présages qui se vérifièrent ; et le devin Théoclus m'avertit que nous touchions au dénoûment de tant de scènes sanglantes [3].

Un berger, autrefois esclave d'Empéramus, général des Lacédémoniens, conduisait tous les jours son troupeau sur les bords de la Néda, qui coule au pied du mont Ira [4]. Il aimait une Messénienne dont la maison était située sur le penchant de la montagne, et qui le recevait chez elle toutes les fois que son mari était en faction dans notre camp. Une nuit, pendant un orage affreux, le Messénien paraît tout à coup, et raconte à sa femme, étonnée de son retour, que la tempête et l'obscurité mettent la

---

[1] Pausan. lib. 4, cap. 18, p. 324. — [a] Un renard. — [2] Pausan. ibid. cap. 19, p. 325. — [3] Id. ibid. cap. 20, p. 327. — [4] Id. ibid. p. 329.

place à l'abri d'un coup de main, que les postes sont abandonnés, et qu'une blessure me retient au lit. Le berger, qui s'était dérobé aux regards du Messénien, entend ce récit, et le rapporte sur-le-champ au général lacédémonien.

Épuisé de douleur et de fatigue, j'avais abandonné mes sens aux douceurs du sommeil, lorsque le génie de la Messénie m'apparut en long habit de deuil et la tête couverte d'un voile : Tu dors, Aristomène, me dit-il, tu dors, et déjà les échelles menaçantes se hérissent autour de la place; déjà les jeunes Spartiates s'élèvent dans les airs à l'appui de ces frêles machines : le génie de Lacédémone l'emporte sur moi; je l'ai vu du haut des murs appeler ces farouches guerriers, leur tendre la main et leur assigner des postes.

Je m'éveillai en sursaut, l'âme oppressée, l'esprit égaré et dans le même saisissement que si la foudre était tombée à mes côtés. Je me jette sur mes armes; mon fils arrive. Où sont les Lacédémoniens?—Dans la place, au pied des remparts; étonnés de leur audace, ils n'osent avancer. C'est assez, repris-je; suivez-moi. Nous trouvons sur nos pas Théoclus l'interprète des dieux, le vaillant Manticlus son fils, d'autres chefs qui se joignent à nous[1]. Courez, leur dis-je, répandre l'alarme, annoncez aux Messéniens qu'à la pointe du jour ils verront leurs généraux au milieu des ennemis.

Ce moment fatal arrive[2] : les rues, les maisons, les temples, inondés de sang, retentissent de cris épouvantables. Les Messéniens, ne pouvant plus entendre ma voix, n'écoutent que leur fureur. Les femmes les animent au combat, s'arment elles-mêmes de mille instrumens de mort, se précipitent sur l'ennemi, et tombent en expirant sur les corps de leurs époux et de leurs enfans.

Pendant trois jours ces scènes cruelles se renouvelèrent à chaque pas, à chaque moment, à la lueur sombre des éclairs, au bruit sourd et continu de la foudre; les Lacédémoniens, supérieurs en nombre, prenant tour à tour de nouvelles forces dans des intervalles de repos; les Messéniens combattant sans interruption, luttant à la fois contre la faim, la soif, le sommeil et le fer de l'ennemi[3].

Sur la fin du troisième jour, le devin Théoclus m'adressant la parole : « Eh! de quoi, me dit-il, vous serviront tant de cou-
» rage et de travaux? C'en est fait de la Messénie, les dieux
» ont résolu sa perte. Sauvez-vous, Aristomène, sauvez nos
» malheureux amis : c'est à moi de m'ensevelir sous les ruines
» de ma patrie. » Il dit, et, se jetant dans la mêlée, il meurt libre et couvert de gloire.

[1] Pausan. lib. 4, cap. 21, p. 330.— [2] Id. ibid. p. 331.— [3] Id. ibid. p. 332.

Il m'eût été facile de l'imiter ; mais, soumis à la volonté des dieux, je crus que ma vie pouvait être nécessaire à tant d'innocentes victimes que le fer allait égorger. Je rassemblai les femmes et les enfans, je les entourai de soldats. Les ennemis, persuadés que nous méditions une retraite, ouvrirent leurs rangs, et nous laissèrent paisiblement arriver sur les terres des Arcadiens *a*. Je ne parlerai ni du dessein que je formai de marcher à Lacédémone, et de la surprendre pendant que ses soldats s'enrichissaient de nos dépouilles sur le mont Ira ; ni de la perfidie du roi Aristocrate, qui révéla notre secret aux Lacédémoniens. Le traître ! il fut convaincu devant l'assemblée de sa nation : ses sujets devinrent ses bourreaux ; il expira sous une grêle de traits ; son corps fut porté dans une terre étrangère, et l'on dressa une colonne qui attestait son infamie et son supplice [1].

Par ce coup imprévu, la fortune s'expliquait assez hautement. Il ne s'agissait plus de la fléchir, mais de me mesurer seul avec elle, en n'exposant que ma tête à ses coups. Je donnai des larmes aux Messéniens qui n'avaient pas pu me joindre ; je me refusai à celles des Messéniens qui m'avaient suivi. Ils voulaient m'accompagner aux climats les plus éloignés [2] ; les Arcadiens voulaient partager leurs terres avec eux [3] ; je rejetai toutes ces offres : mes fidèles compagnons, confondus avec une nation nombreuse, auraient perdu leur nom et le souvenir de leurs maux. Je leur donnai mon fils, un autre moi-même ; ils allèrent sous sa conduite en Sicile, où ils seront en dépôt jusqu'au jour des vengeances [4][b].

Après cette cruelle séparation, n'ayant plus rien à craindre, et cherchant partout des ennemis aux Lacédémoniens, je parcourus les nations voisines. J'avais enfin résolu de me rendre en Asie, et d'intéresser à nos malheurs les puissantes nations des Lydiens et des Mèdes [5]. La mort, qui me surprit à Rhodes, arrêta des projets qui, en attirant ces peuples dans le Péloponèse, auraient peut-être changé la face de cette partie de la Grèce.

A ces mots, le héros se tut, et descendit dans la nuit du tombeau. Je partis le lendemain pour la Libye.

a La prise d'Ira est de la première année de la vingt-huitième olympiade, l'an 668 avant J. C. (Pausan. lib. 4, cap. 23, p. 336. Corsin. fast. attic. t. 3, p. 46. Fréret, défense de la chron. p. 174.) — [1] Polyb. lib. 4, p. 301. Pausan. lib. 4, cap. 22, p. 335. — [2] Id. ibid. cap. 23, p. 335. — [3] Id. ibid. cap. 22, p. 333. — [4] Id. ibid. cap. 23, p. 335 et 336. — *b* Voyez la note XV à la fin du volume. — [5] Pausan. ibid. cap. 24, p. 338.

TROISIÈME ÉLÉGIE.

Sur la troisième guerre de Messénie [a].

QUE le souvenir de ma patrie est pénible et douloureux ! il a l'amertume de l'absinthe et le fil tranchant de l'épée ; il me rend insensible au plaisir et au danger. J'ai prévenu ce matin le lever du soleil : mes pas incertains m'ont égaré dans la campagne ; la fraîcheur de l'aurore ne charmait plus mes sens. Deux lions énormes se sont élancés d'une forêt voisine ; leur vue ne m'inspirait aucun effroi. Je ne les insultai point : ils se sont écartés. Cruels Spartiates ! que vous avaient fait nos pères ? Après la prise d'Ira, vous leur distribuâtes des supplices, et, dans l'ivresse du succès, vous voulûtes qu'ils fussent tous malheureux de votre joie.

Aristomène nous a promis un avenir plus favorable ; mais qui pourra jamais étouffer dans nos cœurs le sentiment des maux dont nous avons entendu le récit, dont nous avons été les victimes ? Vous fûtes heureux, Aristomène, de n'en avoir pas été le témoin. Vous ne vîtes pas les habitans de la Messénie traînés à la mort comme des scélérats, vendus comme de vils troupeaux [1]. Vous n'avez pas vu leurs descendans ne transmettre pendant deux siècles à leurs fils que l'opprobre de la naissance [2]. Reposez tranquillement dans le tombeau, ombre du plus grand des humains, et souffrez que je consigne à la postérité les derniers forfaits des Lacédémoniens.

Leurs magistrats, ennemis du ciel ainsi que de la terre, font mourir des supplians qu'ils arrachent du temple de Neptune [3]. Ce dieu irrité frappe de son trident les côtes de Laconie. La terre ébranlée, des abîmes entr'ouverts, un des sommets du mont Taygète roulant dans les vallées, Sparte renversée de fond en comble, et cinq maisons seules épargnées, plus de vingt mille hommes écrasés sous ses ruines [4] : voilà le signal de notre délivrance, s'écrie à la fois une multitude d'esclaves. Insensés ! ils courent à Lacédémone sans ordre et sans chef : à l'aspect d'un corps de Spartiates qu'a rassemblé le roi Archidamus, ils s'arrêtent comme les vents déchaînés par Éole lorsque le dieu des mers leur apparaît : à la vue des Athéniens et des différentes nations qui viennent au secours des Lacédémo-

---

[a] Cette guerre commença l'an 464 avant J. C., et finit l'an 454 avant la même ère. — [1] AElian. var. hist. lib. 6, cap. 1. — [2] Pausan. lib. 4, cap. 24, p. 338. — [3] Aristoph. in Acharn. v. 509. Schol. ibid. Suid. in Ταίναρ. — [4] Diod. lib. 11, p. 48. Cicer. de divin. lib. 1, cap. 50, t. 3, p. 41. Plin. lib. 2, cap. 79, t. 1, p. 111.

niens[1], la plupart se dissipent comme les vapeurs grossières d'un marais aux premiers rayons du soleil. Mais ce n'est pas en vain que les Messéniens ont pris les armes ; un long esclavage n'a point altéré le sang généreux qui coule dans leurs veines ; et, tels que l'aigle captif qui, après avoir rompu ses liens, prend son essor vers les cieux, ils se retirent sur le mont Ithome[2], et repoussent avec vigueur les attaques réitérées des Lacédémoniens, bientôt réduits à rappeler les troupes de leurs alliés.

Là paraissent ces Athéniens si exercés dans la conduite des siéges. C'est Cimon qui les commande ; Cimon, que la victoire a souvent couronné d'un laurier immortel : l'éclat de sa gloire et la valeur de ses troupes inspirent de la crainte aux assiégés, de la terreur aux Lacédémoniens. On ose soupçonner ce grand homme de tramer une perfidie ; on l'invite, sous les plus frivoles prétextes, à ramener son armée dans l'Attique. Il part : la discorde, qui planait sur l'enceinte du camp, s'arrête, prévoit les calamités prêtes à fondre sur la Grèce[3], et secouant sa tête hérissée de serpens, elle pousse des hurlemens de joie, d'où s'échappent ces terribles paroles :

Sparte, Sparte, qui ne sais payer les services qu'avec des outrages ! contemple ces guerriers qui reprennent le chemin de leur patrie la honte sur le front et la douleur dans l'âme. Ce sont les mêmes qui, mêlés dernièrement avec les tiens, défirent les Perses à Platée. Ils accouraient à ta défense, et tu les a couverts d'infamie : tu ne les verras plus que parmi tes ennemis. Athènes, blessée dans son orgueil, armera contre toi les nations[4][a]. Tu les souleveras contre elle. Ta puissance et la sienne se heurteront sans cesse, comme ces vents impétueux qui se brisent dans la nue. Les guerres enfanteront des guerres. Les trèves ne seront que des suspensions de fureur. Je marcherai avec les Euménides à la tête des armées : de nos torches ardentes nous ferons pleuvoir sur vous la peste, la famine, la violence, la perfidie, tous les fléaux du courroux céleste et des passions humaines. Je me vengerai de tes antiques vertus, et me jouerai de tes défaites ainsi que de tes victoires. J'éleverai, j'abaisserai ta rivale. Je te verrai à ses genoux frapper la terre de ton front humilié. Tu lui demanderas la paix, et la paix te sera refusée[5].

Tu détruiras ses murs, tu la fouleras aux pieds, et vous tomberez toutes deux à la fois, comme deux tigres qui, après s'être

---

[1] Diod. lib. 11, cap. 48. Thucyd. lib. 1, cap. 101 et 128. Pausan. lib. 3, p. 233 ; lib. 4, p. 339. Plut. in Cim. t. 1, p. 489. AElian. var. hist. lib. 6, cap. 7. Polyæn. strateg. lib. 1, cap. 41. — [2] Pausan. lib. 4, cap. 24, p. 339. — [3] Thucyd. ibid. Diod. lib. 11, p. 49. Justin. lib. 3, cap. 6. Plut. ibid. — [4] Thucyd. ibid. cap. 102. — [a] Guerre du Péloponèse. — [5] Thucyd. lib. 4, cap. 41. Aristoph. in pac. v. 637 et 664. Schol. ibid.

déchiré les entrailles, expirent à côté l'un de l'autre. Alors je t'enfoncerai si avant dans la poussière, que le voyageur, ne pouvant distinguer tes traits, sera forcé de se baisser pour te reconnaître.

Maintenant voici le signe frappant qui te garantira l'effet de mes paroles. Tu prendras Ithome dans la dixième année du siége. Tu voudras exterminer les Messéniens; mais les dieux, qui les réservent pour accélérer ta ruine, arrêteront ce projet sanguinaire[1]. Tu leur laisseras la vie, à condition qu'ils en jouiront dans un autre climat, et qu'ils seront mis aux fers, s'ils osent reparaître dans leur patrie[2]. Quand cette prédiction sera accomplie, souviens-toi des autres, et tremble.

Ainsi parla le génie malfaisant qui étend son pouvoir depuis les cieux jusqu'aux enfers. Bientôt après nous sortîmes d'Ithome. J'étais encore dans ma plus tendre enfance. L'image de cette fuite précipitée est empreinte dans mon esprit en traits ineffaçables; je les vois toujours ces scènes d'horreur et d'attendrissement qui s'offraient à mes regards : une nation entière chassée de ses foyers[3], errant au hasard chez des peuples épouvantés de ses malheurs qu'ils n'osent soulager; des guerriers couverts de blessures, portant sur leurs épaules les auteurs de leurs jours; des femmes assises par terre, expirant de faiblesse avec les enfans qu'elles serrent entre leurs bras; ici, des larmes, des gémissemens, les plus fortes expressions du désespoir; là, une douleur muette, un silence effrayant. Si l'on donnait ces tableaux à peindre au plus cruel des Spartiates, un reste de pitié ferait tomber le pinceau de ses mains.

Après des courses longues et pénibles, nous nous traînâmes jusqu'à Naupacte, ville située sur la mer de Crissa. Elle appartenait aux Athéniens : ils nous la cédèrent[4]. Nous signalâmes plus d'une fois notre valeur contre les ennemis de ce peuple généreux. Moi-même, pendant la guerre du Péloponèse, je parus avec un détachement sur les côtes de Messénie. Je ravageai ce pays, et coûtai des larmes de rage à nos barbares persécuteurs[5] : mais les dieux mêlent toujours un poison secret à leurs faveurs, et souvent l'espérance n'est qu'un piége qu'ils tendent aux malheureux. Nous commencions à jouir d'un sort tranquille, lorsque la flotte de Lacédémone triompha de celle d'Athènes, et vint nous insulter à Naupacte. Nous montâmes à l'instant sur nos vaisseaux; on n'invoqua des deux côtés d'autre divinité que la haine. Jamais la victoire ne s'abreuva de plus

---

[1] Pausan. lib. 4, cap. 24, p. 339. — [2] Thucyd. lib. 1, cap. 103. — [3] Polyb. hist. lib. 4, p. 300. — [4] Thucyd. ibid. Pausan. ibid. cap. 25, p. 339. — [5] Thucyd. lib. 4, cap. 41. Pausan. ibid. cap. 26, p. 342.

de sang impur, de plus de sang innocent. Mais que peut la valeur la plus intrépide contre l'excessive supériorité du nombre? Nous fûmes vaincus et chassés de la Grèce comme nous l'avions été du Péloponèse: la plupart se sauvèrent en Italie et en Sicile. Trois mille hommes me confièrent leur destinée [1]; je les menai, à travers les tempêtes et les écueils, sur ces rivages, que nos chants funèbres ne cesseront de faire retentir.

C'est ainsi que finit la troisième élégie. Le jeune homme quitta sa lyre; et son père Xénoclès ajouta que, peu de temps après l'arrivée des Messéniens en Libye, une sédition s'étant élevée à Cyrène, capitale de ce canton, ils se joignirent aux exilés, et périrent pour la plupart dans une bataille [2]. Il demanda ensuite comment s'était opérée la révolution qui l'amenait en Messénie.

Célénus répondit: Les Thébains, sous la conduite d'Épaminondas, avaient battu les Lacédémoniens à Leuctres en Béotie [a]. Pour affaiblir à jamais leur puissance, et les mettre hors d'état de tenter des expéditions lointaines, ce grand homme conçut le projet de placer auprès d'eux un ennemi qui aurait de grandes injures à venger. Il envoya de tous côtés inviter les Messéniens à revoir la patrie de leurs pères [3]. Nous volâmes à sa voix: je le trouvai à la tête d'une armée formidable, entouré d'architectes qui traçaient le plan d'une ville au pied de cette montagne. Un moment après, le général des Argiens s'étant approché, lui présenta une urne d'airain que, sur la foi d'un songe, il avait tirée de la terre sous un lierre et un myrte qui entrelaçaient leurs faibles rameaux. Épaminondas, l'ayant ouverte, y trouva des feuilles de plomb roulées en forme de volume, où l'on avait anciennement tracé les rites du culte de Cérès et de Proserpine. Il reconnut le monument auquel était attaché le destin de la Messénie, et qu'Aristomène avait enseveli dans le lieu le moins fréquenté du mont Ithome [4]. Cette découverte, et la réponse favorable des augures, imprimèrent un caractère religieux à son entreprise, d'ailleurs puissamment secondée par les nations voisines, de tout temps jalouses de Lacédémone.

Le jour de la consécration de la ville, les troupes s'étant réunies, les Arcadiens présentèrent les victimes: ceux de Thèbes, d'Argos et de la Messénie offrirent séparément leurs hommages à leurs divinités tutélaires: tous ensemble appelèrent les héros

---

[1] Pausan. lib. 4, cap. 26, p. 342. Diod. lib. 14, p. 263. — [2] Diod. ibid. — [a] L'an 371 avant J. C. — [3] Pausan. ibid. Plut. in Ages. t. 1, p. 615. — [4] Pausan. ibid. p. 343.

de la contrée, et les supplièrent de venir prendre possession de leur nouvelle demeure [1]. Parmi ces noms précieux à la nation, celui d'Aristomène excita des applaudissemens universels. Les sacrifices et les prières remplirent les momens de la première journée : dans les suivantes, on jeta, au son de la flûte, les fondemens des murs, des temples et des maisons. La ville fut achevée en peu de temps, et reçut le nom de Messène.

D'autres peuples, ajouta Célénus, ont erré long-temps éloignés de leur patrie ; aucun n'a souffert un si long exil : et cependant nous avons conservé sans altération la langue et les coutumes de nos ancêtres [2]. Je dirai même que nos revers nous ont rendus plus sensibles. Les Lacédémoniens avaient livré quelques unes de nos villes à des étrangers [3], qui, à notre retour, ont imploré notre pitié : peut-être avaient-ils des titres pour l'obtenir ; mais quand ils n'en auraient pas eu, comment la refuser aux malheureux ?

Hélas, reprit Xénoclès, c'est ce caractère si doux et si humain qui nous perdit autrefois. Voisins des Lacédémoniens et des Arcadiens, nos aïeux ne succombèrent sous la haine des premiers que pour avoir négligé l'amitié des seconds [4]. Ils ignoraient sans doute que l'ambition du repos exige autant d'activité que celle des conquêtes.

Je fis aux Messéniens plusieurs questions sur l'état des sciences et des arts ; ils n'ont jamais eu le temps de s'y livrer : sur leur gouvernement actuel ; il n'avait pas encore pris une forme constante : sur celui qui subsistait pendant leurs guerres avec les Lacédémoniens ; c'était un mélange de royauté et d'oligarchie [5], mais les affaires se traitaient dans l'assemblée générale de la nation [6] : sur l'origine de la dernière maison régnante ; on la rapporte à Cresphonte, qui vint au Péloponèse avec les autres Héraclides quatre-vingts ans après la guerre de Troie. La Messénie lui échut en partage. Il épousa Mérope, fille du roi d'Arcadie, et fut assassiné avec presque tous ses enfans par les principaux de sa cour, pour avoir trop aimé le peuple [7]. L'histoire s'est fait un devoir de consacrer sa mémoire, et de condamner à l'exécration celle de ses assassins.

Nous sortîmes de Messène ; et après avoir traversé le Pamisus, nous visitâmes la côte orientale de la province. Ici, comme dans le reste de la Grèce, le voyageur est obligé d'essuyer à chaque pas les généalogies des dieux confondus avec celles des hommes. Point de ville, de fleuve, de fontaine, de bois, de

---

[1] Pausan. lib. 4, cap. 27, p. 345. — [2] Id. ibid. p. 346. — [3] Id. ibid. cap. 24, p. 338. — [4] Polyb. lib. 4, p. 300. — [5] Id. ibid. Pausan. ibid. — [6] Id. ibid. cap. 6, p. 294. — [7] Id. ibid. cap. 3, p. 286.

montagne, qui ne porte le nom d'une nymphe, d'un héros, d'un personnage plus célèbre aujourd'hui qu'il ne le fut de son temps.

Parmi les familles nombreuses qui possédaient autrefois de petits États en Messénie, celle d'Esculape obtient dans l'opinion publique un rang distingué. Dans la ville d'Abia, on nous montrait son temple[1]; à Gérénia, le tombeau de Machaon, son fils[2]; à Phéræ, le temple de Nicomaque et de Gorgasus, ses petits-fils[3], à tous momens honorés par des sacrifices, par des offrandes, par l'affluence des malades de toute espèce.

Pendant qu'on nous racontait quantité de guérisons miraculeuses, un de ces infortunés, près de rendre le dernier soupir, disait : J'avais à peine reçu le jour, que mes parens allèrent s'établir aux sources du Pamisus, où l'on prétend que les eaux de ce fleuve sont très-salutaires pour les maladies des enfans[4]; j'ai passé ma vie auprès des divinités bienfaisantes qui distribuent la santé aux mortels, tantôt dans le temple d'Apollon près de la ville de Coronée[5], tantôt dans les lieux où je me trouve aujourd'hui, me soumettant aux cérémonies prescrites, et n'épargnant ni victimes ni présens : on m'a toujours assuré que j'étais guéri, et je me meurs. Il expira le lendemain.

CHAPITRE XLI.

Voyage de Laconie (Atlas, pl. 32).

Cythère.

Nous nous embarquâmes à Phéræ, sur un vaisseau qui faisait voile pour le port de Scandée, dans la petite île de Cythère, située à l'extrémité de la Laconie. C'est à ce port qu'abordent fréquemment les vaisseaux marchands qui viennent d'Égypte et d'Afrique : de là on monte à la ville, où les Lacédémoniens entretiennent une garnison : ils envoient de plus tous les ans dans l'île un magistrat pour la gouverner[6].

Nous étions jeunes, et déjà familiarisés avec quelques passagers de notre âge. Le nom de Cythère réveillait dans nos esprits des idées riantes ; c'est là que, de temps immémorial, subsiste avec éclat le plus ancien et le plus respecté des temples consacrés

---

[1] Pausan. lib. 4, cap. 30, p. 353.— [2] Id. ibid. cap. 3, p. 284.— [3] Id. ibid. p. 287; cap. 30, p. 353. — [4] Id. ibid. cap. 31, p. 356. — [5] Id. ibid. cap. 34, p. 365. — [6] Thucyd. lib. 4, cap. 53. Scyl. Caryand. ap. geogr. min. t. 1, p. 17.

à Vénus[1] ; c'est là qu'elle se montra pour la première fois aux mortels[2], et que les Amours prirent avec elle possession de cette terre, embellie encore aujourd'hui des fleurs qui se hâtaient d'éclore en sa présence. Dès lors on y connut le charme des doux entretiens et du tendre sourire[3]. Ah! sans doute que dans cette région fortunée les cœurs ne cherchent qu'à s'unir, et que ses habitans passent leurs jours dans l'abondance et dans les plaisirs.

Le capitaine, qui nous écoutait avec la plus grande surprise, nous dit froidement: Ils mangent des figues et des fromages cuits: ils ont aussi du vin et du miel[4], mais ils n'obtiennent rien de la terre qu'à la sueur de leur front; car c'est un sol aride et hérissé de rochers[5]. D'ailleurs ils aiment si fort l'argent[6], qu'ils ne connaissent guère le tendre sourire. J'ai vu leur vieux temple, bâti autrefois par les Phéniciens en l'honneur de Vénus Uranie[7]: sa statue ne saurait inspirer des désirs; elle est couverte d'armes depuis la tête jusqu'aux pieds[8]. On m'a dit, comme à vous, qu'en sortant de la mer, la déesse descendit dans cette île; mais on m'a dit de plus qu'elle s'enfuit aussitôt en Chypre[9].

De ces dernières paroles nous conclûmes que des Phéniciens, ayant traversé les mers, abordèrent au port de Scandée; qu'ils y apportèrent le culte de Vénus; que ce culte s'étendit aux pays voisins, et que de là naquirent ces fables absurdes, la naissance de Vénus, sa sortie du sein des flots, son arrivée à Cythère.

Ténare.

Au lieu de suivre notre capitaine dans cette île, nous le priâmes de nous laisser à Ténare, ville de Laconie (*Atlas, pl.* 32), dont le port est assez grand pour contenir beaucoup de vaisseaux[10]: elle est située auprès d'un cap de même nom[11], surmonté d'un temple, comme le sont les principaux promontoires de la Grèce. Ces objets de vénération attirent les vœux et les offrandes des matelots. Celui de Ténare, dédié à Neptune, est entouré d'un bois sacré qui sert d'asile aux coupables[12]: la statue du dieu est à l'entrée[13]; au fond s'ouvre une caverne immense, et très-renommée parmi les Grecs.

On présume qu'elle fut d'abord le repaire d'un serpent énorme qu'Hercule fit tomber sous ses coups, et que l'on avait confondu avec le chien de Pluton, parce que ses blessures étaient mortelles[14]. Cette idée se joignit à celle où l'on était déjà que l'antre

---

[1] Pausan. lib. 3, cap. 23, p. 269. — [2] Hesiod. theog. v. 198. — [3] Id. ibid. et 205. — [4] Heracl. Pont. de polit. in thes. antiq. græc. t. 6, p. 2830. — [5] Spon, voyag. t. 1, p. 97. Whel. book. 1, p. 47. — [6] Heracl. ibid. — [7] Herodot. lib. 1, cap. 105. — [8] Pausan. ibid. — [9] Hesiod. ibid. v. 193. — [10] Thucyd. lib. 7, cap. 19. — [11] Steph. in Ταίν. Schol. Apollon. argon. lib. 1, v. 102. — [12] Thucyd. lib. 1, cap. 128 et 133. — [13] Pausan. ibid. cap. 25, p. 275. — [14] Hecat. Miles. ap. Pausan. ibid.

conduisait aux royaumes sombres, par des souterrains dont il nous fut impossible, en le visitant, d'apercevoir les avenues [1].

Vous voyez, disait le prêtre, une des bouches de l'enfer [2]. Il en existe de semblables en différens endroits, comme dans les villes d'Hermione en Argolide [3], d'Héraclée au Pont [4], d'Aorne en Épire [5], de Cumes auprès de Naples [6]; mais, malgré les prétentions de ces peuples, nous soutenons que c'est par cet antre sombre qu'Hercule remmena le Cerbère [7], et Orphée son épouse [8].

Ces traditions doivent moins vous intéresser qu'un usage dont je vais parler. A cette caverne est attaché un privilége dont jouissent plusieurs autres villes [9] : nos devins y viennent évoquer les ombres tranquilles des morts, ou repousser au fond des enfers celles qui troublent le repos des vivans. Des cérémonies saintes opèrent ces effets merveilleux. On emploie d'abord les sacrifices, les libations, les prières, les formules mystérieuses : il faut ensuite passer la nuit dans le temple ; et l'ombre, à ce qu'on dit, ne manque jamais d'apparaître en songe [10].

On s'empresse surtout de fléchir les âmes que le fer ou le poison a séparées de leurs corps. C'est ainsi que Callondas vint autrefois, par ordre de la Pythie, apaiser les mânes irrités du poëte Archiloque à qui il avait arraché la vie [11]. Je vous citerai un fait plus récent. Pausanias, qui commandait l'armée des Grecs à Platée, avait, par une fatale méprise, plongé le poignard dans le sein de Cléonice, dont il était amoureux : ce souvenir le déchirait sans cesse ; il la voyait dans ses songes, lui adressant toutes les nuits ces terribles paroles : *Le supplice t'attend* [12]. Il se rendit à l'Héraclée du Pont : les devins le conduisirent à l'antre où ils appellent les ombres : celle de Cléonice s'offrit à ses regards, et lui prédit qu'il trouverait à Lacédémone la fin de ses tourmens : il y alla aussitôt ; et, ayant été jugé coupable, il se réfugia dans une petite maison, où tous les moyens de subsister lui furent refusés. Le bruit ayant ensuite couru qu'on entendait son ombre gémir dans les lieux saints, on appela les devins de Thessalie,

---

[1] Pausan. lib. 3, cap. 25, p. 275. — [2] Pind. pyth. 4, v. 79. Schol. ibid. Eustath. in iliad. t. 1, p. 286 et 287. Mela. lib. 2, cap. 3. — [3] Strab. lib. 8, p. 373. — [4] Xenoph. de exped. Cyr. lib. 6, p. 375. Diod. lib. 14, p. 261. Plin. lib. 27, cap. 2, p. 419. — [5] Herodot. lib. 5, cap. 92. Pausan. lib. 9, cap. 30, p. 769. Hesych. in Θεοί Μολοί. — [6] Scymn. Chii orb. descript. v. 248, ap. geogr. min. t. 1. — [7] Eurip. in Herc. fur. v. 23. Strab. lib. 8, p. 363. Pausan. lib. 3, p. 275. Apollod. lib. 2, p. 131. Schol. Homer. in iliad. lib. 8, v. 368. — [8] Orph. argon. v. 41. Virg. georg. lib. 4, v. 467. — [9] Pausan. ibid. cap. 17, p. 252. — [10] Plut. de consol. t. 2, p. 109. — [11] Plut. de serâ num. vind. t. 2, p. 560. OEnom. ap. Euseb. præp. evang. lib. 5, p. 228. Suid. in Ἀρχίλ. — [12] Plut. p. 555; et in Cim. t. 1, p. 482.

qui l'apaisèrent par les cérémonies usitées en pareilles occasions[1]. Je raconte ces prodiges, ajouta le prêtre ; je ne les garantis pas. Peut-être que, ne pouvant inspirer trop d'horreur contre l'homicide, on a sagement fait de regarder le trouble que le crime traîne à sa suite comme le mugissement des ombres qui poursuivent les coupables.

Je ne sais pas, dit alors Philotas, jusqu'à quel point on doit éclairer le peuple ; mais il faut du moins le prémunir contre l'excès de l'erreur. Les Thessaliens firent, dans le siècle dernier, une triste expérience de cette vérité. Leur armée était en présence de celle des Phocéens, qui, pendant une nuit assez claire, détachèrent contre le camp ennemi six cents hommes enduits de plâtre : quelque grossière que fût la ruse, les Thessaliens, accoutumés dès l'enfance au récit des apparitions de fantômes, prirent ces soldats pour des génies célestes accourus au secours des Phocéens ; ils ne firent qu'une faible résistance, et se laissèrent égorger comme des victimes[2].

Une semblable illusion, répondit le prêtre, produisit autrefois le même effet dans notre armée. Elle était en Messénie, et crut voir Castor et Pollux embellir de leur présence la fête qu'elle célébrait en leur honneur. Deux Messéniens, brillans de jeunesse et de beauté, parurent à la tête du camp, montés sur deux superbes chevaux, la lance en arrêt, avec une tunique blanche, un manteau de pourpre, un bonnet pointu et surmonté d'une étoile, tels enfin qu'on représente les deux héros objets de notre culte. Ils entrent, et, tombant sur les soldats prosternés à leurs pieds, ils en font un carnage horrible, et se retirent tranquillement[3]. Les dieux, irrités de cette perfidie, firent bientôt éclater leur colère sur les Messéniens.

Que parlez-vous de perfidie, lui dis-je, vous, hommes injustes et noircis de tous les forfaits de l'ambition ? On m'avait donné une haute idée de vos lois ; mais vos guerres en Messénie ont imprimé une tache ineffaçable sur votre nation. Vous en a-t-on fait un récit fidèle ? répondit-il. Ce serait la première fois que les vaincus auraient rendu justice aux vainqueurs. Écoutez-moi un instant.

Quand les descendans d'Hercule revinrent au Péloponèse, Cresphonte obtint par surprise le trône de Messénie[4] : il fut assassiné quelque temps après, et ses enfans, réfugiés à Lacédémone, nous cédèrent les droits qu'ils avaient à l'héritage de leur

---

[1] Plut. de serâ num. vind. t. 2, p. 560 ; id. ap. Schol. Eurip. in Alcest. v. 1128. Bayle, rép. aux quest. t. 1, p. 345. — [2] Herodot. lib. 8, cap. 27. Pausan. lib. 10, cap. 1, p. 801. Polyæn. strateg. lib. 6, cap. 18. — [3] Pausan. lib. 4, cap. 27, p. 344. — [4] Id. ibid. cap. 3 et 4.

père. Quoique cette cession fût légitimée par la réponse de l'oracle de Delphes[1], nous négligeâmes pendant long-temps de la faire valoir.

Sous le règne de Téléclus, nous envoyâmes, suivant l'usage, un chœur de filles, sous la conduite de ce prince, présenter des offrandes au temple de Diane Limnatide, situé sur les confins de la Messénie et de la Laconie. Elles furent déshonorées par de jeunes Messéniens, et se donnèrent la mort pour ne pas survivre à leur honte : le roi lui-même périt en prenant leur défense[2]. Les Messéniens, pour justifier un si lâche forfait, eurent recours à des suppositions absurdes ; et Lacédémone dévora cet affront plutôt que de rompre la paix. De nouvelles insultes ayant épuisé sa patience[3], elle rappela ses anciens droits et commença les hostilités. Ce fut moins une guerre d'ambition que de vengeance. Jugez-en vous-même par le serment qui engagea les jeunes Spartiates à ne pas revenir chez eux avant que d'avoir soumis la Messénie, et par le zèle avec lequel les vieillards poussèrent cette entreprise[4].

Après la première guerre, les lois de la Grèce nous autorisaient à mettre les vaincus au nombre de nos esclaves ; on se contenta de leur imposer un tribut. Les révoltes fréquentes qu'ils excitaient dans la province nous forcèrent, après la seconde guerre, à leur donner des fers ; après la troisième, à les éloigner de notre voisinage. Notre conduite parut si conforme au droit public des nations, que, dans les traités antérieurs à la bataille de Leuctres, jamais les Grecs ni les Perses ne nous proposèrent de rendre la liberté à la Messénie[5]. Au reste, je ne suis qu'un ministre de paix : si ma patrie est forcée de prendre les armes, je la plains ; si elle fait des injustices, je la condamne. Quand la guerre commence, je frémis des cruautés que vont exercer mes semblables, et je demande pourquoi ils sont cruels. Mais c'est le secret des dieux. Il faut les adorer, et se taire.

Nous quittâmes Ténare, après avoir parcouru aux environs des carrières d'où l'on tire une pierre noire aussi précieuse que le marbre[6]. Nous nous rendîmes à Gythium, ville entourée de murs et très-forte ; port excellent, où se tiennent les flottes de Lacédémone, où se trouve réuni tout ce qui est nécessaire à leur entretien[7]. Il est éloigné de la ville de trente stades[8].

L'histoire des Lacédémoniens a répandu un si grand éclat sur

---

[1] Isocr. in Archid. t. 2, p. 20. — [2] Strab. lib. 8, p. 362. Pausan. lib. 4, cap. 4, p. 288. — [3] Id. ibid. cap. 4 et 5. — [4] Id. ibid. Justin. lib. 3, cap. 4. — [5] Isocr. ibid. p. 24. — [6] Plin. lib. 36, cap. 18, t. 2, p. 748; cap. 22, p. 752. Strab. lib. 8, p. 367. — [7] Xenoph. hist. græc. lib. 6, p. 609. Liv. lib. 34, cap. 29. — [8] Polyb. lib. 5, p. 367.

le petit canton qu'ils habitent, que nous visitions les moindres bourgs et les plus petites villes, soit aux environs du golfe de Laconie, soit dans l'intérieur des terres. On nous montrait partout des temples, des statues, des colonnes, et d'autres monumens, la plupart d'un travail grossier; quelques uns d'une antiquité respectable[1]. Dans le gymnase d'Asopus, des ossemens humains d'une grandeur prodigieuse fixèrent notre attention[2].

Revenus sur les bords de l'Eurotas, nous le remontâmes, d'abord à travers une vallée qu'il arrose[3], ensuite au milieu de la plaine qui s'étend jusqu'à Lacédémone : il coulait à notre droite; à gauche s'élevait le mont Taygète, au pied duquel la nature a creusé dans le roc quantité de grandes cavernes[4].

A Brysées, nous trouvâmes un temple de Bacchus, dont l'entrée est interdite aux hommes, où les femmes seules ont le droit de sacrifier et de pratiquer des cérémonies qu'il ne leur est pas permis de révéler[5]. Nous avions vu auparavant une ville de Laconie où les femmes sont exclues des sacrifices que l'on offre au dieu Mars[6]. De Brysées on nous montrait, sur le sommet de la montagne voisine, un lieu nommé le Talet, où, entre autres animaux, on immole des chevaux au soleil[7]. Plus loin, les habitans d'un petit bourg se glorifient d'avoir inventé les meules à moudre les grains[8].

Amyclæ.

Bientôt s'offrit à nos yeux la ville d'Amyclæ, située sur la rive droite de l'Eurotas, éloignée de Lacédémone d'environ vingt stades[9]. Nous vîmes en arrivant, sur une colonne, la statue d'un athlète qui expira un moment après avoir reçu aux jeux olympiques la couronne destinée aux vainqueurs; tout autour sont plusieurs trépieds, consacrés par les Lacédémoniens à différentes divinités, pour leurs victoires sur les Athéniens et sur les Messéniens[10].

Nous étions impatiens de nous rendre au temple d'Apollon, un des plus fameux de la Grèce. La statue du dieu, haute d'environ trente coudées[11][a], est d'un travail grossier, et se ressent du goût des Égyptiens : on la prendrait pour une colonne de bronze à laquelle on aurait attaché une tête couverte d'un casque, deux mains armées d'un arc et d'une lance, deux pieds dont il ne paraît que l'extrémité. Ce monument remonte à une haute

---

[1] Pausan. lib. 3, cap. 22, p. 265. — [2] Id. ibid. p. 267. — [3] Strab. lib. 8, p. 343. Liv. lib. 34, cap. 28. — [4] Guill. Lacéd. anc. t. 1, p. 75. — [5] Pausan. ibid. cap. 20, p. 261. — [6] Id. ibid. cap. 22, p. 267. — [7] Id. ibid. cap. 20, p. 261. — [8] Id. ibid. p. 260. — [9] Polyb. lib. 5, p. 367. — [10] Pausan. ibid. cap. 18, p. 254. — [11] Id. ibid. cap. 19, p. 257. — [a] Environ quarante-deux et demi de nos pieds.

antiquité ; il fut dans la suite placé, par un artiste nommé Bathyclès, sur une base en forme d'autel, au milieu d'un trône qui est soutenu par les Heures et les Grâces. Le même artiste a décoré les faces de la base, et toutes les parties du trône, de bas-reliefs qui représentent tant de sujets différens et un si grand nombre de figures, qu'on ne pourrait les décrire sans causer un mortel ennui.

Le temple est desservi par des prêtresses, dont la principale prend le titre de Mère. Après sa mort on inscrit sur le marbre son nom et les années de son sacerdoce. On nous montra les tables qui contiennent la suite de ces époques précieuses à la chronologie, et nous y lûmes le nom de Laodamée, fille d'Amyclas, qui régnait dans ce pays il y a plus de mille ans [1]. D'autres inscriptions, déposées en ces lieux pour les rendre plus vénérables, renferment des traités entre les nations [2] ; plusieurs décrets des Lacédémoniens, relatifs soit à des cérémonies religieuses, soit à des expéditions militaires; des vœux adressés au dieu de la part des souverains ou des particuliers [3].

Non loin du temple d'Apollon, il en existe un second qui, dans œuvre, n'a qu'environ dix-sept pieds de long sur dix et demi de large [4]. Cinq pierres brutes et de couleur noire, épaisses de cinq pieds, forment les quatre murs et la couverture, au-dessus de laquelle deux autres pierres sont posées en retraite. L'édifice porte sur trois marches, chacune d'une seule pierre. Sur la porte sont gravés en caractère très-anciens ces mots : EUROTAS, ROI DES ICTEUCRATES, A ONGA. Ce prince vivait environ trois siècles avant la guerre de Troie. Le nom d'Icteucrates désigne les anciens habitans de la Laconie [5]; et celui d'Onga, une divinité de Phénicie ou d'Égypte, la même, à ce qu'on pense, que la Minerve des Grecs [6].

Cet édifice, que nous nous sommes rappelé plus d'une fois dans notre voyage d'Egypte, est antérieur de plusieurs siècles aux plus anciens de la Grèce. Après avoir admiré sa simplicité, sa solidité, nous tombâmes dans une espèce de recueillement dont nous cherchions ensuite à pénétrer la cause. Ce n'est ici qu'un intérêt de surprise, disait Philotas : nous envisageons la somme des siècles écoulés depuis la fondation de ce temple avec le même étonnement que, parvenus au pied d'une mon-

---

[1] Mém. de l'acad. des bell. lettr. t. 23, p. 406. — [2] Thucyd. lib. 5, cap. 18 et 23. — [3] Mém. ibid. t. 15, p. 395 ; t. 16, hist. p. 101. Inscript. Fourmont. in bibl. reg. — [4] Mém. ibid. t. 15, p. 402. — [5] Hesych. in Ἰκτευκρ. — [6] Steph. in Ὄγκα. Hesych. in Ὄγγα. AEschyl. in sept. contra Theb. v. 170. Schol. ibid. et in v. 493. Seld. de diis Syr. synt. 2, cap. 4. Boch. geogr. sacr. part. 2, lib. 2, cap. 12, p. 745.

tagne, nous avons souvent mesuré des yeux sa hauteur imposante : l'étendue de la durée produit le même effet que celle de l'espace. Cependant, répondis-je, l'une laisse dans nos âmes une impression de tristesse que nous n'avons jamais éprouvée à l'aspect de l'autre : c'est qu'en effet nous sommes plus attachés à la durée qu'à la grandeur. Or, toutes ces ruines antiques sont les trophées du temps destructeur, et ramènent malgré nous notre attention sur l'instabilité des choses humaines. Ici, par exemple, l'inscription nous a présenté le nom d'un peuple dont vous et moi n'avions aucune notion : il a disparu, et ce petit temple est le seul témoin de son existence, l'unique débris de son naufrage.

Des prairies riantes[1], des arbres superbes, embellissent les environs d'Amyclæ, les fruits y sont excellens[2]. C'est un séjour agréable, assez peuplé, et toujours plein d'étrangers[3] attirés par la beauté des fêtes, ou par des motifs de religion. Nous le quittâmes pour nous rendre à Lacédémone.

Nous logeâmes chez Damonax, à qui Xénophon nous avait recommandés. Philotas trouva chez lui des lettres qui le forcèrent de partir le lendemain pour Athènes. Je ne parlerai de Lacédémone qu'après avoir donné une idée générale de la province.

Elle est bornée à l'est et au sud par la mer ; à l'ouest et au nord, par de hautes montagnes, ou par des collines qui en descendent, et qui forment entre elles des vallées agréables. On nomme Taygète les montagnes de l'ouest. De quelques uns de leurs sommets élevés au-dessus des nues[4], l'œil peut s'étendre sur tout le Péloponèse[5]. Leurs flancs, presque entièrement couverts de bois, servent d'asiles à quantité de chèvres, d'ours, de sangliers et de cerfs[6].

La nature, qui s'est fait un plaisir d'y multiplier ces espèces, semble y avoir ménagé, pour les détruire, des races de chiens recherchés de tous les peuples[7], préférables surtout pour la chasse du sanglier[8] : ils sont agiles, vifs, impétueux[9], doués d'un sentiment exquis[10]. Les lices possèdent ces avantages au plus haut degré[11] ; elles en ont un autre : leur vie pour l'ordinaire se prolonge jusqu'à la douzième année à peu près ; celle des mâles

---

[1] Stat. theb. lib. 9, v. 769. Liv. lib. 34, cap. 28. — [2] Polyb. lib. 5, p. 367. — [3] Inscript. Fourmont. in bibl. reg. — [4] Stat. ibid. lib. 2, v. 35. — [5] Schol. Pind. in nem. 10, v. 114. — [6] Pausan. lib. 3, cap. 20, p. 261. — [7] Theophr. charact. cap. 5. Eustath. in odyss. p. 1822. Meurs. miscell. lacon. lib. 3, cap. 1. — [8] Xenoph. de venat. p. 991. — [9] Callim. hymn. in Dian. v. 94. Senec. trag. in Hippol. v. 35. Virg. georg. lib. 3, v. 405. — [10] Plat. in Parmen. t. 3, p. 128. Aristot. de gener. animal. lib. 5, cap. 2, t. 1, p. 1139. Sophocl. in Ajac. v. 8. — [11] Aristot. hist. animal. lib. 9, cap. 1, t. 1, p. 922.

passe rarement la dixième¹. Pour en tirer une race plus ardente et plus courageuse, on les accouple avec des chiens molosses². On prétend que, d'elles-mêmes, elles s'unissent quelquefois avec les renards³, et que de ce commerce provient une espèce de chiens faibles, difformes, au poil ras, au nez pointu, inférieurs en qualité aux autres⁴.

Parmi les chiens de Laconie, les noirs tachetés de blanc se distinguent par leur beauté⁵ ; les fauves⁶, par leur intelligence ; les castorides et les ménélaïdes, par les noms de Castor et de Ménélas qui propagèrent leur espèce⁷ : car la chasse fit l'amusement des anciens héros, après qu'elle eut cessé d'être pour eux une nécessité. Il fallut d'abord se défendre contre des animaux redoutables : bientôt on les cantonna dans les régions sauvages. Quand on les eut mis hors d'état de nuire, plutôt que de languir dans l'oisiveté, on se fit de nouveaux ennemis pour avoir le plaisir de les combattre ; on versa le sang de l'innocente colombe, et il fut reconnu que la chasse était l'image de la guerre.

Du côté de la terre, la Laconie est d'un difficile accès⁸ ; l'on n'y pénètre que par des collines escarpées, et des défilés faciles à garder⁹. A Lacédémone, la plaine s'élargit¹⁰ ; et, en avançant vers le midi, on trouve des cantons fertiles¹¹, quoiqu'en certains endroits, par l'inégalité du terrain, la culture exige de grands travaux¹². Dans la plaine¹³ sont éparses des collines assez élevées, faites de mains d'hommes, plus fréquentes en ce pays que dans les provinces voisines, et construites, avant la naissance des arts, pour servir de tombeaux aux principaux chefs de la nation ᵃ. Suivant les apparences, de pareilles masses de terre, destinées au même objet, furent ensuite remplacées en Égypte par les pyramides ; et c'est ainsi que partout, et de tout temps, l'orgueil de l'homme s'est de lui-même associé au néant.

Quant aux productions de la Laconie, nous observerons qu'on y trouve quantité de plantes dont la médecine fait usage¹⁴ ; qu'on y recueille un blé léger et peu nourrissant¹⁵ ; qu'on y doit

---

¹ Aristot. hist. animal. lib. 6, cap. 20, t. 1, p. 878. Plin. lib. 10, cap. 63, t. 1, p. 578. — ² Aristot. ibid. lib. 9, cap. 1, p. 922. — ³ Id. ibid. lib. 8, cap. 28, p. 920. Hesych. in Κυναλώπ. Poll. lib. 5, cap. 5, § 39. — ⁴ Xenoph. de venat. p. 975. Themist. orat. 21, p. 248. — ⁵ Guill. Lacéd. anc. t. 1, p. 199. — ⁶ Horat. epod. od. 6, v. 5. — ⁷ Poll. ibid. § 38. — ⁸ Eurip. ap. Strab. lib. 8, p. 366. Xenoph. hist. græc. lib. 6, p. 607. — ⁹ Id. ibid. Polyb. lib. 2, p. 150. Liv. lib. 34, cap. 28 ; lib. 35, cap. 27. — ¹⁰ Le Roi, ruines de la Grèce, t. 2, p. 31. — ¹¹ Herodot. lib. 1, cap. 66. Plat. in Alcib. 1, t. 2, p. 122. Polyb. lib. 5, p. 367. — ¹² Eurip. ibid. — ¹³ Athen. lib. 14, cap. 5, p. 625. — ᵃ On trouve de pareils tertres dans plusieurs des pays habités par les anciens Germains. — ¹⁴ Theophr. hist. plant. lib. 4, cap. 6, p. 367. — ¹⁵ Id. ibid. lib. 8, cap. 4, p. 932.

fréquemment arroser les figuiers, sans craindre de nuire à la bonté du fruit[1]; que les figues y mûrissent plus tôt qu'ailleurs[2]; enfin, que sur toutes les côtes de la Laconie, ainsi que sur celles de Cythère, il se fait une pêche abondante de ces coquillages d'où l'on tire une teinture de pourpre fort estimée[3], et approchante du couleur de rose[4].

La Laconie est sujette aux tremblemens de terre[5]. On prétend qu'elle contenait autrefois cent villes[6]; mais c'était dans un temps où le plus petit bourg se parait de ce titre : tout ce que nous pouvons dire, c'est qu'elle est fort peuplée[7]. L'Eurotas la parcourt dans toute son étendue, et reçoit les ruisseaux ou plutôt les torrens qui descendent des montagnes voisines. Pendant une grande partie de l'année, on ne saurait le passer à gué[8] : il coule toujours dans un lit étroit; et, dans son élévation même, son mérite est d'avoir plus de profondeur que de superficie.

En certains temps il est couvert de cignes d'une blancheur éblouissante[9], presque partout de roseaux très-recherchés, parce qu'ils sont droits, élevés, et variés dans leurs couleurs[10]. Outre les autres usages auxquels on applique cet arbrisseau, les Lacédémoniens en font des nattes, et s'en couronnent dans quelques unes de leurs fêtes[11]. Je me souviens, à cette occasion, qu'un Athénien, déclamant un jour contre la vanité des hommes, me disait : Il n'a fallu que de faibles roseaux pour les soumettre, les éclairer et les adoucir. Je le priai de s'expliquer; il ajouta : C'est avec cette frêle matière qu'on a fait des flèches, des plumes à écrire, et des instrumens de musique[12] [a].

Lacédémone.

A la droite de l'Eurotas, à une petite distance du rivage[13], est la ville de Lacédémone, autrement nommée Sparte (*Atlas*, pl. 32 et 33). Elle n'est point entourée de murs[14], et n'a pour défense que la valeur de ses habitans[15], et quelques éminences

---

[1] Theophrast. hist. plant. lib. 2, cap. 8, p. 92. — [2] Id. de caus. plant. ap. Athen. lib. 3, p. 77. Plin. lib. 16, cap. 26, t. 2, p. 20. — [3] Aristot. ap. Steph. in Κύθηρ. Pausan. lib. 3, cap. 21, p. 264. Plin. lib. 4, cap. 12, t. 1, p. 208. — [4] Id. lib. 21, cap. 8. — [5] Strab. lib. 8, p. 367. Eustath. in iliad. lib. 2, p. 294. — [6] Strab. ibid. p. 362. Eustath. in Dionys. v. 419. — [7] Herodot. lib. 1, cap. 66. Polyb. lib. 2, p. 125. — [8] Id. lib. 5, p. 369. — [9] Stat. sylv. lib. 1, v. 143. Guill. Lacéd. anc. t. 1, p. 97. — [10] Eurip. in Hel. v. 355 et 500. Theogn. sent. v. 783. Theophr. ibid. lib. 4, cap. 12, p. 470. — [11] Sosib. ap. Athen. lib. 15, p. 674. — [12] Plin. lib. 16, cap. 36, t. 2, p. 27. — [a] Les flûtes étaient communément de roseaux. — [13] Polyb. ibid. — [14] Xenoph. hist. græc. lib. 6, p. 608. Id. in Ages. p. 662. Nep. in Ages. cap. 6. Liv. lib. 39, cap. 37. — [15] Justin. lib. 14, cap. 5.

que l'on garnit de troupes, en cas d'attaque[1]. La plus haute de ces éminences tient lieu de citadelle; elle se termine par un grand plateau sur lequel s'élèvent plusieurs édifices sacrés[2].

Autour de cette colline sont rangées cinq bourgades, séparées les unes des autres par des intervalles plus ou moins grands, et occupées chacune par une des cinq tribus des Spartiates [a]. Telle est la ville de Lacédémone, dont les quartiers ne sont pas joints comme ceux d'Athènes[3]. Autrefois les villes du Péloponèse n'étaient de même composées que de hameaux, qu'on a depuis rapprochés en les renfermant dans une enceinte commune[4][b].

La grande place, à laquelle aboutissent plusieurs rues, est ornée de temples et de statues: on y distingue de plus les maisons où s'assemblent séparément le sénat, les éphores, d'autres corps de magistrats[5]; et un portique que les Lacédémoniens élevèrent après la bataille de Platée, aux dépens des vaincus dont ils avaient partagé les dépouilles : le toit est soutenu, non par des colonnes, mais par de grandes statues qui représentent des Perses revêtus de robes traînantes[6]. Le reste de la ville offre aussi quantité de monumens en l'honneur des dieux et des anciens héros.

Sur la plus haute des collines, on voit un temple de Minerve qui jouit du droit d'asile, ainsi que le bois qui l'entoure, et une petite maison qui lui appartient, dans laquelle on laissa mourir de faim le roi Pausanias[7]. Ce fut un crime aux yeux de la déesse; et, pour l'apaiser, l'oracle ordonna aux Lacédémoniens d'ériger à ce prince deux statues qu'on remarque encore auprès de l'autel[8]. Le temple est construit en airain[9], comme l'était autrefois celui de Delphes[10]. Dans son intérieur, sont gravés en bas-relief les travaux d'Hercule, les exploits des Tyndarides, et divers groupes de figures[11]. A droite de cet édifice, on trouve une statue de Jupiter, la plus ancienne peut-être de toutes celles qui existent en bronze; elle est d'un temps qui concourt avec le rétablissement des jeux olympiques, et ce n'est qu'un assemblage de pièces de rapport, qu'on a jointes avec des clous[12].

Les tombeaux des deux familles qui règnent à Lacédémone sont dans deux quartiers différens[13]. Partout on trouve des mo-

---

[1] Plut. in Ages. t. 1, p. 613. Liv. lib. 34, cap. 38. — [2] Pausan. lib. 3, cap. 17, p. 250. — [a] Voy. la note XVI à la fin du volume.— [3] Thucyd. lib. 1, cap. 10. — [4] Id. ibid. Strab. lib. 8, p. 337. Diod. lib. 11, p. 40. — [b] Voyez la note XVII à la fin du volume. — [5] Pausan. ibid. cap. 11, p. 231. — [6] Vitruv. lib. 1, cap. 1. — [7] Thucyd. ibid. cap. 134. — [8] Pausan. ibid. cap. 17, p. 253. — [9] Thucyd. ibid. Liv. lib. 35, cap. 36. Suid. in Χαλκ. — [10] Pausan. lib. 10, cap. 5, p. 810. — [11] Id. lib. 3, cap. 17, p. 250. — [12] Id. ibid. p. 251. — [13] Id. ibid. cap. 12, p. 237; cap. 14, p. 240.

numens héroïques : c'est le nom qu'on donne à des édifices et des bouquets de bois dédiés aux anciens héros [1]. Là se renouvelle, avec des rites saints, la mémoire d'Hercule, de Tyndare, de Castor, de Pollux, de Ménélas, de quantité d'autres plus ou moins connus dans l'histoire, plus ou moins dignes de l'être. La reconnaissance des peuples, plus souvent les réponses des oracles, leur valurent autrefois ces distinctions ; les plus nobles motifs se réunirent pour consacrer un temple à Lycurgue [2].

De pareils honneurs furent plus rarement décernés dans la suite. J'ai vu des colonnes et des statues élevées pour des Spartiates couronnés aux jeux olympiques [3], jamais pour les vainqueurs des ennemis de la patrie. Il faut des statues à des lutteurs, l'estime publique à des soldats. De tous ceux qui, dans le siècle dernier, se signalèrent contre les Perses ou contre les Athéniens, quatre ou cinq reçurent en particulier, dans la ville, des honneurs funèbres ; il est même probable qu'on ne les accorda qu'avec peine. En effet, ce ne fut que quarante ans après la mort de Léonidas que ses ossemens, ayant été transportés à Lacédémone, furent déposés dans un tombeau placé auprès du théâtre. Ce fut alors aussi qu'on inscrivit pour la première fois sur une colonne les noms des trois cents Spartiates qui avaient péri avec ce grand homme [4].

La plupart des monumens que je viens d'indiquer inspirent d'autant plus de vénération, qu'ils n'étalent point de faste, et sont presque tous d'un travail grossier. Ailleurs, je surprenais souvent mon admiration uniquement arrêtée sur l'artiste ; à Lacédémone, elle se portait toute entière sur le héros : une pierre brute suffisait pour le rappeler à mon souvenir ; mais ce souvenir était accompagné de l'image brillante de ses vertus ou de ses victoires.

Les maisons sont petites et sans ornemens. On a construit des salles et des portiques où les Lacédémoniens viennent traiter de leurs affaires, ou converser ensemble [5]. A la partie méridionale de la ville, est l'Hippodrome pour les courses à pied et à cheval [6]. De là on entre dans le Plataniste, lieu d'exercices pour la jeunesse, ombragé par de beaux platanes, situé sur les bords de l'Eurotas et d'une petite rivière, qui l'enferment par un canal de communication. Deux ponts y conduisent ; à l'entrée de l'un est la statue d'Hercule, ou de la force qui dompte

---

[1] Pausan. lib. 3, cap. 12, p. 230, etc. — [2] Herodot. lib. 1, cap. 66. Pausan. ibid. cap. 16, p. 248. Plut. in Lyc. t. 1, p. 59. — [3] Pausan. ibid. cap. 13, p. 240 ; cap. 14, p. 241 ; cap. 18, p. 254. — [4] Id. ibid. cap. 14, p. 240. — [5] Id. ibid. cap. 14 et 15. — [6] Xenoph. hist. græc. lib. 6, p. 608. Liv. lib. 34, cap. 27.

tout; à l'entrée de l'autre, l'image de Lycurgue, ou de la loi qui règle tout[1].

D'après cette légère esquisse, on doit juger de l'extrême surprise qu'éprouverait un amateur des arts, qui, attiré à Lacédémone par la haute réputation de ses habitans, n'y trouverait, au lieu d'une ville magnifique, que quelques pauvres hameaux; au lieu de belles maisons, que des chaumières obscures; au lieu de guerriers impétueux et turbulens, que des hommes tranquilles, et couverts, pour l'ordinaire, d'une cape grossière. Mais combien augmenterait sa surprise, lorsque Sparte, mieux connue, offrirait à son admiration un des plus grands hommes du monde, un des plus beaux ouvrages de l'homme, Lycurgue et son institution!

CHAPITRE XLII.

Des habitans de la Laconie.

Les descendans d'Hercule, soutenus d'un corps de Doriens, s'étant emparés de la Laconie, vécurent sans distinction avec les anciens habitans de la contrée. Peu de temps après, ils leur imposèrent un tribut, et les dépouillèrent d'une partie de leurs droits. Les villes qui consentirent à cet arrangement conservèrent leur liberté : celle d'Hélos résista; et bientôt, forcée de céder, elle vit ses habitans presque réduits à la condition des esclaves[2].

Ceux de Sparte se divisèrent à leur tour; et les plus puissans reléguèrent les plus faibles à la campagne, ou dans les villes voisines[3]. On distingue encore aujourd'hui les Lacédémoniens de la capitale d'avec ceux de la province; les uns et les autres, d'avec cette prodigieuse quantité d'esclaves dispersés dans le pays.

Spartiates.

Les premiers, que nous nommons souvent Spartiates, forment ce corps de guerriers d'où dépend la destinée de la Laconie. Leur nombre, à ce qu'on dit, montait anciennement à dix mille[4] : du temps de l'expédition de Xerxès, il était de huit mille[5] : les dernières guerres l'ont tellement réduit, qu'on trouve maintenant très-peu d'anciennes familles à Sparte[6]. J'ai

---

[1] Pausan. lib. 3, cap. 14, p. 242. Lucian. de gymnas. t. 2, p. 919. — [2] Strab. lib. 8, p. 365. Plut. in Lyc. t. 1, p. 40. — [3] Isocr. panath. t. 2, p. 274. — [4] Aristot. de rep. lib. 2, cap. 9, t. 2, p. 329. — [5] Herodot. lib. 7, cap. 234. — [6] Aristot. ibid. Plut. in Agid. t. 1, p. 797.

vu quelquefois jusqu'à quatre mille hommes dans la place publique, et j'y distinguais à peine quarante Spartiates, en comptant même les deux rois, les éphores et les sénateurs¹.

La plupart des familles nouvelles ont pour auteurs des Hilotes qui méritèrent d'abord la liberté, ensuite le titre de citoyen. On ne les appelle point Spartiates; mais, suivant la différence des priviléges qu'ils ont obtenus, on leur donne divers noms, qui tous désignent leur premier état².

Trois grands hommes, Callicratidas, Gylippe et Lysander, nés dans cette classe³, furent élevés avec les enfans des Spartiates, comme le sont tous ceux des Hilotes dont on a brisé les fers⁴; mais ce ne fut que par des exploits signalés qu'ils obtinrent tous les droits des citoyens.

Ce titre s'accordait rarement autrefois à ceux qui n'étaient pas nés d'un père et d'une mère Spartiates⁵. Il est indispensable pour exercer des magistratures et commander des armées⁶; mais il perd une partie de ses priviléges, s'il est terni par une action malhonnête. Le gouvernement veille en général à la conservation de ceux qui en sont revêtus, avec un soin particulier, aux jours des Spartiates de naissance. On l'a vu, pour en retirer quelques uns d'une île où la flotte d'Athènes les tenait assiégés, demander à cette ville une paix humiliante, et lui sacrifier sa marine⁷. On le voit encore tous les jours n'en exposer qu'un petit nombre aux coups de l'ennemi. En ces derniers temps, les rois Agésilas et Agésipolis n'en menaient quelquefois que trente dans leurs expéditions⁸.

Lacédémoniens.

Malgré la perte de leurs anciens priviléges, les villes de la Laconie sont censées former une confédération, dont l'objet est de réunir leurs forces en temps de guerre, de maintenir leurs droits en temps de paix. Quand il s'agit de l'intérêt de toute la nation, elles envoient leurs députés à l'assemblée générale, qui se tient toujours à Sparte⁹. Là se règlent et les contributions qu'elles doivent payer, et le nombre de troupes qu'elles doivent fournir.

Leurs habitans ne reçoivent pas la même éducation que ceux de la capitale : avec des mœurs plus agrestes¹⁰, ils ont une va-

---

¹ Xenoph. hist. græc. lib. 3, p. 494. — ² Thucyd. lib. 5, cap. 34; lib. 7, cap. 58. Hesych. in Νεοδαμ. Poll. lib. 3, cap. 8, § 83. — ³ Ælian. var. hist. lib. 12, cap. 43.— ⁴ Athen. lib. 6, cap. 20, p. 271. Meurs. miscell. lacon. lib. 2, cap. 6. Crag. de rep. Laced. lib. 1, cap. 5.— ⁵ Herodot. lib. 9, cap. 33. Dionys. Halic. antiq. roman. lib. 2, cap. 17, t. 1, p. 270.— ⁶ Plut. apophth. lacon. t. 2, p. 230. — ⁷ Thucyd. lib. 4, cap. 15 et 19.— ⁸ Xenoph. ibid. p. 496; lib. 5, p. 562. — ⁹ Id. ibid. lib. 6, p. 579. — ¹⁰ Liv. lib. 34, cap. 27.

leur moins brillante. De là vient que la ville de Sparte a pris sur les autres le même ascendant que la ville d'Élis sur celles de l'Élide [1], la ville de Thèbes sur celles de la Béotie. Cette supériorité excite leur jalousie et leur haine [2] : dans une des expéditions d'Épaminondas, plusieurs d'entre elles joignirent leurs soldats à ceux des Thébains [3].

Esclaves.

On trouve plus d'esclaves domestiques à Lacédémone que dans aucune autre ville de la Grèce [4]. Ils servent leurs maîtres à table [5], les habillent et les déshabillent [6], exécutent leurs ordres, et entretiennent la propreté dans la maison : à l'armée, on en emploie un grand nombre au bagage [7]. Comme les Lacédémoniennes ne doivent pas travailler, elles font filer la laine par des femmes attachées à leur service [8].

Hilotes.

Les Hilotes ont reçu leur nom de la ville d'Hélos [9] : on ne doit pas les confondre, comme ont fait quelques auteurs [10], avec les esclaves proprement dits [11] ; ils tiennent plutôt le milieu entre les esclaves et les hommes libres [12].

Une casaque, un bonnet de peau, un traitement rigoureux, des décrets de mort quelquefois prononcés contre eux sur de légers soupçons, leur rappelle à tout moment leur état [13] : mais leur sort est adouci par des avantages réels. Semblables aux serfs de Thessalie [14], ils afferment les terres des Spartiates ; et dans la vue de les attacher par l'appât du gain, on n'exige de leur part qu'une redevance fixée depuis long-temps, et nullement proportionnée au produit : il serait honteux aux propriétaires d'en demander une plus considérable [15].

Quelques uns exercent les arts mécaniques avec tant de succès, qu'on recherche partout les clefs [16], les lits, les tables et les chaises qui se font à Lacédémone [17]. Ils servent dans la marine en qualité de matelots [18] : dans les armées, un soldat oplite ou pesamment armé est accompagné d'un ou de plusieurs Hilotes [19].

---

[1] Herodot. lib. 4, cap. 148. Thucyd. lib. 5, cap. 31. — [2] Xenoph. hist. græc. lib. 3, p. 494. — [3] Id. ibid. lib. 6, p. 607 et 609. — [4] Thucyd. lib. 8, cap. 40. — [5] Crit. ap. Athen. lib. 11, cap. 3, p. 463. — [6] Plat. de leg. lib. 1, t. 2, p. 633. — [7] Xenoph ibid. p. 586. — [8] Id. de rep. Laced. p. 675. — [9] Hellan. ap. Harpocr. in Εἱλωῖ. Pausan. lib. 3, cap. 20, p. 261. — [10] Isocr. in Archid. t. 2, p. 23. — [11] Plat. in Alcib. 1, t. 2, p. 122. — [12] Poll. lib. 3, cap. 8, § 83. — [13] Myron. ap. Athen. lib. 14, p. 657. — [14] Suid. et Harpocr. in Πενεσ. — [15] Plut. in Lyc. t. 1, p. 54. Id. apophth. t. 2, p. 216. Id. instit. lacon. p. 239. Myron. ibid. — [16] Aristoph. in Thesmoph. v. 430. Bisset. ibid. — [17] Plut. ibid. p. 45. — [18] Xenoph. ibid. lib. 7, p. 615. — [19] Thucyd. lib. 4, cap. 8.

A la bataille de Platée, chaque Spartiate en avait sept auprès de lui [1].

Dans les dangers pressans, on réveille leur zèle par l'espérance de la liberté [2] ; des détachemens nombreux l'ont quelquefois obtenue pour prix de leurs belles actions [3]. C'est de l'Etat seul qu'ils reçoivent ce bienfait, parce qu'ils appartiennent encore plus à l'Etat qu'aux citoyens dont ils cultivent les terres ; et c'est ce qui fait que ces derniers ne peuvent ni les affranchir, ni les vendre en des pays étrangers [4]. Leur affranchissement est annoncé par une cérémonie publique : on les conduit d'un temple à l'autre, couronnés de fleurs, exposés à tous les regards [5] ; il leur est ensuite permis d'habiter où ils veulent [6]. De nouveaux services les font monter au rang des citoyens.

Dès les commencemens, les serfs, impatiens du joug, avaient souvent essayé de le briser ; mais lorsque les Messéniens, vaincus par les Spartiates, furent réduits à cet état humiliant [7], les révoltes devinrent plus fréquentes [8] : à l'exception d'un petit nombre qui restaient fidèles [9], les autres, placés comme en embuscade au milieu de l'Etat, profitaient de ses malheurs pour s'emparer d'un poste important [10], ou se ranger du côté de l'ennemi. Le gouvernement cherchait à les retenir dans le devoir par des récompenses, plus souvent par des rigueurs outrées : on dit même que, dans une occasion, il en fit disparaître deux mille qui avaient montré trop de courage, et qu'on n'a jamais su de quelle manière ils avaient péri [11]. On cite d'autres traits de barbarie [12] non moins exécrables [a], et qui ont donné lieu à ce proverbe : « A Sparte, la liberté est sans bornes, ainsi que l'esclavage [13]. »

Je n'en ai pas été témoin ; j'ai seulement vu les Spartiates et les Hilotes, pleins d'une défiance mutuelle, s'observer avec crainte ; et les premiers employer, pour se faire obéir, des rigueurs que les circonstances semblaient rendre nécessaires : car les Hilotes sont très-difficiles à gouverner ; leur nombre, leur valeur, et surtout leurs richesses, les remplissent de présomp-

---

[1] Herodot. lib. 9, cap. 10 et 28. Plut. in Arist. t. 1, p. 325. Id. de malign. Herodot. t. 2, p. 871. — [2] Thucyd. lib. 4, cap. 26. Xenoph. hist. græc. lib. 6, p. 608. — [3] Thucyd. lib. 5, cap. 34. Diod. lib. 12, p. 124. — [4] Strab. lib. 8, p. 365. Pausan. lib. 3, cap. 20. — [5] Thucyd. lib. 4, cap. 80. Plut. in Lyc. t. 1, p. 57. — [6] Thucyd. lib. 5, cap. 34. — [7] Pausan. lib. 4, cap. 8, p. 297 ; cap. 23, p. 335. AElian. var. hist. lib. 6, cap. 1. — [8] Aristot. de rep. lib. 2, cap. 10, t. 2, p. 333. Xenoph. ibid. lib. 1, p. 435. — [9] Hesych. in Αρσεῖοι. — [10] Thucyd. lib. 1, cap. 101. Aristot. ibid. cap. 9, t. 2, p. 328. Plut. in Cim. t. 1, p. 489. Pausan. ibid. cap. 14, p. 339. — [11] Thucyd. lib. 4, cap. 80. Diod. ibid. p. 117. Plut. in Lyc. t. 1, p. 57. — [12] Myron. ap. Athen. lib. 14, p. 657. — [a] Voyez la note XVIII à la fin du volume. — [13] Plut. ibid.

tion et d'audace [1]; et de là vient que des auteurs éclairés se sont partagés sur cette espèce de servitude, que les uns condamnent, et que les autres approuvent [2].

CHAPITRE XLIII.

Idées générales sur la Législation de Lycurgue.

J'ÉTAIS depuis quelques jours à Sparte. Personne ne s'étonnait de m'y voir; la loi qui en rendait autrefois l'accès difficile aux étrangers n'était plus observée avec la même rigueur. Je fus introduit auprès des deux princes qui occupaient le trône; c'étaient Cléomène, petit-fils de ce roi Cléombrote qui périt à la bataille de Leuctres, et Archidamus, fils d'Agésilas. L'un et l'autre avaient de l'esprit : le premier aimait la paix ; le second ne respirait que la guerre, et jouissait d'un grand crédit. Je connus cet Antalcidas qui, environ trente ans auparavant, avait ménagé un traité entre la Grèce et la Perse. Mais, de tous les Spartiates, Damonax, chez qui j'étais logé, me parut le plus communicatif et le plus éclairé. Il avait fréquenté les nations étrangères, et n'en connaissait pas moins la sienne.

Un jour que je l'accablais de questions, il me dit : Juger de nos lois par nos mœurs actuelles, c'est juger de la beauté d'un édifice par un amas de ruines. Eh bien, répondis-je, plaçons-nous au temps où ces lois étaient en vigueur; croyez-vous qu'on en puisse saisir l'enchaînement et l'esprit ? Croyez-vous qu'il soit facile de justifier les réglemens extraordinaires et bizarres qu'elles contiennent? Respectez, me dit-il, l'ouvrage d'un génie dont les vues, toujours neuves et profondes, ne paraissent exagérées que parce que celles des autres législateurs sont timides ou bornées : ils se sont contentés d'assortir leurs lois aux caractères des peuples; Lycurgue, par les siennes, donna un nouveau caractère à sa nation : ils se sont éloignés de la nature en croyant s'en approcher; plus il a paru s'en écarter, plus il s'est rencontré avec elle.

Un corps sain, une âme libre, voilà tout ce que la nature destine à l'homme solitaire pour le rendre heureux : voilà les avantages qui, suivant Lycurgue, doivent servir de fondement à notre bonheur. Vous concevez déjà pourquoi il nous est défendu de marier nos filles dans un âge prématuré; pourquoi

[1] Aristot. de rep. lib. 2, cap. 5, t. 2, p. 318. — [2] Plat. de leg. lib. 6, t. 2, p. 776.

elles ne sont point élevées à l'ombre de leurs toits rustiques, mais sous les regards brûlans du soleil, dans la poussière du gymnase, dans les exercices de la lutte, de la course, du javelot et du disque [1] : comme elles doivent donner des citoyens robustes à l'État, il faut qu'elles se forment une constitution assez forte pour la communiquer à leurs enfans.

Vous concevez encore pourquoi les enfans subissent un jugement solennel dès leur naissance, et sont condamnés à périr lorsqu'ils paraissent mal conformés [2]. Que feraient-ils pour l'État, que feraient-ils de la vie, s'ils n'avaient qu'une existence douloureuse ?

Depuis notre plus tendre enfance, une suite non interrompue de travaux et de combats donne à nos corps l'agilité, la souplesse et la force. Un régime sévère prévient ou dissipe les maladies dont ils sont susceptibles. Ici les besoins factices sont ignorés, et les lois ont eu soin de pourvoir aux besoins réels. La faim, la soif, les souffrances, la mort, nous regardons tous ces objets de terreur avec une indifférence que la philosophie cherche vainement à imiter. Les sectes les plus austères n'ont pas traité la douleur avec plus de mépris que les enfans de Sparte.

Mais ces hommes auxquels Lycurgue veut restituer les biens de la nature n'en jouiront peut-être pas long-temps : ils vont se rapprocher ; ils auront des passions, et l'édifice de leur bonheur s'écroulera dans un instant. C'est ici le triomphe du génie : Lycurgue sait qu'une passion violente tient les autres à ses ordres ; il nous donnera l'amour de la patrie [3] avec son énergie, sa plénitude, ses transports, son délire même. Cet amour sera si ardent et si impérieux, qu'en lui seul il réunira tous les intérêts et tous les mouvemens de notre cœur. Alors il ne restera plus dans l'État qu'une volonté, et par conséquent qu'un esprit : en effet, quand on n'a qu'un sentiment, on n'a qu'une idée.

Dans le reste de la Grèce [4], les enfans d'un homme libre sont confiés aux soins d'un homme qui ne l'est pas, ou qui ne mérite pas de l'être : mais des esclaves et des mercenaires ne sont pas faits pour élever des Spartiates ; c'est la patrie elle-même qui remplit cette fonction importante. Elle nous laisse, pendant les premières années, entre les mains de nos parens : dès que nous sommes capables d'intelligence, elle fait valoir hautement les droits qu'elle a sur nous. Jusqu'à ce moment, son nom sacré n'avait été prononcé en notre présence qu'avec les plus fortes démonstrations d'amour et de respect ; maintenant ses regards

---

[1] Xenoph. de rep. Laced. p. 675 et 676. Plut. in Lyc. t. 1, p. 47 ; id. in num. p. 77. — [2] Plut. in Lyc. t. 1, p. 49. — [3] Id. ibid. p. 55. — [4] Xenoph. ibid. p. 676. Plut. ibid. p. 50.

nous cherchent et nous suivent partout. C'est de sa main que nous recevons la nourriture et les vêtemens ; c'est de sa part que les magistrats, les vieillards, tous les citoyens assistent à nos jeux, s'inquiètent de nos fautes, tâchent à démêler quelque germe de vertu dans nos paroles ou dans nos actions, nous apprennent enfin, par leur tendre sollicitude, que l'État n'a rien de si précieux que nous, et qu'aujourd'hui ses enfans, nous devons être dans la suite sa consolation et sa gloire.

Comment des attentions qui tombent de si haut ne feraient-elles pas sur nos âmes des impressions fortes et durables ? Comment ne pas adorer une constitution qui, attachant à nos intérêts la souveraine bonté jointe à la suprême puissance, nous donne de si bonne heure une si grande idée de nous-mêmes ?

De ce vif intérêt que la patrie prend à nous, de ce tendre amour que nous commençons à prendre pour elle, résultent naturellement, de son côté une sévérité extrême, du nôtre une soumission aveugle. Lycurgue, néanmoins, peu content de s'en rapporter à l'ordre naturel des choses, nous a fait une obligation de nos sentimens. Nulle part les lois ne sont si impérieuses et si bien observées, les magistrats moins indulgens et plus respectés. Cette heureuse harmonie, absolument nécessaire pour retenir dans la dépendance des hommes élevés dans le mépris de la mort, est le fruit de cette éducation qui n'est autre chose que l'apprentissage de l'obéissance, et, si je l'ose dire, que la tactique de toutes les vertus. C'est là qu'on apprend que hors de l'ordre il n'y a ni courage, ni honneur, ni liberté, et qu'on ne peut se tenir dans l'ordre, si l'on ne s'est pas rendu maître de sa volonté. C'est là que les leçons, les exemples, les sacrifices pénibles, les pratiques minutieuses, tout concourt à nous procurer cet empire, aussi difficile à conserver qu'à obtenir.

Un des principaux magistrats nous tient continuellement assemblés sous ses yeux : s'il est forcé de s'absenter pour un moment, tout citoyen peut prendre sa place, et se mettre à notre tête[1] ; tant il est essentiel de frapper notre imagination par la crainte de l'autorité !

Les devoirs croissent avec les années ; la nature des instructions se mesure aux progrès de la raison ; et les passions naissantes sont ou comprimées par la multiplicité des exercices, ou habilement dirigées vers des objets utiles à l'État. Dans le temps même où elles commencent à déployer leur fureur, nous ne paraissons en public qu'en silence, la pudeur sur le front, les yeux baissés, et les mains cachées sous le manteau[2], dans l'atti-

---

[1] Xenoph. de rep. Laced. p. 678. — [2] Id. ibid. p. 679.

tude et avec la gravité des prêtres égyptiens, et comme des initiés qu'on destine au ministère de la vertu.

L'amour de la patrie doit introduire l'esprit d'union parmi les citoyens ; le désir de lui plaire, l'esprit d'émulation. Ici, l'union ne sera point troublée par les orages qui la détruisent ailleurs : Lycurgue nous a garantis de presque toutes les sources de la jalousie, parce qu'il a rendu presque tout égal et commun entre les Spartiates.

Nous sommes tous les jours appelés à des repas publics où règnent la décence et la frugalité. Par là sont bannis des maisons des particuliers le besoin, l'excès, et les vices qui naissent de l'un et de l'autre [1].

Il m'est permis, quand les circonstances l'exigent, d'user des esclaves, des voitures, des chevaux, et de tout ce qui appartient à un autre citoyen [2] ; et cette espèce de communauté de biens est si générale, qu'elle s'étend, en quelque façon, sur nos femmes et sur nos enfans [3]. De là, si des nœuds infructueux unissent un vieillard à une jeune femme, l'obligation prescrite au premier de choisir un jeune homme distingué par sa figure et par les qualités de l'esprit, de l'introduire dans son lit, et d'adopter les fruits de ce nouvel hymen [4] : de là, si un célibataire veut se survivre en d'autres lui-même, la permission qu'on lui accorde d'emprunter la femme de son ami, et d'en avoir des enfans que le mari confond avec les siens, quoiqu'ils ne partagent pas sa succession [5]. D'un autre côté, si mon fils osait se plaindre à moi d'avoir été châtié par un particulier, je le jugerais coupable, parce qu'il aurait été puni, et je le châtierais de nouveau, parce qu'il se serait révolté contre l'autorité paternelle, partagée entre tous les citoyens [6].

En nous dépouillant des propriétés qui produisent tant de divisions parmi les hommes, Lycurgue n'en a été que plus attentif à favoriser l'émulation ; elle était devenue nécessaire pour prévenir les dégoûts d'une union trop parfaite, pour remplir le vide que l'exemption des soins domestiques [7] laissait dans nos âmes, pour nous animer pendant la guerre, pendant la paix, à tout moment et à tout âge.

Ce goût de préférence et de supériorité, qui s'annonce de si bonne heure dans la jeunesse, est regardé comme le germe d'une utile rivalité. Trois officiers nommés par les magistrats

---

[1] Xenoph. de rep. Laced. p. 680. Plut. in Lyc. t. 1, p. 46. — [2] Xenoph. ibid. p. 681. Aristot. de rep. lib. 2, cap. 5, t. 2, p. 317. — [3] Plut. ibid. p. 50; id. instit. lacon. t. 2, p. 237. — [4] Xenoph. ibid. p. 676. Plut. ibid. p. 49. — [5] Xenoph. ibid. — [6] Plut. instit. lacon. t. 2, p. 237. — [7] Id. ibid. p. 239.

choisissent trois cents jeunes gens distingués par leur mérite, en forment un ordre séparé, et annoncent au public le motif de leur choix[1]. A l'instant même ceux qui sont exclus se liguent contre une promotion qui semble faire leur honte. Il se forme alors dans l'État deux corps, dont tous les membres, occupés à se surveiller, dénoncent au magistrat les fautes de leurs adversaires, se livrent publiquement des combats d'honnêteté et de vertus, et se surpassent eux-mêmes, les uns pour s'élever au rang de l'honneur, les autres pour s'y soutenir. C'est par un motif semblable qu'il leur est permis de s'attaquer et d'essayer leurs forces presque à chaque rencontre. Mais ces démêlés n'ont rien de funeste : dès qu'on y distingue quelque trace de fureur, le moindre citoyen peut d'un mot les suspendre ; et si par hasard sa voix n'est pas écoutée, il traîne les combattans devant un tribunal qui, dans cette occasion, punit la colère comme une désobéissance aux lois[2].

Les réglemens de Lycurgue nous préparent à une sorte d'indifférence pour des biens dont l'acquisition coûte plus de chagrins que la possession ne procure de plaisirs. Nos monnaies ne sont que de cuivre ; leur volume et leur pesanteur trahiraient l'avare qui voudrait les cacher aux yeux de ses esclaves[3]. Nous regardons l'or et l'argent comme les poisons les plus à craindre pour un État. Si un particulier en recelait dans sa maison, il n'échapperait ni aux perquisitions continuelles des officiers publics, ni à la sévérité des lois. Nous ne connaissons ni les arts, ni le commerce, ni tous ces autres moyens de multiplier les besoins et les malheurs d'un peuple. Que ferions-nous, après tout, des richesses ? D'autres législateurs ont tâché d'en augmenter la circulation, et les philosophes d'en modérer l'usage : Lycurgue nous les a rendues inutiles. Nous avons des cabanes, des vêtemens et du pain ; nous avons du fer et des bras pour le service de la patrie et de nos amis ; nous avons des âmes libres, vigoureuses, incapables de supporter la tyrannie des hommes et celle de nos passions : voilà nos trésors.

Nous regardons l'amour excessif de la gloire comme une faiblesse, et celui de la célébrité comme un crime. Nous n'avons aucun historien, aucun orateur, aucun panégyriste, aucun de ces monumens qui n'attestent que la vanité d'une nation. Les peuples que nous avons vaincus apprendront nos victoires à la postérité ; nous apprendrons à nos enfans à être aussi braves, aussi vertueux que leurs pères. L'exemple de Léonidas sans cesse présent à leur mémoire, les tourmentera jour et nuit. Vous

[1] Xenoph. de rep. Laced. p. 679. — [2] Id. ibid. p. 680. — [3] Id. ibid. p. 682. Plut. in Lyc. t. 1, p. 44.

n'avez qu'à les interroger ; la plupart vous réciteront par cœur les noms des trois cents Spartiates qui périrent avec lui aux Thermopyles [1].

Nous ne saurions appeler grandeur cette indépendance des lois qu'affectent ailleurs les principaux citoyens. La licence assurée de l'impunité est une bassesse qui rend méprisables et le particulier qui en est coupable, et l'État qui la tolère. Nous croyons valoir autant que les autres hommes, dans quelque pays et dans quelque rang qu'ils soient, fût-ce le grand roi de Perse lui-même ; cependant, dès que nos lois parlent, toute notre fierté s'abaisse, et le plus puissant de nos citoyens court à la voix du magistrat avec la même soumission que le plus faible [2]. Nous ne craignons que nos lois, parce que Lycurgue les ayant fait approuver par l'oracle de Delphes, nous les avons reçues comme les volontés des dieux mêmes [3] ; parce que, Lycurgue les ayant proportionnées à nos vrais besoins, elles sont le fondement de notre bonheur.

D'après cette première esquisse, vous concevez aisément que Lycurgue ne doit pas être regardé comme un simple législateur, mais comme un philosophe profond et un réformateur éclairé ; que sa législation est tout à la fois un système de morale et de politique ; que ses lois influent sans cesse sur nos mœurs et sur nos sentimens ; et que, tandis que les autres législateurs se sont bornés à empêcher le mal, il nous a contraints d'opérer le bien et d'être vertueux [4].

Il a le premier connu la force et la faiblesse de l'homme ; il les a tellement conciliées avec les devoirs et les besoins du citoyen, que les intérêts des particuliers sont toujours confondus parmi nous avec ceux de la république. Ne soyons donc plus surpris qu'un des plus petits États de la Grèce en soit devenu le plus puissant [5] : tout est ici mis en valeur ; il n'y a pas un degré de force qui ne soit dirigé vers le bien général, pas un acte de vertu qui soit perdu pour la patrie.

Le système de Lycurgue doit produire des hommes justes et paisibles ; mais, il est affreux de le dire, s'ils ne sont exilés dans quelque île éloignée et inabordable, ils seront asservis par les vices ou par les armes des nations voisines. Le législateur tâcha de prévenir ce double danger : il ne permit aux étrangers d'entrer dans la Laconie qu'en certains jours [6] ; aux habitans, d'en

---

[1] Herodot. lib. 7, cap. 224. — [2] Xenoph. de rep. Laced. p. 683. — [3] Id. ibid. — [4] Id. ibid. p. 685. — [5] Thucyd. lib. 1, cap. 18. Xenoph. ibid. p. 675. Isocr. in Archid. t. 2, p. 53. — [6] Aristoph. in av. v. 1014. Schol. ejusd. in pac. v. 622. Thucyd. ibid. cap. 144 ; lib. 2, cap. 39. Plut. in Lyc. t. 1, p. 56 ; id. in Agid. p. 799 ; id. instit. lacon. t. 2, p. 238. Meurs. miscell. lacon. lib. 2, cap. 9.

sortir[1] que pour des causes importantes. La nature des lieux favorisait l'exécution de la loi : entourés de mers et de montagnes, nous n'avons que quelques défilés à garder pour arrêter la corruption sur nos frontières. L'interdiction du commerce et de la navigation fut une suite de ce réglement[2], et de cette défense résulta l'avantage inestimable de n'avoir que très-peu de lois : car on a remarqué qu'il en faut la moitié moins à une ville qui n'a point de commerce[3].

Il était encore plus difficile de nous subjuguer que de nous corrompre. Depuis le lever du soleil jusqu'à son coucher, depuis nos premières années jusqu'aux dernières, nous sommes toujours sous les armes, toujours dans l'attente de l'ennemi, observant même une discipline plus exacte que si nous étions en sa présence. Tournez vos regards de tous côtés, vous vous croirez moins dans une ville que dans un camp[4]. Vos oreilles ne seront frappées que des cris de victoire ou du récit des grandes actions; vos yeux ne verront que des marches, des évolutions, des attaques et des batailles. Ces apprêts redoutables non-seulement nous délassent du repos, mais encore font notre sûreté, en répandant au loin la terreur et le respect du nom lacédémonien.

C'est à cet esprit militaire que tiennent plusieurs de nos lois. Jeunes encore, nous allons à la chasse tous les matins[5] ; dans la suite, toutes les fois que nos devoirs nous laissent des intervalles de loisir[6]. Lycurgue nous a recommandé cet exercice, comme l'image du péril et de la victoire.

Pendant que les jeunes gens s'y livrent avec ardeur, il leur est permis de se répandre dans la campagne, et d'enlever tout ce qui est à leur bienséance[7]. Ils ont la même permission dans la ville; innocens et dignes d'éloges, s'ils ne sont pas convaincus de larcin ; blâmés et punis, s'ils le sont. Cette loi, qui paraît empruntée des Égyptiens[8], a soulevé les censeurs contre Lycurgue[9]. Il semble en effet qu'elle devrait inspirer aux jeunes gens le goût du désordre et du brigandage ; mais elle ne produit en eux que plus d'adresse et d'activité ; dans les autres citoyens, plus de vigilance ; dans tous, plus d'habitude à prévoir les desseins de l'ennemi, à lui tendre des piéges, à se garantir des siens[10].

Rappelons-nous, avant que de finir, les principes d'où nous

---

[1] Plat. in Protag. t. 1, p. 342. — [2] Plut. instit. lacon., t. 2, p. 239. — [3] Plat. de rep. lib. 8, t. 2 p. 842. — [4] Id. de leg. lib. 2, t. 2, p. 666. Plut. in Lyc. t. 1, p. 54. Isocr. in Archid. t. 2, p. 53. — [5] Isocr. panath. t. 2, p. 291. — [6] Xenoph. de rep. Laced. p. 680. — [7] Isocr. ibid. — [8] Diod. lib. 1, p. 72. Aul. Gell. lib. 11, cap. 18. — [9] Isocr. ibid. — [10] Xenoph. ibid. p. 677. Heracl. Pont. de polit. in antiq. græc. t. 6, p. 2823. Plut. ibid. t. 1, p. 51 ; id. instit. lacon. t. 2, p. 237.

sommes partis. Un corps sain et robuste, une âme exempte de chagrins et de besoins, tel est le bonheur que la nature destine à l'homme isolé; l'union et l'émulation entre les citoyens, celui où doivent aspirer les hommes qui vivent en commun. Si les lois de Lycurgue ont rempli les vues de la nature et des sociétés, nous jouissons de la plus belle des constitutions. Mais vous allez l'examiner en détail, et vous me direz si elle doit en effet nous inspirer de l'orgueil.

Je demandai alors à Damonax comment une pareille constitution pouvait subsister : car, lui dis-je, dès qu'elle est également fondée sur les lois et sur les mœurs, il faut que vous infligiez les mêmes peines à la violation des unes et des autres. Des citoyens qui manqueraient à l'honneur, les punissez-vous de mort, comme si c'étaient des scélérats ?

Nous faisons mieux, me répondit-il; nous les laissons vivre, et nous les rendons malheureux. Dans les États corrompus, un homme qui se déshonore est partout blâmé et partout accueilli[1]; chez nous, l'opprobre le suit et le tourmente partout. Nous le punissons en détail dans lui-même et dans ce qu'il a de plus cher. Sa femme, condamnée aux pleurs, ne peut se montrer en public. S'il ose y paraître lui-même, il faut que la négligence de son extérieur rappelle sa honte, qu'il s'écarte avec respect du citoyen qu'il trouve sur son chemin, et que pendant nos jeux il se relègue dans une place qui le livre aux regards et au mépris du public. Mille morts ne sont pas comparables à ce supplice.

J'ai une autre difficulté, lui dis-je : je crains qu'en affaiblissant si fort vos passions, en vous ôtant tous ces objets d'ambition et d'intérêt qui agitent les autres peuples, Lycurgue n'ait laissé un vide immense dans vos âmes. Que leur reste-t-il en effet? L'enthousiasme de la valeur, me dit-il, l'amour de la patrie porté jusqu'au fanatisme, le sentiment de notre liberté, l'orgueil délicieux que nous inspirent nos vertus, et l'estime d'un peuple de citoyens souverainement estimables : pensez-vous qu'avec des mouvemens si rapides notre âme puisse manquer de ressorts et s'appesantir?

Je ne sais, répliquai-je, si tout un peuple est capable de sentimens si sublimes, et s'il est fait pour se soutenir dans cette grande élévation. Il me répondit : Quand on veut former le caractère d'une nation, il faut commencer par les principaux citoyens. Quand une fois ils sont ébranlés et portés aux grandes choses, ils entraînent avec eux cette multitude grossière qui se mène plutôt par les exemples que par les principes. Un soldat

---

[1] Xenoph. de rep. Laced. p. 684.

qui fait une lâcheté à la suite d'un général timide, ferait des prodiges s'il suivait un héros.

Mais, repris-je encore, en bannissant le luxe et les arts, ne vous êtes-vous pas privés des douceurs qu'ils procurent? On aura toujours de la peine à se persuader que le meilleur moyen de parvenir au bonheur soit de proscrire les plaisirs. Enfin, pour juger de la bonté de vos lois, il faudrait savoir si, avec toutes vos vertus, vous êtes aussi heureux que les autres Grecs. Nous croyons l'être beaucoup plus, me répondit-il, et cette persuasion nous suffit pour l'être en effet.

Damonax, en finissant, me pria de ne pas oublier que, suivant nos conventions, notre entretien n'avait roulé que sur l'esprit des lois de Lycurgue et sur les mœurs des anciens Spartiates.

CHAPITRE XLIV.

Vie de Lycurgue.

J'AI dit, dans l'Introduction de cet ouvrage [a], que les descendans d'Hercule, bannis autrefois du Péloponèse, y rentrèrent quatre-vingts ans après la prise de Troie. Témène, Cresphonte et Aristodème, tous trois fils d'Aristomaque, amenèrent une armée de Doriens qui les rendirent maîtres de cette partie de la Grèce. L'Argolide échut en partage à Témène, et la Messénie à Cresphonte [1]. Le troisième des frères étant mort dans ces circonstances, Eurysthène et Proclès ses fils possédèrent la Laconie. De ces deux princes viennent les deux maisons qui, depuis environ neuf siècles, règnent conjointement à Lacédémone.

Cet empire naissant fut souvent ébranlé par des factions intestines ou par des entreprises éclatantes. Il était menacé d'une ruine prochaine, lorsque l'un des rois, nommé Polydecte, mourut sans enfans. Lycurgue, son frère, lui succéda. On ignorait dans ce moment la grossesse de la reine. Dès qu'il en fut instruit, il déclara que, si elle donnait un héritier au trône, il serait le premier à le reconnaître; et, pour garant de sa parole, il n'administra le royaume qu'en qualité de tuteur du jeune prince.

Cependant la reine lui fit dire que, s'il consentait à l'épouser, elle n'hésiterait pas à faire périr son enfant. Pour détourner l'exécution de cet horrible projet, il la flatta par de vaines es-

[a] Tome I, prem. part. — [1] Plat. de leg. lib. 3, t. 2, p. 683.

pérances¹. Elle accoucha d'un fils ; il le prit entre ses bras, et le montrant aux magistrats de Sparte : Voilà, leur dit-il, le roi qui vous est né.

La joie qu'il témoigna d'un événement qui le privait de la couronne, jointe à la sagesse de son administration, lui attira le respect et l'amour de la plupart des citoyens; mais ses vertus alarmaient les principaux de l'État : ils étaient secondés par la reine, qui, cherchant à venger son injure, soulevait contre lui ses parens et ses amis. On disait qu'il était dangereux de confier les jours du jeune prince à la vigilance d'un homme qui n'avait d'autre intérêt que d'en abréger le cours. Ces bruits, faibles dans leur naissance, éclatèrent enfin avec tant de force, qu'il fut obligé, pour les détruire, de s'éloigner de sa patrie.

En Crète, les lois du sage Minos fixèrent long-temps son attention. Il admira l'harmonie qu'elles entretenaient dans l'État et chez les particuliers. Parmi les personnes éclairées qui l'aidèrent de leurs lumières, il s'unit étroitement avec un poëte nommé Thalès, qu'il jugea digne de seconder les grands desseins qu'il roulait dans sa tête². Thalès, docile à ses conseils, alla s'établir à Lacédémone, et fit entendre des chants qui invitaient et préparaient les esprits à l'obéissance et à la concorde.

Pour mieux juger des effets que produit la différence des gouvernemens et des mœurs, Lycurgue visita les côtes de l'Asie. Il n'y vit que des lois et des âmes sans vigueur. Les Crétois, avec un régime simple et sévère, étaient heureux : les Ioniens, qui prétendaient l'être, gémissaient en esclaves sous le joug des plaisirs et de la licence. Une découverte précieuse le dédommagea du spectacle dégoûtant qui s'offrait à ses yeux. Les poésies d'Homère tombèrent entre ses mains : il y vit avec surprise les plus belles maximes de la morale et de la politique embellies par les charmes de la fiction, et il résolut d'en enrichir la Grèce³.

Tandis qu'il continuait à parcourir les régions éloignées, étudiant partout le génie et l'ouvrage des législateurs, recueillant les semences du bonheur qu'ils avaient répandues en différentes contrées, Lacédémone, fatiguée de ses divisions, envoya plus d'une fois à sa suite des députés qui le pressaient de venir au secours de l'État. Lui seul pouvait en diriger les rênes, tour à tour flottantes dans les mains des rois et dans celles de la multitude⁴. Il résista long-temps, et céda enfin aux vœux empressés de tous les Lacédémoniens.

De retour à Sparte, il s'aperçut bientôt qu'il ne s'agissait pas

¹ Plut. in Lyc. t. 1, p. 40. — ² Strab. lib. 10, p. 482. — ³ Plut. ibid. p. 41. — ⁴ Id. ibid. p. 42.

de réparer l'édifice des lois, mais de le détruire, et d'en élever un autre sur de nouvelles proportions : il prévit tous les obstacles, et n'en fut pas effrayé. Il avait pour lui le respect qu'on accordait à sa naissance et à ses vertus ; il avait son génie, ses lumières, ce courage imposant qui force les volontés, et cet esprit de conciliation qui les attire [1] ; il avait enfin l'aveu du ciel, qu'à l'exemple des autres législateurs, il eut toujours l'attention de se ménager. L'oracle de Delphes lui répondit : « Les dieux » agréent ton hommage, et sous leurs auspices tu formeras la » plus excellente des constitutions politiques. » Lycurgue ne cessa depuis d'entretenir des intelligences avec la Pythie, qui imprima successivement à ses lois le sceau de l'autorité divine [2].

Avant que de commencer ses opérations, il les soumit à l'examen de ses amis et des citoyens les plus distingués. Il en choisit trente, qui devaient l'accompagner tout armés aux assemblées générales. Ce cortège ne suffisait pas toujours pour empêcher le tumulte : dans une émeute excitée à l'occasion d'une loi nouvelle, les riches se soulevèrent avec tant de fureur, qu'il résolut de se réfugier dans un temple voisin ; mais, atteint dans sa retraite d'un coup violent qui, dit-on, le priva d'un œil, il se contenta de montrer à ceux qui le poursuivaient son visage couvert de sang. A cette vue, la plupart, saisis de honte, l'accompagnèrent chez lui avec toutes les marques du respect et de la douleur, détestant le crime, et remettant le coupable entre ses mains pour en disposer à son gré. C'était un jeune homme impétueux et bouillant. Lycurgue, sans l'accabler de reproches, sans proférer la moindre plainte, le retint dans sa maison, et, ayant fait retirer ses amis et ses domestiques, lui ordonna de le servir et de panser sa blessure. Le jeune homme obéit en silence ; et, témoin à chaque instant de la bonté, de la patience et des grandes qualités de Lycurgue, il changea sa haine en amour, et, d'après un si beau modèle, réprima la violence de son caractère [3].

La nouvelle constitution fut enfin approuvée par tous les ordres de l'État ; les parties en étaient si bien combinées, qu'aux premiers essais on jugea qu'elle n'avait pas besoin de nouveaux ressorts [4]. Cependant, malgré son excellence, il n'était pas encore rassuré sur sa durée. « Il me reste, dit-il au peuple assemblé, à vous exposer l'ar-
» ticle le plus important de notre législation ; mais je veux aupa-
» ravant consulter l'oracle de Delphes. Promettez que jusqu'à mon
» retour vous ne toucherez point aux lois établies. » Ils le promirent. « Faites-en le serment. » Les rois, les sénateurs, tous les citoyens prirent les dieux à témoins de leur parole [5]. Cet enga-

---

[1] Plut. in Lyc. t. 1, p. 42.—[2] Polyæn. strateg. lib. 1, cap. 16.—[3] Plut. ibid. p. 45.—[4] Id. ibid. p. 57.—[5] Id. ibid. Nicol. Damasc. in excerpt. Vales. p. 446.

gement solennel devait être irrévocable ; car son dessein était de ne plus revoir sa patrie.

Il se rendit aussitôt à Delphes, et demanda si les nouvelles lois suffisaient pour assurer le bonheur des Spartiates. La Pythie ayant répondu que Sparte serait la plus florissante des villes tant qu'elle se ferait un devoir de les observer, Lycurgue envoya cet oracle à Lacédémone, et se condamna lui-même à l'exil[1]. Il mourut loin de la nation dont il avait fait le bonheur.

On a dit qu'elle n'avait pas rendu assez d'honneurs à sa mémoire[2], sans doute parce qu'elle ne pouvait lui en rendre trop. Elle lui consacra un temple, où tous les ans il reçoit l'hommage d'un sacrifice[3]. Ses parens et ses amis formèrent une société[4] qui s'est perpétuée jusqu'à nous, et qui se réunit de temps en temps pour rappeler le souvenir de ses vertus. Un jour que l'assemblée se tenait dans le temple, Euclidas adressa le discours suivant au génie tutélaire de ce lieu :

Nous vous célébrons, sans savoir quel nom vous donner : la Pythie doutait si vous n'étiez pas un dieu plutôt qu'un mortel[5] ; dans cette incertitude, elle vous nomma l'ami des dieux, parce que vous étiez l'ami des hommes.

Votre grande âme serait indignée, si nous osions vous faire un mérite de n'avoir pas acheté la royauté par un crime ; elle serait peu flattée, si nous ajoutions que vous avez exposé votre vie et immolé votre repos pour faire le bien : on ne doit louer que les sacrifices qui coûtent des efforts.

La plupart des législateurs s'étaient égarés en suivant les routes frayées ; vous comprîtes que, pour faire le bonheur d'une nation, il fallait la mener par des voies extraordinaires[6]. Nous vous louons d'avoir, dans un temps d'ignorance, mieux connu le cœur humain que les philosophes ne le connaissent dans ce siècle éclairé.

Nous vous remercions d'avoir mis un frein à l'autorité des rois, à l'insolence du peuple, aux prétentions des riches, à nos passions et à nos vertus.

Nous vous remercions d'avoir placé au-dessus de nos têtes un souverain qui voit tout, qui peut tout, et que rien ne peut corrompre. Vous mîtes la loi sur le trône, et nos magistrats à ses genoux ; tandis qu'ailleurs on met un homme sur le trône, et la loi sous ses pieds. La loi est comme un palmier qui nourrit également de son fruit tous ceux qui se reposent sous son ombre ;

---

[1] Plut. in Lyc. t. 1, p. 57. — [2] Aristot. ap. Plut. ibid. p. 59. — [3] Herodot. lib. 1, cap. 66. Pausan. lib. 3, cap. 16, p. 248. — [4] Plut. ibid. — [5] Herodot. ibid. cap. 65. Plut. ibid. p. 42. — [6] Xénoph. de rep. Laced. p. 675.

le despote, comme un arbre planté sur une montagne, et auprès duquel on ne voit que des vautours et des serpens.

Nous vous remercions de ne nous avoir laissé qu'un petit nombre d'idées justes et saines, et d'avoir empêché que nous eussions plus de désirs que de besoins.

Nous vous remercions d'avoir assez bien présumé de nous pour penser que nous n'aurions d'autre courage à demander aux dieux que celui de supporter l'injustice [1] lorsqu'il le faut.

Quand vous vîtes vos lois, éclatantes de grandeur et de beautés, marcher, pour ainsi dire, toutes seules, sans se heurter ni se disjoindre, on dit que vous éprouvâtes une joie pure, semblable à celle de l'Être suprême lorsqu'il vit l'univers, à peine sorti de ses mains, exécuter ses mouvemens avec tant d'harmonie et de régularité [2].

Votre passage sur la terre ne fut marqué que par des bienfaits. Heureux si, en nous les rappelant sans cesse, nous pouvions laisser à nos neveux ce dépôt tel que nos pères l'ont reçu !

CHAPITRE XLV.

Du Gouvernement de Lacédémone.

DEPUIS l'établissement des sociétés, les souverains essayaient partout d'augmenter leur prérogative; les peuples, de l'affaiblir. Les troubles qui résultaient de ces prétentions diverses se faisaient plus sentir à Sparte que partout ailleurs : d'un côté, deux rois, souvent divisés d'intérêt, et toujours soutenus d'un grand nombre de partisans; de l'autre, un peuple de guerriers indociles, qui, ne sachant ni commander ni obéir, précipitaient tour à tour le gouvernement dans les excès de la tyrannie et de la démocratie [3].

Lycurgue avait trop de lumières pour abandonner l'administration des affaires générales aux caprices de la multitude [4], ou pour la laisser entre les mains des deux maisons régnantes. Il cherchait un moyen de tempérer la force par la sagesse; il crut le trouver en Crète. Là, un conseil suprême modérait la puissance du souverain [5]. Il en établit un à peu près semblable à Sparte : vingt-huit vieillards d'une expérience consommée furent choisis pour partager avec les rois la plénitude du pouvoir [6].

---

[1] Plut. instit. lacon. t. 2, p. 239. — [2] Id. in Lyc. t. 1, p. 57. — [3] Id. ibid. p. 42. — [4] Id. apophth. lacon. t. 2, p. 228. — [5] Aristot. de rep. lib. 2, cap. 10, t. 2, p. 332. — [6] Plat. de leg. lib. 3, t. 2, p. 692. Plut. ibid.

Il fut réglé que les grands intérêts de l'État seraient discutés dans ce sénat auguste, que les deux rois auraient le droit d'y présider, et que la décision passerait à la pluralité des voix[1], qu'elle serait ensuite communiquée à l'assemblée générale de la nation, qui pourrait l'approuver ou la rejeter, sans avoir la permission d'y faire le moindre changement[2].

Soit que cette clause ne fût pas assez clairement exprimée dans la loi, soit que la discussion des décrets inspirât naturellement le désir d'y faire quelques changemens, le peuple s'arrogeait insensiblement le droit de les altérer par des additions ou par des suppressions. Cet abus fut pour jamais réprimé par les soins de Polydore et de Théopompe, qui régnaient environ cent trente ans après Lycurgue[3]; ils firent ajouter, par la Pythie de Delphes, un nouvel article à l'oracle qui avait réglé la distribution des pouvoirs[4].

Le sénat avait jusqu'alors maintenu l'équilibre[5] entre les rois et le peuple; mais les places des sénateurs étant à vie ainsi que celles des rois, il était à craindre que, dans la suite, les uns et les autres ne s'unissent étroitement, et ne trouvassent plus d'opposition à leurs volontés. On fit passer une partie de leurs fonctions entre les mains de cinq magistrats nommés éphores ou inspecteurs, et destinés à défendre le peuple en cas d'oppression : ce fut le roi Théopompe qui, avec l'agrément de la nation, établit ce nouveau corps intermédiaire[6][a].

Si l'on en croit les philosophes, ce prince, en limitant son autorité, la rendit plus solide et plus durable[7]; si l'on juge d'après l'événement, en prévenant un danger qui n'existait pas encore, il en préparait un qui devait tôt ou tard exister. On voyait dans la constitution de Lycurgue l'heureux mélange de la royauté, de l'aristocratie et de la démocratie : Théopompe y joignit une oligarchie[8] qui, de nos jours, est devenue tyrannique[9]. Jetons maintenant un coup d'œil rapide sur les différentes parties de ce gouvernement, telles qu'elles sont aujourd'hui, et non comme elles étaient autrefois; car elles ont presque toutes éprouvé des changemens[10].

---

[1] Dionys. Halic. antiq. Rom. lib. 2, cap. 14, t. 1, p. 264. — [2] Plut. in Lyc. t. 1, p. 43. — [3] Id. ibid. — [4] Id. ibid. — [5] Id. ibid. Polyb. lib. 6, p. 459. — [6] Aristot. lib. 5, cap. 11, t. 2, p. 407. Plut. ibid.; id. ap. princip. inerud. t. 2, p. 779. Val. Max. lib. 4, cap. 1, in extern. n°. 8. Dion. Chrysost. orat. 56, p. 565. Cicer. de leg. lib. 3, cap. 7, t. 3, p. 164. — [a] Voyez la note XIX à la fin du volume. — [7] Plat. de leg. lib. 3, p. 692. Aristot. ibid. — [8] Archyt. ap. Stob. p. 269. Aristot. de rep. lib. 2, cap. 6, p. 321. — [9] Plat. ibid. lib. 4, p. 712. — [10] Xenoph. de rep. Laced. p. 690.

Des Rois.

Les deux rois doivent être de la race d'Hercule, et ne peuvent épouser une femme étrangère [1]. Les éphores veillent sur la conduite des reines, de peur qu'elles ne donnent à l'État des enfans qui ne seraient pas de cette maison auguste [2]. Si elles étaient convaincues ou fortement soupçonnées d'infidélité, leurs fils seraient relégués dans la classe des particuliers [3].

Dans chacune des deux branches régnantes, la couronne doit passer à l'aîné des fils; et, à leur défaut, au frère du roi [4]. Si l'aîné meurt avant son père, elle appartient à son puîné; mais s'il laisse un enfant, cet enfant est préféré à ses oncles [5]. Au défaut de proches héritiers dans une famille, on appelle au trône les parens éloignés, et jamais ceux de l'autre maison [6].

Les différends sur la succession sont discutés et terminés dans l'assemblée générale [7]. Lorsqu'un roi n'a point d'enfans d'une première femme, il doit la répudier [8]. Anaxandride avait épousé la fille de sa sœur; il l'aimait tendrement; quelques années après, les éphores le citèrent à leur tribunal, et lui dirent : « Il est de notre devoir de ne pas laisser éteindre les mai- » sons royales. Renvoyez votre épouse, et choisissez-en une » qui donne un héritier au trône. » Sur le refus du prince, après en avoir délibéré avec les sénateurs, ils lui tinrent ce discours : « Suivez notre avis, et ne forcez pas les Spartiates à » prendre un parti violent. Sans rompre des liens trop chers à » votre cœur, contractez-en de nouveaux qui relèvent nos espé- » rances. » Rien n'était si contraire aux lois de Sparte; néanmoins Anaxandride obéit : il épousa une seconde femme dont il eut un fils; mais il aima toujours la première, qui, quelque temps après, accoucha du célèbre Léonidas [9].

L'héritier présomptif n'est point élevé avec les autres enfans de l'État [10]; on a craint que trop de familiarité ne les prémunît contre le respect qu'ils lui devront un jour. Cependant son éducation n'en est pas moins soignée; on lui donne une juste idée de sa dignité, une plus juste encore de ses devoirs. Un Spartiate disait autrefois à Cléomène : « Un roi doit être affable. » Sans doute, répondit ce prince, pourvu qu'il ne s'expose pas » au mépris [11]. » Un autre roi de Lacédémone dit à ses parens

---

[1] Plut. in Agid. t. 1, p. 800. — [2] Plat. in Alcib. 1, t. 2, p. 121. — [3] Herodot. lib. 6, cap. 63. Pausan. lib. 3, cap. 4, p. 212; cap. 8, p. 224. — [4] Herodot. lib. 5, cap. 42. Xenoph. hist. græc. lib. 3, p. 493. Plut. in Lyc. t. 1, p. 40; id. in Ages. p. 596. — [5] Plut. in Agid. t. 1, p. 796. — [6] Nep. in Ages. cap. 1. — [7] Xenoph. ibid.; id. in Ages. p. 652. Pausan. ibid. — [8] Herodot. lib. 6, cap. 63. — [9] Id. lib. 5, cap. 39. Pausan. ibid. cap. 3, p. 211. — [10] Plut. in Ages. t. 1, p. 596. — [11] Plut. apophth. lacon. t. 2, p. 223.

qui exigeaient de lui une injustice : « En m'apprenant que les lois obligent plus le souverain que les autres citoyens, vous m'avez appris à vous désobéir en cette occasion [1]. »

Lycurgue a lié les mains aux rois ; mais il leur a laissé des honneurs et des prérogatives dont ils jouissent comme chefs de la religion, de l'administration et des armées. Outre certains sacerdoces qu'ils exercent par eux-mêmes[2], ils règlent tout ce qui concerne le culte public, et paraissent à la tête des cérémonies religieuses[3]. Pour les mettre à portée d'adresser des vœux au ciel, soit pour eux, soit pour la république[4], l'État leur donne, le premier et le septième jour de chaque mois, une victime avec une certaine quantité de vin et de farine d'orge[5]. L'un et l'autre ont le droit d'attacher à leur personne deux magistrats ou augures qui ne les quittent point, et qu'on nomme pythiens. Le souverain les envoie au besoin consulter la Pythie, et conserve en dépôt les oracles qu'ils rapportent[6]. Ce privilége est peut-être un des plus importans de la royauté ; il met celui qui en est revêtu dans un commerce secret avec les prêtres de Delphes, auteurs de ces oracles qui souvent décident du sort d'un empire.

Comme chef de l'État, il peut, en montant sur le trône, annuler les dettes qu'un citoyen a contractées, soit avec son prédécesseur, soit avec la république [7a]. Le peuple lui adjuge pour lui-même certaines portions d'héritages[8], dont il peut disposer, pendant sa vie, en faveur de ses parens[9].

Les deux rois, comme présidens du sénat, y proposent le sujet de la délibération[10]. Chacun d'eux donne son suffrage, et, en cas d'absence, le fait remettre par un sénateur de ses parens[11]. Ce suffrage en vaut deux[12]. L'avis, dans les causes portées à l'assemblée générale, passe à la pluralité des voix[13]. Lorsque les deux rois proposent de concert un projet manifestement utile à la république, il n'est permis à personne de s'y opposer[14]. La liberté publique n'a rien à craindre d'un pareil accord : outre la secrète jalousie qui règne entre les deux maisons[15], il est rare que leurs chefs aient le même degré de lumières pour

---

[1] Isocr. de pac. t. 1, p. 431. Plut. apophth. lacon. t. 2, p. 216. — [2] Herodot. lib. 6, cap. 56. — [3] Id. ibid. cap. 57. Aristot. de rep. lib. 3, cap. 14, t. 2, p. 356. Dionys. Halic. antiq. rom. t. 1, lib. 2, p. 264. — [4] Xenoph. hist. græc. lib. 3, p. 493. — [5] Herodot. ibid. cap. 57. Xenoph. de rep. Laced. p. 690. — [6] Herodot. ibid. cap. 57. Xenoph. ibid. — [7] Herodot. ibid. cap. 59. — [a] Cet usage subsistait aussi en Perse. (Herodot. ibid.) — [8] Xenoph. ibid. — [9] Id. in Ages. p. 665. — [10] Herodot. ibid. cap. 57. Dionys. Halic. ibid. — [11] Herodot. ibid. — [12] Thucyd. lib. 1, cap. 20. Schol. ibid. Lucian. in Harmon. cap. 3, t. 1, p. 855. Meurs. de regn. lacon. cap. 23. — [13] Dion. Halic. ibid. — [14] Plut. in Agid. t. 1, p. 800. — [15] Id. apophth. lacon. t. 2, p. 215.

connaître les vrais intérêts de l'État, le même degré de courage pour les défendre. Les causes qui regardent l'entretien des chemins, les formalités de l'adoption, le choix du parent qui doit épouser une héritière orpheline, tout cela est soumis à leur décision [1].

Les rois ne doivent pas s'absenter pendant la paix [2], ni tous les deux à la fois pendant la guerre [3], à moins qu'on ne mette deux armées sur pied. Ils les commandent de droit [4], et Lycurgue a voulu qu'ils y parussent avec l'éclat et le pouvoir qui attirent le respect et l'obéissance.

Le jour du départ, le roi offre un sacrifice à Jupiter. Un jeune homme prend sur l'autel un tison enflammé, et le porte, à la tête des troupes, jusqu'aux frontières de l'empire, où l'on fait un nouveau sacrifice [5].

L'État fournit à l'entretien du général et de sa maison, composée, outre sa garde ordinaire, des deux pythiens ou augures dont j'ai parlé plus haut, des polémarques ou officiers principaux, qu'il est à portée de consulter à tous momens, de trois ministres subalternes, chargés de subvenir à ses besoins [6]. Ainsi, délivré de tout soin domestique, il ne s'occupe que des opérations de la campagne. C'est à lui qu'il appartient de les diriger, de signer des trèves avec l'ennemi [7], d'entendre et de congédier les ambassadeurs des puissances étrangères [8]. Les deux éphores qui l'accompagnent n'ont d'autre fonction que de maintenir les mœurs, et ne se mêlent que des affaires qu'il veut bien leur communiquer [9].

Dans ces derniers temps, on a soupçonné quelquefois le général d'avoir conspiré contre la liberté de sa patrie, ou d'en avoir trahi les intérêts, soit en se laissant corrompre par des présens, soit en se livrant à de mauvais conseils [10]. On décerne contre ces délits, suivant les circonstances, ou de très-fortes amendes, ou l'exil, ou même la perte de la couronne et de la vie. Parmi les princes qui furent accusés, l'un fut obligé de s'éloigner et de se réfugier dans un temple [11]; un autre demanda grâce à l'assemblée, qui lui accorda son pardon, mais à condition qu'il se conduirait à l'avenir par l'avis de dix Spartiates qui le suivraient à l'armée, et qu'elle nommerait [12]. La confiance

---

[1] Herodot. lib. 6, cap. 57. — [2] Plut. in Ages. t. 1, p. 800. — [3] Herodot. lib. 5, cap. 75. Xenoph. hist. græc. p. 562. — [4] Id. de rep. Laced. p. 690. Aristot. de rep. lib. 3, cap. 14, t. 2, p. 356. — [5] Xenoph. de rep. Laced. p. 688. — [6] Id. ibid. — [7] Thucyd. lib. 5, cap. 60. — [8] Xenoph. ibid. p. 689. — [9] Id. hist. græc. lib. 2, p. 477 et 478; id. de rep. Laced. p. 688. — [10] Herodot. lib. 6, cap. 82. Thucyd. lib. 1, cap. 132. Pausan. lib. 3, cap. 7, p. 221. — [11] Thucyd. lib. 2, cap. 21; lib. 5, cap. 16. Pausan. ibid. — [12] Thucyd. lib. 5, cap. 63. Diod. lib. 12, p. 126.

entre le souverain et les autres magistrats se ralentissant de jour en jour, bientôt il ne sera entouré, dans ses expéditions, que d'espions et de délateurs choisis parmis ses ennemis[1].

Pendant la paix, les rois ne sont que les premiers citoyens d'une ville libre. Comme citoyens, ils se montrent en public sans suite et sans faste; comme premiers citoyens, on leur cède la première place, et tout le monde se lève en leur présence, à l'exception des éphores siégeans à leur tribunal[2]. Quand ils ne peuvent pas assister aux repas publics, on leur envoie une mesure de vin et de farine[3]; quand ils s'en dispensent sans nécessité, elle leur est refusée[4].

Dans ces repas, ainsi que dans ceux qu'il leur est permis de prendre chez les particuliers, ils reçoivent une double portion, qu'ils partagent avec leurs amis[5]. Ces détails ne sauraient être indifférens : les distinctions ne sont partout que des signes de convention assortis aux temps et aux lieux; celles qu'on accorde aux rois de Lacédémone n'imposent pas moins au peuple que l'armée nombreuse qui compose la garde du roi de Perse.

La royauté a toujours subsisté à Lacédémone; 1°. parce qu'étant partagée entre deux maisons, l'ambition de l'une serait bientôt réprimée par la jalousie de l'autre, ainsi que par le zèle des magistrats; 2°. parce que, les rois n'ayant jamais essayé d'augmenter leur prérogative, elle n'a jamais causé d'ombrage au peuple[6]. Cette modération excite son amour pendant leur vie[7], ses regrets après leur mort. Dès qu'un des rois a rendu les derniers soupirs, des femmes parcourent les rues, et annoncent le malheur public en frappant sur des vases d'airain[8]. On couvre le marché de paille, et l'on défend d'y rien exposer en vente pendant trois jours[9]. On fait partir des hommes à cheval pour répandre la nouvelle dans la province, et avertir ceux des hommes libres et des esclaves qui doivent accompagner les funérailles. Ils y assistent par milliers; on les voit se meurtrir le front, et s'écrier au milieu de leurs longues lamentations : Que, de tous les princes qui ont existé, il n'y en eut jamais de meilleur[10]. Cependant ces malheureux regardent comme un tyran celui dont ils sont obligés de déplorer la perte. Les Spartiates ne l'ignorent pas; mais forcés, par une loi de Lycurgue[11],

---

[1] Aristot. de rep. lib. 2, cap. 9, t. 2, p. 331. — [2] Xenoph. de rep. Laced. p. 690. Heracl. Pont. in antiq. græc. t. 6, p. 2823. Plut. apophth. lacon. t. 2, p. 217. — [3] Herodot. lib. 6, cap. 57. — [4] Plut. in Lyc. t. 1, p. 46. — [5] Herodot. ibid. Xenoph. in Ages. p. 665. — [6] Xenoph. ibid. p. 651. — [7] Isocr. orat. ad Philip. t. 1, p. 269; id. de pac. p. 431. — [8] Herodot. ibid. cap. 58. Schol. Theocr. in idyll. 2, v. 36. — [9] Heracl. Pont. ibid. — [10] Herodot. ibid. Ælian. var. hist. lib. 6, cap. 1. Pausan. lib. 4, cap. 14, p. 313. — [11] Plut. instit. lacon. t. 2, p. 238.

d'étouffer en cette occasion leurs larmes et leurs plaintes, ils ont voulu que la douleur simulée de leurs esclaves et de leurs sujets peignît en quelque façon la douleur véritable qui les pénètre.

Quand le roi meurt dans une expédition militaire, on expose son image sur un lit de parade; et il n'est permis pendant dix jours, ni de convoquer l'assemblée générale, ni d'ouvrir les tribunaux de justice [1]. Quand le corps, que l'on a pris soin de conserver dans le miel ou dans la cire [2], est arrivé, on l'inhume avec les cérémonies accoutumées, dans un quartier de la ville où sont les tombeaux des rois [3].

Du Sénat.

Le sénat, composé de deux rois et de vingt-huit gérontes ou vieillards [4], est le conseil suprême [5] où se traitent en première instance la guerre, la paix, les alliances, les hautes et importantes affaires de l'État.

Obtenir une place dans cet auguste tribunal, c'est monter au trône de l'honneur. On ne l'accorde qu'à celui qui, depuis son enfance, s'est distingué par une prudence éclairée, et par des vertus éminentes [6] : il n'y parvient qu'à l'âge de soixante ans [7]; il la possède jusqu'à sa mort [8]. On ne craint point l'affaiblissement de sa raison : par le genre de vie qu'on mène à Sparte, l'esprit et le corps y vieillissent moins qu'ailleurs.

Quand un sénateur a terminé sa carrière, plusieurs concurrens se présentent pour lui succéder. Ils doivent manifester clairement leur désir. Lycurgue a donc voulu favoriser l'ambition [9] ? Oui, celle qui, pour prix des services rendus à la patrie, demande avec ardeur de lui en rendre encore.

L'élection se fait dans la place publique [10], où le peuple est assemblé avec les rois, les sénateurs, et les différentes classes des magistrats. Chaque prétendant paraît dans l'ordre assigné par le sort [11]. Il parcourt l'enceinte les yeux baissés, en silence, et honoré de cris d'approbation plus ou moins nombreux, plus ou moins fréquens. Ces bruits sont recueillis par des hommes qui, cachés dans une maison voisine d'où ils ne peuvent rien voir, se contentent d'observer quelle est la nature des applaudissemens qu'ils entendent, et qui, à la fin de la cérémonie,

---

[1] Herodot. lib. 6, cap. 58. — [2] Xenoph. hist. græc. lib. 5, p. 564. Plut. in Ages. t. 1, p. 618. — [3] Pausan. lib. 3, cap. 12, p. 237; id. ibid. cap. 14, p. 240. — [4] Crag. de rep. Laced. lib. 2, cap. 3. — [5] Pausan. lib. 3, cap. 11, p. 231. — [6] Démosth. in Leptin. p. 556. Ulpian. ibid. p. 589. AEschin. in Timarch. p. 288. — [7] Plut. in Lyc. t. 1, p. 55. — [8] Aristot. de rep. lib. 2, cap. 9, t. 2, p. 330. Polyb. lib. 6, p. 489. — [9] Aristot. ibid. p. 331. — [10] Id. ibid. lib. 4, cap. 9, t. 2, p. 374. — [11] Plut. ibid.

viennent déclarer qu'à telle reprise le vœu du public s'est manifesté d'une manière plus vive et plus soutenue.

Après ce combat, où la vertu ne succombe que sous la vertu, commence une espèce de marche triomphale : le vainqueur est conduit dans tous les quartiers de la ville la tête ceinte d'une couronne, suivi d'un cortége de jeunes garçons et de jeunes femmes qui célèbrent ses vertus et sa victoire : il se rend aux temples, où il offre son encens ; aux maisons de ses parens, où des gâteaux et des fruits sont étalés sur une table : « Agréez, lui dit-» on, ces présens dont l'État vous honore par nos mains. » Le soir, toutes les femmes qui lui tiennent par les liens du sang s'assemblent à la porte de la salle où il vient de prendre son repas ; il fait approcher celle qu'il estime le plus, et, lui présentant l'une des deux portions qu'on lui avait servies : « C'est à vous, » lui dit-il, que je remets le prix d'honneur que je viens de » recevoir. » Toutes les autres applaudissent au choix, et la ramènent chez elle avec les distinctions les plus flatteuses [1].

Dès ce moment, le nouveau sénateur est obligé de consacrer le reste de ses jours aux fonctions de son ministère. Les unes regardent l'État, et nous les avons indiquées plus haut ; les autres concernent certaines causes particulières dont le jugement est réservé au sénat. C'est de ce tribunal que dépend non-seulement la vie des citoyens, mais encore leur fortune [2], je veux dire leur honneur ; car le vrai Spartiate ne connaît pas d'autre bien.

Plusieurs jours sont employés à l'examen des délits qui entraînent la peine de mort, parce que l'erreur, en cette occasion, ne peut se réparer. On ne condamne pas l'accusé sur de simples présomptions : mais, quoique absous une première fois, il est poursuivi avec plus de rigueur, si dans la suite on acquiert de nouvelles preuves contre lui [3].

Le sénat a le droit d'infliger l'espèce de flétrissure qui prive le citoyen d'une partie de ses privilèges ; et de là vient qu'à la présence d'un sénateur, le respect qu'inspire l'homme vertueux se mêle avec la frayeur salutaire qu'inspire le juge [4].

Quand un roi est accusé d'avoir violé les lois ou trahi les intérêts de l'État, le tribunal, qui doit l'absoudre ou le condamner, est composé des ving-huit sénateurs, des cinq éphores, et du roi de l'autre maison [5]. Il peut appeler du jugement à l'assemblée générale du peuple [6].

[1] Plut. in Lyc. t. 1, p. 56. — [2] Id. ibid. p. 55. — [3] Thucyd. lib. 1, cap. 132. Plut. apophth. lacon. t. 2, p. 217. — [4] AEschin. in Timarch. p. 288. — [5] Pausan. lib. 3, cap. 5, p. 215. — [6] Plut. in Agid. t. 1, p. 804. Crag. de rep. Laced. lib. 4, cap. 8.

Des Éphores.

Les éphores ou inspecteurs, ainsi nommés parce qu'ils étendent leurs soins sur toutes les parties de l'administration [1], sont au nombre de cinq [2]. Dans la crainte qu'ils n'abusent de leur autorité, on les renouvelle tous les ans [3]. Ils entrent en place au commencement de l'année, fixé à la nouvelle lune qui suit l'équinoxe de l'automne [4]. Le premier d'entre eux donne son nom à cette année [5] : ainsi, pour rappeler la date d'un événement, il suffit de dire qu'il s'est passé sous tel éphore.

Le peuple a le droit de les élire, et d'élever à cette dignité des citoyens de tous les états [6] : dès qu'ils en sont revêtus, il les regarde comme ses défenseurs, et c'est à ce titre qu'il n'a cessé d'augmenter leurs prérogatives.

J'ai insinué plus haut que Lycurgue n'avait pas fait entrer cette magistrature dans le plan de sa constitution ; il paraît seulement qu'environ un siècle et demi après, les rois de Lacédémone se dépouillèrent en sa faveur de plusieurs droits essentiels, et que son pouvoir s'accrut ensuite par les soins d'un nommé Astéropus, chef de ce tribunal [7]. Successivement enrichie des dépouilles du sénat et de la royauté, elle réunit aujourd'hui les droits les plus éminens, tels que l'administration de la justice, le maintien des mœurs et des lois, l'inspection sur les autres magistrats, l'exécution des décrets de l'assemblée générale.

Le tribunal des éphores se tient dans la place publique [8] ; ils s'y rendent tous les jours pour prononcer sur certaines accusations, et terminer les différends des particuliers [9]. Cette fonction importante n'était autrefois exercée que par les rois [10]. Lors de la première guerre de Messénie, obligés de s'absenter souvent, ils la confièrent aux éphores [11] ; mais ils ont toujours conservé le droit d'assister aux jugemens, et de donner leurs suffrages [12].

Comme les Lacédémoniens n'ont qu'un petit nombre de lois, et que tous les jours il se glisse dans la république des vices inconnus auparavant, les juges sont souvent obligés de se guider par les lumières naturelles ; et comme dans ces derniers temps on a placé parmi eux des gens peu éclairés, on a souvent lieu de douter de l'équité de leurs décisions [13].

[1] Suid. in Ἔφορ. Schol. Thucyd. lib. 1, cap. 86. — [2] Aristot. de rep. lib. 2, cap. 10, t. 2, p. 332. Pausan. lib. 3, cap. 11, p. 231. — [3] Thucyd. lib. 5, cap. 36. Plut. in Ages. t. 1, p. 597. — [4] Dodwel. de cycl. dissert. 8, § 5, p. 320; id. in annal. Thucyd. p. 168. — [5] Pausan. ibid. p. 232. — [6] Aristot. ibid. cap. 9, t. 2, p. 330 ; lib. 4, cap. 9, p. 374. — [7] Plut. in Agid. t. 1, p. 808. — [8] Pausan. ibid. p. 231. — [9] Plut. ibid. p. 807 ; id. apophth. lacon. t. 2, p. 221. — [10] Pausan. ibid. cap. 3, p. 209. — [11] Plut. in Agid. p. 808. — [12] Herodot. lib. 6, cap. 63. — [13] Aristot. ibid. lib. 2, cap. 9, p. 330.

Les éphores prennent un soin extrême de l'éducation de la jeunesse. Ils s'assurent tous les jours par eux-mêmes si les enfans de l'État ne sont pas élevés avec trop de délicatesse[1] : ils leur choisissent des chefs qui doivent exciter leur émulation[2], et paraissent à leur tête dans une fête militaire et religieuse qu'on célèbre en l'honneur de Minerve[3].

D'autres magistrats veillent sur la conduite des femmes[4]; les éphores, sur celle de tous les citoyens. Tout ce qui peut, même de loin, donner atteinte à l'ordre public et aux usages reçus, est sujet à leur censure. On les a vus souvent poursuivre des hommes qui négligeaient leurs devoirs[5], ou qui se laissaient facilement insulter[6] : ils reprochaient aux uns d'oublier les égards qu'ils devaient aux lois, aux autres ceux qu'ils se devaient à eux-mêmes.

Plus d'une fois ils ont réprimé l'abus que faisaient de leurs talens des étrangers qu'ils avaient admis à leurs jeux publics. Un orateur offrait de parler un jour entier sur toute sorte de sujets : ils le chassèrent de la ville[7]. Archiloque subit autrefois le même sort, pour avoir hasardé dans ses écrits une maxime de lâcheté; et, presque de nos jours, le musicien Timothée ayant ravi les Spartiates par la beauté de ses chants, un éphore s'approcha de lui tenant un couteau dans sa main, et lui dit : « Nous » vous avons condamné à retrancher quatre cordes de votre lyre; » de quel côté voulez-vous que je les coupe[8] ? »

On peut juger par ces exemples de la sévérité avec laquelle ce tribunal punissait autrefois les fautes qui blessaient directement les lois et les mœurs. Aujourd'hui même que tout commence à se corrompre, il n'est pas moins redoutable, quoique moins respecté; et ceux des particuliers qui ont perdu leurs anciens principes n'oublient rien pour se soustraire aux regards de ces censeurs, d'autant plus sévères pour les autres, qu'ils sont quelquefois plus indulgens pour eux-mêmes[9].

Contraindre la plupart des magistrats à rendre compte de leur administration[10], suspendre de leurs fonctions ceux d'entre eux qui violent les lois, les traîner en prison, les déférer au tribunal supérieur, et les exposer, par des poursuites vives, à perdre la vie; tous ces droits sont réservés aux éphores[11]. Ils les exercent en partie contre les rois, qu'ils tiennent dans leur dépendance par un moyen extraordinaire et bizarre. Tous les neuf ans, ils

---

[1] Agatarch. ap. Athen. lib. 12, p. 550. — [2] Xenoph. de rep. Laced. p. 679. — [3] Polyb. lib. 4, p. 303. — [4] Hesych. in Ἁρμός. — [5] Schol. Thucyd. lib. 1, cap. 84. — [6] Plut. instit. lacon. t. 2, p. 239. — [7] Id. ibid. — [8] Id. ibid. p. 238. — [9] Aristot. de rep. lib. 2, cap. 9, t. 2, p. 330. — [10] Id. ibid. — [11] Xenoph. ibid. p. 683.

choisissent une nuit où l'air est calme et serein ; assis en rase campagne, ils examinent avec attention le mouvement des astres : voient-ils une exhalaison enflammée traverser les airs, c'est une étoile qui change de place ; les rois ont offensé les dieux. On les traduit en justice, on les dépose ; et ils ne recouvrent l'autorité qu'après avoir été absous par l'oracle de Delphes [1].

Le souverain fortement soupçonné d'un crime contre l'État peut à la vérité refuser de comparaître devant les éphores aux deux premières sommations ; mais il doit obéir à la troisième [2] : du reste, ils peuvent s'assurer de sa personne [3], et le traduire en justice. Quand la faute est moins grave, ils prennent sur eux d'infliger la peine. En dernier lieu, ils condamnèrent à l'amende le roi Agésilas, parce qu'il envoyait un présent à chaque sénateur qui entrait en place [4].

La puissance exécutrice est toute entière entre leurs mains. Ils convoquent l'assemblée générale [5], ils y recueillent les suffrages [6]. On peut juger du pouvoir dont ils sont revêtus, en comparant les décrets qui en émanent avec les sentences qu'ils prononcent dans leur tribunal particulier. Ici, le jugement est précédé de cette formule : « Il a paru aux rois et aux éphores [7] ; » là, de celle-ci : « Il a paru aux éphores et à l'assemblée [8]. »

C'est à eux que s'adressent les ambassadeurs des nations ennemies ou alliées [9]. Chargés du soin de lever des troupes et de les faire partir [10], ils expédient au général les ordres qu'il doit suivre [11], le font accompagner de deux d'entre eux pour épier sa conduite [12] ; l'interrompent quelquefois au milieu de ses conquêtes, et le rappellent, suivant que l'exige leur intérêt personnel ou celui de l'État [13].

Tant de prérogatives leur attirent une considération qu'ils justifient par les honneurs qu'ils décernent aux belles actions [14], par leur attachement aux anciennes maximes [15], par la fermeté avec laquelle ils ont, en ces derniers temps, dissipé des complots qui menaçaient la tranquillité publique [16].

Ils ont, pendant une longue suite d'années, combattu contre l'autorité des sénateurs et des rois, et n'ont cessé d'être leurs

---

[1] Plut. in Agid. t. 1, p. 800.— [2] Id. ibid. p. 809.— [3] Thucyd. lib. 1, cap. 131. Nep. in Pausan. cap. 3. — [4] Plut. de frat. amor. t. 2, p. 482. — [5] Xenoph. hist. græc. lib. 2, p. 460. — [6] Thucyd. ibid. cap. 87. — [7] Boeth. de mus. lib. 1, cap. 1. Bulliald. in Theon. Smyrn. p. 295. — [8] Xenoph. ibid. lib. 3, p. 491. — [9] Id. ibid. lib. 2, p. 459 et 460. Plut. in Agid. t. 1, p. 801. — [10] Xenoph. ibid. lib. 3, p. 503 ; lib. 5. p. 556, 563, 568, 574, etc. Plut. apophth. lacon. p. 215. — [11] Xenoph. ibid. lib. 3, p. 479. — [12] Id. ibid. lib. 2, p. 478. — [13] Thucyd ibid. cap. 131. Xenoph. in Ages. p. 657. Plut. ibid. p. 211.— [14] Plut. in Ages. t. 1, p. 615.— [15] Xenoph. hist. græc. lib. 3, p. 496. — [16] Id. ibid. p. 494.

ennemis que lorsqu'ils sont devenus leurs protecteurs. Ces tentatives, ces usurpations auraient ailleurs fait couler des torrens de sang : par quel hasard n'ont-elles produit à Sparte que des fermentations légères ? C'est que les éphores promettaient au peuple la liberté; tandis que leurs rivaux, aussi pauvres que le peuple, ne pouvaient lui promettre des richesses ; c'est que l'esprit d'union introduit par les lois de Lycurgue avait tellement prévalu sur des considérations particulières, que les anciens magistrats, jaloux de donner de grands exemples d'obéissance, ont toujours cru devoir sacrifier leurs droits aux prétentions des éphores[1].

Par une suite de cet esprit, le peuple n'a cessé de respecter ces rois et ces sénateurs qu'il a dépouillés de leur pouvoir. Une cérémonie imposante, qui se renouvelle tous les mois, lui rappelle ses devoirs. Les rois en leur nom, les éphores au nom du peuple, font un serment solennel; les premiers, de gouverner suivant les lois ; les seconds, de défendre l'autorité royale tant qu'elle ne violera pas les lois[2].

Assemblées de la Nation.

Les Spartiates ont des intérêts qui leur sont particuliers ; ils en ont qui leur sont communs avec les habitans des différentes villes de la Laconie : de là deux espèces d'assemblées, auxquelles assistent toujours les rois, le sénat, et les diverses classes de magistrats. Lorsqu'il faut régler la succession au trône, élire ou déposer des magistrats, prononcer sur des délits publics, statuer sur les grands objets de la religion ou de la législation, l'assemblée n'est composée que de Spartiates, et se nomme petite assemblée[3].

Elle se tient pour l'ordinaire tous les mois, à la pleine lune[4] ; par extraordinaire, lorsque les circonstances l'exigent : la délibération doit être précédée par un decret du sénat[5], à moins que le partage des voix n'ait empêché cette compagnie de rien conclure. Dans ce cas, les éphores portent l'affaire à l'assemblée[6].

Chacun des assistans a droit d'opiner, pourvu qu'il ait passé sa trentième année : avant cet âge, il ne lui est pas permis de parler en public[7]. On exige encore qu'il soit irréprochable dans ses mœurs, et l'on se souvient de cet homme qui avait séduit le peuple par son éloquence : son avis était excellent; mais, comme il sortait d'une bouche impure, on vit un sénateur s'élever, s'in-

---

[1] Xenoph. de rep. Laced. p. 683. — [2] Id. ibid. p. 690. — [3] Id. hist. græc. lib. 3, p. 494. — [4] Thucyd. lib. 1, cap. 67. Schol. ibid. — [5] Plut. in Lyc. t. 1, p. 40; id. in Agid. p. 798 et 800. — [6] Id. ibid. p. 799. — [7] Argum. in declam. 24 Liban. t. 1, p. 558.

digner hautement contre la facilité de l'assemblée, et faire aussitôt proposer le même avis par un homme vertueux. Qu'il ne soit pas dit, ajouta-t-il, que les Lacédémoniens se laissent mener par les conseils d'un infâme orateur[1].

On convoque l'assemblée générale lorsqu'il s'agit de guerre, de paix et d'alliance ; elle est alors composée des députés des villes de la Laconie[2] : on y joint souvent ceux des peuples alliés[3] et des nations qui viennent implorer l'assistance de Lacédémone[4]. Là se discutent leurs prétentions et leurs plaintes mutuelles, les infractions faites aux traités de la part des autres peuples, les voies de conciliation, les projets de campagne, les contributions à fournir. Les rois et les sénateurs portent souvent la parole : leur autorité est d'un grand poids, celle des éphores d'un plus grand encore. Quand la matière est suffisamment éclaircie, l'un des éphores demande l'avis de l'assemblée ; aussitôt mille voix s'élèvent, ou pour l'affirmative, ou pour la négative. Lorsque, après plusieurs essais, il est impossible de distinguer la majorité, le même magistrat s'en assure en comptant ceux des deux partis qu'il a fait passer, ceux-ci d'un côté, ceux-là de l'autre[5].

CHAPITRE XLVI.

Des Lois de Lacédémone.

La nature est presque toujours en opposition avec les lois[6], parce qu'elle travaille au bonheur de chaque individu sans relation avec les autres, et que les lois ne statuent que sur les rapports qui les unissent ; parce qu'elle diversifie à l'infini nos caractères et nos penchans, tandis que l'objet des lois est de les ramener, autant qu'il est possible, à l'unité. Il faut donc que le législateur, chargé de détruire, ou du moins de concilier ces contrariétés, regarde la morale comme le ressort le plus puissant et la partie la plus essentielle de sa politique ; qu'il s'empare de l'ouvrage de la nature, presque au moment qu'elle vient de le mettre au jour ; qu'il ose en retoucher la forme et les proportions ; que, sans en effacer les traits originaux, il les adoucisse ; et qu'enfin l'homme indépendant ne soit plus, en sortant de ses mains, qu'un citoyen libre.

[1] AEschin. in Timarch. p. 288. Plut. de audit. t. 2, p. 41. — [2] Xenoph. hist. græc. lib. 6, p. 579. — [3] Id. ibid. lib. 5, p. 554, 556, 558, 590. — [4] Id. ibid. p. 554 ; lib. 6, p. 579. — [5] Thucyd. lib. 1, cap. 87. — [6] Demosth. in Aristog. p. 830.

Que des hommes éclairés soient parvenus autrefois à réunir les sauvages épars dans les forêts, que tous les jours de sages instituteurs modèlent en quelque façon à leur gré les caractères des enfans confiés à leurs soins, on le conçoit sans peine ; mais quelle puissance de génie n'a-t-il pas fallu pour refondre une nation déjà formée ! Et quel courage pour oser lui dire : Je vais restreindre vos besoins à l'étroit nécessaire, et exiger de vos passions les sacrifices les plus amers : vous ne connaîtrez plus les attraits de la volupté ; vous échangerez les douceurs de la vie contre des exercices pénibles et douloureux ; je dépouillerai les uns de leurs biens pour les distribuer aux autres, et la tête du pauvre s'élèvera aussi haut que celle du riche ; vous renoncerez à vos idées, à vos goûts, à vos habitudes, à vos prétentions, quelquefois même à ces sentimens si tendres et si précieux que la nature a gravés au fond de vos cœurs !

Voilà néanmoins ce qu'exécuta Lycurgue, par des réglemens qui diffèrent si essentiellement de ceux des autres peuples, qu'en arrivant à Lacédémone, un voyageur se croit transporté sous un nouveau ciel. Leur singularité l'invite à les méditer ; et bientôt il est frappé de cette profondeur de vues et de cette élévation de sentimens qui éclatent dans l'ouvrage de Lycurgue.

Il fit choisir les magistrats, non par la voie du sort, mais par celle des suffrages[1]. Il dépouilla les richesses de leur considération[2], et l'amour de sa jalousie[3]. S'il accorda quelques distinctions, le gouvernement, plein de son esprit, ne les prodigua jamais, et les gens vertueux n'osèrent les solliciter : l'honneur devint la plus belle des récompenses, et l'opprobre le plus cruel des supplices. La peine de mort fut quelquefois infligée ; mais un rigoureux examen devait la précéder, parce que rien n'est si précieux que la vie d'un citoyen[4]. L'exécution se fit dans la prison, pendant la nuit[5], de peur que la fermeté du coupable n'attendrît les assistans. Il fut décidé qu'un lacet terminerait ses jours[6], car il parut inutile de multiplier les tourmens.

J'indiquerai dans la suite la plupart des réglemens de Lycurgue ; je vais parler ici du partage des terres. La proposition qu'il en fit souleva les esprits ; mais, après les plus vives contestations, le district de Sparte fut divisé en neuf mille portions de terre[a], le reste de la Laconie en trente mille. Chaque portion, assignée à un chef de famille, devait produire, outre une cer-

---

[1] Isocr. panath. t. 2, p. 261. Aristot. de rep. lib. 4, cap. 9, t. 2, p. 374. — [2] Plut. instit. lacon. t. 2, p. 239. — [3] Id. in Lyc. t. 1, p. 49. — [4] Thucyd. lib. 1, cap. 132. Plut. apophth. lacon. t. 2, p. 217. — [5] Herodot. lib. 4, cap. 146. Val. Max. lib. 4, cap. 6. — [6] Plut. in Agid. t. 1, p. 803 et 804. —
[a] Voyez la note XX à la fin du volume.

taine quantité de vin et d'huile, soixante-dix mesures d'orge pour le chef, et douze pour son épouse[1].

Après cette opération, Lycurgue crut devoir s'absenter, pour laisser aux esprits le temps de se reposer. A son retour, il trouva les campagnes de Laconie couvertes de tas de gerbes, tous de même grosseur et placés à des distances à peu près égales. Il crut voir un grand domaine dont les productions venaient d'être partagées entre des frères ; ils crurent voir un père qui, dans la distribution de ses dons, ne montre pas plus de tendresse pour l'un de ses enfans que pour les autres[2].

Mais comment subsistera cette égalité de fortunes ? Avant Lycurgue, le législateur de Crète n'osa pas l'établir, puisqu'il permit les acquisitions[3]. Après Lycurgue, Phaléas à Chalcédoine[4], Philolaüs à Thèbes[5], Platon[6], d'autres législateurs, d'autres philosophes, ont proposé des voies insuffisantes pour résoudre le problème. Il était donné à Lycurgue de tenter les choses les plus extraordinaires, et de concilier les plus opposées. En effet, par une de ses lois, il règle le nombre des hérédités sur celui des citoyens[7] ; et par une autre loi, en accordant des exemptions à ceux qui ont trois enfans, et de plus grandes à ceux qui en ont quatre[8], il risque de détruire la proportion qu'il veut établir et de rétablir la distinction des riches et des pauvres, qu'il se propose de détruire.

Pendant que j'étais à Sparte, l'ordre des fortunes des particuliers avait été dérangé par un décret de l'éphore Épitadès, qui voulait se venger de son fils[9] ; et comme je négligeai de m'instruire de leur ancien état, je ne pourrai développer à cet égard les vues du législateur qu'en remontant à ses principes.

Suivant les lois de Lycurgue, un chef de famille ne pouvait ni acheter ni vendre une portion de terrain[10] ; il ne pouvait ni la donner pendant sa vie, ni la léguer par son testament à qui il voulait[11] ; il ne lui était pas même permis de la partager[12] : l'aîné de ses enfans recueillait la succession[13], comme dans la maison royale l'aîné succède de droit à la couronne[14]. Quel était le sort des autres enfans ? Les lois, qui avaient assuré leur subsistance pendant la vie du père, les auraient-elles abandonnés après sa mort ?

[1] Plut. in Lyc. t. 1, p. 44. — [2] Id. ibid.; et apophth. lacon. t. 2, p. 226. Porphyr. de abstin. lib. 4, § 3, p. 300. — [3] Polyb. lib. 6, p. 489. — [4] Aristot. de rep. lib. 2, cap. 7, t. 2, p. 322. — [5] Id. ibid. cap. 12, p. 337. — [6] Plat. de leg. lib. 5, t. 2, p. 740. — [7] Polyb. lib. 6, p. 489. — [8] Aristot. ibid. cap. 9, t. 2, p. 330. AElian. var. hist. lib. 6, cap. 6. — [9] Plut. in Agid. t. 1, p. 797. — [10] Aristot. ibid. p. 329. — [11] Plut. ibid. — [12] Heracl. Pont. de polit. in antiq. græc. t. 6, p. 2823. — [13] Emm. descript. reip. lacon. in antiq. græc. t. 4, p. 483. — [14] Herodot. lib. 5, cap. 42, etc.

1°. Il paraît qu'ils pouvaient hériter des esclaves, des épargnes et des meubles de toute espèce. La vente de ces effets suffisait sans doute pour leurs vêtemens ; car le drap qu'ils employaient était à si bas prix, que les plus pauvres se trouvaient en état de se le procurer [1]. 2°. Chaque citoyen était en droit de participer aux repas publics, et fournissait pour son contingent une certaine quantité de farine d'orge, qu'on peut évaluer à environ douze médimnes : or, le Spartiate possesseur d'une portion d'héritage en retirait par an soixante-dix médimnes, et sa femme douze. L'excédant du mari suffisait donc pour l'entretien de cinq enfans ; et comme Lycurgue n'a pas dû supposer que chaque père de famille en eût un si grand nombre, on peut croire que l'aîné devait pourvoir aux besoins, non-seulement de ses enfans, mais encore de ses frères. 3°. Il est à présumer que les puînés pouvaient seuls épouser les filles, qui, au défaut de mâles, héritaient d'une possession territoriale. Sans cette précaution, les hérédités se seraient accumulées sur une même tête. 4°. Après l'examen qui suivait leur naissance, les magistrats leur accordaient des portions de terre [2] devenues vacantes par l'extinction de quelques familles. 5°. Dans ces derniers temps, des guerres fréquentes en détruisaient un grand nombre ; dans les siècles antérieurs, ils allaient au loin fonder des colonies. 6°. Les filles ne coûtaient rien à établir ; il était défendu de leur constituer une dot [3]. 7°. L'esprit d'union et de désintéressement, rendant en quelque façon toutes choses communes entre les citoyens [4], les uns n'avaient souvent au-dessus des autres que l'avantage de prévenir ou de seconder leurs désirs.

Tant que cet esprit s'est maintenu, la constitution résistait aux secousses qui commençaient à l'agiter. Mais qui la soutiendra désormais, depuis que, par le décret des éphores dont j'ai parlé, il est permis à chaque citoyen de doter ses filles, et de disposer à son gré de sa portion ? Les hérédités passant tous les jours en différentes mains, l'équilibre des fortunes est rompu, ainsi que celui de l'égalité.

Je reviens aux dispositions de Lycurgue. Les biens-fonds, aussi libres que les hommes, ne devaient point être grevés d'impositions. L'État n'avait point de trésor [5] ; en certaines occasions, les citoyens contribuaient suivant leurs facultés [6] ; en d'autres, ils recouraient à des moyens qui prouvaient leur excessive pau-

---

[1] Aristot. de rep. lib. 4, cap. 9, t. 2, p. 374. Xenoph. de rep. Laced. p. 682. — [2] Plut. in Lyc. t. 1, p. 49. — [3] Justin. lib. 3, cap. 3. Plut. apophth. lacon. t. 2, p. 227. — [4] Xenoph. ibid. p. 679. Aristot. ibid. lib. 2, cap. 5, p. 317. Plut. instit. lacon. t. 2, p. 238. — [5] Archid. ap. Thucyd. lib. 1, cap. 80. Pericl. ap. eumd. lib. 1, cap. 141. Plut. apophth. lacon. t. 2, p. 217. — [6] Aristot. ibid. cap. 9, p. 331.

vreté. Les députés de Samos vinrent une fois demander à emprunter une somme d'argent ; l'assemblée générale n'ayant pas d'autre ressource, indiqua un jeûne universel, tant pour les hommes libres que pour les esclaves et pour les animaux domestiques. L'épargne qui en résulta fut remise aux députés[1].

Tout pliait devant le génie de Lycurgue ; le goût de la propriété commençait à disparaître ; des passions violentes ne troublaient plus l'ordre public. Mais ce calme serait un malheur de plus, si le législateur n'en assurait pas la durée. Les lois toutes seules ne sauraient opérer ce grand effet : si on s'accoutume à mépriser les moins importantes, on négligera bientôt celles qui le sont davantage ; si elles sont trop nombreuses, si elles gardent le silence en plusieurs occasions, si d'autres fois elles parlent avec l'obscurité des oracles ; s'il est permis à chaque juge d'en fixer le sens, à chaque citoyen de s'en plaindre ; si, jusque dans les plus petits détails, elles ajoutent à la contrainte de notre liberté le ton avilissant de la menace : vainement seraient-elles gravées sur le marbre, elles ne le seront jamais dans les cœurs.

Attentif au pouvoir irrésistible des impressions que l'homme reçoit dans son enfance et pendant toute sa vie, Lycurgue s'était dès long-temps affermi dans le choix d'un système que l'expérience avait justifié en Crète. Élevez tous les enfans en commun, dans une même discipline, d'après des principes invariables, sous les yeux des magistrats et de tout le public, ils apprendront leurs devoirs en les pratiquant ; ils les chériront ensuite, parce qu'ils les auront pratiqués, et ne cesseront de les respecter, parce qu'ils les verront toujours pratiqués par tout le monde. Les usages, en se perpétuant, recevront une force invincible de leur ancienneté et de leur universalité : une suite non interrompue d'exemples donnés et reçus fera que chaque citoyen, devenu le législateur de son voisin, sera pour lui une règle vivante[2] ; on aura le mérite de l'obéissance en cédant à la force de l'habitude ; et l'on croira agir librement, parce qu'on agira sans effort.

Il suffira donc à l'instituteur de la nation de dresser, pour chaque partie de l'administration, un petit nombre de lois[3] qui dispenseront d'en désirer un plus grand nombre, et qui contribueront à maintenir l'empire des rites, beaucoup plus puissant que celui des lois mêmes. Il défendra de les mettre par écrit[4], de peur qu'elles ne rétrécissent le domaine des vertus, et qu'en croyant faire tout ce qu'on doit, on ne s'abstienne de faire tout ce qu'on peut. Mais il ne les cachera point ; elles seront transmises de bouche en bouche, citées dans toutes les occasions, et connues

---

[1] Aristot. de curâ rei famil. t. 2, p. 503. — [2] Plut. in Lyc. t. 1, p. 47. — [3] Id. apophth. lacon. t. 2, p. 232. — [4] Id. ibid. p. 227 ; et in Lyc. t. 1, p. 47.

de tous les citoyens, témoins et juges des actions de chaque particulier. Il ne sera pas permis aux jeunes gens de les blâmer, même de les soumettre à leur examen [1], puisqu'ils les ont reçues comme des ordres du ciel, et que l'autorité des lois n'est fondée que sur l'extrême vénération qu'elles inspirent. Il ne faudra pas non plus louer les lois et les usages des nations étrangères [2], parce que, si l'on n'est pas persuadé qu'on vit sous la meilleure des législations, on en désirera bientôt une autre.

Ne soyons plus étonnés maintenant que l'obéissance soit pour les Spartiates la première des vertus [3], et que ces hommes fiers ne viennent jamais, le texte des lois à la main, demander compte aux magistrats des sentences émanées de leur tribunal.

Ne soyons pas surpris non plus que Lycurgue ait regardé l'éducation comme l'affaire la plus importante du législateur [4], et que, pour subjuguer l'esprit et le cœur des Spartiates, il les ait soumis de bonne heure aux épreuves dont je vais rendre compte.

CHAPITRE XLVII.

De l'Éducation et du Mariage des Spartiates.

Les lois de Lacédémone veillent avec un soin extrême à l'éducation des enfans [5]. Elles ordonnent qu'elle soit publique, et commune aux pauvres et aux riches [6]. Elles préviennent le moment de leur naissance : quand une femme a déclaré sa grossesse, on suspend dans son appartement des portraits où brillent la jeunesse et la beauté, tels que ceux d'Apollon, de Narcisse, d'Hyacinthe, de Castor, de Pollux, etc., afin que son imagination, sans cesse frappée de ces objets, en transmette quelques traces à l'enfant qu'elle porte dans son sein [7].

A peine a-t-il reçu le jour, qu'on le présente à l'assemblée des plus anciens de la tribu à laquelle sa famille appartient. La nourrice est appelée : au lieu de le laver avec de l'eau, elle emploie des lotions de vin, qui occasionent, à ce qu'on prétend, des accidens funestes dans les tempéramens faibles. D'après cette épreuve, suivie d'un examen rigoureux, la sentence de l'enfant est prononcée. S'il n'est expédient ni pour lui ni pour la république qu'il jouisse plus long-temps de la vie, on le fait jeter dans un gouffre, auprès du mont Taygète : s'il paraît sain et

---

[1] Plat. de leg. lib. 1, t. 2, p. 634.—[2] Demosth. in Leptin. p. 556.—[3] Isocr. in Archid. t. 2, p. 53. Xenoph. de rep. Laced. p. 682.— [4] Plut. in Lyc. t. 1, p. 47.—[5] Aristot. de rep. lib. 8, cap. 1, t. 2, p. 450. — [6] Id. ibid. lib. 4, cap. 9, p. 374. — [7] Oppian. de venat. lib. 1, v. 357.

bien constitué, on le choisit, au nom de la patrie, pour être quelque jour un de ses défenseurs [1].

Ramené à la maison, il est posé sur un bouclier, et l'on place auprès de cette espèce de berceau une lance, afin que ses premiers regards se familiarisent avec cette arme [2].

On ne serre point ses membres délicats avec des liens qui en suspendraient les mouvemens : on n'arrête point ses pleurs, s'ils ont besoin de couler, mais on ne les excite jamais par des menaces ou par des coups. Il s'accoutume par degrés à la solitude, aux ténèbres, à la plus grande indifférence sur le choix des alimens [3]. Point d'impressions de terreur, point de contraintes inutiles, ni de reproches injustes; livré sans réserve à ses jeux innocens, il jouit pleinement des douceurs de la vie, et son bonheur hâte le développement de ses forces et de ses qualités.

Il est parvenu à l'âge de sept ans sans connaître la crainte servile : c'est à cette époque que finit communément l'éducation domestique [4]. On demande au père s'il veut que son enfant soit élevé suivant les lois : s'il le refuse, il est lui-même privé des droits du citoyen [5] : s'il y consent, l'enfant aura désormais pour surveillans, non-seulement les auteurs de ses jours, mais encore les lois, les magistrats, et tous les citoyens, autorisés à l'interroger, à lui donner des avis, et à le châtier sans crainte de passer pour sévères; car ils seraient punis eux-mêmes, si, témoins de ses fautes, ils avaient la faiblesse de l'épargner [6]. On place à la tête des enfans un des hommes les plus respectables de la république [7]; il les distribue en différentes classes, à chacune desquelles préside un jeune chef distingué par sa sagesse et son courage. Ils doivent se soumettre sans murmurer aux ordres qu'ils en reçoivent, aux châtimens qu'il leur impose, et qui leur sont infligés par des jeunes gens armés de fouets, et parvenus à l'âge de puberté [8].

La règle devient de jour en jour plus sévère. On les dépouille de leurs cheveux; ils marchent sans bas et sans souliers : pour les accoutumer à la rigueur des saisons, on les fait quelquefois combattre tout nus [9].

A l'âge de douze ans, ils quittent la tunique, et ne se couvrent plus que d'un simple manteau qui doit durer tout une année [10]. On ne leur permet que rarement l'usage des bains et des parfums. Chaque troupe couche ensemble sur des sommités

---

[1] Plut. in Lyc. t. 1, p. 49. — [2] Non. Dionys. lib. 41, p. 1062 Schol. Thucyd. lib. 2, cap. 39. — [3] Plut. ibid. — [4] Id. ibid. p. 50. — [5] Id. instit. lacon. t. 2, p. 238. — [6] Id. ibid. p. 237. — [7] Xenoph. de rep. Laced. p. 676. — [8] Id. ibid. p. 677. — [9] Plut. in Lyc. t. 1, p. 50. — [10] Xenoph. ibid. Plut. ibid. Justin. lib. 3, cap. 3.

de roseaux qui croissent dans l'Eurotas, et qu'ils arrachent sans le secours du fer [1].

C'est alors qu'ils commencent à contracter ces liaisons particulières peu connues des nations étrangères, plus pures à Lacédémone que dans les autres villes de la Grèce. Il est permis à chacun d'eux de recevoir les attentions assidues d'un honnête jeune homme, attiré auprès de lui par les attraits de la beauté, par les charmes plus puissans des vertus dont elle paraît être l'emblème [2]. Ainsi la jeunesse de Sparte est comme divisée en deux classes; l'une, composée de ceux qui aiment; l'autre, de ceux qui sont aimés [3]. Les premiers, destinés à servir de modèles aux seconds, portent jusqu'à l'enthousiasme un sentiment qui entretient la plus noble émulation, et qui, avec les transports de l'amour, n'est au fond que la tendresse passionnée d'un père pour son fils, l'amitié ardente d'un frère pour son frère [4]. Lorsque, à la vue du même objet, plusieurs éprouvent l'inspiration divine, c'est le nom que l'on donne au penchant qui les entraîne [5], loin de se livrer à la jalousie, ils n'en sont que plus unis entre eux, que plus intéressés aux progrès de celui qu'ils aiment; car toute leur ambition est de le rendre aussi estimable aux yeux des autres qu'il l'est à leurs propres yeux [6]. Un des plus honnêtes citoyens fut condamné à l'amende pour ne s'être jamais attaché à un jeune homme [7]; un autre, parce que son jeune ami avait, dans un combat, poussé un cri de faiblesse [8].

Ces associations, qui ont souvent produit de grandes choses [9], sont communes aux deux sexes [10], et durent quelquefois toute la vie. Elles étaient depuis long-temps établies en Crète [11]; Lycurgue en connut le prix, et en prévint les dangers. Outre que la moindre tache imprimée sur une union qui doit être sainte, qui l'est presque toujours [12], couvrirait pour jamais d'infamie le coupable [13], et serait même, suivant les circonstances, punie de mort [14], les élèves ne peuvent se dérober un seul moment aux regards des personnes âgées qui se font un devoir d'assister à leurs exercices, et d'y maintenir la décence, aux regards du président général de l'éducation, à ceux de l'irène ou chef particulier qui commande chaque division.

Cet irène est un jeune homme de vingt ans, qui reçoit pour

---

[1] Plut. in Lyc. t. 1, p. 50. — [2] Id. ibid. — [3] Theocr. idyll. 12, v. 12. Schol. ibid. Maxim. Tyr. dissert. 24, p. 284. — [4] Xenoph. de rep. Laced. p. 678. — [5] Id. ibid. et in conv. p. 873 et 883. AElian. var. hist. lib. 3, cap. 9. — [6] Plut. ibid. p. 51. — [7] AElian. ibid. cap. 10. — [8] Plut. ibid. AElian. ibid. — [9] Plat. sympos. t. 3, p. 178. — [10] Plut. ibid. — [11] Heracl. Pont. de polit. in antiq. græc. t. 6, p. 2824. Strab. lib. 10, p. 483. AElian. de animal. lib. 4, cap. 1. — [12] Xenoph. ibid. Plat. ibid. Max. Tyr. dissert. 26, p. 317. — [13] Plut. instit. lacon. t. 2, p. 237. — [14] AElian. var. hist. lib. 3, cap. 12.

prix de son courage et de sa prudence l'honneur d'en donner des leçons à ceux que l'on confie à ses soins[1]. Il est à leur tête quand ils se livrent des combats, quand ils passent l'Eurotas à la nage, quand ils vont à la chasse, quand ils se forment à la lutte, à la course, aux différens exercices du gymnase. De retour chez lui, ils prennent une nourriture saine et frugale[2] : ils la préparent eux-mêmes ; les plus forts apportent le bois ; les plus faibles, des herbages et d'autres alimens qu'ils ont dérobés en se glissant furtivement dans les jardins et dans les salles des repas publics. Sont-ils découverts, tantôt on leur donne le fouet, tantôt on joint à ce châtiment la défense d'approcher de la table[3] ; quelquefois on les traîne auprès d'un autel dont ils font le tour en chantant des vers contre eux-mêmes[4].

Le souper fini, le jeune chef ordonne aux uns de chanter, propose aux autres des questions d'après lesquelles on peut juger de leur esprit ou de leurs sentimens. « Quel est le plus honnête » homme de la ville ? Que pensez-vous d'une telle action ? » La réponse doit être précise et motivée. Ceux qui parlent sans avoir pensé reçoivent de légers châtimens en présence des magistrats et des vieillards, témoins de ces entretiens, et quelquefois mécontens de la sentence du jeune chef. Mais, dans la crainte d'affaiblir son crédit, ils attendent qu'il soit seul pour le punir lui-même de son indulgence ou de sa sévérité[5].

On ne donne aux élèves qu'une légère teinture des lettres; mais on leur apprend à s'expliquer purement, à figurer dans les chœurs de danse et de musique, à perpétuer dans leurs vers le souvenir de ceux qui sont morts pour la patrie, et la honte de ceux qui l'ont trahie. Dans ces poésies, les grandes idées sont rendues avec simplicité, les sentimens élevés avec chaleur[6].

Tous les jours, les éphores se rendent chez eux; de temps en temps ils vont chez les éphores, qui examinent si leur éducation est bien soignée ; s'il ne s'est pas glissé quelque délicatesse dans leurs lits ou dans leurs vêtemens; s'ils ne sont pas trop disposés à grossir[7]. Ce dernier article est essentiel : on a vu quelquefois à Sparte des magistrats citer au tribunal de la nation, et menacer de l'exil, des citoyens dont l'excessif embonpoint semblait être une preuve de mollesse[8]. Un visage efféminé ferait rougir un Spartiate ; il faut que le corps, dans ses accroissemens, prenne de la souplesse et de la force, en conservant toujours de justes proportions[9].

---

[1] Plut. in Lyc. t. 1, p. 50. — [2] Id. instit. lacon. t. 2, p. 237. — [3] Id. in Lyc. t. 1, p. 50. — [4] Id. instit. lacon. t. 2, p. 237. — [5] Id. in Lyc. t. 1, p. 51. — [6] Id. ibid. p. 53. — [7] Ælian. var. hist. lib. 14, cap. 7. — [8] Agatarch. ap. Athen. lib. 12, p. 550. Ælian. ibid. — [9] Id. ibid.

C'est l'objet qu'on se propose en soumettant les jeunes Spartiates à des travaux qui remplissent presque tous les momens de leur journée. Ils en passent une grande partie dans le gymnase, où l'on ne trouve point, comme dans les autres villes, de ces maîtres qui apprennent à leurs disciples l'art de supplanter adroitement un adversaire [1] : ici la ruse souillerait le courage ; et l'honneur doit accompagner la défaite ainsi que la victoire. C'est pour cela que, dans certains exercices, il n'est pas permis au Spartiate qui succombe de lever la main, parce que ce serait reconnaître un vainqueur [2].

J'ai souvent assisté aux combats que se livrent dans le Plataniste les jeunes gens parvenus à leur dix-huitième année. Ils en font les apprêts dans leur collége, situé au bourg de Thérapné : divisés en deux corps, dont l'un se pare du nom d'Hercule, et l'autre de celui de Lycurgue [3], ils immolent ensemble, pendant la nuit, un petit chien sur l'autel de Mars. On a pensé que le plus courageux des animaux domestiques devait être la victime la plus agréable au plus courageux des dieux. Après le sacrifice, chaque troupe amène un sanglier apprivoisé, l'excite contre l'autre par ses cris, et, s'il est vainqueur, en tire un augure favorable.

Le lendemain, sur le midi, les jeunes guerriers s'avancent en ordre, et par des chemins différens indiqués par le sort, vers le champ de bataille. Au signal donné, ils fondent les uns sur les autres, se poussent et se repoussent tour à tour. Bientôt leur ardeur augmente par degrés ; on les voit se battre à coups de pieds et de poings, s'entre-déchirer avec les dents et les ongles, continuer un combat désavantageux, malgré des blessures douloureuses, s'exposer à périr plutôt que de céder [4], quelquefois même augmenter de fierté en diminuant de forces. L'un d'entre eux, près de jeter son antagoniste à terre, s'écria tout à coup : « Tu me mords comme une femme. Non, répondit » l'autre, mais comme un lion [5]. » L'action se passe sous les yeux de cinq magistrats [6], qui peuvent d'un mot en modérer la fureur, en présence d'une foule de témoins, qui tour à tour prodiguent et des éloges aux vainqueurs, et des sarcasmes aux vaincus. Elle se termine lorsque ceux d'un parti sont forcés de traverser à la nage les eaux de l'Eurotas, ou celles du canal qui, conjointement avec ce fleuve, sert d'enceinte au Plataniste [7].

J'ai vu d'autres combats où le plus grand courage est aux

---

[1] Plut. apophth. lacon. t. 2, p. 233. — [2] Id. in Lyc. t. 1, p. 52. Id. apophth. lacon. t. 2, p. 228. Senec. de benef. lib. 5, cap. 3. — [3] Lucian. de gymnas. t. 2, p. 919. — [4] Cicer. tuscul. lib. 5, cap. 27, t. 2, p. 383. — [5] Plut. ibid. p. 234. — [6] Pausan. lib. 3, cap. 11, p. 231. — [7] Id. ibid. cap. 14, p. 243.

prises avec les plus vives douleurs. Dans une fête célébrée tous les ans en l'honneur de Diane, surnommée Orthia, on place auprès de l'autel de jeunes Spartiates à peine sortis de l'enfance et choisis dans tous les ordres de l'État ; on les frappe à grands coups de fouets, jusqu'à ce que le sang commence à couler. La prêtresse est présente : elle tient dans ses mains une statue de bois très-petite et très-légère ; c'est celle de Diane. Si les exécuteurs paraissent sensibles à la pitié, la prêtresse s'écrie qu'elle ne peut plus soutenir le poids de la statue. Les coups redoublent alors, l'intérêt général devient plus pressant. On entend les cris forcenés des parens qui exhortent [1] ces victimes innocentes à ne laisser échapper aucune plainte : elles mêmes provoquent et défient la douleur. La présence de tant de témoins occupés à contrôler leurs moindres mouvemens, et l'espoir de la victoire décernée à celui qui souffre avec plus de constance, les endurcissent de telle manière, qu'ils n'opposent à ces terribles tourmens qu'un front serein et une joie révoltante [2].

Surpris de leur fermeté, je dis à Damonax qui m'accompagnait : Il faut convenir que vos lois sont fidèlement observées. Dites plutôt, répondit-il, indignement outragées. La cérémonie que vous venez de voir fut instituée autrefois en l'honneur d'une divinité barbare, dont on prétend qu'Oreste avait apporté la statue et le culte de la Tauride à Lacédémone [3]. L'oracle avait ordonné de lui sacrifier des hommes : Lycurgue abolit cette horrible coutume ; mais, pour procurer un dédommagement à la superstition, il voulut que les jeunes Spartiates condamnés pour leurs fautes à la peine du fouet la subissent à l'autel de la déesse [4].

Il fallait s'en tenir aux termes et à l'esprit de la loi : elle n'ordonnait qu'une punition légère [5] ; mais nos éloges insensés excitent, soit ici, soit au Plataniste, une détestable émulation parmi ces jeunes gens. Leurs tortures sont pour nous un objet de curiosité ; pour eux, un sujet de triomphe. Nos pères ne connaissaient que l'héroïsme utile à la patrie, et leurs vertus n'étaient ni au-dessous ni au-dessus de leurs devoirs : depuis que la vanité s'est emparée des nôtres, elle en grossit tellement les traits, qu'ils ne sont plus reconnaissables. Ce changement, opéré depuis la guerre du Péloponèse, est un symptôme frappant de la décadence de nos mœurs. L'exagération du mal ne produit que

---

[1] Cicer. tuscul. lib. 2, cap. 14, t. 2, p. 288. Senec. de provid. cap. 4. Stat. theb. lib 8, v. 437. Luctat. ibid. in not. — [2] Plut. instit. lacon. t. 2, p. 239. — [3] Pausan. lib. 8, cap. 23, p. 642. Hygin. fab. 261. Meurs. Græc. fer. lib. 2, in Διαμαςίγ. — [4] Pausan. lib. 3, cap. 16, p. 249. — [5] Xenoph. de rep. Laced. p. 677.

le mépris ; celle du bien surprend l'estime ; on croit alors que l'éclat d'une action extraordinaire dispense des obligations les plus sacrées. Si cet abus continue, nos jeunes gens finiront par n'avoir qu'un courage d'ostentation ; ils braveront la mort à l'autel de Diane, et fuiront à l'aspect de l'ennemi [1].

Rappelez-vous cet enfant qui, ayant l'autre jour caché dans son sein un petit renard, se laissa déchirer les entrailles plutôt que d'avouer son larcin [2] : son obstination parut si nouvelle, que ses camarades le blâmèrent hautement. Mais, dis-je alors, elle n'était que la suite de vos institutions ; car il répondit qu'il valait mieux périr dans les tourmens que de vivre dans l'opprobre [3]. Ils ont donc raison, ces philosophes qui soutiennent que vos exercices impriment dans l'âme des jeunes guerriers une espèce de férocité [4].

Ils nous attaquent, reprit Damonax, au moment que nous sommes par terre. Lycurgue avait prévenu le débordement de nos vertus, par des digues qui ont subsisté pendant quatre siècles, et dont il reste encore des traces. N'a-t-on pas vu dernièrement un Spartiate puni, après des exploits signalés, pour avoir combattu sans bouclier [5] ? Mais à mesure que nos mœurs s'altèrent, le faux honneur ne connaît plus de frein, et se communique insensiblement à tous les ordres de l'État. Autrefois les femmes de Sparte, plus sages et plus décentes qu'elles ne le sont aujourd'hui, en apprenant la mort de leurs fils tués sur le champ de bataille, se contentaient de surmonter la nature ; maintenant elles se font un mérite de l'insulter, et, de peur de paraître faibles, elles ne craignent pas de se montrer atroces. Telle fut la réponse de Damonax. Je reviens à l'éducation des Spartiates.

Dans plusieurs villes de la Grèce, les enfans parvenus à leur dix-huitième année ne sont plus sous l'œil vigilant des instituteurs [6]. Lycurgue connaissait trop le cœur humain pour l'abandonner à lui-même dans ces momens critiques d'où dépend presque toujours la destinée d'un citoyen, et souvent celle d'un État. Il oppose au développement des passions une nouvelle suite d'exercices et de travaux. Les chefs exigent de leurs disciples plus de modestie, de soumission, de tempérance et de ferveur. C'est un spectacle singulier de voir cette brillante jeunesse, à qui l'orgueil du courage et de la beauté devrait inspirer tant de prétentions, n'oser, pour ainsi dire, ni ouvrir la bouche ni lever

---

[1] Plut. in Lyc. t. 1, p. 51. Id. instit. lacon. t. 2, p. 239. — [2] Id. in Lyc. ibid. — [3] Id. apophth. lacon. t. 2, p. 234. — [4] Aristot. de rep. lib. 8, cap. 4, t. 2, p. 452. — [5] Plut. in Ages. t. 1, p. 615. — [6] Xenoph. de rep. Laced. p. 678.

les yeux, marcher à pas lents, et avec la décence d'un fille timide qui porte les offrandes sacrées[1].

Cependant, si cette régularité n'est pas animée par un puissant intérêt, la pudeur régnera sur leurs fronts, et le vice dans leurs cœurs. Lycurgue leur suscite alors un corps d'espions et de rivaux qui les surveillent sans cesse. Rien de si propre que cette méthode pour épurer les vertus. Placez à côté d'un jeune homme un modèle de même âge que lui ; il le hait, s'il ne peut l'atteindre ; il le méprise, s'il en triomphe sans peine. Opposez au contraire un corps à un autre : comme il est facile de balancer leurs forces et de varier leur composition, l'honneur de la victoire et la honte de la défaite ne peuvent ni trop enorgueillir, ni trop humilier les particuliers ; il s'établit entre eux une rivalité accompagnée d'estime ; leurs parens, leurs amis s'empressent de la partager, et de simples exercices deviennent des spectacles intéressans pour tous les citoyens.

Les jeunes Spartiates quittent souvent leurs jeux pour se livrer à des mouvemens plus rapides. On leur ordonne de se répandre dans la province, les armes à la main, pieds nus, exposés aux intempéries des saisons, sans esclaves pour les servir, sans couverture pour les garantir du froid pendant la nuit[2]. Tantôt ils étudient le pays, et les moyens de le préserver des incursions de l'ennemi[3] : tantôt ils courent après les sangliers et différentes bêtes fauves[4]. D'autres fois, pour essayer les diverses manœuvres de l'art militaire, ils se tiennent en embuscade pendant le jour, et la nuit suivante ils attaquent et font succomber sous leurs coups les Hilotes qui, prévenus du danger, ont eu l'imprudence de sortir et de se trouver sur leur chemin[5][a].

Les filles de Sparte ne sont point élevées comme celles d'Athènes : on ne leur prescrit point de se tenir renfermées, de filer la laine, de s'abstenir du vin et d'une nourriture trop forte ; mais on leur apprend à danser, à chanter, à lutter entre elles, à courir légèrement sur le sable, à lancer avec force le palet ou le javelot[6], à faire tous leurs exercices sans voile et à demi-nues[7], en présence des rois, des magistrats et de tous les citoyens, sans en excepter même les jeunes garçons, qu'elles excitent à la gloire, soit par leurs exemples, soit par des éloges flatteurs, ou par des ironies piquantes[8].

[1] Xenoph. de rep. Laced. p. 679. — [2] Plat. de leg. lib. 1, t. 2, p. 633. — [3] Id. ibid. lib. 6, p. 763. — [4] Xenoph. ibid. p. 680. — [5] Heracl. Pont. de polit. in antiq. Græc. t. 6, p. 2823. Plut. in Lyc. t. 1, p. 56. — [a] Cette espèce de ruse de guerre s'appelait Cryptie. Voyez la note XXI à la fin du volume. — [6] Plat. ibid. lib. 7, t. 2, p. 806. Xenoph. ibid. p. 675. Plut. in Lyc. t. 1, p. 47. Id. in num. p. 77. Id. apophth. lacon. t. 2, p. 227. — [7] Euripid. in Androm. v. 598. Plut. ibid. p. 232. — [8] Plut. in Lyc. t. 1, p. 48.

C'est dans ces jeux que deux cœurs destinés à s'unir un jour commencent à se pénétrer des sentimens qui doivent assurer leur bonheur[1][a]; mais les transports d'un amour naissant ne sont jamais couronnés par un hymen prématuré[b]. Partout où l'on permet à des enfans de perpétuer les familles, l'espèce humaine se rapetisse et dégénère d'une manière sensible[2]. Elle s'est soutenue à Lacédémone, parce que l'on ne s'y marie que lorsque le corps a pris son accroissement et que la raison peut éclairer le choix[3].

Aux qualités de l'âme les deux époux doivent joindre une beauté mâle, une taille avantageuse, une santé brillante[4]. Lycurgue, et d'après lui des philosophes éclairés, ont trouvé étrange qu'on se donnât tant de soins pour perfectionner les races des animaux domestiques[5], tandis qu'on néglige absolument celles des hommes. Ses vues furent remplies, et d'heureux assortimens semblèrent ajouter à la nature de l'homme un nouveau degré de force et de majesté[6]. En effet, rien de si beau, rien de si pur que le sang des Spartiates.

Je supprime le détail des cérémonies du mariage[7]; mais je dois parler d'un usage remarquable par sa singularité. Lorsque l'instant de la conclusion est arrivé, l'époux, après un léger repas qu'il a pris dans la salle publique, se rend, au commencement de la nuit, à la maison de ses nouveaux parens; il enlève furtivement son épouse, la mène chez lui, et bientôt après vient au gymnase rejoindre ses camarades, avec lesquels il continue d'habiter comme auparavant. Les jours suivans il fréquente à l'ordinaire la maison paternelle; mais il ne peut accorder à sa passion que des instans dérobés à la vigilance de ceux qui l'entourent : ce serait une honte pour lui, si on le voyait sortir de l'appartement de sa femme[8]. Il vit quelquefois des années entières dans ce commerce, où le mystère ajoute tant de charmes aux surprises et aux larcins. Lycurgue savait que des désirs trop tôt et trop souvent satisfaits se terminent par l'indifférence ou par le dégoût; il eut soin de les entretenir, afin que les époux eussent le temps de s'accoutumer à leurs défauts, et que l'amour, dépouillé insensiblement de ses illusions, parvînt à sa perfection en se changeant en amitié[9]. De là l'heureuse harmonie qui règne

---

[1] Plut. in Lyc. t. 1, p. 48. — [a] Voyez la note XXII à la fin du volume. — [b] Voyez la note XXIII à la fin du volume. — [2] Aristot. de rep. lib. 7, cap. 16, t. 2. p. 446. — [3] Xenoph. de rep. Laced. p. 676. Plut. in num. t. 1, p. 77. Id. apophth. lacon. t. 2, p. 228. — [4] Plut. de lib. educ. t. 2, p. 1. — [5] Plat. de rep. lib. 5, t. 2, p. 459. Theogn. sent. v. 183. Plut. in Lyc. t. 1, p. 49. — [6] Xenoph. ibid. — [7] Athen. lib. 14, p. 646. Pausan. lib. 3, cap. 13, p. 240. — [8] Xenoph. ibid. — [9] Plut. ibid. p. 48; id. apophth. lacon. t. 2, p. 228.

dans ces familles, où les chefs, déposant leur fierté à la voix l'un de l'autre, semblent tous les jours s'unir par un nouveau choix, et présentent sans cesse le spectacle touchant de l'extrême courage joint à l'extrême douceur.

De très-fortes raisons peuvent autoriser un Spartiate à ne pas se marier[1] ; mais dans sa vieillesse il ne doit pas s'attendre aux mêmes égards que les autres citoyens. On cite l'exemple de Dercyllidas, qui avait commandé les armées avec tant de gloire[2]. Il vint à l'assemblée ; un jeune homme lui dit : « Je ne me lève pas » devant toi, parce que tu ne laisseras point d'enfans qui puissent » un jour se lever devant moi[3]. » Les célibataires sont exposés à d'autres humiliations : ils n'assistent point aux combats que se livrent les filles à demi-nues ; il dépend du magistrat de les contraindre à faire, pendant les rigueurs de l'hiver, le tour de la place, dépouillés de leurs habits, et chantant contre eux-mêmes des chansons où ils reconnaissent que leur désobéissance aux lois mérite le châtiment qu'ils éprouvent[4].

CHAPITRE XLVIII.

Des Mœurs et des Usages des Spartiates.

CE chapitre n'est qu'une suite du précédent : car l'éducation des Spartiates continue pour ainsi dire pendant toute leur vie[5].

Dès l'âge de vingt ans, ils laissent croître leurs cheveux et leur barbe : les cheveux ajoutent à la beauté, et conviennent à l'homme libre de même qu'au guerrier[6]. On essaie l'obéissance dans les choses les plus indifférentes : lorsque les éphores entrent en place, ils font proclamer à son de trompe un décret qui ordonne de raser la lèvre supérieure, ainsi que de se soumettre aux lois[7]. Ici tout est instruction : un Spartiate interrogé pourquoi il entretenait une si longue barbe : « Depuis que le temps l'a blanchie, ré- » pondit-il, elle m'avertit à tout moment de ne pas déshonorer » ma vieillesse[8]. »

Les Spartiates, en bannissant de leurs habits toute espèce de parure, ont donné un exemple admiré, et nullement imité des autres nations. Chez eux, les rois, les magistrats, les citoyens

---

[1] Xenoph. de rep. Laced. p. 676. — [2] Id. hist. græc. lib. 3, p. 490, etc. — [3] Plut. in Lyc. t. 1, p. 48. — [4] Id. ibid. — [5] Id. ibid. p. 54. — [6] Herodot. lib. 1, cap. 82. Xenoph. ibid. p. 686. Plut. in Lysand. t. 1, p. 434 ; id. apophth. lacon. t. 2, p. 230. — [7] Plut. in Agid. t. 1, p. 808 ; id. de serâ num. vind. t. 2, p. 550. — [8] Plut. apophth. lacon. t. 2, p. 232.

de la dernière classe n'ont rien qui les distingue à l'extérieur [1] ; ils portent tous une tunique très-courte [2], et tissue d'une laine très-grossière [3] ; ils jettent par-dessus un manteau ou une grosse cape [4]. Leurs pieds sont garnis de sandales ou d'autres espèces de chaussures, dont la plus commune est de couleur rouge [5]. Deux héros de Lacédémone, Castor et Pollux, sont représentés avec des bonnets qui, joints l'un à l'autre par leur partie inférieure, ressembleraient pour la forme à cet œuf dont on prétend qu'ils tirent leur origine [6]. Prenez un de ces bonnets, et vous aurez celui dont les Spartiates se servent encore aujourd'hui. Quelques uns le serrent étroitement avec des courroies autour des oreilles [7] ; d'autres commencent à remplacer cette coiffure par celle des courtisanes de la Grèce. « Les Lacédémoniens ne sont » plus invincibles, disait de mon temps le poëte Antiphane ; les » réseaux qui retiennent leurs cheveux sont teints en pourpre [8]. »

Ils furent les premiers, après les Crétois, à se dépouiller entièrement de leurs habits dans les exercices du gymnase [9]. Cet usage s'introduisit ensuite dans les jeux olympiques [10], et a cessé d'être indécent depuis qu'il est devenu commun [11].

Ils paraissent en public avec de gros bâtons recourbés à leur extrémité supérieure [12] ; mais il leur est défendu de les porter à l'assemblée générale [13], parce que les affaires de l'État doivent se terminer par la force de la raison, et non par celle des armes.

Les maisons sont petites, et construites sans art : on ne doit travailler les portes qu'avec la scie, les planchers qu'avec la cognée ; des troncs d'arbres à peine dépouillés de leurs écorces servent de poutres [14]. Les meubles, quoique plus élégans [15], participent à la même simplicité ; ils ne sont jamais confusément entassés. Les Spartiates ont sous la main tout ce dont ils ont besoin, parce qu'ils se font un devoir de mettre chaque chose à sa place [16]. Ces petites attentions entretiennent chez eux l'amour de l'ordre et de la discipline.

Leur régime est austère. Un étranger qui les avait vus étendus autour d'une table et sur le champ de bataille, trouvait plus

---

[1] Thucyd. lib. 1, cap. 6. Aristot. de rep. lib. 4, cap. 9, t. 2, p. 374. — [2] Plat. in Protag. t. 1, p. 342. Plut. apophth. lacon. t. 2, p. 210. — [3] Aristoph. in vesp. v. 474. Schol. ibid. — [4] Demosth. in Conon. p. 1113. Plut. in Phoc. t. 1, p. 746. — [5] Meurs. miscell. lacon. lib. 1, cap. 18. — [6] Id. ibid. cap. 17. — [7] Id. ibid. — [8] Antiph. ap. Athen. lib. 15, cap. 8, p. 681. Casaub. ibid. t. 2, p. 610. — [9] Plat. de rep. lib. 5, t. 2, p. 452. Dionys. Halic. de Thucyd. judic. t. 6, p. 856. — [10] Thucyd. lib. 1, cap. 6. Schol. ibid. — [11] Plat. ibid. — [12] Aristoph. in av. v. 1283. Schol ibid. Id. in eccles. v. 74 et 539. Theophr. charact. cap. 5. Casaub. ibid. — [13] Plut. in Lyc. t. 1, p. 46. — [14] Id. ibid. p. 47. Id. apophth. lacon. t. 2, p. 210 et 227. — [15] Id. in Lyc. t. 1, p. 45. — [16] Aristot. œcon. lib. 1, cap. 5, t. 2, p. 495.

aisé de supporter une telle mort qu'une telle vie¹. Cependant Lycurgue n'a retranché de leurs repas que le superflu, et s'ils sont frugals, c'est plutôt par vertu que par nécessité. Ils ont de la viande de boucherie²; le mont Taygète leur fournit une chasse abondante³; leurs plaines, des lièvres, des perdrix, et d'autres espèces de gibier; la mer et l'Eurotas, du poisson⁴. Leur fromage de Gythium est estimé⁵ ᵃ. Ils ont de plus différentes sortes de légumes, de fruits, de pains et de gâteaux⁶.

Il est vrai que leurs cuisiniers ne sont destinés qu'à préparer la grosse viande⁷, et qu'ils doivent s'interdire les ragoûts, à l'exception du brouet noir⁸. C'est une sauce dont j'ai oublié la composition ᵇ, et dans laquelle les Spartiates trempent leur pain. Ils la préfèrent aux mets les plus exquis⁹. Ce fut sur sa réputation que Denys, tyran de Syracuse, voulut en enrichir sa table. Il fit venir un cuisinier de Lacédémone, et lui ordonna de ne rien épargner. Le brouet fut servi : le roi en goûta, et le rejeta avec indignation. « Seigneur, lui dit l'esclave, il y manque un » assaisonnement essentiel. — Et quoi donc? répondit le prince. » — Un exercice violent avant le repas, répliqua l'esclave¹⁰. »

La Laconie produit plusieurs espèces de vins. Celui qu'on recueille aux Cinq-Collines, à sept stades de Sparte, exhale une odeur aussi douce que celle des fleurs¹¹. Celui qu'ils font cuire doit bouillir jusqu'à ce que le feu en ait consumé la cinquième partie. Ils le conservent pendant quatre ans avant de le boire¹². Dans leurs repas, la coupe ne passe pas de main en main comme chez les autres peuples; mais chacun épuise la sienne, remplie aussitôt par l'esclave qui les sert à table¹³. Ils ont la permission de boire tant qu'ils en ont besoin¹⁴; ils en usent avec plaisir, et n'en abusent jamais¹⁵. Le spectacle dégoûtant d'un esclave qu'on enivre, et qu'on jette quelquefois sous leurs yeux lorsqu'ils sont

---

¹ AElian. var. hist. lib. 13, cap. 38. Stob. serm. 29, p. 208. Athen. lib. 4, p. 138. — ² Athen. ibid. p. 139. — ³ Xenoph. de rep. Laced. p. 680. Pausan. lib. 3, cap. 20, p. 261. — ⁴ Athen. ibid. p. 141, lib. 14, p. 654. Meurs. miscell. lacon. lib. 1, cap. 13. — ⁵ Lucian. in meretric. t. 3, p. 321. — ᵃ Ce fromage est encore estimé dans le pays. (Voyez Lacédémone ancienne, t. 1, p. 63.) — ⁶ Meurs. ibid. cap. 12 et 13. — ⁷ AElian. ibid. lib. 14, cap. 7. — ⁸ Plut. in Lyc. t. 1, p. 46; ib. in Agid. p. 810. Poll. lib. 6, cap. 9. § 57. — ᵇ Meursius (miscell. lacon. lib. 1, cap. 8.) conjecture que le brouet noir se faisait avec du jus exprimé d'une pièce de porc, auquel on ajoutait du vinaigre et du sel. Il paraît en effet que les cuisiniers ne pouvaient employer d'autre assaisonnement que le sel et le vinaigre. (Plut. de sanit. tuend. t. 2, p. 128.) — ⁹ Plut. instit. lacon. t. 2, p. 286. — ¹⁰ Id. ibid. Cicer. tuscul. quæst. lib. 5, cap. 34, t. 2, p. 389. Stob. serm. 29, p. 208. — ¹¹ Alcm. ap. Athen. lib. 1, cap. 24, p. 31. — ¹² Democr. geopon. lib. 7, cap. 4. Pallad. ap. script. rei rustic. lib. 11, tit. 14, t. 2, p. 990. — ¹³ Crit. ap. Athen. lib. 10, p. 432; lib. 11, cap. 3, p. 463. — ¹⁴ Xenoph. ibid. Plut. apophth. lacon. t. 2, p. 208. — ¹⁵ Plat. de leg. lib. 1, t. 2, p. 637.

encore enfans, leur inspire une profonde aversion pour l'ivresse[1], et leur âme est trop fière pour consentir jamais à se dégrader. Tel est l'esprit de la réponse d'un Spartiate à quelqu'un qui lui demandait pourquoi il se modérait dans l'usage du vin : « C'est, » dit-il, pour n'avoir jamais besoin de la raison d'autrui[2]. » Outre cette boisson, ils apaisent souvent leur soif avec du petit-lait[3][a].

Ils ont différentes espèces de repas publics. Les plus fréquens sont les philities[b]. Rois, magistrats, simples citoyens, tous s'assemblent, pour prendre leurs repas, dans des salles où sont dressées quantité de tables, le plus souvent de quinze couverts chacune[4]. Les convives d'une table ne se mêlent point avec ceux d'une autre, et forment une société d'amis, dans laquelle on ne peut être reçu que du consentement de tous ceux qui la composent[5]. Ils sont durement couchés sur des lits de bois de chêne, le coude appuyé sur une pierre ou sur un morceau de bois[6]. On leur donne du brouet noir, ensuite de la chair de porc bouillie, dont les portions sont égales, servies séparément à chaque convive, quelquefois si petites, qu'elles pèsent à peine un quart de mine[7][c]. Ils ont du vin, des gâteaux ou du pain d'orge en abondance. D'autres fois on ajoute pour supplément à la portion ordinaire du poisson et différentes espèces de gibier[8]. Ceux qui offrent des sacrifices, ou qui vont à la chasse, peuvent à leur retour manger chez eux; mais ils doivent envoyer à leurs commensaux une partie du gibier ou de la victime[9]. Auprès de chaque couvert on place un morceau de mie de pain pour s'essuyer les doigts[10].

Pendant le repas, la conversation roule souvent sur des traits de morale ou sur des exemples de vertus. Une belle action est citée comme une nouvelle digne d'occuper les Spartiates. Les vieillards prennent communément la parole; ils parlent avec précision, et sont écoutés avec respect.

A la décence se joint la gaieté[11]. Lycurgue en fit un précepte aux convives; et c'est dans cette vue qu'il ordonna d'exposer à

---

[1] Plut. instit. lacon. t. 2, p. 239. Athen. lib. 10, p. 433. — [2] Plut. apophth. lacon. t. 2, p. 224. — [3] Hesych. in Κίρρος. — [a] Cette boisson est encore en usage dans le pays. (Voyez Lacédémone ancienne, t. 1, p. 64.) — [b] Ces repas sont appelés par quelques auteurs Phidities; par plusieurs autres, Philities, qui paraît être leur vrai nom, et qui désigne des associations d'amis. (Voyez Meurs. miscell. lacon. lib. 1, cap. 9.) — [4] Plut. in Lyc. t. 1, p. 46. Porphyr. de abstin. lib. 4, §. 4, p. 305. — [5] Plut. ibid. — [6] Athen. lib. 12, p. 518. Suid. in Αυκ. et in Φιλίτ. Cicer. orat. pro Mur. cap. 35, t. 5, p. 232. Meurs. ibid. cap. 10. — [7] Dicæarch. ap. Athen. lib. 4, cap. 8, p. 141. — [c] Environ trois onces et demie. — [8] Dicæarch. ibid. — [9] Xenoph. de rep. Laced. p. 680. Plut. ibid. — [10] Poll. lib. 6, cap. 14, §. 93. Athen. lib. 9, p. 409. — [11] Aristoph. in Lysistr. v. 1228.

leurs yeux une statue consacrée au dieu du rire[1]. Mais les propos qui réveillent la joie ne doivent avoir rien d'offensant ; et le trait malin, si par hasard il en échappe à l'un des assistans, ne doit point se communiquer au dehors. Le plus ancien, en montrant la porte à ceux qui entrent, les avertit que rien de ce qu'ils vont entendre ne doit sortir par là[2].

Les différentes classes des élèves assistent aux repas sans y participer ; les plus jeunes, pour enlever adroitement des tables quelque portion qu'ils partagent avec leurs amis ; les autres, pour y prendre des leçons de sagesse et de plaisanterie[3].

Soit que les repas publics aient été établis dans une ville à l'imitation de ceux qu'on prenait dans un camp, soit qu'ils tirent leur origine d'une autre cause[4], il est certain qu'ils produisent dans un petit État des effets merveilleux pour le maintien des lois[5] ; pendant la paix, l'union, la tempérance, l'égalité ; pendant la guerre, un nouveau motif de voler au secours d'un citoyen avec lequel on est en communauté de sacrifices ou de libations[6]. Minos les avait ordonnés dans ses États ; Lycurgue adopta cet usage, avec quelques différences remarquables. En Crète, la dépense se prélève sur les revenus de la république[7] ; à Lacédémone, sur ceux des particuliers, obligés de fournir par mois une certaine quantité de farine d'orge, de vin, de fromage, de figues, et même d'argent[8]. Par cette contribution forcée, les plus pauvres risquent d'être exclus des repas en commun, et c'est un défaut qu'Aristote reprochait aux lois de Lycurgue[9]. D'un autre côté, Platon blâmait Minos et Lycurgue de n'avoir pas soumis les femmes à la vie commune[10]. Je m'abstiens de décider entre de si grands politiques et de si grands législateurs.

Parmi les Spartiates, les uns ne savent ni lire ni écrire[11] ; d'autres savent à peine compter[12] : nulle idée parmi eux de la géométrie, de l'astronomie et des autres sciences[13]. Les gens instruits font leurs délices des poésies d'Homère[14], de Terpandre[15] et de Tyrtée, parce qu'elles élèvent l'âme. Leur théâtre n'est destiné qu'à leurs exercices[16] ; ils n'y représentent ni tragédies ni comédies, s'étant

---

[1] Plut. in Lyc. t. 1, p. 55. — [2] Id. instist. lacon. t. 2, p. 236. — [3] Id. in Lyc. t. 1, p. 46 et 50. — [4] Plat. de leg. lib. 1, t. 2, p. 625 ; lib. 6, p. 780. — [5] Id. ibid. Plut. in Lyc. t. 1, p. 45 ; id. apophth. lacon. t. 2, p. 226. — [6] Dionys. Halic. antiq. rom. lib. 2, t. 1, p. 283. — [7] Aristot. de rep. lib. 2, cap. 9 et 10, t. 2, p. 331 et 332. — [8] Plut. ibid. p. 46. Porphir. de abstin. lib. 4, §. 4, p. 305. Dicæarch. ap. Athen lib. 4, cap. 8, p. 141. — [9] Aristot. ibid. — [10] Plat. ibid. lib. 6, t. 2, p. 780 et 781 ; lib. 8, p. 839. — [11] Isocr. panath. t. 2, p. 290. — [12] Plat. in Hipp. maj. t. 3, p. 285. — [13] Id. ibid. AElian. var. hist. lib. 12, cap. 50. — [14] Plat. de leg. lib. 3, t. 2, p. 680. — [15] Heracl. Pont. de polit. in antiq. græc. t. 6, p. 2823. — [16] Herodot. lib. 6, cap. 67. Xenoph. hist. græc. lib. 6, p. 597. Plut. in Ages. t. 1, p. 612.

fait une loi de ne point admettre chez eux l'usage de ces drames[1]. Quelques uns, en très-petit nombre, ont cultivé avec succès la poésie lyrique. Alcman, qui vivait il y a trois siècles environ, s'y est distingué[2]; son style a de la douceur, quoiqu'il eût à combattre le dur dialecte dorien qu'on parle à Lacédémone[3]; mais il était animé d'un sentiment qui adoucit tout : il avait consacré toute sa vie à l'amour, et il chanta l'amour toute sa vie.

Ils aiment la musique qui donne l'enthousiasme de la vertu[4] : sans cultiver cet art, ils sont en état de juger de son influence sur les mœurs, et rejettent les innovations qui pourraient altérer sa simplicité[5].

On peut juger, par les traits suivans, de leur aversion pour la rhétorique[6]. Un jeune Spartiate s'était exercé, loin de sa patrie, dans l'art oratoire ; il y revint, et les éphores le firent punir pour avoir conçu le dessein de tromper ses compatriotes[7]. Pendant la guerre du Péloponèse, un autre Spartiate fut envoyé vers le satrape Tissapherne pour l'engager à préférer l'alliance de Lacédémone à celle d'Athènes. Il s'exprima en peu de mots ; et comme il vit les ambassadeurs athéniens déployer tout le faste de l'éloquence, il tira deux lignes qui aboutissaient au même point, l'une droite, l'autre tortueuse, et, les montrant au satrape, il lui dit : Choisis[8]. Deux siècles auparavant, les habitans d'une île de la mer Égée[9], pressés par la famine, s'adressèrent aux Lacédémoniens leurs alliés, qui répondirent à l'ambassadeur : Nous n'avons pas compris la fin de votre harangue, et nous en avons oublié le commencement. On en choisit un second, en lui recommandant d'être bien concis. Il vint, et commença par montrer aux Lacédémoniens un de ces sacs où l'on tient la farine. Le sac était vide. L'assemblée résolut aussitôt d'approvisionner l'île ; mais elle avertit le député de n'être plus si prolixe une autre fois. En effet, il leur avait dit qu'il fallait remplir le sac[10].

Ils méprisent l'art de la parole ; ils en estiment le talent. Quelques uns l'ont reçu de la nature[11], et l'ont manifesté, soit dans les assemblées de leur nation et des autres peuples, soit dans les oraisons funèbres qu'on prononce tous les ans en l'honneur de Pausanias et de Léonidas[12]. Ce général, qui pendant la guerre du Péloponèse soutint en Macédoine l'honneur de sa patrie, Bra-

---

[1] Plut. instit. lacon. t. 2, p. 239. — [2] Meurs. bibl. græc. in Alcm. Fabric. bibl. græc. t. 1, p. 565. Diction. de Bayle, au mot ACLMAN. — [3] Pausan. lib. 3, cap. 15, p. 244. — [4] Plut. instit. lacon. t. 2, p. 238. Chamel. ap. Athen. lib. 4, cap. 25, p. 184. — [5] Aristot. de rep. lib. 8, cap. 5, t. 2, p. 454. Athen. lib. 14, cap. 6, p. 628. — [6] Quintil. instit. orat. lib. 2, cap. 16, p. 124. Athen. lib. 13, p. 611. — [7] Sext. Empir. adv. rhetor. lib. 2, p. 293. — [8] Id. ibid. — [9] Herodot. lib. 3, cap. 46. — [10] Sext. Empir. adv. rhetor. lib. 2, p. 293. — [11] AEschin. in Tim. p. 288. — [12] Pausan. lib. 3, cap. 14, p. 240.

sidas, passait pour éloquent aux yeux même de ces Athéniens qui mettent tant de prix à l'éloquence [1].

Celle des Lacédémoniens va toujours au but, et y parvient par les voies les plus simples. Des sophistes étrangers ont quelquefois obtenu la permission d'entrer dans leur ville, et de parler en leur présence; accueillis s'ils annoncent des vérités utiles; on cesse de les écouter s'ils ne cherchent qu'à éblouir. Un de ces sophistes nous proposait un jour d'entendre l'éloge d'Hercule. « D'Hercule? s'écria aussitôt Antalcidas; eh! qui s'avise » de le blâmer [2]? »

Ils ne rougissent pas d'ignorer les sciences qu'ils regardent comme superflues; et l'un d'eux répondit à un Athénien qui leur en faisait des reproches : Nous sommes en effet les seuls à qui vous n'avez pas pu enseigner vos vices [3]. N'appliquant leur esprit qu'à des connaissances absolument nécessaires, leurs idées n'en sont que plus justes, et plus propres à s'assortir et à se placer; car les idées fausses sont comme ces pièces irrégulières qui ne peuvent entrer dans la construction d'un édifice.

Ainsi, quoique ce peuple soit moins instruit que les autres, il est beaucoup plus éclairé. On dit que c'est de lui que Thalès, Pittacus et les autres sages de la Grèce empruntèrent l'art de renfermer les maximes de la morale en de courtes formules [4]. Ce que j'en ai vu m'a souvent étonné. Je croyais m'entretenir avec des gens ignorans et grossiers; mais bientôt il sortait de leurs bouches des réponses pleines d'un grand sens, et perçantes comme des traits [5]. Accoutumés de bonne heure à s'exprimer avec autant d'énergie que de précision [6], ils se taisent s'ils n'ont pas quelque chose d'intéressant à dire [7] : s'ils en ont trop, ils font des excuses [8]. Ils sont avertis par un instinct de grandeur que le style diffus ne convient qu'à l'esclave qui prie : en effet, comme la prière, il semble se traîner aux pieds et se replier autour de celui qu'on veut persuader. Le style concis, au contraire, est imposant et fier : il convient au maître qui commande [9] : il s'assortit au caractère des Spartiates, qui l'emploient fréquemment dans leurs entretiens et dans leurs lettres. Des reparties aussi promptes que l'éclair laissent après elles, tantôt une lumière vive, tantôt la haute opinion qu'ils ont d'eux-mêmes et de leur patrie.

On louait la bonté du jeune roi Charilaüs. « Comment serait-

[1] Thucyd. lib. 4, cap. 84. — [2] Plut. apophth. lacon. t. 2, p. 192. — [3] Id. in Lyc. t. 1, p. 52; id. apophth. lacon. t. 2, p. 217. — [4] Id. in Protag. t. 1, p. 343. — [5] Id. ibid. p. 342. — [6] Herodot. lib. 3, cap. 46. Plat. de leg. lib. 1, t. 2, p. 641; lib. 4, p. 721. Plut. in Lyc. t. 1, p. 51 et 52. Pausan. lib. 4, cap. 7, p. 296. — [7] Plut. ibid. p. 52. — [8] Thucyd. ibid. cap. 17. — [9] Demetr. Phal. de eloc. cap. 253.

» il bon, répondit l'autre roi, puisqu'il l'est même pour les
» méchans¹?» Dans une ville de la Grèce, le héraut chargé
de la vente des esclaves dit tout haut : « Je vends un Lacédé-
» monien. Dis plutôt un prisonnier, » s'écria celui-ci en lui
mettant la main sur la bouche². Les généraux du roi de Perse
demandaient aux députés de Lacédémone en quelle qualité ils
comptaient suivre la négociation? « Si elle échoue, répondi-
» rent-ils, comme particuliers; si elle réussit, comme ambas-
» sadeurs³. »

On remarque la même précision dans les lettres qu'écrivent
les magistrats, dans celles qu'ils reçoivent des généraux. Les
éphores, craignant que la garnison de Décélie ne se laissât surprendre, ou n'interrompît ses exercices accoutumés, ne lui écrivirent que ces mots : « Ne vous promenez point⁴. » La défaite
la plus désastreuse, la victoire la plus éclatante, sont annoncées
avec la même simplicité. Lors de la guerre du Péloponèse, leur
flotte qui était sous les ordres de Mindare ayant été battue par
celle des Athéniens commandée par Alcibiade, un officier écrivit aux éphores : « La bataille est perdue. Mindare est mort.
» Point de vivres ni de ressources⁵. » Peu de temps après, ils
reçurent de Lysander, général de leur armée, une lettre conçue
en ces termes : « Athènes est prise⁶. » Telle fut la relation de la
conquête la plus glorieuse et la plus utile pour Lacédémone.

Qu'on n'imagine pas, d'après ces exemples, que les Spartiates, condamnés à une raison trop sévère, n'osent dérider leur
front. Ils ont cette disposition à la gaieté, que procurent la liberté de l'esprit et la conscience de la santé. Leur joie se communique rapidement, parce qu'elle est vive et naturelle : elle
est entretenue par des plaisanteries qui, n'ayant rien de bas ni
d'offensant, diffèrent essentiellement de la bouffonnerie et de
la satire⁷. Ils apprennent de bonne heure l'art de les recevoir et
de les rendre⁸. Elles cessent dès que celui qui en est l'objet demande qu'on l'épargne⁹.

C'est avec de pareils traits qu'ils repoussent quelquefois les
prétentions ou l'humeur. J'étais un jour avec le roi Archidamus. Périander, son médecin, lui présenta des vers qu'il venait
d'achever. Le prince les lut, et lui dit avec amitié : « Eh! pour-
» quoi, de si bon médecin, vous faites-vous si mauvais poëte¹⁰?»

---

¹ Plut. in Lyc. t. 1, p. 42; id. apophth. lacon. t. 2, p. 218. — ² Id.
ibid. p. 233. — ³ Id. in Lyc. t. 1, p. 55; id. apophth. lacon. t. 2, p. 231. — ⁴ Ælian.
var. hist. lib. 2, cap. 5. — ⁵ Xenoph. hist. græc. lib. 1, p. 430. — ⁶ Plut. in
Lysand. t. 1, p. 441; id. apophth. lacon. t. 2, p. 229. Schol. Dion. Chrysost.
orat. 64, p. 106. — ⁷ Plut. in Lyc. t. 1, p. 55. — ⁸ Heracl. Pont. de polit.
in antiq. græc. t. 6, p. 2823. — ⁹ Plut. ibid. t. 1, p. 46. — ¹⁰ Id. apophth.
lacon. t. 2, p. 218.

Quelques années après, un vieillard, se plaignant au roi Agis de quelques infractions faites à la loi, s'écriait que tout était perdu : « Cela est si vrai, répondit Agis en souriant, que dans » mon enfance je l'entendais dire à mon père, qui dans son en- » fance l'avait entendu dire au sien [1]. »

Les arts lucratifs, et surtout ceux de luxe, sont sévèrement interdits aux Spartiates [2]. Il leur est défendu d'altérer par des odeurs la nature de l'huile, et par des couleurs, excepté celle de pourpre, la blancheur de la laine. Ainsi, point de parfumeurs et presque point de teinturiers parmi eux [3]. Ils ne devraient connaître ni l'or ni l'argent, ni par conséquent ceux qui mettent ces métaux en œuvre [4]. A l'armée, ils peuvent exercer quelques professions utiles, comme celle de héraut, de trompette, de cuisinier, à condition que le fils suivra la profession de son père, comme cela se pratique en Égypte [5].

Ils ont une telle idée de la liberté, qu'ils ne peuvent la concilier avec le travail des mains [6]. Un d'entre eux, à son retour d'Athènes, me disait : Je viens d'une ville où rien n'est déshonnête. Par là, il désignait et ceux qui procuraient des courtisanes à prix d'argent, et ceux qui se livraient à de petits trafics [7]. Un autre, se trouvant dans la même ville, apprit qu'un particulier venait d'être condamné à l'amende pour cause d'oisiveté ; il voulut voir, comme une chose extraordinaire, un citoyen puni dans une république pour s'être affranchi de toute espèce de servitude [8].

Sa surprise était fondée sur ce que les lois de son pays tendent surtout à délivrer les âmes des intérêts factices et des soins domestiques [9]. Ceux qui ont des terres sont obligés de les affermer à des Hilotes [10] ; ceux entre qui s'élèvent des différends, de les terminer à l'amiable : car il leur est défendu de consacrer les momens précieux de leur vie à la poursuite d'un procès [11], ainsi qu'aux opérations du commerce [12], et aux autres moyens qu'on emploie communément pour augmenter sa fortune ou se distraire de son existence.

Cependant ils ne connaissent pas l'ennui, parce qu'ils ne sont jamais seuls, jamais en repos [13]. La nage, la lutte, la course, la paume [14], les autres exercices du gymnase et les évolutions

---

[1] Plut. apophth. lacon. t. 2, p. 216.— [2] Id. in Lyc. t. 1, p. 44. AElian. var. hist. lib. 6, cap. 6. Polyæn. strateg. lib. 2, cap. 1, n°. 7.— [3] Athen. lib. 25, p. 686. Senec. quæst. natur. lib. 4, cap. 13, t. 2, p. 762.— [4] Plut. ibid.— [5] Herodot. lib. 6, cap. 60. — [6] Aristot. de rhet. lib. 1, cap. 9, t. 2, p. 532. — [7] Plut. apophth. lacon. t. 2, p. 236. — [8] Id. ibid. p. 221. — [9] Id. instit. lacon. t. 2, p. 239. — [10] Id. in Lyc. t. 1, p. 54 ; id. apophth. lacon. t. 2, p. 216. — [11] Id. in Lyc. t. 1, p. 54 ; id. apophth. lacon. t. 2, p. 233. — [12] Xenoph. de rep. Laced. p. 682. — [13] Plut. in Lyc. p. 55. — [14] Xenoph. ibid. p. 684.

militaires remplissent une partie de leur journée[1]; ensuite ils se font un devoir et un amusement d'assister aux jeux et aux combats des jeunes élèves[2]; de là ils vont aux Leschès : ce sont des salles distribuées dans les différens quartiers de la ville[3], où les hommes de tout âge ont coutume de s'assembler. Ils sont très-sensibles aux charmes de la conversation; elle ne roule presque jamais sur les intérêts et les projets des nations; mais ils écoutent sans se lasser les leçons des personnes âgées[4]; ils entendent volontiers raconter l'origine des hommes, des héros et des villes[5]. La gravité de ces entretiens est tempérée par des saillies fréquentes.

Ces assemblées, ainsi que les repas et les exercices publics, sont toujours honorées de la présence des vieillards. Je me sers de cette expression, parce que la vieillesse, dévouée ailleurs au mépris, élève un Spartiate au faîte de l'honneur[6]. Les autres citoyens, et surtout les jeunes gens, ont pour lui les égards qu'ils exigeront à leur tour pour eux-mêmes. La loi les oblige de lui céder le pas à chaque rencontre, de se lever quand il paraît, de se taire quand il parle. On l'écoute avec déférence dans les assemblées de la nation et dans les salles du gymnase : ainsi les citoyens qui ont servi leur patrie, loin de lui devenir étrangers à la fin de leur carrière, sont respectés, les uns comme les dépositaires de l'expérience, les autres comme ces monumens dont on se fait une religion de conserver les débris.

Si l'on considère maintenant que les Spartiates consacrent une partie de leur temps à la chasse et aux assemblées générales, qu'ils célèbrent un grand nombre de fêtes, dont l'éclat est rehaussé par le concours de la danse et de la musique[7], et qu'enfin les plaisirs communs à toute une nation sont toujours plus vifs que ceux d'un particulier, loin de plaindre leur destinée, on verra qu'elle leur ménage une succession non interrompue de momens agréables et de spectacles intéressans. Deux de ces spectacles avaient excité l'admiration de Pindare : c'est là, disait-il, que l'on trouve le courage bouillant des jeunes guerriers, toujours adouci par la sagesse consommée des vieillards; et les triomphes brillans des Muses, toujours suivis des transports de l'allégresse publique[8].

Leurs tombeaux sans ornemens, ainsi que leurs maisons, n'annoncent aucune distinction entre les citoyens[9]; il est per-

---

[1] AElian. var. hist. lib. 2, cap. 5; lib. 14, cap. 7. — [2] Plut. in Lyc. t. 1, p. 54. — [3] Pausan. lib. 3, cap. 14, p. 240; cap. 15, p. 245. — [4] Plut. ibid. — [5] Plat. in Hipp. maj. t. 3, p. 285. — [6] Plut. instit. lacon. t. 2, p. 237. Justin. lib. 3, cap. 3. — [7] Plut. in Lyc. t. 1, p. 54. — [8] Pind. ap. Plut. ibid. p. 53. — [9] Heraclid. Pont. de polit. in antiq. græc. t. 6, p. 2823.

mis de les placer dans la ville, et même auprès des temples. Les pleurs et les sanglots n'accompagnent ni les funérailles [1], ni les dernières heures du mourant : car les Spartiates ne sont pas plus étonnés de se voir mourir qu'ils ne l'avaient été de se trouver en vie : persuadés que c'est à la mort de fixer le terme de leurs jours, ils se soumettent aux ordres de la nature avec la même résignation qu'aux besoins de l'État.

Les femmes sont grandes, fortes, brillantes de santé, presque toutes fort belles ; mais ce sont des beautés sévères et imposantes [2]. Elles auraient pu fournir à Phidias un grand nombre de modèles pour sa Minerve, à peine quelques uns à Praxitèle pour sa Vénus.

Leur habillement consiste dans une tunique ou espèce de chemise courte, et dans une robe qui descend jusqu'aux talons [3]. Les filles, obligées de consacrer tous les momens de la journée à la lutte, à la course, au saut, à d'autres exercices pénibles, n'ont pour l'ordinaire qu'un vêtement léger et sans manches [4], qui s'attache aux épaules avec des agrafes [5], et que leur ceinture [6] tient relevé au dessus des genoux [7] : sa partie inférieure est ouverte de chaque côté, de sorte que la moitié du corps reste à découvert [8]. Je suis très-éloigné de justifier cet usage ; mais j'en vais rapporter les motifs et les effets, d'après la réponse de quelques Spartiates à qui j'avais témoigné ma surprise.

Lycurgue ne pouvait soumettre les filles aux mêmes exercices que les hommes sans écarter tout ce qui pouvait contrarier leurs mouvemens. Il avait sans doute observé que l'homme ne s'est couvert qu'après s'être corrompu ; que ses vêtemens se sont multipliés à proportion de ses vices ; que les beautés qui le séduisent perdent souvent leurs attraits à force de se montrer ; et qu'enfin les regards ne souillent que les âmes déjà souillées. Guidé par ces réflexions, il entreprit d'établir par ses lois un tel accord de vertus entre les deux sexes, que la témérité de l'un serait réprimée, et la faiblesse de l'autre soutenue. Ainsi, peu content de décerner la peine de mort à celui qui déshonorerait une fille [9], il accoutuma la jeunesse de Sparte à ne rougir que du mal [10]. La pudeur dépouillée d'une partie de ses voiles [11] fut

[1] Plut. instit. lacon. t. 2, p. 238. — [2] Homer. odyss. lib. 13, v. 412. Aristoph. in Lysistr. v. 80. Mus. de Her. v. 74. Coluth. de rapt. Helen. v. 218. Euseb. præp. evang. lib. 5, cap. 29. Meurs. miscell. lacon. lib. 2, cap. 3. — [3] Plut. in Agid. t. 1, p. 823. — [4] Excerpt. manuscr. ap. Potter. in not. ad. Clem. Alex. pædag. lib. 2, cap. 10, p. 238. Eustath. in iliad. t. 2, p. 975. — [5] Poll. lib. 7, cap. 13, § 55. Eustath. ibid. — [6] Plut. in Lyc. t. 1, p. 48. — [7] Clem. Alex. ibid. Virg. æneid. lib. 1, v. 320, 324 et 408. — [8] Eurip. in Androm. v. 598. Soph. ap. Plut. in Num. p. 77. Plut. ibid. p. 76. Hesych. in Δορτάζ. — [9] Meurs. ibid. — [10] Plat. de rep. lib. 5, t. 2, p. 452. — [11] Plut. ibid. p. 48.

respectée de part et d'autre, et les femmes de Lacédémone se distinguèrent par la pureté de leurs mœurs. J'ajoute que Lycurgue a trouvé des partisans parmi les philosophes : Platon veut que dans sa république les femmes de tout âge s'exercent dans le gymnase, n'ayant que leurs vertus pour vêtemens[1].

Une Spartiate paraît en public à visage découvert jusqu'à ce qu'elle soit mariée : après son mariage, comme elle ne doit plaire qu'à son époux, elle sort voilée[2]; et comme elle ne doit être connue que de lui seul, il ne convient pas aux autres de parler d'elle avec éloge[3]. Mais ce voile sombre et ce silence respectueux ne sont que des hommages rendus à la décence. Nulle part les femmes ne sont moins surveillées et moins contraintes[4]; nulle part elles n'ont moins abusé de la liberté. L'idée de manquer à leurs époux leur eût paru autrefois aussi étrange que celle d'étaler la moindre recherche dans leur parure[5] : quoiqu'elles n'aient plus aujourd'hui la même sagesse ni la même modestie, elles sont beaucoup plus attachées à leurs devoirs que les autres femmes de la Grèce.

Elles ont aussi un caractère plus vigoureux, et l'emploient avec succès pour assujétir leurs époux, qui les consultent volontiers, tant sur leurs affaires que sur celles de la nation. On a remarqué que les peuples guerriers sont enclins à l'amour; l'union de Mars et de Vénus semble attester cette vérité, et l'exemple des Lacédémoniens sert à la confirmer[6]. Une étrangère disait un jour à la femme du roi Léonidas : « Vous êtes les seules qui » preniez de l'ascendant sur les hommes. Sans doute, répon- » dit-elle, parce que nous sommes les seules qui mettions des » hommes au monde[7]. »

Ces âmes fortes donnèrent, il y a quelques années, un exemple qui surprit toute la Grèce. A l'aspect de l'armée d'Épaminondas, elles remplirent la ville de confusion et de terreur[8]. Leur caractère commence-t-il à s'altérer comme leurs vertus? Y a-t-il une fatalité pour le courage? Un instant de faiblesse pourrait-il balancer tant de traits de grandeur et d'élévation qui les ont distinguées dans tous les temps, et qui leur échappent tous les jours?

Elles ont une haute idée de l'honneur et de la liberté ; elles la poussent quelquefois si loin, qu'on ne sait alors quel nom donner au sentiment qui les anime. Une d'entre elles écrivait à

---
[1] Plat. de rep. lib. 5, t. 2, p. 457. — [2] Plut. apophth. lacon. t. 2, p. 232. — [3] Id. ibid. p. 217 et 220. — [4] Aristot. de rep. lib. 2, cap. 9, t. 2, p. 328. Dionys. Halic. antiq. rom. lib. 2, cap. 24, t. 1, p. 287. — [5] Plut. in Lyc. t. 1, p. 49; id. apophth. lacon. t. 2, p. 223. Heracl. Pont. de polit. in antiq. græc. t. 6, p. 2823. — [6] Aristot. ibid. Plut. in Agid. t. 1, p. 798; id. in amator. t. 2, p. 761. — [7] Plut. in Lyc. t. 1, p. 48. — [8] Aristot. ibid. p. 329.

son fils qui s'était sauvé de la bataille : « Il court de mauvais » bruits sur votre compte ; faites-les cesser, ou cessez de vivre[1]. » En pareille circonstance, une Athénienne mandait au sien : « Je vous sais bon gré de vous être conservé pour moi[2]. » Ceux mêmes qui voudraient excuser la seconde ne pourraient s'empêcher d'admirer la première. Ils seraient également frappés de la réponse d'Argiléonis, mère du célèbre Brasidas. Des Thraces, en lui apprenant la mort glorieuse de son fils, ajoutaient que jamais Lacédémone n'avait produit un si grand général. « Étrangers, leur dit-elle, mon fils était un brave homme ; » mais apprenez que Sparte possède plusieurs citoyens qui va- » lent mieux que lui[3]. »

Ici la nature est soumise, sans être étouffée ; et c'est en cela que réside le vrai courage. Aussi les éphores décernèrent-ils des honneurs signalés à cette femme[4]. Mais qui pourrait entendre sans frissonner une mère à qui l'on disait : « Votre fils vient » d'être tué sans avoir quitté son rang, » et qui répondit aussitôt : « Qu'on l'enterre, et qu'on mette son frère à sa place[5] ? » Et cette autre, qui attendait au faubourg la nouvelle du combat ? Le courrier arrive : elle l'interroge. « Vos cinq enfans ont » péri. — Ce n'est pas là ce que je te demande ; ma patrie n'a- » t-elle rien à craindre ? — Elle triomphe. — Eh bien ! je me » résigne avec plaisir à ma perte[6]. » Qui pourrait encore voir sans terreur ces femmes qui donnent la mort à leurs fils convaincus de lâcheté[7] ? et celles qui, accourues au champ de bataille, se font montrer le cadavre d'un fils unique, parcourent d'un œil inquiet les blessures qu'il a reçues, comptent celles qui peuvent honorer ou déshonorer son trépas, et, après cet horrible calcul, marchent avec orgueil à la tête du convoi, ou se confinent chez elles pour cacher leurs larmes et leur honte[8][a] ?

Ces excès, ou plutôt ces forfaits de l'honneur, outrepassent si fort la portée de la grandeur qui convient à l'homme, qu'ils n'ont jamais été partagés par les Spartiates les plus abandonnés au fanatisme de la gloire. En voici la raison. Chez eux, l'amour de la patrie est une vertu qui fait des choses sublimes ; dans leurs épouses, une passion qui tente des choses extraordinaires. La beauté, la parure, la naissance, les agrémens de l'esprit, n'étant pas assez estimés à Sparte pour établir des distinctions

---

[1] Plut. instit. lacon. t. 2, p. 241. — [2] Stob. serm. 106, p. 576. — [3] Plut. apophth. lacon. t. 2, p. 219 et 240. — [4] Diod. lib. 12, p. 122. — [5] Plut. ibid. p. 242. — [6] Id. ibid. p. 241. — [7] Id. ibid. anthol. lib. 1, cap. 5, p. 5. — [8] Ælian. var. hist. lib. 12, cap. 21. — [a] Ce dernier fait, et d'autres à peu près semblables, paraissent être postérieurs au temps où les lois de Lycurgue étaient rigoureusement observées. Ce ne fut qu'après leur décadence qu'un faux héroïsme s'empara des femmes et des enfans de Sparte.

entre les femmes, elles furent obligées de fonder leur supériorité sur le nombre et sur la valeur de leurs enfans. Pendant qu'ils vivent, elles jouissent des espérances qu'ils donnent; après leur mort, elles héritent de la célébrité qu'ils ont acquise. C'est cette fatale succession qui les rend féroces, et qui fait que leur dévouement à la patrie est quelquefois accompagné de toutes les fureurs de l'ambition et de la vanité.

A cette élévation d'âme qu'elles montrent encore par intervalles succéderont bientôt, sans la détruire entièrement, des sentimens ignobles; et leur vie ne sera plus qu'un mélange de petitesse et de grandeur, de barbarie et de volupté. Déjà plusieurs d'entre elles se laissent entraîner par l'éclat de l'or, par l'attrait des plaisirs [1]. Les Athéniens, qui blâmaient hautement la liberté qu'on laissait aux femmes de Sparte, triomphent en voyant cette liberté dégénérer en licence [2]. Les philosophes mêmes reprochent à Lycurgue de ne s'être occupé que de l'éducation des hommes [3].

Nous examinerons cette accusation dans un autre chapitre, et nous remonterons en même temps aux causes de la décadence survenue aux mœurs des Spartiates [a]. Car, il faut l'avouer, ils ne sont plus ce qu'ils étaient il y a un siècle. Les uns s'enorgueillissent impunément de leurs richesses; d'autres courent après des emplois que leurs pères se contentaient de mériter [4]. Il n'y a pas long-temps qu'on a découvert une courtisane aux environs de Sparte [5]; et, ce qui n'est pas moins dangereux, nous avons vu la sœur du roi Agésilas, Cynisca, envoyer à Olympie un char attelé de quatre chevaux pour y disputer le prix de la course, des poëtes célébrer son triomphe, et l'État élever un monument en son honneur [6].

Néanmoins, dans leur dégradation, ils conservent encore des restes de leur ancienne grandeur. Vous ne les verrez point recourir aux dissimulations, aux bassesses, à tous ces petits moyens qui avilissent les âmes : ils sont avides sans avarice, ambitieux sans intrigue. Les plus puissans ont assez de pudeur pour dérober aux yeux la licence de leur conduite [7]; ce sont des transfuges qui craignent les lois qu'ils ont violées, et regrettent les vertus qu'ils ont perdues.

J'ai vu en même temps des Spartiates dont la magnanimité invitait à s'élever jusqu'à eux. Ils se tenaient à leur hauteur sans

---

[1] Aristot. de rep. lib. 2, cap. 9, p. 328. — [2] Plat. de leg. lib. 1, t. 2, p. 637. — [3] Id. ibid. lib. 6, t. 2, p. 781; lib. 8, p. 806. Aristot. ibid. p. 329. — [a] Voyez le chapitre LI. — [4] Xenoph. de rep. Laced. p. 689. — [5] Id. hist. græc. lib. 3, p. 495. — [6] Plut. apophth. lacon. t. 2, p. 212. Pausan. lib. 3, cap. 8, p. 222; cap. 15, p. 243. — [7] Aristot. ibid. p. 330.

effort, sans ostentation, sans être attirés vers la terre par l'éclat des dignités ou par l'espoir des récompenses. N'exigez aucune bassesse de leur part ; ils ne craignent ni l'indigence, ni la mort. Dans mon dernier voyage à Lacédémone, je m'entretenais avec Talécrus, qui était fort pauvre, et Damindas, qui jouissait d'une fortune aisée. Il survint un de ces hommes que Philippe, roi de Macédoine, soudoyait pour lui acheter des partisans. Il dit au premier : « Quel bien avez-vous ? — Le nécessaire, » répondit Talécrus en lui tournant le dos [1]. Il menaça le second du courroux de Philippe. « Homme lâche, répondit Damindas, eh ! que » peut ton maître contre des hommes qui méprisent la mort [2] ? »

En contemplant à loisir ce mélange de vices naissans et de vertus antiques, je me croyais dans une forêt que la flamme avait ravagée : j'y voyais des arbres réduits en cendres ; d'autres à moitié consumés ; et d'autres qui, n'ayant reçu aucune atteinte, portaient fièrement leurs têtes dans les cieux.

CHAPITRE XLIX.

De la Religion et des Fêtes des Spartiates.

LES objets du culte public n'inspirent à Lacédémone qu'un profond respect, qu'un silence absolu. On ne s'y permet à leur égard ni discussions ni doutes : adorer les dieux, honorer les héros, voilà l'unique dogme des Spartiates.

Parmi les héros auxquels ils ont élevé des temples, des autels ou des statues, on distingue Hercule, Castor, Pollux, Achille, Ulysse, Lycurgue, etc. Ce qui doit surprendre ceux qui ne connaissent pas les différentes traditions des peuples, c'est de voir Hélène partager avec Ménélas des honneurs presque divins [3], et la statue de Clytemnestre placée auprès de celle d'Agamemnon [4].

Les Spartiates sont fort crédules. Un d'entre eux crut voir pendant la nuit un spectre errant autour d'un tombeau ; il le poursuivait la lance levée, et lui criait : Tu as beau faire, tu mourras une seconde fois [5]. Ce ne sont pas les prêtres qui entretiennent la superstition ; ce sont les éphores : ils passent quelquefois la nuit dans le temple de Pasiphaé, et le lendemain ils donnent leurs songes comme des réalités [6].

---

[1] Plut. apophth. lacon. t. 2, p. 232. — [2] Id. ibid. p. 219. — [3] Herodot. lib. 6, cap. 61. Isocr. Helen. encom. t. 2, p. 144. Pausan. lib. 3, cap. 15, p. 244. — [4] Id. ibid. cap. 19, p. 258. — [5] Plut. ibid. p. 236. — [6] Id. in Agid. t. 1, p. 807. Cicer. de divin. lib. 1, cap. 43, t. 3, p. 36.

Lycurgue, qui ne pouvait dominer sur les opinions religieuses, supprima les abus qu'elles avaient produits. Partout ailleurs on doit se présenter aux dieux avec des victimes sans tache, quelquefois avec l'appareil de la magnificence; à Sparte, avec des offrandes de peu de valeur et la modestie qui convient à des suppliants [1]. Ailleurs, on importune les dieux par des prières indiscrètes et longues; à Sparte, on ne leur demande que la grâce de faire de belles actions, après en avoir fait de bonnes [2]; et cette formule est terminée par ces mots, dont les âmes fières sentiront la profondeur : « Donnez-nous la force de supporter l'injustice [3]. » L'aspect des morts n'y blesse point les regards, comme chez les nations voisines. Le deuil n'y dure que onze jours [4] : si la douleur est vraie, on ne doit pas en borner le temps; si elle est fausse, il ne faut pas en prolonger l'imposture.

Il suit de là que, si le culte des Lacédémoniens est, comme celui des autres Grecs, souillé d'erreurs et de préjugés dans la théorie, il est du moins plein de raison et de lumières dans la pratique.

Les Athéniens ont cru fixer la Victoire chez eux, en la représentant sans ailes [5]; par la même raison, les Spartiates ont représenté quelquefois Mars et Vénus chargés de chaînes [6]. Cette nation guerrière a donné des armes à Vénus, et mis une lance entre les mains de tous les dieux et de toutes les déesses [7]. Elle a placé la statue de la Mort à côté de celle du Sommeil, pour s'accoutumer à les regarder du même œil [8]. Elle a consacré un temple aux Muses, parce qu'elle marche aux combats aux sons mélodieux de la flûte ou de la lyre [9]; un autre à Neptune qui ébranle la terre, parce qu'elle habite un pays sujet à de fréquentes secousses [10]; un autre à la Crainte, parce qu'il est des craintes salutaires, telle que celle des lois [11].

Un grand nombre de fêtes remplissent ses loisirs. J'ai vu dans la plupart trois chœurs marcher en ordre, et faire retentir les airs de leurs chants; celui des vieillards prononcer ces mots :

> Nous avons été jadis
> Jeunes, vaillans et hardis;

celui des hommes faits répondre :

> Nous le sommes maintenant
> A l'épreuve à tout venant;

---

[1] Plut. in Lyc. t. 1, p. 52. — [2] Plat in Alcib. t. 2, p. 148. — [3] Plut. instit. lacon. t. 2, p. 239. — [4] Id. in Lyc. t. 1, p. 56. — [5] Pausan. lib. 1, cap. 22, p. 52. — [6] Id. lib. 3, cap. 15, p. 245 et 246. — [7] Plut. apophth lacon. t. 2, p. 232; id. instit. lacon. p. 239. — [8] Pausan. lib 3, cap. 18, p. 253. — [9] Id. ibid. cap. 17, p. 251. — [10] Xenoph. hist. græc. lib. 6, p. 608. Strab. lib. 8, p. 367. Pausan. lib. 3, cap. 20, p. 260. Eustath. in iliad. lib. 2, p. 294. — [11] Plut. in Agid. t. 1, p. 808.

et celui des enfans poursuivre :

> Et nous un jour le serons,
> Qui bien vous surpasserons [1] [a].

J'ai vu dans les fêtes de Bacchus des femmes, au nombre de onze, se disputer le prix de la course [2]. J'ai suivi les filles de Sparte, lorsqu'au milieu des transports de la joie publique, placées sur des chars [3], elles se rendaient au bourg de Thérapné, pour présenter leurs offrandes au tombeau de Ménélas et d'Hélène [4].

Pendant les fêtes d'Apollon surnommé Carnéen, qui reviennent tous les ans vers la fin de l'été [5], et qui durent neuf jours [6], j'assistai au combat que se livrent les joueurs de cythare [7]; je vis dresser autour de la ville neuf cabanes ou feuillées en forme de tentes. Chaque jour de nouveaux convives, au nombre de quatrevingt-un, neuf pour chaque tente, y venaient prendre leurs repas; des officiers tirés au sort entretenaient l'ordre [8], et tout s'exécutait à la voix du héraut public [9]. C'était l'image d'un camp, mais on n'en était pas plus disposé à la guerre : car rien ne doit interrompre ces fêtes, et, quelque pressant que soit le danger, on attend qu'elles soient terminées pour mettre l'armée en campagne [10].

Le même respect retient les Lacédémoniens chez eux pendant les fêtes d'Hyacinthe [11], célébrées au printemps [12], surtout par les habitans d'Amyclæ [13]. On disait qu'Hyacinthe, fils d'un roi de Lacédémone, fut tendrement aimé d'Apollon; que Zéphyre, jaloux de sa beauté, dirigea le palet qui lui ravit le jour; et qu'Apollon, qui l'avait lancé, ne trouva d'autre soulagement à sa douleur que de métamorphoser le jeune prince en une fleur qui porte son nom [14]. On institua des jeux qui se renouvellent tous les ans [15]. Le premier et le troisième jour ne présentent que l'image de la tristesse et du deuil; le second est un jour d'allégresse : Lacédémone s'abandonne à l'ivresse de la joie : c'est un jour de liberté : les esclaves mangent à la même table que leurs maîtres [16].

[1] Plut. in Lyc. t. 1, p. 53. — [a] Traduction d'Amyot. — [2] Pausan. lib. 3, cap. 13, p. 239. — [3] Plut. in Ages. t. 1, p. 606. Hesych. in Κάνναθ. — [4] Isocr. Helen. encom t. 2, p. 144. Pausan. ibid. cap. 19, p. 259. — [5] Dodwell. annal. Thucyd. p. 178. Fréret, Mém. de l'acad. des bell. lettr. t. 18, hist. p. 138. Corsin. fast. attic. t. 2, p. 452. — [6] Demetr. ap. Athen. p. 141. — [7] Hellan. ap. Athen. lib. 14, cap. 4, p. 635. Plut. instit. lacon. t. 2, p. 238. — [8] Hesych. in Καρνεάτ. — [9] Demetr. ap. Athen. p. 141. — [10] Herodot. lib. 7, cap. 206. Thucyd. lib. 5, cap. 76. Schol. Thucyd. in cap. 54. — [11] Herodot. lib. 9, cap. 6 et 11. — [12] Corsin. ibid. — [13] Xenoph. hist. græc. lib. 4, p. 528. Strab. lib. 6, p. 278. Meurs. græc. feriat. in Hyacinth. — [14] Nicand. in theriac. v. 902. Ovid. metam. lib. 10, fab. 5. Pausan. lib. 3, cap. 1, p. 204; cap. 19, p. 258. Plin. lib. 21, cap. 11, p. 244. — [15] Ovid. ibid. v. 219. — [16] Polycr. ap. Athen. lib. 4, cap. 7, p. 139.

De tous côtés on voit des chœurs de jeunes garçons revêtus d'une simple tunique, les uns jouant de la lyre, ou célébrant Hyacinthe par de vieux cantiques accompagnés de la flûte ; d'autres exécutant des danses ; d'autres à cheval, faisant briller leur adresse dans le lieu destiné aux spectacles [1].

Bientôt la pompe ou procession solennelle s'avance vers Amyclæ, conduite par un un chef qui, sous le nom de légat, doit offrir au temple d'Apollon les vœux de la nation [2] : dès qu'elle est arrivée, on achève les apprêts d'un pompeux sacrifice, et l'on commence par répandre, en forme de libation, du vin et du lait dans l'intérieur de l'autel qui sert de base à la statue. Cet autel est le tombeau d'Hyacinthe [3]. Tout autour sont rangés vingt ou vingt-cinq jeunes garçons et autant de jeunes filles, qui font entendre des concerts ravissans en présence de plusieurs magistrats de Lacédémone [4][a] : car, dans cette ville, ainsi que dans toute la Grèce, les cérémonies religieuses intéressent le gouvernement ; les rois et leurs enfans se font un devoir d'y figurer. On a vu, dans ces derniers temps, Agésilas, après des victoires éclatantes, se placer dans le rang qui lui avait été assigné par le maître du chœur, et, confondu avec les simples citoyens, entonner avec eux l'hymne d'Apollon aux fêtes d'Hyacinthe [5].

La discipline des Spartiates est telle, que leurs plaisirs sont toujours accompagnés d'une certaine décence ; dans les fêtes mêmes de Bacchus, soit à la ville, soit à la campagne, personne n'ose s'écarter de la loi qui défend l'usage immodéré du vin [6].

CHAPITRE L.

Du Service militaire chez les Spartiates.

Les Spartiates sont obligés de servir depuis l'âge de vingt ans jusqu'à celui de soixante : au-delà de ce terme, on les dispense de prendre les armes, à moins que l'ennemi n'entre dans la Laconie [7].

Quand il s'agit de lever des troupes, les éphores, par la voix du héraut, ordonnent aux citoyens âgés depuis vingt ans jusqu'à l'âge porté dans la proclamation [8], de se présenter pour servir dans l'infanterie pesamment armée ou dans la cavalerie : la

---

[1] Polycr. ap. Athen. lib. 4, cap. 7, p. 139. Xenoph. in Ages. p. 661. — [2] Inscript. Fourmont. in bibl. reg. — [3] Pausan. lib. 3, cap. 19, p. 257. — [4] Inscript. ibid. — [a] Voyez la note XXIV à la fin du volume. — [5] Xenoph. ibid. — [6] Plat. de leg. lib. 1, t. 2, p. 637. — [7] Xenoph. hist. græc. lib. 5, p. 568. Plut. in Ages. t. 1, p. 609 et 610. — [8] Xenoph. ibid. lib. 6, p. 597.

même injonction est faite aux ouvriers destinés à suivre l'armée¹.

Comme les citoyens sont divisés en cinq tribus, on a partagé l'infanterie pesante en cinq régimens, qui sont pour l'ordinaire commandés par autant de polémarques² : chaque régiment est composé de quatre bataillons, de huit pentécostyes, et de seize énomoties ou compagnies³ ᵃ.

En certaines occasions, au lieu de faire marcher tout le régiment, on détache quelques bataillons ; et alors, en doublant ou quadruplant leurs compagnies, on porte chaque bataillon à deux cent cinquante-six hommes, ou même à cinq cent douze⁴. Je cite des exemples, et non des règles ; car le nombre d'hommes par énomotie n'est pas toujours le même⁵ ; et le général, pour dérober la connaissance de ses forces à l'ennemi⁶, varie souvent la composition de son armée. Outre les cinq régimens, il existe un corps de six cents hommes d'élite, qu'on appelle Scirites, et qui ont quelquefois décidé de la victoire⁷.

Les principales armes du fantassin sont la pique et le bouclier : je ne compte pas l'épée, qui n'est qu'une espèce de poignard qu'il porte à sa ceinture⁸. C'est sur la pique qu'il fonde ses espérances ; il ne la quitte presque point, tant qu'il est à l'armée⁹. Un étranger disait à l'ambitieux Agésilas : « Où fixez-vous donc les bornes de la Laconie ? — Au bout de nos piques, » répondit-il¹⁰.

Ils couvrent leurs corps d'un bouclier d'airain¹¹, de forme ovale, échancré des deux côtés et quelquefois d'un seul, terminé en pointe aux deux extrémités, et chargé des lettres initiales du nom de Lacédémone¹². A cette marque on reconnaît la nation ; mais il en faut une autre pour reconnaître chaque soldat, obligé, sous peine d'infamie, de rapporter son bouclier : il fait graver dans le champ le symbole qu'il s'est approprié. Un d'entre eux s'était exposé aux plaisanteries de ses amis, en choisissant pour emblème une mouche de grandeur naturelle. « J'approcherai si » fort de l'ennemi, leur dit-il, qu'il distinguera cette marque¹³. »

Le soldat est revêtu d'une casaque rouge¹⁴. On a préféré cette couleur, afin que l'ennemi ne s'aperçoive pas du sang qu'il a fait couler¹⁵.

---

¹ Xenoph. de rep. Laced. p. 685. — ² Aristot. ap. Harpocr. in Μόρων. Diod. lib. 15, p. 350. — ³ Thucyd. lib. 5, cap. 66. Xenoph. ibid. p. 686. — ᵃ Voyez la note XXV à la fin du volume. — ⁴ Thucyd. ibid. cap. 68. Schol. ibid. — ⁵ Xenoph. hist. græc. lib. 6, p. 596. Suid. in Ἐνωμοῖ. — ⁶ Thucyd. ibid. Schol. ibid. — ⁷ Id. ibid. Diod. lib. 15, p. 350. — ⁸ Meurs. miscell. lacon. lib. 2, cap. 1. — ⁹ Xenoph. de rep. Laced. p. 687. Plut. apophth. lacon. t. 2, p. 236. — ¹⁰ Plut. ibid. p. 210. — ¹¹ Xenoph. ibid. p. 685. — ¹² Pausan. lib. 4, cap. 28, p. 348. Eustath. in iliad. lib. 2, p. 293. Mém. de l'acad. des bell. lettr. t. 16, hist. p. 101. — ¹³ Plut. ibid. p. 234. — ¹⁴ Xenoph. ibid. — ¹⁵ Plut. instit. lacon. t. 2, p. 238. Valer. Max. lib. 2, cap. 6. Schol. Aristoph. in pac. v. 1173.

Le roi marche à la tête de l'armée, précédé du corps des Scirites, ainsi que des cavaliers envoyés à la découverte. Il offre fréquemment des sacrifices, auxquels assistent les chefs des troupes lacédémoniennes et ceux des alliés [1]. Souvent il change de camp, soit pour protéger les terres de ces derniers, soit pour nuire à celles des ennemis [2].

Tous les jours les soldats se livrent aux exercices du gymnase. La lice est tracée aux environs du camp. Après les exercices du matin, ils se tiennent assis par terre jusqu'au dîner; après ceux du soir, ils soupent, chantent des hymnes en l'honneur des dieux, et se couchent sur leurs armes. Divers amusemens remplissent les intervalles de la journée [3]; car ils sont alors astreints à moins de travaux qu'avant leur départ, et l'on dirait que la guerre est pour eux le temps du repos [4].

Le jour du combat, le roi, à l'imitation d'Hercule, immole une chèvre pendant que les joueurs de flûte font entendre l'air de Castor [5]. Il entonne ensuite l'hymne du combat; tous les soldats, le front orné de couronnes, le répètent de concert [6]. Après ce moment si terrible et si beau, ils arrangent leurs cheveux et leurs vêtemens, nettoient leurs armes, pressent leurs officiers de les conduire au champ de l'honneur, s'animent eux-mêmes par des traits de gaieté [7], et marchent en ordre au son des flûtes qui excitent et modèrent leur courage [8]. Le roi se place dans le premier rang, entouré de cent jeunes guerriers qui doivent, sous peine d'infamie, exposer leurs jours pour sauver les siens [9], et de quelques athlètes qui ont remporté le prix aux jeux publics de la Grèce, et qui regardent ce poste comme la plus glorieuse des distinctions [10].

Je ne dis rien des savantes manœuvres qu'exécutent les Spartiates avant et pendant le combat : leur tactique paraît d'abord compliquée [11]; mais la moindre attention suffit pour se convaincre qu'elle a tout prévu; tout facilité, et que les institutions militaires de Lycurgue sont préférables à celles des autres nations [12].

Pour tout homme, c'est une honte de prendre la fuite; pour les Spartiates, d'en avoir seulement l'idée [13]. Cependant leur courage, quoique impétueux et bouillant, n'est pas une fureur aveu-

---

[1] Xenoph. de rep. Laced. p. 688. — [2] Xenoph. ibid. p. 687. — [3] Id. ibid. p. 688. — [4] Plut. in Lyc. t. 1, p. 53. — [5] Xenoph. ibid. p. 689. Plut. ibid.; id. de mus. t. 2, p. 1140. Poll. lib. 4, cap. 10, § 78. Polyæn. strateg. lib. 1, cap. 10. — [6] Plut. ibid. Poll. lib. 4, cap. 7, § 53. — [7] Xenoph. ibid. — [8] Thucyd. lib. 5, cap. 70. Polyb. lib. 4, p. 289. Plut. de irâ, t. 2, p. 458. Athen. lib. 12, p. 517; lib. 14, p. 626. Aul Gell. lib. 1, cap. 11. — [9] Herodot. lib. 6, cap. 56. Isocr. epist. ad Philip. t. 1, p. 445. — [10] Plut. in Lyc. t. 1, p. 53 et 54; id. sympos. lib. 2, cap. 5, t. 2, p. 639. — [11] Xenoph. ibid. p. 686. — [12] Id. ibid. p. 685 et 689. — [13] Senec. suas. 2, t. 3, p. 16.

gle : un d'entre eux, au plus fort de la mêlée, entend-il le signal de la retraite tandis qu'il tient le fer levé sur un soldat abattu à ses pieds, il s'arrête aussitôt, et dit que son premier devoir est d'obéir à son général [1].

Cette espèce d'hommes n'est pas faite pour porter des chaînes; la loi leur crie sans cesse : Plutôt périr que d'être esclave. Bias, qui commandait un corps de troupes, s'étant laissé surprendre par Iphicrate, ses soldats lui dirent : Quel parti prendre? « Vous, répondit-il, de vous retirer; moi, de combattre et mourir [2]. »

Ils aiment mieux garder leurs rangs que de tuer quelques hommes de plus [3]. Il leur est défendu non-seulement de poursuivre l'ennemi, mais encore de le dépouiller, sans en avoir reçu l'ordre; car ils doivent être plus attentifs à la victoire qu'au butin [4]. Trois cents Spartiates veillent à l'observation de cette loi [5].

Si le général, dans un premier combat, a perdu quelques soldats, il doit en livrer un second pour les retirer [6].

Quand un soldat a quitté son rang, on l'oblige de rester pendant quelque temps debout, appuyé sur son bouclier, à la vue de toute l'armée [7].

Les exemples de lâcheté, si rares autrefois, livrent le coupable aux horreurs de l'infamie : il ne peut aspirer à aucun emploi : s'il est marié, aucune famille ne veut s'allier à la sienne; s'il ne l'est pas, il ne peut s'allier à une autre [8]; il semble que cette tache souillerait toute sa postérité.

Ceux qui périssent dans le combat sont enterrés, ainsi que les autres citoyens, avec un vêtement rouge et un rameau d'olivier, symboles des vertus guerrières parmi les Spartiates [9]. S'ils se sont distingués, leurs tombeaux sont décorés de leurs noms, et quelquefois de la figure d'un lion [10]; mais si un soldat a reçu la mort en tournant le dos à l'ennemi, il est privé de la sépulture [11].

Aux succès de la bravoure on préfère ceux que ménage la prudence [12]. On ne suspend point aux temples les dépouilles de l'ennemi. Des offrandes enlevées à des lâches, disait le roi Cléomène, ne doivent pas être exposées aux regards des dieux, ni à ceux de notre jeunesse [13]. Autrefois la victoire n'excitait ni joie ni surprise; de nos jours, un avantage remporté par Archidamus, fils d'Agésilas, produisit des transports si vifs parmi les

---

[1] Plut. apophth. lacon. t. 2, p. 236. — [2] Id. ibid. p. 219. — [3] Pausan. lib. 4, cap. 8, p. 300. — [4] Thucyd. lib. 5, cap. 73. Plut. in Lyc. t. 1, p. 54; id. apophth. lacon. t. 2, p. 228. AElian. var. hist. lib. 6, cap. 6. — [5] Meurs. miscell. lacon. lib. 2, cap. 1. — [6] Xenoph. hist. græc. lib. 3, p. 507. — [7] Id. ibid. p. 481. — [8] Plut. in Ages. t. 1, p. 612; id. apophth. lacon. t. 2, p. 214. — [9] Plut. instit. lacon. t. 2, p. 238. Herodot. lib. 8, cap. 124. — [10] Plut. ibid. AElian. ibid. — [11] Meurs. ibid. — [12] Plut. ibid. p. 218. — [13] Id. ibid. p. 224.

Spartiates, qu'il ne resta plus aucun doute sur leur décadence [1].

On ne fait entrer dans la cavalerie que des hommes sans expérience, qui n'ont pas assez de vigueur ou de zèle. C'est le citoyen riche qui fournit les armes et entretient le cheval [2]. Si ce corps a remporté quelques avantages, il les a dus aux cavaliers étrangers que Lacédémone prenait à sa solde [3]. En général, les Spartiates aiment mieux servir dans l'infanterie : persuadés que le vrai courage se suffit à lui-même, ils veulent combattre corps à corps. J'étais auprès du roi Archidamus quand on lui présenta le modèle d'une machine à lancer des traits, nouvellement inventée en Sicile ; après l'avoir examinée avec attention : « C'en est fait, dit-il, de la valeur [4]. »

La Laconie pourrait entretenir trente mille hommes d'infanterie pesante, et quinze cents hommes de cavalerie [5] ; mais, soit que la population n'ait pas été assez favorisée, soit que l'État n'ait point ambitionné de mettre de grandes armées sur pied, Sparte, qui a souvent marché en corps de nation contre les peuples voisins [6], n'a jamais employé dans les expéditions lointaines qu'un petit nombre de troupes nationales. Elle avait, il est vrai, quarante-cinq mille hommes à la bataille de Platée ; mais on n'y comptait que cinq mille Spartiates, et autant de Lacédémoniens : le reste était composé d'Hilotes [7]. On ne vit à la bataille de Leuctres que sept cents Spartiates [8].

Ce ne fut donc pas à ses propres forces qu'elle dut sa supériorité ; et si au commencement de la guerre du Péloponèse elle fit marcher soixante mille hommes contre les Athéniens, c'est que les peuples de cette presqu'île, unis la plupart depuis plusieurs siècles avec elle, avaient joint leurs troupes aux siennes [9]. Dans ces derniers temps, ses armées étaient composées de quelques Spartiates et d'un corps de néodames ou affranchis, auxquels on joignait, suivant les circonstances, des soldats de Laconie, et un plus grand nombre d'autres fournis par les villes alliées [10].

Après la bataille de Leuctres, Épaminondas ayant rendu la liberté à la Messénie, que les Spartiates tenaient asservie depuis long-temps, leur ôta les moyens de se recruter dans cette province ; et plusieurs peuples du Péloponèse les ayant abandonnés, leur puissance, autrefois si redoutable, est tombée dans un état de faiblesse dont elle ne se relèvera jamais.

---

[1] Plut. in Ages. t. 1, p. 614. — [2] Xenoph. hist. græc. lib. 6, p. 596. — [3] Id. de magistr. equit. p. 971. — [4] Plut. apophth. lacon. t. 2, p. 219. — [5] Aristot. de rep. lib. 2, cap. 9, t. 2, p. 329. — [6] Xenoph. ibid. lib. 7, p. 643. — [7] Herodot. lib. 9, cap. 10 et 11. Plut. in Ages. t. 1, p. 325. — [8] Xenoph. ibid. lib. 6, p. 597. — [9] Thucyd. lib. 2, cap. 9. Plut. in Pericl. t. 1, p. 170. — [10] Xenoph. in Ages. p. 652, etc.

CHAPITRE LI.

Défense des Lois de Lycurgue ; causes de leur décadence.

J'AI dit plus haut [a] que Philotas était parti pour Athènes le lendemain de notre arrivée à Lacédémone. Il ne revenait point, j'en étais inquiet ; je ne concevais pas comment il pouvait supporter pendant si long-temps une séparation si cruelle. Avant de l'aller rejoindre, je voulus avoir un second entretien avec Damonax. Dans le premier, il avait considéré les lois de Lycurgue à l'époque de leur vigueur : je les voyais tous les jours céder avec si peu de résistance à des innovations dangereuses, que je commençais à douter de leur ancienne influence ; je saisis la première occasion de m'en expliquer avec Damonax.

Un soir, la conversation nous ramenant insensiblement à Lycurgue, j'affectai moins de considération pour ce grand homme. Il semble, lui dis-je, que plusieurs de vos lois vous sont venues des Perses et des Égyptiens [1]. Il me répondit : L'architecte qui construisit le labyrinthe d'Égypte ne mérite pas moins d'éloges pour en avoir décoré l'entrée avec ce beau marbre de Paros qu'on fit venir de si loin [2]. Pour juger du génie de Lycurgue, c'est l'ensemble de sa législation qu'il faut considérer. Et c'est cet ensemble, repris-je, qu'on voudrait vous ravir. Les Athéniens [3] et les Crétois [4] soutiennent que leurs constitutions, quoique différentes entre elles, ont servi de modèles à la vôtre.

Le témoignage des premiers, reprit Damonax, est toujours entaché d'une partialité puérile ; ils ne pensent à nous que pour penser à eux. L'opinion des Crétois est mieux fondée : Lycurgue adopta plusieurs des lois de Minos ; il en rejeta d'autres [5] : celles qu'il choisit, il les modifia de telle manière, et les assortit si bien à son plan, qu'on peut dire qu'il découvrit ce qu'avait déjà découvert Minos, et peut-être d'autres avant lui. Comparez les deux gouvernemens : vous y verrez, tantôt les idées d'un grand homme perfectionnées [6] par un plus grand homme encore, tantôt des différences si sensibles, que vous aurez de la peine à comprendre comment on a pu les confondre [7]. Je vous

---

[a] Voyez le chapitre XLI. — [1] Herodot. lib. 6, cap. 59 et 60. Isocr. in Busir. t. 2, p. 162. Plut. in Lyc. t. 1, p. 41 et 42. Diod. lib. 1, p. 88. — [2] Plin. lib. 36, cap. 13, p. 739. — [3] Isocr. panath. t. 2, p. 260. — [4] Herodot. lib. 1, cap. 65. Plat. in Min. t. 2, p. 318 ; id. de leg. lib. 3, p. 683. Xenoph. Ephor. Callisth. ap. Polyb. lib. 6, p. 488. Aristot. de rep. lib. 2, cap. 10, p. 332. Strab. lib. 10, p. 477. — [5] Plut. ibid. p. 41. — [6] Ephor. ap. Strab. lib. 10, p. 481. — [7] Polyb. lib. 6, p. 489.

dois un exemple de cette opposition de vues. Les lois de Minos tolèrent l'inégalité des fortunes [1], les nôtres la proscrivent ; et de là devait résulter une diversité essentielle dans les constitutions et les mœurs des deux peuples. Cependant, lui dis-je, l'or et l'argent ont forcé parmi vous les barrières que leur opposaient des lois insuffisantes, et vous n'êtes plus, comme autrefois, heureux par les privations, et riches pour ainsi dire de votre indigence.

Damonax allait répondre, lorsque nous entendîmes dans la rue crier à plusieurs reprises : Ouvrez! ouvrez! car il n'est pas permis à Lacédémone de frapper à la porte [2]. C'était lui, c'était Philotas. Je courais me jeter entre ses bras ; il était déjà dans les miens. Je le présentai de nouveau à Damonax, qui le moment d'après se retira par discrétion. Philotas s'informa de son caractère. Je répondis : Il est bon, facile ; il a la politesse du cœur, bien supérieure à celle des manières : ses mœurs sont simples et ses sentimens honnêtes. Philotas en conclut que Damonax était aussi ignorant que le commun des Spartiates. J'ajoutai : Il se passionne pour les lois de Lycurgue. Philotas trouva qu'il saluait d'une manière plus gauche que lors de notre première entrevue.

Mon ami était si prévenu en faveur de sa nation, qu'il méprisait les autres peuples, et haïssait souverainement les Lacédémoniens. Il avait recueilli contre ces derniers tous les ridicules dont on les accable sur le théâtre d'Athènes, toutes les injures que leur prodiguent les orateurs d'Athènes, toutes les injustices que leur attribuent les historiens d'Athènes, tous les vices que les philosophes d'Athènes reprochent aux lois de Lycurgue : couvert de ces armes, il attaquait sans cesse les partisans de Sparte. J'avais souvent essayé de le corriger de ce travers, et je ne pouvais souffrir que mon ami eût un défaut.

Il était revenu par l'Argolide ; de là, jusqu'à Lacédémone, le chemin est si rude, si scabreux, qu'excédé de fatigue, il me dit avant de se coucher : Sans doute que, suivant votre louable coutume, vous me ferez grimper sur quelque rocher pour admirer à loisir les environs de cette superbe ville? car on ne manque pas ici de montagnes pour procurer ce plaisir aux voyageurs. Demain, répondis-je, nous irons au Ménélaïon, éminence située au-delà de l'Eurotas ; Damonax aura la complaisance de nous y conduire.

Le jour suivant, nous passâmes le Babyx : c'est le nom que l'on donne au pont de l'Eurotas [3]. Bientôt s'offrirent à nous les débris de plusieurs maisons construites autrefois sur la rive

---

[1] Polyb. lib. 6, p. 489. — [2] Plut. instit. lacon. t. 2, p. 239. — [3] Aristot. ap. Plut. in Lyc. t. 1, p. 43. Hesych. in Βαβύχ.

gauche du fleuve, et détruites dans la dernière guerre par les troupes d'Épaminondas[1]. Mon ami saisit cette occasion pour faire le plus grand éloge du plus grand ennemi des Lacédémoniens ; et, comme Damonax gardait le silence, il en eut pitié.

En avançant, nous aperçûmes trois ou quatre Lacédémoniens couverts de manteaux chamarrés de différentes couleurs, et le visage rasé seulement d'un côté[2]. Quelle farce jouent ces gens-là ? demanda Philotas. Ce sont, répondit Damonax, des trembleurs[3], ainsi nommés pour avoir pris la fuite dans ce combat où nous repoussâmes les troupes d'Épaminondas. Leur extérieur sert à les faire reconnaître, et les humilie si fort, qu'ils ne fréquentent que les lieux solitaires : vous voyez qu'ils évitent notre présence[4].

Après avoir, du haut de la colline, parcouru des yeux et ces belles campagnes qui se prolongent vers le midi, et ces monts sourcilleux qui bornent la Laconie au couchant, nous nous assîmes en face de la ville de Sparte. J'avais à ma droite Damonax, à ma gauche Philotas, qui daignait à peine fixer ses regards sur ces amas de chaumières irrégulièrement rapprochées. Tel est cependant, lui dis-je, l'humble asile de cette nation où l'on apprend de si bonne heure l'art de commander, et l'art plus difficile d'obéir[5]. Philotas me serrait la main, et me faisait signe de me taire. J'ajoutai : D'une nation qui ne fut jamais enorgueillie par les succès, ni abattue par les revers[6]. Philotas me disait à l'oreille : Au nom des dieux, ne me forcez pas à parler ; vous avez déjà vu que cet homme n'est pas en état de me répondre. Je continuai : Qui a toujours eu l'ascendant sur les autres ; qui défit les Perses, battit souvent les généraux d'Athènes, et finit par s'emparer de leur capitale ; qui n'est ni frivole, ni inconséquente, ni gouvernée par des orateurs corrompus ; qui dans toute la Grèce..... Est souverainement détestée pour sa tyrannie et méprisée pour ses vices, s'écria Philotas. Et tout de suite, rougissant de honte : Pardonnez, dit-il à Damonax, ce mouvement de colère à un jeune homme qui adore sa patrie, et qui ne souffrira jamais qu'on l'insulte. Je respecte ce sentiment, répondit le Spartiate ; Lycurgue en a fait le mobile de nos actions. O mon fils ! celui qui aime sa patrie obéit aux lois, et dès-lors ses devoirs sont remplis. La vôtre mérite votre attachement, et je blâmerais Anacharsis d'avoir poussé si loin la plaisanterie, s'il ne nous avait fourni l'occasion

---

[1] Xenoph. hist. græc. lib. 6, p. 608. — [2] Plut. in Ages. t. 1, p. 612. — [3] Meurs. miscell. lacon. lib. 3, cap. 7. — [4] Xenoph. de rep. Laced. p. 684. — [5] Plut. apophth. lacon. t. 2, p. 212. — [6] Archid. ap. Thucyd. lib. 1, cap. 84.

de nous guérir l'un ou l'autre de nos préjugés. La lice vient de s'ouvrir ; vous y paraîtrez avec les avantages que vous devez à votre éducation ; je ne m'y présenterai qu'avec l'amour de la vérité.

Cependant Philotas me disait tout bas : Ce Spartiate a du bon sens ; épargnez-moi la douleur de l'affliger ; détournez, s'il est possible, la conversation. Damonax ! dis-je alors, Philotas a fait un portrait des Spartiates d'après les écrivains d'Athènes ; priez-le de vous le montrer. La fureur de mon ami allait fondre sur moi ; Damonax la prévint de cette manière : Vous avez outragé ma patrie, je dois la défendre : vous êtes coupable, si vous n'avez parlé que d'après vous ; je vous excuse, si ce n'est que d'après quelques Athéniens : car je ne présume pas qu'ils aient tous conçu une si mauvaise idée de nous. Gardez-vous de le penser, répondit vivement Philotas ; vous avez parmi eux des partisans qui vous regardent comme des demi-dieux[1], et qui cherchent à copier vos manières ; mais, je dois l'avouer, nos sages s'expliquent librement sur vos lois et sur vos mœurs. — Ces personnes sont vraisemblablement instruites ? — Comment, instruites ! ce sont les plus beaux génies de la Grèce, Platon, Isocrate, Aristote, et tant d'autres. Damonax dissimula sa surprise, et Philotas, après bien des excuses, reprit la parole :

Lycurgue ne connut pas l'ordre des vertus. Il assigna le premier rang à la valeur[2] : de là cette foule de maux que les Lacédémoniens ont éprouvés, et qu'ils ont fait éprouver aux autres.

A peine fut-il mort, qu'ils essayèrent leur ambition sur les peuples voisins[3] : ce fait est attesté par un historien que vous ne connaissez pas, et qui s'appelle Hérodote. Dévorés du désir de dominer, leur impuissance les a souvent obligés de recourir à des bassesses humiliantes, à des injustices atroces : ils furent les premiers à corrompre les généraux ennemis[4], les premiers à mendier la protection des Perses, de ces barbares à qui, par la paix d'Antalcidas, ils ont dernièrement vendu la liberté des Grecs de l'Asie[5].

Dissimulés dans leurs démarches, sans foi dans leurs traités[6], ils remplacent dans les combats la valeur par des stratagèmes[7]. Les succès d'une nation leur causent des déplaisirs amers ; ils lui suscitent des ennemis ; ils excitent ou fomentent les divi-

---

[1] Isocr. panath. t. 2, p. 201. — [2] Plat. de leg. lib. 1, t. 1, p. 630 ; lib. 4 p. 705. — [3] Herodot. lib. 1, cap. 66. — [4] Pausan. lib. 4, cap. 17, p. 321. — [5] Isocr. paneg. t. 1, p. 184 ; id. panath. t. 2, p. 234. Polyb. lib. 6, p. 492. — [6] Euripid. in Androm. v. 46. Aristoph. in pac. v. 216 et 1067 ; in Lysistr. v. 630. — [7] Pericl. ap. Thucyd. lib. 2, cap. 39.

sions qui la déchirent. Dans le siècle dernier, ils proposèrent de détruire Athènes qui avait sauvé la Grèce [1], et allumèrent la guerre du Péloponèse qui détruisit Athènes [2].

En vain Lycurgue s'efforça de les préserver du poison des richesses, Lacédémone en recèle une immense quantité dans son sein [3]; mais elles ne sont entre les mains que de quelques particuliers qui ne peuvent s'en rassasier [4]. Eux seuls parviennent aux emplois, refusés au mérite qui gémit dans l'indigence [5]. Leurs épouses, dont Lycurgue négligea l'éducation, ainsi que des autres Lacédémoniennes, leurs épouses qui les gouvernent en les trahissant, partagent leur avidité, et par la dissolution de leur vie, augmentent la corruption générale [6].

Les Lacédémoniens ont une vertu sombre, austère, fondée uniquement sur la crainte [7]. Leur éducation les rend si cruels, qu'ils voient sans regret couler le sang de leurs enfans, et sans remords celui de leurs esclaves.

Ces accusations sont bien graves, dit Philotas en finissant, et je ne sais comment vous pourriez y répondre. Par le mot de ce lion, dit le Spartiate, qui, à l'aspect d'un groupe où un animal de son espèce cédait aux efforts d'un homme, se contenta d'observer que les lions n'avaient point de sculpteurs. Philotas surpris, me disait tout bas : Est-ce qu'il aurait lu les fables d'Ésope ? Je n'en sais rien, lui dis-je ; il tient peut-être ce conte de quelque Athénien. Damonax continua : Croyez qu'on ne s'occupe pas plus ici de ce qui se dit dans la place d'Athènes que de ce qui se passe au-delà des Colonnes d'Hercule [8]. Quoi ! reprit Philotas, vous laisserez votre nom rouler honteusement de ville en ville et de génération en génération ? Les hommes étrangers à notre siècle, répondit Damonax, n'oseront jamais nous condamner sur la foi d'une nation toujours rivale, et souvent ennemie. Qui sait même si nous n'aurons pas des défenseurs ? — Juste ciel ! et qu'opposeraient-ils au tableau que je viens de vous présenter ? — Un tableau plus fidèle, et tracé par des mains également habiles. Le voici.

Ce n'est qu'à Lacédémone et en Crète qu'existe un véritable gouvernement ; on ne trouve ailleurs qu'un assemblage de citoyens, dont les uns sont maîtres, et les autres esclaves [9]. A Lacédémone, point d'autres distinctions entre le roi et le particulier, le riche et le pauvre, que celles qui furent réglées par

---

[1] AElian. var. hist. lib. 4, cap. 6. Diod. lib. 15, p. 375. — [2] Dionys. Halic. t. 6, p. 770. — [3] Plat. in Alcib. 1, t. 2, p. 122. — [4] Aristot. de rep. lib. 2, cap. 9, t. 2, p. 331; lib. 5, cap. 7, p. 396. — [5] Pericl. ap. Thucyd. lib. 2, cap. 37. — [6] Plat. de leg. lib. 7, t. 2, p. 806. Aristot. ibid. p. 328. — [7] Pericl. ibid. — [8] Isocr. panath. t. 2, p. 312. — [9] Plat. ibid. lib. 4, t. 2, p. 712.

un législateur inspiré des dieux mêmes ¹. C'est un dieu encore qui guidait Lycurgue, lorsqu'il tempéra par un sénat la trop grande autorité des rois ².

Ce gouvernement, où les pouvoirs sont si bien contre-balancés ³, et dont la sagesse est généralement reconnue ⁴, a subsisté pendant quatre siècles sans éprouver aucun changement essentiel, sans exciter la moindre division parmi les citoyens ⁵. Jamais, dans ces temps heureux, la république ne fit rien dont elle eût à rougir ⁶ ; jamais, dans aucun État, on ne vit une si grande soumission aux lois, tant de désintéressement, de frugalité, de douceur et de magnanimité, de valeur et de modestie ⁷. Ce fut alors que, malgré les instances de nos alliés, nous refusâmes de détruire cette Athènes ⁸, qui depuis.... A ces mots Philotas s'écria : Vous n'avez sans doute consulté que les écrivains de Lacédémone ? Nous n'en avons point, répondit Damonax. — Ils s'étaient donc vendus à Lacédémone ? — Nous n'en achetons jamais. Voulez-vous connaître mes garans, les plus beaux génies de la Grèce, Platon, Thucydide, Isocrate, Xénophon, Aristote et tant d'autres. J'eus des liaisons étroites avec quelques uns d'entre eux, dans les fréquens voyages que je fis autrefois à Athènes par ordre de nos magistrats ; je dois à leurs entretiens et à leurs ouvrages ces faibles connaissances qui vous étonnent dans un Spartiate.

Damonax ne voyait que de la surprise dans le maintien de Philotas ; j'y voyais de plus la crainte d'être accusé d'ignorance ou de mauvaise foi : on ne pouvait cependant lui reprocher que de la prévention et de la légèreté. Je demandai à Damonax pourquoi les écrivains d'Athènes s'étaient permis tant de variations et de licences en parlant de sa nation. Je pourrais vous répondre, dit-il, qu'ils cédaient tour à tour à la force de la vérité et à celle de la haine nationale. Mais ne craignez rien, Philotas ; je ménagerai votre délicatesse.

Pendant la guerre, vos orateurs, vos poètes, afin d'animer la populace contre nous, font comme ces peintres qui, pour se venger de leurs ennemis, les représentent sous un aspect hi-

---

¹ Plat. de leg. lib. 3, p. 696. — ² Id. ibid. p. 692. — ³ Aristot. de rep. lib. 2, cap. 6, t. 2, p. 321 ; cap. 11, p. 335 ; lib. 4, cap. 9, p. 374. — ⁴ Xenoph. hist. græc. lib. 2, p. 466. Isocr. ad. Nicocl. t. 1, p. 96 ; id. in areop. p. 342 ; id. in Archid. t. 2, p. 34. Plat. de rep. lib. 10, t. 2, p. 599. Aristot. de rep. lib. 2, p. 335. Demosth. adv. Leptin. p. 556. — ⁵ Thucyd. lib. 1, cap. 18. Lys. in olymp. p. 521. Xenoph. in Ages. p. 651. Isocr. panath. t. 2, p. 316. — ⁶ Xenoph. hist. græc. lib. 6, p. 611. — ⁷ Plat. in Alcib. 1, t. 2, p. 122. Xenoph. ibid. lib. 5, p. 552 ; id. de rep. Laced. p. 685. Isocr. ibid. p. 237 et 316. — ⁸ Andoc. de myst. p. 18. Xenoph. ibid. lib. 2, p. 460 ; lib. 6, p. 609 et 611. Isocr. de pac. t. 1, p. 399 et 414. Polyæn. strateg. lib. 1, cap. 45, § 5. Justin. lib. 5, cap. 8.

deux. Vos philosophes et vos historiens, plus sages, nous ont distribué le blâme et la louange, parce que, suivant la différence des temps, nous avons mérité l'un et l'autre. Ils ont fait comme ces artistes habiles qui peignent successivement leur héros dans une situation paisible, dans un accès de fureur, avec les attraits de la jeunesse, avec les rides et les difformités de la vieillesse. Nous venons, vous et moi, de placer ces différens tableaux devant nos yeux : vous en avez emprunté les traits qui pouvaient enlaidir le vôtre : j'aurais saisi tous ceux qui pouvaient embellir le mien, si vous m'aviez permis d'achever, et nous n'aurions tous deux présenté que des copies infidèles. Il faut donc revenir sur nos pas, et fixer nos idées sur des faits incontestables.

J'ai deux assauts à soutenir, puisque vos coups se sont également dirigés sur nos mœurs et sur notre gouvernement. Nos mœurs n'avaient reçu aucune atteinte pendant quatre siècles, vos écrivains l'ont reconnu. Elles commencèrent à s'altérer pendant la guerre du Péloponèse ; nous en convenons. Blâmez nos vices actuels, mais respectez nos anciennes vertus.

De deux points que j'avais à défendre, j'ai composé pour le premier ; je ne saurais céder à l'égard du second, et je soutiendrai toujours que, parmi les gouvernemens connus, il n'en est pas de plus beau que celui de Lacédémone. Platon, il est vrai, quoique convaincu de son excellence, a cru y découvrir quelques défauts[1], et j'apprends qu'Aristote se propose d'en relever un plus grand nombre.

Si ces défauts ne blessent pas essentiellement la constitution, je dirai à Platon : Vous m'avez appris qu'en formant l'univers, le premier des êtres opéra sur une matière préexistante qui lui opposait une résistance quelquefois invincible, et qu'il ne fit que le bien dont la nature éternelle des choses était susceptible[2] ; j'ose dire à mon tour : Lycurgue travaillait sur une matière rebelle, et qui participait de l'imperfection attachée à l'essence des choses ; c'est l'homme, dont il fit tout ce qu'il était possible d'en faire.

Si les défauts reprochés à ses lois, doivent nécessairement en entraîner la ruine, je rappellerai à Platon ce qui est avoué des écrivains d'Athènes[3], ce qu'en dernier lieu il écrivait lui-même à Denys, roi de Syracuse : La loi seule règne à Lacédémone, et le même gouvernement s'y maintient avec éclat depuis plusieurs siècles[4]. Or, comment concevoir une constitution qui, avec des vices destructeurs et inhérens à sa nature, serait tou-

---

[1] Plat. de leg. lib. 1, t. 2, p. 628 et 634 ; lib. 7, p. 806. — [2] Plat. in Tim. t. 3. — [3] Thucyd. lib. 1, cap. 18. Xenoph. in Ages. p. 651, et alii ut suprà. — [4] Plat. epist. 8, t. 3, p. 354.

jours inébranlable, toujours inaccessible aux factions qui ont désolé si souvent les autres villes de la Grèce¹?

Cette union est d'autant plus étrange, dis-je alors, que chez vous la moitié des citoyens est asservie aux lois, et l'autre ne l'est pas. C'est du moins ce qu'ont avancé les philosophes d'Athènes : ils disent que votre législation ne s'étend point jusqu'aux femmes, qui, ayant pris un empire absolu sur leurs époux, accélèrent de jour en jour les progrès de la corruption².

Damonax me répondit : Apprenez à ces philosophes que nos filles sont élevées dans la même discipline, avec la même rigueur que nos fils ; qu'elles s'habituent comme eux aux mêmes exercices ; qu'elles ne doivent porter pour dot à leurs maris qu'un grand fonds de vertus³ ; que devenues mères, elles sont chargées de la longue éducation de leurs enfans, d'abord avec leurs époux, ensuite avec les magistrats ; que des censeurs ont toujours les yeux ouverts sur leur conduite⁴ ; que les soins des esclaves et du ménage roulent entièrement sur elles⁵ ; que Lycurgue eut l'attention de leur interdire toute espèce de parure⁶ ; qu'il n'y a pas cinquante ans encore qu'on était persuadé à Sparte qu'un riche vêtement suffisait pour flétrir leur beauté⁷, et qu'avant cette époque, la pureté de leurs mœurs était généralement reconnue⁸ : enfin demandez s'il est possible que, dans un État, la classe des hommes soit vertueuse sans que celle des femmes le soit aussi.

Vos filles, repris-je, s'habituent dès leur enfance à des exercices pénibles, et c'est ce que Platon approuve : elles y renoncent après leur mariage, et c'est ce qu'il condamne. En effet, dans un gouvernement tel que le vôtre, il faudrait que les femmes, à l'exemple de celles des Sauromates, fussent toujours en état d'attaquer ou de repousser l'ennemi⁹. Nous n'élevons si durement nos filles, me répondit-il, que pour leur former un tempérament robuste ; nous n'exigeons de nos femmes que les vertus paisibles de leur sexe. Pourquoi leur donner des armes ? nos bras suffisent pour les défendre.

Ici Philotas rompit le silence, et d'un ton plus modeste il dit à Damonax : Puisque vos lois n'ont que la guerre pour objet, ne serait-il pas essentiel de multiplier parmi vous le nombre des combattans ? La guerre pour objet ! s'écria le Spartiate ; je re-

---

¹ Lys. in olymp. p. 521. — ² Plat. de leg. lib. 7, t. 2, p. 806. Aristot. de rep. lib. 2, cap. 9, t. 2, p. 328 et 329 ; id. de rhet. lib. 1, cap. 5, t. 2, p. 523. — ³ Plut. apophth. lacon. t. 2, p. 227. — ⁴ Hesych. in Ἁρμόσυν. — ⁵ Plat. ibid. p. 806. — ⁶ Heracl. Pont. de polit. in antiq. græc. t. 6, p. 2823. — ⁷ Plut. in Lyc. t. 1, p. 434. — ⁸ Id. ibid. t. 1, p. 49 ; id. apophth. lacon. t. 2, p. 228. — ⁹ Plat. ibid.

connais le langage de vos écrivains¹ ; ils prêtent au plus sage, au plus humain des législateurs le projet le plus cruel et le plus insensé : le plus cruel, s'il a voulu perpétuer dans la Grèce une milice altérée du sang des nations et de la soif des conquêtes ; le plus insensé, puisque, pour l'exécuter, il n'aurait proposé que des moyens absolument contraires à ses vues². Parcourez notre code militaire ; ses dispositions, prises dans leur sens littéral, ne tendent qu'à nous remplir de sentimens généreux, qu'à réprimer notre ambition. Nous sommes assez malheureux pour les négliger, mais elles ne nous instruisent pas moins des intentions de Lycurgue.

Par quels moyens en effet pourrait s'agrandir une nation dont on enchaîne à chaque pas la valeur ; qui, du côté de la mer, privée par ses lois de matelots et de vaisseaux³, n'a pas la liberté d'étendre ses domaines, et du côté de la terre, celle d'assiéger les places dont les frontières de ses voisins sont couvertes⁴ ; à qui l'on défend de poursuivre l'ennemi dans sa fuite, et de s'enrichir de ses dépouilles⁵ ; qui, ne pouvant faire souvent la guerre au même peuple⁶, est obligée de préférer les voies de la négociation à celle des armes ; qui, ne devant pas se mettre en marche avant la pleine lune, ni combattre en certaines fêtes⁷, risque quelquefois de voir échouer ses projets, et qui, par son extrême pauvreté, ne saurait, dans aucun temps, former de grandes entreprises⁸ ? Lycurgue n'a pas voulu établir parmi nous une pépinière de conquérans, mais de guerriers tranquilles, qui ne respireraient que la paix, si l'on respectait leur repos ; que la guerre, si on avait l'audace de le troubler.

Il semble néanmoins, reprit Philotas, que, par la nature des choses, un peuple de guerriers dégénère tôt ou tard en un peuple de conquérans ; et l'on voit, par la suite des faits, que vous avez éprouvé ce changement sans vous en apercevoir. On vous accuse en effet d'avoir conçu de bonne heure et de n'avoir jamais perdu de vue le dessein d'asservir les Arcadiens⁹ et les Argiens¹⁰. Je ne parle pas de vos guerres avec les Messéniens, parce que vous croyez pouvoir les justifier[a].

Plat. de leg. lib. 1, t. 2, p. 630 ; lib. 4, p. 705. Aristot. de rep. lib. 2, cap. 9, t. 2, p. 331. — ² Polyb. lib. 6, p. 491. — ³ Plut. instit. lacon. t. 2, p. 239. — ⁴ Herodot. lib. 9, cap. 69. Plut. apophth. lacon. t. 2, p. 228 et 233. — ⁵ Thucyd. lib. 5, cap. 73. Pausan. lib. 4, cap. 8, p. 300. Plut. in Lyc. p. 54 ; id. apophth. lacon. t. 2, p. 228. AElian. var. hist. lib. 6, cap. 6. — ⁶ Plut. in Lyc. t. 1, p. 47. Polyæn. strateg. lib. 1, cap. 16. — ⁷ Herodot. lib. 6, cap. 106 ; lib. 7, cap. 206 ; lib. 9, cap. 11. Thucyd. lib. 5, cap. 76. — ⁸ Polyb. ibid. p. 493. — ⁹ Herodot. lib. 1, cap. 66. Pausan. lib. 3, cap. 3, p. 210. — ¹⁰ Herodot. ibid. cap. 82. Isocr. panath. t. 2, p. 227 et 231. Pausan. lib. 3, cap. 4, p. 211 ; cap. 7, p. 219. — [a] Voyez le chapitre XLI de cet ouvrage.

Je vous l'ai déjà dit, répondit Damonax, nous n'avons point d'annales. Des traditions confuses nous apprennent qu'anciennement nous eûmes plus d'une fois des intérêts à démêler avec les nations voisines. Fûmes-nous les agresseurs ? Vous l'ignorez, je l'ignore aussi ; mais je sais que, dans ces siècles éloignés, un de nos rois ayant défait les Argiens, nos alliés lui conseillèrent de s'emparer de leur ville. L'occasion était favorable, la conquête aisée. Ce serait une injustice, répondit-il ; nous avons fait la guerre pour assurer nos frontières, et non pour usurper un empire sur lequel nous n'avons aucune espèce de droit [1].

Voulez-vous connaître l'esprit de notre institution ? rappelez-vous des faits plus récens, et comparez notre conduite avec celle des Athéniens. Les Grecs avaient triomphé des Perses, mais la guerre n'était pas finie : elle se continuait avec succès sous la conduite de Pausanias, qui abusa de son pouvoir. Nous le révoquâmes, et, convaincus de ses malversations, nous condamnâmes à mort le vainqueur de Platée. Cependant les alliés, offensés de sa hauteur, avaient remis aux Athéniens le commandement général des armées. C'était nous dépouiller d'un droit dont nous avions joui jusqu'alors, et qui nous plaçait à la tête des nations de la Grèce. Nos guerriers, bouillonnant de colère, voulaient absolument le retenir par la force des armes ; mais un vieillard leur ayant représenté que ces guerres éloignées n'étaient propres qu'à corrompre nos mœurs [2], ils décidèrent sur-le-champ qu'il valait mieux renoncer à nos prérogatives qu'à nos vertus. Est-ce là le caractère des conquérans ?

Athènes, devenue de notre aveu la première puissance de la Grèce, multipliait de jour en jour ses conquêtes : rien ne résistait à ses forces, et ne suffisait à son ambition : ses flottes, ses armées attaquaient impunément les peuples amis et ennemis. Les plaintes de la Grèce opprimée parvinrent jusqu'à nous [3] : des circonstances critiques nous empêchèrent d'abord de les écouter ; et quand nous fûmes plus tranquilles, notre indolence ne nous le permit pas. Le torrent commençait à se déborder sur nos anciens alliés du Péloponèse ; ils se disposaient à nous abandonner [4], et peut-être même à le diriger sur nos têtes, si nous refusions plus long-temps de l'arrêter dans son cours.

Mon récit n'est pas suspect, je ne parle que d'après l'historien le plus exact de la Grèce, d'après un Athénien éclairé, impartial, et témoin des faits [5]. Lisez, dans l'ouvrage de Thucydide,

---

[1] Plut. apophth. lacon. t. 2, p. 231. — [2] Thucyd. lib. 1, cap. 95. Diod. lib. 11, p. 38. Plut. in Aristid. t. 1, p. 333. — [3] Thucyd. lib. 1, cap. 101; lib. 3, cap. 10. — [4] Id. lib. 1, cap. 71. — [5] Thucyd. ibid. cap. 118 ; lib. 5, cap. 26.

le discours de l'ambassadeur de Corinthe[1] et celui du roi de Lacédémone[2]; voyez tout ce que nous fîmes alors pour conserver la paix[3]; et jugez vous-même si c'est à notre ambition et à notre jalousie qu'il faut attribuer la guerre du Péloponèse, comme on nous le reprochera peut-être un jour, sur la foi de quelques écrivains prévenus[4].

Un peuple n'est pas ambitieux quand, par caractère et par principes, il est d'une lenteur inconcevable à former des projets et à les suivre[5]; quand il n'ose rien hasarder, et qu'il faut le contraindre à prendre les armes[6]. Non, nous n'étions pas jaloux; nous serions trop humiliés de l'être; mais nous fûmes indignés de voir prêtes à plier sous le joug d'une ville ces belles contrées que nous avions soustraites à celui des Perses.

Dans cette longue et malheureuse guerre, les deux partis firent des fautes grossières, et commirent des cruautés horribles. Plus d'une fois les Athéniens dûrent s'apercevoir que, par notre lenteur à profiter de nos avantages, nous n'étions pas les plus dangereux de leurs ennemis[7]. Plus d'une fois encore, ils dûrent s'étonner de notre empressement à terminer des malheurs qui se prolongeaient au-delà de notre attente[8]. A chaque campagne, à chaque expédition, nous regrettions plus vivement le repos qu'on nous avait ravi. Presque toujours les derniers à prendre les armes, les premiers à les quitter; vainqueurs, nous offrions la paix[9]; vaincus, nous la demandions[10].

Telles furent, en général, nos dispositions: heureux si les divisions qui commençaient à se former à Sparte[11], et les égards que nous devions à nos alliés, nous avaient toujours permis de nous y conformer! Mais elles se manifestèrent sensiblement à la prise d'Athènes. Les Corinthiens, les Thébains et d'autres peuples encore proposèrent de la renverser de fond en comble. Nous rejetâmes cet avis[12]; et en effet, ce n'étaient ni ses maisons, ni ses temples qu'il fallait ensevelir dans les entrailles de la terre, mais les trésors qu'elle renfermait dans son sein, mais ces dépouilles précieuses et ces sommes immenses que Lysander, général de notre flotte, avait recueillies dans le cours de ses expéditions, et qu'il introduisit successivement dans notre ville[13] [a].

---

[1] Thucyd. lib. 1, cap. 68. — [2] Id. ibid. cap. 80. — [3] Id. ibid. cap. 139; lib. 2, cap. 12. — [4] Dionys. Halic. epist. ad. Pomp. t. 6, p. 770. — [5] Thucyd. ibid. cap. 70, 118 et 120. — [6] Id. ibid. cap. 118; lib. 8, cap. 96. — [7] Id. ibid. — [8] Id. lib. 5, cap. 14. — [9] Id. ibid. cap. 13. AEschin. de fals. leg. p. 407. — [10] Thucyd. lib. 4, cap. 15 et 17. Diod. lib. 13, p. 177. Schol. Aristoph. in pac. v. 664. — [11] Thucyd. lib. 5, cap. 36. — [12] Andoc. de myst. part. 2, p. 18. Xenoph. hist. græc. lib. 2, p. 460. Isocr. Justin. et alii ut suprà. — [13] Xenoph. ibid. p. 462. Diod. lib. 13, p. 225. — [a] Voyez la note XXVI à la fin du volume.

Je m'en souviens, j'étais jeune encore; les plus sages d'entre nous frémirent à l'aspect de l'ennemi. Réveillé par leurs cris, le tribunal des éphores proposa d'éloigner pour jamais ces richesses, source féconde des divisions et des désordres dont nous étions menacés [1]. Le parti de Lysander prévalut : il fut décidé que l'or et l'argent seraient convertis en monnaie pour les besoins de la république, et non pour ceux des particuliers [2]. Résolution insensée et funeste! Dès que le gouvernement attachait de la valeur à ces métaux, on devait s'attendre que les particuliers leur donneraient bientôt un prix infini.

Ils vous séduisirent sans peine, dis-je alors, parce que, suivant la remarque de Platon, vos lois vous avaient aguerris contre la douleur, et nullement contre la volupté [3]. Quand le poison est dans l'État, répondit Damonax, la philosophie doit nous en garantir; quand il n'y est pas, le législateur doit se borner à l'écarter : car le meilleur moyen de se soustraire à certains dangers, est de ne les pas connaître. Mais, repris-je, puisque l'assemblée accepta le présent funeste que lui apportait Lysander, il ne fut donc pas le premier auteur des changemens que vos mœurs ont éprouvés?

Le mal venait de plus loin, répondit-il [4]. La guerre des Perses nous jeta au milieu de ce monde dont Lycurgue avait voulu nous séparer. Pendant un demi-siècle, au mépris de nos anciennes maximes, nous conduisîmes nos armées en des pays éloignés; nous y formions des liaisons étroites avec leurs habitans. Nos mœurs, sans cesse mêlées avec celles des nations étrangères, s'altéraient, comme des eaux pures qui traversent un marais infect et contagieux. Nos généraux, vaincus par les présens de ceux dont ils auraient dû triompher par les armes, flétrissaient de jour en jour leur gloire et la nôtre. Nous les punissions à leur retour; mais, par le rang et le mérite des coupables, il arriva que le crime inspira moins d'horreur, et que la loi n'inspira plus que de la crainte. Plus d'une fois Périclès avait acheté le silence de quelques uns de nos magistats, assez accrédités pour fermer nos yeux sur les entreprises des Athéniens [5].

Après cette guerre qui nous couvrit de gloire, et nous communiqua le germe des vices, nous vîmes sans effroi, disons mieux, nous partageâmes les passions violentes de deux puissans génies que notre malheureuse destinée fit paraître au milieu

---

[1] Athen. lib. 6, p. 233. Plut. in Agid. t. 1, p. 797; id. instit. lacon. t. 2, p. 239. — [2] Plut. in Lys. t. 1, p. 442. AElian. var. hist. lib. 14, cap. 29. — [3] Plat. de leg. lib. 1, t. 2, p. 634. — [4] Dissert. de M. Mathon de La Cour et de M. l'abbé de Gourcy, sur la décadence des lois de Lycurgue. — [5] Aristoph. in pac. v. 621. Theophr. ap. Plut. in Per. t. 1, p. 164.

de nous. Lysander et Agésilas entreprirent d'élever Sparte au comble de la puissance, pour dominer, l'un au-dessus d'elle, et l'autre avec elle.

Les Athéniens battus plus d'une fois sur mer, une guerre de vingt-sept ans terminée dans une heure [1], Athènes prise, plusieurs villes délivrées d'un joug odieux; d'autres recevant de nos mains des magistrats qui finissaient par les opprimer, la Grèce en silence, et forcée de reconnaître la prééminence de Sparte; tels sont les principaux traits qui caractérisent le brillant ministère de Lysander.

Sa politique ne connut que deux principes, la force et la perfidie. A l'occasion de quelques différends survenus entre nous et les Argiens, au sujet des limites, ces derniers rapportèrent leurs titres. Voici ma réponse, dit Lysander en mettant la main sur son épée [2]. Il avait pour maxime favorite, qu'on doit tromper les enfans avec des osselets, et les hommes avec des parjures [3].

De là ses vexations et ses injustices quand il n'avait rien à craindre, ses ruses et ses dissimulations quand il n'osait agir à force ouverte : de là encore cette facilité avec laquelle il se pliait aux circonstances. A la cour des satrapes de l'Asie, il supportait sans murmurer le poids de leur grandeur [4]; un moment après, il distribuait à des Grecs les mépris qu'il venait d'essuyer de la part des Perses.

Quand il eut obtenu l'empire des mers, il détruisit partout la démocratie : c'était l'usage de Sparte [a]; il le suivit avec obstination, pour placer à la tête de chaque ville des hommes qui n'avaient d'autre mérite qu'un entier abandon à ses volontés [5]. Ces révolutions ne s'opéraient qu'avec des torrens de larmes et de sang. Rien ne lui coûtait pour enrichir ses créatures, pour écraser ses ennemis : c'est le nom qu'il donnait à ceux qui défendaient les intérêts du peuple. Ses haines étaient implacables, ses vengeances terribles ; et quand l'âge eut aigri son humeur atrabilaire [6], la moindre résistance le rendait féroce [7]. Dans une occasion, il fit égorger huit cents habitans de Milet, qui, sur la foi de ses sermens, avaient eu l'imprudence de sortir de leurs retraites [8].

Sparte supportait en silence de si grandes atrocités [9]. Il s'était fait beaucoup de partisans au milieu de nous par la sévérité de

---

[1] Plut. in Lys. t. 1, p. 439. — [2] Id. ibid. p. 445. — [3] Id. ibid. p. 437; id. apophth. lacon. t. 2, p. 229. — [4] Plut. in Lys. t. 1, p. 434. — [a] Rien ne fait peut-être plus d'honneur à Sparte que cet usage. Par l'abus excessif que le peuple faisait partout de son autorité, les divisions régnaient dans chaque ville, et les guerres se multipliaient dans la Grèce. — [5] Plut. ibid. p. 435. — [6] Aristot. prob. § 30, t. 2, p. 815. Plut. ibid. p. 434 et 449. — [7] Plut. ibid. p. 445. — [8] Id. ibid. p. 443. — [9] Id. ibid. p. 444.

ses mœurs[1], son obéissance aux magistrats, et l'éclat de ses victoires. Lorsque, par ses excessives libéralités et la terreur de son nom, il en eut acquis un plus grand nombre encore parmi les nations étrangères, il fut regardé comme l'arbitre souverain de la Grèce[2].

Cependant, quoiqu'il fût de la maison des Héraclides[3], il se trouvait trop éloigné du trône pour s'en rapprocher; il y fit monter Agésilas, qu'il aimait tendrement, et dont les droits à la couronne pouvaient être contestés. Comme il se flattait de régner sous le nom de ce jeune prince, il lui inspira le désir de la gloire, et l'enivra de l'espérance de détruire le vaste empire des Perses. On vit bientôt arriver les députés de plusieurs villes qu'il avait sollicitées en secret : elles demandaient Agésilas pour commander l'armée qu'elles levaient contre les barbares. Ce prince partit aussitôt avec un conseil de trente Spartiates, présidé par Lysander[4].

Ils arrivent en Asie : tous ces petits despotes que Lysander a placés dans les villes voisines, tyrans mille fois plus cruels que ceux des grands empires, parce que la cruauté croît à raison de la faiblesse, ne connaissent que leur protecteur, rampent servilement à sa porte, et ne rendent au souverain que de faibles hommages de bienséance. Agésilas, jaloux de son autorité, s'aperçut bientôt qu'occupant le premier rang, il ne jouait que le second rôle. Il donna froidement des dégoûts à son ami, qui revint à Sparte, ne respirant que la vengeance[5]. Il résolut alors d'exécuter un projet qu'il avait conçu autrefois, et dont il avait tracé le plan dans un mémoire[6] trouvé après sa mort parmi ses papiers.

La maison d'Hercule est divisée en plusieurs branches. Deux seules ont des droits à la couronne. Lysander voulait les étendre sur les autres branches, et même sur tous les Spartiates. L'honneur de régner sur des hommes libres serait devenu le prix de la vertu; et Lysander, par son crédit, aurait pu se revêtir un jour du pouvoir suprême. Comme une pareille révolution ne pouvait s'opérer à force ouverte, il eut recours à l'imposture.

Le bruit courut qu'au royaume de Pont une femme étant accouchée d'un fils dont Apollon était le père, les principaux de la nation le faisaient élever sous le nom de Silène. Ces vagues rumeurs fournirent à Lysander l'idée d'une intrigue qui dura plusieurs années, et qu'il conduisit, sans y paraître, par des agens subalternes. Les uns rappelaient par intervalles la naissance miraculeuse de l'enfant; d'autres annonçaient que des prêtres de

---

[1] Plut. in Lys. t. 1, p. 434. — [2] Id. ibid. p. 445. — [3] Id. ibid. p. 434. — [4] Id. ibid. p. 446. — [5] Id. ibid. p. 447. — [6] Id. ibid. p. 450.

Delphes conservaient de vieux oracles auxquels il ne leur était pas permis de toucher, et qu'ils devaient remettre un jour au fils du dieu dont ils desservaient les autels.

On approchait du dénoûment de cette étrange pièce. Silène avait paru dans la Grèce : il était convenu qu'il se rendrait à Delphes ; que des prêtres dont on s'était assuré examineraient, en présence de quantité de témoins, les titres de son origine ; que, forcés de le reconnaître pour fils d'Apollon, ils déposeraient dans ses mains les anciennes prophéties, qu'il les lirait au milieu de cette nombreuse assemblée, et que par l'un de ces oracles il serait dit que les Spartiates ne devaient désormais élire pour leurs rois que les plus vertueux des citoyens.

Au moment de l'exécution, un des principaux acteurs, effrayé des suites de l'entreprise, n'osa l'achever [1] ; et Lysander, au désespoir, se fit donner le commandement de quelques troupes qu'on envoyait en Béotie. Il périt dans un combat [2]. Nous décernâmes des honneurs à sa mémoire [3] ; nous aurions dû la flétrir. Il contribua plus que personne à nous dépouiller de notre modération et de notre pauvreté.

Son système d'agrandissement fut suivi avec plus de méthode par Agésilas. Je ne vous parlerai point de ses exploits en Grèce, en Asie, en Égypte. Il fut plus dangereux que Lysander, parce qu'avec les mêmes talens il eut plus de vertus, et qu'avec la même ambition il fut toujours exempt de présomption et de vanité. Il ne souffrit jamais qu'on lui élevât une statue [4]. Lysander consacra lui-même la sienne au temple de Delphes ; il permit qu'on lui dressât des autels, et qu'on lui offrît des sacrifices ; il prodiguait des récompenses aux poètes qui lui prodiguaient des éloges, et en avait toujours un à sa suite pour épier et célébrer ses moindres succès [5].

L'un et l'autre enrichirent leurs créatures, vécurent dans une extrême pauvreté, et furent toujours inaccessibles aux plaisirs [6].

L'un et l'autre, pour obtenir le commandement des armées, flattèrent honteusement les éphores, et achevèrent de faire passer l'autorité entre leurs mains. Lysander, après la prise d'Athènes, leur mandait : « J'ai dit aux Athéniens que vous étiez les maîtres de la guerre et de la paix [7]. » Agésilas se levait de son trône dès qu'ils paraissaient [8].

Tous deux, assurés de leur protection, nous remplirent d'un esprit de vertige, et, par une continuité d'injustices et de vio-

---

[1] Plut. in Lys. t. 1, p. 448. — [2] Id. ibid. p. 449. — [3] Id. ibid. p. 451. — [4] Xenoph. in Ages. p. 673. — [5] Plut. ibid. p. 443. — [6] Id. ibid. p. 434 ; id. in Syll. t. 1, p. 476. — [7] Xenoph. hist. græc. lib. 3, p. 460. — [8] Plut. in Ages. t. 1, p. 597.

lences [1], soulevèrent contre nous cet Épaminondas qui, après la bataille de Leuctres et le rétablissement des Messéniens, nous réduisit à l'état déplorable où nous sommes aujourd'hui. Nous avons vu notre puissance s'écrouler avec nos vertus [2]. Ils ne sont plus ces temps où les peuples qui voulaient recouvrer leur liberté demandaient à Lacédémone un seul de ses guerriers pour briser leurs fers [3].

Cependant, rendez un dernier hommage à nos lois. Ailleurs, la corruption aurait commencé par amollir nos âmes ; parmi nous, elle a fait éclater des passions grandes et fortes, l'ambition, la vengeance, la jalousie du pouvoir, et la fureur de la célébrité. Il semble que les vices n'approchent de nous qu'avec circonspection. La soif de l'or ne s'est pas fait encore sentir dans tous les états, et les attraits de la volupté n'ont jusqu'à présent infecté qu'un petit nombre de particuliers. Plus d'une fois nous avons vu les magistrats et les généraux [4] maintenir avec vigueur notre ancienne discipline, et de simples citoyens montrer des vertus dignes des plus beaux siècles.

Semblables à ces peuples qui, situés sur les frontières de deux empires, ont fait un mélange des langues et des mœurs de l'un et de l'autre, les Spartiates sont, pour ainsi dire, sur les frontières des vertus et des vices ; mais nous ne tiendrons pas longtemps dans ce poste dangereux : chaque instant nous avertit qu'une force invincible nous entraîne au fond de l'abîme. Moi-même, je suis effrayé de l'exemple que je vous donne aujourd'hui. Que dirait Lycurgue s'il voyait un de ses élèves discourir, discuter, disputer, employer des formes oratoires? Ah ! j'ai trop vécu avec les Athéniens ; je ne suis plus qu'un Spartiate dégradé.

CHAPITRE LII.

Voyage d'Arcadie (Atlas, pl. 34).

Quelques jours après cet entretien, nous quittâmes Damonax avec des regrets qu'il daigna partager, et nous prîmes le chemin de l'Arcadie.

Nous trouvâmes d'abord le temple d'Achille, qu'on n'ouvre jamais, et auprès duquel viennent offrir des sacrifices les jeunes gens qui doivent se livrer, dans le Plataniste, les combats dont

---

[1] Isocr. de pac. t. 1, p. 411. Diod. lib. 14, p. 234. — [2] Polyb. lib. 4, p. 344. Plut. in num. t. 1, p. 78. — [3] Xenoph. de rep. Laced. p. 690. Isocr. in Archid. p. 36. Plut. in Lyc. p. 58. — [4] Xenoph. hist. græc lib. 1, p. 443.

j'ai parlé ; plus loin, sept colonnes qui furent, dit-on, élevées autrefois en l'honneur des sept planètes ; plus loin, la ville de Pellana, et ensuite celle de Belmina, située sur les confins de la Laconie et de l'Arcadie [1]. Belmina, place forte, dont la possession a souvent excité des querelles entre les deux nations, et dont le territoire est arrosé par l'Eurotas et par quantité de sources qui descendent des montagnes voisines [2], est à la tête d'un défilé que l'on traverse pour se rendre à Mégalopolis, éloignée de Belmina de quatre-vingt-dix stades [3][a], de Lacédémone d'environ trois cent quarante [b]. Pendant toute la journée, nous eûmes le plaisir de voir couler à nos côtés, tantôt des torrens impétueux et bruyans, tantôt les eaux paisibles de l'Eurotas, du Thiuns et de l'Alphée.

L'Arcadie occupe le centre du Péloponèse. Élevée au-dessus des régions qui l'entourent [4], elle est hérissée de montagnes [5], quelques unes d'une hauteur prodigieuse [6], presque toutes peuplées de bêtes fauves [7] et couvertes de forêts. Les campagnes sont fréquemment entrecoupées de rivières et de ruisseaux. En certains endroits, leurs eaux trop abondantes, ne trouvant point d'issue dans la plaine, se précipitent tout à coup dans des gouffres profonds, coulent pendant quelque temps dans l'obscurité, et, après bien des efforts, s'élancent et reparaissent sur la terre [8].

On a fait de grands travaux pour les diriger ; on n'en a pas fait assez. A côté de campagnes fertiles, nous en avons vu que des inondations fréquentes condamnaient à une perpétuelle stérilité [9]. Les premières fournissent du blé et d'autres grains en abondance [10]; elles suffisent pour l'entretien de nombreux troupeaux ; les pâturages y sont excellens, surtout pour les ânes et pour les chevaux, dont les races sont très-estimées [11].

Outre quantité de plantes utiles à la médecine [12], ce pays produit presque tous les arbres connus. Les habitans, qui en font une étude suivie [13], assignent à la plupart des noms particuliers [14]; mais il est aisé d'y distinguer le pin, le sapin [15], le cyprès [16], le thuya, l'andrachné [17], le peuplier [18], une sorte de cèdre dont le

[1] Plut. in Agid. t. 1, p. 806. — [2] Liv. lib. 38, cap. 34. Pausan. lib. 3, cap. 21, p. 263. — [3] Id. lib. 8, cap. 35, p. 670. — [a] Trois lieues et mille cinq toises. — [b] Près de treize lieues. — [4] Aristot. probl. § 26, t. 2, p. 806. — [5] Strab. lib. 8, p. 388. — [6] Pausan. ibid. cap. 38, p. 670. Strab. ibid. — [7] Pausan. ibid. cap. 35, p. 671. — [8] Aristot. ibid. Strab. ibid. p. 389. Pausan. ibid. cap. 7, 22, 23, 44 et 54. Diod. lib. 15, p. 365. — [9] Pausan. ibid. p. 611. — [10] Xenoph. hist. græc. lib. 5, p. 552. — [11] Strab. ibid. p. 388. Varro, de re rust. lib. 2, cap. 1, § 14. — [12] Theophr. hist. plant. lib. 4, cap. 6, p. 367. — [13] Id. ibid. lib. 3, cap. 6, p. 130; cap. 7, p. 138; cap. 10, p. 159. — [14] Plin. lib. 16, cap. 10, t. 2, p. 9. — [15] Theophr. ibid. lib. 3, cap. 10, p. 159. — [16] Pausan. ibid. cap. 41, p. 684. — [17] Theophr. ibid. cap. 6, p. 130. — [18] Id. ibid. cap. 5, p. 124.

fruit ne mûrit que dans la troisième année [1]. J'en omets beaucoup d'autres qui sont également communs, ainsi que les arbres qui font l'ornement des jardins. Nous vîmes dans une vallée des sapins d'une grosseur et d'une hauteur extraordinaires : on nous dit qu'ils devaient leur accroissement à leur heureuse position ; ils ne sont exposés ni aux fureurs des vents, ni aux feux du soleil [2]. Dans un bois auprès de Mantinée, on nous fit remarquer trois sortes de chênes [3], celui qui est à larges feuilles, le phagus, et un troisième dont l'écorce est si légère, qu'elle surnage sur l'eau ; les pêcheurs s'en servent pour soutenir leurs filets, et les pilotes pour indiquer l'endroit où ils ont jeté leurs ancres [4].

Les Arcadiens se regardent comme les enfans de la terre, parce qu'ils ont toujours habité le même pays, et qu'ils n'ont jamais subi un joug étranger [5]. On prétend qu'établis d'abord sur les montagnes [6], ils apprirent par degrés à se construire des cabanes, à se vêtir de la peau des sangliers, à préférer aux herbes sauvages et souvent nuisibles les glands du phagus, dont ils faisaient encore usage dans les derniers siècles [7]. Ce qui paraît certain, c'est qu'après avoir connu le besoin de se rapprocher, ils ne connaissaient pas encore les charmes de l'union. Leur climat froid et rigoureux [8] donne au corps de la vigueur, à l'âme de l'âpreté. Pour adoucir ces caractères farouches, des sages d'un génie supérieur, résolus de les éclairer par des sensations nouvelles, leur inspirèrent le goût de la poésie, du chant, de la danse et des fêtes. Jamais les lumières de la raison n'opérèrent dans les mœurs une révolution si prompte et si générale. Les effets qu'elle produisit se sont perpétués jusqu'à nos jours, parce que les Arcadiens n'ont jamais cessé de cultiver les arts qui l'avaient procurée à leurs aïeux.

Invités journellement à chanter pendant le repas, ce serait pour eux une honte d'ignorer ou de négliger la musique, qu'ils sont obligés d'apprendre dès leur enfance, et pendant leur jeunesse. Dans les fêtes, dans les armées, les flûtes règlent leurs pas et leurs évolutions [9]. Les magistrats, persuadés que ces arts enchanteurs peuvent seuls garantir la nation de l'influence du climat, rassemblent tous les ans les jeunes élèves, et leur font exécuter des danses, pour être en état de juger de leurs progrès. L'exemple des Cynéthéens justifie ces précautions : cette petite peuplade, confinée au nord de l'Arcadie, au milieu des mon-

---

[1] Theophr. hist. plant. lib. 4, cap. 12, p. 190. Plin. lib. 13, cap. 5, t. 1, p. 686. — [2] Theophr. ibid. cap. 1, p. 283. — [3] Id. ibid. lib. 3, cap. 9, p. 146. — [4] Pausan. lib. 8, cap. 12, p. 623. — [5] Thucyd. lib. 1, cap. 2. Xenoph. hist. græc. lib. 7, p. 618. Plut. quæst. roman. t. 2, p. 286. — [6] Strab. lib. 8, p. 335. — [7] Pausan. ibid. cap. 1, p. 599. — [8] Aristot. probl. § 26, t. 2, p. 806. — [9] Polyb. lib. 4, p. 290. Athen. lib. 14, p. 626.

tagnes, sous un ciel d'airain, a toujours refusé de se prêter à la séduction ; elle est devenue si féroce et si cruelle, qu'on ne prononce son nom qu'avec frayeur [1].

Les Arcadiens sont humains, bienfaisans, attachés aux lois de l'hospitalité, patiens dans les travaux, obstinés dans leurs entreprises, au mépris des obstacles et des dangers [2]. Ils ont souvent combattu avec succès, toujours avec gloire. Dans les intervalles du repos, ils se mettent à la solde des puissances étrangères, sans choix et sans préférence, de manière qu'on les a vus quelquefois suivre des partis opposés, et porter les armes les uns contre les autres [3]. Malgré cet esprit mercenaire, ils sont extrêmement jaloux de la liberté. Après la bataille de Chéronée, gagnée par Philippe, roi de Macédoine, ils refusèrent au vainqueur le titre de généralissime des armées de la Grèce [4].

Soumis anciennement à des rois, ils se divisèrent dans la suite en plusieurs républiques, qui toutes ont le droit d'envoyer leurs députés à la diète générale [5]. Mantinée et Tégée sont à la tête de cette confédération, qui serait trop redoutable si elle réunissait ses forces ; car le pays est très-peuplé, et l'on y compte jusqu'à trois cent mille esclaves [6] : mais la jalousie du pouvoir entretient sans cesse la division dans les grands et dans les petits États. De nos jours, les factions s'étaient si fort multipliées, qu'on mit sous les yeux de la nation assemblée le plan d'une nouvelle association qui, entre autres règlemens, confiait à un corps de dix mille hommes le pouvoir de statuer sur la guerre et sur la paix [7]. Ce projet, suspendu par les nouveaux troubles qu'il fit éclore, fut repris avec plus de vigueur après la bataille de Leuctres. Épaminondas, qui, pour contenir les Spartiates de tous côtés, venait de rappeler les anciens habitans de la Messénie, proposa aux Arcadiens de détruire les petites villes qui restaient sans défense, et d'en transporter les habitans dans une place forte qu'on éleverait sur les frontières de la Laconie. Il leur fournit mille hommes pour favoriser l'entreprise, et l'on jeta aussitôt les fondemens de Mégalopolis [8]. Ce fut environ quinze ans avant notre arrivée en Grèce. (*Atlas, pl.* 34.)

Mégalopolis.

Nous fûmes étonnés de la grandeur de son enceinte [9], et de la hauteur de ses murailles flanquées de tours [10]. Elle donnait déjà

---

[1] Polyb. lib. 4, p. 291. — [2] Xenoph. hist. græc. lib. 7, p. 618. — [3] Thucyd. lib. 7, cap. 57. Hermipp. ap. Athen. lib. 1, p. 27. — [4] Diod. lib. 17, p. 488. — [5] Xenoph. ibid. lib. 6, p. 602. — [6] Theop. ap. Athen. lib. 6, cap. 20, p. 271. — [7] Demosth. de fals. leg. p. 295. Diod. lib. 15, p. 372. — [8] Pausan. lib. 4, cap. 27, p. 654 ; lib. 9, cap. 14, p. 739. — [9] Polyb. lib. 2, p. 140 ; lib. 5, p. 432. — [10] Pausan. lib. 8, cap. 27, p. 657.

de l'ombrage à Lacédémone. Je m'en étais aperçu dans un de mes entretiens avec le roi Archidamus. Quelques années après, il attaqua cette colonie naissante, et finit par signer un traité avec elle [1].

Les soins de la législation l'occupèrent d'abord ; dans cette vue, elle invita Platon à lui donner un code de lois. Le philosophe fut touché d'une distinction si flatteuse ; mais ayant appris, et par les députés de la ville, et par un de ses disciples qu'il envoya sur les lieux, que les habitans n'admettraient jamais l'égalité des biens, il prit le parti de se refuser à leur empressement [2].

Une petite rivière nommée Hélisson sépare la ville en deux parties ; dans l'une et dans l'autre on avait construit, on construisait encore des maisons et des édifices publics. Celle du nord était décorée d'une place renfermée dans une balustrade de pierres, entourée d'édifices sacrés et de portiques. On venait d'y élever, en face du temple de Jupiter, une superbe statue d'Apollon en bronze, haute de douze pieds. C'était un présent des Phigaliens, qui concouraient avec plaisir à l'embellissement de la nouvelle ville [3]. De simples particuliers témoignaient le même zèle : l'un des portiques portait le nom d'Aristandre, qui l'avait fait bâtir à ses frais [4].

Dans la partie du midi, nous vîmes un vaste édifice où se tient l'assemblée des dix mille députés chargés de veiller aux grands intérêts de la nation [5] ; et l'on nous montra, dans un temple d'Esculape, des os d'une grandeur extraordinaire, et qu'on disait être ceux d'un géant [6].

La ville se peuplait de statues ; nous y connûmes deux artistes athéniens, Céphisodote et Xénophon, qui exécutaient un groupe représentant Jupiter assis sur un trône, la ville de Mégalopolis à sa droite, et Diane conservatrice à sa gauche. On avait tiré le marbre des carrières du mont Pentélique, situé auprès d'Athènes [7].

J'aurais d'autres singularités à rapporter ; mais, dans la relation de mes voyages, j'ai évité de parler de quantité de temples, d'autels, de statues et de tombeaux que nous offraient à chaque pas les villes, les bourgs, les lieux même les plus solitaires. J'ai cru aussi devoir omettre la plupart des prodiges et des fables absurdes dont on nous faisait de longs récits : un voyageur condamné à les entendre doit en épargner le supplice à ses lecteurs.

[1] Diod. lib. 16, p. 437. — [2] Pamphil. ap. Diog. Laert. lib. 3, § 23. Plut. in Colot. t. 2, p. 1126. Ælian. var. hist. lib. 2, cap. 42. — [3] Pausan. lib. 8, cap. 30, p. 662. — [4] Id. ibid. p. 663. — [5] Xenoph. hist. græc. lib. 7, p. 621. Pausan. ibid. cap. 32, p. 666. — [6] Pausan. ibid. p. 667. — [7] Id. ibid. cap. 30, p. 664.

Qu'il ne cherche pas à concilier les diverses traditions sur l'histoire des dieux et des premiers héros ; ses travaux ne serviraient qu'à augmenter la confusion d'un chaos impénétrable à la lumière. Qu'il observe, en général, que chez quelques peuples les objets du culte public sont connus sous d'autres noms ; les sacrifices qu'on leur offre, accompagnés d'autres rites ; leurs statues, caractérisées par d'autres attributs.

Mais il doit s'arrêter sur les monumens qui attestent le goût, les lumières ou l'ignorance d'un siècle ; décrire les fêtes, parce qu'on ne peut trop souvent présenter aux malheureux humains des images douces et riantes ; rapporter les opinions et les usages qui servent d'exemples ou de leçons, lors même qu'il laisse à ses lecteurs le soin d'en faire l'application. Ainsi, quand je me contenterai d'avertir que, dans un canton de l'Arcadie, l'Être suprême est adoré sous le titre de Bon [1], on sera porté à aimer l'Être suprême. Quand je dirai que dans la même province le fanatisme a immolé autrefois des victimes humaines [2,a], on frémira de voir le fanatisme porter à de pareilles horreurs une nation qui adorait le dieu bon par excellence. Je reviens à ma narration.

Nous avions résolu de faire le tour de l'Arcadie. Ce pays n'est qu'une suite de tableaux où la nature a déployé la grandeur et la fécondité de ses idées, et qu'elle a rapprochés négligemment, sans égard à la différence des genres. La main puissante qui fonda sur des bases éternelles tant de roches énormes et arides, se fit un jeu de dessiner à leurs pieds ou dans leurs intervalles des prairies charmantes, asile de la fraîcheur et du repos : partout des sites pittoresques, des contrastes imprévus, des effets admirables.

Combien de fois, parvenus au sommet d'un mont sourcilleux, nous avons vu la foudre serpenter au-dessous de nous ! Combien de fois encore, arrêtés dans la région des nues, nous avons vu tout à coup la lumière du jour se changer en une clarté ténébreuse, l'air s'épaissir, s'agiter avec violence, et nous offrir un spectacle aussi beau qu'effrayant ! Ces torrens de vapeurs qui passaient rapidement sous nos yeux et se précipitaient dans des vallées profondes, ces torrens d'eau qui roulaient en mugissant au fond des abîmes, ces grandes masses de montagnes qui, à travers le fluide épais dont nous étions environnés, paraissaient tendues de noir, les cris funèbres des oiseaux, le murmure plaintif des vents et des

---

[1] Pausan. lib. 8, cap. 36, p. 673. — [2] Id. ibid. cap. 2, p. 600. Porphyr. de abstin. lib. 2, § 27, p. 150. — [a] Voyez le trait de Lycaon au commencement de l'introduction de cet ouvrage, et la note XXVII à la fin de ce volume.

arbres ; voilà l'enfer d'Empédocle ; voilà cet océan d'air louche et blanchâtre qui pousse et repousse les âmes coupables, soit à travers les plaines des airs, soit au milieu des globes semés dans l'espace [1].

Lycosure.

Nous sortîmes de Mégalopolis ; et après avoir passé l'Alphée, nous nous rendîmes à Lycosure, au pied du mont Lycée, autrement dit Olympe [2]. Ce canton est plein de bois et de bêtes fauves. Le soir nos hôtes voulurent nous entretenir de leur ville, qui est la plus ancienne du monde, de leur montagne où Jupiter fut élevé, du temple et des fêtes de ce dieu, de son prêtre surtout, qui, dans un temps de sécheresse, a le pouvoir de faire descendre les eaux du ciel [3]. Ils nous parlèrent ensuite d'une biche qui vivait encore deux siècles auparavant, et qui avait, disait-on, vécu plus de sept cents ans : elle fut prise quelques années avant la guerre de Troie ; la date de la prise était tracée sur un collier qu'elle portait : on l'entretenait comme un animal sacré, dans l'enceinte d'un temple [4]. Aristote, à qui je citai un jour ce fait, appuyé de l'autorité d'Hésiode, qui attribue à la vie du cerf une durée beaucoup plus longue encore [5], n'en fut point ébranlé, et me fit observer que le temps de la gestation et celui de l'accroissement du jeune cerf n'indiquaient pas une si longue vie [6].

Le lendemain, parvenus au haut du mont Lycée, d'où l'on découvre presque tout le Péloponèse [7], nous assistâmes à des jeux célébrés en l'honneur du dieu Pan, auprès d'un temple et d'un petit bois qui lui sont consacrés [8]. Après qu'on eut décerné les prix, nous vîmes des jeunes gens tout nus poursuivre avec des éclats de rire ceux qu'ils rencontraient sur leur chemin [9][a]. Nous en vîmes d'autres frapper avec des fouets la statue du dieu ; ils le punissaient de ce qu'une chasse entreprise sous ses auspices n'avait pas fourni assez de gibier pour leur repas [10].

Cependant les Arcadiens n'en sont pas moins attachés au culte de Pan. Ils ont multiplié ses temples, ses statues, ses autels, ses bois sacrés [11] ; ils le représentent sur leurs monnaies [b]. Ce dieu poursuit à la chasse les animaux nuisibles aux moissons ; il erre avec plaisir sur les montagnes [12] ; de là, il veille sur les nombreux

---

[1] Plut. de vitand. ære alien. t. 2, p. 830. — [2] Pausan. lib. 8, cap. 38, p. 678. — [3] Id. ibid. — [4] Id. ibid. cap. 10, p. 620. — [5] Hesiod. ap. Plin. lib. 7, cap. 48, p. 402. — [6] Aristot. hist. animal. lib. 6, cap. 29, t. 1, p. 833. Buffon, hist. natur. t. 6, p. 93. — [7] Pausan. ibid. p. 679. — [8] Id. ibid. p. 678. — [9] Liv. lib. 1, cap. 5. Plut. in Romul. t. 1, p. 31. — [a] Les Lupercales de Rome tiraient leur origine de cette fête. — [10] Theocr. idyll. 7, v. 106. Schol. ibid. — [11] Pausan. passim. — [b] Voyez la planche des Médailles. — [12] Theocr. idyll. 1, v. 123. Callim. in Dian. v. 88.

troupeaux qui paissent dans la plaine ¹ ; et de l'instrument à sept tuyaux dont il est l'inventeur² il tire des sons qui retentissent dans les vallées voisines ³.

Pan jouissait autrefois d'une plus brillante fortune; il prédisait l'avenir dans un de ses temples, où l'on entretient une lampe qui brûle jour et nuit⁴. Les Arcadiens soutiennent encore qu'il distribue aux mortels, pendant leur vie, les peines et les récompenses qu'ils méritent⁵ : ils le placent, ainsi que les Égyptiens, au rang des principales divinités⁶; et le nom qu'ils lui donnent semble signifier qu'il étend son empire sur toute la substance matérielle⁷. Malgré de si beaux titres, ils bornent aujourd'hui ses fonctions à protéger les chasseurs et les bergers.

Non loin de son temple est celui de Jupiter, au milieu d'une enceinte où il nous fut impossible de pénétrer ⁸. Nous trouvâmes bientôt après d'autres lieux sacrés, dont l'entrée est interdite aux hommes, et permise aux femmes ⁹.

Phigalée.

Nous nous rendîmes ensuite à Phigalée, qu'on voit de loin sur un rocher très-escarpé ¹⁰. A la place publique est une statue qui peut servir à l'histoire des arts. Les pieds sont presque joints, et les mains pendantes s'attachent étroitement sur les côtés et sur les cuisses ¹¹. C'est ainsi qu'on disposait autrefois les statues dans la Grèce ¹², et qu'on les figure encore aujourd'hui en Égypte. Celle que nous avions sous les yeux fut élevée pour l'athlète Arrachion, qui remporta l'un des prix aux olympiades cinquante-deuxième, cinquante-troisième et cinquante-quatrième ᵃ. On doit conclure de là que, deux siècles avant nous, plusieurs statuaires s'asservissaient encore sans réserve au goût égyptien ᵇ.

A droite, et à trente stades de la ville ᶜ, est le mont Élaïus ; à gauche, et à quarante stades ᵈ, le mont Cotylius. On voit dans le premier la grotte de Cérès surnommée la Noire, parce que la déesse, désolée de la perte de Proserpine, s'y tint pendant quelque temps renfermée, vêtue d'un habit de deuil ¹³. Sur

¹ Pind. olymp. 6, v. 169. Horat. lib. 4, od. 12. Virg. eclog. 2, v. 33; georg. 1, v. 17. — ² Virg. eclog. 2, v. 32; eclog. 8, v. 24. — ³ Pausan. lib. 8, cap. 36, p. 674. — ⁴ Id. ibid. cap. 37, p. 677. — ⁵ Id. ibid. — ⁶ Id. ibid. cap. 31, p. 664. — ⁷ Macrob. saturn. lib. 1, cap. 22. — ⁸ Plut. quæst. græc. t. 2, p. 300. Pausan. ibid. cap. 38, p. 679. Hygin. poet. astronom. p. 426. — ⁹ Pausan. ibid. cap. 5, p. 608 ; cap. 10, p. 618; cap. 31, p. 665 ; cap. 36, p. 673. — ¹⁰ Id. ibid. cap. 39, p. 681. — ¹¹ Id. ibid. cap. 40, p. 682. — ¹² Diod. lib. 4, p. 276. — ᵃ Dans les années avant J. C. 572, 568, 564. — ᵇ Voyez, dans le chapitre XXXVII de cet ouvrage, ce qui a été dit à l'article Sicyone, de l'origine et des progrès de la sculpture. — ᶜ Une lieue et trois cent trente-cinq toises. — ᵈ Environ une lieue et demie. — ¹³ Pausan. ibid. cap. 42, p. 685.

l'autel, qui est à l'entrée de la grotte, on offre, non des victimes, mais des fruits, du miel et de la laine crue[1]. Dans un bourg placé sur l'autre montagne, nous fûmes frappés d'étonnement à l'aspect du temple d'Apollon, l'un des plus beaux du Péloponèse, tant par le choix des pierres du toit et des murs que par l'heureuse harmonie qui règne dans toutes ses parties. Le nom de l'architecte suffirait pour assurer la gloire de cet édifice ; c'est le même Ictinus qui, du temps de Périclès, construisit à Athènes le célèbre temple de Minerve[2].

De retour à Phigalée, nous assistâmes à une fête qui se termina par un grand repas : les esclaves mangèrent avec leurs maîtres : l'on donnait des éloges excessifs à ceux des convives qui mangeaient le plus[3].

Gortys.

Le lendemain, étant revenus par Lycosure, nous passâmes l'Alphée, non loin de Trapézonte ; et nous allâmes coucher à Gortys, dont les campagnes sont fertilisées par une rivière de même nom. Pendant toute la journée nous avions rencontré des marchands et des voyageurs qui se rendaient à la petite ville d'Aliphère, que nous laissâmes à gauche, et dans laquelle devait se tenir une foire[4]. Nous négligeâmes de les suivre, parce que nous avions souvent joui d'un pareil spectacle, et que, de plus, il aurait fallu grimper pendant long-temps sur les flancs d'une montagne entourée de précipices[5]. Nos guides oublièrent de nous conduire dans une vallée qui est auprès de Trapézonte : la terre, disait-on, y vomit des flammes près de la fontaine Olympias, qui reste à sec de deux années l'une. On ajoutait que le combat des géans contre les dieux s'était livré dans cet endroit ; et que, pour en rappeler le souvenir, les habitans, en certaines occasions, sacrifiaient aux tempêtes, aux éclairs et à la foudre[6].

Les poëtes ont célébré la fraîcheur des eaux du Cydnus en Cilicie, et du Mélas en Pamphylie ; celles du Gortynius méritaient mieux leurs éloges : les froids les plus rigoureux ne les couvrent jamais de glaçons, et les chaleurs les plus ardentes ne sauraient altérer leur température[7] : soit qu'on s'y baigne, soit qu'on en fasse sa boisson, elles procurent des sensations délicieuses.

Outre cette fraîcheur qui distingue les eaux de l'Arcadie, celles du Ladon, que nous traversâmes le lendemain, sont si transparentes et si pures, qu'il n'en est pas de plus belles sur la terre[8]. Près de ces bords ombragés par de superbes peupliers,

---

[1] Pausan. lib. 8, cap. 42, p. 688. — [2] Id. ibid. cap. 41, p. 684. — [3] Athen. lib. 4, cap. 13, p. 149. — [4] Pausan. ibid. cap. 26, p. 653. — [5] Polyb. lib. 4, p. 340. Pausan. ibid. p. 652. — [6] Id. ibid. cap. 29, p. 660. — [7] Id. ibid. cap. 28, p. 659. — [8] Id. ibid. cap. 25, p. 651.

nous trouvâmes les filles des contrées voisines dansant autour d'un laurier, auquel on venait de suspendre des guirlandes de fleurs. La jeune Clytie, s'accompagnant de la lyre, chantait les amours de Daphné, fille du Ladon, et de Leucippe, fils du roi de Pise [1]. Rien de si beau en Arcadie que Daphné; en Élide que Leucippe. Mais comment triompher d'un cœur que Diane asservit à ses lois, qu'Apollon n'a pu soumettre aux siennes? Leucippe rattache ses cheveux sur sa tête, se revêt d'une légère tunique, charge ses épaules d'un carquois, et sous ce déguisement poursuit avec Daphné les daims et les chevreuils dans la plaine. Bientôt elle court et s'égare avec lui dans les forêts. Leurs furtives ardeurs ne peuvent échapper aux regards jaloux d'Apollon : il en instruit les compagnes de Daphné, et le malheureux Leucippe tombe sous leurs traits. Clytie ajouta que la nymphe, ne pouvant supporter ni la présence du dieu qui s'obstinait à la poursuivre, ni la lumière qu'il distribue aux mortels, supplia la Terre de la recevoir dans son sein, et qu'elle fut métamorphosée en laurier [a].

Psophis.

Nous remontâmes le Ladon, et, tournant à gauche, nous prîmes le chemin de Psophis [2], à travers plusieurs villages, et le bois de Soron, où l'on trouve, ainsi que dans les autres forêts d'Arcadie, des ours, des sangliers, et de très-grandes tortues, dont l'écaille pourrait servir à faire des lyres [3].

Psophis (*Atlas*, pl. 34), l'une des plus anciennes villes du Péloponèse, est sur les confins de l'Arcadie et de l'Élide. Une colline très-élevée la défend contre le vent du nord; à l'est coule le fleuve Érymanthe, sorti d'une montagne qui porte le même nom, et sur laquelle on va souvent chasser le sanglier et le cerf [4]; au couchant, elle est entourée d'un abîme profond, où se précipite un torrent qui va, vers le midi, se perdre dans l'Érymanthe [5].

Deux objets fixèrent notre attention ; nous vîmes le tombeau de cet Alcméon qui, pour obéir aux ordres de son père Amphiaraüs, tua sa mère Ériphile, fut pendant très-long-temps poursuivi par les Furies, et termina malheureusement une vie horriblement agitée. Près de son tombeau, qui n'a pour ornement que des cyprès d'une hauteur extraordinaire [6], on nous montra un

---

[1] Pausan. lib. 8, cap. 20, p. 638. Philostr. vit. Apoll. lib. 1, cap. 16, p. 19. Schol. Homer. in iliad. 1, v. 14. Geopon. lib. 11, cap. 2. Serv. in Virg. eclog. 3, v. 63. — [a] Les Thessaliens prétendaient que Daphné était fille du Pénée, et qu'elle fut changée en laurier sur les bords de ce fleuve. — [2] Pausan. ibid. cap. 23, p. 644. — [3] Id. ibid. — [4] Homer. odyss. lib. 6, v. 103. — [5] Polyb. lib. 4, p. 333. — [6] Pausan. ibid. cap. 24, p. 646.

petit champ et une petite chaumière. C'est là que vivait, il y a quelques siècles, un citoyen pauvre et vertueux : il se nommait Aglaüs. Sans crainte, sans désirs, ignoré des hommes, ignorant ce qui se passait parmi eux, il cultivait paisiblement son petit domaine, dont il n'avait jamais passé les limites. Il était parvenu à une extrême vieillesse, lorsque les ambassadeurs du puissant roi de Lydie, Gygès ou Crœsus, furent chargés de demander à l'oracle de Delphes s'il existait sur la terre entière un mortel plus heureux que ce prince ? La Pythie répondit : « Aglaüs de Psophis [1]. »

Phénéos.

En allant de Psophis à Phénéos, nous entendîmes parler de plusieurs espèces d'eaux qui avaient des propriétés singulières. Ceux de Clitor prétendaient qu'une de leurs sources inspire une si grande aversion pour le vin, qu'on ne pouvait plus en supporter l'odeur [2]. Plus loin vers le nord, entre les montagnes, près de la ville de Nonacris, est un rocher très-élevé, d'où découle sans cesse une eau fatale qui forme le ruisseau du Styx. C'est le Styx, si redoutable pour les dieux et pour les hommes. Il serpente dans un vallon où les Arcadiens viennent confirmer leur parole par le plus inviolable des sermens [3]; mais ils n'y étanchent pas la soif qui les presse, et le berger n'y conduit jamais ses troupeaux. L'eau, quoique limpide et sans odeur, est mortelle pour les animaux, ainsi que pour les hommes; ils tombent sans vie dès qu'ils en boivent : elle dissout tous les métaux, elle brise tous les vases qui la reçoivent, excepté ceux qui sont faits de la corne du pied de certains animaux [4].

Comme les Cynéthéens ravageaient alors ce canton, nous ne pûmes nous y rendre pour nous assurer de la vérité de ces faits. Mais, ayant rencontré en chemin deux députés d'une ville d'Achaïe qui faisaient route vers Phénéos, et qui avaient plus d'une fois passé le long du ruisseau, nous les interrogeâmes; et nous conclûmes de leurs réponses que la plupart des merveilles attribuées à cette fameuse source disparaissaient au moindre examen.

C'étaient des gens instruits : nous leur fîmes plusieurs autres questions. Ils nous montraient, vers le nord-est, le mont Cyllène, qui s'élève avec majesté au-dessus des montagnes de l'Arcadie [5],

---

[1] Pausan. lib. 8, cap. 24, p. 647. Plin. lib 7, cap. 46, t. 1, p. 402. Val. Max. lib. 7, cap. 1. — [2] Eudox. ap. Steph. in Ἄζων.; id. ap. Plin. lib. 31, cap. 2, t. 2, p 549. Vitruv. lib. 8, cap. 3, p. 164. — [3] Herodot. lib. 6, cap. 74. — [4] Vitruv. ibid. p. 163. Varr. ap. Solin. cap. 7. Senec. quæst. nat. lib. 3, cap. 25. Plin. lib. 2, cap. 103, t. 1, p. 121; lib. 30, cap. 16, t. 2, p. 543; lib. 31, p. 550. Pausan. ibid. cap. 18, p. 635. Eustath. in iliad. t. 1, p. 301; t. 2, p. 718; t. 3, p. 1667. — [5] Pausan. ibid. cap. 17, p. 633.

et dont la hauteur perpendiculaire peut s'évaluer à quinze ou vingt stades[1][a]. C'est le seul endroit de la Grèce où se trouve l'espèce des merles blancs[2].

Stymphale.

Le mont Cyllène touche au mont Stymphale, au-dessous duquel on trouve une ville, un lac et une rivière de même nom. La ville était autrefois une des plus florissantes de l'Arcadie[3] : la rivière sort du lac, et, après avoir commencé sa carrière dans cette province, elle disparaît, et va la terminer, sous un autre nom, dans l'Argolide[4]. De nos jours, Iphicrate, à la tête des troupes athéniennes, entreprit de lui fermer toute issue, afin que, ses eaux refoulant dans le lac, et ensuite dans la ville qu'il assiégeait vainement, elle fût obligée de se rendre à discrétion; mais, après de longs travaux, il fut contraint de renoncer à son projet[5].

Suivant une ancienne tradition, le lac était autrefois couvert d'oiseaux voraces qui infestaient ce canton. Hercule les détruisit à coups de flèches, ou les mit en fuite au bruit de certains instrumens[6]. Cet exploit honora le héros, et le lac en devint célèbre. Les oiseaux n'y reviennent plus; mais on les représente encore sur les monnaies de Stymphale[b]. Voilà ce que nous disaient nos compagnons de voyage.

La ville de Phénéos, quoiqu'une des principales de l'Arcadie, ne contient rien de remarquable; mais la plaine voisine offrit à nos yeux un des plus beaux ouvrages de l'antiquité. On ne peut en fixer l'époque; on voit seulement que, dans des siècles très-reculés, les torrens qui tombent des montagnes dont elle est entourée, l'ayant entièrement submergée, renversèrent de fond en comble l'ancienne Phénéos[7], et que, pour prévenir désormais un pareil désastre, on prit le parti de creuser dans la plaine un canal de cinquante stades de longueur[c], de trente pieds de profondeur[d], et d'une largeur proportionnée. Il devait recevoir et les eaux du fleuve Olbius, et celles des pluies extraordinaires. On le conduisit jusqu'à deux abîmes qui subsistent encore au pied de deux montagnes sous lesquelles des routes secrètes se sont ouvertes naturellement.

---

[1] Strab. lib. 8, p. 388. — [a] Quatorze cent dix-sept toises et demie, ou dix-huit cent quatre-vingt-dix toises. — [2] Aristot. hist. animal. lib. 9, cap. 19, t. 1, p. 934. — [3] Pind. olymp. 6, v. 169. — [4] Herodot. lib. 6, cap. 76. Diod. lib. 15, p. 365. Pausan. lib. 2, cap. 24, p. 166; lib. 8, cap. 22, p. 640. — [5] Strab. ibid. p. 389. — [6] Apollon. Argon. lib. 2, v. 1057. Schol. ibid. Pausan. lib. 8, cap. 22, p. 640. Strab. ibid. p. 371. — [b] Voyez Spanheim, Vaillant, et autres antiquaires qui ont publié des médailles. — [7] Pausan. ibid. cap. 14, p. 627. — [c] Près de deux lieues. — [d] Un peu plus de vingt-huit de nos pieds.

Ces travaux, dont on prétend qu'Hercule fut l'auteur, figureraient mieux dans son histoire que son combat contre les fabuleux oiseaux de Stymphale. Quoi qu'il en soit, on néglige a insensiblement l'entretien du canal[1], et dans la suite un tremblement de terre obstrua les voies souterraines qui absorbaient les eaux des campagnes[2] : les habitans réfugiés sur des hauteurs construisirent des ponts de bois pour communiquer entre eux ; et comme l'inondation augmentait de jour en jour, on fut obligé d'élever successivement d'autres ponts sur les premiers[3].

Quelque temps après[4], les eaux s'ouvrirent sous terre un passage à travers les éboulemens qui les arrêtaient, et, sortant avec fureur de ces retraites obscures, portèrent la consternation dans plusieurs provinces. Le Ladon, cette belle et paisible rivière dont j'ai parlé, et qui avait cessé de couler depuis l'obstruction des canaux souterrains[5], se précipita en torrens impétueux dans l'Alphée, qui submergea le territoire d'Olympie[6]. A Phénéos, on observa comme une singularité, que le sapin dont on avait construit les ponts, après l'avoir dépouillé de son écorce, avait résisté à la pourriture[7].

Caphyes.

De Phénéos nous allâmes à Caphyes, où l'on nous montra, auprès d'une fontaine, un vieux platane qui porte le nom de Ménélas. On disait que ce prince l'avait planté lui-même avant que de se rendre au siège de Troie[8]. Dans un village voisin, nous vîmes un bois sacré et un temple en l'honneur de Diane *l'Étranglée*[9]. Un vieillard respectable nous apprit l'origine de cet étrange surnom : des enfans qui jouaient tout auprès, nous dit-il, attachèrent autour de la statue une corde avec laquelle ils la traînaient, et s'écriaient en riant : « Nous étranglons la déesse. » Des hommes qui survinrent dans le moment furent si indignés de ce spectacle, qu'ils les assommèrent à coups de pierres. Ils croyaient venger les dieux, et les dieux vengèrent l'innocence. Nous éprouvâmes leur colère ; et l'oracle consulté nous ordonna d'élever un tombeau à ces malheureuses victimes, et de leur rendre tous les ans des honneurs funèbres[10].

Orchomène.

Plus loin, nous passâmes à côté d'une grande chaussée que les habitans de Caphyes ont construite pour se garantir d'un torrent

---

[1] Pausan. lib. 8, cap. 14, p. 628. — [2] Strab. lib. 8, p. 389. — [3] Theophr. hist. plant. lib. 5, cap. 5, p. 522. — [4] Id. ibid. lib. 3, cap. 1, p. 117. — [5] Strab. lib. 1, p. 60. — [6] Eratosth. ap. Strab. lib. 8, p. 389. — [7] Theophr. lib. 5, cap. 5, p. 522. — [8] Pausan. ibid. cap. 23, p. 643. — [9] Clem. Alex. cohort. ad gent. p. 32. — [10] Pausan. ibid.

et d'un grand lac qui se trouvent dans le territoire d'Orchomène[1]. Cette dernière ville est située sur une montagne : nous la vîmes en courant ; on nous y montra des miroirs faits d'une pierre noirâtre qui se trouve aux environs[2], et nous prîmes l'un des deux chemins qui conduisent à Mantinée[3].

Nos guides s'arrêtèrent devant une petite colline qu'ils montrent aux étrangers ; et des Mantinéens qui se promenaient aux environs nous disaient : Vous avez entendu parler de Pénélope, de ses regrets, de ses larmes, et surtout de sa fidélité : apprenez qu'elle se consolait de l'absence de son époux avec ces amans qu'elle avait attirés auprès d'elle ; qu'Ulysse, à son retour, la chassa de sa maison, qu'elle finit ici ses jours ; et voilà son tombeau[4]. Comme nous parûmes étonnés : Vous ne l'auriez pas moins été, ajoutèrent-ils, si vous aviez choisi l'autre route ; vous auriez vu sur le penchant d'une colline un temple de Diane, où l'on célèbre tous les ans la fête de la déesse. Il est commun aux habitans d'Orchomène et de Mantinée ; les uns y entretiennent un prêtre, les autres une prêtresse. Leur sacerdoce est perpétuel. Tous deux sont obligés d'observer le régime le plus austère. Ils ne peuvent faire aucune visite ; l'usage du bain et des douceurs les plus innocentes de la vie leur est interdit ; ils sont seuls, ils n'ont point de distractions, et n'en sont pas moins astreints à la plus exacte continence[5].

Mantinée.

Mantinée, fondée autrefois par les habitans de quatre ou cinq hameaux des environs[6], se distingue par sa population, ses richesses et les monumens qui la décorent[7] : elle possède des campagnes fertiles[8] : de son enceinte partent quantité de routes qui conduisent aux principales villes de l'Arcadie[9] ; et, parmi celles qui mènent en Argolide, il en est une qu'on appelle *le chemin de l'échelle*, parce qu'on a taillé, sur une haute montagne, des marches pour la commodité des gens à pied[10].

Ses habitans sont les premiers, dit-on, qui, dans leurs exercices, aient imaginé de combattre corps à corps[11] ; les premiers encore qui se soient revêtus d'un habit militaire, et d'une espèce d'armure que l'on désigne par le nom de cette ville[12]. On les a toujours regardés comme les plus braves des Arcadiens[13]. Lors de

---

[1] Pausan. lib. 8, cap. 23, p. 642. — [2] Plin. lib. 37, cap. 7, t. 2, p. 779. — [3] Pausan. ibid. cap. 12, p. 624. — [4] Id. ibid. — [5] Pausan. ibid. cap. 13, p. 625. — [6] Xenoph. hist. græc. lib. 5, p. 553. Diod. lib. 15, p. 331. Strab. lib. 8, p. 337. — [7] Pausan. ibid. cap. 9, p. 616. — [8] Xenoph. ibid. p. 552. — [9] Pausan. ibid. cap. 10, p. 618. — [10] Id. ibid. cap. 6, p. 610. — [11] Hermipp. ap. Athen. lib. 4, cap. 13, p. 154. — [12] Ephor. ap. Athen. ibid. — [13] Diod. lib. 15, p. 336.

la guerre des Perses, n'étant arrivés à Platée qu'après la bataille, ils firent éclater leur douleur, voulurent, pour s'en punir eux-mêmes, poursuivre jusqu'en Thessalie un corps de Perses qui avait pris la fuite, et, de retour chez eux, exilèrent leurs généraux, dont la lenteur les avait privés de l'honneur de combattre [1]. Dans les guerres survenues depuis, les Lacédémoniens les redoutaient comme ennemis, se félicitaient de les avoir pour alliés [2] : tour à tour unis avec Sparte, avec Athènes, avec d'autres puissances étrangères, on les vit étendre leur empire sur presque toute la province [3], et ne pouvoir ensuite défendre leurs propres frontières.

Peu de temps avant la bataille de Leuctres, les Lacédémoniens assiégèrent Mantinée; et, comme le siége traînait en longueur, ils dirigèrent vers les murs de brique dont elle était entourée le fleuve qui coule aux environs : les murs s'écroulèrent, la ville fut presque entièrement détruite, et l'on dispersa les habitans dans les hameaux qu'ils occupaient autrefois [4]. Bientôt après, Mantinée, sortie de ses ruines avec un nouvel éclat, ne rougit pas de se réunir avec Lacédémone, et de se déclarer contre Épaminondas, à qui elle devait en partie sa liberté [5] : elle n'a cessé depuis d'être agitée par des guerres étrangères ou par des factions intérieures. Telle fut, en ces derniers temps, la destinée des villes de la Grèce, et surtout de celles où le peuple exerçait le pouvoir suprême.

Cette espèce de gouvernement a toujours subsisté à Mantinée : les premiers législateurs le modifièrent, pour en prévenir les dangers. Tous les citoyens avaient le droit d'opiner dans l'assemblée générale ; un petit nombre, celui de parvenir aux magistratures [6]. Les autres parties de la constitution furent réglées avec tant de sagesse, qu'on la cite encore comme un modèle [7]. Aujourd'hui les démiurges, ou tribuns du peuple, exercent les principales fonctions, et apposent leurs noms aux actes publics avant les sénateurs et les autres magistrats [8].

Nous connûmes à Mantinée un Arcadien nommé Antiochus, qui avait été, quelques années auparavant, du nombre des députés que plusieurs villes de la Grèce envoyèrent au roi de Perse, pour discuter en sa présence leurs mutuels intérêts. Antiochus parla au nom de sa nation, et ne fut pas bien accueilli. Voici ce qu'il dit à son retour devant l'assemblée des dix mille : J'ai vu

---

[1] Herodot. lib. 9, cap. 76. — [2] Diod. lib. 15, p. 336. — [3] Thucyd. lib. 5, cap. 29. — [4] Xenoph. hist. græc. lib. 5, p. 552. Diod. ibid. p. 331 et 336. Pausan. lib. 8, cap. 8, p. 615. — [5] Xenoph. ibid. lib. 6, p. 602. Pausan. ibid. — [6] Aristot. de rep. lib. 6, cap. 4, t. 2, p. 416. — [7] Polyb. lib. 6, p. 487. Ælian. var. hist. lib. 2, cap. 22. — [8] Thucyd. ibid. cap. 47.

dans le palais d'Artaxerxès grand nombre de boulangers, de cuisiniers, d'échansons, de portiers : j'ai cherché dans son empire des soldats qu'il pût opposer aux nôtres, et je n'en ai point trouvé. Tout ce qu'on dit de ses richesses n'est que jactance : vous pouvez en juger par ce platane d'or dont on parle tant ; il est si petit, qu'il ne pourrait de son ombre couvrir une cigale [1].

En allant de Mantinée à Tégée, nous avions à droite le mont Ménale, à gauche une grande forêt [2] : dans la plaine renfermée entre ces barrières se donna, il y a quelques années, cette bataille où Épaminondas remporta la victoire, et perdit la vie. On lui éleva deux monumens, un trophée [3] et un tombeau [4]; ils sont près l'un de l'autre, comme si la philosophie leur avait assigné leurs places.

Le tombeau d'Épaminondas consiste en une simple colonne, à laquelle est suspendu son bouclier; ce bouclier, que j'avais vu si souvent dans cette chambre, auprès de ce lit, sur ce mur, au-dessus de ce siège où le héros se tenait communément assis. Ces circonstances locales se retraçant tout à coup dans mon esprit avec le souvenir de ses vertus, de ses bontés, d'un mot qu'il m'avait dit dans telle occasion, d'un sourire qui lui était échappé dans telle autre, de mille particularités dont la douleur aime à se repaître, et se joignant avec l'idée insupportable qu'il ne restait de ce grand homme qu'un tas d'ossemens arides que la terre rongeait sans cesse, et qu'en ce moment je foulais aux pieds, je fus saisi d'une émotion si déchirante et si forte, qu'il fallut m'arracher d'un objet que je ne pouvais ni voir ni quitter. J'étais encore sensible alors ; je ne le suis plus, je m'en aperçois à la faiblesse de mes expressions.

J'aurai du moins la consolation d'ajouter ici un nouveau rayon à la gloire de ce grand homme. Trois villes se disputent le faible honneur d'avoir donné le jour au soldat qui lui porta le coup mortel. Les Athéniens nomment Gryllus, fils de Xénophon ; et ont exigé qu'Euphranor, dans un de ses tableaux, se conformât à cette opinion [5]. Suivant les Mantinéens, ce fut Machérion, un de leurs concitoyens [6]; et, suivant les Lacédémoniens, ce fut le Spartiate Anticratès : ils lui ont même accordé des honneurs et des exemptions qui s'étendront à sa postérité [7]; distinctions excessives qui décèlent la peur qu'ils avaient d'Épaminondas.

---

[1] Xenoph. hist. græc. lib. 7, p. 621. — [2] Pausan. lib. 8, cap. 11, p. 620. — [3] Diod. lib. 15, p. 396.— [4] Pausan. ibid. p. 622 .— [5] Pausan. ibid. p. 621 ; lib. 9, cap. 15, p. 741. — [6] Id. lib. 8, cap. 11, p. 621. — [7] Plut. in Ages. t. 1, p. 616.

Tégée.

Tégée n'est qu'à cent stades environ de Mantinée[a]. Ces deux villes, rivales et ennemies par leur voisinage même[1], se sont plus d'une fois livré des combats sanglans[2]; et, dans les guerres qui ont divisé les nations, elles ont presque toujours suivi des partis différens[3]. A la bataille de Platée, qui termina la grande querelle de la Grèce et de la Perse, les Tégéates, qui étaient au nombre de quinze cents[4], disputèrent aux Athéniens l'honneur de commander une des ailes de l'armée des Grecs[5] : ils ne l'obtinrent pas; mais ils montrèrent, par les plus brillantes actions, qu'ils en étaient dignes[6].

Chaque ville de la Grèce se met sous la protection spéciale d'une divinité. Tégée a choisi Minerve, surnommée Aléa. L'ancien temple ayant été brûlé peu d'années après la guerre du Péloponèse, on en construisit un nouveau sur les dessins et sous la direction de Scopas de Paros, le même dont on a tant de superbes statues. Il employa l'ordre ionique dans les péristyles qui entourent le temple. Sur le fronton du devant, il représenta la chasse du sanglier de Calydon : on y distingue quantité de figures, entre autres, celles d'Hercule, de Thésée, de Pirithoüs, de Castor, etc. : le combat d'Achille et de Téléphe décore l'autre fronton. Le temple est divisé en trois nefs, par deux rangs de colonnes doriques, sur lesquelles s'élève un ordre corinthien qui atteint et soutient le comble[7].

Aux murs sont suspendues des chaînes que, dans une de leurs anciennes expéditions, les Lacédémoniens avaient destinées aux Tégéates, et dont ils furent chargés eux-mêmes[8]. On dit que, dans le combat, les femmes de Tégée, s'étant mises en embuscade, tombèrent sur l'ennemi, et décidèrent la victoire. Une veuve, nommée Marpessa, se distingua tellement en cette occasion, que l'on conserve encore son armure dans le temple[9]. Tout auprès on voit les défenses et la peau du sanglier de Calydon, échues en partage à la belle Atalante de Tégée, qui porta le premier coup à cet animal féroce[10]. Enfin on nous montra jusqu'à une auge de bronze que les Tégéates, à la bataille de Platée, enlevèrent des écuries du général des Perses[11]. De pareilles dépouilles sont pour un peuple des titres de vanité, et quelquefois des motifs d'émulation.

Ce temple, le plus beau de tous ceux qui existent dans le Pé-

---

[a] Environ trois lieues trois quarts. [1] Thucyd. lib. 5, cap. 62 et 65. — [2] Id. lib. 4, p. 134. — [3] Diod. lib. 15, p. 391. — [4] Herodot lib. 9, cap. 28 et 29. — [5] Id. ibid. cap. 26. — [6] Id. ibid. cap. 70. — [7] Pausan. lib. 8, cap. 45, p. 693. — [8] Herodot. lib. 1, cap. 66. — [9] Pausan. ibid. cap. 47, p. 695; cap. 48, p. 697. — [10] Pausan. ibid. cap. 45, 46 et 47. — [11] Herodot. lib. 9, cap. 70.

loponèse[1], est desservi par une jeune fille, qui abdique le sacerdoce dès qu'elle parvient à l'âge de puberté[2].

Nous vîmes un autre temple, où le prêtre n'entre qu'une fois l'année[3], et dans la place publique deux grandes colonnes, l'une soutenant les statues des législateurs de Tégée, l'autre la statue équestre d'un particulier qui, dans les jeux olympiques, avait obtenu le prix de la course à cheval[4]. Les habitans leur ont décerné à tous les mêmes honneurs : il faut croire qu'ils ne leur accordent pas la même estime.

CHAPITRE LIII.
Voyage d'Argolide (Atlas, pl. 35).

De Tégée nous pénétrâmes dans l'Argolide par un défilé entre des montagnes assez élevées[5]. En approchant de la mer, nous vîmes le marais de Lerna, autrefois le séjour de cette hydre monstrueuse dont Hercule triompha. De là nous prîmes le chemin d'Argos, à travers une belle prairie[6].

L'Argolide, ainsi que l'Arcadie, est entrecoupée de collines et de montagnes qui laissent dans leurs intervalles des vallées et des plaines fertiles. Nous n'étions plus frappés de ces admirables irrégularités; mais nous éprouvions une autre espèce d'intérêt. Cette province fut le berceau des Grecs, puisqu'elle reçut la première les colonies étrangères qui parvinrent à les policer[7]. Elle devint le théâtre de la plupart des événemens qui remplissent les anciennes annales de la Grèce. C'est là que parut Inachus, qui donna son nom au fleuve dont les eaux arrosent le territoire d'Argos; là vécurent aussi Danaüs, Hypermnestre, Lyncée, Alcméon, Persée, Amphitryon, Pélops, Atrée, Thyeste, Agamemnon, et tant d'autres fameux personnages.

Leurs noms, qu'on a vu si souvent figurer dans les écrits des poëtes, si souvent entendu retentir au théâtre, font une impression plus forte lorsqu'ils semblent revivre dans les fêtes et dans les monumens consacrés à ces héros. L'aspect des lieux rapproche les temps, réalise les fictions, et donne du mouvement aux objets les plus insensibles. A Argos, au milieu des débris d'un palais souterrain où l'on disait que le roi Acrisius avait enfermé sa fille Danaé[8], je croyais entendre les plaintes de cette malheureuse

---

[1] Pausan. lib. 8, cap. 45, p. 693. — [2] Id. ibid. cap. 47, p. 695. — [3] Id. ibid. cap. 48, p. 696. — [4] Id. ibid. — [5] Id. ibid. cap. 6, p. 610. — [6] Fourmont, voyage manuscrit de l'Argolide. — [7] Diod. lib. 1, p. 24. — [8] Pausan. lib. 2, cap. 23, p. 164. Apollod. lib. 2, p. 89.

princesse. Sur le chemin d'Hermione à Trézène, je crus voir
Thésée soulever l'énorme rocher sous lequel on avait déposé
l'épée et les autres marques auxquelles son père devait le reconnaître[1]. Ces illusions sont un hommage que l'on rend à la célébrité, et apaisent l'imagination, qui a plus souvent besoin
d'alimens que la raison.

Argos.

Argos (*pl.* 35) est située au pied d'une colline sur laquelle on
a construit la citadelle[2]; c'est une des plus anciennes villes de
la Grèce[3]. Dès son origine elle répandit un si grand éclat, qu'on
donna quelquefois son nom à la province, au Péloponèse, à la
Grèce entière[4]. La maison des Pélopides s'étant établie à Mycènes, cette ville éclipsa la gloire de sa rivale[5]. Agamemnon
régnait sur la première, Diomède et Sthénélus sur la seconde[6].
Quelque temps après, Argos reprit son rang[7], et ne le perdit
plus.

Le gouvernement fut d'abord confié à des rois qui opprimè-
rent leurs sujets, et à qui on ne laissa bientôt que le titre dont
ils avaient abusé[8].

Le titre même y fut aboli dans la suite, et la démocratie a
toujours subsisté[9]. Un sénat discute les affaires avant de les soumettre à la décision du peuple[10]; mais, comme il ne peut pas se
charger de l'exécution, quatre-vingts de ses membres veillent
continuellement au salut de l'Etat, et remplissent les mêmes
fonctions que les prytanes d'Athènes[11]. Plus d'une fois, et même
de notre temps, les principaux citoyens ont voulu se soustraire
à la tyrannie de la multitude en établissant l'oligarchie; mais
leurs efforts n'ont servi qu'à faire couler du sang[12].

Ils se ressentaient encore d'une vaine tentative qu'ils firent il
y a environ quatorze ans. Fatigués des calomnies dont les orateurs publics ne cessaient de les noircir à la tribune, ils reprirent le projet de changer la forme du gouvernement. On pé-
nétra leur dessein : plusieurs furent chargés de fers. A l'aspect
de la question, quelques uns se donnèrent la mort. L'un d'entre
eux, ne pouvant plus résister aux tourmens, dénonça trente
de ses associés. On les fit périr sans les convaincre, et l'on mit

[1] Plut. in Thes. t. 1, p. 3. Pausan. lib. 1, cap. 27, p. 66; lib. 2, p. 188
et 192. — [2] Strab. lib. 8, p. 370. Liv. lib. 32, cap. 25. — [3] Herodot. lib. 1,
cap. 1. Diod. lib. 1, p. 24. — [4] Strab. ibid. 8, p. 369. Schol. Pind. in isthm. 2,
v. 17. Plut. quæst. rom. t. 2, p. 272. Apollod. lib. 2, p. 75. — [5] Strab. ibid.
p. 372. — [6] Homer. iliad. lib. 2, v. 564. — [7] Strab. ibid. — [8] Plut. in Lyc.
t. 1, p. 43. Pausan. lib. 2, cap. 19, p. 152. — [9] Thucyd. lib. 5, cap. 28, 31
et 41. — [10] Herodot. lib. 7, cap. 148. Thucyd. ibid. cap. 37. — [11] Thucyd.
ibid. cap. 47. Diod. lib. 19, p. 704. — [12] Thucyd. ibid. cap. 76, 81 et 82. Diod.
lib. 12, p. 127; lib. 15, p. 372.

leurs biens à l'encan. Les délations se multiplièrent : il suffisait d'être accusé pour être coupable. Seize cents des plus riches citoyens furent massacrés ; et comme les orateurs, dans la crainte d'un nouvel ordre de choses, commençaient à se radoucir, le peuple, qui s'en crut abandonné, les immola tous à sa fureur[1]. Aucune ville de la Grèce n'avait vu dans son enceinte l'exemple d'une telle barbarie. Les Athéniens, pour en avoir entendu le récit dans une de leurs assemblées, se crurent tellement souillés, qu'ils eurent sur-le-champ recours aux cérémonies de l'expiation[2].

Les Argiens sont renommés pour leur bravoure ; ils ont eu des démêlés fréquens avec les nations voisines, et n'ont jamais craint de se mesurer avec les Lacédémoniens[3], qui ont souvent recherché leur alliance[4].

Nous avons dit que la première époque de leur histoire brille de noms illustres et de faits éclatans. Dans la dernière, après avoir conçu l'espoir de dominer sur tout le Péloponèse[5], ils se sont affaiblis par des expéditions malheureuses et par des divisions intestines.

Ainsi que les Arcadiens, ils ont négligé les sciences et cultivé les arts. Avant l'expédition de Xerxès, ils étaient plus versés dans la musique que les autres peuples[6] ; ils furent pendant quelque temps si fort attachés à l'ancienne, qu'ils mirent à l'amende un musicien qui osa se présenter au concours avec une lyre enrichie de plus de sept cordes, et parcourir des modes qu'ils n'avaient point adoptés[7]. On distingue, parmi les musiciens nés dans cette province, Lasus[8], Sacadas[9] et Aristonicus[10] ; parmi les sculpteurs, Agéladas[11] et Polyclète[12] ; parmi les poètes, Télésilla.

Les trois premiers hâtèrent les progrès de la musique, Agéladas et Polyclète ceux de la sculpture. Ce dernier, qui vivait vers le temps de Périclès, a rempli de ses ouvrages immortels le Péloponèse et la Grèce. En ajoutant de nouvelles beautés à la nature de l'homme, il surpassa Phidias ; mais, en nous offrant l'image des dieux, il ne s'éleva point à la sublimité des idées de son rival[13]. Il choisissait ses modèles dans la jeunesse ou dans l'enfance, et l'on eût dit que la vieillesse étonnait ses mains, accoutumées à représenter les grâces. Ce genre s'accommode si

---
[1] Diod. lib. 15, p. 372. — [2] Plut. reip. ger. præc. 2, p. 804. Hellad. ap. Phot. p. 1593. — [3] Herodot. lib. 6, cap. 77. — [4] Thucyd. lib. 5, cap. 36. — [5] Id. ibid. cap. 28. Diod. lib. 12, p. 123. — [6] Herodot. lib. 3, cap. 131. — [7] Plut. de mus. t. 2, p. 1144. — [8] Id. ibid. p. 1141. — [9] Id. ibid. p. 1134. — [10] Athen. lib. 14, p. 637. — [11] Pausan. lib. 6, cap. 8, p. 472 ; cap. 14, p. 487. — [12] Plat. in Protag. t. 1, p. 311. Anthol. græc. lib. 4, p. 333. — [13] Quintil. instit. orat. lib. 12, cap. 10, p. 744.

bien d'une certaine négligence, qu'on doit louer Polyclète de s'être rigoureusement attaché à la correction du dessin : en effet, on a de lui une figure où les proportions du corps humain sont tellement observées, que, par un jugement irréfragable, les artistes l'ont eux-mêmes appelé le canon ou la règle [1]; ils l'étudient quand ils ont à rendre la même nature dans les mêmes circonstances : car on ne peut imaginer un modèle unique pour tous les âges, tous les sexes, tous les caractères [2]. Si l'on fait jamais quelque reproche à Polyclète, on répondra que s'il n'atteignit pas la perfection, du moins il en approcha [3].

Lui-même sembla se méfier de ses succès : dans un temps où les artistes inscrivaient sur les ouvrages sortis de leurs mains, *un tel l'a fait*, il se contenta d'écrire sur les siens, *Polyclète le faisait;* comme si, pour les terminer, il attendît le jugement du public [4]. Il écoutait les avis, et savait les apprécier. Il fit deux statues pour le même sujet, l'une en secret, ne consultant que son génie et les règles approfondies de l'art; l'autre dans son atelier, ouvert à tout le monde, se corrigeant et se réformant au gré de ceux qui lui prodiguaient leurs conseils. Dès qu'il les eut achevées, il les exposa au public. La première excita l'admiration, la seconde des éclats de rire; il dit alors : Voici votre ouvrage, et voilà le mien [5]. Encore un trait qui prouve que de son vivant il jouit de sa réputation. Hipponicus, l'un des premiers citoyens d'Athènes, voulant consacrer une statue à sa patrie, on lui conseilla d'employer le ciseau de Polyclète. Je m'en garderai bien, répondit-il; le mérite de l'offrande ne serait que pour l'artiste [6]. On verra plus bas que son génie facile ne s'exerça pas avec moins de succès dans l'architecture.

Télésilla, qui florissait il y a environ cent cinquante ans, illustra sa patrie par ses écrits, et la sauva par son courage. La ville d'Argos allait tomber entre les mains des Lacédémoniens; elle venait de perdre six mille hommes, parmi lesquels se trouvait l'élite de la jeunesse [7]. Dans ce moment fatal, Télésilla rassemble les femmes les plus propres à seconder ses projets, leur remet les armes dont elle a dépouillé les temples et les maisons des particuliers, court avec elles se placer sur les murailles, et repousse l'ennemi, qui, dans la crainte qu'on ne lui reproche ou la victoire ou la défaite, prend le parti de se retirer [8].

[1] Plin. lib. 34, cap. 8, t. 2, p. 650. Jun. de pict. p. 168. — [2] Mém. de l'acad. des bell. lettr. t. 25, p. 303. OEuvr. de Falconn. t. 3, p. 87. — [3] Cicer. de clar. orat. cap. 18, t. 1, p. 351. — [4] Plin. lib. 1, t. 1, p. 5. — [5] AElian. var. hist. lib. 14, cap. 8. — [6] Id. ibid. cap. 16. — [7] Herodot lib. 6, cap. 76; lib. 7, cap. 148. — [8] Pausan. lib. 2, cap. 20, p. 157. Polyæn. strateg. lib. 7, cap. 33. Lucian. in amor. t. 2, p. 431. Clem. Alex. strom. lib. 4, p. 618. Suid. in Τελισίλ.

On rendit les plus grands honneurs à ces guerrières. Celles qui périrent dans le combat furent inhumées le long du chemin d'Argos; on permit aux autres d'élever une statue au dieu Mars[1]. La figure de Télésilla fut posée sur une colonne, en face du temple de Vénus : loin de porter ses regards sur des volumes représentés et placés à ses pieds, elle les arrête avec complaisance sur un casque qu'elle tient dans sa main, et qu'elle va mettre sur sa tête[2]. Enfin, pour perpétuer à jamais un événement si extraordinaire, on institua une fête annuelle, où les femmes sont habillées en hommes, et les hommes en femmes[3].

Il en est d'Argos comme de toutes les villes de la Grèce; les monumens de l'art y sont communs, et les chefs-d'œuvre très-rares. Parmi ces derniers, il suffira de nommer plusieurs statues de Polyclète et de Praxitèle[4] : les objets suivans nous frappèrent sous d'autres rapports.

Nous vîmes le tombeau d'une fille de Persée, qui, après la mort de son premier mari, épousa OEbalus, roi de Sparte : les Argiennes, jusqu'alors, n'avaient pas osé contracter un second hymen[5]. Ce fait remonte à la plus haute antiquité.

Nous vîmes un groupe représentant Périlaüs d'Argos prêt à donner la mort au Spartiate Othryadas[6]. Les Lacédémoniens et les Argiens se disputaient la possession de la ville de Thyrée. On convint de nommer de part et d'autre trois cents guerriers dont le combat terminerait le différend. Ils périrent tous, à l'exception de deux Argiens qui, se croyant assurés de la victoire, en portèrent la nouvelle aux magistrats d'Argos. Cependant Othryadas respirait encore, et, malgré des blessures mortelles, il eut assez de force pour dresser un trophée sur le champ de bataille, et, après y avoir tracé de son sang ce petit nombre de mots, « Les Lacédémoniens vainqueurs des Argiens, » il se donna la mort pour ne pas survivre à ses compagnons[7].

Les Argiens sont persuadés qu'Apollon annonce l'avenir dans un de leurs temples. Une fois par mois, la prêtresse, qui est obligée de garder la continence, sacrifie une brebis pendant la nuit; et dès qu'elle a goûté du sang de la victime, elle est saisie de l'esprit prophétique[8].

Nous vîmes les femmes d'Argos s'assembler pendant plusieurs jours dans une espèce de chapelle attenante au temple de Jupiter Sauveur[9], pour y pleurer Adonis. J'avais envie de leur dire

---

[1] Plut. de virt. mult. t. 2, p. 245. — [2] Pausan. lib. 2, cap. 20, p. 157. — [3] Plut. ibid. Polyæn. strateg. lib. 8, cap. 33. — [4] Pausan. ibid. p. 154; cap. 21, p. 160. — [5] Id. ibid. cap. 21, p. 159. — [6] Id. ibid. cap. 20, p. 156. — [7] Id. ibid. Chryserm. ap. Plut. in parall. t. 2, p. 306. Suid. in Ὀθρυάδ. Sat. theb. lib. 4, v. 48. Lucrat. ibid. Stob. serm. 7, p. 92. — [8] Pausan. ibid. cap. 24, p. 165. — [9] Id. ibid. cap. 20, p. 156.

ce que des sages ont répondu quelquefois en des occasions semblables : Pourquoi le pleurer s'il est dieu, lui offrir des sacrifices s'il ne l'est pas [1]?

A quarante stades d'Argos [2][a] est le temple de Junon, un des plus célèbres de la Grèce [3], autrefois commun à cette ville et à Mycènes [4]. L'ancien fut brûlé, il n'y a pas un siècle, par la négligence de la prêtresse Chrysis, qui oublia d'éteindre une lampe placée au milieu des bandelettes sacrées [5]. Le nouveau, construit au pied du mont Eubée, sur les bords d'un petit ruisseau, se ressent du progrès des arts, et perpétuera le nom de l'architecte Eupolémus d'Argos [6].

Celui de Polyclète sera plus fameux encore par les ouvrages dont il a décoré ce temple [7], et surtout par la statue de Junon, de grandeur presque colossale. Elle est posée sur un trône : sa tête est ceinte d'une couronne où l'on a gravé les Heures et les Grâces : elle tient de sa droite une grenade, symbole mystérieux qu'on n'explique point aux profanes ; de sa gauche, un sceptre surmonté d'un coucou, attribut singulier, qui donne lieu à des contes puériles. Pendant que nous admirions le travail digne du rival de Phidias, et la richesse de la matière, qui est d'or et d'ivoire, Philotas me montrait en riant une figure assise, informe, faite d'un tronc de poirier sauvage, et couverte de poussière. C'est la plus ancienne des statues de Junon [8] : après avoir long-temps reçu l'hommage des mortels, elle éprouve le sort de la vieillesse et de la pauvreté ; on l'a reléguée dans un coin du temple, où personne ne lui adresse des vœux.

Sur l'autel, les magistrats d'Argos viennent s'obliger par serment d'observer les traités de paix ; mais il n'est pas permis aux étrangers d'y offrir des sacrifices [9].

Le temple, depuis sa fondation, est desservi par une prêtresse, qui doit, entre autres choses, s'abstenir de certains poissons [10] : on lui élève pendant sa vie une statue [11], et après sa mort on y grave et son nom et la durée de son sacerdoce. Cette suite de monumens placés en face du temple et mêlés avec les statues de plusieurs héros [12] donne une suite de dates que les historiens emploient quelquefois pour fixer l'ordre des temps [13].

Dans la liste des prêtresses on trouve des noms illustres, tels

---

[1] Plut. apophth. lacon. t. 2, p. 228; id. in Isid. p. 379. — [2] Strab. lib. 8, p. 368. — [a] Environ une lieue et demie. — [3] Pausan. lib. 2, cap. 17, p. 147. — [4] Strab. ibid. p. 372. — [5] Thucyd. lib. 4, cap. 133. Pausan. ibid. p. 148. — [6] Pausan. ibid. p. 147. — [7] Strab. ibid. p. 372. — [8] Pausan. ibid. p. 148. — [9] Herodot. lib. 6, cap. 81. — [10] Plut. de solert. animal. t. 2, p. 983. — [11] Pausan. ibid. p. 149. — [12] Id. ibid. p. 148. — [13] Thucyd. lib. 2, cap. 2 Schol. ibid. Hellan. ap. Dionys. Halic. antiq. rom. lib. 1, t. 1, p. 181. Polyb. excerpt. p. 50. Meurs. de archont. Athen. lib. 3, cap. 6.

que ceux d'Hypermnestre, fille de Danaüs; d'Admète, fille du roi Eurysthée [1]; de Cydippe, qui dut sa gloire encore moins à ses aïeux qu'à ses enfans. On nous raconta son histoire pendant qu'on célébrait la fête de Junon. Ce jour, qui attire une multitude infinie de spectateurs, est surtout remarquable par une pompe solennelle qui se rend d'Argos au temple de la déesse : elle est précédée par cent bœufs parés de guirlandes, qu'on doit sacrifier et distribuer aux assistans [2] : elle est protégée par un corps de jeunes Argiens couverts d'armes étincelantes, qu'ils déposent par respect avant que d'approcher de l'autel [3] : elle se termine par la prêtresse, qui paraît sur un char attelé de deux bœufs dont la blancheur égale la beauté [4]. Or, du temps de Cydippe, la procession ayant défilé, et l'attelage n'arrivant point, Biton et Cléobis s'attachèrent au char de leur mère, et, pendant quarante-cinq stades [a], la traînèrent en triomphe dans la plaine et jusque vers le milieu de la montagne, où le temple était alors placé [5]. Cydippe arriva au milieu des cris et des applaudissemens ; et, dans les transports de sa joie, elle supplia la déesse d'accorder à ses fils le plus grand des bonheurs. Ses vœux furent, dit-on, exaucés ; un doux sommeil les saisit dans le temple même, et les fit tranquillement passer de la vie à la mort [6] : comme si les dieux n'avaient pas de plus grand bien à nous accorder que d'abréger nos jours !

Les exemples d'amour filial ne sont pas rares sans doute dans les grandes nations ; mais leur souvenir s'y perpétue à peine dans le sein de la famille qui les a produits ; au lieu qu'en Grèce une ville entière se les approprie, et les éternise comme des titres dont elle s'honore autant que d'une victoire remportée sur l'ennemi. Les Argiens envoyèrent à Delphes les statues de ces généreux frères [7], et j'ai vu dans un temple d'Argolide un groupe qui les représente attelés au char de leur mère [8].

Mycènes.

Nous venions de voir la noble récompense que les Grecs accordent aux vertus des particuliers ; nous vîmes, à quinze stades [b] du temple [9], à quel excès ils portent la jalousie du pouvoir. Des décombres, parmi lesquels on a de la peine à distinguer les tom-

---

[1] Marsh. chronic. can. p. 127. Fréret, défens. de la chronol. p. 75. — [2] Schol. Pind. in olymp. 7, v. 152. — [3] AEneas Poliorc. cap. 17, p. 13. — [4] Palæph. de incredib. cap. 51. — [a] Environ deux lieues moins un quart. — [5] Pausan. lib. 2, cap. 17, p. 148. — [6] Herodot. lib. 1, cap. 31. Axioch. ap. Plat. t. 3, p. 367. Cicer. tuscul. lib. 1, cap. 47, t. 2, p. 273. Val. Max. lib. 5, cap. 4, extern. 4. Stob. serm. 169, p. 603. Serv. et Philarg. in Virg. georg. lib. 3, v 532. — [7] Herodot. ibid. — [8] Pausan. ibid. cap. 20, p. 155. — [b] Quatorze cent dix toises et demie. — [9] Pausan. ibid. cap. 17, p. 147.

beaux d'Atrée, d'Agamemnon, d'Oreste et d'Électre, voilà tout ce qui reste de l'ancienne et fameuse ville de Mycènes. Les Argiens la détruisirent il y a près d'un siècle et demi [1]. Son crime fut de n'avoir jamais plié sous le joug qu'ils avaient imposé à presque toute l'Argolide, et d'avoir, au mépris de leurs ordres, joint ses troupes à celles que la Grèce rassemblait contre les Perses [2]. Ses malheureux habitans errèrent en différens pays, et la plupart ne trouvèrent un asile qu'en Macédoine [3].

L'histoire grecque offre plus d'un exemple de ces effrayantes émigrations; et l'on ne doit pas en être surpris. La plupart des provinces de la Grèce furent d'abord composées de quantité de républiques indépendantes, les unes attachées à l'aristocratie, les autres à la démocratie; toutes avec la facilité d'obtenir la protection des puissances voisines, intéressées à les diviser [4]. Vainement cherchèrent-elles à se lier par une confédération générale; les plus puissantes, après avoir assujéti les plus faibles, se disputèrent l'empire : quelquefois même l'une d'entre elles, s'élevant au-dessus des autres, exerça un véritable despotisme sous les formes spécieuses de la liberté. De là ces haines et ces guerres nationales qui ont désolé pendant si long-temps la Thessalie, la Béotie, l'Arcadie et l'Argolide. Elles n'affligèrent jamais l'Attique ni la Laconie; l'Attique, parce que ses habitans vivent sous les mêmes lois, comme citoyens de la même ville; la Laconie, parce que les siens furent toujours retenus dans la dépendance par la vigilance active des magistrats de Sparte, et la valeur connue des Spartiates.

Je sais que les infractions des traités et les attentats contre le droit des gens furent quelquefois déférés à l'assemblée des Amphictyons, instituée dès les plus anciens temps parmi les nations septentrionales de la Grèce : je sais aussi que plusieurs villes de l'Argolide établirent chez elles un semblable tribunal [5]; mais ces diètes, qui ne connaissaient que de certaines causes, ou n'étendaient pas leur juridiction sur toute la Grèce, ou n'eurent jamais assez de forces pour assurer l'exécution de leurs décrets.

De retour à Argos, nous montâmes à la citadelle, où nous vîmes, dans un temple de Minerve, une statue de Jupiter conservée autrefois, disait-on, dans le palais de Priam. Elle a trois yeux, dont l'un est placé au milieu du front, soit pour désigner que ce dieu règne également dans les cieux, sur la mer et dans les enfers [6], soit peut-être pour montrer qu'il voit le passé, le présent et l'avenir.

[1] Diod. lib. 11, p. 49. Strab. lib. 8, p. 372. — [2] Pausan. lib. 2, cap. 16, p. 146. — [3] Id. lib. 7, cap. 25, p. 589. — [4] Thucyd. lib. 1, cap. 35 et 40. — [5] Strab. lib. 8, p. 374. — [6] Pausan. lib. 2, cap. 24, p. 166.

Tirynthe.

Nous partîmes pour Tirynthe, éloignée d'Argos d'environ cinquante stades[a]. Il ne reste de cette ville si ancienne [1] que des murailles épaisses de plus de vingt pieds [2], et hautes à proportion. Elles sont construites d'énormes rochers, entassés les uns sur les autres; les moindres si lourds, qu'un attelage de deux mulets aurait de la peine à les traîner. Comme on ne les avait point taillés, on eut soin de remplir avec des pierres d'un moindre volume les vides que laissait l'irrégularité de leurs formes [3]. Ces murs subsistent depuis une longue suite de siècles, et peut-être exciteront-ils l'admiration et la surprise pendant des milliers d'années encore [4].

Le même genre de travail se fait remarquer dans les anciens monumens de l'Argolide; plus en particulier dans les murs à demi détruits de Mycènes [5], et dans les grandes excavations que nous vîmes auprès du port de Nauplie [6], situé à une légère distance de Tirynthe.

On attribue tous ces ouvrages aux Cyclopes [7], dont le nom réveille des idées de grandeur, puisqu'il fut donné par les premiers poëtes, tantôt à des géans [8], tantôt à des enfans du Ciel et de la Terre, chargés de forger les foudres de Jupiter [9]. On crut donc que des constructions pour ainsi dire gigantesques ne devaient pas avoir pour auteurs des mortels ordinaires. On n'avait pas sans doute observé que les hommes, dès les plus anciens temps, en se construisant des demeures, songèrent plus à la solidité qu'à l'élégance, et qu'ils employèrent des moyens puissans pour procurer la plus longue durée à des travaux indispensables. Ils creusaient dans le roc de vastes cavernes pour s'y réfugier pendant leur vie, ou pour y être déposés après leur mort; ils détachaient des quartiers de montagnes, et en entouraient leurs habitations: c'était le produit de la force, et le triomphe des obstacles. On travaillait alors sur le plan de la nature, qui ne fait rien que de simple, de nécessaire et de durable. Les proportions exactes, les belles formes introduites depuis dans les monumens font des impressions plus agréables; je doute qu'elles soient aussi profondes. Dans ceux mêmes qui ont plus de droit à l'admiration

---

[a] Environ deux lieues et demie. — [1] Pausan. lib. 2, cap. 15, p. 145. — [2] Voyage de Des Monceaux, p. 473. — [3] Pausan. ibid. cap. 25, p. 169. — [4] Id. lib. 9, cap. 36, p. 983. Des Monceaux, ibid. — [5] Euripid. in Hercul. fur. v. 944. Pausan. lib. 7, cap. 25, p. 589. Hesych. in Κυκλώπ. — [6] Strab. lib. 8, p. 373. — [7] Euripid. in Orest. v. 963; in Iphig. in Aul. v. 152 et 1501; in Electr. v. 1158; in Hercul. fur. v. 15. Strab. ibid. Pausan. ibid. Eustath. in iliad. v. 286. Stat. theb lib. 1, v. 251. — [8] Homer. odyss. lib. 9. Bochart. geogr. sacr. lib. 1, cap. 30. — [9] Mém. de l'acad. des bell. lettr. t. 23, hist. p. 28.

publique, et qui s'élèvent majestueusement au-dessus de la terre, la main de l'art cache celle de la nature, et l'on n'a substitué que la magnificence à la grandeur.

Pendant qu'à Tirynthe on nous racontait que les Argiens, épuisés par de longues guerres, avaient détruit Tirynthe, Midée, Hysies, et quelques autres villes, pour en transporter les habitans chez eux [1], Philotas regrettait de ne pas trouver en ces lieux les anciens Tirynthiens. Je lui en demandai la raison. Ce n'est pas, répondit-il, parce qu'ils aimaient autant le vin que les autres peuples de ce canton [2]; mais l'espèce de leur folie m'aurait amusé. Voici ce que m'en a dit un Argien :

Ils s'étaient fait une telle habitude de plaisanter sur tout, qu'ils ne pouvaient plus traiter sérieusement les affaires les plus importantes. Fatigués de leur légèreté, ils eurent recours à l'oracle de Delphes. Il les assura qu'ils guériraient, si, après avoir sacrifié un taureau à Neptune, ils pouvaient, sans rire, le jeter à la mer. Il était visible que la contrainte imposée ne permettrait pas d'achever l'épreuve. Cependant ils s'assemblèrent sur le rivage : ils avaient éloigné les enfans ; et, comme on voulait en chasser un qui s'était glissé parmi eux : « Est-ce que vous avez peur, s'écria-t-il, que je n'avale votre taureau ? » A ces mots ils éclatèrent de rire ; et, persuadés que leur maladie était incurable, ils se soumirent à leur destinée [3].

Hermione.

Nous sortîmes de Tirynthe, et, nous étant rendus vers l'extrémité de l'Argolide, nous visitâmes Hermione et Trézène. (*Atlas, pl.* 35.) Dans la première, nous vîmes, entre autres choses, un petit bois consacré aux Grâces ; un temple de Vénus, où toutes les filles, avant de se marier, doivent offrir un sacrifice [4]; un temple de Cérès, devant lequel sont les statues de quelques unes de ses prêtresses. On y célèbre en été une fête dont je vais décrire en peu de mots la principale cérémonie.

A la tête de la procession marchent les prêtres des différentes divinités, et les magistrats en exercice : ils sont suivis des femmes, des hommes, des enfans, tous habillés de blanc, tous couronnés de fleurs, et chantant des cantiques. Paraissent ensuite quatre génisses, que l'on introduit l'une après l'autre dans le temple, et qui sont successivement immolées par quatre matrones. Ces victimes, qu'on avait auparavant de la peine à retenir, s'adoucissent à leur voix, et se présentent d'elles-mêmes à l'autel. Nous n'en

---

[1] Pausan. lib. 8, cap. 27, p. 653. — [2] Athen. lib. 10, cap. 12, p. 438. — [3] Theophr. ap. Athen. lib. 6, cap. 17, p. 261. Eustath. in odyss. lib. 18, p. 1839, lin. 47. — [4] Pausan. lib. 2, cap. 34, p. 193.

fûmes pas témoins; car on ferme les portes pendant le sacrifice [1].

Derrière cet édifice sont trois places entourées de balustres de pierre. Dans l'une de ces places la terre s'ouvre, et laisse entrevoir un abîme profond : c'est une de ces bouches de l'enfer dont j'ai parlé dans mon voyage de Laconie [a]. Les habitans disaient que Pluton, ayant enlevé Proserpine, préféra de descendre par ce gouffre, parce que le trajet est plus court. Ils ajoutaient que, dispensés, à cause du voisinage, de payer un tribut à Caron, ils ne mettaient point une pièce de monnaie dans la bouche des morts, comme on fait partout ailleurs [2].

Trézène.

A Trézène, nous vîmes avec plaisir les monumens qu'elle renferme; nous écoutâmes avec patience les longs récits qu'un peuple fier de son origine [3] nous faisait de l'histoire de ses anciens rois, et des héros qui avaient paru dans cette contrée. On nous montrait le siège où Pitthée, fils de Pélops, rendait la justice [4]; la maison où naquit Thésée, son petit-fils et son élève [5]; celle qu'habitait Hippolyte [6]; son temple, où les filles de Trézène déposent leur chevelure avant de se marier [7]. Les Trézéniens, qui lui rendent des honneurs divins, ont consacré à Vénus l'endroit où Phèdre se cachait pour le voir lorsqu'il poussait son char dans la carrière. Quelques uns prétendaient qu'il ne fut pas traîné par ses chevaux, mais placé parmi les constellations : d'autres nous conduisirent au lieu de sa sépulture, placée auprès du tombeau de Phèdre [8].

On nous montrait aussi un édifice en forme de tente, où fut relégué Oreste pendant qu'on le purifiait, et un autel fort ancien où l'on sacrifie à la fois aux Muses et au Sommeil, à cause de l'union qui règne entre ces divinités [9]. Une partie de Trézène est située sur le penchant d'une montagne; l'autre, dans une plaine qui s'étend jusqu'au port, où serpente la rivière Chrysorrhoas, et qu'embrassent, presque de tous côtés, des collines et des montagnes couvertes, jusqu'à une certaine hauteur, de vignes, d'oliviers, de grenadiers et de myrtes, couronnées ensuite par des bois de pins et de sapins qui semblent s'élever jusqu'aux nues [10].

La beauté de ce spectacle ne suffisait pas pour nous retenir

---

[1] Pausan. lib. 2, cap. 35, p. 195. AElian. hist. animal. lib. 11, cap. 4. — [a] Voyez page 152 de ce volume. — [2] Strab. lib. 8, p. 373. Callim. ap. etymol. magn. in Δαράχ.— [3] Pausan. ibid. cap. 30, p. 181.— [4] Id. ibid. cap. 31, p. 184.— [5] Id. ibid. p. 188. — [6] Id. ibid. p. 187.— [7] Id. ibid. p. 186.— [8] Id. ibid. p. 186 et 187.— [9] Id. ibid. cap. 31, p. 184. — [10] Fourmont, voyage manuscrit de l'Argolide.

plus long-temps dans cette ville. En certaines saisons, l'air y est malsain [1]; ses vins ne jouissent pas d'une bonne réputation [2], et les eaux de l'unique fontaine qu'elle possède sont d'une mauvaise qualité [3].

Épidaure.

Nous côtoyâmes la mer, et nous arrivâmes à Épidaure (*Atlas, pl.* 35), située au fond d'un golfe [4], en face de l'île d'Égine, qui lui appartenait anciennement [5] : de fortes murailles l'ont quelquefois protégée contre les efforts des puissances voisines [6]; son territoire, rempli de vignobles [7], est entouré de montagnes couvertes de chênes [8]. Hors des murs, à quarante stades de distance [9][a], sont le temple et le bois sacré d'Esculape [10], où les malades viennent de toutes parts chercher leur guérison. Un conseil composé de cent quatre-vingts citoyens est chargé de l'administration de ce petit pays [11].

On ne sait rien de bien positif sur la vie d'Esculape, et c'est ce qui fait qu'on en dit tant de choses. Si l'on s'en rapporte aux récits des habitans, un berger qui avait perdu son chien et une de ses chèvres, les trouva sur une montagne voisine, auprès d'un enfant resplendissant de lumière, allaité par la chèvre, et gardé par le chien; c'était Esculape, fils d'Apollon et de Coronis [12]. Ses jours furent consacrés au soulagement des malheureux. Les blessures et les maladies les plus dangereuses cédaient à ses opérations, à ses remèdes, aux chants harmonieux, aux paroles magiques qu'il employait [13]. Les dieux lui avaient pardonné ses succès; mais il osa rappeler les morts à la vie, et, sur les représentations de Pluton, il fut écrasé par la foudre [14].

D'autres traditions laissent entrevoir quelques lueurs de vérité, et nous présentent un fil que nous suivrons un moment sans nous engager dans ses détours. L'instituteur d'Achille, le sage Chiron, avait acquis de légères connaissances sur les vertus des simples, de plus grandes sur la réduction des fractures et des luxations; il les transmit à ses descendans, qui existent encore en Thessalie, et qui de tout temps se sont généreusement dévoués au service des malades [15].

---

[1] Chandl. trav. in Greece, p. 216. — [2] Theophr. hist. plant. lib. 9, cap. 20. Plin. lib. 14, cap. 18, t. 1, p. 724. — [3] Vitruv. lib. 8, cap. 3, p. 159. Plin. lib. 31, p. 548. — [4] Strab. lib. 8, p. 374. — [5] Herodot. lib. 5, cap. 83. — [6] Thucyd. lib. 2, cap. 56; lib. 5, cap. 55 et 56. — [7] Homer. iliad. lib. 2, v. 561. — [8] Strab. ibid. Plin. lib. 4, cap. 5, t. 1, p. 194. — [9] Liv. lib. 45, cap. 48. Val. Max. lib. 1, cap. 8, § 2. — [a] Environ une lieue et demie. — [10] Pausan. lib. 2, cap. 26 et 27. — [11] Plut. quæst. græc. t. 2, p. 291. — [12] Pausan. ibid. cap. 26, p. 170. — [13] Pind. pyth. 3, v. 92. — [14] Id. ibid. v. 100. Euripid. in Alcest. v. 125. Plat. de rep. lib. 3, t. 2, p. 408. Diod. lib. 4, p. 273. Plin. lib. 29, t. 2, p. 493. — [15] Dicæarch. ap. geogr. min. t. 2, p. 30.

Il paraît qu'Esculape fut son disciple [1], et que, devenu le dépositaire de ses secrets, il en instruisit ses fils Machaon et Podalire [2], qui régnèrent après sa mort sur une petite ville de Thessalie [3]. Pendant le siége de Troie, ils signalèrent leur valeur dans les combats [4], et leur habileté dans le traitement des blessés [5]; car ils avaient cultivé avec soin la chirurgie, partie essentielle de la médecine, et la seule qui, suivant les apparences, fût connue dans ces siècles éloignés [6]. Machaon avait perdu la vie sous les murs de Troie. Ses cendres furent transportées dans le Péloponèse par les soins de Nestor [7]. Ses enfans, attachés à la profession de leur père, s'établirent dans cette contrée; ils élevèrent des autels à leur aïeul, et en méritèrent par les services qu'ils rendirent à l'humanité [8].

L'auteur d'une famille si respectable devint bientôt l'objet de la vénération publique. Sa promotion au rang des dieux doit être postérieure au temps d'Homère, qui n'en parle que comme d'un simple particulier; mais aujourd'hui on lui décerne partout les honneurs divins. Son culte a passé d'Épidaure dans les autres villes de la Grèce, même en des climats éloignés [9]: il s'étendra davantage [10], parce que les malades imploreront toujours avec confiance la pitié d'un dieu qui fut sujet à leurs infirmités.

Les Épidauriens ont institué en son honneur des fêtes qui se célèbrent tous les ans, et auxquelles on ajoute de temps en temps de nouveaux spectacles [11]. Quoiqu'elles soient très-magnifiques, le temple du dieu, les édifices qui l'environnent, et les scènes qui s'y passent, sont plus propres à satisfaire la curiosité du voyageur attentif.

Je ne parle point de ces riches présens que l'espoir et la reconnaissance des malades ont déposés dans cet asile [12]; mais on est d'abord frappé de ces belles paroles, tracées au-dessus de la porte du temple : « L'ENTRÉE DE CES LIEUX N'EST PERMISE QU'AUX AMES PURES [13]. » La statue du dieu, ouvrage de Thrasymède de Paros, comme on le voit par son nom inscrit au bas, est en or et en ivoire. Esculape, assis sur son trône, ayant un chien à ses pieds, tient d'une main son bâton, et prolonge l'autre au-dessus d'un serpent qui semble se dresser pour l'atteindre. L'artiste a

---

[1] Pind. pyth. 3, v. 80; id. nem. 3, v. 94. — [2] Homer. iliad. lib. 4, v. 219. — [3] Id. ibid. lib. 2, v. 730. Strab. lib. 8, p. 339; lib. 10, p. 448. — [4] Homer. ibid lib. 11, v. 832. — [5] Id. ibid. lib. 4, v. 217. — [6] Plat. de rep. lib. 3, t. 2, p. 405, 406, etc. Cels. de re med. in præfat. — [7] Pausan. lib. 3, cap. 26, p. 278. — [8] Id. lib. 2, cap. 11, p. 136; cap. 23, p. 163. — [9] Id. ibid. cap. 26, p. 171 et 172. — [10] Liv. epist. lib. 11. Val. Max. lib. 1, cap. 8, § 2. Aurel. Vict. de vir. illustr. cap. 22. Ovid. metam. etc. — [11] Plat. in Ion. t. 1, p. 530. — [12] Liv. lib. 45, cap. 28. — [13] Clem. Alex. strom. lib. 5, p. 652. Porphyr. de abstin. lib. 2, § 19, p. 136.

gravé sur le trône les exploits de quelques héros de l'Argolide : c'est Bellérophon qui triomphe de la Chimère ; c'est Persée qui coupe la tête à Méduse[1].

Polyclète, que personne n'avait surpassé dans l'art de la sculpture, que peu d'artistes ont égalé dans celui de l'architecture, construisit dans le bois sacré un théâtre élégant et superbe, où se placent les spectateurs en certaines fêtes[2]. Il éleva tout auprès une rotonde en marbre qui attire les regards, et dont le peintre Pausias a, de nos jours, décoré l'intérieur. Dans un de ses tableaux, l'Amour ne se présente plus avec l'appareil menaçant d'un guerrier ; il a laissé tomber son arc et ses flèches : pour triompher, il n'a besoin que de la lyre qu'il tient dans sa main. Dans un autre, Pausias a représenté l'ivresse sous la figure d'une femme, dont les traits se distinguent à travers une bouteille de verre qu'elle est sur le point de vider[3].

Aux environs, nous vîmes quantité de colonnes, qui contiennent non-seulement les noms de ceux qui ont été guéris et des maladies dont ils étaient affligés, mais encore le détail des moyens qui leur ont procuré la santé[4]. De pareils monumens, dépositaires de l'expérience des siècles, seraient précieux dans tous les temps ; ils étaient nécessaires avant qu'on eût écrit sur la médecine. On sait qu'en Égypte les prêtres conservent dans leurs temples l'état circonstancié des cures qu'ils ont opérées[5]. En Grèce, les ministres d'Esculape ont introduit cet usage, avec leurs autres rites, dans presque tous les lieux où ils se sont établis[6]. Hippocrate en connut le prix, et puisa une partie de sa doctrine sur le régime dans une suite d'anciennes inscriptions exposées auprès du temple que les habitans de Cos ont élevé en l'honneur d'Esculape[7].

Cependant, il faut l'avouer, les prêtres de ce dieu, plus flattés d'opérer des prodiges que des guérisons, n'emploient que trop souvent l'imposture pour s'accréditer dans l'esprit du peuple. Il faut les louer de placer leurs temples hors des villes et sur des hauteurs[8]. Celui d'Épidaure est entouré d'un bois dans lequel on ne laisse naître ni mourir personne ; car, pour éloigner de ces lieux l'image effrayante de la mort, on en retire les malades qui sont à toute extrémité, et les femmes qui sont au dernier terme de leur grossesse[9]. Un air sain, un exercice modéré, un régime convenable, des remèdes appropriés, telles sont les sages précau-

---

[1] Pausan. lib. 2, cap. 27, p. 172. — [2] Id. ibid. p. 174. — [3] Id. ibid. p. 173. — [4] Id. ibid. Strab. lib. 8, p. 374. — [5] Galen. de compos. med. lib. 5, cap. 2, p. 246. — [6] Strab. lib. 8, p. 374. Gruter. inscript. t. 1, p. 71. — [7] Strab. lib. 14, p. 657. Plin. lib. 29, cap. 1, t. 2, p. 493. — [8] Plut. quæst. rom. t. 2, p. 286. — [9] Pausan. ibid. p. 172.

tions qu'on a crues propres à rétablir la santé; mais elles ne suffisent pas aux vues des prêtres, qui, pour attribuer des effets naturels à des causes surnaturelles, ajoutent au traitement quantité de pratiques superstitieuses.

On a construit auprès du temple une grande salle où ceux qui viennent consulter Esculape, après avoir déposé sur la table sainte des gâteaux, des fruits et d'autres offrandes, passent la nuit couchés sur de petits lits[1] : un des ministres leur ordonne de s'abandonner au sommeil, de garder un profond silence, quand même ils entendraient du bruit, et d'être attentifs aux songes que le dieu va leur envoyer[2]; ensuite il éteint les lumières, et a soin de ramasser les offrandes dont la table est couverte[3]. Quelque temps après, les malades croient entendre la voix d'Esculape, soit qu'elle leur parvienne par quelque artifice ingénieux; soit que le ministre, revenu sur ses pas, prononce sourdement quelques paroles autour de leur lit; soit enfin que, dans le calme des sens, leur imagination réalise les récits et les objets qui n'ont cessé de les frapper depuis leur arrivée.

La voix divine leur prescrit les remèdes destinés à les guérir, remèdes assez conformes à ceux des autres médecins[4]. Elle les instruit en même temps des pratiques de dévotion qui doivent en assurer l'effet. Si le malade n'a d'autre mal que de craindre tous les maux, s'il se résout à devenir l'instrument de la fourberie, il lui est ordonné de se présenter le lendemain au temple, de passer d'un côté de l'autel à l'autre, d'y poser la main, de l'appliquer sur la partie souffrante, et de déclarer hautement sa guérison en présence d'un grand nombre de spectateurs que ce prodige remplit d'un nouvel enthousiasme[5]. Quelquefois, pour sauver l'honneur d'Esculape, on enjoint aux malades d'aller au loin exécuter ses ordonnances[6]. D'autres fois ils reçoivent la visite du dieu, déguisé sous la forme d'un gros serpent, dont les caresses raniment leur confiance[7].

Les serpens, en général, sont consacrés à ce dieu, soit parce que la plupart ont des propriétés dont la médecine fait usage[8], soit pour d'autres raisons qu'il est inutile de rapporter; mais Esculape paraît chérir spécialement ceux qu'on trouve dans le territoire d'Épidaure, et dont la couleur tire sur le jaune[9]. Sans venin, d'un caractère doux et paisible, ils aiment à vivre fami-

---

[1] Aristoph. in Plut. v. 662. Pausan. lib. 2, cap. 27, p. 173. Aristid. orat. t. 1, p. 515. Philostr. vit. sophist. lib. 1, p. 535. Plaut. in curcul. act. 1, scen. 1, p. 263. Solin. cap. 7. — [2] Cicer. de divin. lib. 2, cap. 59, t. 3, p. 89. — [3] Aristoph. ibid. v. 662 et 676. — [4] Le Clerc, hist. de la méd. liv. 1, chap. 20, p. 60. — [5] Gruter. inscript. t. 1, p. 71. — [6] Aristid. orat. t. 1, p. 516 et 549. — [7] Aristoph. ibid. v. 688. — [8] Plin. lib. 29, cap. 4, t. 2, p. 505. — [9] Pausan. ibid. cap. 28, p. 175.

lièrement avec les hommes. Celui que les prêtres entretiennent dans l'intérieur du temple se replie quelquefois autour de leur corps, ou se redresse sur sa queue pour prendre la nourriture qu'on lui présente dans une assiette*a*. On le laisse rarement sortir : quand on lui rend sa liberté, il se promène avec majesté dans les rues; et comme son apparition est d'un heureux présage, elle excite une joie universelle[1]. Les uns le respectent parce qu'il est sous la protection de la divinité tutélaire du lieu ; les autres se prosternent en sa présence, parce qu'ils le confondent avec le dieu lui-même.

On trouve de ces serpens familiers dans les autres temples d'Esculape[2], dans ceux de Bacchus[3] et de quelques autres divinités. Ils sont très-communs à Pella, capitale de la Macédoine. Les femmes s'y font un plaisir d'en élever. Dans les grandes chaleurs de l'été, elles les entrelacent autour de leur cou en forme de collier, et dans leurs orgies elles s'en parent comme d'un ornement, ou les agitent au-dessus de leur tête. Pendant mon séjour en Grèce, on disait qu'Olympias, femme de Philippe, roi de Macédoine, en faisait souvent coucher un auprès d'elle ; on ajoutait même que Jupiter avait pris la forme de cet animal, et qu'Alexandre était son fils[4].

Les Épidauriens sont crédules; les malades le sont encore plus. Ils se rendent en foule à Épidaure ; ils s'y soumettent avec une entière résignation aux remèdes dont ils n'avaient jusqu'alors retiré aucun fruit, et que leur extrême confiance rend quelquefois plus efficaces. La plupart me racontaient avec une foi vive les songes dont le dieu les avait favorisés : les uns étaient si bornés, qu'ils s'effarouchaient à la moindre discussion ; les autres si effrayés, que les plus fortes raisons ne pouvaient les distraire du sentiment de leurs maux : tous citaient des exemples de guérison qu'ils n'avaient pas constatés, et qui recevaient une nouvelle force en passant de bouche en bouche.

Némée.

Nous repassâmes par Argos, et nous prîmes le chemin de Némée, ville fameuse par la solennité des jeux qu'on y célèbre chaque troisième année en l'honneur de Jupiter. Comme ils offrent à peu près les mêmes spectacles que ceux d'Olympie, je n'en parlerai point : il me suffira d'observer que les Argiens y président[5], et qu'on n'y décerne au vainqueur qu'une couronne

---

a Les médailles le représentent fréquemment dans cette attitude. — [1] Val. Max. lib. 1, cap. 8, § 2. — [2] Pausan. lib. 2, cap. 11, p. 137. — [3] Schol. Aristoph. in Plut. v. 690. — [4] Plut. in Alex. t. 1, p. 665. Lucian. in Alex. cap. 7, t. 2, p. 215. — [5] Pausan. ibid. cap. 15, p. 144. Julian. epist. pro Argiv. p. 408.

d'ache[1]. Nous entrâmes ensuite dans des montagnes, et, à quinze stades de la ville, nos guides nous montrèrent avec effroi la caverne où se tenait ce lion qui périt sous la massue d'Hercule[2].

De là étant revenus à Corinthe, nous reprîmes bientôt le chemin d'Athènes, où, dès mon arrivée, je continuai mes recherches, tant sur les parties de l'administration que sur les opinions des philosophes et sur les différentes branches de la littérature.

CHAPITRE LIV.

La République de Platon.

Deux grands objets occupent les philosophes de la Grèce : la manière dont l'univers est gouverné, et celle dont il faut gouverner les hommes. Ces problèmes, peut-être aussi difficiles à résoudre l'un que l'autre, sont le sujet éternel de leurs entretiens et de leurs écrits. Nous verrons dans la suite[a] comment Platon, d'après Timée, concevait la formation du monde. J'expose ici les moyens qu'il imaginait pour former la plus heureuse des sociétés.

Il nous en avait entretenus plus d'une fois ; mais il les développa avec plus de soin un jour que, se trouvant à l'Académie, où depuis quelque temps il avait cessé de donner des leçons, il voulut prouver qu'on est heureux dès qu'on est juste, quand même on n'aurait rien à espérer de la part des dieux, et qu'on aurait tout à craindre de la part des hommes. Pour mieux connaître ce que produirait la justice dans un simple particulier, il examina quels seraient ses effets dans un gouvernement où elle se dévoilerait avec une influence plus marquée et des caractères plus sensibles. Voici à peu près l'idée qu'il nous donna de son système. Je vais le faire parler ; mais j'aurai besoin d'indulgence : s'il fallait conserver à ses pensées les charmes dont il sait les embellir, ce serait aux Grâces de tenir le pinceau.

Ce n'est ni d'une monarchie, ni d'une démocratie que je dois tracer le plan. Que l'autorité se trouve entre les mains d'un seul ou de plusieurs, peu m'importe. Je forme un gouvernement où les peuples seraient heureux sous l'empire de la vertu.

J'en divise les citoyens en trois classes : celle des mercenaires ou de la multitude, celle des guerriers ou des gardiens de l'État, celle des magistrats ou des sages. Je ne prescris rien à la première :

---

[1] Pausan. lib. 8, cap. 48, p. 697. Plin. lib. 19, cap. 8, p. 179. Lucian. gymnas. cap. 9, t. 2, p. 888. — [2] Pausan. lib. 2, cap. 15, p. 144. — [a] Voyez le chapitre LIX de cet ouvrage.

elle est faite pour suivre aveuglément les impulsions des deux autres.

Je veux un corps de guerriers[1] qui aura toujours les armes à la main, et dont l'objet sera d'entretenir dans l'État une tranquillité constante. Il ne se mêlera pas avec les autres citoyens; il demeurera dans un camp, et sera toujours prêt à réprimer les factions du dedans, à repousser les attaques du dehors[2].

Mais, comme des hommes si redoutables pourraient être infiniment dangereux[3], et qu'avec toutes les forces de l'État il leur serait facile d'en usurper la puissance, nous les contiendrons, non par des lois, mais par la vigueur d'une institution qui réglera leurs passions et leurs vertus mêmes. Nous cultiverons leur esprit et leur cœur par les instructions qui sont du ressort de la musique, et nous augmenterons leur courage et leur santé par les exrecices de la gymnastique[4].

Que leur éducation commence dès les premières années de leur enfance[5]; que les impressions qu'ils recevront alors ne soient pas contraires à celles qu'ils doivent recevoir dans la suite, et qu'on évite surtout de les entretenir de ces vaines fictions déposées dans les écrits d'Homère, d'Hésiode et des autres poëtes. Les dissensions et les vengeances faussement attribuées aux dieux n'offrent que de grands crimes justifiés par de grandes autorités; et c'est un malheur insigne que de s'accoutumer de bonne heure à ne trouver rien d'extraordinaire dans les actions les plus atroces.

Ne dégradons jamais la Divinité par de pareilles images. Que la poésie l'annonce aux enfans des guerriers avec autant de dignité que de charmes : on leur dira sans cesse que Dieu ne peut être l'auteur que du bien[6]; qu'il ne fait le malheur de personne; que ses châtimens sont des bienfaits; et que les méchans sont à plaindre, non quand ils les éprouvent, mais quand ils trouvent le moyen de s'y soustraire[7].

On aura soin de les élever dans le plus parfait mépris de la mort et de l'appareil menaçant des enfers[8]. Ces peintures effrayantes et exagérées du Cocyte et du Styx peuvent être utiles en certaines occasions, mais elles ne sont pas faites pour des hommes qui ne doivent connaître la crainte que par celle qu'ils inspirent.

Pénétrés de ces vérités, que la mort n'est pas un mal[9] et que le sage se suffit à lui-même, ils verront expirer autour d'eux leurs parens et leurs amis sans répandre une larme, sans pousser un soupir. Il faudra que leur âme ne se livre jamais aux excè

---

[1] Plat. de rep. t. 2, lib. 2, p. 373. — [2] Id. ibid. lib. 3, p. 415. — [3] Id. ibid. lib. 3, p. 416. — [4] Id. ibid. lib. 2, p. 376. — [5] Id. ibid. p. 377. — [6] Id. ibid. p. 379. — [7] Id. ibid. p. 380; id. in Gorg. t. 1, p. 472 et 509. — [8] Id. de rep. lib. 3, p. 386. — [9] Id. ibid. p. 387.

de la douleur, de la joie ou de la colère; qu'elle ne connaisse ni le vil intérêt, ni le mensonge, plus vil encore, s'il est possible; qu'elle rougisse des faiblesses et des cruautés que les poëtes attribuent aux anciens guerriers[1], et qu'elle fasse consister le véritable héroïsme à maîtriser ses passions et à obéir aux lois.

C'est dans cette âme qu'on imprimera comme sur l'airain les idées immortelles de la justice et de la vérité; c'est là qu'on gravera, en traits ineffaçables, que les méchans sont malheureux dans la prospérité[2]; que la vertu est heureuse dans la persécution, et même dans l'oubli.

Mais ces vérités ne doivent pas être présentées avec des couleurs qui en altèrent la majesté[3]. Loin d'ici ces acteurs qui les dégraderaient sur le théâtre en y joignant la peinture trop fidèle des petitesses et des vices de l'humanité! Leurs talens inspireraient à nos élèves ce goût d'imitation, dont l'habitude, contractée de bonne heure, passe dans les mœurs, et se réveille dans tous les instans de la vie. Ce n'est point à eux de copier des gestes et des discours qui ne répondraient pas à leur caractère; il faut que leur maintien et leur récit respirent la sainteté de la vertu, et n'aient pour ornement qu'une simplicité extrême. S'il se glissait dans notre ville un de ces poëtes habiles dans l'art de varier les formes du discours, et de représenter sans choix toutes sortes de personnages, nous répandrions des parfums sur sa tête, et nous le congédierions[4].

Nous bannirons et les accens plaintifs de l'harmonie lydienne, et la mollesse des chants de l'ionienne. Nous conserverons le mode dorien, dont l'expression mâle soutiendra le courage de nos guerriers; et le phrygien, dont le caractère paisible et religieux pourra s'assortir à la tranquillité de leur âme: mais ces deux modes mêmes, nous les gênerons dans leurs mouvemens; et nous les forcerons à choisir une marche noble, convenable aux circonstances, conforme aux chants qu'elle doit régler, et aux paroles auxquelles on doit toujours l'assujétir[5].

De cet heureux rapport établi entre les paroles, l'harmonie et le nombre, résultera cette décence, et par conséquent cette beauté dont l'idée doit toujours être présente à nos jeunes élèves. Nous exigerons que la peinture, l'architecture et tous les arts l'offrent à leurs yeux, afin que de toutes parts, entourés et assaillis des images de la beauté, et vivant au milieu de ces images comme dans un air pur et serein, ils s'en pénètrent jusqu'au fond de l'âme, et s'accoutument à les reproduire dans leurs actions et dans leurs mœurs[6]. Nourris de ces semences divines,

---

[1] Plat. de rep. lib. 3, p. 391. — [2] Id. ibid. p. 392. — [3] Id. ibid. p. 394, etc. — [4] Id. ibid. p. 398 et 399. — [5] Id. ibid. — [6] Id. ibid. p. 401.

ils s'effaroucheront au premier aspect du vice, parce qu'ils n'y reconnaîtront pas l'empreinte auguste qu'ils ont dans le cœur ; ils tressailliront à la voix de la raison et de la vertu, parce qu'elles leur apparaîtront sous des traits connus et familiers. Ils aimeront la beauté avec tous les transports, mais sans aucun des excès de l'amour.

Les mêmes principes dirigeront cette partie de leur éducation qui concerne les besoins et les exercices du corps[1]. Ici, point de règle constante et uniforme dans le régime : des gens destinés à vivre dans un camp, et à suivre les opérations d'une campagne, doivent apprendre à supporter la faim, la soif, le froid, le chaud, tous les besoins, toutes les fatigues, toutes les saisons. Ils trouveront dans une nourriture frugale les trésors de la santé, et dans la continuité des exercices les moyens d'augmenter leur courage plutôt que leurs forces[2]. Ceux qui auront reçu de la nature un tempérament délicat ne chercheront pas à le fortifier par les ressources de l'art. Tels que ce mercenaire qui n'a pas le loisir de réparer les ruines d'un corps que le travail consume[3], ils rougiraient de prolonger à force de soins une vie mourante et inutile à l'État. On attaquera les maladies accidentelles par des remèdes prompts et simples ; on ne connaîtra pas celles qui viennent de l'intempérance et des autres excès ; on abandonnera au hasard celles dont on apporte le germe en naissant[4]. Par là se trouvera proscrite cette médecine qui ne sait employer ses efforts que pour multiplier nos souffrances, et nous faire mourir plus long-temps.

Je ne dirai rien ici de la chasse, de la danse et des combats du gymnase[5] : je ne parlerai pas du respect inviolable qu'on aura pour les parens et les vieillards[6], non plus que d'une foule d'observances dont le détail me mènerait trop loin. Je n'établis que des principes généraux ; les règles particulières en découleront d'elles-mêmes, et s'appliqueront sans effort aux circonstances. L'essentiel est que la musique et la gymnastique influent également sur l'éducation, et que les exercices du corps soient dans un juste tempérament avec ceux de l'esprit ; car par elle-même la musique amollit un caractère qu'elle adoucit[7], et la gymnastique le rend dur et féroce, en lui donnant de la vigueur. C'est en combinant ces deux arts, en les corrigeant l'un par l'autre, qu'on viendra à bout de tendre ou de relâcher, dans une exacte proportion, les ressorts d'une âme trop faible ou trop impétueuse : c'est par là que nos guerriers, réunissant la force et le

---

[1] Plat. de rep. lib. 3, p. 403. — [2] Id. ibid. p. 410. — [3] Id. ibid. p. 406. — [4] Id. ibid. p. 410. — [5] Id. ibid. p. 412. — [6] Id. ibid. lib. 4, p. 425. — [7] Id. ibid. lib. 3, p. 410.

courage à la douceur et à l'aménité, paraîtront aux yeux de leurs ennemis les plus redoutables des hommes, et les plus aimables aux yeux des autres citoyens [1]. Mais, pour produire cet heureux effet, on évitera de rien innover dans le système de l'institution une fois établie. On a dit que toucher aux règles de la musique, c'était ébranler les lois fondamentales du gouvernement [2]; j'ajoute qu'on s'exposerait au même malheur en faisant des changemens dans les jeux, dans les spectacles et dans les moindres usages [3]. C'est que, chez un peuple qui se conduit plutôt par les mœurs que par les lois, les moindres innovations sont dangereuses, parce que, dès qu'on s'écarte des usages reçus dans un seul point, on perd l'opinion de leur sagesse; il s'est glissé un abus, et le poison est dans l'État.

Tout dans notre république dépendra de l'éducation des guerriers [4]; tout dans cette éducation dépendra de la sévérité de la discipline : ils regarderont la moindre observance comme un devoir, et la plus petite négligence comme un crime. Et qu'on ne s'étonne pas de la valeur que nous donnons à des pratiques frivoles en apparence; quand elles ne tendraient pas directement au bien général, l'exactitude à les remplir serait d'un prix infini, parce qu'elle contrarierait et forcerait le penchant. Nous voulons pousser les âmes au plus haut point de perfection pour elles-mêmes et d'utilité pour la patrie. Il faut que, sous la main des chefs, elles deviennent propres aux plus petites choses comme aux plus grandes; il faut qu'elles brisent sans cesse leur volonté, et qu'à force de sacrifices elles parviennent à ne penser, n'agir, ne respirer que pour le bien de la république. Ceux qui ne seront pas capables de ce renoncement à eux-mêmes ne seront pas admis dans la classe des guerriers, mais relégués dans celle des artisans et des laboureurs [5]; car les états ne seront pas réglés par la naissance, ils le seront uniquement par les qualités de l'âme.

Avant que d'aller plus loin, forçons nos élèves à jeter les yeux sur la vie qu'ils doivent mener un jour; ils seront moins étonnés de la sévérité de nos règles, et se prépareront mieux à la haute destinée qui les attend.

Si les guerriers possédaient des terres et des maisons, si l'or et l'argent souillaient une fois leurs mains [6], bientôt l'ambition, la haine, et toutes les passions qu'entraînent les richesses se glisseraient dans leurs cœurs, et ils ne seraient plus que des hommes ordinaires. Délivrons-les de tous ces petits soins qui les forceraient

---

[1] Plat. de rep. lib. 2, p. 376. — [2] Id. ibid. lib. 4, p. 424. — [3] Id. de leg. lib. 7, p. 797. — [4] Id. de rep. lib. 4, p. 423, etc. — [5] Id. ibid. lib. 3, p. 415. — [6] Id. ibid. lib. 3, p. 416.

à se courber vers la terre. Ils seront nourris en commun aux dépens du public; la patrie, à laquelle ils consacreront toutes leurs pensées et tous leurs désirs, se chargera de pourvoir à leurs besoins, qu'ils réduiront au pur nécessaire : et si l'on nous objecte que par ces privations ils seront moins heureux que les autres citoyens, nous répondrons qu'un législateur doit se proposer le bonheur de toute la société, et non d'une seule des classes qui la composent[1]. Quelque moyen qu'il emploie, s'il réussit, il aura fait le bien particulier, qui dépend toujours du bien général. D'ailleurs, je n'établis pas une ville qui regorge de délices : je veux qu'on y règle le travail de manière qu'il bannisse la pauvreté sans introduire l'opulence[2] : si nos guerriers y différent des autres citoyens, ce sera parce qu'avec plus de vertus ils auront moins de besoins.

Nous avons cherché à les dépouiller de cet intérêt sordide qui produit tant de crimes. Il faut encore éteindre, ou plutôt perfectionner dans leurs cœurs ces affections que la nature inspire, et les unir entre eux par les moyens mêmes qui contribuent à les diviser. J'entre dans une nouvelle carrière ; je n'y marche qu'en tremblant ; les idées que je vais proposer paraîtront aussi révoltantes que chimériques : mais, après tout, je m'en méfie moi-même ; et cette disposition d'esprit, si je m'égare, doit me faire absoudre d'avance d'une erreur involontaire.

Ce sexe, que nous bornons à des emplois obscurs et domestiques, ne serait-il pas destiné à des fonctions plus nobles et plus relevées[3] ? N'a-t-il pas donné des exemples de courage, de sagesse, de progrès dans toutes les vertus et dans tous les arts[4] ? Peut-être que ses qualités se ressentent de sa faiblesse, et sont inférieures aux nôtres : s'ensuit-il qu'elles doivent être inutiles à la patrie ? Non ; la nature ne dispense aucun talent pour le rendre stérile ; et le grand art du législateur est de remettre en jeu tous les ressorts qu'elle fournit, et que nous laissons en repos. Nos guerriers partageront avec leurs épouses le soin de pourvoir à la tranquillité de la ville, comme le chien fidèle partage avec sa compagne la garde du troupeau confié à sa vigilance[5]. Les uns et les autres seront élevés dans les mêmes principes, dans les mêmes lieux et sous les mêmes maîtres. Ils recevront ensemble, avec les élémens des sciences, les leçons de la sagesse ; et dans le gymnase, les jeunes filles, dépouillées de leurs habits et parées de leurs vertus comme du plus honorable des vêtemens, disputeront le prix des exercices aux jeunes garçons, leurs émules[6].

[1] Plat. de rep. lib. 4, p. 420. — [2] Id. ibid. p. 421. — [3] Id. ibid. lib. 5, p. 452. — [4] Id. ibid. p. 455. — [5] Id. ibid. p. 451 ; lib. 7, p. 537. — [6] Id. ibid. lib. 5, p. 452 et 457.

Nous avons trop de décence et de corruption pour n'être pas blessés d'un règlement qu'une longue habitude et des mœurs plus pures rendraient moins dangereux. Cependant les magistrats seront chargés d'en prévenir les abus[1]. Dans des fêtes instituées pour former des unions légitimes et saintes, ils jetteront dans une urne les noms de ceux qui devront donner des gardiens à la république. Ce seront les guerriers depuis l'âge de trente ans jusqu'à celui de cinquante-cinq, et les guerrières, depuis l'âge de vingt jusqu'à celui de quarante ans[2]. On réglera le nombre des concurrens sur les pertes qu'elle aura faites ; car nous devons éviter avec le même soin l'excès et le défaut de population. Le hasard, en apparence, assortira les époux ; mais les magistrats, par des pratiques adroites, en corrigeront si bien les caprices, qu'ils choisiront toujours les sujets de l'un et de l'autre sexe les plus propres à conserver dans sa pureté la race de nos guerriers. En même temps, les prêtres et les prêtresses répandront le sang des victimes sur l'autel, les airs retentiront du chant des épithalames[3], et le peuple, témoin et garant des nœuds formés par le sort, demandera au ciel des enfans encore plus vertueux que leurs pères.

Ceux qui naîtront de ces mariages seront aussitôt enlevés à leurs parens, et déposés dans un endroit où leurs mères, sans les reconnaître, iront distribuer, tantôt à l'un, tantôt à l'autre, ce lait qu'elles ne pourront plus réserver exclusivement pour les fruits de leur amour[4].

Dans ce berceau des guerriers ne paraîtront pas les enfans qui auraient apporté en naissant quelque difformité ; ils seront écartés au loin, et cachés dans quelque retraite obscure : on n'y admettra pas non plus les enfans dont la naissance n'aurait pas été précédée par les cérémonies augustes dont je viens de parler, ni ceux que leurs parens auraient mis au jour par une union prématurée ou tardive[5].

Dès que les deux époux auront satisfait aux vœux de la patrie, ils se sépareront, et resteront libres, jusqu'à ce que les magistrats les appellent à un nouveau concours, et que le sort leur assigne d'autres liens. Cette continuité d'hymens et de divorces fera que les femmes pourront appartenir successivement à plusieurs guerriers[6].

Mais, quand les uns et les autres auront passé l'âge prescrit par la loi aux engagemens qu'elle avoue[7], il leur sera permis d'en contracter d'autres, pourvu toutefois que d'un côté ils ne fassent paraître aucun fruit de leur union, et que d'un autre

[1] Plat. de rep. lib. 5, p. 458. — [2] Id. ibid. p. 460. — [3] Id. ibid. p. 459. — [4] Id. ibid. p. 460. — [5] Id. ibid. — [6] Id. ibid. p. 457. — [7] Id. ibid. p. 461.

côté ils évitent de s'unir aux personnes qui leur ont donné ou qui leur doivent la naissance.

Mais comme ils ne pourraient pas les reconnaître, il leur suffira de compter parmi leurs fils et leurs filles tous les enfans nés dans le même temps que ceux dont ils seront véritablement les auteurs; et cette illusion sera le principe d'un accord inconnu aux autres États [1]. En effet, chaque guerrier se croira uni par les liens du sang avec tous ses semblables; et par là se multiplieront tellement entre eux les rapports de parenté, qu'on entendra retentir partout les noms tendres et sacrés de père et de mère, de fils et de fille, de frère et de sœur. Les sentimens de la nature, au lieu de se concentrer en des objets particuliers, se répandront en abondance sur cette grande famille, qu'ils animeront d'un même esprit : les cœurs rempliront aisément des devoirs qu'ils se feront eux-mêmes; et, renonçant à tout avantage personnel, ils se transmettront leurs peines, qu'ils affaibliront, et leurs plaisirs, qu'ils augmenteront en les partageant : tout germe de division sera étouffé par l'autorité des chefs, et toute violence enchaînée par la crainte d'outrager la nature [2].

Cette tendresse précieuse qui les rapprochera pendant la paix se réveillera avec plus de force pendant la guerre. Qu'on place sur un champ de bataille un corps de guerriers jeunes, pleins de courage [3], exercés depuis leur enfance aux combats, parvenus enfin au point de déployer les vertus qu'ils ont acquises, et persuadés qu'une lâcheté va les avilir, une belle action les élever au comble de l'honneur, et le trépas leur mériter des autels; que dans ce moment la voix puissante de la patrie frappe leurs oreilles et les appelle à sa défense; qu'à cette voix se joignent les cris plaintifs de l'amitié qui leur montre de rang en rang tous leurs amis en danger; enfin, pour imprimer dans leur âme les émotions les plus fortes, qu'on jette au milieu d'eux leurs épouses et leurs enfans; leurs épouses, qui viennent combattre auprès d'eux et les soutenir de leur voix et de leurs regards; leurs enfans, à qui ils doivent des leçons de valeur, et qui vont peut-être périr par le fer barbare de l'ennemi : croira-t-on que cette masse, embrasée par ces puissans intérêts comme par une flamme dévorante, hésite un instant à ramasser ses forces et ses fureurs, à tomber comme la foudre sur les troupes ennemies, et à les écraser par son poids irrésistible?

Tels seront les grands effets de l'union établie entre des guerriers. Il en est un qu'ils devront uniquement à leur vertu [4]; ce

[1] Plat. de rep. lib. 5, p. 463. — [2] Id. ibid. p. 465. — [3] Id. ibid. p. 471. — [4] Id. ibid. p. 469, etc.

sera de s'arrêter, et de redevenir doux, sensibles, humains, après la victoire : dans l'ivresse même du succès, ils ne songeront ni à charger de fers un ennemi vaincu, ni à outrager ses morts sur le champ de bataille, ni à suspendre ses armes dans les temples des dieux, peu jaloux d'une pareille offrande, ni à porter le ravage dans les campagnes ou le feu dans les maisons. Ces cruautés, qu'ils se permettraient à peine contre les barbares, ne doivent point s'exercer dans la Grèce, dans cette république des nations amies, dont les divisions ne devraient jamais présenter l'image de la guerre, mais plutôt celle des troubles passagers qui agitent quelquefois les citoyens d'une même ville[1].

Nous croyons avoir pourvu suffisamment au bonheur de nos guerriers[2]; nous les avons enrichis à force de privations; sans rien posséder ils jouiront de tout; il n'y en aura aucun parmi eux qui ne puisse dire : Tout m'appartient. Et qui ne doive ajouter, dit Aristote qui jusqu'alors avait gardé le silence : Rien ne m'appartient en effet. O Platon ! ce ne sont pas les biens que nous partageons qui nous touchent le plus, ce sont ceux qui nous sont personnels. Dès que vos guerriers n'auront aucune sorte de propriété, n'en attendez qu'un intérêt sans chaleur comme sans objet; leur tendresse ne pouvant se fixer sur cette foule d'enfans dont ils seront entourés, tombera dans la langueur, et ils se reposeront les uns sur les autres du soin de leur donner des exemples et des leçons, comme on voit les esclaves d'une maison négliger des devoirs qui leur sont communs à tous[3].

Platon répondit : Nous avons mis dans les cœurs de nos guerriers deux principes qui, de concert, doivent sans cesse ranimer leur zèle : le sentiment et la vertu. Non-seulement ils exerceront le premier d'une manière générale, en se regardant tous comme les citoyens d'une même patrie, mais ils s'en pénétreront encore davantage en se regardant comme les enfans d'une même famille : ils le seront en effet, et l'obscurité de leur naissance n'obscurcira point les titres de leur affinité. Si l'illusion n'a pas ici autant de force que la réalité, elle aura plus d'étendue, et la république y gagnera; car il lui importe fort peu qu'entre certains particuliers les affections soient portées à l'excès, pourvu qu'elles passent dans toutes les âmes, et qu'elles suffisent pour les lier d'une chaîne commune. Mais si par hasard elles étaient trop faibles pour rendre nos guerriers appliqués et vigilans, n'avons-nous pas un autre mobile, cette vertu su-

[1] Plat. de rep. lib. 5, p. 465. — [2] Id. ibid. — [3] Aristot. de polit. lib. 2, cap. 3 et 4, t. 2, p. 314, etc.

blime qui les portera sans cesse à faire au-delà de leurs devoirs?

Aristote allait répliquer ; mais nous l'arrêtâmes, et il se contenta de demander à Platon s'il était persuadé que sa république pût exister?

Platon reprit avec douceur : Rappelez-vous l'objet de mes recherches[1]. Je veux prouver que le bonheur est inséparable de la justice, et, dans cette vue, j'examine quel serait le meilleur des gouvernemens, pour montrer ensuite qu'il serait le plus heureux. Si un peintre offrait à nos yeux une figure dont la beauté surpassât toutes nos idées, lui objecterait-on que la nature n'en produit pas de semblables? Je vous offre de même le tableau de la plus parfaite des républiques; je le propose comme un modèle dont les autres gouvernemens doivent plus ou moins approcher pour être plus ou moins heureux. Je vais plus loin, et j'ajoute que mon projet, tout chimérique qu'il paraît être, pourrait en quelque manière se réaliser, non-seulement parmi nous, mais encore partout ailleurs, si l'on avait soin d'y faire un changement dans l'administration des affaires. Quel serait ce changement? que les philosophes montassent sur le trône, ou que les souverains devinssent philosophes[2].

Cette idée révoltera sans doute ceux qui ne connaissent pas la vraie philosophie. Les autres verront que sans elle il n'est plus de remède aux maux qui affligent l'humanité.

Me voilà parvenu à la troisième et à la plus importante classe de nos citoyens : je vais parler de nos magistrats, de ce petit nombre d'hommes choisis parmi des hommes vertueux, de ces chefs, en un mot, qui, tirés de l'ordre des guerriers, seront autant au-dessus d'eux par l'excellence de leur mérite, que les guerriers seront au-dessus des artisans et des laboureurs.

Quelle précaution ne faudra-t-il pas dans notre république pour choisir des hommes si rares! quelle étude pour les connaître! quelle attention pour les former! Entrons dans ce sanctuaire où l'on élève les enfans des guerriers, et où les enfans des autres citoyens peuvent mériter d'être admis. Attachons-nous à ceux qui, réunissant les avantages de la figure aux grâces naturelles, se distingueront de leurs semblables dans les exercices du corps et de l'esprit[3]. Examinons si le désir de savoir, si l'amour du bien étincellent de bonne heure dans leurs regards et dans leurs discours; si, à mesure que leurs lumières se développent, ils se pénètrent d'un plus vif intérêt pour leurs devoirs, et si, à proportion de leur âge, ils laissent de plus en plus échapper les traits d'un heureux caractère. Tendons des pièges à leur

---

[1] Plat. de rep. lib. 5, p. 472. — [2] Id. ibid. p. 473. — [3] Id. ibid. lib. 6, p. 485 et 486 ; lib. 7, p. 535.

raison naissante. Si les principes qu'elle a reçus ne peuvent être altérés ni par le temps ni par des principes contraires, attaquons-les par la crainte de la douleur, par l'attrait du plaisir, par toutes les espèces de violence et de séduction [1]. Plaçons ensuite ces jeunes élèves en présence de l'ennemi, non pour qu'ils s'engagent dans la mêlée, mais pour être spectateurs d'un combat, et remarquons bien l'impression que les travaux et les dangers feront sur leurs organes. Après les avoir vu sortir de ces épreuves aussi purs que l'or qui a passé par le creuset [2], après nous être assurés qu'ils ont naturellement de l'éloignement pour les plaisirs des sens, de l'horreur pour le mensonge [3]; qu'ils joignent la justesse de l'esprit à la noblesse des sentimens, et la vivacité de l'imagination à la solidité du caractère [4], soyons plus attentifs que jamais à épier leur conduite et à suivre les progrès de leur éducation.

Nous avons parlé plus haut des principes qui doivent régler leurs mœurs ; il est question à présent des sciences qui peuvent étendre leurs lumières. Telles seront d'abord l'arithmétique et la géométrie [5], toutes deux propres à augmenter les forces et la sagacité de l'esprit, toutes deux utiles au guerrier pour le diriger dans ses opérations militaires, et absolument nécessaires au philosophe pour l'accoutumer à fixer ses idées et à s'élever jusqu'à la vérité. L'astronomie, la musique, toutes les sciences qui produiront le même effet entreront dans le plan de notre institution [6]. Mais il faudra que nos élèves s'appliquent à ces études sans effort, sans contrainte, et en se jouant [7]; qu'ils les suspendent à l'âge de dix-huit ans, pour ne s'occuper, pendant deux ou trois ans, que des exercices du gymnase, et qu'ils les reprennent ensuite, pour mieux saisir les rapports qu'elles ont entre elles [8]. Ceux qui continueront à justifier les espérances qu'ils nous avaient données dans leur enfance obtiendront des distinctions honorables ; et dès qu'ils seront parvenus à l'âge de trente ans, nous les initierons à la science de la méditation, à cette dialectique sublime qui doit être le terme de leurs premières études, et dont l'objet est de connaître moins l'existence que l'essence des choses [a].

Ne nous en prenons qu'à nous-mêmes si cet objet n'a pas été rempli jusqu'à présent. Nos jeunes gens, s'occupant trop tôt de la dialectique, et ne pouvant remonter aux principes des vérités qu'elle enseigne, se font un amusement de ses ressources [9]; et se livrent des combats où, tantôt vainqueurs et tantôt vaincus,

[1] Plat. de rep. lib. 3, p. 413. — [2] Id. ibid. lib. 6, p. 503. — [3] Id ibid. p. 485. — [4] Id. ibid. p. 503. — [5] Id. ibid. lib. 7, p. 522 et 526. — [6] Id. ibid. p. 527 et 530. — [7] Id. ibid. p. 536. — [8] Id. ibid. p. 537. — [a] Du temps de Platon, sous le nom de dialectique, on comprenait à la fois la logique, la théologie naturelle et la métaphysique. — [9] Plat. ibid. p. 539.

ils parviennent à n'acquérir que des doutes et des erreurs. De là ces défauts qu'ils conservent toute leur vie, ce goût pour la contradiction, cette indifférence pour des vérités qu'ils n'ont pas su défendre, cette prédilection pour des sophismes qui leur ont valu la victoire.

Des succès si frivoles et si dangereux ne tenteront pas les élèves que nous achevons de former ; des lumières toujours plus vives seront le fruit de leurs entretiens, ainsi que de leur application. Dégagés des sens, ensevelis dans la méditation, ils se rempliront peu à peu de l'idée du bien ; de ce bien après lequel nous soupirons avec tant d'ardeur, et dont nous nous formons des images si confuses ; de ce bien suprême, qui, source de toute vérité et de toute justice, doit animer le souverain magistrat, et le rendre inébranlable dans l'exercice de ses devoirs [1]. Mais où réside-t-il ? où doit-on le chercher ? Est-ce dans ces plaisirs qui nous enivrent ? dans ces connaissances qui nous enorgueillissent ? dans cette décoration brillante qui nous éblouit ? Non ; car tout ce qui est changeant et mobile ne saurait être le vrai bien. Quittons la terre et les ombres qui la couvrent ; élevons nos esprits vers le séjour de la lumière, et annonçons aux mortels les vérités qu'ils ignorent.

Il existe deux mondes, l'un visible et l'autre idéal [2]. Le premier, formé sur le modèle de l'autre, est celui que nous habitons. C'est là que tout étant sujet à la génération et à la corruption, tout change et s'écoule sans cesse ; c'est là qu'on ne voit que des images et des portions fugitives de l'être. Le second renferme les essences et les exemplaires de tous les objets visibles ; et ces essences sont de véritables êtres, puisqu'elles sont immuables. Deux rois, dont l'un est le ministre, et l'esclave de l'autre, répandent leurs clartés dans ces deux mondes. Du haut des airs, le soleil fait éclore et perpétue les objets qu'il rend visibles à nos yeux. Du lieu le plus élevé du monde intellectuel, le bien suprême produit et conserve les essences qu'il rend intelligibles à nos âmes [3]. Le soleil nous éclaire par sa lumière, le bien suprême par sa vérité ; et comme nos yeux ont une perception distincte lorsqu'ils se fixent sur des corps où tombent la lumière du jour, de même notre âme acquiert une vraie science lorsqu'elle considère des êtres où la vérité se réfléchit.

Mais voulez-vous connaître combien les jours qui éclairent ces deux empires diffèrent en éclat et en beauté ? imaginez un antre profond, où des hommes sont, depuis leur enfance, tellement assujétis par des chaînes pesantes, qu'ils ne peuvent ni changer de lieux, ni voir d'autres objets que ceux qu'ils ont

[1] Plat. de rep. lib. 6, p. 505 et 508.— [2] Id. ibid. p. 509.— [3] Id. ibid. p. 508.

en face[1]; derrière eux, à une certaine distance, est placé sur une hauteur un feu dont la lueur se répand dans la caverne; entre ce feu et les captifs est un mur le long duquel des personnes vont et viennent, les unes en silence, les autres s'entretenant ensemble, tenant de leurs mains et élevant au-dessus du mur des figures d'hommes ou d'animaux, des meubles de toute espèce, dont les ombres iront se retracer sur le côté de la caverne exposé aux regards des captifs. Frappés de ces images passagères, ils les prendront pour des êtres réels, et leur attribueront le mouvement, la vie et la parole. Choisissons à présent un de ces captifs[2], et, pour dissiper son illusion, brisons ses fers, obligeons-le de se lever et de tourner la tête : étonné des nouveaux objets qui s'offriront à lui, il doutera de leur réalité; ébloui et blessé de l'éclat du feu, il en détournera ses regards pour les porter sur les vains fantômes qui l'occupaient auparavant. Faisons-lui subir une nouvelle épreuve, arrachons-le de sa caverne malgré ses cris, ses efforts, et les difficultés d'une marche pénible. Parvenu sur la terre, il se trouvera tout à coup accablé de la splendeur du jour ; et ce ne sera qu'après bien des essais qu'il pourra discerner les ombres, les corps, les astres de la nuit, fixer le soleil et le regarder comme l'auteur des saisons et le principe fécond de tout ce qui tombe sous nos sens[3].

Quelle idée aura-t-il alors des éloges qu'on donne dans le souterrain à ceux qui les premiers saisissent et reconnaissent les ombres à leur passage? Que pensera-t-il des prétentions, des haines, des jalousies que ces découvertes excitent parmi ce peuple de malheureux ? Un sentiment de pitié l'obligera sans doute de voler à leur secours, pour les détromper de leur fausse sagesse et de leur puéril savoir : mais comme, en passant tout à coup d'une si grande lumière à une si grande obscurité, il ne pourra d'abord rien discerner, ils s'élèveront contre lui ; et, ne cessant de lui reprocher son aveuglement, ils le citeront comme un exemple effrayant des dangers que l'on court à passer dans la région supérieure[4].

Voilà précisément le tableau de notre funeste condition : le genre humain est enseveli dans une caverne immense, chargé de fers, et ne pouvant s'occuper que d'ombres vaines et artificielles[5] : c'est là que les plaisirs n'ont qu'un retour amer ; les biens, qu'un éclat trompeur ; les vertus, qu'un fondement fragile ; les corps mêmes, qu'un existence illusoire : il faut sortir de ce lieu de ténèbres; il faut briser ses chaînes, s'élever par des efforts redoublés jusqu'au monde intellectuel[6], s'approcher

---

[1] Plat. de rep. lib 7, p. 514. — [2] Id. ibid. p. 515. — [3] Id. ibid. p. 516. — [4] Id. ibid. p. 517. — [5] Id. ibid. — [6] Id. ibid.

peu à peu de la suprême intelligence, et en contempler la nature divine dans le silence des sens et des passions. Alors on verra que de son trône découlent, dans l'ordre moral, la justice, la science et la vérité; dans l'ordre physique, la lumière du soleil, les productions de la terre, et l'existence de toutes choses. Non, une âme qui, parvenue à cette grande élévation, a une fois éprouvé les émotions, les élancemens, les transports qu'excite la vue du bien suprême [1], ne daignera pas revenir partager nos travaux et nos honneurs; ou si elle descend parmi nous, et qu'avant d'être familiarisée avec nos ténèbres, elle soit forcée de s'expliquer sur la justice devant des hommes qui n'en connaissent que le fantôme [2], ses principes nouveaux paraîtront si bizarres, si dangereux, qu'on finira par rire de sa folie, ou par la punir de sa témérité.

Tels sont néanmoins les sages qui doivent être à la tête de notre république, et que la dialectique doit former. Pendant cinq ans entiers consacrés à cette étude [3], ils méditeront sur la nature du vrai, du juste, de l'honnête. Peu contens des notions vagues et incertaines qu'on en donne maintenant, ils en rechercheront la vraie origine; ils liront leurs devoirs, non dans les préceptes des hommes, mais dans les instructions qu'ils recevront directement du premier des êtres. C'est dans les entretiens familiers qu'ils auront, pour ainsi dire, avec lui, qu'ils puiseront des lumières infaillibles pour discerner la vérité, une fermeté inébranlable dans l'exercice de la justice, et cette obstination à faire le bien, dont rien ne peut triompher, et qui, à la fin, triomphe de tout.

Mais pendant qu'étroitement unis avec le bien suprême, et que, vivant d'une vie véritable [4], ils oublieront toute la nature, la république, qui a des droits sur leurs vertus, les rappellera pour leur confier des emplois militaires et d'autres fonctions convenables à leur âge [5]. Elle les éprouvera de nouveau, jusqu'à ce qu'ils soient parvenus à leur cinquantième année; alors, revêtus malgré eux de l'autorité souveraine, ils se rapprocheront avec une nouvelle ferveur de l'Être suprême, afin qu'il les dirige dans leur conduite. Ainsi, tenant au ciel par la philosophie, et à la terre par leurs emplois, ils éclaireront les citoyens, et les rendront heureux. Après leur mort, ils revivront en des successeurs formés par leurs leçons et leurs exemples; la patrie reconnaissante leur élevera des tombeaux, et les invoquera comme des génies tutélaires [6].

[1] Plat. in Phæd. t. 3, p. 250; id. de rep. lib. 6, p. 485. — [2] Id. ibid. lib. 7, p. 517. — [3] Id. ibid. p. 539 — [4] Id. ibid. lib. 6, p. 490. — [5] Id. ibid. lib. 7, p. 519 et 540. — [6] Id. ibid. lib. 3, p. 414; lib. 7, p. 540.

Les philosophes que nous placerons à la tête de notre république ne seront donc point ces déclamateurs oisifs, ces sophistes méprisés de la multitude qu'ils sont incapables de conduire[1]. Ce seront des âmes fortes, grandes, uniquement occupées du bien de l'État, éclairées sur tous les points de l'administration par une longue expérience et par la plus sublime des théories; devenues par leurs vertus et leurs lumières les images et les interprètes des dieux sur la terre. Comme notre république sera très-peu étendue[2], ils pourront d'un coup d'œil en embrasser toutes les parties. Leur autorité, si respectable par elle-même, sera soutenue, au besoin, par ce corps de guerriers invincibles et pacifiques, qui n'auront d'autre ambition que de défendre les lois et la patrie[3]. Le peuple trouvera son bonheur dans la jouissance d'une fortune médiocre, mais assurée; les guerriers, dans l'affranchissement des soins domestiques, et dans les éloges que les hommes donneront à leurs succès[4]; les chefs, dans le plaisir de faire le bien, et d'avoir l'Être suprême pour témoin.

A ces motifs Platon en ajouta un autre plus puissant encore : le tableau des biens et des maux réservés dans une autre vie au vice et à la vertu. Il s'étendit sur l'immortalité et sur les diverses transmigrations de l'âme[5]; il parcourut ensuite les défauts essentiels des gouvernemens établis parmi les hommes, et finit par observer qu'il n'avait rien prescrit sur le culte des dieux, parce que c'était à l'oracle de Delphes qu'il appartenait de le régler.

Quand il eut achevé de parler, ses disciples, entraînés par son éloquence, se livraient à leur admiration. Mais d'autres auditeurs, plus tranquilles, prétendaient qu'il venait d'élever un édifice plus imposant que solide[6], et que son système ne devait être regardé que comme le délire d'une imagination exaltée et d'une âme vertueuse. D'autres le jugeaient avec encore plus de sévérité. Platon, disaient-ils, n'est pas l'auteur de ce projet; il l'a puisé dans les lois de Lycurgue, et dans les écrits de Protagoras, où il se trouve presque en entier[7]. Pendant qu'il était en Sicile, il voulut le réaliser dans un coin de cette île : le jeune Denys, roi de Syracuse, qui lui en avait d'abord accordé la permission, la lui refusa ensuite[8]. Il semble ne le proposer maintenant qu'avec des restrictions, et comme une simple hypothèse; mais, en déclarant plus d'une fois, dans son discours, que l'exécution en est possible[9], il a dévoilé ses sentimens secrets.

[1] Plat. de rep. lib. 6, p. 493. — [2] Id. ibid. lib. 4, p. 423. — [3] Id. ibid. lib. 3, p. 395. — [4] Id. ibid. lib. 5, p. 468. — [5] Id. ibid. lib. 10, p. 608. — [6] Aristot. de rep. lib. 4, cap. 4, t. 2, p. 367. — [7] Aristox. ap. Diog. Laert. lib. 3, § 37. — [8] Diog. Laert. lib. 3, § 21. — [9] Plat. ibid. lib. 5, p. 471 et 472; lib. 6, p. 499; lib. 7, p. 540.

Autrefois, ajoutait-on, ceux qui cherchaient à corriger la forme des gouvernemens étaient des sages qui, éclairés par leur propre expérience ou par celle des autres, savaient que les maux d'un État s'aigrissent, au lieu de se guérir, par des remèdes trop violens; ce sont aujourd'hui des philosophes qui ont plus d'esprit que de lumières, et qui voudraient former des gouvernemens sans défauts, et des hommes sans faiblesses. Hippodamus de Milet fut le premier qui, sans avoir eu part à l'administration des affaires, conçut un nouveau plan de république [1]. Protagoras [2] et d'autres auteurs ont suivi son exemple, qui le sera encore dans la suite : car rien n'est si facile que d'imaginer des systèmes pour procurer le bonheur d'un peuple, comme rien n'est si difficile que de les exécuter. Eh! qui le sait mieux que Platon, lui qui n'a pas osé donner ses projets de réforme à des peuples qui les désiraient, ou qui les a communiqués à d'autres qui n'ont pu en faire usage [3]? Il les refusa aux habitans de Mégalopolis, sous prétexte qu'ils ne voulaient pas admettre l'égalité parfaite des biens et des honneurs [4]; il les refusa aux habitans de Cyrène, par la raison qu'ils étaient trop opulens pour obéir à ses lois [5]; mais si les uns et les autres avaient été aussi vertueux, aussi détachés des biens et des distinctions qu'il l'exigeait, ils n'auraient pas eu besoin de ses lumières. Aussi ces prétextes ne l'empêchèrent-ils pas de dire son avis à ceux de Syracuse, qui, après la mort de Dion, l'avaient consulté sur la forme de gouvernement qu'ils devaient établir dans leur ville [6]. Il est vrai que son plan ne fut pas suivi, quoiqu'il fût d'une plus facile exécution que celui de sa république.

C'est ainsi que, soit à juste titre, soit par jalousie, s'exprimaient, sur les projets politiques de ce philosophe, plusieurs de ceux qui venaient de l'entendre.

CHAPITRE LV.

Du Commerce des Athéniens.

L E port du Pirée est très-fréquenté, non-seulement par les vaisseaux grecs, mais encore par ceux des nations que les Grecs appellent barbares [7]. La république en attirerait un plus grand

---

[1] Aristot. de rep. lib. 2, cap. 8, t. 2, p. 325. — [2] Diog. Laert. lib. 9, § 55. — [3] Plut. de fort. Alex. t. 2, p. 328. — [4] Pamphil. ap. Diog. Laert. lib. 3, § 23. Ælian. var. hist. lib. 2, cap. 42. — [5] Plut. in Lucull. t. 1, p. 492; id. ad princip. iner. t. 2, p. 799. Ælian. var. hist. lib 12, cap. 30. — [6] Plat. epist. 8, t. 3, p. 352. — [7] Demosth. in Lacrit. p. 918.

nombre, si elle profitait mieux de l'heureuse situation du pays, de la bonté de ses ports, de sa supériorité dans la marine, des mines d'argent et des autres avantages qu'elle possède, et si elle récompensait par des honneurs les négocians dont l'industrie et l'activité augmenteraient la richesse nationale [1]. Mais quand les Athéniens sentirent la nécessité de la marine, trop remplis de l'esprit de conquête, ils n'aspirèrent à l'empire de la mer que pour usurper celui du continent; et depuis, leur commerce s'est borné à tirer des autres pays les denrées et les productions nécessaires à leur subsistance.

Dans toute la Grèce, les lois ont mis des entraves au commerce; celles de Carthage en ont mis quelquefois à la propriété des colons. Après s'être emparée d'une partie de la Sardaigne, et l'avoir peuplée de nouveaux habitans [2], Carthage leur défendit d'ensemencer leurs terres, et leur ordonna d'échanger les fruits de leur industrie contre les denrées trop abondantes de la métropole [3]. Les colonies grecques ne se trouvent pas dans la même dépendance, et sont, en général, plus en état de fournir des vivres à leurs métropoles que d'en recevoir.

Platon compare l'or et la vertu à deux poids qu'on met dans une balance, et dont l'un ne peut monter sans que l'autre baisse [4]. Suivant cette idée, une ville devrait être située loin de la mer, et ne recueillir ni trop ni trop peu de denrées. Outre qu'elle conserverait ses mœurs, il lui faudrait moitié moins de lois qu'il n'en faut aux autres États; car, plus le commerce est florissant, plus on doit les multiplier [5]. Les Athéniens en ont un assez grand nombre relatives aux armateurs, aux marchands, aux douanes, aux intérêts usuraires, et aux différentes espèces de conventions qui se renouvellent sans cesse, soit au Pirée, soit chez les banquiers.

Dans plusieurs de ces lois, on s'est proposé d'écarter, autant qu'il est possible, les procès et les obstacles qui troublent les opérations du commerce. Elles infligent une amende de mille drachmes [a], et quelquefois la peine de la prison, à celui qui dénonce un négociant sans être en état de prouver le délit dont il l'accuse [6]. Les vaisseaux marchands ne tenant la mer que depuis le mois de munychion jusqu'au mois de boédromion [b], les causes qui regardent le commerce ne peuvent être jugées que

---

[1] Xenoph. rat. redit. p. 922. — [2] Bochart. geogr. sacr. lib. 1, cap. 31. — [3] Aristot. de mirab. auscult. t. 1, p. 1159. — [4] Plat. de rep. lib. 8, t. 2, p. 550. — [5] Id. de leg. lib. 8, t. 2, p. 842. — [a] Neuf cents livres. — [6] Orat. in Theocr. ap. Demosth. p. 850. — [b] Dans le cycle de Méton, le mois munychion commençait au plus tôt le 28 mars de l'année julienne, et le mois boédromion le 23 août. Ainsi les vaisseaux tenaient la mer depuis le commencement d'avril jusqu'à la fin de septembre.

pendant les six mois écoulés depuis le retour des vaisseaux jusqu'à leur nouveau départ¹. A des dispositions si sages Xénophon proposait d'ajouter des récompenses pour les juges qui termineraient au plus tôt les contestations portées à leur tribunal².

Cette juridiction, qui ne connaît que de ces sortes d'affaires, veille avec beaucoup de soin sur la conduite des négocians. Le commerce se soutenant mieux par ceux qui prêtent que par ceux qui empruntent, je vis punir de mort un citoyen, fils d'un Athénien qui avait commandé les armées, parce qu'ayant emprunté de grandes sommes sur la place, il n'avait pas fourni des hypothèques suffisantes³.

Comme l'Attique produit peu de blé, il est défendu d'en laisser sortir⁴; et ceux qui en vont chercher au loin ne peuvent, sans s'exposer à des peines rigoureuses, le verser dans aucune autre ville⁵. On en tire de l'Égypte et de la Sicile⁶; en beaucoup plus grande quantité de Panticapée et de Théodosie, villes de la Chersonèse taurique, parce que le souverain de ce pays, maître du Bosphore cimmérien, exempte les vaisseaux athéniens du droit de trentième qu'il prélève sur l'exportation de cette denrée. A la faveur de ce privilége, ils naviguent par préférence au Bosphore cimmérien, et Athènes en reçoit tous les ans quatre cent mille médimnes de blé⁷.

On apporte de Panticapée, et des différentes côtes du Pont-Euxin, des bois de construction, des esclaves, de la saline, du miel, de la cire, de la laine, des cuirs et des peaux de chèvre⁸ᵃ; de Byzance et de quelques autres cantons de la Thrace et de la Macédoine, du poisson salé, des bois de charpente et de construction⁹; de la Phrygie et de Milet, des tapis, des couvertures de lit, et de ces belles laines dont on fabrique des draps¹⁰; des îles de la mer Égée, du vin et toutes les espèces de fruits qu'elles produisent; de la Thrace, de la Thessalie, de la Phrygie et de plusieurs autres pays, une assez grande quantité d'esclaves.

L'huile est la seule denrée que Solon ait permis d'échanger

---

¹ Demosth. in Apat. p. 937. Pet. leg. attic. p. 423. — ² Xenoph. rat. redit. p. 922. — ³ Demosth. in Phorm. p. 947. — ⁴ Ulp. in orat. Demosth. adv. Timocr. p. 822.— ⁵ Demosth. in Lacrit. p. 956; id. in Phorm. p. 945. Liban. in Demosth. adv. Theocr. p. 848. — ⁶ Demosth. in Dionys. p. 1122. — ⁷ Id. in Leptin. p. 545. — ⁸ Id. in Lacrit. p. 953 et 954; id. in Phorm. p. 941. Polyb. lib. 4, p. 306. — ᵃ Le même commerce subsiste encore aujourd'hui. On tire tous les ans de Caffa (l'ancienne Théodosie), et des environs, une grande quantité de poisson salé, du blé, des cuirs, de la laine, etc. (Voyage de Chardin, t. 1, p. 108 et 117.) — ⁹ Thucyd. lib. 4, cap. 108. Theophr. hist. plant. lib. 5, cap. 3, p. 106. Athen. lib. 3, p. 117 et 120. — ¹⁰ Aristoph. in av. v. 493; id. in Lysist. v. 730; id. in ran. v. 549. Spanh. ibid.

contre les marchandises étrangères [1] : la sortie de toutes les autres productions de l'Attique est prohibée ; et l'on ne peut, sans payer de gros droits [2], exporter des bois de construction, tels que le sapin, le cyprès, le platane, et d'autres arbres qui croissent aux environs d'Athènes.

Ses habitans trouvent une grande ressource pour leur commerce dans leurs mines d'argent. Plusieurs villes étant dans l'usage d'altérer leurs monnaies, celles des Athéniens, plus estimées que les autres, procurent des échanges avantageux [3]. Pour l'ordinaire ils en achètent du vin dans les îles de la mer Égée, ou sur les côtes de la Thrace ; car c'est principalement par le moyen de cette denrée qu'ils trafiquent avec les peuples qui habitent autour du Pont-Euxin [4]. Le goût qui brille dans les ouvrages sortis de leurs mains fait rechercher partout les fruits de leur industrie. Ils exportent au loin des épées et des armes de différentes sortes, des draps, des lits et d'autres meubles. Les livres mêmes sont pour eux un objet de commerce [5].

Ils ont des correspondans dans presque tous les lieux où l'espoir du gain les attire. De leur côté, plusieurs peuples de la Grèce en choisissent à Athènes, pour veiller aux intérêts de leur commerce [6].

Parmi les étrangers, les seuls domiciliés peuvent, après avoir payé l'impôt auquel ils sont assujétis, trafiquer au marché public [7] ; les autres doivent exposer leurs marchandises au Pirée même ; et pour tenir le blé à son prix ordinaire, qui est de cinq drachmes par médimne [8][a], il est défendu, sous peine de mort, à tout citoyen, d'en acheter au-delà d'une certaine quantité [9][b]. La même peine est prononcée contre les inspecteurs des blés, lorsqu'ils ne répriment pas le monopole [10] : manœuvre toujours interdite aux particuliers, et en certains lieux employée par le gouvernement lorsqu'il veut augmenter ses revenus [11].

La plupart des Athéniens font valoir leur argent dans le commerce, mais ils ne peuvent le prêter pour une autre place que pour celle d'Athènes [12]. Ils en tirent un intérêt qui n'est pas fixé par les lois, et qui dépend des conventions exprimées dans un

---

[1] Plut. in Solon. t. 1, p. 91. — [2] Theophr. charact. cap. 23. Casaub. ibid. p. 160. — [3] Demosth. in Timocr. p. 805. Polyb. excerpt. leg. p. 833 et 842. Xenoph. rat. redit. p. 922. — [4] Demosth. in Lacrit. p. 949 et 954. Polyb. lib. 4, p. 306. — [5] Xenoph. exped. Cyr. lib. 7, p. 412. — [6] Demosth. in Callip. p. 1099. — [7] Id. in Eubul. p. 887. — [8] Id. in Phorm. p. 946. — [a] Cinq drachmes, quatre livres dix sous ; le médimne, environ quatre de nos boisseaux. (Voyez Goguet, de l'orig. des lois, etc. t. 3, p. 260.) — [9] Lys. in Dardan. p. 388. Pet. leg. attic. p. 420. — [b] Le texte de Lysias porte : Πυλήκονλα φορμῶν, qu'on peut rendre par cinquante corbeilles ; c'est une mesure dont on ne sait pas exactement la valeur. — [10] Lys. ibid. p. 392. — [11] Aristot. de rep. lib. 1, cap. 11, t. 2, p. 309. — [12] Demosth. in Lacrit. p. 957.

contrat qu'on dépose entre les mains d'un banquier[1], ou d'un ami commun. S'il s'agit, par exemple, d'une navigation au Bosphore cimmérien, on indique dans l'acte le temps du départ du vaisseau, les ports où il doit relâcher, l'espèce de denrées qu'il doit y prendre, la vente qu'il en doit faire dans le Bosphore, les marchandises qu'il en doit rapporter à Athènes[2]; et comme la durée du voyage est incertaine, les uns conviennent que l'intérêt ne sera exigible qu'au retour du vaisseau; d'autres plus timides, et contens d'un moindre profit, le retirent au Bosphore après la vente des marchandises[3], soit qu'ils s'y rendent eux-mêmes à la suite de leur argent, soit qu'ils y envoient un homme de confiance muni de leur pouvoir[4].

Le prêteur a son hypothèque ou sur les marchandises, ou sur les biens de l'emprunteur[5]; mais le péril de la mer étant en partie sur le compte du premier[6], et le profit du second pouvant être fort considérable, l'intérêt de l'argent prêté peut aller à trente pour cent, plus ou moins, suivant la longueur et les risques du voyage[7].

L'usure dont je parle est connue sous le nom de maritime. L'usure qu'on nomme terrestre est plus criante et non moins variable.

Ceux qui, sans courir les risques de la mer, veulent tirer quelque profit de leur argent, le placent ou chez des banquiers, ou chez d'autres personnes, à douze pour cent par an[8], ou plutôt à un pour cent à chaque nouvelle lune[9]; mais comme les lois de Solon ne défendent pas de demander le plus haut intérêt possible[10], on voit des particuliers[11] tirer de leur argent plus de seize pour cent par mois[12]; et d'autres, surtout parmi le peuple, exiger tous les jours le quart du principal[13]. Ces excès sont connus, et ne peuvent être punis que par l'opinion publique, qui condamne[14] et ne méprise pas assez les coupables.

Le commerce augmente la circulation des richesses, et cette circulation a fait établir des banquiers qui la facilitent encore. Un homme qui part pour un voyage, ou qui n'ose pas garder chez lui une trop grande somme, la remet entre leurs mains, tantôt comme un simple dépôt et sans en exiger aucun intérêt, tantôt à condition de partager avec eux le profit qu'ils en

---

[1] Demosth. in Phorm. p. 941. — [2] Id. in Lacrit. p. 949. — [3] Id. in Phorm. p. 943. — [4] Id. ibid. p. 944. — [5] Id. in Lacrit. p. 950, 951, etc. — [6] Id. in Phorm. p. 940 et 944. — [7] Id. ibid. p. 943. Id. in Lacrit. p. 949; id. in Pantæn. p. 988. — [8] Id. in aphob. p. 900; id. in Pantæn. p. 988. Æschin. in Ctesiph. p. 444. — [9] Aristoph. in nub. v. 17. Schol. ibid. Duport. in Theophr. charact. cap. 10, p. 349. — [10] Lys. in Theomn. p. 179. — [11] Plat. de rep. lib. 8, t. 2, p. 555. — [12] Pet. leg. attic. p. 403. — [13] Theophr. charact. cap. 6. Casaub. ibid. — [14] Demosth. ibid. p. 994. Aristot. de rep. lib. 1, cap. 10.

retirent[1]. Ils font des avances aux généraux qui vont commander les armées[2], ou à des particuliers forcés d'implorer leur secours.

Dans la plupart des conventions que l'on passe avec eux, on n'appelle aucun témoin[3] : ils se contentent, pour l'ordinaire, d'inscrire sur un registre qu'un tel leur a remis une telle somme, et qu'ils doivent la rendre à un tel, si le premier vient à mourir[4]. Il serait quelquefois très-difficile de les convaincre d'avoir reçu un dépôt ; mais s'ils s'exposaient plus d'une fois à cette accusation, ils perdraient la confiance publique, de laquelle dépend le succès de leurs opérations[5].

En faisant valoir l'argent dont ils ne sont que les dépositaires, en prêtant à un plus gros intérêt qu'ils n'empruntent[6], ils acquièrent des richesses[7] qui attachent à leur fortune des amis dont ils achètent la protection par des services assidus[8]. Mais tout disparaît lorsque, ne pouvant retirer leurs fonds, ils sont hors d'état de remplir leurs engagemens[9] ; obligés alors de se cacher[10], ils n'échappent aux rigueurs de la justice qu'en cédant à leurs créanciers les biens qui leur restent[11].

Quand on veut changer des monnaies étrangères, comme les dariques, les cyzicènes, etc., car ces sortes de monnaies ont cours dans le commerce[12], on s'adresse aux banquiers[13], qui, par différens moyens, tels que la pierre de touche et le trébuchet, examinent si elles ne sont pas altérées, tant pour le titre que pour le poids[14].

Les Athéniens en ont de trois espèces. Il paraît qu'ils en frappèrent d'abord en argent, et ensuite en or. Il n'y a guère plus d'un siècle qu'ils ont employé le cuivre à cet usage[15].

Celles en argent sont les plus communes[a] ; il a fallu les diversifier, soit pour la solde peu constante des troupes, soit pour les libéralités successivement accordées au peuple, soit pour faciliter de plus en plus le commerce. Au-dessus de la drachme[b], composée de six oboles, sont le didrachme ou la double drachme, et le tétradrachme, ou la quadruple drachme ; au-dessous sont des

[1] Herald. animadv. in Salmas. p. 178 et 182. — [2] Demosth. in Timoth. p. 1074. — [3] Isocr. in Trapez. t. 2, p. 449. — [4] Demosth. in Callip. p. 1098. — [5] Isocr. ibid. p. 458. Demosth. in Phorm. p. 965. — [6] Herald. ibid. p. 182. — [7] Demosth. ibid. p. 959 et 965. — [8] Isocr. ibid. p. 449. — [9] Demosth. in Timoth. p. 1083. — [10] Id. in Apat. p. 934. — [11] Id. in Phorm. p. 966. — [12] Lys. in Eratosth. p. 194. — [13] Menand. ap. Phrynich. eclog. p. 192. Lys. ap. Poll. lib. 7, cap. 33, § 170. Theocr. idyll. 12, v. 37. Poll. lib. 3, cap. 9, § 84. Herald. ibid. p. 176 et 177. — [14] Theocr. ibid. Lys. in Theomn. p. 179. Lucian. in Hermot. t. 1, p. 810. Poll. ibid. Hesych. in Ἀργυροψ. et in Ὀβολ. — [15] Corsin. fast. attic. t. 2, p. 224. — [a] Voyez, pour plusieurs de ces monnaies, la planche des Médailles ; et, dans le troisième volume, la Table des monnaies d'Athènes. — [b] Dix-huit sous de notre monnaie.

pièces de quatre, de trois et de deux oboles ; viennent ensuite l'obole et la demi-obole [1][a]. Ces dernières, quoique de peu de valeur, ne pouvant favoriser les échanges parmi le petit peuple, la monnaie de cuivre s'introduisit vers le temps de la guerre du Péloponèse [2], et l'on fabriqua des pièces qui ne valaient que la huitième partie d'une obole [3][b].

La plus forte pièce d'or pèse deux drachmes, et vaut vingt drachmes d'argent [4][c].

L'or était fort rare dans la Grèce lorsque j'y arrivai. On en tirait de la Lydie et de quelques autres contrées de l'Asie mineure ; de la Macédoine, où les paysans en ramassaient tous les jours des parcelles et des fragmens que les pluies détachaient des montagnes voisines [5] ; de l'île de Thasos, dont les mines, autrefois découvertes par les Phéniciens, conservent encore dans leur sein les indices des travaux immenses qu'avait entrepris ce peuple industrieux [6].

Dans certaines villes, une partie de cette matière précieuse était destinée à la fabrication de la monnaie ; dans presque toutes, on l'employait à de petits bijoux pour les femmes, ou à des offrandes pour les dieux.

Deux événemens dont je fus témoin rendirent ce métal plus commun. Philippe, roi de Macédoine, ayant appris qu'il existait dans ses États des mines exploitées dès les temps les plus anciens, et de son temps abandonnées, fit fouiller celles qu'on avait ouvertes auprès du mont Pangée [7]. Le succès remplit son attente ; et ce prince, qui auparavant ne possédait en or qu'une petite fiole qu'il plaçait la nuit sous son oreiller [8], tira tous les ans de ces souterrains plus de mille talens [9][d]. Dans le même temps, les Phocéens enlevèrent du trésor de Delphes les offrandes en or que les rois de Lydie avaient envoyées au temple d'Apollon [10]. Bientôt la masse de ce métal augmenta au point que sa proportion avec l'argent ne fut plus d'un à treize, comme elle était il y a cent ans [11], ni d'un à douze, comme elle le fut quelque temps après [12], mais seulement d'un à dix [13].

[1] Poll. lib. 9, cap. 6, § 62. — [a] Douze sous, neuf sous, six sous, trois sous, dix-huit deniers. — [2] Aristoph. in eccles. v. 810. Id. in ran. v. 737. Schol. et Spanh. ibid. Callim. ap. Athen. lib. 15, cap. 3, p. 669. Spanh. in nub. Aristoph. v. 861. Corsin. fast. attic. t. 2, p. 224, et alii. — [3] Philem. ap. Poll. lib. 9, cap. 6, § 65. — [b] Quatre deniers et demi. — [4] Hesych. in Χρυσ. — [c] Dix-huit livres. — [5] Thucyd. lib. 4, cap. 105. Aristot. t. 1, p. 1153. Strab. lib. 7, p. 331. — [6] Herodot. lib. 6, cap. 46 et 47. Thucyd. lib. 1, cap. 100. Plut. in Cim. t. 1, p. 487. — [7] Senec. quæst. nat. lib. 5, p. 773. Strab. ibid. — [8] Athen. lib. 6, cap. 4, p. 231. — [9] Diod. lib. 16, p. 413. — [d] Plus de cinq millions quatre cent mille livres. — [10] Athen. ibid. p. 232. Diod. ibid. p. 456. — [11] Herodot. lib. 3, cap. 95. — [12] Plat. in Hipparch. t. 2, p. 231. — [13] Menand. ap. Poll. lib. 9, cap. 6, § 76.

CHAPITRE LVI.

Des Impositions et des Finances chez les Athéniens.

Les revenus de la république ont monté quelquefois jusqu'à la somme de deux mille talens[1][a], et ces revenus sont de deux sortes : ceux qu'elle perçoit dans le pays même, et ceux qu'elle tire des peuples tributaires.

Dans la première classe, il faut compter, 1°. le produit des biens-fonds qui lui appartiennent, c'est-à-dire, des maisons qu'elle loue, des terres et des bois qu'elle afferme[2]; 2°. le vingt-quatrième qu'elle se réserve sur le produit des mines d'argent, lorsqu'elle accorde à des particuliers la permission de les exploiter[3]; 3°. le tribut annuel qu'elle exige des affranchis et des dix mille étrangers établis dans l'Attique[4]; 4°. les amendes et les confiscations dont la plus grande partie est destinée au trésor de l'État[5]; 5°. le cinquantième prélevé sur le blé et sur les autres marchandises qu'on apporte des pays étrangers[6], de même que sur plusieurs de celles qui sortent du Pirée[7][b]; 6°. quantité d'autres petits objets[8], tels que les droits établis sur certaines denrées exposées au marché[9], et l'impôt qu'on exige de ceux qui entretiennent chez eux des courtisanes[10].

On afferme la plupart de ces droits ; l'adjudication s'en fait dans un lieu public, en présence de dix magistrats qui président aux enchères[11]. J'eus une fois la curiosité d'épier les menées des traitans. Les uns, pour écarter leurs rivaux, employaient les menaces ou les promesses; les autres dissimulaient leur union sous les apparences de la haine. Après des offres lentement couvertes et recouvertes, on allait continuer le bail aux anciens fermiers, lorsqu'un homme inconnu renchérit d'un talent. L'alarme se mit parmi eux; ils demandèrent qu'il fournît des cautions, car c'est une condition nécessaire : il les donna, et n'ayant plus

---

[1] Aristoph. in vesp. v. 658. — [a] Dix millions huit cent mille livres. — [2] Andoc. de myst. p. 12. Xenoph. rat. redit. p. 926. Demosth. in Eubulid. p. 891. — [3] Suid. in Ἀγράφ. μεταλ. — [4] Harpocr. in Μέτοίκ. — [5] Demosth. in Timocr. p. 791; id. in Macart. p. 1039. Pet. leg. attic. p. 392. — [6] Demosth. in Nær. p. 865; id. in Lacrit. p. 96. Etymol. magn. in Πεντηκοστ. — [7] Theophr. charact. cap. 23. Casaub. ibid. p. 160. Donat. in Terent. Phorm. v. 100. — [b] Voyez la note XXVIII à la fin du volume. — [8] Aristoph. in eccles. v. 809. Poll. lib. 8, cap. 10, § 132. — [9] Demosth. in Eubulid. p. 887. — [10] Æschin. in Timarch. p. 278. Poll. lib. 7, cap. 33, § 202; lib. 9, cap. 5, § 29. — [11] Harpocr. et Suid. in Πωλητ. Poll. lib. 8, cap. 9, § 99.

de moyens de l'éloigner, ils négocièrent secrètement avec lui, et finirent par se l'associer[1].

Les fermiers de l'État doivent, avant le neuvième mois de l'année, remettre la somme convenue aux receveurs des finances. Quand ils manquent à leurs engagemens, ils sont traînés en prison, condamnés à payer le double, et privés d'une partie des priviléges des citoyens, jusqu'à ce qu'ils se soient acquittés. Ceux qui répondent pour eux courent les mêmes risques[2].

La seconde, et la principale branche des revenus de l'État, consiste dans les tributs que lui paient quantité de villes et d'îles qu'il tient dans sa dépendance[3]. Ses titres à cet égard sont fondés sur l'abus du pouvoir. Après la bataille de Platée[4], les vainqueurs ayant résolu de venger la Grèce des insultes de la Perse, les insulaires qui étaient entrés dans la ligue consentirent à destiner tous les ans une somme considérable aux frais de la guerre. Les Athéniens chargés d'en faire la recette, recueillirent en différens endroits quatre cent soixante talens[a], qu'ils respectèrent tant qu'ils n'eurent pas une supériorité marquée. Leur puissance s'étant accrue, ils changèrent en contributions humiliantes les dons gratuits des villes alliées, et imposèrent aux unes l'obligation de fournir des vaisseaux quand elles en seraient requises[5], aux autres celle de continuer à payer le tribut annuel auquel elles s'étaient soumises autrefois. Ils taxèrent sur le même pied les nouvelles conquêtes, et la somme totale des contributions étrangères monta, au commencement de la guerre du Péloponèse, à six cents talens[6,b], et vers le milieu de cette guerre, à douze ou treize cents[7]. Pendant mon séjour en Grèce, les conquêtes de Philippe avaient réduit cette somme à quatre cents talens; mais on se flattait de la ramener un jour à douze cents[8,c].

Ces revenus, tout considérables qu'ils sont, n'étant pas proportionnés aux dépenses[9], on est souvent obligé de recourir à des moyens extraordinaires, tels que les dons gratuits et les contributions forcées.

Tantôt le sénat expose à l'assemblée générale les besoins pressans de l'État. A cette proposition, les uns cherchent à s'échapper, les autres gardent le silence, et les reproches du public les

---

[1] Andoc. de myst. p. 17. Plut. in Alcib. t. 1, p. 193. — [2] Ulpian. in orat. Demosth. adv. Timocr. p. 812. — [3] Aristoph. in vesp. v. 705. — [4] Thucyd. lib. 1, cap. 19 et 96. Plut. in Aristid. t. 1, p. 333. Nep. in Aristid. cap. 3. Pausan. lib. 8, p. 705. — [a] Deux millions quatre cent quatre-vingt-quatre mille livres. — [5] Thucyd. lib. 6, cap. 85; lib. 7, cap. 57. — [6] Id. lib. 2, cap. 13. Plut. in Aristid. t. 1, p. 333. — [b] Trois millions deux cent quarante mille livres. — [7] Andoc. de pac. p. 24. Plut. ibid. — [8] Plut. t. 2, p. 842. — [c] Six millions quatre cent quatre-vingt mille livres. Voyez la note XXIX à la fin du volume. — [9] Demosth. in Timocr. p. 788.

font rougir de leur avarice ou de leur pauvreté ; d'autres enfin annoncent tout haut la somme qu'ils offrent à la république, et reçoivent tant d'applaudissemens qu'on peut douter du mérite de leur générosité [1].

Tantôt le gouvernement taxe chacune des dix tribus, et tous les citoyens qui la composent à proportion de leurs biens, de façon qu'un particulier qui a des possessions dans le district de plusieurs tribus doit payer en plusieurs endroits [2]. La recette est souvent très-difficile : après avoir employé la contrainte par corps, on l'a proscrite, comme opposée à la nature du gouvernement : pour l'ordinaire, on accorde des délais, et quand ils sont expirés, on saisit les biens et on les vend à l'encan [3].

De toutes les charges, la plus onéreuse sans doute est l'entretien de la marine. Il n'y a pas long-temps que deux ou trois riches particuliers armaient une galère à frais communs [4] ; il parut ensuite une loi qui subsistait encore à mon arrivée en Grèce, et qui, conformément au nombre des tribus, partageait en dix classes de cent vingt personnes chacune tous les citoyens qui possèdent des terres, des fabriques, de l'argent placé dans le commerce ou sur la banque. Comme ils tiennent dans leurs mains presque toutes les richesses de l'Attique, on les obligeait de payer toutes les impositions, et surtout d'entretenir et d'augmenter, au besoin, les forces navales de la république. Chacun d'entre eux ne devant fournir son contingent que de deux années l'une [5], les douze cents contribuables se subdivisaient en deux grandes classes de six cents chacune, dont trois cents des plus riches et trois cents de ceux qui l'étaient moins. Les premiers répondaient pour les seconds, et faisaient les avances dans un cas pressant [6].

Quand il s'agissait d'un armement, chacune des dix tribus ordonnait de lever dans son district la même quantité de talens qu'elle avait de galères à équiper, et les exigeait d'un pareil nombre de compagnies, composées quelquefois de seize de ses contribuables [7]. Ces sommes perçues étaient distribuées aux triérarques ; c'est ainsi qu'on appelle les capitaines de vaisseaux [8]. On en nommait deux pour chaque galère ; ils servaient six mois chacun [9], et devaient pourvoir à la subsistance de l'équipage [10] :

[1] Theophr. charact. cap. 22. Casaub. ibid. p. 155. Plut. in Alcib. t. 1, p. 195. — [2] Demosth. in Polycl. p. 1085. — [3] Thucyd. lib. 3, cap. 18. Demosth. in Andret. p. 705 et 707 ; id. in Timocr. p. 798. — [4] Lys. in Polyench. p. 327. Demosth. in Mid. p. 628. — [5] Isæus, de success. Apollod. p. 67. Demosth. in Leptin. p. 542 ; id. in Polycl. passim. Pet. leg. attic. p. 274. — [6] Demosth. de class. p. 135 ; id. in Phænip. p. 1023. Ulpian. in olynth. 2, p. 33. — [7] Demosth. de cor. p. 490. — [8] Id. in Mid. p. 628. Ulpian. ibid. p. 682. — [9] Demosth. in Polycl. p. 1089, 1093, etc. — [10] Plut. de glor. Athen. t. 2, p. 349.

car pour l'ordinaire la république ne fournissait que les agrès et les matelots[1].

Cet arrangement était défectueux, en ce qu'il rendait l'exécution très-lente, en ce que, sans avoir égard à l'inégalité des fortunes, les plus riches ne contribuaient quelquefois que d'un seizième à l'armement d'une galère. Vers les dernières années de mon séjour en Grèce, Démosthène fit passer un décret qui rend la perception de l'impôt plus facile et plus conforme à l'équité ; en voici la substance.

Tout citoyen dont la fortune est de dix talens doit, au besoin, fournir à l'État une galère ; il en fournira deux, s'il a vingt talens ; mais, possédât-il des richesses très-considérables, on n'exigera de lui que trois galères et une chaloupe. Ceux qui auront moins de dix talens se réuniront pour contribuer d'une galère[2].

Cet impôt, dont on n'exempte que les archontes[3], est proportionné, autant qu'il est possible, aux facultés des citoyens ; le poids en tombe toujours sur les plus riches, et c'est une suite de ce principe : que l'on doit asseoir les impositions, non sur les personnes, mais sur les biens[4].

Comme certaines fortunes s'élèvent tandis que d'autres s'abaissent, Démosthène laissa subsister la loi des échanges. Tous les ans, les magistrats chargés du département de la marine, permettent à chaque contribuable de se pourvoir contre un citoyen qui est moins taxé que lui, quoiqu'il soit devenu plus riche, ou qu'il l'ait toujours été. Si l'accusé convient de l'amélioration et de la supériorité de sa fortune, il est substitué à l'accusateur sur le rôle des contribuables ; s'il n'en convient point, on ordonne les informaions, et il se trouve souvent forcé d'échanger ses biens contre ceux de l'accusateur[5].

Les facilités accordées aux commandans des galères, soit par le gouvernement, soit par leur tribu, ne suffiraient pas, si le zèle et l'ambition n'y suppléaient. Comme il est de leur intérêt de se distinguer de leurs rivaux, on en voit qui ne négligent rien pour avoir les bâtimens les plus légers et les meilleurs équipages[6] ; d'autres qui augmentent à leurs dépens la paie des matelots, communément fixée à trois oboles par jour[a].

Cette émulation, excitée par l'espoir des honneurs et des récompenses[7], est très-avantageuse dans un État dont la moindre guerre épuise le trésor et intercepte les revenus. Tant que dure

---

[1] Demosth. in Mid. p. 628. — [2] Id. de cor. p. 490. — [3] Id. in Leptin. p. 545. — [4] Id. in Androt. p. 707. — [5] Id. Philipp. 1, p. 52 ; id. in Phænip. p. 1023 et 1027. — [6] Id. in Polycl. p. 1084. — [a] Neuf sous. — [7] Lys. in mun. accept. p. 378.

cette guerre, les peuples tributaires, sans cesse menacés ou subjugués par les ennemis, ne peuvent fournir du secours à la république, ou sont contraints de lui en demander. Dans ces circonstances critiques, ses flottes portent la désolation sur les côtes éloignées, et reviennent quelquefois chargées de butin. Lorsqu'elles peuvent s'emparer du détroit de l'Hellespont [1], elles exigent de tous les vaisseaux qui font le commerce du Pont-Euxin le dixième des marchandises qu'ils transportent; et cette ressource a plus d'une fois sauvé l'État.

L'obligation de fournir des vaisseaux et des contributions en argent cesse avec la guerre; mais il est d'usage que les citoyens riches donnent, à certains jours, des repas à ceux de leur tribu, qu'ils concourent à l'entretien des gymnases, et procurent aux jeux publics les chœurs qui doivent se disputer le prix de la danse et de la musique [2]. Les uns se chargent volontairement de ces dépenses; les autres y sont condamnés par le choix de leur tribu, et ne peuvent s'y soustraire, à moins qu'ils n'en aient obtenu l'exemption par des services rendus à l'État [3]. Tous ont des droits à la faveur du peuple, qui dédommage par des emplois et des honneurs ceux qui se sont ruinés pour embellir ses fêtes.

Plusieurs compagnies d'officiers élus par le peuple sont chargées de veiller à l'administration des finances; et chacune des dix tribus nomme un officier à la plupart de ces compagnies. Les uns [4] donnent à ferme les droits d'entrée, délivrent, sous certaines redevances, les priviléges pour l'exploitation des mines, président à la vente des biens confisqués, etc. Les autres inscrivent sur un registre la somme dont chaque citoyen doit contribuer dans les besoins pressans [5].

Les diverses espèces de revenus sont déposées tous les ans dans autant de caisses différentes, régies chacune en particulier par dix receveurs ou trésoriers. Le sénat en règle avec eux la destination [6], conformément aux décrets du peuple, et en présence de deux contrôleurs qui en tiennent registre, l'un au nom du sénat, l'autre au nom des administrateurs [7].

Les receveurs, chargés de la perception des deniers publics, conservent les rôles des sommes auxquelles sont taxés les citoyens [8]. Ils effacent, en présence du sénat, les noms de ceux qui ont satisfait à la dette, et dénoncent à l'un des tribunaux ceux

---

[1] Xenoph. hist. græc. lib. 1, p. 430. Demosth. in Leptin. p. 549. — [2] Lys. in num. accept. p. 374. Demosth. in Mid. p. 605 et 628. Argum. ejusd. orat. p. 601. Harpocr. in Ἑστιάτ. — [3] Demosth. in Leptin. p. 545, etc. — [4] Harpocr. in Πωλητ. Poll. lib. 8, cap. 9, § 99. — [5] Harpocr. et Etymol. magn. in Ἐπιγρ. Poll. ibid. § 103. — [6] Harpocr. in Ἀποδέκτ. et in Ἑλληνοτ. Suid. in Ἀποδέκτ. Poll. ibid. § 97, etc. — [7] Harpocr. in Ἀντιγρ. — [8] Id. et Suid. in Ἀποδέκτ. Aristot. de rep. lib. 6, cap. 8.

qui ne l'ont pas acquittée. Le tribunal nomme des inquisiteurs [1] chargés de poursuivre ces derniers par les voies ordinaires, qui vont, en cas de refus, jusqu'à la confiscation des biens. Cependant ce recours aux tribunaux n'a lieu que lorsqu'il est question d'un objet important : quand il ne l'est pas, on laisse aux receveurs le soin de terminer les contestations qui s'élèvent dans leurs départemens [2].

Ceux d'entre eux qui perçoivent les amendes ont le droit singulier de revoir les sentences des premiers juges, et de modérer ou de remettre l'amende, s'ils la trouvent trop forte [3].

Les dépenses relatives à la guerre et à toutes les parties de l'administration sont assignées sur les différentes caisses dont je viens de parler. En temps de guerre, les lois ordonnent de verser dans la caisse militaire l'excédant des autres caisses [4]; mais il faut un décret du peuple pour intervertir l'ordre des assignations.

Tous les ans on dépose, dans une caisse régie par des officiers particuliers, des fonds considérables, qui doivent être publiquement distribués pour mettre les citoyens pauvres en état de payer leurs places aux spectacles [5]. Le peuple ne veut pas qu'on touche à ce dépôt, et nous l'avons vu de nos jours statuer la peine de mort contre l'orateur qui proposerait d'employer cet argent au service de l'État épuisé par une longue guerre [6]. Les annales des nations n'offrent pas un second exemple d'un pareil délire.

CHAPITRE LVII.

Suite de la Bibliothèque d'un Athénien. La Logique.

Avant mon voyage dans les provinces de la Grèce, j'avais passé plusieurs journées dans la bibliothèque d'Euclide : à mon retour, nous reprîmes nos séances.

Il me montra dans un corps de tablettes les ouvrages qui traitent de la logique et de la rhétorique, placés les uns auprès des autres, parce que ces deux sciences ont beaucoup de rapports entre elles [7]. Ils sont en petit nombre, me dit-il ; car ce n'est que depuis un siècle environ qu'on a médité sur l'art de penser et de parler. Nous en avons l'obligation aux Grecs d'Italie et de

---

[1] Demosth. in Timocr. p. 775. — [2] Poll. lib. 8, cap. 9, § 97. — [3] Lys. pro milit. p. 163 et 165. Poll. ibid. — [4] Demosth. in Neær. p. 861. — [5] Harpocr. in Θεωρ. — [6] Ulpian. in olynth. 1. Demosth. p. 13. Liban. argum. ejusd. orat. — [7] Aristot. rhet. lib. 1, cap. 1, t. 2, p. 512. Sext. empir. adv. logic. lib. 7, p. 370.

Sicile, et ce fut une suite de l'essor que la philosophie de Pythagore avait donné à l'esprit humain.

Nous devons cette justice à Zénon d'Élée, de dire qu'il a publié le premier un essai de dialectique [1]; mais nous devons cet hommage à Aristote, d'ajouter qu'il a tellement perfectionné la méthode du raisonnement, qu'il pourrait en être regardé comme l'inventeur [2].

L'habitude nous apprend à comparer deux ou plusieurs idées pour en connaître et en montrer aux autres la liaison ou l'opposition. Telle est la logique naturelle; elle suffirait à un peuple qui, privé de la faculté de généraliser ses idées, ne verrait dans la nature et dans la vie civile que des choses individuelles. Il se tromperait fréquemment dans les principes, parce qu'il serait fort ignorant; mais ses conséquences seraient justes, parce que ses notions seraient claires, et toujours exprimées par le mot propre.

Mais chez les nations éclairées, l'esprit humain, à force de s'exercer sur des généralités et sur des abstractions, a fait éclore un monde idéal peut-être aussi difficile à connaître que le monde physique. A la quantité étonnante de perceptions reçues par les sens s'est jointe la foule prodigieuse des combinaisons que forme notre esprit, dont la fécondité est telle, qu'il est impossible de lui assigner des bornes.

Si nous considérons ensuite que, parmi les objets de nos pensées, un très-grand nombre ont entre eux des rapports sensibles qui semblent les identifier, et des différences légères qui les distinguent en effet, nous serons frappés du courage et de la sagacité de ceux qui les premiers formèrent et exécutèrent le projet d'établir l'ordre et la subordination dans cette infinité d'idées que les hommes avaient conçues jusqu'alors, et qu'ils pourraient concevoir dans la suite.

Et c'est ici peut-être un des plus grands efforts de l'esprit humain; c'est du moins une des plus grandes découvertes dont les Grecs puissent se glorifier. Nous avons reçu des Égyptiens, des Chaldéens, peut-être encore de quelque nation plus éloignée, les élémens de presque toutes les sciences, de presque tous les arts: la postérité nous devra cette méthode, dont l'heureux artifice assujétit le raisonnement à des règles. Nous allons jeter un coup-d'œil rapide sur ses principales parties.

Il y a des choses qu'on se contente d'indiquer sans en rien nier, sans en rien affirmer; c'est ainsi que je dis, *homme, cheval, animal à deux pieds*. Il en est d'autres qu'on désigne par des mots qui contiennent affirmation ou négation.

---

[1] Diog. Laert. in prooem. § 18. Aristot. ap. eumd. lib. 8, § 57; lib. 9, p. 25. — [2] Id. sophist. elench. cap. 34, t. 1, p. 314.

Des catégories.

Quelque nombreuses que soient les premières, on trouva le moyen de les distribuer en dix classes, dont l'une renferme la substance, et les autres ses modes. Dans la première, on plaça toutes les substances, comme *homme, cheval*, etc.[1]; dans la seconde, la quantité, de quelque nature qu'elle soit, comme le nombre, le temps, l'étendue, etc.[2]; dans la troisième, la qualité, et sous ce nom on comprit, 1°. les habitudes, telles que les vertus, les sciences; 2°. les dispositions naturelles qui rendent un homme plus propre qu'un autre à certains exercices; 3°. les qualités sensibles, comme *douceur, amertume, froid, chaud, couleur*; 4°. la forme, la figure, comme *rond, carré*, etc.[3]

Les autres classes renferment les différentes sortes de relations, d'actions, de situations, de possessions, etc.; de manière que ces dix ordres de choses contiennent tous les êtres et toutes les manières d'être. Ils sont nommés *catégories* ou *attributs*, parce qu'on ne peut rien attribuer à un sujet qui ne soit *substance*, ou *qualité*, ou *quantité*, etc.

C'était beaucoup que d'avoir réduit les objets de nos pensées à un si petit nombre de classes, mais ce n'était pas assez encore. Qu'on examine avec attention chaque catégorie, on verra bientôt qu'elle est susceptible d'une multitude de subdivisions que nous concevons comme subordonnées les unes aux autres. Expliquons ceci par un exemple tiré de la première catégorie.

Des individus.

Dans l'enfance, notre esprit ne voit, ne conçoit que des individus[a]; nous les appelons encore aujourd'hui premières substances[4], soit parce qu'ils attirent nos premiers regards, soit parce qu'ils sont en effet les substances les plus réelles.

Des espèces.

Dans la suite, ceux qui ont des ressemblances plus frappantes se présentent à nous sous une même espèce, c'est-à-dire, sous une même forme, sous une même apparence; nous en avons fait plusieurs classes séparées[5]. Ainsi, d'après tel et tel homme, tel et tel cheval, nous avons eu l'idée spécifique de l'homme et du cheval.

Des genres.

Comme les différentes branches d'une famille remontent à une

---

[1] Aristot. categ. cap. 4, t. 1, p. 15. — [2] Id. ibid. cap. 6. — [3] Id. ibid. cap. 8, p. 26. — [a] Les individus s'appellent en grec, atomes, indivisibles. (Id. ibid. cap. 2, t. 1, p. 15.) — [4] Id. ibid. cap. 5, p. 16. — [5] Id. topic. lib. 1, cap. 7, t. 1, p. 184.

origine commune, de même plusieurs espèces rapprochées par de grands traits de conformité se rangent sous un même genre.[1] Ainsi des idées spécifiques de l'homme, du cheval, du bœuf, de tous les êtres qui ont vie et sentiment, a résulté l'idée générique de l'*animal* ou de l'*être vivant*; car ces expressions, dans notre langue, désignent la même chose. Au-dessus de ce genre, on en conçoit de plus universels, tels que la *substance*, etc.; et l'on parvient enfin au genre suprême, qui est l'*être*.

Dans cette échelle, dont l'être occupe le sommet, et par laquelle on descend aux individus, chaque degré intermédiaire peut être genre à l'égard du degré inférieur, espèce à l'égard du degré supérieur.

Les philosophes se plaisent à dresser de pareilles filiations pour tous les objets de la nature, pour toutes les perceptions de l'esprit: elles leur facilitent les moyens de suivre les générations des idées, et d'en parcourir de rang en rang les différentes classes, comme on parcourt une armée en bataille[2]. Quelquefois, considérant le genre comme l'*unité* ou le *fini*, les espèces comme *plusieurs*, et les individus comme l'*infini*, ils agitent diverses questions sur le *fini* et l'*infini*, sur l'*un* ou le *plusieurs*; questions qui ne roulent alors que sur la nature du genre, des espèces et des individus[3].

De la différence.

Chaque espèce est distinguée de son genre par un attribut essentiel qui la caractérise, et qui se nomme différence[4]. La raison étant pour l'homme le plus beau et le plus incommunicable de ses privilèges, elle le sépare des autres animaux[a]. Joignez donc à l'idée générique d'animal celle de raisonnable, c'est-à-dire, de sa différence, vous aurez l'idée spécifique de l'homme[5]. Il est aussi difficile qu'important de fixer les différences comprises sous un même genre, et celles des espèces subordonnées à des genres qui ont entre eux quelque affinité. En se livrant à ce travail, on démêle bientôt dans chaque espèce des propriétés qui lui sont inhérentes, des modifications qui lui sont accidentelles.

Du propre.

Il ne s'agit pas ici de la propriété qui se confond avec l'essence d'une chose, mais de celle qui en est distinguée[6]. Sous cet aspect, c'est un attribut qui ne convient qu'à l'espèce, et qui émane de cet attribut principal que nous avons nommé différence.

---

[1] Aristot. metaph. lib. 5, cap. 28, t. 2, p. 901. — [2] Plat. de rep. lib. 7, t. 2, p. 534. — [3] Id. in Phileb.; id. in Parm. — [4] Aristot. topic. lib. 6, cap. 4, t. 1, p. 245; cap. 6, p. 248. — [a] Voyez la note XXX à la fin du volume. — [5] Porphir. Isagog. ap. Aristot. t. 1, cap. 7. — [6] Aristot. ibid. lib. 1, cap. 4 et 5.

L'homme est capable d'apprendre certaines sciences; c'est une de ses propriétés : elle naît du pouvoir qu'il a de raisonner, et ne convient qu'à ceux de son espèce. La faculté de dormir, de se mouvoir, ne saurait être pour lui une propriété, parce qu'elle lui est commune avec d'autres animaux [1].

De l'accident.

L'accident est un mode, un attribut que l'esprit sépare aisément de la chose : *être assis* est un accident pour l'homme, la *blancheur* pour un corps [2].

Les idées dont nous avons parlé jusqu'ici, n'étant accompagnées ni d'affirmation ni de négation, ne sont ni vraies ni fausses [3]. Passons à celles qui peuvent recevoir l'un de ces caractères.

De l'énonciation.

L'énonciation est une proposition qui affirme ou nie quelque chose [4]. Il n'y a donc que l'énonciation qui soit susceptible de vérité ou de fausseté. Les autres formes du discours, telles que la prière, le commandement, ne renferment ni fausseté ni vérité.

Dans toute énonciation, on unit ou l'on sépare plusieurs idées. On y distingue le *sujet*, le *verbe*, l'*attribut*. Dans celle-ci, par exemple, *Socrate est sage*; Socrate sera le sujet, *est* le verbe, *sage* l'attribut.

Le sujet signifie ce qui est placé au-dessous. On l'appelle ainsi, parce qu'il exprime la chose dont on parle et qu'on met sous les yeux; peut-être aussi, parce qu'étant moins universel que les attributs qu'il doit recevoir, il leur est en quelque façon subordonné [5].

Le sujet exprime, tantôt une idée universelle et qui convient à plusieurs individus, comme celle d'homme, d'animal; tantôt une idée singulière, et qui ne convient qu'à un individu, comme celle de Callias, de Socrate [6]. Suivant qu'il est universel ou singulier, l'énonciation qui le renferme est universelle ou singulière.

Pour qu'un sujet universel soit pris dans toute son étendue, il faut y joindre ces mots *tout* ou *nul*. Le mot *homme* est un terme universel : si je dis, *tout homme*, *nul homme*, je le prends dans toute son étendue, parce que je n'exclus aucun homme; si je dis simplement, *quelque homme*, je restreins son universalité.

---

[1] Aristot. topic. lib. 1, t. 1, cap. 4 et 5; lib. 5, cap. 3, p. 230. — [2] Id. ibid. lib. 1, cap. 5, p. 183. — [3] Id. de interpr. cap. 1, t. 1, p. 37. — [4] Id. ibid. cap. 4 et 5. — [5] Id. categ. p. 5, t. 1, cap. 17. — [6] Id. de interpr. cap. 7, t. 1, p. 39.

Le verbe est un signe qui annonce qu'un tel attribut convient à tel sujet[1]. Il fallait un lien pour les unir, et c'est le verbe *être* toujours exprimé ou sous-entendu. Je dis sous-entendu, parce qu'il est renfermé dans l'emploi des autres verbes. En effet, ces mots *je vais* signifient *je suis allant*[2].

A l'égard de l'attribut, on a déjà vu qu'il est pris de l'une des catégories qui contiennent les genres de tous les attributs[3].

Ainsi nos jugemens ne sont que des opérations par lesquelles nous affirmons ou nous nions une chose d'une autre; ou plutôt ce ne sont que des regards de l'esprit, qui découvrent que telle propriété ou telle qualité peut s'attribuer ou non à tel objet; car l'intelligence qui fait cette découverte est à l'âme ce que la vue est à l'œil[4].

On distingue différentes espèces d'énonciations. Nous dirons un mot de celles qui, roulant sur un même sujet, sont opposées par l'affirmation et par la négation. Il semble que la vérité de l'une doit établir la fausseté de l'autre. Mais cette règle ne saurait être générale, parce que l'opposition qui règne entre elles s'opère de plusieurs manières.

Si, dans l'une et dans l'autre, le sujet étant universel est pris dans toute son étendue, alors les deux énonciations s'appellent contraires, et peuvent être toutes deux fausses[5]. Exemple : *Tous les hommes sont blancs ; nul homme n'est blanc*. Si son étendue n'a point de limites dans l'une, et en a dans l'autre, alors elles se nomment contradictoires ; l'une est vraie, et l'autre fausse. Exemple : *Tous les hommes sont blancs ; quelques hommes ne sont pas blancs* ; ou bien : *Nul homme n'est blanc ; quelques hommes sont blancs*. Les énonciations singulières éprouvent le même genre d'opposition que les contradictoires ; de toute nécessité l'une sera vraie, et l'autre fausse : *Socrate est blanc ; Socrate n'est pas blanc*[6].

Deux propositions particulières, l'une affirmative, l'autre négative, ne sont pas, à proprement parler, opposées entre elles ; l'opposition n'est que dans les termes. Quand je dis, *quelques hommes sont justes, quelques hommes ne sont pas justes*, je ne parle pas des mêmes hommes[7].

Les notions précédentes, celles que je supprime en plus grand nombre, furent le fruit d'une longue suite d'observations. Cependant on n'avait pas tardé à s'apercevoir que la plupart de nos erreurs tirent leur source de l'incertitude de nos idées et de leurs

---

[1] Aristot. de interpr. cap. 3, t. 1, p. 37. — [2] Id. ibid. cap. 12, p. 46. — [3] Id. topic. lib. 1, cap. 9, t. 1, p. 185. — [4] Id. ibid. cap. 17, t. 1, p. 192. — [5] Id. de interpr. cap. 7, t. 1, p. 39. — [6] Id. categ. cap. 10, t. 1, p. 33 ; id. de interpr. cap. 7, t. 1, p. 40. — [7] Id. analyt. prior. cap. 15, t. 1, p. 117.

signes représentatifs. Ne connaissant les objets extérieurs que par nos sens, et ne pouvant en conséquence les distinguer que par leurs apparences, nous confondons souvent leur nature avec leurs qualités et leurs accidens. Quant aux objets intellectuels, ils ne réveillent, dans le commun des esprits, que des lueurs sombres, que des images vagues et mobiles. La confusion augmente encore par cette quantité de mots équivoques et métaphoriques dont les langues fourmillent, et surtout par le grand nombre de termes universels que nous employons souvent sans les entendre.

La méditation seule peut rapprocher des objets que cette obscurité semble éloigner de nous. Aussi la seule différence qui se trouve entre un esprit éclairé et celui qui ne l'est pas, c'est que l'un voit les choses à une juste distance, et l'autre ne les voit que de loin [1].

Heureusement les hommes n'ont besoin que d'une certaine analogie dans les idées, d'une certaine approximation dans le langage, pour satisfaire aux devoirs de la société. En changeant leurs idées, les esprits justes trafiquent avec une bonne monnaie, dont souvent ils ne connaissent pas le titre; les autres, avec de fausses espèces, qui n'en sont pas moins bien reçues dans le commerce.

Le philosophe doit employer les expressions les plus usitées [2], mais en distinguant leurs acceptions, quand elles en ont plusieurs: il doit ensuite déterminer l'idée qu'il attache à chaque mot.

De la définition.

Définir une chose, c'est faire connaître sa nature par des caractères qui ne permettent pas de la confondre avec toute autre chose [3]. Autrefois on n'avait point de règles pour parvenir à cette exactitude ou pour s'en assurer. Avant d'en établir on observa qu'il n'y a qu'une bonne définition pour chaque chose [4]; qu'une telle définition ne doit convenir qu'au défini [5]; qu'elle doit embrasser tout ce qui est compris dans l'idée du défini [6]; qu'elle doit de plus s'étendre à tous les êtres de même espèce, celle de l'homme, par exemple, à tous les hommes [7]; qu'elle doit être précise: tout mot qu'on en peut retrancher est superflu [8]; qu'elle doit être claire: il faut donc en exclure les expressions équivoques, figurées, peu familières [9]; et que, pour l'entendre, on ne soit pas obligé de recourir au défini, sans quoi elle res-

---

[1] Aristot. sophist. elench. lib. 1, cap. 1, t. 1, p. 281. — [2] Id. topic. lib. 2, cap. 2, t. 1, p. 196. — [3] Id. ibid. lib. 1, cap. 5, p. 182. — [4] Id. ibid. lib. 6, cap. 14, p. 266. — [5] Id. ibid. lib. 7, cap. 5, p. 264. — [6] Id. ibid. lib. 6, cap. 5, p. 247. — [7] Id. ibid. cap. 1, p. 241. — [8] Id. ibid. cap. 3, p. 243. — [9] Id. ibid. cap. 2, p. 242.

semblerait aux figures des anciens tableaux, qui ne sont reconnaissables qu'à leurs noms tracés auprès d'elles[1].

Comment parvint-on à remplir ces conditions ? Nous avons parlé plus haut de ces échelles d'idées qui nous conduisent depuis les individus jusqu'à l'être général. Nous avons vu que chaque espèce est immédiatement surmontée d'un genre, dont elle est distinguée par la différence. Une définition exacte sera composée du genre immédiat et de la différence de la chose définie[2], et renfermera par conséquent ces deux principaux attributs. Je définis l'homme, un animal raisonnable[3]. Le genre *animal* rapproche l'homme de tous les êtres vivans ; la différence *raisonnable* l'en sépare.

Il suit de là qu'une définition indique la ressemblance de plusieurs choses diverses, par son genre ; et leur diversité, par sa différence. Or, rien n'est si important que de saisir cette ressemblance et cette diversité, quand on s'exerce dans l'art de penser et de raisonner[4].

J'omets quantité de remarques très-fines sur la nature du genre et de la différence, ainsi que sur les diverses espèces d'assertions qu'on a coutume d'avancer en raisonnant. Comme je ne veux présenter que des essais sur les progrès de l'esprit humain, je ne dois pas recueillir toutes les traces de lumière qu'il a laissées sur sa route ; mais la découverte du syllogisme mérite de nous arrêter un instant.

Du syllogisme.

Nous avons dit que dans cette proposition, *Socrate est sage*, *Socrate* est le sujet, *sage* l'attribut ; et que par le verbe substantif qui les unit on affirme que l'idée de la sagesse convient à celle de Socrate.

Mais comment s'assurer de la vérité ou de la fausseté d'une proposition, lorsque le rapport de l'attribut avec le sujet n'est pas assez marqué ? C'est en passant du connu à l'inconnu[5] ; c'est en recourant à une troisième idée, dont le double rapport avec le sujet et l'attribut soit plus sensible.

Pour me faire mieux entendre, je n'examinerai que la proposition affirmative. Je doute si A est égal à B ; s'il se trouve que A est égal à C, et que B est aussi égal à C, j'en conclurai, sans hésiter, que A est égal à B[6].

Ainsi, pour prouver que la justice est une habitude, il suffit

---

[1] Aristot. topic. lib. 6, cap. 2, p. 243. — [2] Id. ibid. lib. 1, cap. 8, p. 185; lib. 6, cap. 1, p. 242. — [3] Id. ap. Jamblic. de vit. Pythag. cap. 6, p. 24. — [4] Id. topic. lib. 1, cap. 13, 16 et 17. — [5] Id. metaph. lib. 7, cap. 4, t. 2, p. 909. — [6] Id. analyt. prior. cap. 4, t. 1, p. 54.

de montrer que la justice est une vertu, et toute vertu une habitude[1]. Mais, pour donner à cette preuve la forme du syllogisme, plaçons le mot *vertu* entre le sujet et l'attribut de la proposition, et nous aurons ces trois termes : *justice, vertu, habitude*. Celui du milieu s'appelle *moyen*, soit à cause de sa position, soit parce qu'il sert d'objet intermédiaire pour comparer les deux autres, nommés les *extrêmes*[2]. Il est démontré que le moyen doit être pris au moins une fois universellement, et qu'une des propositions doit être universelle[3]. Je dirai donc d'abord,

   Toute vertu est une habitude ;

je dirai ensuite,

   Or la justice est une vertu ;
   Donc la justice est une habitude.

Il suit de là, 1°. qu'un syllogisme est composé de trois termes, que le dernier est l'attribut du second, et le second du premier[4]. Ici *habitude* est attribut à l'égard de *vertu*, et *vertu* à l'égard de *justice*.

L'attribut étant toujours pris dans l'une des catégories, ou dans les séries d'êtres qui les composent, les rapports du moyen avec l'un et l'autre des extrêmes seront des rapports tantôt de substances, de qualités, de quantités, etc., tantôt de genres et d'espèces, de propriétés, etc.[5]. Dans l'exemple précédent, ils sont de genres et d'espèces ; car *habitude* est genre relativement à *vertu*, et *vertu* relativement à *justice*. Or, il est certain que tout ce qui se dit d'un genre supérieur doit se dire des genres et des espèces qui sont dans la ligne descendante[6].

Il suit, 2°. qu'un syllogisme est composé de trois propositions. Dans les deux premières, on compare le moyen avec chacun des extrêmes ; dans la troisième on conclut que l'un des extrêmes doit être l'attribut de l'autre ; et c'était ce qu'il fallait prouver.

Il suit, 3°. qu'un syllogisme est un raisonnement par lequel, en posant certaines assertions, on en dérive une autre différente des premières[7].

Les diverses combinaisons des trois termes produisent différentes sortes de syllogismes, qui la plupart se réduisent à celle que nous avons proposée pour modèle[8].

[1] Aristot. de mor. lib. 2, cap. 1, t. 2, p. 17; cap. 4, p. 21. — [2] Id. analyt. prior. cap. 4, t. 1, p. 54. — [3] Id. topic. lib. 8, cap. 1, t. 1, p. 267; cap. 14, p. 280. — [4] Id. analyt. prior. cap. 4, t. 1, p. 54. — [5] Id. topic. lib. 1, cap. 9, t. 1, p. 185. — [6] Id. ibid. lib. 4, cap. 1, p. 213; lib. 6, cap. 5, p. 247. — [7] Id. ibid. lib. 1, cap. 1, p. 180; id. sophist. elench. lib. 1, cap. 1, t. 1, p. 281. — [8] Id. analyt. prior. lib. 1, cap. 7, t. 1, p. 60.

Les résultats varient encore suivant que les propositions sont affirmatives ou négatives, suivant qu'on leur donne, ainsi qu'aux termes, plus ou moins d'universalité ; et de là sont émanées quantité de règles qui font découvrir, au premier aspect, la justesse ou le défaut d'un raisonnement.

On se sert d'inductions et d'exemples pour persuader la multitude, de syllogismes pour convaincre les philosophes[1]. Rien de si pressant, de si impérieux, que la conclusion déduite de deux vérités dont un adversaire a été forcé de convenir[2].

Ce mécanisme ingénieux n'est que le développement des opérations de notre esprit. On avait observé qu'à l'exception des premiers principes qui persuadent par eux-mêmes[3], toutes nos assertions ne sont que des conclusions, et qu'elles sont fondées sur un raisonnement qui se fait dans notre esprit avec une promptitude surprenante. Quand j'ai dit, *la justice est une habitude*, je faisais mentalement le syllogisme que j'ai étendu plus haut.

On supprime quelquefois une des propositions, facile à suppléer. Le syllogisme s'appelle alors enthymème, et, quoique imparfait[4], il n'en est pas moins concluant. Exemple : *Toute vertu est une habitude ; donc la justice est une habitude ;* ou bien : *La justice est une vertu ; donc elle est une habitude.* Je parviendrais aisément à la même conclusion, si je disais simplement : *La justice, étant une vertu, est une habitude ;* ou bien : *La justice est une habitude, parce que toute vertu est une habitude*, etc.

Tel est cet autre exemple tiré d'un de nos poëtes :

Mortel, ne garde pas une haine immortelle[5].

Veut-on convertir cette sentence en syllogisme ? on dira : *Nul mortel ne doit garder une haine immortelle ; or, vous êtes mortel ; donc*, etc. Voulez-vous en faire un enthymème, supprimez une des deux premières propositions.

Ainsi, toute sentence, toute réflexion, soit qu'elle entraîne sa preuve avec elle, soit qu'elle se montre sans cet appui, est un véritable syllogisme, avec cette différence que, dans le premier cas, la preuve est le moyen qui rapproche ou éloigne l'attribut du sujet, et que, dans le second, il faut substituer le moyen.

C'est en étudiant avec attention l'enchaînement de nos idées que les philosophes trouvèrent l'art de rendre plus sensibles les preuves de nos raisonnemens, de développer et de classer les

---

[1] Aristot. topic. lib. 1, cap. 12, t. 1, p. 188 ; lib. 8, cap. 2, p. 269. — [2] Plat. in Men. t. 2, p. 75. — [3] Aristot. topic. lib. 1, cap. 1, t. 1, p. 180. — [4] Demetr. Phaler. de elocut. cap. 32. — [5] Aristot. rhet. lib. 2, cap. 21, t. 2, p. 571.

syllogismes imparfaits que nous employons sans cesse. On sent bien que le succès exigeait une constance obstinée, et ce génie observateur qui, à la vérité, n'invente rien, parce qu'il n'ajoute rien à la nature, mais qui y découvre ce qui échappe aux esprits ordinaires.

Toute démonstration est un syllogisme; mais tout syllogisme n'est pas une démonstration [1]. Il est démonstratif, lorsqu'il est établi sur les premiers principes, ou sur ceux qui découlent des premiers; dialectique, lorsqu'il est fondé sur des opinions qui paraissent probables à tous les hommes, ou du moins aux sages les plus éclairés [2]; contentieux, lorsqu'il conclut d'après des propositions qu'on veut faire passer pour probables, et qui ne le sont pas.

Le premier fournit des armes aux philosophes, qui s'attachent au vrai; le second, aux dialecticiens, souvent obligés de s'occuper du vraisemblable; le troisième, aux sophistes, à qui les moindres apparences suffisent [3].

Comme nous raisonnons plus fréquemment d'après des opinions que d'après des principes certains, les jeunes gens s'appliquent de bonne heure à la dialectique: c'est le nom qu'on donne à la logique, quand elle ne conclut que d'après des probabilités [4]. En leur proposant des problèmes ou thèses [5] sur la physique, sur la morale, sur la logique [6], on les accoutume à essayer leurs forces sur divers sujets, à balancer les conjectures, à soutenir alternativement des opinions opposées [7], à s'engager dans les détours du sophisme pour les reconnaître.

Comme nos disputes viennent souvent de ce que les uns, séduits par quelques exemples, généralisent trop; et les autres, frappés de quelques exemples contraires, ne généralisent pas assez, les premiers apprennent qu'on ne doit pas conclure du particulier au général [8]; les seconds, qu'une exception ne détruit pas la règle.

La question est quelquefois traitée par demandes et par réponses [9]. Son objet étant d'éclaircir un doute, et de diriger la raison naissante, la solution ne doit être ni trop claire ni trop difficile [10].

On doit éviter avec soin de soutenir des thèses tellement improbables, qu'on soit bientôt réduit à l'absurde [11], et de traiter

---

[1] Aristot. analyt. prior. cap. 4, t. 1, p. 54. — [2] Id. topic. lib. 1, cap. 1, t. 1, p. 180. — [3] Id. ibid. cap. 14, t. 1, p. 189; id. sophist. elench. cap. 1. p. 282; id. metaph. lib. 4, t. 2, p. 871. — [4] Id. topic. lib. 1, cap. 2, t. 1, p. 181. — [5] Id. ibid. cap. 11, p. 187. — [6] Id. ibid. cap. 14, p. 189. — [7] Id. rhet. lib. 1, cap. 1, t. 2, p. 514. — [8] Id. ibid. p. 517. — [9] Id. topic. lib. 8, cap. 1, t. 1, p. 268. — [10] Id. ibid. lib. 1, cap. 11, t. 1, p. 187. — [11] Id. ibid. lib. 8, cap. 9, t. 1, p. 275.

des sujets sur lesquels il est dangereux d'hésiter, comme, s'il faut honorer les dieux, aimer ses parens[1].

Quoiqu'il soit à craindre que des esprits ainsi habitués à une précision rigoureuse n'en conservent le goût, et n'y joignent même celui de la contradiction, il n'en est pas moins vrai qu'ils ont un avantage réel sur les autres. Dans l'acquisition des sciences, ils sont plus disposés à douter, et, dans le commerce de la vie, à découvrir le vice d'un raisonnement.

[1] Aristot. topic. lib. 1, cap. 11, t. 1, p. 187.

ŒUVRES COMPLÈTES

DE

J. J. BARTHELEMY.

TOME DEUXIÈME.

IIe. PARTIE.

CONTENANT

VOYAGE DU JEUNE ANACHARSIS EN GRÈCE, CHAP. LVIII A LXIX.

ŒUVRES
DE
J. J. BARTHELEMY.

TOME DEUXIÈME.
IIe. PARTIE.

A PARIS,

CHEZ A. BELIN, IMPRIMEUR-LIBRAIRE,
RUE DES MATHURINS ST.-J., HÔTEL CLUNY;

ET BOSSANGE FRÈRES, LIBRAIRES,
RUE DE SEINE, N°. 12, HÔTEL DE LA ROCHEFOUCAULD.

1821.

VOYAGE
DU JEUNE ANACHARSIS
EN GRÈCE,

VERS LE MILIEU DU QUATRIÈME SIÈCLE AVANT JÉSUS-CHRIST.

CHAPITRE LVIII.

Suite de la Bibliothèque d'un Athénien. La Rhétorique.

PENDANT que l'on construisait avec effort l'édifice de la logique, me dit Euclide, s'élevait à côté celui de la rhétorique, moins solide à la vérité, mais plus élégant et plus magnifique.

Le premier, lui dis-je, pouvait être nécessaire; je ne conçois pas l'utilité du second. L'éloquence n'exerçait-elle pas auparavant son empire sur les nations de la Grèce? Dans les siècles héroïques, ne disputait-elle pas le prix à la valeur [1]? Toutes les beautés ne se trouvent-elles pas dans les écrits de cet Homère qu'on doit regarder comme le premier des orateurs ainsi que des poètes [2]? Ne se montrent-elles pas dans les ouvrages des hommes de génie qui ont suivi ses traces? Quand on a tant d'exemples, pourquoi tant de préceptes? Ces exemples, répondit Euclide, il les fallait choisir, et c'est ce que fait la rhétorique. Je répliquai: Se trompaient-ils dans le choix, les Pisistrate, les Solon et ces orateurs qui, dans les assemblées de la nation, ou dans les tribunaux de justice, s'abandonnaient aux mouvemens d'une éloquence naturelle? Pourquoi substituer l'art de parler au talent de la parole?

On a voulu seulement, replit Euclide, arrêter les écarts du génie, et l'obliger, en le contraignant, à réunir ses forces. Vous doutez des avantages de la rhétorique, et vous savez qu'Aristote, quoique prévenu contre l'art oratoire [3], convient néanmoins qu'il peut être utile [4]! Vous en doutez, et vous avez entendu Démosthène! Sans les leçons de ses maîtres, répondis-je, Démosthène aurait partout maîtrisé les esprits. Peut-être que, sans le se-

[1] Cicer. de clar. orat. cap. 10, t. 1, p. 344. — [2] Hermog. de id. ap. rhet. ant. t. 1, p. 140. — [3] Cicer. de orat. lib. 2, cap. 38, t. 1, p. 229. — [4] Aristot. rhet. lib. 1, cap. 1, t. 2, p. 514.

cours des siens, Eschine ne se serait pas exprimé avec tant de charmes. Vous avouez donc, reprit Euclide, que l'art peut donner au talent des formes plus agréables? Je ne serai pas moins sincère que vous, et je conviendrai que c'est à peu près là tout son mérite.

Alors, s'approchant de ses tablettes : Voici, me dit-il, les auteurs qui nous fournissent des préceptes sur l'éloquence, et ceux qui nous en ont laissé des modèles. Presque tous ont vécu dans le siècle dernier ou dans le nôtre. Parmi les premiers sont Corax de Syracuse, Tisias, Thrasymaque, Protagoras, Prodicus, Gorgias, Polus, Lycimnius, Alcidamas, Théodore, Événus, Callipe, etc. ; parmi les seconds, ceux qui jouissent d'une réputation méritée, tels que Lysias, Antiphon, Andocide, Isée, Callistrate, Isocrate; ajoutons-y ceux qui ont commencé à se distinguer, tels que Démosthène, Eschine, Hypéride, Lycurgue, etc.

J'ai lu les ouvrages des orateurs, lui dis-je ; je ne connais point ceux des rhéteurs. Dans nos précédens entretiens vous avez daigné m'instruire des progrès et de l'état actuel de quelques genres de littérature ; oserais-je exiger de vous la même complaisance par rapport à la rhétorique ?

La marche des sciences exactes peut être facilement connue, répondit Euclide, parce que, n'ayant qu'une route pour parvenir au terme, on voit d'un coup d'œil le point d'où elles partent, et celui où elles arrivent. Il n'en est pas de même des arts de l'imagination : le goût qui les juge étant arbitraire, l'objet qu'ils se proposent souvent indéterminé[1], et la carrière qu'ils parcourent divisée en plusieurs sentiers voisins les uns des autres, il est impossible, ou du moins très-difficile, de mesurer exactement leurs efforts et leurs succès. Comment, en effet, découvrir les premiers pas du talent, et, la règle à la main, suivre le génie lorsqu'il franchit des espaces immenses? Comment encore séparer la lumière des fausses lueurs qui l'environnent, définir ces grâces légères qui disparaissent dès qu'on les analyse, apprécier enfin cette beauté suprême qui fait la perfection de chaque genre[2]. Je vais, puisque vous l'exigez, vous donner des mémoires pour servir à l'histoire de la rhétorique ; mais, dans une matière si susceptible d'agrémens, n'attendez de moi qu'un petit nombre de faits, et des notions assez communes.

Nos écrivains n'avaient, pendant plusieurs siècles, parlé que le langage de la poésie ; celui de la prose leur paraissait trop familier et trop borné pour satisfaire au besoin de l'esprit, ou

---

[1] Aristot. rhet. lib. 1, cap. 1, t. 2, p. 514. — [2] Cicer. orat. cap. 11, t. 1, p. 428.

plutôt de l'imagination : car c'était la faculté que l'on cultivait
alors avec le plus de soin. Le philosophe Phérécyde de Syros
et l'historien Cadmus de Milet commencèrent, il y a deux siècles
environ, à s'affranchir des lois sévères qui enchaînaient la diction [1]. Quoiqu'ils eussent ouvert une route nouvelle et plus facile, on avait tant de peine à quitter l'ancienne, qu'on vit Solon
entreprendre de traduire ses lois en vers [2], et les philosophes Empédocle et Parménide parer leurs dogmes des charmes de la poésie.

L'usage de la prose ne servit d'abord qu'à multiplier les historiens [3]. Quantité d'écrivains publièrent les annales de différentes nations; et leur style présente des défauts que les révolutions de notre goût rendent extrêmement sensibles. Il est clair
et concis [4], mais dénué d'agrémens et d'harmonie. De petites
phrases s'y succèdent sans soutien; et l'œil se lasse de les suivre,
parce qu'il y cherche vainement les liens qui devraient les
unir. D'autres fois, et surtout dans les premiers historiens, elles
fourmillent de tours poétiques, ou plutôt elles n'offrent plus que
les débris des vers dont on a rompu la mesure [5]. Partout on reconnaît que ces auteurs n'avaient eu que des poëtes pour modèles, et qu'il a fallu du temps pour former le style de la prose,
ainsi que pour découvrir les préceptes de la rhétorique.

C'est en Sicile qu'on fit les premiers essais de cet art [6]. Environ
cent ans après la mort de Cadmus, un Syracusain nommé Corax [7]
assembla des disciples, et composa sur la rhétorique un traité encore estimé de nos jours [8], quoiqu'il ne fasse consister le secret de
l'éloquence que dans le calcul trompeur de certaines probabilités.
Voici, par exemple, comme il procède : Un homme fortement
soupçonné d'en avoir battu un autre est traduit en justice; il est
plus faible ou plus fort que son accusateur : comment supposer,
dit Corax, que dans le premier cas il puisse être coupable, que
dans le second il ait pu s'exposer à le paraître [9] ? Ce moyen et
d'autres semblables, Tisias, élève de Corax, les étendit dans un
ouvrage que nous avons encore [10], et s'en servit pour frustrer son
maître du salaire qu'il lui devait [11].

De pareilles ruses s'étaient déjà introduites dans la logique,
dont on commençait à rédiger les principes; et de l'art de penser elles passèrent sans obstacles dans l'art de parler. Ce dernier

---

[1] Strab. lib. 1, p. 18. Plin. lib. 5, cap. 29, t. 1, p. 278. Suid. in Φερεκ.
et in Συγγραφ. — [2] Plut. in Sol. t. 1, p. 80. — [3] Dionys. Halic. in Thucyd.
jud. t. 6, p. 818. — [4] Id. ibid. p. 820. — [5] Demetr. Phaler. de elocut. cap. 12.
Strab. ibid. — [6] Aristot. ap. Cicer. de clar. orat. cap. 12, t. 1, p. 345. Cicer.
de orat. lib. 1, cap. 20, p. 150. Quintil. lib. 3, cap. 1, p. 141. — [7] Proleg.
in Hermog. ap. rhet. ant. t. 2, p. 5. — [8] Aristot. rhet. ad Alexand. cap. 1,
t. 2, p. 610. — [9] Id. rhet. lib. 2, cap. 24, t. 2, p. 581. — [10] Plat. in Phæd.
t. 3, p. 273. — [11] Proleg. ibid. p. 6. Sext. Empir. adv. rhetor. lib. 2, p. 307.

se ressentit aussi du goût des sophismes et de l'esprit de contradiction, qui dominaient dans les écarts du premier.

Protagoras, disciple de Démocrite, fut témoin, pendant son séjour en Sicile, de la gloire que Corax avait acquise. Il s'était jusqu'alors distingué par de profondes recherches sur la nature des êtres ; il le fut bientôt par les ouvrages qu'il publia sur la grammaire et sur les différentes parties de l'art oratoire. On lui fait honneur d'avoir le premier rassemblé ces propositions générales qu'on appelle *lieux communs* [1], et qu'emploie un orateur, soit pour multiplier ses preuves [2], soit pour discourir avec facilité sur toutes sortes de matières.

Ces lieux, quoique très-abondans, se réduisent à un petit nombre de classes. On examine, par exemple, une action relativement à la cause, à l'effet, aux circonstances, aux personnes, etc. ; et de ces rapports naissent des séries de maximes et de propositions contradictoires, accompagnées de leurs preuves, et presque toutes exposées par demandes et par réponses [3] dans les écrits de Protagoras et des autres rhéteurs qui ont continué son travail.

Après avoir réglé la manière de construire l'exorde, de disposer la narration, et de soulever les passions des juges [4], on étendit le domaine de l'éloquence, renfermé jusqu'alors dans l'enceinte de la place publique et du barreau. Rivale de la poésie, elle célébra d'abord les dieux, les héros et les citoyens qui avaient péri dans les combats. Ensuite Isocrate composa des éloges pour des particuliers d'un rang distingué [5]. Depuis on a loué indifféremment des hommes utiles ou inutiles à leur patrie ; l'encens a fumé de toutes parts, et l'on a décidé que la louange, ainsi que le blâme, ne devait garder aucune mesure [6].

Ces diverses tentatives ont à peine rempli l'espace d'un siècle, et dans cet intervalle on s'appliquait avec le même soin à former le style. Non-seulement on lui conserva les richesses qu'il avait, dès son origine, empruntées de la poésie, mais on cherchait encore à les augmenter ; on le parait tous les jours de nouvelles couleurs et de sons mélodieux. Ces brillans matériaux étaient auparavant jetés au hasard les uns auprès des autres, comme ces pierres qu'on rassemble pour construire un édifice [7] ; l'instinct et le sentiment prirent soin de les assortir et de les exposer dans une belle ordonnance. Au lieu de ces phrases isolées qui,

[1] Cicer. de clar. orat. cap. 12, t. 1, p. 345. Quintil. lib. 3, cap. 1, p. 142. — [2] Aristot. rhet. lib. 1, cap. 2, t. 2, p. 518; cap. 6, 7, etc. Cicer. topic. t. 1, p. 483. — [3] Aristot. sophist. elench. lib. 2, t. 1, p. 314. — [4] Id. rhet. lib. 1, cap. 1, t. 2, p. 513. — [5] Isocr. in Evag. t. 2, p. 73. — [6] Gorg. ap. Cicer. de clar. orat. cap. 12, t. 1, p. 346. — [7] Demetr. Phaler. de elocut. cap. 13.

faute de nerf et d'appui, tombaient presque à chaque mot, des groupes d'expressions choisies formèrent, en se rapprochant, un tout dont les parties se soutenaient sans peine. Les oreilles les plus délicates furent ravies d'entendre l'harmonie de la prose; et les esprits les plus justes, de voir une pensée se développer avec majesté dans une seule période.

Cette forme heureuse, découverte par des rhéteurs estimables, tels que Gorgias, Alcidamas et Thrasymaque, fut perfectionnée par Isocrate, disciple du premier [1]. Alors on distribua les périodes d'un discours en des intervalles à peu près égaux : leurs membres s'enchaînèrent et se contrastèrent par l'entrelacement des mots ou des pensées; les mots, eux-mêmes, par de fréquentes inversions, semblèrent serpenter dans l'espace qui leur était assigné, de manière pourtant que, dès le commencement de la phrase, ils en laissaient entrevoir la fin aux esprits attentifs [2]. Cet artifice adroitement ménagé était pour eux une source de plaisir; mais trop souvent employé, il les fatiguait au point, qu'on a vu quelquefois dans nos assemblées des voix s'élever et achever avant l'orateur la longue période qu'il parcourait avec complaisance [3].

Des efforts redoublés ayant enfin rendu l'élocution nombreuse, coulante, harmonieuse, propre à tous les sujets, susceptible de toutes les passions, on distingua trois sortes de langages parmi les Grecs : celui de la poésie, noble et magnifique; celui de la conversation, simple et modeste; celui de la prose relevée, tenant plus ou moins de l'un ou de l'autre, suivant la nature des matières auxquelles on l'appliquait.

On distingua aussi deux espèces d'orateurs : ceux qui consacraient l'éloquence à éclairer le peuple dans ses assemblées, tels que Périclès; à défendre les intérêts des particuliers au barreau, comme Antiphon et Lysias; à répandre sur la philosophie les couleurs brillantes de la poésie, comme Démocrite et Platon [4]; et ceux qui, ne cultivant la rhétorique que par un sordide intérêt, ou par une vaine ostentation, déclamaient en public, sur la nature du gouvernement ou des lois, sur les mœurs, les sciences et les arts, des discours superbes, et dans lesquels les pensées étaient offusquées par le langage.

La plupart de ces derniers, connus sous le nom de sophistes, se répandirent dans la Grèce. Ils erraient de ville en ville, partout accueillis, partout escortés d'un grand nombre de disciples qui, jaloux de s'élever aux premières places par le secours de

[1] Demetr. Phaler. de elocut. cap. 12. Cicer. orat. cap. 52, t. 1, p. 464. — [2] Demetr. Phaler. ibid. cap. 11. — [3] Id. ibid. cap. 15. — [4] Cicer. orat. cap. 20, t. 1, p. 436.

l'éloquence, payaient chèrement leurs leçons, et s'approvisionnaient à leur suite de ces notions générales ou lieux communs dont je vous ai déjà parlé.

Leurs ouvrages, que j'ai rassemblés, sont écrits avec tant de symétrie et d'élégance, on y voit une telle abondance de beautés, qu'on est soi-même fatigué des efforts qu'ils coûtèrent à leurs auteurs. S'ils séduisent quelquefois, ils ne remuent jamais, parce que le paradoxe y tient lieu de la vérité, et la chaleur de l'imagination de celle de l'âme.

Ils considèrent la rhétorique, tantôt comme un instrument de persuasion [1], dont le jeu demande plus d'esprit que de sentiment, tantôt comme une espèce de tactique, dont l'objet est de rassembler une grande quantité de mots, de les presser, les étendre, les soutenir les uns par les autres, et les faire marcher fièrement à l'ennemi. Ils ont aussi des ruses et des corps de réserve ; mais leur principale ressource est dans le bruit et dans l'éclat des armes [2].

Cet éclat brille surtout dans les éloges ou panégyriques d'Hercule et des demi-dieux : ce sont les sujets qu'ils choisissent par préférence ; et la fureur de louer s'est tellement accrue, qu'elle s'étend jusque sur les êtres inanimés [3]. J'ai un livre qui a pour titre l'*Éloge du sel* ; toutes les richesses de l'imagination y sont épuisées pour exagérer les services que le sel rend aux mortels [4].

L'impatience que causent la plupart de ces ouvrages va jusqu'à l'indignation, lorsque leurs auteurs insinuent ou tâchent de montrer que l'orateur doit être en état de faire triompher le crime et l'innocence, le mensonge et la vérité [5].

Elle va jusqu'au dégoût, lorsqu'ils fondent leurs raisonnemens sur les subtilités de la dialectique. Les meilleurs esprits, dans la vue d'essayer leurs forces, s'engageaient volontiers dans ces détours captieux. Xantippe, fils de Périclès, se plaisait à raconter que, pendant la célébration de certains jeux, un trait lancé par mégarde ayant tué un cheval, son père et Protagoras passèrent une journée entière à découvrir la cause de cet accident : était-ce le trait ? la main qui l'avait lancé ? les ordonnateurs des jeux [6] ?

Vous jugerez, par l'exemple suivant, de l'enthousiasme qu'excitait autrefois l'éloquence factice. Pendant la guerre du Péloponèse, il vint dans cette ville un Sicilien qui remplit la

---

[1] Plat. in Gorg. t. 1, p. 459. — [2] Cicer. de orat. lib. 2, cap. 22, t. 1, p. 214. — [3] Aristot. rhet. lib. 1, cap. 9, t. 2, p. 530. — [4] Plat. in conv. t. 3, p. 177. Isocr. in Helen. encom. t. 2, p. 119. — [5] Plat. in Phæd. t. 3, p. 261. — [6] Plut. in Pericl. t. 1, p. 172.

Grèce d'étonnement et d'admiration¹ : c'était Gorgias, que les habitans de Léonte, sa patrie, nous avaient envoyé pour implorer notre assistance². Il parut à la tribune, et récita une harangue dans laquelle il avait entassé les figures les plus hardies et les expressions les plus pompeuses. Ces frivoles ornemens étaient distribués dans des périodes tantôt assujéties à la même mesure, tantôt distinguées par la même chute³ ; et quand ils furent déployés devant la multitude, ils répandirent un si grand éclat, que les Athéniens éblouis⁴ secoururent les Léontins, forcèrent l'orateur à s'établir parmi eux, et s'empressèrent de prendre chez lui des leçons de rhétorique⁵. On le combla de louanges lorsqu'il prononça l'éloge des citoyens morts pour le service de la patrie⁶ ; lorsque, étant monté sur le théâtre, il déclara qu'il était prêt à parler sur toutes sortes de matières⁷ ; lorsque, dans les jeux publics, il prononça un discours pour réunir contre les barbares les divers peuples de la Grèce⁸.

Une autre fois, les Grecs assemblés aux jeux pythiques lui décernèrent une statue, qui fut placée, en sa présence, au temple d'Apollon⁹. Un succès plus flatteur avait couronné ses talens en Thessalie. Les peuples de ce canton ne connaissaient encore que l'art de dompter un cheval, ou de s'enrichir par le commerce : Gorgias parut au milieu d'eux, et bientôt ils cherchèrent à se distinguer par les qualités de l'esprit¹⁰.

Gorgias acquit une fortune égale à sa réputation¹¹ ; mais la révolution qu'il fit dans les esprits ne fut qu'une ivresse passagère. Écrivain froid, tendant au sublime par des efforts qui l'en éloignent, la magnificence de ses expressions ne sert bien souvent qu'à manifester la stérilité de ses idées¹². Cependant il étendit les bornes de l'art, et ses défauts mêmes ont servi de leçon.

Euclide, en me montrant plusieurs harangues de Gorgias, et différens ouvrages composés par ses disciples Polus, Lycimnius, Alcidamas, etc., ajoutait : Je fais moins de cas du fastueux appareil qu'ils étalent dans leurs écrits que de l'éloquence

---

¹ Mém. de l'acad. des bell. lettr. t. 15, p. 168. — ² Plat. Hipp. maj. t. 3, p. 282. Diod. lib. 12, p. 106. — ³ Cicer. orat. cap. 49, t. 1, p. 461. Dionys. Halic. epist. ad Amm. cap. 2, t. 6, p. 792; cap. 17, p. 808. — ⁴ Dionys. Halic. de Lys. t. 5, p. 458. — ⁵ Mém. ibid. p. 169. — ⁶ Philostr. de vit. soph. lib. 1, p. 493. — ⁷ Plat. in Gorg. t. 1, p. 447. Cicer. de fin. lib. 2, cap. 1, t. 2, p. 101. Id. de orat. lib. 1, cap. 22, t. 1, p. 153. Philostr. ibid. p. 482. — ⁸ Aristot. rhet. lib. 3, cap. 14, t. 2, p. 599. Pausan. lib. 6, p. 495. Philostr. ibid. p. 493. — ⁹ Cicer. de orat. lib. 3, cap. 32, t. 1, p. 310. Val. Max. lib. 8, cap. 15. Plin. lib. 33, cap. 4, p. 619. Philostr. ibid. Hermip. ap. Athen. lib. 11, cap. 15, p. 505. — ¹⁰ Plat. in Men. t. 2, p. 70. Philostr. epist. ad Jul. p. 919. — ¹¹ Plat. Hipp. maj. t. 3, p. 282. — ¹² Mém. ibid. t. 19, p. 210.

noble et simple qui caractérise ceux de Prodicus de Céos [1]. Cet auteur a un grand attrait pour les esprits justes ; il choisit presque toujours le terme propre, et découvre des distinctions très-fines entre les mots qui paraissent synonymes [2].

Cela est vrai, lui dis-je, mais il n'en laisse passer aucun sans le peser avec une exactitude aussi scrupuleuse que fatigante. Vous rappelez-vous ce qu'il disait un jour à Socrate et à Protagoras, dont il voulait concilier les opinions ? « Il s'agit entre vous de » *discuter*, et non de *disputer ;* car on *discute* avec ses amis, et » l'on *dispute* avec ses ennemis. Par là vous obtiendrez notre » *estime*, et non pas nos *louanges ;* car *l'estime* est dans le cœur, » et la *louange* n'est souvent que sur les lèvres. De notre côté, » nous en ressentirons de la *satisfaction*, et non du *plaisir ;* car la » *satisfaction* est le partage de l'esprit qui s'éclaire, et le *plaisir* » celui des sens qui jouissent [3]. »

Si Prodicus s'était expliqué de cette manière, me dit Euclide, qui jamais eût eu la patience de l'écouter et de le lire ? Parcourez ses ouvrages [4], et vous serez étonné de la sagesse ainsi que de l'élégance de son style. C'est Platon qui lui prêta la réponse que vous venez de citer. Il s'égayait de même aux dépens de Protagoras, de Gorgias et des plus célèbres rhéteurs de son temps [5]. Il les mettait, dans ses dialogues, aux prises avec son maître ; et de ces prétendues conversations il tirait des scènes assez plaisantes.

Est-ce que Platon, lui dis-je, n'a pas rapporté fidèlement les entretiens de Socrate ? Je ne le crois pas, répondit-il ; je pense même que la plupart de ces entretiens n'ont jamais eu lieu [6]. — Et comment ne se récriait-on pas contre une pareille supposition ? — Phædon, après avoir lu le dialogue qui porte son nom, protesta qu'il ne se reconnaissait pas aux discours que Platon mettait dans sa bouche [7]. Gorgias dit la même chose en lisant le sien ; il ajouta seulement, que le jeune auteur avait beaucoup de talent pour la satire, et remplacerait bientôt le poète Archiloque [8]. — Vous conviendrez du moins que ses portraits sont en général assez ressemblans. — Comme on ne juge pas de Périclès et de Socrate d'après les comédies d'Aristophane, on ne doit pas juger des trois sophistes dont j'ai parlé d'après les dialogues de Platon.

Il eut raison, sans doute, de s'élever contre leurs dogmes ;

---

[1] Mém. de l'acad. de bell. lettr. t. 21, p. 168. — [2] Plat. in Men. t. 2, p. 75. Id. in Lach. t. 2, p. 197. — [3] Id. in Protag. t. 1, p. 337. Mém. ibid. p. 169. — [4] Xenoph. memor. lib. 2, p. 737. — [5] Plat. in Protag., in Gorg., in Hipp. etc. — [6] Cicer. de orat. lib. 3, cap. 32, t. 1, p. 310. — [7] Athen. lib. 11, cap. 15, p. 505. — [8] Hermipp. ap. Athen. ibid.

mais devait-il les représenter comme des hommes sans idées, sans lumières, incapables de suivre un raisonnement, toujours près de tomber dans les piéges les plus grossiers, et dont les productions ne méritent que le mépris ? S'ils n'avaient pas eu de grands talens, ils n'auraient pas été si dangereux. Je ne dis pas qu'il fut jaloux de leur réputation, comme quelques uns l'en soupçonneront peut-être un jour [1]; mais il semble que dans sa jeunesse il se livra trop au goût des fictions et de la plaisanterie [2].

Quoi qu'il en soit, les abus introduits de son temps dans l'éloquence occasionèrent entre la philosophie et la rhétorique, jusqu'alors occupées du même objet et désignées sous le même nom, une espèce de divorce qui subsiste encore [3], et qui les a souvent privées des secours qu'elles pouvaient mutuellement se prêter [4]. La première reproche à la seconde, quelquefois avec un ton de mépris, d'usurper ses droits, et d'oser traiter en détail de la religion, de la politique et de la morale, sans en connaître les principes [5]. Mais on peut répondre à la philosophie que, ne pouvant elle-même terminer nos différends par la sublimité de ses dogmes et la précision de son langage, elle doit souffrir que sa rivale devienne son interprète, la pare de quelques attraits, et nous la rende plus familière. C'est en effet ce qu'ont exécuté dans ces derniers temps les orateurs qui, en profitant des progrès et des faveurs de l'une et de l'autre, ont consacré leurs talens à l'utilité publique.

Je place sans hésiter Périclès à leur tête; il dut aux leçons des rhéteurs et des philosophes cet ordre et ces lumières qui, de concert avec la force du génie, portèrent l'art oratoire presque à sa perfection [6]. Alcibiade, Critias, Théramène [7], marchèrent sur ses traces. Ceux qui sont venus depuis les ont égalés et quelquefois surpassés en cherchant à les imiter; et l'on peut avancer que le goût de la vraie éloquence est maintenant fixé dans tous les genres.

Vous connaissez les auteurs qui s'y distinguent de nos jours, et vous êtes en état de les apprécier. Comme je n'en ai jugé, répondis-je, que par sentiment, je voudrais savoir si les règles justifieraient l'impression que j'en ai reçue. Ces règles, fruits d'une longue expérience, me dit Euclide, se formèrent d'après les ouvrages et les succès des grands poëtes et des premiers orateurs [8].

[1] Dionys. Halic. epist. ad Pomp. t. 6, p. 756. — [2] Tim. ap. Athen. lib. 11, cap. 15, p. 505. — [3] Cicer. de orat. lib. 3, cap. 16 et 19, t. 1, p. 294 et 296. — [4] Id. orat. cap. 3, p. 422. — [5] Id. de orat. lib. 1, cap. 13, p. 143. — [6] Plat. in Phæd. t. 3, p. 269. Cicer. de clar. orat. cap. 11 et 12, t. 1, p. 345. — [7] Id. de orat. lib. 2, cap. 22, p. 214; id. de clar. orat. cap. 7, p. 342. — [8] Id. de orat. lib. 1, cap. 32, p. 161.

L'empire de cet art est très-étendu. Il s'exerce dans les assemblées générales, où l'on délibère sur les intérêts d'une nation; devant les tribunaux, où l'on juge les causes des particuliers; dans les discours, où l'on doit représenter le vice et la vertu sous leurs véritables couleurs; enfin, dans toutes les occasions où il s'agit d'instruire les hommes [1]. De là, trois genres d'éloquence, le délibératif, le judiciaire, le démonstratif [2]. Ainsi, hâter ou empêcher les décisions du peuple, défendre l'innocent et poursuivre le coupable, louer la vertu et blâmer le vice, telles sont les fonctions augustes de l'orateur. Comment s'en acquitter? par la voie de la persuasion. Comment opérer cette persuasion? par une profonde étude, disent les philosophes; par le secours des règles, disent les rhéteurs [3].

Le mérite de la rhétorique, suivant les premiers, ne consiste pas dans l'heureux enchaînement de l'exorde, de la narration et des autres parties du discours [4], ni dans les artifices du style, de la voix et du geste, avec lesquels on cherche à séduire un peuple corrompu [5]. Ce ne sont là que des accessoires, quelquefois utiles, presque toujours dangereux. Qu'exigeons-nous de l'orateur? qu'aux dispositions naturelles il joigne la science et la méditation.

Si la nature vous destine au ministère de l'éloquence, attendez que la philosophie vous y conduise à pas lents [6]; qu'elle vous ait démontré que l'art de la parole, devant convaincre avant de persuader, doit tirer sa principale force de l'art du raisonnement [7]; qu'elle vous ait appris, en conséquence, à n'avoir que des idées saines, à ne les exprimer que d'une manière claire, à saisir tous les rapports et tous les contrastes de leurs objets, à connaître, à faire connaître aux autres ce que chaque chose est en elle-même [8]. En continuant d'agir sur vous, elle vous remplira des lumières qui conviennent à l'homme d'État, au juge intègre, au citoyen excellent [9]; vous étudierez sous ses yeux les différentes espèces de gouvernemens et de lois, les intérêts des nations [10], la nature de l'homme, et le jeu mobile de ses passions [11].

Mais cette science, achetée par de longs travaux, céderait facilement au souffle contagieux de l'opinion, si vous la souteniez, non-seulement par une probité reconnue et une prudence consommée [12], mais encore par un zèle ardent pour la justice, et un

---

[1] Plat. in Phæd. t. 3, p. 261. — [2] Aristot. rhet. lib. 1, cap. 3, t. 2, p. 519; id. rhet. ad. Alexandr. cap. 2, p. 610. — [3] Plat. ibid. p. 267. — [4] Id. ibid. p. 266. Aristot. ibid. cap. 1, p. 512. — [5] Id. ibid. lib. 3, cap. 1, p. 583. — [6] Cicer. orat. cap. 4, p. 423. — [7] Aristot. ibid. lib. 1, cap. 1, p. 513. — [8] Plat. ibid. p. 277. — [9] Aristot. ibid. lib. 1, cap. 4, 9 et 10. — [10] Id. ibid. cap. 9, t. 2, p. 521. — [11] Plat. in Gorg. t. 1, p. 481. — [12] Aristot. ibid. lib. 2, cap. 1, p. 547.

respect profond pour les dieux, témoins de vos intentions et de vos paroles [1].

Alors votre discours, devenu l'organe de la vérité, aura la simplicité, l'énergie, la chaleur et l'imposante dignité qui la caractérisent ; il s'embellira moins de l'éclat de votre éloquence que de celui de vos vertus [2]; et tous vos traits porteront, parce qu'on sera persuadé qu'ils viennent d'une main qui n'a jamais tramé de perfidies.

Alors seulement vous aurez le droit de nous développer à la tribune ce qui est véritablement utile ; au barreau, ce qui est véritablement juste ; dans les discours consacrés à la mémoire des grands hommes ou au triomphe des mœurs, ce qui est véritablement honnête [3].

Nous venons de voir ce que pensent les philosophes à l'égard de la rhétorique ; il faudrait à présent examiner la fin que se proposent les rhéteurs, et les règles qu'ils nous ont prescrites. Mais Aristote a entrepris de les recueillir dans un ouvrage [4] où il traitera son sujet avec cette supériorité qu'on a remarquée dans ses premiers écrits [5].

Ceux qui l'ont précédé s'étaient bornés, tantôt à distribuer avec intelligence les parties du discours, sans songer à le fortifier par des preuves convaincantes [6]; tantôt à rassembler des maximes générales ou lieux communs [7]; d'autres fois à nous laisser quelques préceptes sur le style [8], ou sur les moyens d'exciter les passions [9]; d'autres fois encore à multiplier les ruses pour faire prévaloir la vraisemblance sur la vérité, et la mauvaise cause sur la bonne [10] : tous avaient négligé des parties essentielles, comme de régler l'action et la voix de celui qui parle [11]; tous s'étaient attachés à former un avocat, sans dire un seul mot de l'orateur public. J'en suis surpris, lui dis-je ; car les fonctions du dernier sont plus utiles, plus nobles et plus difficiles que celles du premier [12]. On a sans doute pensé, répondit Euclide, que, dans une assemblée où tous les citoyens sont remués par le même intérêt, l'éloquence devait se contenter d'exposer des faits, et d'ouvrir un avis salutaire ; mais qu'il fallait tous les artifices de la rhétorique pour passionner des juges indifférens et étrangers à la cause qu'on porte à leur tribunal [13].

[1] Plat. in Phæd. t. 3, p. 273. — [2] Aristot. rhet. lib. 1, cap. 2, p. 515. — [3] Plat. ibid. p. 274. Aristot. ibid. cap. 3, t. 2, p. 519. Id. rhet. ad Alexand. cap. 2, p. 610. — [4] Aristot. rhet. p. 512. Cicer. de orat. lib. 3, cap. 35, t. 1, p. 313. — [5] Id. ibid. lib. 2, cap. 38, t. 1, p. 229. — [6] Aristot. ibid. lib. 1, cap. 1, t. 2, p. 513. — [7] Id. ibid. cap. 2, p. 518. — [8] Id. ibid. lib. 3, cap. 1, p. 584. — [9] Id. ibid. lib. 1, cap. 2, p. 515. — [10] Id. ibid. lib. 2, cap. 23, t. 2, p. 577 ; cap. 24, p. 581. — [11] Id. ibid. lib. 3, cap. 1, p. 584. — [12] Id. ibid. cap. 17, p. 605. — [13] Id. ibid. lib. 1, cap. 1, p. 513.

Les opinions de ces auteurs seront refondues, souvent attaquées, presque toujours accompagnées de réflexions lumineuses et d'additions importantes, dans l'ouvrage d'Aristote. Vous le lirez un jour, et je me crois dispensé de vous en dire davantage.

Je pressais vainement Euclide ; à peine répondait-il à mes questions. Les rhéteurs adoptent-ils les principes des philosophes ? — Ils s'en écartent souvent, surtout quand ils préfèrent la vraisemblance à la vérité [1]. — Quelle est la première qualité de l'orateur ? — D'être excellent logicien [2]. — Son premier devoir ? — De montrer qu'une chose est ou n'est pas [3]. — Sa principale attention ? — De découvrir dans chaque sujet les moyens propres à persuader [4]. — En combien de parties se divise le discours ? — Les rhéteurs en admettent un grand nombre [5], qui se réduisent à quatre : l'exorde, la proposition ou le fait, la preuve et la péroraison ; on peut même retrancher la première et la dernière [6]. J'allais continuer ; mais Euclide me demanda grâce, et je ne pus obtenir qu'un petit nombre de remarques sur l'élocution.

Quelque riche que soit la langue grecque, lui dis-je, vous avez dû vous apercevoir que l'expression ne répond pas toujours à votre idée. Sans doute, reprit-il ; mais nous avons le même droit que les premiers instituteurs des langues [7] : il nous est permis de hasarder un nouveau mot, soit en le créant nous-mêmes, soit en le dérivant d'un mot déjà connu [8]. D'autres fois nous ajoutons un sens figuré au sens littéral d'une expression consacrée par l'usage, ou bien nous unissons étroitement deux mots pour en composer un troisième ; mais cette dernière licence est communément réservée aux poëtes [9], et surtout à ceux qui font des dithyrambes [10]. Quant aux autres innovations, on doit en user avec sobriété ; et le public ne les adopte que lorsqu'elles sont conformes à l'analogie de la langue.

La beauté d'une expression consiste dans le son qu'elle fait entendre et dans le sens qu'elle renferme : bannissez d'un ouvrage celle qui offense la pudeur, ou qui mécontente le goût. Un de vos auteurs, lui dis-je, n'admet aucune différence entre les signes de nos pensées, et prétend que, de quelque manière qu'on exprime une idée, on produit toujours le même effet. Il se trompe, répondit Euclide ; de deux mots qui sont à votre choix, l'un est plus honnête et plus décent, parce qu'il ne fait qu'indiquer l'image que l'autre met sous les yeux [11].

---

[1] Plat. in Phæd. t. 3, p. 267. — [2] Aristot. rhetor. lib. 1, cap. 1, t. 2, p. 513. — [3] Id. ibid. p. 512. — [4] Id. ibid. cap. 1 et 2. — [5] Plat. ibid. — [6] Aristot. ibid. lib. 3, cap. 13. — [7] Quintil. lib. 8, cap. 3, p. 486. — [8] Demetr. Phaler. de elocut. cap. 95, 96, etc. — [9] Id. ibid. cap. 93. Aristot. ibid. cap. 2, p. 585. — [10] Id. ibid. cap. 3, p. 587. — [11] Id. ibid. cap. 2, p. 586.

Nous avons des mots propres et des mots figurés; nous en avons de simples et de composés, d'indigènes et d'étrangers[1]; il en est qui ont plus de noblesse ou d'agrémens que d'autres, parce qu'ils réveillent en nous des idées plus élevées ou plus riantes[2]; d'autres enfin qui sont si bas ou si dissonans, qu'on doit les bannir de la prose et des vers[3].

De leurs diverses combinaisons se forment les périodes, dont les unes sont d'un seul membre[4]; les autres peuvent acquérir jusqu'à quatre membres, et ne doivent pas en avoir davantage[5].

Que votre discours ne m'offre pas un tissu de périodes complètes et symétriques, *comme ceux de Gorgias*[6] *et d'Isocrate*; ni une suite de phrases courtes et détachées[7], comme ceux des anciens. Les premiers fatiguent l'esprit, les seconds blessent l'oreille[8]. Variez sans cesse les mesures des périodes, votre style aura tout à la fois le mérite de l'art et de la simplicité[9]; il acquerra même de la majesté, si le dernier membre de la période a plus d'étendue que les premiers[10], et s'il se termine par une de ces syllabes longues où la voix se repose en finissant[11].

Convenance et clarté, voilà les deux principales qualités de l'élocution[12].

1°. *La convenance.* On reconnut de bonne heure que rendre les grandes idées par des termes abjects, et les petites par des expressions pompeuses, c'était revêtir de haillons les maîtres du monde, et de pourpre les gens de la lie du peuple. On reconnut aussi que l'âme a différens langages, suivant qu'elle est en mouvement et en repos; qu'un vieillard ne s'exprime pas comme un jeune homme, ni les habitans de la campagne comme ceux de la ville. De là il suit que la diction doit varier suivant le caractère de celui qui parle et de ceux dont il parle, suivant la nature des matières qu'il traite et des circonstances où il se trouve[13]. Il suit encore que le style de la poésie, celui de l'éloquence, de l'histoire et du dialogue, diffèrent essentiellement les uns des autres[14], et même que, dans chaque genre, les mœurs et les talens d'un auteur jettent sur sa diction des différences sensibles[15].

2°. *La clarté.* Un orateur, un écrivain, doit avoir fait une étude sérieuse de sa langue. Si vous négligez les règles de la gram-

---

[1] Aristot. poet. cap. 21 et 22, t. 2, p. 668 et 669. — [2] Demetr. Phaler. de elocut. cap. 175, 176, etc. — [3] Theophr. ap. Dionys. Halic. de compos. verb. cap. 16, t. 5, p. 105. Demetr. Phaler. ibid. cap. 179. — [4] Aristot. rhetor. lib. 3, cap. 9, t. 2, p. 592. — [5] Demetr. Phaler. ibid. cap. 16. — [6] Id. ibid. cap. 15. — [7] Id. ibid. cap. 4. — [8] Cicer. de orat. lib. 3, cap. 49, t. 1, p. 326. — [9] Demetr. Phaler. ibid. cap. 15. — [10] Id ibid. cap. 18. — [11] Aristot. rhet. lib. 3, cap. 8, t. 2, p. 591. — [12] Id. ibid. cap. 2, p. 584. — [13] Id. ibid. cap. 7, p. 591. — [14] Id. ibid. cap. 1, t. 2, p. 584. Demetr. Phaler. ibid. cap. 19. Cicer. orat. cap. 20, t. 1, p. 436. — [15] Cicer. ibid. cap. 11, p. 428.

maire, j'aurai souvent de la peine à pénétrer votre pensée. Employer des mots amphibologiques, ou des circonlocutions inutiles ; placer mal à propos les conjonctions qui lient les membres d'une phrase ; confondre le pluriel avec le singulier ; n'avoir aucun égard à la distinction établie, dans ces derniers temps, entre les noms masculins et les noms féminins ; désigner par le même terme les impressions que reçoivent deux de nos sens, et appliquer le verbe *voir* aux objets de la vue et de l'ouïe [a] ; distribuer au hasard, à l'exemple d'Héraclite, les mots d'une phrase, de manière qu'un lecteur ne puisse pas deviner la ponctuation de l'auteur : tous ces défauts concourent également à l'obscurité du style[1]. Elle augmentera, si l'excès des ornemens et la longueur des périodes égarent l'attention du lecteur et ne lui permettent pas de respirer[2] ; si, par une marche trop rapide, votre pensée lui échappe, comme ces coureurs de la lice qui dans un instant se dérobent aux yeux du spectateur[3].

Rien ne contribue plus à la clarté que l'emploi des expressions usitées[4] ; mais, si vous ne les détournez jamais de leur acception ordinaire, votre style ne sera que familier et rampant ; vous le relèverez par des tours nouveaux et des expressions figurées[5].

La prose doit régler ses mouvemens sur des rhythmes faciles à reconnaître, et s'abstenir de la cadence affectée à la poésie[6]. La plupart en bannissent les vers, et cette proscription est fondée sur un principe qu'il faut toujours avoir devant les yeux ; c'est que l'art doit se cacher[7], et qu'un auteur qui veut m'émouvoir ou me persuader ne doit pas avoir la maladresse de m'en avertir. Or, des vers semés dans la prose annoncent la contrainte et des prétentions. Quoi ! lui dis-je, s'il en échappait quelqu'un dans la chaleur de la composition, faudra-t-il le rejeter, au risque d'affaiblir la pensée ? S'il n'a que l'apparence du vers, répondit Euclide, il faut l'adopter, et la diction s'en embellit[8] ; s'il est régulier, il faut le briser, et en employer les fragmens dans la période, qui en devient plus sonore[9]. Plusieurs écrivains, et Isocrate lui-même, se sont exposés à la censure pour avoir négligé cette précaution[10].

[a] C'est ce qu'avait fait Eschyle (in prom. v. 21). Vulcain dit que Prométhée ne verra plus ni voix ni figure d'homme. — [1] Aristot. rhet. lib. 3, cap. 5, t. 2, p. 588. Id. ibid. ad Alex. cap. 26, p. 632. — [2] Demetr. Phaler. de elocut. cap. 208. — [3] Id. ibid. cap. 202. — [4] Aristot. ibid. cap. 2, t. 2, p. 285. — [5] Id. ibid. — [6] Id. ibid. cap. 8, p. 591. Cicer. de clar. orat. cap. 8, t. 1, p. 343. Id. orat. cap. 20, p. 436 ; cap. 51, p. 463. — [7] Aristot. ibid. lib. 3, cap. 2, t. 2, p. 585. Cicer. de orat. lib. 2, cap. 37, t. 1, p. 228. — [8] Demetr. Phaler. ibid. cap. 184. Hermog. de form. orat. lib. 2, t. 1, p. 122. — [9] Demetr. Phaler. ibid. cap. 183. — [10] Id. ibid. cap. 118. Hieronym. ap. Cicer. orat. cap. 56, t. 1, p. 468.

Glycère, en formant une couronne, n'est pas plus occupée de l'assortiment des couleurs que ne l'est de l'harmonie des sons un auteur dont l'oreille est délicate. Ici les préceptes se multiplient. Je les supprime ; mais il s'élève une question que j'ai vu souvent agiter. Peut-on placer de suite deux mots dont l'un finit et l'autre commence par la même voyelle ? Isocrate et ses disciples évitent soigneusement ce concours ; Démosthène, en bien des occasions ; Thucydide et Platon, rarement[1] : des critiques le proscrivent avec rigueur[2] : d'autres mettent des restrictions à la loi, et soutiennent qu'une défense absolue nuirait quelquefois à la gravité de la diction[3].

J'ai ouï parler, dis-je alors, des différentes espèces de styles, tels que le noble, le grave, le simple, l'agréable, etc.[4] Laissons aux rhéteurs, répondit Euclide, le soin d'en tracer les divers caractères. Je les ai tous indiqués en deux mots : si votre diction est *claire* et *convenable*, il s'y trouvera une proportion exacte entre les mots, les pensées et le sujet[5] ; on ne doit rien exiger de plus. Méditez ce principe, et vous ne serez point étonné des assertions suivantes.

L'éloquence du barreau diffère essentiellement de celle de la tribune. On pardonne à l'orateur des négligences et des répétitions dont on fait un crime à l'écrivain[6]. Tel discours applaudi à l'assemblée générale n'a pas pu se soutenir à la lecture, parce que c'est l'action qui le faisait valoir ; tel autre, écrit avec beaucoup de soin, tomberait en public, s'il ne se prêtait pas à l'action[7]. L'élocution qui cherche à nous éblouir par sa magnificence devient excessivement froide, lorsqu'elle est sans harmonie, lorsque les prétentions de l'auteur paraissent trop à découvert, et, pour me servir de l'expression de Sophocle, lorsqu'il enfle ses joues avec excès pour souffler dans une petite flûte[8]. Le style de quelques orateurs est insoutenable, par la multiplicité des vers et des mots composés qu'ils empruntent de la poésie[9]. D'un autre côté, Alcidamas nous dégoûte par une profusion d'épithètes oiseuses, et Gorgias, par l'obscurité de ses métaphores tirées de si loin[10]. La plupart des hyperboles répandent un froid mortel dans nos âmes. Riez de ces auteurs qui confondent le style forcé avec le style fort, et qui se donnent des contorsions pour enfanter des expressions de génie. L'un d'entre eux, en parlant du rocher que Polyphême lança contre

---

[1] Cicer. orat. cap. 44, t. 1, p. 457. — [2] Aristot. rhet. ad Alex. cap. 26, t. 2, p. 632. — [3] Demetr. Phaler. de elocut. cap. 322 et 323. — [4] Aristot. rhet. lib. 3, cap. 12, t. 2, p. 598. Demetr. Phaler. ibid. cap. 36. — [5] Aristot. ibid. cap. 7, t. 2, p. 590. — [6] Id. ibid. cap. 12, p. 597. — [7] Id. ibid. — [8] Longin. de subl. § 3. — [9] Demetr. Phaler. ibid. cap. 117. — [10] Aristot. ibid. cap. 3, t. 2, p. 587.

le vaisseau d'Ulysse, dit : « On voyait paître tranquillement les
» chèvres sur ce rocher pendant qu'il fendait les airs [1]. »

Je me suis souvent aperçu, dis-je, de l'abus des figures; et peut-être faudrait-il les bannir de la prose, comme font quelques auteurs modernes [2]. Les mots propres, répondit Euclide, forment le langage de la raison; les expressions figurées, celui de la passion. La raison peut dessiner un tableau, et l'esprit y répandre quelques légers ornemens; il n'appartient qu'à la passion de lui donner le mouvement et la vie. Une âme qui veut nous forcer à partager ses émotions appelle toute la nature à son secours, et se fait une langue nouvelle. En découvrant, parmi les objets qui nous entourent, des traits de ressemblance et d'opposition, elle accumule rapidement des figures, dont les principales se réduisent à une seule, que j'appelle *similitude*. Si je dis, *Achille s'élance comme un lion*, je fais une comparaison. Si, en parlant d'Achille, je dis simplement, *ce lion s'élance*, je fais une métaphore [3]. *Achille plus léger que le vent*, c'est une hyberbole. Opposez son courage à la lâcheté de Thersite, vous aurez une antithèse. Ainsi la comparaison rapproche deux objets; la métaphore les confond; l'hyperbole et l'antithèse ne les séparent qu'après les avoir rapprochés.

Les comparaisons conviennent à la poésie plutôt qu'à la prose [4]; l'hyperbole et l'antithèse, aux oraisons funèbres et aux panégyriques plutôt qu'aux harangues et aux plaidoyers. Les métaphores sont essentielles à tous les genres et à tous les styles. Elles donnent à la diction un air étranger, à l'idée la plus commune un air de nouveauté [5]. Le lecteur reste un moment suspendu, et bientôt il saisit, à travers ces voiles légers, les rapports qu'on ne lui cachait que pour lui donner la satisfaction de les découvrir. On fut étonné dernièrement de voir un auteur assimiler la vieillesse à la paille [6], à cette paille ci-devant chargée de grains, maintenant stérile et près de se réduire en poudre. Mais on adopta cet emblème, parce qu'il peint d'un seul trait le passage de la jeunesse florissante à l'infructueuse et fragile décrépitude.

Comme les plaisirs de l'esprit ne sont que des plaisirs de surprise, et qu'ils ne durent qu'un instant, vous n'obtiendrez plus le même succès en employant de nouveau la même figure; bientôt elle ira se confondre avec les mots ordinaires, comme tant d'autres métaphores que le besoin a multipliées dans toutes les langues, et surtout dans la nôtre. Ces expressions, *une voix*

---

[1] Demetr. Phaler. de elocut. cap. 115. — [2] Id. ibid. cap. 57. — [3] Aristot. rhet. lib. 3, cap. 4, t. 2, p. 588. — [4] Id. ibid. Demetr. Phaler. ibid. cap. 90. — [5] Aristot. ibid. cap. 2, t. 2, p. 585. — [6] Id. ibid. cap. 10, t. 2, p. 593.

claire, *des mœurs âpres*, *l'œil de la vigne*¹, ont perdu leur considération en se rendant familières.

Que la métaphore mette, s'il est possible, la chose en action. Voyez comme tout s'anime sous le pinceau d'Homère ; la lance est *avide* du sang de l'ennemi ; le trait, *impatient* de le frapper².

Préférez, dans certains cas, les métaphores qui rappellent des idées riantes. Homère a dit, *l'Aurore aux doigts de rose*, parce qu'il s'était peut-être aperçu que la nature répand quelquefois sur une belle main des teintes couleur de rose, qui l'embellissent encore. Que deviendrait l'image, s'il avait dit, *l'Aurore aux doigts de pourpre*³ ?

Que chaque figure présente un rapport juste et sensible. Rappelez-vous la consternation des Athéniens lorsque Périclès leur dit : *Notre jeunesse a péri dans le combat ; c'est comme si on avait dépouillé l'année de son printemps*⁴. Ici l'analogie est parfaite ; car la jeunesse est aux différens périodes de la vie ce que le printemps est aux autres saisons.

On condamne avec raison cette expression d'Euripide, *la rame souveraine des mers*, parce qu'un titre si brillant ne convient pas à un pareil instrument⁵. On condamne encore cette autre expression de Gorgias, *vous moissonnez avec douleur ce que vous avez semé avec honte*⁶, sans doute parce que les mots *semer* et *moissonner* n'ont été pris jusqu'à présent, dans le sens figuré, que par les poëtes. Enfin on désapprouve Platon, lorsque, pour exprimer qu'une ville bien constituée ne doit point avoir de murailles, il dit qu'il faut en laisser *dormir les murailles couchées par terre*⁷.

Euclide s'étendit sur les divers ornemens du discours. Il me cita des réticences heureuses, des allusions fines, des pensées ingénieuses, des reparties pleines de sel⁸. Il convint que la plupart de ces formes n'ajoutent rien à nos connaissances, et montrent seulement avec quelle rapidité l'esprit parvient aux résultats, sans s'arrêter aux idées intermédiaires. Il convint aussi que certaines manières de parler sont tour à tour approuvées et rejetées par des critiques également éclairés.

Après avoir dit un mot sur la manière de régler la voix et le geste, après avoir rappelé que Démosthène regarde l'action comme la première, la seconde et la troisième qualité de l'orateur⁹ : Partout, ajouta-t-il, l'éloquence s'assortit au caractère de

---

¹ Demetr. Phaler. de elocut. cap. 87 et 88. — ² Aristot. rhet. lib. 3, cap. 11, t. 2, p. 595. — ³ Aristot. ibid. cap. 2, t. 2, p. 586. — ⁴ Id. ibid. cap. 10, p. 594. — ⁵ Id. ibid. cap. 2, p. 586. — ⁶ Id. ibid. cap. 3, p. 587. — ⁷ Plat. de leg. lib. 6. t. 2, p. 778. Longin. de subl. § 3. — ⁸ Aristot. ibid. cap. 11, t. 2, p. 596. Demetr. Phaler. ibid. cap. 271. — ⁹ Cicer. de clar. orat. cap. 38, t. 1, p. 368.

la nation. Les Grecs de Carie, de Mysie et de Phrygie sont grossiers encore, et ne semblent connaître d'autre mérite que le luxe des satrapes auxquels ils sont asservis : leurs orateurs déclament, avec des intonations forcées, des harangues surchargées d'une abondance fastidieuse[1]. Avec des mœurs sévères et le jugement sain, les Spartiates ont une profonde indifférence pour toute espèce de faste : ils ne disent qu'un mot, et quelquefois ce mot renferme un traité de morale ou de politique.

Qu'un étranger écoute nos bons orateurs, qu'il lise nos meilleurs écrivains, il jugera bientôt qu'il se trouve au milieu d'une nation polie, éclairée, sensible, pleine d'esprit et de goût. Il trouvera dans tous le même empressement à découvrir les beautés convenables à chaque sujet, la même sagesse à les distribuer ; il trouvera presque toujours ces qualités estimables relevées par des traits qui réveillent l'attention, par des grâces piquantes qui embellisent la raison[2].

Dans les ouvrages même où règne la plus grande simplicité, combien sera-t-il étonné d'entendre une langue que l'on confondrait volontiers avec le langage le plus commun, quoiqu'elle en soit séparée par un intervalle considérable ! Combien le sera-t-il d'y découvrir ces charmes ravissans, dont il ne s'apercevra qu'après avoir vainement essayé de les faire passer dans ses écrits[3] !

Je lui demandai quel était celui des auteurs qu'il proposait pour modèle du style. Aucun en particulier, me répondit-il, tous en général[4]. Je n'en cite aucun personnellement, parce que deux de nos écrivains qui approchent le plus de la perfection, Platon et Démosthène, pèchent quelquefois, l'un par excès d'ornemens[5], l'autre par défaut de noblesse[6]. Je dis tous en général, parce qu'en les méditant, en les comparant les uns avec les autres, non-seulement on apprend à colorer sa diction[7], mais on acquiert encore ce goût exquis et pur qui dirige et juge les productions du génie ; sentiment rapide, et tellement répandu parmi nous, qu'on le prendrait pour l'instinct de la nation.

Vous savez en effet avec quel mépris elle rejette tout ce qui, dans un discours, manque de correction et d'élégance : avec quelle promptitude elle se récrie, dans ses assemblées, contre une expression impropre ou une intonation fausse ; combien nos orateurs se tourmentent pour contenter des oreilles si délicates et si

[1] Cicer. de clar. orat. cap. 8, t. 1, p. 425, cap. 18, p. 433. — [2] Cicer. orat. cap. 9, t. 1, p. 426. Id. de opt. gen. orat. ibid. p. 541. Quintil. lib. 6, cap. 3, p. 373 et 395. — [3] Cicer. ibid. cap. 23, t. 1, p. 438. — [4] Id. ibid. cap. 9, p. 426. — [5] Dionys. Halic. epist. ad Pomp. t. 6, p. 758. — [6] AEschin. de fals. leg. p. 412. Cicer. ibid. cap. 8, p. 426. — [7] Id. de orat. lib. 2, cap. 14, t. 1, p. 205.

sévères[1] ? Elles se révoltent, lui dis-je, quand ils manquent à l'harmonie, nullement quand ils blessent la bienséance. Ne les voit-on pas tous les jours s'accabler de reproches sanglans, d'injures sales et grossières? Quels sont les moyens dont se servent quelques uns d'entre eux pour exciter l'admiration ? le fréquent usage des hyperboles[2], l'éclat de l'antithèse et de tout le faste oratoire[3], des gestes et des cris forcenés[4].

Euclide répondit que ces excès étaient condamnés par les bons esprits. Mais, lui dis-je, le sont-ils par la nation? Tous les ans, au théâtre, ne préfère-t-elle pas des pièces détestables à des pièces excellentes[5]? Des succès passagers, et obtenus par surprise ou par intrigue, me dit-il, n'assurent pas la réputation d'un auteur. Une preuve, repris-je, que le bon goût n'est pas général parmi vous, c'est que vous avez encore de mauvais écrivains. L'un, à l'exemple de Gorgias, répand avec profusion dans sa prose toutes les richesses de la poésie[6]. Un autre dresse, arrondit, équarrit, allonge des périodes dont on oublie le commencement avant que de parvenir à la fin[7]. D'autres poussent l'affectation jusqu'au ridicule, témoin celui qui, ayant à parler d'un centaure, l'appelle un homme à cheval sur lui-même[8].

Ces auteurs, me dit Euclide, sont comme les abus qui se glissent partout, et leurs triomphes comme les songes qui ne laissent que des regrets. Je les exclus, ainsi que leurs admirateurs, de cette nation dont j'ai vanté le goût, et qui n'est composée que des citoyens éclairés. Ce sont eux qui tôt ou tard fixent les décisions de la multitude[9]; et vous conviendrez qu'ils sont en plus grand nombre parmi nous que partout ailleurs.

Il me semble que l'éloquence est parvenue à son plus haut période[10]. Quel sera désormais son destin? Il est aisé de le prévoir, lui dis-je; elle s'amollira, si vous êtes subjugués par quelque puissance étrangère[11]; elle s'anéantirait, si vous l'étiez par la philosophie. Mais heureusement vous êtes à l'abri de ce dernier danger. Euclide entrevit ma pensée, et me pria de l'étendre. A condition, répondis-je, que vous me pardonnerez mes paradoxes et mes écarts.

J'entends, par philosophie, une raison souverainement éclairée. Je vous demande si les illusions qui se sont glissées dans le langage ainsi que dans nos passions ne s'évanouiraient pas à son

---

[1] Cicer. orat. cap. 8, t. 1, p. 425. — [2] Aristot. rhet. lib. 3, cap. 11, t. 2, p. 597. — [3] Isocr. panath. t. 2, p. 181. — [4] AEschin. in Timarch. p. 264. Plut. in Nic. t. 1, p. 528. — [5] Aul. Gell. lib. 17, cap. 4. — [6] Aristot. ibid. cap. 1, t. 2, p. 584. — [7] Demetr. Phaler. de elocut. cap. 4. — [8] Id. ibid. cap. 191. — [9] Lucian. in Hermot. t. 1, cap. 2, p. 853. — [10] Theophr. ap. Phot. biblioth. p. 394. — [11] Cicer. de clar. orat. cap. 9, t. 1, p. 344. Id. de orat. lib. 2, cap. 23, p. 214.

aspect, comme les fantômes et les ombres à la naissance du jour.

Prenons pour juge un des génies qui habitent les sphères célestes, et qui ne se nourrissent que de vérités pures. Il est au milieu de nous; je mets sous ses yeux un discours sur la morale; il applaudit à la solidité des principes, à la clarté des idées, à la force des preuves et à la propriété des termes. Cependant, lui dis-je, ce discours ne réussira point, s'il n'est traduit dans la langue des orateurs. Il faut symétriser les membres de cette période, et déplacer un mot dans cette autre pour en tirer des sons plus agréables[1]. Je ne me suis pas toujours exprimé avec assez de précision ; les assistans ne me pardonneraient pas de m'être méfié de leur intelligence. Mon style est trop simple; j'aurais dû l'éclairer par des points lumineux[2]? Qu'est-ce que ces points lumineux? demande le génie. — Ce sont des hyperboles, des comparaisons, des métaphores, et d'autres figures destinées à mettre les choses fort au-dessus ou fort au-dessous de leur valeur[3].

Ce langage vous étonne sans doute; mais nous autres hommes, sommes faits de manière que, pour défendre même la vérité, il nous faut employer le mensonge. Je vais citer quelques unes de ces figures, empruntées la plupart des écrits des poëtes, où elles sont dessinées à grands traits, et d'où quelques orateurs les transportent dans la prose. Elles feront l'ornement d'un éloge dont voici le commencement.

Je vais rendre le nom de mon héros à jamais célèbre parmi tous les hommes[4]. Arrêtez, dit le génie ; pouvez-vous assurer que votre ouvrage sera connu et applaudi dans tous les temps et dans tous les lieux? Non, lui dis-je, mais c'est une figure. *Ses aïeux, qui furent l'œil de la Sicile*[5], *s'établirent auprès du mont Etna, colonne du ciel*[6]. J'entends le génie qui dit tout bas : Le ciel appuyé sur un petit rocher de ce petit globe qu'on appelle la terre ! quelle extravagance ! *Des paroles plus douces que le miel coulent de ses lèvres*[7]; *elles tombent sans interruption, comme ces flocons de neige qui tombent sur la campagne*[8]. Qu'ont de commun les paroles avec le miel et la neige? dit le génie. *Il a cueilli la fleur de la musique*[9], *et sa lyre éteint la foudre embrasée*[10]. Le génie me regarde avec étonnement, et je continue : *Il a le regard et la prudence de Jupiter, l'aspect terrible de Mars, et la force de Neptune*[11]; *le nombre des beautés dont il a fait la conquête égale le nombre des feuilles des ar-*

[1] Demetr. Phaler. de elocut. cap. 139. — [2] Cicer. de orat. lib. 3, cap. 25, t. 1, p. 303; id. orat. cap. 25, p. 440; id. de clar. orat. cap. 79, p. 402. — [3] Quintil. lib. 9, cap. 2, p. 547. — [4] Isocr. in Evag. t. 2, p. 71. — [5] Pind. olymp. 2, v. 17. — [6] Id. pyth. 1, v. 36. — [7] Homer. iliad. lib. 3, v. 249. — [8] Id. ibid. lib. 3, v. 222. — [9] Pind. olymp. 1, v. 22. — [10] Id. pyth. 1, v. 8. — [11] Homer. ibid. lib. 2, v. 169 et 478. Eustath. t. 1.

bres, et celui des flots qui viennent successivement expirer sur le rivage de la mer[1]. A ces mots, le génie disparaît, et s'envole au séjour de la lumière.

Quoiqu'on pût vous reprocher, me dit Euclide, d'avoir entassé trop de figures dans cet éloge, je conçois que nos exagérations falsifient nos pensées ainsi que nos sentimens, et qu'elles effaroucheraient un esprit qui n'y serait pas accoutumé. Mais il faut espérer que notre raison ne restera pas dans une éternelle enfance. Ne vous en flattez pas, répondis-je, l'homme n'aurait plus de proportion avec le reste de la nature, s'il pouvait acquérir les perfections dont on le croit susceptible.

Supposez que nos sens devinssent infiniment exquis ; la langue ne pourrait soutenir l'impression du lait et du miel, ni la main s'appuyer sur un corps sans en être blessée ; l'odeur de la rose nous ferait tomber en convulsion ; le moindre bruit déchirerait nos oreilles, et nos yeux apercevraient des rides affreuses sur le tissu de la plus belle peau. Il en est de même des qualités de l'esprit : donnez-lui la vue la plus perçante et la justesse la plus rigoureuse ; combien serait-il révolté de l'impuissance et de la fausseté des signes qui représentent nos idées ! il se ferait sans doute une autre langue ; mais que deviendrait celle des passions, que deviendraient les passions elles-mêmes, sous l'empire absolu d'une raison si pure et si austère ? Elles s'éteindraient ainsi que l'imagination, et l'homme ne serait plus le même.

Dans l'état où il est aujourd'hui, tout ce qui sort de son esprit, de son cœur et de ses mains, n'annonce qu'insuffisance et besoins. Renfermé dans des limites étroites, la nature le punit avec rigueur dès qu'il veut les franchir. Vous croyez qu'en se civilisant il a fait un grand pas vers la perfection ; qu'a-t-il donc gagné ? De substituer, dans l'ordre général de la société, des lois faites par des hommes, aux lois naturelles, ouvrage des dieux ; dans les mœurs, l'hypocrisie à la vertu ; dans les plaisirs, l'illusion à la réalité ; dans la politesse, les manières aux sentimens. Ses goûts se sont tellement pervertis à force de s'épurer, qu'il s'est trouvé contraint de préférer, dans les arts, ceux qui sont agréables à ceux qui sont utiles ; dans l'éloquence, le mérite du style à celui des pensées [2] ; partout, l'artifice à la vérité. J'ose le dire, les peuples éclairés n'ont sur nous d'autre supériorité que d'avoir perfectionné l'art de feindre, et le secret d'attacher un masque sur tous les visages.

Je vois, par tout ce que vous m'avez dit, que la rhétorique ne se propose pas d'autre fin, et qu'elle n'y parvient qu'en appliquant aux paroles des tons et des couleurs agréables. Aussi,

---

[1] Anacr. od. 32. — [2] Aristot. rhet. lib. 3, cap. 1, t. 2, p. 584.

loin d'étudier ses préceptes, je m'en tiendrai, comme j'ai fait jusqu'à présent, à cette réflexion d'Aristote. Je lui demandais à quels signes on reconnaît un bon ouvrage ; il me répondit : S'il est impossible d'y rien ajouter, et d'en retrancher la moindre chose [1].

Après avoir discuté ces idées avec Euclide, nous sortîmes, et nous dirigeâmes notre promenade vers le Lycée. Chemin faisant, il me montra une lettre qu'il venait de recevoir d'une femme de ses amies, et dont l'orthographe me parut vicieuse ; quelquefois l'*é* s'y trouvait remplacé par un *i*, le *d* par un *z*. J'ai toujours été surpris, lui dis-je, de cette négligence de la part des Athéniennes. Elles écrivent, répondit-il, comme elles parlent, et comme on parlait autrefois [2]. Il s'est donc fait, repris-je, des changemens dans la prononciation ? En très-grand nombre, répondit-il : par exemple, on disait anciennement *himéra* (jour); après, on a dit *héméra*, le premier *é* fermé ; ensuite *hèméra*, le premier *è* ouvert.

L'usage, pour rendre certains mots plus sonores ou plus majestueux, retranche des lettres, en ajoute d'autres, et, par cette continuité d'altérations, ôte toute espérance de succès à ceux qui voudraient remonter à l'origine de la langue [3]. Il fait plus encore ; il condamne à l'oubli des expressions dont on se servait communément autrefois, et qu'il serait peut-être bon de rajeunir.

En entrant dans la première cour du Lycée, nous fûmes attirés par des cris perçans qui venaient d'une des salles du gymnase. Le rhéteur Léon et le sophiste Pythodore s'étaient engagés dans une dispute très-vive. Nous eûmes de la peine à percer la foule. Approchez, nous dit le premier ; voilà Pythodore qui soutient que son art ne diffère pas du mien, et que notre objet à tous deux est de tromper ceux qui nous écoutent. Quelle prétention de la part d'un homme qui devrait rougir de porter le nom de sophiste !

Ce nom, répondit Pythodore, était honorable autrefois ; c'est celui dont se paraient tous ceux qui, depuis Solon jusqu'à Périclès, consacrèrent leur temps à l'étude de la sagesse ; car, au fond, il ne désigne pas autre chose. Platon, voulant couvrir de ridicule quelques uns de ceux qui en abusaient [4], parvint à le rendre méprisable parmi ses disciples. Cependant je le vois tous les jours appliquer à Socrate [5], que vous respectez sans doute ; et

---

[1] Aristot. de mor. lib. 2, cap. 5, t. 2, p. 22. — [2] Plat. in Cratyl. t. 1, p. 418. — [3] Lys. in Theomn. p. 18. Plat. ibid. p. 414. Sext. Empir. adv. gramm. lib. 1, cap. 1, p. 234. — [4] Plat. in Gorg., in Protag., in Hipp. etc. — [5] AEschin. in Timarch. p. 287.

à l'orateur Antiphon, que vous faites profession d'estimer[1]. Mais il n'est pas question ici d'un vain titre. Je le dépose en votre présence, et je vais, sans autre intérêt que celui de la vérité, sans autres lumières que celles de la raison, vous prouver que le rhéteur et le sophiste emploient les mêmes moyens pour arriver au même but.

J'ai peine à retenir mon indignation, reprit Léon : quoi ! de vils mercenaires, des ouvriers en paroles[2], qui habituent leurs disciples à s'armer d'équivoques et de sophismes, et à soutenir également le pour et le contre, vous osez les comparer à ces hommes respectables qui apprennent à défendre la cause de l'innocence dans les tribunaux, celle de l'État dans l'assemblée générale, celle de la vertu dans les discours qu'ils ont soin de lui consacrer ! Je ne compare point les hommes, dit Pythodore, je ne parle que de l'art qu'ils professent. Nous verrons bientôt si ces hommes respectables ne sont pas plus à redouter que les plus dangereux sophistes.

Ne convenez-vous pas que vos disciples et les miens, peu soigneux de parvenir à la vérité, s'arrêtent communément à la vraisemblance[3] ? — Oui ; mais les premiers fondent leurs raisonnemens sur de grandes probabilités, et les seconds sur des apparences frivoles. — Et qu'entendez-vous par le probable ? — Ce qui paraît tel à tous les hommes ou à la plupart des hommes[4]. — Prenez garde à votre réponse ; car il suivrait de là que ces sophistes, dont l'éloquence entraînait les suffrages d'une nation, n'avançaient que des propositions probables. — Ils n'éblouissaient que la multitude ; les sages se garantissaient de l'illusion.

C'est donc au tribunal des sages, demanda Pythodore, qu'il faut s'en rapporter pour savoir si une chose est probable ou non ? — Sans doute, répondit Léon ; et j'ajoute à ma définition, qu'en certains cas on doit regarder comme probable ce qui est reconnu pour tel par le plus grand nombre des sages, ou du moins par les plus éclairés d'entre eux[5]. Êtes-vous content ? — Il arrive donc quelquefois que le probable est si difficile à saisir, qu'il échappe même à la plupart des sages, et ne peut être démêlé que par les plus éclairés d'entre eux ? — A la bonne heure ! — Et quand vous hésitez sur la réalité de ces vraisemblances, imperceptibles presque à tout le monde, allez-vous consulter ce petit nombre de sages éclairés ? — Non, je m'en rappporte à moi-

---

[1] Xenoph. memor. lib. 1, p. 729. — [2] Mnesarch. ap. Cicer. de orat. lib. 1, cap. 18, t. 1, p. 148. — [3] Aristot. rhet. lib. 1, cap. 2, t. 2, p. 514 et 517 ; lib. 3, cap. 1, p. 584. — [4] Id. topic. lib. 1, cap. 1, t. 1, p. 180. — [5] Id. ibid. lib. 1, cap. 1, t. 1, p. 180.

même, en présumant leur décision. Mais que prétendez-vous conclure de ces ennuyeuses subtilités?

Le voici, dit Pythodore: que vous ne vous faites aucun scrupule de suivre une opinion que de votre propre autorité vous avez rendue probable, et que les vraisemblances trompeuses suffisent pour déterminer l'orateur ainsi que le sophiste [1]. — Mais le premier est de bonne foi, et l'autre ne l'est pas. — Alors ils ne différeraient que par l'intention; c'est en effet ce qu'ont avoué des écrivains philosophes [2]: je veux néanmoins vous ôter encore cet avantage.

Vous accusez les sophistes de soutenir le pour et le contre: je vous demande si la rhétorique, ainsi que la dialectique, ne donne pas des règles pour défendre avec succès deux opinions contraires [3]. — J'en conviens; mais on exhorte le jeune élève à ne point abuser de cette voie [4]; il doit la connaître, pour éviter les piéges qu'un ennemi adroit pourrait semer autour de lui [5]. — C'est-à-dire, qu'après avoir mis entre les mains d'un jeune homme un poignard et une épée, on lui dit: Lorsque l'ennemi vous serrera de près, et que vous serez fortement remué par l'intérêt, l'ambition et la vengeance, frappez avec un de ces instrumens, et ne vous servez pas de l'autre, quand même il devrait vous donner la victoire [6]. J'admirerais cette modération; mais, pour nous assurer s'il peut en effet l'exercer, nous allons le suivre dans le combat, ou plutôt souffrez que je vous y conduise moi-même.

Supposons que vous soyez chargé d'accuser un homme dont le crime n'est pas avéré, et qu'il me soit permis de vous rappeler les leçons que les instituteurs donnent tous les jours à leurs élèves, je vous dirai: Votre premier objet est de persuader [7]; et pour opérer cette persuasion, il faut plaire et toucher [8]. Vous avez de l'esprit et des talens, vous jouissez d'une excellente réputation; tirons parti de ces avantages [9]. Ils ont déjà préparé la confiance [10]; vous l'augmenterez en semant dans l'exorde et dans la suite du discours des maximes de justice et de probité [11], mais surtout en flattant vos juges, dont vous aurez soin de relever les lumières et l'équité [12]. Ne négligez pas les suffrages de l'assemblée; il vous sera facile de les obtenir. Rien de si aisé, disait

---

[1] Aristot. rhet. lib. 2, cap. 24, t. 2, p. 581. — [2] Id. ibid. lib. 1, cap. 1, p. 514. — [3] Id. ibid. Cicer. de orat. lib. 2, cap. 7 et 53, t. 1, p. 199 et 243. — [4] Plat. in Gorg. t. 1, p. 457. — [5] Aristot. ibid. — [6] Cicer. ibid. lib. 3, cap. 14, t. 1, p. 293. — [7] Aristot. ibid. cap. 2, t. 2, p. 515. — [8] Id. ibid. lib. 3, cap. 1, p. 584. Cicer. de opt. gen. orat. cap. 1, t. 1, p. 541. Quintil. lib. 3, cap. 5, p. 154. — [9] Aristot. ibid. lib. 1, cap. 2, p. 515. — [10] Id. ibid. lib. 2, cap. 1, t. 2, p. 547; id. rhet. ad Alexandr. p. 650. — [11] Id. rhet. lib. 1, cap. 9, t. 2, p. 530, etc. — [12] Id. rhet. ad Alexandr. cap. 37, t. 2, p. 643.

Socrate, que de louer les Athéniens au milieu d'Athènes ; conformez-vous à leur goût, et faites passer pour honnête tout ce qui est honoré [1].

Suivant le besoin de votre cause, rapprochez les qualités des deux parties des qualités bonnes ou mauvaises qui les avoisinent ; exposez dans le plus beau jour le mérite réel ou imaginaire de celui pour qui vous parlez ; excusez ses défauts, ou plutôt annoncez-les comme des excès de vertu ; transformez l'insolence en grandeur d'âme, la témérité en courage, la prodigalité en libéralité, les fureurs de la colère en expressions de franchise : vous éblouirez les juges [2].

Comme le plus beau privilége de la rhétorique est d'embellir et de défigurer, d'agrandir et de rapetisser tous les objets [3], ne craignez pas de peindre votre adversaire sous de noires couleurs ; trempez votre plume dans le fiel ; ayez soin d'aggraver ses moindres fautes, d'empoisonner ses plus belles actions [4], de répandre des ombres sur son caractère. Est-il circonspect et prudent, dites qu'il est suspect et capable de trahison [5].

Quelques orateurs couronnent la victime avant que de l'abattre à leurs pieds : ils commencent par donner des éloges à la partie adverse ; et, après avoir écarté loin d'eux tout soupçon de mauvaise foi, ils enfoncent à loisir le poignard dans son cœur [6]. Si ce raffinement de méchanceté vous arrête, je vais mettre en vos mains une arme tout aussi redoutable. Quand votre adversaire vous accablera du poids de ses raisons, au lieu de lui répondre, couvrez-le de ridicules, et vous lirez sa défaite dans les yeux des juges [7]. S'il n'a fait que conseiller l'injustice, soutenez qu'il est plus coupable que s'il l'avait commise ; s'il n'a fait que suivre les conseils d'un autre, soutenez que l'exécution est plus criminelle que le conseil. C'est ce que j'ai vu pratiquer, il n'y a pas long-temps, par un de nos orateurs [a], chargé de deux causes différentes [8].

Les lois écrites vous sont-elles contraires, ayez recours à la loi naturelle, et montrez qu'elle est plus juste que les lois écrites. Si ces dernières vous sont favorables, représentez fortement aux juges qu'ils ne peuvent, sous aucun prétexte, se dispenser de les suivre [9].

[1] Aristot. rhet. lib. 1, cap. 9, t. 2, p. 532. — [2] Id. ibid. — [3] Isocr. paneg. t. 1, p. 123. Plat. in Phæd. t. 3, p. 267. Aristot. ibid. cap. 18, p. 568. Sext. Empir. adv. rhet. lib. 2, p. 298. — [4] Id. rhet. ad Alexandr. cap. 4 et 7, t. 2, p. 617 et 620. — [5] Id. rhet. lib. 1, cap. 9, t. 2, p. 532. — [6] Id. ibid. lib. 3, cap. 15, t. 2, p. 602. — [7] Id. ibid. lib. 5, cap. 18, t. 2, p. 606. Cicer. orat. cap. 26, p. 441. Id. de orat. lib. 2, cap. 54, p. 244. — [a] Léodamas poursuivant l'orateur Callistrate, et ensuite le général Chabrias. — [8] Aristot. ibid. lib. 1, t. 2, cap. 7, p. 527. — [9] Id. ibid. cap. 15, t. 2, p. 543. Sext. ibid. p. 296.

Votre adversaire, en convenant de sa faute, prétendra peut-être que c'est par ignorance ou par hasard qu'il l'a commise ; soutenez-lui que c'est de dessein prémédité[1]. Offre-t-il le serment pour preuve de son innocence, dites, sans balancer, qu'il n'a d'autre intention que de se soustraire par un parjure à la justice qui l'attend. Proposez-vous, de votre côté, de confirmer par un serment ce que vous venez d'avancer, dites qu'il n'y a rien de si religieux et de si noble que de remettre ses intérêts entre les mains des dieux[2].

Si vous n'avez pas de témoins, tâchez de diminuer la force de ce moyen ; si vous en avez, n'oubliez rien pour le faire valoir[3].

Vous est-il avantageux de soumettre à la question les esclaves de la partie adverse, dites que c'est la plus forte des preuves. Vous l'est-il que les vôtres n'y soient pas appliqués, dites que c'est la plus incertaine et la plus dangereuse de toutes[4].

Ces moyens facilitent la victoire ; mais il faut l'assurer. Pendant toute l'action, perdez plutôt de vue votre cause que vos juges : ce n'est qu'après les avoir terrassés que vous triompherez de votre adversaire. Remplissez-les d'intérêt et de pitié en faveur de votre partie ; que la douleur soit empreinte dans vos regards et dans les accens de votre voix. S'ils versent une larme, si vous voyez la balance s'ébranler entre leurs mains, tombez sur eux avec toutes les fureurs de l'éloquence, associez leurs passions aux vôtres, soulevez contre votre ennemi leur mépris, leur indignation, leur colère[5] ; et s'il est distingué par ses exploits et par ses richesses, soulevez aussi leur jalousie, et rapportez-vous-en à la haine, qui la suit de près[6].

Tous ces préceptes, Léon, sont autant de chefs d'accusation contre l'art que vous professez. Jugez des effets qu'ils produisent par la réponse effrayante d'un fameux avocat de Byzance, à qui je demandais dernièrement ce qu'en certains cas ordonnaient les lois de son pays. Ce que je veux, me dit-il[7].

Léon voulait rejeter uniquement sur les orateurs les reproches que faisait Pythodore à la rhétorique. Eh ! non, reprit ce dernier avec chaleur, il s'agit ici des abus inhérens à cet art funeste : je vous rappelle ce qu'on trouve dans tous les traités de rhétorique, ce que pratiquent tous les jours les orateurs les plus accrédités,

---

[1] Aristot. rhet. ad Alex. cap. 5, t. 2, p. 618. — [2] Id. rhet. lib. 1, cap. 15, t. 2, p. 546. Quintil. lib. 5, cap. 6. — [3] Aristot. ibid. p. 544. Quintil. ibid. cap. 7. — [4] Aristot. ibid. p. 545. Quintil. ibid. cap. 4. — [5] Aristot. ibid. lib. 3, cap. 19, t. 2, p. 607. Id. rhet. ad Alex. cap. 37, p. 646. Cicer. de orat. lib. 2, cap. 44, t. 1, p. 234. Id. orat. cap. 37 et 38, p. 451. Sext. Empir. adv. gramm. lib. 2, p. 290. — [6] Aristot. rhet. lib. 2, cap. 10, t. 2, p. 562. Id. rhet. ad Alex. p. 648. Cicer. de orat. lib. 2, cap. 51, p. 240. — [7] Sext. Empir. adv. rhet. lib. 2, p. 297.

ce que tous les jours les instituteurs les plus éclairés nous ordonnent de pratiquer, ce que nous avons appris vous et moi dans notre enfance.

Rentrons dans ces lieux où l'on prétend initier la jeunesse à l'art oratoire, comme s'il était question de dresser des histrions, des décorateurs et des athlètes. Voyez avec quelle importance on dirige leurs regards, leurs voix, leur attitude, leurs gestes[1]; avec quels pénibles travaux on leur apprend, tantôt à broyer les fausses couleurs dont ils doivent enluminer leur langage, tantôt à faire un mélange perfide de la trahison et de la force. Que d'impostures! que de barbarie! Sont-ce là les ornemens de l'éloquence? est-ce là le cortége de l'innocence et de la vérité? Je me croyais dans leur asile, et je me trouve dans un repaire affreux où se distillent les poisons les plus subtils, et se forgent les armes les plus meurtrières : et ce qu'il y a d'étrange, c'est que ces armes et ces poisons se vendent sous la protection du gouvernement, et que l'admiration et le crédit sont la récompense de ceux qui en font l'usage le plus cruel.

Je n'ai pas voulu extraire le venin caché dans presque toutes les leçons de nos rhéteurs. Mais, dites-moi, quel est donc ce principe dont j'ai déjà parlé, et sur lequel porte l'édifice de la rhétorique, qu'il faut émouvoir fortement les juges? Eh! pourquoi les émouvoir, juste ciel! eux qu'il faudrait calmer s'ils étaient émus! eux qui n'eurent jamais tant besoin du repos des sens et de l'esprit! Quoi! tandis qu'il est reconnu sur toute la terre que les passions pervertissent le jugement, et changent à nos yeux la nature des choses[2], on prescrit à l'orateur de remuer les passions dans son âme, dans celles de ses auditeurs, dans celles de ses juges[3]; et l'on a le front de soutenir que, de tant de mouvemens impétueux et désordonnés, il peut résulter une décision équitable!

Allons dans les lieux où se discutent les grands intérêts de l'État. Qu'y verrons-nous? des éclairs, des foudres partir du haut de la tribune pour allumer des passions violentes et produire des ravages horribles; un peuple imbécile venir chercher des louanges qui le rendent insolent, et des émotions qui le rendent injuste; des orateurs nous avertir sans cesse d'être en garde contre l'éloquence de leurs adversaires. Elle est donc bien dangereuse cette éloquence! Cependant elle seule nous gouverne, et l'État est perdu[4].

---

[1] Aristot. rhet. lib. 3, cap. 1, t. 2, p. 584. Cicer. orat. cap. 18, t. 1, p. 434. — [2] Aristot. ibid. lib. 1, cap. 2, p. 515; lib. 2, cap. 1, p. 547. — [3] Id. ibid. lib. 3, cap. 7, p. 590. Cicer. ibid. cap. 38, t. 1, p. 451. — [4] Plat. in Gorg. t. 1, p. 466. Cicer. pro Flacc. cap. 7, t. 5, p. 244.

Il est un autre genre que cultivent des orateurs dont tout le mérite est d'appareiller les mensonges les plus révoltans et les hyperboles les plus outrées pour célébrer des hommes ordinaires et souvent méprisables. Quand cette espèce d'adulation s'introduisit, la vertu dut renoncer aux louanges des hommes. Mais je ne parlerai point de ces viles productions : que ceux qui ont le courage de les lire aient celui de les louer ou de les blâmer.

Il suit de là que la justice est sans cesse outragée dans son sanctuaire, l'État dans nos assemblées générales, la vérité dans les panégyriques et les oraisons funèbres. Certes, on a bien raison de dire que la rhétorique s'est perfectionnée dans ce siècle : car je défie les siècles suivans d'ajouter un degré d'atrocité à ses noirceurs.

A ces mots, un Athénien qui se préparait depuis long-temps à haranguer quelque jour le peuple, dit avec un sourire dédaigneux : Pythodore condamne donc l'éloquence ? Non, répondit-il ; mais je condamne cette rhétorique qui entraîne nécessairement l'abus de l'éloquence. Vous avez sans doute vos raisons, reprit le premier, pour proscrire les grâces du langage. Cependant on a toujours dit, et l'on dira toujours que la principale attention de l'orateur doit être de s'insinuer auprès de ceux qui l'écoutent en flattant leurs oreilles [1]. Et moi je dirai toujours, répliqua Pythodore, ou plutôt la raison et la probité répondront toujours que la plus belle fonction, l'unique devoir de l'orateur, est d'éclairer les juges.

Et comment voulez-vous qu'on les éclaire? dit avec impatience un autre Athénien qui devait à l'adresse des avocats le gain de plusieurs procès. Comme on les éclaire à l'Aréopage, répartit Pythodore, où l'orateur, sans mouvement et sans passions, se contente d'exposer les faits le plus simplement et le plus sèchement qu'il est possible [2]; comme on les éclaire en Crète, à Lacédémone, et dans d'autres républiques, où l'on défend à l'avocat d'émouvoir ceux qui l'écoutent [3]; comme on les éclairait parmi nous il n'y a pas un siècle, lorsque les parties, obligées de défendre elles-mêmes leurs causes, ne pouvaient prononcer des discours composés par des plumes éloquentes [4].

Je reviens à ma première proposition. J'avais avancé que l'art des rhéteurs n'est pas essentiellement distingué de celui des sophistes [5]; je l'ai prouvé en montrant que l'un et l'autre, non-

---

[1] Cicer. de opt. gen. orat. cap. 1, t. 1, p. 541. Id. de clar. orat. cap. 21, p. 354. Id. orat. cap. 44, p. 456, etc. — [2] Lys. in Simon. p. 88. Aristot. rhet. lib. 1, cap. 1, t. 2, p. 512. — [3] Id. ibid. Sext. Empir. adv. rhet. lib. 2, p. 292. — [4] Cicer. de clar. orat. cap. 12, t. 1, p. 346. Quintil. lib. 2, cap. 15, p. 123. Sext. Empir. ibid. p. 304. — [5] Plat. in Gorg. t. 1, p. 520.

seulement dans leurs effets, mais encore dans leurs principes, tendent au même but par des voies également insidieuses. S'il existe entre eux quelque différence, c'est que l'orateur s'attache plus à exciter nos passions, et le sophiste à les calmer[1].

Au reste, j'aperçois Léon prêt à fondre sur moi avec l'attirail pompeux et menaçant de la rhétorique. Je le prie de se renfermer dans la question, et de considérer que les coups qu'il m'adressera tomberont en même temps sur plusieurs excellens philosophes. J'aurais pu en effet citer en ma faveur les témoignages de Platon et d'Aristote[2]; mais de si grandes autorités sont inutiles quand on a de si solides raisons à produire.

Pythodore eut à peine achevé, que Léon entreprit la défense de la rhétorique; mais comme il était tard, nous prîmes le parti de nous retirer.

CHAPITRE LIX.

Voyage de l'Attique. Agriculture. Mines de Sunium. Discours de Platon sur la formation du Monde.

J'AVAIS souvent passé des saisons entières en différentes maisons de campagne; j'avais souvent traversé l'Attique. Je rassemble ici les singularités qui m'ont frappé dans mes courses.

Les champs se trouvent séparés les uns des autres par des haies ou par des murailles[3]. C'est une sage institution que de désigner, comme on fait, ceux qui sont hypothéqués, par de petites colonnes chargées d'une inscription qui rappelle les obligations contractées avec un premier créancier. De pareilles colonnes, placées devant les maisons, montrent à tous les yeux qu'elles sont engagées[4], et le prêteur n'a point à craindre que des créances obscures fassent tort à la sienne.

Le possesseur d'un champ ne peut y creuser un puits, y construire une maison ou une muraille qu'à une certaine distance du champ voisin; distance fixée par la loi[5].

Il ne doit pas non plus détourner sur la terre de son voisin les eaux qui tombent des hauteurs dont la sienne est entourée; mais il peut les conduire dans le chemin public[6], et c'est aux pro-

[1] Cicer. orat. cap. 19, t. 1, p. 434. — [2] Plat. in Gorg. t. 1, p. 463, etc. Aristot. rhet. lib. 2, cap. 24, p. 581; lib. 3, cap. 1, p. 584. — [3] Lys. de sacr. oliv. p. 144. Demosth. in Callicl. p. 1116 et 1117. Harpocr. et Suid. in Ἄρχη. — [4] Harpocr. in Ἄρχη. Id. Hesych. et suid. in Ὅροσ. Poll. lib. 3, cap. 9, § 85. Duport. in Theophr. charact. cap. 10, p. 360. — [5] Pet. leg. attic. p. 387. — [6] Demosth. in Callicl. p. 1119.

priétaires limitrophes de s'en garantir. En certains endroits, les pluies sont reçues dans des canaux qui les transportent au loin [1].

Apollodore avait une possession considérable auprès d'Éleusis. Il m'y mena. C'était au temps de la moisson : la campagne était couverte d'épis jaunissans, et d'esclaves qui les faisaient tomber sous la faux tranchante ; de jeunes enfans les ramassaient, et les présentaient à ceux qui en formaient des gerbes [2].

On s'était mis à l'ouvrage au lever de l'aurore [3]. Tous ceux de la maison devaient y participer [4]. Dans un coin du champ, à l'ombre d'un grand arbre, des hommes préparaient la viande [5] : des femmes faisaient cuire des lentilles [6], et versaient de la farine dans des vases pleins d'eau bouillante, pour le dîner des moissonneurs [7], qui s'animaient au travail par des chansons dont la plaine retentissait.

> Courage, amis! point de repos ;
> Aux champs qu'on se disperse ;
> Sous la faux de Cérès que l'épi se renverse.
> Déesse des moissons, préside à nos travaux !
> Veux-tu grossir le grain de tes épis nouveaux ?
> Rassemble tes moissons dans la plaine étalées,
> Et des gerbes amoncelées
> Présente à l'aquilon les frêles chalumeaux.
> Travaillons, le jour luit, l'alouette s'éveille :
> Il est temps de dormir alors qu'elle sommeille [8].

Dans les autres couplets, on enviait le sort de la grenouille, qui a toujours de quoi boire en abondance ; on plaisantait sur l'économie de l'intendant des esclaves ; et l'on exhortait les ouvriers à fouler le blé à l'heure du midi, parce que le grain se détache alors plus aisément des tuniques qui l'enveloppent [9].

Les gerbes transportées dans l'aire y sont disposées en rond et par couches. Un des travailleurs se place dans le centre, tenant d'une main un fouet, et de l'autre une longe avec laquelle il dirige les bœufs, chevaux ou mulets, qu'il fait marcher ou trotter autour de lui : quelques uns de ses compagnons retournent la paille, et la repoussent sous les pieds des animaux jusqu'à ce qu'elle soit entièrement brisée [10]. D'autres en jettent des pelletées en l'air [11] : un vent frais, qui dans cette saison se lève communément à la même heure, transporte les brins de paille à une

---

[1] Demosth. in Callicl. p. 1118. — [2] Homer. iliad. lib. 18, v. 555. — [3] Hesiod. oper. v. 578. — [4] Eustath. in iliad. lib. 18, p. 1162. — [5] Schol. Theocr. in idyll. 10, v. 54. — [6] Theocr. ibid. — [7] Homer. ibid. — [8] Theocr. ibid. traduct. de M. Chabanon. — [9] Theocr. ibid. v. 54. Mém. de l'acad. des bell. lettr. t. 9, p. 350. — [10] Homer. ibid. lib. 20, v. 495. Xenoph. memor. lib. 5, p. 863. — [11] Homer. odyss. lib. 11, v. 127. Eustath. ibid. p. 1675, lin. 50.

légère distance, et laisse tomber à plomb les grains, que l'on renferme dans des vases de terre cuite [1].

Quelques mois après, nous retournâmes à la campagne d'Apollodore. Les vendangeurs détachaient les raisins suspendus aux vignes, qui s'élevaient à l'appui des échalas [2]. De jeunes garçons et de jeunes filles en remplissaient des paniers d'osier, et les portaient au pressoir [3]. Avant de les fouler, quelques fermiers font transporter chez eux les sarmens chargés de grappes [4]; ils ont soin de les exposer au soleil pendant dix jours, et de les tenir à l'ombre pendant cinq autres jours [5].

Les uns conservent le vin dans des tonneaux [6]; les autres dans des outres [7], ou dans des vases de terre [8].

Pendant qu'on foulait la vendange, nous écoutions avec plaisir les *chansons du pressoir* [9]; c'est ainsi qu'on les appelle. Nous en avions entendu d'autres pendant le dîner des vendangeurs, et dans les différens intervalles de la journée, où la danse se mêlait au chant [10].

La moisson [11] et la vendange [12] se terminent par des fêtes célébrées avec ces mouvemens rapides que produit l'abondance, et qui se diversifient suivant la nature de l'objet. Le blé étant regardé comme le bienfait d'une déesse qui pourvoit à nos besoins, et le vin comme le présent d'un dieu qui veille sur nos plaisirs, la reconnaissance pour Cérès s'annonce par une joie vive et tempérée, celle pour Bacchus par tous les transports du délire.

Au temps des semailles et de la fenaison, on offre également des sacrifices; pendant la récolte des olives et des autres fruits, on pose de même sur les autels les prémices des présens qu'on a reçus du ciel. Les Grecs ont senti que, dans ces occasions, le cœur a besoin de se répandre, et d'adresser des hommages aux auteurs du bienfait.

Outre ces fêtes générales, chaque bourg de l'Attique en a de particulières, où l'on voit moins de magnificence, mais plus de gaieté que dans celles de la capitale : car les habitans de la campagne ne connaissent guère les joies feintes. Toute leur âme se déploie dans les spectacles rustiques et dans les jeux innocens qui

---

[1] Hesiod. oper. v. 475 et 600. Procl. ibid. — [2] Homer. iliad. lib. 18, v. 563. — [3] Id. ibid. v. 567. Eustath. t. 2, p. 1163, lin. 45. Anacr. od. 52. — [4] Id. od. 50. Note de madame Dacier. — [5] Hesiod. oper. v. 610. Homer. odyss. lib. 7, v. 123. — [6] Anacr. od. 52. — [7] Homer. ibid. lib. 9, v. 196. — [8] Id. ibid. v. 204. Herodot. lib. 3, cap. 6. — [9] Anacr. od. 52. Oppian. de venat. lib. 1, v. 127. Poll. lib. 4, cap. 7, § 55. — [10] Homer. iliad. lib. 18, v. 572. — [11] Theocr. idyll. 7, v. 32. Schol. in vers. 1. Schol. Homer. in iliad. 9, v. 530. Etymol. magn. in Θαλύσ. Diod. lib. 5, p. 336. Corsin. fast. attic. dissert. 13, t. 2, p. 302. Meurs. in Αλῶα et in Θαλύσ. — [12] Theophr. charact. cap. 3. Castell. de fest. Græc. in Dionys.

les rassemblent. Je les ai vus souvent autour de quelques outres remplies de vin et frottées d'huile à l'extérieur. Des jeunes gens sautaient dessus à cloche-pied, et par des chutes fréquentes excitaient un rire universel [1]. A côté, des enfans se poursuivaient courant sur un seul pied [2]. D'autres jouaient à pair ou non [3]; d'autres à colin-maillard [4]. D'autres, s'appuyant tour à tour sur les pieds et sur les mains, imitaient en courant le mouvement d'une roue [5]. Quelquefois une ligne tracée sur le terrain les divisait en deux bandes; on jouait à *jour ou nuit* [a]. Le parti qui avait perdu prenait la fuite; l'autre courait pour l'atteindre et faire des prisonniers [6]. Ces amusemens ne sont qu'à l'usage des enfans dans la ville; mais à la campagne, les hommes faits ne rougissent pas de s'y livrer.

Euthymène, un de nos amis, s'était toujours reposé, pour la régie de ses biens, sur la vigilance et la fidélité d'un esclave qu'il avait mis à la tête des autres [7]. Convaincu enfin que l'œil du maître vaut mieux que celui d'un intendant [8], il prit le parti de se retirer à sa maison de campagne, située au bourg d'Acharnes, à soixante stades d'Athènes [9] [b].

Nous allâmes le voir quelques années après. Sa santé autrefois languissante s'était rétablie. Sa femme et ses enfans partageaient et augmentaient son bonheur. Notre vie est active et n'est point agitée, nous dit-il; nous ne connaissons pas l'ennui, et nous savons jouir du présent.

Il nous montra sa maison récemment construite. Il l'avait exposée au midi, afin qu'elle reçût en hiver la chaleur du soleil, et qu'elle en fût garantie en été, lorsque cet astre est dans sa plus grande élévation [10]. L'appartement des femmes était séparé de celui des hommes par des bains, qui empêchaient toute communication entre les esclaves de l'un et de l'autre sexe. Chaque pièce répondait à sa destination; on conservait le blé dans un endroit sec, le vin dans un lieu frais. Nulle recherche dans les meubles, mais partout une extrême propreté. Couronnes et encens pour les sacrifices, habits pour les fêtes, armures et vêtemens pour la guerre, couverture pour les différentes saisons, ustensiles de cuisine, instrumens à moudre le blé, vases à pétrir la farine, provisions pour l'année et pour chaque mois en particulier, tout se trouvait avec facilité, parce que tout était à sa place et rangé

---

[1] Hesych. in Ἀσκωλ. Eustath. in odyss. lib. 10, p. 1646, lin. 21; lib. 14, p. 1769, lin. 47. Schol. Aristoph. in Plut. v. 1130. Phurnut. de nat. deor. cap. 30. — [2] Poll. lib. 9, cap. 7, § 121. — [3] Meurs. de lud. Græc. in Ἀρτιάζ. — [4] Id. ibid. in Μυῖα. — [5] Plat. in conviv. t. 3, p. 190. — [a] Ce jeu ressemblait à celui de croix ou pile. — [6] Meurs. ibid. in Ὄστρακ. — [7] Xenoph. memor. lib. 5, p. 855. — [8] Id. ibid. p. 854. — [9] Thucyd. lib. 2, cap. 21. — [b] Environ deux lieues un quart. — [10] Xenoph. ibid. lib. 3, p. 777; lib. 5, p. 844.

avec symétrie[1]. Les habitans de la ville, disait Euthymène, ne verraient qu'avec mépris un arrangement si méthodique : ils ne savent pas qu'il abrége le temps des recherches, et qu'un sage cultivateur doit dépenser ses momens avec la même économie que ses revenus.

J'ai établi dans ma maison, ajouta-t-il, une femme de charge intelligente et active. Après m'être assuré de ses mœurs, je lui ai remis un mémoire exact de tous les effets déposés entre ses mains. Et comment récompensez-vous ses services? lui dis-je. Par l'estime et par la confiance, répondit-il : depuis que nous l'avons mise dans le secret de nos affaires, elles sont devenues les siennes[2]. Nous donnons la même attention à ceux de nos esclaves qui montrent du zèle et de la fidélité : ils sont mieux chauffés et mieux vêtus. Ces petites distinctions les rendent sensibles à l'honneur[3], et les retiennent dans le devoir, mieux que ne ferait la crainte des supplices.

Nous nous sommes partagé, ma femme et moi, les soins de l'administration. Sur elle roulent les détails de l'intérieur; sur moi ceux du dehors[4]. Je me suis chargé de cultiver et d'améliorer le champ que j'ai reçu de mes pères. Laodice veille sur la recette et sur la dépense, sur l'emplacement et sur la distribution du blé, du vin, de l'huile et des fruits qu'on remet entre ses mains; c'est elle encore qui entretient la discipline parmi nos domestiques, envoyant les uns aux champs, distribuant aux autres la laine, et leur apprenant à la préparer pour en faire des vêtemens[5]. Son exemple adoucit leurs travaux; et quand ils sont malades, ses attentions, ainsi que les miennes, diminuent leurs souffrances. Le sort de nos esclaves nous attendrit : ils ont tant de droits et de dédommagemens à réclamer!

Après avoir traversé une basse-cour peuplée de poules, de canards et d'autres oiseaux domestiques[6], nous visitâmes l'écurie, la bergerie, ainsi que le jardin des fleurs, où nous vîmes successivement briller les narcisses, les jacinthes, les anémones, les iris, les violettes de différentes couleurs[7], les roses de diverses espèces[8], et toutes sortes de plantes odoriférantes[9]. Vous ne serez pas surpris, me dit-il, du soin que je prends de les cultiver : vous savez que nous en parons les temples, les autels, les statues de nos dieux[10]; que nous en couronnons nos têtes dans nos repas et dans nos cérémonies saintes; que nous les répandons sur nos

---

[1] Xenoph. memor. lib. 5, p. 843. — [2] Id. ibid. p. 845. — [3] Id. ibid. p. 855 et 857. — [4] Id. ibid. p. 838. — [5] Id. ibid. p. 839, etc. — [6] Hesych. in Κόσκικοι. — [7] Athen. lib. 15, cap. 9, p. 683. — [8] Theophr. ap. Athen. p. 682. — [9] Id. hist. plant. lib. 6, cap. 6, p. 643. — [10] Xenoph. ibid. p. 831.

tables et sur nos lits ; que nous avons même l'attention d'offrir à nos divinités les fleurs qui leur sont le plus agréables. D'ailleurs un agriculteur ne doit point négliger les petits profits ; toutes les fois que j'envoie au marché d'Athènes du bois, du charbon [1], des denrées et des fruits, j'y joins quelques corbeilles de fleurs qui sont enlevées à l'instant.

Euthymène nous conduisit ensuite dans son champ, qui avait plus de quarante stades de circuit [2][a], et dont il avait retiré, l'année précédente, plus de mille médimnes d'orge et de huit cents mesures de vin [3]. Il avait six bêtes de somme qui portaient tous les jours au marché du bois et plusieurs sortes de matériaux, et qui lui rendaient par jour douze drachmes [4][b]. Comme il se plaignait des inondations qui emportaient quelquefois sa récolte, nous lui demandâmes pourquoi il n'avait pas fixé sa demeure dans un canton moins sujet à de pareils accidens. On m'a souvent proposé des échanges avantageux, répondit-il, et vous allez voir pourquoi je les ai refusés. Il ouvrit dans ce moment la porte d'une enceinte, où nous trouvâmes un gazon entouré de cyprès. Voici les tombeaux de ma famille [5], nous dit-il. Là même, sous ces pavots, je vis creuser la fosse où mon père fut déposé ; à côté, celle de ma mère. Je viens quelquefois m'entretenir avec eux ; je crois les voir et les entendre. Non, je n'abandonnerai jamais cette terre sacrée. Mon fils, dit-il ensuite à un jeune enfant qui le suivait, après ma mort vous me placerez auprès des auteurs de mes jours ; et quand vous aurez le malheur de perdre votre mère, vous la placerez auprès de moi ; souvenez-vous-en. Son fils le promit, et fondit en larmes.

Le bourg d'Acharnes est plein de vignobles [6]. Toute l'Attique est couverte d'oliviers ; c'est l'espèce d'arbre qu'on y soigne le plus. Euthymène en avait planté un très-grand nombre, et surtout le long des chemins qui bornaient sa terre : il les avait éloignés de neuf pieds l'un de l'autre ; car il savait que leurs racines s'étendent au loin [7]. Il n'est permis à personne d'en arracher dans son fonds plus de deux par an, à moins que ce ne soit pour quelque usage autorisé par la religion. Celui qui viole la loi est obligé de payer, pour chaque pied d'arbre, cent drachmes [c] à l'accusateur, et cent autres au fisc. On en prélève le dixième pour le trésor de Minerve [8].

On trouve souvent des bouquets d'oliviers laissés en réserve et

[1] Aristoph. in Acharn. v. 212. — [2] Demosth. in Phœnip. p. 1023. — [a] Environ une lieue et demie. — [3] Demosth. ibid. p. 1025. — [4] Id. ibid. p. 1023. — [b] Dix livres dix sous. Voyez la note XXXI à la fin du volume. — [5] Demosth. in Callicl. p. 1117 ; id. in Macart. p. 1040. — [6] Aristoph. ibid. v. 511. — [7] Xenoph. memor. lib. 5, p. 865. Plut. in Sol. t. 1, p. 91. — [c] Quatre-vingt-dix livres. — [8] Demosth. in Macart. p. 1039. Pet. leg. attic. p. 391.

entourés d'une haie. Ils n'appartiennent pas au propriétaire du
champ, mais au temple de cette déesse : on les afferme [1], et le
produit en est uniquement destiné au maintien de son culte. Si
le propriétaire en coupait un seul, quand même ce ne serait
qu'un tronc inutile, il serait puni par l'exil et par la confiscation
de ses biens. C'est l'Aréopage qui connaît des délits relatifs aux
diverses espèces d'oliviers, et qui envoie de temps en temps des
inspecteurs pour veiller à leur conservation [2].

En continuant notre tournée, nous vîmes défiler auprès de
nous un nombreux troupeau de moutons, précédés et suivis de
chiens destinés à écarter les loups [3]. Chaque mouton était enveloppé d'une couverture de peau. Cette pratique, empruntée des
Mégariens [4], garantit la toison des ordures qui la saliraient, et
la défend contre les haies qui pourraient la déchirer. J'ignore si
elle contribue à rendre la laine plus fine ; mais je puis dire que
celle de l'Attique est très-belle [5], et j'ajoute que l'art de la teinture est parvenu au point de la charger de couleurs qui ne s'effacent jamais [6].

J'appris en cette occasion que les brebis s'engraissent d'autant
plus qu'elles boivent davantage ; que, pour provoquer leur soif,
on mêle souvent du sel dans leur nourriture, et qu'en été surtout on leur en distribue, chaque cinquième jour, une mesure
déterminée : c'est un médimne [a] pour cent brebis. J'appris encore qu'en faisant usage de sel, elles donnent plus de lait [7].

Au pied d'un petit coteau qui terminait une prairie, on avait
placé, au milieu des romarins et des genêts, quantité de ruches
à miel. Remarquez, nous disait Euthymène, avec quel empressement les abeilles exécutent les ordres de leur souveraine : car
c'est elle qui, ne pouvant souffrir qu'elles restent oisives, les envoie dans cette belle prairie rassembler les riches matériaux dont
elle règle l'usage ; c'est elle qui veille à la construction des cel-
lules et à l'éducation des jeunes abeilles ; et, quand les élèves sont
en état de pourvoir à leur subsistance, c'est elle encore qui en
forme un essaim [8], et les oblige de s'expatrier sous la conduite
d'une abeille qu'elle a choisie [b].

Plus loin, entre des collines enrichies de vignobles, s'étendait
une plaine où nous vîmes plusieurs paires de bœufs, dont les uns
traînaient des tombereaux de fumier, dont les autres attelés à

---

[1] Lys. in areop. p. 133. — [2] Id. ibid. p. 136 et 143. Markl. conject. ad.
cap. 7. Lys p. 548, ad calc. edit. Taylor. — [3] Xenoph. memor. lib. 2,
p. 757 et 759. — [4] Diog. Laert. lib. 6, § 41. — [5] Var. de re rustic. lib. 2,
cap. [?] Plut. de audit. t. 2, p. 42. Athen. lib. 5, p. 219. — [6] Plat. de rep.
lib. 4, t. 2, p. 429. — [a] Environ quatre boisseaux. — [7] Aristot. hist. animal.
lib. 8, cap. 10, t. 1, p. 906. — [8] Xenoph. ibid. lib. 5, p. 837 et 839. —
[b] Voyez la note XXXII à la fin du volume.

des charrues traçaient de pénibles sillons [1]. On y sèmera de l'orge, disait Euthymène ; c'est l'espèce de blé qui réussit le mieux dans l'Attique [2]. Le froment qu'on y recueille donne à la vérité un pain très-agréable au goût, mais moins nourrissant que celui de la Béotie ; et l'on a remarqué plus d'une fois que les athlètes béotiens, quand ils séjournent à Athènes, consomment en froment deux cinquièmes de plus qu'ils n'en consomment dans leur pays [3]. Cependant ce pays confine à celui que nous habitons : tant il est vrai qu'il faut peu de chose pour modifier l'influence du climat ! En voulez-vous une autre preuve ? L'île de Salamine touche presque à l'Attique, et les grains y mûrissent beaucoup plus tôt que chez nous [4].

Les discours d'Euthymène, les objets qui s'offraient à mes regards, commençaient à m'intéresser. J'entrevoyais déjà que la science de l'agriculture n'est pas fondée sur une aveugle routine, mais sur une longue suite d'observations. Il paraît, disait notre guide, que les Égyptiens nous en communiquèrent autrefois les principes [5]. Nous les fîmes passer aux autres peuples de la Grèce, dont la plupart, en reconnaissance d'un si grand bienfait, nous apportent tous les ans les prémices de leurs moissons [6]. Je sais que d'autres villes grecques ont les mêmes prétentions que nous [7]. Mais à quoi servirait de discuter leurs titres ? Les arts de première nécessité ont pris naissance parmi les plus anciennes nations ; et leur origine est d'autant plus illustre, qu'elle est plus obscure.

Celui du labourage, transmis aux Grecs, s'éclaira par l'expérience ; et quantité d'écrivains en ont recueilli les préceptes. Des philosophes célèbres, tels que Démocrite, Archytas, Épicharme, nous ont laissé des instructions utiles sur les travaux de la campagne [8] ; et, plusieurs siècles auparavant, Hésiode les avait chantés dans un de ses poëmes [9] ; mais un agriculteur ne doit pas tellement se conformer à leurs décisions, qu'il n'ose pas interroger la nature et lui proposer de nouvelles lois. Ainsi, lui dis-je alors, si j'avais un champ à cultiver, il ne suffirait pas de consulter les auteurs dont vous venez de faire mention ? Non, me répondit-il. Ils indiquent des procédés excellens, mais qui ne conviennent ni à chaque terrain, ni à chaque climat.

Supposons que vous vous destiniez un jour à la noble profession que j'exerce, je tâcherais d'abord de vous convaincre que

[1] Ælian. var. hist. lib. 5, cap. 14. — [2] Theophr. hist. plant. lib. 8, cap. 8, p. 947. — [3] Id. ibid. cap. 4, p. 932. — [4] Id. ibid. cap. 3, p. 913. — [5] Diod. lib. 1, p. 13, 14 et 25 ; lib. 5, p. 336. — [6] Isocr. paneg. t. 1, p. 133. Justin. lib. 2, cap. 6. — [7] Goguet, orig. des lois, t. 2, p. 177. — [8] Aristot. de rep. lib. 1, cap. 11, t. 2, p. 308. Var. de re rustic. lib. 1, cap. 1. Columell. ibid. — [9] Hesiod. oper. et dies.

tous vos soins, tous vos momens sont dus à la terre, et que plus vous ferez pour elle, plus elle fera pour vous [1]; car elle n'est si bienfaisante que parce qu'elle est juste [2].

J'ajouterais à ce principe, tantôt les règles qu'a confirmées l'expérience des siècles, tantôt des doutes que vous éclairciriez par vous-même, ou par les lumières des autres. Je vous dirais, par exemple : Choisissez une exposition favorable [3]; étudiez la nature des terrains et des engrais propres à chaque production [4]; sachez dans quelle occasion il faudra mêler des terres de différentes espèces [5], dans quelle autre on doit mêler la terre avec le fumier [6], ou le fumier avec la graine [7].

S'il était question de la culture du blé en particulier, j'ajouterais : Multipliez les labours; ne confiez pas à la terre le grain que vous venez de récolter, mais celui de l'année précédente [8]; semez plus tôt ou plus tard, suivant la température de la saison [9]; plus ou moins clair, suivant que la terre est plus ou moins légère [10] : mais semez toujours également [11]. Votre blé monte-t-il trop haut, ayez soin de le tondre, ou plutôt de le faire brouter par des moutons [12]; car le premier de ces procédés est quelquefois dangereux : le grain s'allonge et devient maigre. Avez-vous beaucoup de paille, ne la coupez qu'à moitié ; le chaume que vous laisserez sera brûlé sur la terre, et lui servira d'engrais [13]. Serrez votre blé dans un endroit bien sec [14]; et pour le garder long-temps, prenez la précaution, non de l'étendre, mais de l'amonceler, et même de l'arroser [15].

Euthymène nous donna plusieurs autres détails sur la culture du blé, et s'étendit encore plus sur celle de la vigne. C'est lui qui va parler.

Il faut être attentif à la nature du plant que l'on met en terre, aux labours qu'il exige, aux moyens de le rendre fécond. Quantité de pratiques relatives à ces divers objets, et souvent contradictoires entre elles, se sont introduites dans les différens cantons de la Grèce.

Presque partout on soutient les vignes avec des échalas [16]. On ne les fume que tous les quatre ans, et plus rarement encore. Des engrais plus fréquens finiraient par les brûler [17].

---

[1] Xenoph. memor. lib. 5, p. 868. — [2] Id. ibid. p. 832. — [3] Theophr. de caus. plant. lib. 3, cap. 1. — [4] Id. ibid. lib. 8, cap. 8, p. 946. — [5] Id. de caus. plant. lib. 3, cap. 25. — [6] Id. hist. plant. lib. 8, cap. 7. — [7] Id. lib. 7, cap. 5, p. 792. — [8] Id. ibid. lib. 8, cap. 11, p. 962. Plin. lib. 18, cap. 24, t. 2, p. 127. Geopon. lib. 2, cap. 16. — [9] Xenoph. ibid. p. 861. — [10] Theophr. ibid. cap. 6, p. 939. — [11] Xenoph. ibid. — [12] Theophr. ibid. cap. 7, p. 942. — [13] Xenoph. ibid. p. 862. — [14] Id. ibid. p. 844. — [15] Theophr. de caus. plant. lib. 4, cap. 15. — [16] Xenoph. ibid. p. 866. Theophr. ibid. lib. 2, cap. 25. — [17] Id. ibid. lib. 3, cap. 13.

La taille fixe principalement l'attention des vignerons. L'objet qu'on s'y propose est de rendre la vigne plus vigoureuse, plus féconde et plus durable[1].

Dans un terrain nouvellement défriché, vous ne taillerez un jeune plant qu'à la troisième année, et plus tard dans un terrain cultivé depuis long-temps[2]. A l'égard de la saison, les uns soutiennent que cette opération doit s'exécuter de bonne heure, parce qu'il résulte des inconvéniens de la taille qu'on fait, soit en hiver, soit au printemps; de la première, que la plaie ne peut se fermer, et que les yeux risquent de se dessécher par le froid; de la seconde, que la sève s'épuise, et inonde les yeux laissés auprès de la plaie[3].

D'autres établissent des distinctions relatives à la nature du sol. Suivant eux, il faut tailler en automne les vignes qui sont dans un terrain maigre et sec; au printemps, celles qui sont dans une terre humide et froide; en hiver, celles qui sont dans un terrain ni trop sec ni trop humide. Par ces divers procédés, les premières conservent la sève qui leur est nécessaire; les secondes perdent celle qui leur est inutile; toutes produisent un vin plus exquis. Une preuve, disent-ils, que dans les terres humides il faut différer la taille jusqu'au printemps, et laisser couler une partie de la sève, c'est l'usage où l'on est de semer, à travers les vignes, de l'orge et des fèves qui absorbent l'humidité, et qui empêchent la vigne de s'épuiser en rameaux inutiles.

Une autre question partage les vignerons[4]: faut-il tailler long ou court? Les uns se règlent sur la nature du plant ou du terrain; d'autres, sur la moelle des sarmens. Si cette moelle est abondante, il faut laisser plusieurs jets, et fort courts, afin que la vigne produise plus de raisins. Si la moelle est en petite quantité, on laissera moins de jets, et on taillera plus long.

Les vignes qui portent beaucoup de rameaux et peu de grappes exigent qu'on taille long les jets qui sont au sommet, et court les jets les plus bas, afin que la vigne se fortifie par le pied, et qu'en même temps les rameaux du sommet produisent beaucoup de fruit.

Il est avantageux de tailler court les jeunes vignes, afin qu'elles se fortifient; car les vignes que l'on taille long donnent à la vérité plus de fruit, mais périssent plus tôt[5].

Je ne parlerai pas des différens labours qu'exige la vigne[6], ni de plusieurs pratiques dont on a reconnu l'utilité. On voit souvent les vignerons répandre sur les raisins une poussière lé-

[1] Theophr. de caus. plant. lib. 2, cap. 19. — [2] Id. ibid. cap. 18. — [3] Id. ibid. lib. 3, cap. 20. — [4] Id. ibid. cap. 19. — [5] Id. ibid. cap. 20. — [6] Id. ibid. cap. 21.

gère, pour les garantir des ardeurs du soleil, et pour d'autres raisons qu'il serait trop long de rapporter[1]. On les voit d'autres fois ôter une partie des feuilles, afin que le raisin, plus exposé au soleil, mûrisse plus tôt[2].

Voulez-vous rajeunir un cep de vigne près de périr de vétusté, déchaussez-le d'un côté, épluchez et nettoyez ses racines; jetez dans la fosse diverses espèces d'engrais que vous couvrirez de terre. Il ne vous rendra presque rien la première année, mais au bout de trois ou quatre ans il aura repris son ancienne vigueur. Si dans la suite vous le voyez s'affaiblir encore, faites la même opération de l'autre côté; et cette précaution, prise tous les dix ans, suffira pour éterniser en quelque façon cette vigne[3].

Pour avoir des raisins sans pepins, il faut prendre un sarment, le fendre légèrement dans la partie qui doit être enterrée, ôter la moelle de cette partie, réunir les deux branches séparées par la fente, les couvrir de papier mouillé, et les mettre en terre. L'expérience réussit mieux, si, avant de planter le sarment, on met sa partie inférieure, ainsi préparée, dans un oignon marin. On connaît d'autres procédés pour parvenir au même but[4].

Désirez-vous tirer du même cep des raisins, les uns blancs, les autres noirs, d'autres dont les grappes présenteront des grains de l'une et de l'autre couleur[5], prenez un sarment de chaque espèce; écrasez-les, dans leurs parties supérieures, de manière qu'elles s'incorporent pour ainsi dire et s'unissent étroitement : liez-les ensemble, et dans cet état mettez les deux sarmens en terre.

Nous demandâmes ensuite à Euthymène quelques instructions sur les potagers et sur les arbres fruitiers. Les plantes potagères, nous dit-il, lèvent plus tôt quand on se sert de graines de deux ou trois ans[6]. Il en est qu'il est avantageux d'arroser avec l'eau salée[7]. Les concombres[a] ont plus de douceur quand leurs graines ont été macérées dans du lait pendant deux jours[8]. Ils réussissent mieux dans les terrains naturellement un peu humides que dans les jardins où on les arrose fréquemment[9]. Voulez-vous qu'ils viennent plus tôt, semez-les d'abord dans

---

[1] Theophr. de caus. plant. lib. 3, cap. 22. — [2] Xenoph. memor. lib. 5, p. 866. — [3] Theophr. hist. plant. lib. 4, cap. 15. — [4] Id. de caus. plant. lib. 5, cap. 5. Democr. geop. lib. 4, cap. 7. Pallad. de re rust. febr. tit. 29. Colum. de arbor. 9. Plin. lib. 17, cap. 21, t. 2, p. 74. Traité de la vigne, t. 1, p. 29. — [5] Theophr. ibid. — [6] Aristot. problem. § 20, quæst. 36, t. 2, p. 773. — [7] Theophr. ibid. lib. 2, cap. 7. — [a] Voyez la note XXXIII à la fin du volume. — [8] Theophr. ibid. lib. 3, cap. 12; id. hist. plant. lib. 7, cap. 3. Pallad. in mart. lib. 4, cap. 9. Colum. de re rust. lib. 11, cap. 3. Plin. lib. 19, cap. 5, t. 2, p. 165. — [9] Aristot. problem. t. 2, p. 776.

des vases, et arrosez-les avec de l'eau tiède¹; mais je vous préviens qu'ils auront moins de goût que si vous les aviez arrosés avec de l'eau froide². Pour qu'ils deviennent plus gros, on a l'attention, quand ils commencent à se former, de les couvrir d'un vase, ou de les introduire dans une espèce de tube. Pour les garder long-temps, vous aurez soin de les couvrir, et de les tenir suspendus dans un puits³.

C'est en automne, ou plutôt au printemps, qu'on doit planter les arbres⁴; il faut creuser la fosse au moins un an auparavant⁵; on la laisse long-temps ouverte, comme si l'air devait la féconder⁶. Suivant que le terrain est sec ou humide, les proportions de la fosse varient. Communément on lui donne deux pieds et demi de profondeur et deux pieds de largeur⁷.

Je ne rapporte, disait Euthymène, que des pratiques connues et familières aux peuples policés. Et qui n'excitent pas assez leur admiration, repris-je aussitôt. Que de temps, que de réflexions n'a-t-il pas fallu pour épier et connaître les besoins, les écarts et les ressources de la nature; pour la rendre docile, et varier ou corriger ses productions! Je fus surpris à mon arrivée en Grèce de voir fumer et émonder les arbres⁸; mais ma surprise fut extrême lorsque je vis des fruits dont on avait trouvé le secret de diminuer le noyau pour augmenter le volume de la chair⁹; d'autres fruits, et surtout des grenades, qu'on faisait grossir sur l'arbre même, en les enfermant dans un vase de terre cuite¹⁰; des arbres chargés de fruits de différentes espèces¹¹, et forcés de se couvrir de productions étrangères à leur nature.

C'est par la greffe, me dit Euthymène, qu'on opère ce dernier prodige, et qu'on a trouvé le secret d'adoucir l'amertume et l'âpreté des fruits qui viennent dans les forêts¹². Presque tous les arbres des jardins ont éprouvé cette opération, qui se fait pour l'ordinaire sur les arbres de même espèce. Par exemple, on greffe un figuier sur un autre figuier, un pommier sur un poirier, etc.,¹³.

Les figues mûrissent plus tôt quand elles ont été piquées par des moucherons provenus du fruit d'un figuier sauvage qu'on a soin de planter tout auprès¹⁴; cependant on préfère celles qui

---

¹ Theophr. de caus. plant. lib. 5, cap. 6. — ² Aristot. probl. t. 2, p. 775. Theophr. ibid. lib. 2, cap. 8. — ³ Aristot. ibid. p. 773. Theophr. ibid. lib. 5, cap. 6. — ⁴ Id. ibid. lib. 3, cap. 3 et 4. — ⁵ Id. ibid. cap. 5. — ⁶ Id. ibid. cap. 18. — ⁷ Xenoph. memor. lib. 5, p. 864. — ⁸ Theophr. ibid. cap. 2. — ⁹ Id. ibid. lib. 1, cap. 18. — ¹⁰ Aristot. probl. § 20, t. 2, p. 772. — ¹¹ Theophr. ibid. lib. 5, cap. 5. — ¹² Id. ibid. lib. 1, cap. 6 et 7. — ¹³ Aristot. de plant. lib. 1, cap. 6, t. 2, p. 1016. — ¹⁴ Id. ibid. p. 1017. Theophr. ibid. lib. 2, cap. 12. Tournef. voyag. du Levant, t. 1, p. 338.

mûrissent naturellement, et les gens qui les vendent au marché ne manquent jamais d'avertir de cette différence [1].

On prétend que les grenades ont plus de douceur quand on arrose l'arbre avec de l'eau froide, et qu'on jette du fumier de cochon sur ses racines ; que les amandes ont plus de goût quand on enfonce des clous dans le tronc de l'arbre, et qu'on en laisse couler la sève pendant quelque temps [2]; que les oliviers ne prospèrent point quand ils sont à plus de trois cents stades de la mer [3][a]. On prétend encore que certains arbres ont une influence marquée sur d'autres arbres ; que les oliviers se plaisent dans le voisinage des grenadiers sauvages [4], et les grenadiers des jardins dans celui des myrtes [5]. On ajoute enfin qu'il faut admettre la différence des sexes dans les arbres et dans les plantes [6]. Cette opinion est d'abord fondée sur l'analogie qu'on suppose entre les animaux et d'autres productions de la nature ; ensuite sur l'exemple des palmiers, dont les femelles ne sont fécondées que par le duvet ou la poussière qui est dans la fleur du mâle [7]. C'est en Égypte et dans les pays voisins qu'on peut observer cette espèce de phénomène : car en Grèce, les palmiers, élevés pour faire l'ornement des jardins, ne produisent point de dattes, ou ne les amènent jamais à une parfaite maturité [8].

En général, les fruits ont dans l'Attique une douceur qu'ils n'ont pas dans les contrées voisines [9]. Ils doivent cet avantage moins à l'industrie des hommes qu'à l'influence du climat. Nous ignorons encore si cette influence corrigera l'aigreur de ces beaux fruits suspendus à ce citronnier. C'est un arbre qui a été récemment apporté de Perse à Athènes [10].

Euthymène nous parlait avec plaisir des travaux de la campagne, avec transport des agrémens de la vie champêtre.

Un soir, assis à table devant sa maison, sous de superbes platanes qui se courbaient au-dessus de nos têtes, il nous disait : Quand je me promène dans mon champ, tout rit, tout s'embellit à mes yeux. Ces moissons, ces arbres, ces plantes n'existent que pour moi, ou plutôt que pour les malheureux dont je vais soulager les besoins. Quelquefois je me fais des illusions pour accroître mes jouissances ; il me semble alors que la terre porte son attention jusqu'à la délicatesse, et que les fruits sont annoncés par les

---

[1] Theophr. de caus. plant. lib. 2, cap. 13. — [2] Aristot. de plant. lib. 1, cap. 7, t. 2, p. 1017. — [3] Theophr. hist. plant. lib. 6, cap. 2, p. 556. — [a] Onze lieues huit cent cinquante toises. — [4] Aristot. ibid. cap. 6, p. 1017. — [5] Theophr. de caus. plant. lib. 2, cap. 9, p. 243. — [6] Aristot. ibid. cap. 2, p. 1011. Theophr. hist. plant. lib. 3, cap. 9, p. 146. — [7] Id. ibid. lib. 2, p. 113. — [8] Id. ibid. lib. 3, cap. 5, p. 124. — [9] Aristot. problem. t. 2, p. 774. — [10] Antiphon. ap. Athen. lib. 3, cap. 7, p. 84. Salmas. exercit. in Plin. p. 956.

fleurs, comme parmi nous les bienfaits doivent l'être par les grâces.

Une émulation sans rivalité forme les liens qui m'unissent avec mes voisins. Ils viennent souvent se ranger autour de cette table, qui ne fut jamais entourée que de mes amis. La confiance et la franchise règnent dans nos entretiens. Nous nous communiquons nos découvertes ; car, bien différent des autres artistes qui ont des secrets [1], chacun de nous est aussi jaloux d'instruire les autres que de s'instruire soi-même.

S'adressant ensuite à quelques habitans d'Athènes qui venaient d'arriver, il ajoutait : Vous croyez être libres dans l'enceinte de vos murs ; mais cette indépendance que les lois vous accordent, la tyrannie de la société vous la ravit sans pitié : des charges à briguer et à remplir, des hommes puissans à ménager, des noirceurs à prévoir et à éviter, des devoirs de bienséance plus rigoureux que ceux de la nature ; une contrainte continuelle dans l'habillement, dans la démarche, dans les actions, dans les paroles ; le poids insupportable de l'oisiveté ; les lentes persécutions des importuns : il n'est aucune sorte d'esclavage qui ne vous tienne enchaînés dans ses fers.

Vos fêtes sont si magnifiques ! et les nôtres si gaies ! Vos plaisirs si superficiels et si passagers ! les nôtres si vrais et si constans ! Les dignités de la république imposent-elles des fonctions plus nobles que l'exercice d'un art sans lequel l'industrie et le commerce tomberaient en décadence [2] ?

Avez-vous jamais respiré dans vos riches appartemens la fraîcheur de cet air qui se joue sous cette voûte de verdure ? et vos repas, quelquefois si somptueux, valent-ils ces jattes de lait qu'on vient de traire, et ces fruits délicieux que nous avons cueillis de nos mains ? Et quel goût ne prêtent pas à nos alimens des travaux qu'il est si doux d'entreprendre, même dans les glaces de l'hiver et dans les chaleurs de l'été [3], dont il est si doux de se délasser, tantôt dans l'épaisseur des bois, au souffle des zéphirs, sur un gazon qui invite au sommeil ; tantôt auprès d'une flamme étincelante [4] nourrie par des troncs d'arbres que je tire de mon domaine, au milieu de ma femme et de mes enfans, objets toujours nouveaux de l'amour le plus tendre ; au mépris de ces vents impétueux qui grondent autour de ma retraite sans en troubler la tranquillité !

Ah ! si le bonheur n'est que la santé de l'âme, ne doit-on pas le trouver dans les lieux où règne une juste proportion entre les besoins et les désirs, où le mouvement est toujours suivi du repos, et l'intérêt toujours accompagné du calme ?

---

[1] Xenoph. memor. lib. 5, p. 858. — [2] Id. ibid. p. 832. — [3] Id. ibid. p. 831. — [4] Id. ibid. p. 832.

Nous eûmes plusieurs entretiens avec Euthymène. Nous lui dîmes que, dans quelques uns de ses écrits [1], Xénophon proposait d'accorder, non des récompenses en argent, mais quelques distinctions flatteuses à ceux qui cultiveraient le mieux leurs champs. Ce moyen, répondit-il, pourrait encourager l'agriculture; mais la république est si occupée à distribuer des grâces à des hommes oisifs et puissans, qu'elle ne peut guère penser à des citoyens utiles et ignorés.

Étant partis d'Acharnes, nous remontâmes vers la Béotie. Nous vîmes en passant quelques châteaux entourés de murailles épaisses et de tours élevées, tels que ceux de Phylé, de Décélie, de Rhamnonte. Les frontières de l'Attique sont garanties de tous côtés par ces places fortes. On y entretient des garnisons; et, en cas d'invasion, on ordonne aux habitans de la campagne de s'y réfugier [2].

Rhamnonte est située auprès de la mer. Sur une éminence voisine s'élève le temple de l'implacable Némésis, déesse de la vengeance. Sa statue, haute de dix coudées[a], est de la main de Phidias, et mérite d'en être par la beauté du travail. Il employa un bloc de marbre de Paros, que les Perses avaient apporté en ces lieux pour dresser un trophée. Phidias n'y fit point inscrire son nom, mais celui de son élève Agoracrite, qu'il aimait beaucoup [3].

De là nous descendîmes au bourg de Marathon. Ses habitans s'empressaient de nous raconter les principales circonstances de la victoire que les Athéniens, sous la conduite de Miltiade, y remportèrent autrefois contre les Perses. Ce célèbre événement a laissé une telle impression dans leurs esprits, qu'ils croient entendre pendant la nuit les cris des combattans et les hennissemens des chevaux [4]. Ils nous montraient les tombeaux des Grecs qui périrent dans la bataille; ce sont de petites colonnes sur lesquelles on s'est contenté de graver leurs noms. Nous nous prosternâmes devant celle que les Athéniens consacrèrent à la mémoire de Miltiade, après l'avoir laissé mourir dans un cachot. Elle n'est distinguée des autres que parce qu'elle en est séparée [5]. (*Atlas*, *pl.* 3.)

Pendant que nous approchions de Brauron, l'air retentissait de cris de joie. On y célébrait la fête de Diane, divinité tutélaire de ce bourg [6]. Sa statue nous parut d'une haute antiquité; c'est

---

[1] Xenoph. Hier. p. 916. — [2] Demosth. de fals. leg. p. 312; id. de cor. p. ●. — [a] Environ quatorze de nos pieds. — [3] Pausan. lib. 1, cap. 32, p. 80. Plin. lib. 36, cap. 5, p. 725. Suid. et Hesych. in Ραμν. Meurs. de popul. attic. in Ραμν. — [4] Pausan. ibid. p. 79. — [5] Id. ibid. — [6] Meurs. ibid. in Βραυρ. Id. in græc. fer. Castel. de fest. Græc.

la même, nous disait-on, qu'Iphigénie rapporta de la Tauride [1]. Toutes les filles des Athéniens doivent être vouées à la déesse après qu'elles ont atteint leur cinquième année, avant qu'elles aient passé leur dixième [2]. Un grand nombre d'entre elles, amenées par leurs parens, et ayant à leur tête la jeune prêtresse de Diane [3], assistèrent aux cérémonies qu'elles embellissaient de leur présence, et pendant lesquelles des rhapsodes chantaient des fragmens de l'Iliade [4]. Par une suite de leur dévouement, elles viennent, avant que de se marier, offrir des sacrifices à cette déesse [5].

On nous pressait d'attendre encore quelques jours pour être témoins d'une fête qui se renouvelle chaque cinquième année [6] en l'honneur de Bacchus, et qui, attirant dans ces lieux la plupart des courtisanes d'Athènes, se célébrait avec autant d'éclat que de licence [7]. Mais la description qu'on nous en fit ne servit qu'à nous en dégoûter, et nous allâmes voir les carrières du mont Pentélique, d'où l'on tire ce beau marbre blanc si renommé dans la Grèce, et si souvent mis en œuvre par les plus habiles statuaires [8]. Il semble que la nature s'est fait un plaisir de multiplier dans le même endroit les grands hommes, les grands artistes, et la matière la plus propre à conserver le souvenir des uns et des autres. Le mont Hymette [9], et d'autres montagnes de l'Attique [10] recèlent dans leur sein de semblables carrières.

Nous allâmes coucher à Prasies, petit bourg situé auprès de la mer. Son port, nommé Panorme, offre aux vaisseaux un asile sûr et commode. Il est entouré de vallées et de collines charmantes, qui, dès le rivage même, s'élèvent en amphithéâtre, et vont s'appuyer sur des montagnes couvertes de pins et d'autres espèces d'arbres [11].

De là nous entrâmes dans une belle plaine qui fait partie d'un canton, nommé Paralos [a] [12]. Elle est bordée de chaque côté d'un rang de collines, dont les sommets, arrondis et séparés les uns des autres, semblent être l'ouvrage plutôt de l'art que de la nature [13]. Elle nous conduisit à Thoricos, place forte située sur le bord de la mer [14]. Et quelle fut notre joie, en apprenant que

[1] Pausan. lib. 1, cap. 23, p. 55; et cap. 33, p. 80. — [2] Aristoph. in Lysistr. v. 644. Schol. ibid. Harpocr. et Hesych. in Ἄρκτ. et in Δεκατ. — [3] Dinarch. in Aristogit. p. 106. Demosth. in Conon. p. 1102. — [4] Hesych. in Βραυρ.— [5] Suid. in Ἄρκτ. — [6] Poll. lib. 8, cap. 9, § 107.— [7] Suid. in Βραυρ. Schol. in Demosth. orat. adv. Conon. p. 1415. — [8] Theophr. de lapid. § 14. Strab. lib. 9, p. 399. Athen. lib. 13, cap. 6, p. 591. Pausan. ibid. cap. 32, p. 78; lib. 5, cap. 10, p. 398; lib. 8, cap. 28, p. 658, etc. — [9] Strab. ibid. Plin. lib. 17, cap. 1, t. 2, p. 48; lib. 36, cap. 3, p. 724; et cap. 15, p. 744. Horat. lib. 2, od. 18. — [10] Xenoph. rat. redit. p. 920. Liv. lib. 31, cap. 26. — [11] Chandl. travels in Greece, p. 159. — [a] C'est-à-dire maritime. — [12] Thucyd. lib. 2, cap. 55. — [13] Whel. a journ. p. 447. — [14] Xenoph. rat. redit. p. 928.

Platon était dans le voisinage, chez Théophile, un de ses anciens amis, qui l'avait pressé pendant long-temps de venir à sa maison de campagne. Quelques uns de ses disciples l'avaient accompagné dans ces lieux solitaires. Je ne sais quel tendre intérêt la surprise attache à ces rencontres fortuites; mais notre entrevue eut l'air d'une reconnaissance, et Théophile en prolongea la douceur en nous retenant chez lui.

Le lendemain, à la pointe du jour, nous nous rendîmes au mont Laurium, où sont des mines d'argent qu'on exploite depuis un temps immémorial [1]. Elles sont si riches, qu'on n'y parvient jamais à l'extrémité des filons [2], et qu'on pourrait y creuser un plus grand nombre de puits, si de pareils travaux n'exigeaient de fortes avances. Outre l'achat des instrumens et la construction des maisons et des fourneaux, on a besoin de beaucoup d'esclaves, dont le prix varie à tout moment. Suivant qu'ils sont plus ou moins forts, plus ou moins âgés, ils coûtent trois cents ou six cents drachmes [a], et quelquefois davantage [3]. Quand on n'est pas assez riche pour en acheter, on fait un marché avec des citoyens qui en possèdent un grand nombre, et on leur donne pour chaque esclave une obole par jour [b].

Tout particulier qui par lui-même, ou à la tête d'une compagnie, entreprend une nouvelle fouille, doit en acheter la permission, que la république seule peut accorder [4]. Il s'adresse aux magistrats chargés du département des mines. Si sa proposition est acceptée, on l'inscrit dans un registre, et il s'oblige à donner, outre l'achat du privilége, la vingt-quatrième partie du profit [5]. S'il ne satisfait pas à ses obligations, la concession revient au fisc, qui la met à l'encan [6].

Autrefois, les sommes provenues, soit de la vente, soit de la rétribution éventuelle des mines, étaient distribuées au peuple. Thémistocle obtint de l'assemblée générale qu'elles seraient destinées à construire des vaisseaux [7]. Cette ressource soutint la marine pendant la guerre du Péloponèse. On vit alors des particuliers s'enrichir par l'exploitation des mines. Nicias, si malheureusement célèbre par l'expédition de Sicile, louait à un entrepreneur mille esclaves, dont il retirait par jour mille oboles ou cent soixante-six drachmes deux tiers [c]. Hipponicus, dans le même temps, en avait six cents, qui, sur le même pied, lui rendaient six cents oboles ou cent drachmes par jour [d][8]. Suivant

---

[1] Xenoph. rat. redit. p. 924. — [2] Id. ibid. p. 927. — [a] Deux cent soixante-dix livres, ou cinq cent quarante livres. — [3] Demosth. in Aphob. 1, p. 896. — [b] Trois sous. — [4] Demosth. in Pantæn. p. 992. — [5] Suid. in Ἀγραφ. — [6] Demosth. in Phœnip. p. 1022. — [7] Plut. in Themisth. t. 1, p. 113. — [c] Cent cinquante livres. — [d] Quatre-vingt-dix livres. — [8] Xenoph. ibid. p. 925.

ce calcul, Xénophon proposait au gouvernement de faire le commerce des esclaves destinés aux mines. Il eût suffi d'une première mise pour en acquérir douze cents, et en augmenter successivement le nombre jusqu'à dix mille. Il en aurait alors résulté tous les ans, pour l'État, un bénéfice de cent talens[1][a]. Ce projet, qui pouvait exciter l'émulation des entrepreneurs, ne fut point exécuté ; et, vers la fin de cette guerre, on s'aperçut que les mines rendaient moins qu'auparavant[2].

Divers accidens peuvent tromper les espérances des entrepreneurs, et j'en ai vu plusieurs qui s'étaient ruinés, faute de moyens et d'intelligence[3]. Cependant les lois n'avaient rien négligé pour les encourager. Le revenu des mines n'est point compté parmi les biens qui obligent un citoyen à contribuer aux charges extraordinaires de l'État[4] : des peines sont décernées contre les concessionnaires qui l'empêcheraient d'exploiter sa mine, soit en enlevant ses machines et ses instrumens, soit en mettant le feu à sa fabrique ou aux étais qu'on place dans les souterrains[5], soit en anticipant sur son domaine ; car les concessions faites à chaque particulier sont circonscrites dans des bornes qu'il n'est pas permis de passer[6].

Nous pénétrâmes dans ces lieux humides et malsains[7]. Nous fûmes témoins de ce qu'il en coûte de peines pour arracher des entrailles de la terre ces métaux, qui sont destinés à n'être découverts et même possédés que par des esclaves.

Sur les flancs de la montagne, auprès des puits[8], on construit des forges et des fourneaux[9] où l'on porte le minerai, pour séparer l'argent des matières avec lesquelles il est combiné[10]. Il l'est souvent avec une substance sablonneuse, rouge, brillante, dont on a tiré, pour la première fois, dans ces derniers temps, le cinabre artificiel[11][b].

On est frappé, quand on voyage dans l'Attique, du contraste que présentent les deux classes d'ouvriers qui travaillent à la terre. Les uns, sans crainte et sans danger, recueillent sur sa surface le blé, le vin, l'huile, et les autres fruits auxquels il leur est permis de participer ; ils sont en général bien nourris, bien vêtus ; ils ont des momens de plaisir, et, au milieu de leurs peines, ils respirent un air libre et jouissent de la clarté des cieux. Les autres, enfouis dans les carrières de marbre ou dans

---

[1] Xenoph. rat. redit p. 926. — [a] Cent quarante mille livres. — [2] Xenoph. memor. lib. 3, p. 773. — [3] Demosth. in Phœnip. p. 1022 et 1025. — [4] Demetr. ibid. — [5] Poll. lib. 7, cap. 23, § 98. Pet. leg. attic. p. 549. — [6] Demosth. in Pantæn. p. 992. — [7] Xenoph. ibid. — [8] Vitruv. lib. 7, cap. 7. — [9] Demosth. ibid. p. 988. Suid. et Harpocr. in Κεῖχ. — [10] Phot. lex. man. in Κεῖχ. — [11] Theophr. de lapid. § 104. Plin. lib. 33, cap. 7, t. 2, p. 624. Corsin. fast. attic. t. 3, p. 262. — [b] Cette découverte fut faite vers l'an 405 avant J. C.

les mines d'argent, toujours près de voir la tombe se fermer sur leurs têtes, ne sont éclairés que par des clartés funèbres, et n'ont autour d'eux qu'une atmosphère grossière et souvent mortelle : ombres infortunées, à qui il ne reste de sentimens que pour souffrir, et de forces que pour augmenter le faste des maîtres qui les tyrannisent ! Qu'on juge, d'après ce rapprochement, quelles sont les vraies richesses que la nature destinait à l'homme.

Nous n'avions pas averti Platon de notre voyage aux mines ; il voulut nous accompagner au cap de Sunium (*Atlas*, *pl*. 36), éloigné d'Athènes d'environ trois cent trente stades [1][a] : on y voit un superbe temple consacré à Minerve, de marbre blanc, d'ordre dorique, entouré d'un péristyle, ayant, comme celui de Thésée, auquel il ressemble par sa disposition générale, six colonnes de front et treize de retour [2]. Du sommet du promontoire on distingue au bas de la montagne le port et le bourg de Sunium, qui est une des fortes places de l'Attique [3].

Mais un plus grand spectacle excitait notre admiration. Tantôt nous laissions nos yeux s'égarer sur les vastes plaines de la mer, et se reposer ensuite sur les tableaux que nous offraient les îles voisines ; tantôt d'agréables souvenirs semblaient rapprocher de nous les îles qui se dérobaient à nos regards. Nous disions : De ce côté de l'horizon est Ténos, où l'on trouve des vallées si fertiles, et Délos, où l'on célèbre des fêtes si ravissantes. Alexis me disait tout bas : Voilà Céos, où je vis Glycère pour la première fois. Philoxène me montrait en soupirant l'île qui porte le nom d'Hélène ; c'est là que, dix ans auparavant, ses mains avaient dressé entre des myrtes et des cyprès un monument à la tendre Coronis ; c'était là que depuis dix ans il venait, à certains jours, arroser de larmes ces cendres éteintes, et encore chères à son cœur. Platon, sur qui les grands objets faisaient toujours une forte impression, semblait attacher son âme sur les gouffres que la nature a creusés au fond des mers.

Cependant l'horizon se chargeait au loin de vapeurs ardentes et sombres ; le soleil commençait à pâlir ; la surface des eaux, unie et sans mouvement, se couvrait de couleurs lugubres dont les teintes variaient sans cesse. Déjà le ciel, tendu et fermé de toutes parts, n'offrait à nos yeux qu'une voûte ténébreuse que la flamme pénétrait, et qui s'appesantissait sur la terre. Toute la nature était dans le silence, dans l'attente, dans un état d'inquiétude qui se communiquait jusqu'au fond de nos âmes. Nous cher-

[1] Strab. lib. 9, p. 390. — [a] Environ douze lieues et demie. — [2] Le Roi, ruines de la Grèce, part. 1, p. 24. — [3] Demosth. de cor. p. 479. Pausan. lib. 1, cap. 1, p. 2.

châmes un asile dans le vestibule du temple (*Atlas*, *pl.* 36), et bientôt nous vîmes la foudre briser à coups redoublés cette barrière de ténèbres et de feux suspendue sur nos têtes; des nuages épais rouler par masses dans les airs, et tomber en torrens sur la terre; les vents déchaînés fondre sur la mer, et la bouleverser dans ses abîmes. Tout grondait, le tonnerre, les vents, les flots, les antres, les montagnes; et de tous ces bruits réunis il se formait un bruit épouvantable qui semblait annoncer la dissolution de l'univers. L'aquilon ayant redoublé ses efforts, l'orage alla porter ses fureurs dans les climats brûlans de l'Afrique. Nous le suivîmes des yeux, nous l'entendîmes mugir dans le lointain; le ciel brilla d'une clarté plus pure; et cette mer, dont les vagues écumantes s'étaient élevées jusqu'aux cieux, traînait à peine ses flots jusque sur le rivage.

A l'aspect de tant de changemens inopinés et rapides, nous restâmes quelque temps immobiles et muets. Mais bientôt ils nous rappelèrent ces questions sur lesquelles la curiosité des hommes s'exerce depuis tant de siècles : Pourquoi ces écarts et ces révolutions dans la nature? Faut-il les attribuer au hasard? mais d'où vient que, sur le point de se briser mille fois, la chaîne intime des êtres se conserve toujours? Est-ce une cause intelligente qui excite et apaise les tempêtes? mais quel but se propose-t-elle? D'où vient qu'elle foudroie les déserts, et qu'elle épargne les nations coupables? De là nous remontions à l'existence des dieux, au débrouillement du chaos, à l'origine de l'univers. Nous nous égarions dans nos idées, et nous conjurions Platon de les rectifier. Il était dans un recueillement profond; on eût dit que la voix terrible et majestueuse de la nature retentissait encore autour de lui. A la fin, pressé par nos prières, et par les vérités qui l'agitaient intérieurement, il s'assit sur un siége rustique, et, nous ayant fait placer à ses côtés, il commença par ces mots (*Atlas*, *pl.* 36) :

Faibles mortels que nous sommes[1]! est-ce à nous de pénétrer les secrets de la Divinité, nous dont les sages ne sont auprès d'elle que ce qu'un singe est auprès de nous[2]? Prosterné à ses pieds, je lui demande de mettre dans ma bouche des discours qui lui soient agréables, et qui vous paraissent conformes à la raison[3].

Si j'étais obligé de m'expliquer en présence de la multitude, sur le premier auteur de toutes choses, sur l'origine de l'univers et sur la cause du mal, je serais forcé de parler par énigmes[4];

---

[1] Plat. in Tim. t. 3, p. 29. — [2] Heracl. ap. Plat. in Hipp. maj. t. 3, p. 289. — [3] Plat. in Tim. t. 3, p. 27. — [4] Id. epist. 2 ad Dionys. t. 3, p. 312. Id. in Tim. t. 3, p. 28.

mais dans ces lieux solitaires, n'ayant que Dieu et mes amis pour témoins, je pourrai sans crainte rendre hommage à la vérité.

Le Dieu que je vous annonce est un Dieu unique, immuable, infini[1]. Centre de toutes les perfections, source intarissable de l'intelligence et de l'être[2], avant qu'il eût fait l'univers, avant qu'il eût déployé sa puissance au dehors, il était; car il n'a point eu de commencement[3] : il était en lui-même; il existait dans les profondeurs de l'éternité. Non, mes expressions ne répondent pas à la grandeur de mes idées, ni mes idées à la grandeur de mon sujet.

Également éternelle, la matière subsistait dans une fermentation affreuse, contenant les germes de tous les maux, pleine de mouvemens impétueux qui cherchaient à réunir ses parties, et de principes destructifs qui les séparaient à l'instant; susceptible de toutes les formes, incapable d'en conserver aucune : l'horreur et la discorde erraient sur ses flots bouillonnans[4]. La confusion effroyable que vous venez de voir dans la nature n'est qu'une faible image de celle qui régnait dans le chaos.

De toute éternité, Dieu, par sa bonté infinie, avait résolu de former l'univers suivant un modèle toujours présent à ses yeux[5]; modèle immuable, incréé, parfait; idée semblable à celle que conçoit un artiste lorsqu'il convertit la pierre grossière en un superbe édifice; monde intellectuel, dont ce monde visible n'est que la copie et l'expression[6]. Tout ce qui dans l'univers tombe sous nos sens, tout ce qui se dérobe à leur activité, était tracé d'une manière sublime dans ce premier plan; et comme l'Être suprême ne conçoit rien que de réel, on peut dire qu'il produisait le monde avant qu'il l'eût rendu sensible.

Ainsi existaient de toute éternité, Dieu, auteur de tout bien, la matière, principe de tout mal, et ce modèle suivant lequel Dieu avait résolu d'ordonner la matière [7][a].

Quand l'instant de cette grande opération fut arrivé, la Sagesse éternelle donna ses ordres au chaos, et aussitôt toute la masse fut agitée d'un mouvement fécond et nouveau. Ses parties, qu'une haine implacable divisait auparavant, coururent se réu-

---

[1] Plat. in Phædon. t. 1, p. 78, etc. — [2] Id. in Cratyl. t. 1, p. 396. — [3] Tim. de anim. mund. ap. Plat. t. 3, p. 96. Plat. in Tim. passim. Id. in Phædon. t. 1, p. 78. — [4] Tim. de anim. mund. ibid. p. 94. Plat. in Tim. t. 3, p. 30, 51, etc. Diog. Laert. lib. 3, § 69. Cicer. acad. lib. 1, t. 2, p. 70. — [5] Tim. ibid. p. 93. Plat. ibid. p. 29. Senec. epist. 65. — [6] Plat. ibid. p. 28. — [7] Tim. ibid. p. 94. Plut. de plac. philos. lib. 1, cap. 11, t. 2, p. 882. Id. de anim. procr. p. 1014. Diog. Laert. ibid. Bruck. hist. philos. t. 1, p. 678 et 691. — [a] Archytas, avant Platon, avait admis trois principes : Dieu, la matière et la forme. (Arch. ap. Stob. eclog. phys. lib. 1, p. 82.)

nir, s'embrasser et s'enchaîner. Le feu brilla pour la première fois dans les ténèbres; l'air se sépara de la terre et de l'eau[1]. Ces quatre élémens furent destinés à la composition de tous les corps[2].

Pour en diriger les mouvemens, Dieu, qui avait préparé une âme[a], composée en partie de l'essence divine, et en partie de la substance matérielle[3], la revêtit de la terre, des mers, et de l'air grossier au-delà duquel il étendit les déserts des cieux. De ce principe intelligent, attaché au centre de l'univers[4], partent comme des rayons de flamme, qui sont plus ou moins purs, suivant qu'ils sont plus ou moins éloignés de leur centre, qui s'insinuent dans les corps et animent leurs parties, et qui, parvenus aux limites du monde, se répandent sur sa circonférence, et forment tout autour une couronne de lumière[5].

A peine l'âme universelle eut-elle été plongée dans cet océan de matière qui la dérobe à nos regards[6], qu'elle essaya ses forces en ébranlant ce grand tout à plusieurs reprises, et que, tournant rapidement sur elle-même, elle entraîna tout l'univers docile à ses efforts.

Si cette âme n'eût été qu'une portion pure de la substance divine, son action, toujours simple et constante, n'aurait imprimé qu'un mouvement uniforme à toute la masse. Mais, comme la matière fait partie de son essence, elle jeta de la variété dans la marche de l'univers. Ainsi, pendant qu'une impression générale, produite par la partie divine de l'âme universelle, fait tout rouler d'orient en occident dans l'espace de vingt-quatre heures, une impression particulière, produite par la partie matérielle de cette âme, fait avancer d'occident en orient, suivant certains rapports de célérité, cette partie des cieux où nagent les planètes[7].

Pour concevoir la cause de ces deux mouvemens contraires, il faut observer que la partie divine de l'âme universelle est toujours en opposition avec la partie matérielle; que la première se trouve avec plus d'abondance vers les extrémités du monde, et la seconde dans les couches d'air qui environnent la terre[8]; et qu'enfin, lorsqu'il fallut mouvoir l'univers, la partie matérielle de l'âme, ne pouvant résister entièrement à la direction générale donnée par la partie divine, ramassa les restes du mouvement irrégulier qui l'agitait dans le chaos, et parvint à le communiquer aux sphères qui entourent notre globe.

[1] Plat. in Tim. t. 3; p. 53. — [2] Id. ibid. p. 32. — [a] Voyez la note XXXIV à la fin du volume. — [3] Tim. de anim. mund. ap. Plat. t. 3, p. 95. Id. ibid. p. 34. — [4] Tim. ibid. Plat. ibid. p. 36. — [5] Mém. de l'acad. des bell. lettr. t. 32, p. 19. — [6] Plat. ibid. p. 36. — [7] Tim. ibid. p. 96. Plat. ibid. p. 38. — [8] Tim. ibid. p. 96.

Cependant l'univers était plein de vie. Ce Fils unique, ce Dieu engendré [1], avait reçu la figure sphérique, la plus parfaite de toutes [2]. Il était assujéti au mouvement circulaire, le plus simple de tous, le plus convenable à sa forme [3]. L'Être suprême jeta des regards de complaisance sur son ouvrage [4]; et l'ayant rapproché du modèle qu'il suivait dans ses opérations, il reconnut avec plaisir que les traits principaux de l'original se retraçaient dans la copie.

Mais il en était un qu'elle ne pouvait recevoir, l'éternité, attribut essentiel du monde intellectuel, et dont ce monde visible n'était pas susceptible. Ces deux mondes ne pouvant avoir les mêmes perfections, Dieu voulut qu'ils en eussent de semblables. Il fit le temps, cette image mobile [5] de l'immobile éternité [a]; le temps qui, commençant et achevant sans cesse le cercle des jours et des nuits, des mois et des années, semble ne connaître dans sa course ni commencement ni fin, et mesurer la durée du monde sensible, comme l'éternité mesure celle du monde intellectuel; le temps enfin, qui n'aurait point laissé de traces de sa présence, si des signes visibles n'étaient chargés de distinguer ses parties fugitives, et d'enregistrer, pour ainsi dire, ses mouvemens [6]. Dans cette vue, l'Être suprême alluma le soleil [7], et le lança avec les autres planètes dans la vaste solitude des airs. C'est de là que cet astre inonde le ciel de sa lumière, qu'il éclaire la marche des planètes, et qu'il fixe les limites de l'année, comme la lune détermine celle des mois. L'étoile de Mercure et celle de Vénus, entraînées par la sphère à laquelle il préside, accompagnent toujours ses pas. Mars, Jupiter et Saturne ont aussi des périodes particulières et inconnues au vulgaire [8].

Cependant l'auteur de toutes choses adressa la parole aux génies à qui il venait de confier l'administration des astres [9]. « Dieux, qui me devez la naissance, écoutez mes ordres souve-
» rains. Vous n'avez pas de droits à l'immortalité; mais vous
» y participerez par le pouvoir de ma volonté, plus forte que
» les liens qui unissent les parties dont vous êtes composés. Il
» reste, pour la perfection de ce grand tout, à remplir d'ha-
» bitans les mers, la terre et les airs. S'ils me devaient immé-
» diatement le jour, soustraits à l'empire de la mort, ils de-
» viendraient égaux aux dieux mêmes. Je me repose donc sur

[1] Tim. de anim. mund. ap. Plat. t. 3, p. 94. Bruck. hist. philos. t. 1, p. 705. — [2] Plat. in Tim. t. 3, p. 33. — [3] Id. ibid. p. 34. — [4] Id. ibid. p. 37. — [5] Tim. ibid. p. 97. Plat. ibid. — [a] J. B. Rousseau, dans son ode au prince Eugène, a pris cette expression de Platon. — [6] Plat. ibid. p. 38. — [7] Id. ibid. p. 39. — [8] Tim. ibid. p. 96. Plat. ibid. p. 39. — [9] Id. ibid. p. 40 et 41.

» vous du soin de les produire. Dépositaires de ma puissance,
» unissez à des corps périssables les germes d'immortalité que
» vous allez recevoir de mes mains. Formez en particulier des
» êtres qui commandent aux autres animaux, et vous soient
» soumis ; qu'ils naissent par vos ordres, qu'ils croissent par vos
» bienfaits ; et qu'après leur mort ils se réunissent à vous, et
» partagent votre bonheur. »

Il dit, et soudain, versant dans la coupe où il avait pétri l'âme du monde les restes de cette âme tenus en réserve, il en composa les âmes particulières ; et, joignant à celles des hommes une parcelle de l'essence divine [1], il leur attacha des destinées irrévocables.

Alors il fut réglé qu'il naîtrait des mortels capables de connaître la Divinité et de la servir ; que l'homme aurait la prééminence sur la femme ; que la justice consisterait à triompher des passions, et l'injustice à y succomber ; que les justes iraient dans le sein des astres jouir d'une félicité inaltérable ; que les autres seraient métamorphosés en femmes ; que si leur injustice continuait, ils reparaîtraient sous différentes formes d'animaux ; et qu'enfin ils ne seraient rétablis dans la dignité primitive de leur être que lorsqu'ils se seraient rendus dociles à la voix de la raison [2].

Après ces décrets immuables, l'Être suprême sema les âmes dans les planètes ; et, ayant ordonné aux dieux inférieurs de les revêtir successivement de corps mortels, de pourvoir à leurs besoins et de les gouverner, il rentra dans le repos éternel [3].

Aussitôt les causes secondes ayant emprunté de la matière des particules des quatre élémens, les attachèrent entre elles par des liens invisibles [4] ; et arrondirent autour des âmes les différentes parties des corps destinés à leur servir de chars pour les transporter d'un lieu dans un autre [5].

L'âme immortelle et raisonnable fut placée dans le cerveau, dans la partie la plus éminente du corps, pour en régler les mouvemens [6]. Mais, outre ce principe divin, les dieux inférieurs formèrent une âme mortelle, privée de raison, où devaient résider la volupté qui attire les maux, la douleur qui fait disparaître les biens, l'audace et la peur qui ne conseillent que des imprudences, la colère si difficile à calmer, l'espérance si facile à séduire, et toutes les passions fortes, apanage nécessaire de notre nature. Elle occupe dans le corps humain deux régions séparées par une cloison intermédiaire. La partie irascible, re-

[1] Tim. de anim. mund. ap. Plat. t. 3, p. 99. — [2] Plat. in Tim. t. 3, p. 42. — [3] Id. ibid. — [4] Id. ibid. p. 43. — [5] Id. ibid. p. 69. — [6] Tim. ibid. p. 99 et 100. Plat. in Tim. p. 69.

vêtue de force et de courage, fut placée dans la poitrine, où, plus voisine de l'âme immortelle, elle est plus à portée d'écouter la voix de la raison; où d'ailleurs tout concourt à modérer ses transports fougueux, l'air que nous respirons, les boissons qui nous désaltèrent, les vaisseaux même qui distribuent les liqueurs dans toutes les parties du corps. En effet, c'est par leur moyen que la raison, instruite des efforts naissans de la colère, réveille tous les sens par ses menaces et par ses cris, leur défend de seconder les coupables excès du cœur, et le retient, malgré lui-même, dans la dépendance [1].

Plus loin, et dans la région de l'estomac, fut enchaînée cette autre partie de l'âme mortelle, qui ne s'occupe que des besoins grossiers de la vie: animal avide et féroce, qu'on éloigna du séjour de l'âme immortelle, afin que ses rugissemens et ses cris n'en troublassent point les opérations. Cependant elle conserve toujours ses droits sur lui; et, ne pouvant le gouverner par la raison, elle le subjugue par la crainte. Comme il est placé près du foie, elle peint, dans ce viscère brillant et poli, les objets les plus propres à l'épouvanter [2]. Alors il ne voit dans ce miroir que des rides affreuses et menaçantes, que des spectres effrayans qui le remplissent de chagrin et de dégoût. D'autres fois, à ces tableaux funestes succèdent des peintures plus douces et plus riantes. La paix règne autour de lui; et c'est alors que, pendant le sommeil, il prévoit les événemens éloignés. Car les dieux inférieurs, chargés de nous donner toutes les perfections dont nous étions susceptibles, ont voulu que cette portion aveugle et grossière de notre âme fût éclairée par un rayon de vérité. Ce privilége ne pouvait être le partage de l'âme immortelle, puisque l'avenir ne se dévoile jamais à la raison, et ne se manifeste que dans le sommeil, dans la maladie et dans l'enthousiasme [3].

Les qualités de la matière, les phénomènes de la nature, la sagesse qui brille en particulier dans la disposition et dans l'usage des parties du corps humain, tant d'autres objets dignes de la plus grande attention, me meneraient trop loin, et je reviens à celui que je m'étais d'abord proposé.

Dieu n'a pu faire, et n'a fait que le meilleur des mondes possibles [4], parce qu'il travaillait sur une matière brute et désordonnée, qui sans cesse opposait la plus forte résistance à sa volonté. Cette opposition subsiste encore aujourd'hui [5]; et de là les tempêtes, les tremblemens de terre, et tous les bouleversemens qui arrivent dans notre globe. Les dieux inférieurs, en

---

[1] Plat. in Tim. t. 3, p. 70. — [2] Id. ibid. p. 71. — [3] Id. ibid. — [4] Id. ibid. p. 30 et 56. Senec. epist. 65. — [5] Id. in Theæt. t. 1, p. 176.

nous formant, furent obligés d'employer les mêmes moyens que lui ¹ ; et de là les maladies du corps, et celles de l'âme, encore plus dangereuses. Tout ce qui est bien dans l'univers en général, et dans l'homme en particulier, dérive du Dieu suprême : tout ce qui s'y trouve de défectueux vient du vice inhérent à la matière ².

CHAPITRE LX.

Événemens remarquables arrivés en Grèce et en Sicile (depuis l'année 357 jusqu'à l'an 354 avant J. C.). Expédition de Dion. Jugement des généraux Timothée et Iphicrate. Fin de la guerre sociale. Commencement de la guerre sacrée.

Expédition de Dion.

J'AI dit plus haut *a* que Dion, banni de Syracuse par le roi Denys, son neveu et son beau-frère, s'était enfin déterminé à délivrer sa patrie du joug sous lequel elle gémissait. En sortant d'Athènes, il partit pour l'île de Zacynthe, rendez-vous des troupes qu'il rassemblait depuis quelque temps.

Il y trouva trois mille hommes, levés la plupart dans le Péloponèse, tous d'une valeur éprouvée et d'une hardiesse supérieure aux dangers ³. Ils ignoraient encore leur destination ; et quand ils apprirent qu'ils allaient attaquer une puissance défendue par cent mille hommes d'infanterie, dix mille de cavalerie, quatre cents galères, des places très-fortes, des richesses immenses et des alliances redoutables ⁴, ils ne virent plus dans l'entreprise projetée que le désespoir d'un proscrit qui veut tout sacrifier à sa vengeance. Dion leur représenta qu'il ne marchait point contre le plus puissant empire de l'Europe, mais contre le plus méprisable et le plus faible des souverains ⁵. « Au reste,
» ajouta-t-il, je n'avais pas besoin de soldats ; ceux de Denys
» seront bientôt à mes ordres. Je n'ai choisi que des chefs,
» pour leur donner des exemples de courage et des leçons de
» discipline ⁶. Je suis si certain de la révolution, et de la gloire
» qui en doit rejaillir sur nous, que, dussé-je périr à notre ar-

---

¹ Plat. in Tim. t. 3, p. 44. — ² Id. ibid. p. 47; et in politic. t. 2, p. 273.
— *a* Voyez le chap. XXXIII de cet ouvrage. — ³ Plat. epist. 7, t. 3, p. 333.
Aristot. rhet. cap. 9, t. 2, p. 623. Diod. lib. 16, p. 420. — ⁴ Id. ibid. p. 413.
AElian. var. hist. lib. 6, cap. 12. Nep. in Dion. cap. 5. — ⁵ Aristot. de rep.
lib. 5, cap. 10, t. 2, p. 404. — ⁶ Plut. in Dion. t. 1, p. 967.

» rivée en Sicile, je m'estimerais heureux de vous y avoir con-
» duits¹. »

Ces discours avaient déjà rassuré les esprits, lorsqu'une éclipse
de lune leur causa de nouvelles alarmes ᵃ; mais elles furent dis-
sipées, et par la fermeté de Dion, et par la réponse du devin
de l'armée, qui, interrogé sur ce phénomène, déclara que la
puissance du roi de Syracuse était sur le point de s'éclipser².
Les soldats s'embarquèrent aussitôt au nombre de huit cents³.
Le reste des troupes devait les suivre sous la conduite d'Héraclide. Dion n'avait que deux vaisseaux de charge et trois bâtimens plus légers, tous abondamment pourvus de provisions de
guerre et de bouche⁴.

Cette petite flotte, qu'une tempête violente poussa vers les
côtes d'Afrique, et sur des rochers où elle courut risque de se
briser, aborda enfin au port de Minoa, dans la partie méridionale de la Sicile. C'était une place forte qui appartenait aux
Carthaginois. Le gouverneur, par amitié pour Dion, peut-être
aussi pour fomenter des troubles utiles aux intérêts de Carthage,
prévint les besoins des troupes, fatiguées d'une pénible navigation. Dion voulut leur ménager un repos nécessaire; mais ayant
appris que Denys s'était, quelques jours auparavant, embarqué
pour l'Italie, elles conjurèrent leur général de les mener au plus
tôt à Syracuse⁵.

Cependant le bruit de son arrivée, se répandant avec rapidité dans
toute la Sicile, la remplit de frayeur et d'espérance. Déjà ceux d'A-
grigente, de Géla, de Camarine, se sont rangés sous ses ordres;
déjà ceux de Syracuse et des campagnes voisines accourent en
foule. Il distribue à cinq mille d'entre eux les armes qu'il avait
apportées du Péloponèse⁶. Les principaux habitans de la capitale, revêtus de robes blanches, le reçoivent aux portes de la
ville⁷. Il entre à la tête de ses troupes, qui marchent en silence,
suivi de cinquante mille hommes qui font retentir les airs de
leurs cris⁸. Au son bruyant des trompettes les cris s'apaisent,
et le héraut qui le précède annonce que Syracuse est libre et la
tyrannie détruite. A ces mots, des larmes d'attendrissement
coulent de tous les yeux, et l'on n'entend plus qu'un mélange
confus de clameurs perçantes et de vœux adressés au ciel. L'encens des sacrifices brûle dans les temples et dans les rues. Le
peuple, égaré par l'excès de ses sentimens, se prosterne devant

---
¹ Aristot. de rep. lib. 5, cap. 10, t. 2, p. 405. — ᵃ Cette éclipse arriva le
9 août de l'année 357 avant J. C. Voyez la note XXXV à la fin du volume.
— ² Plut. in Dion. t. 1, p. 968. — ³ Id. ibid. p. 967. — ⁴ Id. ibid. p. 968.
— ⁵ Id. ibid p. 969. — ⁶ Diod. lib. 16, p. 414. — ⁷ Plut. ibid. p. 970. —
⁸ Diod. ibid. p. 415.

Dion, l'invoque comme une divinité bienfaisante, répand sur lui des fleurs à pleines mains; et, ne pouvant assouvir sa joie, il se jette avec fureur sur cette race odieuse d'espions et de délateurs dont la ville était infectée, les saisit, se baigne dans leur sang, et ces scènes d'horreur ajoutent à l'allégresse générale [1].

Dion continuait sa marche auguste au milieu des tables dressées de chaque côté dans les rues. Parvenu à la place publique, il s'arrête, et d'un endroit élevé il adresse la parole au peuple, lui présente de nouveau la liberté, l'exhorte à la défendre avec vigueur, et le conjure de ne placer à la tête de la république que des chefs en état de la conduire dans des circonstances si difficiles. On le nomme, ainsi que son frère Mégaclès; mais, quelque brillant que fût le pouvoir dont on voulait les revêtir, ils ne l'acceptèrent qu'à condition qu'on leur donnerait pour associés vingt des principaux habitans de Syracuse, dont la plupart avaient été proscrits par Denys.

Quelques jours après, ce prince, informé trop tard de l'arrivée de Dion [2], se rendit par mer à Syracuse, et entra dans la citadelle, autour de laquelle on avait construit un mur qui la tenait bloquée. Il envoya aussitôt des députés à Dion [3], qui leur enjoignit de s'adresser au peuple. Admis à l'assemblée générale, ils cherchent à la gagner par les propositions les plus flatteuses. Diminutions dans les impôts, exemption du service militaire dans les guerres entreprises sans son aveu, Denys promettait tout : mais le peuple exigea l'abolition de la tyrannie pour première condition.

Le roi, qui méditait une perfidie, traîna la négociation en longueur, et fit courir le bruit qu'il consentait à se dépouiller de son autorité [4]: en même temps il manda les députés du peuple, et, les ayant retenus pendant toute la nuit, il ordonna une sortie à la pointe du jour. Les barbares qui composaient la garnison attaquèrent le mur d'enceinte, en démolirent une partie, et repoussèrent les troupes de Syracuse, qui, sur l'espoir d'un accommodement prochain, s'étaient laissé surprendre.

Dion, convaincu que le sort de l'empire dépend de cette fatale journée, ne voit d'autre ressource, pour encourager les troupes intimidées, que de pousser la valeur jusqu'à la témérité. Il les appelle au milieu des ennemis, non de sa voix qu'elles ne sont plus en état d'entendre, mais par son exemple qui les étonne, et qu'elles hésitent d'imiter. Il se jette seul à travers les vainqueurs, en terrasse un grand nombre, est blessé,

---

[1] Plut. in Dion. t. 1, p. 970. — [2] Id. ibid. p. 979. Diod. lib. 16, p. 415. — [3] Plut. ibid. p. 971. — [4] Id. ibid. Diod. ibid. p. 416. Polyæn. strateg. lib. 5, cap. 2, § 7.

porté à terre, et enlevé par des soldats syracusains, dont le courage ranimé prête au sien de nouvelles forces. Il monte aussitôt à cheval, rassemble les fuyards, et de sa main qu'une lance a percée il leur montre le champ fatal qui, dans l'instant même, va décider de leur esclavage ou de leur liberté ; il vole tout de suite au camp des troupes du Péloponèse, et les amène au combat. Les barbares, épuisés de fatigue, ne font bientôt plus qu'une faible résistance, et vont cacher leur honte dans la citadelle. Les Syracusains distribuèrent cent mines[a] à chacun des soldats étrangers qui, d'une commune voix, décernèrent une couronne d'or à leur général [1].

Denys comprit alors qu'il ne pouvait triompher de ses ennemis qu'en les désunissant, et résolut d'employer, pour rendre Dion suspect au peuple, les mêmes artifices dont on s'était autrefois servi pour le noircir auprès de lui. De là ces bruits sourds qu'il faisait répandre dans Syracuse, ces défiances dont il agitait les familles, ces négociations insidieuses et cette correspondance funeste qu'il entretenait, soit avec Dion, soit avec le peuple. Toutes ses lettres étaient communiquées à l'assemblée générale. Un jour il s'en trouva une qui portait cette adresse : *A mon père*. Les Syracusains, qui la crurent d'Hipparinus, fils de Dion, n'osaient en prendre connaissance; mais Dion l'ouvrit lui-même. Denys avait prévu que, s'il refusait de la lire publiquement, il exciterait de la défiance; que s'il la lisait, il inspirerait de la crainte. Elle était de la main du roi. Il en avait mesuré les expressions; il y développait tous les motifs qui devaient engager Dion à séparer ses intérêts de ceux du peuple. Son épouse, son fils, sa sœur étaient renfermés dans la citadelle; Denys pouvait en tirer une vengeance éclatante. A ces menaces succédaient des plaintes et des prières également capables d'émouvoir une âme sensible et généreuse. Mais le poison le plus amer était caché dans les paroles suivantes : « Rappelez-
» vous le zèle avec lequel vous souteniez la tyrannie quand vous
» étiez auprès de moi. Loin de rendre la liberté à des hommes
» qui vous haïssent, parce qu'ils se souviennent des maux dont
» vous avez été l'auteur et l'instrument, gardez le pouvoir qu'ils
» vous ont confié, et qui fait seul votre sûreté, celle de votre
» famille et de vos amis [2]. »

Denys n'eût pas retiré plus de fruit du gain d'une bataille que du succès de cette lettre. Dion parut, aux yeux du peuple, dans l'étroite obligation de ménager le tyran ou de le remplacer. Dès ce moment il dut entrevoir la perte de son crédit,

---

[a] Neuf mille livres. — [1] Plut. in Dion. t. 1, p. 971. — [2] Id. ibid. p. 972. Polyæn. strateg. lib. 5, cap. 2, § 8.

car, dès que la confiance est entamée, elle est bientôt détruite.

Sur ces entrefaites arriva, sous la conduite d'Héraclide, la seconde division des troupes du Péloponèse. Héraclide, qui jouissait d'une grande considération à Syracuse [1], ne semblait destiné qu'à augmenter les troubles d'un État. Son ambition formait des projets que sa légèreté ne lui permettait pas de suivre. Il trahissait tous les partis sans assurer le triomphe du sien, et il ne réussit qu'à multiplier des intrigues inutiles à ses vues. Sous les tyrans, il avait rempli avec distinction les premiers emplois de l'armée. Il s'était ensuite uni avec Dion, éloigné, rapproché de lui. Il n'avait ni les vertus ni les talens de ce grand homme, mais il le surpassait dans l'art de gagner les cœurs [2]. Dion les repoussait par un froid accueil, par la sévérité de son maintien et de sa raison. Ses amis l'exhortaient vainement à se rendre plus liant et plus accessible; c'était en vain que Platon lui disait dans ses lettres que, pour être utile aux hommes, il fallait commencer par leur être agréable [3]. Héraclide, plus facile, plus indulgent, parce que rien n'était sacré pour lui, corrompait les orateurs par ses largesses et la multitude par ses flatteries. Elle avait déjà résolu de se jeter entre ses bras, et dès la première assemblée, elle lui donna le commandement des armées navales. Dion survint à l'instant; il représenta que la nouvelle charge n'était qu'un démembrement de la sienne, obtint la révocation du décret, et le fit ensuite confirmer dans une assemblée plus régulière qu'il avait eu soin de convoquer. Il voulut de plus qu'on ajoutât quelques prérogatives à la place de son rival, et se contenta de lui faire des reproches en particulier [4].

Héraclide affecta de paraître sensible à ce généreux procédé. Assidu, rampant auprès de Dion, il prévenait, épiait, exécutait ses ordres avec l'empressement de la reconnaissance; tandis que, par des brigues secrètes, il opposait à ses desseins des obstacles invincibles. Dion proposait-il des voies d'accommodement avec Denys, on le soupçonnait d'intelligence avec ce prince: cessait-il d'en proposer, on disait qu'il voulait éterniser la guerre, afin de perpétuer son autorité [5].

Ces accusations absurdes éclatèrent avec plus de force, après que la flotte des Syracusains eut mis en fuite celle du roi, commandée par Philistus[a]. La galère de ce général ayant échoué sur la côte, il eut le malheur de tomber entre les mains d'une

---

[1] Diod. lib. 16, p. 419. — [2] Plut. in Dion. t. 1, p. 972. — [3] Plat. epist. 4, t. 3, p. 321. — [4] Plut. ibid. — [5] Id. ibid. p. 993. — [a] Sous l'archontat d'Elpinès, qui répond aux années 356 et 355 avant J. C. (Diod. ibid.)

populace irritée, qui fit précéder son supplice de traitemens barbares, jusqu'à le traîner ignominieusement dans les rues ¹. Denys eût éprouvé le même sort, s'il n'avait remis la citadelle à son fils Apollocrate, et trouvé le moyen de se sauver en Italie avec ses femmes et ses trésors. Enfin Héraclide, qui, en qualité d'amiral, aurait dû s'opposer à sa fuite, voyant les habitans de Syracuse animés contre lui, eut l'adresse de détourner l'orage sur Dion, en proposant tout à coup le partage des terres ².

Cette proposition, source éternelle de divisions dans plusieurs États républicains, fut reçue avec avidité de la part de la multitude, qui ne mettait plus de bornes à ses prétentions. La résistance de Dion excita une révolte, et dans un instant effaça le souvenir de ses services. Il fut décidé qu'on procéderait au partage des terres, qu'on réformerait les troupes du Péloponèse, et que l'administration des affaires serait confiée à vingt-cinq nouveaux magistrats, parmi lesquels on nomma Héraclide ³.

Il ne s'agissait plus que de déposer et de condamner Dion. Comme on craignait les troupes étrangères dont il était entouré, on tenta de les séduire par les plus magnifiques promesses. Mais ces braves guerriers, qu'on avait humiliés en les privant de leur solde, qu'on humiliait encore plus en les jugeant capables d'une trahison, placèrent leur général au milieu d'eux, et traversèrent la ville, poursuivis et pressés par tout le peuple; ils ne répondirent à ses outrages que par des reproches d'ingratitude et de perfidie, pendant que Dion employait pour le calmer des prières et des marques de tendresse. Les Syracusains, honteux de l'avoir laissé échapper, envoyèrent, pour l'inquiéter dans sa retraite, des troupes qui prirent la fuite dès qu'il eut donné le signal du combat.

Il se retira sur les terres des Léontins ⁴, qui non-seulement se firent un honneur de l'admettre, ainsi que ses compagnons, au nombre de leurs concitoyens, mais qui, par une noble générosité, voulurent encore lui ménager une satisfaction éclatante. Après avoir envoyé des ambassadeurs à Syracuse, pour se plaindre de l'injustice exercée contre les libérateurs de la Sicile, et reçu les députés de cette ville chargés d'accuser Dion, ils convoquèrent leurs alliés. La cause fut discutée dans la diète, et la conduite des Syracusains condamnée d'une commune voix.

Loin de souscrire à ce jugement, ils se félicitaient de s'être à la fois délivrés des deux tyrans qui les avaient successivement opprimés; et leur joie s'accrut encore par quelques avantages

---

¹ Plut. in Dion. t. 1, p. 974. Diod. lib. 16, p. 419. — ² Plut. ibid. — ³ Id. ibid. p. 975. — ⁴ Diod. ibid. p. 420.

remportés sur les vaisseaux du roi qui venaient d'approvisionner la citadelle, et d'y jeter des troupes commandées par Nypsius de Naples[1].

Ce général habile crut s'apercevoir que le moment de subjuguer les rebelles était enfin arrivé. Rassurés par leurs faibles succès, et encore plus par leur insolence, les Syracusains avaient brisé tous les liens de la subordination et de la décence. Leurs jours se dissipaient dans les excès de la table, et leurs chefs se livraient à des désordres qu'on ne pouvait plus arrêter. Nypsius sort de la citadelle, renverse le mur dont on l'avait une seconde fois entourée, s'empare d'un quartier de la ville, et le met au pillage. Les troupes de Syracuse sont repoussées, les habitans égorgés, leurs femmes et leurs enfans chargés de fers, et menés à la citadelle. On s'assemble, on délibère en tumulte : la terreur a glacé les esprits, et le désespoir ne trouve plus de ressource. Dans ce moment quelques voix s'élèvent et proposent le rappel de Dion et de son armée. Le peuple aussitôt le demande à grands cris. « Qu'il paraisse! que les dieux nous le ramènent! qu'il
» vienne nous enflammer de son courage[2]! »

Des députés choisis font une telle diligence, qu'ils arrivent avant la fin du jour chez les Léontins. Ils tombent aux pieds de Dion, le visage baigné de larmes, et l'attendrissent par la peinture des maux qu'éprouve sa patrie. Introduits devant le peuple, les deux principaux ambassadeurs conjurent les assistans de sauver une ville trop digne de leur haine et de leur pitié.

Quand ils eurent achevé, un morne silence régna dans l'assemblée. Dion voulut le rompre ; mais les pleurs lui coupaient la parole. Encouragé par ses troupes qui partageaient sa douleur :
« Guerriers du Péloponèse, dit-il, et vous fidèles alliés, c'est à
» vous de délibérer sur ce qui vous regarde. De mon côté, je n'ai
» pas la liberté du choix. Syracuse va périr ; je dois la sauver, ou
» m'ensevelir sous ses ruines ; je me range au nombre de ses dé-
» putés, et j'ajoute : Nous fûmes les plus imprudens, et nous
» sommes les plus infortunés des hommes. Si vous êtes touchés
» de nos remords, hâtez-vous de secourir une ville que vous avez
» sauvée une première fois ; si vous n'êtes frappés que de nos in-
» justices, puissent du moins les dieux récompenser le zèle et la
» fidélité dont vous m'avez donné des preuves si touchantes! et
» n'oubliez jamais ce Dion, qui ne vous abandonna point quand
» sa patrie fut coupable, et qui ne l'abandonne pas quand elle est
» malheureuse. »

Il allait poursuivre ; mais tous les soldats émus s'écrient à la

[1] Plut. in Dion. t. 1, p. 976. Diod. lib. 16, p. 420. — [2] Plut. ibid. Diod. ibid. p. 422.

fois : « Mettez-vous à notre tête, allons délivrer Syracuse ! » Les ambassadeurs, pénétrés de joie et de reconnaissance, se jettent à leur cou, et bénissent mille fois Dion, qui ne donne aux troupes que le temps de prendre un léger repas [1].

A peine est-il en chemin qu'il rencontre de nouveaux députés, dont les uns le pressent d'accélérer sa marche, les autres de la suspendre. Les premiers parlaient au nom de la plus saine partie des citoyens ; les seconds, au nom de la faction opposée. Les ennemis s'étant retirés, les orateurs avaient reparu, et semaient la division dans les esprits. D'un côté le peuple, entraîné par leurs clameurs, avait résolu de ne devoir sa liberté qu'à lui-même, et de se rendre maître des portes de la ville, pour exclure tout secours étranger ; d'un autre côté, les gens sages, effrayés d'une si folle présomption, sollicitaient vivement le retour des soldats du Péloponèse [2].

Dion crut ne devoir ni s'arrêter ni se hâter. Il s'avançait lentement vers Syracuse, et n'en était plus qu'à soixante stades [a], lorsqu'il vit arriver coup sur coup des courriers de tous les partis, de tous les ordres de citoyens, d'Héraclide même, son plus cruel ennemi. Les assiégés avaient fait une nouvelle sortie ; les uns achevaient de détruire le mur de circonvallation ; les autres, comme des tigres ardens, se jetaient sur les habitans, sans distinction d'âge ni de sexe ; d'autres enfin, pour opposer une barrière impénétrable aux troupes étrangères, lançaient des tisons et des dards enflammés sur les maisons voisines de la citadelle [3].

A cette nouvelle, Dion précipite ses pas. Il aperçoit déjà les tourbillons de flamme et de fumée qui s'élèvent dans les airs ; il entend les cris insolens des vainqueurs, les cris lamentables des habitans. Il paraît : son nom retentit avec éclat dans tous les quartiers de la ville. Le peuple est à ses genoux, et les ennemis étonnés se rangent en bataille au pied de la citadelle [4]. Ils ont choisi ce poste, afin d'être protégés par les débris presque inaccessibles du mur qu'ils viennent de détruire, et encore plus par cette enceinte épouvantable de feu que leur fureur s'est ménagée.

Pendant que les Syracusains prodiguaient à leur général les mêmes acclamations, les mêmes titres de sauveur et de dieu dont ils l'avaient accueilli dans son premier triomphe, ses troupes, divisées en colonnes et entraînées par son exemple, s'avançaient en ordre à travers les cendres brûlantes, les poutres enflammées, le sang et les cadavres dont les places et les rues étaient couvertes ; à travers l'affreuse obscurité d'une fumée épaisse et la lueur en-

---

[1] Plut. in Dion. t. 1, p. 977. — [2] Id. ibid. — [a] Environ deux lieues et un quart. — [3] Plut. ibid. — [4] Id. ibid. p. 978.

core plus affreuse des feux dévorans; parmi les ruines des maisons qui s'écroulaient avec un fracas horrible à leurs côtés ou sur leurs têtes. Parvenus au dernier retranchement, elles le franchirent avec le même courage, malgré la résistance opiniâtre et féroce des soldats de Nypsius, qui furent taillés en pièces, ou contraints de se renfermer dans la citadelle.

Le jour suivant, les habitans, après avoir arrêté les progrès de l'incendie, se trouvèrent dans une tranquillité profonde. Les orateurs et les autres chefs de factions s'étaient exilés d'eux-mêmes, à l'exception d'Héraclide et de Théodote son oncle. Ils connaissaient trop Dion pour ignorer qu'ils le désarmeraient par l'aveu de leur faute. Ses amis lui représentaient avec chaleur qu'il ne déracinerait jamais du sein de l'État l'esprit de sédition, pire que la tyrannie, s'il refusait d'abandonner les deux coupables aux soldats, qui demandaient leur supplice; mais il répondit avec douceur : « Les autres généraux passent leur vie dans l'exer- » cice des travaux de la guerre, pour se ménager un jour des » succès qu'ils ne doivent souvent qu'au hasard. Élevé dans l'école » de Platon, j'ai appris à dompter mes passions; et, pour m'as- » surer d'une victoire que je ne puisse attribuer qu'à moi-même, » je dois pardonner et oublier les offenses. Eh quoi! parce qu'Hé- » raclide a dégradé son âme par sa perfidie et ses méchancetés, » faut-il que la colère et la vengeance souillent indignement la » mienne? Je ne cherche point à le surpasser par les avantages » de l'esprit et du pouvoir; je veux le vaincre à force de vertus, » et le ramener à force de bienfaits [1]. »

Cependant il serrait la citadelle de si près, que la garnison, faute de vivres, n'observait plus aucune discipline. Apollocrate, obligé de capituler, obtint la permission de se retirer avec sa mère, sa sœur et ses effets, qu'on transporta sur cinq galères. Le peuple accourut sur le rivage pour contempler un si doux spectacle, et jouir paisiblement de ce beau jour, qui éclairait enfin la liberté de Syracuse, la retraite du rejeton de ses oppresseurs, et l'entière destruction de la plus puissante des tyrannies [2].

Apollocrate alla joindre son père Denys, qui était alors en Italie. Après son départ, Dion entra dans la citadelle. Aristomaque sa sœur, Hypparinus son fils, vinrent au-devant de lui, et reçurent ses premières caresses. Arété le suivait, tremblante, éperdue, désirant et craignant de lever sur lui ses yeux couverts de larmes. Aristomaque l'ayant prise par la main : « Comment vous » exprimer, dit-elle à son frère, tout ce que nous avons souffert » pendant votre absence? Votre retour et vos victoires nous per-

[1] Plut. in Dion. t. 1, p. 978. — [2] Id. ibid. p. 980. Demosth. in Leptin. p. 565.

» mettent enfin de respirer. Mais, hélas! ma fille, contrainte
» aux dépens de son bonheur et du mien de contracter un nouvel
» engagement, ma fille est malheureuse au milieu de la joie uni-
» verselle. De quel œil regardez-vous la fatale nécessité où la ré-
» duisit la cruauté du tyran? Doit-elle vous saluer comme son
» oncle ou comme son époux? » Dion, ne pouvant retenir ses
pleurs, embrassa tendrement son épouse, et lui ayant remis son
fils, il la pria de partager l'humble demeure qu'il s'était choisie;
car il ne voulait pas habiter le palais des rois [1].

Mon dessein n'était pas de tracer l'éloge de Dion : je voulais
simplement rapporter quelques unes de ses actions. Quoique l'intérêt qu'elles m'inspirent m'ait peut-être déjà mené trop loin,
je ne puis cependant résister au plaisir de suivre jusqu'à la fin
de sa carrière un homme qui, placé dans tous les états, dans
toutes les situations, fut toujours aussi différent des autres que
semblable à lui-même, et dont la vie fournirait les plus beaux
traits à l'histoire de la vertu.

Après tant de triomphes, il voulut s'acquitter en public et en
particulier de ce qu'il devait aux compagnons de ses travaux et
aux citoyens qui avaient hâté la révolution. Il fit part aux uns de
sa gloire, aux autres de ses richesses : simple, modeste dans son
habillement, à sa table, dans tout ce qui le concernait, il ne se
permettait d'être magnifique que dans l'exercice de sa générosité.
Tandis qu'il forçait l'admiration, non-seulement de la Sicile,
mais encore de Carthage et de la Grèce entière, tandis que Platon l'avertissait dans une de ses lettres que toute la terre avait les
yeux attachés sur lui [2], il les fixait sur ce petit nombre de spectateurs éclairés qui, ne comptant pour rien ni ses exploits ni ses
succès, l'attendaient au moment de la prospérité pour lui accorder leur estime ou leur mépris [3].

De son temps, en effet, les philosophes avaient conçu le projet de travailler sérieusement à la réformation du genre humain.
Le premier essai devait se faire en Sicile. Dans cette vue, ils
entreprirent d'abord de façonner l'âme du jeune Denys, qui
trompa leurs espérances. Dion les avait depuis relevées, et plusieurs disciples de Platon l'avaient suivi dans son expédition [4].
Déjà, d'après leurs lumières, d'après les siennes, d'après celles
de quelques Corinthiens attirés par ses soins à Syracuse, il tra-
çait le plan d'une république qui concilierait tous les pouvoirs et
tous les intérêts. Il préférait un gouvernement mixte, où la classe
des principaux citoyens balancerait la puissance du souverain et
celle du peuple. Il voulait même que le peuple ne fût appelé aux

[1] Plut. in Dion. t. 1, p. 980. — [2] Plat. epist. 4, t. 3, p. 320. — [3] Plut. ibid. p. 981. — [4] Id. ibid. p. 967.

suffrages que dans certaines occasions, comme on le pratique à Corinthe [1].

Il n'osait cependant commencer son opération, arrêté par un obstacle presque invincible. Héraclide ne cessait, depuis leur réconciliation, de le tourmenter par des intrigues ouvertes ou cachées. Comme il était adoré de la multitude, il ne devait pas adopter un projet qui détruisait la démocratie. Les partisans de Dion lui proposèrent plus d'une fois de se défaire de cet homme inquiet et turbulent. Il avait toujours résisté ; mais, à force d'importunités, on lui arracha son aveu [2]. Les Syracusains se soulevèrent ; et, quoiqu'il parvînt à les apaiser, ils lui surent mauvais gré d'un consentement que les circonstances semblaient justifier aux yeux de la politique, mais qui remplit son âme de remords, et répandit l'amertume sur le reste de ses jours.

Délivré de cet ennemi, il en trouva bientôt un autre plus perfide et plus dangereux. Dans le séjour qu'il fit à Athènes, un des citoyens de cette ville, nommé Callippe, le reçut dans sa maison, obtint son amitié dont il n'était pas digne [3], et le suivit en Sicile. Parvenu aux premiers grades militaires, il justifia le choix du général, et gagna la confiance des troupes.

Après la mort d'Héraclide, il s'aperçut qu'il ne lui en coûterait qu'un forfait pour se rendre maître de la Sicile. La multitude avait besoin d'un chef qui flattât ses caprices : elle craignait de plus en plus que Dion ne la dépouillât de son autorité, pour s'en revêtir, ou la transporter à la classe des riches. Parmi les gens éclairés, les politiques conjecturaient qu'il ne résisterait pas toujours à l'attrait d'une couronne [4], et lui faisaient un crime de leurs soupçons. La plupart de ces guerriers qu'il avait amenés du Péloponèse, et que l'honneur attachait à sa suite, avaient péri dans les combats [5]. Enfin, tous les esprits, fatigués de leur inaction et de ses vertus, regrettaient la licence et les factions qui avaient pendant si long-temps exercé leur activité.

D'après ces notions, Callippe ourdit sa trame insidieuse. Il commença par entretenir Dion des murmures vrais ou supposés que les troupes, disait-il, laissaient quelquefois échapper ; il se fit même autoriser à sonder la disposition des esprits. Alors il s'insinue auprès des soldats ; il les anime, et communique ses vues à ceux qui répondent à ses avances. Ceux qui les rejetaient avec indignation avaient beau dénoncer à leur général les menées secrètes de Callippe, il n'en était que plus touché des démarches d'un ami si fidèle [6].

[1] Plat. epist. 7, t. 3, p. 335. Plut. in Dion. t. 1, p. 981. — [2] Plut. ibid. Nep. in Dion. cap. 6. — [3] Plat. ibid. p. 333 et 334. Plut. ibid. — [4] Id. in Brut. t. 1, p. 1010. — [5] Id. in Dion. ibid. — [6] Id. ibid. p. 982. Nep. ibid. cap. 8.

La conjuration faisait tous les jours des progrès, sans qu'il daignât y prêter la moindre attention. Il fut ensuite frappé des indices qui lui en venaient de toutes parts, et qui, depuis quelque temps, alarmaient sa famille. Mais, tourmenté du souvenir toujours présent de la mort d'Héraclide, il répondit qu'il aimait mieux périr mille fois que d'avoir sans cesse à se prémunir contre ses amis et ses ennemis [1].

Il ne médita jamais assez sur le choix des premiers [2]; et, quand il se convainquit lui-même que la plupart d'entre eux étaient des âmes lâches et corrompues, il ne fit aucun usage de cette découverte, soit qu'il ne les jugeât pas capables d'un excès de scélératesse [3], soit qu'il crût devoir s'abandonner à sa destinée. Il était sans doute alors dans un de ces momens où la vertu même est découragée par l'injustice et la méchanceté des hommes.

Comme son épouse et sa sœur suivaient avec ardeur les traces de la conspiration, Callippe se présenta devant elles fondant en larmes, et, pour les convaincre de son innocence, il demanda d'être soumis aux plus rigoureuses épreuves. Elles exigèrent le grand serment; c'est le seul qui inspire de l'effroi aux scélérats mêmes: il le fit à l'instant. On le conduisit dans les souterrains du temple de Cérès et de Proserpine. Après les sacrifices prescrits, revêtu du manteau de l'une de ces déesses, et tenant une torche ardente, il les prit à témoins de son innocence, et prononça des imprécations horribles contre les parjures. La cérémonie étant finie, il alla tout préparer pour l'exécution de son projet [4].

Il choisit le jour de la fête de Proserpine, et, s'étant assuré que Dion n'était pas sorti de chez lui, il se mit à la tête de quelques soldats de l'île de Zacynthe [5]. Les uns entourèrent la maison, les autres pénétrèrent dans une pièce au rez-de-chaussée, où Dion s'entretenait avec plusieurs de ses amis, qui n'osèrent exposer leurs jours pour sauver les siens. Les conjurés, qui s'étaient présentés sans armes, se précipitèrent sur lui, et le tourmentèrent long-temps dans le dessein de l'étouffer. Comme il respirait encore, on leur jeta par la fenêtre un poignard qu'ils lui plongèrent dans le cœur [6]. Quelques uns prétendent que Callippe avait tiré son épée, et n'avait pas osé frapper son ancien bienfaiteur [7]. C'est ainsi que mourut Dion, âgé d'environ cinquante-cinq ans, la quatrième année après son retour en Sicile [8][a].

Sa mort produisit un changement soudain à Syracuse. Les habitans, qui commençaient à le détester comme un tyran, le

---

[1] Plut. in Dion. t. 1, p. 982. — [2] Plat. epist. 7, t. 3, p. 333. — [3] Id. ibid. p. 351. — [4] Plut. ibid. Nep. in Dion. cap. 8. — [5] Diod. lib. 16, p. 432. — [6] Plut. ibid. p. 983. Nep. ibid. cap. 9. — [7] Plat. ibid. p. 334. — [8] Nep. ibid. cap. 10. — [a] L'an 353 avant J. C.

pleurèrent comme l'auteur de leur liberté. On lui fit des funérailles aux dépens du trésor public, et son tombeau fut placé dans le lieu le plus éminent de la ville [1].

Cependant, à l'exception d'une légère émeute où il y eut du sang répandu, qui ne fut pas celui des coupables, personne n'osa d'abord les attaquer [2], et Callippe recueillit paisiblement le fruit de son crime. Peu de temps après, les amis de Dion se réunirent pour le venger, et furent vaincus. Callippe, défait à son tour par Hipparinus, frère de Denys [3], Callippe, partout haï et repoussé, contraint de se réfugier en Italie avec un reste de brigands attachés à sa destinée, périt enfin accablé de misère, treize mois après la mort de Dion, et fut, à ce qu'on prétend, percé du même poignard qui avait arraché la vie à ce grand homme [4].

Pendant qu'on cherchait à détruire la tyrannie en Sicile, Athènes, qui se glorifie tant de sa liberté, s'épuisait en vains efforts pour remettre sous le joug les peuples qui depuis quelques années s'étaient séparés de son alliance [a]. Elle résolut de s'emparer de Byzance, et, dans ce dessein, elle fit partir cent vingt galères sous le commandement de Timothée, d'Iphicrate et de Charès. Ils se rendirent à l'Hellespont, où la flotte des ennemis, qui était à peu près d'égale force, les atteignit bientôt. On se disposait de part et d'autre au combat, lorsqu'il survint une tempête violente : Charès n'en proposa pas moins d'attaquer ; et comme les deux autres généraux, plus habiles et plus sages, s'opposèrent à son avis, il dénonça hautement leur résistance à l'armée, et saisit cette occasion pour les perdre. A la lecture des lettres où il les accusait de trahison, le peuple, enflammé de colère, les rappela sur-le-champ, et fit instruire leur procès [5].

Jugement de Timothée et d'Iphicrate.

Les victoires de Timothée, soixante-quinze villes qu'il avait réunies à la république [6], les honneurs qu'on lui avait autrefois déférés, sa vieillesse, la bonté de sa cause, rien ne put le dérober à l'iniquité des juges : condamné à une amende de cent talens [b] qu'il n'était pas en état de payer, il se retira dans la ville de Chalcis en Eubée [7], plein d'indignation contre des citoyens qu'il avait si souvent enrichis par ses conquêtes, et qui, après sa mort, laissèrent éclater un repentir aussi infructueux que tardif [8]. Il paya, dans cette circonstance, le salaire du mépris qu'il eut toujours pour Charès. Un jour qu'on procédait à l'élection des géné-

[1] Nep. in Dion. cap. 10. — [2] Plut. in Brut. t. 1, p. 1011. — [3] Diod. lib. 16, p. 436. — [4] Plut. in Dion. t. 1, p. 983. — [a] Voyez le chapitre XXIII de cet ouvrage. — [5] Diod. ibid. p. 424. — [6] Æschin. de fals. leg. p. 406. — [b] Cinq cent quarante mille livres. — [7] Nep. in Timoth. cap. 3. — [8] Id. ibid. cap. 4.

raux, quelques orateurs mercenaires, pour exclure Iphicrate et Timothée, faisaient valoir Charès : ils lui attribuaient les qualités d'un robuste athlète. Il est dans la vigueur de l'âge, disaient-ils, et d'une force à supporter les plus rudes fatigues. « C'est un tel » homme qu'il faut à l'armée. — Sans doute, dit Timothée, pour » porter le bagage [1]. »

La condamnation de Timothée n'assouvit pas la fureur des Athéniens, et ne put intimider Iphicrate, qui se défendit avec intrépidité. On remarqua l'expression militaire qu'il employa pour ramener sous les yeux des juges la conduite du général qui avait juré sa perte : « Mon sujet m'entraîne, dit-il ; il vient de » m'ouvrir un chemin à travers les actions de Charès [2]. » Dans la suite du discours, il apostropha l'orateur Aristophon, qui l'accusait de s'être laissé corrompre à prix d'argent. « Répondez-moi, » lui dit-il d'un ton d'autorité, auriez-vous commis une pareille » infamie ? Non, certes ! répondit l'orateur. Et vous voulez, re- » prit-il, qu'Iphicrate ait fait ce qu'Aristophon n'aurait pas osé » faire [3] ! »

Aux ressources de l'éloquence, il en joignit une dont le succès lui parut moins incertain. Le tribunal fut entouré de plusieurs jeunes officiers attachés à ses intérêts, et lui-même laissait entrevoir aux juges un poignard qu'il tenait sous sa robe. Il fut absous [4], et ne servit plus. Quand on lui reprocha la violence de ce procédé, il répondit : « J'ai long-temps porté les armes pour le » salut de ma patrie ; je serais bien dupe si je ne les prenais pas » quand il s'agit du mien [5]. »

Fin de la guerre sociale.

Cependant Charès ne se rendit pas à Byzance. Sous prétexte qu'il manquait de vivres [6], il se mit avec son armée à la solde du satrape Artabaze, qui s'était révolté contre Artaxerxès, roi de Perse, et qui allait succomber sous des forces supérieures aux siennes [7]. L'arrivée des Athéniens changea la face des affaires. L'armée de ce prince fut battue, et Charès écrivit aussitôt au peuple d'Athènes qu'il venait de remporter sur les Perses une victoire aussi glorieuse que celle de Marathon [8] : mais cette nouvelle n'excita qu'une joie passagère. Les Athéniens, effrayés des plaintes et des menaces du roi de Perse, rappelèrent leur général, et se hâtèrent d'offrir la paix et l'indépendance aux villes qui avaient entrepris de secouer leur joug [9]. Ainsi finit cette

---

[1] Plut. apophth. t. 2, p. 187 : id. an seni, etc. ibid. p. 788. — [2] Aristot. rhet. lib. 3, cap. 10, t. 2, p. 595. — [3] Id. ibid. lib. 2, cap. 23, p. 575. — [4] Nep. in Iphicr. t. 3. Polyæn. strateg. lib. 3, cap. 9, § 29. — [5] Id. ibid. — [6] Demosth. philipp. 1, p. 50. — [7] Diod. lib. 16, p. 234. — [8] Plut. in Arat. t. 1, p. 1034. — [9] Diod. ibid. p. 424.

guerre [a], également funeste aux deux partis. D'un côté, quelques uns des peuples ligués, épuisés d'hommes et d'argent, tombèrent sous la domination de Mausole, roi de Carie [1]; de l'autre, outre les secours qu'elle tirait de leur alliance, Athènes perdit trois de ses meilleurs généraux, Chabrias, Timothée et Iphicrate [2]. Alors commença une autre guerre qui produisit un embrasement général et développa les grands talens de Philippe, pour le malheur de la Grèce.

Commencement de la guerre sacrée [b].

Les Amphictyons, dont l'objet principal est de veiller aux intérêts du temple d'Apollon à Delphes, s'étant assemblés, les Thébains, qui de concert avec les Thessaliens dirigeaient les opérations de ce tribunal, accusèrent les Phocéens de s'être emparés de quelques terres consacrées à ce dieu, et les firent condamner à une forte amende [3]. L'esprit de vengeance guidait les accusateurs. Les Thessaliens rougissaient encore des victoires que les Phocéens avaient autrefois remportées sur eux [4]. Outre les motifs de rivalité qui subsistent toujours entre des nations voisines, la ville de Thèbes était indignée de n'avoir pu forcer un habitant de la Phocide à rendre une femme thébaine qu'il avait enlevée [5].

Le premier décret fut bientôt suivi d'un second, qui consacrait au dieu les campagnes des Phocéens; il autorisait de plus la ligue amphictyonique à sévir contre les villes qui jusqu'alors avaient négligé d'obéir aux décrets du tribunal. Cette dernière clause regardait les Lacédémoniens, contre lesquels il existait depuis plusieurs années une sentence restée sans exécution [6].

Dans toute autre circonstance, les Phocéens auraient craint d'affronter les maux dont ils étaient menacés. Mais on vit alors combien les grandes révolutions dépendent quelquefois de petites causes [7]. Peu de temps auparavant, deux particuliers de la Phocide, voulant obtenir, chacun pour son fils, une riche héritière, intéressèrent toute la nation à leur querelle, et formèrent deux partis qui, dans les délibérations publiques, n'écoutaient plus que les conseils de la haine. Aussi, dès que plusieurs Phocéens eurent proposé de se soumettre aux décrets des Amphictyons, Philomèle, que ses richesses et ses talens avaient placé à la tête de la faction opposée, soutint hautement que céder à l'injustice était la plus grande et la plus dangereuse des lâchetés; que les

---

[a] Sous l'archontat d'Elpinès, qui répond aux années 356 et 355 avant J. C. — [1] Demosth. de Rhod. libert. p. 144. — [2] Nep. in Timoth. cap. 4. — [b] Sous l'archontat d'Agathocle, l'an 356 avant J. C. — [3] Diod. lib. 16, p. 425. — [4] Pausan. lib. 10, cap. 1, p. 799. — [5] Duris, ap. Athen. lib. 13, cap. 1, p. 560. — [6] Diod. ibid. p. 425 et 430. — [7] Aristot. de rep. lib. 5, cap. 4, t. 2, p. 399. Duris, ibid.

Phocéens avaient des droits légitimes, non-seulement sur les terres qu'on leur faisait un crime de cultiver, mais sur le temple de Delphes, et qu'il ne demandait que leur confiance pour les soustraire au châtiment honteux décerné par le tribunal des Amphictyons[1].

Son éloquence rapide entraîne les Phocéens. Revêtu d'un pouvoir absolu, il vole à Lacédémone, fait approuver ses projets au roi Archidamus, en obtient quinze talens[a], qui, joints à quinze autres qu'il fournit lui-même, le mettent en état de soudoyer un grand nombre de mercenaires, de s'emparer du temple, de l'entourer d'un mur, et d'arracher de ses colonnes les décrets infamans que les Amphictyons avaient lancés contre les peuples accusés de sacriléges. Les Locriens accoururent vainement à la défense de l'asile sacré; ils furent mis en fuite, et leurs campagnes dévastées enrichirent les vainqueurs[2]. La guerre dura dix ans et quelques mois[3]. J'en indiquerai dans la suite les principaux événemens[b].

CHAPITRE LXI.

Lettres sur les affaires générales de la Grèce, adressées à Anacharsis et à Philotas pendant leur voyage en Égypte et en Perse.

Pendant mon séjour en Grèce, j'avais si souvent entendu parler de l'Égypte et de la Perse, que je ne pus résister au désir de parcourir ces deux royaumes. Apollodore me donna Philotas pour m'accompagner : il nous promit de nous instruire de tout ce qui se passerait pendant notre absence; d'autres amis nous firent la même promesse. Leurs lettres, que je vais rapporter en entier ou par fragmens, n'étaient quelquefois qu'un simple journal; quelquefois elles étaient accompagnées de réflexions.

Nous partîmes à la fin de la deuxième année de la cent sixième olympiade[c]. Le midi de la Grèce jouissait alors d'un calme profond; le nord était troublé par la guerre des Phocéens, et par les entreprises de Philippe, roi de Macédoine.

Philomèle, chef des Phocéens, s'était fortifié à Delphes. Il envoyait de tous côtés des ambassadeurs; mais l'on était bien loin

---

[1] Diod. lib. 16, p. 425. Pausan. lib. 10, cap. 2, p. 802. — [a] Quatre-vingt-un mille livres. — [2] Diod. ibid. p. 426. — [3] AEschin. de fals. leg. p. 415; id. in Ctesiph. p. 452. Diod. ibid. p. 418 et 455. Pausan. lib. 9, p. 724; lib. 10, p. 802. — [b] Voyez le chapitre suivant. — [c] Dans le printemps de l'an 354 avant J. C.

de présumer que de si légères dissensions entraîneraient la ruine de cette Grèce qui, cent vingt-six ans auparavant, avait résisté à toutes les forces de la Perse.

Philippe avait de fréquens démêlés avec les Thraces, les Illyriens, et d'autres peuples barbares. Il méditait la conquête des villes grecques situées sur les frontières de son royaume, et dont la plupart étaient alliées ou tributaires des Athéniens. Ceux-ci, offensés de ce qu'il retenait Amphipolis qui leur avait appartenu, essayaient des hostilités contre lui, et n'osaient pas en venir à une rupture ouverte.

DIOTIME ÉTANT ARCHONTE A ATHÈNES.

La 3°. année de la 106°. olympiade.

(Depuis le 26 juin de l'année julienne proleptique 354 jusqu'au 14 juillet de l'année 353 avant J. C.)

LETTRE D'APOLLODORE.

La Grèce est pleine de divisions [1]. Les uns condamnent l'entreprise de Philomèle, les autres la justifient. Les Thébains, avec tout le corps des Béotiens, les Locriens, les différentes nations de la Thessalie, tous ces peuples ayant des injures particulières à venger, menacent de venger l'outrage fait à la divinité de Delphes. Les Athéniens, les Lacédémoniens, et quelques villes du Péloponèse, se déclarent pour les Phocéens, en haine des Thébains.....

Philomèle protestait au commencement qu'il ne toucherait pas aux trésors du temple [2]. Effrayé des préparatifs des Thébains, il s'est approprié une partie de ces richesses. Elles l'ont mis en état d'augmenter la solde des mercenaires, qui de toutes parts accourent à Delphes. Il a battu successivement les Locriens, les Béotiens et les Thessaliens.....

Ces jours passés, l'armée des Phocéens s'étant engagée dans un pays couvert, rencontra tout à coup celle des Béotiens, supérieure en nombre. Les derniers ont remporté une victoire éclatante. Philomèle couvert de blessures, poussé sur une hauteur, enveloppé de toutes parts, a mieux aimé se précipiter du haut d'un rocher que de tomber entre les mains de l'ennemi [3].....

---

[1] Diod. lib. 16, p. 430. — [2] Id. ibid. p. 429 et 431 — [3] Id. ibid. p. 432. Pausan. lib. 10, cap. 2, p. 802.

SOUS L'ARCHONTE EUDÉMUS.

La 4ᵉ. année de la 106ᵉ. olympiade.

(*Depuis le 14 juillet de l'an 353 jusqu'au 3 juillet de l'an 352 avant J. C.*)

LETTRE D'APOLLODORE.

Dans la dernière assemblée des Phocéens, les plus sages opinaient pour la paix : mais Onomarque, qui avait recueilli les débris de l'armée, a si bien fait, par son éloquence et son crédit, qu'on a résolu de continuer la guerre, et de lui confier le même pouvoir qu'à Philomèle. Il lève de nouvelles troupes. L'or et l'argent tirés du trésor sacré ont été convertis en monnaie, et plusieurs de ces belles statues de bronze qu'on voyait à Delphes en casques et en épées [1].....

Le bruit a couru que le roi de Perse, Artaxerxès, allait tourner ses armes contre la Grèce. On ne parlait que de ses immenses préparatifs. Il ne lui faut pas moins, disait-on, de douze cents chameaux pour porter l'or destiné à la solde des troupes [2].

On s'est assemblé en tumulte : au milieu de l'alarme publique, des voix ont proposé d'appeler à la défense de la Grèce toutes les nations qui l'habitent, et même le roi de Macédoine [3], de prévenir Artaxerxès, et de porter la guerre dans ses États. Démosthène, qui, après avoir plaidé avec distinction dans les tribunaux de justice, se mêle depuis quelque temps des affaires publiques, s'est élevé contre cet avis; mais il a fortement insisté sur la nécessité de se mettre en état de défense. Combien nous faut-il de galères? combien de fantassins et de cavaliers? quels sont les fonds nécessaires? où les trouver? il a tout prévu, tout réglé d'avance. On a fort applaudi aux vues de l'orateur. En effet, de si sages mesures nous serviraient contre Artaxerxès, s'il attaquait la Grèce; contre nos ennemis actuels, s'il ne l'attaquait pas [4]. On a su depuis que ce prince ne pensait point à nous, et nous ne pensons plus à rien.

Je ne saurais m'accoutumer à ces excès périodiques de découragement et de confiance. Nos têtes se renversent et se replacent dans un clin-d'œil. On abandonne à sa légèreté un particulier qui n'acquiert jamais l'expérience de ses fautes; mais que penser d'une nation entière pour qui le présent n'a ni passé ni avenir, et qui oublie ses craintes comme on oublie un éclair et un coup de tonnerre?....

La plupart ne parlent du roi de Perse qu'avec terreur, du roi

---

[1] Diod. lib. 16, p. 433. — [2] Demosth. de class. p. 136. — [3] Epist. Phil. ap. Demosth. p. 114. — [4] Demosth. de Rhod. libert. p. 144.

de Macédoine qu'avec mépris [1]. Ils ne voient pas que ce dernier prince n'a cessé, depuis quelque temps, de faire des incursions dans nos États; qu'après s'être emparé de nos îles d'Imbros et de Lemnos, il a chargé de fers ceux de nos citoyens établis dans ces contrées; qu'il a pris plusieurs de nos vaisseaux sur les côtes de l'Eubée, et que dernièrement encore il a fait une descente chez nous, à Marathon, et s'est rendu maître de la galère sacrée [2]. Cet affront, reçu dans le lieu même qui fut autrefois le théâtre de notre gloire, nous a fait rougir; mais chez nous, les couleurs de la honte s'effacent bientôt.

Philippe est présent en tout temps, en tous lieux. A peine a-t-il quitté nos rivages, qu'il vole dans la Thrace maritime; il y prend la forte place de Méthone, la détruit, et en distribue les campagnes fertiles à ses soldats, dont il est adoré.

Pendant le siége de cette ville, il passait une rivière à la nage [3]. Une flèche, lancée par un archer ou par une machine, l'atteignit à l'œil droit [4]; et malgré les douleurs aiguës qu'il éprouvait, il regagna tranquillement le rivage d'où il était parti. Son médecin Critobule a retiré très-habilement la flèche [5]; l'œil n'est pas difforme, mais il est privé de la lumière [a].

Cet accident n'a point ralenti son ardeur; il assiége maintenant le château d'Hérée, sur lequel nous avons des droits légitimes. Grande rumeur dans Athènes. Il en est résulté un décret de l'assemblée générale; on doit lever une contribution de soixante talens [b], armer quarante galères, enrôler ceux qui n'ont pas atteint leur quarante-cinquième année [6,c]. Ces préparatifs demandent du temps; l'hiver approche, et l'expédition sera remise à l'été prochain.

Pendant qu'on avait à redouter les projets du roi de Perse et les entreprises du roi de Macédoine, il nous arrivait des ambassadeurs du roi de Lacédémone, et d'autres de la part des Mégalopolitains, qu'il tient assiégés. Archidamus proposait de nous joindre aux Lacédémoniens pour remettre les villes de la Grèce sur le pied où elles étaient avant les dernières guerres. Toutes les usurpations devaient être restituées, tous les nouveaux établissemens détruits. Les Thébains nous ont enlevé Orope; ils seront forcés de nous la rendre; ils ont rasé Thespies et Platée, on les rétablira; ils ont construit Mégalopolis en Arcadie pour arrê-

---

[1] Demosth. de Rhod. libert. p. 147. — [2] Id. philipp. 1, p. 52. — [3] Callisth. ap. Plut. in parall. t. 2, p. 307. — [4] Strab. lib. 7, p. 330; lib. 8, p. 374. Diod. lib. 16, p. 434. Justin. lib. 7, cap. 6. — [5] Plin. lib. 7, cap. 37, t. 1, p. 395.
— [a] Un parasite de Philippe, nommé Clidémus, parut, depuis la blessure de ce prince, avec un emplâtre sur l'œil. (AElian. hist. anim. lib. 9, cap. 7.)
— [b] Trois cent vingt-quatre mille livres. — [6] Demosth. olynth. 3, p. 35. —
[c] C'était vers le mois d'octobre de l'an 353 avant J. C.

ter les incursions des Lacédémoniens, elle sera démolie. Les orateurs, les citoyens étaient partagés. Démosthène [1] a montré clairement que l'exécution de ce projet affaiblirait, à la vérité, les Thébains nos ennemis, mais augmenterait la puissance des Lacédémoniens nos alliés, et que notre sûreté dépendait uniquement de l'équilibre que nous aurions l'art de maintenir entre ces deux républiques. Les suffrages se sont réunis en faveur de son avis.

Cependant les Phocéens ont fourni des troupes aux Lacédémoniens ; les Thébains et d'autres peuples, aux Mégalopolitains : on a déjà livré plusieurs combats; on conclura bientôt la paix [2], et l'on aura répandu beaucoup de sang.

On n'en a pas moins versé dans nos provinces septentrionales. Les Phocéens, les Béotiens, les Thessaliens, tour à tour vainqueurs et vaincus, perpétuent une guerre que la religion et la jalousie rendent extrêmement cruelle. Un nouvel incident ne laisse entrevoir qu'un avenir déplorable. Lycophron, tyran de Phères en Thessalie, s'est ligué avec les Phocéens pour assujétir les Thessaliens. Ces derniers ont imploré l'assistance de Philippe, qui est bien vite accouru à leur secours ; après quelques actions peu décisives, deux échecs consécutifs l'ont forcé de se retirer en Macédoine. On le croyait réduit aux dernières extrémités ; ses soldats commençaient à l'abandonner, quand tout à coup on l'a vu reparaître en Thessalie. Ses troupes et celles des Thessaliens ses alliés montaient à plus de vingt-trois mille fantassins, et à trois mille chevaux. Onomarque, à la tête de vingt mille hommes de pied et de trois cents cavaliers, s'était joint à Lycophron. Les Phocéens, après une défense opiniâtre, ont été battus et poussés vers le rivage de la mer, d'où l'on apercevait à une certaine distance la flotte des Athéniens commandée par Charès. La plupart, s'étant jetés à la nage, ont péri avec Onomarque leur chef, dont Philippe a fait retirer le corps pour l'attacher à un gibet. La perte des Phocéens est très-considérable : six mille ont perdu la vie dans le combat : trois mille, s'étant rendus à discrétion, ont été précipités dans la mer, comme des sacriléges.[3]

Les Thessaliens, en s'associant avec Philippe, ont détruit les barrières qui s'opposaient à son ambition. Depuis quelques années il laissait les Grecs s'affaiblir, et du haut de son trône, comme d'une guérite [4], il épiait le moment où l'on viendrait mendier son assistance. Le voilà désormais autorisé à se mêler des affaires de la Grèce. Partout le peuple, qui ne pénètre pas ses vues, le croit animé du zèle de la religion ; partout on s'écrie qu'il doit sa vic-

[1] Demosth. pro Megalop. p. 154. — [2] Diod. lib. 16, p. 438. — [3] Id. ibid. p. 435. Pausan. lib. 10, cap. 2, p. 802. — [4] Justin. lib. 8, cap. 1.

toire à la sainteté de la cause qu'il soutient, et que les dieux l'ont choisi pour venger leurs autels. Il l'avait prévu lui-même; avant la bataille il fit prendre à ses soldats des couronnes de laurier, comme s'ils marchaient au combat au nom de la divinité de Delphes, à qui cet arbre est consacré [1].

Des intentions si pures, des succès si brillans, portent l'admiration des Grecs jusqu'à l'enthousiasme : on ne parle que de ce prince, de ses talens, de ses vertus. Voici un trait qu'on m'a raconté de lui.

Il avait dans son armée un soldat renommé pour sa bravoure, mais d'une insatiable avidité [2]. Le soldat s'embarqua pour une expédition lointaine; et son vaisseau ayant péri, il fut jeté mourant sur le rivage. A cette nouvelle, un Macédonien, qui cultivait un petit champ aux environs, accourt à son secours, le rappelle à la vie, le mène dans sa maison, lui cède son lit, lui donne pendant un mois entier tous les soins et toutes les consolations que la pitié et l'humanité peuvent inspirer, lui fournit enfin l'argent nécessaire pour se rendre auprès de Philippe. Vous entendrez parler de ma reconnaissance, lui dit le soldat en partant : qu'il me soit seulement permis de rejoindre le roi mon maître. Il arrive, raconte à Philippe son infortune, ne dit pas un mot de celui qui l'a soulagé, et demande en indemnité une petite maison voisine des lieux où les flots l'avaient porté. C'était celle de son bienfaiteur. Le roi accorde la demande sur-le-champ. Mais bientôt instruit de la vérité des faits, par une lettre pleine de noblesse qu'il reçoit du propriétaire, il frémit d'indignation, et ordonne au gouverneur de la province de remettre ce dernier en possession de son bien, et de faire appliquer avec un fer chaud une marque déshonorante sur le front du soldat.

On élève cette action jusqu'aux nues : je l'approuve sans l'admirer. Philippe méritait plus d'être puni qu'un vil mercenaire. Car le sujet qui sollicite une injustice est moins coupable que le prince qui l'accorde sans examen. Que devait donc faire Philippe après avoir flétri le soldat? Renoncer à la funeste prérogative d'être si généreux du bien d'autrui, et promettre à tout son empire de n'être plus si léger dans la distribution de ses grâces.

---

[1] Justin. lib. 8, cap. 2. — [2] Senec. de benef. lib. 4, cap. 37.

SOUS L'ARCHONTE ARISTODÈME.

La 1re. année de la 107e. olympiade.

(Depuis le 3 juillet de l'an 352, jusqu'au 22 juillet de l'an 351 avant J. C.)

LETTRE D'APOLLODORE.

Je vous ai marqué dans une de mes précédentes lettres que, pour prévenir les excursions de Philippe et l'arrêter dans ses États, on avait résolu de lever soixante talens [a], et d'envoyer en Thrace quarante galères avec une forte armée. Après environ onze mois de préparatifs, on était enfin venu à bout de recueillir cinq talens [b] et d'armer dix galères [1]; Charidème les devait commander. Il était prêt à partir, lorsque le bruit s'est répandu que Philippe était malade, qu'il était mort. Nous avons désarmé aussitôt, et Philippe a pris sa marche vers les Thermopyles. Il allait tomber sur la Phocide [2]; il pouvait de là se rendre ici. Heureusement nous avions sur la côte voisine une flotte qui conduisait aux Phocéens un corps de troupes. Nausiclès, qui était à leur tête, s'est hâté de les mettre à terre, et de se placer dans le détroit. Philippe a suspendu ses projets, et repris le chemin de la Macédoine [3].

Nous nous sommes enorgueillis de cet événement; nos alliés nous en ont félicités; nous avons décerné des actions de grâces aux dieux, des éloges aux troupes [4]. Misérable ville! où s'emparer sans obstacle d'un poste est un acte de bravoure, et n'être pas vaincu, un sujet de triomphe!.....

Ces jours passés, l'assemblée générale s'occupa de nos démêlés avec le roi de Macédoine. Démosthène parut à la tribune [5]; il peignit avec les plus fortes couleurs l'indolence et la frivolité des Athéniens, l'ignorance et les fausses mesures de leurs chefs, l'ambition et l'activité de Philippe. Il proposa d'équiper une flotte, de mettre sur pied un corps de troupes composé, du moins en partie, de citoyens [6]; d'établir le théâtre de la guerre en Macédoine, et de ne la terminer que par un traité avantageux, ou par une victoire décisive [7]. Car, disait-il, si nous n'allons pas au plus tôt attaquer Philippe chez lui, il viendra peut-être bientôt nous attaquer chez nous [8]. Il fixa le nombre des soldats qu'il fallait enrôler, et s'occupa des moyens de leur subsistance.

Ce projet déconcerterait les vues de Philippe, et l'empêcherait

---

[a] Trois cent vingt-quatre mille livres. — [b] Vingt-sept mille livres. — [1] Demosth. olynth. 3, p. 35. — [2] Diod. lib. 16, p. 437. — [3] Id. ibid. p. 436. Demosth. philipp. 1, p. 49. Oros. lib. 3, cap. 72. — [4] Demosth. de fals. leg. p. 306. Ulpian. ibid. p. 365. — [5] Demosth. philipp. 1, p. 47. — [6] Id. ibid. p. 50. — [7] Id. ibid. p. 49. — [8] Id. ibid. p. 54.

de nous combattre aux dépens de nos alliés, dont il enlève impunément les vaisseaux[1]. Il réveillerait en même temps le courage des peuples qui, obligés de se jeter entre ses bras, portent le joug de son alliance avec la crainte et la haine qu'inspire l'orgueil d'un prince ambitieux[2]. Démosthène développa ces vues avec autant d'énergie que de clarté. Il a cette éloquence qui force les auditeurs à se reconnaître dans l'humiliante peinture de leurs fautes passées et de leur situation présente.

« Voyez, s'écriait-il, jusqu'à quel point d'audace Philippe est
» enfin parvenu[3]. Il vous ôte le choix de la guerre et de la paix;
» il vous menace; il tient, à ce qu'on dit, des discours inso-
» lens : peu satisfait de ses premières conquêtes, il en médite
» de nouvelles; et tandis que vous êtes ici tranquillement assis,
» il vous enveloppe et vous enferme de tous côtés. Qu'attendez-
» vous donc pour agir ? La nécessité ! Eh ! justes dieux ! en fut-
» il jamais une plus pressante pour des âmes libres que l'instant
» du déshonneur ? Irez-vous toujours dans la place publique
» vous demander s'il y a quelque chose de nouveau ? Eh ! quoi
» de plus nouveau qu'un homme de Macédoine qui gouverne la
» Grèce et veut subjuguer Athènes ?.... Philippe est-il mort ?
» Non, mais il est malade. Eh ! que vous importe ? Si celui-ci
» mourait, vous vous en feriez bientôt un autre par votre né-
» gligence et votre lâcheté.

» Vous perdez le temps d'agir en délibérations frivoles. Vos
» généraux, au lieu de paraître à la tête des armées, se traînent
» pompeusement à la suite de vos prêtres pour augmenter l'éclat
» des cérémonies publiques[4]. Les armées ne sont plus composées
» que de mercenaires, la lie des nations étrangères, vils bri-
» gands, qui mènent leurs chefs tantôt chez vos alliés, dont
» ils sont la terreur, tantôt chez les barbares, qui vous les
» enlèvent au moment où leur secours vous est nécessaire[5];
» incertitude et confusion dans vos préparatifs[6]; nul plan, nulle
» prévoyance dans vos projets et dans leur exécution. Les con-
» jonctures vous commandent, et l'occasion vous échappe sans
» cesse. Athlètes maladroits, vous ne pensez à vous garantir des
» coups qu'après les avoir reçus. Vous dit-on que Philippe est
» dans la Chersonèse, aussitôt un décret pour la secourir; qu'il
» est aux Thermopyles, autre décret pour y marcher. Vous
» courez à droite, à gauche, partout où il vous conduit lui-
» même, le suivant toujours, et n'arrivant jamais que pour être
» témoins de ses succès[7]. »

Toute la harangue est semée de pareils traits. On a reconnu

---
[1] Demosth. philipp. 1, p. 52. — [2] Id. ibid. p. 48. — [3] Id. ibid. — [4] Id. ibid. p. 51. — [5] Id. ibid. p. 50. — [6] Id. ibid. p. 52. — [7] Id. ibid. p. 53.

dans le style de l'auteur celui de Thucydide, qui lui a servi de modèle[1]. En sortant, j'entendis plusieurs Athéniens lui prodiguer des éloges, et demander des nouvelles des Phocéens.

Vous me ferez peut-être la même question. On les croyait sans ressource après la victoire de Philippe; mais ils ont le trésor de Delphes à leur disposition; et comme ils ont augmenté la solde des troupes, ils attirent tous les mercenaires qui courent la Grèce. Cette dernière campagne n'a rien décidé. Ils ont perdu des batailles, ils en ont gagné; ils ont ravagé les terres des Locriens et les leurs ont été dévastées par les Thébains[2].

Nos amis, qui vous regrettent sans cesse, continuent à s'assembler de temps en temps chez moi. Hier au soir on demandait pourquoi les grands hommes sont si rares et ne se montrent que par intervalles. La question fut long-temps débattue. Chrysophile nia le fait, et soutint que la nature ne favorise pas plus un siècle et un pays qu'un autre. Parlerait-on de Lycurgue, ajouta-t-il, s'il était né dans une condition servile? d'Homère, s'il avait vécu dans ces temps où la langue n'était pas encore formée? Qui nous a dit que de nos jours, parmi les nations policées ou barbares, on ne trouverait pas des Homères et des Lycurgues occupés des plus viles fonctions? La nature, toujours libre, toujours riche dans ses productions, jette au hasard les génies sur la terre; c'est aux circonstances à les développer.

SOUS L'ARCHONTE THESSALUS.

La 2e. anée de la 107e. olympiade.

(*Depuis le 22 juillet de l'an 351, jusqu'au 11 juillet de l'an 350 avant J. C.*)

LETTRE D'APOLLODORE.

Artémise, reine de Carie, est morte. Elle n'a survécu que deux ans à Mausole, son frère et son époux[3]. Vous savez que Mausole était un de ces rois que la cour de Suze tient en garnison sur les frontières de l'empire pour en défendre les approches. On dit que son épouse, qui le gouvernait, ayant recueilli ses cendres, les avait, par un excès de tendresse, mêlées avec la boisson qu'elle prenait[4]; on dit que sa douleur l'a conduite au tombeau[5]. Elle n'en a pas suivi avec moins d'ardeur les projets d'ambition qu'elle lui avait inspirés. Il ajouta la trahison[6] au concours de quelques circonstances heureuses pour s'emparer

---

[1] Dionys. Halic. de Thucyd. jud. cap. 53, t. 6, p. 944. — [2] Diod. lib. 16, p. 436, etc. — [3] Id. ibid. p. 443. — [4] Aul. Gell. lib. 10, cap. 18. Val. Max. lib. 4, cap. 6, extran. n°. 1. — [5] Theopomp. ap. Harpocr. in Ἀρτεμ. Strab. lib. 14, p. 656. Cicer. tuscul. lib. 3, cap. 31, t. 2, p. 326. — [6] Demosth. de Rhod. libert. p. 144.

des îles de Cos, de Rhodes, et de plusieurs villes grecques. Artémise les a maintenues sous son obéissance ¹.

Voyez, je vous prie, combien sont fausses et funestes les idées qui gouvernent ce monde, et surtout celles que les souverains se font du pouvoir et de la gloire. Si Artémise avait connu les véritables intérêts de son époux, elle lui aurait appris à céder la mauvaise foi et les vexations aux grands empires ; à fonder sa considération sur le bonheur de sa province, et à se laisser aimer du peuple, qui ne demande au gouvernement que de n'être pas traité en ennemi. Mais elle en voulut faire une espèce de conquérant. L'un et l'autre épuisèrent le sang et les fortunes de leurs sujets² ; dans quelle vue? pour décorer la petite ville d'Halicarnasse, et illustrer la mémoire d'un petit lieutenant du roi de Perse.

Artémise ne négligea aucun moyen pour la perpétuer : elle excita par des récompenses les talens les plus distingués à s'exercer sur les actions de Mausole. On composa des vers, des tragédies en son honneur. Les orateurs de la Grèce furent invités à faire son éloge. Plusieurs d'entre eux entrèrent en lice ³ ; et Isocrate concourut avec quelques uns de ses disciples. Théopompe, qui travaille à l'histoire de la Grèce, l'emporta sur son maître, et eut la faiblesse de s'en vanter⁴. Je lui demandais un jour si, en travaillant au panégyrique d'un homme dont la sordide avarice avait ruiné tant de familles⁵, la plume ne lui tombait pas souvent des mains. Il me répondit : J'ai parlé en orateur, une autre fois je parlerai en historien. Voilà de ces forfaits que se permet l'éloquence, et que nous avons la lâcheté de pardonner.

Artémise faisait en même temps construire pour Mausole un tombeau qui, suivant les apparences, n'éternisera que la gloire des artistes. J'en ai vu les plans. C'est un carré long, dont le pourtour est de quatre cent onze pieds. La principale partie de l'édifice, entourée de trente-six colonnes, sera décorée, sur ses quatre faces, par quatre des plus fameux sculpteurs de la Grèce, Briaxis, Scopas, Léocharès et Timothée. Au-dessus s'élèvera une pyramide, surmontée d'un char à quatre chevaux. Ce char doit être de marbre, et de la main de Pytis. La hauteur totale du monument sera de cent quarante pieds⁶ ᵃ.

¹ Demosth. de Rhod. libert. p. 147. — ² Theop. ap. Harpocr. in Μαύσωλ. — ³ Aul. Gell. lib. 18, cap. 18. Plut. x rhet. vit. t. 2, p. 838. Suid in Ἰσοκρ. Taylor. lect. Lys. cap. 3. — ⁴ Theop. ap. Euseb. præp. evang. lib. 10, cap. 3, p. 464. — ⁵ Id. ap. Harpocr. et Suid. in Μαύσωλ. — ⁶ Plin. lib. 36. cap. 4, t. 2, p. 728. — ᵃ Si Pline, dans la description de ce monument, emploie des mesures grecques, les quatre cent onze pieds du pourtour se réduiront à trois cent quatre-vingt-huit de nos pieds, et deux pouces en sus; les cent

Il est déjà fort avancé; et comme Idrieus, qui succède à sa sœur Artémise, ne prend pas le même intérêt à cet ouvrage, les artistes ont déclaré qu'ils se feraient un honneur et un devoir de le terminer sans exiger aucun salaire [1]. Les fondemens en ont été jetés au milieu d'une place construite par les soins de Mausole [2], sur un terrain qui, naturellement disposé en forme de théâtre, descend et se prolonge jusqu'à la mer. Quand on entre dans le port, on est frappé de l'aspect imposant des lieux. Vous avez d'un côté le palais du roi; de l'autre, le temple de Vénus et de Mercure, situé auprès de la fontaine Salmacis. En face, le marché public s'étend le long du rivage; au-dessus, est la place; et plus loin, dans la partie supérieure, la vue se porte sur la citadelle et sur le temple de Mars, d'où s'élève une statue colossale. Le tombeau de Mausole, destiné à fixer les regards, après qu'ils se seront reposés un moment sur ces magnifiques édifices, sera sans doute un des plus beaux monumens de l'univers [3], mais il devrait être consacré au bienfaiteur du genre humain.

Idrieus, en montant sur le trône, a reçu ordre d'Artaxerxès d'envoyer un corps d'auxiliaires contre les rois de Chypre, qui se sont révoltés. Phocion les commande, conjointement avec Evagoras, qui régnait auparavant dans cette île. Leur projet est de commencer par le siége de Salamine [4].

Le roi de Perse a de plus grandes vues; il se prépare à la conquête de l'Egypte. J'espère que vous aurez déjà pris des mesures pour vous mettre en sûreté. Il nous a demandé des troupes; il en a demandé aux autres peuples de la Grèce. Nous l'avons refusé; les Lacédémoniens ont fait de même. C'est bien assez pour nous de lui avoir cédé Phocion. Les villes grecques de l'Asie lui avaient déjà promis six mille hommes, les Thébains en donnent mille, et ceux d'Argos trois mille, qui seront commandés par Nicostrate. C'est un général habile, et dont la manie est d'imiter Hercule. Il se montre dans les combats avec une peau de lion sur les épaules et une massue à la main. Artaxerxès lui-même a désiré de l'avoir [5].

Depuis quelque temps nous louons nos généraux, nos soldats, nos matelots, aux rois de Perse, toujours jaloux d'avoir à leur service des Grecs qu'ils paient chèrement. Différens motifs forcent nos républiques de se prêter à ce trafic; le besoin de se débarrasser des mercenaires étrangers que la paix rend inutiles et

---

quarante pieds d'élévation, à cent trente-deux de nos pieds, plus deux pouces huit lignes.

[1] Plin. lib. 36, cap. 4, t. 2, p. 728.— [2] Vitruv. lib. 2, cap. 8.— [3] Id. ibid. Strab. lib. 14, p. 656. Plin. ibid. — [4] Diod. lib. 16, p. 440. — [5] Id. ibid. p. 442.

qui chargent l'État; le désir de procurer à des citoyens appauvris par la guerre une solde qui rétablisse leur fortune; la crainte de perdre la protection ou l'alliance du grand-roi; l'espérance enfin d'en obtenir des gratifications qui suppléent à l'épuisement du trésor public. C'est ainsi qu'en dernier lieu[1] les Thébains ont tiré d'Artaxerxès une somme de trois cents talens[a]. Un roi de Macédoine nous outrage! un roi de Perse nous achète! Sommes-nous assez humiliés?

SOUS L'ARCHONTE APOLLODORE.

La 3e. année de la 107e. olympiade.

(*Depuis le 11 juillet de l'an 350, jusqu'au 30 juin de l'an 349 avant J. C.*)

LETTRE DE NICÉTAS.

Je ris des craintes qu'on veut nous inspirer. La puissance de Philippe ne saurait être durable : elle n'est fondée que sur le parjure, le mensonge et la perfidie[2]. Il est détesté de ses alliés, qu'il a souvent trompés; de ses sujets et de ses soldats, tourmentés par des expéditions qui les épuisent, et dont ils ne retirent aucun fruit, des principaux officiers de son armée, qui sont punis s'ils ne réussissent pas, humiliés s'ils réussissent : car il est si jaloux, qu'il leur pardonnerait plutôt une défaite honteuse qu'un succès trop brillant. Ils vivent dans des frayeurs mortelles, toujours exposés aux calomnies des courtisans, et aux soupçons ombrageux d'un prince qui s'est réservé toute la gloire qu'on peut recueillir en Macédoine[3].

Ce royaume est dans une situation déplorable. Plus de moissons, plus de commerce. Pauvre et faible de soi-même, il s'affaiblit encore en s'agrandissant[4]. Le moindre revers détruira cette prospérité, que Philippe ne doit qu'à l'incapacité de nos généraux, et à la voie de corruption qu'il a honteusement introduite dans toute la Grèce[5].

Ses partisans exaltent ses qualités personnelles; mais voici ce que m'en ont dit des gens qui l'ont vu de près.

La régularité des mœurs n'a point de droits sur son estime; les vices en ont presque toujours sur son amitié[6] : il dédaigne le citoyen qui n'a que des vertus, repousse l'homme éclairé qui lui donne des conseils[7], et court après la flatterie avec autant d'empressement que la flatterie court après les autres princes.

---

[1] Diod. lib. 16, p. 438. — [a] Un million six cent vingt mille livres. — [2] Demosth. olynth. 2, p. 22. Pausan. lib. 8, cap. 7, p. 612. Justin. lib. 9, cap. 8. — [3] Demosth. ibid. p. 23; et ad Philipp. epist. p. 118. — [4] Id. ibid. — [5] Id. de fals. leg. p. 334, 341, etc. — [6] Id. olynth. 2, p. 23. Theop. ap. Athen. lib. 6, p. 260. — [7] Isocr. epist. ad. Philipp. t. 1, p. 437.

Voulez-vous lui plaire, en obtenir des grâces, être admis à sa société, ayez assez de santé pour partager ses débauches, assez de talens pour l'amuser et le faire rire. Des bons mots, des traits de satire, des facéties, des vers, quelques couplets bien obscènes, tout cela suffit pour parvenir auprès de lui à la plus haute faveur. Aussi, à l'exception d'Antipater, de Parménion, et de quelques gens de mérite encore, sa cour n'est qu'un amas impur de brigands, de musiciens, de poëtes et de bouffons[1], qui l'applaudissent dans le mal et dans le bien. Ils accourent en Macédoine de toutes les parties de la Grèce.

Callias, qui contrefait si bien les ridicules, ce Callias, naguère esclave public de cette ville, dont il a été chassé, est maintenant un de ses principaux courtisans[2] : un autre esclave, Agatocle, s'est élevé par les mêmes moyens ; Philippe, pour le récompenser, l'a mis à la tête d'un détachement de ses troupes[3] : enfin Trasidée, le plus imbécile et le plus intrépide des flatteurs, vient d'obtenir une souveraineté en Thessalie[4].

Ces hommes sans principes et sans mœurs, sont publiquement appelés les amis du prince, et les fléaux de la Macédoine[5]. Leur nombre est excessif, leur crédit sans bornes. Peu contens des trésors qu'il leur prodigue, ils poursuivent les citoyens honnêtes, les dépouillent de leurs biens, ou les immolent à leur vengeance[6]. C'est avec eux qu'il se plonge dans la plus horrible crapule, passant les nuits à table, presque toujours ivre, presque toujours furieux, frappant à droite et à gauche, se livrant à des excès qu'on ne peut rappeler sans rougir[7].

Ce n'est pas seulement dans l'intérieur de son palais, c'est à la face des nations qu'il dégrade la majesté du trône. Dernièrement encore, chez les Thessaliens, si renommés pour leur intempérance, ne l'a-t-on pas vu les inviter à des repas fréquens, s'enivrer avec eux, les égayer par ses saillies, sauter, danser et jouer tour à tour le rôle de bouffon et de pantomime[8] ?

Non, je ne saurais croire, Anacharsis, qu'un tel histrion soit fait pour subjuguer la Grèce.

LETTRE D'APOLLODORE.

Du même jour que la précédente.

Je ne puis me rassurer sur l'état de la Grèce. On a beau me vanter le nombre de ses habitans, la valeur de ses soldats, l'éclat

---

[1] Demosth. olynth. 2, p. 23. Theop. ap. Athen. lib. 10, p. 439 ; et ap. Polyb. in excerpt. Vales. p. 21. — [2] Demosth. ibid. p. 24. — [3] Theop. ibid. lib. 6, cap. 17, p. 259. — [4] Id. ibid. cap. 13, p. 249. — [5] Id. ibid. lib. 4, cap. 19, p. 167. — [6] Id. ibid. lib. 6, cap. 17, p. 260. — [7] Id. ibid. et lib. 10, cap. 10, p. 439. — [8] Id. ibid. lib. 6, cap. 17, p. 260.

de ses anciennes victoires; on a beau me dire que Philippe bornera ses conquêtes, et que ses entreprises ont été jusqu'à présent colorées de spécieux prétextes; je me méfie de nos moyens, et me défie de ses vues.

Les peuples de la Grèce sont affaiblis et corrompus. Plus de lois, plus de citoyens; nulle idée de la gloire, nul attachement au bien public. Partout de vils mercenaires pour soldats, et des brigands pour généraux.

Nos républiques ne se réuniront jamais contre Philippe. Les unes sont engagées dans une guerre qui achève de les détruire; les autres n'ont de commun entre elles que des jalousies et des prétentions qui les empêchent de se rapprocher [1]. L'exemple d'Athènes pourrait peut-être leur faire plus d'impression que leurs propres intérêts; mais on ne se distingue plus ici que par des spectacles et des fêtes. Nous supportons les outrages de Philippe avec le même courage que nos pères bravaient les périls. L'éloquence impétueuse de Démosthène ne saurait nous tirer de notre assoupissement. Quand je le vois à la tribune, je crois l'entendre s'écrier, au milieu des tombeaux qui renferment les restes de nos anciens guerriers: Cendres éteintes, ossemens arides, levez-vous, et venez venger la patrie!

D'un autre côté, observez que Philippe, unique confident de ses secrets, seul dispensateur de ses trésors, le plus habile général de la Grèce, le plus brave soldat de son armée, conçoit, prévoit, exécute tout lui-même, prévient les événemens, en profite quand il le peut, et leur cède quand il le faut [2]. Observez que ses troupes sont très-bien disciplinées [3], qu'il les exerce sans cesse; qu'en temps de paix il leur fait faire des marches de trois cent stades [a], avec armes et bagages [4]; que dans tout temps il est à leur tête; qu'il les transporte avec une célérité effrayante d'une extrémité de son royaume à l'autre; qu'elles ont appris de lui à ne pas mettre plus de différence entre l'hiver et l'été qu'entre la fatigue et le repos [5]. Observez que si l'intérieur de la Macédoine se ressent des malheurs de la guerre, il trouve des ressources abondantes dans les mines d'or qui lui appartiennent, dans les dépouilles des peuples qu'il subjugue, dans le commerce des nations qui commencent à fréquenter les ports dont il s'est emparé en Thessalie. Observez que depuis qu'il est sur le trône il n'a qu'un objet; qu'il a le courage de le suivre avec lenteur; qu'il ne fait pas une démarche sans la méditer, qu'il n'en

---

[1] Demosth. philipp. 4, p. 102; id. de cor. p. 475. — [2] Id. olynth. 1, p. 1. — [3] Id. olynth. 2, p. 23. — [a] Plus de onze lieues. — [4] Polyæn. strateg. lib. 4, cap. 2, § 10. — [5] Demosth. philipp. 4, p. 99; id. epist. ad Philipp. p. 119.

fait pas une seconde sans s'être assuré du succès de la première ; qu'il est de plus avide, insatiable de gloire ; qu'il va la chercher dans les dangers, dans la mêlée, dans les endroits où elle se vend à plus haut prix[1]. Observez enfin que ses opérations sont toujours dirigées suivant les temps et les lieux : il oppose aux fréquentes révoltes des Thraces, Illyriens et autres barbares, des combats et des victoires ; aux nations de la Grèce, des tentatives pour essayer leurs forces, des apologies pour justifier ses entreprises ; l'art de les diviser pour les affaiblir, et celui de les corrompre pour les soumettre[2].

Il a fait couler au milieu d'elles cette grande et fatale contagion qui dessèche l'honneur jusque dans ses racines[3] ; il y tient à ses gages et les orateurs publics, et les principaux citoyens, et des villes entières. Quelquefois il cède ses conquêtes à des alliés, qui par là deviennent les instrumens de sa grandeur, jusqu'à ce qu'ils en soient les victimes[4]. Comme les gens à talens ont quelque influence sur l'opinion publique, il entretient avec eux une correspondance suivie[5], et leur offre un asile à sa cour quand ils ont à se plaindre de leur patrie[6].

Ses partisans sont en si grand nombre, et dans l'occasion si bien secondés par ses négociations secrètes, que, malgré les doutes qu'on peut répandre sur la sainteté de sa parole et de ses sermens, malgré la persuasion où l'on devrait être que sa haine est moins funeste que son amitié, les Thessaliens n'ont pas hésité à se jeter entre ses bras ; et plusieurs autres peuples n'attendent que le moment de suivre leur exemple.

Cependant on attache encore une idée de faiblesse à sa puissance, parce qu'on l'a vue dans son berceau. Vous entendriez dire à des gens, même éclairés, que les projets attribués à Philippe sont trop au-dessus des forces de son royaume. Il s'agit bien ici de la Macédoine ! il est question d'un empire formé pendant dix ans par des accroissemens progressifs et consolidés ; il est question d'un prince dont le génie centuple les ressources de l'État, et dont l'activité, non moins étonnante, multiplie dans la même proportion le nombre de ses troupes et les momens de sa vie.

Nous nous flattons en vain que ses momens s'écoulent dans la débauche et la licence : c'est vainement que la calomnie nous le représente comme le plus méprisable et le plus dissolu des hommes[7]. Le temps que les autres souverains perdent à s'en-

---

[1] Demosth. olynth. 2, p. 23. — [2] Id. de cor. p. 475 et 482. Justin. lib. 9, cap. 8. Diod. lib. 16, p. 451. — [3] Demosth. de Halon. p. 71 ; id. de fals. leg. p. 334, 341, etc. — [4] Id. ibid. p. 315. — [5] Isocr. epist. ad Philipp. — [6] AEschin. de fals. leg. p. 414. — [7] Polyb. in excerpt. Vales. p. 22.

nuyer, il l'accorde aux plaisirs; celui qu'ils donnent aux plaisirs, il le consacre aux soins de son royaume. Eh! plût aux dieux qu'au lieu des vices qu'on lui attribue, il eût des défauts! qu'il fût borné dans ses vues, obstiné dans ses opinions, sans attention au choix de ses ministres et de ses généraux, sans vigilance et sans suite dans ses entreprises! Philippe a peut-être le défaut d'admirer les gens d'esprit, comme s'il n'en avait pas plus que tous les autres. Un trait le séduit; mais ne le gouverne pas.

Enfin nos orateurs, pour inspirer de la confiance au peuple, lui disent sans cesse qu'une puissance fondée sur l'injustice et la perfidie ne saurait subsister. Sans doute, si les autres nations n'étaient pas aussi perfides, aussi injustes qu'elle. Mais le règne des vertus est passé, et c'est à la force qu'il appartient maintenant de gouverner les hommes.

Mon cher Anacharsis, quand je réfléchis à l'immense carrière que Philippe a parcourue dans un si petit nombre d'années, quand je pense à cet assemblage de qualités éminentes et de circonstances favorables dont je viens d'esquisser le tableau, je ne puis m'empêcher de conclure que Philippe est fait pour asservir la Grèce.

LETTRE DE CALLIMÉDON.

Du même jour que les deux précédentes.

J'adore Philippe. Il aime la gloire, les talens, les femmes[1] et le vin. Sur le trône, le plus grand des rois[2]; dans la société, le plus aimable des hommes. Comme il fait valoir l'esprit des autres! comme les autres sont enchantés du sien! Quelle facilité dans le caractère! quelle politesse dans les manières! que de goût dans tout ce qu'il dit! que de grâces dans tout ce qu'il fait!

Le roi de Macédoine est quelquefois obligé de traiter durement les vaincus; mais Philippe est humain, doux, affable[3], essentiellement bon : j'en suis certain, car il veut être aimé[4]; et, de plus, j'ai ouï dire à je ne sais qui, c'est peut-être à moi, qu'on n'est pas méchant quand on est si gai.

Sa colère s'allume et s'éteint dans un moment. Sans fiel, sans rancune, il est au-dessus de l'offense comme de l'éloge. Nos orateurs l'accablent d'injures à la tribune; ses sujets mêmes lui disent quelquefois des vérités choquantes. Il répond qu'il a des obligations aux premiers, parce qu'ils le corrigent de ses faiblesses[5]; aux seconds, parce qu'ils l'instruisent de ses devoirs. Une femme du peuple se présente, et le prie de terminer son affaire.— « Je

---

[1] Athen. lib. 13, p. 578. Plut. conjug. præcept. t. 2, p. 141; id. apophth. p. 178.— [2] Cicer. de offic. lib. 1, cap. 26, t. 3, p. 203.— [3] Id. ibid.— [4] Justin. lib. 9, cap. 8.— [5] Plut. apophth. t. 2, p. 177.

» n'en ai pas le temps. — Pourquoi donc restez-vous sur le
» trône ? » Ce mot l'arrête, et sur-le-champ il se fait rapporter
tous les procès qui étaient en souffrance [1]. Une autre fois il
s'endort pendant la plaidoirie, et n'en condamne pas moins une
des parties à payer une certaine somme. « J'en appelle, s'écrie-
» t-elle aussitôt. — A qui donc? — Au roi plus attentif. » A l'instant il revoit l'affaire, reconnaît son erreur, et paie lui-même
l'amende [2].

Voulez-vous savoir s'il oublie les services ? Il en avait reçu de
Philon pendant qu'il était en otage à Thèbes, il y a dix ans au
moins. Dernièrement les Thébains lui envoyèrent des députés.
Philon était du nombre. Le roi voulut le combler de biens [3], et
n'essuyant que des refus : Pourquoi, lui dit-il, m'enviez-vous la
gloire et le plaisir de vous vaincre en bienfaits [4] ?

A la prise d'une ville, un des prisonniers qu'on exposait en
vente réclamait son amitié. Le roi surpris le fit approcher ; il
était assis ; l'inconnu lui dit à l'oreille : « Laissez tomber votre
» robe, vous n'êtes pas dans une position décente. — Il a raison,
» s'écria Philippe ; il est de mes amis ; qu'on lui ôte ses
» fers [5]. »

J'aurais mille traits à vous raconter de sa douceur et de sa
modération. Ses courtisans voulaient qu'il sévît contre Nicanor,
qui ne cessait de blâmer son administration et sa conduite. Il
leur répondit : « Cet homme n'est pas le plus méchant des
» Macédoniens ; c'est peut-être moi qui ai tort de l'avoir né-
» gligé. » Il prit des informations ; il sut que Nicanor était aigri
par le besoin, et vint à son secours. Comme Nicanor ne parlait
plus de son bienfaiteur qu'avec éloge, Philippe dit aux délateurs:
« Vous voyez bien qu'il dépend d'un roi d'exciter ou d'arrêter les
» plaintes de ses sujets [6]. » Un autre se permettait contre lui des
plaisanteries amères et pleines d'esprit. On lui proposait de
l'exiler. « Je n'en ferai rien, répondit-il ; il irait dire partout
» ce qu'il dit ici [7]. »

Au siége d'une place, il eut la clavicule cassée d'un coup de
pierre. Son chirurgien le pansait et lui demandait une grâce [8].
« Je ne puis pas la refuser, lui dit Philippe en riant, tu me tiens
» à la gorge [a]. »

Sa cour est l'asile des talens et des plaisirs. La magnificence
brille dans ses fêtes, la gaieté dans ses soupers. Voilà des faits. Je
me soucie fort peu de son ambition. Croyez-vous qu'on soit bien

---

[1] Plut. apophth. t. 2, p. 179. — [2] Id. ibid. p. 178. — [3] Demosth. de fals.
leg. p. 314. — [4] Plut. ibid. — [5] Id. ibid. — [6] Plut. ibid. p. 177. — [7] Id. ibid.
— [8] Id. ibid. — [a] Le texte dit : « Prends tout ce que tu voudras, tu tiens la
clef dans ta main. » Le mot grec qui signifie clavicule désigne aussi une clef.

malheureux de vivre sous un tel prince? S'il vient nous attaquer, nous nous battrons; si nous sommes vaincus, nous en serons quittes pour rire et boire avec lui.

SOUS L'ARCHONTE CALLIMAQUE.

Dans la 4ᵉ. année de la 107ᵉ. olympiade.

(Depuis le 30 juin de l'an 349, jusqu'au 18 juillet de l'an 348 avant J. C.)

Pendant que nous étions en Égypte et en Perse, nous profitions de toutes les occasions pour instruire nos amis d'Athènes des détails de notre voyage. Je n'ai trouvé dans mes papiers que ce fragment d'une lettre que j'écrivis à Apollodore, quelque temps après notre arrivée à Suze, une des capitales de la Perse.

FRAGMENT D'UNE LETTRE D'ANACHARSIS.

Nous avons parcouru plusieurs provinces de ce vaste empire. À Persépolis, outre des tombeaux creusés dans le roc, à une très-grande élévation, le palais des rois a étonné nos regards, familiarisés depuis quelques années avec les monumens de l'Égypte. Il fut construit, dit-on, il y a près de deux siècles, sous le règne de Darius, fils d'Hystaspe, par des ouvriers égyptiens que Cambyse avait amenés en Perse[1]. Une triple enceinte de murs, dont l'une a soixante coudées de hauteur[a], des portes d'airain, des colonnes sans nombre, quelques unes hautes de soixante-dix pieds[b]; de grands quartiers de marbre chargés d'une infinité de figures en bas reliefs[2]; des souterrains où sont déposées des sommes immenses : tout y respire la magnificence et la crainte; car ce palais sert en même temps de citadelle[3].

Les rois de Perse en ont fait élever d'autres, moins somptueux à la vérité, mais d'une beauté surprenante, à Suze, à Ecbatane, dans toutes les villes où ils passent les différentes saisons de l'année.

Ils ont aussi de grands parcs qu'ils nomment *paradis*[4], et qui sont divisés en deux parties. Dans l'une, armés de flèches et de javelots, ils poursuivent à cheval, à travers les forêts, les bêtes fauves qu'ils ont soin d'y renfermer[5]. Dans l'autre, où l'art du jardinage a épuisé ses efforts, ils cultivent les plus belles fleurs, et recueillent les meilleurs fruits : ils ne sont pas moins jaloux d'y élever des arbres superbes, qu'ils disposent communément

---

[1] Diod. lib. 1, p. 43. — [a] Quatre-vingt-cinq de nos pieds. — [b] Soixante-six de nos pieds, un pouce quatre lignes. — [2] Chardin, Corn. Le Bruyn, etc. — [3] Diod. lib. 17, p. 544. — [4] Briss. de reg. Pers. lib. 1, p. 109. — [5] Xenoph. instit. Cyr. lib. 1, p. 11.

en quinconces¹. On trouve en différens endroits de semblables *paradis*, appartenant aux satrapes ou à de grands seigneurs².

Cependant nous avons encore été plus frappés de la protection éclatante que le souverain accorde à la culture des terres, non par des volontés passagères, mais par cette vigilance éclairée qui a plus de pouvoir que les édits et les lois. De district en district, il a établi deux intendans, l'un pour le militaire, l'autre pour le civil. Le premier est chargé de maintenir la tranquillité publique; le second, de hâter les progrès de l'industrie et de l'agriculture. Si l'un ne s'acquitte pas de ses devoirs, l'autre a le droit de s'en plaindre au gouverneur de la province, ou au souverain lui-même, qui de temps en temps parcourt une partie de ses États. Aperçoit-il des campagnes couvertes d'arbres, de moissons et de toutes les productions dont le sol est susceptible, il comble d'honneurs les deux chefs, et augmente leur département. Trouve-t-il des terres incultes, ils sont aussitôt révoqués et remplacés. Des commissaires incorruptibles et revêtus de son autorité, exercent la même justice dans les cantons où il ne voyage pas³.

En Égypte, nous entendions souvent parler, avec les plus grands éloges, de cet Arsame que le roi de Perse avait, depuis plusieurs années, appelé à son conseil. Dans les ports de Phénicie, on nous montrait des citadelles nouvellement construites, quantité de vaisseaux de guerre sur le chantier, des bois et des agrès qu'on apportait de toutes parts : on devait ces avantages à la vigilance d'Arsame. Des citoyens utiles nous disaient : Notre commerce était menacé d'une ruine prochaine ; le crédit d'Arsame l'a soutenu. On apprenait en même temps que l'île importante de Chypre, après avoir long-temps éprouvé les maux de l'anarchie⁴, venait de se soumettre à la Perse ; et c'était le fruit de la politique d'Arsame. Dans l'intérieur du royaume, de vieux officiers nous disaient les larmes aux yeux : Nous avions bien servi le roi ; mais, dans la distribution des grâces, on nous avait oubliés : nous nous sommes adressés à Arsame, sans le connaître ; il nous a procuré une vieillesse heureuse, et ne l'a dit à personne. Un particulier ajoutait : Arsame, prévenu par mes ennemis, crut devoir employer contre moi la voie de l'autorité; bientôt convaincu de mon innocence, il m'appela : je le trouvai plus affligé que je ne l'étais moi-même ; il me pria de l'aider à réparer une injustice dont son âme gémissait, et me fit promettre de recourir à lui toutes les fois que j'aurais besoin de protection. Je ne l'ai jamais imploré en vain.

¹ Xenoph. memor. lib. 5, p. 829. — ² Id. exped. Cyr. lib. 1, p. 246. Q. Curt. lib. 8, cap. 1. — ³ Xenoph. memor. lib. 5, p. 828. — ⁴ Diod. lib. 16, p. 440.

Partout son influence secrète donnait de l'activité aux esprits ; les militaires se félicitaient de l'émulation qu'il entretenait parmi eux, et les peuples, de la paix qu'il leur avait ménagée, malgré des obstacles presque insurmontables. Enfin la nation était remontée par ses soins à cette haute considération que des guerres malheureuses lui avaient fait perdre parmi les puissances étrangères.

Arsame n'est plus dans le ministère. Il coule des jours tranquilles dans son *paradis*, éloigné de Suze d'environ quarante parasanges [a]. Ses amis lui sont restés ; ceux dont il faisait si bien valoir le mérite se sont souvenus de ses bienfaits ou de ses promesses. Tous se rendent auprès de lui avec plus d'empressement que s'il était encore en place.

Le hasard nous a conduits dans sa charmante retraite. Ses bontés nous y retiennent depuis plusieurs mois, et je ne sais si nous pourrons nous arracher d'une société qu'Athènes seule aurait pu rassembler dans le temps que la politesse, la décence et le bon goût régnaient le plus dans cette ville.

Elle fait le bonheur d'Arsame ; il en fait les délices. Sa conversation est animée, facile, intéressante, souvent relevée par des saillies qui lui échappent comme des éclairs ; toujours embellie par les grâces, et par une gaieté qui se communique, ainsi que son bonheur, à tout ce qui l'entoure. Jamais aucune prétention dans ce qu'il dit ; jamais d'expressions impropres ni recherchées, et cependant la plus parfaite bienséance au milieu du plus grand abandon : c'est le ton d'un homme qui possède au plus haut degré le don de plaire et le sentiment exquis des convenances.

Cet heureux accord le frappe vivement quand il le retrouve ou qu'il le suppose dans les autres. Il écoute avec une attention obligeante : il applaudit avec transport à un trait d'esprit, pourvu qu'il soit rapide ; à une pensée neuve, pourvu qu'elle soit juste ; à un grand sentiment, dès qu'il n'est pas exagéré.

Dans le commerce de l'amitié, ses agrémens, plus développés encore, semblent à chaque moment se montrer pour la première fois. Il apporte dans les liaisons moins étroites une facilité de mœurs dont Aristote avait conçu le modèle. On rencontre souvent, me disait un jour ce philosophe, des caractères si faibles, qu'ils approuvent tout pour ne blesser personne ; d'autres si difficiles, qu'ils n'approuvent rien, au risque de déplaire à tout le monde [1]. Il est un milieu qui n'a point de nom dans notre langue, parce que très-peu de gens savent le saisir. C'est une

---

[a] Environ quarante-cinq lieues et un tiers. — [1] Aristot. de mor. lib. 4, cap. 12, t. 2, p. 54.

disposition naturelle qui, sans avoir la réalité de l'amitié, en a les apparences, et en quelque façon les douceurs : celui qui en est doué évite également de flatter et de choquer l'amour-propre de qui que ce soit; il pardonne les faiblesses, supporte les défauts, ne se fait pas un mérite de relever les ridicules, n'est point empressé à donner des avis, et sait mettre tant de proportion et de vérité dans les égards et l'intérêt qu'il témoigne[r], que tous les cœurs croient avoir obtenu dans le sien le degré d'affection ou d'estime qu'ils désirent.

Tel est le charme qui les attire et les fixe auprès d'Arsame; espèce de bienveillance générale d'autant plus attrayante chez lui, qu'elle s'unit sans effort à l'éclat de la gloire et à la simplicité de la modestie. Une fois, en sa présence, l'occasion s'offrit d'indiquer quelques unes de ses grandes qualités; il se hâta de relever ses défauts. Une autre fois il s'agissait des opérations qu'il dirigea pendant son ministère : nous voulûmes lui parler de ses succès; il nous parla de ses fautes.

Son cœur, aisément ému, s'enflamme au récit d'une belle action, et s'attendrit sur le sort du malheureux, dont il excite la reconnaissance sans l'exiger. Dans sa maison, autour de sa demeure, tout se ressent de cette bonté généreuse qui prévient tous les vœux et suffit à tous les besoins. Déjà des terres abandonnées se sont couvertes de moissons ; déjà les pauvres habitans des campagnes voisines, prévenus par ses bienfaits, lui offrent un tribut d'amour qui le touche plus que leur respect.

Mon cher Apollodore, c'est à l'histoire qu'il appartient de mettre à sa place un ministre qui, dépositaire de toute la faveur, et n'ayant aucune espèce de flatteurs à ses gages, n'ambitionna jamais que la gloire et le bonheur de sa nation. Je vous ai fait part des premières impressions que nous avons reçues auprès de lui; je rappellerai peut-être dans la suite d'autres traits de son caractère. Vous me le pardonnerez sans doute : des voyageurs ne doivent point négliger de si riches détails; car enfin la description d'un grand homme vaut bien celle d'un grand édifice.

LETTRE D'APOLLODORE.

Vous savez qu'au voisinage des États de Philippe, dans la Thrace maritime, s'étend, le long de la mer, la Chalcidique, où s'établirent autrefois plusieurs colonies grecques, dont Olynthe est la principale. C'est une ville forte, opulente, très-peuplée, et qui, placée en partie sur une hauteur, attire de loin les

---

[r] Aristot. de mor. lib. 4, cap. 14, t. 2, p. 56.

regards par la beauté de ses édifices et la grandeur de son enceinte [1].

Ses habitans ont donné plus d'une fois des preuves éclatantes de leur valeur. Quand Philippe monta sur le trône, ils étaient sur le point de conclure une alliance avec nous. Il sut la détourner en nous séduisant par des promesses, eux par des bienfaits [2]: il augmenta leurs domaines par la cession d'Anthémonte et de Potidée, dont il s'était rendu maître [3]. Touchés de ses avances généreuses, ils l'ont laissé pendant plusieurs années s'agrandir impunément; et si par hasard ils en concevaient de l'ombrage, il faisait partir aussitôt des ambassadeurs, qui, soutenus des nombreux partisans qu'il avait eu le temps de se ménager dans la ville, calmaient facilement ces alarmes passagères [4].

Ils avaient enfin ouvert les yeux, et résolu de se jeter entre nos bras [5]; d'ailleurs ils refusaient depuis long-temps de livrer au roi deux de ses frères d'un autre lit qui s'étaient réfugiés chez eux, et qui pouvaient avoir des prétentions au trône de Macédoine [6]. Il se sert aujourd'hui de ces prétextes pour effectuer le dessein conçu depuis long-temps d'ajouter la Chalcidique à ses États. Il s'est emparé sans effort de quelques villes de la contrée ; les autres tomberont bientôt entre ses mains [7]. Olynthe est menacée d'un siége ; ses députés ont imploré notre secours. Démosthène a parlé pour eux [8], et son avis a prévalu, malgré l'opposition de Démade, orateur éloquent, mais soupçonné d'intelligence avec Philippe [9].

Charès est parti avec trente galères et deux mille hommes armés à la légère [10]; il a trouvé sur la côte voisine d'Olynthe un petit corps de mercenaires au service du roi de Macédoine, et, content de l'avoir mis en fuite et d'avoir pris le chef, surnommé le Coq, il est venu jouir de son triomphe au milieu de nous. Les Olynthiens n'ont pas été secourus; mais, après des sacrifices en actions de grâces, notre général a donné dans la place publique un repas au peuple [11], qui, dans l'ivresse de sa joie, lui a décerné une couronne d'or.

Cependant Olynthe nous ayant envoyé de nouveaux députés, nous avons fait partir dix-huit galères, quatre mille soldats étrangers armés à la légère, et cent cinquante chevaux [12], sous la conduite de Charidème, qui ne surpasse Charès qu'en scéléra-

[1] Thucyd. lib. 1, cap. 63. Diod. lib. 16, p. 412. — [2] Demosth. olynth. 2, p. 22. — [3] Id. philipp. 2, p. 66; philipp. 4, p. 104. — [4] Id. philipp. 3, p. 87 et 93. — [5] Id. olynth. 3, p. 36, etc. — [6] Justin. lib. 8, cap. 3. Oros. lib. 3, cap. 12, p. 172. — [7] Diod. ibid. p. 450. — [8] Demosth. ibid. Plut. x rhet. vit. t. 2, p. 845. — [9] Suid. in Δημάδ. — [10] Philoch. ap. Dionys. Halic. epist. ad Amm. cap. 9, t. 6, p. 734. — [11] Theop. et Duris, ap. Athen. lib. 12, cap. 8, p. 532. Argum. olynth. 3, ap. Demosth. p. 34. — [12] Philoch. ibid.

tesse. Après avoir ravagé la contrée voisine, il est entré dans la ville, où tous les jours il se signale par son intempérance et ses débauches [1].

Quoique bien des gens soutiennent ici que cette guerre nous est étrangère [2], je suis persuadé que rien n'est si essentiel pour les Athéniens que la conservation d'Olynthe. Si Philippe s'en empare, qui l'empêchera de venir dans l'Attique ? Il ne reste plus entre lui et nous que les Thessaliens, qui sont ses alliés, les Thébains, qui sont nos ennemis, et les Phocéens, trop faibles pour se défendre eux-mêmes [3].

LETTRE DE NICÉTAS.

Je n'attendais qu'une imprudence de Philippe : il craignait et ménageait les Olynthiens [4]; tout à coup on l'a vu s'approcher de leurs murailles à la distance de quarante stades [a]. Ils lui ont envoyé des députés. « Il faut que vous sortiez de la ville, ou moi » de la Macédoine; » voilà sa réponse [5]. Il a donc oublié que dans ces derniers temps ils contraignirent son père Amyntas à leur céder une partie de son royaume, et qu'ils opposèrent ensuite la plus longue résistance à l'effort de ses armes, jointes à celles des Lacédémoniens, dont il avait imploré l'assistance [6].

On dit qu'en arrivant il les a mis en fuite. Mais comment pourra-t-il franchir ces murs que l'art a fortifiés, et qui sont défendus par une armée entière ? Il faut compter d'abord plus de dix mille hommes d'infanterie et mille de cavalerie levés dans la Chalcidique, ensuite quantité de braves guerriers que les assiégés ont reçus de leurs anciens alliés [7] : joignez-y les troupes de Charidème, et le nouveau renfort de deux mille hommes pesamment armés, et de trois cents cavaliers, tous Athéniens, que nous venons de faire partir [8].

Philippe n'eût jamais entrepris cette expédition, s'il en eût prévu les suites; il a cru tout emporter d'emblée. Une autre inquiétude le dévore en secret : les Thessaliens ses alliés seront bientôt au nombre de ses ennemis; il leur avait enlevé la ville de Pagase, ils la demandent; il comptait fortifier Magnésie, ils s'y opposent; il perçoit des droits dans leurs ports et dans leurs marchés, ils veulent se les réserver. S'il en est privé, comment paiera-t-il cette armée nombreuse de mercenaires qui fait toute sa force ? On présume, d'un autre côté, que les Illy-

---

[1] Theop. ap. Athen. lib. 10, p. 436. — [2] Ulpian. in Demosth. olynth. 1, p. 6. — [3] Demosth. ibid. p. 4. — [4] Id. olynth. 3, p. 36. — [a] Environ une lieue et demie. — [5] Demosth. philipp. 3, p. 87. — [6] Xenoph. hist. græc. lib. 5, p. 559. Diod. lib. 15, p. 341. — [7] Demosth. de fals. lég. p. 335. — [8] Philoch. ap. Dionys. Halic. ad Amm. cap. 9, t. 6, p. 735.

riens et les Péoniens, peu façonnés à la servitude, secoueront bientôt le joug d'un prince que ses victoires ont rendu insolent[1].

Que n'eussions-nous pas donné pour susciter les Olynthiens contre lui ! *L'événement a surpassé notre attente. Vous apprendrez bientôt que la puissance et la gloire de Philippe se sont brisées contre les remparts d'Olynthe.*

LETTRE D'APOLLODORE.

Philippe entretenait des intelligences dans l'Eubée; il y faisait passer secrètement des troupes. Déjà la plupart des villes étaient gagnées. Maître de cette île, il l'eût été bientôt de la Grèce entière. A la prière de Plutarque d'Érétrie, nous fîmes partir Phocion avec un petit nombre de cavaliers et de fantassins[2]. Nous comptions sur les partisans de la liberté et sur les étrangers que Plutarque avait à sa solde. Mais la corruption avait fait de si grands progrès, que toute l'île se souleva contre nous, que Phocion courut le plus grand danger, et que nous fîmes marcher le reste de la cavalerie[3].

Phocion occupait une éminence qu'un ravin profond séparait de la plaine de Tamynes[4]. Les ennemis, qui le tenaient assiégé depuis quelque temps, résolurent enfin de le déposter. Il les vit s'avancer, et resta tranquille. Mais Plutarque, au mépris de ses ordres, sortit des retranchemens à la tête des troupes étrangères ; il fut suivi de nos cavaliers ; les uns et les autres attaquèrent en désordre, et furent mis en fuite. Tout le camp frémissait d'indignation ; mais Phocion contenait la valeur des soldats, sous prétexte que les sacrifices n'étaient pas favorables. Dès qu'il vit l'ennemi abattre l'enceinte du camp, il donna le signal, les repoussa vivement, et les poursuivit dans la plaine : le combat fut meurtrier, et la victoire complète. L'orateur Eschine en a apporté la nouvelle. Il s'était distingué dans l'action[5].

Phocion a chassé d'Érétrie ce Plutarque qui la tyrannisait, et de l'Eubée, tous ces petits despotes qui s'étaient vendus à Philippe. Il a mis une garnison dans le fort de Zarétra, pour assurer l'indépendance de l'île ; et après une campagne que les connaisseurs admirent, il est venu se confondre avec les citoyens d'Athènes.

Vous jugerez de sa sagesse et de son humanité par ces deux traits. Avant la bataille, il défendit aux officiers d'empêcher la désertion, qui les délivrerait d'une foule de lâches et de mutins ; après la victoire, il ordonna de relâcher tous les prisonniers

---

[1] Demosth. olynth. 1, p. 4. — [2] Plut. in Phoc. t. 1, p. 747. — [3] Demosth. n Mid. p. 629. — [4] Plut. ibid. — [5] AEschin. de fals. leg. p. 422.

grecs, de peur que le peuple n'exerçât sur eux des actes de vengeance et de cruauté[1].....

Dans une de nos dernières conversations, Théodore nous entretint de la nature et du mouvement des astres. Pour tout compliment, Diogène lui demanda s'il y avait long-temps qu'il était descendu du ciel[2]. Panthion nous lut ensuite un ouvrage d'une excessive longueur. Diogène, assis auprès de lui, jetait par intervalles les yeux sur le manuscrit, et s'étant aperçu qu'il tendait à sa fin : Terre ! terre ! s'écria-t-il ; mes amis, encore un moment de patience[3].

Un instant après, on demandait à quelles marques un étranger arrivant dans une ville reconnaîtrait qu'on y néglige l'éducation. Platon répondit : « Si l'on y a besoin de médecins et de » juges[4]. »

SOUS L'ARCHONTE THÉOPHILE.

La 1re. année de la 108e. olympiade.

(Depuis le 18 juillet de l'an 348, jusqu'au 8 juillet de l'an 347 avant J. C.)

LETTRE D'APOLLODORE.

Ces jours passés, nous promenant hors de la porte de Thrace, nous vîmes un homme à cheval arriver à toute bride ; nous l'arrêtâmes. D'où venez-vous? Savez-vous quelque chose du siége d'Olynthe ? J'étais allé à Potidée, nous dit-il ; à mon retour, je n'ai plus vu Olynthe[5]. A ces mots, il nous quitte et disparaît. Nous rentrâmes, et, quelques momens après, le désastre de cette ville répandit la consternation.

Olynthe n'est plus : ses richesses, ses forces, ses alliés, quatorze mille hommes que nous lui avions envoyés à diverses reprises, rien n'a pu la sauver[6]. Philippe, repoussé à tous les assauts, perdait journellement du monde[7]. Mais des traîtres qu'elle renfermait dans son sein hâtaient tous les jours l'instant de sa ruine. Il avait acheté ses magistrats et ses généraux. Les principaux d'entre eux, Euthycrate et Lasthène, lui livrèrent une fois cinq cents cavaliers qu'ils commandaient[8], et, après d'autres trahisons non moins funestes, l'introduisirent dans la ville, qui fut aussitôt abandonnée au pillage. Maisons, portiques, temples, la flamme et le fer ont tout détruit ; et bientôt on se demandera où elle était située[9]. Philippe a fait vendre les

---

[1] Plut. in Phoc. t. 1, p. 747. — [2] Diog. Laert. lib. 6, § 39. — [3] Id. ibid. § 38. Etymol. magn. in Γαγαι. — [4] Plat. de rep. lib. 3, t. 2, p. 405. — [5] Agath. ap. Phot. p. 1335. — [6] Demosth. de fals. leg. p. 335. Dionys. Halic. epist. ad. Amm. t. 6, p. 736. — [7] Diod. lib. 16, p. 450. — [8] Demosth. ibid. — [9] Id. philipp. 3, p. 89. Strab. lib. 2, p. 121. Diod. ibid.

habitans, et mettre à mort deux de ses frères, retirés depuis plusieurs années dans cet asile [1].

La Grèce est dans l'épouvante; elle craint pour sa puissance et pour sa liberté [2]. On se voit partout entouré d'espions et d'ennemis. Comment se garantir de la vénalité des âmes? Comment se défendre contre un prince qui dit souvent et qui prouve par les faits qu'il n'y a point de murailles qu'une bête de somme chargée d'or ne puisse aisément franchir [3] ? Les autres nations ont applaudi aux décrets foudroyans que nous avons portés contre ceux qui ont trahi les Olynthiens [4]. Il faut rendre justice aux vainqueurs; indignés de cette perfidie, ils l'ont reprochée ouvertement aux coupables. Euthycrate et Lasthène s'en sont plaints à Philippe, qui leur a répondu : « Les soldats macédoniens » sont encore bien grossiers; ils nomment chaque chose par » son nom [5]. »

Tandis que les Olynthiens, chargés de fers, pleuraient assis sur les cendres de leur patrie, ou se traînaient par troupeaux dans les chemins publics, à la suite de leurs nouveaux maîtres [6], Philippe osait remercier le ciel des maux dont il était l'auteur, et célébrait des jeux superbes en l'honneur de Jupiter olympien [7]. Il avait appelé les artistes les plus distingués, les acteurs les plus habiles. Ils furent admis au repas qui termina ces fêtes odieuses. Là, dans l'ivresse de la victoire et des plaisirs, le roi s'empressait de prévenir ou de satisfaire les vœux des assistans, de leur prodiguer ses bienfaits ou ses promesses. Satyrus, cet acteur qui excelle dans le comique, gardait un morne silence. Philippe s'en aperçut, et lui en fit des reproches. « Eh quoi ! » lui disait-il, doutez-vous de ma générosité, de mon estime ? » N'avez-vous point de grâces à solliciter ? » Il en est une, répondit Satyrus, qui dépend uniquement de vous; mais je crains un refus. « Parlez, dit Philippe; et soyez sûr d'obtenir ce que » vous demanderez. »

« J'avais, reprit l'acteur, des liaisons étroites d'hospitalité et » d'amitié avec Apollophane de Pydna. On le fit mourir sur de » fausses imputations. Il ne laissa que deux filles très-jeunes » encore. Leurs parens, pour les mettre en lieu de sûreté, les » firent passer à Olynthe. Elles sont dans les fers ; elles sont à » vous, et j'ose les réclamer. Je n'ai d'autre intérêt que celui » de leur honneur. Mon dessein est de leur constituer des dots, » de leur choisir des époux, et d'empêcher qu'elles ne fassent

---

[1] Oros. lib. 3, cap. 12. Justin. lib. 8, cap. 3. — [2] Agath. ap. Phoc. p. 1334. — [3] Plut. apophth. t. 2, p. 178. Cicer. ad Attic. lib. 1, epist. 16, t. 8, p. 75. — [4] Demosth. de fals. leg. p. 335. — [5] Plut. ibid. — [6] Demosth. ibid. p. 341. — [7] Id. ibid. p. 322. AEschin. ibid. p. 420. Diod. lib. 16, p. 451.

« rien qui soit indigne de leur père et de mon ami. » Toute la salle retentit des applaudissemens que méritait Satyrus; et Philippe, plus ému que les autres, lui fit remettre à l'instant les deux jeunes captives. Ce trait de clémence est d'autant plus beau, qu'Apollophane fut accusé d'avoir, avec d'autres conjurés, privé de la vie et de la couronne Alexandre, frère de Philippe.

Je ne vous parle pas de la guerre des Phocéens : elle se perpétue sans incidens remarquables. Fasse le ciel qu'elle ne se termine pas comme celle d'Olynthe !

LETTRE DE NICÉTAS.

Je ne m'attendais pas au malheur des Olynthiens, parce que je ne devais pas m'attendre à leur aveuglement. S'ils ont péri, c'est pour n'avoir pas étouffé dans son origine le parti de Philippe. Ils avaient à la tête de leur cavalerie Apollonide, habile général, excellent citoyen : on le bannit tout à coup [1], parce que les partisans de Philippe étaient parvenus à le rendre suspect. Lasthène qu'on met à sa place, Euthycrate qu'on lui associe, avaient reçu de la Macédoine des bois de construction, des troupeaux de bœufs et d'autres richesses, qu'ils n'étaient pas en état d'acquérir; leur liaison avec Philippe était avérée, et les Olynthiens ne s'en aperçoivent pas. Pendant le siège les mesures des chefs sont visiblement concertées avec le roi, et les Olynthiens persistent dans leur aveuglement. On savait partout qu'il avait soumis les villes de la Chalcidique, plutôt à force de présens que par la valeur de ses troupes, et cet exemple est perdu pour les Olynthiens [2].

Celui d'Euthycrate et de Lasthène effraiera désormais les lâches qui seraient capables d'une pareille infamie. Ces deux misérables ont péri misérablement [3]. Philippe, qui emploie les traîtres et les méprise, a cru devoir livrer ceux-ci aux outrages de ses soldats, qui ont fini par les mettre en pièces.

La prise d'Olynthe, au lieu de détruire nos espérances, ne sert qu'à les relever. Nos orateurs ont enflammé les esprits. Nous avons envoyé un grand nombre d'ambassadeurs [4]. Ils iront partout chercher des ennemis à Philippe, et indiquer une diète générale pour y délibérer sur la guerre. Elle doit se tenir ici. Eschine s'est rendu chez les Arcadiens, qui ont promis d'accéder à la ligue. Les autres nations commencent à se remuer; toute la Grèce sera bientôt sous les armes.

[1] Démosth. philipp. 3, p. 93 et 94. — [2] Id. de fals. leg. p. 335. — [3] Id. de Cherson. p. 80. — [4] Id. de fals. leg. p. 295. Æschin. ibid. p. 404; id. in Ctesiph. p. 437. Diod. lib. 16, p. 450.

La république ne ménage plus rien. Outre les décrets portés contre ceux qui ont perdu Olynthe, nous avons publiquement accueilli ceux de ses habitans qui avaient échappé aux flammes et à l'esclavage[1]. A tant d'actes de vigueur, Philippe reconnaîtra qu'il ne s'agit plus entre nous et lui d'attaques furtives, de plaintes, de négociations et de projets de paix.

LETTRE D'APOLLODORE.

Le 15 de thargélion [a].

Vous partagerez notre douleur. Une mort imprévue vient de nous enlever Platon. Ce fut le 7 de ce mois [b], le jour même de sa naissance [2]. Il n'avait pu se dispenser de se trouver à un repas de noce [3]. J'étais auprès de lui : il ne mangea, comme il faisait souvent, que quelques olives [4]. Jamais il ne fut si aimable, jamais sa santé ne nous avait donné de si belles espérances. Dans le temps que je l'en félicitais, il se trouve mal, perd connaissance, et tombe entre mes bras. Tous les secours furent inutiles; nous le fîmes transporter chez lui. Nous vîmes sur sa table les dernières lignes qu'il avait écrites quelques momens auparavant [5], et les corrections qu'il faisait par intervalles à son Traité de la République [6]; nous les arrosâmes de nos pleurs. Les regrets du public, les larmes de ses amis, l'ont accompagné au tombeau. Il est inhumé auprès de l'Académie [7]. Il avait quatre-vingt-un ans révolus [8].

Son testament contient l'état de ses biens [9] : deux maisons de campagne; trois mines en argent comptant [c]; quatre esclaves; deux vases d'argent, pesant l'un cent soixante-cinq drachmes, l'autre quarante-cinq; un anneau d'or; la boucle d'oreille de même métal qu'il portait dans son enfance [10]. Il déclare n'avoir aucune dette [11] : il lègue une de ses maisons de campagne au fils d'Adimante son frère, et donne la liberté à Diane, dont le zèle

---

[1] Senec. in excerpt. controv. t. 3, p. 516. — [a] Le 25 mai 347 avant J. C. — [b] Le 17 mai 347 avant J. C. Je ne donne pas cette date comme certaine; on sait que les chronologistes se partagent sur l'année et sur le jour où mourut Platon; mais il paraît que la différence ne peut être que de quelques mois. (Voyez Dodwell. de cycl. dissert. 10, p. 609, ainsi qu'une dissertation du P. Corsini, insérée dans un recueil de pièces, intitulé : Symbolæ litterariæ, t. 6, p 80.) — [2] Diog. Laert. in Plat. lib. 3, § 2. Senec. epist. 58. — [3] Hermipp. ap. Diog. Laert. ibid. — [4] Diog. Laert. lib. 6, § 25. — [5] Cicer. de senect. cap. 5, t. 3, p. 298. — [6] Dionys. Halic. de compos. verb. cap. 25, p. 209. Quintil. lib. 8, cap. 6, p. 529. Diog. Laert. lib. 3, § 37. — [7] Pausan. lib. 1, cap. 30, p. 76. — [8] Diog. Laert. ibid. § 2. Cicer. ibid. Senec. ibid. t. 2, p. 207. Censor. de die nat. cap. 14 et 15. Lucian. in Macrob. t. 3, p. 223. Val. Max. lib. 8, cap. 7, etc. — [9] Diog. Laert. ibid. § 41. — [c] Deux cent soixante-dix livres. — [10] Sext. Empir. adv. gramm. lib. 1, cap. 12, p. 271. — [11] Diog. Laert. ibid.

et les soins méritaient cette marque de reconnaissance. Il règle de plus tout ce qui concerne ses funérailles et son tombeau[1]. Speusippe, son neveu, est nommé parmi les exécuteurs de ses dernières volontés, et doit le remplacer à l'Académie.

Parmi ses papiers, on a trouvé des lettres qui roulent sur des matières de philosophie. Il nous avait dit plus d'une fois qu'étant en Sicile, il avait eu avec le jeune Denys, roi de Syracuse, quelques légers entretiens sur la nature du premier principe et sur l'origine du mal; que Denys, joignant à de si faibles notions ses propres idées et celles de quelques autres philosophes, les avait exposées dans un ouvrage qui ne dévoile que son ignorance[2].

Quelque temps après le retour de Platon, le roi lui envoya le philosophe Archédémus, pour le prier d'éclaircir des doutes qui l'inquiétaient. Platon, dans sa réponse que je viens de lire, n'ose pas s'expliquer sur le premier principe[3]; il craint que sa lettre ne s'égare. Ce qu'il ajoute m'a singulièrement étonné; je vais vous le rapporter en substance :

« Vous me demandez, fils de Denys, quelle est la cause des
» maux qui affligent l'univers. Un jour, dans votre jardin, à
» l'ombre de ces lauriers[4], vous me dites que vous l'aviez dé-
» couverte. Je vous répondis que je m'étais occupé toute ma
» vie de ce problème, et que je n'avais trouvé jusqu'à présent
» personne qui l'eût pu résoudre. Je soupçonne que, frappé
» d'un premier trait de lumière, vous vous êtes depuis livré
» avec une nouvelle ardeur à ces recherches; mais que, n'ayant
» pas de principes fixes, vous avez laissé votre esprit courir sans
» frein et sans guide après de fausses apparences. Vous n'êtes
» pas le seul à qui cela soit arrivé. Tous ceux à qui j'ai commu-
» niqué ma doctrine ont été dans les commencemens plus ou
» moins tourmentés de pareilles incertitudes. Voici le moyen de
» dissiper les vôtres. Archédémus vous porte ma première ré-
» ponse. Vous la méditerez à loisir; vous la comparerez avec celles
» des autres philosophes. Si elle vous présente de nouvelles diffi-
» cultés, Archédémus reviendra; et n'aura pas fait deux ou trois
» voyages, que vous verrez vos doutes disparaître.

» Mais gardez-vous de parler de ces matières devant tout le
» monde. Ce qui excite l'admiration et l'enthousiasme des uns,
» serait pour les autres un sujet de mépris et de risée. Mes
» dogmes, soumis à un long examen, en sortent comme l'or
» purifié dans le creuset. J'ai vu de bons esprits qui, après
» trente ans de méditation, ont enfin avoué qu'ils ne trouvaient
» plus qu'évidence et certitude où ils n'avaient, pendant si long-

---

[1] Dioscor. ap. Athen. lib. 11, cap. 15, p. 507. — [2] Plat. epist. 7, t. 3, p. 341. — [3] Id. epist. 2, p. 312. — [4] Id. ibid. p. 313.

» temps, trouvé qu'incertitude et obscurité. Mais, je vous l'ai
» déjà dit, il ne faut traiter que de vive voix un sujet si relevé.
» Je n'ai jamais exposé, je n'exposerai jamais par écrit mes vrais
» sentimens; je n'ai publié que ceux de Socrate. Adieu, soyez
» docile à mes conseils, et brûlez ma lettre après l'avoir lue plu-
» sieurs fois. »

Quoi! les écrits de Platon ne contiennent pas ses vrais sentimens sur l'origine du mal? Quoi! il s'est fait un devoir de les
cacher au public, lorsqu'il a développé avec tant d'éloquence le
système de Timée de Locres? Vous savez bien que, dans cet
ouvrage, Socrate n'enseigne point, et ne fait qu'écouter. Quelle
est donc cette doctrine mystérieuse dont parle Platon? à quels
disciples l'a-t-il confiée? vous en a-t-il jamais parlé? Je me perds
dans une foule de conjectures....

La perte de Platon m'en occasione une autre à laquelle je
suis très-sensible. Aristote nous quitte. C'est pour quelques dégoûts que je vous raconterai à votre retour. Il se retire auprès
de l'eunuque Hermias, à qui le roi de Perse a confié le gouvernement de la ville d'Atarnée en Mysie [1]. Je regrette son amitié,
ses lumières, sa conversation. Il m'a promis de revenir; mais
quelle différence entre jouir et attendre? Hélas! il disait lui-
même, d'après Pindare, que l'espérance n'est que le rêve d'un
homme qui veille [2] : j'applaudissais alors à sa définition; je veux
la trouver fausse aujourd'hui.

Je suis fâché de n'avoir pas recueilli ses réparties. C'est lui
qui, dans un entretien sur l'amitié, s'écria tout à coup si plai-
samment : « O mes amis! il n'y a pas d'amis. [3] » On lui demandait à quoi servait la philosophie : « A faire librement, dit-
» il, ce que la crainte des lois obligerait de faire [4]. » D'où vient,
lui disait quelqu'un chez moi, qu'on ne peut s'arracher d'auprès
des belles personnes? « Question d'aveugle, » répondit-il [5]. Mais
vous avez vécu avec lui, et vous savez que, bien qu'il ait plus
de connaissances que personne au monde, il a peut-être encore
plus d'esprit que de connaissances.

SOUS L'ARCHONTE THÉMISTOCLE.

La 2ᵉ. année de la 108ᵉ. olympiade.

(*Depuis le 8 juillet de l'an 347, jusqu'au 27 juin de l'an 346 avant J. C.*)

LETTRE DE CALLIMÉDON.

Philippe, instruit de la gaieté qui règne dans nos assemblées [a],

---

[1] Diog. Laert. in Aristot. lib. 5, § 9. Dionys. Halic. epist. ad Amm..
cap. 5, t. 6, p. 728. — [2] Diog. Laert. ibid. § 18. Stob. serm. 10, p. 581. —
[3] Phavor. ap. Diog. Laert. lib. 5, § 21. — [4] Diog. Laert. ibid. § 20. — [5] Id.
ibid. — [a] Elles étaient composées de gens d'esprit et de goût, au nombre de

vient de nous faire remettre un talent ᵃ. Il nous invite à lui communiquer le résultat de chaque séance ᵣ. La société n'oubliera rien pour exécuter ses ordres. J'ai proposé de lui envoyer le portrait de quelques uns de nos ministres et de nos généraux. J'en ai fourni sur-le-champ nombre de traits. Je cherche à me les rappeler.

Démade² a, pendant quelque temps, brillé dans la chiourme de nos galères³; il maniait la rame avec la même adresse et la même force qu'il manie aujourd'hui la parole. Il a retiré de son premier état l'honneur de nous avoir enrichis d'un proverbe. *De la rame à la tribune,* désigne à présent le chemin qu'a fait un parvenu⁴.

Il a beaucoup d'esprit, et surtout le ton de la bonne plaisanterie⁵, quoiqu'il vive avec la dernière classe des courtisanes⁶. On cite de lui quantité de bons mots⁷ ᵇ. Tout ce qu'il dit semble venir par inspiration; l'idée et l'expression propre lui apparaissent dans un même instant : aussi ne se donne-t-il pas la peine d'écrire ses discours⁸, et rarement celle de les méditer. S'agit-il, dans l'assemblée générale, d'une affaire imprévue, où Démosthène même n'ose pas rompre le silence, on appelle Démade; il parle alors avec tant d'éloquence, qu'on n'hésite pas à le mettre au-dessus de tous nos orateurs⁹. Il est supérieur dans d'autres genres : il pourrait défier tous les Athéniens de s'enivrer aussi souvent que lui¹⁰, et tous les rois de la terre de le rassasier de biens¹¹. Comme il est très-facile dans le commerce, il se vendra, même pour quelques années, à qui voudra l'acheter¹². Il disait à quelqu'un que, lorsqu'il constituera une dot à sa fille, ce sera aux dépens des puissances étrangères¹³.

Philocrate est moins éloquent, aussi voluptueux¹⁴, et beaucoup plus intempérant. A table, tout disparaît devant lui; il semble s'y multiplier; et c'est ce qui fait dire au poëte Eubulus, dans une de ses pièces : Nous avons deux convives invin-

---

soixante, qui se réunissaient de temps en temps, pour porter des décrets sur les ridicules dont on leur faisait le rapport. J'en ai parlé plus haut. (Voyez le chap. XX.)

ᵃ Cinq mille quatre cents livres. — ¹ Athen. lib. 14, cap. 1, p. 614. — ² Fabric. bibl. græc. t. 4, p. 418. — ³ Quintil. lib. 2, cap. 17, p. 128. Suid. in Δημάδ. Sext. Empir. adv. gramm. lib. 2, p. 291. — ⁴ Erasm. adag. chil. 3, ant. 4, p. 670. — ⁵ Cicer. orat. cap. 26, t. 1, p. 441. — ⁶ Pyth. ap. Athen. lib. 2, p. 44. — ⁷ Demetr. Phal. de eloc. — ᵇ Voyez la note XLVI à la fin du volume. — ⁸ Cicer. de clar. orat. cap. 9, t. 1, p. 343. Quintil. ibid. p. 129. — ⁹ Theoph. ap. Plut. in Demosth. t. 1, p. 850. — ¹⁰ Athen. lib. 2, p. 44. — ¹¹ Plut. in Phoc. t. 1, p. 755; id. apophth. t. 2, p. 188. — ¹² Dinarch. adv. Demosth. p. 103. — ¹³ Plut. in Phoc. ibid. id. apophth. ibid. — ¹⁴ Demosth. de fals. leg. p. 329 et 342. AEschin. ibid. p. 403.

cibles, Philocrate et Philocrate¹. C'est encore un de ces hommes sur le front desquels on croit lire, comme sur la porte d'une maison, ces mots tracés en gros caractères : *A louer, à vendre*².

Il n'en est pas de même de Démosthène. Il montre un zèle ardent pour la patrie. Il a besoin de ces dehors pour supplanter ses rivaux et gagner la confiance du peuple. Il nous trahira peut-être, quand il ne pourra plus empêcher les autres de nous trahir³.

Son éducation fut négligée : il ne connut point ces arts agréables qui pouvaient corriger les disgrâces dont il était abondamment pourvu⁴. Je voudrais pouvoir vous le peindre tel qu'il parut les premières fois à la tribune. Figurez-vous un homme l'air austère et chagrin, se grattant la tête, remuant les épaules, la voix aigre et faible⁵, la respiration entrecoupée, des tons à déchirer les oreilles ; une prononciation barbare, un style plus barbare encore ; des périodes intarissables, interminables, inconcevables, hérissées en outre de tous les argumens de l'école⁶. Il nous excéda, nous le lui rendîmes : il fut sifflé, hué, obligé de se cacher pendant quelque temps. Mais il usa de son infortune en homme supérieur. Des efforts inouïs⁷ ont fait disparaître une partie de ses défauts, et chaque jour ajoute un nouveau rayon à sa gloire. Elle lui coûte cher ; il faut qu'il médite longtemps un sujet, et qu'il retourne son esprit de toutes les manières pour le forcer à produire⁸.

Ses ennemis prétendent que ses ouvrages sentent la lampe⁹. Les gens de goût trouvent quelque chose d'ignoble dans son action¹⁰ ; ils lui reprochent des expressions dures et des métaphores bizarres¹¹. Pour moi, je le trouve aussi mauvais plaisant¹² que ridiculement jaloux de sa parure : la femme la plus délicate n'a pas de plus beau linge¹³ ; et cette recherche fait un contraste singulier avec l'âpreté de son caractère¹⁴.

Je ne répondrais pas de sa probité. Dans un procès, il écrivit pour les deux parties¹⁵. Je citais ce fait à un de ses amis, homme de beaucoup d'esprit ; il me dit en riant : Il était bien jeune alors.

---

¹ Eubul. ap. Athen. lib. 1, cap. 7, p. 8. — ² Demosth. de fals. leg. p. 310; id. de cor. p. 476. — ³ Dinarch. adv. Demosth. p. 90. Plut. in Demosth. t. 1, p. 857; id. x rhet. vit. t. 2, p. 846. — ⁴ Id. in Demosth. t. 1, p. 847. — ⁵ AEschin. de fals. leg. p. 420. — ⁶ Plut. ibid. p. 848. — ⁷ Id. ibid. p. 849 ; id. x rhet. vit. t. 2, p. 844. — ⁸ Id. in Demosth. t. 1, p. 849. — ⁹ Id. ibid. AElian var. hist. lib. 7, cap. 7. Lucian. in Demosth. encom. cap. 15, t. 3, p. 502. — ¹⁰ Plut. ibid. p. 851. — ¹¹ AEschin. in Ctesiph. p. 439. Longin. de subl. cap. 34. — ¹² AEschin. in Timarch. p. 279. Longin. ibid. Quintil. lib. 10, cap. 1, p. 643. — ¹³ AEschin. ibid. p. 280. — ¹⁴ Plut. ibid. p. 847 et 886. — ¹⁵ AEschin. de fals. leg. p. 421. Plut. ibid. p. 852 et 887.

Ses mœurs, sans être pures, ne sont pas indécentes. On dit, à la vérité, qu'il voit des courtisanes, qu'il s'habille quelquefois comme elles [1], et que, dans sa jeunesse, un seul rendez-vous lui coûta tout ce que ses plaidoyers lui avaient valu pendant une année entière [2]. Tout cela n'est rien. On ajoute qu'il vendit une fois sa femme au jeune Cnosion [3]. Ceci est plus sérieux; mais ce sont des affaires domestiques dont je ne veux pas me mêler.

Pendant les dernières fêtes de Bacchus [4], en qualité de chorége de sa tribu, il était à la tête d'une troupe de jeunes gens qui disputaient le prix de la danse. Au milieu de la cérémonie, Midias, homme riche et couvert de ridicules, lui en donna un des plus vigoureux, en lui appliquant un soufflet en présence d'un nombre infini de spectateurs. Démosthène porta sa plainte au tribunal; l'affaire s'est terminée à la satisfaction de l'un et de l'autre. Midias a donné de l'argent; Démosthène en a reçu. On sait à présent qu'il n'en coûte que trois mille drachmes [a] pour insulter la joue d'un chorége [5].

Peu de temps après, il accusa un de ses cousins de l'avoir blessé dangereusement; il montrait une incision à la tête, qu'on le soupçonnait de s'être faite lui-même [6]. Comme il voulait avoir des dommages et intérêts, on disait que la tête de Démosthène était d'un excellent rapport [7].

On peut rire de son amour-propre; on n'en est pas choqué, il est trop à découvert. J'étais l'autre jour avec lui dans la rue, une porteuse d'eau qui l'aperçut le montrait du doigt à une autre femme : « Tiens, regarde, voilà Démosthène [8]. » Je fis semblant de ne pas l'entendre, mais il me la fit remarquer.

Eschine s'accoutuma dès sa jeunesse à parler en public. Sa mère l'avait mis de bonne heure dans le monde; il allait avec elle dans les maisons initier les gens de la lie du peuple aux mystères de Bacchus; il paraissait dans les rues à la tête d'un chœur de bacchans couronnés de fenouil et de branches de peuplier, et faisait avec eux, mais avec une grâce infinie, toutes les extravagances de leur culte bizarre. Il chantait, dansait, hurlait, serrant dans ses mains des serpens qu'il agitait au-dessus de sa tête. La populace le comblait de bénédictions, et les vieilles femmes lui donnaient de petits gâteaux [9].

---

[1] Plut. x rhet. vit. t. 2, p. 847. — [2] Athen. lib. 13, cap. 7, p. 593. — [3] AEschin. de fals. leg. p. 419. — [4] Demosth. in Mid. p. 603. — [a] Deux mille sept cents livres. — [5] AEschin. in Ctesiph. p. 436. Plut. ibid. p. 844. — [6] AEschin. de fals. leg. p. 410; id. in Ctesiph. p. 435. Suid. in Δημοσθ. — [7] AEschin. ibid. p. 462. Herald. animadv. in Salmas. observ. lib. 2, cap. 10, p. 136. — [8] Cicer. tuscul. lib. 5, cap. 36, t. 2, p. 391. Plin. lib. 9, epist. 23. AElian. var. hist. lib. 9, cap. 17. — [9] Demosth. de cor. p. 516.

Ce succès excita son ambition : il s'enrôla dans une troupe de comédiens, mais seulement pour les troisièmes rôles. Malgré la beauté de sa voix, le public lui déclara une guerre éternelle [1]. Il quitta sa profession, fut greffier dans un tribunal subalterne, ensuite ministre d'État.

Sa conduite a depuis toujours été régulière et décente. Il apporte dans la société de l'esprit, du goût, de la politesse, la connaissance des égards. Son éloquence est distinguée par l'heureux choix des mots, par l'abondance et la clarté des idées, par une grande facilité qu'il doit moins à l'art qu'à la nature. Il ne manque pas de vigueur, quoiqu'il n'en ait pas autant que Démosthène. D'abord il éblouit, ensuite il entraîne [2]; c'est du moins ce que j'entends dire à gens qui s'y connaissent. Il a la faiblesse de rougir de son premier état, et la maladresse de le rappeler aux autres. Lorsqu'il se promène dans la place publique, à pas comptés, la robe traînante, la tête levée et boursoufflant ses joues [3], on entend de tous côtés : N'est-ce pas là ce petit greffier d'un petit tribunal ; ce fils de Tromès le maître d'école, et de Glaucothée, qu'on nommait auparavant le Lutin [4] ? N'est-ce pas lui qui frottait les bancs de l'école quand nous étions en classe, et qui, pendant les bacchanales [5], criait de toutes ses forces dans les rues : EVOÉ, SABOÉ [a] ?

On s'aperçoit aisément de la jalousie qui règne entre Démosthène et lui. Ils ont dû s'en apercevoir les premiers ; car ceux qui ont les mêmes prétentions se devinent d'un coup d'œil. Je ne sais pas si Eschine se laisserait corrompre ; mais on est bien faible quand on est si aimable. Je dois ajouter qu'il est très-brave homme : il s'est distingué dans plusieurs combats, et Phocion a rendu témoignage à sa valeur [6].

Personne n'a autant de ridicules que ce dernier ; c'est de Phocion que je parle. Il n'a jamais su qu'il vivait dans ce siècle et dans cette ville. Il est pauvre, il n'en est pas humilié ; il fait le bien, et ne s'en vante point ; il donne des conseils, quoique très-persuadé qu'ils ne seront pas suivis. Il a des talens sans ambition, et sert l'État sans intérêt. À la tête de l'armée, il se contente de rétablir la discipline et de battre l'ennemi ; à la tribune, il n'est ni ébranlé par les cris de la multitude ni flatté de ses applaudissemens. Dans une de ses harangues, il proposait un plan de campagne : une voix l'interrompit et l'accabla d'injures [7]. Phocion se tut, et quand l'autre eut achevé, il reprit

[1] Demosth. de cor. p. 516; et de fals. leg. p. 346. — [2] Dionys. Halic. de veter. script. cens. t. 5, p. 434. — [3] Demosth. de fals. leg. p. 343. — [4] Id. de cor. p. 494. — [5] Id. ibid. p. 516. — [a] Expressions barbares pour invoquer Bacchus. — [6] AEschin. de fals. leg. p. 422. — [7] Plut. reip. gerend. præcept. t. 2, p. 810.

froidement : « Je vous ai parlé de la cavalerie et de l'infanterie ; » il me reste à vous parler, etc., etc. » Une autre fois il s'entendit applaudir ; j'étais par hasard auprès de lui ; il se tourna, et me dit : « Est-ce qu'il m'est échappé quelque sottise [1] ? »

Nous rions de ses saillies ; mais nous avons trouvé un secret admirable pour nous venger de ses mépris. C'est le seul général qui nous reste, et nous ne l'employons presque jamais ; c'est le plus intègre et peut-être le plus éclairé de nos orateurs, et nous l'écoutons encore moins. Il est vrai que nous ne lui ôterons pas ses principes ; mais, par les dieux ! il ne nous ôtera pas les nôtres ; et certes il ne sera pas dit qu'avec ce cortége de vertus surannées et ses rhapsodies de mœurs antiques, Phocion sera assez fort pour corriger la plus aimable nation de l'univers.

Voyez ce Charès qui, par ses exemples, apprend à nos jeunes gens à faire profession ouverte de corruption [2] : c'est le plus fripon et le plus maladroit de nos généraux, mais c'est le plus accrédité [3]. Il s'est mis sous la protection de Démosthène et de quelques autres orateurs. Il donne des fêtes au peuple. Est-il question d'équiper une flotte, c'est Charès qui la commande et qui en dispose à son gré. On lui ordonne d'aller d'un côté, il va d'un autre. Au lieu de garantir nos possessions, il se joint aux corsaires, et, de concert avec eux, il rançonne les îles, et s'empare de tous les bâtimens qu'il trouve : en peu d'années, il nous a perdu plus de cent vaisseaux ; il a consumé quinze cents talens[a] dans des expéditions inutiles à l'État, mais fort lucratives pour lui et pour ses principaux officiers. Quelquefois il ne daigne pas nous donner de ses nouvelles, mais nous en avons malgré lui ; et dernièrement nous fîmes partir un bâtiment léger, avec ordre de courir les mers, et de s'informer de ce qu'étaient devenus la flotte et le général [4].

LETTRE DE NICÉTAS.

Les Phocéens, épuisés par une guerre qui dure depuis près de dix ans, ont imploré notre secours. Ils consentent de nous livrer Thronium, Nicée, Alpénus, places fortes, et situées à l'entrée du détroit des Thermopyles. Proxène, qui commande notre flotte aux environs, s'est avancé pour les recevoir de leurs mains. Il y mettra des garnisons, et Philippe doit renoncer désormais au projet de forcer le défilé.

Nous avons résolu en même temps d'équiper une autre flotte

---

[1] Plut. in Phoc. t. 1, p. 745. — [2] Aristot. rhet. lib. 1, cap. 15, t. 2, p. 544. — [3] Theopomp. ap. Athen. lib. 12, cap. 8, p. 532. — [a] Huit millions cent mille livres. — [4] AEschin. de fals. leg. p. 406. Demosth. in olynth. 3, p. 38.

de cinquante vaisseaux. L'élite de notre jeunesse est prête à marcher ; nous avons enrôlé tous ceux qui n'ont pas passé leur trentième année ; et nous apprenons qu'Archidamus, roi de Lacédémone, vient d'offrir aux Phocéens toutes les forces de sa république [1]. La guerre est inévitable, et la perte de Philippe ne l'est pas moins.

LETTRE D'APOLLODORE.

Nos plus aimables Athéniennes sont jalouses des éloges que vous donnez à l'épouse et à la sœur d'Arsame ; nos plus habiles politiques conviennent que nous aurions besoin d'un génie tel que le sien pour l'opposer à celui de Philippe.

Tout retentissait ici du bruit des armes ; un mot de ce prince les a fait tomber de nos mains. Pendant le siége d'Olynthe, il avait, à ce qu'on dit, témoigné plus d'une fois le désir de vivre en bonne intelligence avec nous [2]. A cette nouvelle, que le peuple reçut avec transport, il fut résolu d'entamer une négociation que divers obstacles suspendirent. Il prit Olynthe, et nous ne respirâmes que la guerre. Bientôt après, deux de nos acteurs, Aristodème et Néoptolème, que le roi traite avec beaucoup de bonté, nous assurèrent, à leur retour, qu'il persistait dans ses premières dispositions [3], et nous ne respirons que la paix.

Nous venons d'envoyer en Macédoine dix députés, tous distingués par leurs talens, Ctésiphon, Aristodème, Iatrocle, Cimon et Nausiclès, qui se sont associé Dercyllus, Phrynon, Philocrate, Eschine et Démosthène [4] ; il faut y joindre Aglaocréon de Ténédos, qui se charge des intérêts de nos alliés. Ils doivent convenir avec Philippe des principaux articles de la paix, et l'engager à nous envoyer des plénipotentiaires pour la terminer ici.

Je ne connais plus rien à notre conduite. Ce prince laisse échapper quelques protestations d'amitié, vagues, et peut-être insidieuses ; aussitôt, sans écouter les gens sages qui se défient de ses intentions, sans attendre le retour des députés envoyés aux peuples de la Grèce pour les réunir contre l'ennemi commun, nous interrompons nos préparatifs, et nous faisons des avances dont il abusera, s'il les accepte ; qui nous aviliront, s'il les refuse. Il faut, pour obtenir sa bienveillance, que nos députés aient le bonheur de lui plaire. L'acteur Aristodème avait pris des engagemens avec quelques villes qui devaient donner des spectacles ; on va chez elles, de la part du sénat, les prier

[1] AEschin. de fals. leg. p. 416. — [2] Id. ibid. p. 397. — [3] Argum. orat. ibid. p. 291. Demosth. ibid. p. 295. — [4] AEschin. ibid. p. 398. Argum. ibid. p. 291.

à mains jointes de ne pas condamner Aristodème à l'amende, parce que la république a besoin de lui en Macédoine. Et c'est Démosthène qui est l'auteur de ce décret, lui qui, dans ses harangues, traitait ce prince avec tant de hauteur et de mépris [1]!

LETTRE DE CALLIMÉDON.

Nos ambassadeurs ont fait une diligence incroyable [2] : les voilà de retour. Ils paraissent agir de concert; mais Démosthène n'est pas content de ses collègues, qui de leur côté se plaignent de lui. Je vais vous raconter quelques anecdotes sur leur voyage; je les appris hier dans un souper où se trouvèrent les principaux d'entre eux : Ctésiphon, Eschine, Aristodème et Philocrate.

Il faut vous dire d'abord que, pendant tout le voyage, ils eurent infiniment à souffrir de la vanité de Démosthène [3]; mais ils prenaient patience : on supporte si aisément dans la société les gens insupportables ! Ce qui les inquiétait le plus, c'était le génie et l'ascendant de Philippe. Ils sentaient bien qu'ils n'étaient pas aussi forts que lui en politique. Tous les jours ils se distribuaient les rôles; on disposa les attaques : il fut réglé que les plus âgés monteraient les premiers à l'assaut; Démosthène, comme le plus jeune, devait s'y présenter le dernier. Il leur promettait d'ouvrir les sources intarissables de son éloquence. Ne craignez point Philippe, ajoutait-il; je lui *coudrai si bien la bouche* [4], qu'il sera forcé de nous rendre Amphipolis.

Quand ils furent à l'audience du prince, Ctésiphon et les autres s'exprimèrent en peu de mots [5]; Eschine, éloquemment et longuement; Démosthène...... vous l'allez voir. Il se leva, mourant de peur. Ce n'était point ici la tribune d'Athènes, ni cette multitude d'ouvriers qui composent nos assemblées. Philippe était environné de ses courtisans, la plupart gens d'esprit : on y voyait, entre autres, Python de Byzance, qui se pique de bien écrire, et Léosthène, que nous avons banni, et qui, dit-on, est un des plus grands orateurs de la Grèce [6]. Tous avaient entendu parler des magnifiques promesses de Démosthène; tous en attendaient l'effet avec une impatience qui acheva de le déconcerter [7]. Il bégaie, en tremblant, un exorde obscur; il s'en aperçoit, se trouble, s'égare et se tait. Le roi cherchait vainement à l'encourager; il ne se releva que pour retomber plus vite. Quand on eut joui pendant quelques momens de son silence, le héraut fit retirer nos députés [8].

Démosthène aurait dû rire le premier de cet accident; il n'en

---

[1] AEschin. de fals. leg. p. 398. — [2] Demosth. ibid. p. 318. — [3] AEschin. ibid. — [4] Id. ibid. — [5] Id. ibid. p. 399. — [6] Id. ibid. p. 415. — [7] Id. ibid. p. 400. — [8] Id. ibid. p. 401.

fit rien, et s'en prit à Eschine. Il lui reprochait avec amertume d'avoir parlé au roi avec trop de liberté, et d'attirer à la république une guerre qu'elle n'est pas en état de soutenir. Eschine allait se justifier, lorsqu'on les fit rentrer. Quand ils furent assis, Philippe discuta par ordre leurs prétentions, répondit à leurs plaintes, s'arrêta surtout au discours d'Eschine, et lui adressa plusieurs fois la parole; ensuite prenant un ton de douceur et de bonté, il témoigna le désir le plus sincère de conclure la paix.

Pendant tout ce temps, Démosthène, avec l'inquiétude d'un courtisan menacé de sa disgrâce, s'agitait pour attirer l'attention du prince; mais il n'obtint pas un seul mot, pas même un regard.

Il sortit de la conférence avec un dépit qui produisit les scènes les plus extravagantes. Il était comme un enfant gâté par les caresses de ses parens, et tout à coup humilié par les succès de ses collègues. L'orage dura plusieurs jours. Il s'aperçut enfin que l'humeur ne réussit jamais. Il voulut se rapprocher des autres députés. Ils étaient alors en chemin pour revenir. Il les prenait séparément, leur promettait sa protection auprès du peuple. Il disait à l'un : Je rétablirai votre fortune ; à l'autre : Je vous ferai commander l'armée. Il jouait tout son jeu à l'égard d'Eschine, et soulageait sa jalousie en exagérant le mérite de son rival. Ses louanges devaient être bien outrées; Eschine prétend qu'il en était importuné.

Un soir, dans je ne sais quelle ville de Thessalie, le voilà qui plaisante, pour la première fois, de son aventure; il ajoute que, sous le ciel, personne ne possède comme Philippe le talent de la parole. Ce qui m'a le plus étonné, répond Eschine, est cette exactitude avec laquelle il a récapitulé tous nos discours. Et moi, reprend Ctésiphon, quoique je sois bien vieux, je n'ai jamais vu un homme si aimable et si gai. Démosthène battait des mains, applaudissait. Fort bien, disait-il ; mais vous n'oseriez pas vous en expliquer de même en présence du peuple. Et pourquoi pas? répondirent les autres. Il en douta, ils insistèrent; il exigea leur parole, ils la donnèrent[1].

On ne sait pas l'usage qu'il en veut faire, nous le verrons à la première assemblée. Toute notre société compte y assister; car il nous doit revenir de tout ceci quelque scène ridicule. Si Démosthène réservait ses folies pour la Macédoine, je ne le lui pardonnerais de la vie.

Ce qui m'alarme, c'est qu'il s'est bien conduit à l'assemblée du sénat. La lettre de Philippe ayant été remise à la compagnie, Démosthène a félicité la république d'avoir confié ses intérêts à

[1] AEschin. de fals. leg. p. 402.

des députés aussi recommandables pour leur éloquence que pour leur probité : il a proposé de leur décerner une couronne d'olivier, et de les inviter le lendemain à souper au Prytanée. Le sénatus-consulte est conforme à ses conclusions [1].

Je ne cacheterai ma lettre qu'après l'assemblée générale.

J'en sors à l'instant : Démosthène a fait des merveilles. Les députés venaient de rapporter, chacun à leur tour, différentes circonstances de l'ambassade. Eschine avait dit un mot de l'éloquence de Philippe, et de son heureuse mémoire ; Ctésiphon, de la beauté de sa figure, des agrémens de son esprit, et de sa gaieté quand il a le verre à la main. Ils avaient eu des applaudissemens. Démosthène est monté à la tribune, le maintien plus imposant qu'à l'ordinaire. Après s'être long-temps gratté le front, car il commence toujours par là : « J'admire, a-t-il dit,
» et ceux qui parlent, et ceux qui écoutent. Comment peut-on
» s'entretenir de pareilles minuties dans une affaire si impor-
» tante ? Je vais de mon côté vous rendre compte de l'ambassade.
» Qu'on lise le décret du peuple qui nous a fait partir, et la
» lettre que le roi nous a remise. » Cette lecture achevée :
» Voilà nos instructions, a-t-il dit ; nous les avons remplies.
» Voilà ce qu'a répondu Philippe ; il ne reste plus qu'à déli-
» bérer [2]. »

Ces mots ont excité une espèce de murmure dans l'assemblée. Quelle expression ! quelle adresse ! disaient les uns. Quelle envie ! quelle méchanceté, disaient les autres. Pour moi, je riais de la contenance embarrassée de Ctésiphon et d'Eschine. Sans leur donner le temps de respirer, il a repris : « On vous a parlé de
» l'éloquence et de la mémoire de Philippe ; tout autre, revêtu
» du même pouvoir, obtiendrait les mêmes éloges. On a re-
» levé ses autres qualités ; mais il n'est pas plus beau que l'ac-
» teur Aristodème, et ne boit pas mieux que Philocrate. Es-
» chine vous a dit qu'il m'avait réservé, du moins en partie,
» la discussion de nos droits sur Amphipolis ; mais cet orateur
» ne laissera jamais, ni à vous, ni à moi, la liberté de parler.
» Au surplus, ce ne sont là que des misères. Je vais proposer un
» décret. Le héraut de Philippe est arrivé, ses ambassadeurs
» le suivront de près. Je demande qu'il soit permis de traiter
» avec eux, et que les prytanes convoquent une assemblée qui
» se tiendra deux jours de suite, et dans laquelle on délibé-
» rera sur la paix et sur l'alliance. Je demande encore qu'on
» donne des éloges aux députés, s'ils en méritent, et qu'on les
» invite pour demain à souper au Prytanée [3]. » Ce décret a passé presque tout d'une voix, et l'orateur a repris sa supériorité.

[1] AEschin. de fals. leg. p. 402. — [2] Id. ibid. p. 403. — [3] Id. ibid.

Je fais grand cas de Démosthène; mais ce n'est pas assez d'avoir des talens, il ne faut pas être ridicule. Il subsiste entre les hommes célèbres et notre société une convention tacite : nous leur payons notre estime ; ils doivent nous payer leurs sottises.

LETTRE D'APOLLODORE.

Je vous envoie le journal de ce qui s'est passé dans nos assemblées jusqu'à la conclusion de la paix.

Le 8 d'élaphébolion, jour de la fête d'Esculape[a]. Les prytanes se sont assemblés ; et, conformément au décret du peuple, ils ont indiqué deux assemblées générales pour délibérer sur la paix. Elles se tiendront le dix-huit et le dix-neuf[1].

Le 12 d'élaphébolion, premier jour des fêtes de Bacchus[b]. Antipater, Parménion, Euryloque, sont arrivés. Ils viennent, de la part de Philippe, pour conclure le traité, et recevoir le serment qui en doit garantir l'exécution[2].

Antipater est, après Philippe, le plus habile politique de la Grèce ; actif, infatigable, il étend ses soins sur presque toutes les parties de l'administration. Le roi dit souvent : « Nous pouvons nous livrer au repos ou aux plaisirs ; Antipater veille pour nous[3]. »

Parménion, chéri du souverain, plus encore des soldats[4], s'est déjà signalé par un grand nombre d'exploits : il serait le premier général de la Grèce, si Philippe n'existait pas. On peut juger, par les talens de ces deux députés, du mérite d'Euryloque leur associé.

Le 15 d'élaphébolion[c]. Les ambassadeurs de Philippe assistent régulièrement aux spectacles que nous donnons dans ces fêtes. Démosthène leur avait fait décerner par le sénat une place distinguée[5]. Il a soin qu'on leur apporte des coussins et des tapis de pourpre. Dès le point du jour, il les conduit lui-même au théâtre ; il les loge chez lui. Bien des gens murmurent de ces attentions, qu'ils regardent comme des bassesses[6]. Ils prétendent que, n'ayant pu gagner en Macédoine la bienveillance de Philippe, il veut aujourd'hui lui montrer qu'il en était digne.

Le 18 d'élaphébolion[d]. Le peuple s'est assemblé. Avant de vous faire part de la délibération, je dois vous en rappeler les principaux objets.

---

[a] Le 8 de ce mois répondait, pour l'année dont il s'agit, au 8 mars 346 avant J. C. — [1] AEschin. de fals. leg. p. 403 et 404 ; id. in Ctesiph. p. 438. — [b] Le 12 mars, même année. — [2] Argum. orat. de fals. leg. ap. Demosth. p. 291. Demosth. de fals. leg. p. 304. — [3] Plut. apophth. t. 2, p. 179. — [4] Q. Curt. lib. 4, cap. 13. — [c] Le 15 mars 346 avant J. C. — [5] AEschin. de fals. leg. p. 403 et 412. Demosth. de cor. p. 477. — [6] AEschin. in Ctesiph. p. 440. — [d] Le 18 mars même année.

La possession d'Amphipolis est la première source de nos différends avec Philippe [1]. Cette ville nous appartient ; il s'en est emparé ; nous demandons qu'il nous la restitue.

Il a déclaré la guerre à quelques uns de nos alliés ; il serait honteux et dangereux pour nous de les abandonner. De ce nombre sont les villes de la Chersonèse de Thrace (*Atlas, pl.* 9), et celles de la Phocide. Le roi Cotys nous avait enlevé les premières [2]. Cersoblepte son fils nous les a rendues depuis quelques mois [3] ; mais nous n'en avons pas encore pris possession. Il est de notre intérêt de les conserver, parce qu'elles assurent notre navigation dans l'Hellespont, et notre commerce dans le Pont-Euxin. Nous devons protéger les secondes, parce qu'elles défendent le pas des Thermopyles, et sont le boulevard de l'Attique par terre, comme celles de la Thrace le sont du côté de la mer [4].

Lorsque nos députés prirent congé du roi, il s'acheminait vers la Thrace ; mais il leur promit de ne pas attaquer Cersoblepte pendant les négociations de la paix [5]. Nous ne sommes pas aussi tranquilles à l'égard des Phocéens. Ses ambassadeurs ont annoncé qu'il refuse de les comprendre dans le traité ; mais ses partisans assurent que, s'il ne se déclare pas ouvertement pour eux, c'est pour ménager encore les Thébains et les Thessaliens leurs ennemis [6].

Il prétend aussi exclure les habitans de Hale en Thessalie, qui sont dans notre alliance, et qu'il assiége maintenant, pour venger de leurs incursions ceux de Pharsale qui sont dans la sienne [7].

Je supprime d'autres articles moins importans.

Dans l'assemblée d'aujourd'hui, on a commencé par lire le décret que les agens de nos alliés avaient eu la précaution de dresser [8]. Il porte en substance, « que le peuple d'Athènes dé-
» libérant sur la paix avec Philippe, ses alliés ont statué qu'après
» que les ambassadeurs envoyés par les Athéniens aux différentes
» nations de la Grèce seraient de retour, et auraient fait leur
» rapport en présence des Athéniens et des alliés, les prytanes
» convoqueraient deux assemblées pour y traiter de la paix,
» que les alliés ratifiaient d'avance tout ce qu'on y déciderait,
» et qu'on accorderait trois mois aux autres peuples qui vou-
» draient accéder au traité. »

---

[1] Æschin. de fals. leg. p. 406. — [2] Demosth. adv. Aristocr. p. 742 et 746, etc. Diod. lib. 16, p. 434. — [3] Demosth. de fals. leg. p. 305 ; id. adv. Aristocr. p. 742. Æschin. ibid. — [4] Demosth. ibid. p. 321. — [5] Æschin. ibid. p. 408. — [6] Id. ibid. p. 344. — [7] Id. ibid. p. 299. Ulpian. ibid. p. 356. — [8] Æschin. ibid. p. 404 ; id. in Ctesiph. p. 438.

Après cette lecture, Philocrate a proposé un décret, dont un des articles excluait formellement du traité les habitans de Hale et de la Phocide. Le peuple en a rougi de honte [1]. Les esprits se sont échauffés. Des orateurs rejetaient toute voie de conciliation. Ils nous exhortaient à porter nos regards sur les monumens de nos victoires et sur les tombeaux de nos pères. « Imitons nos an-
» cêtres, répondait Eschine, lorsqu'ils défendirent leur patrie
» contre les troupes innombrables des Perses; mais ne les imi-
» tons pas lorsqu'au mépris de ses intérêts, ils eurent l'impru-
» dence d'envoyer leurs armées en Sicile pour secourir les Léon-
» tins leurs alliés [2]. » Il a conclu pour la paix; les autres orateurs ont fait de même, et l'avis a passé.

Pendant qu'on discutait les conditions, on a présenté des lettres de notre général Proxène. Nous l'avions chargé de prendre possession de quelque places fortes qui sont à l'entrée des Thermopyles. Les Phocéens nous les avaient offertes. Dans l'intervalle, il est survenu des divisions entre eux. Le parti dominant a refusé de remettre les places à Proxène. C'est ce que contenaient ses lettres [3].

Nous avons plaint l'aveuglement des Phocéens, sans néanmoins les abandonner. L'on a supprimé, dans le décret de Philocrate, la clause qui les excluait du traité, et l'on a mis qu'Athènes stipulait en son nom et au nom de tous ses alliés [4].

Tout le monde disait en sortant que nos différends avec Philippe seraient bientôt terminés; mais que, suivant les apparences, nous ne songerions à contracter une alliance avec lui qu'après en avoir conféré avec les députés de la Grèce, qui doivent se rendre ici [5].

Le 19 d'élaphébolion[a]. Démosthène, s'étant emparé de la tribune, a dit que la république prendrait en vain des arrangemens, si ce n'était de concert avec les ambassadeurs de Macédoine; qu'on ne devait pas *arracher* l'alliance de la paix, c'est l'expression dont il s'est servi; qu'il ne fallait pas attendre les lenteurs des peuples de la Grèce; que c'était à eux de se déterminer, chacun en particulier, pour la paix ou pour la guerre. Les ambassadeurs de Macédoine étaient présens. Antipater a répondu conformément à l'avis de Démosthène, qui lui avait adressé la parole [6]. La matière n'a point été approfondie. Un décret précédent ordonnait que dans la première assemblée chaque citoyen pourrait s'expliquer sur les objets de la délibération, mais que le lendemain les présidens prendraient tout de suite les suffra-

---

[1] Demosth. de fals. leg. p. 296 et 317. — [2] Id. ibid. p. 296 et 342. AEschin. ibid. p. 406. — [3] Id. ibid. p. 416. — [4] Demosth. ibid. p. 317. — [5] AEschin. in Ctesiph. p. 439. — [a] Le 19 mars avant J. C. — [6] AEschin. ibid.

ges. Il les ont recueillis. Nous faisons à la fois un traité de paix et un traité d'alliance [1].

En voici les principaux articles. Nous cédons à Philippe nos droits sur Amphipolis [2] : mais on nous fait espérer en dédommagement, ou l'île d'Eubée, dont il peut, en quelque manière, disposer, ou la ville d'Orope, que les Thébains nous ont enlevée [3]. Nous nous flattons aussi qu'il nous laissera jouir de la Chersonèse de Thrace [4]. Nous avons compris tous nos alliés dans le traité, et par là nous sauvons le roi de Thrace, les habitans de Hale et les Phocéens. Nous garantissons à Philippe tout ce qu'il possède actuellement, et nous regarderons comme ennemis ceux qui voudraient l'en dépouiller [5].

Des objets si importans auraient dû se régler dans une diète générale de la Grèce [6]. Nous l'avions convoquée, et nos alliés la désiraient [7]; mais l'affaire a pris tout à coup un mouvement si rapide, qu'on a tout précipité, tout conclu. Philippe nous avait écrit que, si nous nous joignions à lui, il s'expliquerait plus clairement sur les cessions qu'il pourrait nous faire [8]. Cette promesse vague a séduit le peuple, et le désir de lui plaire, nos orateurs. Quoique ses ambassadeurs n'aient rien promis [9], nous nous sommes hâtés de prêter serment entre leurs mains, et de nommer des députés pour aller au plus tôt recevoir le sien [10].

Ils sont au nombre de dix, sans compter celui de nos alliés [11]. Quelques uns avaient été de la première ambassade, tels que Démosthène et Eschine. Leurs instructions portent entre autres choses, que le traité s'étend sur les alliés d'Athènes et sur ceux de Philippe; que les députés se rendront auprès de ce prince pour en exiger la ratification; qu'ils éviteront toute conférence particulière avec lui; qu'ils demanderont la liberté des Athéniens qu'il retient dans ses fers ; que dans chacune des villes qui lui sont alliées ils prendront le serment de ceux qui se trouvent à la tête de l'administration; qu'au surplus, les députés feront, suivant les circonstances, ce qu'ils jugeront de plus convenable aux intérêts de la république [12]. Le sénat est chargé de presser leur départ [13].

Le 25 d'élaphébolion [a]. Les agens ou représentans de quelques uns de nos alliés ont aujourd'hui prêté leur serment entre les mains des ambassadeurs de Philippe [14].

---

[1] AEschin. de fals. leg. p. 405. — [2] Demosth. de pace, p. 63. Epist. Philipp. ap. Demosth. p. 117. — [3] Demosth. de fals. leg. p. 297 et 326; id. de pace, p. 61. — [4] Id. de fals. leg. p. 305. — [5] Id. ibid. p. 315. — [6] AEschin. in Ctesiph. p. 437. — [7] Id. ibid. p. 438. — [8] Demosth. ibid. p. 300. — [9] Id. ibid. p. 304. — [10] Id. de cor. p. 477. — [11] AEschin. de fals. leg. p. 410. — [12] Demosth. ibid. p. 337. AEschin. in Ctesiph. p. 411. — [13] Demosth. ibid. p. 317. — [a] Le 25 mars de l'an 346 avant J. C. — [14] AEschin. de fals. leg. p. 488; id. in Ctesiph. p. 439.

Le 3 de munychion[a]. L'intérêt de Philippe est de différer la ratification du traité; le nôtre, de la hâter : car nos préparatifs sont suspendus, et lui n'a jamais été si actif. Il présume avec raison qu'on ne lui disputera pas les conquêtes qu'il aura faites dans l'intervalle. Démosthène a prévu ses desseins. Il a fait passer dans le sénat, dont il est membre, un décret qui ordonne à nos députés de partir au plus tôt[1]. Ils ne tarderont pas à se mettre en chemin.

Le 15 de thargélion[b]. Philippe n'a pas encore signé le traité; nos députés ne se hâtent pas de le joindre : ils sont en Macédoine; il est en Thrace. Malgré la parole qu'il avait donnée de ne pas toucher aux États du roi Cersoblepte, il en a pris une partie, et se dispose à prendre l'autre. Ils augmenteront considérablement ses forces et son revenu. Outre que le pays est riche et peuplé, les droits que le roi de Thrace lève tous les ans dans ses ports[2] se montent à deux cents talens[c]. Il nous était aisé de prévenir cette conquête. Nos députés pouvaient se rendre à l'Hellespont en moins de dix jours, peut-être en moins de trois ou quatre[3]. Ils auraient trouvé Philippe aux environs, et lui auraient offert l'alternative, ou de se soumettre aux conditions de la paix, ou de les rejeter. Dans le premier cas, il s'engageait à ménager les possessions de nos alliés, et par conséquent celles du roi de Thrace; dans le second, notre armée, jointe à celle des Phocéens, l'arrêtait aux Thermopyles[4] : nos flottes, maîtresses de la mer, empêchaient les siennes de faire une descente dans l'Attique; nous lui fermions nos ports; et, plutôt que de laisser ruiner son commerce, il aurait respecté nos prétentions et nos droits.

Tel était le plan de Démosthène. Il voulait aller par mer : Eschine, Philocrate et la plupart des députés ont préféré la route par terre, et, marchant à petites journées, ils en ont mis vingt-trois pour arriver à Pella, capitale de la Macédoine[5]. Ils auraient pu se rendre tout de suite au camp de Philippe, ou du moins aller de côté et d'autre recevoir le serment de ses alliés; ils ont pris le parti d'attendre tranquillement dans cette ville que son expédition fût achevée.

A son retour, il comprendra ses nouvelles acquisitions parmi les possessions que nous lui avons garanties; et si nous lui reprochons, comme une infraction au traité, l'usurpation des États de Cersoblepte, il répondra que, lors de la conquête, il n'avait pas

---

[a] Le 1er. avril de l'an 346 avant J. C. — [1] Demosth. de fals. leg. p. 316 et 317. — [b] Le 13 mai même année. — [2] Demosth. in Aristocr. p. 743. — [c] Un million quatre-vingts mille livres. — [3] Demosth. de cor. p. 477. — [4] Id. de fals. leg. p. 316. — [5] Id. ibid. p. 317.

encore vu nos ambassadeurs, ni ratifié le traité qui pouvait borner le cours de ses exploits [1].

Cependant les Thébains ayant imploré son secours contre les Phocéens, peu content de leur envoyer des troupes [2], il a saisi cette occasion pour rassembler dans sa capitale les députés des principales villes de la Grèce. Le prétexte de cette espèce de diète est de terminer la guerre des Phocéens et des Thébains; et l'objet de Philippe est de tenir la Grèce dans l'inaction, jusqu'à ce qu'il ait exécuté les projets qu'il médite.

Le 13 de scirophorion [a]. Nos députés viennent enfin d'arriver. Ils rendront compte de leur mission au sénat après demain; dans l'assemblée du peuple, le jour d'après [3].

Le 15 de scirophorion [b]. Rien de plus criminel et de plus révoltant que la conduite de nos députés, si l'on en croit Démosthène. Il les accuse de s'être vendus à Philippe, d'avoir trahi la république et ses alliés. Il les pressait vivement de se rendre auprès de ce prince; ils se sont obstinés à l'attendre pendant vingt-sept jours à Pella, et ne l'ont vu que cinquante jours après leur départ d'Athènes [4].

Il a trouvé les députés des premières villes de la Grèce réunis dans sa capitale, alarmés de ses nouvelles victoires; plus inquiets encore du dessein qu'il a de s'approcher incessamment des Thermopyles [5]. Tous ignoraient ses vues, et cherchaient à les pénétrer. Les courtisans du prince disaient à quelques uns de nos députés que les villes de Béotie seraient rétablies, et l'on en devait conclure que celle de Thèbes était menacée. Les ambassadeurs de Lacédémone accréditaient ce bruit, et, se joignant aux nôtres, pressaient Philippe de le réaliser. Ceux de Thessalie disaient que l'expédition les regardait uniquement.

Pendant qu'ils se consumaient en craintes et en espérances, Philippe employait, pour se les attirer, tantôt des présens [6] qui ne semblaient être que des témoignages d'estime, tantôt des caresses qu'on eût prises pour des épanchemens d'amitié. On soupçonne Eschine et Philocrate de n'avoir pas été insensibles à ces deux genres de séduction.

Le jour de l'audience publique, il se fit attendre. Il était encore au lit. Les ambassadeurs murmuraient. « Ne soyez pas » surpris, leur dit Parménion, que Philippe dorme pendant que » vous veillez; il veillait pendant que vous dormiez [7]. » Il parut

---

[1] Demosth. de fals. leg. p. 318. Ulpian. ibid. p. 377. — [2] Diod. lib. 16, p. 455. AEschin. de fals. leg. p. 411. — [a] Le 9 juin 346 avant J. C. — [3] Demosth. ibid. p. 296 et 302. — [b] Le 11 juin même année. — [4] Demosth. ibid. p. 317. — [5] AEschin. ibid. p. 416. — [6] Demosth. ibid. p. 318. — [7] Plut. apophth. t. 2, p. 179.

enfin; et ils exposèrent, chacun à leur tour, l'objet de leur mission[1]. Eschine s'étendit sur la résolution qu'avait prise le roi de terminer la guerre des Phocéens. Il le conjura, quand il serait à Delphes, de rendre la liberté aux villes de Béotie, et de rétablir celles que les Thébains avaient détruites; de ne pas livrer à ces derniers indistinctement les malheureux habitans de la Phocide, mais de soumettre le jugement de ceux qui avaient profané le temple et le trésor d'Apollon à la décision des peuples amphictyoniques, de tous temps chargés de poursuivre ces sortes de crimes.

Philippe ne s'expliqua pas ouvertement sur ces demandes. Il congédia les autres députés, partit avec les nôtres pour la Thessalie; et ce ne fut que dans une auberge de la ville de Phères qu'il signa le traité dont il jura l'observation[2]. Il refusa d'y comprendre les Phocéens, pour ne pas violer le serment qu'il avait prêté aux Thessaliens et aux Thébains[3]; mais il donna des promesses et une lettre. Nos députés prirent congé de lui, et les troupes du roi s'avancèrent vers les Thermopyles.

Le sénat s'est assemblé ce matin. La salle était pleine de monde[4]. Démosthène a tâché de prouver que ses collègues ont agi contre leurs instructions, qu'ils sont d'intelligence avec Philippe, et que notre unique ressource est de voler au secours des Phocéens, et de nous emparer du pas des Thermopyles[5].

La lettre du roi n'était pas capable de calmer les esprits. « J'ai » prêté le serment, dit-il, entre les mains de vos députés. Vous » y verrez inscrits les noms de ceux de mes alliés qui étaient » présens. Je vous enverrai à mesure le serment des autres[6]. » Et plus bas : « Vos députés auraient été le prendre sur les lieux; » je les ai retenus auprès de moi; j'en avais besoin pour récon- » cilier ceux de Hale avec ceux de Pharsale[7]. »

La lettre ne dit pas un mot des Phocéens, ni des espérances qu'on nous avait données de sa part, et qu'il nous laissait entrevoir quand nous conclûmes la paix. Il nous mandait alors que, si nous consentions à nous allier avec lui, il s'expliquerait plus clairement sur les services qu'il pourrait nous rendre. Mais, dans sa dernière lettre, il dit froidement qu'il ne sait en quoi il peut nous obliger[8]. Le sénat indigné a porté un décret conforme à l'avis de Démosthène. Il n'a point décerné d'éloges aux députés, et ne les a point invités au repas du Prytanée; sévérité qu'il n'avait jamais exercée contre des ambassadeurs[9], et

---

[1] AEschin. de fals. leg. p. 412. — [2] Demosth. ibid. p. 317. — [3] Id. ibid. p. 300 et 343. Ulpian. p. 357. — [4] Demosth. ibid. p. 296. — [5] Id. philipp. 2, p. 67. — [6] AEschin. de fals. leg. p. 415. — [7] Demosth. de fals. leg. p. 299. — [8] Id. ibid. p. 300. — [9] Id. ibid. p. 298.

qui sans doute préviendra le peuple contre Eschine et ses adhérens.

LETTRE DE CALLIMÉDON.

Le 16 de scirophorion[a] [1]. Me voilà chez le grave Apollodore. Je venais le voir ; il allait vous écrire : je lui arrache la plume des mains, et je continue son journal.

Je sais à présent mon Démosthène par cœur. Voulez-vous un génie vigoureux et sublime, faites-le monter à la tribune ; un homme lourd, gauche, de mauvais ton, vous n'avez qu'à le transporter à la cour de Macédoine. Il s'est hâté de parler le premier, quand nos députés ont reparu devant Philippe. D'abord, des invectives contre ses collègues ; ensuite, un long étalage des services qu'il avait rendus à ce prince ; la lecture ennuyeuse des décrets qu'il avait portés pour accélérer la paix ; son attention à loger chez lui les ambassadeurs de Macédoine, à leur procurer de bons coussins aux spectacles, à leur choisir trois attelages de mulets quand ils sont partis, à les accompagner lui-même à cheval, et tout cela en dépit des envieux, à découvert, dans l'unique intention de plaire au monarque. Ses collègues se couvraient le visage pour cacher leur honte : il continuait toujours. « Je n'ai pas parlé de votre beauté, c'est le mérite d'une » femme ; ni de votre mémoire, c'est celui d'un rhéteur ; ni de » votre talent pour boire, c'est celui d'une éponge. » Enfin il en a tant dit, que tout le monde a fini par éclater de rire [2].

J'ai une autre scène à vous raconter. Je viens de l'assemblée générale. On s'attendait qu'elle serait orageuse et piquante. Nos députés ne s'accordent point sur la réponse de Philippe. Ce n'était pourtant que l'objet principal de leur ambassade. Eschine a parlé des avantages sans nombre que le roi veut nous accorder [3] ; il en a détaillé quelques uns ; il s'est expliqué sur les autres en fin politique, à demi-mot, comme un homme honoré de la confiance du prince, et l'unique dépositaire de ses secrets. Après avoir donné une haute idée de sa capacité, il est descendu gravement de la tribune. Démosthène l'a remplacé ; il a nié tout ce que l'autre avait avancé. Eschine et Philocrate s'étaient mis auprès de lui, à droite et à gauche ; ils l'interrompaient à chaque phrase par des cris ou par des plaisanteries. La multitude en faisait autant. « Puisque vous craignez, a-t-il ajouté, que je ne » détruise vos espérances, je proteste contre ces vaines promesses, » et je me retire. Pas si vite, a repris Eschine ; encore un mo- » ment : affirmez du moins que dans la suite vous ne vous attri-

---

[a] Le 12 juin 346 avant. J. C. — [1] Demosth. de fals. leg. p. 302. — [2] AEschin. ibid. p. 412. — [3] Demosth. ibid. p. 297.

» buerez pas les succès de vos collègues. Non, non, a répondu
» Démosthène avec un sourire amer, je ne vous ferai jamais
» cette injustice. » Alors Philocrate prenant la parole, a commencé ainsi : « Athéniens, ne soyez pas surpris que Démosthène
» et moi ne soyons pas du même avis. Il ne boit que de l'eau,
» et moi que du vin. » Ces mots ont excité un rire excessif[1], et
Philocrate est resté maître du champ de bataille.

Apollodore vous instruira du dénoûment de cette farce; car
notre tribune n'est plus qu'une scène de comédie, et nos orateurs
que des histrions qui détonnent dans leurs discours ou dans leur
conduite. On dit qu'en cette occasion quelques uns d'entre eux
ont porté ce privilége un peu loin. Je l'ignore; mais je vois
clairement que Philippe s'est moqué d'eux, qu'ils se moquent
du peuple, et que le meilleur parti est de se moquer du peuple
et de ceux qui le gouvernent.

LETTRE D'APOLLODORE.

Je vais ajouter ce qui manque au récit de ce fou de Callimédon.

Le peuple était alarmé de l'arrivée de Philippe aux Thermopyles[2]. Si ce prince allait se joindre aux Thébains nos ennemis,
et détruire les Phocéens nos alliés, quel serait l'espoir de la république? Eschine a répondu des dispositions favorables du roi et
du salut de la Phocide. Dans deux ou trois jours, a-t-il dit, sans
sortir de chez nous, sans être obligés de recourir aux armes, nous
apprendrons que la ville de Thèbes est assiégée, que la Béotie
est libre, qu'on travaille au rétablissement de Platée et de
Thespies, démolies par les Thébains. Le sacrilége commis contre
le temple d'Apollon sera jugé par le tribunal des Amphictyons:
le crime de quelques particuliers ne retombera plus sur la nation
entière des Phocéens. Nous cédons Amphipolis, mais nous aurons
un dédommagement qui nous consolera de ce sacrifice[3].

Après ce discours, le peuple, ivre d'espérance et de joie, a
refusé d'entendre Démosthène, et Philocrate a proposé un décret
qui a passé sans contradiction. Il contient des éloges pour Philippe, une alliance étroite avec sa postérité, plusieurs autres
articles, dont celui-ci est le plus important : « Si les Phocéens
» ne livrent pas le temple de Delphes aux Amphictyons, les
» Athéniens feront marcher des troupes contre eux[4]. »

Cette résolution prise, on a choisi de nouveaux députés qui se
rendront auprès de Philippe, et veilleront à l'exécution de ses
promesses. Démosthène s'est excusé; Eschine a prétexté une ma-

---

[1] Demosth. de fals. leg. p. 300. — [2] Id. de cor. p. 478. — [3] Id. ibid. de
cor. p. 478; id. de fals. leg. p. 297; id. de pace, p. 60. — [4] Id. de fals. leg.
p. 301.

ladie; on les a remplacés tout de suite. Étienne, Dercyllus et les autres partent à l'instant[1]. Encore quelques jours, et nous saurons si l'orage est tombé sur nos amis ou sur nos ennemis, sur les Phocéens ou sur les Thébains.

Le 27 de scirophorion[a]. C'en est fait de la Phocide et de ses habitans. L'assemblée générale se tenait aujourd'hui au Pirée; c'était au sujet de nos arsenaux[2]. Dercyllus, un de nos députés, a paru tout à coup. Il avait appris à Chalcis en Eubée que, peu de jours auparavant, les Phocéens s'étaient livrés à Philippe, qui va les livrer aux Thébains. Je ne saurais vous peindre la douleur, la consternation et l'épouvante qui se sont emparées de tous les esprits.

Le 28 de scirophorion[b]. Nous sommes dans une agitation que le sentiment de notre faiblesse rend insupportable. Les généraux, de l'avis du sénat, ont convoqué une assemblée extraordinaire. Elle ordonne de transporter au plus tôt de la campagne les femmes, les enfans, les meubles, tous les effets; ceux qui sont en-deçà de cent vingt stades[c], dans la ville et au Pirée; ceux qui sont au-delà, dans Éleusis, Phylé, Aphidné, Rhamnonte et Sunium; de réparer les murs d'Athènes et des autres places fortes, et d'offrir des sacrifices en l'honneur d'Hercule, comme c'est notre usage dans les calamités publiques[3].

Le 30 de scirophorion[d]. Voici quelques détails sur les malheurs des Phocéens. Dans le temps qu'Eschine et Philocrate nous faisaient de si magnifiques promesses de la part de Philippe, il avait déjà passé les Thermopyles[4]. Les Phocéens, incertains de ses vues, et flottant entre la crainte et l'espérance, n'avaient pas cru devoir se saisir de ce poste important; ils occupaient les places qui sont à l'entrée du détroit; le roi cherchait à traiter avec eux; ils se défiaient de ses intentions, et voulaient connaître les nôtres. Bientôt, instruits par les députés qu'ils nous avaient envoyés récemment[5] de ce qui s'était passé dans notre assemblée du 16 de ce mois[e], ils furent persuadés que Philippe, d'intelligence avec nous, n'en voulait qu'aux Thébains, et ne crurent pas devoir se défendre[6]. Phalécus, leur général, lui remit Nicée et les forts qui sont aux environs des Thermopyles. Il obtint la permission de se retirer de la Phocide avec les huit mille hommes qu'il avait sous ses ordres[7]. A cette nouvelle, les Lacédémoniens, qui venaient sous la conduite d'Archidamus au secours des Pho-

---

[1] Demosth. de fals. leg. p. 312. AEschin. ibid. p. 417. — [a] Le 23 juin 346 avant J. C. — [2] Demosth. ibid. p. 302 et 312. — [b] Le 24 juin même année. — [c] Environ quatre lieues et demie. — [3] Demosth. ibid. p. 312; id. de cor. p. 478. — [d] Le 26 juin même année. — [4] Demosth. de cor. p. 478. — [5] Id. de fals. leg. p. 302. — [e] Du 12 juin même année. — [6] Demosth. ibid. p. 305. — [7] AEschin. ibid. p. 417. Diod. lib. 16, p. 455.

céens, reprirent tranquillement le chemin du Péloponèse[1]; et Philippe, sans le moindre obstacle, sans efforts, sans avoir perdu un seul homme, tient entre ses mains la destinée d'un peuple qui, depuis dix ans, résistait aux attaques des Thébains et des Thessaliens acharnés à sa perte. Elle est résolue sans doute; Philippe la doit et l'a promise à ses alliés; il croira se la devoir à lui-même. Il va poursuivre les Phocéens comme sacrilèges. S'il exerce contre eux des cruautés, il sera partout condamné par un petit nombre de sages, mais partout adoré de la multitude.

Comme il nous a trompés! ou plutôt comme nous avons voulu l'être! Quand il faisait attendre si long-temps nos députés à Pella, n'était-il pas visible qu'il voulait paisiblement achever son expédition de Thrace? quand il les retenait chez lui après avoir congédié les autres, n'était-il pas clair que son intention était de finir ses préparatifs et de suspendre les nôtres? quand il nous les renvoyait avec des paroles qui promettaient tout, et une lettre qui ne promettait rien, n'était-il pas démontré qu'il n'avait pris aucun engagement avec nous?

J'ai oublié de vous dire que, dans cette lettre, il nous proposait de faire avancer nos troupes, et de terminer, de concert avec lui, la guerre des Phocéens[2]; mais il savait bien que la lettre ne nous serait remise que lorsqu'il serait maître de la Phocide.

Nous n'avons à présent d'autre ressource que l'indulgence ou la pitié de ce prince. La pitié! Mânes de Thémistocle et d'Aristide!..... En nous alliant avec lui, en concluant tout à coup la paix dans le temps que nous invitions les autres peuples à prendre les armes, nous avons perdu nos possessions et nos alliés[3]. A qui nous adresser maintenant? Toute la Grèce septentrionale est dévouée à Philippe. Dans le Péloponèse, l'Élide, l'Arcadie et l'Argolide, pleines de ses partisans[4], ne sauraient, non plus que les autres peuples de ces cantons, nous pardonner notre alliance avec les Lacédémoniens[5]. Ces derniers, malgré l'ardeur bouillante d'Archidamus leur roi, préfèrent la paix à la guerre. De notre côté, quand je jette les yeux sur l'état de la marine, de l'armée et des finances, je n'y vois que les débris d'une puissance autrefois si redoutable.

Un cri général s'est élevé contre nos députés: ils sont bien coupables s'ils nous ont trahis, bien malheureux s'ils sont innocens. Je demandais à Eschine pourquoi ils s'étaient arrêtés en Macédoine; il répondit: Nous n'avions pas ordre d'aller plus

---
[1] Demosth. de fals. leg. p. 301 et 305. — [2] Id. ibid. p. 301. Æschin. ibid. p. 416. — [3] Demosth. ibid. p. 315. — [4] Id. ibid. p. 334. — [5] Id. de pac. p. 62.

loin¹. — Pourquoi il nous avait bercés de si belles espérances : — J'ai rapporté ce qu'on m'a dit et ce que j'ai vu, comme on me l'a dit et comme je l'ai vu². Cet orateur, instruit des succès de Philippe, est parti subitement pour se joindre à la troisième députation que nous envoyons à ce prince, et dont il avait refusé d'être quelques jours auparavant³.

SOUS L'ARCHONTE ARCHIAS.

La 3ᵉ. année de la 108ᵉ. olympiade.

(Depuis le 27 juin de l'an 346, jusqu'au 15 juillet de l'an 345 avant J. C.)

LETTRE D'APOLLODORE.

Le 7 de métagéitnion ᵃ. Il nous est encore permis d'être libres. Philippe ne tournera point ses armes contre nous. Les affaires de la Phocide l'ont occupé jusqu'à présent, et bientôt d'autres intérêts le rappelleront en Macédoine.

Dès qu'il fut à Delphes, il assembla les Amphictyons. C'était pour décerner une peine éclatante contre ceux qui s'étaient emparés du temple et du trésor sacré. La forme était légale ; nous l'avions indiquée nous-même par notre décret du 16 de scirophorion ᵇ : cependant, comme les Thébains et les Thessaliens, par le nombre de leurs suffrages, entraînent à leur gré les décisions de ce tribunal, la haine et la cruauté devaient nécessairement influer sur le jugement⁴. Les principaux auteurs du sacrilége sont dévoués à l'exécration publique ; il est permis de les poursuivre en tous lieux⁵. La nation, comme complice de leur crime, puisqu'elle en a pris la défense, perd le double suffrage qu'elle avait dans l'assemblée des Amphictyons, et ce privilége est à jamais dévolu aux rois de Macédoine. A l'exception de trois villes dont on se contente de détruire les fortifications, toutes seront rasées, et réduites en des hameaux de cinquante petites maisons, placés à une certaine distance les uns des autres⁶. Les habitans de la Phocide, privés du droit d'offrir des sacrifices dans le temple, et d'y participer aux cérémonies saintes, cultiveront leurs terres, déposeront tous les ans dans le trésor sacré soixante talens ᶜ, jusqu'à ce qu'ils aient restitué en entier les sommes qu'ils en ont enlevées ; ils livreront leurs armes et leurs chevaux, et n'en pourront avoir d'autres jusqu'à ce que le trésor soit indemnisé. Philippe, de concert avec les Béotiens et les Thessaliens, présidera aux jeux pythiques à la place des Corinthiens,

---

¹ AEschin. de fals. leg. p. 410. — ² Id. ibid. p. 407. — ³ Demosth. ibid. p. 312. — ᵃ Le 15. août de l'an 346 avant J. C. — ᵇ Le 12 juin même année. — ⁴ Demosth. ibid. p. 301. — ⁵ Diod. lib. 16, p. 455. — ⁶ Id. ibid. Pausan. lib. 10, cap. 3, p. 804. — ᶜ Trois cent vingt-quatre mille livres.

accusés d'avoir favorisé les Phocéens. D'autres articles ont pour objet de rétablir l'union parmi les peuples de la Grèce, et la majesté du culte dans le temple d'Apollon [1].

L'avis des OEtéens de Thessalie fut cruel, parce qu'il fut conforme aux lois portées contre les sacriléges. Ils proposèrent d'exterminer la race impie des Phocéens, en précipitant leurs enfans du haut d'un rocher. Eschine prit hautement leur défense, et sauva l'espérance de tant de malheureuses familles [2].

Philippe a fait exécuter le décret, suivant les uns, avec une rigueur barbare [3]; suivant d'autres, avec plus de modération que n'en ont montré les Thébains et les Thessaliens [4]. Vingt-deux villes entourées de murailles faisaient l'ornement de la Phocide [5]; la plupart ne présentent que des amas de cendres et de décombres [6]. On ne voit dans les campagnes que des vieillards, des femmes, des enfans, des hommes infirmes, dont les mains faibles et tremblantes arrachent à peine de la terre quelques alimens grossiers. Leurs fils, leurs époux, leurs pères ont été forcés de les abandonner. Les uns, vendus à l'encan, gémissent dans les fers [7]; les autres, proscrits ou fugitifs, ne trouvent point d'asile dans la Grèce. Nous en avons reçu quelques uns, et déjà les Thessaliens nous en font un crime [8]. Quand même des circonstances plus heureuses les ramèneraient dans leur patrie, quel temps ne leur faudra-t-il pas pour restituer au temple de Delphes l'or et l'argent dont leurs généraux l'ont dépouillé pendant le cours de la guerre ! On en fait monter la valeur à plus de dix mille talens [9][a].

Après l'assemblée, Philippe offrit des sacrifices en actions de grâces ; et dans un repas splendide, où se trouvèrent deux cents convives, y compris les députés de la Grèce, et les nôtres en particulier, on n'entendit que des hymnes en l'honneur des dieux, des chants de victoire en l'honneur du prince [10].

Le 1er. de puanepsion[b]. Philippe, avant de retourner dans ses États, a rempli les engagemens qu'il avait contractés avec les Thébains et les Thessaliens [11]. Il a donné aux premiers, Orchomène, Coronée et d'autres villes de la Béotie, qu'ils ont démantelées [12] ; aux seconds, Nicée et les places qui sont à l'issue des Thermopyles [13] et que les Phocéens avaient enlevées aux Lo-

---

[1] Diod. lib. 16, p. 455. Pausan. lib. 10, cap. 3, p. 804. — [2] AEschin. de fals. leg. p. 417.— [3] Justin. lib. 8, cap. 5. Oros. lib. 3, cap. 12.— [4] AEschin. ibid. Diod. ibid. p. 456. — [5] Demosth. de fals. leg. p. 312. — [6] Id. ibid. p. 303 et 344. — [7] Id. de cor. p. 479. — [8] Id. de pace, p. 62. — [9] Diod. ibid. p. 453. — [a] Plus de cinquante-quatre millions. — [10] Demosth. de fals. leg. p. 313. AEschin. ibid. p. 421. — [b] Le 23 octobre de l'an 346 avant J. C. — [11] Demosth. ibid. p. 343.— [12] Id. de pace, p. 62; id. de fals. leg. p. 315 et 344. — [13] Id. philipp. 2, p. 66. AEschin. in Ctesiph. p. 450.

criens. Ainsi les Thessaliens restent maîtres du détroit ; mais ils sont si faciles à tromper [1] que Philippe ne risque rien à leur en confier la garde. Pour lui, il a retiré de son expédition le fruit qu'il en attendait, la liberté de passer les Thermopyles quand il le jugerait à propos [2], l'honneur d'avoir terminé une guerre de religion, le droit de présider aux jeux pythiques, et le droit plus important de séance et de suffrage dans l'assemblée des Amphictyons.

Comme cette dernière prérogative peut lui donner une très-grande prépondérance sur les affaires de la Grèce, il est très-jaloux de se la conserver. Il ne la tient jusqu'à présent que des Thébains et des Thessaliens. Pour la rendre légitime, le consentement des autres peuples de la ligue est nécessaire. Ses ambassadeurs et ceux des Thessaliens sont venus dernièrement solliciter le nôtre [3] ; ils ne l'ont pas obtenu [4], quoique Démosthène fût d'avis de l'accorder ; il craignait qu'un refus n'irritât les nations amphictyoniques, et ne fît de l'Attique une seconde Phocide [5].

Nous sommes si mécontens de la dernière paix, que nous avons été bien aises de donner ce dégoût à Philippe. S'il est blessé de notre opposition, nous devons l'être de ses procédés. En effet, nous lui avons tout cédé, et il ne s'est relâché que sur l'article des villes de Thrace qui nous appartenaient [6]. On va rester de part et d'autre dans un état de défiance ; et de là résulteront des infractions et des raccommodemens, qui se termineront par quelque éclat funeste.

Vous êtes étonné de notre audace. Le peuple ne craint plus Philippe depuis qu'il est éloigné ; nous l'avons trop redouté quand il était dans les contrées voisines. La manière dont il a conduit et terminé la guerre des Phocéens, son désintéressement dans le partage de leurs dépouilles, enfin ses démarches mieux approfondies, nous doivent autant rassurer sur le présent que nous effrayer pour un avenir qui n'est peut-être pas éloigné. Les autres conquérans se hâtent de s'emparer d'un pays, sans songer à ceux qui l'habitent, et n'ont pour nouveaux sujets que des esclaves prêts à se révolter : Philippe veut conquérir les Grecs avant la Grèce ; il veut nous attirer, gagner notre confiance, nous accoutumer aux fers, nous forcer peut-être à lui en demander, et, par des voies lentes et douces, devenir insensiblement notre arbitre, notre défenseur et notre maître.

Je finis par deux traits qu'on m'a racontés de lui. Pendant

---

[1] Ulpian. in olynth. 2, p. 28. — [2] Demosth. de pace, p. 62. — [3] Id. de fals. leg. p. 310. — [4] Id. philipp. 1, p. 62. — [5] Id. de pace. Liban. argum. p. 59. — [6] Demosth. de fals. leg. p. 305.

qu'il était à Delphes, il apprit qu'un Achéen nommé Arcadion, homme d'esprit et prompt à la répartie, le haïssait, et affectait d'éviter sa présence; il le rencontra par hasard. « Jusqu'à quand » me fuirez-vous, lui dit-il avec bonté? Jusqu'à ce que, ré- » pondit Arcadion, je parvienne en des lieux où votre nom ne » soit pas connu. » Le roi se prit à rire, et l'engagea par ses caresses à venir souper avec lui [1].

Ce prince est si grand, que j'attendais de lui quelque faiblesse. Mon attente n'a point été trompée : il vient de défendre l'usage des chars dans ses États [2]. Savez-vous pourquoi? un devin lui a prédit qu'il périrait par un char [a].

SOUS L'ARCHONTE EUBULUS.

La 4e. année de la 108e. olympiade.

Depuis le 15 juillet de l'an 345, jusqu'au 4 juillet de l'an 344 avant J. C.)

LETTRE D'APOLLODORE.

Timonide de Leucade est arrivé depuis quelques jours. Vous le connûtes à l'Académie. Vous savez qu'il accompagna Dion en Sicile, il y a treize ans, et qu'il combattit toujours à ses côtés. L'histoire à laquelle il travaille contiendra les détails de cette célèbre expédition [3].

Rien de plus déplorable que l'état où il a laissé cette île autrefois si florissante. Il semble que la fortune ait choisi ce théâtre pour y montrer en un petit nombre d'années toutes les vicissitudes des choses humaines. Elle y fait d'abord paraître deux tyrans qui l'oppriment pendant un demi-siècle. Elle soulève contre le dernier de ces princes, Dion son oncle; contre Dion, Callippe son ami; contre cet infâme assassin, Hipparinus, qu'elle fait périr deux ans après d'une mort violente [4] : elle le remplace par une succession rapide de despotes moins puissans, mais aussi cruels que les premiers [5].

Ces différentes éruptions de la tyrannie, précédées, accompagnées et suivies de terribles secousses, se distinguent toutes, comme celles de l'Etna, par des traces effrayantes. Les mêmes scènes se renouvellent à chaque instant dans les principales villes de la Sicile. La plupart ont brisé les liens qui faisaient leur force

---

[1] Theoph. Dur. Phil. ap. Athen. lib. 6, cap. 13, p. 249. — [2] Cicer. de fat. cap. 3. Val. Max. lib. 1, cap. 8, extern. n°. 9. AElian. var. hist. lib. 3, cap. 45. — [a] Les auteurs qui rapportent cette anecdote ajoutent qu'on avait gravé un char sur le manche du poignard dont ce prince fut assassiné. — [3] Plut. in Dion. t. 1, p. 967, 971 et 972. — [4] Plat. epist. 8, t. 3, p. 356. Polyæn. strateg. lib. 5, cap. 4. Diod. lib. 16, p. 436. Theop. ap. Athen. lib. 10, p. 436. — [5] Plut. in Timol. t. 1, p. 236.

en les attachant à la capitale, et se sont livrées à des chefs qui les ont asservies en leur promettant la liberté. Hippon s'est rendu maître de Messine ; Mamercus, de Catane ; Icétas, de Léonte ; Niséus, de Syracuse ; Leptine, d'Apollonie[1] : d'autres villes gémissent sous le joug de Nicodème, d'Apolloniade, etc.[2] Ces révolutions ne se sont opérées qu'avec des torrens de sang, qu'avec des haines implacables et des crimes atroces.

Les Carthaginois, qui occupent plusieurs places en Sicile, étendent leurs conquêtes, et font journellement des incursions sur les domaines des villes grecques, dont les habitans éprouvent, sans la moindre interruption, les horreurs d'une guerre étrangère et d'une guerre civile ; sans cesse exposés aux attaques des barbares, aux entreprises du tyran de Syracuse, aux attentats de leurs tyrans particuliers, à la rage des partis, parvenue au point d'armer les gens de bien les uns contre les autres.

Tant de calamités n'ont fait de la Sicile qu'une solitude profonde, qu'un vaste tombeau. Les hameaux, les bourgs ont disparu[3]. Les campagnes incultes, les villes à demi détruites et désertes, sont glacées d'effroi à l'aspect menaçant de ces citadelles[4], qui renferment leurs tyrans, entourés des ministres de la mort.

Vous le voyez, Anacharsis, rien n'est si funeste pour une nation qui n'a plus de mœurs que d'entreprendre de briser ses fers. Les Grecs de Sicile étaient trop corrompus pour conserver leur liberté, trop vains pour supporter la servitude. Leurs divisions, leurs guerres ne sont venues que de l'alliance monstrueuse qu'ils ont voulu faire de l'amour de l'indépendance avec le goût excessif des plaisirs. A force de se tourmenter, ils sont devenus les plus infortunés des hommes et les plus vils des esclaves.

Timonide sort d'ici dans le moment : il a reçu des lettres de Syracuse. Denys est remonté sur le trône ; il en a chassé Niséus, fils du même père que lui, mais d'une autre mère[5]. Niséus régnait depuis quelques années, et perpétuait avec éclat la tyrannie de ses prédécesseurs. Trahi des siens[6], jeté dans un cachot, condamné à perdre la vie, il en a passé les derniers jours dans une ivresse continuelle[7] : il est mort comme son frère Hipparinus, qui avait régné avant lui[8] ; comme vécut un autre de ses frères, nommé Apollocrate[9].

Denys a de grandes vengeances à exercer contre ses sujets. Ils l'avaient dépouillé du pouvoir suprême ; il a traîné pendant plu-

---

[1] Plut. in Timol. t. 1, p. 236 et 247. — [2] Diod. lib. 16, p. 472. — [3] Plut. ibid. Diod. ibid. p. 473. — [4] Nep. in Timol. cap. 3. — [5] Plut. ibid. p. 236. — [6] Justin. lib. 21, cap. 3. — [7] Theop. ap. Athen. lib. 10, p. 437. — [8] Id. ibid. — [9] Ælian. var. hist. lib. 2, cap. 41.

sieurs années, en Italie, le poids de l'ignominie et du mépris [1]. On craint l'altière impétuosité de son caractère ; on craint un esprit effarouché par le malheur : c'est une nouvelle intrigue pour la grande tragédie que la fortune représente en Sicile.

LETTRE D'APOLLODORE.

On vient de recevoir des nouvelles de Sicile. Denys se croyait heureux sur un trône plusieurs fois souillé du sang de sa famille : c'était le moment fatal où l'attendait sa destinée. Son épouse, ses filles, le plus jeune de ses fils, viennent de périr tous ensemble de la mort la plus lente et la plus douloureuse. Lorsqu'il partit de l'Italie pour la Sicile, il les laissa dans la capitale des Locriens Épizéphyriens, qui profitèrent de son absence pour les assiéger dans la citadelle. S'en étant rendus maîtres, ils les dépouillèrent de leurs vêtemens, et les exposèrent à la brutalité des désirs d'une populace effrénée, dont la fureur ne fut pas assouvie par cet excès d'indignité. On les fit expirer en leur enfonçant des aiguilles sous les ongles ; on brisa leurs os dans un mortier ; les restes de leurs corps, mis en morceaux, furent jetés dans les flammes ou dans la mer, après que chaque citoyen eut été forcé d'en goûter [2].

Denys était accusé d'avoir, de concert avec les médecins, abrégé par le poison la vie de son père [3] ; il l'était d'avoir fait périr quelques uns de ses frères et de ses parens qui faisaient ombrage à son autorité [4]. Il a fini par être le bourreau de son épouse et de ses enfans. Lorsque les peuples se portent à de si étranges barbaries, il faut remonter plus haut pour trouver le coupable. Examinez la conduite des Locriens : ils vivaient tranquillement sous des lois qui maintenaient l'ordre et la décence dans leur ville [5]. Denys, chassé de Syracuse, leur demande un asile ; ils l'accueillent avec d'autant plus d'égards qu'ils avaient un traité d'alliance avec lui, et que sa mère avait reçu le jour parmi eux. Leurs pères, en permettant, contre les lois d'une sage politique [6], qu'une famille particulière donnât une reine à la Sicile, n'avaient pas prévu que la Sicile leur rendrait un tyran. Denys, par le secours de ses parens et de ses troupes, s'empare de la citadelle, saisit les biens des riches citoyens, presque tous massacrés par ses ordres, expose leurs épouses et leurs filles à la plus infâme prostitution, et, dans un petit nombre d'années, détruit,

---

[1] Plat. epist. 7, t. 3, p. 334. — [2] Clearch. ap. Athen. lib. 12, p. 541. Plut. in Timol. t. 1, p. 242. Strab. lib. 6, p. 260. AElian. var. hist. lib. 9, cap. 8. — [3] Plut. in Dion. t. 1, p. 960. — [4] Justin. lib. 21, cap. 1. AElian. ibid. lib. 6, cap. 12. — [5] Strab. ibid. p. 259. — [6] Aristot. de rep. lib. 5, cap. 7, t. 2, p. 396.

pour jamais les lois, les mœurs, le repos et le bonheur d'une nation que tant d'outrages ont rendue féroce[1].

Le malheur épouvantable qu'il vient d'essuyer a répandu la terreur dans tout l'empire. Il n'en faut pas douter, Denys va renchérir sur les cruautés de son père, et réaliser une prédiction qu'un Sicilien m'a racontée ces jours passés.

Pendant que tous les sujets de Denys l'Ancien faisaient des imprécations contre lui, il apprit avec surprise qu'une femme de Syracuse, extrêmement âgée, demandait tous les matins aux dieux de ne pas survivre à ce prince. Il la fit venir, et voulut savoir la raison d'un si tendre intérêt. « Je vais vous la dire, ré» pondit-elle. Dans mon enfance, il y a bien long-temps de » cela, j'entendais tout le monde se plaindre de celui qui nous » gouvernait, et je désirais sa mort avec tout le monde : il fut » massacré. Il en vint un second qui, s'étant rendu maître de » la citadelle, fit regretter le premier. Nous conjurions les » dieux de nous en délivrer : ils nous exaucèrent. Vous parûtes, » et vous nous avez fait plus de mal que les deux autres. Comme » je pense que le quatrième serait encore plus cruel que vous, » j'adresse tous les jours des vœux au ciel pour votre conserva» tion. » Denys, frappé de la franchise de cette femme, la traita fort bien ; il ne la fit pas mourir [2].

SOUS L'ARCHONTE LYCISCUS.

La 1re. année de la 109e. olympiade.

(Depuis le 4 juillet de l'an 344, jusqu'au 23 juillet de l'an 343 avant J. C.)

LETTRE D'APOLLODORE.

Les rois de Macédoine haïssaient les Illyriens, qui les avaient souvent battus ; Philippe ne hait aucun peuple, parce qu'il n'en craint aucun. Il veut simplement les subjuguer tous.

Suivez, si vous le pouvez, les opérations rapides de sa dernière campagne. Il rassemble une forte armée, tombe sur l'Illyrie, s'empare de plusieurs villes, fait un butin immense, revient en Macédoine, pénètre en Thessalie, où l'appellent ses partisans, la délivre de tous les petits tyrans qui l'opprimaient, la partage en quatre grands districts, place à leur tête les chefs qu'elle désire, et qui lui sont dévoués, s'attache par de nouveaux liens les peuples qui l'habitent, se fait confirmer les droits qu'il percevait dans leurs ports, et retourne paisiblement dans

---

[1] Justin. lib. 21, cap. 2 et 3. Clearch. ap. Athen. lib. 12, p. 541. AElian. var. hist. lib. 9, cap. 8. Strab. lib. 6, p. 259. — [2] Val. Max. lib. 6, cap. 2, extern. n°. 2.

ses États[1]. Qu'arrive-t-il de là? Tandis que les barbares traînent, en frémissant de rage, les fers qu'il leur a donnés, les Grecs aveuglés courent au-devant de la servitude. Ils le regardent comme l'ennemi de la tyrannie, comme leur ami, leur bienfaiteur, leur sauveur[2]. Les uns briguent son alliance[3]; les autres implorent sa protection. Actuellement même il prend avec hauteur la défense des Messéniens et des Argiens ; il leur fournit des troupes et de l'argent ; il fait dire aux Lacédémoniens que, s'ils s'avisent de les attaquer, il entrera dans le Péloponèse[4]. Démosthène est allé en Messénie et dans l'Argolide ; il a vainement tâché d'éclairer ces nations sur leurs intérêts....

DU MÊME.

Il nous est arrivé des ambassadeurs de Philippe. Il se plaint des calomnies que nous semons contre lui, au sujet de la dernière paix. Il soutient qu'il n'avait pris aucun engagement, qu'il n'avait fait aucune promesse : il nous défie de prouver le contraire[5]. Nos députés nous ont donc indignement trompés ; il faut donc qu'ils se justifient, ou qu'ils soient punis. C'est ce que Démosthène avait proposé[6].

Ils le seront bientôt. L'orateur Hypéride dénonça dernièrement Philocrate, et dévoila ses indignes manœuvres. Tous les esprits étaient soulevés contre l'accusé, qui demeurait tranquille. Il attendait que la fureur de la multitude fût calmée. « Défen- » dez-vous donc, lui dit quelqu'un. — Il n'est pas temps. — Et » qu'attendez-vous ? — Que le peuple ait condamné quelque » autre orateur[7]. » A la fin pourtant, convaincu d'avoir reçu de riches présens de Philippe[8], il a pris la fuite pour se dérober au supplice.

LETTRE DE CALLIMÉDON.

Vous avez ouï dire que du temps de nos pères, il y a dix à douze siècles, les dieux, pour se délasser de leur bonheur, venaient quelquefois sur la terre s'amuser avec les filles des mortels. Vous croyez qu'ils se sont depuis dégoûtés de ce commerce, vous vous trompez.

Il n'y a pas long-temps que je vis un athlète nommé Attalus[9], né à Magnésie, ville située sur le Méandre en Phrygie. Il arrivait des jeux olympiques, et n'avait remporté du combat que des blessures assez considérables. J'en témoignai ma surprise, parce

---

[1] Demosth. philipp. 2, p. 66; philipp. 3, p. 89. Diod. lib. 16, p. 463. — [2] Demosth. de cor. p. 479. — [3] Diod. ibid. — [4] Demosth. philipp. 2, p. 65. — [5] Liban. argum. in philipp. 2, p. 63. — [6] Demosth. ibid. p. 67. — [7] Aristot. rhet. lib. 2, cap. 3, t. 2, p. 551. — [8] Demosth. de fals. leg. p. 310 et 311. — [9] Æschin. epist. 10, p. 211.

qu'il me paraisait d'une force invincible. Son père, qui était avec lui, me dit: On ne doit attribuer sa défaite qu'à son ingratitude ; en se faisant inscrire, il n'a pas déclaré son véritable père, qui s'en est vengé en le privant de la victoire. — Il n'est donc pas votre fils ? — Non, c'est le Méandre qui lui a donné le jour. — Il est fils d'un fleuve ? — Sans doute ; ma femme me l'a dit, et tout Magnésie en fut témoin. Suivant un usage très-ancien, nos filles, avant de se marier, se baignent dans les eaux du Méandre, et ne manquent pas d'offrir au dieu leurs premières faveurs : il les dédaigne souvent ; il accepta celles de ma femme. Nous vîmes de loin cette divinité, sous la figure d'un beau jeune homme, la conduire dans des buissons épais dont le rivage est couvert. — Et comment savez-vous que c'était le fleuve ? — Il le fallait bien ; il avait la tête couronnée de roseaux. — Je me rends à cette preuve.

Je fis part à plusieurs de mes amis de cette étrange conversation ; ils me citèrent un musicien d'Épidamne, nommé Carion, qui prétend qu'un de ses enfans est fils d'Hercule. Æschine me raconta le fait suivant[a]. Je rapporte ses paroles.

J'étais dans la Troade avec le jeune Cimon. J'étudiais l'Iliade sur les lieux mêmes : Cimon étudiait toute autre chose. On devait marier un certain nombre de filles. Callirhoé, la plus belle de toutes, alla se baigner dans le Scamandre. Sa nourrice se tenait sur le rivage, à une certaine distance. Callirhoé fut à peine dans le fleuve, qu'elle dit à haute voix : Scamandre, recevez l'hommage que nous vous devons. Je le reçois, répondit un jeune homme qui se leva du milieu de quelques arbrisseaux. J'étais avec tout le peuple dans un si grand éloignement, que nous ne pûmes distinguer les traits de son visage : d'ailleurs sa tête était couverte de roseaux. Le soir, je riais avec Cimon de la simplicité de ces gens-là.

Quatre jours après, les nouvelles mariées parurent avec tous leurs ornemens dans une procession que l'on faisait en l'honneur de Vénus. Pendant qu'elle défilait, Callirhoé, apercevant Cimon à mes côtés, tombe tout à coup à ses pieds, et s'écrie avec une joie naïve : O ma nourrice ! voilà le dieu Scamandre, mon premier époux ! La nourrice jette les hauts cris ; l'imposture est découverte. Cimon disparaît ; je le suis de près. Arrivé à la maison, je le traite d'imprudent, de scélérat ; mais lui de me rire au nez : il me cite l'exemple de l'athlète Attalus, du musicien Carion. Après tout, ajoute-t-il, Homère a mis le Scamandre en tragédie,

---

[a] Ce fait n'arriva que quelques années après ; mais comme il s'agit ici des mœurs, j'ai cru qu'on me pardonnerait l'anachronisme, et qu'il suffirait d'en avertir.

et je l'ai mis en comédie. J'irai plus loin encore : je veux donner un enfant à Bacchus, un autre à Apollon. Fort bien, répondis-je ; mais en attendant nous allons être brûlés vifs, car je vois le peuple s'avancer avec des tisons ardens. Nous n'eûmes que le temps de nous sauver par une porte de derrière, et de nous rembarquer au plus vite [1].

Mon cher Anacharsis, quand on dit qu'un siècle est éclairé, cela signifie qu'on trouve plus de lumières dans certaines villes que dans d'autres ; et que, dans les premières, la principale classe des citoyens est plus instruite qu'elle ne l'était autrefois. La multitude, je n'en excepte pas celle d'Athènes, tient d'autant plus à ses superstitions, qu'on fait plus d'efforts pour l'en arracher. Pendant les dernières fêtes d'Éleusis, la jeune et charmante Phryné, s'étant dépouillée de ses habits, et laissant tomber ses beaux cheveux sur ses épaules, entra dans la mer, et se joua long-temps au milieu des flots. Un nombre infini de spectateurs couvrait le rivage ; quand elle sortit, ils s'écrièrent tous : C'est Vénus qui sort des eaux. Le peuple l'aurait prise pour la déesse, si elle n'était pas si connue, et peut-être même si les gens éclairés avaient voulu favoriser une pareille illusion.

N'en doutez pas, les hommes ont deux passions favorites, que la philosophie ne détruira jamais ; celle de l'erreur et celle de l'esclavage. Mais laissons la philosophie, et revenons à Phryné. La scène qu'elle nous donna, et qui fut trop applaudie pour ne pas se réitérer, tournera sans doute à l'avantage des arts. Le peintre Apelle et le sculpteur Praxitèle étaient sur le rivage ; l'un et l'autre ont résolu de représenter la naissance de Vénus d'après le modèle qu'ils avaient sous les yeux [2].

Vous la verrez à votre retour, cette Phryné, et vous conviendrez qu'aucune des beautés de l'Asie n'a offert à vos yeux tant de grâces à la fois. Praxitèle en est éperduement amoureux. Il se connaît en beauté ; il avoue qu'il n'a jamais rien trouvé de si parfait. Elle voulait avoir le plus bel ouvrage de cet artiste. Je vous le donne avec plaisir, lui dit-il, à condition que vous le choisirez vous-même. Mais comment se déterminer au milieu de tant de chefs-d'œuvre ? Pendant qu'elle hésitait, un esclave, secrètement gagné, vint en courant annoncer à son maître que le feu avait pris à l'atelier ; que la plupart des statues étaient détruites ; que les autres étaient sur le point de l'être. Ah ! c'en est fait de moi, s'écrie Praxitèle, si l'on ne sauve pas l'Amour et le Satyre. Rassurez-vous, lui dit Phryné en riant ; j'ai voulu, par cette fausse nouvelle, vous forcer à m'éclairer sur mon choix. Elle prit la figure de l'Amour, et son projet est d'en enrichir la

---

[1] Æschin. epist. 10, p. 211. — [2] Athen. lib. 12, p. 590.

ville de Thespies, lieu de sa naissance¹. On dit aussi que cette ville veut lui consacrer une statue dans l'enceinte du temple de Delphes, et la placer à côté de celle de Philippe². Il convient en effet qu'une courtisane soit auprès d'un conquérant.

Je pardonne à Phryné de ruiner ses amans; mais je ne lui pardonne pas de les renvoyer ensuite³. Nos lois, plus indulgentes, fermaient les yeux sur ses fréquentes infidélités et sur la licence de ses mœurs; mais on la soupçonna d'avoir, à l'exemple d'Alcibiabe, profané les mystères d'Eleusis. Elle fut déférée au tribunal des Héliastes; elle y comparut, et à mesure que les juges entraient elle arrosait leurs mains de ses larmes⁴. Euthias, qui la poursuivait, conclut à la mort. Hypéride parla pour elle. Ce célèbre orateur, qui l'avait aimée, qui l'aimait encore, s'apercevant que son éloquence ne faisait aucune impression, s'abandonna tout à coup au sentiment qui l'animait. Il fait approcher Phryné, déchire les voiles qui couvraient son sein, et représente fortement que ce serait une impiété de condamner à mort la prêtresse de Vénus. Les juges, frappés d'une crainte religieuse, et plus éblouis encore des charmes exposés à leurs yeux, reconnurent l'innocence de Phryné⁵.

Depuis quelque temps la solde des troupes étrangères nous a coûté plus de mille talens⁶ᵃ. Nous avons perdu soixante-quinze villes qui étaient dans notre dépendance⁷; mais nous avons peut-être acquis autant de beautés plus aimables les unes que les autres. Elles augmentent sans doute les agrémens de la société, mais elles en multiplient les ridicules. Nos orateurs, nos philosophes, les personnages les plus graves se piquent de galanterie⁸. Nos petites-maîtresses apprennent les mathématiques⁹. Gnathène n'a pas besoin de cette ressource pour plaire. Diphilus, qui l'aime beaucoup, donna dernièrement une comédie dont il ne put attribuer la chute à la cabale. J'arrivai un moment après chez son amie : il y vint pénétré de douleur; en entrant, il la pria de lui laver les piedsᵇ. Vous n'en avez pas besoin, lui dit-elle, tout le monde vous a porté sur les épaules¹⁰.

Le même, dînant un jour chez elle, lui demandait comment elle faisait pour avoir du vin si frais. Je le fais rafraîchir, répondit-elle, dans un puits où j'ai jeté les prologues de vos pièces¹¹.

Avant de finir, je veux vous rapporter un jugement que Phi-

---

¹ Pausan. lib. 1, cap. 20, p. 46. — ² Athen. lib. 12, p. 590. — ³ Timocl. ap. Athen. lib. 13, cap. 3, p. 567. — ⁴ Posidip. ibid. p. 591. — ⁵ Athen. ibid. p. 590. Plut. in x rhet. vit. t. 2, p. 849. Quintil. lib. 2, cap. 15, p. 120. — ⁶ Isocr. areop. t. 1, p. 315. — ᵃ Plus de cinq millions quatre cent mille livres. — ⁷ AEschin. de fals. leg. p. 406. — ⁸ Athen. lib. 13, p. 588, etc. — ⁹ Id. ibid. p. 583. — ᵇ Plusieurs Athéniens allaient pieds nus. — ¹⁰ Athen. ibid. — ¹¹ Id. ibid. p. 580.

lippe vient de prononcer. On lui avait présenté deux scélérats également coupables ; ils méritaient la mort ; mais il n'aime pas à verser le sang. Il a banni l'un de ses États, et condamné l'autre à poursuivre le premier jusqu'à ce qu'il le ramène en Macédoine[1].

LETTRE D'APOLLODORE.

Isocrate vient de me montrer une lettre qu'il écrit à Philippe[2]. Un vieux courtisan ne serait pas plus adroit à flatter un prince. Il s'excuse d'oser lui donner des conseils, mais il s'y trouve contraint : l'intérêt d'Athènes et de la Grèce l'exige : il s'agit d'un objet important, du soin que le roi de Macédoine devrait prendre de sa conservation. Tout le monde vous blâme, dit-il, de vous précipiter dans le danger avec moins de précaution qu'un simple soldat. Il est beau de mourir pour sa patrie, pour ses enfans, pour ceux qui nous ont donné le jour ; mais rien de si condamnable que d'exposer une vie d'où dépend le sort d'un empire, et de ternir par une funeste témérité le cours brillant de tant d'exploits. Il lui cite l'exemple des rois de Lacédémone, entourés dans la mêlée de plusieurs guerriers qui veillent sur leurs jours ; de Xerxès, roi de Perse, qui malgré sa défaite sauva son royaume en veillant sur les siens ; de tant de généraux qui, pour ne s'être pas ménagés, ont entraîné la perte de leurs armées[3].

Il voudrait établir entre Philippe et les Athéniens une amitié sincère, et diriger leurs forces contre l'empire des Perses. Il fait les honneurs de la république : il convient que nous avons des torts, mais les dieux mêmes ne sont pas irréprochables à nos yeux[4].

Je m'arrête, et ne suis point surpris qu'un homme âgé de quatre-vingt-dix ans rampe encore après avoir rampé toute sa vie. Ce qui m'afflige, c'est que beaucoup d'Athéniens pensent comme lui ; et vous devez en conclure que, depuis votre départ, nos idées sont bien changées.

---

[1] Plut. apophth. t. 2, p. 178. — [2] Isocr. epist. 2 ad Philipp. t. 1, p. 442. — [3] Id. ibid. p. 445. — [4] Id. ibid. p. 450.

CHAPITRE LXII.

De la nature des Gouvernemens, suivant Aristote et d'autres Philosophes.

Ce fut à Smyrne, à notre retour de Perse [a], qu'on nous remit les dernières lettres que j'ai rapportées. Nous apprîmes dans cette ville qu'Aristote, après avoir passé trois ans auprès d'Hermias, gouverneur d'Atarnée, s'était établi à Mytilène, capitale de Lesbos [1].

Nous étions si près de lui, et nous avions été si long-temps sans le voir, que nous résolûmes de l'aller surprendre; cette attention le transporta de joie. Il se disposait à partir pour la Macédoine; Philippe avait enfin obtenu de lui qu'il se chargerait de l'éducation d'Alexandre son fils. Je sacrifie ma liberté, nous dit-il, mais voici mon excuse. Il nous montra une lettre du roi; elle était conçue en ces termes [2]: « J'ai un fils, et je rends grâces aux dieux, » moins encore de me l'avoir donné que de l'avoir fait naître de » votre temps. J'espère que vos soins et vos lumières le rendront » digne de moi et de cet empire. »

Nous passions des journées entières avec Aristote; nous lui rendîmes un compte exact de notre voyage; les détails suivans parurent l'intéresser. Nous étions, lui dis-je, en Phénicie; nous fûmes priés à dîner, avec quelques seigneurs perses, chez le satrape de la province; la conversation, suivant l'usage, ne roula que sur le grand-roi. Vous savez que son autorité est moins respectée dans les pays éloignés de la capitale. Ils citèrent plusieurs exemples de son orgueil et de son despotisme. Il faut convenir, dit le satrape, que les rois se croient d'une autre espèce que nous [3]. Quelques jours après, nous trouvant avec plusieurs officiers subalternes employés dans cette province, ils racontèrent les injustices qu'ils essuyaient de la part du satrape. Tout ce que j'en conclus, dit l'un d'eux, c'est qu'un satrape se croit d'une nature différente de la nôtre. J'interrogeai leurs esclaves; tous se plaignirent de la rigueur de leur sort, et convinrent que leurs maîtres se croyaient d'une espèce supérieure à la leur [4]. De notre côté, nous reconnûmes avec Platon que la plupart des hommes,

---

[a] Au printemps de l'année 343 avant J. C. — [1] Diog. Laert. lib. 5, § 3 et 9. Dionys. Halic. epist. ad Amm. cap. 5, t. 6, p. 728. — [2] Aul. Gell. lib. 9, cap. 3. — [3] Lib. de mund. ap. Aristot. cap. 6, t. 1, p. 611. AElian. var. hist. lib. 8, cap. 15; lib. 9, cap. 41. Quint. Curt. lib. 7, cap. 8. — [4] Philem. ap. Stob. serm. 60, p. 384.

tour à tour esclaves et tyrans, se révoltent contre l'injustice, moins par la haine qu'elle mérite que par la crainte qu'elle inspire[1].

Étant à Suze, dans une conversation que nous eûmes avec un Perse, nous lui dîmes que la condition des despotes est si malheureuse, qu'ils ont assez de puissance pour opérer les plus grands maux. Nous déplorions en conséquence l'esclavage où son pays était réduit[2], et nous l'opposions à la liberté dont on jouit dans la Grèce. Il nous répondit en souriant : Vous avez parcouru plusieurs de nos provinces, comment les avez-vous trouvées ? Très-florissantes, lui dis-je ; une nombreuse population, un grand commerce, l'agriculture honorée et hautement protégée par le souverain[3], des manufactures en activité, une tranquillité profonde, quelques vexations de la part des gouverneurs.

Ne vous fiez donc pas, reprit-il, aux vaines déclamations de vos écrivains. Je la connais cette Grèce dont vous parlez ; j'y ai passé plusieurs années ; j'ai étudié ses institutions, et j'ai été témoin des troubles qui la déchirent. Citez-moi, je ne dis pas une nation entière, mais une seule ville, qui n'éprouve à tous momens les cruautés du despotisme et les convulsions de l'anarchie. Vos lois sont excellentes, et ne sont pas mieux observées que les nôtres ; car nous en avons de très-sages, et qui restent sans effet, parce que l'empire est trop riche et trop vaste. Quand le souverain les respecte, nous ne changerions pas notre destinée pour la vôtre ; quand il les viole, le peuple a du moins la consolation d'espérer que la foudre ne frappera que les principaux citoyens, et qu'elle retombera sur celui qui l'a lancée. En un mot, nous sommes quelquefois malheureux par l'abus du pouvoir ; vous l'êtes presque toujours par l'excès de la liberté.

Ces réflexions engagèrent insensiblement Aristote à nous parler des différentes formes de gouvernemens ; il s'en était occupé depuis notre départ. Il avait commencé par recueillir les lois et les institutions de presque toutes les nations grecques et barbares[4] ; il nous les fit voir rangées par ordre, et accompagnées de remarques, dans autant de traités particuliers, au nombre de plus de cent cinquante[5,a] ; il se flattait de pouvoir un jour compléter ce recueil. Là se trouvent la constitution d'Athènes, celle de Lacédémone, des Thessaliens, des Arcadiens, de Syracuse, de Marseille, jusqu'à celle de la petite île d'Ithaque[6].

---

[1] Plat. de rep. lib. 1, t. 2, p. 344. — [2] Id. de leg. lib. 3, p. 698. — [3] Xenoph. memor. lib. 5, p. 828. — [4] Cicer. de fin. lib. 5, cap. 4, t. 2, p. 200. — [5] Diog. Laert. lib. 5, § 27. — [a] Diogène Laerce dit que le nombre de ces traités était de cent cinquante-huit. Ammonius, dans la vie d'Aristote, le porte à deux cent cinquante-cinq. — [6] Fabric. bibl. græc. t. 2, p. 197.

Cette immense collection pouvait par elle-même assurer la gloire de l'auteur; mais il ne la regardait que comme un échafaud pour élever un monument plus précieux encore. Les faits étaient rassemblés, ils présentaient des différences et des contradictions frappantes : pour en tirer des résultats utiles au genre humain, il fallait faire ce qu'on n'avait pas fait encore, remonter à l'esprit des lois, et les suivre dans leurs effets; examiner, d'après l'expérience de plusieurs siècles, les causes qui conservent ou détruisent les États; proposer des remèdes contre les vices qui sont inhérens à la constitution, et contre les principes d'altération qui lui sont étrangers; dresser enfin pour chaque législateur un code lumineux, à la faveur duquel il puisse choisir le gouvernement qui conviendra le mieux au caractère de la nation, ainsi qu'aux circonstances des temps et des lieux [1].

Ce grand ouvrage [2] était presque achevé quand nous arrivâmes à Mytilène, et parut quelques années après [3]. Aristote nous permit de le lire, et d'en faire l'extrait que je joins ici [a]; je le divise en deux parties.

PREMIÈRE PARTIE.

Sur les différentes espèces de Gouvernemens.

Il faut d'abord distinguer deux sortes de gouvernemens; ceux où l'utilité publique est comptée pour tout, et ceux où elle n'est comptée pour rien [4]. Dans la première classe, nous placerons la monarchie tempérée, le gouvernement aristocratique, et le républicain proprement dit : ainsi la constitution peut être excellente, soit que l'autorité se trouve entre les mains d'un seul, soit qu'elle se trouve entre les mains de plusieurs, soit qu'elle réside dans celles du peuple [5].

La seconde classe comprend la tyrannie, l'oligarchie et la démocratie, qui ne sont que des corruptions des trois premières formes de gouvernement : car la monarchie tempérée dégénère en tyrannie ou despotisme, lorsque le souverain, rapportant tout à lui, ne met plus de bornes à son pouvoir [6]; l'aristocratie en oligarchie, lorsque la puissance suprême n'est plus le partage d'un certain nombre de personnes vertueuses, mais d'un petit nombre de gens uniquement distingués par leurs richesses; le gouvernement républicain en démocratique, lorsque les plus pauvres ont trop d'influence dans les délibérations publiques [7].

---

[1] Aristot. de mor. lib. 10, t. 2, p. 144. — [2] Id. de rep. lib. 8, t. 2, p. 296. — [3] Id. ibid. lib. 5, cap. 10, p. 404. — [a] Voyez la note XXXVII à la fin du volume. — [4] Aristot. ibid. lib. 3, cap. 6, t. 2, p. 345. — [5] Id. ibid. cap. 7, p. 346. — [6] Id. rhet. lib. 1, cap. 8, p. 530. — [7] Id. de rep. lib. 3, t. 2, cap. 7, p. 346.

Comme le nom de monarque désigne également un roi et un tyran, et qu'il peut se faire que la puissance de l'un soit aussi absolue que celle de l'autre, nous les distinguerons par deux principales différences *a* ; l'une tirée de l'usage qu'ils font de leur pouvoir; l'autre des dispositions qu'ils trouvent dans leurs sujets. Quant à la première, nous avons déjà dit que le roi rapporte tout à son peuple, et le tyran à lui seul. Quant à la seconde, nous disons que l'autorité la plus absolue devient légitime, si les sujets consentent à l'établir ou à la supporter [1].

D'après ces notions préliminaires, nous découvrirons dans l'histoire des peuples cinq espèces de royautés.

De la royauté.

La première est celle qu'on trouve fréquemment dans les temps héroïques : le souverain avait le droit de commander les armées, d'infliger la peine de mort pendant qu'il les commandait, de présider aux sacrifices, de juger les causes des particuliers, et de transmettre sa puissance à ses enfans [2]. La seconde s'établissait lorsque des dissensions interminables forçaient une ville à déposer son autorité entre les mains d'un particulier, ou pour toute sa vie, ou pour un certain nombre d'années. La troisième est celle des nations barbares de l'Asie : le souverain y jouit d'un pouvoir immense, qu'il a néanmoins reçu de ses pères, et contre lequel les peuples n'ont pas réclamé. La quatrième est celle de Lacédémone : elle paraît la plus conforme aux lois, qui l'ont bornée au commandement des armées, et à des fonctions relatives au culte divin. La cinquième enfin, que je nommerai royauté ou monarchie tempérée, est celle où le souverain exerce dans ses États la même autorité qu'un père de famille dans l'intérieur de sa maison [3].

C'est la seule dont je dois m'occuper ici. Je ne parlerai pas de la première, parce qu'elle est presque partout abolie depuis longtemps; ni de la seconde, parce qu'elle n'était qu'une commission passagère; ni de la troisième, parce qu'elle ne convient qu'à des Asiatiques, plus accoutumés à la servitude que les Grecs et les Européens [4]; ni de celle de Lacédémone, parce que, resserrée dans des limites très-étroites, elle ne fait que partie de la constitution, et n'est pas par elle-même un gouvernement particulier.

Voici donc l'idée que nous nous formons d'une véritable royauté. Le souverain jouit de l'autorité suprême [5], et veille sur

---

a Voyez la note XXXVIII à la fin du volume. — [1] Aristot. de rep. lib. 3, t. 2, cap. 14, p. 357; lib. 4, cap. 10, p. 374. — [2] Id. ibid. lib. 3, cap. 14, t. 2, p. 356 et 357. — [3] Id. ibid. lib. 1, cap. 12, p. 310; lib. 3, cap. 14, p. 356. — [4] Id. ibid. — [5] Id. ibid. p. 357, D; cap. 15, p. 359, C; cap. 16 et 17.

toutes les parties de l'administration, ainsi que sur la tranquillité de l'État.

C'est à lui de faire exécuter les lois ; et comme d'un côté il ne peut les maintenir contre ceux qui les violent s'il n'a pas un corps de troupes à sa disposition, et que, d'un autre côté, il pourrait abuser de ce moyen, nous établirons pour règle générale qu'il doit avoir assez de force pour réprimer les particuliers, et point assez pour opprimer la nation [1].

Il pourra statuer sur les cas que les lois n'ont pas prévus [2]. Le soin de rendre la justice et de punir les coupables sera confié à des magistrats [3]. Ne pouvant ni tout prévoir ni tout régler par lui-même, il aura un conseil qui l'éclairera de ses lumières, et le soulagera dans les détails de l'administration [4].

Les impôts ne seront établis qu'à l'occasion d'une guerre, ou de quelque autre besoin de l'État. Il n'insultera point à la misère des peuples, en prodiguant leurs biens à des étrangers, des histrions et des courtisanes [5]. Il faut de plus que, méditant sur la nature du pouvoir dont il est revêtu, il se rende accessible à ses sujets [6], et vive au milieu d'eux comme un père au milieu de ses enfans [7]; il faut qu'il soit plus occupé de leurs intérêts que des siens [8]; que l'éclat qui l'environne inspire le respect et non la terreur [9]; que l'honneur soit le mobile de toutes ses entreprises [10], et que l'amour de son peuple en soit le prix [11]; qu'il discerne et récompense le mérite [12]; et que, sous son empire, les riches, maintenus dans la possession de leurs biens, et les pauvres, protégés contre les entreprises des riches, apprennent à s'estimer eux-mêmes, et à chérir une des belles constitutions établies parmi les hommes [13].

Cependant, comme son excellence dépend uniquement de la modération du prince, il est visible que la sûreté et la liberté des sujets doivent en dépendre aussi ; et c'est ce qui fait que, dans les villes de la Grèce, les citoyens s'estimant tous égaux, et pouvant tous participer à l'autorité souveraine, sont plus frappés des inconvéniens que des avantages d'un gouvernement qui peut tour à tour faire le bonheur ou le malheur d'un peuple [a].

[1] Aristot. de rep. lib. 3, t. 2, cap. 15, p. 359, c. — [2] Id. ibid. cap. 11, p. 351, E. — [3] Id. ibid. lib. 5, cap. 11, p. 410, A. — [4] Id. ibid. lib. 3, cap. 16, p. 361. — [5] Id. ibid. lib. 5, cap. 11, p. 409. — [6] Id. ibid. p. 410. — [7] Id. ibid. lib. 1, cap. 12, p. 310. — [8] Id. ibid. lib. 5, cap. 11, p. 410. — [9] Id. ibid. p. 409. — [10] Id. ibid. cap. 10, p. 403. — [11] Id. ibid. lib. 1, cap. 12, p. 310. — [12] Id. ibid. lib. 5, cap. 11, p. 409. — [13] Id. ibid. cap. 10, p. 403; cap. 11, p. 410; lib. 3, cap. 14, p. 356. — [a] Aristote n'a presque rien dit sur les grandes monarchies qui subsistaient encore de son temps, telles que celles de Perse et d'Égypte ; il ne s'est pas expliqué non plus sur le gouvernement de Macédoine, quoiqu'il dût bien le connaître. Il n'avait en vue que l'espèce de royauté qui s'était quelquefois établie en certaines villes de la Grèce, et qui

La royauté n'étant fondée que sur la confiance qu'elle inspire, elle se détruit lorsque le souverain se rend odieux par son despotisme, ou méprisable par ses vices [1].

De la tyrannie.

Sous un tyran, toutes les forces de la nation sont tournées contre elle-même. Le gouvernement fait une guerre continuelle aux sujets; il les attaque dans leurs lois, dans leurs biens, dans leur honneur, et il ne leur laisse que le sentiment profond de leur misère.

Au lieu qu'un roi se propose la gloire de son règne et le bien de son peuple, un tyran n'a d'autre vue que d'attirer à lui toutes les richesses de l'État, et les faire servir à ses sales voluptés [2]. Denys, roi de Syracuse, avait tellement multiplié les impôts, que, dans l'espace de cinq ans, les biens de tous les particuliers étaient entrés dans son trésor [3]. Comme le tyran ne règne que par la crainte qu'il inspire, sa sûreté doit être l'unique objet de son attention [4]. Ainsi, tandis que la garde d'un roi est composée de citoyens intéressés à la chose publique, celle d'un tyran ne l'est que d'étrangers qui servent d'instrument à ses fureurs ou à ses caprices [5].

Une telle constitution, si toutefois elle mérite ce nom, renferme tous les vices des gouvernemens les plus corrompus. Elle ne peut donc naturellement se soutenir que par les moyens les plus violens ou les plus honteux; elle doit donc renfermer toutes les causes possibles de destruction.

La tyrannie se maintient lorsque le prince a l'attention d'anéantir les citoyens qui s'élèvent trop au-dessus des autres [6]; lorsqu'il ne permet ni les progrès des connaissances qui peuvent éclairer les sujets, ni les repas publics et les assemblées qui peuvent les réunir; lorsqu'à l'exemple des rois de Syracuse, il les assiége par des espions qui les tiennent à tous momens dans l'inquiétude et dans l'épouvante; lorsque, par des pratiques adroites, il sème le trouble dans les familles, la division dans les différens ordres de l'État, la méfiance jusque dans les liaisons les plus intimes; lorsque le peuple, écrasé par des travaux publics, accablé d'impôts, entraîné à des guerres excitées à dessein, réduit au point de n'avoir ni élévation dans les idées ni noblesse dans les sentimens, a perdu le courage et les moyens de secouer

---

était d'une autre nature que les monarchies modernes. (Voyez Montesquieu, Esprit des Lois, liv. 1, chap. 9, t. 1, p. 224.)

[1] Aristot. de rep. lib. 5, cap. 10, t. 2, p. 406, et cap. 11, p. 408. — [2] Id. ibid. cap. 10, p. 403. — [3] Id. ibid. cap. 11, p. 407. — [4] Id. rhet. lib. 1, cap. 8, p. 530. — [5] Id. de rhet. lib. 5, cap. 10, p. 403. — [6] Id. de rep. lib. 5, cap. 11. p. 407. Euripid. in supplic. v. 445.

le joug qui l'opprime ; lorsque le trône n'est environné que de vils flatteurs [1] et de tyrans subalternes d'autant plus utiles au despote, qu'ils ne sont arrêtés ni par la honte ni par le remords.

Il est cependant un moyen plus propre à perpétuer son autorité [2] ; c'est lorsqu'en conservant toute la plénitude de sa puissance, il veut bien s'assujétir à des formes qui en adoucissent la rigueur, et se montrer à ses peuples plutôt sous les traits d'un père dont ils sont l'héritage, que sous l'aspect d'un animal féroce [3] dont ils deviennent les victimes.

Comme ils doivent être persuadés que leur fortune est sacrifiée au bien de l'État, et non au sien en particulier, il faut que, par son application, il établisse l'opinion de son habileté dans la science du gouvernement [4]. Il sera très-avantageux pour lui qu'il ait les qualités qui inspirent le respect, et les apparences des vertus qui attirent l'amour. Il ne le sera pas moins qu'il paraisse attaché, mais sans bassesse, au culte religieux ; car le peuple le croira retenu par la crainte des dieux, et n'osera s'élever contre un prince qu'ils protégent [5].

Ce qu'il doit éviter, c'est d'élever un de ses sujets à un point de grandeur dont ce dernier puisse abuser [6] ; mais il doit encore plus s'abstenir d'outrager des particuliers et de porter le déshonneur dans les familles. Parmi cette foule de princes que l'abus du pouvoir a précipités du trône, plusieurs ont péri pour expier des injures personnelles dont ils s'étaient rendus coupables, ou qu'ils avaient autorisées [7].

C'est avec de pareils ménagemens que le despotisme s'est maintenu à Sicyone pendant un siècle entier ; à Corinthe, pendant près d'un siècle [8]. Ceux qui gouvernèrent ces deux États obtinrent l'estime ou la confiance publique, les uns par leurs talens militaires, les autres par leur affabilité, d'autres par les égards qu'en certaines occasions ils eurent pour les lois. Partout ailleurs la tyrannie a plus ou moins subsisté, suivant qu'elle a plus ou moins négligé de se cacher. On l'a vue quelquefois désarmer la multitude irritée ; d'autres fois briser les fers des esclaves, et les appeler à son secours [9] : mais il faut de toute nécessité qu'un gouvernement si monstrueux finisse tôt ou tard, parce que la haine ou le mépris qu'il inspire [10] doit tôt ou tard venger la majesté des nations outragées.

De l'aristocratie.

Lorsque, après l'extinction de la royauté, l'autorité revint aux

---

[1] Aristot. de rep. lib. 5, cap. 11, t. 2, p. 407. — [2] Id. ibid. p. 408. — [3] Id. ibid. lib. 3, cap. 16, p. 360. — [4] Id. ibid. lib. 5, cap. 11, p. 409. — [5] Id. ibid. — [6] Id. ibid. p. 410. — [7] Id. ibid. cap. 10, p. 403. — [8] Id. ibid. cap. 12, p. 411. — [9] Id. ibid. cap. 11, p. 410. — [10] Id. ibid. cap. 10, p. 406.

sociétés dont elle était émanée, les unes prirent le parti de l'exercer en corps de nation, les autres de la confier à un certain nombre de citoyens.

Alors se ranimèrent deux puissantes factions, celle des grands et celle du peuple, toutes deux réprimées auparavant par l'autorité d'un seul, et depuis, beaucoup plus occupées à se détruire qu'à se balancer. Leurs divisions ont presque partout dénaturé la constitution primitive, et d'autres causes ont contribué à l'altérer : telles sont les imperfections que l'expérience a fait découvrir dans les différens systèmes des législateurs, les abus attachés à l'exercice du pouvoir même le plus légitime, les variations que les peuples ont éprouvées dans leur puissance, dans leurs mœurs, dans leurs rapports avec les autres nations. Ainsi, chez ces Grecs également enflammés de l'amour de la liberté, vous ne trouverez pas deux nations ou deux villes, quelque voisines qu'elles soient, qui aient précisément la même législation et la même forme de gouvernement ; mais vous verrez partout la constitution incliner vers le despotisme des grands ou vers celui de la multitude.

Il résulte de là qu'il faut distinguer plusieurs espèces d'aristocratie ; les unes, approchant plus ou moins de la perfection dont ce gouvernement est susceptible ; les autres, tendant plus ou moins vers l'oligarchie, qui en est la corruption.

La véritable aristocratie serait celle où l'autorité se trouverait entre les mains d'un certain nombre de magistrats éclairés et vertueux [1]. Par cette vertu, j'entends la vertu politique, qui n'est autre chose que l'amour du bien public ou de la patrie [2] : comme on lui déférerait tous les honneurs, elle serait le principe de ce gouvernement [3].

Pour assurer cette constitution, il faudrait la tempérer de manière que les principaux citoyens y trouvassent les avantages de l'oligarchie, et le peuple ceux de la démocratie [4]. Deux lois contribueraient à produire ce double effet ; l'une, qui dérive du principe de ce gouvernement, conférerait les magistratures suprêmes aux qualités personnelles, sans avoir égard aux fortunes [5] ; l'autre, pour empêcher que les magistrats pussent s'enrichir dans leurs emplois, les obligerait de rendre compte au public de l'administration des finances [6].

Par la première, tous les citoyens pourraient aspirer aux principales dignités ; par la seconde, ceux des dernières classes re-

[1] Aristot. de rep. lib. 4, cap. 7, t. 2, p. 371 ; cap. 15, p. 382. — [2] Id. ibid. lib. 3, cap. 7, p. 371.— [3] Id. ibid. lib. 4, cap. 8, p. 372.— [4] Id. ibid. lib. 5, cap. 7, p. 396. — [5] Id. ibid. lib. 4, cap. 9, p. 373. — [6] Id. ibid. lib. 5, cap. 8, p. 399.

nonceraient à un droit qu'ils n'ambitionnent que parce qu'ils le croient utile [1].

Comme il serait à craindre qu'à la longue une vertu revêtue de toute l'autorité ne s'affaiblît ou n'excitât la jalousie, on a soin, dans plusieurs aristocraties, de limiter le pouvoir des magistratures, et d'ordonner qu'elles passent en de nouvelles mains de six en six mois [2].

S'il est important que les juges de certains tribunaux soient tirés de la classe des citoyens distingués, il faudra du moins qu'on trouve, en d'autres tribunaux, des juges choisis dans tous les états [3].

Il n'appartient qu'à ce gouvernement d'établir des magistrats qui veillent sur l'éducation des enfans et sur la conduite des femmes. Une telle censure serait sans effet dans la démocratie et dans l'oligarchie; dans la première, parce que le petit peuple y veut jouir d'une liberté excessive; dans la seconde, parce que les gens en place y sont les premiers à donner l'exemple de la corruption et de l'impunité [4].

Un système de gouvernement où l'homme de bien ne serait jamais distingué du citoyen [5] ne subsiste nulle part; s'il était question de le développer, il faudrait d'autres lois et d'autres réglemens. Contentons-nous, pour juger des différentes aristocraties, de remonter au principe; car c'est de là surtout que dépend la bonté du gouvernement : celui de l'aristocratie pure serait la vertu politique ou l'amour du bien public. Si, dans les aristocraties actuelles, cet amour influe plus ou moins sur le choix des magistrats, concluez-en que la constitution est plus ou moins avantageuse. C'est ainsi que le gouvernement de Lacédémone approche plus de la véritable aristocratie que celui de Carthage, quoiqu'ils aient d'ailleurs beaucoup de conformité entre eux [6]. Il faut, à Lacédémone, que le magistrat choisi soit animé de l'amour de la patrie, et dans la disposition de favoriser le peuple : à Carthage, il faut de plus qu'il jouisse d'une fortune aisée [7]; et de là vient que ce gouvernement incline plus vers l'oligarchie.

La constitution est en danger dans l'aristocratie, lorsque les intérêts des principaux citoyens ne sont pas assez bien combinés avec ceux du peuple pour que chacune de ces classes n'en ait pas un infiniment grand à s'emparer de l'autorité [8]; lorsque les lois permettent que toutes les richesses passent insensiblement entre les mains de quelques particuliers; lorsqu'on ferme les yeux sur

---

[1] Aristot. de rep. lib. 5, cap. 8, t. 2, p. 399. — [2] Id. ibid. p. 398. — [3] Id. ibid. lib. 4, cap. 16, p. 385. — [4] Id. ibid. cap. 15, p. 383, B. — [5] Id. ibid. cap. 7, p. 371. — [6] Id. ibid. lib. 2, cap. 11, p. 334. — [7] Id. ibid. lib. 4, cap. 7, p. 371. — [8] Id. ibid. lib. 5, cap. 7, p. 396.

les premières innovations qui attaquent la constitution [1]; lorsque les magistrats, jaloux ou négligens, persécutent des citoyens illustres, ou les excluent des magistratures, où les laissent devenir assez puissans pour asservir leur patrie [2].

L'aristocratie imparfaite a tant de rapports avec l'oligarchie, qu'il faut nécessairement les envisager ensemble, lorsqu'on veut détailler les causes qui détruisent et celles qui maintiennent l'une ou l'autre.

De l'oligarchie.

Dans l'oligarchie, l'autorité est entre les mains d'un petit nombre de gens riches [3]. Comme il est de l'essence de ce gouvernement qu'au moins les principales magistratures soient électives [4], et qu'en les conférant on se règle sur le cens, c'est-à-dire, sur la fortune des particuliers, les richesses y doivent être préférées à tout : elles établissent une très-grande inégalité entre les citoyens [5], et le désir d'en acquérir est le principe du gouvernement [6].

Quantité de villes ont choisi d'elles-mêmes ce système d'administration. Les Lacédémoniens cherchent à l'introduire chez les autres peuples, avec le même zèle que les Athéniens veulent y établir la démocratie [7]; mais partout il se diversifie, suivant la nature du cens exigé pour parvenir aux premiers emplois, suivant les différentes manières dont ils sont conférés, suivant que la puissance du magistrat est plus ou moins restreinte. Partout encore, le petit nombre de citoyens qui gouverne cherche à se maintenir contre le grand nombre de citoyens qui obéit [8].

Le moyen que l'on emploie dans plusieurs États, est d'accorder à tous les citoyens le droit d'assister aux assemblées générales de la nation, de remplir les magistratures, de donner leurs suffrages dans les tribunaux de justice, d'avoir des armes dans leurs maisons, d'augmenter leurs forces par les exercices du gymnase [9]. Mais nulle peine n'est décernée contre les pauvres qui négligent ces avantages, tandis que les riches ne peuvent y renoncer sans être assujétis à une amende [10]. L'indulgence qu'on a pour les premiers, fondée en apparence sur la multiplicité de leurs travaux et de leurs besoins, les éloigne des affaires, et les accoutume à regarder les délibérations publiques, le soin de rendre la justice, et

---

[1] Aristot. de rep. lib. 5, cap. 8, t. 2, p. 397. — [2] Id. ibid. p. 396. — [3] Id. lib. 3, cap. 7, p. 346; lib. 4, cap. 4, p. 366; cap. 15, p. 382. — [4] Id. ibid. lib. 4, cap. 15, p. 384; id. rhet. p. 614. — [5] Id. de rep. lib. 5, cap. 1, p. 385. — [6] Id. ibid. lib. 4, cap. 8, p. 372. — [7] Id. ibid. lib. 5, cap. 7, p. 397. — [8] Id. ibid. lib. 4, cap. 5, p. 369. — [9] Id. ibid. cap. 13, p. 378. — [10] Id. ibid. cap. 9, p. 373.

les autres détails de l'administration, comme un fardeau pénible que les riches seuls peuvent et doivent supporter.

Pour constituer la meilleure des oligarchies, il faut que le cens qui fixe la classe des premiers citoyens ne soit pas trop fort; car plus cette classe est nombreuse, plus on doit présumer que ce sont les lois qui gouvernent, et non pas les hommes [1].

Il faut que plusieurs magistratures ne tombent pas à la fois dans la même famille, parce qu'elle deviendrait trop puissante. Dans quelques villes, le fils est exclu par son père, le frère par son frère aîné [2].

Il faut, pour éviter que les fortunes soient trop inégalement distribuées, que l'on ne puisse disposer de la sienne au préjudice des héritiers légitimes, et que, d'un autre côté, deux hérédités ne puissent s'accumuler sur la même tête [3].

Il faut que le peuple soit sous la protection immédiate du gouvernement, qu'il soit plus favorisé que les riches dans la poursuite des insultes qu'il éprouve, et que nulle loi, nul crédit, ne mette obstacle à sa subsistance ou à sa fortune. Peu jaloux des dignités qui ne procurent que l'honneur de servir la patrie, il les verra passer avec plaisir en d'autres mains, si l'on n'arrache pas des siennes le fruit de ses travaux [4].

Pour l'attacher de plus en plus au gouvernement, il faut lui conférer un certain nombre de petits emplois lucratifs [5], et lui laisser même l'espérance de pouvoir, à force de mérite, s'élever à certaines magistratures importantes, comme on le pratique à Marseille [6].

La loi qui, dans plusieurs oligarchies, interdit le commerce aux magistrats [7], produit deux excellens effets; elle les empêche de sacrifier à l'intérêt de leur fortune des momens qu'ils doivent à l'État, et d'exercer un monopole qui ruinerait les autres commerçans [a].

Quand les magistrats consacrent à l'envi une partie de leurs biens à décorer la capitale, à donner des fêtes, des spectacles, des repas publics, une pareille émulation est une ressource pour le trésor de l'État. Elle réduit à de justes bornes les richesses excessives de quelques particuliers : le peuple pardonne aisément une autorité qui s'annonce par de tels bienfaits; il est alors moins frappé de l'éclat des dignités que des devoirs accablans qu'elles entraînent, et des avantages réels qu'il en retire [8].

---

[1] Aristot. de rep. lib. 4, cap. 6, t. 2, p. 371. — [2] Id. ibid. lib. 5, cap. 6, p. 393. — [3] Id. ibid. cap. 8, p. 400. — [4] Id. ibid.; id. rhet. p. 614. — [5] Id. de rep. lib. 6, cap. 6, p. 420. — [6] Id. ibid. cap. 7, p. 421. — [7] Id. ibid. lib. 5, cap. 12, p. 412; cap. 8, p. 399. — [a] A Venise le commerce est interdit aux nobles. (Amelot, hist. du gouv. de Ven. p. 24. Esprit des Lois, liv. 5, chap. 8.) — [8] Aristot. ibid. lib. 6, cap. 7, p. 421.

Mais quand le cens qui fixe la classe des citoyens destinés à gouverner est trop fort, cette classe est trop peu nombreuse. Bientôt ceux qui, par leurs intrigues ou par leurs talens, se seront mis à la tête des affaires, chercheront à s'y maintenir par les mêmes voies : on les verra étendre insensiblement leurs droits, se faire autoriser à se choisir des associés et à laisser leurs places à leurs enfans[1], supprimer enfin toutes les formes, et substituer impunément leurs volontés aux lois. Le gouvernement se trouvera au dernier degré de la corruption, et l'oligarchie sera dans l'oligarchie, comme cela est arrivé dans la ville d'Élis [2][a].

La tyrannie d'un petit nombre de citoyens ne subsistera pas plus long-temps que celle d'un seul[3]; elle s'affaiblira par l'excès de son pouvoir. Les riches, exclus du gouvernement, se mêleront avec la multitude pour le détruire : c'est ainsi qu'à Cnide l'oligarchie fut tout à coup changée en démocratie[4].

On doit s'attendre à la même révolution, lorsque la classe des riches s'unit étroitement pour traiter les autres citoyens en esclaves[5]. Dans quelques endroits, ils osent prononcer ce serment aussi barbare qu'insensé : « Je ferai au peuple tout le mal qui dépendra de moi[6]. » Cependant, comme le peuple est également dangereux, soit qu'il rampe devant les autres, soit qu'on rampe devant lui, il ne faut pas qu'il possède exclusivement le droit de juger, et qu'il confère toutes les magistratures : car alors, la classe des gens riches étant obligée de mendier bassement ses suffrages, il ne tardera pas à se convaincre qu'il lui est aussi facile de retenir l'autorité que d'en disposer[7].

Les mœurs peuvent rendre populaire un gouvernement qui ne l'est pas, ou substituer l'oligarchie à la démocratie[8]. Quoique ces changemens mettent le gouvernement en opposition avec la constitution, ils peuvent n'être pas dangereux, parce qu'ils s'opèrent avec lenteur, du consentement de tous les ordres de l'État. Mais rien n'est si essentiel que d'arrêter dès le principe les innovations qui attaquent violemment la constitution ; et en effet, dans un gouvernement qui se propose de maintenir une sorte d'équilibre entre la volonté de deux puissantes classes de citoyens, le moindre avantage remporté sur les lois établies en prépare la ruine. A Thurium, la loi ne permettait de remplir pour la seconde fois un emploi militaire qu'après un intervalle de cinq ans. De jeunes gens, assurés de la confiance des troupes et des suf-

---

[1] Aristot. de rep. lib. 4, cap. 14, t. 2, p. 380. — [2] Id. ibid. lib. 5, cap. 6, p. 394. — [a] Voyez le chapitre XXXVIII de cet ouvrage. — [3] Aristot. ibid. cap. 12, p. 411. — [4] Id. ibid. cap. 6, p. 393. — [5] Id. ibid. cap. 6, p. 395. — [6] Id. ibid. cap. 9, p. 401. — [7] Id. ibid. cap. 6, p. 394. — [8] Id. ibid. lib. 4, cap. 5, p. 370.

frages du peuple, firent révoquer la loi, malgré l'opposition des magistrats; et bientôt, par des entreprises plus hardies, ils changèrent le gouvernement sage et modéré de ce peuple en une affreuse tyrannie [1].

De la démocratie.

La liberté ne peut se trouver que dans la démocratie, disent les fanatiques partisans du pouvoir populaire [2] : elle est le principe de ce gouvernement; elle donne à chaque citoyen la volonté d'obéir, le pouvoir de commander; elle le rend maître de lui-même, égal aux autres, et précieux à l'État dont il fait partie.

Il est donc essentiel à ce gouvernement que toutes les magistratures, ou du moins la plupart, puissent être conférées par la voie du sort à chaque particulier [3]; que les emplois, à l'exception des militaires, soient très-rarement accordés à celui qui les a déjà remplis une fois; que tous les citoyens soient alternativement distribués dans les cours de justice; qu'on établisse un sénat pour préparer les affaires qui doivent se terminer dans l'assemblée nationale et souveraine, où tous les citoyens puissent assister; qu'on accorde un droit de présence à ceux qui se rendent assidus à cette assemblée, ainsi qu'au sénat et aux tribunaux de justice [4].

Cette forme de gouvernement est sujette aux mêmes révolutions que l'aristocratie. Elle est tempérée dans les lieux où, pour écarter une populace ignorante et inquiète, on exige un cens modique de la part de ceux qui veulent participer à l'administration [5]; dans les lieux où, par de sages règlemens, la première classe des citoyens n'est pas victime de la haine et de la jalousie des dernières classes [6]; dans tous les lieux enfin où, au milieu des mouvemens les plus tumultueux, les lois ont la force de parler et de se faire entendre [7]. Mais elle est tyrannique [8] partout où les pauvres influent trop dans les délibérations publiques.

Plusieurs causes leur ont valu cet excès de pouvoir. La première est la suppression du cens suivant lequel on devait régler la distribution des charges [9]; par là les moindres citoyens ont obtenu le droit de se mêler des affaires publiques. La seconde est la gratification accordée aux pauvres, et refusée aux riches qui portent leurs suffrages soit dans les assemblées générales, soit dans les tribunaux de justice [10] : trop légère pour engager les seconds à une sorte d'assiduité, elle suffit pour dédommager les premiers de l'in-

---

[1] Aristot de rep. lib. 5, cap. 7, t. 2, p. 397. — [2] Id. ibid. lib. 6, cap. 2, p. 414. — [3] Id. ibid. lib. 4, cap. 9, p. 373. — [4] Id. ibid. cap. 14, p. 380; lib. 6, cap. 2, p. 414. — [5] Id. ibid. lib. 4, cap. 4, p. 368; cap. 9, p. 373; lib. 6, cap. 2, p. 414. — [6] Id. ibid. lib. 5, cap. 9, p. 401; lib. 6, cap. 5, p. 419. — [7] Id. ibid. lib. 4, cap. 4, p. 368. — [8] Id. ibid. lib. 5, cap. 11, p. 405. — [9] Id. ibid. cap. 5, p. 393. — [10] Id. ibid. lib. 4, cap. 13, p. 378.

terruption de leurs travaux; et de là cette foule d'ouvriers et de mercenaires qui élèvent une voix impérieuse dans les lieux augustes où se discutent les intérêts de la patrie. La troisième est le pouvoir que les orateurs de l'État ont acquis sur la multitude.

Elle était jadis conduite par des militaires qui abusèrent plus d'une fois de sa confiance pour la subjuguer [1]; et comme son destin est d'être asservie, il s'est élevé dans ces derniers temps des hommes ambitieux qui emploient leurs talens à flatter ses passions et ses vices, à l'enivrer de l'opinion de son pouvoir et de sa gloire, à ranimer sa haine contre les riches, son mépris pour les règles, son amour de l'indépendance. Leur triomphe est celui de l'éloquence, qui semble ne s'être perfectionnée de nos jours [2] que pour introduire le despotisme dans le sein de la liberté même. Les républiques sagement administrées ne se livrent point à ces hommes dangereux; mais partout où ils ont du crédit, le gouvernement parvient avec rapidité au plus haut point de la corruption, et le peuple contracte les vices et la férocité des tyrans [3].

Presque tous nos gouvernemens, sous quelque forme qu'ils soient établis, portent en eux-mêmes plusieurs germes de destruction. Comme la plupart des républiques grecques sont renfermées dans l'enceinte étroite d'une ville ou d'un canton, les divisions des particuliers devenues divisions de l'État, les malheurs d'une guerre qui semble ne laisser aucune ressource, la jalousie invétérée et toujours renaissante des diverses classes de citoyens, une succession rapide d'événemens imprévus y peuvent dans un instant ébranler ou renverser la constitution. On a vu la démocratie abolie dans la ville de Thèbes par la perte d'une bataille [4]; dans celles d'Héraclée, de Cumes et de Mégare, par le retour des principaux citoyens, que le peuple avait proscrits pour enrichir le trésor public de leurs dépouilles [5]. On a vu la forme du gouvernement changer à Syracuse par une intrigue d'amour [6]; dans la ville d'Érétrie, par une insulte faite à un particulier [7]; à Épidaure, par une amende infligée à un autre particulier [8]. Et combien de séditions qui n'avaient pas de causes plus importantes, et qui, se communiquant par degrés, ont fini par exciter des guerres sanglantes!

Tandis que ces calamités affligent la plus grande partie de la Grèce, trois nations, les Crétois, les Lacédémoniens et les Carthaginois, jouissent en paix depuis plusieurs siècles d'un gouvernement qui diffère de tous les autres, quoiqu'il en réunisse les

---

[1] Aristot. de rep. lib. 5, cap. 5, t. 2, p. 392. — [2] Id. ibid. — [3] Id. ibid. lib. 4, cap. 4, p. 369. — [4] Id. ibid. lib. 5, cap. 3, p. 388. — [5] Id. ibid. cap. 5, p. 392. — [6] Id. ibid. cap. 4, p. 390. — [7] Id. ibid. cap. 6, p. 395. — [8] Id. ibid. cap. 4, p. 391.

avantages. Les Crétois conçurent, dans les plus anciens temps, l'idée de tempérer la puissance des grands par celle du peuple¹; les Lacédémoniens et les Carthaginois, sans doute à leur exemple, celle de concilier la royauté avec l'aristocratie et la démocratie².

Ici Aristote expose succinctement les systèmes adoptés en Crète, à Lacédémone, à Carthage; je vais rapporter ce qu'il pense du dernier, en ajoutant quelques traits légers à son esquisse.

A Carthage, la puissance souveraine est partagée entre deux rois*a*, un sénat et l'assemblée du peuple³.

Les deux rois ne sont pas tirés de deux seules familles, comme à Lacédémone; mais ils sont choisis tous les ans⁴, tantôt dans une maison, tantôt dans une autre : on exige qu'ils aient de la naissance, des richesses et des vertus⁵.

Le sénat est très-nombreux. C'est aux rois à le convoquer⁶. Ils y président; ils y discutent la guerre, la paix, les affaires les plus importantes de l'État⁷. Un corps de magistrats, au nombre de cent quatre, est chargé d'y soutenir les intérêts du peuple⁸. On peut se dispenser de renvoyer l'affaire à la nation, si les avis sont uniformes; on doit la communiquer, s'ils ne le sont pas.

Dans l'assemblée générale, les rois et les sénateurs exposent les raisons qui ont réuni ou partagé les suffrages. Le moindre citoyen peut s'élever contre leur décret, ou contre les diverses opinions qui l'ont suspendu; le peuple décide en dernier ressort⁹.

Toutes les magistratures, celle des rois, celle des sénateurs, des juges, des stratéges ou gouverneurs de provinces, sont conférées par voie d'élection, et renfermées dans des bornes prescrites par les lois. Le général des armées seul n'en connaît aucune¹⁰ : il est absolu quand il est à la tête des troupes; mais à son retour il doit rendre compte de ses opérations devant un tribunal qui est composé de cent sénateurs, et dont les jugemens sont accompagnés d'une extrême sévérité¹¹.

C'est par la distribution éclairée et le sage exercice de ces différens pouvoirs, qu'un peuple nombreux, puissant, actif, aussi jaloux de sa liberté que fier de son opulence, a toujours repoussé les efforts de la tyrannie, et jouit depuis très-long-temps d'une

---

¹ Aristot. de rep. lib. 2, cap. 10, t. 2, p. 332. — ² Id. ibid. cap. 9, p. 328; cap. 11, p. 334.— *a* Les auteurs latins donnent à ces deux magistrats suprêmes le nom de suffètes, qui est leur véritable nom. Les auteurs grecs leur donnent celui de rois. — ³ Aristot. ibid. cap. 11, p. 334. Polyb. lib. 6, p. 493. — ⁴ Nep. in Hannib. cap. 7. — ⁵ Aristot. ibid. — ⁶ Liv. lib. 30, cap. 7. — ⁷ Polyb. lib. 1, p. 33; lib. 3, p. 175 et 187. — ⁸ Aristot. ibid. — ⁹ Id. ibid. — ¹⁰ Isocr. in Nicocl. t. 1, p. 96. Ubb. Emm. in rep. Carthag. — ¹¹ Diod. lib. 20, p. 753. Justin. lib. 19, cap. 2.

tranquillité à peine troublée par quelques orages passagers, qui n'ont pas détruit sa constitution primitive [1].

Cependant, malgré son excellence, cette constitution a des défauts. C'en est un de regarder comme une distinction glorieuse la réunion de plusieurs magistratures sur une même tête [2,a], parce qu'alors il est plus avantageux de multiplier ses devoirs que de les remplir, et qu'on s'accoutume à croire qu'obtenir des places, c'est les mériter. C'est encore un défaut de considérer autant la fortune que la vertu, quand il est question de choisir des magistrats [3]. Dès que dans un État l'argent devient un moyen pour s'élever, bientôt on n'en connaît plus d'autre : accumuler des richesses est la seule ambition du citoyen, et le gouvernement incline fortement vers l'oligarchie [4].

Pour le retenir dans son équilibre, on a pensé à Carthage qu'il fallait accorder quelques avantages au peuple, et envoyer par intervalles les principaux de cette classe dans des villes particulières, avec des commissions qui leur donnent la facilité de s'enrichir. Cette ressource a jusqu'à présent maintenu la république ; mais comme elle ne tient pas immédiatement à la législation, et qu'elle renferme en elle-même un vice secret, on ne doit en attribuer le succès qu'au hasard ; et si jamais, devenu trop riche et trop puissant, le peuple sépare ses intérêts de ceux des autres citoyens, les lois actuelles ne suffiront pas pour arrêter ses prétentions, et la constitution sera détruite [5,b].

D'après ce que nous avons dit, il est aisé de découvrir l'objet que doit se proposer le magistrat souverain dans l'exercice de son pouvoir, ou, si l'on veut, quel est dans chaque constitution le principe du gouvernement. Dans la monarchie, c'est le beau, l'honnête, car le prince doit désirer la gloire de son règne, et ne l'acquérir que par des voies honorables [6] ; dans la tyrannie, c'est la sûreté du tyran, car il ne se maintient sur le trône que par la terreur qu'il inspire [7] ; dans l'aristocratie, la vertu, puisque les chefs ne peuvent s'y distinguer que par l'amour de la patrie [8] ; dans l'oligarchie, les richesses, puisque ce n'est que parmi les riches qu'on choisit les administrateurs de l'État [9] ; dans la démocratie, la

---

[1] Aristot. de rep. lib. 2, cap. 11, t. 2, p. 334. — [2] Id. ibid. p. 335. — [a] A Venise, dit Amelot, les nobles ne sauraient tenir plusieurs magistratures à la fois, quelque petites qu'elles soient. (Hist. du gouvern. de Ven. p. 25.) — [3] Aristot. ibid. p. 334. — [4] Id. ibid. p. 335. — [5] Id. ibid. — [b] La prédiction d'Aristote ne tarda pas à se vérifier. Au temps de la deuxième guerre punique, environ cent ans après ce philosophe, la république de Carthage penchait vers sa ruine ; et Polybe regarde l'autorité que le peuple avait usurpée comme la principale cause de sa décadence. (Polyb. lib. 6, p. 493.) — [6] Aristot. ibid. lib. 5, cap. 10, p. 403. — [7] Id. rhet. lib. 1, cap. 8, p. 530. — [8] Id. de rep. lib. 4, cap. 8, p. 372. — [9] Id. ibid.

liberté de chaque citoyen[1]; mais ce principe dégénère presque partout en licence, et ne pourrait subsister que dans le gouvernement dont la seconde partie de cet extrait présente une idée succincte.

SECONDE PARTIE.

De la meilleure des Constitutions.

Si j'étais chargé d'instruire un chef de colonie, je remonterais d'abord aux principes.

Toute société est une agrégation de familles qui n'ont d'autre but, en se réunissant, que de travailler à leur bonheur commun[2]. Si elles ne sont pas assez nombreuses, comment les défendre contre les attaques du dehors? Si elles le sont trop, comment les contenir par des lois qui assurent leur repos? Ne cherchez pas à fonder un empire, mais une cité, moins puissante par la multitude des habitans que par les qualités des citoyens. Tant que l'ordre ou la loi pourra diriger son action sur toutes les parties de ce corps, ne songez pas à le réduire; mais dès que ceux qui obéissent ne sont plus sous les yeux ni sous la main de ceux qui commandent, songez que le gouvernement a perdu une partie de son influence, et l'État une partie de sa force[3].

Que votre capitale, située auprès de la mer[4], ne soit ni trop grande ni trop petite; qu'une exposition favorable, un air pur, des eaux salubres, contribuent de concert à la conservation des habitans[5]; que son territoire suffise à ses besoins, et présente à la fois un accès difficile à l'ennemi, et des communications aisées à vos troupes[6]; qu'elle soit commandée par une citadelle, si l'on préfère le gouvernement monarchique; que divers postes fortifiés la garantissent des premières fureurs de la populace, si l'on choisit l'aristocratie; qu'elle n'ait d'autre défense que ses remparts, si l'on établit une démocratie[7]; que ses murailles soient fortes et capables de résister aux nouvelles machines dont on se sert depuis quelque temps dans les siéges; que les rues soient en partie larges et tirées au cordeau, en partie étroites et tortueuses: les premières serviront à son embellissement; les secondes à sa défense en cas de surprise[8].

Construisez, à quelque distance, un port qui soit joint à la ville par de longues murailles, comme on le pratique en plusieurs endroits de la Grèce: pendant la guerre il facilitera les secours de vos alliés; pendant la paix, vous y retiendrez cette foule de matelots étrangers ou regnicoles, dont la licence et l'avidité corrom-

---

[1] Aristot. de rep. lib. 4, cap. 8, t. 2, p. 372. — [2] Id. ibid. lib. 1, cap. 1, p. 296; lib. 3, cap. 9, p. 349. — [3] Id. ibid. lib. 7, cap. 4, p. 430. — [4] Id. ibid. cap. 5, p. 431; ibid. cap. 6. — [5] Id. ibid. cap. 11, p. 438. — [6] Id. ibid. cap. 5. p. 431. — [7] Id. ibid. cap. 11, p. 438. — [8] Id. ibid.

praient les mœurs de vos citoyens, si vous les receviez dans la ville. Mais que votre commerce se borne à échanger le superflu que votre territoire vous accorde, contre le nécessaire qu'il vous refuse; et votre marine, à vous faire redouter ou rechercher des nations voisines [1].

Votre colonie est établie; il faut lui donner des lois : il en faut de fondamentales pour former sa constitution, et de civiles pour assurer sa tranquillité.

Vous vous instruirez des différentes formes de gouvernemens adoptées par nos législateurs, ou imaginées par nos philosophes. Quelques uns de ces sytèmes sont trop imparfaits, les autres exigent trop de perfection. Ayez le courage de comparer les principes des premiers avec leurs effets, et le courage encore plus grand de résister à l'attrait des seconds. Si, par la force de votre génie, vous pouvez concevoir le plan d'une constitution sans défaut, il faudra qu'une raison supérieure vous persuade qu'un tel plan n'est pas susceptible d'exécution, ou, s'il l'était par hasard, qu'il ne conviendrait peut-être pas à toutes les nations [2].

Le meilleur gouvernement pour un peuple est celui qui s'assortit à son caractère, à ses intérêts, au climat qu'il habite, à une foule de circonstances qui lui sont particulières.

La nature a distingué par des traits frappans et variés les sociétés répandues sur notre globe [3]. Celles du nord et de l'Europe ont de la valeur, mais peu de lumières et d'industrie; il faut donc qu'elles soient libres, indociles au joug des lois, incapables de gouverner les nations voisines. Celles de l'Asie possèdent tous les talens de l'esprit, toutes les ressources des arts; mais leur extrême lâcheté les condamne à la servitude. Les Grecs, placés entre les unes et les autres, enrichis de tous les avantages dont elles se glorifient, réunissent tellement la valeur aux lumières, l'amour des lois à celui de la liberté, qu'ils seraient en état de conquérir et de gouverner l'univers. Et par combien de nuances la nature ne se plaît-elle pas à diversifier ces caractères principaux dans une même contrée! Parmi les peuples de la Grèce, les uns ont plus d'esprit, les autres plus de bravoure. Il en est chez qui ces qualités brillantes sont dans un juste équilibre [4].

C'est en étudiant les hommes soumis à sa conduite qu'un législateur verra s'ils ont reçu de la nature, ou s'ils peuvent recevoir de ses institutions assez de lumières pour sentir le prix de la vertu, assez de force et de chaleur pour la préférer à tout : plus il se propose un grand objet, plus il doit réfléchir, s'instruire et douter :

---

[1] Aristot. de rep. lib. 7, cap. 6, p. 432. — [2] Id. ibid. lib. 4, cap. 1, p. 363. — [3] Hippocr. de aer. §39, t. 1, p. 350. Aristot. ibid. lib. 7, cap. 7, p. 433. Plat. de rep. lib. 4, p. 435. Anonym. ap. Phot. p. 1320. — [4] Aristot. ibid.

une circonstance locale suffira quelquefois, pour fixer ses irrésolutions. Si, par exemple, le sol que sa colonie doit occuper est susceptible d'une grande culture, et que des obstacles insurmontables ne lui permettent pas de proposer une autre constitution, qu'il n'hésite pas à établir le gouvernement populaire [1]. Un peuple agriculteur est le meilleur de tous les peuples; il n'abandonnera point des travaux qui exigent sa présence pour venir, sur la place publique, s'occuper des dissensions que fomente l'oisiveté, et disputer des honneurs dont il n'est point avide [2]. Les magistrats, plus respectés, ne seront pas exposés aux caprices d'une multitude d'ouvriers et de mercenaires aussi audacieux qu'insatiables.

D'un autre côté, l'oligarchie s'établit naturellement dans les lieux où il est nécessaire et possible d'avoir une nombreuse cavalerie : comme elle y fait la principale force de l'État, il faut qu'un grand nombre de citoyens y puissent entretenir un cheval, et supporter la dépense qu'exige leur profession : alors le parti des riches domine sur celui des pauvres [3].

Avant que d'aller plus loin, examinons quels sont les droits, quelles doivent être les dispositions du citoyen.

Dans certains endroits, pour être citoyen, il suffit d'être né d'un père et d'une mère qui l'étaient; ailleurs on exige un plus grand nombre de degrés : mais il suit de là que les premiers qui ont pris cette qualité n'en avaient pas le droit; et s'ils ne l'avaient pas, comment ont-ils pu le transmettre à leurs enfans [4]?

Ce n'est pas l'enceinte d'une ville ou d'un État qui donne ce privilége à celui qui l'habite : si cela était, il conviendrait à l'esclave ainsi qu'à l'homme libre [5]. Si l'esclave ne peut pas être citoyen, tous ceux qui sont au service de leurs semblables, ou qui, en exerçant des arts mécaniques, se mettent dans une étroite dépendance du public, ne sauraient l'être non plus [6]. Je sais qu'on les regarde comme tels dans la plupart des républiques, et surtout dans l'extrême démocratie; mais, dans un État bien constitué, on ne doit pas leur accorder une si belle prérogative.

Quel est donc le véritable citoyen? celui qui, libre de tout autre soin, se consacre uniquement au service de la patrie, et peut participer aux charges, aux dignités, aux honneurs [7], en un mot, à l'autorité souveraine.

De là il suit que ce nom ne convient qu'imparfaitement aux enfans, aux vieillards décrépits, et ne saurait convenir aux artisans, aux laboureurs, aux affranchis [8]. Il suit encore qu'on n'est

---

[1] Aristot. de rep. lib. 4, cap. 6, t. 2, p. 370; lib. 6, cap. 4, p. 416. — [2] Id. ibid. p. 417. — [3] Id. ibid. cap. 7, p. 420. — [4] Id. ibid. lib. 3, cap. 2, p. 340. — [5] Id. ibid. cap. 1. — [6] Id. ibid. cap. 5, p. 343. — [7] Id. ibid. cap. 1, p. 338 et 339; cap. 4, p. 341. — [8] Id. ibid. cap. 1 et 5; lib. 7, cap. 9, p. 435.

citoyen que dans une république ¹, quoiqu'on y partage ce droit avec des gens à qui, suivant nos principes, il faudrait le refuser.

Dans votre cité, tout travail qui détournera l'attention que l'on doit exclusivement aux intérêts de la patrie sera interdit au citoyen ; et vous ne donnerez ce titre qu'à ceux qui, dans leur jeunesse, porteront les armes pour la défense de l'État, et qui, dans un âge plus avancé, l'éclaireront de leurs lumières ².

Ainsi vos citoyens feront véritablement partie de la cité : leur prérogative essentielle sera de parvenir aux magistratures, de juger les affaires des particuliers, de voter dans le sénat ou dans l'assemblée générale ³ ; ils la tiendront de la loi fondamentale, parce que la loi est un contrat ⁴ qui assure les droits des citoyens. Le premier de leur devoir sera de se mettre en état de commander et d'obéir ⁵ ; ils le rempliront en vertu de leur institution, parce qu'elle peut seule leur inspirer les vertus du citoyen, ou l'amour de la patrie.

Ces réflexions nous feront connaître l'espèce d'égalité que le législateur doit introduire dans la cité.

On n'en admet aucune dans l'oligarchie ; on y suppose au contraire que la différence dans les fortunes en établit une dans l'état des citoyens, et qu'en conséquence les préférences et les distinctions ne doivent être accordées qu'aux richesses ⁶. Dans la démocratie, les citoyens se croient tous égaux, parce qu'ils sont tous libres ; mais, comme ils n'ont qu'une fausse idée de la liberté, l'égalité qu'ils affectent détruit toute subordination. De là les séditions qui fermentent sans cesse dans le premier de ces gouvernemens, parce que la multitude y regarde l'inégalité comme une injustice ⁷ ; et dans le second, parce que les riches y sont blessés d'une égalité qui les humilie.

Parmi les avantages qui établissent ou détruisent l'égalité entre les citoyens, il en est trois qui méritent quelques réflexions : la liberté, la vertu, et les richesses. Je ne parle pas de la noblesse, parce qu'elle rentre dans cette division générale, en ce qu'elle n'est que l'ancienneté des richesses et de la vertu dans une famille ⁸.

Rien n'est si opposé à la licence que la liberté : dans tous les gouvernemens, les particuliers sont et doivent être asservis ; avec cette différence pourtant qu'en certains endroits ils ne sont esclaves que des hommes, et que dans d'autres ils ne doivent l'être que des lois. En effet, la liberté ne consiste pas à faire

---

¹ Aristot. de rep. lib. 7, cap. 1, t. 2, p. 339. — ² Id. ibid. cap. 9, p. 435. — ³ Id. ibid. lib. 3, cap. 1, p. 339. — ⁴ Id. ibid. cap. 9, p. 348. — ⁵ Id. ibid. cap. 4, p. 342. — ⁶ Id. ibid. cap. 9, p. 348 ; lib. 5, cap. 1, p. 385. — ⁷ Id. ibid. lib. 5, cap. 3, p. 389. — ⁸ Id. ibid. lib. 4, cap. 8, p. 373.

tout ce que l'on veut, comme on le soutient dans certaines démocraties [1], mais à ne faire que ce que veulent les lois, qui assurent l'indépendance de chaque particulier ; et, sous cet aspect, tous vos citoyens peuvent être aussi libres les uns que les autres.

Je ne m'étendrai pas davantage sur la vertu : comme nos citoyens participeront à l'autorité souveraine, ils seront tous également intéressés à la maintenir et à se pénétrer d'un même amour pour la patrie ; j'ajoute qu'ils seront plus ou moins libres, à proportion qu'ils seront plus ou moins vertueux.

Quant aux richesses, la plupart des philosophes n'ont pu se garantir d'une illusion trop naturelle ; c'est de porter leur attention sur l'abus qui choque le plus leur goût ou leurs intérêts, et de croire qu'en le déracinant l'Etat ira de lui-même. D'anciens législateurs avaient jugé convenable, dans un commencement de réforme, de répartir également les biens entre tous les citoyens ; et de là quelques législateurs modernes, entre autres Phaléas de Chalcédoine, ont proposé l'égalité constante des fortunes pour base de leurs systèmes. Les uns veulent que les riches ne puissent s'allier qu'avec les pauvres, et que les filles des premiers soient dotées, tandis que celles des derniers ne le seront pas ; d'autres, qu'il ne soit permis d'augmenter son bien que jusqu'à un taux fixé par la loi. Mais, en limitant les facultés de chaque famille, il faudrait donc limiter le nombre des enfans qu'elle doit avoir [2]. Ce n'est point par des lois prohibitives que l'on tiendra dans une sorte d'équilibre les fortunes des particuliers : il faut, autant qu'il est possible, introduire parmi eux l'esprit de désintéressement, et régler les choses de manière que les gens de bien ne veuillent pas augmenter leurs possessions, et que les méchans ne le puissent pas [3].

Ainsi vos citoyens pourront différer les uns des autres par les richesses. Mais, comme cette différence n'en occasionera aucune dans la distribution des emplois et des honneurs, elle ne détruira pas l'égalité qui doit subsister entre eux. Ils seront égaux, parce qu'ils ne dépendront que des lois, et qu'ils seront tous également chargés du glorieux emploi de contribuer au repos et au bonheur de la patrie [4].

Vous voyez déjà que le gouvernement dont je veux vous donner l'idée approcherait de la démocratie, mais il tiendrait aussi de l'oligarchie ; car ce serait un gouvernement mixte, tellement combiné, qu'on hésiterait sur le nom dont il faudrait l'appeler, et dans lequel néanmoins les partisans de la démocratie et ceux

---

[1] Aristot. de rep. lib. 5, cap. 9, t. 2, p. 402. — [2] Id. ibid. lib. 2, cap. 7, p. 322. — [3] Id. ibid. p. 323 et 324. — [4] Id. ibid. lib. 3, cap. 4, p. 341 ; cap. 9, p. 349.

de l'oligarchie trouveraient les avantages de la constitution qu'ils préfèrent, sans y trouver les inconvéniens de celle qu'ils rejettent[1].

Cet heureux mélange serait surtout sensible dans la distribution des trois pouvoirs qui constituent un Etat républicain. Le premier, qui est le législatif, résidera dans l'assemblée générale de la nation; le second, qui concerne l'exécution, appartiendra aux magistrats; le troisième, qui est le pouvoir de juger, sera confié aux tribunaux de justice[2].

1°. La paix, la guerre, les alliances, les lois, le choix des magistrats, la punition des crimes contre l'Etat, la reddition des comptes de la part de ceux qui ont rempli des fonctions importantes; sur tous ces objets, on doit s'en rapporter au jugement du peuple, qui se trompe rarement lorsqu'il n'est point agité par des factions. Dans ces circonstances, ses suffrages sont libres, et ne sont point souillés par un vil intérêt; car il serait impossible de corrompre tout un peuple : ils sont éclairés, car les moindres citoyens ont un singulier talent pour discerner les hommes distingués par leurs lumières et leurs vertus, et une singulière facilité à combiner, à suivre, et même à rectifier leurs avis[3].

Les décrets de l'assemblée générale ne pourront être réformés, à moins qu'il ne soit question d'affaires criminelles : dans ce cas, si l'assemblée absout l'accusé, la cause est finie; si elle le condamne, son jugement doit être confirmé, ou peut être cassé par un des tribunaux de justice[4].

Pour éloigner de l'assemblée générale des gens de la lie du peuple, qui, ne possédant rien, et n'exerçant aucune profession mécanique, seraient, en qualité de citoyens, en droit d'y assister, on aura recours au cens, ou à l'état connu des biens des particuliers. Dans l'oligarchie, le cens est si fort, qu'il n'admet à l'assemblée de la nation que les gens les plus riches. Il n'existe pas dans certaines démocraties; et dans d'autres il est si faible, qu'il n'exclut presque personne. Vous établirez un cens, en vertu duquel la plus grande et la plus saine partie des citoyens aura le droit de voter dans les délibérations publiques[5].

Et comme le cens n'est pas une mesure fixe, qu'il varie suivant le prix des denrées, et que ces variations ont quelquefois suffi pour changer la nature du gouvernement, vous aurez l'attention de le renouveler de temps en temps, et de le proportionner, suivant les occurrences, aux facultés des particuliers, et à l'objet que vous vous proposez[6].

[1] Aristot. de rep. lib. 4, cap. 9, t. 2, p. 373. — [2] Id. ibid. cap. 14, p. 379. — [3] Id. ibid. lib. 3, cap. 11, p. 350 et 351; cap. 15, p. 356; lib. 4, cap. 14, p. 381. — [4] Id. ibid. — [5] Id. ibid. cap. 9, p. 373. — [6] Id. ibid. lib. 5, cap. 6, p. 395; cap. 8, p. 398.

2°. Les décrets de l'assemblée générale doivent être exécutés par des magistrats dont il faut que le choix, le nombre, les fonctions et la durée de leur exercice soient assortis à l'étendue de la république, ainsi qu'à la forme du gouvernement.

Ici, comme dans presque tous les objets que nous traitons, il s'élève une foule de questions [1] que nous passons sous silence, pour nous attacher à deux points importans, qui sont le choix et le nombre de ces magistrats. Il est de l'essence de l'oligarchie qu'ils soient élus relativement au cens; de la démocratie, qu'on les tire au sort, sans aucun égard aux facultés des particuliers [2]. Vous emprunterez de la première la voie de l'élection, parce qu'elle est la plus propre à vous donner des magistrats vertueux et éclairés; à l'exemple de la seconde, vous ne vous réglerez pas sur le cens, parce que vous ne craindrez point qu'on élève aux magistratures des gens obscurs et incapables de les remplir. Quant au nombre des magistrats, il vaut mieux multiplier les places que de surcharger chaque département [3].

3°. Le même mélange de formes s'observera dans les règlemens relatifs aux tribunaux de justice. Dans le gouvernement oligarchique, on prononce une amende contre les riches qui ne s'acquittent pas des fonctions de la judicature, et on n'assigne aucun salaire aux pauvres qui les remplissent : on fait le contraire dans les démocraties. Vous engagerez tous les juges à être assidus, en condamnant les premiers à une peine pécuniaire quand ils s'absenteront, en accordant un droit de présence aux seconds [4].

Après avoir intéressé ces deux classes de citoyens au bien de l'Etat, il s'agit d'étouffer dans leurs cœurs cette rivalité odieuse qui a perdu la plupart des républiques de la Grèce; et c'est encore ici un des points les plus importans de notre législation.

Ne cherchez pas à concilier des prétentions que l'ambition et les vices des deux partis ne feraient qu'éterniser. L'unique moyen de les détruire est de favoriser, par préférence, l'état mitoyen [a], et de le rendre aussi puissant qu'il peut l'être [5] : c'est dans cet état que vous trouverez le plus de mœurs et d'honnêteté. Content de son sort, il n'éprouve et ne fait éprouver aux autres, ni l'orgueil méprisant qu'inspirent les richesses, ni la basse envie que fait naître le besoin. Les grandes villes, où il est plus nombreux, lui doivent d'être moins sujettes à des séditions que les

---

[1] Aristot. de rep. lib. 4, cap. 15, t. 2, p. 381. — [2] Id. ibid. cap. 9, p. 373. — [3] Id. ibid. cap. 15, p. 382. — [4] Id. ibid. cap. 9, p. 373. — [a] Par cet état mitoyen, Aristote entend ceux qui jouissent d'une fortune médiocre. Comparez ce qu'il en dit avec le commencement de la vie de Solon par Plutarque. — Aristot. ibid. cap. 11, p. 376. Euripid. in supplic. v. 23.

petites; la démocratie, où il est honoré, d'être plus durable que l'oligarchie, qui lui accorde à peine quelques égards [1].

Que la principale partie de vos colons soit formée de cet ordre respectable; que vos lois les rendent susceptibles de toutes les distinctions; qu'une sage institution entretienne à jamais parmi eux l'esprit et l'amour de la médiocrité; et laissez-les dominer dans la place publique. Leur prépondérance garantira l'État du despotisme réfléchi des riches, toujours incapables d'obéir; du despotisme aveugle des pauvres, toujours incapables de commander; et il résultera de là que la plus grande partie de la nation, fortement attachée au gouvernement, fera tous ses efforts pour en maintenir la durée : ce qui est le premier élément et la meilleure preuve d'une bonne constitution [2].

Dans toute république, un citoyen se rend coupable dès qu'il devient trop puissant. Si vos lois ne peuvent empêcher que des particuliers n'acquièrent trop de richesses, et ne rassemblent autour d'eux une assez grande quantité de partisans pour se faire redouter, vous aurez recours à l'ostracisme ou l'exil, et vous les tiendrez éloignés pendant un certain nombre d'années.

L'ostracisme est un remède violent, peut-être injuste, trop souvent employé pour servir des vengeances personnelles, mais justifié par de grands exemples et de grandes autorités, et le seul qui, dans ces occasions, puisse sauver l'État. Si néanmoins il s'élevait un homme qui, seulement par la sublimité de ses vertus, entraînât tous les cœurs après lui, j'avoue qu'au lieu de le proscrire, il serait plus conforme aux vrais principes de le placer sur le trône [3].

Nous avons dit que vos citoyens seront ou des jeunes gens qui serviront la patrie par leur valeur, ou des vieillards qui, après l'avoir servie, la dirigeront par leurs conseils. C'est dans cette dernière classe que vous choisirez les prêtres; car il ne serait pas décent que l'hommage d'un peuple libre fût offert aux dieux par des mains accoutumées à un travail mécanique et servile [4].

Vous établirez les repas publics, parce que rien ne contribue plus à maintenir l'union [5].

Vous diviserez les biens en deux portions, l'une destinée aux besoins de l'État, l'autre à ceux des particuliers : la première sera consacrée à l'entretien du culte religieux et des repas publics; la seconde ne sera possédée que par ceux que j'ai désignés sous le nom de citoyens. L'une et l'autre seront cultivées par des esclaves tirés de différentes nations [6].

[1] Aristot. de rep. lib. 4, cap. 11, t. 2, p. 376. — [2] Id. ibid. cap. 12, p. 377; lib. 5, cap. 9, p. 400. — [3] Id. ibid. lib. 3, cap. 13, p. 354; cap. 17, p. 361. — [4] Id. ibid. lib. 7, cap. 9, p. 436. — [5] Id. ibid. cap. 10, p. 436. — [6] Id. ibid. p. 437.

Après avoir réglé la forme du gouvernement, vous rédigerez un corps de lois civiles qui toutes se rapportent aux lois fondamentales, et servent à les cimenter.

L'une des plus essentielles doit regarder les mariages. Que les époux ne soient plus d'un âge trop disproportionné [1]; rien ne serait plus propre à semer entre eux la division et les dégoûts : qu'ils ne soient ni trop jeunes ni trop vieux ; rien ne fait plus dégénérer l'espèce humaine : que les filles se marient à l'âge d'environ dix-huit ans, les hommes à celui de trente-sept ou environ [2]; que leur mariage se célèbre vers le solstice d'hiver [3][a]; qu'il soit permis d'exposer les enfans quand ils apportent en naissant une constitution trop faible, ou des défauts trop sensibles ; qu'il soit encore permis de les exposer, pour éviter l'excès de la population. Si cette idée choque le caractère de la nation, fixez du moins le nombre des enfans dans chaque famille ; et si deux époux transgressent la loi, qu'il soit ordonné à la mère de détruire le fruit de son amour avant qu'il ait reçu les principes de la vie et du sentiment. Proscrivez sévèrement l'adultère, et que les peines les plus graves flétrissent celui qui déshonore une si belle union [4].

Aristote s'étend ensuite sur la manière dont on doit élever le citoyen. Il le prend au berceau ; il le suit dans les différens âges de la vie, dans les différens emplois de la république, dans ses différens rapports avec la société. Il traite des connaissances dont il faut éclairer son esprit, et des vertus dont il faut pénétrer son âme ; et, développant insensiblement à ses yeux la chaîne de ses devoirs, il lui fait remarquer en même temps la chaîne des lois qui l'obligeront à les remplir [b].

JE viens d'exposer quelques unes des réflexions d'Aristote sur le meilleur des gouvernemens. J'ai rapporté plus haut celles de Platon [c], ainsi que les constitutions établies par Lycurgue [d] et par Solon [e]. D'autres écrivains, législateurs, philosophes, orateurs, poètes, ont publié leurs idées sur cet important sujet. Qui pourrait, sans un mortel ennui, analyser leurs différens sys-

---

[1] Aristot. de rep. lib. 7, cap. 16, t. 2, p. 445. — [2] Id. ibid. p. 446. — [3] Id. ibid. — [a] En 1772, M. Vargentin, dans un mémoire présenté à l'Académie des sciences de Stockholm, prouva, d'après des observations faites pendant quatorze ans, que le mois de l'année où il naît le plus d'enfans est le mois de septembre. (Gazette de France, du 28 août 1772.) — [4] Aristot. ibid. p. 447. — [b] Nous n'avons plus ces détails ; mais il est aisé de juger, par les premiers chapitres du livre 8 de la République, de la marche qu'avait suivie Aristote dans le reste de l'ouvrage. — [c] Voyez le chapitre LIV de cet ouvrage. — [d] Voyez le chapitre XLV. — [e] Voyez l'Introduction, part. 2, sect. 1, et le chapitre XIV.

tòmes, et cette prodigieuse quantité de maximes et de questions qu'ils ont avancées ou discutées. Bornons-nous au petit nombre de principes qui leur sont communs à tous, ou qui, par leur singularité, méritent d'être recueillis.

Aristote n'est pas le seul qui ait fait l'éloge de la royauté. La plupart des philosophes ont reconnu l'exellence de ce gouvernement, qu'ils ont considéré, les uns relativement à la société, les autres par rapport au système général de la nature.

La plus belle des constitutions, disent les premiers, serait celle où l'autorité, déposée entre les mains d'un seul homme, ne s'exercerait que suivant des lois sagement établies [1]; où le souverain, élevé au-dessus de ses sujets autant par ses lumières et ses vertus que par sa puissance [2], serait persuadé qu'il est lui-même comme la loi, qui n'existe que pour le bonheur des peuples [3]; où le gouvernement inspirerait la crainte et le respect au dedans et au dehors, non-seulement par l'uniformité des principes, le secret des entreprises et la célérité dans l'exécution [4], mais encore par la droiture et la bonne foi : car on compterait plus sur la parole du prince que sur les sermens des autres hommes [5].

Tout dans la nature nous ramène à l'unité, disent les seconds : l'univers est présidé par l'Être suprême [6]; les sphères célestes le sont par autant de génies; les royaumes de la terre le doivent être par autant de souverains établis sur le trône pour entretenir dans leurs Etats l'harmonie qui règne dans l'univers. Mais, pour remplir une si haute destinée, ils doivent retracer en eux-mêmes les vertus de ce Dieu dont ils sont les images [7], et gouverner leurs sujets avec la tendresse d'un père, les soins vigilans d'un pasteur, et l'impartiale équité de la loi [8].

Tels sont en partie les devoirs que les Grecs attachent à la royauté; et comme ils ont vu presque partout les princes s'en écarter, ils ne considèrent ce gouvernement que comme un modèle que doit se proposer un législateur pour ne faire qu'une volonté générale de toutes les volontés des particuliers [9]. Si tous les gouvernemens étaient tempérés, disait Platon, il faudrait chercher son bonheur dans le monarchique; mais, puisqu'ils sont tous corrompus, il faut vivre dans une démocratie [10].

Quelle est donc la constitution qui convient le mieux à des peuples extrêmement jaloux de leur liberté? le gouvernement

[1] Plat. in polit. t. 2, p. 301 et 302. — [2] Isocr. ad Nicocl. t. 1, p. 56. — [3] Archyt. ap. Stob. serm. 44, p. 314. — [4] Demosth. de fals. leg. p. 321. Isocr. ad Nicocl. t. 1, p. 93. — [5] Isocr. ibid. p. 63. — [6] Ecphant. ap. Stob. serm. 46, p. 333. — [7] Ecphant. ibid. p. 333 et 334. Diotogen. ibid. p. 330. — [8] Ecphant. ibid. p. 334. — [9] Plat. ibid. p. 301. Hippod. ap. Stob. serm. 41, p. 251. — [10] Plat. ibid. p. 303.

mixte, celui où se trouvent la royauté, l'aristocratie et la démocratie, combinées par des lois qui redressent la balance du pouvoir, toutes les fois qu'elle incline trop vers une de ces formes [1]. Comme on peut opérer ce tempérament d'une infinité de manières, de là cette prodigieuse variété qui se trouve dans les constitutions des peuples et dans les opinions des philosophes.

On s'accorde beaucoup mieux sur la nécessité d'établir de bonnes lois, sur l'obéissance qu'elles exigent, sur les changemens qu'elles doivent quelquefois éprouver.

Comme il n'est pas donné à un simple mortel d'entretenir l'ordre par ses seules volontés passagères, il faut des lois dans une monarchie [2]; sans ce frein, tout gouvernement devient tyrannique.

On a présenté une bien juste image, quand on a dit que la loi était l'âme d'un Etat. En effet, si on détruit la loi, l'Etat n'est plus qu'un corps sans vie [3].

Les lois doivent être claires, précises, générales, relatives au climat [4], toutes en faveur de la vertu [5]; il faut qu'elles laissent le moins de choses qu'il est possible à la décision des juges [6]: elles seront sévères, mais les juges ne le doivent jamais être [7], parce qu'il vaut mieux risquer d'absoudre un criminel que de condamner un innocent. Dans le premier cas, le jugement est une erreur; dans le second, c'est une impiété [8].

On a vu des peuples perdre dans l'inaction la supériorité qu'ils avaient acquise par des victoires. Ce fut la faute de leurs lois, qui les ont endurcis contre les travaux de la guerre, et non contre les douceurs du repos. Un législateur s'occupera moins de l'état de guerre, qui doit être passager, que des vertus, qui apprennent au citoyen tranquille à ne pas craindre la guerre, à ne pas abuser de la paix [9].

La multiplicité des lois dans un État est une preuve de sa corruption et de sa décadence, par la raison qu'une société serait heureuse si elle pouvait se passer de lois [10].

Quelques uns souhaiteraient qu'à la tête de la plupart des lois un préambule en exposât les motifs et l'esprit : rien ne serait

---

[1] Archyt. ap. Stob. serm. 41, p. 268. Hippod. ibid. p. 251. Plat. de leg. lib. 3, t. 2, p. 693. Aristot. de rep. lib. 2, cap. 6, t. 2, p. 321; lib. 4, cap. 9, p. 373. — [2] Archyt. ibid. Xenoph. memor. lib. 4, p. 813. Plat. in polit. t. 2, p. 276. Bias ap. Plut. in sept. sapient. conv. t. 2, p. 152. — [3] Demosth. ap. Stob. serm. 41, p. 270. — [4] Archyt. ibid. — [5] Demosth. epist. p. 198; id. in Timocr. p. 784. Stob. p. 270. — [6] Aristot. rhet. lib. 1, cap. 1, t. 2, p. 513. — [7] Isæus ap. Stob. serm. 46, p. 327. — [8] Antiph. ap. Stob. p. 308. — [9] Aristot. de rep. lib. 7, cap. 14, t. 2, p. 444; cap. 15, p. 445. — [10] Arcesil. ap. Stob. serm. 41, p. 248. Isocr. areop. t. 1, p. 331. Tacit. annal. lib. 3, cap. 27.

plus utile, disent-ils, que d'éclairer l'obéissance des peuples, et de les soumettre par la persuasion avant que de les intimider par des menaces [1].

D'autres regardent l'ignominie comme la peine qui produit le plus d'effet. Quand les fautes sont rachetées par de l'argent, on accoutume les hommes à donner une très-grande valeur à l'argent, une très-petite aux fautes [2].

Plus les lois sont excellentes, plus il est dangereux d'en secouer le joug. Il vaudrait mieux en avoir de mauvaises et les observer, que d'en avoir de bonnes et les enfreindre [3].

Rien n'est si dangereux encore que d'y faire de fréquens changemens. Parmi les Locriens d'Italie [4], celui qui propose d'en abolir ou d'en modifier quelqu'une doit avoir autour de son cou un nœud coulant, qu'on resserre si l'on n'approuve pas sa proposition [a]. Chez les mêmes Locriens, il n'est pas permis de tourmenter et d'éluder les lois à force d'interprétations. Si elles sont équivoques, et qu'une des parties murmure contre l'explication qu'en a donnée le magistrat, elle peut le citer devant un tribunal composé de mille juges. Ils paraissent tous deux la corde au cou, et la mort est la peine de celui dont l'interprétation est rejetée [5]. Les autres législateurs ont tous déclaré qu'il ne fallait toucher aux lois qu'avec une extrême circonspection, et dans une extrême nécessité.

Mais quel est le fondement solide du repos et du bonheur des peuples ? Ce ne sont point les lois qui règlent leur constitution ou qui augmentent leur puissance, mais les institutions qui forment les citoyens et qui donnent du ressort à leurs âmes ; non les lois qui dispensent les peines et les récompenses, mais la voix du public, lorsqu'elle fait une exacte répartition du mépris et de l'estime [6]. Telle est la décision unanime des législateurs, des philosophes, de tous les Grecs, peut-être de toutes les nations. Quand on approfondit la nature, les avantages et les inconvéniens des diverses espèces de gouvernemens, on trouve pour dernier résultat que la différence des mœurs suffit pour détruire la meilleure des constitutions, pour rectifier la plus défectueuse.

Les lois, impuissantes par elles-mêmes, empruntent leurs forces uniquement des mœurs, qui sont autant au-dessus d'elles que la vertu est au-dessus de la probité. C'est par les mœurs qu'on préfère ce qui est honnête à ce qui n'est que juste, et ce

---

[1] Plat. de leg. lib. 4, t. 2, p. 719—[2] Archyt. ap. Stob. serm. 41, p. 269. —[3] Thucyd. lib. 3, cap. 37. Aristot. de rep. lib. 4, cap. 8, p. 372.—[4] Zaleuc. ap. Stob. serm. 42, p. 280. Demosth. in Timocr. p. 794.—[a] Voyez la note XXXIX à la fin du volume.—[5] Polyb. lib. 12, p. 661.—[6] Plat. ibid. lib. 3, p. 697. Isocr. areop. t. 1, p. 331.

qui est juste à ce qui n'est qu'utile. Elles arrêtent le citoyen par la *crainte de l'opinion*, tandis que les lois ne l'effraient que par la crainte des peines¹.

Sous l'empire des mœurs, les âmes montreront beaucoup d'élevation dans leurs sentimens, de méfiance pour leurs lumières, de décence et de simplicité dans leurs actions. Une certaine pudeur les pénétrera d'un saint respect pour les dieux, pour les lois, pour les magistrats, pour la puissance paternelle, pour la sagesse des vieillards², pour elles-mêmes encore plus que pour tout le reste³.

De là résulte, pour tout gouvernement, l'indispensable nécessité de s'occuper de l'éducation des enfans⁴, comme de l'affaire la plus essentielle ; de les élever dans l'esprit et l'amour de la constitution, dans la simplicité des anciens temps, en un mot, dans les principes qui doivent à jamais régler leurs vertus, leurs opinions, leurs sentimens et leurs manières. Tous ceux qui ont médité sur l'art de gouverner les hommes, ont reconnu que c'était de l'institution de la jeunesse que dépendait le sort des empires⁵ ; et, d'après leurs réflexions on peut poser ce principe lumineux : Que l'éducation, les lois et les mœurs ne doivent jamais être en contradiction⁶. Autre principe non moins certain : Dans tous les États, les mœurs du peuple se conforment à celles des chefs.⁷

Zaleucus et Charondas, peu contens de diriger au maintien des mœurs la plupart des lois qu'ils ont données, le premier aux Locriens d'Italie *a*, le second à divers peuples de Sicile, ont mis à la tête de leurs codes⁸ une suite de maximes qu'on peut regarder comme les fondemens de la morale. J'en rapporterai quelques unes, pour achever de montrer sous quel point de vue on envisageait autrefois la législation.

Tous les citoyens, dit Zaleucus⁹, doivent être persuadés de l'existence des dieux. L'ordre et la beauté de l'univers les convaincront aisément qu'il n'est pas l'effet du hasard, ni l'ouvrage de la main des hommes. Il faut adorer les dieux, parce qu'ils sont les auteurs des vrais biens. Il faut préparer et purifier son âme : car la divinité n'est point honorée par l'hommage du méchant ; elle n'est point flattée des sacrifices pompeux et des ma-

---

¹ Hippod. ap. Stob. p. 249. — ² Plat. de leg. lib. 3, t. 2, p. 698 et 701. — ³ Democr. ap. Stob. serm. 44, p. 310.—⁴ Plat. in Euthyphr. t. 1, p. 2. Aristot. de leg. lib. 8, cap. 1, t. 2, p. 449. — ⁵ Diotogen. ap. Stob. p. 251. — ⁶ Hippod. ibid. p. 249. — ⁷ Isocr. ad Nicocl. t. 1, p. 68. AEschin. in Tim. p. 290. — *a* Suivant Timée, Zaleucus n'avait pas donné des lois aux Locriens (Cicer. de leg. lib. 2, cap. 6, t. 3, p. 141 ; id. ad Attic. lib. 6, ep. 1, t. 8, p. 261) ; mais il contredisait toute l'antiquité. — ⁸ Cicer. de leg. lib. 2, cap. 6, t. 3, p. 141. — ⁹ Zaleuc. ap. Stob. serm. 42, p. 279 ; et ap. Diod. lib. 12, p. 84.

gnifiques spectacles dont on embellit ses fêtes ; on ne peut lui plaire que par les bonnes œuvres, que par une vertu constante dans ses principes et dans ses effets, que par une ferme résolution de préférer la justice et la pauvreté à l'injustice et à l'ignominie.

Si parmi les habitans de cette ville, hommes, femmes, citoyens, étrangers, il s'en trouve qui ne goûtent pas ces vérités, et qui soient naturellement portés au mal, qu'ils sachent que rien ne pourra soustraire le coupable à la vengeance des dieux ; qu'ils aient toujours devant les yeux le moment qui doit terminer leur vie, ce moment où l'on se rappelle avec tant de regrets et de remords le mal qu'on a fait et le bien qu'on a négligé de faire.

Ainsi, que chaque citoyen ait dans toutes ses actions l'heure de la mort présente à son esprit ; et toutes les fois qu'un génie malfaisant l'entraînera vers le crime, qu'il se réfugie dans les temples, au pied des autels, dans tous les lieux sacrés, pour demander l'assistance divine ; qu'il se sauve auprès des gens de bien, qui soutiendront sa faiblesse par le tableau des récompenses destinées à la vertu, et des malheurs attachés à l'injustice.

Respectez vos parens, vos lois, vos magistrats : chérissez votre patrie, n'en désirez pas d'autre ; ce désir serait un commencement de trahison. Ne dites du mal de personne : c'est aux gardiens des lois à veiller sur les coupables ; mais, avant de les punir, ils doivent tâcher de les ramener par leurs conseils.

Que les magistrats, dans leurs jugemens, ne se souviennent ni de leurs liaisons ni de leurs haines particulières. Des esclaves peuvent être soumis par la crainte, mais des hommes libres ne doivent obéir qu'à la justice.

Dans vos projets et dans vos actions, dit Charondas[1], commencez par implorer le secours des dieux, qui sont les auteurs de toutes choses : pour l'obtenir, abstenez-vous du mal ; car il n'y a point de société entre Dieu et l'homme injuste.

Qu'il règne entre les simples citoyens et ceux qui sont à la tête du gouvernement la même tendresse qu'entre les enfans et les pères.

Sacrifiez vos jours pour la patrie, et songez qu'il vaut mieux mourir avec honneur que de vivre dans l'opprobre.

Que les époux se gardent mutuellement la foi qu'ils se sont promise.

Vous ne devez pas honorer les morts par des larmes et par une douleur immodérée, mais par le souvenir de leurs vertus et par les offrandes que vous porterez tous les ans sur leurs tombeaux.

Que les jeunes gens défèrent aux avis des vieillards, attentifs

[1] Charond. ap. Stob. serm. 42, p. 289.

à s'attirer le respect par la régularité de leur vie. Si ces derniers se dépouillaient de la pudeur, ils introduiraient dans l'État le mépris de la honte et tous les vices qui en sont la suite.

Détestez l'infamie et le mensonge ; aimez la vertu, fréquentez ceux qui la cultivent, et parvenez à la plus haute perfection en devenant véritablement honnête homme. Volez au secours du citoyen opprimé ; soulagez la misère du pauvre, pourvu qu'elle ne soit pas le fruit de l'oisiveté. Méprisez celui qui se rend l'esclave de ses richesses, et décernez l'ignominie à celui qui se construit une maison plus magnifique que les édifices publics. Mettez de la décence dans vos expressions, réprimez votre colère, et ne faites pas d'imprécations contre ceux mêmes qui vous ont fait du tort.

Que tous les citoyens aient toujours ces préceptes devant les yeux, et qu'aux jours de fêtes on les récite à haute voix dans les repas, afin qu'ils se gravent encore mieux dans les esprits.

CHAPITRE LXIII.

Denys, roi de Syracuse, à Corinthe. Exploits de Timoléon.

De retour à Athènes, après onze ans d'absence, nous crûmes, pour ainsi dire, y venir pour la première fois. La mort nous avait privés de plusieurs de nos amis et de nos connaissances ; des familles entières avaient disparu, d'autres s'étaient élevées à leur place : on nous recevait comme étrangers dans des maisons que nous fréquentions auparavant ; c'était partout la même scène, et d'autres acteurs.

La tribune aux harangues retentissait sans cesse de plaintes contre Philippe. Les uns en étaient alarmés, les autres les écoutaient avec indifférence [1]. Démosthène avait récemment accusé Eschine de s'être vendu à ce prince, lorsqu'il fut envoyé en Macédoine pour conclure la dernière paix ; et comme Eschine avait relevé la modestie des anciens orateurs, qui, en haranguant le peuple, ne se livraient pas à des gestes outrés : Non, non, s'écria Démosthène, ce n'est point à la tribune, mais dans une ambassade, qu'il faut cacher ses mains sous son manteau [2]. Ce trait réussit, et cependant l'accusation n'eut pas de suite.

Nous fûmes pendant quelque temps accablés de questions sur l'Égypte et sur la Perse ; je repris ensuite mes anciennes recherches. Un jour que je traversais la place publique, je vis un

---
[1] Demosth. fals. leg. p. 321 et 327. — [2] Id. ibid. p. 332.

grand nombre de nouvellistes qui allaient, venaient, s'agitaient en tumulte, et ne savaient comment exprimer leur surprise. Qu'est-il donc arrivé? dis-je en m'approchant. Denys est à Corinthe, répondit-on. — Quel Denys? — Ce roi de Syracuse, si puissant et si redouté. Timoléon l'a chassé du trône, et l'a fait jeter sur une galère qui vient de le mener à Corinthe[1]. Il est arrivé[a] sans escorte, sans amis, sans parens; il a tout perdu, excepté le souvenir de ce qu'il était.

Cette nouvelle me fut bientôt confirmée par Euryale, que je trouvai chez Apollodore. C'était un Corinthien avec qui j'avais des liaisons, et qui en avait eu autrefois avec Denys: il devait retourner quelques mois après à Corinthe; je résolus de l'accompagner, et de contempler à loisir un des plus singuliers phénomènes de la fortune.

En arrivant dans cette ville nous trouvâmes à la porte d'un cabaret un gros homme[2] enveloppé d'un méchant habit, à qui le maître de la maison semblait accorder, par pitié, les restes de quelques bouteilles de vin. Il recevait et repoussait en riant les plaisanteries grossières de quelques femmes de mauvaise vie, et ses bons mots amusaient la populace assemblée autour de lui[3].

Euryale me proposa, je ne sais sous quel prétexte, de descendre de voiture, et de ne pas quitter cet homme. Nous le suivîmes en un endroit où l'on exerçait des femmes qui devaient, à la prochaine fête, chanter dans les chœurs: il leur faisait répéter leur rôle, dirigeait leurs voix, et disputait avec elles sur la manière de rendre certains passages[4]. Il fut ensuite chez un parfumeur, où s'offrirent d'abord à nos yeux le philosophe Diogène et le musicien Aristoxène[b], qui depuis quelques jours étaient arrivés à Corinthe. Le premier, s'approchant de l'inconnu, lui dit: « Tu ne méritais pas le sort que tu éprouves. Tu
» compatis donc à mes maux? répondit cet infortuné; je t'en re-
» mercie. Moi, compatir à tes maux! reprit Diogène: tu te
» trompes, vil esclave; tu devais vivre et mourir comme ton
» père, dans l'effroi des tyrans; et je suis indigné de te voir dans
» une ville où tu peux sans crainte goûter encore quelques
» plaisirs[5]. »

Euryale, dis-je alors tout étonné, c'est donc là le roi de Syracuse? C'est lui-même, répondit-il: il ne me reconnaît pas; sa vue est affaiblie par les excès du vin[6]; écoutons la suite de la

---

[1] Plut. in Timol. t. 1, p. 242. Justin. lib. 21, cap. 5. Diod. lib. 16, p. 464. — [a] L'an 343 avant J. C. — [2] Justin. ibid. cap. 2. — [3] Plut. ibid. — [4] Id. ibid. — [b] C'est le même, sans doute, dont il nous reste un traité de musique, inséré dans le recueil de Meibomius. — [5] Plut. ibid. p. 243. — [6] Aristot. et Theop. ap. Athen. lib. 10, p. 439. Justin. ibid.

conversation. Denys la soutint avec autant d'esprit que de modération. Aristoxène lui demanda la cause de la disgrâce de Platon. « Tous les maux assiégent un tyran, répondit-il; le plus dange- » reux est d'avoir des amis qui lui cachent la vérité. Je suivis » leurs avis; j'éloignai Platon. Qu'en arriva-t-il? j'étais roi à » Syracuse, je suis maître d'école à Corinthe [1]. » En effet, nous le vîmes plus d'une fois, dans un carrefour, expliquer à des enfans les principes de la grammaire [2].

Le même motif qui m'avait conduit à Corinthe y attirait journellement quantité d'étrangers. Les uns, à l'aspect de ce malheureux prince, laissaient échapper des mouvemens de pitié [3], la plupart se repaissaient avec délices d'un spectacle que les circonstances rendaient plus intéressant. Comme Philippe était sur le point de donner des fers à la Grèce, ils assouvissaient sur le roi de Syracuse la haine que leur inspirait le roi de Macédoine. L'exemple instructif d'un tyran plongé tout à coup dans la plus profonde humiliation fut bientôt l'unique consolation de ces fiers républicains; quelque temps après, les Lacédémoniens ne répondirent aux menaces de Philippe que par ces mots énergiques: *Denys à Corinthe* [4].

Nous eûmes plusieurs conversations avec ce dernier; il faisait sans peine l'aveu de ses fautes, apparemment parce qu'elles ne lui avaient guère coûté. Euryale voulut savoir ce qu'il pensait des hommages qu'on lui rendait à Syracuse. J'entretenais, répondit-il, quantité de sophistes et de poëtes dans mon palais; je ne les estimais point, cependant ils me faisaient une réputation [5]. Mes courtisans s'aperçurent que ma vue commençait à s'affaiblir; ils devinrent, pour ainsi dire, tous aveugles; ils ne discernaient plus rien: s'ils se rencontraient en ma présence, ils se heurtaient les uns contre les autres: dans nos soupers, j'étai obligé de diriger leurs mains, qui semblaient errer sur la table [6] Et n'étiez-vous pas offensé de cette bassesse? lui dit Euryale Quelquefois, reprit Denys; mais il est si doux de pardonner!

Dans ce moment, un Corinthien qui voulait être plaisant, et dont on soupçonnait la probité, parut sur le seuil de la porte; il s'arrêta, et, pour montrer qu'il n'avait point de poignard sous sa robe, il affecta de la secouer à plusieurs reprises, comme font ceux qui abordent les tyrans. Cette épreuve serait mieux placée, lui dit le prince, quand vous sortirez d'ici [7].

[1] Plut. in Timol. t. 1, p. 243.— [2] Cicer. tuscul. lib. 3, cap. 12, t. 2, p. 310; id. ad famil. lib. 9, epist. 18, t. 7, p. 317. Justin. lib. 21, cap. 5. Lucian. somn. cap. 23, t. 2, p. 737. Val. Max. lib. 6, cap. 9, extern. n°. 6. — [3] Plut. ibid. p. 242. — [4] Demetr. Phaler. de elocut. cap. 8. — [5] Plut. apophth. t. 2, p. 176. — [6] Theophr. ap. Athen. lib. 10, p. 439. Plut. de adul. t. 2, p. 53. — [7] AElian. var. hist. lib. 4, cap. 18. Plut. in Timol. t. 1, p. 243.

Quelques momens après, un autre particulier entra, et l'excédait par ses importunités. Denys nous dit tout bas en soupirant : « Heureux ceux qui ont appris à souffrir dès leur enfance[1]! »

De pareils outrages se renouvelaient à tous momens : il cherchait lui-même à se les attirer ; couvert de haillons, il passait sa vie dans les cabarets, dans les rues, avec des gens du peuple, devenus les compagnons de ses plaisirs. On discernait encore dans son âme ce fonds d'inclinations basses qu'il reçut de la nature, et ces sentimens élevés qu'il devait à son premier état ; il parlait comme un sage, il agissait comme un fou. Je ne pouvais expliquer le mystère de sa conduite ; un Syracusain, qui l'avait étudié avec attention, me dit : Outre que son esprit est trop faible et trop léger pour avoir plus de mesure dans l'adversité que dans la prospérité, il s'est aperçu que la vue d'un tyran, même détrôné, répand la défiance et l'effroi parmi des hommes libres. S'il préférait l'obscurité à l'avilissement, sa tranquillité serait suspecte aux Corinthiens, qui favorisent la révolte de la Sicile. Il craint qu'ils ne parviennent à le craindre, et se sauve de leur haine par leur mépris[2].

Il l'avait obtenu tout entier pendant mon séjour à Corinthe ; et dans la suite il mérita celui de toute la Grèce. Soit misère, soit dérangement d'esprit, il s'enrôla dans une troupe de prêtres de Cybèle ; il parcourait avec eux les villes et les bourgs, un tympanon à la main, chantant, dansant autour de la figure de la déesse, et tendant la main pour recevoir quelques faibles aumônes[3].

Avant de donner ces scènes humiliantes, il avait eu la permission de s'absenter de Corinthe et de voyager dans la Grèce. Le roi de Macédoine le reçut avec distinction. Dans leur premier entretien, Philippe lui demanda comment il avait pu perdre cet empire que son père avait conservé pendant si long-temps ? « C'est, répondit-il, que j'héritai de sa puissance, et non de sa » fortune[4]. » Un Corinthien lui ayant déjà fait la même question, il avait répondu : « Quand mon père monta sur le trône, » les Syracusains étaient las de la démocratie ; quand on m'a » forcé d'en descendre, ils l'étaient de la tyrannie[5]. » Un jour qu'à la table du roi de Macédoine on s'entretenait des poésies de Denys l'ancien : « Mais quel temps choisissait votre père, lui dit » Philippe, pour composer un si grand nombre d'ouvrages ? Celui, répondit-il, que vous et moi passons ici à boire[6]. »

---

[1] Stob. serm. 110, p. 582. — [2] Justin. lib. 21, cap. 5. Plut. in Timol. t. 1, p. 242. — [3] AElian. var. hist. lib. 9, cap. 8. Athen. lib. 12, cap. 11, p. 541. Eustath. in odyss. lib. 10, p. 1824. — [4] AElian. ibid. lib. 12, cap. 60. — [5] Plut. apophth. t. 2, p. 176. — [6] Id. in Timol. t. 1, p. 243.

Ses vices le précipitèrent deux fois dans l'infortune, et sa destinée lui opposa chaque fois un des plus grands hommes que ce siècle ait produits : Dion en premier lieu, et Timoléon ensuite. Je vais parler de ce dernier, et je raconterai ce que j'en appris dans les dernières années de mon séjour en Grèce.

On a vu plus haut[a] qu'après la mort de son frère, Timoléon s'était éloigné pendant quelque temps de Corinthe, et pour toujours des affaires publiques. Il avait passé près de vingt ans dans cet exil volontaire [1], lorsque ceux de Syracuse, ne pouvant plus résister à leurs tyrans, implorèrent l'assistance des Corinthiens, dont ils tirent leur origine. Ces derniers résolurent de lever des troupes ; mais, comme ils balançaient sur le choix du général, une voix nomma par hasard Timoléon, et fut suivie à l'instant d'une acclamation universelle [2]. L'accusation autrefois intentée contre lui n'avait été que suspendue ; les juges lui en remirent la décision : Timoléon, lui dirent-ils, suivant la manière dont vous vous conduirez en Sicile, nous conclurons que vous avez fait mourir un frère ou un tyran [3].

Les Syracusains se croyaient alors sans ressources. Icétas, chef des Léontins dont ils avaient demandé l'appui, ne songeait qu'à les asservir ; il venait de se liguer avec les Carthaginois. Maître de Syracuse, il tenait Denys assiégé dans la citadelle. La flotte de Carthage croisait aux environs, pour intercepter celle de Corinthe. Dans l'intérieur de l'île, une fatale expérience avait appris aux villes grecques à se défier de tous ceux qui s'empressaient de les secourir [4].

Timoléon part avec dix galères et un petit nombre de soldats [5] ; malgré la flotte des Carthaginois, il aborde en Italie, et se rend bientôt après à Tauroménium en Sicile. Entre cette ville et celle de Syracuse est la ville d'Adranum, dont les habitans avaient appelé, les uns Icétas, et les autres Timoléon. Ils marchent tous deux en même temps, le premier à la tête de cinq mille hommes, le second avec douze cents. A trente stades[b] d'Adranum, Timoléon apprend que les troupes d'Icétas viennent d'arriver, et sont occupées à se loger autour de la ville : il précipite ses pas, et fond sur elles avec tant d'ordre et d'impétuosité, qu'elles abandonnent sans résistance le camp, le bagage et beaucoup de prisonniers.

Ce succès changea tout à coup la disposition des esprits et la face des affaires : la révolution fut si prompte, que, cinquante

---
[a] Voyez le chapitre IX de cet ouvrage. — [b] Plut. in Timol. t. 1, p. 238. — [1] Id. ibid. p. 237. — [3] Id. ibid. p. 238. Diod. lib. 16, p. 459. — [4] Plut. ibid. p. 241. Diod. ibid. p. 461. — [5] Plut. ibid. p. 239. Diod. ibid. p. 462. — [b] Une lieue trois cent trente-cinq toises.

jours après son arrivée en Sicile, Timoléon vit les peuples de cette île briguer son alliance ; quelques uns des tyrans joindre leurs forces aux siennes[1] ; Denys lui-même se rendre à discrétion, et lui remettre la citadelle de Syracuse, avec les trésors et les troupes qu'il avait pris soin d'y rassembler.

Mon objet n'est pas de tracer ici les détails d'une si glorieuse expédition. Je dirai seulement que si Timoléon, jeune encore, avait montré dans les combats la maturité d'un âge avancé, il montra sur le déclin de sa vie la chaleur et l'activité de la jeunesse[2] : je dirai qu'il développa tous les talens, toutes les qualités d'un grand général ; qu'à la tête d'un petit nombre de troupes, il délivra la Sicile des tyrans qui l'opprimaient, et la défendit contre une puissance encore plus formidable qui voulait l'assujétir ; qu'avec six mille hommes, il mit en fuite une armée de soixante-dix mille Carthaginois[3] ; et qu'enfin ses projets étaient médités avec tant de sagesse, qu'il parut maîtriser les hasards et disposer des événemens.

Mais la gloire de Timoléon ne consiste pas dans cette continuité rapide de succès, qu'il attribuait lui-même à la fortune, et dont il faisait rejaillir l'éclat sur sa patrie[4] ; elle est établie sur une suite de conquêtes plus dignes de la reconnaissance des hommes.

Le fer avait moissonné une partie des habitans de la Sicile ; d'autres, en grand nombre, s'étant dérobés par la fuite à l'oppression de leurs despotes, s'étaient dispersés dans la Grèce, dans les îles de la mer Égée, sur les côtes de l'Asie. Corinthe, remplie du même esprit que son général, les engagea par ses députés à retourner dans leur patrie ; elle leur donna des vaisseaux, des chefs, une escorte, et, à leur arrivée en Sicile, des terres à partager. En même temps, des hérauts déclarèrent de sa part aux jeux solennels de la Grèce qu'elle reconnaissait l'indépendance de Syracuse et de toute la Sicile[5].

A ces cris de liberté, qui retentirent aussi dans toute l'Italie, soixante mille hommes se rendirent à Syracuse, les uns pour y jouir des droits de citoyens, les autres pour être distribués dans l'intérieur de l'île[6].

La forme de gouvernement avait récemment essuyé de fréquentes révolutions[7], et les lois étaient sans vigueur. Elles avaient été rédigées pendant la guerre du Péloponèse par une assemblée d'hommes éclairés, à la tête desquels était ce Dioclès

---

[1] Plut. in Timol. t. 1, p. 241 et 243. Diod. lib. 16, p. 463. — [2] Plut. ibid. p. 237. — [3] Id. ibid. p. 248. Diod. ibid. p. 471. — [4] Plut. ibid. p. 250 et 253. — [5] Id. ibid. p. 247. Diod. ibid. p. 472. — [6] Plut. ibid. Diod. ibid. p. 473 ; lib. 19, p. 652. — [7] Aristot. de rep. lib. 5, cap. 4, t. 2, p. 390.

dont la mémoire fut consacrée par un temple que l'ancien Denys fit démolir. Ce législateur sévère avait défendu, sous peine de mort, de paraître avec des armes dans la place publique. Quelque temps après, les ennemis ayant fait une irruption aux environs de Syracuse, il sort de chez lui l'épée à la main. Il apprend au même instant qu'il s'est élevé une émeute dans la place ; il y court. Un particulier s'écrie : « Vous venez d'abroger votre loi. » Dites plutôt que je l'ai confirmée, » répondit-il en se plongeant l'épée dans le sein [1].

Ses lois établissaient la démocratie ; mais, pour corriger les vices de ce gouvernement, elles poursuivaient avec vigueur toutes les espèces d'injustices, et pour ne rien laisser aux caprices des juges, elles attachaient, autant qu'il est possible, une décision à chaque contestation, une peine à chaque délit. Cependant, outre qu'elles sont écrites en ancien langage, leur extrême précision nuit à leur clarté. Timoléon les revit avec Céphalus et Denys, deux Corinthiens qu'il avait attirés auprès de lui [2]. Celles qui concernent les particuliers furent conservées avec des interprétations qui en déterminent le sens : on réforma celles qui regardent la constitution, et l'on réprima la licence du peuple sans nuire à sa liberté. Pour lui assurer à jamais la jouissance de cette liberté, Timoléon l'invita à détruire toutes ces citadelles qui servaient de repaires aux tyrans [3].

La puissante république de Carthage forcée de demander la paix aux Syracusains, les oppresseurs de la Sicile successivement détruits, les villes rétablies dans leur splendeur, les campagnes couvertes de moissons, un commerce florissant, partout l'image de l'union et du bonheur, voilà les bienfaits que Timoléon répandit sur cette belle contrée [4] : voici les fruits qu'il en recueillit lui-même.

Réduit volontairement à l'état de simple particulier, il vit sa considération s'accroître de jour en jour. Ceux de Syracuse le forcèrent d'accepter dans leur ville une maison distinguée, et aux environs, une retraite agréable, où il coulait des jours tranquilles avec sa femme et ses enfans, qu'il avait fait venir de Corinthe. Il y recevait sans cesse les tributs d'estime et de reconnaissance que lui offraient les peuples qui le regardaient comme leur second fondateur. Tous les traités, tous les réglemens qui se faisaient en Sicile, on venait de près, de loin, les soumettre à ses lumières, et rien ne s'exécutait qu'avec son approbation [5].

---

[1] Diod. lib. 13, p. 262. — [2] Plut. in Timol. t. 1, p. 248. Diod. ibid. p. 263 ; lib. 16, p. 473. — [3] Nep. in Timol. cap. 3. — [4] Diod. ibid. p. 473. — [5] Plut. ibid. p. 253.

Il perdit la vue dans un âge assez avancé [1]. Les Syracusains, plus touchés de son malheur qu'il ne le fut lui-même, redoublèrent d'attentions à son égard. Ils lui amenaient les étrangers qui venaient chez eux. Voilà, disaient-ils, notre bienfaiteur, notre père; il a préféré au triomphe brillant qui l'attendait à Corinthe, à la gloire qu'il aurait acquise dans la Grèce, le plaisir de vivre au milieu de ses enfans [2]. Timoléon n'opposait aux louanges qu'on lui prodiguait que cette réponse modeste : « Les » dieux voulaient sauver la Sicile; je leur rends grâces de m'avoir » choisi pour l'instrument de leurs bontés [3]. »

L'amour des Syracusains éclatait encore plus lorsque, dans l'assemblée générale, on agitait quelque question importante. Des députés l'invitaient à s'y rendre ; il montait sur un char : dès qu'il paraissait, tout le peuple le saluait à grands cris : Timoléon saluait le peuple à son tour, et après que les transports de joie et d'amour avaient cessé, il s'informait du sujet de la délibération, et donnait son avis qui entraînait tous les suffrages. A son retour, il traversait de nouveau la place, et les mêmes acclamations le suivaient jusqu'à ce qu'on l'eût perdu de vue [4].

La reconnaissance des Syracusains ne pouvait s'épuiser. Ils décidèrent que le jour de sa naissance serait regardé comme un jour de fête, et qu'ils demanderaient un général à Corinthe toutes les fois qu'ils auraient une guerre à soutenir contre quelque nation étrangère [5].

A sa mort, la douleur publique ne trouva de soulagement que dans les honneurs accordés à sa mémoire. On donna le temps aux habitans des villes voisines de se rendre à Syracuse pour assister au convoi. De jeunes gens choisis par le sort, portèrent le corps sur leurs épaules. Il était étendu sur un lit richement paré : un nombre infini d'hommes et de femmes l'accompagnaient, couronnés de fleurs, vêtus de robes blanches, et faisant retentir les airs du nom et des louanges de Timoléon; mais leurs gémissemens et leurs larmes attestaient encore mieux leur tendresse et leur douleur.

Quand le corps fut mis sur le bûcher, un héraut lut à haute voix le décret suivant : « Le peuple de Syracuse, en re-
» connnaissance de ce que Timoléon a détruit les tyrans, vaincu
» les barbares, rétabli plusieurs grandes villes, et donné des
» lois aux Siciliens, a résolu de consacrer deux cents mines [a] à
» ses funérailles, et d'honorer tous les ans sa mémoire par des
» combats de musique, des courses de chevaux et des jeux
» gymniques [6]. »

[1] Nep. in Tim. t. 1, cap. 4.—[2] Plut. ibid. p. 254.—[3] Nep. ibid.—[4] Plut. ibid.
—[5] Id. ibid. Nep. ibid. cap. 5.—[a] Dix-huit mille livres.—[6] Plut. ibid. p. 255.

D'autres généraux se sont signalés par des conquêtes plus brillantes; aucun n'a fait de si grandes choses. Il entreprit la guerre pour travailler au bonheur de la Sicile, et quand il l'eut terminée il ne lui resta plus d'autre ambition que d'être aimé.

Il fit respecter et chérir l'autorité pendant qu'il en était revêtu; lorsqu'il s'en fut dépouillé, il la respecta et la chérit plus que les autres citoyens. Un jour, en pleine assemblée, deux orateurs osèrent l'accuser d'avoir malversé dans les places qu'il avait remplies. Il arrêta le peuple soulevé contre eux : « Je n'ai » affronté, dit-il, tant de travaux et de dangers que pour mettre » le moindre des citoyens en état de défendre les lois et de dire » librement sa pensée[1]. »

Il exerça sur les cœurs un empire absolu, parce qu'il fut doux, modeste, simple, désintéressé, et surtout infiniment juste. Tant de vertus désarmaient ceux qui étaient accablés de l'éclat de ses actions et de la supériorité de ses lumières. Timoléon éprouva qu'après avoir rendu de grands services à une nation, il suffit de la laisser faire pour en être adoré.

CHAPITRE LXIV.

Suite de la Bibliothèque. Physique. Histoire naturelle. Génies.

A mon arrivée de Corinthe, je retournai chez Euclide : il me restait à parcourir une partie de sa bibliothèque; je l'y trouvai avec Méton et Anaxarque. Le premier était d'Agrigente en Sicile, et de la même famille que le célèbre Empédocle; le second était d'Abdère en Thrace, et de l'école de Démocrite : tous deux, un livre à la main, paraissaient ensevelis dans une méditation profonde.

Euclide me montra quelques traités sur les animaux, sur les plantes, sur les fossiles. Je ne suis pas fort riche en ce genre, me dit-il; le goût de l'histoire naturelle et de la physique proprement dite ne s'est introduit parmi nous que depuis quelques années. Ce n'est pas que plusieurs hommes de génie ne se soient anciennement occupés de la nature; je vous ai montré autrefois leurs ouvrages, et vous vous rappelez sans doute ce discours où le grand-prêtre de Cérès vous donna une idée succincte de leurs systèmes[a]. Vous apprîtes alors qu'ils cherchèrent à connaître les

[1] Plut. in Timol. t. 1, p. 253. Nep. ibid. cap. 5. — [a] Voyez le chapitre XXX de cet ouvrage.

causes plutôt que les effets, la matière des êtres plutôt que leurs formes [1].

Socrate dirigea la philosophie vers l'utilité publique, et ses disciples, à son exemple, consacrèrent leurs veilles à l'étude de l'homme [2]. Celle du reste de l'univers, suspendue pendant près d'un siècle, et renouvelée de nos jours, procède avec plus de lumières et de sagesse. On agite, à la vérité, ces questions générales qui avaient divisé les anciens philosophes; mais on tâche en même temps de remonter des effets aux causes, du connu à l'inconnu [3]. En conséquence, on s'occupe des détails avec un soin particulier, et l'on commence à recueillir les faits et à les comparer.

Un défaut essentiel arrêtait autrefois les progrès de la science; on n'était pas assez attentif à expliquer l'essence de chaque corps [4], ni à définir les termes dont on se servait : cette négligence avait fini par inspirer tant de dégoût, que l'étude de la physique fut abandonnée au moment précis où commença l'art des définitions. Ce fut au temps de Socrate [5].

A ces mots, Anaxarque et Méton s'approchèrent de nous. Est-ce que Démocrite, dit le premier, n'a pas donné des définitions exactes? Est-ce qu'Empédole, dit le second, ne s'est pas attaché à l'analyse des corps? Plus fréquemment que les autres philosophes, répondit Euclide, mais pas aussi souvent qu'ils l'auraient dû [6]. La conversation devint alors plus animée : Euclide défendait avec vivacité la doctrine d'Aristote son ami, Anaxarque et Méton celle de leurs compatriotes. Ils accusèrent plus d'une fois Aristote d'avoir altéré dans ses ouvrages les systèmes des anciens, pour les combattre avec avantage [7]. Méton alla plus loin; il prétendit qu'Aristote, Platon, Socrate même, avaient puisé dans les écrits des Pythagoriciens d'Italie et de Sicile presque tout ce qu'ils ont enseigné sur la nature, la politique et la morale. C'est dans ces heureuses contrées, ajouta-t-il, que la vraie philosophie a pris naissance, et c'est à Pythagore que l'on doit ce bienfait [8].

J'ai une profonde vénération pour ce grand homme, reprit Euclide; mais, puisque lui et d'autres philosophes se sont approprié, sans en avertir, les richesses de l'Égypte, de l'Orient et

---

[1] Aristot. de nat. anscult. lib. 2, cap. 2, t. 1, p. 329; id. de part. anim. lib. 1, cap. 1, t. 1, p. 967 et 968. — [2] Id. ibid. p. 971. — [3] Id. ibid. p. 967; id. de nat. auscult. lib. 1, cap. 1, p. 315. — [4] Id. ibid. lib. 2, cap. 2, p. 329. — [5] Id. de part. anim. lib. 1, cap. 1, p. 971; id. metaph. lib. 1, cap. 6, t. 2, p. 848. — [6] Id. de part. anim. lib. 1, cap. 1, t. 1, p. 970. — [7] Porphyr. vit. Pythag. § 53, p. 49. Bruck. hist. philos. dissert. prælim. p. 14; lib. 2, cap. 1, p. 464. Moshem. in Cudworth. cap. 1, § 7, not. *y*. — [8] Porphyr. ibid. p. 49. Anonym. ap. Phot. p. 1316.

de tous les peuples que nous nommons barbares[1], n'avions-nous pas le même droit de les transporter dans la Grèce? Ayons le courage de nous pardonner mutuellement nos larcins; ayez celui de rendre à mon ami la justice qu'il mérite. Je lui ai souvent ouï dire qu'il faut discuter les opinions avec l'équité d'un arbitre impartial[2]; s'il s'est écarté de cette règle, je le condamne. Il ne cite pas toujours les auteurs dont il emprunte des lumières, parce qu'il a déclaré en général que son dessein était d'en profiter[3]: il les cite plus souvent quand il les réfute, parce que la célébrité de leur nom n'était que trop capable d'accréditer les erreurs qu'il voulait détruire.

Aristote s'est emparé du dépôt des connaissances, accru par vos soins et par les nôtres; il l'augmentera par ses travaux, et, en le faisant passer à la postérité, il élevera le plus superbe des monumens, non à la vanité d'une école en particulier, mais à la gloire de toutes nos écoles.

Je le connus à l'Académie, nos liens se fortifièrent avec les années, et, depuis qu'il est sorti d'Athènes, j'entretiens avec lui une correspondance suivie. Vous, qui ne pouvez le juger que d'après le petit nombre d'ouvrages qu'il a publiés, apprenez quelle est l'étendue de ses projets, et reprochez-lui, si vous l'osez, des erreurs et des omissions.

La nature, qui ne dit rien à la plupart des hommes, l'avertit de bonne heure qu'elle l'avait choisi pour son confident et son interprète. Je ne vous dirai pas que, né avec les plus heureuses dispositions, il fit les plus rapides progrès dans la carrière des sciences et des arts; qu'on le vit, dès sa tendre jeunesse, dévorer les ouvrages des philosophes, se délasser dans ceux des poëtes, s'approprier les connaissances de tous les pays et de tous les temps[4], ce serait le louer comme on loue le commun des grands hommes. Ce qui le distingue, c'est le goût et le génie de l'observation; c'est d'allier, dans les recherches, l'activité la plus surprenante avec la constance la plus opiniâtre; c'est encore cette vue perçante, cette sagacité extraordinaire qui le conduit dans un instant aux résultats, et qui ferait croire souvent que son esprit agit plutôt par instinct que par réflexion; c'est enfin d'avoir conçu que tout ce que la nature et l'art présentent à nos yeux n'est qu'une suite immense de faits, tenant tous à une chaîne commune, souvent trop semblables pour n'être pas facilement confondus, et trop différens pour ne devoir pas être distingués. De là le parti qu'il a pris d'assurer sa marche par

---

[1] Tatian. orat. ad Græc. p. 2. Clem. Alex. stromat. lib. 1, p. 355. Bruck. hist. philos. lib. 1, cap. 1, p. 47. — [2] Aristot. de cœl. lib. 1, cap. 10, t. 1, p. 446. — [3] Id. de mor. lib. 10, cap. 10, t. 2, p. 144. — [4] Ammon. vit. Aristot.

le doute [1], de l'éclairer par l'usage fréquent des définitions, des divisions et subdivisions, et de ne s'avancer vers le séjour de la vérité qu'après avoir reconnu les dehors de l'enceinte qui la tient renfermée.

Telle est la méthode qu'il suivra dans l'exécution d'un projet qui effraierait tout autre que lui : c'est l'histoire générale et particulière de la nature. Il prendra d'abord les grandes masses, l'origine ou l'éternité du monde [2]; les causes, les principes et l'essence des êtres [3]; la nature et l'action réciproque des élémens, la composition et la décomposition des corps [4]. Là seront rappelées et discutées les questions sur l'infini, sur le mouvement, le vide, l'espace et le temps [5].

Il décrira, en tout ou en partie, ce qui existe, et ce qui s'opère dans les cieux, dans l'intérieur et sur la surface de notre globe ; dans les cieux, les météores [6], les distances et les révolutions des planètes, la nature des astres et des sphères auxquelles ils sont attachés [7]; dans le sein de la terre, les fossiles, les minéraux [8], les secousses violentes qui bouleversent le globe [9]; sur sa surface, les mers, les fleuves [10], les plantes [11], les animaux [12].

Comme l'homme est sujet à une infinité de besoins et de devoirs, il sera suivi dans tous ses rapports. L'anatomie du corps humain [13], la nature et les facultés de l'âme [14], les objets et les organes des sensations [15], les règles propres à diriger les plus fines opérations de l'esprit [16] et les plus secrets mouvemens du cœur [17], les lois [18], les gouvernemens [19], les sciences, les arts [20]; sur tous ces objets intéressans, l'historien joindra ses lumières à celles des siècles qui l'ont précédé ; et conformément à la méthode de plusieurs philosophes, appliquant toujours la physique à la morale, il nous rendra plus éclairés pour nous rendre plus heureux.

Voilà le plan d'Aristote, autant que je l'ai pu comprendre par ses conversations et par ses lettres : je ne sais s'il pourra s'as-

---

[1] Aristot. metaph. lib. 3, cap. 1, t. 2, p. 858. — [2] Id. de cœl. lib. 1, cap. 2, t. 1, p. 432. — [3] Id. de nat. auscult. lib. 1 et 2, t. 1, p. 315, etc.; id. metaph. t. 2, p. 838. — [4] Id. de gener. et corrupt. t. 1, p. 493, etc. Diog. Laert. lib. 5, § 25. — [5] Aristot. de nat. auscult. lib. 3, 4, etc. — [6] Id. meteor. t. 1, p. 528. — [7] Id. de cœl. lib. 2, t. 1, p. 452; id. astronom. ap. Diog. Laert. lib. 5, § 26. — [8] Id. meteor. lib. 3, cap. 6, t. 1, p. 683. — [9] Id. ibid. lib. 2, cap. 8, p. 566. — [10] Id. ibid. cap. 2, p. 551, etc. — [11] Diog. Laert. lib. 5, § 25. — [12] Aristot. hist. anim.; id. de animal. incess. part. gener. t. 1. Diog. Laert. ibid. — [13] Aristot. hist. anim. lib. 1, cap. 7, p. 768, etc. Diog. Laert. ibid. — [14] Aristot. de anim. t. 1, p. 616; id. de mem. t. 1, p. 678. — [15] Id. de sens. t. 1, p. 662. — [16] Id. categ. analyt. topic. t. 1, p. 14, etc. Diog. Laert. ibid. § 23 et 24. — [17] Aristot. de mor.; magn. mor.; eudem.; de virt. et vit. t. 2, p. 3, etc. — [18] Diog. Laert. ibid. p. 26. — [19] Aristot. de rep. t. 2, p. 296. — [20] Diog. Laert. ibid. Fabric. bibl. græc. lib. 3, cap. 6 et 7, t. 2, p. 107, etc.

sujétir à l'ordre que je viens d'indiquer. Et pourquoi ne le suivrait-il pas? lui dis-je. C'est, répondit Euclide, que certaines matières exigent des éclaircissemens préliminaires. Sans sortir de son cabinet, où il a rassemblé une bibliothèque précieuse[1], il est en état de traiter quantité de sujets ; mais quand il faudra tracer l'histoire et les mœurs de tous les animaux répandus sur la terre, de quelle longue et pénible suite d'observations n'aura-t-il pas besoin! Cependant son courage s'enflamme par les obstacles ; outre les matériaux qui sont entre ses mains, il fonde de justes espérances sur la protection de Philippe, dont il a mérité l'estime[2], et sur celle d'Alexandre, dont il va diriger l'éducation. S'il est vrai, comme on le dit, que ce jeune prince montre un goût très-vif pour les sciences[3], j'espère que, parvenu au trône, il mettra son instituteur à portée d'en hâter les progrès[4].

A peine Euclide eut achevé, qu'Anaxarque prenant la parole : Je pourrais, dit-il, attribuer à Démocrite le même projet que vous prêtez à Aristote. Je vois ici les ouvrages sans nombre qu'il a publiés sur la nature et les différentes parties de l'univers ; sur les animaux et les plantes ; sur notre âme, nos sens, nos devoirs, nos vertus ; sur la médecine, l'anatomie, l'agriculture, la logique, la géométrie, l'astronomie, la géographie; j'ajoute sur la musique et la poésie[5]. Et je ne parle pas de ce style enchanteur qui répand des grâces sur les matières les plus abstraites[6]. L'estime publique l'a placé au premier rang des physiciens qui ont appliqué les effets aux causes. On admire dans ses écrits une suite d'idées neuves, quelquefois trop hardies, souvent heureuses. Vous savez qu'à l'exemple de Leucippe son maître, dont il perfectionna le système[7], il admit le vide, les atomes, les tourbillons ; qu'il regarda la lune comme une terre couverte d'habitans[8] ; qu'il prit la voie lactée pour une multitude de petites étoiles[9] ; qu'il réduisit toutes nos sensations à celle du toucher[10], et qu'il nia toujours que les couleurs et les autres qualités sensibles fussent inhérentes aux corps[11].

Quelques unes de ces vues avaient été proposées[12] ; mais il eut le mérite de les adopter et de les étendre. Il fut le premier

---

[1] Strab. lib. 13, p. 608. Aul. Gell. lib. 3, cap. 17. — [2] Aul. Gell. lib. 9, cap. 3. Ammon. vit. Aristot. AElian. var. hist. lib. 4, cap. 19. — [3] Plut. de fort. Alex. t. 2, p. 327, 328, etc. — [4] Plin. lib. 8, cap. 16, t. 1, p. 443. — [5] Diog. Laert. lib. 9, § 46. Fabric. bibl. græc. t. 1, p. 803. — [6] Cicer. de orat. lib. 1, cap. 11, t. 1, p. 141. — [7] Bruck. hist. philos. t. 1, p. 1187. — [8] Plut. de plac. philos. lib. 2, cap. 25, t. 2, p 891. — [9] Aristot. meteor. lib. 1, cap. 8, t. 1, p. 538. Plut. ibid. p. 893. — [10] Aristot. de sens. cap. 4, t. 1, p. 669. — [11] Id. de anim. lib. 3, cap. 1, t. 1, p. 649. Sext. Empir. adv. logic. lib. 7, p. 399. — [12] Aristot. de sens. cap. 4, t. 1, p. 669.

à concevoir les autres, et la postérité jugera si ce sont des traits de génie, ou des écarts de l'esprit : peut-être même découvrira-t-elle ce qu'il n'a pu que deviner. Si je pouvais soupçonner vos philosophes de jalousie, je dirais que, dans leurs ouvrages, Platon affecte de ne le point nommer, et Aristote de l'attaquer sans cesse.

Euclide se récria contre ce reproche. On reprit les questions déjà traitées; tantôt chaque athlète combattait sans second; tantôt le troisième avait à soutenir les efforts des deux autres. En supprimant les discussions, pour m'en tenir aux résultats, je vais exposer en peu de mots l'opinion d'Aristote et celle d'Empédocle sur l'origine et l'administration de l'univers. J'ai rapporté dans un autre endroit celle de Démocrite sur le même sujet [a].

Physique générale. — Système d'Aristote.

Tous les philosophes, dit Euclide, ont avancé que le monde avait été fait pour toujours subsister, suivant les uns; pour finir un jour, suivant les autres; pour finir et se reproduire dans des intervalles périodiques, suivant les troisièmes. Aristote soutient que le monde a toujours été, et sera toujours [1]. Permettez que je vous interrompe, dit Méton : avant Aristote, plusieurs de nos pythagoriciens, et entre autres Ocellus de Lucanie, avaient admis l'éternité du monde [2]. Je l'avoue, répondit Euclide; mais Aristote a fortifié ce sentiment par de nouvelles preuves. Je me borne à celles qu'il tire du mouvement. En effet, dit-il, si le mouvement a commencé, il fut dans l'origine imprimé à des êtres préexistans ; ces êtres avaient été produits, ou existaient de toute éternité. Dans le premier cas, ils ne purent être produits que par un mouvement antérieur à celui que nous supposons être le premier ; dans le second cas, il faut dire que les êtres, avant d'être mus, étaient en repos : or, l'idée du repos entraîne toujours celle d'un mouvement suspendu, dont il est la privation [3]. Le mouvement est donc éternel.

Quelques uns admettent l'éternité de la matière, et donnent une origine à l'univers : les parties de la matière, disent-ils, furent agitées sans ordre dans le chaos, jusqu'au moment où elles se réunirent pour former les corps. Nous répondons que leur mouvement devait être conforme ou contraire aux lois de la nature [4], puisque nous n'en connaissons pas d'autres. S'il leur était conforme, le monde a toujours été ; s'il leur était contraire, il n'a jamais pu être : car, dans la première supposition,

[a] Voyez le chap. XXX de cet ouvrage.— [1] Aristot. de nat. auscult. lib. 8, cap. 1, t. 1, p. 409; id. de cœl. lib. 1, cap. 10, p. 447.— [2] Ocell. Lucan. cap. 2.— [3] Aristot. ibid. p. 408.— [4] Id. de cœl. lib. 3, cap. 2, t. 1, p. 475.

les parties de la matière auraient pris d'elles-mêmes, et de toute éternité, l'arrangement qu'elles conservent aujourd'hui ; dans la seconde, elles n'auraient jamais pu le prendre, puisque le mouvement contre nature sépare et détruit, au lieu de réunir et de construire[1]. Et qui concevra jamais que des mouvemens irréguliers aient pu composer des substances telles que les os, la chair, et les autres parties de notre corps[2] ?

Nous apercevons partout une suite de forces motrices qui, en opérant les unes sur les autres, produisent une continuité de causes et d'effets. Ainsi la pierre est remuée par le bâton[3], le bâton par le bras, le bras par la volonté, etc. La série de ces forces, ne pouvant se prolonger à l'infini[4], s'arrête à des moteurs, ou plutôt à un moteur unique qui existe de toute éternité : c'est l'être nécessaire[5], le premier et le plus excellent des êtres ; c'est Dieu lui-même. Il est immuable, intelligent, indivisible, sans étendue[6] ; il réside au-dessus de l'enceinte du monde ; il y trouve son bonheur dans la contemplation de lui-même[7].

Comme sa puissance est toujours en action, il communique et communiquera sans interruption le mouvement au premier mobile[8], à la sphère des cieux où sont les étoiles fixes ; il l'a communiqué de toute éternité. Et en effet, quelle force aurait enchaîné son bras, ou pourrait l'enchaîner dans la suite ? Pourquoi le mouvement aurait-il commencé dans une époque plutôt que dans une autre ? pourquoi finirait-il un jour[9] ?

Le mouvement du premier mobile se communique aux sphères inférieures, et les fait rouler tous les jours d'orient en occident ; mais chacune d'elles a de plus un ou plusieurs mouvemens dirigés par des substances éternelles et immatérielles[10].

Ces agens secondaires sont subordonnés au premier moteur[11], à peu près comme, dans une armée, les officiers le sont au général[12]. Ce dogme n'est pas nouveau. Suivant les traditions antiques, la Divinité embrasse la nature entière. Quoiqu'on les ait altérées par des fables monstrueuses, elles n'en conservent pas moins les débris de la vraie doctrine[13].

---

[1] Aristot. de cœl. lib. 1, cap. 2, t. 1, p. 453. — [2] Id. ibid. lib. 3, cap. 2, p. 475. — [3] Id. de nat. auscult. lib. 8, cap. 5, t. 1, p. 415. — [4] Id. ibid.; id. metaph. lib. 14, cap. 8, t. 2, p. 1003. — [5] Id. ibid. lib. 4, cap. 8, p. 882, E; lib. 14, cap. 7, t. 2, p. 1000, D. — [6] Id. de nat. auscult. lib. 8, cap. 6 et 7, t. 1, p. 418; cap. 15, p. 430; id. metaph. lib. 14, cap. 7 et 8, t. 2, p. 1001. — [7] Id. ibid. cap. 9, p. 1004; id. de mor. lib. 10, cap. 8, p. 139, E; id. magn. mor. lib. 2, cap. 15, p. 193. — [8] Id. metaph. lib. 14, cap. 6, p. 999; cap. 7, p. 1001; id. de nat. auscult. lib. 8, cap. 15, t. 1, p. 430. — [9] Id. ibid. cap. 1, p. 409 et 410. — [10] Id. metaph. lib. 14, cap. 8, t. 2, p. 1002. Bruck. hist. philos. t. 1, p. 831. — [11] Aristot. de gener. lib. 2, cap. 10, t. 1, p. 525. — [12] Id. metaph. lib. 14, cap. 10, t. 2, p. 1004. — [13] Id. ibid. cap. 8, t. 2, p. 1003, D.

Le premier mobile étant mû par l'action immédiate du premier moteur, action toujours simple, toujours la même, il n'éprouve point de changement, point de génération ni de corruption[1]. C'est dans cette uniformité constante et paisible que brille le caractère de l'immortalité.

Il en est de même des sphères inférieures ; mais la diversité de leurs mouvemens produit sur la terre et dans la région sublunaire des révolutions continuelles, telles que la destruction et la reproduction des corps[2].

Euclide, après avoir tâché de montrer la liaison de ces effets aux causes qu'il venait de leur assigner, continua de cette manière :

L'excellence et la beauté de l'univers consistent dans l'ordre qui le perpétue[3] ; ordre qui éclate plus dans les cieux que sur la terre[4] ; ordre auquel tous les êtres tendent plus ou moins directement. Comme dans une maison bien réglée[5], les hommes libres, les esclaves, les bêtes de somme, concourent au maintien de la communauté, avec plus ou moins de zèle et de succès, suivant qu'ils approchent plus ou moins de la personne du chef ; de même, dans le système général des choses, tous les efforts sont dirigés à la conservation du tout, avec plus de promptitude et de concert dans les cieux, où l'influence du premier moteur se fait mieux sentir ; avec plus de négligence et de confusion dans les espaces sublunaires, parce qu'ils sont plus éloignés de ses regards[6].

De cette tendance universelle des êtres à un même but, il résulte que la nature, loin de rien faire d'inutile, cherche toujours le mieux possible[7], et se propose une fin dans toutes ses opérations[8].

A ces mots, les deux étrangers s'écrièrent à la fois : Eh ! pourquoi recourir à des causes finales ? Qui vous a dit que la nature choisit ce qui convient le mieux à chaque espèce d'êtres ? Il pleut sur nos campagnes, est-ce pour les fertiliser ? non sans doute ; c'est parce que les vapeurs attirées par le soleil, et condensées par le froid, acquièrent par leur réunion une gravité qui les précipite sur la terre. C'est par accident qu'elles font croître votre blé, et le pourrissent quand il est amoncelé dans votre aire. C'est par accident que vous avez des dents propres à diviser les

---

[1] Aristot. de gener. lib. 2, cap. 10, t. 1, p. 524. — [2] Id. ibid. p. 525. — [3] Id. metaph. lib. 14, cap. 10, t. 2, p. 1004. — [4] Id. de part. anim. lib. 1, cap. 1, t. 1, p. 970, A. — [5] Id. metaph. lib. 14, cap. 10, t. 2, p. 1005. — [6] Id. de gener. lib. 2, cap. 10, t. 1, p. 524 ; id. de part. anim. lib. 1, cap. 1, t. 1, p. 970. — [7] Id. de cœl. lib. 2, cap. 5, p. 458 ; cap. 11, p. 463 ; id. de gener. ibid. p. 525. — [8] Id. de nat. auscult. lib. 2, cap. 8, p. 336 ; id. de anim. incess. cap. 2, p. 734.

alimens, et d'autres propres à les broyer¹. Dans l'origine des choses, ajouta Méton, quand le hasard ébauchait les animaux, il forma des têtes qui n'étaient point attachées à des cous². Bientôt il parut des hommes à tête de taureau, des taureaux à face humaine³. Ces faits sont confirmés par la tradition, qui place, après le débrouillement du chaos, des géans, des corps armés de quantité de bras, des hommes qui n'avaient qu'un œil⁴. Ces races périrent par quelque vice de conformation; d'autres ont subsisté. Au lieu de dire que ces dernières étaient mieux organisées, on a supposé une proportion entre leurs actions et leur fin prétendue.

Presque aucun des anciens philosophes, répondit Euclide, n'a cru devoir admettre comme principe ce qu'on appelle hasard ou fortune⁵. Ces mots vagues n'ont été employés que pour expliquer des effets qu'on n'avait pas prévus, et ceux qui tiennent à des causes éloignées, ou jusqu'à présent ignorées⁶. A proprement parler, la fortune et le hasard ne produisent rien par eux-mêmes; et si, pour me conformer au langage vulgaire, nous les regardons comme des causes accidentelles, nous n'en admettons pas moins l'intelligence et la nature pour causes premières⁷. Vous n'ignorez pas, dit alors Anaxarque, que le mot *nature* a diverses acceptions. Dans quel sens le prenez-vous ici? J'entends par ce mot, répondit Euclide, le principe du mouvement subsistant par lui-même dans les élémens du feu, de l'air, de la terre et de l'eau⁸. Son action est toujours uniforme dans les cieux; elle est souvent contrariée par des obstacles dans la région sublunaire. Par exemple, la propriété naturelle du feu est de s'élever; cependant une force étrangère l'oblige souvent à prendre une direction opposée⁹. Aussi, quand il s'agit de cette région, la nature est non-seulement le principe du mouvement, mais elle l'est encore, par accident, du repos et du changement¹⁰.

Cette même région nous présente des révolutions constantes et régulières, des effets qui sont invariables, ou presque toujours les mêmes. Permettez que je ne m'arrête qu'à ceux-là; oseriez-vous les regarder comme des cas fortuits¹¹? Sans m'étendre sur l'ordre admirable qui brille dans les sphères supérieures, direz-vous que c'est par hasard que les pluies sont cons-

---

¹ Aristot. de nat. auscult. lib. 2, cap. 8, t. 1, p. 336. — ² Emped. ap. Aristot. de anim. lib. 3, cap. 7, t. 1, p. 654; id. de cœl. lib. 3, cap. 2, p. 476. — ³ Aristot. de nat. auscult. lib. 2, cap. 8, t. 1, p. 336. Plut. adv. Colot. t. 2, p. 1123. AElian. hist. anim. lib. 16, cap. 29. — ⁴ Hom. Hesiod. AEschyl. ap. Strab. lib. 1, p. 43; lib. 7, p. 299. — ⁵ Aristot. ibid. cap. 4, p. 332. — ⁶ Id. ibid. cap. 5, p. 333. — ⁷ Id. ibid. cap. 6, p. 335. — ⁸ Id. ibid. cap. 1, p. 327; lib. 3, cap. 1, p. 339. — ⁹ Id. de gener. lib. 2, cap. 6, p. 521. — ¹⁰ Id. de nat. auscult. lib. 2, cap. 1, p. 327. — ¹¹ Id. ibid. cap. 5, p. 333.

tamment plus fréquentes en hiver qu'en été, les chaleurs plus fortes en été qu'en hiver[1]? Jetez les yeux sur les plantes, et principalement sur les animaux, où la nature s'exprime avec des traits plus marqués : quoique les derniers agissent sans recherche et sans délibération, leurs actions néanmoins sont tellement combinées, qu'on a douté si les araignées et les fourmis ne sont pas douées d'intelligence. Or, si l'hirondelle a un objet en construisant son nid, et l'araignée en ourdissant sa toile ; si les plantes se couvrent de feuilles pour garantir leurs fruits ; et si leurs racines, au lieu de s'élever, s'enfoncent dans la terre pour y puiser des sucs nourriciers, ne reconnaîtrez-vous pas que la cause finale se montre clairement dans ces effets toujours reproduits de la même manière[2]?

L'art s'écarte quelquefois de son but, même lorsqu'il délibère ; il l'atteint quelquefois même sans délibérer ; il n'en est pas moins vrai qu'il a toujours une fin. On peut dire la même chose de la nature. D'un côté, des obstacles l'arrêtent dans ses opérations, et les monstres sont ses écarts[3] : d'un autre côté, en forçant des êtres incapables de délibération à se reproduire, elle les conduit à l'objet qu'elle se propose. Quel est cet objet ? la perpétuité des espèces. Quel est le plus grand bien de ces espèces ? leur existence et leur conservation[4].

Pendant qu'Euclide exposait ainsi les idées d'Aristote, Anaxarque et Méton lui arrachaient des aveux qu'ils tournèrent bientôt contre lui.

Vous reconnaissez, lui dirent-ils, un Dieu, un premier moteur, dont l'action immédiate entretient éternellement l'ordre dans les cieux ; mais vous nous laissez ignorer jusqu'à quel point son influence agit sur la terre. Pressé par nos instances, vous avez d'abord avancé que le ciel et la nature sont dans sa dépendance[5] : vous avez dit ensuite avec restriction que tous les mouvemens lui sont, *en quelque façon*, subordonnés[6] ; qu'il *paraît* être la cause et le principe de tout[7]; qu'il *paraît* prendre quelque soin des choses humaines[8] : vous avez enfin ajouté qu'il *ne peut voir dans l'univers que lui-même ; que l'aspect du crime et du désordre souillerait ses regards*[9]; qu'il ne saurait être l'auteur ni de la prospérité des méchans, ni de l'infortune des gens de bien[10]. Pourquoi ces doutes, ces restrictions ? expli-

---

[1] Aristot. de nat. auscult. lib. 2, cap. 8, t. 1, p. 336 et 337. — [2] Id. ibid. — [3] Id. ibid. p. 337. — [4] Id. de gener. lib. 2, cap. 10, p. 525, B. — [5] Id. metaph. lib. 14, cap. 7, t. 2, p. 1000, E. — [6] Id. de gener. lib. 2, cap. 10, t. 1, p. 525, E. — [7] Id. metaph. lib. 1, cap. 2, t. 2, p. 841, D. — [8] Id. de mor. lib. 10, cap. 9, p. 140, E. — [9] Id. metaph. lib. 14, cap. 9, p. 1004. Du Val, Synops. analyt. ibid. p. 122. — [10] Aristot. magn. mor. lib. 2, cap. 8, p. 185, A.

quez-vous nettement. Sa vigilance s'étend-elle sur les hommes?

Comme celle d'un chef de famille, répondit Euclide, s'étend sur ses derniers esclaves[1]. La règle établie chez lui pour le maintien de la maison, et non pour leur bien particulier, n'en subsiste pas moins, quoiqu'ils s'en écartent souvent ; il ferme les yeux sur les divisions et sur les vices inséparables de leur nature : si des maladies les épuisent, s'ils se détruisent entre eux, ils sont bientôt remplacés. Ainsi, dans ce petit coin du monde où les hommes sont relégués, l'ordre se soutient par l'impression générale de la volonté de l'Être suprême. Les bouleversemens qu'éprouve ce globe, et les maux qui affligent l'humanité, n'arrêtent point la marche de l'univers : la terre subsiste, les générations se renouvellent, et le grand objet du premier moteur est rempli[2].

Vous m'excuserez, ajouta-t-il, si je n'entre pas dans de plus grands détails : Aristote n'a pas encore développé ce point de doctrine, et peut-être le négligera-t-il, car il s'attache plus aux principes de la physique qu'à ceux de la théologie[3]. Je ne sais même si j'ai bien saisi ses idées : le récit d'une opinion que l'on ne connaît que par de courts entretiens, sans suite et sans liaison, ressemble souvent à ces ouvrages défigurés par l'inattention et l'ignorance des copistes.

Système d'Empédocle.

Euclide cessa de parler, et Méton prenant la parole : Empédocle, disait-il, illustra sa patrie par ses lois[4], et la philosophie par ses écrits : son poëme sur la nature[5], et tous ses ouvrages en vers, fourmillent de beautés qu'Homère n'aurait pas désavouées[6]. Je conviens néamoins que ses métaphores, quelque heureuses qu'elles soient, nuisent à la précision de ses idées, et ne servent quelquefois qu'à jeter un voile brillant sur les opérations de la nature[7]. Quant aux dogmes, il suivit Pythagore, non avec la déférence aveugle d'un soldat, mais avec la noble audace d'un chef de parti, et l'indépendance d'un homme qui avait mieux aimé vivre en simple particulier dans une ville libre, que de régner sur des esclaves[8]. Quoiqu'il se soit principalement occupé des phénomènes de la nature, il n'en expose pas moins son opinion sur les premières causes.

Dans ce monde, qui n'est qu'une petite portion du tout, et au-delà duquel il n'y a ni mouvement ni vie[9], nous distinguons

---

[1] Aristot. metaph. lib. 14, cap. 10, t. 2, p. 1004. — [2] Id. de gener. lib. 2, cap. 10, t. 1, p. 525. — [3] Procl. in Tim. p. 90. — [4] Diog. Laert. lib. 8, § 66. — [5] Id. ibid. § 77. — [6] Id. ibid. § 57. — [7] Aristot. meteor. lib. 2, cap. 3, t. 1, p. 555. — [8] Xant. et Aristot. ap. Diog. Laert. lib. 8, § 63. — [9] Plut. de plac. philos. lib. 1, cap. 5, t. 2, p. 879. Stob. eclog. phys. lib. 1, p. 52.

deux principes : l'un actif, qui est Dieu ; l'autre passif, qui est la matière [1].

Dieu, intelligence suprême, source de vérité, ne peut être conçu que par l'esprit [2]. La matière n'était qu'un assemblage de parties subtiles, similaires, rondes [3], immobiles, possédant par essence deux propriétés, que nous désignons sous le nom d'amour et de haine, destinées, l'une à joindre ses parties, l'autre à les séparer [4]. Pour former le monde, Dieu se contenta de donner de l'activité à ces deux forces motrices, jusqu'alors enchaînées : aussitôt elles s'agitèrent, et le chaos fut en proie aux horreurs de la haine et de l'amour. Dans son sein bouleversé de fond en comble, des torrens de matière roulaient avec impétuosité, et se brisaient les uns contre les autres : les parties similaires, tour à tour attirées et repoussées, se réunirent enfin, et formèrent les quatre élémens [5], qui, après de nouveaux combats, produisirent des natures informes, des êtres monstrueux [6], remplacés dans la suite par des corps dont l'organisation était plus parfaite.

C'est ainsi que le monde sortit du chaos ; c'est ainsi qu'il y rentrera : car ce qui est composé a un commencement, un milieu et une fin. Tout se meut et subsiste, tant que l'amour fait une seule chose de plusieurs, et que la haine en fait plusieurs d'une seule [7]; tout s'arrête et se décompose, quand ces deux principes contraires ne se balancent plus. Ces passages réciproques du mouvement au repos, de l'existence des corps à leur dissolution, reviennent dans des intervalles périodiques [8]. Des dieux et des génies dans les cieux [9], des âmes particulières dans les animaux et dans les plantes, une âme universelle dans le monde [10], entretiennent partout le mouvement et la vie. Ces intelligences, dont un feu très-pur et très-subtil compose l'essence, sont subordonnées à l'Être suprême, de même qu'un chœur de musique l'est à son coryphée, une armée à son général [11] : mais, comme elles émanent de cet être, l'école de Pythagore leur donne le nom de substances divines [12] ; et de là viennent ces expressions qui lui sont familières : « Que le sage est un dieu [13]; que la divinité est l'esprit

---

[1] Bruck. hist. philos. t. 1, p. 1112. — [2] Onat. ap. Stob. eclog. phys. p. 1 et 4. — [3] Plut. de plac. philos. lib. 1, cap. 13 et 17, t. 2, p. 883. Stob. ibid. p. 33. — [4] Aristot. de nat. auscult. lib. 1, cap. 6, t. 1, p. 322 ; id. metaph. lib. 1, cap. 4, t. 2, p. 844. — [5] Bruck. ibid. p. 1115. Mosbem. in Cudw. cap. 1, § 13, t. 1, p. 24 et 210. — [6] Aristot. de nat. auscult. lib. 2, cap. 8, t. 1, p. 336. — [7] Id. ibid. lib. 8, cap. 1, p. 408. — [8] Id. ibid. lib. 1, cap. 5, p. 319; lib. 8, cap. 1, p. 409; id. de cœl. lib. 1, cap. 10, p. 447. — [9] Diog. Laert. lib. 8, § 32. Pythag. aur. carm. v. 3. Hierocl. ibid. p. 16. Plut. ibid. cap. 8, p. 882. — [10] Bruck. ibid. p. 1113. — [11] Onat. ibid. p. 4. Plat. ap. Stob. ibid. p. 1. — [12] Onat. ibid. p. 5. — [13] Pythag. ibid. v. ultim. Diog. Laert. ibid. § 62. Bruck. ibid. p. 1107.

» et l'âme du monde¹ ; qu'elle pénètre la matière, s'incorpore avec
» elle, et la vivifie². » Gardez-vous d'en conclure que la nature
divine est divisée en une infinité de parcelles. Dieu est l'unité
même³ ; il se communique, mais il ne se partage point.

Il réside dans la partie la plus élevée des cieux ; ministres de
ses volontés, les dieux inférieurs président aux astres, et les génies à la terre, ainsi qu'à l'espace, dont elle est immédiatement
entourée. Dans les sphères voisines du séjour qu'il habite, tout
est bien, tout est dans l'ordre, parce que les êtres les plus parfaits ont été placés auprès de son trône, et qu'ils obéissent aveuglément au destin, je veux dire aux lois qu'il a lui-même établies⁴. Le désordre commence à se faire sentir dans les espaces
intermédiaires ; et le mal prévaut totalement sur le bien⁵ dans la
région sublunaire, parce que c'est là que se déposèrent le sédiment et la lie de toutes ces substances que les chocs multipliés
de la haine et de l'amour ne purent conduire à leur perfection⁶.
C'est là que quatre causes principales influent sur nos actions ;
Dieu, notre volonté, le destin, et la fortune⁷ : Dieu, parce qu'il
prend soin de nous⁸ ; notre volonté, parce que nous délibérons
avant que d'agir ; le destin et la fortune⁹, parce que nos projets
sont souvent renversés par des événemens conformes ou contraires
en apparence aux lois établies.

Nous avons deux âmes, l'une sensitive, grossière, corruptible,
périssable, composée de quatre élémens ; l'autre intelligente, indissoluble, émanée de la Divinité même¹⁰. Je ne parlerai que de
cette dernière ; elle établit les rapports les plus intimes entre nous,
les dieux, les génies, les animaux, les plantes, tous les êtres dont
les âmes ont une commune origine avec la nôtre¹¹. Ainsi la nature animée et vivante ne forme qu'une seule famille, dont Dieu
est le chef.

C'est sur cette affinité qu'est fondé le dogme de la métempsycose, que nous avons emprunté des Égyptiens¹², que quelques uns
admettent avec différentes modifications, et auquel Empédocle
s'est cru permis de mêler les fictions qui parent la poésie.

Cette opinion suppose la chute¹³, la punition et le rétablissement des âmes. Leur nombre est limité¹⁴ ; leur destinée, de vivre

---

¹ Onat. ap. Stob. eclog. phys. p. 4. — ² Cicer. de nat. deor. lib. 1, cap. 11,
t. 2, p. 405 ; id. de senec. cap. 21, t. 3, p. 319. — ³ Beaussobr. hist. du manich. liv. 5, t. 2, p. 170. — ⁴ Bruck. hist. philos. t. 1, p. 1084. — ⁵ Ocell.
Lucan. cap. 2. — ⁶ Anonym. ap. Phot. p. 1316. — ⁷ Id. ibid. Bruck. ibid.
— ⁸ Diog. Laert. lib. 8, § 27. Ammon ap. Bruck. t. 1, p. 1115. — ⁹ Aristot.
de nat. auscult. lib. 2, cap. 4, t. 1, p. 332, etc. Anonym. ibid. p. 1317. —
¹⁰ Bruck. ibid. p. 1117. — ¹¹ Id. ibid. p. 1118. — ¹² Herodot. lib. 2, cap. 123.
— ¹³ Bruck. ibid. p. 1091. Moshem. in Cudw. cap. 1, § 31, p. 64. — ¹⁴ Bruck.
ibid. p. 1092.

heureuses dans quelqu'une des planètes. Si elles se rendent coupables, elles sont proscrites et exilées sur la terre. Alors, condamnées à s'envelopper d'une matière grossière, elles passent continuellement d'un corps dans un autre, épuisant les calamités attachées à toutes les conditions de la vie, ne pouvant supporter leur nouvel état, assez infortunées pour oublier leur dignité primitive [1]. Dès que la mort brise les liens qui les enchaînent à la matière, un des génies célestes s'empare d'elles; il conduit aux enfers et livre pour un temps aux Furies celles qui se sont souillées par des crimes atroces [2]; il transporte dans les astres celles qui ont marché dans la voie de la justice. Mais souvent les décrets immuables des dieux soumettent les unes et les autres à de plus rudes épreuves; leur exil et leurs courses durent des milliers d'années [3]; il finit lorsque, par une conduite plus régulière, elles ont mérité de se rejoindre à leur auteur, et de partager en quelque façon avec lui les honneurs de la divinité [4].

Empédocle décrit ainsi les tourmens qu'il prétendait avoir éprouvés lui-même : « J'ai paru successivement sous la forme » d'un jeune homme, d'une jeune fille, d'une plante, d'un oi- » seau, d'un poisson [5]. Dans une de ces transmigrations, j'errai » pendant quelque temps comme un fantôme léger dans le vague » des cieux; mais bientôt je fus précipité dans la mer, rejeté sur » la terre, lancé dans le soleil, relancé dans les tourbillons des » airs [6]. En horreur aux autres et à moi-même, tous les élémens » me repoussaient comme un esclave qui s'était dérobé aux re- » gards de son maître [7]. »

Méton, en finissant, observa que la plupart de ces idées étaient communes aux disciples de Pythagore, mais qu'Empédocle avait le premier supposé la destruction et la reproduction alternatives du monde, établi les quatre élémens comme principes [8], et mis en action les élémens par le secours de l'amour et de la haine.

Convenez, me dit alors Anaxarque en riant, que Démocrite avait raison de prétendre que la vérité est reléguée dans un puits d'une profondeur immense [9]. Convenez aussi, lui répondis-je, qu'elle serait bien étonnée si elle venait sur la terre, et principalement dans la Grèce. Elle s'en retournerait bien vite, reprit Euclide; nous la prendrions pour l'erreur.

[1] Plut. de exil. t. 2, p. 607; id. de esu. carn. p. 996. Stob. eclog. phys. p. 112. Bruck. hist. philos. t. 1, p. 1118. — [2] Diog. Laërt. lib. 8, § 31. Bruck. ibid. p. 1092. — [3] Herodot. lib. 2, cap. 123. Emped. ap. Plut. de exil. p. 607. — [4] Hierocl. aur. carm. v. ult. Bruck. ibid. p. 1094. — [5] Diog. Laërt. ibid. § 77. Anthol. lib. 2, p. 127. Ælian. de animal. lib. 12, cap. 7. — [6] Emped. ap. Plut. de vit. ære alien. t. 2, p. 830. — [7] Id. ibid. t. 2, p. 607. — [8] Aristot. metaph. lib. 1, cap. 4, t. 2, p. 845. — [9] Cicer. quæst. acad. lib. 1, cap. 12, t. 2, p. 75.

Les systèmes précédens concernent l'origine du monde. On ne s'est pas moins partagé sur l'état de notre globe après sa formation, et sur les révolutions qu'il a éprouvées jusqu'à présent. Il fut long-temps enseveli sous les eaux de la mer, disait Anaxarque; la chaleur du soleil en fit évaporer une partie, et la terre se manifesta [1]; du limon resté sur sa surface, et mis en fermentation par la même chaleur, tirèrent leur origine les diverses espèces d'animaux et de plantes. Nous en avons encore un exemple frappant en Égypte : après l'inondation du Nil, les matières déposées sur les campagnes produisent un nombre infini de petits animaux [2]. Je doute de ce fait, dis-je alors; on me l'avait raconté dans la Thébaïde, et je ne pus jamais le vérifier. Nous ne ferions aucune difficulté de l'admettre, répondit Euclide, nous qui n'attribuons d'autre origine à certaines espèces de poissons que la vase et les sables de la mer [3].

Anaxarque continua : J'ai dit que dans la suite des siècles le volume des eaux qui couvraient la terre diminua par l'action du soleil. La même cause subsistant toujours, il viendra un temps où la mer sera totalement épuisée [4]. Je crois, en vérité, reprit Euclide, entendre Ésope raconter à son pilote la fable suivante : Charybde a deux fois ouvert sa bouche énorme, et deux fois les eaux qui couvraient la terre se sont précipitées dans son sein : à la première, les montagnes parurent; à la seconde, les îles ; à la troisième, la mer disparaîtra [5]. Comment Démocrite a-t-il pu ignorer que, si une immense quantité de vapeurs est attirée par la chaleur du soleil, elles se convertissent bientôt en pluies, retombent sur la terre, et vont rapidement restituer à la mer ce qu'elle avait perdu [6]? N'avouez-vous pas, dit Anaxarque, que des champs aujourd'hui chargés de moissons étaient autrefois cachés sous ses eaux? Or, puisqu'elle a été forcée d'abandonner ces lieux-là, elle doit avoir diminué de volume. Si en certains endroits, répondit Euclide, la terre a gagné sur la mer, en d'autres la mer a gagné sur la terre [7].

Anaxarque allait insister; mais, prenant aussitôt la parole : Je comprends à présent, dis-je à Euclide, pourquoi on trouve des coquilles dans les montagnes et dans le sein de la terre, des poissons pétrifiés dans les carrières de Syracuse [8]. La mer a une marche lente et réglée qui lui fait parcourir successivement toutes les régions de notre globe; elle ensevelira sans doute un jour Athènes,

[1] Aristot. meteor. lib. 2, cap. 1, t. 1, p. 549. Anaxim. ap. Plut. de plac. philos. lib. 3, t. 2, p. 896. — [2] Diod. lib. 1, p. 7 et 8. — [3] Aristot. hist. anim. lib. 6, cap. 15, t. 1, p. 871. — [4] Democr. ap. Aristot. meteor. lib. 2, cap. 3, t. 1, p. 554. — [5] Id. ibid. — [6] Aristot. ibid. cap. 2, p. 552. — [7] Id. ibid. lib. 1, cap. 14, p. 546 et 548. — [8] Xenoph. ap. Origen. philos. cap. 14, t. 1, p. 893.

Lacédémone et les plus grandes villes de la Grèce. Si cette idée n'est pas flatteuse pour les nations qui comptent sur l'éternité de leur renommée, elle rappelle du moins ces étonnantes révolutions des corps célestes, dont me parlaient les prêtres égyptiens. A-t-on fixé la durée de celles de la mer?

Votre imagination s'échauffe, me répondit Euclide : écoutez-vous. La mer et le continent, suivant nous, sont comme deux grands empires qui ne changent jamais de place, et qui se disputent souvent la possession de quelques petits pays limitrophes. Tantôt la mer est forcée de retirer ses bornes, par le limon et les sables que les fleuves entraînent dans son sein; tantôt elle les recule par l'action de ses flots, et par d'autres causes qui lui sont étrangères. Dans l'Acarnanie, dans la plaine d'Ilion, auprès d'Éphèse et de Milet, les atterrissemens formés à l'embouchure des rivières ont prolongé le continent [1].

Quand je passai, lui dis-je, au Palus-Méotide, on m'apprit que les dépôts qu'y laisse journellement le Tanaïs avaient tellement exhaussé le fond de ce lac, que depuis quelques années les vaisseaux qui venaient y trafiquer étaient plus petits que ceux d'autrefois [2]. J'ai un exemple plus frappant à vous citer, répondit-il : cette partie de l'Égypte qui s'étend du nord au midi depuis la mer jusqu'à la Thébaïde est l'ouvrage et un présent du Nil. C'est là qu'existait, dans les plus anciens temps, un golfe qui s'étendait dans une direction à peu près parallèle à celle de la mer Rouge [3]; le Nil l'a comblé par les couches de limon qu'il y dépose tous les ans. Il est aisé de s'en convaincre, non-seulement par les traditions des Égyptiens, par la nature du terrain, par les coquilles que l'on trouve dans les montagnes situées au-dessus de Memphis [4][a], mais encore par une observation qui prouve que, malgré son exhaussement actuel, le sol de l'Égypte n'a pas encore atteint le niveau des régions voisines. Sésostris, Nécos, Darius, et d'autres princes, ayant essayé d'établir des canaux de communication entre la mer Rouge et le Nil, s'aperçurent que la surface de cette mer était plus haute que celle du sol de l'Égypte [5].

---

[1] Herodot. lib. 2, cap. 10. Strab. lib. 1, p. 58; lib. 13, p. 595 et 598. Diod. lib. 1, p. 37. — [2] Aristot. meteor. lib. 1, cap. 14, t. 1, p. 549. Polyb. lib. 4, p. 308. — [3] Herodot. ibid. cap. 11. Aristot. ibid. p. 548. Strab. lib. 1, p. 50; lib. 12, p. 536. Ephor. ap. Diod. lib. 1, p. 37. Diod. lib. 3, p. 144. — [4] Herodot. ibid. cap. 12. — [a] Les anciens croyaient qu'une grande partie de l'Égypte était l'ouvrage du Nil. Les modernes se sont partagés sur cette question. (Voyez Bochard, geogr. sacr. lib. 4, cap. 24, col. 261. Fréret, Mém. de l'acad. des bell. lettr. t. 16. p. 333. Wood, an essay on the orig. gen. of Homer. p. 103. Bruce, voyage aux sources du Nil, t. 6, liv. 6, chap. 16, etc. etc.) — [5] Herodot. ibid. cap. 158. Aristot. ibid. Diod. lib. 1, p. 29.

Pendant que la mer se laisse ravir sur ses frontières quelques portions de ses domaines, elle s'en dédommage de temps à autre par ses usurpations sur la terre. Ses efforts continuels lui ouvrent tout à coup des passages à travers des terrains qu'elle minait sourdement : c'est elle qui, suivant les apparences, a séparé de l'Italie la Sicile[1]; de la Béotie, l'Eubée[2]; du continent voisin, quantité d'autres îles : de vastes régions ont été englouties par une soudaine irruption de ses flots. Ces révolutions effrayantes n'ont point été décrites par nos historiens, parce que l'histoire n'embrasse que quelques momens de la vie des nations ; mais elles ont laissé quelquefois des traces ineffaçables dans le souvenir des peuples.

Allez à Samothrace, vous apprendrez que les eaux du Pont-Euxin, long-temps resserrées dans un bassin fermé de tous côtés, et sans cesse accrues par celles de l'Europe et de l'Asie, forcèrent les passages du Bosphore et de l'Hellespont, et, se précipitant avec impétuosité dans la mer Égée, étendirent ses bornes aux dépens des rivages dont elle était entourée. Des fêtes établies dans l'île attestent encore le malheur dont les anciens habitans furent menacés, et le bienfait des dieux qui les en garantirent[3]. Consultez la mythologie : Hercule, dont on s'est plu à confondre les travaux avec ceux de la nature, cet Hercule séparant l'Europe de l'Afrique, ne désigne-t-il pas que la mer Atlantique détruisit l'isthme qui unissait ces deux parties de la terre, et se répandit dans la mer intérieure[4]?

D'autres causes ont multiplié ces funestes et prodigieux effets. Au-delà du détroit dont je viens de parler existait, suivant les traditions anciennes, une île aussi grande que l'Asie et l'Afrique; un tremblement de terre l'engloutit, avec ses malheureux habitans, dans les gouffres profonds de la mer Atlantique[5]. Combien de régions ont été submergées par les eaux du ciel! Combien de fois des vents impétueux ont transporté des montagnes de sable sur des plaines fertiles! L'air, l'eau et le feu semblent conjurés contre la terre : cependant ces terribles catastrophes, qui menacent le monde entier d'une ruine prochaine, affectent à peine quelques points de la surface d'un globe, qui n'est qu'un point de l'univers[6].

Nous venons de voir la mer et le continent anticiper l'un sur l'autre par droit de conquête, et par conséquent aux dépens des malheureux mortels. Les eaux, qui coulent ou restent stagnantes sur la terre, n'altèrent pas moins sa surface. Sans parler de ces

---

[1] Æschyl. ap. Strab. lib. 6, p. 258. Mém. de l'acad. des bell. lettr. t. 37, p. 66. — [2] Strab. lib. 1, p. 60. — [3] Diod. lib. 5, p. 322. — [4] Strat. ap. Strab. lib. 1, p. 49. Plin. lib. 3, cap. 1, t. 1, p. 135. — [5] Plat. in Tim. t. 3, p. 25; in Crit. p. 112, etc. — [6] Aristot. meteor. lib. 1, cap. 14, t. 1, p. 548.

fleuves qui portent tour à tour l'abondance et la désolation dans un pays, nous devons observer que, sous différentes époques, la même contrée est surchargée, suffisamment fournie, absolument dépourvue des eaux dont elle a besoin. Du temps de la guerre de Troie, on voyait aux environs d'Argos un terrain marécageux, et peu de mains pour le cultiver, tandis que le territoire de Mycènes, renfermant encore tous les principes de la végétation, offrait de riches moissons et une nombreuse population : la chaleur du soleil ayant, pendant huit siècles, absorbé l'humidité superflue du premier de ces cantons et l'humidité nécessaire au second, a rendu stériles les champs de Mycènes, et fécondé ceux d'Argos [1].

Ce que la nature a fait ici en petit, elle l'opère en grand sur toute la terre; elle la dépouille sans cesse, par le ministère du soleil, des sucs qui la fertilisent : mais, comme elle finirait par les épuiser, elle ramène de temps à autre des déluges qui, semblables à de grands hivers, réparent en peu de temps les pertes que certaines régions ont essuyées pendant une longue suite de siècles [2]. C'est ce qui est indiqué par nos annales, où nous voyons les hommes, sans doute échappés au naufrage de leur nation, s'établir sur des hauteurs [3], construire des digues, et donner un écoulement aux eaux restées dans les plaines. C'est ainsi que, dans les plus anciens temps, un roi de Lacédémone asservit dans un canal celles dont la Laconie était couverte, et fit couler l'Eurotas [4].

D'après ces remarques, nous pouvons présumer que le Nil, le Tanaïs, et tous les fleuves qu'on nomme éternels, ne furent d'abord que des lacs formés dans des plaines stériles par des inondations subites, et contraints ensuite, par l'industrie des hommes ou par quelque autre cause, à se frayer une route à travers les terres [5]. Nous devons présumer encore qu'ils abandonnèrent leur lit lorsque de nouvelles révolutions les forcèrent à se répandre dans des lieux qui sont aujourd'hui arides et déserts. Telle est, suivant Aristote, la distribution des eaux que la nature accorde aux différentes régions de la terre.

Mais où les tient-elle en réserve, avant que de les montrer à nos yeux? où a-t-elle placé l'origine des fontaines et des rivières? Elle a creusé, disent les uns, d'immenses réservoirs dans les entrailles de la terre; c'est là que se rendent en grande partie les eaux du ciel; c'est de là qu'elles coulent avec plus ou moins d'abondance et de continuité, suivant la capacité du vase qui les renferme [6].

---

[1] Aristot. meteor. lib. 1, cap. 14, t. 1, p. 547. — [2] Id. ibid. p. 548. — [3] Id. ibid. p. 547. Plat. ap. Strab. lib. 13, p. 592. — [4] Pausan. lib. 3, cap. 1, p. 204. — [5] Aristot. ibid. p. 549. — [6] Id. ibid. cap. 13, p. 544.

Mais, répondent les autres, quel espace pourrait jamais contenir le volume d'eau que les grands fleuves entraînent pendant toute une année[1]? Admettons, si l'on veut, des cavités souterraines pour l'excédant des pluies; mais, comme elles ne suffiraient pas à la dépense journalière des fleuves et des fontaines, reconnaissons qu'en tout temps, en tout lieu, l'air, ou plutôt les vapeurs dont il est chargé, condensées par le froid, se convertissent en eau dans le sein de la terre et sur sa surface, comme elles se changent en pluie dans l'atmosphère. Cette opération se fait encore plus aisément sur les montagnes, parce que leur superficie arrête une quantité prodigieuse de vapeurs; aussi a-t-on remarqué que les plus grandes montagnes donnent naissance aux plus grands fleuves [1].

Physique particulière.

Anaxarque et Méton ayant pris congé d'Euclide, je restai, et je le priai de me communiquer quelques unes de ses idées sur cette branche de la physique qui considère en particulier l'essence, les propriétés et l'action réciproque des corps. Cette science, répondit Euclide, a quelque rapport avec la divination : l'une doit manifester l'intention de la nature dans les cas ordinaires; l'autre, la volonté des dieux dans les événemens extraordinaires : mais les lumières de la première dissiperont tôt ou tard les impostures de sa rivale. Il viendra un temps où les prodiges qui alarment le peuple seront rangés dans la classe des choses naturelles, où son aveuglement actuel sera seul regardé comme une sorte de prodige.

Les effets de la nature étant infiniment variés, et leurs causes infiniment obscures, la physique n'a, jusqu'à présent, hasardé que des opinions : point de vérité peut-être qu'elle n'ait entrevue, point d'absurdité qu'elle n'ait avancée. Elle devrait donc, quant à présent, se borner à l'observation, et renvoyer la décision aux siècles suivans. Cependant, à peine sortie de l'enfance, elle montre déjà l'indiscrétion et la présomption d'un âge plus avancé; elle court dans la carrière au lieu de s'y traîner; et, malgré les règles sévères qu'elle s'est prescrites, on la voit tous les jours élever des systèmes sur de simples probabilités ou sur de frivoles apparences.

Je ne rapporterai point ce qu'ont dit les différentes écoles sur chacun des phénomènes qui frappent nos sens. Si je m'arrête sur la théorie des élémens, et sur l'application qu'on a faite de cette théorie, c'est que rien ne me paraît donner une plus juste idée de la sagacité des philosophes grecs. Peu importe que leurs prin-

---

[1] Aristot. meteor. lib. 1, cap. 13, t. 1, p. 545.

cipes soient bien ou mal fondés : on leur reprochera peut-être un jour de n'avoir pas eu des notions exactes sur la physique, mais on conviendra du moins qu'ils se sont égarés en hommes d'esprit.

Pouvaient-ils se flatter du succès, les premiers physiciens qui voulurent connaître les principes constitutifs des êtres sensibles ? L'art ne fournissait aucun moyen pour décomposer ces êtres ; la division, à quelque terme qu'on puisse la conduire, ne présente à l'œil ou à l'imagination de l'observateur que des surfaces plus ou moins étendues : cependant on crut s'apercevoir, après bien des tentatives, que certaines substances se réduisaient en d'autres substances ; et de là on conclut successivement qu'il y avait dans la nature des corps simples et des corps mixtes ; que les derniers n'étaient que les résultats des combinaisons des premiers ; enfin, que les corps simples conservaient dans les mixtes les mêmes affections, les mêmes propriétés qu'ils avaient auparavant. La route fut dès-lors ouverte, et il parut essentiel d'étudier d'abord la nature des corps simples. Voici quelques unes des observations qu'on a faites sur ce sujet ; je les tiens d'Aristote.

La terre, l'eau, l'air et le feu sont les élémens de tous les corps ; ainsi chaque corps peut se résoudre en quelques uns de ces élémens [1].

Les élémens étant des corps simples, ne peuvent se diviser en des corps d'une autre nature ; mais ils s'engendrent mutuellement, et se changent sans cesse l'un dans l'autre [2].

Il n'est pas possible de fixer d'une manière précise quelle est la combinaison de ces principes constitutifs dans chaque corps ; ce n'est donc que par conjecture qu'Empédocle a dit qu'un os est composé de deux parties d'eau, deux de terre, quatre de feu [3].

Nous ne connaissons pas mieux la forme des parties intégrantes des élémens : ceux qui ont entrepris de la déterminer ont fait de vains efforts. Pour expliquer les propriétés du feu, les uns ont dit : Ses parties doivent être de forme pyramidale ; les autres ont dit : Elles doivent être de forme sphérique. La solidité du globe que nous habitons a fait donner aux parties de l'élément terrestre la forme cubique [4].

Les élémens ont en eux-mêmes un principe de mouvement et de repos qui leur est inhérent [5] : ce principe oblige l'élément terrestre à se réunir vers le centre de l'univers, l'eau à s'élever au-

---

[1] Aristot. de cœl. lib. 3, cap. 3, t. 1, p. 477. — [2] Id. ibid. cap. 4, p. 479 ; id. de gener. lib. 2, cap. 10, p. 525. Moshem in Cudw. t. 1, p. 24. — [3] Aristot. de anim. lib. 1, cap. 7, p. 627. — [4] Id. de cœl. lib. 3, cap. 8, p. 483. — [5] Id. de nat. auscult. lib. 2, cap. 1, p. 327 ; id. de cœl. lib. 1, cap. 2, p. 432.

dessus de la terre, l'air au-dessus de l'eau, le feu au-dessus de l'air[1]. Ainsi la pesanteur positive, et sans mélange de légèreté, n'appartient qu'à la terre; la légèreté positive, et sans mélange de pesanteur, qu'au feu : les deux intermédiaires, l'air et l'eau, n'ont, par rapport aux deux extrêmes, qu'une pesanteur et une légèreté relatives, puisqu'ils sont plus légers que la terre et plus pesans que le feu. La pesanteur relative s'évanouit quand l'élément qui la possède descend dans une région inférieure à la sienne : c'est ainsi que l'air perd sa pesanteur dans l'eau, et l'eau dans la terre[2].

Vous croyez donc, dis-je à Euclide, que l'air est pesant? On n'en saurait douter, répondit-il; un ballon enflé pèse plus que s'il était vide[3].

Aux quatre élémens sont attachées quatre propriétés essentielles : froideur, chaleur, sécheresse et humidité. Les deux premières sont actives, les deux secondes passives[4]. Chaque élément en possède deux : la terre est froide et sèche; l'eau, froide et humide; l'air, chaud et humide; le feu, sec et chaud[5]. L'opposition de ces qualités seconde les vues de la nature, qui agit toujours par les contraires; aussi sont-elles les seuls agens qu'elle emploie pour produire tous ses effets[6].

Les élémens qui ont une propriété commune se changent facilement l'un dans l'autre : il suffit pour cela de détruire, dans l'un ou dans l'autre, la propriété qui les différencie[7]. Qu'une cause étrangère dépouille l'eau de sa froideur et lui communique la chaleur, l'eau sera chaude et humide; elle aura donc les deux propriétés caractérisques de l'air, et ne sera plus distinguée de cet élément; et voilà ce qui fait que, par l'ébullition, l'eau s'évapore et monte à la région de l'air. Que dans ces lieux élevés une autre cause la prive de sa chaleur et lui rende sa froideur naturelle, elle reprendra sa première forme et retombera sur la terre; et c'est ce qui arrive dans les pluies. De même, ôtez à la terre sa froideur naturelle, vous la convertirez en feu; ôtez-lui la sécheresse, vous la changerez en eau[8].

Les élémens, qui n'ont aucune qualité commune, se métamorphosent aussi réciproquement; mais ces permutations sont plus rares et plus lentes[9].

D'après ces assertions, établies sur des faits ou sur des inductions[10], on conçoit aisément que les corps mixtes doivent être plus

[1] Aristot. de cœl. lib. 4, cap. 4, t. 1, p. 489. — [2] Id. ibid. p. 490. — [3] Id. ibid. — [4] Id. meteor. lib. 4, cap. 1, p. 583. — [5] Id. de gener. lib. 2, cap. 3, p. 516. — [6] Id. de nat. auscult. lib. 1, cap. 6, p. 321. Plut. adv. Col. t. 2, p. 1111. — [7] Aristot. de gener. lib. 2, cap. 4, p. 517. — [8] Id. meteor. lib. 2, cap. 4, p. 558. — [9] Id. de gener. lib. 2, cap. 4, p. 517. — [10] Id. meteor. lib. 4, cap. 1, p. 583.

ou moins pesans, suivant qu'ils contiennent plus ou moins de parties des élémens qui ont la pesanteur positive ou relative [1]. Prenez deux corps d'un volume égal : si l'un est plus pesant que l'autre, concluez que l'élément terrestre domine dans le premier, et l'eau ou l'air dans le second.

L'eau s'évapore par la chaleur et se gèle par le froid ; ainsi les liquides sujets aux mêmes vicissitudes seront en grande partie composés de cet élément [2]. La chaleur sèche et durcit la terre ; ainsi tous les corps sur lesquels elle agit de même seront principalement composés de l'élément terrestre.

De la nature des quatre élémens, de leurs propriétés essentielles, qui sont, comme je l'ai dit, la chaleur et la froideur, la sécheresse et l'humidité, dérivent non-seulement la pesanteur et la légèreté, mais encore la densité et la rareté, la mollesse et la dureté, la fragilité, la flexibilité, et toutes les autres qualités des corps mixtes [3]. C'est par là qu'on peut rendre raison de leurs changemens continuels ; c'est par là qu'on explique les phénomènes du ciel et les productions de la terre. Dans le ciel, les météores [4]; dans le sein de notre globe, les fossiles, les métaux, etc., ne sont que le produit des exhalaisons sèches ou des vapeurs humides [5].

L'exemple suivant montrera d'une manière plus claire l'usage que l'on fait des notions précédentes. Les physiciens s'étaient partagés sur la cause des tremblemens de terre : Démocrite, entre autres, les attribuait aux pluies abondantes qui pénétraient la terre, et qui, en certaines occasions, ne pouvant être contenues dans les vastes réservoirs d'eau qu'il supposait dans l'intérieur du globe, faisaient des efforts pour s'échapper [6]. Aristote, conformément aux principes que je viens d'établir, prétend au contraire que l'eau des pluies, raréfiée par la chaleur interne de la terre, ou par celle du soleil, se convertit en un volume d'air qui, ne trouvant pas d'issue, ébranle et soulève les couches supérieures du globe [7].

Histoire naturelle.

Les anciens philosophes voulaient savoir comment les choses avaient été faites avant que de savoir comment elles sont [8]. Le livre de la nature était ouvert devant leurs yeux ; au lieu de le lire, ils entreprirent de le commenter. Après de longs et inutiles détours, on comprit enfin que, pour connaître les animaux, les

---

[1] Aristot. de cœl. lib. 4, cap. 4, t. 1, p. 490. — [2] Id. meteor. lib. 4, cap. 10, p. 597. — [3] Id. de part. anim. lib. 2, cap. 1, p. 976; id. meteor. lib. 4, cap. 2, 3, etc. p. 585. — [4] Id. meteor. lib. 2, cap. 4, p. 558. — [5] Id. ibid. lib. 3, cap. 6, p. 583. — [6] Id. ibid. cap. 7, p. 566. — [7] Id. ibid. cap. 8. — [8] Id. de part. anim. lib. 1, cap. 1, p. 967 et 968.

plantes et les différentes productions de la nature, il fallait les étudier avec une constance opiniâtre. Il est résulté de là un corps d'observations, une nouvelle science, plus curieuse, plus féconde, plus intéressante que l'ancienne physique. Si celui qui s'en occupe veut me faire part de ses veilles long-temps consacrées à l'étude des animaux, il doit remplir deux devoirs essentiels, d'abord celui d'historien, ensuite celui d'interprète.

Comme historien, il traitera de leur génération, de leur grandeur, de leur forme, de leur couleur, de leur nourriture, de leur caractère, de leurs mœurs. Il aura soin de donner l'exposition anatomique de leurs corps, dont les parties lui seront connues par la voie de la dissection [1].

Comme interprète, il doit me faire admirer la sagesse de la nature [2] dans les rapports de leur organisation avec les fonctions qu'ils ont à remplir, avec l'élément où ils doivent subsister, avec le principe de vie qui les anime [3]; il doit me la montrer dans le jeu des divers ressorts qui produisent le mouvement [4], ainsi que dans les moyens employés pour conserver et perpétuer chaque espèce [5].

Quelque bornée que soit l'étude des corps célestes et éternels, elle excite plus nos transports que celle des substances terrestres et périssables. On dirait que le spectacle des cieux fait sur un physicien la même impression que ferait la beauté sur un homme qui, pour avoir l'objet dont il est épris, consentirait à fermer les yeux sur le reste du monde [6]. Mais si la physique, en montant dans les régions supérieures, nous étonne par la sublimité de ses découvertes, du moins en restant sur la terre elle nous attire par l'abondance des lumières qu'elle nous procure, et nous dédommage avec usure des peines qu'elle nous coûte. Quels charmes en effet la nature ne répand-elle pas sur les travaux du philosophe qui, persuadé qu'elle ne fait rien en vain [7], parvient à surprendre le secret de ses opérations, trouve partout l'empreinte de sa grandeur, et n'imite pas ces esprits puérilement superbes qui n'osent abaisser leurs regards sur un insecte ! Des étrangers étaient venus pour consulter Héraclite ; ils le trouvèrent assis auprès d'un four, où la rigueur de la saison l'avait obligé de se réfugier. Comme une sorte de honte les arrêtait sur le seuil de la porte : « Entrez, leur dit-il ; les dieux immortels ne dédaignent » pas d'honorer ces lieux de leur présence. » La majesté de la nature ennoblit de même les êtres les plus vils à nos yeux ; partout

---

[1] Aristot. de anim. incess. cap. 7, t. 1, p. 738; id. hist. animal. lib. 2, cap. 11, p. 785. — [2] Id. de part. anim. passim. — [3] Id. ibid. lib. 1, cap. 5, p. 976. — [4] Id. de anim. incess. p. 733. — [5] Id. de gener. p. 493. — [6] Id. de part. anim. lib. 1, cap. 5, p. 974. — [7] Id. de cœl. lib. 2, cap. 11, p. 463; id. de anim. incess. cap. 2, p. 734.

cette mère commune agit avec une sagesse profonde, et par des voies sûres, qui la conduisent à ses fins [1].

Quand on parcourt d'un premier coup d'œil le nombre infini de ses productions, on sent aisément que, pour les étudier avec fruit, saisir leurs rapports, et les décrire avec exactitude, il faut les ranger dans un certain ordre, et les distribuer d'abord en un petit nombre de classes, telles que celles des animaux, des plantes, et des minéraux. Si l'on examine ensuite chacune de ces classes, on trouve que les êtres dont elles sont composées, ayant entre eux des ressemblances et des différences plus ou moins sensibles, doivent être divisés et subdivisés en plusieurs espèces, jusqu'à ce qu'on parvienne aux individus.

Ces sortes d'échelles seraient faciles à dresser, s'il était possible de reconnaître le passage d'une espèce à l'autre. Mais de telles transitions se faisant d'une manière imperceptible [2], on risque à tout moment de confondre ce qui doit être distingué, et de distinguer ce qui doit être confondu. C'est le défaut des méthodes publiées jusqu'à présent [3]. Dans quelques uns de ces tableaux de distribution, on voit avec surprise certains oiseaux rangés parmi les animaux aquatiques, ou dans une espèce qui leur est également étrangère. Les auteurs de ces tableaux se sont trompés dans le principe; ils ont jugé du tout par une partie : en prenant les ailes pour une différence spécifique, ils ont divisé tous les animaux en deux grandes familles; l'une, de ceux qui sont ailés; l'autre, de ceux qui ne le sont pas; sans s'apercevoir que parmi les individus d'une même espèce, les fourmis, par exemple, il en est qui sont doués de cet organe, d'autres qui en sont privés [4].

La division en animaux domestiques et sauvages, quoique adoptée par quelques naturalistes, est également défectueuse; car l'homme et les animaux dont il a su adoucir les mœurs, ne diffèrent pas spécifiquement de l'homme, du cheval et du chien qui vivent dans les bois [5].

Toute division, pour être exacte, doit établir une distinction réelle entre les objets qu'elle sépare : toute différence, pour être spécifique, doit réunir dans une seule et même espèce tous les individus qui lui appartiennent [6], c'est-à-dire, tous ceux qui sont absolument semblables, ou qui ne diffèrent que du plus au moins.

Comme ces conditions sont très-difficiles à remplir [7], Aristote a conçu un plan de distribution qui réunit tous les avantages,

---

[1] Aristot. de part. anim. lib. 1, cap. 5, t. 1, p. 975. — [2] Id. hist. animal. lib. 8, cap. 1, p. 897. — [3] Id. de part. anim. lib. 1, cap. 2, p. 971. — [4] Id. ibid. cap. 3, p. 971. — [5] Id. ibid. p. 972. — [6] Id. ibid. p. 971. — [7] Id. ibid. cap. 4, p. 974.

sans aucun des inconvéniens des méthodes précédentes. Il l'exposera dans un de ses traités[1]; et ce traité sera certainement l'ouvrage d'un homme laborieux qui ne néglige rien, et d'un homme de génie qui voit tout[a].

Parmi les observations dont il enrichira son histoire des animaux, il en est quelques unes qu'il m'a communiquées, et que je vais rapporter pour vous instruire de la manière dont on étudie à présent la nature.

1°. Envisageant les animaux par rapport aux pays qu'ils habitent, on a trouvé que les sauvages sont plus farouches en Asie, plus forts en Europe, plus variés dans leurs formes en Afrique, où, suivant le proverbe, il paraît sans cesse quelque nouveau monstre[2]. Ceux qui vivent sur les montagnes sont plus méchans que ceux des plaines[3]. Je ne sais pourtant si cette différence vient des lieux où ils font leur séjour, plutôt que du défaut de vivres; car en Égypte, où l'on pourvoit à la subsistance de plusieurs sortes d'animaux, les plus féroces et les plus doux vivent paisiblement ensemble, et le crocodile flatte la main du prêtre qui le nourrit[4].

Le climat influe puissamment sur leurs mœurs[5]. L'excès du froid et de la chaleur les rend agrestes et cruelles[6] : les vents, les eaux, les alimens suffisent quelquefois pour les altérer[7]. Les nations du midi sont timides et lâches; celles du nord, courageuses et confiantes : mais les premières sont plus éclairées, peut-être parce qu'elles sont plus anciennes, peut-être aussi parce qu'elles sont plus amollies. En effet, les âmes fortes sont rarement tourmentées du désir inquiet de s'instruire[8].

La même cause qui produit ces différences morales parmi les hommes influe encore sur leur organisation. Entre autres preuves, les yeux sont communément bleus dans les pays froids, et noirs dans les pays chauds[9].

2°. Les oiseaux sont très-sensibles aux rigueurs des saisons[10]. A l'approche de l'hiver ou de l'été, les uns descendent dans la plaine, ou se retirent sur les montagnes; d'autres quittent leur demeure, et vont au loin respirer un air plus tempéré. C'est ainsi que, pour éviter l'excès du froid et de la chaleur, le roi de Perse transporte successivement sa cour au nord et au midi de son empire[11].

Le temps du départ et du retour des oiseaux est fixé vers les

---

[1] Aristot. hist. animal. t. 1, p. 761. — [a] M. de Buffon a très-bien développé ce plan dans la préface du premier volume de l'histoire naturelle. — [2] Aristot. ibid. lib. 8, cap. 28, t. 1, p. 920, A. — [3] Id. ibid. cap. 20, p. 920, c. — [4] Id. ibid. lib. 9, cap. 1, p. 923. — [5] Plat. de leg. lib. 5, t. 2, p. 747. — [6] Aristot. problem. sect. 14, t. 2, p. 750. — [7] Plat. de leg. ibid. — [8] Aristot. ibid. p. 752. — [9] Id. ibid. p. 751. — [10] Id. hist. animal. lib. 8, cap. 12, t. 1, p. 908. — [11] Xenoph. instit. Cyr. lib. 8, p. 233. Plut. de exil. t. 2, p. 604. Athen. lib. 12, p. 513. AElian. de animal. lib. 3, cap. 13.

équinoxes. Les plus faibles ouvrent la marche; presque tous voyagent ensemble et comme par tribus. Ils ont quelquefois un long chemin à faire avant que de parvenir à leur destination : les grues viennent de Scythie, et se rendent vers des marais qui sont au-dessus de l'Égypte, et d'où le Nil tire son origine : c'est là qu'habitent les Pygmées. Quoi! repris-je, vous croyez aux Pygmées? sont-ils encore en guerre avec les grues, comme ils l'étaient du temps d'Homère[1]? Cette guerre, répondit-il, est une fiction du poëte, qui ne sera point adoptée par l'historien de la nature[a]; mais les Pygmées existent : c'est une race d'hommes très-petits, ainsi que leurs chevaux; ils sont noirs, et passent leur vie dans des cavernes, à la manière des Troglodytes[2].

La même cause, ajouta Euclide, qui oblige certains oiseaux à s'expatrier tous les ans agit dans le sein des eaux[3]. Quand on est à Byzance, on voit, à des époques marquées, plusieurs espèces de poissons, tantôt remonter vers le Pont-Euxin, tantôt descendre dans la mer Égée : ils vont en corps de nation, comme les oiseaux; et leur route, comme notre vie, est marquée par des piéges qui les attendent au passage.

3°. On a fait des recherches sur la durée de la vie des animaux, et l'on croit s'être aperçu que, dans plusieurs espèces, les femelles vivent plus long-temps que les mâles. Mais, sans nous attacher à cette différence, nous pouvons avancer que les chiens vont pour l'ordinaire jusqu'à quatorze ou quinze ans, et quelquefois jusqu'à vingt[4]; les bœufs, à peu près au même terme[5]; les chevaux, communément à dix-huit ou vingt, quelquefois à trente, et même à cinquante[6]; les ânes, à plus de trente[7][b]; les chameaux, à plus de cinquante[8][c]; quelques uns jusqu'à cent[9]. Les éléphans parviennent, suivant les uns, à deux cents ans, suivant les autres, à trois cents[10]. On prétendait anciennement que le cerf vivait quatre fois l'âge de la corneille, et cette dernière neuf fois l'âge de l'homme[11]. Tout ce qu'on sait de certain aujourd'hui à l'égard des cerfs, c'est que le temps de la gestation et leur rapide accroissement ne permettent pas de leur attribuer une très-longue vie[12].

---

[1] Homer. iliad. lib. 3, v. 4. — [a] Aristote n'a point rapporté cette fable, quoique des auteurs l'en aient accusé sur la foi de la traduction latine. — [2] Aristot. hist. animal. lib. 8, cap. 12, t. 1, p. 907. Herodot. lib. 2, cap. 32. Nonnos. ap. Phot. p. 8. Ctesias, ap. eumdem, p. 144. Mém. de l'acad. des bell. lettr. t. 28, p. 306. — [3] Aristot. ibid. cap. 13, p. 909. — [4] Id. ibid. lib. 6, cap. 20, p. 878. Buffon, hist. nat. t. 1, p. 223. — [5] Aristot. ibid. cap. 21, p. 879. — [6] Id. ibid. cap. 22, p. 880. — [7] Id. ibid. cap. 23, p. 881. — [b] Suivant M. de Buffon, les ânes, comme les chevaux, vivent vingt-cinq ou trente ans. (Hist. nat. t. 4, p. 226.) — [8] Aristot. ibid. cap. 26, p. 882. — [c] Suivant M. de Buffon, quarante ou cinquante ans (t. 3, p. 239). — [9] Aristot ibid. lib. 8, cap. 9, p. 906. — [10] Id. ibid. — [11] Hesiod. ap. Plut. de orac. def. t. 2, p. 415. — [12] Aristot. ibid. lib. 6, cap. 29, p. 883.

La nature fait quelquefois des exceptions à ses lois générales. Les Athéniens vous citeront l'exemple d'un mulet qui mourut à l'âge de quatre-vingts ans. Lors de la construction du temple de Minerve, on lui rendit sa liberté, parce qu'il était extrêmement vieux; mais il continua de marcher à la tête des autres, les animant par son exemple, et cherchant à partager leurs peines. Un décret du peuple défendit aux marchands de l'écarter quand il s'approcherait des corbeilles de grains ou de fruits exposés en vente [1].

4°. On a remarqué, ainsi que je vous l'ai dit, que la nature passe d'un genre et d'une espèce à l'autre par des gradations imperceptibles [2], et que, depuis l'homme jusqu'aux êtres les plus insensibles, toutes ses productions semblent se tenir par une liaison continue.

Prenons les minéraux, qui forment le premier anneau de la chaîne; je ne vois qu'une matière passive, stérile, sans organes, et par conséquent sans besoins et sans fonctions. Bientôt je crois distinguer dans quelques plantes une sorte de mouvement, des sensations obscures, une étincelle de vie; dans toutes, une reproduction constante, mais privée des soins maternels qui la favorisent. Je vais sur les bords de la mer, et je douterais volontiers si ses coquillages appartiennent au genre des animaux ou à celui des végétaux. Je retourne sur mes pas, et les signes de vie se multiplient à mes yeux. Voici des êtres qui se meuvent, qui respirent, qui ont des affections et des devoirs. S'il en est qui, de même que les plantes dont je viens de parler, furent dès leur enfance abandonnés au hasard, il en est aussi dont l'éducation fut plus ou moins soignée. Ceux-ci vivent en société avec le fruit de leurs amours; ceux-là sont devenus étrangers à leurs familles. Plusieurs offrent à mes regards l'esquisse de nos mœurs: je trouve parmi eux des caractères faciles, j'en trouve d'indomptables; j'y vois des traits de douceur, de courage, d'audace, de barbarie, de crainte, de lâcheté, quelquefois même l'image de la prudence et de la raison. Nous avons l'intelligence, la sagesse et les arts; ils ont des facultés qui suppléent à ces avantages [3].

Cette suite d'analogies nous conduit enfin à l'extrémité de la chaîne où l'homme est placé. Parmi les qualités qui lui assignent le rang suprême, j'en remarque deux essentielles: la première est cette intelligence qui, pendant sa vie, l'élève à la contemplation des choses célestes [4]; la seconde est son heureuse orga-

---

[1] Aristot. hist. animal. lib. 8, cap. 24, t. 1, p. 882. Plin. lib. 8, cap. 44, t. 1, p. 470. Plut. de solert. anim. t. 2, p. 970. — [2] Aristot. ibid. cap. 1, p. 897. — [3] Id. ibid.; lib. 9, cap. 7, p. 928. — [4] Id. de mor. lib. 10, cap. 9, t. 2, p. 140.

nisation, et surtout ce tact, le premier, le plus nécessaire et le plus exquis de nos sens[1], la source de l'industrie, et l'instrument le plus propre à seconder les opérations de l'esprit. C'est à la main, disait le philosophe Anaxagore, que l'homme doit une partie de sa supériorité[2].

Génies.

Pourquoi, dis-je alors, placez-vous l'homme à l'extrémité de la chaîne? L'espace immense qui le sépare de la Divinité ne serait-il qu'un vaste désert? Les Égyptiens, les mages de Chaldée, les Phrygiens, les Thraces le remplissent d'habitans aussi supérieurs à nous que nous le sommes aux brutes[3].

Je ne parlais, répondit Euclide que des êtres visibles. Il est à présumer qu'il en existe au-dessus de nous une infinité d'autres qui se dérobent à nos yeux. De l'être le plus grossier nous sommes remontés, par des degrés imperceptibles, jusqu'à notre espèce; pour parvenir de ce terme jusqu'à la Divinité, il faut sans doute passer par divers ordres d'intelligences, d'autant plus brillantes et plus pures qu'elles approchent plus du trône de l'Éternel.

Cette opinion, conforme à la marche de la nature, est aussi ancienne que générale parmi les nations; c'est d'elles que nous l'avons empruntée. Nous peuplons la terre et les cieux de génies auxquels l'Être suprême a confié l'administration de l'univers[4]; nous en distribuons partout où la nature paraît animée, mais principalement dans ces régions qui s'étendent autour et au-dessus de nous, depuis la terre jusqu'à la sphère de la lune. C'est là qu'exerçant une immense autorité, ils dispensent la vie et la mort, les biens et les maux, la lumière et les ténèbres.

Chaque peuple, chaque particulier trouve dans ces agens invisibles un ami ardent à le protéger, un ennemi non moins ardent à le poursuivre. Ils sont revêtus d'un corps aérien[5]; leur essence tient le milieu entre la nature divine et la nôtre[6]; ils nous surpassent en intelligence; quelques uns sont sujets à nos passions[7], la plupart à des changemens qui les font passer à un rang supérieur. Car le peuple innombrable des esprits est divisé en quatre classes principales: la première est celle des dieux, que le peuple adore, et qui résident dans les astres; la seconde,

---

[1] Aristot. de part. anim. lib. 2, cap. 8, t. 1, p. 987. De sens. cap. 4, t. 1, p. 668. Hist. animal. lib. 1, cap. 15, p. 773. De anim. lib. 2, cap. 9, p. 642; lib. 3, cap. 12, p. 661. Anonym. ap. Phot. p. 1316. — [2] Plut. de frat. amor. t. 2, p. 478. — [3] Aristot. metaph. lib. 14, cap. 4, t. 2, p. 1003. Plut. de orac. def. t. 2, p. 416. — [4] Pythag. ap. Diog. Laert. lib. 8, § 32. Thales, ap. eumd. lib. 1, § 27; id. ap. Aristot. de anim. lib. 1, cap. 8, t. 1, p. 628; id. ap. Cicer. de leg. lib. 2, cap. 11, t. 3, p. 145. Plat. de leg. lib. 10, t. 2, p. 899. — [5] Plut. de orac. def. t. 2, p. 431. — [6] Id. ibid. p. 415. — [7] Id. ibid. p. 416.

celle des génies proprement dits ; la troisième, celle des héros qui pendant leur vie ont rendu de grands services à l'humanité ; la quatrième, celle de nos âmes, après qu'elles sont séparées de leurs corps. Nous décernons aux trois premières classes des honneurs qui deviendront un jour le partage de la nôtre, et qui nous élèveront successivement à la dignité des héros, des génies et des dieux [1].

Euclide, qui ne comprenait pas mieux que moi les motifs de ces promotions, ajouta que certains génies étaient comme nous dévorés de chagrins, comme nous destinés à la mort [2]. Je demandai quel terme on assignait à leur vie. Suivant Hésiode, répondit-il, les nymphes vivent des milliers d'années; suivant Pindare, une hamadryade meurt avec l'arbre qui la renferme dans son sein [3].

On ne s'est pas assez occupé, repris-je, d'un objet si intéressant : il serait pourtant essentiel de connaître l'espèce d'autorité que ces intelligences exercent sur nous : peut-être doit-on leur attribuer plusieurs effets dont nous ignorons la cause; ce sont elles peut-être qui amènent les événemens imprévus, soit dans les jeux de hasard, soit dans ceux de la politique. Je vous l'avouerai, je suis dégoûté de l'histoire des hommes ; je voudrais qu'on écrivît celle des êtres invisibles. Voici quelqu'un, répondit Euclide, qui pourra vous fournir d'excellens mémoires.

Le pythagoricien Télésiclès étant entré dans ce moment, s'informa du sujet de notre entretien, et parut surpris de ce que nous n'avions jamais vu de génies [4]. Il est vrai, dit-il, qu'ils ne se communiquent qu'aux âmes depuis long-temps préparées par la méditation et par la prière. Il convint ensuite que le sien l'honorait quelquefois de sa présence, et que, cédant un jour à ses instances réitérées, il le transporta dans l'empire des esprits. Daignez, lui dis-je, nous raconter votre voyage ; je vous en conjure *au nom de celui qui vous enseigna la vertu des nombres* 1, 2, 3, 4, [5] [a]. Télésiclès ne fit plus de résistance, et commença par ces mots :

Le moment du départ étant arrivé, je sentis mon âme se dégager des liens qui l'attachaient au corps, et je me trouvai au milieu d'un nouveau monde de substances animées, bonnes ou malfaisantes [6], gaies ou tristes, prudentes ou étourdies : nous

---

[1] Hesiod. ap. Plut. de orac. def. t. 2, p. 415. Pythag. ap. Diog. Laert. lib. 8, § 23. — [2] Plut. ibid. p. 419. — [3] Id. ibid. p. 415. — [4] Aristot. ap. Apul. de Deo Socr. t. 2, p. 83. — [5] Jamblic. cap. 28, p. 127; cap. 29, p. 138. Pythag. aur. carm. v. 47. Hierocl. ibid. p. 170. — [a] C'est-à-dire, au nom de Pythagore. J'ai rapporté la formule du serment usité parmi les disciples de ce grand homme, qui avait découvert les proportions harmoniques dans ces nombres.— [6] Thal. Pythag. ap. Plut. de plac. philos. lib. 1, cap. 8, t. 2, p. 882.

les suivîmes pendant quelque temps; et je crus reconnaître qu'elles dirigent les intérêts des États et ceux des particuliers, les recherches des sages et les opinions de la multitude [1].

Bientôt une femme de taille gigantesque étendit ses crêpes noirs sous la voûte des cieux; et, étant descendue lentement sur la terre, elle donna ses ordres au cortége dont elle était accompagnée. Nous nous glissâmes dans plusieurs maisons: le Sommeil et ses ministres y répandaient des pavots à pleines mains; et, tandis que le Silence et la Paix s'asseyaient doucement auprès de l'homme vertueux, les Remords et les Spectres effrayans secouaient avec violence le lit du scélérat. Platon écrivait sous la dictée du génie d'Homère, et des songes agréables voltigeaient autour de la jeune Lycoris.

L'Aurore et les Heures ouvrent les barrières du jour, me dit mon conducteur; il est temps de nous élever dans les airs. Voyez les génies tutélaires d'Athènes, de Corinthe, de Lacédémone, planer circulairement au-dessus de ces villes [2]; ils en écartent, autant qu'il est possible, les maux dont elles sont menacées: cependant leurs campagnes vont être dévastées; car les génies du midi, enveloppés de nuages sombres, s'avancent en grondant contre ceux du nord. Les guerres sont aussi fréquentes dans ces régions que dans les vôtres, et le combat des Titans et des Typhons ne fut que celui de deux peuplades de génies [3].

Observez maintenant ces agens empressés, qui, d'un vol aussi rapide, aussi inquiet que celui de l'hirondelle, rasent la terre, et portent de tous côtés des regards avides et perçans; ce sont les inspecteurs des choses humaines: les uns répandent leurs douces influences sur les mortels qu'ils protégent [4]; les autres détachent contre les forfaits l'implacable Némésis [5]. Voyez ces médiateurs, ces interprètes, qui montent et descendent sans cesse; ils portent aux dieux vos vœux et vos offrandes: ils vous rapportent les songes heureux ou funestes, et les secrets de l'avenir [6], qui vous sont ensuite révélés par la bouche des oracles.

O mon protecteur! m'écriai-je tout à coup, voici des êtres dont la taille et l'air sinistre inspirent la terreur; ils viennent à nous. Fuyons, me dit-il; ils sont malheureux, le bonheur des autres les irrite, et ils n'épargnent que ceux qui passent leur vie dans les souffrances et dans les pleurs [7].

Échappés à leur fureur, nous trouvâmes d'autres objets non

---

[1] Moshem. in Cudw. cap. 4, § 34, p. 798. Bruck. hist. philos. t. 1, p. 1113. — [2] Pausan. lib. 8, cap. 10, p. 620. Clem. Alex. cohort. ad gent. p. 35. — [3] Plut. de Isid. t. 2, p. 360; id. de orac. def. p. 421. — [4] Id. ibid. p. 417. Hesiod. ibid. — [5] Tim. Locr. in oper. Plat. t. 3, p. 105. — [6] Plat. in conviv. t. 3, p. 202 et 203. Plut. de Isid. t. 2, p. 361; id. de orac. def. p. 416. Diog. Laert. lib. 8, § 32. — [7] Xenocr. ap. Plut. de Isid. t. 2, p. 361.

moins affligeans. Até, la détestable Até, source éternelle des dissensions qui tourmentent les hommes, marchait fièrement au-dessus de leur tête, et soufflait dans leur cœur l'outrage et la vengeance [1]. D'un pas timide et les yeux baissés, les Prières se traînaient sur ses traces, et tâchaient de ramener le calme partout où la Discorde venait de se montrer [2]. La Gloire était poursuivie par l'Envie, qui se déchirait elle-même les flancs ; la Vérité, par l'Imposture, qui changeait à chaque instant de masque ; chaque vertu, par plusieurs vices, qui portaient des filets ou des poignards.

La Fortune parut tout à coup ; je la félicitai des dons qu'elle distribuait aux mortels. Je ne donne point, me dit-elle d'un ton sévère, mais je prête à grosse usure [3]. En proférant ces paroles, elle trempait les fleurs et les fruits qu'elle tenait d'une main, dans une coupe empoisonnée qu'elle soutenait de l'autre.

Alors passèrent auprès de nous deux puissantes divinités, qui laissaient après elles de longs sillons de lumière. C'est l'impétueux Mars et la sage Minerve, me dit mon conducteur. Deux armées se rapprochent en Béotie : la déesse va se placer auprès d'Épaminondas, chef des Thébains ; et le dieu court se joindre aux Lacédémoniens, qui seront vaincus : car la sagesse doit triompher de la valeur.

Voyez en même temps se précipiter sur la terre ce couple de génies, l'un bon, l'autre mauvais ; ils doivent s'emparer d'un enfant qui vient de naître ; ils l'accompagneront jusqu'au tombeau : dans ce premier moment, ils chercheront à l'envi à le douer de tous les avantages ou de toutes les difformités du cœur et de l'esprit ; dans le cours de sa vie, à le porter au bien ou au mal, suivant que l'influence de l'un prévaudra sur celle de l'autre [4].

Cependant je voyais monter et descendre des êtres dont les traits me paraissaient plus grossiers que ceux des génies. J'appris que c'étaient les âmes qui allaient s'unir à des corps mortels, ou qui venaient de les quitter. Il en parut tout à coup de nombreux essaims ; ils se suivaient par intervalles, et se répandaient dans les plaines des airs, comme ces amas de poussière blanchâtre qui tourbillonnent dans nos campagnes. La bataille a commencé, me dit le génie ; le sang coule à gros bouillons. Aveugles et malheureux mortels ! Voilà les âmes des Lacédémoniens et des Thébains qui viennent de périr dans les champs de

---

[1] Homer. iliad. lib. 19, v. 91. — [2] Id. rhet. lib. 9, v. 500. — [3] Bion. ap. Stob. serm. 103, p. 563. — [4] Empedocl. ap. Plut. de anim. tranquil. t. 2, p. 474. Xenocr. et Plat. ap. eumd. de orac. def. p. 419. Van Dale, de orac. p. 6.

Leuctres. Où vont-elles? lui dis-je. Suivez-moi, répondit-il, et vous en serez instruit.

Nous franchîmes les limites de l'empire des ténèbres et de la mort, et, nous étant élancés au-dessus de la sphère de la lune, nous parvînmes aux régions qu'éclaire un jour éternel. Arrêtons-nous un instant, me dit le guide : jetez les yeux sur le magnifique spectacle qui vous entoure ; écoutez l'harmonie divine que produit la marche régulière des corps célestes [1] ; voyez comme à chaque planète, à chaque étoile, est attaché un génie qui dirige sa course. Ces astres sont peuplés d'intelligences sublimes et d'une nature supérieure à la nôtre.

Pendant que, les yeux fixés sur le soleil, je contemplais avec ravissement le génie dont le bras vigoureux poussait ce globe étincelant dans la carrière qu'il décrit [2], je le vis écarter avec fureur la plupart des âmes que nous avions rencontrées, et ne permettre qu'au plus petit nombre de se plonger dans les flots bouillonnans de cet astre [3]. Ces dernières, moins coupables que les autres, disait mon conducteur, seront purifiées par la flamme ; elles s'envoleront ensuite dans les différens astres, où elles furent distribuées lors de la formation de l'univers ; elles y resteront en dépôt jusqu'à ce que les lois de la nature les rappellent sur la terre pour animer d'autres corps [4]. Mais celles que le génie vient de repousser, lui dis-je, quelle sera leur destinée ? Elles vont se rendre au champ de la Vérité, répondit-il ; des juges intègres condamneront les plus criminelles aux tourmens du Tartare [5] ; les autres, à des courses longues et désespérantes. Alors, dirigeant mes regards, il me montra des millions d'âmes qui, depuis des milliers d'années, erraient tristement dans les airs, et s'épuisaient en vains efforts pour obtenir un asile dans un des globes célestes [6]. Ce ne sera, me dit-il, qu'après ces rigoureuses épreuves qu'elles parviendront, ainsi que les premières, au lieu de leur origine [7].

Touché de leur infortune, je le priai de m'en dérober la vue, et de me conduire au loin, vers une enceinte d'où s'échappaient les rayons d'une lumière plus éclatante. J'espérais entrevoir le souverain de l'univers entouré des assistans de son trône, de ces êtres purs que nos philosophes appellent nombres, idées éternelles, génies immortels [8]. Il habite des lieux inaccessibles aux

---

[1] Jamblic. de vit. Pythag. cap. 15, p. 152. Emped. ap. Porphyr. ibid. p. 35. — [2] Plat. de leg. lib. 10, t. 2, p. 819. — [3] Porphyr. de abstin. lib. 4, § 10, p. 329. Bruck. hist. philos. t. 1, p. 296. — [4] Plat. in Tim. t. 3, p. 42. — [5] Axioch. ap. Plat. t. 3, p. 371. — [6] Emped. ap. Plut. de vitand. ære alien. t. 2, p. 830. Diog. Laert. lib. 8, § 77. — [7] Plat. in Tim. t. 3, p. 42. — [8] Anonym. de vit. Pythag. ap. Phot. p. 1316. Beausobr. hist. du manich. t. 1, p. 576.

mortels, me dit le génie : offrez-lui votre hommage, et descendons sur la terre.

Après que Télésiclès se fut retiré, je dis à Euclide : Quel nom donner au récit que nous venons d'entendre ? Est-ce un songe ? est-ce une fiction ? L'un ou l'autre, répondit-il ; mais enfin Télésiclès n'a presque rien avancé qui ne soit conforme aux opinions des philosophes. Il faut lui rendre justice : il pouvait, en adoptant celles de la multitude, augmenter considérablement la population des airs ; nous parler de ces ombres que l'art des devins ou des sorciers attire du fond des tombeaux [1]; de ces âmes infortunées qui s'agitent tumultueusement autour de leurs corps privés de sépulture ; de ces dieux et de ces fantômes qui rôdent la nuit dans les rues pour effrayer les enfans ou pour les dévorer [2].

Je lui sais gré de cette modération, repris-je, mais j'aurais souhaité qu'il se fût un peu plus étendu sur la nature de cet être bienfaisant auquel j'appartiens. Dieu l'a commis, à ce qu'on prétend, pour veiller sur mes sentimens et sur mes actions [3]; pourquoi ne m'est-il pas permis de le connaître et de l'aimer ? Télésiclès vous a répondu d'avance, dit Euclide : Le bonheur de voir des génies n'est réservé qu'aux âmes pures. — J'ai ouï cependant citer des apparitions dont tout un peuple avait été témoin. — Sans doute ; et telle est celle dont la tradition s'est conservée en Italie, et qu'on eut autrefois l'attention de représenter dans un tableau que j'ai vu. Attendez-vous à un tissu d'absurdités ; elles vous montreront du moins jusqu'à quel excès on a porté quelquefois l'imposture et la crédulité.

Ulysse ayant abordé à Témèse, ville des Brutiens, un de ses compagnons, nommé Politès, fut massacré par les habitans, qui bientôt après éprouvèrent tous les fléaux de la vengeance céleste. L'oracle, interrogé, leur ordonna d'apaiser le génie de Politès, d'élever en son honneur un édifice sacré, et de lui offrir tous les ans la plus belle fille de la contrée. Ils obéirent et jouirent d'un calme profond. Vers la soixante-sixième olympiade, un fameux athlète, nommé Euthyme, arriva au moment qu'on venait d'introduire dans le temple une de ces malheureuses victimes. Il obtint la permission de la suivre, et, frappé de ses attraits, il lui demanda si elle consentirait à l'épouser dès qu'il aurait brisé ses chaînes. Elle y consentit ; le génie parut, et ayant succombé sous les coups de l'athlète, il renonça au tribut qu'on lui avait offert pendant sept à huit siècles, et alla se précipiter dans la mer voisine [4].

[1] Homer. odyss. lib. 11, v. 37. — [2] Plat. de rep. lib. 2, t. 2, p. 381. Theocr. idyll. 15, v. 40. — [3] Plat. de leg. lib. 10, t. 2, p. 903 et 906. — [4] Strab. lib. 6, p. 255. Pausan. lib. 6, cap. 6, p. 419.

CHAPITRE LXV.

Suite de la Bibliothèque. L'Histoire.

LE lendemain, Euclide me voyant arriver de bonne heure : Vous me rassurez, me dit-il ; je craignais que vous ne fussiez dégoûté de la longueur de notre dernière séance : nous allons aujourd'hui nous occuper des historiens, et nous ne serons point arrêtés par des opinions et par des préceptes. Plusieurs auteurs ont écrit l'histoire ; aucun ne s'est expliqué sur la manière de l'écrire, ni sur le style qui lui convient [1].

Nous placerons à leur tête Cadmus, qui vivait il y a environ deux siècles, et qui se proposa d'éclaircir les antiquités de Milet sa patrie [2] ; son ouvrage fut abrégé par Bion de Proconnèse [3].

Depuis Cadmus, nous avons une suite non interrompue d'historiens. Je cite parmi les plus anciens, Eugéon de Samos, Deïochus de Proconnèse, Eudémus de Paros, Démoclès de Pygèle [4]. Quand je lus ces auteurs, dis-je alors, non-seulement je fus révolté des fables absurdes qu'ils rapportent ; mais, à l'exception des faits dont ils ont été les témoins, je les rejetai tous. Car enfin, dès qu'ils ont été les premiers à nous les transmettre, dans quelles sources les avaient-ils puisés ?

Euclide me répondit : Ils subsistaient dans la tradition, qui perpétue d'âge en âge le souvenir des révolutions qui ont affligé l'humanité ; dans les écrits des poëtes qui avaient conservé la gloire des héros, les généalogies des souverains, l'origine et les émigrations de plusieurs peuples [5] ; dans ces longues inscriptions qui contenaient des traités entre les nations [6], et l'ordre successif des ministres attachés aux principaux temples de la Grèce [7][a] ; dans les fêtes, les autels, les statues, les édifices consacrés à l'occasion de certains événemens que l'aspect continuel des lieux et des cérémonies semblait renouveler tous les ans.

Il est vrai que le récit de ces événemens s'était peu à peu chargé de circonstances merveilleuses, et que nos premiers historiens adoptèrent sans examen cet amas confus de vérités et d'erreurs. Mais bientôt Acusilaüs, Phérécyde, Hécatée, Xan-

---

[1] Cicer. de orat. lib. 2, cap. 15, t. 1, p. 206. — [2] Suid. in Κάδμ. — [3] Clem. Alex. strom. lib. 6, p. 752. — [4] Dionys. Halic. de Thucyd. judic. t. 6, p. 818. — [5] Mém. de l'acad. des bell. lettr. t. 6, p. 165. — [6] Tacit. annal. 4, cap. 43. — [7] Thucyd. lib. 2, cap. 2. Schol. ibid. Dionys. Halic. antiq. roman. lib. 1, t. 1, p. 181. Polyb. excerpt. p. 59. Mém. ibid. t. 23, p. 394. — [a] Voyez, dans le chap. XLI de cet ouvrage, l'article d'Amyclæ ; et, dans le chap. LIII, celui d'Argos.

thus, Hellanicus, et d'autres encore, montrèrent plus de critique ; et s'ils ne débrouillèrent pas entièrement le chaos, ils donnèrent au moins l'exemple du mépris que méritent les fictions des premiers siècles.

Voici l'ouvrage dans lequel Acusilaüs, en rapportant les généalogies des anciennes familles royales[1], remonte aux siècles antérieurs à la guerre de Troie, et jusqu'à Phoronée, roi d'Argos. Je le sais, répondis-je, et j'ai bien ri quand j'ai vu cet auteur et ceux qui l'ont suivi nommer Phoronée le premier des humains[2]. Cependant Acusilaüs mérite de l'indulgence ; s'il rapproche trop de nous l'origine du genre humain, il relève celle de l'Amour, qu'il regarde comme un des dieux les plus anciens, et qu'il fait naître avec le monde[3].

Peu de temps après Acusilaüs, dit Euclide, florissait Phérécyde d'Athènes, ou plutôt de Léros, une des îles Sporades[4] : il a recueilli les traditions relatives à l'ancienne histoire d'Athènes, et par occasion à celle des peuples voisins[5]. Son ouvrage contient des détails intéressans, tels que la fondation de plusieurs villes, et les émigrations des premiers habitans de la Grèce[6]. Ses généalogies ont un défaut qui, dans l'origine des sociétés, assurait la gloire d'une maison : après être parvenues aux siècles les plus reculés, elles se dénouent par l'intervention de quelque divinité. On y voit, par exemple, qu'Orion était fils de Neptune et d'Euryalé ; Triptolême, fils de l'Océan et de la Terre[7].

Vers le même temps, parurent Hécatée de Milet et Xanthus de Lydie. Ils jouirent l'un et l'autre d'une réputation affaiblie et non détruite par les travaux de leurs successeurs. Le premier, dans son histoire et dans ses généalogies, se proposa de même d'éclaircir les antiquités des Grecs. Il a quelquefois l'attention de les discuter et d'en écarter le merveilleux. « Voici, dit-il au » commencement de son histoire, ce que raconte Hécatée de » Milet : j'écris ce qui me paraît vrai. Les Grecs, à mon avis, » ont rapporté beaucoup de choses contradictoires et ridicules[8]. » Croirait-on qu'après cette promesse il accorde le don de la parole au bélier qui transporta Phryxus en Colchide[9] ?

L'histoire ne s'était encore occupée que de la Grèce. Hécatée étendit son domaine, il parcourut l'Égypte et d'autres contrées jusqu'alors inconnues[10]. Sa description de la terre ajouta de nou-

---

[1] Suid. in Ἀκουσίλ. — [2] Solon. ap. Plat. in Tim. t. 3, p. 22. Clem. Alex. strom. lib. 1, p. 380. — [3] Plat. in conviv. t. 3, p. 178. — [4] Salm. in Plin. p. 846. Voss. de hist. græc. lib. 4, p. 445. Mém. de l'académ. des bell. lettr. t. 29, p. 67. — [5] Suid. in Φερ. Apoll. Rhod. passim. — [6] Dionys. Halic. antiq. rom. lib. 1, t. 1, p. 35. — [7] Apollod. bibl. lib. 1, p. 15 et 17. — [8] Demetr. Phal. de elocut. cap. 12. — [9] Mém. ibid. t. 6, p. 478. — [10] Herodot. lib. 2, cap. 143. Agathem. de geogr. lib. 1, cap. 1.

velles lumières à la géographie [1], et fournit des matériaux aux historiens qui l'ont suivi [2].

Voici l'histoire de Lydie par Xanthus, écrivain exact, et très-instruit des antiquités de son pays [3]; elle est accompagnée de plusieurs ouvrages qu'Hellanicus de Lesbos a publiés sur les différentes nations de la Grèce [4]. Cet auteur, qui mourut dans la vingt-unième année de la guerre du Péloponèse [5][a], manque quelquefois d'ordre et d'étendue [6]; mais il termine avec honneur la classe de nos premiers historiens.

Tous s'étaient bornés à tracer l'histoire d'une ville ou d'une nation; tous ignoraient l'art de lier à la même chaîne les événemens qui intéressent les divers peuples de la terre, et de faire un tout régulier de tant de parties détachées. Hérodote eut le mérite de concevoir cette grande idée, et de l'exécuter. Il ouvrit aux yeux des Grecs les annales de l'univers connu, et leur offrit sous un même point de vue tout ce qui s'était passé de mémorable dans l'espace d'environ deux cent quarante ans [7]. On vit alors, pour la première fois, une suite de tableaux qui, placés les uns auprès des autres, n'en devenaient que plus effrayans; les nations toujours inquiètes et en mouvement, quoique jalouses de leur repos; désunies par l'intérêt, et rapprochées par la guerre; soupirant pour la liberté, et gémissant sous la tyrannie; partout le crime triomphant, la vertu poursuivie, la terre abreuvée de sang, et l'empire de la destruction établi d'un bout du monde à l'autre. Mais la main qui peignit ces tableaux sut tellement en adoucir l'horreur par les charmes du coloris et par des images agréables, aux beautés de l'ordonnance elle joignit tant de grâces, d'harmonie et de variété, elle excita si souvent cette douce sensibilité qui se réjouit du bien et s'afflige du mal [8], que son ouvrage fut regardé comme une des plus belles productions de l'esprit humain.

Permettez-moi de hasarder une réflexion. Il semble que dans les lettres, ainsi que dans les arts, les talens entrent d'abord dans la carrière, et luttent pendant quelque temps contre les difficultés. Après qu'ils ont épuisé leurs efforts, il paraît un homme de génie qui va poser le modèle au-delà des bornes connues. C'est ce que fit Homère pour le poëme épique; c'est ce qu'a fait Hérodote pour l'histoire générale. Ceux qui viendront après lui pourront se distinguer par des beautés de détail et par une cri-

[1] Strab. lib. 1, p. 1 et 7; lib. 6, p. 271; lib. 12, p. 550. — [2] Porphyr. ap. Euseb. præp. evang. lib. 10, cap. 3, p. 466. — [3] Dionys. Halic. antiq. rom. lib. 1, t. 1, p. 73. — [4] Voss. de hist. græc. lib. 1, cap. 1, p. 7; lib. 4, cap. 5, p. 448. — [5] Mém. de l'acad. des bell. lettr. t. 29, p. 70. — [a] Vers l'an 410 avant. J. C. — [6] Thucyd. lib. 1, cap. 97. — [7] Dionys. Halic. de Thucyd. judic. t. 6, p. 820. — [8] Id. epist. ad Pomp. t. 6, p. 774.

tique plus éclairée ; mais, pour la conduite de l'ouvrage et l'enchaînement des faits, ils chercheront sans doute moins à le surpasser qu'à l'égaler.

Quant à sa vie, il suffira d'observer qu'il naquit dans la ville d'Halicarnasse en Carie, vers la quatrième année de la soixante-treizième olympiade[1][a] ; qu'il voyagea dans la plupart des pays dont il voulait écrire l'histoire; que son ouvrage, lu dans l'assemblée des jeux olympiques, et ensuite dans celle des Athéniens, y reçut des applaudissemens universels[2] ; et que, forcé de quitter sa patrie déchirée par des factions, il alla finir ses jours dans une ville de la grande Grèce[3].

Dans le même siècle vivait Thucydide, plus jeune qu'Hérodote d'environ treize ans[4]. Il était d'une des premières familles d'Athènes[5] : placé à la tête d'un corps de troupes, il tint pour quelque temps en respect celles de Brasidas, le plus habile général de Lacédémone[6]; mais ce dernier ayant surpris la ville d'Amphipolis, Athènes se vengea sur Thucydide d'un revers qu'il n'avait pu prévenir.

Pendant son exil, qui dura vingt ans[7], il rassembla des matériaux pour l'histoire de la guerre du Péloponèse, et n'épargna ni soins ni dépenses pour connaître non-seulement les causes qui la produisirent, mais encore les intérêts particuliers qui la prolongèrent[8]. Il se rendit chez les différentes nations ennemies, consulta partout les chefs de l'administration, les généraux, les soldats, et fut lui-même témoin de la plupart des événemens qu'il avait à décrire. Son histoire, qui comprend les vingt-une premières années de cette fatale guerre, se ressent de son amour extrême pour la vérité, et de son caractère qui le portait à la réflexion. Des Athéniens qui l'avaient vu après son retour de l'exil m'ont assuré qu'il était assez sérieux, pensant beaucoup, et parlant peu[9].

Il était plus jaloux d'instruire que de plaire, d'arriver à son but que de s'en écarter par des digressions[10]. Aussi son ouvrage n'est point, comme celui d'Hérodote, une espèce de poëme où l'on trouve les traditions des peuples sur leur origine, l'analyse de leurs usages et de leurs mœurs, la description des pays qu'ils habitent, et des traits d'un merveilleux qui réveille presque toujours l'imagination ; ce sont des annales, ou, si l'on veut, les mémoires d'un militaire qui, tout à la fois homme d'État

[1] Scalig. ad Euseb. p. 102. Corsin. fast. attic. t. 3, p. 157. — [a] Vers l'an 484 avant J. C. — [2] Lucian. in Herodot. t. 1, p. 833. Euseb. chron. p. 169. Plut. de Herodot. malign. t. 2, p. 862. — [3] Suid. in Ἡρόδοτ. — [4] Pamph. ap. Aul. Gell. lib. 15, cap. 23. — [5] Marcell. vit. Thucyd. — [6] Thucyd. lib. 4, cap. 107. — [7] Id. lib. 5, cap. 26. — [8] Marcell. ibid. — [9] Id. ibid. — [10] Thucyd. lib. 1, cap. 22. Quintil. lib. 10, cap. 1, p. 634.

et philosophe, a mêlé dans ses récits et dans ses harangues les principes de sagesse qu'il avait reçus d'Anaxagore et les leçons d'éloquence qu'il tenait de l'orateur Antiphon[1]. Ses réflexions sont souvent profondes, toujours justes : son style énergique, concis, et par là même quelquefois obscur[2], offense l'oreille par intervalles ; mais il fixe sans cesse l'attention, et l'on dirait que sa dureté fait sa majesté[3]. Si cet auteur estimable emploie des expressions surannées ou des mots nouveaux, c'est qu'un esprit tel que le sien s'accommode rarement de la langue que tout le monde parle. On prétend qu'Hérodote, pour des raisons personnelles, a rapporté des traditions injurieuses à certains peuples de la Grèce[4]. Thucydide n'a dit qu'un mot de son exil, sans se défendre, sans se plaindre[5], et a représenté comme un grand homme Brasidas, dont la gloire éclipsa la sienne, et dont les succès causèrent sa disgrâce. L'histoire de Thucydide fut continuée avec succès par Xénophon, que vous avez connu[6].

Hérodote, Thucydide et Xénophon seront sans doute regardés à l'avenir comme les principaux de nos historiens, quoiqu'ils diffèrent essentiellement par le style. Et surtout, dis-je alors, par la manière dont ils envisagent communément les objets. Hérodote voit partout une Divinité jalouse, qui attend les hommes et les empires au point de leur élévation pour les précipiter dans l'abîme[7] ; Thucydide ne découvre dans les revers que les fautes des chefs de l'administration ou de l'armée ; Xénophon attribue presque toujours à la faveur ou à la colère des dieux les bons ou les mauvais succès. Ainsi tout dans le monde dépend de la fatalité, suivant le premier ; de la prudence, suivant le second ; de la piété envers les dieux, suivant le troisième. Tant il est vrai que nous sommes naturellement disposés à tout rapporter à un petit nombre de principes favoris !

Euclide poursuivit : Hérodote avait ébauché l'histoire des Assyriens et des Perses ; ses erreurs ont été relevées par un auteur qui connaissait mieux que lui ces deux célèbres nations. C'est Ctésias de Cnide, qui a vécu de notre temps. Il fut médecin du roi Artaxerxès, et fit un long séjour à la cour de Suze[8] : il nous a communiqué ce qu'il avait trouvé dans les archives de l'empire[9], ce qu'il avait vu, ce que lui avaient transmis des témoins oculaires[10] ; mais, s'il est plus exact qu'Hérodote[11], il lui est in-

[1] Marcell. vit. Thucyd. — [2] Cicer. de orat. lib. 2, cap. 13 et 22, t. 1, p. 204 et 214; id. de clar. orat. cap. 83, t. 1, p. 406; id. orat. cap. 9, p. 426. Dionys. Halic. de Thucyd. judic. t. 6, p. 867. — [3] Demetr. Phaler. de eloc. cap. 48 et 49. — [4] Plut. de Herodot. malign. t. 2, p. 854. — [5] Thucyd. lib. 5, cap. 26. — [6] Xenoph. hist. græc. p. 428. — [7] Herodot. lib. 1, cap. 32; lib. 3, cap. 40, etc. — [8] Phot. biblioth. p. 105. — [9] Diod. lib. 2, p. 118. — [10] Phot. ibid. p. 108. — [11] Mém. de l'acad. des bell. lettr. t. 6, p. 176; t. 14, p. 247.

férieur quant au style, quoique le sien ait beaucoup d'agrémens[1], et se distingue surtout par une extrême clarté[2]. Entre plusieurs autres ouvrages[3], Ctésias nous a laissé une histoire des Indes, où il traite des animaux et des productions naturelles de ces climats éloignés ; mais, comme il n'eut pas d'assez bons mémoires, on commence à douter de la vérité de ses récits[4].

Voici les antiquités de la Sicile, la vie de Denys l'ancien, et le commencement de celle de son fils, par Philistus[5], mort il y a quelques années, après avoir vu dissiper la flotte qu'il commandait au nom du plus jeune de ces princes. Philistus avait des talens qui l'ont en quelque façon rapproché de Thucydide[6]; mais il n'avait pas les vertus de Thucydide. C'est un esclave qui n'écrit que pour flatter les tyrans[7] et qui montre à chaque instant qu'il est encore plus ami de la tyrannie que des tyrans mêmes.

Je termine ici cette énumération, déjà trop longue. Vous ne trouverez peut-être pas un peuple, une ville, un temple célèbre qui n'ait son historien. Quantité d'écrivains s'exercent actuellement dans ce genre : je vous citerai Éphore et Théopompe, qui s'y sont déjà signalés ; deux Béotiens, nommés Anaxis et Dionysiodore, qui viennent de publier l'histoire de la Grèce[8]; Anaximène de Lampsaque, qui nous a donné celle des Grecs et des barbares depuis la naissance du genre humain jusqu'à la mort d'Épaminondas[9].

Un titre si pompeux, lui dis-je, me préviendrait contre l'ouvrage : votre chronologie se traîne avec peine à cinq ou six siècles au-delà de la guerre de Troie, après quoi les temps finissent pour vous ; à l'exception d'un petit nombre de peuples étrangers, toute la terre vous est inconnue ; vous n'apercevez qu'un point dans la durée ainsi que dans l'espace, et votre auteur prétend nous instruire de ce qui s'est fait dans les siècles et les pays les plus éloignés !

Quand on connaît les titres d'ancienneté que les Égyptiens et les Chaldéens produisent en leur faveur, de quel œil de pitié regarde-t-on l'imperfection et la nouveauté des vôtres ! Combien furent surpris les prêtres de Saïs lorsqu'ils entendirent Solon leur étaler vos traditions, leur parler du règne de Phoronée, du déluge de Deucalion, et de tant d'époques si récentes pour eux,

---

[1] Dionys. Halic. de compos. verb. t. 5, p. 53. — [2] Demetr. Phaler. de elocut. cap. 218. — [3] Fabr. bibl. græc. t. 1, p. 881. — [4] Aristot. hist. animal. lib. 8, cap. 28, t. 1, p. 919; id. de gener. animal. lib. 2, cap. 2, p. 1076. Lucian. var. hist. lib. 1, t. 2, p. 71. — [5] Suid. in Φιλίς. Diod. lib. 15, p. 397. — [6] Cicer. de orat. lib. 2, cap. 13, t. 1, p. 205. — [7] Dionys. Halic. de prisc. script. t. 5, p. 427. Tim. et Ephor. ap. Plut. in Dion. t. 1, p. 974. — [8] Diod. ibid. p. 403. — [9] Id. ibid. p. 397.

si anciennes pour lui ! « Solon ! Solon ! lui dit un de ces
» prêtres, vos Grecs ne sont que des enfans [1]. »

Ils n'ont pas cessé de l'être depuis. Les uns ne cherchent dans
un historien que les charmes du style, les autres que des aventures surnaturelles et puériles [2]; d'autres dévorent avec intérêt
ces fatigantes listes de noms inconnus et de faits stériles, qui,
étayés d'un long amas de fables et de prodiges, remplissent
presque entièrement votre ancienne histoire, cette histoire sur
laquelle Homère avait répandu un éclat immortel, à laquelle vos
chroniqueurs n'ont ajouté que l'ennui le plus excessif.

Je voudrais que désormais vos auteurs ne s'occupassent que
des deux ou trois derniers siècles, et que les temps antérieurs
restassent en proie aux poëtes. Vous avez interprété la pensée
d'Isocrate, me dit Euclide; il engagea deux de ses disciples,
Éphore et Théopompe, à se consacrer uniquement à l'histoire [3].
Éphore est lent et incapable de pénibles recherches; Théopompe
actif, ardent, et propre aux dicussions [4] : que fit Isocrate ? il
lâcha le premier sur l'histoire ancienne, et destina le second à
l'histoire moderne.

Éphore et Théopompe arrivèrent dans ce moment. Euclide,
qui les attendait, me dit tout bas qu'ils devaient nous lire
quelques fragmens des ouvrages dont ils s'occupaient alors. Ils
amenaient avec eux deux ou trois de leurs amis; Euclide en avait
invité quelques uns des siens. Avant qu'ils fussent tous réunis,
les deux historiens déclarèrent qu'ils n'avaient pas consumé leur
temps à éclaircir les fictions des siècles antérieurs à la guerre de
Troie [5], et, faisant profession d'un vif amour pour la vérité,
ils ajoutèrent qu'il serait à désirer qu'un auteur eût été présent à
tous les faits qu'il raconte [6].

Je me suis proposé, dit ensuite Éphore, d'écrire tout ce qui
s'est passé parmi les Grecs et les barbares depuis le retour des
Héraclides jusqu'à nos jours, pendant l'espace de huit cent
cinquante ans. Dans cet ouvrage, divisé en trente livres, précédés chacun d'un avant-propos [7], on trouvera l'origine des différens peuples, la fondation des principales villes, leurs colonies,
leurs lois, leurs mœurs, la nature de leurs climats, et les grands
hommes qu'elles ont produits [8]. Éphore finit par reconnaître
que les nations barbares étaient plus anciennes que celles de la
Grèce [9], et cet aveu me prévint en sa faveur.

[1] Plat. in Crit. t. 3, p. 22. — [2] Isocr. panath. t. 2, p. 180. — [3] Cicer. de orat. lib. 2, cap. 13, t. 1, p. 205. Senec. de tranquill. anim. cap. 6. Phot. bibl. p. 1456. — [4] Cicer. de clar. orat. cap. 56, t. 1, p. 383. — [5] Diod. lib. 4, p. 209. — [6] Polyb. lib. 12, p. 669. Strab. lib. 9, p. 422. — [7] Diod. ibid.; lib. 16, p. 468. — [8] Polyb. lib. 6, p. 488; lib. 9, p. 540. Strab. lib. 1, p. 33; lib. 10, p. 465. — [9] Diod. lib. 1, p. 9.

Ce préambule fut suivi de la lecture d'un morceau tiré du onzième livre de son histoire, et contenant une description de l'Égypte. C'est là qu'aux diverses opinions hasardées sur le débordement du Nil[1] il en substitue une qui ne s'accorde ni avec les lois de la physique, ni avec les circonstances de ce phénomène[2]. J'étais auprès d'Euclide ; je lui dis : Éphore ne connaît pas l'Égypte, et n'a point consulté ceux qui la connaissent[3].

Je me convainquis bientôt que l'auteur ne se piquait pas d'exactitude, et que, trop fidèle imitateur de la plupart de ceux qui l'ont précédé, il affectait d'assaisonner sa narration de fables consignées dans les traditions des peuples et dans les récits des voyageurs[4]. Il me parut s'abandonner volontiers aux formes oratoires. Comme plusieurs écrivains placent l'orateur au-dessus de l'historien, Éphore crut ne pouvoir mieux leur répondre qu'en s'efforçant de réussir dans les deux genres[5].

Malgré ces défauts, son ouvrage sera toujours regardé comme un trésor d'autant plus précieux, que chaque nation y trouvera, séparément et dans un bel ordre, tout ce qui peut l'intéresser : le style en est pur, élégant, fleuri[6], quoique trop souvent assujéti à certaines harmonies[7], et presque toujours dénué d'élévation et de chaleur[8].

Après cette lecture, tous les yeux se tournèrent vers Théopompe[9], qui commença par nous parler de lui. Mon père Damostrate, nous dit-il, ayant été banni de l'île de Chio sa patrie, pour avoir montré trop d'attachement aux Lacédémoniens, m'amena dans la Grèce ; et, quelque temps après, je vins, dans cette ville, où je m'appliquai sans relâche à l'étude de la philosophie et de l'éloquence[10].

Je composai plusieurs discours ; je voyageai chez différens peuples ; je parlai dans leurs assemblées ; et, après une longue suite de succès, je crois pouvoir me placer parmi les hommes les plus éloquens de ce siècle, au-dessus des plus éloquens du siècle dernier ; car tel qui jouissait alors du premier rang, n'obtiendrait pas le second aujourd'hui[11].

Isocrate me fit passer de la carrière brillante où je m'étais signalé, dans celle qu'avaient illustrée les talens d'Hérodote et de Thucydide ; j'ai continué l'ouvrage de ce dernier[12] ; je travaille maintenant à la vie de Philippe de Macédoine[13] ; mais, loin

---

[1] Theon. progymn. p. 13. — [2] Diod. lib. 1, p. 36. — [3] Id. ibid. p. 37. — [4] Id. ibid. Strab. lib. 5, p. 244 ; lib. 9, p. 422. Senec. quæst. natur. lib. 7, cap. 16. — [5] Polyb. lib. 12, p. 670. — [6] Dionys. Halic. de comp. verb. t. 5, p. 173. — [7] Cicer. orat. cap. 57, t. 1, p. 469. — [8] Suid. in Ἔφορ. Dio Chrysost. orat. 18, p. 256. — [9] Voss. de hist. Græc. lib. 1, cap. 7. Bayle, dict. art. Théop. — [10] Phot. bibl. p. 392. — [11] Id. ibid. p. 393. — [12] Polyb. excerpt. p. 26. Marcell. vit. Thucyd. — [13] Dionys. Halic. ep. ad Pomp. t. 6, p. 783.

de me borner à décrire les actions de ce prince, j'ai soin de les lier avec l'histoire de presque tous les peuples, dont je rapporte les mœurs et les lois. J'embrasse un objet aussi vaste que celui d'Éphore; mon plan diffère du sien.

A l'exemple de Thucydide, je n'ai rien épargné pour m'instruire des faits: plusieurs des événemens que je raconte se sont passés sous mes yeux; j'ai consulté sur les autres ceux qui en ont été les acteurs ou les témoins [1]: il n'est point de canton dans la Grèce que je n'aie parcouru [2]; il n'en est point où je n'aie contracté des liaisons avec ceux qui ont dirigé les opérations politiques ou militaires. Je suis assez riche pour ne pas craindre la dépense, et trop ami de la vérité pour redouter la fatigue [3].

Une si sotte vanité nous indisposa contre l'auteur; mais il s'engagea tout à coup dans une route si lumineuse, il développa de si grandes connaissances sur les affaires de la Grèce et des autres peuples, tant d'intelligence dans la distribution des faits [4], tant de simplicité, de clarté, de noblesse et d'harmonie dans son style [5], que nous fûmes forcés d'accabler d'éloges l'homme du monde qui méritait le plus d'être humilié.

Cependant il continuait de lire, et notre admiration commençait à se refroidir: vous vîmes reparaître des fables; nous entendîmes des récits incroyables [6]. Il nous dit qu'un homme qui, malgré la défense des dieux, peut entrer dans un temple de Jupiter en Arcadie, jouit pendant toute sa vie d'un privilège singulier: son corps, frappé des rayons du soleil, ne projette plus d'ombre [7]. Il nous dit encore que, dans les premières années du règne de Philippe, on vit tout à coup, en quelques villes de Macédoine, les figuiers, les vignes et les oliviers porter des fruits mûrs au milieu du printemps, et que, depuis cette époque, les affaires de ce prince ne cessèrent de prospérer [8].

Ses digressions sont si fréquentes, qu'elles remplissent près des trois quarts de son ouvrage [9], et quelquefois si longues, qu'on oublie à la fin l'occasion qui les a fait naître [10]. Les harangues qu'il met dans la bouche des généraux au moment du combat, impatientent le lecteur, comme elles auraient lassé les soldats [11].

Son style, plus convenable à l'orateur qu'à l'historien, a de grandes beautés et de grands défauts [12]: il n'est pas assez négligé

[1] Dionys. Halic. epist. ad Pomp. t. 6, p. 783. — [2] Phot. ibid. p. 392. — [3] Athen. lib. 3, cap. 7, p. 85. — [4] Dionys. Halic. epist. ad Pomp. t. 6, p. 782. — [5] Id. ibid. p. 786. — [6] Cicer. de leg. lib. 1, cap. 1, t. 3, p. 116. AElian. var. hist. lib. 3, cap. 18. — [7] Polyb. lib. 16, p. 732. — [8] Theop. ap. Athen. lib. 3, cap. 4, p. 77. — [9] Phot. bibl. p. 393. — [10] Theon. progymn. p. 34. — [11] Plut. præcept. reip. ger. t. x, p. 803. — [12] Quintil. instit. lib. 10, cap. 1, p. 634.

quand il s'agit de l'arrangement des mots ; il l'est trop quand il est question de leur choix. Vous voyez l'auteur quelquefois tourmenter ses périodes pour les arrondir, ou pour en écarter le choc des voyelles [1] ; d'autres fois les défigurer par des expressions ignobles et des ornemens déplacés [2].

Pendant le cours de ces lectures, je me convainquis souvent du mépris ou de l'ignorance des Grecs à l'égard des peuples éloignés. Éphore avait pris l'Ibérie[a] pour une ville [3], et cette erreur ne fut point relevée. J'avais appris, par un marchand phénicien dont le commerce s'étendait jusqu'à Gadir, que l'Ibérie est une région vaste et peuplée. Quelques momens après, Théopompe ayant cité la ville de Rome, on lui demanda quelques détails sur cette ville. Elle est en Italie, répondit-il ; tout ce que j'en sais ; c'est qu'elle fut prise une fois par un peuple des Gaules [4].

Ces deux auteurs s'étant retirés, on leur donna les éloges qu'ils méritaient à bien des égards. Un des assistans, qui était couvert d'un manteau de philosophe, s'écria d'un ton d'autorité : Théopompe est le premier qui ait cité le cœur humain au tribunal de l'histoire : voyez avec quelle supériorité de lumière il creuse dans cet abîme profond, avec quelle impétuosité d'éloquence il met sous nos yeux ses affreuses découvertes. Toujours en garde contre les belles actions, il tâche de surprendre les secrets du vice déguisé sous le masque de la vertu [5].

Je crains bien, lui dis-je, qu'on ne démêle un jour dans ses écrits le poison de la malignité, caché sous les dehors de la franchise et de la probité [6]. Je ne puis souffrir ces esprits chagrins qui ne trouvent rien de pur et d'innocent parmi les hommes. Celui qui se défie sans cesse des intentions des autres m'apprend à me défier des siennes.

Un historien ordinaire, me répondit-on, se contente d'exposer les faits ; un historien philosophe remonte à leurs causes. Pour moi, je hais le crime, et je veux connaître le coupable pour l'accabler de ma haine. Mais il faut du moins, lui dis-je, qu'il soit convaincu. Il est coupable, répondit mon adversaire, s'il avait intérêt de l'être. Qu'on me donne un ambitieux, je dois reconnaître dans toutes ses démarches, non ce qu'il a fait, mais ce qu'il a voulu faire, et je saurai gré à l'historien de me révéler les odieux mystères de cette passion. Comment, lui dis-je,

---

[1] Dionys. Halic. epist. ad Pomp. t. 6, p. 786. Quintil. lib. 9, p. 593. —
[2] Longin. de subl. cap. 42. Demetr. Phaler. de eloc. cap. 75. — [a] L'Espagne.
— [3] Joseph. in App. lib. 1, t. 2, p. 444. — [4] Plin. lib. 3, cap. 5, t. 1, p. 152.
— [5] Dionys. Halic. ibid. p. 785. — [6] Nep. in Alcib. cap. 11. Plut. in Lysand.
t. 1, p. 450. Joseph. ibid. p. 459.

de simples présomptions, qu'on ne risque devant les juges que pour étayer des preuves plus fortes, et qu'en les exposant à la contradiction, suffiront dans l'histoire pour imprimer sur la mémoire d'un homme un opprobre éternel!

Théopompe paraît assez exact dans ses récits; mais il n'est plus qu'un déclamateur quand il distribue à son gré le blâme et la louange. Traite-t-il d'une passion, elle doit être atroce et conséquente. S'agit-il d'un homme contre lequel il est prévenu [1], il juge de son caractère par quelques actions, et du reste de sa vie par son caractère. Il serait bien malheureux que de pareils imposteurs pussent disposer des réputations.

Il le serait bien plus, répliqua-t-on avec chaleur, qu'il ne fût pas permis d'attaquer les réputations usurpées. Théopompe est comme ces juges de l'enfer qui lisent clairement dans le cœur des coupables, comme ces médecins qui appliquent le fer et le feu sur le mal sans offenser les parties saines [2]. Il ne s'arrête à la source des vices qu'après s'être assuré qu'elle est empoisonnée. Et pourquoi donc, répondis-je, se contredit-il lui-même? Il nous annonce au commencement de son ouvrage qu'il ne l'entreprend que pour rendre à Philippe l'hommage dû au plus grand homme qui ait paru en Europe, et bientôt il le représente comme le plus dissolu, le plus injuste et le plus perfide des hommes [3]. Si ce prince daignait jeter un regard sur lui, il le verrait se traîner honteusement à ses pieds. On se récria; j'ajoutai: Apprenez donc qu'à présent même Théopompe compose en l'honneur de Philippe un éloge rempli d'adulation [4]. Qui croire sur ce point? l'historien ou le philosophe?

Ni l'un ni l'autre, répondit Léocrate, ami d'Euclide. C'était un homme de lettres qui, s'étant appliqué à l'étude de la politique et de la morale, méprisait celle de l'histoire. Acusilaüs, disait-il, est convaincu de mensonge par Hellanicus, et ce dernier par Éphore, qui le sera bientôt par d'autres. On découvre tous les jours de nouvelles erreurs dans Hérodote, et Thucydide même n'en est pas exempt [5]. Des écrivains ignorans ou prévenus, des faits incertains dans leur cause et dans leurs circonstances, voilà quelques unes des vices inhérens à ce genre.

En voici les avantages, répondit Euclide: de grandes autorités pour la politique, de grands exemples pour la morale. C'est à l'histoire que les nations de la Grèce sont à tout moment forcées de recourir pour connaître leurs droits respectifs et ter-

---

[1] Lucian. quomod. hist. conscrib. t. 2, p. 67. — [2] Dionys. Halic. epist. ad Pomp. t. 6, p. 785. — [3] Polyb. excerpt. p. 21 et 22. Athen. lib. 6, p. 260; lib. 10, p. 439, etc. — [4] Theon. progymn. p. 15 et 77. — [5] Joseph. in App. lib. 1, t. 2, p. 439.

miner leurs différends ; c'est là que chaque république trouve les titres de sa puissance et de sa gloire ; c'est enfin à son témoignage que remontent sans cesse nos orateurs pour nous éclairer sur nos intérêts. Quant à la morale, ses préceptes nombreux sur la justice, sur la sagesse, sur l'amour de la patrie, valent-ils les exemples éclatans d'Aristide, de Socrate et de Léonidas ?

Nos auteurs varient quelquefois lorsqu'il s'agit de notre ancienne chronologie, ou lorsqu'ils parlent des nations étrangères : nous les abandonnerons, si vous voulez, sur ces articles ; mais depuis nos guerres avec les Perses, où commence proprement notre histoire, elle est devenue le dépôt précieux des expériences que chaque siècle laisse aux siècles suivans [1]. La paix, la guerre, les impositions, toutes les branches de l'administration sont discutées dans des assemblées générales ; ces délibérations se trouvent consignées dans des registres publics ; le récit des grands événemens est dans tous les écrits, dans toutes les bouches ; nos succès, nos traités sont gravés sur des monumens exposés à nos yeux. Quel écrivain serait assez hardi pour contredire des témoins si visibles et si authentiques ?

Direz-vous qu'on se partage quelquefois sur les circonstances d'un fait ? et qu'importe qu'à la bataille de Salamine les Corinthiens se soient bien ou mal comportés [2] ? Il n'en est pas moins vrai qu'à Salamine, à Platée et aux Thermopyles, quelques milliers de Grecs résistèrent à des millions de Perses, et qu'alors fut dévoilée, pour la première fois peut-être, cette grande et insigne vérité, que l'amour de la patrie est capable d'opérer des actions qui semblent être au-dessus des forces humaines.

L'histoire est un théâtre où la politique et la morale sont mises en action : les jeunes gens y reçoivent ces premières impressions qui décident quelquefois de leur destinée ; il faut donc qu'on leur présente de beaux modèles à suivre, et qu'on ne leur inspire que de l'horreur pour le faux héroïsme. Les souverains et les nations peuvent y puiser des leçons importantes ; il faut donc que l'historien soit impassible comme la justice dont il doit soutenir les droits, et sincère comme la vérité dont il prétend être l'organe. Ses fonctions sont si augustes, qu'elles devraient être exercées par des hommes d'une probité reconnue, et sous les yeux d'un tribunal aussi sévère que celui de l'Aréopage. En un mot, dit Euclide en finissant, l'utilité de l'histoire n'est affaiblie que par ceux qui ne savent pas l'écrire, et n'est méconnue que de ceux qui ne savent pas la lire.

---

[1] Thucyd. lib. 1, cap. 22. — [2] Herodot. lib. 8, cap. 94. Dio Chrysost. orat. 37, p. 456.

CHAPITRE LXVI.

Sur les noms propres usités parmi les Grecs.

Platon a fait un traité dans lequel il hasarde plusieurs étymologies sur les noms des héros, des génies et des dieux [1]. Il y prend des licences dont cette espèce de travail n'est que trop susceptible. Encouragé par son exemple, et moins hardi que lui, je place ici quelques remarques touchant les noms propres usités chez les Grecs : le hasard les avait amenées pendant les deux entretiens que je viens de rapporter. Des écarts d'un autre genre ayant, dans ces mêmes séances, arrêté plus d'une fois notre attention sur la philosophie et sur la mort de Socrate, j'appris des détails dont je ferai usage dans le chapitre suivant.

On distingue deux sortes de noms, les uns simples, les autres composés. Parmi les premiers, il en est qui tirent leur origine de certains rapports qu'on avait trouvés entre un tel homme et un tel animal. Par exemple, Léo, *le lion*; Lycos, *le loup*; Moschos, *le veau*; Corax, *le corbeau*; Sauros, *le lézard*; Batrachos, *la grenouille* [2]; Alectryon, *le coq*; etc. [3]. Il en est encore qui paraissent tirés de la couleur du visage : Argos, *le blanc*; Mélas, *le noir*; Xanthos, *le blond*; Pyrrhos, *le roux* [a].

Quelquefois un enfant reçoit le nom d'une divinité, auquel on donne une légère inflexion. C'est ainsi qu'Apollonios vient d'Apollon; Poséidonios, de Poséidon ou Neptune; Démétrios, de Déméter ou Cérès; Athénée, d'Athéné ou Minerve.

Les noms composés sont en plus grand nombre que les simples. Si des époux croient avoir obtenu par leurs prières la naissance d'un fils, l'espoir de leur famille, alors, par reconnaissance, on ajoute, avec un très-léger changement, au nom de la divinité protectrice, le mot doron, qui signifie *présent*. Et de là les noms de Théodore, Diodore, Olympiodore, Hypathodore, Hérodore, Athénodore, Hermodore, Héphestiodore, Héliodore, Asclépiodore, Céphisodore, etc. C'est-à-dire *présent* des dieux, de Jupiter, du dieu d'Olympie, du Très-Haut, de Junon, de Minerve, de Mercure, de Vulcain, du Soleil, d'Esculape, du fleuve Céphise, etc.

Quelques familles prétendent descendre des dieux; et de là

---

[1] Plat. in Cratyl. t. 1, p. 383. — [2] Plin. lib. 36, cap. 5, t. 2, p. 731. — [3] Homer. iliad. lib. 17, v. 602. — [a] Argos est la même chose qu'Argus; Pyrrhos que Pyrrhus, etc., les Latins ayant terminé en *us* les noms propres qui, parmi les Grecs, finissaient en *os*.

les noms de Théogène ou Théagène, *né des dieux*; Diogène, *né de Jupiter*; Hermogène, *né de Mercure*, etc.

C'est une remarque digne d'attention, que la plupart des noms rapportés par Homère sont des marques de distinction. Elles furent accordées comme récompense aux qualités qu'on estimait le plus dans les siècles héroïques ; telles que la valeur, la force, la légèreté à la course, la prudence, et d'autres vertus. Du mot POLÉMOS, qui désigne *la guerre*, on fit Tlépolème[1], c'est-à-dire, *propre à soutenir les travaux de la guerre*[2]; Archéptolème[3], *propre à diriger les travaux de la guerre*.

En joignant au mot MAQUÈ, *combat*, des prépositions, et diverses parties d'oraison qui en modifient le sens d'une manière toujours honorable, on composa les noms d'Amphimaque, d'Antimaque, de Promaque, de Télémaque. En procédant de la même manière sur le mot HÉNORÉA, *force, intrépidité*, on eut Agapénor, *celui qui estime la valeur*[4]; Agénor, *celui qui la dirige*; Prothœnor, *le premier par son courage*[5]; quantité d'autres encore, tels que Alégénor, Anthénor, Éléphénor, Euchénor, Pésénor, Hypsénor, Hypérénor, etc. Du mot DAMAO, *je dompte, je soumets*, on fit Damastor, Amphidamas, Chersidamas, Iphidamas, Polydamas, etc.

De THOOS, *léger à la course*, dérivèrent les noms d'Aréithoos, d'Alcathoos, de Panthoos, de Pirithoos, etc. De NOOS, *esprit, intelligence*, ceux d'Astynoos, Arsinoos, Autonoos, Iphinoos, etc. De MÈDOS, *conseil*, ceux d'Agamède, Eumède, Lycomède, Perimède, Thrasimède. De CLÉOS, *gloire*, ceux d'Amphiclès, Agaclès, Bathyclès, Doriclos, Échéclos, Iphiclos, Patrocle, Cléobule, etc.

Il suit de là que plusieurs particuliers avaient alors deux noms[6], celui que leur avaient donné leurs parens, et celui qu'ils méritèrent par leurs actions; mais le second fit bientôt oublier le premier.

Les titres d'honneur que je viens de rapporter, et d'autres en grand nombre que je supprime, tels que ceux d'Orménos[7], *l'impétueux*, d'Astéropéos[8], *le foudroyant*, se transmettaient aux enfans, pour leur rappeler les actions de leurs pères et les engager à les imiter[9].

Ils subsistent encore aujourd'hui ; et comme ils ont passé dans les différentes classes des citoyens, ils n'imposent aucune

---

[1] Homer. iliad. lib. 2, v. 657. — [2] Etymol. magn. in Τλήπ. — [3] Homer. ibid. lib. 8, v. 128. — [4] Id. ibid. lib. 2, v. 609. Schol. in lib. 8, v. 114. — [5] Schol. ibid. lib. 2, v. 495. — [6] Eustath. in lib. 1, iliad. t. 1, p. 124; id. in lib. 2, p. 351. — [7] Homer. ibid. lib. 8, v. 274. — [8] Id. ibid. lib. 17, v. 217. — [9] Eustath. in iliad. t. 2, p. 650, lin. 35. Schol. Homer. in lib. 2, v. 495.

obligation. Quelquefois même il en résulte un singulier contraste avec l'état ou le caractère de ceux qui les ont reçus dans leur enfance.

Un Perse qui fondait tout son mérite sur l'éclat de son nom vint à Athènes. Je l'avais connu à Suze ; je le menai à la place publique. Nous nous assîmes auprès de plusieurs Athéniens qui conversaient ensemble. Il me demanda leurs noms, et me pria de les lui expliquer. Le premier, lui dis-je, s'appelle Eudoxe, c'est-à-dire, *illustre*, *honorable* ; et voilà mon Perse qui s'incline devant Eudoxe. Le second, repris-je, se nomme Polyclète, ce qui signifie *fort célèbre* ; autre révérence plus profonde. Sans doute, me dit-il, ces deux personnages sont à la tête de la république? Point du tout, répondis-je ; ce sont des gens du peuple à peine connus. Le troisième, qui paraît si faible, se nomme Agasthène, ou peut-être Mégasthène, ce qui signifie *le fort*, ou même *le très-fort*. Le quatrième, qui est si gros et si pesant, s'appelle Prothoos, mot qui désigne *le léger*, *celui qui devance les autres à la course*. Le cinquième, qui vous paraît si triste, se nomme Épicharès, *le gai*. Et le sixième? me dit le Perse avec impatience. Le sixième, c'est Sostrate, c'est-à-dire, *le sauveur de l'armée*. — Il a donc commandé ? — Non, il n'a jamais servi. Le septième, qui s'appelle Clitomaque, *illustre guerrier*, a toujours pris la fuite, et on l'a déclaré infâme. Le huitième s'appelle Dicæus [1], *le juste*. — Eh bien ? — Eh bien, c'est le plus insigne fripon qui existe. J'allais lui citer encore le neuvième, qui s'appelait Evelthon, *le bien venu* [2], lorsque l'étranger se leva et me dit : Voilà des gens qui déshonorent leurs noms. Mais du moins, repris-je, ces noms ne leur inspirent point de vanité.

On ne trouve presque aucune dénomination flétrissante dans Homère. Elles sont plus fréquentes aujourd'hui, mais beaucoup moins qu'on n'aurait dû l'attendre d'un peuple qui est si aisément frappé des ridicules et des défauts.

[1] Herodot. lib. 8, cap. 65. Marmor. Nointel. — [2] Herodot. lib. 4, cap. 162.

CHAPITRE LXVII.

Socrate.

SOCRATE était fils d'un sculpteur nommé Sophronisque[1] : il quitta la profession de son père après l'avoir suivie pendant quelque temps et avec succès[2][a]. Phénarète, sa mère, exerçait celle de sage-femme[3].

Ces belles proportions, ces formes élégantes que le marbre reçoit du ciseau lui donnèrent la première idée de la perfection ; et cette idée s'élevant par degrés, il sentit qu'il devait régner dans l'univers une harmonie générale entre ses parties, et dans l'homme un rapport exact entre ses actions et ses devoirs.

Pour développer ces premières notions, il porta dans tous les genres d'études l'ardeur et l'obstination d'une âme forte et avide d'instruction. L'examen de la nature[4], les sciences exactes[5] et les arts agréables fixèrent tour à tour son attention.

Il parut dans un temps où l'esprit humain semblait tous les jours s'ouvrir de nouvelles sources de lumières. Deux classes d'hommes se chargeaient du soin de les recueillir ou de les répandre ; les philosophes, dont la plupart passaient leur vie à méditer sur la formation de l'univers et sur l'essence des êtres ; les sophistes, qui, à la faveur de quelques notions légères et d'une éloquence fastueuse, se faisaient un jeu de discourir sur tous les objets de la morale et de la politique, sans en éclaircir aucun.

Socrate fréquenta les uns et les autres[6] ; il admira leurs talens, et s'instruisit par leurs écarts. A la suite des premiers, il s'aperçut que plus il avançait dans la carrière, plus les ténèbres s'épaississaient autour de lui : alors il reconnut que la nature, en nous accordant sans peine les connaissances de première nécessité, se fait arracher celles qui sont moins utiles, et nous refuse avec rigueur toutes celles qui ne satisferaient qu'une curiosité inquiète. Ainsi, jugeant de leur importance par le degré d'évidence ou d'obscurité dont elles sont accompagnées, il prit le parti de renoncer à l'étude des premières causes, et de rejeter

---

[1] Plat. in Alcib. 1, t. 2, p. 131. Diog. Laert. lib. 2, § 18.—[2] Id. ibid. § 19. Pausan. lib. 1, cap. 22, p. 53; lib. 9, cap. 35, p. 782. Suid. in Σωκράτ. —[a] Socrate avait fait les statues des trois Grâces qu'on voyait à la porte de la citadelle d'Athènes ; elles étaient voilées, comme on les faisait alors. (Pausan. ibid.)—[3] Plat. in Theæt. t. 1, p. 149.—[4] Id. in Phædon. t. 1, p. 96. —[5] Xenoph. memor. lib. 4, p. 814.—[6] Plat. in Men. t. 2, p. 96. Diog. Laert. lib. 2, § 19.

ces théories abstraites qui ne servent qu'à tourmenter ou à égarer l'esprit[1].

S'il regarda comme inutiles les méditations des philosophes, les sophistes lui parurent d'autant plus dangereux, que, soutenant toutes les doctrines sans en adopter aucune, ils introduisaient la licence du doute dans les vérités les plus essentielles au repos des sociétés.

De ses recherches infructueuses, il conclut que la seule connaissance nécessaire aux hommes était celle de leurs devoirs; la seule occupation digne du philosophe, celle de les en instruire; et, soumettant à l'examen de sa raison les rapports que nous avons avec les dieux et nos semblables, il s'en tint à cette théologie simple dont les nations avaient tranquillement écouté la voix depuis une longue suite de siècles.

Principes de Socrate.

La sagesse suprême conserve dans une éternelle jeunesse l'univers qu'elle a formé[2]; invisible en elle-même, les merveilles qu'elle produit l'annoncent avec éclat; les dieux étendent leur providence sur la nature entière; présens en tous lieux, ils voient tout, ils entendent tout[3]. Parmi cette infinité d'êtres sortis de leurs mains, l'homme, distingué des autres animaux par des qualités éminentes, et surtout par une intelligence capable de concevoir l'idée de la Divinité, l'homme fut toujours l'objet de leur amour et de leur prédilection[4]; ils lui parlent sans cesse par ces lois souveraines qu'ils ont gravées dans son cœur : « Pros-
» ternez-vous devant les dieux; honorez vos parens; faites du
» bien à ceux qui vous en font[5]. » Ils lui parlent aussi par leurs oracles répandus sur la terre, et par une foule de prodiges et de présages, indices de leurs volontés[6].

Qu'on ne se plaigne donc plus de leur silence; qu'on ne dise point qu'ils sont trop grands pour s'abaisser jusqu'à notre faiblesse[7]. Si leur puissance les élève au-dessus de nous, leur bonté nous rapproche d'eux. Mais qu'exigent-ils? le culte établi dans chaque contrée[8]; des prières qui se borneront à solliciter en général leur protection; des sacrifices où la pureté du cœur est plus essentielle que la magnificence des offrandes; il faudrait renoncer à la vie, si les sacrifices des scélérats leur étaient plus agréables que ceux des gens de bien[9]. Ils exigent encore plus :

---

[1] Xenoph. memor. lib. 1, p. 710; lib. 4, p. 815. Diog. Laert. lib. 2, § 21. — [2] Xenoph. cyrop. lib. 8, p. 237; id. memor. lib. 4, p. 802. — [3] Id. memor. lib. 1, p. 711 et 728. — [4] Id. ibid. p. 727; lib. 4, p. 800 et 802. Plat. in Phædon. t. 1, p. 62. — [5] Xenoph. ibid. lib. 4, p. 807 et 808. — [6] Id. ibid. lib. 1, p. 708 et 709; lib. 4, p. 802. — [7] Id. ibid. lib. 1, p. 728. — [8] Id. ibid. lib. 4, p. 803. — [9] Id. ibid. lib. 1, p. 722.

c'est les honorer que de leur obéir [1] ; c'est leur obéir que d'être utile à la société. L'homme d'État qui travaille au bonheur du peuple, le laboureur qui rend la terre plus fertile, tous ceux qui s'acquittent exactement de leurs devoirs, rendent aux dieux le plus beau des hommages [2] ; mais il faut qu'il soit continuel : leurs faveurs sont le prix d'une piété fervente, et accompagnée d'espoir et de confiance [3]. N'entreprenons rien d'essentiel sans les consulter, n'exécutons rien contre leurs ordres [4], et souvenons-nous que la présence des dieux éclaire et remplit les lieux les plus obscurs et les plus solitaires [5].

Socrate ne s'expliqua point sur la nature de la Divinité, mais il s'énonça toujours clairement sur son existence et sur sa providence : vérités dont il était intimement convaincu, et les seules auxquelles il lui fût possible et important de parvenir. Il reconnut un Dieu unique, auteur et conservateur de l'univers [6] ; au-dessous de lui, des dieux inférieurs, formés de ses mains, revêtus d'une partie de son autorité, et dignes de notre vénération. Pénétré du plus profond respect pour le souverain, partout il se fût prosterné devant lui, partout il eût honoré ses ministres, sous quelque nom qu'on les invoquât, pourvu qu'on ne leur attribuât aucune de nos faiblesses, qu'on écartât de leur culte les superstitions qui le défigurent, et qu'on dépouillât la religion des fables que paraissait autoriser la philosophie de Pythagore et d'Empédocle [7]. Les cérémonies pouvaient varier chez les différens peuples ; mais elles devaient être autorisées par les lois, et accompagnées de la pureté d'intention [8].

Il ne rechercha point l'origine du mal qui règne dans le moral ainsi que dans le physique ; mais il connut les biens et les maux qui font le bonheur et le malheur de l'homme, et c'est sur cette connaissance qu'il fonda sa morale.

Le vrai bien est permanent et inaltérable ; il remplit l'âme sans l'épuiser, et l'établit dans une tranquillité profonde pour le présent, dans une entière sécurité pour l'avenir. Il ne consiste donc point dans la jouissance des plaisirs, du pouvoir, de la santé, des richesses et des honneurs. Ces avantages, et tous ceux qui irritent le plus nos désirs, ne sont pas des biens par eux-mêmes, puisqu'ils peuvent être utiles ou nuisibles par l'usage qu'on en fait [9], ou par les effets qu'ils produisent naturellement : les uns sont accompagnés de tourmens, les autres suivis de dé-

---

[1] Xenoph. memor. lib. 4, p. 803. — [2] Id. ibid. lib. 3, p. 780. — [3] Id. ibid. lib. 4, p. 803. — [4] Id. ibid. lib. 1, p. 709. — [5] Id. ibid. p. 728. — [6] Cudw. syst. intellect. cap. 4, § 23. Bruck. hist. philos. t. 1, p. 560, etc. — [7] Xenoph. ibid. lib. 4, p. 803. — [8] Plut. de gen. Socr. t. 2, p. 580. — [9] Plat. in Men. t. 2, p. 88. Xenoph. ibid. lib. 3, p. 777; lib. 4, p. 798.

goûts et de remords ; tous sont détruits dès qu'on en abuse, et l'on cesse d'en jouir dès qu'on craint de les perdre.

Nous n'avons pas de plus justes idées des maux que nous redoutons : il en est, comme la disgrâce, la maladie, la pauvreté, qui, malgré la terreur qu'ils inspirent, procurent quelquefois plus d'avantages que le crédit, les richesses et la santé [1].

Ainsi, placé entre des objets dont nous ignorons la nature, notre esprit flottant et incertain ne discerne qu'à la faveur de quelques lueurs sombres le bon et le mauvais, le juste et l'injuste, l'honnête et le malhonnête [2]; et, comme toutes nos actions sont des choix, et que ces choix sont d'autant plus aveugles qu'ils sont plus importans, nous risquons sans cesse de tomber dans les piéges qui nous entourent. De là tant de contradictions dans notre conduite, tant de vertus fragiles, tant de systèmes de bonheur renversés.

Cependant les dieux nous ont accordé un guide pour nous diriger au milieu de ces routes incertaines : ce guide est la sagesse, qui est le plus grand des biens, comme l'ignorance est le plus grand des maux [3]. La sagesse est une raison éclairée [4], qui, dépouillant de leurs fausses couleurs les objets de nos craintes et de nos espérances, nous les montre tels qu'ils sont en eux-mêmes, fixe l'instabilité de nos jugemens, et détermine notre volonté par la seule force de l'évidence.

A la faveur de cette lumière vive et pure, l'homme est juste, parce qu'il est intimement persuadé que son intérêt est d'obéir aux lois, et de ne faire tort à personne [5]; il est frugal et tempérant, parce qu'il voit clairement que l'excès des plaisirs entraîne, avec la perte de la santé, celle de la fortune et de la réputation [6]; il a le courage de l'âme, parce qu'il connaît le danger et la nécessité de le braver [7]? Ses autres vertus émanent du même principe, ou plutôt elles ne sont toutes que la sagesse appliquée aux différentes circonstances de la vie [8].

Il suit de là que toute vertu est une science qui s'augmente par l'exercice et la méditation [9]; tout vice, une erreur qui, par sa nature, doit produire tous les autres vices [10].

Ce principe, discuté encore aujourd'hui par les philosophes, trouvait des contradicteurs du temps de Socrate. On lui disait : Nous devons nous plaindre de notre faiblesse, et non de notre

---

[1] Xenoph. memor. lib. 4, p. 798 et 799. — [2] Plat. in Alcib. 1, t. 1, p. 117; id. in Protag. t. 1, p. 357. — [3] Id. in Euthyd. t. 1, p. 281. Diog. Laert. lib. 2, § 31. — [4] Xenoph. ibid. p. 812. — [5] Id. ibid. p. 803, 805 et 806. — [6] Plat. in Protag. t. 1, p. 353. — [7] Xenoph. ibid. p. 812. — [8] Id. ibid. lib. 3, p. 778; lib. 4, p. 812. — [9] Id. ibid. lib. 2, p. 754. Aristot. de mor. lib. 6, cap. 13, t. 2, p. 82; id. magn. moral. lib. 1, cap. 1, t. 2, p. 145. — [10] Plat. in Euthyd. t. 1, p. 281; id. in Protag. p. 357.

ignorance; et si nous faisons le mal, ce n'est pas faute de le connaître[1]. Vous ne le connaissez pas, répondait-il : vous le rejetteriez loin de vous, si vous le regardiez comme un mal[2]; mais vous le préférez au bien, parce qu'il vous paraît un bien plus grand encore.

On insistait : Cette préférence, nous la condamnons avant et après nos chutes[3]; mais il est des momens où l'attrait de la volupté nous fait oublier nos principes et nous ferme les yeux sur l'avenir[4]. Et pouvons-nous, après tout, éteindre les passions qui nous asservissent malgré nous ?

Si vous êtes des esclaves, répliquait Socrate, vous ne devez plus compter sur votre vertu, et par conséquent sur le bonheur. La sagesse, qui peut seule le procurer, ne fait entendre sa voix qu'à des hommes libres, ou qui s'efforcent de le devenir[5]. Pour vous rendre votre liberté, elle n'exige que le sacrifice des besoins que la nature n'a pas donnés; à mesure qu'on goûte et qu'on médite ses leçons, on secoue aisément toutes ces servitudes qui troublent et obscurcissent l'esprit : car ce n'est pas la tyrannie des passions qu'il faut craindre, c'est celle de l'ignorance, qui vous livre entre leurs mains en exagérant leur puissance : détruisez son empire, et vous verrez disparaître ces illusions qui vous éblouissent, ces opinions confuses et mobiles que vous prenez pour des principes. C'est alors que l'éclat et la beauté de la vertu font une telle impression sur nos âmes, qu'elles ne résistent plus à l'attrait impérieux qui les entraîne. Alors on peut dire que nous n'avons pas le pouvoir d'être méchans[6], parce que nous n'aurons jamais celui de préférer avec connaissance de cause le mal au bien, ni même un plus petit avantage à un plus grand[7].

Pénétré de cette doctrine, Socrate conçut le dessein aussi extraordinaire qu'intéressant de détruire, s'il en était temps encore, les erreurs et les préjugés qui font le malheur et la honte de l'humanité. On vit donc un simple particulier, sans naissance, sans crédit, sans aucune vue d'intérêt, sans aucun désir de la gloire, se charger du soin pénible et dangereux d'instruire les hommes et de les conduire à la vertu par la vérité; on le vit consacrer sa vie, tous les momens de sa vie à ce glorieux ministère, l'exercer avec la chaleur et la modération qu'inspire l'amour éclairé du bien public, et soutenir, autant qu'il lui était possible, l'empire chancelant des lois et des mœurs.

---

[1] Plat. in Protag. p. 352. — [2] Id. ibid. p. 358, id. in Men. t. 2, p. 77. — [3] Aristot. de mor. lib. 7, cap. 3, t. 2, p. 86. — [4] Plat. in Protag. p. 352 et 356. — [5] Xenoph. memor. lib. 4, p. 808. — [6] Aristot. magn. moral., lib. 1. t. 2, cap. 9, p. 153. — [7] Plat. ibid. t. 1, p. 358; id. in Men. t. 2, p. 77.

Socrate ne chercha point à se mêler de l'administration; il avait de plus nobles fonctions à remplir. En formant de bons citoyens, disait-il, je multiplie les services que je dois à ma patrie [1].

Comme il ne devait ni annoncer ses projets de réforme, ni en accélérer l'exécution, il ne composa point d'ouvrages; il n'affecta point de réunir, à des heures marquées, ses auditeurs auprès de lui [2] : mais, dans les places et les promenades publiques, dans les sociétés choisies, parmi le peuple [3], il profitait de la moindre occasion pour éclairer sur leurs vrais intérêts le magistrat, l'artisan, le laboureur, tous ses frères en un mot; car c'était sous ce point de vue qu'il envisageait tous les hommes [4][a]. La conversation ne roulait d'abord que sur des choses indifférentes; mais par degrés et sans s'en apercevoir, ils lui rendaient compte de leur conduite, et la plupart apprenaient avec surprise que, dans chaque état, le bonheur consiste à être bon parent, bon ami, bon citoyen [5].

Socrate ne se flattait pas que sa doctrine serait goûtée des Athéniens pendant que la guerre du Péloponèse agitait les esprits et portait la licence à son comble; mais il présumait que leurs enfans, plus dociles, la transmettraient à la génération suivante.

Disciples de Socrate.

Il les attirait par les charmes de sa conversation, quelquefois en s'associant à leurs plaisirs, sans participer à leurs excès. Un d'entre eux, nommé Eschine, après l'avoir entendu, s'écria : « Socrate, je suis pauvre; mais je me donne entièrement à vous, c'est tout ce que je puis vous offrir. Vous ignorez, lui » répondit Socrate, la beauté du présent que vous me faites [6]. » Son premier soin était de démêler leur caractère; il les aidait, par ses questions, à mettre au jour leurs idées, et les forçait, par ses réponses, à les rejeter. Des définitions plus exactes dissipaient par degrés les fausses lumières qu'on leur avait données dans une première institution, et des doutes, adroitement exposés, redoublaient leur inquiétude et leur curiosité [7] : car son grand art fut toujours de les amener au point où ils ne pouvaient upporter ni leur ignorance ni leurs faiblesses.

Plusieurs ne purent soutenir cette épreuve; et, rougissant de leur état sans avoir la force d'en sortir, ils abandonnèrent So-

---

[1] Xenoph. memor. lib. 1, p. 732. — [2] Plut. an seni, etc. t. 2, p. 796. — Xenoph. ibid. p. 709. Plut. in apol. t. 1, p. 17. — [4] Plut. de exil. t. 2, p. 600. Cicer. tuscul. lib. 5, cap. 37, t. 2, p. 392. — [a] Socrate disait : Je suis citoyen de l'univers. (Cicer. ibid.) Aristippe : Je suis étranger partout. (Xenoph. memor. lib. 2, p. 736.) Ces deux mots suffisent pour caractériser le maître et le disciple. — [5] Plat. in Lach. t. 2, p. 187. — [6] Diog. Laert. lib. 2, § 34. — [7] Xenoph. ibid. lib. 4, p. 795.

crate, qui ne s'empressa pas de les rappeler [1]. Les autres apprirent, par leur humiliation, à se méfier d'eux-mêmes, et dès cet instant il cessa de tendre des piéges à leur vanité [2]. Il ne leur parlait point avec la rigidité d'un censeur ni avec la hauteur d'un sophiste ; point de reproches amers, point de plaintes importunes ; c'était le langage de la raison et de l'amitié dans la bouche de la vertu.

Il s'attachait à former leur esprit, parce que chaque précepte devait avoir son principe ; il les exerçait dans la dialectique, parce qu'ils auraient à combattre contre les sophismes de la volupté et des autres passions [3].

Jamais homme ne fut moins susceptible de jalousie. Voulaient-ils prendre une légère teinture des sciences exactes, il leur indiquait les maîtres qu'il croyait plus éclairés que lui [4]. Désiraient-ils de fréquenter d'autres écoles, il les recommandait lui-même aux philosophes qu'ils lui préféraient [5] ?

Ses leçons n'étaient que des entretiens familiers, dont les circonstances amenaient le sujet : tantôt il lisait avec eux les écrits des sages qui l'avaient précédé [6] ; il les relisait, parce qu'il savait que, pour persévérer dans l'amour du bien, il faut souvent se convaincre de nouveau des vérités dont on est convaincu : tantôt il discutait la nature de la justice, de la science et du vrai bien [7]. Périsse, s'écriait-il alors, la mémoire de celui qui osa le premier établir une distinction entre ce qui est juste et ce qui est utile [8] ! D'autres fois il leur montrait plus en détail les rapports qui lient les hommes entre eux, et ceux qu'ils ont avec les objets qui les entourent [9]. Soumission aux volontés des parens, quelque dures qu'elles soient ; soumission plus entière aux ordres de la patrie, quelque sévères qu'ils puissent être [10] ; égalité d'âme dans l'une et l'autre fortune [11] ; obligation de se rendre utile aux hommes ; nécessité de se tenir dans un état de guerre contre ses passions, dans un état de paix contre les passions des autres : ces points de doctrine, Socrate les exposait avec autant de clarté que de précision.

De là ce développement d'une foule d'idées nouvelles pour eux ; de là ces maximes prises au hasard parmi celles qui nous restent de lui : que moins on a de besoins, plus on approche de

---

[1] Xenoph. memor. lib. 4, p. 799. — [2] Id. ibid. p. 800. — [3] Id. ibid. p. 810. — [4] Id. ibid. p. 814. — [5] Plat. in Theæt. t. 1, p. 151. Epict. enchir. cap. 46. Arrian. in Epict. lib. 3, cap. 5. Simpl. ibid. p. 311. — [6] Xenoph. ibid. lib. 1, p. 731. — [7] Id. ibid. Plat. passim. — [8] Cicer. de leg. lib. 1, cap. 12, t. 3, p. 126 ; id. de offic. lib. 3, cap. 3, p. 259. — [9] Xenoph. ibid. lib. 4, p. 794. — [10] Plat. in Crit. t. 1, p. 51 ; id. in Protag. p. 346. Xenoph. ibid. lib. 2, p. 741. — [11] Stob. serm. 147, p. 234.

la Divinité[1] ; que l'oisiveté avilit, et non le travail[2] ; qu'un regard arrêté avec complaisance sur la beauté introduit un poison mortel dans le cœur[3] ; que la gloire du sage consiste à être vertueux sans affecter de le paraître, et sa volupté à l'être tous les jours de plus en plus[4] ; qu'il vaut mieux mourir avec honneur que de vivre avec ignominie ; qu'il ne faut jamais rendre le mal pour le mal[5] ; enfin, et c'était une de ces vérités effrayantes sur lesquelles il insistait davantage, que la plus grande des impostures est de prétendre gouverner et conduire les hommes sans en avoir le talent[6].

Eh ! comment en effet la présomption de l'ignorance ne l'aurait-elle pas révolté, lui qui, à force de connaissances et de travaux, croyait à peine avoir acquis le droit d'avouer qu'il ne ne savait rien[7] ; lui qui voyait dans l'État les places les plus importantes obtenues par l'intrigue, et confiées à des gens sans lumières ou sans probité ; dans la société et dans l'intérieur des familles, tous les principes obscurcis, tous les devoirs méconnus ; parmi la jeunesse d'Athènes, des esprits altiers et frivoles, dont les prétentions n'avaient point de bornes, et dont l'incapacité égalait l'orgueil !

Socrate, toujours attentif à détruire la haute opinion qu'ils avaient d'eux-mêmes[8], lisait dans le cœur d'Alcibiade le désir d'être bientôt à la tête de la république, et dans celui de Critias l'ambition de la subjuguer un jour ; l'un et l'autre, distingués par leur naissance et par leurs richesses, cherchaient à s'instruire pour étaler dans la suite leurs connaissances aux yeux du peuple[9]. Mais le premier était plus dangereux, parce qu'il joignait à ces avantages les qualités les plus aimables. Socrate, après avoir obtenu sa confiance, le forçait à pleurer, tantôt sur son ignorance, tantôt sur sa vanité ; et, dans cette confusion de sentimens, le disciple avouait qu'il ne pouvait être heureux ni avec un tel maître, ni sans un tel ami. Pour échapper à sa séduction, Alcibiade et Critias prirent enfin le parti d'éviter sa présence[10].

Des succès moins brillans et plus durables, sans le consoler de cette perte, le dédommageaient de ses travaux. Écarter des emplois publics ceux de ses élèves qui n'avaient pas encore assez d'expérience[11] ; en rapprocher d'autres qui s'en éloignaient par indifférence ou par modestie[12] ; les réunir quand ils étaient divisés[13] ; rétablir le calme dans leurs familles, et l'ordre dans

---

[1] Xenoph. memor. lib. 4, p. 731. — [2] Id. ibid. lib 1, p. 720. — [3] Id. ibid. p. 724. — [4] Id. ibid. p. 730 et 732. — [5] Plat. in Crit. t. 1, p. 49. — [6] Xenoph. ibid. p. 732. — [7] Plat. in Apol. t. 1, p. 21 ; id. in Theæt. t. 1, p. 157. — [8] Xenoph. ibid. lib. 4, p. 791. — [9] Id. ibid. lib. 1, p. 713. — [10] Id. ibid. Plat. in conv. t. 3, p. 215 et 216. — [11] Xenoph. ibid. lib. 3, p. 772. — [12] Id. ibid. p. 774. Diog. Laert. lib. 2, § 29. — [13] Xenoph. ibid. lib. 2, p. 743.

leurs affaires[1]; les rendre plus religieux, plus justes, plus tempérans[2] : tels étaient les effets de cette persuasion douce qu'il faisait couler dans les âmes[3], tels étaient les plaisirs qui transportaient la sienne.

Caractère et mœurs de Socrate.

Il les dut encore moins à ses leçons qu'à ses exemples[4] : les traits suivans montreront qu'il était difficile de le fréquenter sans devenir meilleur[5]. Né avec un extrême penchant pour le vice, sa vie entière fut le modèle de toutes les vertus. Il eut de la peine à réprimer la violence de son caractère, soit que ce défaut paraisse le plus difficile à corriger, soit qu'on se le pardonne plus aisément : dans la suite, sa patience devint invincible. L'humeur difficile de Xantippe, son épouse, ne troubla plus le calme de son âme[6], ni la sérénité qui régnait sur son front[7]. Il leva le bras sur son esclave : Ah! si je n'étais en colère! lui dit-il; et il ne le frappa point[8]. Il avait prié ses amis de l'avertir quand ils apercevraient de l'altération dans ses traits ou dans sa voix[9].

Quoiqu'il fût très-pauvre, il ne retira aucun salaire de ses instructions[10], et n'accepta jamais les offres de ses disciples. Quelques riches particuliers de la Grèce voulurent l'attirer chez eux[11], il les refusa; et quand Archélaüs, roi de Macédoine, lui proposa un établissement à sa cour, il le refusa encore, sous prétexte qu'il n'était pas en état de lui rendre bienfait pour bienfait[12].

Cependant son extérieur n'était point négligé, quoiqu'il se ressentît de la médiocrité de sa fortune. Cette propreté tenait aux idées d'ordre et de décence qui dirigeaient ses actions; et le soin qu'il prenait de sa santé, au désir qu'il avait de conserver son esprit libre et tranquille[13].

Dans ces repas où le plaisir va quelquefois jusqu'à la licence, ses amis admirèrent sa frugalité[14]; et, dans sa conduite, ses ennemis respectèrent la pureté de ses mœurs[15].

Il fit plusieurs campagnes; dans toutes il donna l'exemple de la valeur et de l'obéissance. Comme il s'était endurci depuis

---

[1] Xenoph. memor. lib. 2, p. 741 et 755. — [2] Id. ibid. lib. 1, p. 711; lib. 4, p. 803 et 808. — [3] Id. ibid. lib. 1, p. 713; lib. 4, p. 814. Lucian. in Demonact. t. 2, p. 379. — [4] Xenoph. ibid. lib. 1, p. 712. — [5] Id. ibid. p. 721. — [6] Id. in conv. p. 876. Diog. Laert. lib. 2, § 36. — [7] Cicer. de offic. lib. 1, cap. 26, t. 3, p. 203. AElian. var. hist. lib. 9, cap. 7. — [8] Senec. de irâ, lib. 1, cap. 15. — [9] Id. ibid. lib. 3, cap. 13. — [10] Xenoph. memor. lib. 1, p. 712 et 729. Plat. in apol. t. 1, p. 19. Diog. Laert. lib. 2, § 27. — [11] Id. ibid. § 25. — [12] Senec. de benef. lib. 5, cap. 6. Diog. Laert. ibid. § 25. — [13] Xenoph. ibid. p. 712. Diog. Laert. ibid. § 22. — [14] Xenoph. ibid. p. 723. Diog. Laert. ibid. § 27. — [15] Xenoph. ibid. p. 724.

long-temps contre les besoins de la vie et contre l'intempérie des saisons ¹, on le vit au siége de Potidée, pendant qu'un froid rigoureux retenait les troupes sous les tentes, sortir de la sienne avec l'habit qu'il portait en tout temps, ne prendre aucune précaution, et marcher pieds nus sur la glace ². Les soldats lui supposèrent le projet d'insulter à leur mollesse ; mais il en aurait agi de même s'il n'avait pas eu de témoins.

Au même siége, pendant une sortie que fit la garnison, ayant trouvé Alcibiade couvert de blessures, il l'arracha des mains de l'ennemi, et, quelque temps après, lui fit décerner le prix de la bravoure, qu'il avait mérité lui-même ³.

A la bataille de Délium, il se retira des derniers, à côté du général, qu'il aidait de ses conseils, marchant à petits pas et toujours combattant, jusqu'à ce qu'ayant aperçu le jeune Xénophon, épuisé de fatigue et renversé de cheval, il le prit sur ses épaules et le mit en lieu de sûreté⁴. Lachès, c'était le nom du général, avoua depuis qu'il aurait pu compter sur la victoire, si tout le monde s'était comporté comme Socrate ⁵.

Ce courage ne l'abandonnait pas dans des occasions peut-être plus périlleuses. Le sort l'avait élevé au rang de sénateur ; en cette qualité, il présidait, avec quelques autres membres du sénat, à l'assemblée du peuple. Il s'agissait d'une accusation contre des généraux qui venaient de remporter une victoire signalée : on proposait une forme de jugement aussi vicieuse par son irrégularité que funeste à la cause de l'innocence. La multitude se soulevait à la moindre contradiction, et demandait qu'on mît les opposans au nombre des accusés. Les autres présidens, effrayés, approuvèrent le décret : Socrate seul, intrépide au milieu des clameurs et des menaces, protesta que, ayant fait le serment de juger conformément aux lois, rien ne le forcerait à le violer ; et il ne le viola point⁶.

Socrate plaisantait souvent de la ressemblance de ses traits avec ceux auxquels on reconnaît le dieu Silène⁷. Il avait beaucoup d'agrémens et de gaieté dans l'esprit, autant de force que de solidité dans le caractère, un talent particulier pour rendre la vérité sensible et intéressante ; point d'ornemens dans ses discours, souvent de l'élévation, toujours la propriété du terme, ainsi que l'enchaînement et la justesse des idées. Il disait qu'Aspasie lui avait donné des leçons de rhétorique⁸ ; ce qui signifiait

---

¹ Xenoph. memor. lib. 1, p. 711, 729. — ² Plat. in conv. t. 3, p. 220. — ³ Id. ibid. Plut. in Alcib. t. 1, p. 194. Diog. Laert. lib. 2, § 23. — ⁴ Plat. ibid. p. 221. Strab. lib. 9, p. 403. Diog. Laert. ibid. § 22. — ⁵ Plat. in Lach. t. 2, p. 181. — ⁶ Xenoph. hist. græc. t. 1, lib. 1, p. 449 ; id. memor. lib. 1, p. 711 ; lib. 4, p. 803. — ⁷ Id. in conv. p. 883. Plat. in Theæt. t. 1, p. 143 ; id. in conv. t. 3, p. 215. — ⁸ Id. in Menex. t. 2, p. 235.

sans doute qu'il avait appris auprès d'elle à s'exprimer avec plus de grâces. Il eut des liaisons avec cette femme célèbre, avec Périclès, Euripide, et les hommes les plus distingués de son siècle ; mais ses disciples furent toujours ses véritables amis ; il en était adoré [1], et j'en ai vu qui, long-temps après sa mort, s'attendrissaient à son souvenir.

Génie de Socrate.

Pendant qu'il conversait avec eux, il leur parlait fréquemment d'un génie qui l'accompagnait depuis son enfance [2], et dont les inspirations ne l'engageaient jamais à rien entreprendre, mais l'arrêtaient souvent sur le point de l'exécution [3]. Si on le consultait sur un projet dont l'issue dût être funeste, la voix secrète se faisait entendre ; s'il devait réussir, elle gardait le silence. Un de ses disciples, étonné d'un langage si nouveau, le pressa de s'expliquer sur la nature de cette voix céleste, et n'obtint aucune réponse [4] : un autre s'adressa pour le même sujet à l'oracle de Trophonius, et sa curiosité ne fut pas mieux satisfaite [5]. Les aurait-il laissés dans le doute, si, par ce génie, il prétendait désigner cette prudence rare que son expérience lui avait acquise ? Voulait-il les engager dans l'erreur et s'accréditer dans leur esprit, en se montrant à leurs yeux comme un homme inspiré ? Non, me répondit Xénophon, à qui je proposais un jour ces questions : jamais Socrate ne déguisa la vérité, jamais il ne fut capable d'une imposture : il n'était ni assez vain ni assez imbécile pour donner de simples conjectures comme de véritables prédictions ; mais il était convaincu lui-même, et quand il nous parlait au nom de son génie, c'est qu'il en ressentait intérieurement l'influence [6].

Un autre disciple de Socrate, nommé Cimmias, que je connus à Thèbes, attestait que son maître, persuadé que les dieux ne se rendent pas visibles aux mortels, rejetait les apparitions dont on lui faisait le récit ; mais qu'il écoutait et interrogeait avec l'intérêt le plus vif ceux qui croyaient entendre au dedans d'eux-mêmes les accens d'une voix divine [7].

Si l'on ajoute à ces témoignages formels, que Socrate a protesté jusqu'à sa mort que les dieux daignaient quelquefois lui communiquer une portion de leur prescience [8] ; qu'il racontait, ainsi que ses disciples, plusieurs de ses prédictions que l'événe-

---

[1] Xenoph. memor. lib. 1, p. 731; lib. 2, p. 746 et 752; lib. 4, p. 817. Lucian. in Damonact. t. 2, p. 379. — [2] Plat. in Theag. t. 1, p. 128. — [3] Id. ibid.; id. in Phæd. t. 3, p. 242. Cicer. de divin. lib. 1, cap. 54, t. 3, p. 45. — [4] Plut. de gen. Socr. t. 2, p. 588. — [5] Id. ibid. p. 590. — [6] Xenoph. ibid. lib. 1, p. 708. — [7] Plut. ibid. p. 588. — [8] Plat. in apol. t. 1, p. 31. Diog. Laert. lib. 2, § 32.

ment avait justifiées¹; que quelques unes firent beaucoup de bruit parmi les Athéniens, et qu'il ne songea point à les démentir²; on verra clairement qu'il était de bonne foi, lorsqu'en parlant de son génie, il disait qu'il éprouvait en lui-même ce qui n'était peut-être jamais arrivé à personne³.

En examinant ses principes et sa conduite, on entrevoit par quels degrés il parvint à s'attribuer une pareille prérogative. Attaché à la religion dominante, il pensait, conformément aux traditions anciennes, adoptées par des philosophes⁴, que les dieux, touchés des besoins et fléchis par les prières de l'homme de bien, lui dévoilent quelquefois l'avenir par différens signes⁵. En conséquence, il exhortait ses disciples, tantôt à consulter les oracles, tantôt à s'appliquer à l'étude de la divination⁶. Lui-même, docile à l'opinion du plus grand nombre⁷, était attentif aux songes, et leur obéissait comme à des avertissemens du ciel⁸. Ce n'est pas tout encore; souvent plongée pendant des heures entières dans la contemplation, son âme, pure et dégagée des sens, remontait insensiblement à la source des devoirs et des vertus : or, il est difficile de se tenir long-temps sous les yeux de la Divinité sans oser l'interroger, sans écouter sa réponse, sans se familiariser avec les illusions que produit quelquefois la contention d'esprit. D'après ces notions, doit-on s'étonner que Socrate prît quelquefois ses pressentimens pour des inspirations divines, et rapportât à une cause surnaturelle les effets de la prudence ou du hasard?

Cependant on trouve dans l'histoire de sa vie des faits qui porteraient à soupçonner la droiture de ses intentions. Que penser en effet d'un homme qui, suivi de ses disciples, s'arrête tout à coup, se recueille long-temps en lui-même, écoute la voix de son génie, et leur ordonne de prendre un autre chemin, quoiqu'ils n'eussent rien à risquer en suivant le premier⁹ᵃ?

Je cite un second exemple. Au siége de Potidée, on s'aperçut que depuis le lever de l'aurore il était hors de sa tente, immobile, enseveli dans une méditation profonde, exposé à l'ardeur brûlante du soleil; car c'était en été. Les soldats s'assemblèrent au-

---

¹ Xenoph. apol. p. 703. Plut. ibid. p. 581. AElian. var. hist. lib. 8, cap. 1.
— ² Plut. de gen. Socr. t. 2, p. 581. — ³ Plat. de rep. lib. 6, t. 2, p. 496. —
⁴ Cicer. de divin. lib. 1, cap. 3 et 43. — ⁵ Xenoph. memor. lib. 1, p. 723. —
⁶ Id. ibid. lib. 4, p. 815. — ⁷ Aristot. de divin. cap. 1, t. 1, p. 697. — ⁸ Plat. in Crit. t 1, p. 44 : id. in Phædon. p. 61. Cicer. ibid. cap. 25, t. 3, p. 22.
— ⁹ Plut. ibid. p. 580. — ᵃ Quelques uns de ses disciples continuèrent leur chemin, malgré l'avis du génie, et rencontrèrent un troupeau de cochons qui les couvrirent de boue. C'est Théocrite, disciple de Socrate, qui raconte ce fait dans Plutarque, et qui prend à témoin Cimmias, autre disciple de Socrate.

tour de lui, et, dans leur admiration, se le montraient les uns aux autres. Le soir, quelques uns d'entre eux résolurent de passer la nuit à l'observer. Il resta dans la même position jusqu'au jour suivant. Alors il rendit son hommage au soleil, et se retira tranquillement dans sa tente [1].

Voulait-il se donner en spectacle à l'armée? Son esprit pouvait-il suivre pendant si long-temps le fil d'une vérité? Ses disciples, en nous transmettant ces faits, en ont-ils altéré les circonstances? Convenons plutôt que la conduite des hommes les plus sages et les plus vertueux présente quelquefois des obscurités impénétrables.

Préventions contre Socrate.

Quoi qu'il en soit, malgré les prédictions qu'on attribuait à Socrate, les Athéniens n'eurent jamais pour lui la considération qu'il méritait à tant de titres. Sa méthode devait les aliéner ou les offenser. Les uns ne pouvaient lui pardonner l'ennui d'une discussion qu'ils n'étaient pas en état de suivre; les autres, l'aveu qu'il leur arrachait de leur ignorance.

Comme il voulait que, dans la recherche de la vérité, on commençât par hésiter et se méfier des lumières qu'on avait acquises, et que, pour dégoûter ses nouveaux élèves des fausses idées qu'ils avaient reçues, il les amenait, de conséquences en conséquences, au point de convenir que, suivant leurs principes, la sagesse même pourrait devenir nuisible, les assistans, qui ne pénétraient pas ses vues, l'accusaient de jeter ses disciples dans le doute, de soutenir le pour et le contre, de tout détruire, et de ne rien édifier [2].

Comme auprès de ceux dont il n'était pas connu, il affectait de ne rien savoir, et dissimulait d'abord ses forces pour les employer ensuite avec plus de succès, on disait que, par une ironie insultante, il ne cherchait qu'à tendre des piéges à la simplicité des autres [3] [a].

Comme la jeunesse d'Athènes, qui voyait les combats des gens d'esprit avec le même plaisir qu'elle aurait vu ceux des animaux féroces, applaudissait à ses victoires, et se servait, à la moindre occasion, des armes qui les lui avaient procurées, on inférait de là qu'elle ne puisait à sa suite que le goût de la dispute et de la contradiction [4]. Les plus indulgens observaient seulement qu'il avait assez de talens pour inspirer à ses élèves l'amour

---

[1] Plat. in conv. t. 3, p. 220. Phavor. ap. Aul. Gell. lib. 2, cap. 1. Diog. Laert. lib. 2, § 23. — [2] Plat. in Men. t. 2, p. 80 et 84. Xenoph. memor. lib. 4, p. 805. — [3] Tim. ap. Diog. Laert. ibid. § 19. Xenoph. ibid. — [a] Voyez la note XL à la fin du volume. — [4] Plat. in apol. t. 1, p. 23.

de la sagesse, et point assez pour leur en faciliter la pratique [1].

Il assistait rarement au spectacle; et, en blâmant l'extrême licence qui régnait alors dans les comédies, il s'attira la haine de leurs auteurs [2].

De ce qu'il ne paraissait presque jamais à l'assemblée du peuple, et qu'il n'avait ni crédit ni aucun moyen d'acheter ou de vendre des suffrages, plusieurs se contentèrent de le regarder comme un homme oisif, inutile, qui n'annonçait que des réformes et ne promettait que des vertus.

De cette foule de préjugés et de sentimens réunis il résulta l'opinion presque générale que Socrate n'était qu'un sophiste plus habile, plus honnête, mais peut-être plus vain que les autres [3]. J'ai vu des Athéniens éclairés lui donner cette qualification long-temps après sa mort [4]; et, de son vivant, quelques auteurs l'employèrent avec adresse pour se venger de ses mépris.

Aristophane, Eupolis, Amipsias, le jouèrent sur le théâtre [5], comme ils se permirent de jouer Périclès, Alcibiade, et presque tous ceux qui furent à la tête du gouvernement; comme d'autres auteurs dramatiques y jouèrent d'autres philosophes [6]: car il régnait alors de la division entre ces deux classes de gens de lettres [7].

Il fallait jeter du ridicule sur le prétendu génie de Socrate, et sur ses longues méditations; Aristophane le représente suspendu au-dessus de la terre, assimilant ses pensées à l'air subtil et léger qu'il respire [8], invoquant les déesses tutélaires des sophistes, les Nuées, dont il croit entendre la voix au milieu des brouillards et des ténèbres qui l'environnent [9]. Il fallait le perdre dans l'esprit du peuple; il l'accuse d'apprendre aux jeunes gens à mépriser les dieux, à tromper les hommes [10].

Aristophane présenta sa pièce au concours; elle reçut des applaudissemens, et ne fut pas couronnée [11]: il la remit au théâtre l'année d'après, et elle n'eut pas un meilleur succès: il la retoucha de nouveau; mais des circonstances l'empêchèrent d'en donner une troisième représentation [12]. Socrate, à ce qu'on prétend, ne dédaigna pas d'assister à la première, et de se montrer à des étrangers qui le cherchaient des yeux dans l'assemblée [13]. De pareilles attaques n'ébranlaient pas plus sa constance que les

---

[1] Xenoph. memor. lib. 1, p. 725. — [2] AElian. var. hist. lib. 2, cap. 13. — [3] Amcips. ap. Diog. Laert. lib. 2, § 28. — [4] AEschin. in Timarch. p. 287. — [5] Schol. Aristoph. in nub. v. 96. Diog. Laert. ibid. Senec. de vit. beat. cap. 27. — [6] Senec. ibid. — [7] Plat. de rep. lib. 10, t. 2, p. 607. Argum. nub. p. 50. — [8] Aristoph. in nub. v. 229. — [9] Id. ibid. v. 291 et 329. — [10] Id. ibid. v. 112 et 246. — [11] Id. ibid. v. 525. — [12] Schol. Aristoph. p. 51. Sam. Pet. miscell. lib. 1, cap. 6. Palmer. exercit. p. 729. — [13] AElian. var. hist. lib. 2, cap. 13.

autres événemens de la vie [1]. « Je dois me corriger, disait-il, si
» les reproches de ces auteurs sont fondés; les mépriser, s'ils ne
» le sont pas. » On lui rapportait un jour qu'un homme disait du
mal de lui : « C'est, répondit-il, qu'il n'a pas appris à bien parler [2]. »

Accusation contre Socrate.

Depuis la représentation des *Nuées*, il s'était écoulé environ vingt-quatre ans. Il semblait que le temps de la persécution était passé pour lui, lorsque tout à coup il apprit qu'un jeune homme venait de présenter au second des archontes [3] une dénonciation conçue en ces termes : « Mélitus, fils de Mélitus, du bourg de
» Pithos, intente une accusation criminelle contre Socrate, fils
» de Sophronisque, du bourg d'Alopèce. Socrate est coupable
» en ce qu'il n'admet pas nos dieux, et qu'il introduit parmi
» nous des divinités nouvelles sous le nom de génies : Socrate
» est coupable en ce qu'il corrompt la jeunesse d'Athènes : pour
» peine, la mort [4]. »

Mélitus était un poëte froid et sans talens; il composa quelques tragédies, dont le souvenir ne se perpétuera que par les plaisanteries d'Aristophane [5]. Deux accusateurs plus puissans que lui, Anytus et Lycon, le firent servir d'instrument à leur haine [6]. Ce dernier était un de ces orateurs publics qui, dans les assemblées du sénat et du peuple, discutent les intérêts de la patrie, et disposent de l'opinion de la multitude, comme la multitude dispose de tout [7]. Ce fut lui qui dirigea les procédures [8].

Des richesses considérables et des services signalés rendus à l'Etat plaçaient Anytus parmi les citoyens qui avaient le plus de crédit [9]. Il remplit successivement les premières dignités de la république [10]. Zélé partisan de la démocratie, persécuté par les trente tyrans, il fut un de ceux qui contribuèrent le plus à leur expulsion et au rétablissement de la liberté [11].

Anytus avait long-temps vécu en bonne intelligence avec Socrate : il le pria même une fois de donner quelques instructions à son fils, qu'il avait chargé des détails d'une manufacture dont il tirait un gros revenu. Mais Socrate lui ayant représenté que ces fonctions avilissantes ne convenaient ni à la dignité du père, ni aux dispositions du fils [12], Anytus, blessé de cet avis, défendit au jeune homme tout commerce avec son maître.

---

[1] Senec. de const. sap. cap. 18. — [2] Diog. Laert. lib. 2, § 36. — [3] Plat. in Euthyphr. t. 1, p. 2. — [4] Id. in apol. t. 1, p. 24. Xenoph. memor. lib. 1, p. 708. Phavor. ap. Diog. Laert. ibid. § 40. — [5] Aristoph. in ran. v. 1337. Schol. ibid. Suid. in Μέλητ. — [6] Plat. ibid. p. 23. Antisth. ap. Diog. Laert. ibid. § 39. — [7] Aristot. de rep. lib. 4, cap. 4, t. 2, p. 369. — [8] Diog. Laert. ibid. § 38. — [9] Isocr. in Callimach. t. 2, p. 495. — [10] Lys. in Agorat. p. 261; id. in Dardan. p. 388. — [11] Xenoph. hist. græc. lib. 2, p. 468. — [12] Id. in apol. p. 706 et 707.

Quelque temps après, Socrate examinait avec Ménon, un de ses amis, si l'éducation pouvait donner les qualités de l'esprit et du cœur refusées par la nature. Anytus survint, et se mêla de la conversation. La conduite de son fils, dont il négligeait l'éducation, commençait à lui donner de l'inquiétude. Dans la suite du discours, Socrate observa que les enfans de Thémistocle, d'Aristide et de Périclès, entourés de maîtres de musique, d'équitation et de gymnastique, se distinguèrent dans ces différens genres, mais qu'ils ne furent jamais aussi vertueux que leurs pères : preuve certaine, ajoutait-il, que ces derniers ne trouvèrent aucun instituteur en état de donner à leurs fils le mérite qu'ils avaient eux-mêmes. Anytus, qui se plaçait à côté de ces grands hommes, sentit ou supposa l'allusion. Il répondit avec colère : « Vous parlez des autres avec une licence intolérable. » Croyez-moi, soyez plus réservé ; ici plus qu'ailleurs il est aisé » de faire du bien ou du mal à qui l'on veut, et vous devez le » savoir[1]. »

A ces griefs personnels s'en joignaient d'autres qui aigrissaient Anytus, et qui lui étaient communs avec la plus grande partie de la nation. Il faut les développer pour faire connaître la principale cause de l'accusation contre Socrate[2].

Deux factions ont toujours subsisté parmi les Athéniens, les partisans de l'aristocratie et ceux de la démocratie. Les premiers, presque toujours asservis, se contentaient, dans les temps heureux, de murmurer en secret : dans les malheurs de l'État, et surtout vers la fin de la guerre du Péloponèse, ils firent quelques tentatives pour détruire la puissance excessive du peuple. Après la prise d'Athènes, les Lacédémoniens permirent aux habitans de nommer trente magistrats à qui ils confièrent le gouvernement de la ville, et qui, pour la plupart, furent choisis parmi les partisans de l'aristocratie. Critias, un des disciples de Socrate, était à leur tête. Dans l'espace de huit mois, ils exercèrent plus de cruautés que le peuple n'en avait exercé pendant plusieurs siècles. Quantité de citoyens, obligés d'abord de prendre la fuite, se réunirent enfin sous la conduite de Thrasybule et d'Anytus. L'oligarchie fut détruite[a], l'ancienne forme de gouvernement rétablie ; et, pour prévenir désormais toute dissension, une amnistie presque générale accorda le pardon et ordonna l'oubli du passé. Elle fut publiée et garantie sous la foi du serment, trois ans avant la mort de Socrate[3].

Le peuple prêta le serment, mais il se rappelait avec frayeur

---

[1] Plat. in Men. t. 2, p. 94. — [2] Observations manuscrites de M. Fréret, sur la condamnation de Socrate. — [a] Voyez, sur cette révolution, la fin de l'introduction. — [3] Andoc. de myst. p. 12.

qu'il avait été dépouillé de son autorité, qu'il pouvait à tout moment la perdre encore, qu'il était dans la dépendance de cette Lacédémone si jalouse d'établir partout l'oligarchie, que les principaux citoyens d'Athènes entretenaient des intelligences avec elle, et se trouvaient animés des mêmes sentimens. Et que ne ferait pas cette faction cruelle dans d'autres circonstances, puisqu'au milieu des ruines de la république il avait fallu tant de sang pour assouvir sa fureur ?

Les flatteurs du peuple redoublaient ses alarmes, en lui représentant que des esprits ardens s'expliquaient tous les jours avec une témérité révoltante contre la nature du gouvernement populaire; que Socrate, le plus dangereux de tous, parce qu'il était le plus éclairé, ne cessait d'infecter la jeunesse d'Athènes par des maximes contraires à la constitution établie; qu'on lui avait entendu dire plus d'une fois qu'il fallait être insensé pour confier les emplois et la conduite de l'État à des magistrats qu'un sort aveugle choisissait parmi le plus grand nombre des citoyens[1]; que, docile à ses leçons, Alcibiade, outre les maux dont il avait accablé la république[2], avait en dernier lieu conspiré contre sa liberté; que dans le même temps Critias et Théramène, deux autres de ses disciples, n'avaient pas rougi de se placer à la tête des trente tyrans; qu'il fallait enfin réprimer une licence dont les suites, difficiles à prévoir, seraient impossibles à éviter.

Mais quelle action intenter contre Socrate? On n'avait à lui reprocher que des discours sur lesquels les lois n'avaient rien statué, et qui par eux-mêmes ne formaient pas un corps de délit, puisqu'ils n'avaient pas une liaison nécessaire avec les malheurs dont on avait à se plaindre: d'ailleurs, en les établissant comme l'unique base de l'accusation, on risquait de réveiller l'animosité des partis, et l'on était obligé de remonter à des événemens sur lesquels l'amnistie imposait un silence absolu.

La trame ourdie par Anytus parait à ces inconvéniens, et servait à la fois sa haine personnelle et la vengeance du parti populaire. L'accusateur, en poursuivant Socrate comme un impie, devait se flatter de le perdre; parce que le peuple recevait toujours avec ardeur ces sortes d'accusations[3], et qu'en confondant Socrate avec les autres philosophes, il était persuadé qu'ils ne pouvaient s'occuper de la nature sans nier l'existence des dieux[4]. D'ailleurs la plupart des juges, ayant autrefois assisté à la représentation des *Nuées* d'Aristophane, avaient conservé contre Socrate ces impressions sourdes que, dans une grande ville, il est si facile de recevoir et si difficile de détruire[5].

[1] Xenoph. memor. lib. 1, p. 712. — [2] Id. ibid. p. 713. — [3] Plat. in Euthyphr. t. 1, p. 3. — [4] Id. in apol. t. 1, p. 18. — [5] Id. ibid. p. 19.

D'un autre côté, Mélitus, en le poursuivant comme le corrupteur de la jeunesse, pouvait, à la faveur d'une allégation si vague, rappeler incidemment et sans risques des faits capables de soulever les juges et d'effrayer les partisans du gouvernement populaire.

Le secret de cette marche n'a pas échappé à la postérité ; environ cinquante-quatre ans après la mort de Socrate, l'orateur Eschine, avec qui j'étais fort lié, disait, en présence du même tribunal où fut plaidée la cause de ce philosophe : « Vous qui
» avez mis à mort le sophiste Socrate convaincu d'avoir donné
» des leçons à Critias, l'un de ces trente magistrats qui détrui-
» sirent la démocratie [1]. »

Pendant les premières procédures, Socrate se tenait tranquille : ses disciples, dans l'effroi, s'empressaient de conjurer l'orage : le célèbre Lysias fit pour lui un discours touchant, et capable d'émouvoir les juges ; Socrate y reconnut les talens de l'orateur : mais il n'y trouva point le langage vigoureux de l'innocence [2].

Un de ses amis, nommé Hermogène, le priait un jour de travailler à sa défense [3]. « Je m'en suis occupé depuis que je res-
» pire, répondit Socrate : qu'on examine ma vie entière, voilà
» mon apologie. »

« Cependant, reprit Hermogène, la vérité a besoin de sou-
» tien ; et vous n'ignorez pas combien, dans nos tribunaux,
» l'éloquence a perdu de citoyens innocens, et sauvé de cou-
» pables. Je le sais, répliqua Socrate ; j'ai même deux fois en-
» trepris de mettre en ordre mes moyens de défense ; deux fois
» le génie qui m'éclaire m'en a détourné, et j'ai reconnu la sa-
» gesse de ses conseils.

» J'ai vécu jusqu'à présent le plus heureux des mortels ; j'ai
» comparé souvent mon état à celui des autres hommes, et je
» n'ai envié le sort de personne. Dois-je attendre que les infir-
» mités de la vieillesse me privent de l'usage de mes sens, et
» qu'en affaiblissant mon esprit, elles ne me laissent que des
» jours inutiles ou destinés à l'amertume [4] ? Les dieux, suivant
» les apparences, me préparent une mort paisible, exempte de
» douleur, la seule que j'eusse pu désirer. Mes amis, témoins
» de mon trépas, ne seront frappés ni de l'horreur du spectacle,
» ni des faiblesses de l'humanité ; et, dans mes derniers mo-
» mens, j'aurai encore assez de force pour lever mes regards

---

[1] AEschin. in Timarch. p. 287. — [2] Cicer. de orat. lib. 1, cap. 54, t. 1, p. 182. Diog. Laert. lib. 2, § 40. Val. Max. lib. 6, cap. 4, extern. n°. 2. — [3] Xenoph. in apol. p. 701 ; id. memor. lib. 4, p. 816. — [4] Id. ibid. p. 817.

» sur eux, et leur faire entendre les sentimens de mon cœur¹.

» La postérité prononcera entre mes juges et moi : tandis
» qu'elle attachera l'opprobre à leur mémoire, elle prendra
» quelque soin de la mienne, et me rendra cette justice, que,
» loin de songer à corrompre mes compatriotes, je n'ai travaillé
» qu'à les rendre meilleurs². »

Telles étaient ses dispositions, lorsqu'il fut assigné pour comparaître devant le tribunal des Héliastes, auquel l'archonte-roi venait de renvoyer l'affaire, et qui, dans cette occasion, fut composé d'environ cinq cents juges³.

Mélitus et les autres accusateurs avaient concerté leurs attaques à loisir : dans leurs plaidoyers, soutenus de tout le prestige de l'éloquence⁴, ils avaient rassemblé, avec un art infini, beaucoup de circonstances propres à prévenir les juges. Je vais rapporter quelques unes de leurs allégations, et les réponses qu'elles occasionèrent.

*Premier délit de Socrate. Il n'admet pas les divinités d'Athènes, quoique, suivant la loi de Dracon, chaque citoyen soit obligé de les honorer*⁵.

La réponse était facile : Socrate offrait souvent des sacrifices devant sa maison ; souvent il en offrait pendant les fêtes sur les autels publics ; tout le monde avait pu en être témoin, et Mélitus lui-même, s'il avait daigné y faire attention⁶. Mais, comme l'accusé s'élevait contre les pratiques superstitieuses qui s'étaient introduites dans la religion⁷, et qu'il ne pouvait souffrir les haines et toutes ces passions honteuses qu'on attribuait aux dieux⁸, il était aisé de le noircir aux yeux de ceux à qui une piété éclairée est toujours suspecte.

Mélitus ajoutait que, sous le nom de génies, Socrate prétendait introduire parmi les Athéniens des divinités étrangères, et qu'une telle audace méritait d'être punie conformément aux lois. Dans cet endroit, l'orateur se permit des plaisanteries sur cet esprit dont le philosophe se glorifiait de ressentir l'inspiration secrète⁹.

Cette voix, répondit Socrate, n'est pas celle d'une divinité nouvelle, c'est celle des dieux que nous adorons. Vous convenez tous qu'ils prévoient l'avenir, et qu'ils peuvent nous en instruire : ils s'expliquent aux uns par la bouche de la Pythie ; aux autres,

---

¹ Xenoph. in apol. p. 702. — ² Id. ibid. p. 706; id. memor. lib. 4, p. 817. — ³ Mém. de l'acad. des bell. lettr. t. 18, p. 83. Observations manuscrites de M. Fréret, sur la condamnation de Socrate. — ⁴ Plat. in apol. t. 1, p. 17. — ⁵ Porphyr. de abstin. lib. 4, p. 380. — ⁶ Xenoph. in apol. p. 703; id. memor. lib. 1, p. 708. Theodect. ap. Aristot. rhet. lib. 2, cap. 23, t. 2, p. 577. — ⁷ Plut. de gen. Socr. t. 2, p. 580. — ⁸ Plat. in Euthyphr. t. 1, p. 6. — ⁹ Plat. in apol. t. 1, p. 31.

par différens signes; à moi, par un interprète dont les oracles sont préférables aux indications que l'on tire du vol des oiseaux : car mes disciples témoigneront que je ne leur ai rien prédit qui ne leur soit arrivé.

A ces mots, les juges firent entendre des murmures de mécontentement[1]. Mélitus l'aurait augmenté, s'il avait observé qu'en autorisant les révélations de Socrate, on introduirait tôt ou tard le fanatisme dans un pays où les imaginations sont si faciles à ébranler, et que plusieurs se feraient un devoir d'obéir plutôt aux ordres d'un esprit particulier qu'à ceux des magistrats. Il paraît que Mélitus n'entrevit pas ce danger[2].

Second délit de Socrate. *Il corrompt la jeunesse d'Athènes.* Il ne s'agissait pas des mœurs de l'accusé, mais de sa doctrine : on disait que ses disciples n'apprenaient à sa suite qu'à briser les liens du sang et de l'amitié[3]. Ce reproche, uniquement fondé sur quelques expressions malignement interprétées, ne servit qu'à déceler la mauvaise foi de l'accusateur. Mais Mélitus reprit ses avantages quand il insinua que Socrate était ennemi du peuple; il parla des liaisons de ce philosophe avec Alcibiade et Critias[4]. On répondit qu'ils montrèrent des vertus tant qu'ils furent sous sa conduite; que leur maître avait dans tous les temps condamné les excès du premier; et que, pendant la tyrannie du second, il fut le seul qui osa s'opposer à ses volontés.

Enfin disait Mélitus aux juges, c'est par la voie du sort que vous avez été établis pour rendre la justice, et que plusieurs d'entre vous ont rempli des magistratures importantes. Cette forme, d'autant plus essentielle qu'elle peut seule conserver entre les citoyens une sorte d'égalité, Socrate la soumet à la censure; et la jeunesse d'Athènes, à son exemple, cesse de respecter ce principe fondamental de la constitution[5].

Socrate, en s'expliquant sur un abus qui confiait au hasard la fortune des particuliers et la destinée de l'État, n'avait dit que ce que pensaient les Athéniens les plus éclairés[6]. D'ailleurs de pareils discours, ainsi que je l'ai observé plus haut, ne pouvaient pas entraîner la peine de mort, spécifiée dans les conclusions de l'accusateur.

Plusieurs des amis de Socrate prirent hautement sa défense[7], d'autres écrivirent en sa faveur[8] : et Mélitus aurait succombé, si Anytus et Lycon n'étaient venus à son secours[9]. On se souvient que le premier osa représenter aux juges, ou qu'on n'aurait pas

---

[1] Xenoph. in apol. p. 703. — [2] Fréret, observ. manuscr. — [3] Xenoph. ibid. p. 704; id. memor. lib. 1, p. 719. — [4] Id. ibid. p. 713. — [5] Id. ibid. p. 712. — [6] Isocr. areop. t. 1, p. 322. — [7] Xenoph. in apol. p. 705. — [8] Id. ibid. p. 701. — [9] Plat. in apol. t. 1, p. 36.

dû renvoyer l'accusé à leur tribunal, ou qu'ils devaient le faire mourir, attendu que, s'il était absous, leurs enfans n'en seraient que plus attachés à sa doctrine [1].

Socrate se défendit pour obéir à la loi [2]; mais ce fut avec la fermeté de l'innocence et la dignité de la vertu. Je vais ajouter ici quelques traits du discours que ses apologistes, et Platon surtout, mettent dans sa bouche; ils serviront à développer son caractère.

« Je comparais devant ce tribunal pour la première fois de
» ma vie, quoique âgé de plus de soixante-dix ans : ici le style,
» les formes, tout est nouveau pour moi. Je vais parler une
» langue étrangère; et l'unique grâce que je vous demande, c'est
» d'être attentifs plutôt à mes raisons qu'à mes paroles : car
» votre devoir est de discerner la justice, le mien de vous dire
» la vérité [3]. »

Après s'être lavé du crime d'impiété [4], il passait au second chef de l'accusation. « On prétend que je corromps la jeunesse
» d'Athènes : qu'on cite donc un de mes disciples que j'aie en-
» traîné dans le vice [5]. J'en vois plusieurs dans cette assemblée:
» qu'ils se lèvent, qu'ils déposent contre leur corrupteur [6]. S'ils
» sont retenus par un reste de considération, d'où vient que
» leurs pères, leurs frères, leurs parens, n'invoquent pas dans
» ce moment la sévérité des lois? d'où vient que Mélitus a né-
» gligé leur témoignage? C'est que, loin de me poursuivre, ils
» sont eux-mêmes accourus à ma défense.

» Ce ne sont pas les calomnies de Mélitus et d'Anytus qui me
» coûteront la vie [7], c'est la haine de ces hommes vains ou in-
» justes dont j'ai démasqué l'ignorance ou les vices : haine
» qui a déjà fait périr tant de gens de bien, qui en fera périr
» tant d'autres; car je ne dois pas me flatter qu'elle s'épuise par
» mon supplice.

» Je me la suis attirée en voulant pénétrer le sens d'une ré-
» ponse de la Pythie [8], qui m'avait déclaré le plus sage des
» hommes [a]. » Ici les juges firent éclater leur indignation [9]. Socrate continua : « Étonné de cet oracle, j'interrogeai dans les di-
» verses classes des citoyens ceux qui jouissaient d'une réputa-
» tion distinguée; je ne trouvai partout que de la présomption et
» de l'hypocrisie. Je tâchai de leur inspirer des doutes sur leur
» mérite, et m'en fis des ennemis irréconciliables : je conclus

---
[1] Plat. in apol. t. 1, p. 29. — [2] Id. ibid. p. 19. — [3] Id. ibid. p. 17. — [4] Xenoph. ibid. p. 703. — [5] Id. ibid. p. 704. — [6] Plat. ibid. p. 33. — [7] Id. ibid. p. 28. — [8] Id. ibid. p. 21. — [a] Voici cette réponse, suivant le scholiaste d'Aristophane (in nub. v. 144) : « Sophocle est sage, Euripide est plus sage, mais Socrate est le plus sage de tous les hommes. » — [9] Xenoph. ibid. p. 703.

» de là que la sagesse n'appartient qu'à la Divinité, et que
» l'oracle, en me citant pour exemple, a voulu montrer que le
» plus sage des hommes est celui qui croit l'être le moins [1].

» Si on me reprochait d'avoir consacré tant d'années à des re-
» cherches si dangereuses, je répondrais qu'on ne doit compter
» pour rien, ni la vie, ni la mort, dès qu'on peut être utile aux
» hommes. Je me suis cru destiné à les instruire ; j'ai cru en
» avoir reçu la mission du ciel même [2] : j'avais gardé, au péril
» de mes jours, les postes où nos généraux m'avaient placé à
» Amphipolis, à Potidée, à Délium ; je dois garder avec plus de
» courage celui que les dieux m'ont assigné au milieu de vous ;
» et je ne pourrais l'abandonner sans désobéir à leurs ordres,
» sans m'avilir à mes yeux [3].

» J'irai plus loin ; si vous preniez aujourd'hui le parti de
» m'absoudre à condition que je garderais le silence [4], je vous
» dirais : O mes juges ! je vous aime et je vous honore sans doute,
» mais je dois obéir à Dieu plutôt qu'à vous ; tant que je res-
» pirerai, je ne cesserai d'élever ma voix comme par le passé,
» et de dire à tous ceux qui s'offriront à mes regards : N'avez-
» vous pas de honte de courir après les richesses et les honneurs,
» tandis que vous négligez les trésors de sagesse et de vérité
» qui doivent embellir et perfectionner votre âme? Je les tour-
» menterais à force de prières et de questions, je les ferais rou-
» gir de leur aveuglement ou de leurs fausses vertus, et leur
» montrerais que leur estime place au premier rang des biens
» qui ne méritent que le mépris.

» Voilà ce que la Divinité me prescrit d'annoncer sans inter-
» ruption aux jeunes gens, aux vieillards, aux citoyens, aux
» étrangers ; et comme ma soumission à ses ordres est pour vous
» le plus grand de ses bienfaits, si vous me faites mourir, vous
» rejetterez le don de Dieu, et vous ne trouverez personne qui
» soit animé du même zèle. C'est donc votre cause que je sou-
» tiens aujourd'hui en paraissant défendre la mienne. Car enfin
» Anytus et Mélitus peuvent me calomnier, me bannir, m'ôter
» la vie ; mais ils ne sauraient me nuire : ils sont plus à plaindre
» que moi, puisqu'ils sont injustes [5].

» Pour échapper à leurs coups, je n'ai point, à l'exemple des
» autres accusés, employé les menées clandestines, les solli-
» citations ouvertes. Je vous ai trop respectés pour chercher à
» vous attendrir par mes larmes, ou par celles de mes enfans et
» de mes amis rassemblés autour de moi [6]. C'est au théâtre qu'il

---

[1] Plat. in apol. t. 1, p. 23. — [2] Id. ibid. p. 30. — [3] Id. ibid. p. 28. — [4] Id. ibid. p. 29. — [5] Id. ibid. p. 30. — [6] Id. ibid. p. 34. Xenoph. memor. lib. 4, p. 804.

» faut exciter la pitié par des images touchantes : ici la vérité
» seule doit se faire entendre. Vous avez fait un serment solen-
» nel de juger suivant les lois; si je vous arrachais un parjure,
» je serais véritablement coupable d'impiété. Mais, plus per-
» suadé que mes adversaires de l'existence de la Divinité, je me
» livre sans crainte à sa justice, ainsi qu'à la vôtre [1]. »

Jugement de Socrate.

Les juges de Socrate étaient la plupart des gens du peuple, sans lumières et sans principes : les uns prirent sa fermeté pour une insulte, les autres furent blessés des éloges qu'il venait de se donner [2]. Il intervint un jugement qui le déclarait atteint et convaincu. Ses ennemis ne l'emportèrent que de quelques voix [3]; ils en eussent eu moins encore, et auraient été punis eux-mêmes, s'il avait fait le moindre effort pour fléchir ses juges [4].

Suivant la jurisprudence d'Athènes, il fallait un second jugement pour statuer sur la peine [5]. Mélitus, dans son accusation, concluait à la mort. Socrate pouvait choisir entre une amende, le bannissement, ou la prison perpétuelle. Il reprit la parole, et dit qu'il s'avouerait coupable, s'il s'infligeait la moindre punition [6]; mais qu'ayant rendu de grands services à la république, il mériterait d'être nourri dans le Prytanée aux dépens du public [7]. A ces mots, quatre-vingts des juges qui avaient d'abord opiné en sa faveur, adhérèrent aux conclusions de l'accusateur [8], et la sentence de mort fut prononcée [a]; elle portait que le poison terminerait les jours de l'accusé.

Socrate la reçut avec la tranquillité d'un homme qui pendant toute sa vie avait appris à mourir [9]. Dans un troisième discours, il consola les juges qui l'avaient absous, en observant qu'il ne peut rien arriver de funeste à l'homme de bien, soit pendant sa vie, soit après sa mort [10] : à ceux qui l'avaient accusé ou condamné il représenta qu'ils éprouveraient sans cesse les remords de leur conscience [11] et les reproches des hommes; que, la mort étant un gain pour lui, il n'était point irrité contre eux, quoiqu'il eût à se plaindre de leur haine. Il finit par ces paroles :

---

[1] Plat. in apol. t. 1, p. 35. Xenoph. memor. lib. 1, p. 722. — [2] Id. in apol. p. 707. — [3] Plat. ibid. p. 36. — [4] Xenoph. ibid. lib. 4, p. 804. — [5] Cicer. de orat. cap. 54, t. 1, p. 182. — [6] Plat. ibid. p. 37. Xenoph. ibid. p. 705. — [7] Plat. ibid. — [8] Diog. Laert. lib. 2, § 42. — [a] Suivant Platon (in apol. p. 38), Socrate consentit à proposer une légère amende, dont quelques uns de ses disciples, et Platon entre autres, devaient répondre. D'autres auteurs avancent la même chose. (Diog. Laert. lib. 2, § 41.) Cependant Xénophon lui fait dire qu'il ne pouvait, sans se reconnaître criminel, se condamner à la moindre peine. — [9] Plat. in Phædon. t. 1, p. 64 et 67. — [10] Id. in apol. t. 1, p. 41. — [11] Xenoph. ibid. p. 705. Plat. ibid. p. 39.

« Il est temps de nous retirer, moi pour mourir, et vous pour
» vivre. Qui de nous jouira d'un meilleur sort ? la Divinité seule
» peut le savoir[1]. »

Quand il sortit du palais pour se rendre à la prison, on n'aperçut aucun changement sur son visage ni dans sa démarche. Il dit à ses disciples, qui fondaient en larmes à ses côtés : « Eh !
» pourquoi ne pleurez-vous que d'aujourd'hui ? ignoriez-vous
» qu'en m'accordant la vie, la nature m'avait condamné à la
» perdre ? Ce qui me désespère, s'écriait le jeune Apollodore,
» dans l'égarement de son affliction, c'est que vous mourez in-
» nocent. Aimeriez-vous mieux, lui répondit Socrate en souriant,
» que je mourusse coupable ? » Il vit passer Anytus, et dit à ses amis : « Voyez comme il est fier de son triomphe ! il ne sait pas
» que la victoire reste toujours à l'homme vertueux[2]. »

Le lendemain de son jugement, le prêtre d'Apollon mit une couronne sur la poupe de la galère qui porte tous les ans à Délos les offrandes des Athéniens[3]. Depuis cette cérémonie jusqu'au retour du vaisseau, la loi défend d'exécuter les jugemens qui prononcent la peine de mort.

Socrate passa trente jours dans la prison[4], sans rien changer à son genre de vie, entouré de ses disciples, qui, pour soulager leur douleur, venaient à tous momens recevoir ses regards et ses paroles ; qui, à tous momens, croyaient les recevoir pour la dernière fois.

Un jour, à son réveil, il aperçut Criton assis auprès de son lit[5] ; c'était un de ceux qu'il aimait le plus. « Vous voilà plus tôt qu'à
» l'ordinaire, lui dit-il ; n'est-il pas grand matin encore ? Oui,
» répondit Criton, le jour commence à peine.... *Socrate*. Je
» suis surpris que le garde de la prison vous ait permis d'en-
» trer. *Criton*. Il me connaît ; je lui ai fait quelques petits pré-
» sens. *Socr*. Y a-t-il long-temps que vous êtes arrivé ? *Crit*. As-
» sez de temps. *Socr*. Pourquoi ne pas m'éveiller ? *Crit*. Vous
» goûtiez un sommeil si paisible ! je n'avais garde de l'inter-
» rompre. J'avais toujours admiré le calme de votre âme, j'en
» étais encore plus frappé dans ce moment. *Socr*. Il serait hon-
» teux qu'un homme de mon âge pût s'inquiéter des approches
» de la mort. Mais qui vous engage à venir sitôt ? *Crit*. Une
» nouvelle accablante, non pour vous, mais pour moi et pour
» vos amis ; la plus cruelle et la plus affreuse des nouvelles.
» *Socr*. Le vaisseau est-il arrivé ? *Crit*. On le vit hier au soir à
» Sunium ; il arrivera sans doute aujourd'hui, et demain sera

---

[1] Plat. in apol. t. 1, p. 40 et 42. — [2] Xenoph. ibid. p. 706. — [3] Plat. in Phædon. t. 1, p. 58. — [4] Xenoph. memor. lib. 4, p. 816. — [5] Plat. in Crit. t. 1, p. 43.

« le jour de votre trépas. *Socr.* A la bonne heure, puisque telle
» est la volonté des dieux*a*. »

Alors Criton lui représenta que, ne pouvant supporter l'idée
de le perdre, il avait, avec quelques amis, pris la résolution
de le tirer de la prison : que les mesures étaient concertées pour
la nuit suivante ; qu'une légère somme leur suffirait pour corrompre les gardes et imposer silence à leurs accusateurs ; qu'on
lui ménagerait en Thessalie une retraite honorable et une vie
tranquille ; qu'il ne pouvait se refuser à leurs prières sans se trahir
lui-même, sans trahir ses enfans, qu'il laisserait dans le besoin,
sans trahir ses amis, auxquels on reprocherait à jamais de n'avoir
pas sacrifié tous leurs biens pour lui sauver la vie[1].

« Oh ! mon cher Criton, répondit Socrate, votre zèle n'est
» pas conforme aux principes que j'ai toujours fait profession de
» suivre, et que les plus rigoureux tourmens ne me forceront
» jamais d'abandonner[2].

» Il faut écarter d'abord les reproches que vous craignez de
» la part des hommes ; vous savez que ce n'est pas à l'opinion
» du grand nombre qu'il faut s'en rapporter, mais à la décision
» de celui qui discerne le juste de l'injuste, et qui n'est autre
» que la vérité[3]. Il faut écarter aussi les alarmes que vous tâ-
» chez de m'inspirer à l'égard de mes enfans ; ils recevront de
» mes amis les services que leur générosité m'offre aujourd'hui[4].
» Ainsi, toute la question est de savoir s'il est conforme à la
» justice que je quitte ces lieux sans la permission des Athéniens[5].

» Ne sommes-nous pas convenus souvent que, dans aucune
» circonstance, il n'est permis de rendre injustice pour injus-
» tice[6] ? N'avons-nous pas reconnu encore que le premier de-
» voir du citoyen est d'obéir aux lois, sans qu'aucun prétexte
» puisse l'en dispenser ? Or, ne serait-ce pas leur ôter toute leur
» force et les anéantir, que de s'opposer à leur exécution ? Si
» j'avais à m'en plaindre, j'étais libre, il dépendait de moi de
» passer en d'autres climats[7] ; mais j'ai porté jusqu'à présent
» leur joug avec plaisir ; j'ai mille fois éprouvé les effets de leur
» protection et de leur bienfaisance ; et, parce que des hommes
» en ont abusé pour me perdre, vous voulez que, pour me
» venger d'eux, je détruise les lois, et que je conspire contre ma
» patrie, dont elles sont le soutien !

» J'ajoute qu'elles m'avaient préparé une ressource. Je n'a-

---

a Criton pensait que le vaisseau arriverait dans la journée au Pirée ; il n'y
arriva que le lendemain, et la mort de Socrate fut différée d'un jour. — [1] Plat.
in Crit. t. 1, p. 44. — [2] Id. ibid. p. 46. Xenoph. in apol. p. 705. — [3] Plat.
ibid. p. 48. — [4] Id. ibid. p. 54. — [5] Id. ibid. p. 48. — [6] Id. ibid. p. 49. —
[7] Id. ibid. p. 51.

» vais, après la première sentence, qu'à me condamner au
» bannissement ; j'ai voulu en subir une seconde, et j'ai dit tout
» haut que je préférais la mort à l'exil [1]. Irai-je donc, infidèle
» à ma parole ainsi qu'à mon devoir, montrer aux nations
» éloignées Socrate proscrit, humilié, devenu le corrupteur
» des lois et l'ennemi de l'autorité, pour conserver quelques
» jours languissans et flétris ? Irai-je y perpétuer le souvenir de
» ma faiblesse et de mon crime, et n'oser y prononcer les mots
» de justice et de vertu sans en rougir moi-même, et sans m'at-
» tirer les reproches les plus sanglans ? Non, mon cher ami,
» restez tranquille, et laissez-moi suivre la voie que les dieux
» m'ont tracée [2]. »

Deux jours après cette conversation [3], les onze magistrats qui veillent à l'exécution des criminels se rendirent de bonne heure à la prison, pour le délivrer de ses fers et lui annoncer le moment de son trépas [4]. Plusieurs de ses disciples entrèrent ensuite ; ils étaient à peu près au nombre de vingt ; ils trouvèrent auprès de lui Xantippe son épouse, tenant le plus jeune de ses enfans entre ses bras. Dès qu'elle les aperçut, elle s'écria d'une voix entrecoupée de sanglots : « Ah ! voilà vos amis, et c'est
» pour la dernière fois ! » Socrate ayant prié Criton de la faire ramener chez elle, on l'arracha de ce lieu, jetant des cris douloureux et se meurtrissant le visage [5].

Jamais il ne s'était montré à ses disciples avec tant de patience et de courage ; ils ne pouvaient le voir sans être oppressés par la douleur, l'écouter sans être pénétrés de plaisir. Dans son dernier entretien, il leur dit qu'il n'était permis à personne d'attenter à ses jours, parce que, placés sur la terre comme dans un poste, nous ne devons le quitter que par la permission des dieux [6]; que pour lui, résigné à leur volonté, il soupirait après le moment qui le mettrait en possession du bonheur qu'il avait tâché de mériter par sa conduite [7]. De là passant au dogme de l'immortalité de l'âme, il l'établit par une foule de preuves qui justifiaient ses espérances. « Et quand même, disait-il, ces es-
» pérances ne seraient pas fondées, outre que les sacrifices
» qu'elles exigent ne m'ont pas empêché d'être le plus heureux
» des hommes, elles écartent loin de moi les amertumes de la
» mort, et répandent sur mes derniers momens une joie pure
» et délicieuse [8].

» Ainsi, ajouta-t-il, tout homme qui, renonçant aux vo-
» luptés, a pris soin d'embellir son âme, non d'ornemens étran-

---

[1] Plat. in Crit. t. 1, p. 52. — [2] Id. in apol. t. 1, p. 54. — [3] Id. ibid. p. 44.
— [4] Id. in Phædon. t. 1, p. 59. — [5] Id. ibid. p. 60. — [6] Id. ibid. p. 62. —
[7] Id. ibid. p. 67 et 68. — [8] Id. ibid. p. 91 et 114.

» gers, mais des ornemens qui lui sont propres, tels que la
» justice, la tempérance et les autres vertus, doit être plein
» d'une entière confiance, et attendre paisiblement l'heure de
» son trépas. Vous me suivrez quand la vôtre sera venue ; la
» mienne approche ; et, pour me servir de l'expression d'un de
» nos poëtes, j'entends déjà sa voix qui m'appelle.

« N'auriez-vous pas quelque chose à nous prescrire à l'égard
» de vos enfans et de vos affaires ? lui demanda Criton. Je vous
» réitère le conseil que je vous ai souvent donné, répondit So-
» crate, celui de vous enrichir de vertus. Si vous le suivez, je
» n'ai pas besoin de vos promesses ; si vous le négligez, elles se-
» raient inutiles à ma famille [1]. »

Il passa ensuite dans une petite pièce pour se baigner : Criton
le suivit. Ses autres amis s'entretinrent des discours qu'ils venaient d'entendre et de l'état où sa mort allait les réduire : ils
se regardaient déjà comme des orphelins privés du meilleur des
pères, et pleuraient moins sur lui que sur eux-mêmes. On lui
présenta ses trois enfans ; deux étaient encore dans un âge fort
tendre ; il donna quelques ordres aux femmes qui les avaient
amenés, et après les avoir renvoyés, il vint rejoindre ses amis [2].

Un moment après, le garde de la prison entra. « Socrate, lui
» dit-il, je ne m'attends pas aux imprécations dont me char-
» gent ceux à qui je viens annoncer qu'il est temps de prendre
» le poison. Comme je n'ai jamais vu personne ici qui eût au-
» tant de force et de douceur que vous, je suis assuré que vous
» n'êtes pas fâché contre moi, et que vous ne m'attribuez pas
» votre infortune ; vous n'en connaissez que trop les auteurs.
» Adieu, tâchez de vous soumettre à la nécessité. » Ses pleurs
lui permirent à peine d'achever, et il se retira dans un coin de la
prison pour les répandre sans contrainte. « Adieu, lui répondit
» Socrate, je suivrai votre conseil. » Et se tournant vers ses
amis : « Que cet homme a bon cœur ! leur dit-il. Pendant que
» j'étais ici, il venait quelquefois causer avec moi..... Voyez
» comme il pleure..... Criton, il faut lui obéir : qu'on apporte
» le poison, s'il est prêt ; et s'il ne l'est pas, qu'on le broie au
» plus tôt. »

Criton voulut lui remontrer que le soleil n'était pas encore
couché ; que d'autres avaient eu la liberté de prolonger leur vie
de quelques heures. « Ils avaient leurs raisons, dit Socrate, et
» j'ai les miennes pour en agir autrement [3]. »

Criton donna des ordres, et quand ils furent exécutés, un domestique apporta la coupe fatale. Socrate ayant demandé ce

[1] Plat. in Phædon. t. 1, p. 115. — [2] Id. ibid. p. 116 et 117. — [3] Id. ibid. p. 116.

qu'il avait à faire : « Vous promener après avoir pris la potion, » répondit cet homme, et vous coucher sur le dos quand vos » jambes commenceront à s'appesantir. » Alors, sans changer de visage, et d'une main assurée, il prit la coupe ; et, après avoir adressé ses prières aux dieux, il l'approcha de sa bouche.

Dans ce moment terrible, le saisissement et l'effroi s'emparèrent de toutes les âmes, et des pleurs involontaires coulèrent de tous les yeux : les uns, pour les cacher, jetaient leur manteau sur leur tête ; les autres se levaient en sursaut, pour se dérober à sa vue : mais, lorsqu'en ramenant leurs regards sur lui, ils s'aperçurent qu'il venait de renfermer la mort dans son sein, leur douleur, trop long-temps contenue, fut forcée d'éclater, et leurs sanglots redoublèrent aux cris du jeune Apollodore, qui, après avoir pleuré toute la journée, faisait retentir la prison de hurlemens affreux [1]. « Que faites-vous, mes amis ? » leur dit Socrate sans s'émouvoir. J'avais écarté ces femmes, » pour n'être pas témoin de pareilles faiblesses. Rappelez votre » courage ; j'ai toujours ouï dire que la mort devrait être ac- » compagnée de bons augures. »

Cependant il continuait à se promener : dès qu'il sentit de la pesanteur dans ses jambes, il se mit sur son lit et s'enveloppa de son manteau. Le domestique montrait aux assistans les progrès successifs du poison. Déjà un froid mortel avait glacé les pieds et les jambes ; il était près de s'insinuer dans le cœur, lorsque Socrate, soulevant son manteau, dit à Criton : « Nous devons un coq à » Esculape, n'oubliez pas de vous acquitter de ce vœu [a]. Cela » sera fait, répondit Criton : mais n'avez-vous pas encore quel- » que ordre à nous donner ? » Il ne répondit point : un instant après il fit un petit mouvement ; le domestique l'ayant découvert reçut son dernier regard, et Criton lui ferma les yeux.

Ainsi mourut le plus religieux, le plus vertueux et le plus heureux des hommes [2] ; le seul peut-être qui, sans crainte d'être démenti, pût dire hautement : Je n'ai jamais, ni par mes paroles ni par mes actions, commis la moindre injustice [3][b].

---

[1] Plat. in Phædon. t. 1, p. 117. — [a] On sacrifiait cet animal à Esculape. (Voyez Pompeius Festus, de signif. verb. lib. 9, p. 189.) — [2] Plat. ibid. p. 118. Xenoph. memor. lib. 4, p. 818. — [3] Id. ibid. lib. 1, p. 721 ; lib. 4, p. 805. — [b] Voyez la note XLI à la fin du volume.

CHAPITRE LXVIII.

Fêtes et Mystères d'Éleusis.

JE vais parler du point le plus important de la religion des Athéniens, de ces mystères dont l'origine se perd dans la nuit des temps, dont les cérémonies n'inspirent pas moins de terreur que de vénération, et dont le secret n'a jamais été révélé que par quelques personnes dévouées aussitôt à la mort et à l'exécration publique [1] : car la loi n'est pas satisfaite par la perte de leur vie et la confiscation de leurs biens ; une colonne exposée à tous les yeux doit encore perpétuer le souvenir du crime et de la punition [2].

De tous les mystères établis en l'honneur des différentes divinités, il n'en est pas de plus célèbres que ceux de Cérès. C'est elle-même, dit-on, qui en régla les cérémonies. Pendant qu'elle parcourait la terre, sur les traces de Proserpine enlevée par Pluton, elle arriva dans la plaine d'Éleusis ; et, flattée de l'accueil qu'elle reçut des habitans, elle leur accorda deux bienfaits signalés, l'art de l'agriculture, et la connaissance de la doctrine sacrée [3]. On ajoute que les petits mystères qui servent de préparation aux grands, furent institués en faveur d'Hercule [4].

Mais laissons au vulgaire de si vaines traditions ; il serait moins essentiel de connaître les auteurs de ce système religieux que d'en pénétrer l'objet. On prétend que partout où les Athéniens l'ont introduit, il a répandu l'esprit d'union et d'humanité [5] ; qu'il purifie l'âme de son ignorance et de ses souillures [6] ; qu'il procure l'assistance particulière des dieux [7], les moyens de parvenir à la perfection de la vertu, les douceurs d'une vie sainte [8], l'espérance d'une mort paisible et d'une félicité qui n'aura point de bornes [9]. Les initiés occuperont une place distinguée dans les Champs-Élysées [10] ; ils jouiront d'une lumière pure [11], et vivront dans le sein de la Divinité [12] ; tandis que les autres habiteront après leur mort des lieux de ténèbres et d'horreur [13].

[1] Meurs. in Eleus. cap. 20. — [2] Andoc. de myst. p. 7. — [3] Isocr. paneg. t. 1, p. 132. Aristid. Eleus. orat. t. 1, p. 450. — [4] Meurs. ibid. cap. 5. — [5] Cicer. de leg. lib. 2, cap. 14, t. 3, p. 148. Diod. lib. 13, p. 155. — [6] Augustin. de Trinit. lib. 4, cap. 10, t. 8, p. 819. Procl. in rep. Plat. p. 369. — [7] Sopat. divis. quæst. t. 1, p. 370. — [8] Id. ibid. p. 335. — [9] Isocr. ibid. Cicer. ibid. Crinag. in anthol. lib. 1, cap. 28. — [10] Diog. Laert. lib. 6, § 39. Axioch. ap. Plat. t. 3, p. 371. — [11] Pind. ad Clem. Alex. strom. lib. 3, p. 518. Aristoph. in ran. v. 155 et 457. Spanh. ibid. p. 304. Sophocl. ap. Plut. de aud. poet. t. 2, p. 21. — [12] Plat. in Phæd. t. 1, p. 69 et 81. — [13] Id.

Pour éviter une pareille alternative, les Grecs viennent de toutes parts mendier à Éleusis le gage du bonheur qu'on leur annonce. Dès l'âge le plus tendre, les Athéniens sont admis aux cérémonies de l'initiation [1]; et ceux qui n'y ont jamais participé, les demandent avant de mourir [2] : car les menaces et les peintures des peines d'une autre vie, regardées auparavant comme un sujet de dérision, font alors une impression plus vive sur les esprits, et les remplissent d'une crainte qui va quelquefois jusqu'à la faiblesse [3].

Cependant quelques personnes éclairées ne croient pas avoir besoin d'une telle association pour être vertueuses. Socrate ne voulut jamais s'y faire agréger, et ce refus laissa quelques doutes sur sa religion [4]. Un jour, en ma présence, on exhortait Diogène à contracter cet engagement; il répondit : « Patæcion, ce » fameux voleur, obtint l'initiation; Épaminondas et Agésilas » ne la sollicitèrent jamais. Puis-je croire que le premier sera » heureux dans les Champs-Élysées, tandis que les seconds se- » ront traînés dans les bourbiers des enfers [5] ? »

Tous les Grecs peuvent prétendre à la participation des mystères [6] : une loi ancienne en exclut les autres peuples [7]. On m'avait promis de l'adoucir en ma faveur : j'avais pour moi le titre de citoyen d'Athènes, et la puissante autorité des exemples [8]; mais, comme il fallait promettre de m'astreindre à des pratiques et à des abstinences qui auraient gêné ma liberté, je me contentai de faire quelques recherches sur cette institution, et j'en appris des détails que je puis exposer sans parjure. Je vais les joindre au récit du dernier voyage que je fis à Éleusis, à l'occasion des grands mystères qu'on y célèbre tous les ans [9], le 15 du mois de boédromion [10] [a]. La fête des petits mystères est également annuelle, et tombe six mois auparavant.

Pendant qu'on solennise la première, toute poursuite en justice est sévèrement prohibée; toute saisie contre un débiteur déjà condamné doit être suspendue. Le lendemain des fêtes, le sénat fait des perquisitions sévères contre ceux qui, par des actes

ibid. p. 69; id. in Gorg. t. 1, p. 493; id. de rep. t. 2, p. 363. Aristoph. in ran. v. 145. Spanh. ibid. Pausan. lib. 10, cap. 31, p. 876.
[1] Terent. in Phorm. act. 1, scen. 1, v. 15. Donat. ibid. Turneb. adv. lib. 3, cap. 6. Mém. de l'acad. des bell. lettr. t. 4, p. 654. Note de madame Dacier, sur le passage de Térence. — [2] Aristoph. in pac. v. 374. — [3] Plat. de rep. lib. 1, p. 330. Zaleuc. ap. Stob. serm. 42, p. 279. — [4] Lucian. in Damonact. t. 2, p. 380. — [5] Plut. de aud. poet. t. 2, p. 21. Diog. Laert. lib. 6, § 39. — [6] Herodot. lib. 8, cap. 65. — [7] Meurs. in Eleus. cap. 19. — [8] Id. ibid. — [9] Herodot. ibid. — [10] Julian. orat. 5, p. 173. Petav. de doctr. temp. lib. 1, cap. 8, t. 1, p. 10; id. in Themist. p. 408. — [a] Dans le cycle de Méton, le mois boédromion commençait l'un des jours compris entre le 23 du mois d'août et le 21 du mois de septembre.

de violence, ou par d'autres moyens, auraient troublé l'ordre des cérémonies [1]. La peine de mort ou de fortes amendes sont prononcées contre les coupables [2]. Cette rigueur est nécessaire peut-être pour maintenir l'ordre parmi cette multitude immense qui se rend à Éleusis [3]. En temps de guerre, les Athéniens envoient, de toutes parts, des députés offrir des sauf-conduits à ceux qui désirent y venir [4], soit à titre d'initiés, soit comme simples spectateurs [5].

Je partis avec quelques uns de mes amis, le 14 de boédromion, dans la deuxième année de la cent neuvième olympiade [a]. La porte par où l'on sort d'Athènes s'appelle la porte sacrée; le chemin qui de là conduit à Éleusis se nomme la voie sacrée [6]. L'intervalle entre ces deux villes est d'environ cent stades [b]. Après avoir traversé une colline assez élevée, et couverte de lauriers roses [7], nous entrâmes dans le territoire d'Éleusis, et nous arrivâmes sur les bords de deux petits ruisseaux, consacrés l'un à Cérès et l'autre à Proserpine. J'en fais mention, parce que les prêtres du temple ont seuls le droit d'y pêcher, que les eaux en sont salées, et que l'on en fait usage dans les cérémonies de l'initiation [8].

Plus loin, sur le pont d'une rivière qui porte le nom de Céphise, comme celle qui coule auprès d'Athènes, nous essuyâmes des plaisanteries grossières de la part d'une nombreuse populace. Pendant les fêtes elle se tient dans cette espèce d'embuscade pour s'égayer aux dépens de tous ceux qui passent, et surtout des personnes les plus distinguées de la république [9]. C'est ainsi, disait-on, que Cérès en arrivant à Éleusis, fut accueillie par une vieille femme nommée Iambé [10].

A une légère distance de la mer, se prolonge dans la plaine, du nord-ouest au sud-est, une grande colline, sur le penchant et à l'extrémité orientale de laquelle on a placé le fameux temple de Cérès et de Proserpine [11]. Au-dessous est la petite ville d'Éleusis. Aux environs, et sur la colline même, s'élèvent plusieurs monumens sacrés, tels que des chapelles et des autels [12] : de

---

[1] Andoc. de myst. p. 15, etc. — [2] Demosth. in Mid. p. 631. Pet. leg. attic. p. 36. — [3] Herodot. lib. 8, cap. 65. — [4] Æschin. de fals. leg. p. 416. — [5] Lys. in Andoch. p. 106. — [a] Dans cette année, le 1er. de boédromion concourait avec le 29 de notre mois de septembre; le 14 de boédromion avec le 4 de notre mois d'octobre. Les fêtes commencèrent le 5 octobre de l'an 343 avant J. C. — [6] Meurs. in Eleus. cap. 27. — [b] Environ trois lieues et trois quarts. — [7] Spon, voyag. t. 2, p. 161. Whel. a journ. book 6, p. 425. Pocok. t. 2, part. 2, p. 170. — [8] Pausan. lib. 1, cap. 38, p. 91. Hesych. in Ρειτοι. Spon, ibid. Whel. ibid. — [9] Strab. lib. 9, p. 400. Hesych. et Suid. in Γεφυρ. — [10] Apollod. lib. 1, p. 17. — [11] Note manuscr. de M. Wood. Chandl. trav. in Greece, p. 190. — [12] Pausan. ibid. p. 93.

riches particuliers d'Athènes y possèdent de belles maisons de campagne[1].

Le temple, construit par les soins de Périclès, en marbre pentélique[2], sur le rocher même qu'on avait aplani, est tourné vers l'orient. Il est aussi vaste que magnifique; l'enceinte qui l'entoure a du nord au midi environ trois cent quatre-vingt-quatre pieds, du levant au couchant environ trois cent vingt-cinq[3][a]. Les plus célèbres artistes furent chargés de conduire ces ouvrages à leur perfection[4].

Parmi les ministres attachés au temple, on en remarque quatre principaux[5]. Le premier est l'Hiérophante: son nom désigne celui qui révèle les choses saintes[6], et sa principale fonction est d'initier aux mystères. Il paraît avec une robe distinguée, le front orné d'un diadème, et les cheveux flottans sur ses épaules[7]; il faut que son âge soit assez mûr pour répondre à la gravité de son ministère, et sa voix assez belle pour se faire écouter avec plaisir[8]. Son sacerdoce est à vie[9]; dès le moment qu'il en est revêtu, il doit s'astreindre au célibat: on prétend que des frictions de ciguë le mettent en état d'observer cette loi[10].

Le second des ministres est chargé de porter le flambeau sacré dans les cérémonies, et de purifier ceux qui se présentent à l'initiation; il a, comme l'hiérophante, le droit de ceindre le diadème[11]. Les deux autres sont le héraut sacré, et l'assistant à l'autel: c'est au premier qu'il appartient d'écarter les profanes, et d'entretenir le silence et le recueillement parmi les initiés; le second doit aider les autres dans leurs fonctions[12].

La sainteté de leur ministère est encore relevée par l'éclat de la naissance. On choisit l'hiérophante dans la maison des Eumolpides[13], l'une des plus anciennes d'Athènes; le héraut sacré dans celle des Céryces, qui est une branche des Eumolpides[14]: les deux autres appartiennent à des familles également illustres[15]. Ils ont tous quatre au-dessous d'eux plusieurs ministres subalternes, tels que des interprètes, des chantres et des officiers chargés du détail des processions et des différentes espèces de cérémonies[16].

---

[1] Demosth. in Mid. p. 628. — [2] Note manuscr. de M. Wood. Whel. 4 journ. book 6, p. 427. — [3] Id. ibid. — [a] Longueur, environ trois cent soixante-trois de nos pieds; largeur, environ trois cent sept. — [4] Strab. lib. 9, p. 395. Vitruv. in præf. lib. 7, p. 125. Plut. in Pericl. t. 1, p. 159. — [5] Meurs. in Eleus. cap. 13. Mém. de l'acad. des bell. lettr. t. 21, p. 93. — [6] Hesych. in Ἱεροφ. — [7] Arrian. in Epict. lib. 3, cap. 21, p. 441. Plut. in Alcib. t. 1, p. 202. — [8] Arrian. ibid. Philostr. in vit. soph. lib. 2, p. 600. — [9] Pausan. lib. 2, cap. 14, p. 142. — [10] Meurs. ibid. — [11] Id. ibid. cap. 14. — [12] Id. ibid. — [13] Hesych. in Εὐμολπ. — [14] Mém. ibid. p. 96. — [15] Pausan. lib. 1, cap. 37, p. 89. — [16] Poll. lib. 1, cap. 1, § 35.

On trouve encore à Éleusis des prêtresses consacrées à Cérès et à Proserpine. Elles peuvent initier certaines personnes [1], et, en certains jours de l'année, offrir des sacrifices pour des particuliers [2].

Les fêtes sont présidées par le second des archontes, spécialement chargé d'y maintenir l'ordre, et d'empêcher que le culte n'y reçoive la moindre atteinte. Elles durent plusieurs jours. Quelquefois les initiés interrompent leur sommeil pour continuer leurs exercices : nous les vîmes pendant la nuit sortir de l'enceinte, marchant deux à deux en silence, et tenant chacun une torche allumée [3]. En rentrant dans l'asile sacré, ils précipitaient leur marche ; et j'appris qu'ils allaient figurer les courses de Cérès et de Proserpine, et que, dans leurs évolutions rapides, ils secouaient leurs flambeaux, et se les transmettaient fréquemment les uns aux autres. La flamme qu'ils en font jaillir sert, dit-on, à purifier les âmes, et devient le symbole de la lumière qui doit les éclairer [4].

Un jour on célébra des jeux en l'honneur des déesses [5]. De fameux athlètes, partis de différens cantons de la Grèce, s'étaient rendus aux fêtes ; et le prix du vainqueur fut une mesure de l'orge recueillie dans la plaine voisine, dont les habitans, instruits par Cérès, ont les premiers cultivé cette espèce de blé [6].

Au sixième jour, le plus brillant de tous, les ministres du temple et les initiés conduisirent d'Athènes à Éleusis la statue d'Iacchus [7], qu'on dit être fils de Cérès ou de Proserpine. Le dieu, couronné de myrte [8], tenait un flambeau [9]. Environ trente mille personnes l'accompagnaient [10]. Les airs retentissaient au loin du nom d'Iacchus [11]. La marche, dirigée par le son des instrumens et le chant des hymnes [12], était quelquefois suspendue par des sacrifices et des danses [13]. La statue fut introduite dans le temple d'Éleusis, et ramenée ensuite dans le sien avec le même appareil et les mêmes cérémonies.

Plusieurs de ceux qui suivaient la procession n'avaient encore participé qu'aux petits mystères, célébrés tous les ans dans un petit temple situé auprès de l'Ilissus, aux portes d'Athènes [14].

---

[1] Suid. in Φιλλεΐδ.—[2] Demosth. in Neær. p. 880. Tayl. not. ad Demosth. t. 3, p. 623.—[3] Whel. a journ. book 6, p. 428. Spon, voyag. t. 2, p. 166.—[4] Meurs. in Eleus. cap. 26.—[5] Id. ibid. cap. 28.—[6] Pausan. lib. 1, cap. 38, p. 93.—[7] Plut. in Phoc. t. 1, p. 754. Meurs. ibid. cap. 27.—[8] Aristoph. in ran. v. 333.—[9] Pausan. ibid. cap. 2, p. 6.—[10] Herodot. lib. 8, cap. 65.—[11] Aristoph. ibid. v. 319. Hesych. in Ἰακχ.—[12] Vell. Paterc. lib. 1, cap. 4.—[13] Plut. in Alcib. t. 1, p. 210.—[14] Meurs. ibid. cap. 7. Polyæn. strateg. lib. 5, cap. 17, § 1. Eustath. in iliad. 2, p. 361. Steph. Hesych. et Etymol. magn. in Ἀγρ.

C'est là qu'un des prêtres du second ordre est chargé d'examiner et de préparer les candidats[1] : il les exclut, s'ils se sont mêlés de prestiges, s'ils sont coupables de crimes atroces, et surtout s'ils ont commis un meurtre, même involontaire[2] ; il soumet les autres à des expiations fréquentes ; et, leur faisant sentir la nécessité de préférer la lumière de la vérité aux ténèbres de l'erreur[3], il jette dans leur esprit les semences de la doctrine sacrée[4], et les exhorte à réprimer toute passion violente[5], à mériter, par la pureté de l'esprit et du cœur, l'ineffable bienfait de l'initiation[6].

Leur noviciat est quelquefois de plusieurs années ; il faut qu'il dure au moins une année entière[7]. Pendant le temps de leurs épreuves, ils se rendent aux fêtes d'Éleusis ; mais ils se tiennent à la porte du temple, et soupirent après le moment qu'il leur sera permis d'y pénétrer[8].

Il était enfin arrivé ce moment : l'initiation aux grands mystères avait été fixée à la nuit suivante. On s'y préparait par des sacrifices et des vœux, que le second des archontes, accompagné de quatre assistans nommés par le peuple[9], offrait pour la prospérité de l'État[10]. Les novices étaient couronnés de myrte[11].

Leur robe semble contracter en cette occasion un tel caractère de sainteté, que la plupart la portent jusqu'à ce qu'elle soit usée, que d'autres en font des langes pour leurs enfans, ou la suspendent au temple[12]. Nous les vîmes entrer dans l'enceinte sacrée ; et, le lendemain, un des nouveaux initiés, qui était de mes amis, me fit le récit de quelques cérémonies dont il avait été le témoin.

Nous trouvâmes, me dit-il, les ministres du temple revêtus de leurs habits pontificaux. L'hiérophante, qui dans ce moment représente l'auteur de l'univers, avait des symboles qui désignaient la puissance suprême : le porte-flambeau et l'assistant de l'autel paraissaient avec les attributs du soleil et de la lune, le héraut sacré avec ceux de Mercure[13].

Nous étions à peine placés, que le héraut s'écria : « Loin d'ici
» les profanes, les impies, et tous ceux dont l'âme est souillée
» de crimes[14] ! » Après cet avertissement, la peine de mort se-

---

[1] Hesych. in Ύδραν. — [2] Julian. orat. 5, p. 173. Meurs. in Eleus. cap. 19. — [3] Clem. Alex. strom. lib. 1, p. 325 ; lib. 7, p. 845. — [4] Id. ibid. lib. 5, p. 689. — [5] Porphyr. ap. Stob. eclog. phys. p. 142. — [6] Arrian. in Epict. lib. 3, cap. 21, p. 440. Liban. declam. 19, t. 1, p. 954. — [7] Meurs. ibid. cap. 8. — [8] Petav. ad Themist. p. 414. — [9] Aristot. ap. Harpocr. et Suid. in Ἐπιμελ. — [10] Lys. in Andoc. p. 105. Meurs. ibid. cap. 15. — [11] Schol. Sophocl. in Œdip. col. v. 713. — [12] Meurs. ibid. cap. 12. — [13] Euseb. præp. evang. lib. 3, cap. 12, p. 117. — [14] Sueton. in Ner. cap. 34. Capitol. in Anton. philos. p. 33. Lamprid. in Alex. Sev. p. 119.

rait décernée contre ceux qui auraient la témérité de rester dans l'assemblée sans en avoir le droit[1]. Le second des ministres fit étendre sous nos pieds les peaux des victimes offertes en sacrifices, et nous purifia de nouveau[2]. On lut à haute voix les rituels de l'initiation[3], et l'on chanta des hymnes en l'honneur de Cérès.

Bientôt un bruit sourd se fit entendre. La terre semblait mugir sous nos pas[4]; la foudre et les éclairs ne laissaient entrevoir que des fantômes et des spectres errans dans les ténèbres[5]. Ils remplissaient les lieux saints de hurlemens qui nous glaçaient d'effroi, et de gémissemens qui déchiraient nos âmes. La douleur meurtrière, les soins dévorans, la pauvreté, les maladies, la mort se présentaient à nos yeux sous des formes odieuses et funèbres[6]. L'hiérophante expliquait ces divers emblèmes, et ces peintures vives redoublaient notre inquiétude et nos frayeurs.

Cependant, à la faveur d'une faible lumière[7], nous avancions vers cette région des enfers, où les âmes se purifient jusqu'à ce qu'elles parviennent au séjour du bonheur. Au milieu de quantité de voix plaintives, nous entendîmes les regrets amers de ceux qui avaient attenté à leurs jours[8]. « Ils sont punis, disait l'hiérophante, parce qu'ils ont quitté le poste que les dieux leur avaient assigné dans ce monde[9]. »

A peine eut-il proféré ces mots, que des portes d'airain, s'ouvrant avec un fracas épouvantable, présentèrent à nos regards les horreurs du Tartare[10]. Il ne retentissait que du bruit des chaînes, et des cris des malheureux; et ces cris lugubres et perçans laissaient échapper par intervalles ces terribles paroles : « Apprenez par notre exemple à respecter les dieux, à être justes et reconnaissans[11]. » Car la dureté du cœur, l'abandon des parens, toutes les espèces d'ingratitude, sont soumises à des châtimens, ainsi que les crimes qui échappent à la justice des hommes ou qui détruisent le culte des dieux[12]. Nous vîmes les Furies, armées de fouets, s'acharner impitoyablement sur les coupables[13].

Ces tableaux effrayans, sans cesse animés par la voix sonore et majestueuse de l'hiérophante, qui semblait exercer le minis-

---

[1] Liv. lib. 31, cap. 14. — [2] Hesych. et Suid. in Διός Κώδ. — [3] Meurs, in Eleus. cap. 10. — [4] Virgil. æneid. lib. 6, v. 255. Claud. de rapt. Proserp. lib. 1, v. 7. — [5] Dion. Chrysost. orat. 12, p. 202. Themist. orat. 20, p. 235. Meurs. ibid. cap. 11. Dissert. tirées de Warburt. t. 1, p. 299. — [6] Virgil. ibid. v. 275. Origen. contr. Cels. lib. 4, p. 167. — [7] Lucian. in catapl. t. 1, p. 643. — [8] Virgil. ibid. v. 434. — [9] Plat. in Phædon. t. 1, p. 62; id. de leg. lib. 9, t. 2, p. 870. — [10] Virgil. ibid. v. 572. — [11] Id. ibid. v. 620. Pind. pyth. 2, v. 40. — [12] Virgil. ibid. v. 608. Dissert. tirées de Warburt. t. 1, p. 332. — [13] Virgil. ibid. Lucian. in catapl. t. 1, p. 644.

tère de la vengeance céleste, nous remplissaient d'épouvante, et nous laissaient à peine le temps de respirer, lorsqu'on nous fit passer en des bosquets délicieux, sur des prairies riantes, séjour fortuné, image des Champs-Élysées, où brillait une clarté pure, où des voix agréables faisaient entendre des sons ravissans [1]; lorsque, introduits ensuite dans le lieu saint, nous jetâmes les yeux sur la statue de la déesse, resplendissante de lumière, et parée de ses plus riches ornemens [2]. C'était là que devaient finir nos épreuves; et c'est là que nous avons vu, que nous avons entendu des choses qu'il n'est pas permis de révéler [a]. J'avouerai seulement que, dans l'ivresse d'une joie sainte, nous avons chanté des hymnes pour nous féliciter de notre bonheur [3][b].

Tel fut le récit du nouvel initié. Un autre m'apprit une circonstance qui avait échappé au premier. Un jour, pendant les fêtes, l'hiérophante découvrit ces corbeilles mystérieuses qu'on porte dans les processions et qui sont l'objet de la vénération publique. Elles renferment les symboles sacrés dont l'inspection est interdite aux profanes, et qui ne sont pourtant que des gâteaux de différentes formes, des grains de sel, et d'autres objets [4] relatifs, soit à l'histoire de Cérès, soit aux dogmes enseignés dans les mystères. Les initiés, après les avoir transportés d'une corbeille dans l'autre, affirment qu'ils ont jeûné et bu le cicéon [5][c].

Parmi les personnes qui n'étaient pas initiées, j'ai vu souvent des gens d'esprit se communiquer leurs doutes sur la doctrine qu'on enseigne dans les mystères de Cérès. Ne contient-elle que l'histoire de la nature et de ses révolutions [6]? N'a-t-on d'autre but que de montrer qu'à la faveur des lois et de l'agriculture [7], l'homme a passé de l'état de barbarie à l'état de civilisation? Mais pourquoi de pareilles notions seraient-elles couvertes d'un voile? Un disciple de Platon proposait avec modestie une conjecture que je vais rapporter [d].

Il paraît certain, disait-il, qu'on établit dans les mystères la nécessité des peines et des récompenses qui nous attendent après la mort, et qu'on y donne aux novices la représentation des différentes destinées que les hommes subissent dans ce monde et

---

[1] Virg. æneid. lib. 6, v. 638. Stob. serm. 119, p. 604. — [2] Themist. orat. 20. p. 235. — [a] Voyez la note XLII à la fin du volume. — [3] Aristoph. in ran, v. 451. — [b] Voyez la note XLIII à la fin du volume. — [4] Clem. Alex. cohort. ad gent. p. 19. — [5] Id. ibid. p. 18. Meurs. in Eleus. cap. 10. — [c] Espèce de boisson, ou plutôt de bouillie, qu'on avait présentée à Cérès. (Clem. Alex. ibid. p. 17. Athen. lib. 11, cap. 12, p. 492. Casaub. ibid. p. 512. Turneb. advers. lib. 12, cap. 8.) — [6] Cicer. de nat. deor. lib. 1, cap. 42, t. 2, p. 433. — [7] Varr. ap. Aug. de civ. Dei, lib. 7, cap. 20, t. 7, p. 177. — [d] Voyez la note XLIV à la fin du volume.

dans l'autre¹. Il paraît aussi que l'hiérophante leur apprend que, parmi ce grand nombre de divinités adorées par la multitude, les unes sont de purs génies qui, ministres des volontés d'un Être suprême, règlent sous ses ordres les mouvemens de l'univers²; et les autres furent de simples mortels dont on conserve encore les tombeaux en plusieurs endroits de la Grèce³.

D'après ces notions, n'est-il pas naturel de penser que, voulant donner une plus juste idée de la Divinité⁴, les instituteurs des mystères s'efforcèrent de maintenir un dogme dont il reste des vestiges plus ou moins sensibles dans les opinions et les cérémonies de presque tous les peuples, celui d'un Dieu, principe et fin de toutes choses? Tel est, à mon avis, le secret auguste qu'on révèle aux initiés.

Des vues politiques favorisèrent sans doute l'établissement de cette association religieuse. Le polythéisme était généralement répandu, lorsqu'on s'aperçut des funestes effets qui résultaient pour la morale d'un culte dont les objets ne s'étaient multipliés que pour autoriser toutes les espèces d'injustices et de vices; mais ce culte était agréable au peuple, autant par son ancienneté que par ses imperfections mêmes. Loin de songer vainement à le détruire, on tâcha de le balancer par une religion plus pure, et qui réparerait les torts que le polythéisme faisait à la société. Comme la multitude est plus aisément retenue par les lois que par les mœurs, on crut pouvoir l'abandonner à des superstitions dont il serait facile d'arrêter les abus : comme les citoyens éclairés doivent être plutôt conduits par les mœurs que par les lois, on crut devoir leur communiquer une doctrine propre à inspirer des vertus.

Ainsi, ajoutait ce disciple de Platon, vous comprenez déjà pourquoi les dieux sont joués sur le théâtre d'Athènes : les magistrats, délivrés des fausses idées du polythéisme, sont très-éloignés de réprimer une licence qui ne pourrait blesser que le peuple, et dont le peuple s'est fait un amusement.

Vous comprenez encore comment deux religions si opposées dans leurs dogmes subsistent depuis si long-temps en un même endroit, sans trouble et sans rivalité ; c'est qu'avec des dogmes différens, elles ont le même langage, et que la vérité conserve pour l'erreur les ménagemens qu'elle en devrait exiger.

Les mystères n'annoncent à l'extérieur que le culte adopté par

---

¹ Orig. contr. Cels. lib. 3, t. 1, p. 501 ; lib. 8, p. 777. Dissert. tirées de Warburt. t. 1, p. 175. — ² Plat. in conv. t. 3, p. 202. Plut. de orac. def. t. 2, p. 417. — ³ Cicer. tuscul. lib. 1, cap. 13, t. 2, p. 243 ; id. de nat. deor. lib. 2, cap. 24, t. 2, p. 454. Lactant. divin. instit. lib. 5, cap. 20. — ⁴ Etymol. magn. in Τελει.

la multitude : les hymnes qu'on y chante en public, et la plupart des cérémonies qu'on y pratique remettent sous nos yeux plusieurs circonstances de l'enlèvement de Proserpine, des courses de Cérès, de son arrivée et de son séjour à Éleusis. Les environs de cette ville sont couverts de monumens construits en l'honneur de la déesse, et l'on y montre encore la pierre sur laquelle on prétend qu'elle s'assit épuisée de fatigue [1]. Ainsi, d'un côté, les gens peu instruits se laissent entraîner par des apparences qui favorisent leurs préjugés ; d'un autre côté, les initiés, remontant à l'esprit des mystères, croient pouvoir se reposer sur la pureté de leurs intentions.

Quoi qu'il en soit de la conjecture que je viens de rapporter, l'initiation n'est presque plus qu'une vaine cérémonie : ceux qui l'ont reçue ne sont pas plus vertueux que les autres ; ils violent tous les jours la promesse qu'ils ont faite de s'abstenir de la volaille, du poisson, des grenades, des fèves et de quelques autres espèces de légumes et de fruits [2]. Plusieurs d'entre eux ont contracté cet engagement sacré par des voies peu conformes à son objet ; car, presque de nos jours, on a vu le gouvernement, pour suppléer à l'épuisement des finances, permettre d'acheter le droit de participer aux mystères [3] ; et depuis long-temps des femmes de mauvaise vie ont été admises à l'initiation [4]. Il viendra donc un temps où la corruption défigurera entièrement la plus sainte des associations [5].

CHAPITRE LXIX.

Histoire du Théâtre des Grecs.

VERS ce temps-là, je terminai mes recherches sur l'art dramatique. Son origine et ses progrès ont partagé les écrivains, et élevé des prétentions parmi quelques peuples de la Grèce [6]. En compilant, autant qu'il m'est possible, l'esprit de cette nation éclairée, je ne dois présenter que des résultats. J'ai trouvé de la vraisemblance dans les traditions des Athéniens, et je les ai préférées.

C'est dans le sein des plaisirs tumultueux, et dans l'égarement

---

[1] Meurs. in Eleus. cap. 3. — [2] Porphyr. de abstin. lib. 4, p. 353. Julian. orat. 5, p. 173. — [3] Apsin. de art. rhetor. p. 691. — [4] Isæi orat. de hæred. Philoctem. p. 61. Demosth. in Neær. p. 862. — [5] Clem. Alex. in protrept. p. 19. — [6] Buleng. de theatr. lib. 1, cap. 2. Aristot. de poet. t. 2, cap. 3, p. 654.

de l'ivresse que se forma le plus régulier et le plus sublime des arts [1]. Transportons-nous à trois siècles environ au-delà de celui où nous sommes.

Aux fêtes de Bacchus, solennisées dans les villes avec moins d'apparat, mais avec une joie plus vive qu'elles ne le sont aujourd'hui [2], on chantait des hymnes enfantés dans les accès vrais ou simulés du délire poétique : je parle de ces dithyrambes d'où s'échappent quelquefois des saillies de génie, et plus souvent encore les éclairs ténébreux d'une imagination exaltée. Pendant qu'ils retentissaient aux oreilles étonnées de la multitude, des chœurs de Bacchans et de Faunes, rangés autour des images obscènes qu'on portait en triomphe [3], faisaient entendre des chansons lascives, et quelquefois immolaient des particuliers à la risée du public.

Une licence plus effrénée régnait dans le culte que les habitans de la campagne rendaient à la même divinité; elle y régnait surtout lorsqu'ils recueillaient les fruits de ses bienfaits. Des vendangeurs barbouillés de lie, ivres de joie et de vin, s'élançaient sur leurs chariots, s'attaquaient sur les chemins par des impromptus grossiers, se vengeaient de leurs voisins en les couvrant de ridicules, et des gens riches en dévoilant leurs injustices [4].

Parmi les poëtes qui florissaient alors, les uns chantaient les actions et les aventures des dieux et des héros [5]; les autres attaquaient avec malignité les vices et les ridicules des personnes. Les premiers prenaient Homère pour modèle; les seconds s'autorisaient et abusaient de son exemple. Homère, le plus tragique des poëtes [6], le modèle de tous ceux qui l'ont suivi, avait, dans l'Iliade et l'Odyssée, perfectionné le genre héroïque; et dans le Margitès il avait employé la plaisanterie [7]. Mais comme le charme de ses ouvrages dépend en grande partie des passions et du mouvement dont il a su les animer, les poëtes qui vinrent après lui essayèrent d'introduire dans les leurs une action capable d'émouvoir et d'égayer les spectateurs; quelques uns même tentèrent de produire ce double effet, et hasardèrent des essais informes qu'on a depuis appelés indifféremment tragédies ou comédies, parce qu'ils réunissaient à la fois les caractères de ces deux drames [8]. Les auteurs de ces ébauches ne se sont distingués par aucune découverte; ils forment seulement dans l'histoire de l'art une suite de noms qu'il

[1] Athen. lib. 2, cap. 3, p. 40. — [2] Plut. de cupid. divit. t. 2, p. 527. — [3] Id. ibid. — [4] Schol. Aristoph. in nub. v. 295. Schol. in prolegom. Aristoph. p. xij. Donat. fragm. de comœd. et traged. Bulong. de theatr. lib. 1, cap. 6. — [5] Aristot. de poet. cap. 4, t. 2, p. 654. — [6] Plat. de rep. lib. 10, p. 598 et 607; id. in Theæt. t. 1, p. 152. — [7] Aristot. ibid. — [8] Schol. Aristoph. ibid. Mém. de l'acad. des bell. lettr. t. 15, p. 260: Prid. in marm. Oxon. p. 420.

est inutile de rappeler à la lumière, puisqu'ils ne sauraient s'y soutenir [1].

On connaissait déjà le besoin et le pouvoir de l'intérêt théâtral : les hymnes en l'honneur de Bacchus, en peignant ses courses rapides et ses brillantes conquêtes, devenaient imitatifs [2]; et dans les combats des jeux pythiques, on venait, par une loi expresse, d'ordonner aux joueurs de flûte qui entraient en lice de représenter successivement les circonstances qui avaient précédé, accompagné et suivi la victoire d'Apollon sur Python [3].

Quelques années après ce règlement [4], Susarion et Thespis, tous deux nés dans un petit bourg de l'Attique nommé Icarie [5], parurent chacun à la tête d'une troupe d'acteurs : l'un sur des tréteaux, l'autre sur un chariot [a]. Le premier attaqua les vices et les ridicules de son temps ; le second traita des sujets plus nobles et puisés dans l'histoire.

Les comédies de Susarion étaient dans le goût de ces farces indécentes et satiriques qu'on joue encore dans quelques villes de la Grèce [6] : elles firent long-temps les délices des habitans de la campagne [7]. Athènes n'adopta ce spectacle qu'après qu'il eut été perfectionné en Sicile [8].

Origine et progrès de la tragédie.

Thespis avait vu plus d'une fois, dans les fêtes où l'on ne chantait encore que des hymnes, un des chanteurs monté sur une table former une espèce de dialogue avec le chœur [9]. Cet exemple lui inspira l'idée d'introduire dans ses tragédies un acteur qui, avec de simples récits ménagés par intervalles, délasserait le chœur, partagerait l'action, et la rendrait plus intéressante [10]. Cette heureuse innovation, jointe à d'autres libertés qu'il s'était données, alarma le législateur d'Athènes, plus capable que personne d'en sentir le prix et le danger. Solon proscrivit un genre où les traditions anciennes étaient altérées par des fictions. « Si » nous honorons le mensonge dans nos spectacles, dit-il à Thes- » pis, nous le retrouverons bientôt dans les engagemens les plus » sacrés [11]. »

Le goût excessif qu'on prit tout à coup à la ville et à la cam-

---

[1] Suid. in Θέσπ. — [2] Aristot. probl. cap. 19, probl. 15, t. 2, p. 764. — [3] Strab. lib. 9, p. 421. Pausan. lib. 10, cap. 7, p. 813. Poll. lib. 4, cap. 10, § 84. Prid. ibid. p. 419. — [4] Marm. Oxon. epoch. 40 et 44. — [5] Suid. in Θέσπ. Horat. de art. poet. v. 275. Athen. lib. 2, cap. 3, p. 40. — [a] Susarion présenta ses premières pièces vers l'an 580 avant J. C. Quelques années après, Thespis donna des essais de tragédie : en 536 il fit représenter son Alceste. — [6] Aristot. de poet. cap. 4, t. 2, p. 655. — [7] Id. ibid. cap. 3, p. 654. — [8] Id. ibid. cap. 5, p. 656. — [9] Poll. ibid. cap. 19, § 123. — [10] Diog. Laert. lib. 3, § 56. — [11] Plut. in Sol. t. 1, p. 95. Diog. Laert. lib. 1, § 59.

pagne pour les pièces de Thespis et de Susarion justifia et rendit inutile la prévoyance inquiète de Solon. Les poètes, qui jusqu'alors s'étaient exercés dans les dithyrambes et dans la satire licencieuse, frappés des formes heureuses dont ces genres commençaient à se revêtir, consacrèrent leurs talens à la tragédie et à la comédie [1]. Bientôt on varia les sujets du premier de ces poëmes. Ceux qui ne jugent de leurs plaisirs que d'après l'habitude s'écriaient que ces sujets étaient étrangers au culte de Bacchus [2]; les autres accoururent avec plus d'empressement aux nouvelles pièces.

Phrynichus, disciple de Thespis, préféra l'espèce de vers qui convient le mieux aux drames, fit quelques autres changemens [3], et laissa la tragédie dans l'enfance.

Vie d'Eschyle.

Eschyle la reçut de ses mains, enveloppée d'un vêtement grossier, le visage couvert de fausses couleurs ou d'un masque sans caractère [4], n'ayant ni grâce ni dignité dans ses mouvemens, inspirant le désir de l'intérêt qu'elle remuait à peine, éprise encore des farces et des facéties qui avaient amusé ses premières années [5], s'exprimant quelquefois avec élégance et dignité, souvent dans un style faible, rampant, et souillé d'obscénités grossières.

Le père de la tragédie, car c'est le nom qu'on peut donner à ce grand homme [6], avait reçu de la nature une âme forte et ardente. Son silence et sa gravité annonçaient l'austérité de son caractère [7]. Dans les batailles de Marathon, de Salamine et de Platée, où tant d'Athéniens se distinguèrent par leur valeur, il fit remarquer la sienne [8]. Il s'était nourri, dès sa plus tendre jeunesse, de ces poëtes qui, voisins des temps héroïques, concevaient d'aussi grandes idées qu'on faisait alors de grandes choses [9]. L'histoire des siècles reculés offrait à son imagination vive des succès et des revers éclatans, des trônes ensanglantés, des passions impétueuses et dévorantes, des vertus sublimes, des crimes et des vengeances atroces, partout l'empreinte de la grandeur, et souvent celle de la férocité.

Pour mieux assurer l'effet de ces tableaux, il fallait les détacher de l'ensemble où les anciens poëtes les avaient enfermés; et c'est ce qu'avaient déjà fait les auteurs des dithyrambes et des premières tragédies : mais ils avaient négligé de les rapprocher de nous. Comme on est infiniment plus frappé des malheurs dont

---

[1] Aristot. de poet. cap. 4, t. 2, p. 655. — [2] Plut. sympos. lib. 1, t. 2, p. 615. — [3] Suid. in Φρύν. — [4] Id. in Θέσπ. — [5] Aristot. ibid. — [6] Philostr. vit. Apoll. lib. 6, cap. 11, p. 245. — [7] Schol. Aristoph. in ran. v. 857. — [8] Vit. Æschil. — [9] Aristoph. ibid. v. 1062.

on est témoin que de ceux dont on entend le récit [1], Eschyle employa toutes les ressources de la représentation théâtrale pour ramener sous nos yeux le temps et le lieu de la scène. L'illusion devint alors une réalité.

Il introduisit un second acteur dans ses premières tragédies [2]; et dans la suite, à l'exemple de Sophocle qui venait d'entrer dans la carrière du théâtre, il en établit un troisième [3], et quelquefois même un quatrième [4]. Par cette multiplicité de personnages, un des acteurs devenait le héros de la pièce; il attirait à lui le principal intérêt; et comme le chœur ne remplissait plus qu'une fonction subalterne, Eschyle eut la précaution d'abréger son rôle, et peut-être ne la poussa-t-il pas assez loin [5].

On lui reproche d'avoir admis des personnages muets. Achille après la mort de son ami, et Niobé après celle de ses enfans, se traînent sur le théâtre, et pendant plusieurs scènes y restent immobiles, la tête voilée, sans proférer une parole [6]; mais s'il avait mis des larmes dans leurs yeux et des plaintes dans leur bouche, aurait-il produit un aussi terrible effet que par ce voile, ce silence et cet abandon à la douleur?

Dans quelques unes de ses pièces, l'exposition du sujet a trop d'étendue [7], dans d'autres elle n'a pas assez de clarté [8]: quoiqu'il pèche souvent contre les règles qu'on a depuis établies, il les a presque toutes entrevues.

On peut dire d'Eschyle ce qu'il dit lui-même du héros Hippomédon: « L'épouvante marche devant lui, la tête élevée jusqu'aux » cieux [9]. » Il inspire partout une terreur profonde et salutaire; car il n'accable notre âme par des secousses violentes que pour la relever aussitôt par l'idée qu'il lui donne de sa force. Ses héros aiment mieux être écrasés par la foudre que de faire une bassesse, et leur courage est plus inflexible que la loi fatale de la nécessité. Cependant il savait mettre des bornes aux émotions qu'il était si jaloux d'exciter: il évita toujours d'ensanglanter la scène [10], parce que ses tableaux devaient être effrayans sans être horribles.

Ce n'est que rarement qu'il fait couler des larmes [11] et qu'il excite la pitié; soit que la nature lui eût refusé cette douce sensibilité qui a besoin de se communiquer aux autres, soit plutôt

---

[1] Aristot. de rhet. lib. 2, cap. 8, t. 2, p. 559. — [2] Id. de poet. cap. 4, t. 2, p. 655. Diog. Laert. lib. 3, § 56. — [3] AEschyl. in Choeph. v. 665, etc. v. 900, etc.; id. in Eumenid. Dacier, rem. sur la poét. d'Aristote, p. 50. — [4] Poll. lib. 4, cap. 15, § 110. — [5] Aristoph. in ran. v. 945. Aristot. de poet. cap. 4. — [6] Aristoph. ibid. v. 942. Schol. ibid. Spanh. ibid. p. 311. — [7] AEschin. in Agam. — [8] Aristoph. ibid. v. 1163. — [9] Sept. contr. Theb. v. 506. — [10] Aristoph. ibid. v. 1064. Philostr. vit. Apoll. lib. 6, cap. 11, p. 244. — [11] Vit. AEschyl.

qu'il craignît de les amollir. Jamais il n'eût exposé sur la scène des Phèdres et des Sténobées ; jamais il n'a peint les douceurs et les fureurs de l'amour[1] ; il ne voyait dans les différens accès de cette passion que des faiblesses ou des crimes d'un dangereux exemple pour les mœurs, et il voulait qu'on fût forcé d'estimer ceux qu'on est forcé de plaindre.

Continuons à suivre les pas immenses qu'il a faits dans la carrière. Examinons la manière dont il a traité les différentes parties de la tragédie : c'est-à-dire, la fable, les mœurs, les pensées, les paroles, le spectacle et le chant[2].

Ses plans sont d'une extrême simplicité. Il négligeait ou ne connaissait pas assez l'art de sauver les invraisemblances[3], de nouer et dénouer une action, d'en lier étroitement les différentes parties, de la presser ou de la suspendre par des reconnaissances et par d'autres accidens imprévus[4] : il n'intéresse quelquefois que par le récit des faits, et par la vivacité du dialogue[5] ; d'autres fois que par la force du style, ou par la terreur du spectacle[6]. Il paraît qu'il regardait l'unité d'action et de temps comme essentielle, celle de lieu comme moins nécessaire[7].

Le chœur, chez lui, ne se borne plus à chanter des cantiques ; il fait partie du tout ; il est l'appui du malheureux, le conseil des rois, l'effroi des tyrans, le confident de tous : quelquefois il participe à l'action pendant tout le temps qu'elle dure[8]. C'est ce que les successeurs d'Eschyle auraient dû pratiquer plus souvent, et ce qu'il n'a pas toujours pratiqué lui-même.

Le caractère et les mœurs de ses personnages sont convenables et se démentent rarement. Il choisit pour l'ordinaire ses modèles dans les temps héroïques, et les soutient à l'élévation où Homère avait placé les siens[9]. Il se plaît à peindre des âmes vigoureuses, franches, supérieures à la crainte, dévouées à la patrie, insatiables de gloire et de combats, plus grandes qu'elles ne sont aujourd'hui, telles qu'il en voulait former pour la défense de la Grèce[10] ; car il écrivait dans le temps de la guerre des Perses.

Comme il tend plus à la terreur qu'à la pitié, loin d'adoucir les traits de certains caractères, il ne cherche qu'à les rendre plus féroces, sans nuire néanmoins à l'intérêt théâtral. Clytemnestre, après avoir égorgé son époux, raconte son forfait avec une dérision amère, avec l'intrépidité d'un scélérat. Ce forfait serait horrible s'il n'était pas juste à ses yeux, s'il n'était pas nécessaire,

[1] Aristoph. in ran. v. 1075. — [2] Aristot. de poet. cap. 6, t. 2, p. 656. — [3] Dio. Chrysost. orat. 52, p. 549. Æschyl. in Agam. — [4] Vit. Æschyl. — [5] Æschyl. in sept. contr. Theb. — [6] Id. in Suppl. et Eumen. — [7] Id. in Eumen. — [8] Id. in Suppl. et Eumen. Trad. de M. de Pompignan, p. 431. — [9] Dio. Chrysost. orat. 52, p. 549. — [10] Æschyl. in Prom. v. 178. Aristoph. ibid. v. 1046, 1073.

si, suivant les principes reçus dans les temps héroïques, le sang injustement versé ne devait pas être lavé par le sang [1]. Clytemnestre laisse entrevoir sa jalousie contre Cassandre, son amour pour Égisthe [2]; mais de si faibles ressorts n'ont pas conduit sa main. La nature et les dieux [3] l'ont forcée à se venger. « J'annonce
» avec courage ce que j'ai fait sans effroi, dit-elle au peuple [4];
» il m'est égal que vous l'approuviez ou que vous le blâmiez.
» Voilà mon époux sans vie ; c'est moi qui l'ai tué : son sang a
» rejailli sur moi; je l'ai reçu avec la même avidité qu'une
» terre brûlée par le soleil reçoit la rosée du ciel [5]. Il avait immolé ma fille, et je l'ai poignardé ; ou plutôt ce n'est pas Clytemnestre [6], c'est le démon d'Atrée, le démon ordonnateur
» du sanglant festin de ce roi, c'est lui, dis-je, qui a pris mes
» traits pour venger avec plus d'éclat les enfans de Thyeste. »

Cette idée deviendra plus sensible par la réflexion suivante. Au milieu des désordres et des mystères de la nature, rien ne frappait plus Eschyle que l'étrange destinée du genre humain : dans l'homme, des crimes dont il est l'auteur, des malheurs dont il est la victime ; au-dessus de lui, la vengeance céleste et l'aveugle fatalité [7], dont l'une le poursuit quand il est coupable, l'autre quand il est heureux. Telle est la doctrine qu'il avait puisée dans le commerce des sages [8], qu'il a semée dans presque toutes ses pièces, et qui, tenant nos âmes dans une terreur continuelle, les avertit sans cesse de ne pas s'attirer le courroux des dieux, de se soumettre aux coups du destin [9]. De là ce mépris souverain qu'il témoigne pour les faux biens qui nous éblouissent, et cette force d'éloquence avec laquelle il insulte aux misères de la fortune. « O grandeurs humaines, s'écrie Cassandre avec indigna-
» tion, brillantes et vaines images qu'une ombre peut obscurcir,
» une goutte d'eau effacer! la prospérité de l'homme me fait plus
» de pitié que ses malheurs [10]. »

De son temps on ne connaissait pour le genre héroïque que le ton de l'épopée et celui du dithyrambe. Comme ils s'assortissaient à la hauteur de ses idées et de ses sentimens, Eschyle les transporta, sans les affaiblir, dans la tragédie. Entraîné par un enthousiasme qu'il ne peut plus gouverner, il prodigue les épithètes, les métaphores, toutes les expressions figurées des mouvemens de l'âme, tout ce qui donne du poids, de la force, de la magnificence au langage [11]; tout ce qui peut l'animer et le passionner.

[1] Æschyl. in Agam. v. 1571. — [2] Id. ibid. v. 1445. — [3] Id. ibid. v. 1494. — [4] Id. ibid. v. 1411. — [5] Id. ibid. v. 1398. — [6] Id. ibid. v. 1506. Trad. de M. de Pompignan. — [7] Æschyl. in Prom. v. 105 et 513. — [8] Eurip. in Alc. v. 962. — [9] Æschyl. in Pers. v. 293. — [10] Id. in Agam. v. 1335. — [11] Vit. Æschyl. Dionys. Halic. de prisc. script. cap. 2, t. 5, p. 423. Phrynic. ap. Phot. p. 327. Horat. de art. poet. v. 280.

Sous son pinceau vigoureux, les récits, les pensées, les maximes, se changent en images frappantes par leur beauté ou par leur singularité. Dans cette tragédie[1], qu'on pourrait appeler à juste titre l'enfantement de Mars[2] : « Roi des Thébains, dit un cour-
» rier qu'Étéocle avait envoyé au-devant des Argiens, l'ennemi
» approche, je l'ai vu, croyez-en mon récit. »

« Sur un bouclier noir, sept chefs impitoyables
» Épouvantent les dieux de sermens effroyables :
» Près d'un taureau mourant qu'ils viennent d'égorger,
» Tous, la main dans le sang, jurent de se venger ;
» Ils en jurent la Peur, le dieu Mars et Bellone[3]. »

Il dit d'un homme dont la prudence était consommée[4] : « Il
» moissonne ces sages et généreuses résolutions qui germent dans
» les profonds sillons de son âme[a] ; » et ailleurs : « L'intelligence
» qui m'anime est descendue du ciel sur la terre, et me crie sans
» cesse : N'accorde qu'une faible estime à ce qui est mortel[5]. »
Pour avertir les peuples libres de veiller de bonne heure sur les démarches d'un citoyen dangereux par ses talens et ses richesses : « Gardez-vous, leur dit-il, d'élever un jeune lion, de
» le ménager quand il craint encore, de lui résister quand il ne
» craint plus rien[6]. »

A travers ces brillantes étincelles, il règne dans quelques uns de ses ouvrages une obscurité qui provient non-seulement de son extrême précision et de la hardiesse de ses figures, mais encore des termes nouveaux[7] dont il affecte d'enrichir ou de hérisser son style. Eschyle ne voulait pas que ses héros s'exprimassent comme le commun des hommes ; leur élocution devait être au-dessus du langage vulgaire[8] ; elle est souvent au-dessus du langage connu. Pour fortifier sa diction, des mots volumineux et durement construits des débris de quelques autres s'élèvent du milieu de la phrase, comme ces tours superbes qui dominent sur les remparts d'une ville. Je rapporte la comparaison d'Aristophane[9].

L'éloquence d'Eschyle était trop forte pour l'assujétir aux recherches de l'élégance, de l'harmonie et de la correction[10] ; son essor, trop audacieux pour ne pas l'exposer à des écarts et à des

---

[1] Sept. contr. Theb. — [2] Aristoph. in ran. v. 1053. Plut. sympos. lib. 7, cap. 10, t. 2, p. 715. — [3] AEschyl. sept. contr. Theb. v. 39. Long. de subl. cap. 15. Trad. de Boileau, ibid. — [4] AEschyl. ibid. v. 599. — [a] Le scholiaste observe que Platon emploie la même expression dans un endroit de sa République. — [5] AEschyl. in Niob. ap. AEschyl. fragm. p. 641. — [6] Aristoph. ibid. v. 1478. — [7] Dionys. Halic. de prisc. script. cap. 2, t. 5, p. 423. — [8] Aristoph. ibid. v. 1092. — [9] Id. ibid. v. 1036. — [10] Vit. AEschyl. Dionys. Halic. de compos. verb. cap. 22, t. 5, p. 150. Longin. de subl. cap. 15. Schol. Aristoph. ibid. v. 1295.

chutes. C'est un style en général noble et sublime; en certains endroits, grand avec excès et pompeux jusqu'à l'enflure [1]; quelquefois méconnaissable et révoltant par des comparaisons ignobles [2], des jeux de mots puérils [3], et d'autres vices qui sont communs à cet auteur avec ceux qui ont plus de génie que de goût. Malgré ses défauts, il mérite un rang très-distingué parmi les plus célèbres poëtes de la Grèce.

Ce n'était pas assez que le ton imposant de ses tragédies laissât dans les âmes une forte impression de grandeur; il fallait, pour entraîner la multitude, que toutes les parties du spectacle concourussent à produire le même effet. On était alors persuadé que la nature, en donnant aux anciens héros une taille avantageuse [4], avait gravé sur leur front une majesté qui attirait autant le respect des peuples que l'appareil dont ils étaient entourés. Eschyle releva ses acteurs par une chaussure très-haute [5]; il couvrit leurs traits, souvent difformes, d'un masque qui en cachait l'irrégularité [6], et les revêtit de robes traînantes et magnifiques, dont la forme était si décente, que les prêtres de Cérès n'ont pas rougi de l'adopter [7]. Les personnages subalternes eurent des masques et des vêtemens assortis à leurs rôles.

Au lieu de ces vils tréteaux qu'on dressait autrefois à la hâte, il obtint un théâtre [8] pourvu de machines et embelli de décorations [9]. Il y fit retentir le son de la trompette; on y vit l'encens brûler sur les autels, les ombres sortir du tombeau, et les Furies s'élancer du fond du Tartare. Dans une de ses pièces, ces divinités infernales parurent, pour la première fois, avec des masques où la pâleur était empreinte, des torches à la main et des serpens entrelacés dans les cheveux [10], suivies d'un nombreux cortége de spectres horribles. On dit qu'à leur aspect et à leurs rugissemens l'effroi s'empara de toute l'assemblée; que des femmes se délivrèrent de leur fruit avant terme; que des enfans moururent [11]; et que les magistrats, pour prévenir de pareils accidens, ordonnèrent que le chœur ne serait plus composé que de quinze acteurs au lieu de cinquante [12].

Les spectateurs, étonnés de l'illusion que tant d'objets nouveaux faisaient sur leur esprit, ne le furent pas moins de l'intelligence

---

[1] Quintil. lib. 10, cap. 1, p. 632. — [2] AEschyl. in Agam. v. 330 et 875. — [3] Id. ibid. v. 698. — [4] Philostr. vit. Apoll. lib. 2, cap. 21, p. 73; lib. 4, cap. 16, p. 152. Aul. Gell. lib. 3, cap. 10. — [5] Philostr. ibid. lib. 6, cap. 11, p. 245; id. vit. soph. lib. 1, p. 492. Lucian. de salt. § 27, t. 2, p. 284. Vit. AEschyl. ap. Robort. p. 11. — [6] Horat. de art. poet. v. 278. — [7] Athen. lib. 1, cap. 18, p. 21. — [8] Horat. ibid. v. 279. — [9] Vitruv. in præf. lib. 7, p. 124. Vit. AEschyl. ibid. p. 11; id. ap. Stanl. p. 702. — [10] Aristoph. in Plut. v. 423. Schol. ibid. Pausan. lib. 1, cap. 28, p. 68. — [11] Vit. AEschyl. — [12] Poll. lib. 4, cap. 15, § 110.

qui brillait dans le jeu des acteurs. Eschyle les exerçait presque toujours lui-même : il réglait leurs pas, et leur apprenait à rendre l'action plus sensible par des gestes nouveaux et expressifs. Son exemple les instruisait encore mieux ; il jouait avec eux dans ses pièces [1]. Quelquefois il s'associait, pour les dresser, un habile maître de chœur, nommé Télestès. Celui-ci avait perfectionné l'art du geste. Dans la représentation des *Sept Chefs devant Thèbes* il mit tant de vérité dans son jeu, que l'action aurait pu tenir lieu des paroles [2].

Nous avons dit qu'Eschyle avait transporté dans la tragédie le style de l'épopée et du dithyrambe ; il y fit passer aussi les modulations élevées et le rhythme impétueux de certains airs, ou *nomes*, destinés à exciter le courage [3] ; mais il n'adopta point les innovations qui commençaient à défigurer l'ancienne musique. Son chant est plein de noblesse et de décence, toujours dans le genre diatonique [4], le plus simple et le plus naturel de tous.

Faussement accusé d'avoir révélé, dans une de ses pièces, les mystères d'Éleusis, il n'échappa qu'avec peine à la fureur d'un peuple fanatique [5]. Cependant il pardonna cette injustice aux Athéniens, parce qu'il n'avait couru risque que de la vie ; mais quand il les vit couronner les pièces de ses rivaux préférablement aux siennes : C'est au temps, dit-il, à remettre les miennes à leur place [6] ; et, ayant abandonné sa patrie, il se rendit en Sicile [7], où le roi Hiéron le combla de bienfaits et de distinctions. Il y mourut peu de temps après, âgé d'environ soixante-dix ans [a]. On grava sur son tombeau cette épitaphe, qu'il avait composée lui-même [8] : « Ci-gît Eschyle, fils d'Euphorion, né dans l'Attique ; » il mourut dans la fertile contrée de Géla ; les Perses et le bois » de Marathon attesteront à jamais sa valeur. » Sans doute que dans ce moment, dégoûté de la gloire littéraire, il n'en connut pas de plus brillante que celle des armes. Les Athéniens décernèrent des honneurs à sa mémoire ; et l'on a vu plus d'une fois les auteurs qui se destinent au théâtre aller faire des libations sur son tombeau, et déclamer leurs ouvrages autour de ce monument funèbre [9].

Je me suis étendu sur le mérite de ce poëte, parce que ses in-

---

[1] Athen. lib. 1, cap. 18, p. 21. — [2] Aristocl. ap. Athen. lib. 1, cap. 18, p. 22. — [3] Timarch. ap. schol. Aristoph. in ran. v. 1315. Æschyl. in Agam. v. 1162. Mém. de l'acad. des bell. lettr. t. 10, p. 285. — [4] Plut. de mus. t. 2, p. 1137. — [5] Aristot. de mor. lib. 3, cap. 2, t. 2, p. 29. Ælian. var. hist. lib. 5, cap. 19. Clem. Alex. strom. lib. 2, cap. 14, p. 461. — [6] Athen. lib. 8, cap. 8, p. 347. — [7] Plut. in Cim. t. 1, p. 483. — [a] L'an 456 avant J. C. (Marm. Oxon. epoch. 60. Corsin. fast. attic. t. 3, p. 119.) — [8] Schol. vit. Æschyl. Plut. de exil. t. 2, p. 604. Pausan. lib. 1, cap. 14, p. 35. Athen. lib. 14, p. 627. — [9] Vit. Æschyl. ap. Stanl.

novations ont presque toutes été des découvertes, et qu'il était plus difficile, avec les modèles qu'il avait sous les yeux, d'élever la tragédie au point de grandeur où il l'a laissée, que de la conduire après lui à la perfection [1].

Les progrès de l'art furent extrêmement rapides. Eschyle était né quelques années après que Thespis eut donné son Alceste [a]; il eut pour contemporains et pour rivaux Chœrilus, Pratinas, Phrynichus, dont il effaça la gloire, et Sophocle, qui balança la sienne.

Vie de Sophocle.

Sophocle naquit d'une famille honnête d'Athènes, la quatrième année de la soixante-dixième olympiade [2], vingt-sept ans environ après la naissance d'Eschyle, environ quatorze ans avant celle d'Euripide [3].

Je ne dirai point qu'après la bataille de Salamine, placé à la tête d'un chœur de jeunes gens qui faisaient entendre autour d'un trophée des chants de victoire, il attira tous les regards par la beauté de sa figure, et tous les suffrages par les sons de sa lyre [4]; qu'en différentes occasions on lui confia des emplois importans [5], soit civils, soit militaires [b]; qu'à l'âge de quatre-vingts ans [6], accusé par un fils ingrat de n'être plus en état de conduire les affaires de sa maison, il se contenta de lire à l'audience l'*OEdipe à Colonne* qu'il venait de terminer; que les juges indignés lui conservèrent ses droits, et que tous les assistans le conduisirent en triomphe chez lui [7]; qu'il mourut à l'âge de quatre-vingt-onze ans [8], après avoir joui d'une gloire dont l'éclat augmente de jour en jour : ces détails honorables ne l'honoreraient pas assez. Mais je dirai que la douceur de son caractère et les grâces de son esprit lui acquirent un grand nombre d'amis qu'il conserva toute sa vie [9]; qu'il résista sans faste et sans regret à l'empressement des rois qui cherchaient à l'attirer auprès d'eux [10]; que si, dans l'âge des plaisirs, l'amour l'égara quelquefois [11], loin de calomnier la vieillesse, il se félicita de ses pertes, comme un esclave qui n'a plus à sup-

---

[1] Schol. vit. AEschyl. ap. Robort. p. 11. — [a] Thespis donna son Alceste l'an 536 avant J. C. Eschyle naquit l'an 525 avant la même ère ; Sophocle, vers l'an 497. — [2] Marm. Oxon. epoch. 57. Corsin. fast. attic. t. 2, p. 49. — [3] Vit. Sophocl. Schol. Aristoph. in ran. v. 75. Marm. Oxon. ibid. — [4] Schol. vit. Sophocl. Athen. lib. 1, cap. 17, p. 20. — [5] Strab. lib. 14, p. 638. Plut. in Pericl. t. 1, p. 156. Cicer. de offic. lib. 1, cap. 40, t. 3, p. 220. — [b] Il commanda l'armée avec Périclès. Cela ne prouve point qu'il eut des talens militaires, mais seulement qu'il fut un des dix généraux qu'on tirait tous les ans au sort. — [6] Aristot. rhet. lib. 3, cap. 15, t. 2, p. 601. — [7] Cicer. de senect. cap. 7, t. 3, p. 301. Plut. an seni, etc. t. 2, p. 785. Val. Max. lib. 8, cap. 7, extern. n°. 12. — [8] Diod. lib. 13, p. 22. Marm. Oxon. epoch. 65. — [9] Schol. ibid. — [10] Id. ibid. — [11] Athen. lib. 13, p. 592 et 603.

porter les caprices d'un tyran féroce[1]; qu'à la mort d'Euripide son émule, arrivée peu de temps avant la sienne, il parut en habit de deuil, mêla sa douleur avec celle des Athéniens, et ne souffrit pas que, dans une pièce qu'il donnait, ses acteurs eussent des couronnes sur leur tête[2].

Il s'appliqua d'abord à la poésie lyrique[3]; mais son génie l'entraîna bientôt dans une route plus glorieuse, et son premier succès l'y fixa pour toujours. Il était âgé de vingt-huit ans; il concourait avec Eschyle, qui était en possession du théâtre[4]. Après la représentation des pièces, le premier des archontes, qui présidait aux jeux, ne put tirer au sort les juges qui devaient décerner la couronne : les spectateurs divisés faisaient retentir le théâtre de leurs clameurs; et comme elles redoublaient à chaque instant, les dix généraux de la république, ayant à leur tête Cimon, parvenu, par ses victoires et ses libéralités, au comble de la gloire et du crédit, montèrent sur le théâtre, et s'approchèrent de l'autel de Bacchus, pour y faire, avant de se retirer, les libations accoutumées. Leur présence et la cérémonie dont ils venaient s'acquitter suspendirent le tumulte; et l'archonte, les ayant choisis pour nommer le vainqueur, les fit asseoir après avoir exigé leur serment. La pluralité des suffrages se réunit en faveur de Sophocle[5]; et son concurrent, blessé de cette préférence, se retira quelque temps après en Sicile.

Vie d'Euripide.

Un si beau triomphe devait assurer pour jamais à Sophocle l'empire de la scène; mais le jeune Euripide en avait été le témoin, et ce souvenir le tourmentait, lors même qu'il prenait des leçons d'éloquence sous Prodicus, et de philosophie sous Anaxagore. Aussi le vit-on, à l'âge de dix-huit ans[6], entrer dans la carrière, et, pendant une longue suite d'années, la parcourir de front avec Sophocle, comme deux superbes coursiers qui, d'une ardeur égale, aspirent à la victoire.

Quoiqu'il eût beaucoup d'agrémens dans l'esprit, sa sévérité, pour l'ordinaire, écartait de son maintien les grâces du sourire et les couleurs brillantes de la joie[7]. Il avait, ainsi que Périclès, contracté cette habitude, d'après l'exemple d'Anaxagore leur maître[8]. Les facéties l'indignaient. « Je hais, dit-il dans une de

---

[1] Plat. de rep. lib. 1, t. 2, p. 329. Plut. non posse, etc. t. 2, p. 1094. Cicer. de senect. cap. 14, t. 3, p. 309. Athen. lib. 12, cap. 1, p. 510. Stob. serm. 6, p. 78. — [2] Thom. Mag. in vit. Euripid. — [3] Suid. in Σοφοκλ. — [4] Marm. Oxon. epoch. 57. Corsin. fast. attic. t. 2, p. 48; t. 3, p. 189.—[5] Plut. in Cim. t. 1, p. 483.—[6] Aul. Gell. noct. attic. lib. 15, cap. 20.—[7] Alex. AEtol. ap. Aul. Gell. ibid. — [8] Plut. in Pericl. t. 1, p. 154. AElian. var. hist. lib. 8, cap. 13.

» ses pièces, ces hommes inutiles qui n'ont d'autre mérite que
» de s'égayer aux dépens des sages qui les méprisent[1]. » Il faisait
surtout allusion à la licence des auteurs de comédies, qui, de leur
côté, cherchaient à décrier ses mœurs, comme ils décriaient
celles des philosophes. Pour toute réponse, il eût suffi d'observer
qu'Euripide était l'ami de Socrate, qui n'assistait guère aux spectacles que lorsqu'on donnait les pièces de ce poëte[2].

Il avait exposé sur la scène des princesses souillées de crime,
et, à cette occasion, il s'était déchaîné plus d'une fois contre les
femmes en général[3]. On cherchait à les soulever contre lui[4] : les
uns soutenaient qu'il les haïssait[5]; d'autres, plus éclairés, qu'il
les aimait avec passion[6]. « Il les déteste, disait un jour quelqu'un.
» — Oui, répondit Sophocle, mais c'est dans ses tragédies[7]. »

Diverses raisons l'engagèrent, sur la fin de ses jours, à se retirer auprès d'Archélaüs, roi de Macédoine. Ce prince rassemblait
à sa cour tous ceux qui se distinguaient dans les lettres et dans les
arts. Euripide y trouva Zeuxis et Timothée[8], dont le premier
avait fait une révolution dans la peinture, et l'autre dans la musique ; il y trouva le poëte Agathon, son ami[9], l'un des plus honnêtes hommes et des plus aimables de son temps[10]. C'est lui qui
disait à Archélaüs : « Un roi doit se souvenir de trois choses; qu'il
» gouverne des hommes, qu'il doit les gouverner suivant les lois,
» qu'il ne les gouvernera pas toujours[11]. » Euripide ne s'expliquait
pas avec moins de liberté : il en avait le droit, puisqu'il ne sollicitait aucune grâce. Un jour même que l'usage permettait d'offrir
au souverain quelques faibles présens, comme un hommage d'attachement et de respect, il ne parut pas avec les courtisans et les
flatteurs empressés à s'acquitter de ce devoir; Archélaüs lui en
ayant fait quelques légers reproches : « Quand le pauvre donne,
» répondit Euripide, il demande[12]. »

Il mourut quelques années après, âgé d'environ soixante-seize
ans[13]. Les Athéniens envoyèrent des députés en Macédoine pour
obtenir que son corps fût transporté à Athènes ; mais Archélaüs,
qui avait déjà donné des marques publiques de sa douleur, rejeta leurs prières et regarda comme un honneur pour ses États de
conserver les restes d'un grand homme : il lui fit élever un tombeau magnifique, près de la capitale, sur les bords d'un ruisseau

---

[1] Euripid. in Melan. ap. Athen. lib. 14, p. 613. — [2] AElian. var. hist. lib. 2, cap. 13. — [3] Euripid. ibid. ap. Barn. t. 2, p. 480. — [4] Aristoph. in Thesmoph. Barn. in vit. Euripid. n°. 19. — [5] Schol. argum. in Thesmoph. p. 472. — [6] Athen. lib. 13. cap. 8, p. 603. — [7] Hieron. ap. Athen. ibid. p. 557. Stob. serm. 6, p. 80. — [8] AElian. ibid. lib. 14, cap. 17. Plut. in apophth. t. 2, p. 177. — [9] AElian. ibid. lib. 2, cap. 21. — [10] Aristoph. in ran. v. 84. — [11] Stob. serm. 44, p. 308. — [12] Euripid. in Archel. ap. Barn. t. 2, p. 456, v. 11. — [13] Marm. Oxon. epoch. 64.

dont l'eau est si pure, qu'elle invite le voyageur à s'arrêter [1], et à contempler en conséquence le monument exposé à ses yeux. En même temps les Athéniens lui dressèrent un cénotaphe sur le chemin qui conduit de la ville au Pirée [2] ; ils prononcent son nom avec respect, quelquefois avec transport. A Salamine, lieu de sa naissance, on s'empressa de me conduire à une grotte où l'on prétend qu'il avait composé la plupart de ses pièces [3] ; c'est ainsi qu'au bourg de Colone, les habitans m'ont montré plus d'une fois la maison où Sophocle avait passé une partie de sa vie [4].

Athènes perdit presque en même temps ces deux célèbres poëtes. A peine avaient-ils les yeux fermés, qu'Aristophane, dans une pièce jouée avec succès [5], supposa que Bacchus, dégoûté des mauvaises tragédies qu'on représentait dans ses fêtes, était descendu aux enfers pour en ramener Euripide, et qu'en arrivant il avait trouvé la cour de Pluton remplie de dissensions. La cause en était honorable à la poésie. Auprès du trône de ce dieu s'en élèvent plusieurs autres, sur lesquels sont assis les premiers des poëtes dans les genres nobles et relevés [6], mais qu'ils sont obligés de céder quand il paraît des hommes d'un talent supérieur. Eschyle occupait celui de la tragédie. Euripide veut s'en emparer ; on va discuter leurs titres ; le dernier est soutenu par un grand nombre de gens grossiers et sans goût, qu'ont séduits les faux ornemens de son éloquence. Sophocle s'est déclaré pour Eschyle ; prêt à le reconnaître pour son maître, s'il est vainqueur ; et, s'il est vaincu, à disputer la couronne à Euripide. Cependant les concurrens en viennent aux mains. L'un et l'autre, armé des traits de la satire, relève le mérite de ses pièces, et déprime celles de son rival. Bacchus doit prononcer : il est long-temps irrésolu ; mais enfin il se déclare pour Eschyle, qui, avant de sortir des enfers, demande instamment que, pendant son absence, Sophocle occupe sa place [7].

Malgré les préventions et la haine d'Aristophane contre Euripide, sa décision, en assignant le premier rang à Eschyle, le second à Sophocle, et le troisième à Euripide, était alors conforme à l'opinion de la plupart des Athéniens. Sans l'approuver, sans la combattre, je vais rapporter les changemens que les deux derniers firent à l'ouvrage du premier.

J'ai dit plus haut que Sophocle avait introduit un troisième acteur dans ses premières pièces, et je ne dois pas insister sur les

[1] Plin. lib. 31, cap. 2, t. 2, p. 550. Vitruv. lib. 8, cap. 3, p. 163. Plut. in Lyc. t. 1, p. 59. Antholog. græc. p. 273. Suid. in Εὐριπίδ. — [2] Pausan. lib. 1, cap. 2, p. 6. Thom. Mag. vit. Euripid. — [3] Philoch. ap. Aul. Gell. lib. 15, cap. 20. — [4] Cicer. de fin. lib. 5, cap. 1, t. 2, p. 197. — [5] Argum. Aristoph. in ran. p. 115 et 116. — [6] Aristoph. ibid. v. 773. — [7] Id. ibid. v. 1563.

nouvelles décorations dont il enrichit la scène, non plus que sur les nouveaux attributs qu'il mit entre les mains de quelques uns de ses personnages¹. Il reprochait trois défauts à Eschyle : la hauteur excessive des idées, l'appareil gigantesque des expressions, la pénible disposition des plans; et ces défauts, il se flattait de les avoir évités².

Si les modèles qu'on nous présente au théâtre se trouvaient à une trop grande élévation, leurs malheurs n'auraient pas le droit de nous attendrir, ni leurs exemples celui de nous instruire. Les héros de Sophocle sont à la distance précise où notre admiration et notre intérêt peuvent atteindre : comme ils sont au-dessus de nous sans être loin de nous, tout ce qui les concerne ne nous est ni trop étranger ni trop familier; et comme ils conservent de la faiblesse dans les plus affreux revers³, il en résulte un pathétique sublime qui caractérise spécialement ce poëte.

Il respecte tellement les limites de la véritable grandeur, que, dans la crainte de les franchir, il lui arrive quelquefois de n'en pas approcher. Au milieu d'une course rapide, au moment qu'il va tout embraser, on le voit soudain s'arrêter et s'éteindre⁴ : on dirait alors qu'il préfère les chutes aux écarts.

Il n'était pas propre à s'appesantir sur les faiblesses du cœur humain ni sur des crimes ignobles : il lui fallait des âmes fortes, sensibles, et par là même intéressantes; des âmes ébranlées par l'infortune, sans en être accablées ni enorgueillies.

En réduisant l'héroïsme à sa juste mesure, Sophocle baissa le ton de la tragédie, et bannit ces expressions qu'une imagination fougueuse dictait à Eschyle, et qui jetaient l'épouvante dans l'âme des spectateurs : son style, comme celui d'Homère, est plein de force, de magnificence, de noblesse et de douceur⁵; jusque dans la peinture des passions les plus violentes, il s'assortit heureusement à la dignité des personnages⁶.

Eschyle peignit les hommes plus grands qu'ils ne peuvent être; Sophocle, comme ils devraient être; Euripide, tels qu'ils sont⁷. Les deux premiers avaient négligé des passions et des situations que le troisième crut susceptibles de grands effets. Il représenta tantôt des princesses brûlantes d'amour, et ne respirant que l'adultère et les forfaits⁸; tantôt des rois dégradés par l'adversité, au point de se couvrir de haillons et de tendre la main, à l'exemple

---

¹ Aristot. de poet. cap. 4, t. 2, p. 665. Suid. in Σοφοκλ. Schol. in vit. Sophocl. — ² Plut. de profect. virt. t. 2, p. 79. — ³ Dionys. Halic. de vet. script. cens. cap. 2, t. 5, p. 423. — ⁴ Longin. de subl. cap. 33. — ⁵ Dion. Chrysost. orat. 52, p. 552. Quintil. lib. 10, cap. 1, p. 632. Schol. vit. Sophocl. — ⁶ Dionys. Halic. ibid. — ⁷ Aristot. ibid. cap. 25, p. 673. — ⁸ Aristoph. in ran. v. 874 et 1075.

des mendians[1]. Ces tableaux, où l'on ne retrouvait plus l'empreinte de la main d'Eschyle ni de celle de Sophocle, soulevèrent d'abord les esprits : on disait qu'on ne devait, sous aucun prétexte, souiller le caractère ni le rang des héros de la scène; qu'il était honteux de tracer avec art des images indécentes, et dangereux de prêter aux vices l'autorité des grands exemples[2].

Mais ce n'était plus le temps où les lois de la Grèce infligeaient une peine aux artistes qui ne traitaient pas leurs sujets avec une certaine décence[3]. Les âmes s'énervaient, et les bornes de la convenance s'éloignaient de jour en jour : la plupart des Athéniens furent moins blessés des atteintes que les pièces d'Euripide portaient aux idées reçues, qu'entraînés par le sentiment dont il avait su les animer; car ce poëte, habile à manier toutes les affections de l'âme, est admirable lorsqu'il peint les fureurs de l'amour, ou qu'il excite les émotions de la pitié[4] : c'est alors que, se surpassant lui-même, il parvient quelquefois au sublime, pour lequel il semble que la nature ne l'avait pas destiné[5]. Les Athéniens s'attendrirent sur le sort de Phèdre coupable, ils pleurèrent sur celui du malheureux Téléphe, et l'auteur fut justifié.

Pendant qu'on l'accusait d'amollir la tragédie, il se proposait d'en faire une école de sagesse : on trouve dans ses écrits le système d'Anaxagore, son maître, sur l'origine des êtres[6], et les préceptes de cette morale dont Socrate, son ami, discutait alors les principes. Mais comme les Athéniens avaient pris du goût pour cette éloquence artificielle dont Prodicus lui avait donné des leçons, il s'attacha principalement à flatter leurs oreilles : ainsi les dogmes de la philosophie et les ornemens de la rhétorique furent admis dans la tragédie, et cette innovation servit encore à distinguer Euripide de ceux qui l'avaient précédé.

Dans les pièces d'Eschyle et de Sophocle, les passions, empressées d'arriver à leur but, ne prodiguent point des maximes qui suspendraient leur marche; le second surtout a cela de particulier, que, tout en courant et presque sans y penser, d'un seul trait il décide le caractère et dévoile les sentimens secrets de ceux qu'il met sur la scène. C'est ainsi que, dans son Antigone, un mot échappé comme par hasard à cette princesse, laisse éclater son amour pour le fils de Créon[7].

Euripide multiplia les sentences et les réflexions[8]; il se fit un plaisir ou un devoir d'étaler ses connaissances, et se livra sou-

[1] Aristoph. in nub. v. 919. Schol. ibid.; id. in ran. v. 866 et 1095. Schol. ibid.; in Acharn. v. 411. Schol. ibid. — [2] Id. ibid. v. 1082. — [3] Ælian. var. hist. lib. 4, cap. 4. — [4] Quintil. lib. 10, cap. 1, p. 632. Diog. Laert. lib. 4, § 26. — [5] Longin. de subl. cap. 15 et 39. — [6] Walck. diatr. in Eurip. cap. 4 et 5. — [7] Soph. in Antig. v. 578. — [8] Quintil. ibid. Dion. Chrysost. orat. 52, p. 553.

vent à des formes oratoires[1]: de là les divers jugemens qu'on porte de cet auteur, et les divers aspects sous lesquels on peut l'envisager. Comme philosophe, il eut un grand nombre de partisans; les disciples d'Anaxagore et ceux de Socrate, à l'exemple de leurs maîtres, se félicitèrent de voir leur doctrine applaudie sur le théâtre, et, sans pardonner à leur nouvel interprète quelques expressions trop favorables au despotisme[2], ils se déclarèrent ouvertement pour un écrivain qui inspirait l'amour des devoirs et de la vertu, et qui, portant ses regards plus loin, annonçait hautement qu'on ne doit pas accuser les dieux de tant de passions honteuses, mais les hommes qui les leur attribuent[3]; et comme il insistait avec force sur les dogmes importans de la morale, il fut mis au nombre des sages[4], et sera toujours regardé comme le philosophe de la scène[5].

Son éloquence, qui quelquefois dégénère en une vaine abondance de paroles[6], ne l'a pas rendu moins célèbre parmi les orateurs en général, et parmi ceux du barreau en particulier : il opère la persuasion par la chaleur de ses sentimens, et la conviction par l'adresse avec laquelle il amène les réponses et les répliques[7].

Les beautés que les philosophes et les orateurs admirent dans ses écrits sont des défauts réels aux yeux de ses censeurs : ils soutiennent que tant de phrases de rhétorique, tant de maximes accumulées, de digressions savantes et de disputes oiseuses[8], refroidissent l'intérêt; et ils mettent à cet égard Euripide fort au-dessous de Sophocle, qui ne dit rien d'inutile[9].

Eschyle avait conservé dans son style les hardiesses du dithyrambe, et Sophocle la magnificence de l'épopée : Euripide fixa la langue de la tragédie; il ne retint presque aucune des expressions spécialement consacrées à la poésie[10]; mais il sut tellement choisir et employer celles du langage ordinaire, que, sous leur heureuse combinaison, la faiblesse de la pensée semble disparaître et le mot le plus commun s'ennoblir[11]. Telle est la magie de ce style enchanteur qui, dans un juste tempérament entre la bassesse et l'élévation, est presque toujours élégant et clair, pres-

---

[1] Dionys. Halic. de vet. script. cens. t. 5, p. 423. — [2] Plat. de rep. lib. 8, t. 2, p. 568. — [3] Euripid. in Ion. v. 442; in Hercul. fur. v. 1341. — [4] AEschin. in Tim. p. 283. Oracul. Delph. ap. Schol. Aristoph. in nub. v. 144. — [5] Vitruv. in præf. lib. 8. Athen. lib. 4, cap. 15, p. 158; lib. 13, cap. 1, p. 561. Sext. Empir. adv. gramm. lib. 1, cap. 13, p. 279. — [6] Aristoph. in ran. v. 1101. Plut. de audit. t. 2, p. 45. — [7] Quintil. lib. 10, cap. 1, p. 632. Dion. Chrysost. orat. 52, p. 551. — [8] Quintil. ibid. Aristoph. in ran. v. 787, 973, 1101. — [9] Dionys. Halic. ibid. — [10] Walck. diatrib. in Eurip. cap. 9, p. 96. — [11] Aristot. rhet. lib. 3, cap. 2, t. 2, p. 585. Longin. de subl. cap. 39, p. 217.

que toujours harmonieux, coulant, et si flexible qu'il paraît se prêter sans efforts à tous les besoins de l'âme [1].

C'était néanmoins avec une extrême difficulté qu'il faisait des vers faciles. De même que Platon, Zeuxis, et tous ceux qui aspirent à la perfection, il jugeait ses ouvrages avec la sévérité d'un rival, et les soignait avec la tendresse d'un père [2]. Il disait une fois « que trois de ses vers lui avaient coûté trois jours de travail. » J'en aurais fait cent à votre place, lui dit un poète médiocre. » Je le crois, répondit Euripide, mais ils n'auraient subsisté que » trois jours [3]. »

Sophocle admit dans ses chœurs l'harmonie phrygienne [4], dont l'objet est d'inspirer la modération, et qui convient au culte des dieux [5]. Euripide, complice des innovations que Timothée faisait à l'ancienne musique [6], adopta presque tous les modes, et surtout ceux dont la douceur et la mollesse s'accordaient avec le caractère de sa poésie. On fut étonné d'entendre sur le théâtre des sons efféminés, et quelquefois multipliés sur une seule syllabe [7] : l'auteur y fut bientôt représenté comme un artiste sans vigueur, qui, ne pouvant s'élever jusqu'à la tragédie, la faisait descendre jusqu'à lui; qui ôtait en conséquence à toutes les parties dont elle est composée le poids et la gravité qui leur conviennent [8]; et qui, joignant de petits airs à de petites paroles, cherchait à remplacer la beauté par la parure, et la force par l'artifice. « Faisons » chanter Euripide, disait Aristophane; qu'il prenne une lyre, » ou plutôt une paire de coquilles [9] : c'est le seul accompagne- » ment que ses vers puissent soutenir. »

On n'oserait pas risquer aujourd'hui une pareille critique; mais du temps d'Aristophane, beaucoup de gens, accoutumés dès leur enfance au ton imposant et majestueux de l'ancienne tragédie, craignaient de se livrer à l'impression des nouveaux sons qui frappaient leurs oreilles. Les grâces ont enfin adouci la sévérité des règles, et il leur a fallu peu de temps pour obtenir ce triomphe.

Quant à la conduite des pièces, la supériorité de Sophocle est généralement reconnue; on pourrait même démontrer que c'est d'après lui que les lois de la tragédie ont presque toutes été rédigées; mais comme en fait de goût l'analyse d'un bon ouvrage est presque toujours un mauvais ouvrage, parce que les beautés

[1] Dionys. Halic. de comp. verb. cap. 23, t. 5, p. 173; id. de vet. script. cens. t. 5, p. 432. — [2] Longin. de subl. cap. 15, p. 108. Dion. Chrysost. orat. 52, p. 551. — [3] Val. Max. lib. 3, cap. 7, extern. n°. 1. — [4] Aritox. ap. Schol. in vit. Sophocl. — [5] Plat. de rep. lib. 3, t. 2, p. 399. — [6] Plut. an seni, etc., t. 2, p. 795. — [7] Aristoph. in ran. v. 1336, 1349 et 1390. — [8] Id. ibid. v. 971. — [9] Id. ibid. v. 1340. Didym. ap. Athen. lib. 14, cap. 4, p. 636.

sages et régulières y perdent une partie de leur prix, il suffira de dire, en général, que cet auteur s'est garanti des fautes essentielles qu'on reproche à son rival.

Euripide réussit rarement dans la disposition de ses sujets[1]; tantôt il y blesse la vraisemblance, tantôt les incidens y sont amenés par force; d'autres fois son action cesse de faire un même tout; presque toujours les nœuds et les dénoûmens laissent quelque chose à désirer, et ses chœurs n'ont souvent qu'un rapport indirect avec l'action[2].

Il imagina d'exposer son sujet dans un prologue, ou long avant-propos, presque entièrement détaché de la pièce : c'est là que, pour l'ordinaire, un des acteurs[3] vient froidement rappeler tous les événemens antérieurs et relatifs à l'action; qu'il rapporte sa généalogie ou celle d'un des principaux personnages[4]; qu'il nous instruit du motif qui l'a fait descendre du ciel, si c'est un dieu; qui l'a fait sortir du tombeau, si c'est un mortel : c'est là que, pour s'annoncer aux spectateurs, il se borne à décliner son nom : *Je suis la déesse Vénus*[5]. *Je suis Mercure, fils de Maïa*[6]. *Je suis Polydore, fils d'Hécube*[7]. *Je suis Jocaste*[8]. *Je suis Andromaque*[9]. Voici comment s'exprime Iphigénie, en paraissant toute seule sur le théâtre[10] : « Pélops, fils de Tantale, étant venu à Pise,
» épousa la fille d'OEnomaüs, de laquelle naquit Atrée ; d'Atrée
» naquirent Ménélas et Agamemnon ; ce dernier épousa la fille
» de Tyndare ; et moi Iphigénie, c'est de cet hymen que j'ai reçu
» le jour[a]. » Après cette généalogie, si heureusement parodiée dans une comédie d'Aristophane[11], la princesse se dit à elle-même que son père la fit venir en Aulide sous prétexte de lui donner Achille pour époux, mais en effet pour la sacrifier à Diane; et que cette déesse l'ayant remplacée à l'autel par une biche, l'avait enlevée tout à coup et transportée en Tauride, où règne Thoas, ainsi nommé à cause de son agilité, comparable à celle des oiseaux[b]. Enfin, après quelques autres détails, elle finit par raconter un songe dont elle est effrayée, et qui lui présage la mort d'Oreste, son frère.

---

[1] Aristot. de poet. cap. 13, t. 2, p. 662. Remarq. de Dacier, p. 197. — [2] Aristot. ibid. cap. 18, t. 2, p. 666. Remarq. ibid. p. 315. — [3] Aristoph. in ran. v. 977. Corneille, premier discours sur le poëme dramatique, p. 25. — [4] Euripid. in Hercul. fur.; in Phœniss.; in Electr., etc. — [5] Id. in Hippol. — [6] Id. in Ion. — [7] Id. in Hecub. — [8] Id. in Phœniss. — [9] Id. in Androm. — [10] Id. in Iphig. in Taur. — [a] Le père Brumoy, qui cherche à pallier les défauts des anciens, commence cette scène par ces mots, qui ne sont point dans Euripide : « Déplorable Iphigénie, dois-je rappeler mes malheurs? » — [11] Aristoph. in Acharn. v. 47. — [b] Euripide dérive le nom de Thoas du mot grec Θοός, qui signifie léger à la course. Quand cette étymologie serait aussi vraie qu'elle est fausse, il est bien étrange de la trouver en cet endroit.

Dans les pièces d'Eschyle et de Sophocle, un heureux artifice éclaircit le sujet dès les premières scènes ; Euripide lui-même semble leur avoir dérobé leur secret dans sa Médée et dans son Iphigénie en Aulide. Cependant, quoique en général sa manière soit sans art, elle n'est point condamnée par d'habiles critiques [1].

Ce qu'il y a de plus étrange, c'est que, dans quelques uns de ses prologues, comme pour affaiblir l'intérêt qu'il veut inspirer, il nous prévient sur la plupart des événemens qui doivent exciter notre surprise [2]. Ce qui doit nous étonner encore, c'est de le voir tantôt prêter aux esclaves le langage des philosophes [3], et aux rois celui des esclaves [4] ; tantôt, pour flatter le peuple, se livrer à des écarts dont sa pièce des *Suppliantes* offre un exemple frappant.

Thésée avait rassemblé l'armée athénienne. Il attendait, pour marcher contre Créon, roi de Thèbes, la dernière résolution de ce prince. Dans ce moment, le héraut de Créon arrive et demande à parler au roi d'Athènes. « Vous le chercheriez vainement, dit » Thésée ; cette ville est libre, et le pouvoir souverain est entre les » mains de tous les citoyens. » A ces mots le héraut déclame dix-sept vers contre la démocratie [5]. Thésée s'impatiente, le traite de discoureur, et emploie vingt-sept vers à retracer les inconvéniens de la royauté. Après cette dispute si déplacée, le héraut s'acquitte de sa commission. Il semble qu'Euripide aimait mieux céder à son génie que de l'asservir, et songeait plus à l'intérêt de la philosophie qu'à celui du sujet.

Je relèverai dans le chapitre suivant d'autres défauts, dont quelques uns lui sont communs avec Sophocle ; mais, comme ils n'ont pas obscurci leur gloire, on doit conclure de là que les beautés qui parent leurs ouvrages sont d'un ordre supérieur. Il faut même ajouter en faveur d'Euripide, que la plupart de ses pièces ayant une catastrophe funeste, produisent le plus grand effet, et le font regarder comme le plus tragique des poëtes dramatiques [6].

Le théâtre offrait d'abondantes moissons de lauriers aux talens qu'il faisait éclore. Depuis Eschyle jusqu'à nos jours, dans l'espace d'environ un siècle et demi, quantité d'auteurs se sont empressés d'aplanir ou d'embellir les routes que le génie s'était récemment ouvertes : c'est à leurs productions de les faire connaître à la postérité. Je citerai quelques uns de ceux dont les succès ou les vains efforts peuvent éclaircir l'histoire de l'art, et instruire ceux qui le cultivent.

---

[1] Aristot. de rhet. lib. 3, cap. 14, t. 2, p. 600. — [2] Euripid. in Hecub. ; in Hippol. — [3] Aristoph. in ran. v. 980. Schol. ibid. in Acharn. v. 395 et 400. Schol. ibid. Orig. in Cels. lib. 7, p. 356. — [4] Euripid. in Alcest. v. 675, etc. — [5] Id. in Suppl. v. 409. — [6] Aristot. de poet. cap. 13, t. 2, p. 662.

Phrynichus, disciple de Thespis, et rival d'Eschyle, introduisit les rôles de femmes sur la scène¹. Pendant que Thémistocle était chargé, par sa tribu, de concourir à la représentation des jeux, Phrynichus présenta une de ses pièces; elle obtint le prix, et le nom du poëte fut associé sur le marbre avec le nom du vainqueur des Perses². Sa tragédie intitulée *la Prise de Milet* eut un succès étrange; les spectateurs fondirent en larmes, et condamnèrent l'auteur à une amende de mille drachmes*a*, pour avoir peint avec des couleurs trop vives des maux que les Athéniens auraient pu prévenir³.

Ion fut si glorieux de voir couronner une de ses pièces, qu'il fit présent à tous les habitans d'Athènes d'un de ces beaux vases de terre cuite qu'on fabrique dans l'île de Chio, sa patrie⁴. On peut lui reprocher, comme écrivain, de ne mériter aucun reproche; ses ouvrages sont tellement soignés, que l'œil le plus sévère n'y discerne aucune tache. Cependant tout ce qu'il a fait ne vaut pas l'OEdipe de Sophocle, parce que, malgré ses efforts, il n'atteignit que la perfection de la médiocrité⁵.

Agathon, ami de Socrate et d'Euripide, hasarda le premier des sujets feints⁶. Ses comédies sont écrites avec élégance, ses tragédies avec la même profusion d'antithèses et d'ornemens symétriques que les discours du rhéteur Gorgias⁷.

Philoclès composa un très-grand nombre de pièces; elles n'ont d'autre singularité qu'un style amer, qui l'a fait surnommer *la bile*⁸. Cet écrivain si médiocre l'emporta sur Sophocle, au jugement des Athéniens, dans un combat où ce dernier avait présenté l'*OEdipe,* une de ses plus belles pièces, et le chef-d'œuvre peut-être du théâtre grec⁹. Il viendra sans doute un temps où, par respect pour Sophocle, on n'osera pas dire qu'il était supérieur à Philoclès¹⁰.

Astydamas, neveu de ce Philoclès, fut encore plus fécond que son oncle, et remporta quinze fois le prix¹¹. Son fils, de même nom, a donné de mon temps plusieurs pièces; il a pour concurrens Asclépiade, Apharée, fils adoptif d'Isocrate, Théodecte, et d'autres encore qui seraient admirés, s'ils n'avaient pas succédé à des hommes véritablement admirables.

J'oubliais Denys l'ancien, roi de Syracuse: il fut aidé, dans la composition de ses tragédies, par quelques gens d'esprit, et

---

¹ Suid. in Φρύνιχ. — ² Plut. in Themist. t. 1, p. 114. — *a* Neuf cents livres.
— ³ Herodot. lib. 6, cap. 21. Corsin. fast. attic. t. 3, p. 172. — ⁴ Athen. lib. 1, cap. 3, p. 3. — ⁵ Longin. de subl. cap. 33, p. 187. — ⁶ Aristot. de poet. cap. 9, t. 2, p. 659. — ⁷ AElian. var. hist. lib. 14, cap. 13. Philostr. vit. Sophocl. lib. 1, p. 493. Athen. lib. 5, p. 187. — ⁸ Suid. in Φιλοκλ. — ⁹ Dicæarch. in OEdip. — ¹⁰ Aristid. orat. t. 3, p. 422. — ¹¹ Diod. lib. 14, p. 270. Suid. in Ἀστυδ.

dut à leurs secours la victoire qu'il remporta dans ce genre de littérature¹. Ivre de ses productions, il sollicitait les suffrages de tous ceux qui l'environnaient, avec la bassesse et la cruauté d'un tyran. Il pria un jour Philoxène de corriger une pièce qu'il venait de terminer ; et ce poëte l'ayant raturée depuis le commencement jusqu'à la fin, fut condamné aux carrières². Le lendemain Denys le fit sortir, et l'admit à sa table; sur la fin du dîné, ayant récité quelques uns de ses vers : Eh bien, dit-il, qu'en pensez-vous, Philoxène ? Le poëte, sans lui répondre, dit aux satellites de le remener aux carrières³.

Eschyle, Sophocle et Euripide sont et seront toujours placés à la tête de ceux qui ont illustré la scène⁴. D'où vient donc que, sur le grand nombre de pièces qu'ils présentèrent au concours[a], le premier ne fut couronné que treize fois⁵, le second que dix-huit fois⁶, le troisième que cinq fois⁷ ? C'est que la multitude décida de la victoire, et que le public a depuis fixé les rangs. La multitude avait des protecteurs dont elle épousait les passions, des favoris dont elle soutenait les intérêts ; de là tant d'intrigues, de violence et d'injustices, qui éclatèrent dans le moment de la décision. D'un autre côté, le public, c'est-à-dire la plus saine partie de la nation, se laissa quelquefois éblouir par de légères beautés, éparses dans des ouvrages médiocres ; mais il ne tarda pas à mettre les hommes de génie à leur place, lorsqu'il fut averti de leur supériorité par les vaines tentatives de leurs rivaux et de leurs successeurs.

Histoire de la comédie.

Quoique la comédie ait la même origine que la tragédie, son histoire, moins connue, indique des révolutions dont nous ignorons les détails, et des découvertes dont elle nous cache les auteurs.

Née vers la cinquantième olympiade[b], dans les bourgs de l'Attique, assortie aux mœurs grossières des habitans de la campagne, elle n'osait approcher de la capitale ; et si par hasard des troupes d'acteurs indépendans s'y glissaient pour jouer ses farces indécentes, ils étaient moins autorisés que tolérés par le gouvernement⁸. Ce ne fut qu'après une longue enfance qu'elle prit tout à coup son accroissement en Sicile⁹. Au lieu d'un recueil de

---

¹ Plut. in x rhet. vit. t. 2, p. 833. — ² Id. de fort. Alex. t. 2, p. 334. — ³ Diod. lib. 15, p. 331. — ⁴ Plut. ibid. p. 841. Aristid. orat. t. 3, p. 703. Quintil. lib. 10, cap. 1, p. 632. Cicer. de orat. lib. 3, cap. 7, t. 1, p. 286. — [a] Voyez la note XLV à la fin du volume. — ⁵ Anonym. in vitâ Æschyl. — ⁶ Diod. lib. 13, p. 222. — ⁷ Suid. in Εὐριπιδ. Varr. ap. Aul. Gell. lib. 17, cap. 4. — [b] Vers l'an 580 avant J. C. — ⁸ Aristot. de poet. cap. 3, t. 2, p. 654. Diomed. de orat. lib. 3, p. 485. — ⁹ Aristot. ibid. cap. 5. Horat. lib. 2, epist. 1, v. 58.

scènes sans liaison et sans suite, le philosophe Épicharme établit une action, en lia toutes les parties, la traita dans une juste étendue, et la conduisit sans écart jusqu'à la fin. Ses pièces, assujéties aux mêmes lois que la tragédie, furent connues en Grèce; elles y servirent de modèles [1], et la comédie y partagea bientôt avec sa rivale les suffrages du public, et l'hommage que l'on doit aux talens. Les Athéniens surtout l'accueillirent avec les transports qu'aurait excités la nouvelle d'une victoire.

Plusieurs d'entre eux s'exercèrent dans ce genre, et leurs noms décorent la liste nombreuse de ceux qui, depuis Épicharme jusqu'à nos jours, s'y sont distingués. Tels furent, parmi les plus anciens, Magnès, Cratinus, Cratès, Phérécrate, Eupolis, et Aristophane, mort environ trente ans avant mon arrivée en Grèce. Ils vécurent tous dans le siècle de Périclès.

Des facéties piquantes valurent d'abord des succès brillans à Magnès; il fut ensuite plus sage et plus modéré, et ses pièces tombèrent [2].

Cratinus réussissait moins dans l'ordonnance de la fable que dans la peinture des vices; aussi amer qu'Archiloque, aussi énergique qu'Eschyle, il attaqua les particuliers sans ménagement et sans pitié [3].

Cratès se distingua par la gaieté de ses saillies [4], et Phérécrate par la finesse des siennes [5] : tous deux réussirent dans la partie de l'invention, et s'abstinrent des personnalités [6].

Eupolis revint à la manière de Cratinus; mais il a plus d'élévation et d'aménité que lui. Aristophane, avec moins de fiel que Cratinus, avec moins d'agrémens qu'Eupolis, tempéra souvent l'amertume de l'un par les grâces de l'autre [7].

Si l'on s'en rapportait aux titres des pièces qui nous restent de leur temps, il serait difficile de concevoir l'idée qu'on se faisait alors de la comédie. Voici quelques uns de ces titres : *Prométhée* [8], *Triptolème* [9], *Bacchus* [10], *les Bacchantes* [11], *le faux Hercule* [12], *les Noces d'Hébé* [13], *les Danaïdes* [14], *Niobé* [15], *Amphiaraüs* [16], *le Naufrage d'Ulysse* [17], *l'Age d'or* [18], *les Hommes sauvages* [19],

---

[1] Plat. in Theæt. t. 1, p. 152. — [2] Aristoph. in equit. v. 522. — [3] Plat. in argum. Aristoph. p. xj. Schol. de comœd. ibid. p. xij; et in equit. v. 534. — [4] Schol. Aristoph. ibid. p. xij. — [5] Athen. lib. 6, p. 268. — [6] Aristot. de poet. cap. 5, p. 654. Argum. Aristoph. p. xij. — [7] Plat. in Argum. Aristoph. p. xj. — [8] Epicharm. ap. Athen. lib. 3, p. 86. — [9] Pherecr. ibid. lib. 2, p. 67. — [10] Aristom. ibid. lib. 14, p. 658. — [11] Epicharm. ibid. lib. 3, p. 106. — [12] Pherecr. ibid. p. 122. — [13] Epicharm. ibid. p. 85, etc. — [14] Aristoph. ibid. lib. 2, p. 57, etc. — [15] Id. ibid. lib. 7, p. 301. — [16] Id. ibid. lib. 4, p. 158. — [17] Epicharm. ibid. lib. 14, p. 619. — [18] Eupol. ibid. lib. 9, p. 375. — [19] Pherecr. ibid. lib. 5, p. 218.

le Ciel[1], les Saisons[2], la Terre et la Mer[3], les Cicognes[4], les Oiseaux, les Abeilles, les Grenouilles, les Nuées[5], les Chèvres[6], les Lois[7], les Peintres[8], les Pythagoriciens[9], les Déserteurs[10], les Amis[11], les Flatteurs[12], les Efféminés[13].

La lecture de ces pièces prouve clairement que les auteurs n'eurent pour objet que de plaire à la multitude, que tous les moyens leur parurent indifférens, et qu'ils employèrent tour à tour la parodie, l'allégorie et la satire, soutenues des images les plus obscènes et des expressions les plus grossières.

Ils traitèrent avec des couleurs différentes les mêmes sujets que les poëtes tragiques. On pleurait à la *Niobé* d'Euripide, on riait à celle d'Aristophane; les dieux et les héros furent travestis, et le ridicule naquit du contraste de leur déguisement avec leur dignité : diverses pièces portèrent le nom de Bacchus et d'Hercule; en parodiant leur caractère, on se permettait d'exposer à la risée de la populace l'excessive poltronnerie du premier, et l'énorme voracité du second[14]. Pour assouvir la faim de ce dernier, Épicharme décrit en détail, et lui fait servir toutes les espèces de poissons et de coquillages connus de son temps[15].

Le même tour de plaisanterie se montrait dans les sujets allégoriques, tel que celui de l'*Age d'or*, dont on relevait les avantages[16]. Cet heureux siècle, disaient les uns, n'avait besoin ni d'esclaves ni d'ouvriers; les fleuves roulaient un jus délicieux et nourrissant; des torrens de vin descendaient du ciel en forme de pluie; l'homme, assis à l'ombre des arbres chargés de fruits, voyait les oiseaux, rôtis et assaisonnés, voler autour de lui, et le prier de les recevoir dans son sein[17]. Il reviendra ce temps, disait un autre, où j'ordonnerai au couvert de se dresser de soi-même; à la bouteille, de me verser du vin; au poisson à demi cuit, de se retourner de l'autre côté, et de s'arroser de quelques gouttes d'huile[18].

De pareilles images s'adressaient à cette classe de citoyens qui, ne pouvant jouir des agrémens de la vie, aime à supposer qu'ils ne lui ont pas toujours été et qu'ils ne lui seront pas toujours interdits. C'est aussi par déférence pour elle que les auteurs les plus célèbres, tantôt prêtaient à leurs acteurs des habillemens,

---

[1] Amphis. ap. Athen. lib. 3, p. 100. — [2] Cratin. ibid. lib. 9, p. 374. Aristoph. ibid. lib. 14, p. 653. — [3] Épicharm. ibid. lib. 3, p. 120. — [4] Aristoph. ibid. lib. 9, p. 368. — [5] Id. ibid. — [6] Eupol. ibid. lib. 3, p. 94. — [7] Cratin. ibid. lib. 11, p. 496. — [8] Pherecr. ibid. lib. 9, p. 395. — [9] Aristoph. ibid. lib. 4, p. 161. — [10] Pherecr. ibid. lib. 3, p. 90. — [11] Eupol. ibid. lib. 6, p. 266. — [12] Id. ibid. lib. 7, p. 328. — [13] Cratin. ibid. lib. 14, p. 638. — [14] Aristoph. in pac. v. 740. Schol. ibid. — [15] Epicharm. in nupt. heb. ap. Athen. lib. 3, p. 85; lib. 7, p. 313, 318, etc. — [16] Cratin. ibid. lib. 6, p. 267. Eupol. ibid. lib. 9, p. 375, 408, etc. — [17] Pherecr. ibid. lib. 6, p. 268 et 269. — [18] Cratin. ibid. p. 267.

des gestes et des expressions déshonnêtes, tantôt mettaient dans leur bouche des injures atroces contre des particuliers.

Nous avons vu que quelques uns, traitant un sujet dans sa généralité, s'abstinrent de toute injure personnelle; mais d'autres furent assez perfides pour confondre les défauts avec les vices, et le mérite avec le ridicule : espions dans la société, délateurs sur le théâtre, ils livrèrent les réputations éclatantes à la malignité de la multitude, les fortunes bien ou mal acquises à sa jalousie. Point de citoyen assez élevé, point d'assez méprisable pour être à l'abri de leurs coups : quelquefois désigné par des allusions faciles à saisir, il le fut encore plus souvent par son nom, et par les traits de son visage empreints sur le masque de l'acteur. Nous avons une pièce où Timocréon joue à la fois Thémistocle et Simonide[1]; il nous en reste plusieurs contre un faiseur de lampes, nommé Hyperbolus, qui par ses intrigues s'était élevé aux magistratures[2].

Les auteurs de ces satires recouraient à l'imposture pour satisfaire leur haine; à de sales injures pour satisfaire le petit peuple. Le poison à la main, ils parcouraient les différentes classes de citoyens et l'intérieur des maisons, pour exposer au jour des horreurs qu'ils n'avaient pas éclairées[3]. D'autres fois ils se déchaînaient contre les philosophes, contre les poëtes tragiques, contre leurs propres rivaux.

Comme les premiers n'opposaient à ces attaques que le plus profond mépris, la comédie essaya de les rendre suspects au gouvernement, et ridicules aux yeux de la multitude. C'est ainsi que, dans la personne de Socrate, la vertu fut plus d'une fois immolée sur le théâtre[4], et qu'Aristophane, dans une de ses pièces, prit le parti de parodier le plan d'une république parfaite, telle que l'ont conçue Protagoras et Platon[5].

Dans le même temps, la comédie citait à son tribunal tous ceux qui dévouaient leurs talens à la tragédie. Tantôt elle relevait avec aigreur les défauts de leurs personnes ou de leurs ouvrages; tantôt elle parodiait d'une manière piquante leurs vers, leurs pensées et leurs sentimens[6]. Euripide fut toute sa vie poursuivi par Aristophane, et les mêmes spectateurs couronnèrent les pièces du premier et la critique qu'en faisait le second.

Enfin la jalousie éclatait encore plus entre ceux qui couraient

---

[1] Suid. in Τιμοκρ. — [2] Aristoph. in nub. v. 552. — [3] Id. in equit. v. 1271. Horat. lib. 2, epist. 1, v. 150. — [4] Aristoph. in nub. Amcips. ap. Diog. Laert. lib. 2, § 28. Eupol. ap. Schol. Aristoph. in nub. v. 96. Senec. de vitâ beatâ, cap. 27. — [5] Schol. Aristoph. in argum. concion. p. 440. Mém. de l'acad. des bell. lettr. t. 30, p. 29. — [6] Aristoph. in Acharn. v. 8. Schol. ibid.; id. in vesp. v. 312. Schol. ibid.; id. in equit. Schol. ibid. etc., etc. Suid. in Παρῳδ.

la même carrière. Aristophane avait reproché à Cratinus son amour pour le vin, l'affaiblissement de son esprit, et d'autres défauts attachés à la vieillesse [1]. Cratinus, pour se venger, releva les plagiats de son ennemi, et l'accusa de s'être paré des dépouilles d'Eupolis [2].

Au milieu de tant de combats honteux pour les lettres, Cratinus conçut, et Aristophane exécuta le projet d'étendre le domaine de la comédie. Ce dernier, accusé par Cléon d'usurper le titre de citoyen [3], rappela dans sa défense deux vers qu'Homère place dans la bouche de Télémaque, et les parodia de la manière suivante :

> Je suis fils de Philippe, à ce que dit ma mère.
> Pour moi, je n'en sais rien. Qui sait quel est son père [4] ?

Ce trait l'ayant maintenu dans son état, il ne respira que la vengeance. Animé, comme il le dit lui-même, du courage d'Hercule [5], il composa contre Cléon une pièce pleine de fiel et d'outrages [6]. Comme aucun ouvrier n'osa dessiner le masque d'un homme si redoutable, ni aucun acteur se charger de son rôle, le poëte, obligé de monter lui-même sur le théâtre, le visage barbouillé de lie [7], eut le plaisir de voir la multitude approuver avec éclat les traits sanglans qu'il lançait contre un chef qu'elle adorait, et les injures piquantes qu'il hasardait contre elle.

Ce succès l'enhardit; il traita dans des sujets allégoriques les intérêts les plus importans de la république. Tantôt il y montrait la nécessité de terminer une guerre longue et ruineuse [8]; tantôt il s'élevait contre la corruption des chefs, contre les dissensions du sénat, contre l'ineptie du peuple dans ses choix et dans ses délibérations. Deux acteurs excellens, Callistrate et Philonide, secondaient ses efforts : à l'aspect du premier, on prévoyait que la pièce ne roulait que sur les vices des particuliers; du second, qu'elle fronderait ceux de l'administration [9].

Cependant la plus saine partie de la nation murmurait, et quelquefois avec succès, contre les entreprises de la comédie. Un premier décret en avait interdit la représentation [10]; dans un second, on défendait de nommer personne [11]; et dans un troisième, d'attaquer les magistrats [12]. Mais ces décrets étaient bientôt oubliés

---

[1] Aristoph. in equit. v. 399. Suid. in Ἀφέλ. — [2] Schol. Aristoph. ibid. v. 528. — [3] Aristoph. in Acharn. v. 378. Schol. ibid. et in vitâ Aristoph. p. xiv. — [4] Brumoy, théâtre des Grecs, t. 5, p. 267. — [5] Aristoph. in pac. v. 751. Schol. ibid. — [6] Id. in equit. — [7] Vita Aristoph. p. xiij. Schol. in in argum. equit. p. 172. — [8] Aristoph. in Acharn. et in pac. — [9] Schol. in vitâ Aristoph. p. xiv. — [10] Schol. Aristoph. in Acharn. v. 67. — [11] Id. ibid. v. 1149; in av. v. 1297. — [12] Schol. Aristoph. in nub. v. 31. Pet. leg. attic. p. 79.

ou révoqués; ils semblaient donner atteinte à la nature du gouvernement; et d'ailleurs le peuple ne pouvait plus se passer d'un spectacle qui étalait contre les objets de sa jalousie toutes les injures et toutes les obscénités de la langue.

Vers la fin de la guerre du Péloponèse, un petit nombre de citoyens s'étant emparés du pouvoir, leur premier soin fut de réprimer la licence des poëtes, et de permettre à la personne lésée de les traduire en justice [1]. La terreur qu'inspirèrent ces hommes puissans produisit dans la comédie une révolution soudaine. Le chœur disparut, parce que les gens riches, effrayés, ne voulurent point se charger du soin de le dresser et de fournir à son entretien; plus de satire directe contre les particuliers, ni d'invectives contre les chefs de l'État, ni de portraits sur les masques. Aristophane lui-même se soumit à la réforme dans ses dernières pièces [2]; ceux qui le suivirent de près, tels qu'Eubulus, Antiphane et plusieurs autres, respectèrent les règles de la bienséance. Le malheur d'Anaxandride leur apprit à ne plus s'en écarter; il avait parodié ces paroles d'une pièce d'Euripide : *La nature donne ses ordres, et s'inquiète peu de nos lois.* Anaxandride, ayant substitué le mot *ville* à celui de *nature*, fut condamné à mourir de faim [3].

C'est l'état où se trouvait la comédie pendant mon séjour en Grèce. Quelques uns continuaient à traiter et parodier les sujets de la fable et de l'histoire, mais la plupart leur préféraient des sujets feints; et le même esprit d'analyse et d'observation qui portait les philosophes à recueillir dans la société ces traits épars dont la réunion caractérise la grandeur d'âme ou la pusillanimité, engageait les poëtes à peindre dans le général les singularités qui choquent la société, ou les actions qui la déshonorent.

La comédie était devenue un art régulier, puisque les philosophes avaient pu la définir. Ils disaient qu'elle imite, non tous les vices, mais uniquement les vices susceptibles de ridicule [4]. Ils disaient encore qu'à l'exemple de la tragédie, elle peut exagérer les caractères pour les rendre plus frappans [5].

Quand le chœur reparaissait [6], ce qui arrivait rarement, l'on entremêlait, comme autrefois, les intermèdes avec les scènes, et le chant avec la déclamation. Quand on le supprimait, l'action était plus vraisemblable, et sa marche plus rapide; les auteurs parlaient une langue que les oreilles délicates pouvaient entendre; et des sujets bizarres n'exposaient plus à nos yeux des

---

[1] Plat. in argum. Aristoph. p. x. — [2] Aristoph. in Plut. in Cocal. et in Æolos. Fabric. bibl. græc. t. 1, p. 710 et 713. — [3] Barnès ad Phœniss. v. 396; id. in vitâ Euripid. p. xxj. — [4] Aristot. de poet. cap. 5, t. 2, p. 655. — [5] Id. ibid. cap. 2, p. 653. — [6] Id. ibid. cap. 1, p. 653. Theophr. charact. cap. 6.

chœurs d'oiseaux, de guêpes, et d'autres animaux revêtus de leur forme naturelle. On faisait tous les jours de nouvelles découvertes dans les égaremens de l'esprit et du cœur, et il ne manquait plus qu'un génie qui mît à profit les erreurs des anciens et les observations des modernes [a].

De la satire.

Après avoir suivi les progrès de la tragédie et de la comédie, il me reste à parler d'un drame qui réunit à la gravité de la première la gaîté de la seconde [1]; il naquit de même dans les fêtes de Bacchus. Là, des chœurs de Silènes et de Satyres entremêlaient de facéties les hymnes qu'ils chantaient en l'honneur de ce dieu.

Leurs succès donnèrent la première idée de la satire, poëme où les sujets les plus sérieux sont traités d'une manière à la fois touchante et comique [2].

Il est distingué de la tragédie par l'espèce de personnage qu'il admet, par la catastrophe qui n'est jamais funeste, par les traits, les bons mots et les bouffonneries qui font son principal mérite; il l'est de la comédie par la nature du sujet, par le ton de dignité qui règne dans quelques unes de ses scènes [3], et par l'attention que l'on a d'en écarter les personnalités; il l'est de l'une et de l'autre par des rhythmes qui lui sont propres [4], par la simplicité de la fable, par les bornes prescrites à la durée de l'action [5] : car la satire est une petite pièce qu'on donne après la représentation des tragédies pour délasser les spectateurs [6].

La scène offre aux yeux des bocages, des montagnes, des grottes et des paysages de toute espèce [7]. Les personnages du cœur, déguisés sous la forme bizarre qu'on attribue aux Satyres, tantôt exécutent des danses vives et sautillantes [8], tantôt dialoguent ou chantent avec les dieux ou les héros [9]; et de la diversité des pensées, des sentimens et des expressions, résulte un contraste frappant et singulier.

Eschyle est celui de tous qui a le mieux réussi dans ce genre; Sophocle et Euripide s'y sont distingués, moins pourtant que les poëtes Achéus [10] et Hégémon. Ce dernier ajouta un nouvel agrément au drame satirique, en parodiant de scène en scène des

---

[a] Ménandre naquit dans une des dernières années du séjour d'Anacharsis en Grèce. — [1] Horat. de art. poet. v. 222. — [2] Demetr. Phal. de eloc. cap. 170. — [3] Euripid. in Cyclop. — [4] Mar. Victorin. art. gramm. lib. 2, p. 2527. Casaub. de satir. lib. 1, cap. 3, p. 96. — [5] Euripid. ibid. — [6] Horat. de art. poet. v. 220. Diomed. de orat. lib. 3, p. 488. Mar. Victorin. ibid. — [7] Vitruv. de archit. lib. 5, cap. 8. — [8] Athen. lib. 14, p. 630. — [9] Casaub. ibid. lib. 1, cap. 4, p. 102. — [10] Mened. ap. Diog. Laert. lib. 2, § 133.

tragédies connues[1]. Ces parodies, que la finesse de son jeu rendait très-piquantes, furent extrêmement applaudies et souvent couronnées[2]. Un jour qu'il donnait sa Gigantomachie, pendant qu'un rire excessif s'était élevé dans l'assemblée, on apprit la défaite de l'armée en Sicile : Hégémon voulut se taire ; mais les Athéniens, immobiles dans leurs places, se couvrirent de leurs manteaux, et, après avoir donné quelques larmes à la perte de leurs parens, ils n'en écoutèrent pas avec moins d'attention le reste de la pièce. Ils dirent depuis qu'ils n'avaient point voulu montrer leur faiblesse et témoigner leur douleur en présence des étrangers qui assistaient au spectacle[3].

[1] Mém. de l'acad. des bell. lettr. t. 7, p. 404. Hesych. in Παρῳδ. — [2] Athen. lib. 15, p. 609. — [3] Id. lib. 9, p. 407. Casaub. in Athen. p. 438.

FIN DU SECOND VOLUME.

NOTES.

NOTE I. *Sur les Voyages de Platon en Sicile.* (Page 1.)

Platon fit trois voyages en Sicile ; le premier, sous le règne de Denys l'ancien ; les deux autres, sous celui de Denys le jeune, qui monta sur le trône l'an 367 avant J. C.

Le premier est de l'an 389 avant la même ère, puisque, d'un côté, Platon lui-même dit qu'il avait alors quarante ans[1], et qu'il est prouvé d'ailleurs qu'il était né l'an 429 avant J. C.[2]

La date des deux autres voyages n'a été fixée que d'après un faux calcul par le P. Corsini, le seul peut-être des savans modernes qui se soit occupé de cet objet. Les faits suivans suffiront pour éclaircir ce point de chronologie.

Platon s'était rendu en Sicile dans le dessein de ménager une réconciliation entre Dion et le roi de Syracuse. Il y passa douze à quinze mois ; et ayant, à son retour, trouvé Dion aux jeux olympiques, il l'instruisit du mauvais succès de sa négociation. Ainsi, que l'on détermine l'année où se sont célébrés ces jeux, et l'on aura l'époque du dernier voyage de Platon. On pourrait hésiter entre les jeux donnés aux olympiades 304, 305 et 306, c'est-à-dire, entre les années 364, 360 et 356 avant J. C. ; mais la remarque suivante ôte la liberté du choix.

Dans les premiers mois du séjour de Platon à Syracuse, on y fut témoin d'une éclipse de soleil[3]. Après son entretien avec Dion, ce dernier se détermina à tenter une expédition en Sicile ; et, pendant qu'il faisait son embarquement à Zacynthe, il arriva, au plus fort de l'été, une éclipse de lune qui effraya les troupes[4]. Il faut donc que l'année olympique dont il s'agit ait été, 1°. précédée d'une éclipse de soleil, arrivée environ un an auparavant, et visible à Syracuse ; 2°. qu'elle ait été suivie, un, deux et même trois ans après, d'une éclipse de lune arrivée dans les plus fortes chaleurs de l'été, et visible à Zacynthe : or, le 12 mai 361 avant J. C., à quatre heures du soir, il y eut une éclipse de soleil visible à Syracuse, et, le 9 août de l'an 357 avant J. C., une éclipse de lune visible à Zacynthe : il suit de là que le troisième voyage de Platon est du printemps de l'an 361, et l'expédition de Dion du mois d'août de l'an 357. Et comme il paraît, par les lettres de Platon[5], qu'il ne s'est écoulé que deux ou trois ans entre la fin de son second voyage et le commencement du troisième, on peut placer le second à l'an 364 avant J. C.

J'ai été conduit à ce résultat par une table d'éclipses que je dois

---

[1] Plat. epist. t. 3, p. 324. — [2] Corsin. dissert. de natal. die. Plat. in symbol. litter. vol. 6, p. 97. — [3] Plut. in Dion. t. 1, p. 966. — [4] Id. ibid. p. 968. — [5] Plat. t. 3, epist. 3, p. 317 ; epist. 7, p. 338.

aux bontés de M. de Lalande, et qui contient toutes les éclipses de soleil et de lune, les unes visibles à Syracuse, les autres à Zacynthe, depuis l'avénement du jeune Denys au trône en 367, jusqu'à l'année 350 avant J. C. On y voit clairement que toute autre année olympique que celle de 360 serait insuffisante pour remplir les conditions du problème. On y voit encore une erreur de chronologie du P. Corsini, qui se perpétuerait aisément à la faveur de son nom, si l'on n'avait soin de la relever.

Ce savant prétend, comme je le prétends aussi, que Platon rendit compte de son dernier voyage à Dion, aux jeux olympiques de l'année 360. Mais il part d'une fausse supposition; car, en plaçant au 9 du mois d'août de cette année l'éclipse de lune arrivée en l'année 357, il fixe à l'année 360, et à peu de jours de distance, l'expédition de Dion et son entretien avec Platon aux jeux olympiques [1]. Ce n'est pas ici le lieu de détruire les conséquences qu'il tire du faux calcul qu'il a fait ou qu'on lui a donné de cette éclipse; il faut s'en tenir à des faits certains. L'éclipse de lune du 9 août est certainement de l'année 357; donc le départ de Dion pour la Sicile est du mois d'août de l'année 357. Il avait eu un entretien avec Platon aux dernières fêtes d'Olympie; donc Platon, au retour de son troisième voyage, se trouva aux jeux olympiques de l'année 360. Je pourrais montrer que l'éclipse justifie en cette occasion la chronologie de Diodore de Sicile [2]; mais il est temps de finir cette note.

NOTE II. *Sur les noms des Muses.* (Page 19.)

ERATO signifie *l'Aimable;* Uranie, *la Céleste;* Calliope peut désigner *l'élégance du langage;* Euterpe, *celle qui plaît;* Thalie, *la joie vive, et surtout celle qui règne dans les festins;* Melpomène, *celle qui se plaît aux chants;* Polymnie, *la multiplicité des chants;* Terpsichore, *celle qui se plaît à la danse;* Clio, *la gloire.*

NOTE III. *Sur les issues secrètes de l'Antre de Trophonius.* (Page 20.)

PEU de temps après le voyage d'Anacharsis à Lébadée, un des suivans du roi Démétrius vint consulter cet oracle. Les prêtres se défièrent de ses intentions. On le vit entrer dans la caverne, et on ne l'en vit pas sortir. Quelques jours après son corps fut jeté hors de l'antre, par une issue différente de celle par où l'on entrait communément [3].

NOTE IV. *Sur l'enceinte de la ville de Thèbes.* (Page 24.)

DANS la description en vers de l'état de la Grèce par Dicéarque [4], il est dit que l'enceinte de la ville de Thèbes était de 43 stades, c'est-à-dire, d'une lieue et 1563 toises. Dans la description en prose du même auteur (p. 14), il est dit qu'elle était de 70 stades, c'est-à-dire, 2 lieues 1615 toises. On a supposé dans ce dernier texte une faute de copiste. On pourrait également supposer que l'auteur parle, dans le

[1] Corsin. dissert. de nat. dic. Plat. in symbol. litter. vol. 6, p. 114. — [2] Diod. lib. 16, p. 413. — [3] Pausan. lib. 9, cap. 39, p. 792. — [4] Ap. geogr. min. t. 2, p. 7, v. 94 et 95.

premier passage, de l'enceinte de la ville basse, et que, dans le second, il comprend dans son calcul la citadelle.

Dicéarque ne parle point de la Thèbes détruite par Alexandre, celle dont il s'agit dans cet ouvrage. Mais, comme Pausanias [1] assure que Cassandre, en la rétablissant, avait fait relever les anciens murs, il paraît que l'ancienne et la nouvelle ville avaient la même enceinte.

NOTE V. *Sur le nombre des Habitans de Thèbes.* (Page 25.)

On ne peut avoir que des approximations sur le nombre des habitans de Thèbes. Quand cette ville fut prise par Alexandre, il y périt plus de six mille personnes, et plus de trente mille furent vendues comme esclaves. On épargna les prêtres, et ceux qui avaient eu des liaisons d'hospitalité ou d'intérêt avec Alexandre, ou avec son père Philippe. Plusieurs citoyens prirent, sans doute, la fuite [2]. On peut présumer en conséquence que le nombre des habitans de Thèbes et de son district pouvait monter à cinquante mille personnes de tout sexe et de tout âge, sans y comprendre les esclaves. M. le baron de Sainte-Croix regarde ce récit comme exagéré [3]. J'ose n'être pas de son avis.

NOTE VI. *Sur les Nations qui envoyaient des Députés à la Diète des Amphictyons.* (Page 37.)

Les auteurs anciens varient sur les peuples qui envoyaient des députés à la diète générale. Eschine, que j'ai cité au bas du texte, et dont le témoignage est, du moins pour son temps, préférable à tous les autres, puisqu'il avait été lui-même député, nomme les Thessaliens, les Béotiens, les Doriens, les Ioniens, les Perrhèbes, les Magnètes, les Locriens, les OEtéens, les Phthiotes, les Maliens, les Phocéens. Les copistes ont omis le douzième, et les critiques supposent que ce sont les Dolopes.

NOTE VII. *Sur la hauteur du mont Olympe.* (Page 53.)

Plutarque [4] rapporte une ancienne inscription, par laquelle il paraît que Xénagoras avait trouvé la hauteur de l'Olympe de 10 stades, 1 plèthre moins 4 pieds. Le plèthre, suivant Suidas, était la sixième partie du stade, par conséquent de 15 toises, 4 pieds, 6 pouces. Otez les quatre pieds et les six pouces, reste 15 toises, qui, ajoutées aux 945 que donnent les 10 stades, font 960 toises pour la hauteur de l'Olympe. M. Bernoulli l'a trouvée de 1017 toises [5].

NOTE VIII. *Sur la Fontaine brûlante de Dodone.* (Page 61.)

On racontait à peu près la même chose de la fontaine brûlante située à trois lieues de Grenoble, et regardée, pendant long-temps,

---

[1] Lib. 9, cap. 7, p. 725. — [2] Diod. lib. 17, p. 497. Plut. in Alex. t. 1, p. 670 AElian. var. hist. lib. 13, cap. 7. — [3] Exam. crit. des hist. d'Alex. p. 46. — [4] In Paul. AEmil. t. 1, p. 263. — [5] Buffon, époq. de la nat. p. 303.

comme une des sept merveilles du Dauphiné. Mais le prodige a disparu dès qu'on a pris la peine d'en examiner la cause [1].

NOTE IX. *Sur Dédale de Sicyone.* (Page 85.)

LES anciens parlent souvent d'un Dédale d'Athènes, auquel ils attribuent les plus importantes découvertes des arts et des métiers, la scie, la hache, le vilebrequin, la colle de poisson, les voiles, les mâts des vaisseaux, etc. En Crète, on montrait de lui un labyrinthe; en Sicile, une citadelle et des thermes; en Sardaigne, de grands édifices; partout, un grand nombre de statues [2]. Avant Dédale, ajoute-t-on, les statues avaient les yeux fermés, les bras collés le long du corps, les pieds joints; et ce fut lui qui ouvrit leurs paupières, et détacha leurs pieds et leurs mains [3]. C'est ce Dédale enfin qui fit mouvoir et marcher des figures de bois au moyen du mercure, ou par des ressorts cachés dans leur sein [4]. Il faut observer qu'on le disait contemporain de Minos, et que la plupart des découvertes dont on lui fait honneur, sont attribuées par d'autres écrivains à des artistes qui vécurent long-temps après lui.

En rapprochant les notions que fournissent les auteurs et les monumens, il m'a paru que la peinture et la sculpture n'ont commencé à prendre leur essor parmi les Grecs que dans les deux siècles dont l'un a précédé et l'autre suivi la première des olympiades, fixée à l'an 776 avant J. C. Tel avait été, par rapport à la peinture, le résultat des recherches de M. de La Nauze [5].

J'ai cru, en conséquence, devoir rapporter les changemens opérés dans la forme des anciennes statues à ce Dédale de Sicyone, dont il est souvent fait mention dans Pausanias [6], et qui a vécu dans l'intervalle de temps écoulé depuis l'an 700 jusqu'à l'an 600 avant J. C. Voici des témoignages favorables à cette opinion.

Quelques uns, dit Pausanias [7], donnaient à Dédale pour disciples, Dipænus et Scyllis, que Pline [8] place avant le règne de Cyrus, et vers la cinquantième olympiade, qui commença l'an 580 avant J. C.; ce qui ferait remonter l'époque de Dédale vers l'an 610 avant la même ère.

Aristote, cité par Pline [9], prétendait qu'Euchir, parent de Dédale, avait été le premier auteur de la peinture parmi les Grecs. Si cet Euchir est le même qui s'était appliqué à la plastique, et qui accompagna Démarate de Corinthe en Italie [10], ce nouveau synchronisme confirmera la date précédente: car Démarate était père de Tarquin l'ancien, qui monta sur le trône de Rome vers l'an 614 avant J. C.

Enfin Athénagore [11], après avoir parlé de divers artistes de Corinthe

---

[1] Mém. de l'acad. des sciences, année 1699, p. 23. Hist. crit. des pratiq. superstit. t. 1, p. 44. — [2] Diod. lib. 4, p. 235 et 276. Plin. lib. 7, cap. 56, p. 414. Pausan. lib. 9, cap. 40, p. 793. — [3] Diod. ibid. p. 276. Themist. orat. 26, p. 316. Suid. in Δαίδαλ. — [4] Plat. in Men. t. 2, p. 97. Aristot. de anim. lib. 1, cap. 3, t. 1, p. 622. Id. de rep. lib. 1, cap. 4, t. 2, p. 299. Scalig. animadv. in Euseb. p. 45. — [5] Mém. de l'acad. des bell. lettr. t. 25, p. 267. — [6] Pausan. lib. 6, cap. 3, p. 457; lib. 10, cap. 9, p. 819. — [7] Lib. 2, cap. 15, p. 143. — [8] Lib. 36, cap. 4, p. 724. — [9] Lib. 7, p. 417. — [10] Plin. lib. 35, cap. 12, p. 710. — [11] Apolog. p. 128.

et de Sicyone qui vécurent après Hésiode et Homère, ajoute : « Après eux parurent Dédale et Théodore, qui étaient de Milet, auteurs de la statuaire et de la plastique. »

Je ne nie pas l'existence d'un Dédale très-ancien. Je dis seulement que les premiers progrès de la sculpture doivent être attribués à celui de Sicyone.

NOTE X. *Sur les Ornemens du Trône de Jupiter à Olympie.* (Page 97.)

On pourrait présumer que ces trente-sept figures étaient en ronde-bosse, et avaient été placées sur les traverses du trône. On pourrait aussi disposer autrement que je ne l'ai fait les sujets représentés sur chacun des pieds. La description de Pausanias est très-succincte et très-vague. En cherchant à l'éclaircir, on court le risque de s'égarer; en se bornant à la traduire littéralement, celui de ne pas se faire entendre.

NOTE XI. *Sur l'ordre des Combats qu'on donnait aux Jeux olympiques.* (Page 104.)

Cet ordre a varié, parce qu'on a souvent augmenté ou diminué le nombre des combats, et que des raisons de convenance ont souvent entraîné des changemens. Celui que je leur assigne ici n'est point conforme aux témoignages de Xénophon [1] et de Pausanias [2]. Mais ces auteurs, qui ne sont pas tout-à-fait d'accord entre eux, ne parlent que de trois ou quatre combats, et nous n'avons aucunes lumières sur la disposition des autres. Dans cette incertitude, j'ai cru devoir ne m'attacher qu'à la clarté. J'ai parlé d'abord des différentes courses, soit des hommes, soit des chevaux et des chars, et ensuite des combats qui se livraient dans un espace circonscrit, tels que la lutte, le pugilat, etc. Cet arrangement est à peu près le même que celui que propose Platon dans son livre des lois [3].

NOTE XII. *Sur Polydamas.* (Page 112.)

Pausanias et Suidas [4] font vivre cet athlète du temps de Darius Nothus, roi de Perse, environ soixante ans avant les jeux olympiques, où je suppose qu'il se présenta pour combattre. Mais, d'un autre côté, les habitans de Pellène soutenaient que Polydamas avait été vaincu aux jeux olympiques par un de leurs concitoyens, nommé Promachus, qui vivait du temps d'Alexandre [5]. Il est très-peu important d'éclaircir ce point de chronologie; mais j'ai dû annoncer la difficulté, afin qu'on ne me l'opposât pas.

NOTE XIII. *Sur le séjour de Xénophon à Scillonte.* (Page 120.)

Peu de temps avant la bataille de Mantinée, donnée en 362 avant J. C., les Éléens détruisirent Scillonte, et Xénophon prit le parti de

---

[1] Hist. græc. lib. 7, p. 638. — [2] Lib. 5, p. 396. — [3] Lib. 8, t. 2, p. 833. — [4] Pausan. lib. 6, cap. 5, p. 464. Suid. in Πολυδ. — [5] Pausan. lib. 7, cap. 27, p. 595.

se retirer à Corinthe [1]. C'est là que je le place, dans le neuvième chapitre de cet ouvrage. Un auteur ancien prétend qu'il y finit ses jours [2]. Cependant, au rapport de Pausanias, on conservait son tombeau dans le canton de Scillonte [3]; et Plutarque assure que c'est dans cette retraite que Xénophon composa son histoire [4], qui descend jusqu'à l'année 357 avant J. C. [5] On peut donc supposer qu'après avoir fait quelque séjour à Corinthe, il revint à Scillonte, et qu'il y passa les dernières années de sa vie.

NOTE XIV. *Sur les trois Elégies relatives aux guerres des Messéniens.*
(Page 133.)

PAUSANIAS [6] a parlé fort au long de ces guerres, d'après Myron de Priène, qui avait écrit en prose, et Rhianus de Crète, qui avait écrit en vers [7]. A l'exemple de ce dernier, j'ai cru pouvoir employer un genre de style qui tînt de la poésie ; mais, au lieu que Rhianus avait fait une espèce de poëme, dont Aristomène était le héros [8], j'ai préféré la forme de l'élégie, forme qui n'exigeait pas une action comme celle de l'épopée, et que des auteurs très-anciens ont souvent choisie pour retracer les malheurs des nations. C'est ainsi que Tyrtée, dans ses élégies, avait décrit en partie les guerres des Lacédémoniens et des Messéniens [9]; Callinus, celles qui, de son temps, affligèrent l'Ionie [10]; Mimnerme, la bataille que les Smyrnéens livrèrent à Gygès, roi de Lydie [11].

D'après ces considérations, j'ai supposé que des Messéniens réfugiés en Libye, se rappelant les désastres de leur patrie, avaient composé trois élégies sur les trois guerres qui l'avaient dévastée. J'ai rapporté les faits principaux avec le plus d'exactitude qu'il m'a été possible ; j'ai osé y mêler quelques fictions pour lesquelles je demande de l'indulgence.

NOTE XV. *Sur la fondation de Messine en Sicile.* (Page 144.)

PAUSANIAS dit qu'après la prise d'Ira, c'est-à-dire, vers l'an 668 avant J. C., les Messéniens, sous la conduite de Gorgus fils d'Aristomène, allèrent en Italie, joignirent leurs armes à celles d'Anaxilas, tyran de Rhégium, chassèrent les habitans de la ville de Zanclé en Sicile, et donnèrent à cette ville le nom de Messène (aujourd'hui Messine) [12].

Ce récit est formellement contraire à celui d'Hérodote et à celui de Thucydide. Suivant le premier, Darius, fils d'Hystaspe, ayant soumis l'Ionie, qui s'était révoltée contre lui, ceux de Samos et quelques habitans de Milet se rendirent en Sicile ; et, d'après les conseils d'Anaxilas, tyran de Rhégium, ils s'emparèrent de la ville de Zanclé [13]. Cet

---

[1] Diog. Laert. lib. 2, § 53. — [2] Demetr. magn. ibid. § 56. — [3] Pausan. lib. 5, p. 389. — [4] Plut. de exil. t. 2, p. 605. — [5] Xenoph. hist. græc. lib. 6, p. 601. Diod. lib. 16, p. 418. — [6] Pausan. lib. 4. — [7] Id. ibid. cap. 6, p. 293. — [8] Id. ibid. — [9] Id. ibid. p. 294; cap. 13, p. 312; cap. 14, p. 313; cap. 15, p. 315. — [10] Mém. de l'acad. des bell. lettr. t. 7, p. 365. — [11] Pausan. lib. 9, cap. 29, p. 766. — [12] Id. lib. 4, cap. 23, p. 335. — [13] Herodot. lib. 6, cap. 22 et 23.

événement est de l'an 495 environ avant J. C., et postérieur d'environ 173 ans à l'époque assignée par Pausanias au règne d'Anaxilas, et au changement du nom de Zanclé en celui de Messène.

Thucydide raconte qu'un corps de Samiens et d'autres Ioniens, chassés de leur pays par les Mèdes, allèrent s'emparer de Zanclé en Sicile. Il ajoute que, peu de temps après, Anaxilas, tyran de Rhégium, se rendit maître de cette ville, et lui donna le nom de Messène, parce qu'il était lui-même originaire de la Messénie [1].

Le P. Corsini, qui avait d'abord soupçonné qu'on pourrait supposer deux Anaxilas [2], est convenu, après un nouvel examen, que Pausanias avait confondu les temps [3]. Il est visible en effet, par plusieurs circonstances, qu'Anaxilas régnait au temps de la bataille de Marathon, qui est de l'an 490 avant J. C. Je n'ajoute que deux observations à celles du P. Corsini.

1°. Avant cette bataille, il y eut en Messénie une révolte dont Pausanias n'a pas parlé, et qui empêcha en partie les Lacédémoniens de se trouver au combat [4]. Elle ne réussit pas mieux que les précédentes; et ce fut alors, sans doute, que les Messéniens, après leur défaite, se réfugièrent auprès d'Anaxilas de Rhégium, et l'engagèrent à se rendre maître de la ville de Zanclé, qui porta depuis le nom de Messène.

2°. S'il était vrai, comme dit Pausanias, que cette ville eût changé de nom d'abord après la seconde guerre de Messénie, il s'ensuivrait que les anciennes médailles où on lit *Danclé* seraient antérieures à l'an 668 avant J. C.; ce que leur fabrique ne permet pas de supposer [a].

NOTE XVI. *Sur le nombre des Tribus de Sparte.* (Page 160.)

DANS presque toutes les grandes villes de la Grèce, les citoyens étaient divisés en tribus. On comptait dix de ces tribus à Athènes. Cragius [5] suppose que Lacédémone en avait six : 1°. celle des Héraclides; 2°. celle des Égides; 3°. celle des Limnates; 4°. celle des Cynosuréens; 5°. celle des Messoates; 6°. celle des Pitanates. L'existence de la première n'est prouvée par aucun témoignage formel; Cragius ne l'établit que sur de très-faibles conjectures, et il le reconnaît lui-même. J'ai cru devoir la rejeter.

Les cinq autres tribus sont mentionnées expressément dans les auteurs ou dans les monumens anciens; celle des Égides, dans Hérodote [6]; celles des Cynosuréens et des Pitanates, dans Hésychius [7]; celle des Messoates, dans Etienne de Byzance [8]; enfin celle des Limnates, sur une inscription que M. l'abbé de Fourmont découvrit dans les ruines de Sparte [9]. Pausanias cite quatre de ces tribus, lorsqu'à l'occasion d'un sacrifice que l'on offrait à Diane dès les plus anciens temps, il dit qu'il s'éleva une dispute entre les Limnates, les Cynosuréens, les Messoates et les Pitanates [10].

[1] Thucyd. lib. 6, cap. 4 et 5. — [2] Corsin. fast. attic. t. 3, p. 140. — [3] Id. ibid. p. 155. — [4] Plat. de leg. lib. 3, t. 2, p. 698. — [a] Voyez la planche des médailles, n°. 3. — [5] Crag. de rep. Laced. lib. 1, cap. 6. — [6] Herodot. lib. 4, cap. 149. — [7] Hesych. in Κυνόσ. et in Πιτανάτ. — [8] Steph. in Byzant. Μέσσ. — [9] Inscript. Fourmont, in biblioth. reg. — [10] Pausan. lib. 3, cap. 16, p. 249.

Ici on pourrait faire cette question : De ce qu'il n'est fait mention que de ces cinq tribus, s'ensuit-il qu'on doive se borner à ce nombre? Je réponds que nous avons de très-fortes présomptions pour ne pas l'augmenter. On a vu plus haut que les Athéniens avaient plusieurs corps composés chacun de dix magistrats, tirés des dix tribus. Nous trouvons de même à Sparte plusieurs magistratures exercées chacune par cinq officiers publics ; celle des Ephores, celle des Bidiéens [1], celle des Agathoerges [2]. Nous avons lieu de croire que chaque tribu fournissait un de ces officiers.

NOTE XVII. *Sur le Plan de Lacédémone.* (Page 160.)

J'ose, d'après les faibles lumières que nous ont transmises les anciens auteurs, présenter quelques vues générales sur la topographie de Lacédémone.

Suivant Thucydide, cette ville ne faisait pas un tout continu comme celle d'Athènes ; mais elle était divisée en bourgades, comme l'étaient les anciennes villes de Grèce [3].

Pour bien entendre ce passage, il faut se rappeler que les premiers Grecs s'établirent d'abord dans des bourgs sans murailles, et que dans la suite les habitans de plusieurs de ces bourgs se réunirent dans une enceinte commune. Nous en avons quantité d'exemples. Tégée fut formée de neuf hameaux [4] ; Mantinée, de quatre ou de cinq [5] ; Patræ, de sept ; Dymé, de huit, etc. [6]

Les habitans de ces bourgs, s'étant ainsi rapprochés, ne se mêlèrent point les uns avec les autres. Ils étaient établis en des quartiers différens, et formaient diverses tribus. En conséquence, le même nom désignait la tribu et le quartier où elle était placée. En voici la preuve pour Lacédémone en particulier.

Cynosure, dit Hésychius, est une tribu de Laconie [7]. C'est un lieu de Laconie, dit le scholiaste de Callimaque [8]. Suivant Suidas, Messoa est un lieu [9] ; suivant Etienne de Byzance, c'est un lieu et une tribu de Laconie [10]. Suivant Strabon [11], dont le texte a été heureusement rétabli par Saumaise [12], Messoa fait partie de Lacédémone. Enfin l'on donna tantôt le nom de tribu [13], tantôt celui de bourgade [14] à Pitane.

On conçoit maintenant pourquoi les uns ont dit que le poëte Alcman était de Messoa, et les autres de Lacédémone [15] ; c'est qu'en effet Messoa était un des quartiers de cette ville. On conçoit encore pourquoi un Spartiate nommé Thrasybule, ayant été tué dans un combat, Plutarque ne dit pas qu'il fut transporté sur son bouclier à Lacédémone, mais à Pitane [16] ; c'est qu'il était de ce bourg, et qu'il devait y être inhumé.

---

[1] Pausan. lib. 3, cap. 11, p. 231.— [2] Herodot. lib. 1, cap. 67.— [3] Thucyd. lib. 1, cap. 10. — [4] Pausan. lib. 8, cap. 45, p. 692.— [5] Xenoph. hist. græc. lib. 5, p. 553. Ephor. ap. Harpocr. in Μαντιν. Diod. lib. 15, p. 331. — [6] Strab. lib. 8, p. 337. — [7] Hesych. in Κυνόσ.— [8] Callim. hymn. in Dian. v. 94.— [9] Suid. in Μέσσ. — [10] Steph. in Μέσσ. — [11] Strab. ibid. p. 364. Casaub. ibid.— [12] Salmas. in plinian. exercit. p. 825.— [13] Hesych. in Πίταν. — [14] Schol. Thucyd. ibid. cap. 20. — [15] Salmas. ibid. Meurs. miscell. lacon. lib. 4, cap. 17.— [16] Plut. apophth. lacon. t. 2, p. 235.

On a vu, dans la note précédente, que les Spartiates étaient divisés en cinq tribus; leur capitale était donc composée de cinq hameaux. Il ne reste plus qu'à justifier l'emplacement que je leur donne dans mon plan.

1°. HAMEAU ET TRIBU DES LIMNATES. Leur nom venait du mot grec Λίμνη, qui signifie un étang, un marais. Suivant Strabon, le faubourg de Sparte s'appelait *les marais*, parce que cet endroit était autrefois marécageux [1]; or, le faubourg de Sparte devait être au nord de la ville, puisque c'était de ce côté qu'on y arrivait ordinairement.

2°. HAMEAU ET TRIBU DES CYNOSURÉENS. Le mot *cynosure* signifie *queue de chien*. On le donnait à des promontoires, à des montagnes qui avaient cette forme. Une branche du mont Taygète, figurée de même, se prolongeait jusqu'à Sparte; et nous avons montré qu'il existait en Laconie un lieu qui s'appelait Cynosure. On est donc autorisé à penser que le hameau qui portait le même nom était au-dessous de cette branche du Taygète.

3°. HAMEAU ET TRIBU DES PITANATES. Pausanias, en sortant de la place publique, prend sa route vers le couchant, passe devant le théâtre, et trouve ensuite la salle où s'assemblaient les Crotanes, qui faisaient partie des Pitanates [2]. Il fallait donc placer ce hameau en face du théâtre, dont la position est connue, puisqu'il en reste encore des vestiges. Ceci est confirmé par deux passages d'Hésychius et d'Hérodote, qui montrent que le théâtre était dans le bourg des Pitanates [3].

4°. HAMEAU ET TRIBU DES MESSOATES. Du bourg des Pitanates Pausanias se rend au Plataniste [4], qui était au voisinage du bourg de Thérapné. Auprès du Plataniste, il voit le tombeau du poëte Alcman [5], qui, étant de Messoa, devait y être enterré.

5°. HAMEAU ET TRIBU DES EGIDES. Pausanias nous conduit ensuite au bourg des Limnates [6], que nous avons placé dans la partie du nord de la ville. Il trouve dans son chemin le tombeau d'Egée [7], qui avait donné son nom à la tribu des Egides [8].

Je n'ai point renfermé tous ces hameaux dans une enceinte, parce qu'au temps dont je parle, Sparte n'avait point de murailles.

Les temples et les autres édifices publics ont été placés à peu près dans les lieux que leur assigne Pausanias. On ne doit pas à cet égard s'attendre à une précision rigoureuse; l'essentiel était de donner une idée générale de cette ville célèbre.

NOTE XVIII. *Sur la manière dont les Spartiates traitaient les Hilotes.*
(Page 165.)

LES Lacédémoniens, consternés de la perte de Pylos, que les Athéniens venaient de leur enlever, résolurent d'envoyer de nouvelles troupes à Brasidas, leur général, qui était alors en Thrace. Ils avaient

---

[1] Strab. lib. 8, p. 363. — [2] Pausan. lib. 3, cap. 14, p. 240. — [3] Herodot. lib. 6, cap. 67. Hesych. in Πίτανά. — [4] Pausan. lib. 3, cap. 14, p. 242. — [5] Id. ibid. cap. 15, p. 244. — [6] Id. ibid. cap. 16, p. 248. — [7] Id. ibid. cap. 15, p. 245. — [8] Herodot. lib. 4, cap. 149.

deux motifs : le premier, de continuer à faire une diversion qui attirât dans ces pays éloignés les armes d'Athènes ; le second, d'enrôler et de faire partir pour la Thrace un corps de ces Hilotes dont la jeunesse et la valeur leur inspiraient sans cesse des craintes bien fondées. On promit en conséquence de donner la liberté à ceux d'entre eux qui s'étaient le plus distingués dans les guerres précédentes. Il s'en présenta un grand nombre ; on en choisit deux mille, et on leur tint parole. Couronnés de fleurs, ils furent solennellement conduits aux temples ; c'était la principale cérémonie de l'affranchissement. Peu de temps après, dit Thucydide, on les fit disparaître, et personne n'a jamais su comment chacun d'eux avait péri [1]. Plutarque, qui a copié Thucydide, remarque aussi qu'on ignora dans le temps, et qu'on a toujours ignoré depuis, le genre de mort qu'éprouvèrent ces deux mille hommes [2].

Enfin, Diodore de Sicile prétend que leurs maîtres reçurent ordre de les faire mourir dans l'intérieur de leurs maisons [3]. Comment pouvait-il être instruit d'une circonstance que n'avait pu connaître un historien tel que Thucydide, qui vivait dans le temps où cette scène barbare s'était passée ?

Quoi qu'il en soit, il se présente ici deux faits qu'il faut soigneusement distinguer, parce qu'ils dérivent de deux causes différentes ; l'un, l'affranchissement de deux mille Hilotes ; l'autre, la mort de ces Hilotes. La liberté leur fut certainement accordée par ordre du sénat et du peuple ; mais il est certain aussi qu'ils ne furent pas mis à mort par un décret émané de la puissance suprême. Aucune nation ne se serait prêtée à une si noire trahison ; et, dans ce cas particulier, on voit clairement que l'assemblée des Spartiates ne brisa les fers de ces Hilotes que pour les armer et les envoyer en Thrace. Les éphores, vers le même temps, firent partir pour l'armée de Brasidas mille autres Hilotes [4] : comme ces détachemens sortaient de Sparte quelquefois pendant la nuit [5], le peuple dut croire que les deux mille qu'il avait délivrés de la servitude s'étaient rendus à leur destination ; et, lorsqu'il reconnut son erreur, il fut aisé de lui persuader que les magistrats, convaincus qu'ils avaient conspiré contre l'Etat, les avaient fait mourir en secret, ou s'étaient contentés de les bannir des terres de la république. Nous ne pouvons éclaircir aujourd'hui un fait qui, du temps de Thucydide, était resté dans l'obscurité. Il me suffit de montrer que ce n'est pas à la nation qu'on doit imputer le crime, mais plutôt à la fausse politique des éphores qui étaient en place, et qui, avec plus de pouvoir et moins de vertus que leurs prédécesseurs, prétendaient, sans doute, que tout est permis quand il s'agit du salut de l'Etat ; car il faut observer que les principes de justice et de morale commençaient alors à s'altérer.

On cite d'autres cruautés exercées à Lacédémone contre les Hilotes. Un auteur, nommé Myron, raconte que, pour leur rappeler sans cesse leur esclavage, on leur donnait tous les ans un certain nombre de coups de fouet [6]. Il y avait peut-être cent mille Hilotes, soit en

---

[1] Thucyd. lib. 4, cap. 80. — [2] Plut. in Lyc. t. 1, p. 56. — [3] Diod. lib. 12, p. 117. — [4] Id. ibid. — [5] Herodot. lib. 9, cap. 10. — [6] Myr. ap. Athen. lib. 14, p. 657.

Laconie, soit en Messénie : qu'on réfléchisse un moment sur l'absurdité du projet et sur la difficulté de l'exécution, et qu'on juge. Le même auteur ajoute qu'on punissait les maîtres qui ne mutilaient pas ceux de leurs Hilotes qui naissaient avec une forte constitution [1]. Ils étaient donc estropiés tous ces Hilotes qu'on enrôlait et qui servaient avec tant de distinction dans les armées.

Il n'arrive que trop souvent qu'on juge des mœurs d'un peuple par des exemples particuliers qui ont frappé un voyageur, ou qu'on a cités à un historien. Quand Plutarque avance que, pour donner aux enfans des Spartiates de l'horreur pour l'ivresse, on exposait à leurs yeux un Hilote à qui le vin avait fait perdre la raison [2], j'ai lieu de penser qu'il a pris un cas particulier pour la règle générale, ou du moins qu'il a confondu en cette occasion les Hilotes avec les esclaves domestiques, dont l'état était fort inférieur à celui des premiers. Mais j'ajoute une foi entière à Plutarque, quand il assure qu'il était défendu aux Hilotes de chanter les poésies d'Alcman et de Terpandre [3] : en effet, ces poésies inspirant l'amour de la gloire et de la liberté, il était d'une sage politique de les interdire à des hommes dont on avait tant de raison de redouter le courage.

NOTE XIX. *Sur l'établissement des Ephores à Sparte.* (Page 179.)

La plupart des auteurs rapportent cet établissement à Théopompe, qui régnait environ un siècle après Lycurgue. Telle est l'opinion d'Aristote [4], de Plutarque [5], de Cicéron [6], de Valère Maxime [7], de Dion Chrysostôme [8]. On peut joindre à cette liste Xénophon, qui semble attribuer l'origine de cette magistrature aux principaux citoyens de Lacédémone [9], et Eusèbe qui, dans sa chronique, la place au temps où régnait Théopompe [10].

Deux autres témoignages méritent d'autant plus d'attention, qu'on y distingue des dates assez précises. Suivant Plutarque, le roi Cléomène III disait à l'assemblée générale de la nation : « Lycurgue s'était
» contenté d'associer aux deux rois un corps de sénateurs. Pendant
» long-temps, la république ne connut pas d'autre magistrature. La
» guerre de Messénie (du temps de Théopompe) se prolongeant de
» plus en plus, les rois se crurent obligés de confier le soin de rendre
» la justice à des éphores qui ne furent d'abord que leurs ministres.
» Mais, dans la suite, les successeurs de ces magistrats usurpèrent
» l'autorité; et ce fut un d'entre eux, nommé Astéropus, qui les ren-
» dit indépendans [11]. »

Platon [12] fait mention de trois causes qui ont empêché à Lacédémone la royauté de dégénérer en despotisme. Voici les deux dernières : « Un
» homme animé d'un esprit divin (c'est Lycurgue) limita la puissance

---

[1] Myr. ap. Athen. lib. 14, p. 657. Spanh. in Aristoph. Plut. v. 4. — [2] Plut. in Lyc. t. 1, p. 57; id. instit. lacon. t. 2, p. 239. — [3] Id. in Lyc. ibid. — [4] De rep. lib. 5, cap. 11, t. 2, p. 407. — [5] In Lyc. t. 1, p. 43; id. ad princ. inerud. t. 2, p. 779. — [6] De leg. lib. 3, cap. 7, t. 3, p. 164. — [7] Lib. 4, cap. 1, extern. n°. 8. — [8] Orat. 56, p. 565. — [9] De rep. Laced. p. 683. — [10] Euseb. chron. lib. 2, p. 151. Fréret, déf. de la chron. p. 171. — [11] Plut. in Agid. t. 1, p. 808. — [12] De leg. lib. 3, t. 2, p. 691.

» des rois par celle du sénat. Ensuite un autre sauveur balança heu-
» reusement l'autorité des rois et des sénateurs par celle des éphores. »
Ce sauveur dont parle ici Platon ne peut être que Théopompe.

D'un autre côté, Hérodote [1], Platon [2], et un ancien auteur nommé
Satyrus [3], regardent Lycurgue comme l'instituteur des éphores.

Je réponds que, suivant Héraclide de Pont, qui vivait peu de temps
après Platon, quelques écrivains attribuaient à Lycurgue tous les règlemens relatifs au gouvernement de Lacédémone [4]. Les deux passages
de Platon que j'ai cités nous en offrent un exemple sensible. Dans sa
huitième lettre [5], il avance, en général, que Lycurgue établit et les sénateurs et les éphores; tandis que dans son Traité des lois [6], où il a
détaillé le fait, il donne à ces deux corps de magistrats deux origines
différentes.

L'autorité de Satyrus ne m'arrêterait pas en cette occasion, si elle
n'était fortifiée par celle d'Hérodote. Je ne dirai pas avec Marsham [7]
que le mot *éphores* s'est glissé dans le texte de ce dernier auteur; mais
je dirai que son témoignage peut se concilier avec ceux des autres
écrivains [8].

Il paraît que l'éphorat était une magistrature depuis long-temps
connue de plusieurs peuples du Péloponèse, et entre autres des Messéniens [9] : elle devait l'être des anciens habitans de la Laconie, puisque
les éphores, à l'occasion des nouvelles lois de Lycurgue, soulevèrent
le peuple contre lui [10]. De plus, Lycurgue avait, en quelque façon,
modelé la constitution de Sparte sur celle de Crète; or, les Crétois
avaient des magistrats principaux qui s'appelaient *comes*, et qu'Aristote
compare aux éphores de Lacédémone [11]. Enfin, la plupart des auteurs
que j'ai cités d'abord ne parlent pas de l'éphorat comme d'une magistrature nouvellement instituée par Théopompe, mais comme d'un
frein que ce prince mit à la puissance des rois. Il est donc très-vraisemblable que Lycurgue laissa quelques fonctions aux éphores déjà
établis avant lui, et que Théopompe leur accorda des prérogatives qui
firent ensuite pencher le gouvernement vers l'oligarchie.

NOTE XX. *Sur le partage des Terres fait par Lycurgue.* (Page 191.)

PLUTARQUE cite trois opinions sur ce partage. Suivant la première,
Lycurgue divisa tous les biens de la Laconie, en trente-neuf mille
portions, dont neuf mille furent accordées aux habitans de Sparte.
Suivant la seconde, il ne donna aux Spartiates que six mille portions,
auxquelles le roi Polydore qui termina, quelque temps après, la première guerre de Messénie, en ajouta trois mille autres. Suivant la
troisième opinion, de ces deux mille portions les Spartiates en avaient
reçu la moitié de Lycurgue, et l'autre moitié de Polydore [12].

J'ai embrassé la première opinion, parce que Plutarque, qui était

---

[1] Lib. 1, cap. 65. — [2] Epist. 8, t. 3, p. 354. — [3] Diog. Laert. lib. 1, § 68.
— [4] Heraclid. Pont. de polit. in antiq. græc. t. 6, p. 2823. — [5] Plat. epist. 8,
t. 3, p. 354. — [6] Id. t. 2, p. 691. — [7] Chron. Ægypt. p. 509. — [8] Fréret, déf.
de la chron. p. 170. — [9] Polyb. lib. 4, p. 273. — [10] Plut. apophth. lacon.
t. 2, p. 227. — [11] Aristot. de rep. lib. 2, cap. 10, t. 1, p. 332. — [12] Plut. in
Lyc. t. 1, p. 44.

à portée de consulter beaucoup d'ouvrages que nous avons perdus, semble l'avoir préférée. Cependant je ne rejette point les autres. Il paraît en effet que, du temps de Polydore, il arriva quelque accroissement aux lots échus aux Spartiates. Un fragment des poésies de Tyrtée nous apprend que le peuple de Sparte demandait alors un nouveau partage des terres [1]. On raconte aussi que Polydore dit, en partant pour la Messénie, qu'il allait dans un pays qui n'avait pas encore été partagé [2]. Enfin, la conquête de la Messénie dut introduire parmi les Spartiates une augmentation de fortune.

Tout ceci entraînerait de longues discussions : je passe à deux inadvertances qui paraissent avoir échappé à deux hommes qui ont honoré leur siècle et leur nation, Aristote et Montesquieu.

Aristote dit que le législateur de Lacédémone avait très-bien fait, lorsqu'il avait défendu aux Spartiates de vendre leurs portions; mais qu'il n'aurait pas dû leur permettre de les donner pendant leur vie, ni de les léguer par leur testament à qui ils voulaient [3]. Je ne crois pas que Lycurgue ait jamais accordé cette permission. Ce fut l'éphore Épitadès qui, pour frustrer son fils de sa succession, fit passer le décret qui a donné lieu à la critique d'Aristote [4]; critique d'autant plus inconcevable, que ce philosophe écrivait très-peu de temps après Épitadès.

Solon avait permis d'épouser sa sœur consanguine, et non sa sœur utérine. M. de Montesquieu a très-bien prouvé que Solon avait voulu, par cette loi, empêcher que les deux époux ne réunissent sur leurs têtes deux hérédités [5]; ce qui pourrait arriver, si un frère et une sœur de même mère se mariaient ensemble, puisque l'un pourrait recueillir la succession du premier mari de sa mère, et l'autre celle du second mari. M. de Montesquieu observe que la loi était conforme à l'esprit des républiques grecques; et il s'oppose un passage de Philon, qui dit que Lycurgue avait permis le mariage des enfans utérins [6], c'est-à-dire, celui que contracteraient un fils et une fille de même mère et de deux pères différens. Pour résoudre la difficulté, M. de Montesquieu répond que, suivant Strabon [7], lorsqu'à Lacédémone une sœur épousait son frère, elle lui apportait en dot la moitié de la portion qui revenait à ce frère. Mais Strabon, en cet endroit, parle, d'après l'historien Éphore, des lois de Crète, et non de celles de Lacédémone; et quoiqu'il reconnaisse avec cet historien que ces dernières sont en partie tirées de celles de Minos, il ne s'ensuit pas que Lycurgue eût adopté celle dont il s'agit maintenant. Je dis plus, c'est qu'il ne pouvait pas, dans son système, décerner pour dot à la sœur la moitié des biens du frère, puisqu'il avait défendu les dots.

En supposant même que la loi citée par Strabon fût reçue à Lacédémone, je ne crois pas qu'on doive l'appliquer au passage de Philon. Cet auteur dit qu'à Lacédémone il était permis d'épouser sa sœur utérine, et non sa sœur consanguine. M. de Montesquieu l'interprète

---

[1] Aristot. de rep. lib. 5, cap. 8, p. 396. — [2] Plut. apophth. lacon. t. 2, p. 231. — [3] Aristot. ibid. lib. 2, cap. 9, p. 329. — [4] Plut. in Agid. t. 1, p. 797. — [5] Esprit des lois, liv. 5, chap. 5. — [6] Phil. Jud. de spec. p. 779. — [7] Strab. lib. 10, p. 482.

ainsi : « Pour empêcher que le bien de la famille de la sœur ne passât » dans celle du frère, on donnait en dot à la sœur la moitié du bien » du frère. »

Cette explication suppose deux choses : 1°. qu'il fallait nécessairement constituer une dot à la fille, et cela est contraire aux lois de Lacédémone ; 2°. que cette sœur renonçait à la succession de son père, pour partager celle que son frère avait reçue du sien. Je réponds que, si la sœur était fille unique, elle devait hériter du bien de son père, et ne pouvait pas y renoncer ; si elle avait un frère du même lit, c'était à lui d'hériter ; et en la mariant avec son frère d'un autre lit, on ne risquait pas d'accumuler deux héritages.

Si la loi rapportée par Philon était fondée sur le partage des biens, on ne serait point embarrassé de l'expliquer en partie : par exemple, une mère qui avait eu d'un premier mari une fille unique, et d'un second plusieurs enfans mâles, pouvait sans doute marier cette fille avec l'un des puînés du second lit, parce que ce puîné n'avait point de portion. Dans ce sens, un Spartiate pouvait épouser sa sœur utérine. Si c'est là ce qu'a voulu dire Philon, je n'ai pas de peine à l'entendre ; mais quand il ajoute qu'on ne pouvait épouser sa sœur consanguine, je ne l'entends plus, parce que je ne vois aucune raison, tirée du partage des biens, qui dût prohiber ces sortes de mariages.

NOTE XXI. *Sur la Cryptie.* (Page 202.)

Je parle ici de la cryptie que l'on rend communément par le mot *embuscade*, et que l'on a presque toujours confondue avec la chasse aux Hilotes.

Suivant Héraclide de Pont, qui vivait peu de temps après le voyage du jeune Anacharsis en Grèce, et Plutarque, qui n'a vécu que quelques siècles après, on ordonnait de temps en temps aux jeunes gens de se répandre dans la campagne, armés de poignards ; de se cacher pendant le jour en des lieux couverts, d'en sortir la nuit pour égorger les Hilotes qu'ils trouveraient sur leur chemin[1].

Joignons à ces deux témoignages celui d'Aristote, qui, dans un passage conservé par Plutarque, nous apprend qu'en entrant en place, les éphores déclaraient la guerre aux Hilotes, afin qu'on pût les tuer impunément[2]. Rien ne prouve que ce décret fût autorisé par les lois de Lycurgue, et tout nous persuade qu'il était accompagné de correctifs : car la république n'a jamais pu déclarer une guerre effective et continue à des hommes qui seuls cultivaient et affermaient les terres, qui servaient dans les armées et sur les flottes, et qui souvent étaient mis au nombre des citoyens. L'ordonnance des éphores ne pouvait donc avoir d'autre but que de soustraire à la justice le Spartiate qui aurait eu le malheur de tuer un Hilote. De ce qu'un homme a sur un autre le droit de vie et de mort, il ne s'ensuit pas qu'il en use toujours.

Examinons maintenant, 1°. quel était l'objet de la cryptie ; 2°. si les lois de Lycurgue ont établi la chasse aux Hilotes.

[1] Heraclid. Pont. de polit. in antiq. græc. t. 6, p. 2823. Plut. in Lyc. t. 1, p. 56. — [2] Plut. ibid. p. 57.

1°. Platon[1] veut que, dans un État bien gouverné, les jeunes gens sortant de l'enfance parcourent pendant deux ans le pays, les armes à la main, bravant les rigueurs de l'hiver et de l'été, menant une vie dure, et soumis à une exacte discipline. Quelque nom, ajoute-t-il, qu'on donne à ces jeunes gens, soit *cryptes*, soit agronomes ou inspecteurs des champs, ils apprendront à connaître le pays et à le garder. Comme la cryptie n'était pratiquée que chez les Spartiates, il est visible que Platon en a détaillé ici les fonctions, et le passage suivant ne laisse aucun doute à cet égard : il est tiré du même traité que le précédent[2]. Un Lacédémonien que Platon introduit dans son dialogue s'exprime en ces termes : « Nous avons un exercice nommé *cryptie*, qui est d'un
» merveilleux usage pour nous familiariser avec la douleur : nous
» sommes obligés de marcher l'hiver nu-pieds, de dormir sans cou-
» verture, de nous servir nous-mêmes sans le secours de nos esclaves,
» et de courir de côté et d'autre dans la campagne, soit de nuit, soit
» de jour. »

La correspondance de ces deux passages est sensible ; ils expliquent très-nettement l'objet de la cryptie, et l'on doit observer qu'il n'y est pas dit un mot de la chasse aux Hilotes. Il n'en est pas parlé non plus dans les ouvrages qui nous restent d'Aristote, ni dans ceux de Thucydide, de Xénophon, d'Isocrate et de plusieurs écrivains du même siècle, quoiqu'on y fasse souvent mention des révoltes et des désertions des Hilotes, et qu'on y censure en plus d'un endroit et les lois de Lycurgue et les usages des Lacédémoniens. J'insiste d'autant plus sur cette preuve négative, que quelques uns de ces auteurs étaient d'Athènes, et vivaient dans une république qui traitait les esclaves avec la plus grande humanité. Je crois pouvoir conclure de ces réflexions que jusqu'au temps environ où Platon écrivait son traité des lois, la cryptie n'était pas destinée à verser le sang des Hilotes.

C'était une expédition dans laquelle les jeunes gens s'accoutumaient aux opérations militaires, battaient la campagne, se tenaient en embuscade, les armes à la main, comme s'ils étaient en présence de l'ennemi, et, sortant de leur retraite pendant la nuit, repoussaient ceux des Hilotes qu'ils trouvaient sur leur chemin. Je pense que, peu de temps après la mort de Platon, les lois ayant perdu de leur force, des jeunes gens mirent à mort des Hilotes qui leur opposaient trop de résistance, et donnèrent peut-être lieu au décret des éphores que j'ai cité plus haut. L'abus augmentant de jour en jour, on confondit dans la suite la cryptie avec la chasse des Hilotes.

2°. Passons à la seconde question. Cette chasse fut-elle ordonnée par Lycurgue ?

Héraclide de Pont se contente de dire qu'on l'attribuait à ce législateur. Ce n'est qu'un soupçon recueilli par cet auteur postérieur à Platon. Le passage suivant ne mérite pas plus d'attention. Selon Plutarque[3], Aristote rapportait à Lycurgue l'établissement de la cryptie ; et comme l'historien, suivant l'erreur de son temps, confond en cet endroit la cryptie avec la chasse aux Hilotes, on pourrait croire

[1] Plat. de leg. lib. 6, t. 2, p. 763. — [2] Id. ibid. lib. 1, p. 633. — [3] Plut. in Lyc. t. 1, p. 56.

qu'Aristote les confondait aussi ; mais ce ne serait qu'une présomption. Nous ignorons si Aristote, dans le passage dont il s'agit, expliquait les fonctions des cryptes, et il paraît que Plutarque ne l'a cité que pour le réfuter : car il dit, quelques lignes après [1], que l'origine de la cryptie, telle qu'il la concevait lui-même, devait être fort postérieure aux lois de Lycurgue. Plutarque n'est pas toujours exact dans les détails des faits, et je pourrais prouver, à cette occasion, que sa mémoire l'a plus d'une fois égaré. Voilà toutes les autorités auxquelles j'avais à répondre.

En distinguant avec attention les temps, tout se concilie aisément. Suivant Aristote, la cryptie fut instituée par Lycurgue. Platon en explique l'objet, et la croit très-utile. Lorsque les mœurs de Sparte s'altérèrent, la jeunesse de Sparte abusa de cet exercice pour se livrer, dit-on, à des cruautés horribles. Je suis si éloigné de les justifier, que je soupçonne d'exagération le récit qu'on nous en a fait. Qui nous a dit que les Hilotes n'avaient aucun moyen de s'en garantir ? 1°. Le temps de la cryptie était peut-être fixé ; 2°. il était difficile que les jeunes gens se répandissent, sans être aperçus, dans un pays couvert d'Hilotes intéressés à les surveiller ; 3°. il ne l'était pas moins que les particuliers de Sparte, qui tiraient leur subsistance du produit de leurs terres, n'avertissent pas les Hilotes, leurs fermiers, du danger qui les menaçait. Dans tous ces cas, les Hilotes n'avaient qu'à laisser les jeunes gens faire leur tournée, et se tenir pendant la nuit renfermés chez eux.

J'ai cru devoir justifier dans cette note la manière dont j'ai expliqué la cryptie dans le corps de mon ouvrage. J'ai pensé aussi qu'il n'était nullement nécessaire de faire les hommes plus méchans qu'ils ne le sont, et d'avancer sans preuve qu'un législateur sage avait ordonné des cruautés.

NOTE XXII. *Sur le choix d'une Epouse parmi les Spartiates.* (Page 203.)

LES auteurs varient sur les usages des peuples de la Grèce, parce que, suivant la différence des temps, ces usages ont varié. Il paraît qu'à Sparte les mariages se réglaient sur le choix des époux, ou sur celui de leurs parens. Je citerai l'exemple de Lysander, qui, avant de mourir, avait fiancé ses deux filles à deux citoyens de Lacédémone [2]. Je citerai encore une loi qui permettait de poursuivre en justice celui qui avait fait un mariage peu convenable [3]. D'un autre côté, un auteur ancien, nommé Hermippus [4], rapportait qu'à Lacédémone on enfermait dans un lieu obscur les filles à marier, et que chaque jeune homme y prenait au hasard celle qu'il devait épouser. On pourrait supposer, par voie de conciliation, que Lycurgue avait en effet établi la loi dont parlait Hermippus, et qu'on s'en était écarté dans la suite. Platon l'avait en quelque manière adoptée dans sa république [5].

[1] Plut. in Lyc. t. 1, p. 57. — [2] Id. in Lys. t. 1, p. 451. — [3] Id. ibid. — [4] Hermipp. ap. Athen. lib. 13, p. 555. — [5] Plat. de rep. lib. 5, t. 2, p. 460.

NOTE XXIII. *A quel âge on se mariait à Lacédémone.* (Page 203.)

Les Grecs avaient connu de bonne heure le danger des mariages prématurés. Hésiode[1] veut que l'âge du garçon ne soit pas trop au-dessous de trente ans. Quant à celui des filles, quoique le texte ne soit pas clair, il paraît le fixer à quinze ans. Platon, dans sa république[2], exige que les hommes ne se marient qu'à trente ans, et les femmes à vingt. Suivant Aristote[3], les hommes doivent avoir environ trente-sept ans, les femmes à peu près dix-huit. Je pense qu'à Sparte c'était trente ans pour les hommes, et vingt ans pour les femmes : deux raisons appuient cette conjecture. 1°. C'est l'âge que prescrit Platon, qui a copié beaucoup de lois de Lycurgue. 2°. Les Spartiates n'avaient droit d'opiner dans l'assemblée générale qu'à l'âge de trente ans[4] ; ce qui semble supposer qu'avant ce terme ils ne pouvaient pas être regardés comme chefs de famille.

NOTE XXIV. *Sur les Fêtes d'Hyacinthe.* (Page 221.)

Parmi les inscriptions que M. l'abbé Fourmont avait découvertes en Laconie[5], il en est deux qui sont du septième, et peut-être même de la fin du huitième siècle avant J. C. Au nom du légat ou du chef d'une députation solennelle, ΠΡΕΣΒΕΥΣ, elles joignent les noms de plusieurs magistrats, et ceux des jeunes garçons et des jeunes filles qui avaient figuré dans les chœurs, et qui, sur l'un de ces monumens, sont nommés *hyalcades*. Cette expression, suivant Hésychius[6], désignait, parmi les Spartiates, des chœurs d'enfans. J'ai pensé qu'il était question ici de la pompe des Hyacinthes.

Il faut observer que parmi les jeunes filles qui composaient un des chœurs, on trouve le nom de Lycorias, fille de Deuxidamus ou Zeuxidamus, roi de Lacédémone, qui vivait vers l'an 700 avant J. C.

NOTE XXV. *Sur la composition des Armées parmi les Lacédémoniens.* (Page 222.)

Il est très-difficile, et peut-être impossible, de donner une juste idée de cette composition. Comme elle variait souvent, les auteurs anciens, sans entrer dans des détails, se sont contentés de rapporter des faits ; et dans la suite on a pris des faits particuliers pour des règles générales.

Les Spartiates étaient distribués en plusieurs classes nommées MOPAI ou MOIPAI, c'est-à-dire, parties ou divisions.

Quelles étaient les subdivisions de chaque classe? Le *lochos*, la *pentecostys*, l'*énomotie*. Dans le texte de cet ouvrage, j'ai cru pouvoir comparer la *mora* au *régiment*, le *lochos* au *bataillon*, l'*énomotie* à la *compagnie*, sans prétendre que ces rapports fussent exacts : dans cette note je conserverai les noms grecs, au risque de les mettre au singulier quand ils devraient être au pluriel.

---

[1] Hesiod. opera et dies, v. 695. — [2] Plat. de rep. lib. 5, t. 2, p. 460. — [3] Aristot. de rep. lib. 7, cap. 16, t. 2, p. 446. — [4] Liban. argum. declam. 24, p. 558. — [5] Inscript. Fourmont, in bibl. reg. — [6] Hesych. in Ὑαλκ.

Les subdivisions dont je viens de parler, sont clairement exposées par Xénophon[1], qui vivait au temps où je place le voyage du jeune Anacharsis. « Chaque *mora*, dit-il, a pour officiers un polémarque, » quatre chefs de *lochos*, huit chefs de *pentecostys*, seize chefs d'*éno-* » *moties*. » Ainsi chaque *mora* contient quatre *lochos*; chaque *lochos*, deux *pentecostys*; chaque *pentecostys*, deux *énomoties*. Il faut observer que Xénophon nous présente ici une règle générale, règle confirmée par ce passage de Thucydide : Le roi donne l'ordre aux *polémarques*, ceux-ci le donnent aux *lochages*, ces derniers aux *pentecontatères*, ceux-là aux *énomotarques*, qui le font passer à leurs *énomoties*[2].

Quelquefois, au lieu de faire marcher les *mora*, on en détachait quelques *lochos*[3]. Dans la première bataille de Mantinée, gagnée par les Lacédémoniens l'an 418 avant J. C., leur armée, sous les ordres du roi Agis, était partagée en sept *lochos*. Chaque *lochos*, dit Thucydide[4], comprenait quatre *pentecostys*, et chaque *pentecostys*, quatre *énomoties*. Ici la composition du *lochos* diffère de celle que lui attribue Xénophon; mais les circonstances n'étaient pas les mêmes. Xénophon parlait en général de la formation de la *mora*, lorsque toutes les parties en étaient réunies; Thucydide, d'un cas particulier, et des *lochos* séparés de leur *mora*.

Combien y avait-il de *mora* ? Les uns en admettent six, et les autres cinq. Voici les preuves qu'on peut employer en faveur de la première opinion; j'y joindrai celles qui sont favorables à la seconde.

1°. Dans trois inscriptions rapportées par M. l'abbé Fourmont, de la Messénie et de la Laconie[5], on avait gravé les noms des rois de Lacédémone, ceux des sénateurs, des éphores, des officiers militaires, et de différens corps de magistrats. On y voit six chefs de *mora*. Ces inscriptions, qui remontent au huitième siècle avant J. C., n'étant postérieures à Lycurgue que d'environ 130 ans, on est fondé à croire que le législateur de Sparte en avait divisé tous les citoyens en six *mora*. Mais on se trouve arrêté par une assez grande difficulté. Avant les six chefs de *mora*, les inscriptions placent les six chefs de *lochos*. Ainsi, non-seulement les premiers, c'est-à-dire, les chefs des *mora*, étaient subordonnés à ceux des *lochos*, mais les uns et les autres étaient égaux en nombre; et telle n'était pas la composition qui subsistait du temps de Thucydide et de Xénophon.

2°. Ce dernier historien observe que Lycurgue divisa la cavalerie et l'infanterie pesante en six *mora*[6]. Ce passage est conforme aux inscriptions précédentes.

3°. Xénophon dit encore que le roi Cléombrote fut envoyé en Phocide avec quatre *mora*[7]; s'il n'y en avait que cinq, il n'en restait qu'une à Lacédémone. Quelque temps après se donna la bataille de Leuctres. Les troupes de Cléombrote furent battues. Xénophon remarque qu'on fit de nouvelles levées, et qu'on les tira surtout des deux *mora* qui étaient restées à Sparte[8]. Il y en avait donc six en tout.

---

[1] Xenoph. de rep. Laced. p. 686.— [2] Thucyd. lib. 5, cap. 66. — [3] Xenoph. hist. græc. lib. 4, p. 518; lib. 7, p. 636.— [4] Thucyd. ibid. cap. 68. — [5] Mém. de l'acad. des bell. lettr. t. 15, p. 395. — [6] Xenoph. de rep. Laced. p. 686. — [7] Id. hist. græc. lib. 6, p. 579. — [8] Id. ibid. p. 597.

Voyons maintenant les raisons d'après lesquelles on pourrait en admettre une de moins. 1°. Aristote, cité par Harpocration, n'en comptait que cinq, s'il faut s'en rapporter à l'édition de Maussac, qui porte πέντε [1]. Il est vrai que ce mot ne se trouve pas dans l'édition de Gronovius, et que dans quelques manuscrits d'Harpocration il est remplacé par une lettre numérale qui désigne six [2]. Mais cette lettre a tant de ressemblance avec celle qui désigne le nombre cinq, qu'il était facile de prendre l'une pour l'autre. Deux passages d'Hésychius prouvent que quelques copistes d'Harpocration ont fait cette méprise. Dans le premier, il est dit que, suivant Aristote, le *lochos* s'appelait *mora* parmi les Lacédémoniens [3]; et dans le second, que, suivant Aristote, les Lacédémoniens avaient cinq *lochos* [4], où le mot est tout au long, πέντε. Donc, suivant Hésychius, Aristote ne donnait aux Lacédémoniens que cinq *mora*.

2°. Diodore de Sicile [5] raconte qu'Agésilas était à la tête de dix-huit mille hommes, dont faisaient partie *les cinq mora*, ou simplement, *cinq mora de Lacédémone*. Reste à savoir si en cet endroit il faut admettre ou supprimer l'article. Rhodoman, dans son édition, rapporte ainsi le passage: ὧν ἦσαν οἱ Λακεδαιμόνιοι (ou Λακεδαιμονίων) πέντε μοῖραι. M. Béjot a bien voulu, à ma prière, consulter les manuscrits de la bibliothèque du roi. Des douze qu'elle possède, cinq seulement contiennent le passage en question, et présentent l'article οἱ avec le nom des Lacédémoniens au nominatif ou au génitif. Ils sont donc conformes à l'édition de Rhodoman, et, par un changement aussi léger qu'indispensable, ils donnent cette leçon déjà proposée par Meursius: αἱ Λακεδαιμονίων πέντε μοῖραι, *les cinq mora de Lacédémone*. Ce passage ainsi rétabli se concilie parfaitement avec celui d'Aristote.

3°. J'ai dit, dans le texte de mon ouvrage, que les Spartiates étaient divisés en cinq tribus. Il est naturel de penser qu'ils étaient enrôlés en autant de corps de milices, qui tiraient leur dénomination de ces tribus. En effet, Hérodote dit positivement qu'à la bataille de Platée il y avait un corps de Pitanates [6], et nous avons vu que les Pitanates formaient une des tribus de Lacédémone.

Cependant, comme ce ne sont ici que des probabilités, et que le témoignage de Xénophon est précis, nous dirons avec Meursius [7], que l'historien grec a compté parmi les *mora* le corps des *Scirites*, ainsi nommés de la Sciritide, petite province située sur les confins de l'Arcadie et de la Laconie [8]. Elle avait été long-temps soumise aux Spartiates; elle leur fut ensuite enlevée par Epaminondas, qui l'unit à l'Arcadie. De là vient que, parmi les écrivains postérieurs, les uns ont regardé les Scirites comme une milice lacédémonienne [9], les autres comme un corps de troupes arcadiennes [10].

Pendant qu'ils obéissaient aux Spartiates, ils les suivaient dans presque toutes leurs expéditions, quelquefois au nombre de six cents [11].

---

[1] Harpocr. in Μόραν. — [2] Maussac. ibid. Meurs. lect. attic. lib. 1, cap. 16. — [3] Hesych. in Μόρα. — [4] Id. in Λοχοί. — [5] Diod. lib. 15, p. 350. — [6] Hérodot. lib. 9, cap. 53. — [7] Meurs. ibid. — [8] Xenoph. hist. græc. lib. 6, p. 607. — [9] Schol. Thucyd. in lib. 5, cap. 67. — [10] Hesych. in Σκιρίτ. — [11] Thucyd. lib. 5, cap. 68.

Dans une bataille, ils étaient placés à l'aile gauche, et ne se mêlaient point avec les autres *mora* [1]. Quelquefois on les tenait en réserve pour soutenir successivement les divisions qui commençaient à plier [2]. Pendant la nuit ils gardaient le camp, et leur vigilance empêchait les soldats de s'éloigner de la phalange. C'était Lycurgue lui-même qui les avait chargés de ce soin [3]. Cette milice existait donc du temps de ce législateur; il avait donc établi six corps de troupes, savoir, cinq *mora* proprement dites, dans lesquelles entraient les Spartiates; et ensuite la cohorte des Scirites, qui, n'étant pas composée de Spartiates, différait essentiellement des *mora* proprement dites, mais qui néanmoins pouvait être qualifiée de ce nom, puisqu'elle faisait partie de la constitution militaire établie par Lycurgue.

S'il est vrai que les Scirites combattaient à cheval, comme Xénophon le fait entendre [4], on ne sera plus surpris que le même historien ait avancé que Lycurgue institua six *mora*, tant pour la cavalerie que pour l'infanterie pesante [5]. Alors nous dirons qu'il y avait cinq *mora* d'oplites spartiates, et une sixième composée de cavaliers scirites.

D'après les notions précédentes, il est visible que, si des anciens ont paru quelquefois confondre la *mora* avec le *lochos*, ce ne peut être que par inadvertance, ou par un abus de mots, en prenant la partie pour le tout. Le savant Meursius, qui ne veut pas distinguer ces deux corps, n'a pour lui que quelques faibles témoignages, auxquels on peut opposer des faits incontestables. Si, comme le prétend Meursius, il n'y avait que cinq *mora*, il ne devait y avoir que cinq *lochos*. Cependant nous venons de voir que le roi Agis avait sept *lochos* dans son armée [6]; et l'on peut ajouter qu'en une autre occasion le roi Archidamus était à la tête de douze *lochos* [7].

Si chaque *mora* prenait le nom de sa tribu, il est naturel de penser que les quatre *lochos* de chaque *mora* avaient des noms particuliers; et nous savons par Hésychius que les Lacédémoniens donnaient à l'un de leurs *lochos* le nom d'*édolos* [8]. De là nous conjecturons que les Crotanes, qui, suivant Pausanias [9], faisaient partie des Pitanates, n'étaient autre chose qu'un des *lochos* qui formaient la *mora* de cette tribu : de là peut-être aussi la critique que Thucydide a faite d'une expression d'Hérodote. Ce dernier ayant dit qu'à la bataille de Platée, Amopharète commandait le *lochos* des Pitanates [10], Thucydide observe qu'il n'y a jamais eu à Lacédémone de corps de milice qui fût ainsi nommé [11], parce que, suivant les apparences, on disait la *mora* et non le *lochos* des Pitanates.

De combien de soldats la *mora* était-elle composée? De cinq cents hommes, suivant Éphore [12] et Diodore de Sicile [13]; de sept cents, suivant Callisthène; de neuf cents, suivant Polybe [14]; de trois cents, de cinq cents, de sept cents, suivant d'autres [15].

[1] Thucyd. lib. 5, cap. 67. — [2] Diod. lib. 15, p. 350. — [3] Xenoph. de rep. Laced. p. 687. — [4] Id. d. instit. Cyr. lib. 4, p. 91. — [5] Id. de rep. Laced. p. 686. — [6] Thucyd. lib. 5, cap. 68. — [7] Xenoph. hist. græc. lib. 7, p. 636. [8] Hesych. in Ἔδωλ. — [9] Pausan. lib. 3, cap. 14, p. 240. — [10] Herodot. lib. 9, cap. 53. — [11] Thucyd. lib. 1, cap. 20. — [12] Plut. in Pelopid. t. 1, p. 286. — [13] Diod. lib. 15, p. 350. — [14] Plut. ibid. — [15] Etymol. magn. in Μοῖρ. Ulpian. in Demosth. Meurs. lect. attic. lib. 1, cap. 16.

Il m'a paru qu'il fallait moins attribuer cette diversité d'opinions aux changemens qu'avait éprouvés la *mora* en différens siècles qu'aux circonstances qui engageaient à mettre sur pied plus ou moins de troupes. Tous les Spartiates étaient inscrits dans une des *mora*. S'agissait-il d'une expédition, les éphores faisaient annoncer par un héraut que les citoyens depuis l'âge de puberté, c'est-à-dire, depuis l'âge de vingt ans jusqu'à tel âge, se présenteraient pour servir[1]. En voici un exemple frappant. A la bataille de Leuctres, le roi Cléombrote avait quatre *mora*, commandées par autant de polémarques, et composées de citoyens âgés depuis vingt jusqu'à trente-cinq ans[2]. Après la perte de la bataille, les éphores ordonnèrent de nouvelles levées. On fit marcher tous ceux des mêmes *mora* qui étaient âgés depuis trente-cinq jusqu'à quarante ans; et l'on choisit dans les deux *mora* qui étaient restées à Lacédémone tous les citoyens âgés de vingt à quarante ans[3]. Il suit de là que ces portions de *mora* qui faisaient la campagne n'étaient souvent que des détachemens plus ou moins nombreux du corps entier.

Nous n'avons ni l'ouvrage d'Éphore, qui donnait à la *mora* cinq cents hommes; ni celui de Callisthène, qui lui en donnait sept cents; ni l'endroit de Polybe où il la portait jusqu'à neuf cents: mais nous ne craignons pas d'avancer que leurs calculs n'avaient pour objet que des cas particuliers, et que Diodore de Sicile ne s'est pas expliqué avec assez d'exactitude, lorsqu'il a dit absolument que chaque *mora* était composée de cinq cents hommes[4].

Nous ne sommes pas mieux instruits du nombre des soldats qu'on faisait entrer dans les subdivisions de la *mora*. Thucydide observe[5] que, par les soins que prenaient les Lacédémoniens de cacher leurs opérations, on ignora le nombre des troupes qu'ils avaient à la première bataille de Mantinée; mais qu'on pouvait néanmoins s'en faire une idée d'après le calcul suivant: Le roi Agis était à la tête de sept *lochos*; chaque *lochos* renfermait quatre *pentecostys*; chaque *pentecostys* quatre *énomoties*; chaque *énomotie* fut rangée sur quatre de front, et en général sur huit de profondeur.

De ce passage le scholiaste conclut que dans cette occasion l'*énomotie* fut de trente-deux hommes, la *pentecostys* de cent vingt-huit, le *locho* de cinq cent douze. Nous en concluons à notre tour que, si le *lochos* avait toujours été sur le même pied, l'historien se serait contenté d'annoncer que les Lacédémoniens avaient sept *lochos*, sans être obligé de recourir à la voie du calcul.

Les *énomoties* n'étaient pas non plus fixées d'une manière stable. A la bataille dont je viens de parler, elles étaient en général de trente-deux hommes chacune: elles étaient de trente-six à celle de Leuctres; et Suidas les réduit à vingt-cinq[6].

---

[1] Xenoph. de rep. Laced. p. 685. — [2] Id. hist. græc. p. 579. — [3] Id. ibid. p. 597. — [4] Diod. lib. 15, p. 350. — [5] Thucyd. lib. 5, cap. 68. — [6] Xenoph. ibid. lib. 6, p. 596. Suid. in Ἐνωμοῖ.

NOTE XXVI. *Sur les sommes d'argent introduites à Lacédémone par Lysander.* (Page 236.)

Diodore de Sicile [1] rapporte qu'après la prise de Sestus, ville de l'Hellespont, Lysander fit transporter à Lacédémone, par Gylippe, beaucoup de dépouilles, et une somme de quinze cents talens, c'est-à-dire, huit millions cent mille livres. Après la prise d'Athènes, Lysander, de retour à Lacédémone, remit aux magistrats, entre autres objets précieux, quatre cent quatre-vingts talens, qui lui restaient de sommes fournies par le jeune Cyrus [2]. S'il faut distinguer ces diverses sommes, il s'ensuivra que Lysander avait apporté de son expédition, en argent comptant, dix-neuf cent quatre-vingts talens, c'est-à-dire, dix millions six cent quatre-vingt-douze mille livres.

NOTE XXVII. *Sur la cessation des Sacrifices humains.* (Page 246.)

J'ai dit que les sacrifices humains étaient abolis en Arcadie dans le quatrième siècle avant J. C. On pourrait m'opposer un passage de Porphyre, qui vivait 600 ans après. Il dit en effet que l'usage de ces sacrifices subsistait encore en Arcadie et à Carthage [3]. Cet auteur rapporte dans son ouvrage beaucoup de détails empruntés d'un traité que nous n'avons plus, et que Théophraste avait composé. Mais, comme il avertit [4] qu'il avait ajouté certaines choses à ce qu'il citait de Théophraste, nous ignorons auquel de ces deux auteurs il faut attribuer le passage que j'examine, et qui se trouve en partie contredit par un autre passage de Porphyre. Il observe en effet [5] qu'Iphicrate abolit les sacrifices humains à Carthage. Il importe peu de savoir si, au lieu d'Iphicrate, il ne faut pas lire Gélon ; la contradiction n'en serait pas moins frappante. Le silence des autres auteurs m'a paru d'un plus grand poids dans cette occasion. Pausanias surtout, qui entre dans les plus minutieux détails sur les cérémonies religieuses, aurait-il négligé un fait de cette importance ? et comment l'aurait-il oublié, lorsqu'en parlant de Lycaon, roi d'Arcadie, il raconte qu'il fut métamorphosé en loup pour avoir immolé un enfant [6] ? Platon, à la vérité [7], dit que ces sacrifices subsistaient encore chez quelques peuples ; mais il ne dit pas que ce fût parmi les Grecs.

NOTE XXVIII. *Sur les Droits d'entrée et de sortie à Athènes.* (Page 296.)

Pendant la guerre du Péloponèse, ces droits étaient affermés trente-six talens, c'est-à-dire, cent quatre-vingt-quatorze mille quatre cents livres [8]. En y joignant le gain des fermiers, on peut porter cette somme à deux cent mille livres, et conclure de là que le commerce des Athéniens avec l'étranger était tous les ans d'environ dix millions de nos livres.

---

[1] Diod. lib. 13, p. 225. — [2] Xenoph. hist. græc. lib. 2, p. 462. — [3] Porphyr. de abstin. lib. 2, § 27, p. 150. — [4] Id. ibid. lib. 2, § 32, p. 162. — [5] Id. ibid. § 36, p. 202. — [6] Pausan. lib. 8, cap. 2, p. 600. — [7] Plat. de leg. lib. 6, t. 2, p. 782. — [8] Andoc. de myst. p. 17.

NOTES.

NOTE XXIX. *Sur les Contributions que les Athéniens tiraient de leurs Alliés.* (Page 297.)

Les quatre cent soixante talens qu'on tirait tous les ans des peuples ligués contre les Perses, et que les Athéniens déposaient à la citadelle, formèrent d'abord une somme de dix mille talens *a*, suivant Isocrate [1], ou de neuf mille sept cents *b*, suivant Thucydide [2]. Périclès, pendant son administration, en avait déposé huit mille [3]; mais, en ayant dépensé trois mille sept cents, soit pour embellir la ville, soit pour les premières dépenses du siége de Potidée, les neuf mille sept cents s'étaient réduits à six mille *c* au commencement de la guerre du Péloponèse [4].

Cette guerre fut suspendue par une trève que les Athéniens firent avec Lacédémone. Les contributions qu'ils recevaient alors s'étaient élevées jusqu'à douze ou treize cents talens; et pendant les sept années que dura la trève, ils mirent sept mille talens dans le trésor public *d*.

NOTE XXX. *Sur la Définition de l'Homme.* (Page 304.)

Porphyre, dans son introduction à la doctrine des Péripatéticiens, définit l'homme un animal raisonnable et mortel [6]. Je n'ai pas trouvé cette définition dans les ouvrages qui nous restent d'Aristote. Peut-être en avait-il fait usage dans ceux que nous avons perdus; peut-être ne l'avait-il jamais employée. Il en rapporte souvent une autre que Platon, ainsi que divers philosophes, avaient adoptée, et qui n'est autre chose que l'énumération de quelques qualités extérieures de l'homme [7]. Cependant, comme alors on admettait une différence réelle entre les animaux raisonnables et les animaux irraisonnables [8], on pourrait demander pourquoi les philosophes n'avaient pas généralement choisi la *faculté de raisonner* pour la différence spécifique de l'homme. Je vais tâcher de répondre à cette difficulté.

Le mot dont les Grecs se servaient pour signifier *animal*, désigne l'être vivant [9]: l'animal raisonnable est donc l'être vivant doué d'intelligence et de raison. Cette définition convient à l'homme, mais plus éminemment encore à la Divinité; et c'est ce qui avait engagé les Pythagoriciens à placer Dieu et l'homme parmi les animaux raisonnables, c'est-à-dire, parmi les êtres vivans raisonnables [10]. Il fallait donc chercher une autre différence qui séparât l'homme de l'Être suprême, et même de toutes les intelligences célestes.

Toute définition devant donner une idée bien claire de la chose

---

a Cinquante-quatre millions. — [1] Isocr. de pac. t. 1, p. 395. — *b* Cinquante-deux millions trois cent quatre-vingt mille livres. — [2] Thucyd. lib. 3, cap. 18. — [3] Isocr. ibid. p. 424. — *c* Trente-deux millions quatre cent mille livres. — [4] Isocr. ibid. — [5] Andoc. de pac. p. 24. Plut. in Aristid. t. 1, p. 333. — *d* Trente-sept millions huit cent mille livres. — [6] Porphyr. isagog. in oper. Aristot. t. 1, p. 7. — [7] Aristot. topic. lib. 6, cap. 3, p. 244; cap. 4, p. 245; id. metaph. lib. 7, cap. 12, t. 2, p. 920. — [8] Id. de anim. lib. 3, cap. 11, t. 1, p. 659. — [9] Plat. in Tim. t. 3, p. 77. — [10] Aristot. ap. Jamblic. de vit. Pythag. cap. 6, p. 23.

définie, et la nature des esprits n'étant pas assez connue, les philosophes qui voulurent classer l'homme dans l'échelle des êtres s'attachèrent par préférence à ses qualités extérieures. Ils dirent que l'homme est un *animal*; ce qui le distinguait de tous les corps inanimés. Ils ajoutèrent successivement les mots *terrestre*, pour le distinguer des animaux qui vivent dans l'air ou dans l'eau; *à deux pieds*, pour le distinguer des quadrupèdes, des reptiles, etc.; *sans plumes*, pour ne pas le confondre avec les oiseaux. Et quand Diogène, par une plaisanterie assez connue, eut montré que cette définition conviendrait également à un coq et à tout oiseau dont on aurait arraché les plumes, on prit le parti d'ajouter à la définition un nouveau caractère, tiré de la forme des ongles [1]. Du temps de Porphyre, pour obvier à une partie des inconvéniens dont je parle, on définissait l'homme un animal raisonnable et mortel [2]. Nous avons depuis retranché le mot *mortel*, parce que, suivant l'idée que le mot *animal* réveille dans nos esprits, tout animal est mortel.

NOTE XXXI. *Sur ce qu'un particulier d'Athènes retirait de son champ.*
(Page 346.)

DÉMOSTHÈNE [3] parle d'un particulier d'Athènes, nommé Phénippe, qui, ayant recueilli la quantité d'orge et de vin que j'ai mentionnée dans le texte, avait vendu chaque médimne d'orge dix-huit drachmes (seize livres quatre sous), chaque *métrète* de vin douze drachmes (dix livres seize sous); mais, comme il dit plus bas [4] que ce prix, peut-être à cause de quelque disette, était le triple du prix ordinaire, il s'ensuit que de son temps le prix commun du médimne d'orge était de six drachmes, celui de la métrète de vin, de quatre drachmes. Mille médimnes d'orge (un peu plus de quatre mille boisseaux) faisaient donc six mille drachmes, c'est-à-dire, cinq mille quatre cents livres; huit cents métrètes de vin, trois mille deux cents drachmes, ou deux mille huit cent quatre-vingts livres. Total, huit mille deux cent quatre-vingts livres.

Phénippe avait de plus six bêtes de somme, qui transportaient continuellement à la ville du bois et diverses espèces de matériaux [5], et qui lui rendaient par jour douze drachmes (dix livres seize sous). Les fêtes, le mauvais temps, des travaux pressans interrompaient souvent ce petit commerce : en supposant qu'il n'eût lieu que pour deux cents jours, nous trouverons que Phénippe en retirait tous les ans un profit de deux mille cent soixante livres. Ajoutons-les aux huit mille deux cent quatre-vingts livres, et nous aurons dix mille quatre cent quarante livres pour le produit d'une terre qui avait de circuit un peu plus d'une lieue et demie.

[1] Diog. Laert. lib. 6, § 40. — [2] Porphyr. isagog. in oper. Aristot. t. 1, p. 7. — [3] Demosth. in Phænip. p. 1025. — [4] Id. ibid. p. 1027. — [5] Id. ibid. p. 1028.

NOTE XXXII. *Sur la mère Abeille.* (Page 347.)

IL paraît, par le passage de Xénophon, cité dans le texte, que cet auteur regardait la principale abeille comme une femelle. Les naturalistes se partagèrent ensuite; les uns croyaient que toutes les abeilles étaient femelles, tous les bourdons des mâles; les autres soutenaient le contraire. Aristote, qui réfute leurs opinions, admettait dans chaque ruche une classe de rois qui se reproduisaient d'eux-mêmes. Il avoue pourtant qu'on n'avait pas assez d'observations pour rien statuer [1]. Les observations ont été faites depuis, et l'on est revenu à l'opinion que j'attribue à Xénophon.

NOTE XXXIII. *Sur les Melons.* (Page 351.)

D'APRÈS quelques expressions échappées aux anciens écrivains, on pourrait croire qu'au temps dont je parle, les Grecs connaissaient les melons, et les rangeaient dans la classe des concombres; mais ces expressions n'étant pas assez claires, je me contente de renvoyer aux critiques modernes, tels que Jull. Scalig. in Theophr. hist. plant. lib. 7, cap. 3, p. 741; Bod. à Stapel. in cap. 4, ejusd. libr., p. 782; et d'autres encore.

NOTE XXXIV. *Sur l'Ame du Monde.* (Page 362.)

LES interprètes de Platon, anciens et modernes, se sont partagés sur la nature de l'âme du monde. Suivant les uns, Platon supposait que de tout temps il existait dans le chaos une force vitale, une âme grossière, qui agitait irrégulièrement la matière, dont elle était distinguée : en conséquence, l'âme du monde fut composée de l'essence divine, de la matière, et du principe vicieux, de tout temps uni avec la matière. *Ex divinæ naturæ portione quâdam, et ex re quâdam aliâ distinctâ à Deo, et cum materiâ sociatâ* [2].

D'autres, pour laver Platon du reproche d'avoir admis deux principes éternels, l'un auteur du bien, et l'autre du mal, ont avancé que, suivant ce philosophe, le mouvement désordonné du chaos ne procédait pas d'une âme particulière, mais était inhérent à la matière. On leur oppose que, dans son Phèdre et dans son livre des lois, il a dit nettement que tout mouvement suppose une âme qui l'opère. On répond : Sans doute, quand c'est un mouvement régulier et productif; mais celui du chaos, étant aveugle et stérile, n'était point dirigé par une intelligence; ainsi Platon ne se contredit point [3]. Ceux qui voudront éclaircir ce point, pourront consulter, entre autres, Cudworth. cap. 4, § 13; Mosheim. ibid. not. k; Bruck. hist. philos. t. 1, p. 685 et 704.

[1] Aristot. hist. anim. lib. 5, cap. 21, t. 1, p. 852; id. de gener. anim. lib. 3, cap. 10, p. 1110. — [2] Mosheim. in Cudworth. t. 1, cap. 4, § 13, p. 310. — [3] Bruck. hist. philos. t. 1, p. 688.

NOTE XXXV. *Sur le temps précis de l'expédition de Dion.* (Page 367.)

La note que je joins ici peut être regardée comme la suite de celle que j'ai faite plus haut sur les voyages de Platon, et qui se rapporte au trente-troisième chapitre de cet ouvrage.

Plutarque observe que Dion allait partir de Zacynthe pour se rendre en Sicile, lorsque les troupes furent alarmées par une éclipse de lune. On était, dit-il, au plus fort de l'été; Dion mit douze jours pour arriver sur les côtes de la Sicile; le treizième, ayant voulu doubler le promontoire Pachynum, il fut accueilli d'une violente tempête; car, ajoute l'historien, c'était au lever de l'arcturus[1]. On sait que, sous l'époque dont il s'agit, l'arcturus commençait à paraître en Sicile vers le milieu de notre mois de septembre. Ainsi, suivant Plutarque, Dion partit de Zacynthe vers le milieu du mois d'août.

D'un autre côté, Diodore de Sicile[2] place l'expédition de Dion sous l'archontat d'Agathocle, qui entra en charge au commencement de la quatrième année de la cent cinquième olympiade, et par conséquent au 27 juin de l'année 357 avant J. C.[3]

Or, suivant les calculs que M. de La Lande a eu la bonté de me communiquer, le 9 août de l'an 357 avant J.-C., il arriva une éclipse de lune, visible à Zacynthe. C'est donc la même que celle dont Plutarque a parlé; et nous avons peu de points de chronologie établis d'une manière aussi certaine. Je dois avertir que M. Pingré a fixé le milieu de l'éclipse du 9 août à six heures trois quarts du soir. Voyez la chronologie des éclipses, dans le vol. 42 des Mém. de l'acad. des belles-lettres, hist. p. 130.

NOTE XXXVI. *Sur un mot de l'orateur Démade.* (Page 411.)

Démade, homme de beaucoup d'esprit, et l'un des plus grands orateurs d'Athènes, vivait du temps de Démosthène. On cite de lui quantité de réponses heureuses et pleines de force[4]; mais, parmi ses bons mots, il en est que nous trouverions précieux. Tel est celui-ci : comme les Athéniens se levaient au chant du coq, Démade appelait le trompette qui les invitait à l'assemblée, *le coq public d'Athènes*[5]. Si les Athéniens n'ont pas été choqués de cette métaphore, il est à présumer qu'ils ne l'auraient pas été de celle de *greffier solaire*, hasardée par Lamotte, pour désigner un cadran[6].

NOTE XXXVII. *Sur le Traité de la République d'Aristote.* (Page 445.)

Aristote a suivi, dans cet ouvrage, à peu près la même méthode que dans ceux qu'il a composés sur les animaux[7]. Après les principes généraux, il traite des différentes formes de gouvernemens, de leurs parties constitutives, de leurs variations, des causes de leur décadence, des moyens qui servent à les maintenir, etc. etc. Il discute tous ces

---

[1] Plut. in Dion. t. 1, p. 968. — [2] Diod. lib. 16, p. 413. — [3] Corsin. fast. attic. t. 4, p. 20. Dodw. de Cycl. p. 719. — [4] Demetr. Phaler. de elocut. cap. 299. — [5] Athen. lib. 8, cap. 21, p. 99. — [6] Liv. 3, fab. 2. — [7] Aristot. de rep. lib. 4, cap. 4, t. 2, p. 366.

points, comparant sans cesse les constitutions entre elles, pour en montrer les ressemblances et les différences, et sans cesse confirmant ses réflexions par des exemples. Si je m'étais assujéti à sa marche, il aurait fallu extraire, livre par livre et chapitre par chapitre, un ouvrage qui n'est lui-même qu'un extrait ; mais, ne voulant que donner une idée de la doctrine de l'auteur, j'ai tâché, par un travail beaucoup plus pénible, de rapprocher les notions de même genre éparses dans cet ouvrage, et relatives, les unes aux différentes formes de gouvernemens, les autres à la meilleure de ses formes. Une autre raison m'a engagé à prendre ce parti : le Traité de la République, tel que nous l'avons, est divisé en plusieurs livres ; or, d'habiles critiques prétendent que cette division ne vient point de l'auteur, et que des copistes ont dans la suite interverti l'ordre de ces livres [1].

NOTE XXXVIII. *Sur les titres de Roi et de Tyran.* (Page 446.)

XÉNOPHON établit entre un roi et un tyran la même différence qu'Aristote. Le premier, dit-il, est celui qui gouverne suivant les lois, et du consentement de son peuple ; le second, celui dont le gouvernement arbitraire, et détesté du peuple, n'est point fondé sur les lois [2]. Voyez aussi ce qu'observent à ce sujet Platon [3], Aristippe [4] et d'autres encore.

NOTE XXXIX. *Sur une loi des Locriens d'Italie.* (Page 470.)

DÉMOSTHÈNE [5] dit que, pendant deux siècles, on ne fit qu'un changement aux lois de ce peuple. Suivant une de ces lois, celui qui crevait un œil à quelqu'un devait perdre l'un des siens. Un Locrien ayant menacé un borgne de lui crever un œil, celui-ci représenta que son ennemi, en s'exposant à la peine du talion infligée par la loi, éprouverait un malheur infiniment moindre que le sien. Il fut décidé qu'en pareil cas on arracherait les deux yeux à l'agresseur.

NOTE XL. *Sur l'ironie de Socrate.* (Page 541.)

JE ne me suis point étendu sur l'ironie de Socrate, persuadé qu'il ne faisait pas un usage aussi fréquent et aussi amer de cette figure que Platon le suppose. On n'a ; pour s'en convaincre, qu'à lire les conversations de Socrate, rapportées par Xénophon, et celles que Platon lui attribue. Dans les premières, Socrate s'exprime avec une gravité qu'on regrette souvent de ne pas retrouver dans les secondes. Les deux disciples ont mis leur maître aux prises avec le sophiste Hippias [6] ; que l'on compare ces dialogues, et l'on sentira cette différence. Cependant Xénophon avait été présent à celui qu'il nous a conservé.

---

[1] Fabr. bibl. græc. t. 2, p. 157. — [2] Xenoph. memor. lib. 4, p. 813. — [3] Plat. in polit. t. 2, p. 276. — [4] Aristip. ap. Stob. serm. 48, p. 344. — [5] Demosth. in Tim. p. 795. — [6] Xenoph. ibid. p. 804. Plat. t. 1, p. 363 ; t. 3, p. 281.

NOTE XLI. *Sur les prétendus regrets que les Athéniens témoignèrent après la mort de Socrate.* (Page 556.)

Des auteurs, postérieurs à Socrate de plusieurs siècles, assurent qu'immédiatement après sa mort, les Athéniens, affligés d'une maladie contagieuse, ouvrirent les yeux sur leur injustice[1]; qu'ils lui élevèrent une statue; que, sans daigner écouter ses accusateurs, ils firent mourir Mélitus, et bannirent les autres[2]; qu'Anytus fut lapidé à Héraclée, où l'on conserva long-temps son tombeau[3]. D'autres ont dit que les accusateurs de Socrate, ne pouvant supporter la haine publique, se pendirent de désespoir[4]. Ces traditions ne peuvent se concilier avec le silence de Xénophon et de Platon, qui sont morts long-temps après leur maître, et qui ne parlent nulle part ni du repentir des Athéniens, ni du supplice des accusateurs. Il y a plus : Xénophon, qui survécut à Anytus, assure positivement que la mémoire de ce dernier n'était pas en bonne odeur parmi les Athéniens, soit à cause des déréglemens de son fils, dont il avait négligé l'éducation, soit à cause de ses extravagances particulières[5]. Ce passage prouve invinciblement, si je ne me trompe, que jamais le peuple d'Athènes ne vengea sur Anytus la mort de Socrate.

NOTE XLII. *Quel était, à Eleusis, le lieu de la scène, tant pour les Cérémonies que pour les Spectacles?* (Page 564.)

Je ne puis donner sur cette question que de légers éclaircissemens. Les auteurs anciens font entendre que les fêtes de Cérès attiraient quelquefois à Eleusis trente mille associés[6], sans y comprendre ceux qui n'y venaient que par un motif de curiosité. Ces trente mille associés n'étaient pas témoins de toutes les cérémonies. On n'admettait, sans doute, aux plus secrètes que le petit nombre de novices qui tous les ans recevaient le dernier sceau de l'initiation, et quelques uns de ceux qui l'avaient reçu depuis long-temps.

Le temple, un des plus grands de ceux de la Grèce[7], était construit au milieu d'une cour fermée d'un mur, longue de trois cent soixante-trois pieds du nord au midi, large de trois cent sept de l'est à l'ouest[8]. C'est là, si je ne me trompe, que les mystes, ou les initiés, tenant un flambeau à la main, exécutaient des danses et des évolutions.

Derrière le temple, du côté de l'ouest, on voit encore une terrasse taillée dans le roc même, et élevée de huit à neuf pieds au-dessus de l'aire du temple : sa longueur est d'environ deux cent soixante-dix pieds; sa largeur, en certains endroits, de quarante-quatre. A son extrémité septentrionale, on trouve les restes d'une chapelle à laquelle on montait par plusieurs marches[9].

Je suppose que cette terrasse servait aux spectacles dont j'ai parlé

[1] Argum. in Busir. Isocr. t. 2, p. 149. — [2] Diod. lib. 14, p. 266. Diog. Laert. lib. 2, § 43. Menag. ibid. — [3] Themist. orat. 20, p. 239. — [4] Plut. de invid. t. 2, p. 538. — [5] Xenoph. in apol. p. 707. — [6] Herodot. lib. 8, cap. 65. — [7] Strab. lib. 9, p. 395. Vitruv. in præf. lib. 7, p. 125. — [8] Wood, note manuscrite. Chandl. trav. in Greece, chapt. 42, p. 190. — [9] Id. ibid. Note de M. Foucherot.

dans ce chapitre ; qu'elle était, dans sa longueur, divisée en trois longues galeries ; que les deux premières représentaient la région des épreuves et celle des enfers ; que la troisième, couverte de terre, offrait aux yeux des bosquets et des prairies ; que de là on montait à la chapelle, où se trouvait cette statue dont l'éclat éblouissait les nouveaux initiés.

NOTE XLIII. *Sur une formule usitée dans les Mystères de Cérès.*
(Page 564.)

MEURSIUS[1] a prétendu que l'assemblée était congédiée par ces mots : *konx, ompax*. Hésychius[2], qui nous les a transmis, dit seulement que c'était une acclamation aux initiés. Je n'en ai pas fait mention, parce que j'ignore si on la prononçait au commencement, vers le milieu, ou à la fin de la cérémonie.

Le Clerc a prétendu qu'elle signifiait : *Veiller et ne point faire de mal.* Au lieu d'attaquer directement cette explication, je me contenterai de rapporter la réponse que je fis, en 1766, à mon savant confrère M. Larcher, qui m'avait fait l'honneur de me demander mon avis sur cette formule[3] : « Il est visible que les deux mots κόγξ, ὄμπαξ
» sont étrangers à la langue grecque ; mais dans quelle langue faut-il
» les chercher ? Je croirais volontiers qu'ils sont égyptiens, parce que
» les mystères d'Eleusis me paraissent venus d'Egypte. Pour en con-
» naître la valeur, il faudrait, 1°. que nous fussions mieux instruits
» de l'ancienne langue égyptienne, dont il ne nous reste que très-peu
» de chose dans la langue cophte ; 2°. que les deux mots en question,
» en passant d'une langue dans une autre, n'eussent rien perdu de
» leur prononciation, et qu'en passant dans les mains de plusieurs
» copistes, ils n'eussent rien perdu de leur orthographe primitive.

» On pourrait absolument avoir recours à la langue phénicienne,
» qui avait beaucoup de rapports avec l'égyptien. C'est le parti qu'a
» pris Le Clerc, qui, à l'exemple de Bochart, voyait tout dans le phé-
» nicien. Mais on donnerait dix explications différentes de ces deux
» termes, toutes également probables, c'est-à-dire, toutes également
» incertaines. Rien ne se prête plus aux désirs de ceux qui aiment les
» étymologies que les langues orientales ; et c'est ce qui a presque
» toujours égaré ceux qui se sont occupés de ce genre de travail.

» Vous voyez, monsieur, combien je suis éloigné de vous dire
» quelque chose de positif, et que je réponds très-mal à la confiance
» dont vous m'honorez. Je ne puis donc que vous offrir l'aveu de mon
» ignorance, etc. »

NOTE XLIV. *Sur la Doctrine sacrée.* (Page 564.)

WARBURTON a prétendu que le secret des mystères n'était autre chose que le dogme de l'unité de Dieu : à l'appui de son sentiment, il rapporte un fragment de poésie, cité par plusieurs pères de l'Eglise, et connu sous le nom de Palinodie d'Orphée. Ce fragment commence

---

[1] Meurs. in Eleus. cap. 11. — [2] Hesich. in Κόγξ. — [3] Supplément à la philosophie de l'histoire, p. 378.

par une formule usitée dans les mystères : *Loin d'ici les profanes!* On y déclare qu'il n'y a qu'un Dieu, qu'il existe par lui-même, qu'il est la source de toute existence, qu'il se dérobe à tous les regards, quoique rien ne se dérobe aux siens[1].

S'il était prouvé que l'hiérophante annonçait cette doctrine aux initiés, il ne resterait plus aucun doute sur l'objet des mystères ; mais il s'élève à cet égard plusieurs difficultés.

Que ces vers soient d'Orphée ou de quelque autre auteur, peu importe. Il s'agit de savoir s'ils sont antérieurs au christianisme, et si on les prononçait dans l'initiation.

1°. Eusèbe les a cités d'après un Juif nommé Aristobule, qui vivait du temps de Ptolémée Philopator[2], roi d'Egypte, c'est-à-dire, vers l'an 200 avant J. C. ; mais la leçon qu'il nous en a conservée diffère essentiellement de celle qu'on trouve dans les ouvrages de S. Justin[3]. Dans cette dernière, on annonce un être unique qui voit tout, qui est l'auteur de toutes choses, et auquel on donne le nom de Jupiter. La leçon rapportée par Eusèbe contient la même profession de foi, avec quelques différences dans les expressions ; mais il y est parlé de Moïse et d'Abraham. De là, de savans critiques ont conclu que cette pièce de vers avait été fabriquée, ou du moins interpolée par Aristobule, ou par quelque autre Juif[4]. Otons l'interpolation, et préférons la leçon de S. Justin ; que s'ensuivra-t-il ? que l'auteur de ces vers, en parlant d'un Être suprême, s'est exprimé à peu près de la même manière que plusieurs anciens écrivains. Il est surtout à remarquer que les principaux articles de la doctrine annoncée par la palinodie se trouvent dans l'hymne de Cléanthe[5], contemporain d'Aristobule, et dans le poëme d'Aratus[6], qui vivait dans le même temps, et dont il paraît que S. Paul a cité le témoignage[7].

2°. Chantait-on, lors de l'initiation, la palinodie d'Orphée ? Tatien et Athénagore[8] semblent, à la vérité, l'associer aux mystères ; cependant ils ne la rapportent que pour l'opposer aux absurdités du polythéisme. Comment ces deux auteurs, et les autres pères de l'Eglise, voulant prouver que le dogme de l'unité de Dieu avait toujours été connu des nations, auraient-ils négligé d'avertir qu'une telle profession de foi se faisait dans les cérémonies d'Eleusis ?

En ôtant à Warburton ce moyen si victorieux, je ne prétends pas attaquer son opinion sur le secret des mystères ; elle me paraît fort vraisemblable. En effet, il est difficile de supposer qu'une société religieuse, qui détruisait les objets du culte reçu, qui maintenait le dogme des peines et des récompenses dans une autre vie, qui exigeait de la part de ses membres tant de préparations, de prières et d'abstinences, jointes à une si grande pureté de cœur, n'eût eu d'autre objet que de cacher, sous un voile épais, les anciennes traditions sur la formation

---

[1] Clem. Alex. in protrept. p. 64. — [2] Euseb. præp. evang. lib. 13, cap. 12, p. 664. — [3] Justin. exhort. ad Græc. p. 18 ; et de monarch. p. 37. — [4] Eschenb. de poes. Orph. p. 148. Fabric. bibl. græc. t. 2, p. 281. Cudw. syst. intell. cap. 4, § 17, p. 445. Moshem. ibid. — [5] Fabric. ibid. t. 2, p. 397. — [6] Arat. phænom. v. 5. Euseb. ibid. p. 666. — [7] Act. apost. cap. 17, v. 28. — [8] Tatian. orat. ad. Græc. p. 33. Athenag. legat. pro christian. in init.

du monde, sur les opérations de la nature, sur l'origine des arts, et sur d'autres objets qui ne pouvaient avoir qu'une légère influence sur les mœurs.

Dira-t-on qu'on se bornait à développer le dogme de la métempsycose? Mais ce dogme, que les philosophes ne craignaient pas d'exposer dans leurs ouvrages, supposait un tribunal qui, après notre mort, attachait à nos âmes les destinées bonnes ou mauvaises qu'elles avaient à remplir.

J'ajoute encore une réflexion : suivant Eusèbe [1], dans les cérémonies de l'initiation, l'hiérophante paraissait sous les traits du Démiurge, c'est-à-dire, de l'auteur de l'univers. Trois prêtres avaient les attributs du soleil, de la lune et de mercure; peut-être des ministres subalternes représentaient-ils les quatre autres planètes. Quoi qu'il en soit, ne reconnaît-on pas ici le Démiurge tirant l'univers du chaos? et n'est-ce pas là le tableau de la formation du monde, tel que Platon l'a décrit dans son Timée?

L'opinion de Warburton est ingénieuse, et l'on ne pouvait l'exposer avec plus d'esprit et de sagacité; cependant, comme elle offre de grandes difficultés, j'ai pris le parti de la proposer comme une simple conjecture.

NOTE XLV. *Sur le nombre des Tragédies d'Eschyle, de Sophocle et d'Euripide.* (Page 587.)

ESCHYLE, suivant les uns, en composa soixante-dix [2]; suivant d'autres, quatre-vingt-dix [3]. L'auteur anonyme de la vie de Sophocle lui en attribue cent treize, Suidas cent vingt-trois, d'autres un plus grand nombre [4] : Samuel Petit ne lui en donne que soixante-six [5]. Suivant différens auteurs, Euripide en a fait soixante-quinze ou quatre-vingt-douze [6]. Il paraît qu'on doit se déterminer pour le premier nombre [7]. On trouve aussi des différences sur le nombre des prix qu'ils remportèrent.

---

[1] Euseb. præp. evang. lib. 3, cap. 12, p. 117. — [2] Anonym. in vitâ AEschyl. — [3] Suid. in Αἰσχυλ. — [4] Id. in Σοφοκλ. — [5] Pet. leg. attic. p. 71. — [6] Suid. in Εὐριπ. Varr. ap. Aul. Gell. lib. 17, cap. 4. — [7] Walck. diatrib. in Euripid. p. 9.

FIN DES NOTES.

TABLE DES CHAPITRES

CONTENUS DANS CE DEUXIÈME VOLUME.

VOYAGE D'ANACHARSIS.

CHAPITRE XXXIII. Démêlés entre Denys le jeune, roi de Syracuse, et Dion son beau-frère. Voyages de Platon en Sicile. Page 1

CHAPITRE XXXIV. Voyage de Béotie ; l'antre de Trophonius ; Hésiode ; Pindare. 13

CHAPITRE XXXV. Voyage de Thessalie ; amphyctions ; magiciennes ; rois de Phères ; vallée de Tempé. 36

CHAPITRE XXXVI. Voyage d'Épire, d'Acarnanie et d'Étolie ; oracle de Dodone ; saut de Leucade. 57

CHAPITRE XXXVII. Voyage de Mégare, de Corinthe, de Sicyone et de l'Achaïe. 66

CHAPITRE XXXVIII. Voyage de l'Élide ; les jeux olympiques. 92

CHAPITRE XXXIX. Suite du voyage de l'Élide ; Xénophon à Scillonte. 120

CHAPITRE XL. Voyage de Messénie. 130

CHAPITRE XLI. Voyage de Laconie. 150

CHAPITRE XLII. Des habitans de la Laconie. 162

CHAPITRE XLIII. Idées générales sur la législation de Lycurgue. 166

CHAPITRE XLIV. Vie de Lycurgue. 174

CHAPITRE XLV. Du gouvernement de Lacédémone. 178

CHAPITRE XLVI. Des lois de Lacédémone. 190

CHAPITRE XLVII. De l'éducation et du mariage des Spartiates. 195

CHAPITRE XLVIII. Des mœurs et des usages des Spartiates. 204

CHAPITRE XLIX. De la religion et des fêtes des Spartiates. 218

CHAPITRE L. Du service militaire chez les Spartiates. 221

CHAPITRE LI. Défense des lois de Lycurgue ; causes de leur décadence. 226

CHAPITRE LII. Voyage d'Arcadie. 241

CHAPITRE LIII. Voyage d'Argolide. 258

CHAPITRE LIV. La république de Platon. 274

CHAPITRE LV. Du commerce des Athéniens. 289

CHAPITRE LVI. Des impositions et des finances chez les Athéniens. 296

CHAPITRE LVII. Suite de la bibliothèque d'un Athénien ; la logique. 301

CHAPITRE LVIII. Suite de la bibliothèque d'un Athénien ; la rhétorique. 313

CHAPITRE LIX. Voyage de l'Attique ; agriculture ; mines de Sunium ; discours de Platon sur la formation du monde. 341

CHAPITRE LX. Événemens remarquables arrivés en Grèce et en Sicile (depuis l'an 357, jusqu'à l'an 354 avant J. C.) ; expédition de Dion ; jugement des généraux Timothée et Iphicrate ; fin de la guerre sociale ; commencement de la guerre sacrée. 366

CHAPITRE LXI. Lettres sur les affaires générales de la Grèce, adressées à Anacharsis et à Philotas pendant leur voyage en Égypte et en Perse. 381

TABLE DES CHAPITRES.

Chapitre LXII. De la nature des gouvernemens, suivant Aristote et d'autres philosophes. 443

Chapitre LXIII. Denys, roi de Syracuse; à Corinthe; exploits de Timoléon. 473

Chapitre LXIV. Suite de la bibliothèque; physique; histoire naturelle; génies. 481

Chapitre LXV. Suite de la bibliothèque; l'histoire. 514

Chapitre LXVI. Sur les noms propres usités parmi les Grecs. 526

Chapitre LXVII. Socrate. 529

Chapitre LXVIII. Fêtes et mystères d'Éleusis. 557

Chapitre LXIX. Histoire du théâtre des Grecs. 566

NOTES. 595

FIN DE LA TABLE.

www.ingramcontent.com/pod-product-compliance
Lightning Source LLC
Chambersburg PA
CBHW051318230426
43668CB00010B/1066